관자管子

관자管子

초판 1쇄 발행 2024년 12월 30일

역주 송영배

펴낸곳 서울대학교출판문화원
주소 08826 서울 관악구 관악로 1
도서주문 02-889-4424, 02-880-7995
홈페이지 www.snupress.com
페이스북 @snupress1947
인스타그램 @snupress
이메일 snubook@snu.ac.kr
출판등록 제15-3호

ISBN 978-89-521-3083-9 93150

관자 管子

송영배 역주

서울대학교출판문화원

머리말

2000년 즈음부터 학생들과 함께 『관자』를 읽기 시작했으니, 지금으로부터 무려 20여 년 전 일이다. 처음부터 내용이 복잡하고 읽기 어려워서 무진 애를 썼다. 그때 좌오소우정趙守正(Zhao Shouzheng)의 (『관자통해管子通解』(北京經濟學院出版社, 1988)를 발견하고서 처음으로 『관자』 읽기에 자신감을 가졌다. 그러나 여러 『관자』 주해서를 보았어도 여전히 제대로 독해를 하는지 의문이 들었다. 2009년 2월, 서울대학교에서 정년퇴임을 하고서 학생들과 고전 강독을 계속하였는데, 그때는 『주역周易』 강독에 열중하였다. 그러다가 대만의 책방에서 우연히 리샹펑黎翔鳳(Li Xiangfeng, 1901~1979)의 『관자교주管子校注』(전3권, 中華書局, 2004)를 만나게 되었다. 현재 중국이나 대만에 나돌고 있는 『관자』 주해서의 대부분은 꿔모뤄郭沫若(Guo Moruo, 1892~1978), 원이둬聞一多(Wen Yiduo, 1899~1946), 쉬웨이위許維遹(Xu Weiyu, 1900~1950)의 『관자집교管子集校』(科學出版社, 1956)를 참고로 한 책이다. 그런데 리샹펑의 『관자교주』는 꿔모뤄 등의 『관자집교』를 비판하는 데에서부터 시작한다.

리샹펑은 호북성湖北省 황매黃梅 사람이다. 그는 스승 황간黃侃(1886~1935, 자字는 계강季剛)에게서 한학漢學을 배워서 문자학文字學 분야에서 탁월했고, 예서隸書, 해서楷書 등 고문자 판독에도 매우 밝았다. 이런 문자학을 토대로 송명宋明 시대 『관자』의 고본古本을 다섯 종류로 구분하였다.

첫째는 송宋대의 양침楊忱본, 둘째는 조용현趙用賢본, 셋째는 고본古本과 주동광朱東光본, 유적劉績본, 넷째는 대망戴望(Dai Wang, 1837~1873)이 보았던 묵보당墨寶堂본, 다섯째는 명明대의 능등가凌登嘉본 등이다. 이 중에서 리샹펑은 양침본을 한위漢魏 시대의 진적眞蹟으로 보고서 이것을 『관자교주』의 저본底本으로 삼았다.

『관자』(이하 책명은 생략) 「대광大匡」(제18편)의 "장집유소정야將咠有所定也"라는 구절에 대해 꿔모뤄는 고본, 주동광본, 유적본이 모두 '집咠' 자를 '서胥' 자로 쓰고 있기 때문에 양침본에서만 '집咠'으로 쓰는 것은 오류라고 말한다. 그러나 「계戒」(제26편)에서는 "빈집무지위인야호선賓咠無之爲人也好善"이라 하였고, 바로 두 줄 아래 문장에서는 "빈서무지위인야호선賓胥無之爲人也好善"이라고 하였으니 집咠 자와 서胥 자는 같이 쓰였다. 따라서 집咠과 서胥는 결국 같은 글자임을 알 수 있다. 지금의 집咠은 한漢 예서隸書체에서 비롯된 글자다. 또 대망은 「문問」(제24편)의 "이곤모덕以困皃德"에 대해 모皃는 완完의 오기誤記라고 말한다. 그러나 일반 판본에서는 모덕皃德을 모덕貌德으로 이해한다. 이에 따라 꿔모뤄도 대망의 주장을 믿지 않고 곤困을 정성을 뜻하는 곤悃의 가차假借로 보고서 모양[貌]이 중후하다고 해석하는 오류를 범하고 있다. 그러나 『수장군처소씨묘지隋蔣君妻蘇氏墓誌』에서 완浣 자를 浣으로 쓰고 있기 때문에 모皃는 확실히 '완完' 자다.

구口와 사厶가 예서隸書에서는 구별이 안 된다. 『당장봉묘지唐張封墓誌』에서는 사私를 화和로 썼고, 『한노준비漢魯峻碑』에서는 강強을 강强으로 썼다. 선船은 선舩으로, 또는 강舡으로 쓰기도 한다. 육조六朝 시대나 수당隋唐 시기에는 한漢나라의 예서隸書를 그대로 썼다.

리샹펑에 의하면 많은 사람이 「경중무輕重戊」(제84편)의 "복희작虙戲作, 조육계이영음양造六峚以迎陰陽"의 '계峚' 자를 嵏의 오자誤字로 알고 있다. 그러나 嵏는 곧 지志로서 기록이나 표시를 뜻하는 지識의 고자古字일 뿐이다.

어떤 예서隸書는 형태가 해서楷書와 비슷하나 실제로는 예서의 별체別體에 불과하다. 예를 들어 급急을 급伋으로, 지池를 타沱로 쓴다. 「산권수山權數」(제75편)에 나오는 우愚의 별체는 우偶인데, 많은 사람이 이 사실을 모르고 이것을 다른 글자로 바꾼다. 이처럼 예서의 별체는 알아내기가 무척 어렵다. 인亻과 척彳도 구분되지 않아서 편偏과 편徧이 혼용되는데 이 두 글자는 서로 가차할 수 없는 것이다.

조용현본에서는 양침본의 예서를 해서로 바꾸면서 비啚를 도圖로, 집咠을 서胥로 바꾸었고, 완完을 모貌로, 경계함을 뜻하는 기諅를 꿇어 앉는다는 뜻의 궤跪로 개정改定하는 오류를 범했다. 또 「경중정輕重丁」(제83편)의 "수속收粟"에서 수收가 메밀을 뜻하는 수莜와 같음을 몰랐다. 조용현이 고훈古訓에 밝지 못했기에 그가 고친 것들도 믿을 수 없다. 또 고본과 주동광본, 유적본은 계통이 하나로서 같다. 이들 판본은 조용현본보다 오류가 심하다. 예를 들어 「경중갑輕重甲」(제80편)의 "유재불가포지遺財不可包止"의 포지包止를 이 세 본은 모두 구지拘止로 바꾸었는데, 여기서 포包는 '부浮'와 통하는 글자로서 포로를 뜻하는 부俘이지 결코 오자가 아니다. 「경중을輕重乙」(제81편)의 '성인聖人'은 임금[君]을 뜻하는 글자로서 후대의 성상聖上과 같다. 그러나 고본에서는 성인을 성덕盛德으로 오해하고 망인望人으로 고쳤으니 의미가 통하지 않는다. 「경중정輕重丁」(제83편)에서 이 세 판본은 형刑을 형形으로 고쳤는데, 형刑이 본보기를 뜻하는 형型의 가차임을 모르기 때문에 오류를 범하였다. 「경중무輕重戊」(제84편)에서 계峜는 옛날의 '법法' 자인데, 고본에서 '육陸'으로 개정한 것은 큰 잘못이다.

묵보당본에서는 「심술상心術上」(제36편)의 "간물소미일도簡物小未一道"의 미未를 말末로 고쳤는데, 『설문해자說文解字』에 "미未는 나무에 지엽이 많은 모양이다"[1]라고 하였고, 동한東漢 시대 유희劉熙(2, 3세기)의 『석명釋名』에서는 '미未는 미味'라 하였으니, 미未는 사물이 많으나 작게 보인다는 뜻일 뿐 오자가 아니다. 「경중을輕重乙」(제81편)에 "환공연종桓公衍終, 거병공래擧兵攻萊"에 관해 송본宋本들이나 묵보당본에는 '종終' 자가 없다. 그러나 '연衍'은 연습하다는 뜻의 연演과 통한다. 이 구절은 "환공이 연무演武를 끝내고, 군사를 일으켜서 내萊나라를 공격하였다"라는 뜻이다. 따라서 '종終' 자를 버리면 완전히 이해가 바뀐다. 또 리샹펑은 채잠도蔡潛道본의 '군君' 자를 우右로 고쳤다. 정사함丁士涵(Ding Shihan, 19세기 생존)은 우右는 유有와 통한다고 한다. 그러나 리샹펑은 오류를 지적하기를, 우右는 우又와 통하고, 우又는 유有와 통한다고는 말할 수 있지만, 옛날 책 속에서 우右 자가 바로 유有와 통한 적은

1 '未: 象木重枝葉也.' 『說文解字』(下), 1212頁.

없다고 하였다.

이상과 같이 오류를 지적하고서 리샹평은 『관자』를 교주校注할 때, 글자마다 따져 보았고, 늘 보이는 글자가 아니면 무시했다고 한다. 「경중갑輕重甲」(제80편)에 "환공문사桓公問四, 인여계을因與癸乙, 관자管子, 영척상여사좌甯戚相與四坐"라는 구절이 나오는데, 이카이 요시히로豬飼彦博(18세기), 원이둬는 '사인四因'을 연자衍字로 보았고, 장패륜張佩綸(Zhang Peilun, 1848~1903)과 쉬웨이위는 '문사인問四因' 세 글자를 연자로 보았다. 그러나 리샹평은 '사四' 자를 네 마리 말[駟]로 보면 문장이 순통해진다고 말한다. 그리고 「산국궤山國軌」(제74편), 「산권수山權數」(제75편), 「산지수山至數」(제76편)의 '산山' 자를 모든 판본이 오자로 여기고 있고, 「주합宙合」(제10편), 「치미侈靡」(제35편)의 '산山' 자를 정사함이나 꿔모뤄는 '지止' 자로 이해한다. 그러나 『설문해자』에서는 '선宣' 자로 풀었는데,[2] '선宣'으로 보면 이 다섯 곳의 의미가 비로소 분명해진다. 또 「경중정輕重丁」(제83편)의 "관자입복어환공왈管子入復於桓公曰, … 좌우현복左右玄服, 천지사자호天之使者乎"라는 구절은 뜻이 애매한데, 乎를 評의 가차假借로 보면 "하늘이 評召(부름)한 것이다"라는 뜻이 되니 의미가 순통해진다. 리샹평은 이처럼 해박한 문자학 지식으로써 그 누구도 하지 못했던, 새롭고 정확한 『관자』 독해를 위한 발판을 마련해 주고 있다. 리샹평은 『관자교주』 서문序文에서 『관자』를 교주하면서 우선 『설문해자』에서 뜻[訓]을 찾아보았고, 뜻이 통하지 않으면 그 글자의 가차假借를 찾았고, 다음으로 성훈聲訓을 찾았으며, 그러고도 정확한 뜻을 찾을 수 없으면 오자誤字로 판정했다고 한다.

『관자』는 전통적으로는 관중管仲(기원전 725~기원전 645, 이름은 이오夷吾)의 저작으로 보았다. 관중은 제齊나라 환공桓公(기원전 720~기원전 643)[3]을 도와서 제후들을 규합하고 천하를 바로잡았다.[4] 따라서 그는 중국 고대의 유명한 정치가, 군사가, 사상가라고 말할 수 있다. 그러나 『관자』에는 관자 사후의 일이 언급되고 있다. 「입정立政」(제4편)에는 묵

2 '山: 宣也. 宣氣散, 生萬物, 有石而高, 象形.' 『說文解字』(中), 742頁.

3 齊나라에는 桓公이 둘이 있다. 쿠테타로 집권한 田和의 아들이자 田氏 齊나라의 3대 제후인 田午(기원전 400~기원전 357)도 桓公으로 불린다. 그러나 '환공'은 보통 기원전 7세기의 齊桓公(재위: 기원전 685~기원전 643)을 가리킨다.

4 '子曰: 桓公九合諸侯, … 管仲之力也.' 『論語譯注』, 「憲問」 篇(14:16), 151頁.

자墨子(기원전 약 468~376)의 겸애兼愛설이 간단히 소개되어 있고, 「소칭小稱」(제32편)에는 "모장毛嬙과 서시西施는 천하의 미인이다"[5]라는 구절이 나오는데, 모장과 서시는 오吳와 월越이 패권을 다투던 기원전 5세기 때 인물이다.

그렇다면 『관자』는 어느 시기의 작품인가? 많은 학자가 『관자』의 대부분은 전국戰國 시대 제齊나라 직하稷下 학궁學宮에서 쓰인 것으로 판단하고 있다. 직하 학궁은 전씨田氏 제나라의 환공桓公(재위: 기원전 375~기원전 357, 이름은 田午) 시기에 창설되었다. 『사기史記』, 「전경중완세가田敬仲完世家」에 따르면, "제나라 선왕齊宣王(재위: 기원전 320~기원전 284)이 문학과 유세하는 지식인을 좋아하여서 자연히 추연騶衍, 순우곤淳于髡, 전변田駢, 접여接予, 신도愼到와 환연環淵과 같은 무리 76인이 모두 주택을 받고, 상대부上大夫가 되었다. 그들은 [백성을] 다스리지는 않고 [학술적인] 논의만 하였다. 이 때문에 제나라 직하의 학사學士들이 다시 왕성하게 되었는데, 그 수는 수백에서 천여 명이었다."[6] 이것으로 직하 학궁 학자들의 면모나 규모를 짐작할 수 있다. 이것을 보면 직하 학궁의 창시자인 환공桓公(선왕宣王의 조부)이나 위왕威王(田因齊, 선왕의 父) 시대보다 제 선왕宣王 시기(기원전 3세기)에 직하 학궁의 활동이 더욱 활발했음을 알 수 있다. 「제자직弟子職」(제59편)에는 학생들의 선생 모시기와 학생들의 자습 등에 관한 자세한 규칙이 잘 설명되어 있다.

전씨田氏의 제나라는 민심을 잘 얻어서 자기 세력을 키우고 쿠데타에 성공한 왕조다. 그래서 이런 정치적 색채가 『관자』에 잘 반영되어 있다. 예를 들어 「목민牧民」(제1편)에서는 다음과 같이 말한다. "정치가 흥성한 것은 민심을 따르는 데 있고, 정치를 그르치는 일은 민심을 거스르는 데 있다. 백성은 근심스럽고 수고스러운 일을 싫어하니 나는 그들이 편히 쉬고 즐거워하게 해주며, 백성은 가난하고 (사회적으로) 천賤하게 되는 것을 싫어하니 내가 그들을 부유하고 (사회적으로) 귀貴하게 해주며, 백성은 (목숨이) 위태롭고 (험한 곳으로) 떨어지는 일을 싫

5 '毛嬙西施, 天下之美人也.'『管子校注』(中),「小稱」第三十二, 599頁.

6 '宣王喜文學游說之士, 自如鄒衍、淳于髡、田駢、接予、愼到、環淵之徒七十六人, 皆賜列第, 爲上大夫, 不治而議論. 是以齊稷下學士復盛, 且數百千人.'『史記』,「田敬仲完世家」第十六, 第六冊, 1895頁.

어하니 내가 그들의 목숨을 지켜 주고 안전하게 해주며, 백성은 (가정이) 망하고 (대가) 끊어지는 일을 싫어하니 내가 그들을 생육시켜 준다. (내가) 그들이 편히 쉬고 즐거워하게 해주면 백성은 임금을 위해 걱정하고 수고하며, 그들을 부유케 하고 (사회적으로) 귀하게 해주면 백성은 임금을 위해 가난해지고 (사회적으로) 천해지며, 목숨을 지키고 안전하게 대하면 백성은 임금을 위해 (목숨을) 위태로움을 마다 않고 (험지에라도) 추락하며, 생육하게 해주면 백성은 임금을 위해 (자기 집이) 망하거나 (자기 대가) 끊어지는 일을 할 수 있다. … 따라서 (임금이) 백성의 네 가지 요구를 따라 주면 멀리 있는 이도 스스로 가까이 올 것이며, 백성이 싫어하는 네 가지를 실시하면 가까이 있는 이들조차 임금을 배반한다. 따라서 (백성에게) 주는 것이 (그들에게서) 취하는 것임을 아는 것이 정치의 보배다."[7] 이처럼 『관자』의 내용과 전씨田氏 제나라의 현실 정치는 일치하는 면이 있다.

『관자』의 내용은 1) 정치, 2) 법령, 3) 경제, 4) 군사軍事, 5) 철학사상[文化]의 다섯 범주로 분류된다.

1) 정치 문제는 「목민牧民」(제1편)을 위주로 하여, 「치국治國」(제48편), 「권수權修」(제3편), 「산권수山權數」(제75편), 「산지수山至數」(제76편), 「규탁規度」(제78편), 「금장禁藏」(제53편), 「패언霸言」(제23편), 「패형霸形」(제22편), 「입정立政」(제4편), 「정세正世」(제47편), 「입국入國」(제54편), 「탁지度地」(제57편), 「구수九守」(제55편), 「경중을輕重乙」(제81편), 「문問」(제24편), 「판법版法」(제7편), 「칠신칠주七臣七主」(제52편), 「군신상君臣上」(제30편), 「군신하君臣下」(제31편) 등에서 다룬다. 리상평은 「추언樞言」(제12편)이 정치를 다룬 편장의 자서自序와 같다고 한다.

2) 법령法令은 「법법法法」(제16편), 「임법任法」(제45편), 「명법明法」(제46편), 「중령重令」(제15편)에서 주로 논의하고 있다. 그리고 「사시四時」(제40편), 「정正」(제43편), 「정세正世」(제47편), 「판법版法」(제7편) 등도 법령 문제를 다룬다.

7 '政之所興, 在順民心; 政之所廢, 在逆民心. 民惡憂勞, 我佚樂之; 民惡貧賤, 我富貴之; 民惡危墜, 我存安之; 民惡滅絶, 我生育之. 能佚樂之, 則民爲之憂勞; 能富貴之, 則民爲之貧賤; 能存安之, 則民爲之危墜; 能生育之, 則民能爲之滅絶. … 故從其四欲, 則遠者自親; 行其四惡, 則近者叛之. 故知予之爲取者, 政之寶也.' 『管子校注』(上), 「牧民」 第一, 13頁.

3) 경제는 「국축國蓄」(제73편)이 중심을 이루고, 「산국궤山國軌」(제74편), 「승마乘馬」(제5편), 「거승마巨乘馬」(제68편), 「승마수乘馬數」(제69편), 「경중갑輕重甲」(제80편), 「경중을輕重乙」(제81편), 「경중정輕重丁」(제83편), 「경중무輕重戊」(제84편) 등에서 다루고 있다. 「해왕海王」(제72편)과 「지수地數」(제77편)는 염철鹽鐵을 주로 논한 것이고, 「지원地員」(제58편)은 농업을 전문으로 다룬다.

4) 군사軍事 문제는 「삼환參患」(제28편), 「칠법七法」(제6편)이 중심을 이루고, 「지도地圖」(제27편), 「팔관八觀」(제13편), 「제분制分」(제29편), 「구변九變」(제44편), 「세勢」(제42편), 「산국궤山國軌」(제74편) 등에서도 다룬다.

5) 철학사상[文化]은 「유관幼官」(제8편)과 「수지水地」(제39편)가 중심을 이루고, 「치미侈靡」(제35편), 「심술상心術上」(제36편), 「심술하心術下」(제37편), 「백심白心」(제38편), 「내업內業」(제49편), 「사시四時」(제40편), 「오행五行」(제41편) 등에서 다룬다.

이런 학술사상 내용이 들어 있는 편장 이외에 관중管仲에 관한 일화 등에 관한 중요한 편은 첫째가 「소광小匡」(제20편)이고, 그다음으로는 「대광大匡」(제18편), 「중광中匡」(제19편), 「계戒」(제26편), 「사칭四稱」(제33편), 「봉선封禪」(제50편), 「환공문桓公問」(제56편), 「문問」(제24편), 「사어事語」(제71편) 등을 들 수 있다. 『관자』에서 주요한 편장은 예닐곱 편에 불과하다. 전체 강령은 「유관幼官」 편으로서 『관자』의 중추라고 할 수 있다. 『관자』의 이론체계가 그 편에서 나왔다고 해도 과언이 아니다.

'유관幼官'은 현궁玄宮을 뜻하는데, 현궁에서 오제五帝와 오실五室(명당明堂 내에 설치된 목실木室, 화실火室, 금실金室, 수실水室, 토실土室)에서 제사를 드린다. 동쪽의 태호太昊는 규規를, 남방의 염제炎帝는 구矩를, 중앙의 황제黃帝는 먹줄[繩]을, 북방의 전욱顓頊은 권權을 잡고 있는데, 전욱이 중심[인물]이다. 권權과 형衡은 경제에 쓰이고, 규規와 구矩는 법령에 쓰이고, 먹줄[繩]은 군사軍事에 쓰이는데, 모두 「유관」 편에서 근원한다. 신도神道로써 다스린다는 것은 빈말이 아니다. 경중輕重의 설은 권형權衡에서 근원하며, 오제五帝[황제黃帝, 전욱顓頊, 제곡帝嚳, 당요唐堯, 우순虞舜], 오수五獸(지자脂者, 고자膏者, 나자臝者, 우자羽者, 인자鱗者), 기물旗物(물상物象을 그린 기치旗幟), 병兵과 형刑은 모두 도圖로 표시하였다. 현궁玄宮은 대교大教가 베풀어지는 궁궐[宮]이며, 그곳에서 조상에게 제사 드리고, 제후를 조회하고, 양로養老하고 존현尊賢하며, 국자國子(공경대부公卿大夫의 자제)들을 가르치고,

향사饗射(음식 대접과 활쏘기 대회)를 행하고 포로와 죽은 적의 귀를 바치며, 역서曆書를 반포[告朔]한다. 말하자면 현궁에서 모든 일이 일어난다는 말이다. 수數는 「낙서洛書」에 보이는데 도圖가 문자보다 중요하다. 따라서 『관자』의 모든 편은 「유관」 편에서 맥락을 찾을 수 있다.

「목민」 편의 "무릇 영토를 가지고 백성을 다스리는 이는, 사계절의 할 일에 힘을 쓰고 (나라의) 창고를 잘 지켜야 한다. … 나라의 법도를 지킨다는 것은 네 가지 윤리[仁, 義, 禮, 智]를 잘 다듬는 것이다. 백성을 훈육하는 도리는 귀신을 섬기고, 산천에 제사 지내고, 종묘 사당을 공경하고 조상들을 공경함에 있다"[8]라는 주장은 「유관」 편과 관계가 없는 것처럼 보인다. 그러나 '사계절[四時]에 힘쓰되 봄[春]에 오정五政을 발동하며, 하추동夏秋冬에서 각각 정책을 발동해야 한다. 봄에 동정冬政을 행하면 부화浮華[雕]해지고, 추정秋政을 행하면 서리[霜]가 내리고, 하정夏政을 행하면 욕欲[闔, 즉 거세去勢, 「사시」 편에 상세히 기록됨]된다'는 내용이 「유관」 편에 보인다. 창름倉廩을 채우는 이론은 「치국治國」(제48편)에서 상세하게 논의하고 있다.

「유관」 편의 "비축한 곡식의 다과를 재어 보고, 관청의 예산을 확정한다"[9]라는 구절도 같은 뜻이다. 사유四維는 염치廉恥와 예의禮義를 똑같이 중시한다. 「목민」 편의 "예의는 절도를 넘어서지 않으며, 의리는 (혼자만) 멋대로 나서지 않는 것이고, 깨끗한 마음씨는 잘못을 은폐하지 않으며, 부끄러워함은 비뚤어진 일을 따라하지 않는다"[10]라는 말도 모두 전쟁의 수행을 위한 덕목이다. 송宋나라의 장군 자어子魚는 "염치를 밝히는 것은 전투를 가르치고, 적을 죽이기 위함이다(明恥敎戰, 求殺敵也)"라고 말했다. 귀신 섬김[明鬼]과 종묘宗廟의 존중은 관계가 밀접하다. 그렇다고 『관자』에서는 신치神治만을 주장하지는 않고, 민치民治에도 깊이 의존하고 있다.

「목민」 편에서는 "정치가 흥성한 것은 민심을 따르는 데 있고, 정치를 그르치는 일은 민심을 거스르는 데 있다"[11]라고 말한다. 또 「법법

8 '務在四時, 守在倉廩. 守國之度, 在飾四維. 順民之經, 在明鬼神, 祇山川, 敬宗廟, 恭祖舊.' 『管子校注』(上), 「牧民」 第一, 2頁.

9 '量委積之多寡, 定官府之計數.' 『管子校注』(上), 「幼官」 第八, 155頁.

10 '禮不踰節, 義不自進, 廉不蔽惡, 恥不從枉.' 『管子校注』(上), 「牧民」 第一, 11頁.

11 '政之所興, 在順民心, 政之所廢, 在逆民心.' 『管子校注』(上), 「牧民」 第一, 13頁.

法法」 편에서, "무릇 백성들이 임금을 따른 것은 입으로 말한 것을 따른 것이 아니고, 심정心情에서 좋아하여 따른 것이다. … 명철한 임금은, 백성들은 반드시 임금을 마음에 두었기에, 따라서 법을 제정하면, (백성들이) 스스로 다스려지게 되고, 예의禮儀를 세우면 (백성들이) 스스로 바로잡히게 되는 것을 안다"[12]라고 말한다. 이것은 인정人情을 깊이 이해했음을 뜻한다.

그밖에도 「법법」 편은 "교묘한 시력을 가진 사람은 원자나 곱자[規矩]를 만들 수 있으나, 원자와 곱자를 폐기하고서 네모와 원을 바로잡을 수는 없다. 비록 성인이 법을 만들어 낼 수 있으나, 법을 폐기하고 나라를 다스릴 수 없다"[13]라고 말한다. 또한 「칠신칠주七臣七主」 편은 "법률과 정령政令은 관리나 백성들이 지켜야 할 규칙들[規矩와 繩墨]이다"[14]라고 하였다. 「국축國蓄」 편은 "백성들은 여유가 있으면 싸게 파니, 그러므로 임금은 싼 값으로 그것들을 거두어들인다. 백성들은 부족하면 비싼 값에 사니, 그러므로 임금은 비싼 값으로 곡식을 흩어 놓는다. 싼 값[輕]으로 쌓아 두고, 비싼 값[重]으로 그것을 흩어 놓으니, 따라서 임금은 반드시 10배의 이익을 얻게 되고 재물財物의 가격은 고르게 될 수 있다"[15]라고 한다. 원래 경중輕重의 술術은 저울[權]에서 나온 것이다. 『맹자孟子』에서 "권權이 있은 다음에 경중輕重을 안다"[16]라고 했다. 규구規矩, 준승準繩, 권형權衡은 「유관」 편에서 나온 것이다.

『관자』는 경중의 정책을 중시했다. 화폐와 곡식을 기준으로 삼아서 모든 것을 저울질했으며, 또한 화폐끼리도 저울질했다. 화폐가 비싸고 물품의 가격이 쌀 때에는 물품을 모으고 화폐를 풀었다. 곡식 값이 비싸고 물품이 싸면 물품을 모으고 곡식을 풀었다. 곡식 값이 싸고 화폐가 비싸면 곡식을 모으고 화폐를 풀었으며, 곡식 값이 비싸고 화폐가 싸면 화폐를 모으고 곡식을 풀었다. 곡식, 화폐, 물품, 이 셋은 서

12 '從上也, 不從口之所言, 從情之所好. … 明君知民之必以上爲心也, 故置法以自治, 立儀以自正.' 『管子校注』(上), 「法法」 第十六, 312頁.

13 '巧者能生規矩, 不能廢規矩而正方圜. 雖聖人能生法, 不能廢法而治國.' 『管子校注』(上), 「法法」 第十六, 308頁.

14 '法律政令者, 吏民規矩繩墨也.' 『管子校注』(中), 「七臣七主」 第五十二, 黎翔鳳撰, 上同, 998頁.

15 '民有餘則輕之, 故人君斂之以輕. 民不足則重之, 故人君散之以重. 君必有什倍之利, 而財之櫎可得而平也.' 『管子校注』(下), 「國蓄」 第七十三, 1269頁.

16 '權, 然後知輕重; 度, 然後知長短.' 『孟子譯注』, 「梁惠王」 上(1:7), 16頁.

로 영향을 주었다. 동일한 화폐라도 상중하의 다른 등급이 있었는데 주옥珠玉이 상등 화폐이고, 황금黃金이 중등 화폐이고, 도포刀布가 하등 화폐다. 중등 화폐로써 상폐上幣와 하폐下幣를 조절하여서 평형을 잡았다. 이런 조절은 현재 경제 전문가들도 그 범주를 넘어설 수 없다.

전시戰時에는 특별한 경중의 정책이 운용되었다. 리샹평은 이를 '치미侈靡'라고 한다. 이른바 「치미」(제35편)에 나오는 "부자들은 실컷 돈 쓰고, 빈자들은 (그들을 위해) 노동만 한다"[17]라는 것이다. 또한 "알에 갖은 장식을 한 다음에 요리해 먹고, 횃불로 장식한 다음에 밥을 해먹는다"[18]라는 구절은 쌓아 둔 재물을 풀어서 퍼져 나가게 한다는 뜻이다. 알[卵]에 장식을 하고 장작을 다듬어서 쓰는 것은 종묘宗廟에서 시행했음을 쉽게 알 수 있는데, 이는 은殷나라 풍속이다. 장식한 알은 제비 알[燕卵]이다. 총사叢社(총림叢林 중의 神社)에는 또한 공묘公墓가 있다. 「치미」 편의 "욕거기사辱擧其死, 개국폐욕開國閉辱"에서, 욕辱은 잡풀로 시체를 두껍게 싸는 것을 말하고, 사死는 주검[屍]이고, 국國은 묘역墓域이다. 바로 뒤의 "참천지지길강參天地之吉綱"은 공묘公墓가 길양吉壤(좋은 땅)이라는 말이다. 「치미」 편에서 "백성들이 놀자고 하면 노동하는 법을 가르치고, 백성들이 살고자 하면 (나라를 위해) 죽는 법을 가르쳐야 한다. 노동시키는 가르침이 확정되고서야 나라는 부유해지고, (나라를 위해) 죽는 가르침이 확정되어야 (임금의) 위세가 통하게 된다"[19]라고 말하는데, 이는 「유관」 편의 정신과 밀접하다.

「유관」 편의 수궁水宮은 수신水神인 현명玄冥을 말하는 것이다. 그리고 「수지水地」 편에서는 "땅은 만물의 본원이며, 모든 생물이 열매 맺어 뿌리에 쌓아 두니, 예쁘고 미운 것, 현명[賢]하고 못난 것[不肖], 우둔[愚]과 잘남[俊]이 (모두) 여기에서 나온다. 물은 땅의 혈기血氣요, 근육과 맥락이니 (몸속에서) 서로 통하고 흐른다. 그러므로 물은 공급하는 재료이다"[20]라고 말한다. 또 「수지」 편에서 물은 "하늘과 땅에 섞여

17 '富者靡之, 貧者爲之.' 『管子校注』(中), 「侈靡」 第三十五, 652頁.

18 '雕卵然後瀹之, 雕橑然後爨之.' 『管子校注』(中), 「侈靡」 第三十五, 652頁.

19 '民欲佚而教之以勞, 民欲生而教之以死, 勞教定而國富, 死教定而威行.' 『管子校注』(中), 「侈靡」 第三十五, 661頁.

20 '地者, 萬物之本原, 諸生之根菀也, 美惡賢不肖愚俊之所生也. 水者, 地之血氣, 如筋脈之通流者也, 故曰水具材也.' 『管子校注』(中), 「水地」 第三十九, 813頁.

있고, 만물 속에 숨어 있고, 쇠와 돌에서도 나오며, 모든 생물에 섞여 있으니, 따라서 물은 신神에 비견된다. (물이) 초목에 모이면, 뿌리가 일정한 깊이에 이르고, 꽃이 일정한 숫자를 얻게 되고, 열매도 일정량을 얻게 된다. 새와 짐승들이 물을 얻게 되면, 몸집이 커지고, 깃털과 털이 풍성해지며, 색채가 분명해지며 무늬가 뚜렷하게 된다. 만물 중에 그 미묘함을 다하지 않은 것이 없으니, 그 불변의 도에 되돌아감은, (그 속에) 포함된 수분이 적절하기 때문이다"[21]라고 한다.

이는 철학적 주장의 하나로서 그리스의 탈레스(Thales)의 학설이나 인도 수론水論의 원조로서 이들의 명제와 비슷하다. 원자原子가 모여서 만물이 되는데 그 핵은 유체流體라고 하였으니 이는 정말 수신水神이라 부를 만하다. 또 「수지」 편에서 "사람은 물이다. 남자와 여자의 정기精氣가 합하여 물처럼 흘러서 모양을 이룬다. 삼 개월간 (어머니의 혈관을) 입에 물고 있다. 입에 문다는 것은 무엇인가? 말한다. '다섯 가지 맛[五味]이다.' 다섯 가지 맛은 무엇인가? 말한다. '다섯 가지 장기臟器이다.' 신맛이 비장[脾]을 주관하고, 짠맛이 폐肺를 주관하고, 매운맛이 콩팥[腎]을 주관하고, 쓴맛이 간肝을 주관하고, 단맛이 심장[心]을 주관한다. … (물이) 응고하여 붙으면 사람이 되니, (이에) 아홉 감관[九竅]과 오관五官이 생겨난다"[22]라고 말한다. 오미도 「유관」 편에 나온다. 구규와 오관에서 심리心理와 정치 이론이 발전되어 나온 것이다.

「심술상心術上」 편에서 "몸에서 마음은 임금의 자리다. [신체의] 아홉 구멍[감각기관]들은, 직분이 나뉘어 있다. 마음은 정도正道에 있고, 아홉 개의 구멍은 그들의 순리에 따르고 있다"[23]라고 말하는데, 이것은 바로 심리학이다. 또 「심술상」 편에서 "귀와 눈은 보고 듣는 기관이다. 마음은 보고 듣는 일과 무관하니, (감각)기관은 자기 직분을 지키는 것이다. 마음에 욕심이 생기면, 사물이 지나가도 눈이 (그것을) 못 보며,

21 '集於天地, 而藏於萬物, 産於金石, 集於諸生, 故曰水神. 集於草木, 根得其度, 華得其數, 實得其量. 鳥獸得之, 形體肥大, 羽毛豊茂, 文理明著. 萬物莫不盡其幾, 反其常者, 水之內度適也.' 『管子校注』(中), 「水地」 第三十九, 814頁.

22 '人, 水也, 男女精氣合而水流形. 三月如咀, 咀者何? 曰五味. 五味者何? 酸主脾, 鹹主肺, 辛主腎, 苦主肝, 甘主心. … 凝蹇而爲人, 而九竅五慮出焉.' 『管子校注』(中), 「水地」 第三十九, 815, 816頁.

23 '心之在體, 君之位也. 九竅之有職, 官之分也. 心處其道, 九竅循理.' 『管子校注』(中), 「心術上」 第三十六, 759頁.

소리가 지나가도 귀가 듣지 못한다. 따라서 말한다. '임금이 자기 도리를 떠나 있으면, 신하들이 자기 직분을 못한다.' 따라서 말한다. '마음의 기능은 (스스로) 함이 없지만, 구멍[감각기관]들을 제어하니, 따라서 임금이라 부른다'"라고 말한다.[24] 이것은 정치학이다.

마음[心]은 이목耳目의 직분을 대신할 수 없기에 마음에 욕심이 생기면 눈과 귀가 자기 기능을 할 수 없게 된다. 이것이 도가道家에서 말하는 바, 임금이 "함이 없어야 다스려진다(無爲而治). 함이 없되 하지 않음이 없다(無爲而無不爲)"라는 주장이다. 이런 도가의 주장을 「임법任法」(제45편)에서는 다음과 같이 말한다. 임금은 "생각지도 않고 꾀를 내지 않으며, 걱정 없이 도모하지도 않으며, (자기) 몸만을 이롭게 하고, 몸체를 편하게 하며, 수명을 (길게) 연장하고, 옷을 내려뜨리고 손은 맞잡고 있어도 천하는 다스려진다."[25] 이것은 노자老子의 정치 주장과 크게 구별되지 않는다.

「소광小匡」 편에서는 "포숙아鮑叔牙를 대간大諫으로 삼았고, 왕자성보王子城父는 장군이 되었고, 현자기弦子旗는 옥관獄官이 되었고, 영척甯戚은 농관[田] 이 되었고, 습붕隰朋은 (다른 제후국들에) 사신으로 나갔다"[26]라고 했는데, 이理는 법관法官이다. 『한서漢書』, 「예문지藝文志」에 "법가 부류는 모두 이관理官에서 나왔다"[27]라고 말했는데, 법이 이理에서 나온 것은 자연스런 현상이라 볼 수 있다. 물[水]은 평준平準이 될 수 있으니 오량五量(약龠, 합合, 승升, 두斗, 곡斛)의 종宗(으뜸)이다. 『관자』에서는 권權, 형衡, 규規, 구矩, 준準을 함께 논하였지 법만을 논하지는 않았다. 「산지수山至數」 편에서 "환공이 관중에게 말했다. '특特이 과인에게 말했는데, 「천자天子가 죽으면 옷 300벌로 염殮을 하는데, (천자가 평소에) 너무 인색하여 (이 기회에 재산을) 푸는 것이니, 대부大夫들도 이에 따라 그렇게 후한 장례를 치르게 하십시오」 이 말은 어떻습니까?' 관

24 '耳目者, 視聽之官也. 心而無與於視聽之事, 則官得守其分矣. 夫心有欲者, 物過而目不見, 聲至而耳不聞也. 故曰: 上離其道, 下失其事. 故曰: 心術者, 無爲而制竅者也.' 『管子校注』(中), 「心術上」 第三十六, 黎翔鳳撰, 上同, 767頁.

25 '不思不慮, 不憂不圖, 利身體, 便形軀, 養壽命, 垂拱而天下治.' 『管子校注』(中), 「任法」 第四十五, 900頁.

26 '故使鮑叔牙爲大諫, 王子城父爲將, 弦子旗爲理, 甯戚爲田, 隰朋爲行.' 『管子校注』(上), 「小匡」 第二十, 423頁.

27 '法家者流, 皆出於理官.' 『漢書』, 「藝文志」, 第六冊, 1736頁.

중이 말했다. '(이것은) 법가法家(의 방식)은 아닙니다'"[28]라고 한 구절 가운데 법가法家의 법은 법도法度이고, 가家는 대부大夫를 가리키니, 구류九流의 하나인 법가와는 다른 뜻이다. 『관자』는 「정세正世」(제47편)에서 "옛것을 받들기만 하지도 않았고, 현재에 안주해 변하기를 거부하지도 않았고, 시대에 따라 변하면서, 습속을 따라서 변화하였다"[29]라고 했는데, 이는 순자荀子(기원전 316~기원전 237)의 "법후왕法後王"이나 한비韓非(기원전 281~기원전 233)의 "옛것을 배우려 기약하지 않고, 항상 옳은 것도 본받지 않는다"[30]라고 한 사상과 관점이 다르다.

「수지」 편에서 "제齊나라의 물길은 급하게 맴도니, 따라서 백성들이 탐욕스럽고 거칠다. 초楚나라의 물은 부드럽고 맑아서, 그 때문에 백성들은 가볍긴 하지만 결단성이 있다. 월越나라의 물은 진하게 탁하여 걸쭉하기에, 따라서 백성들은 어리석고, 씩씩하지만 더럽다. 진秦나라의 물은 탁한 것이 쌓여서 흐르지 못하니, 진흙으로 가라앉아 잡박雜駁하기 때문에 백성들이 탐욕스럽고 거칠며, 허망하고, 살벌하다. 진晉나라의 물은 말랐으나 빙빙 돌고, 진흙이 가라앉아 잡박하니, 따라서 백성들이 아첨하고 거짓을 감추고, 교언영색하며 이익을 좋아한다. 연燕나라의 물은 모이면 아래로 흘러 유약하고, 침체하여 잡박하니, 그러므로 백성들이 어리석고, 강직하여 곧게 서는 것을 좋아하여, 급하고 죽는 것을 쉽게 여긴다. 송宋나라의 물은 가벼우면서도 강하며 깨끗하니, 그 때문에 백성들은 여유가 있고 평이平易하고 공정한 것을 좋아한다"[31]라고 말하고 있다. 여기서 말한 물[水]은 강하江河가 아니고 못[潭] 물이기에, 돌면서 왕복하고 돌면서 내려가며, 다시 돌면서 올라갈 수도 있으니 이른바 약하면서도 밝다고 하는 것이다. 제나라에는 용이 숨어 있다는 천제연天齊淵이 있다고 한다. 이것으로 보면 초楚와 송宋의 물이 가장 좋고, 제齊는 그다음이다. '적賊' 자는 즉則과 같으니 견실堅實하다

28 '桓公問管子曰: 天子三百領, 泰嗇而散, 大夫准此而行, 此如何? 管子曰: 非法家也.' 『管子校注』(下), 「山至數」 第七十六, 1337頁.

29 '不慕古, 不留今, 與時變, 與俗化.' 管子校注』(中), 「正世」 第四十七, 922頁.

30 '是以聖人不期修古, 不法常可.' 『韓非子全譯』, 「五蠹」 第四十九, 1026頁.

31 '齊之水道躁而復, 故其民貪麤而好勇. 楚之水淖弱而清, 故其民輕果而賊. 越之水濁重而洎, 故其民愚疾而垢. 秦之水泔冣而稽, 淤滯而雜, 故其民貪戾, 罔而好事. 齊、晉之水枯旱而運, 淤滯而雜, 故其民諂諛葆詐, 巧佞而好利. 燕之水萃下而弱, 沈滯而雜, 故其民愚戇而好貞, 輕疾而易死. 宋之水輕勁而清, 故其民間易而好正.' 『管子校注』(中), 「水地」 第三十九, 831, 832頁.

는 뜻이며, 제와 초, 송은 다 은殷 문화 지역이라 볼 수 있다. 『태평광기太平廣記』 39에 『수경水經』을 인용하여서 육홍점陸鴻漸(733~804)은 "초楚나라 물이 인간세계에서 첫째이고, 진晉의 물이 최하다(楚水人間第一, 晉水最下)"라고 말했다. 『경세통언警世通言』의 「왕안석삼탄소학사王安石三難蘇學士」에서 "삼협의 물 가운데 중협中峽이 느리고 빠르기가 중간이다(三峽之水, 中峽在緩急之間)"라고 말했다. 이는 모두 초수楚水다. 진수晉水는 염지鹽池인데 맛이 짜서 최하最下라고 하였다. 「심술」 편이나 「내업」 편은 그 이론이 「수지」 편에 근원하나 꿔모뤄는 이 사실을 모르고서 송견宋鈃의 작품이라고 주장하는데, 오류임을 알 수 있다.

이렇게 방대한 문자학 지식과 분석으로 리샹평은 여타 『관자』의 해석을 압도하고 있다. 『관자』에는 학술사상으로서 법가 외에 유가, 도가, 병가, 농가, 음양가 등의 사상을 풍미하고 있다.

리샹평은 지난 세기 1960년대 초반부터 요녕遼寧대학 중문학과에서 연구를 해왔다. 그가 『관자교주』를 탈고한 것도 1960년대 초반이지만 무슨 사정에서인지, 이 원고는 中華書局의 편집부에 몇십 년 방치되어 있었고, 지난 2004년 6월에야 처음으로 출판되었다. 나는 리샹평의 이 책을 4년 동안 읽으면서 리샹평의 풍부한 문자학의 지식에 감탄하는 한편, 그가 자료의 부족으로 미처 해결하지 못하고 남겨둔 부분에서는 여러 자료를 탐독해야만 했다. 『관자』 자체가 워낙 광범하고 난해하기 때문이다. 그리고 혼자서 처리하기에는 상당히 부담되는 이 작업의 결실을 『관자』라는 책명으로 이제 세상에 내놓게 되어 무척 다행으로 생각한다. 이것을 통해 한국에서 『관자』 사상에 대한 연구가 크게 꽃피기를 빌어 본다. 선배 동학이나 후배들의 질정叱正을 기다린다.

이 책의 수많은 주석에서 내용만 소개하고, 출전을 밝히지 않은 것은, 그것들이 리샹평의 『관자교주』에서 인용한 것을 의미한다. 졸고를 읽느라 수고한 정빈나鄭斌旀(성균관대학교 박사) 군에게 감사를 드린다.

2024년 11월

양평楊平 징동澄東에서

송의산宋宜山

차례

유향의 서문

서한西漢의 유향劉向(기원전 77~기원전 6)이 『관자』를 최초로 출판했을 때의 서문[敘錄].

호좌도수사자이며 광록대부인 신하 (유)향은 아룁니다. 교감한 책 중에서 『관자』 책 389편, 태중대부 복규卜圭의 책 27편, 신하 부참富參의 책 41편, 사성교위 입立의 책 11편, 태사太史의 책 96편, 무릇 궁정 안과 밖의 책 564편, 중복되는 484편을 교감하여 제거하고서, 86편을 확정하여 저술하여, 마른 죽간에 잘 써내려갔습니다.

> 護左都水使者光祿大夫臣向言: 所校讎中管子書三百八十九篇, 太中大夫卜圭書二十七篇, 臣富參四十一篇, 射聲教尉書十一篇, 太史書九十六篇, 凡中外書五百六十四, 以校除復重四百八十四篇, 定著八十六篇, 殺青而書可繕寫也.

관자는 영상潁上 사람이고, 이름은 이오夷吾이며, 호는 중보仲父입니다. 젊었을 때, 포숙아鮑叔牙와 사귀었는데, 포숙아는 그가 현명함을 알고 있었습니다. 관자는 가난하여 항상 숙아를 속였으나, 숙아는 끝내 그를 잘 대해 주었습니다. 포숙아는 공자 소백小白을 섬겼고, 관자는 공자 규糾를 섬겼습니다. 급기야 (왕자) 소백이 (제후 자리에) 올라 환공桓公이 되었고, (왕자) 규糾는 죽었으며, 관중은 감옥의 죄수가 되었을 때, 포숙아가 관중을 천거하였습니다.

> 管子者, 潁上人也, 名夷吾, 號仲父. 少時嘗與鮑叔牙游, 鮑叔牙知其賢.

管子貧困, 欺叔牙, 牙終善之. 鮑叔事齊公子小白, 管子事公子糾. 及小白立為桓公, 子糾死, 管仲囚, 鮑叔薦管仲.

관중이 일단 제齊나라에서 정치를 맡으니, 제 환공은 패자霸者가 되어, 아홉 번이나 제후들을 소집하여, 세상을 하나로 바로잡았으니, 관중의 계책 때문이었습니다. 그러므로 관중은 이렇게 말하고 있습니다. "내가 처음 곤궁했던 시절에 포숙아와 재산을 나눌 때, 스스로 내가 많이 가져도, 포숙아가 나를 탐욕이 있다고 보지 않았던 것은 내가 가난한 것을 알았던 것이요. 일찍이 포숙아를 위해 일을 도모하다가 더욱 곤궁하게 되었는데, 포숙아는 나를 어리석은 자로 여기지 않고서, 내가 이익이 날 때도 있고 이익이 나지 않을 때도 있음으로 이해했다. 왕자 규糾가 실패하고, (그의 신하) 소홀召忽은 (함께) 죽었으나, 나는 감옥에 유폐되어 모욕을 당하고 있었는데, 포숙아는 나를 (신하로서) 염치없다고 보지 않았다. 나는 작은 일에 부끄러움을 모르나, 공명功名이 세상에 드날리지 못함을 부끄러워한다고 이해하였다. 나를 세상에 태어나게 한 이는 부모지만, 나를 (진정으로) 이해하는 이는 포숙아다."

管仲既任政於齊, 齊桓公以霸, 九合諸侯, 一匡天下, 管仲之謀也. 故管仲曰: "吾始困時, 與鮑叔分財, 多自予, 鮑叔不以我為貪, 知吾貧也. 嘗為鮑叔謀事而更窮困, 鮑叔不以我為愚, 知吾有利有不利也. 公子糾敗, 召忽死之, 吾幽囚受辱, 鮑叔不以我為無恥, 知吾不羞小節, 而恥功名不顯於天下也. 生我者父母, 知我者鮑叔."

포숙아가 일단 관중을 추천하고, 자기는 그의 아래에 앉았습니다. (관중의) 자손들이 대대로 제나라에서 봉록을 받아서, 봉읍封邑을 받은 이들이 십여 세대를 거치니, 언제나 대부大夫(귀족)자리였습니다. 관중은 재상이 되어서, 해변의 조그만 제나라에 재화를 유통시키고 재물을 축적하여, 나라를 부유하게 하고 군대를 강화했으며, 민중과 좋음과 싫음을 함께 하였습니다. 따라서 그 책(『관자』)에는 이렇게 쓰여 있습니다. "(나라의) 창고가 충실하고 의복과 먹을 것이 충족해야, (백성은) 영화로움과 모욕을 알며, 윗사람들이 법도를 지키면 (임금의) 가까운 친척들이 굳게 뭉친다." "네 개의 법도[예禮, 의義, 청렴廉, 수치심恥]가 크게 신장하지 않으면, 나라는 곧 멸망한다."

鮑叔既進管仲, 而己下之, 子孫世祿於齊, 有封邑者十餘世, 常為名大夫. 管子既相, 以區區之齊在海濱, 通貨積財, 富國彊兵, 與俗同好醜. 故其書稱曰: "倉廩實而知禮節, 衣食足而知榮辱, 上服度則六親固.[1]" "四維不張, 國乃滅亡."[2]

명령을 내리면 샘의 원천에서 흘러 내려가는 것과 같고, 법령들이 사람들의 마음을 따랐습니다. 그러므로 (나라의) 언론들은 낮아서 쉽게 시행할 수 있었습니다. 민중이 원하면 이에 그것을 주었고, 민중이 부정하면 이에 그것을 버렸습니다. 관중의 정치는 화禍를 복福으로 잘 바꾸었고, 실패를 바꾸어 성공했으며, 상품을 조절하고 화폐를 유통시키고 물가를 조절하는 일을 귀하게 여겼으며, (물건의 경중을) 재는 도구(저울 등)를 신중히 했습니다.

下令猶流水之原, 令順人心, 故論卑而易行. 俗所欲, 因予之; 俗所否, 因去之. 其為政也, 善因禍為福, 轉敗為功, 貴輕重, 慎權衡.

(제) 환공이 (진晉나라 헌공獻公의 애첩) 소희少姬에게 분노하여, 남쪽으로 채蔡나라를 습격하니, 이에 관중이 초楚나라를 치면서, (초나라가) 청모菁茅(香草)를 주周나라 왕실에 조공을 바치지 않았음을 문책했습니다. (제) 환공이 북쪽으로 산융山戎을 치자, 이에 관중은 연燕나라로 하여금 시조 소공召公의 정치를 거행하게 하였습니다. 가柯땅의 회맹에서, 환공이 (노魯나라) 조말漕沫(의 위협으로 공략한 노나라 땅을) 되돌려 주니, 관중은 이에 환공을 신임하게 되었으며, 여러 제후도 환공에게 귀부하게 되었습니다.

관중은 주나라 왕실을 빙문할 때, (천자로부터) 상경上卿의 직함은 감히 받지 못하고, (제나라의 귀족) 고高씨와 국國씨에게 양보하였습니다.

桓公怒少姬,[3] 南襲蔡, 管仲因伐楚, 責包茅不入貢於周室. 桓公北征山戎,

1 '倉廩實則知禮節, 衣食足則知榮辱, 上復度則六親固.'『管子校注』「牧民」第一篇, 2頁

2『管子校注』「牧民」第一篇, 3頁.

3 少姬는 晉獻公(?~기원전 651)의 첩실이다.

管仲因而令燕脩召公[4]之政. 柯之會, 桓公背漕沫之盟, 管仲因而信之, 諸侯歸之. 管仲聘於周, 不敢受上卿之命, 以讓高、國.

이때에 제후들이 관중을 위하여 곡穀땅에 성을 쌓고, 그의 성읍으로 삼았습니다. 『춘추』에 이것을 기록했으니, 현자를 기리기 위함입니다. 관중의 부富는 제후의 공실公室에 비견되었고, (자신이 제후인 것처럼) 세 성씨姓氏의 여자를 시집오게 하였고, (제후가 손님 접대를 위해 술잔을) 내려놓게 하는 토대土臺를 (자기 집에도) 설치했어도, 제나라 사람들은 그가 사치하다고 여기지 않았습니다. 관자가 죽었어도, 제나라가 그의 정치를 준수하여, 항상 다른 제후국들보다 강했습니다.

是時諸侯為管仲城穀, 以為之乘邑, 春秋書之, 褒賢也. 管仲富擬公室, 有三歸反坫,[5] 齊人不以為侈. 管子卒, 齊國遵其政, 彊於諸侯.

공자가 말씀하였다. "관중이 없었더라면, 아마도 (미개한 이들처럼) 머리를 산발하고 옷깃은 왼쪽으로 여몄을 것이로다!" 태사공 사마천이 말하였다. "나는 관중의 「목민」, 「산고」, 「승마」, 「경중9부」 편 등을 읽어보았다. 상세하게 언급하고 있다!" 또 말하고 있다. "'장차 아름다움에 순명하고, 악한 것을 바로잡아서 구제한다' 한 것이, 어찌 관중을 말한 것이 아니냐?"

孔子曰: "微管仲, 其被髮左衽矣." 太史公曰: "余讀管氏牧民、山高、乘馬、輕重九府, … 詳哉言之也." 又曰: "'將順其美, 救其惡, 上下能相親愛', 豈管仲之謂乎?"[6]

「9부」 편은 민간에는 없습니다. 「산고」 편은 일명 「형세」 편입니다. 무릇 『관자』 책은 나라를 부강하게 하고 백성을 편안하게 하는 데

4 召公은 성은 姬이고, 이름은 奭이다. 周나라 무왕과는 同姓 宗室이다. 무왕을 도와서 商나라를 멸망시켰다. 燕지역을 봉읍으로 받았으며, 燕나라의 시조로 불린다.

5 何晏(195~249)은 『論語集解』에서 包咸(기원전 7~기원후 65)을 인용하여, 三歸는 제후들이 '세 성씨의 여자를 시집오게 함이다'라고 말한다. 여인네가 시집을 감이 歸이다. 反坫은 술잔을 도로 내려놓기 위해 흙으로 쌓은 평대로, 두 기둥 사이에 있다.

6 '太史公曰: 吾讀管氏牧民, 山高, 乘馬, 輕重, 九府…, 詳哉其言之也. … 語曰: 將順其美, 匡救其惡, 故上下能相親也. 豈管仲之謂乎?' 『史記』, 「管晏列傳」 第二, 2136頁.

힘쓰며, 원리는 간약하고 언술은 요점적이기에, 경의와 분명하게 합치할 수 있습니다.

九府書民間無有. 高一名形勢. 凡管子書, 富國安民, 約言要, 以曉合經義.

(유)향 삼가 기록합니다.

向謹第錄上.

양침의 서문

양침楊忱의 서문[管子序]은 지금의 통행본이 된 양침본의 1044년 초판 인쇄본에 실린 것이다. 송宋나라 당시 『관자』가 다시 읽혀지기 시작했음을 나타내기 위해서 이 서문을 실었다.

서문에서 말했다. "『춘추』 책은 왕도王道를 높이고, 패도覇道를 높이지 않으며, 중원의 나라들과 어울리며, 오랑캐들과는 어울리지 않는다. (『춘추』 책은 주周나라) 평왕平王이 오랑캐의 난리를 피한 때부터 시작된다."

序曰: "春秋尊王不尊霸, 中国不與夷狄, 始于平王避夷难也."

이는 (주周) 왕실이 쇠미해진 것이니, 『주서周書』, 「문후지명文侯之命」 편에 보인다. 왕실이 쇠미해졌다는 것은 왕[天子]이 상을 내릴 수 없음이다. (『상서尙書 · 주서周書』의) 「비서費誓」 편에서, "오랑캐를 잘 방비하는 것은 제후들의 올바른 도리다"라고 했다. (『상서 · 주서』의) 「진서秦書」에서, "(제후들이) 정벌征罰을 도맡아서 한다"라고 했는데, 이것은 제후들이 (천자에 대한) 예법을 그르친 것이다. 『상서尙書』나 『춘추春秋』는 같은 종류의 책이요, (편찬된) 시대만 다를 뿐이다. 『상서』는 「문후지명文侯之命」 편으로 그(주나라) 통치(시대)를 끝내고 있으나, 『춘추』는 평왕平王이 (주나라를) 동쪽으로 천도하여 주나라가 쇠미해진 데서 시작한다.

是王室遷而微也, 見于周書文侯之命. 微王也, 是王者失赏也. 費誓善其備夷, 是諸侯之正也. 秦誓專征伐, 是諸侯之失禮也. 書、春秋合體而異世也. 書以文侯之命終其治也. 春秋以平王東遷始其微也.

동쪽으로 도읍을 옮긴 지 65년부터는 『춘추』에 진晋나라에 대한 언급이 없는데, 진晋이 쇠망하여 혼란을 조장했기 때문이다. 진나라가 중원의 제후국을 멸망시키기에 이르러서, 그다음에 진나라의 사건들이 (『춘추』 책에) 보이니, (주나라 천자가 더 이상) 상급을 내려 주지 못함을 조롱한 것이다. 주나라는 쇠미해졌으나, 다행이 그 종묘와 사직은 아직 망한 것은 아니니, 제齊 환桓공의 공적이 있었기 때문이다. 제나라가 중원의 제후국들에게 그들의 융성함에 보탬을 준 일도 없거니와, 제나라가 오랑캐들의 힘에 저항하게 한 일도 없다.

自東遷六十五年, 春秋無晉, 以其亡護亂也. 及其滅中國之國, 而後見其行事, 譏失賞也. 周之微也, 幸不夷其宗稷, 齊桓之功也. 其中国無與加其盛也, 其夷狄無與抗其力也.

(그러나 『시경詩經』의) 「위衛」나라 시詩들을 보면, 제나라가 중원의 나라들을 존립하게 했음을 찬미하고 있다. (그러나) 『춘추』에는 이에 대한 언급이 없으니, 어찌 이상하지 않은가? 하나의 나라(즉 제齊)의 풍도는 있되, 그것을 (실천한) 사람이 없다고 한다면, 오랑캐를 옹위한 셈이라고 하겠다. 왕도의 올바름을 완전히 하고, 이를 패도와 함께 어우른다면, 이것은 제후들이라도 (천자가) 하는 정복하고 벌주는 전쟁을 오롯이 한 것이다.

見于衛詩, 美其存中國也. 春秋無與辭, 何異也? 存一國之風, 無其人, 則衛夷矣. 全王道之正, 與之霸, 是諸侯可專征伐也.

(그러나) 진晋나라가 패도를 행한 것은 제齊의 패도와는 무척 다르다. (제) 환桓공은 정도正道요, (진) 문文공은 거짓이다. (제) 환공이 정도라 함은 오랑캐를 제압하여 중원의 나라들을 존립시킨 일이다. 진晋 문공이 거짓이라 함은 중원의 나라들을 짓밟고, (주周) 왕실을 쇠미하게 한 것이다. 진나라의 풍조는 자기의 아름다움을 아름답게 보지 않고, 자기의 공적을 공적으로 보지 않았으니, 그밖에 다른 것이 없다. (그) 나라 사람들조차 함께하지 않았다. 그러나 환공의 올바름은 (물론) 왕도王道의 올바름은 아니어도, (진) 문공(의 패도)는 거짓이기 때문에, (제) 환공은 올바른 것이다. 환공의 공로는 왕도의 공적은 아니나, 오랑캐를

물리치고 주周 왕실을 존속시킨 것이다. 환공이 없었으면 주 왕실은 멸망했을 것이요, 주나라가 생존한 것은 환공이 손해를 보았음이다.

夫晉之為霸也, 異齊遠矣. 桓正, 文譎. 文之為譎, 陵中國, 微王室. 晉之風也, 無美其美, 無功其功, 外無他焉, 雖國人不與也. 然而桓之正, 非王道之正也, 以文譎而桓正也. 桓之功, 非王道之功也, 以攘狄而存周也. 無桓周滅, 有周桓賊.

(제) 환공이 죽고 나니, 초楚나라 사람들이 주 왕실을 멸망시켰다. 주나라의 불행은 (제) 환공이 일찍 죽은 것이다. 그러므로 (사람들은) 말한다. "주 왕실의 존립은 (제) 환공의 공로요, 환공의 불행은 관중管仲이 일찍 죽은 일이다." 그러므로 (사람들은) 말한다. "환공의 공로는 관중의 힘이었다."

桓卒齊衰, 楚人滅周. 周之不幸, 桓之早死也. 故曰: 周之存, 桓之功也; 桓之不幸, 管仲之早死也. 故曰: 桓之功, 管仲之力也.

이로부터 초나라가 여러 나라를 멸망시키자, (각국 간의 전쟁이) 불타올랐다. 오늘날 서적들을 얻어서 (읽은) 다음에야, 오랑캐를 물리친 공적은 모두 심원한 계책이었음을 알 수 있다. 유가儒家의 문인들은, 패도는 형벌과 상 주는 일을 신봉한다고 비난하지만, 어찌 왕 된 이가 백성을 모멸하겠는가? 패도란 (국가의) 정치와 명령을 엄격히 하는 것인데, 어찌 왕 된 이가 (그것들을) 태만히 할 수 있겠는가? 패자란 (국가의) 대책들에 관하여, 어찌 왕 된 이가 (그것들을) 먼저 강구하지 않겠는가? 패자란 (백성들이) 수고로운지 편안한지 잘 살펴야 하는데, 어찌 왕 된 이가 군중에게 포악하게 대하는가? 패자는 (나라 재화) 축적을 부지런히 해야 하는데, 어찌 왕 된 이가 백성들로 하여금 부족하게 살게끔 하겠는가!

自是楚滅諸國而熾矣. 今得其著書, 然後知攘狄之功皆遠略也. 儒譏霸信刑賞, 豈王者詆民哉? 霸嚴政令, 豈王者怠忽哉? 霸鄉方略, 豈王者不先謀哉? 霸審勞佚, 豈王者暴師哉? 霸謹畜積, 豈王者使民不足哉!

또한 때때로 오랑캐들이 중국을 빙문할 때는, 크게는 (중국의) 위협에 두려움을 느꼈을 때이고, 작게는 (중국의) 인덕仁德에 감복한 것이니, (이러한) 공적 또한 지극하다고 하겠다. 불행히도 (오늘날) 명분이 바로 서지 못하니, 이렇게도 쇠퇴한 세상을 어찌하랴! 공자께서 말씀하였다. "관중管仲이 없었다면, 나는 아마도 (야만인들처럼) 머리를 산발하고 옷깃을 왼쪽으로 여미었을 것이다." 이 말씀이 그 증거가 된다.

亦時夷狄內聘, 大者畏威, 小者懷仁, 功亦至矣. 不幸名之不正, 然奈衰世何! 孔子曰: "微管仲, 吾其被髮左衽."[1] 此其據也.

때 송宋나라 갑신甲申(1044)년 가을 9월 23일 서문을 쓰다.

時大宋甲申秋九月二十三日序.

1 '微管仲, 吾其被髮左衽矣.'『論語譯注』, 「憲問」篇(14:17), 151頁.

제1편

목민 牧民

백성을 다스림

본 편은 다섯 부분으로 논술하고 있다. ① "나라를 위한 송가"[國頌], ② "네 개의 벼리"[四維], ③ "네 가지 (백성의 요구를) 따름"[四順], ④ "업무의 도리"[事經], ⑤ "육친六親과 오법五法"이다.

무릇 영토를 가지고 백성을 다스리는 이는, 사계절의 할 일에 힘을 쓰고 (나라의) 창고를 잘 지켜야 한다. 나라에 재화가 많으면 먼 곳의 사람들이 몰려오고, 창고가 충실해야 (백성들이) 예절을 알고, 옷과 먹을 것이 충족하면 영화榮華와 모욕을 알며, 임금이 법도를 지키면 (왕의) 친척들이 단결하고, 네 가지 윤리[仁, 義, 禮, 智]가 펼쳐지면, 임금의 명령이 이행된다. 따라서 형벌을 살피는 요점은 (옷감의) 무늬 넣기나 (철기의) 기교를 금禁하는 데 있다. 나라의 법도를 지킨다는 것은 네 가지 윤리를 잘 다듬는 것이다. 백성을 훈육하는 도리는 귀신을 섬기고, 산천에 제사 지내고, 종묘 사당을 공경하고 조상들을 공경함에 있다. 계절의 할 일에 힘쓰지 않으면 재화가 생겨나지 않고, 농지를 이롭게 함에 힘쓰지 않으면 창고가 가득 차지 않는다. 들판이 황폐해지면 백성이 곧 도망질치고, 임금이 (소비에) 제한이 없으면 백성도 곧 분수를 모르게 된다. (옷감의) 문양이나 (철기의) 꾸밈새를 금지하지 않으면 백성은 곧 방종하게 된다. 두 원천을 방지하지 못하면 이에 형벌이 많아진다. 귀신 숭배를 분명하게 가르치지 않으면 천민들이 깨닫지 못하게 되고, 산천에 제사 지내지 않으면 (임금의) 엄숙한 위령을 듣지 못하게 된다. 종묘를 공경하지 않으면 (상응하는 처벌을) 임금에게 되묻게 된다. 조상을 공경하지 않으면 효도와 형제애가 갖추어지지 않는다. 네 가지 윤리가 펼쳐지지 않으면 나라는 이에 멸망하고 만다.

凡有地牧民者, 務在四時, 守在倉廩. 國多財則遠者來, 地辟擧則民留處; 倉廩實則知禮節, 衣食足則知榮辱; 上服度則六親固, 四維張則君令行.[1] 故省刑之要, 在禁文巧; 守國之度, 在飾[2]四維; 順[3]民之經在明鬼神, 祗山川, 敬宗廟, 恭祖舊. 不務天時, 則財不生; 不務地利, 則倉廩不盈. 野蕪曠則民乃菅,[4] 上無量則民乃妄. 文巧不禁則民乃淫, 不璋[5]兩原[6]則刑乃繁. 不明鬼神則陋民不悟, 不祗山川則威令不聞, 不敬宗廟則民乃上校,[7] 不恭祖舊則孝悌不備. 四維不張, 國乃滅亡.

위는 "나라를 위한 송가"다.

右"國頌"

나라에는 네 가지 벼리[근간]가 있다. 벼리 하나가 끊어지면 (나라가) 기울고, 둘이 끊어지면 (나라가) 위태롭고, 셋이 끊어지면 (나라는) 뒤집어지며, 넷이 끊어지면 (나라는) 멸망한다. (나라가) 기울면 바로잡을 수 있고, 위태로우면 안정시킬 수 있고, 뒤집어져도 (다시) 일으킬 수 있으나, 멸망하면 다시 어떤 조치를 할 수 없다. 무엇이 네 개의 벼리인가? 첫째는 예의[禮]이고, 둘째는 의리[義]이고, 셋째는 깨끗한 마음씨[廉]이고, 넷째는 (도덕적으로) 부끄러워함[恥]이다. 예의는 절도를 넘어서지 않으며, 의리는 (혼자만) 멋대로 나서지 않는 것이고, 깨끗한 마음씨는 잘못을 은폐하지 않으며, 부끄러워함은 비뚤어진 일을 따라 하지 않는다. 따라서 (예의가) 절도를 넘지 않으면 임금의 자리가 안정되며, 멋대로 나서지 아니하면 백성이 교묘하게 속이지 않으며, 악을 은폐시키지 않으면 행동이 스스로 온전해지고, 비뚤어진 일을 따라 하지 않으면 사악한 일이 생기지 않는다.

1 四維는 보통 禮, 義, 廉, 恥로 이해하고 있다.
2 飾은 飭(정돈하다)과 통한다.
3 順은 訓(가르치다)의 뜻이다.
4 菅은 逭(도망치다)의 뜻이다.
5 璋은 墇(물이 새지 않게 틀어막다)의 뜻이다.
6 尹知章(약 669~718)의 주석에 의하면, 兩原은 '妄之原, 上無量也; 淫之原, 不禁文巧也'를 가리킨다. 두 원천은 ① 임금의 무절제한 소비와 ② 백성들의 절제 없는 사치다.
7 校는 報(죗값에 마땅한 형벌을 내림)의 뜻이다.

國有四維. 一維絶則傾, 二維絶則危, 三維絶則覆, 四維絶則滅. 傾可正也, 危可安也, 覆可起也. 滅不可復錯[8]也. 何謂四維? 一曰禮, 二曰義, 三曰廉, 四曰恥. 禮不踰節, 義不自進, 廉不蔽惡, 恥不從枉. 故不踰節, 則上位安, 不自進則民無巧詐, 不蔽惡則行自全, 不從枉則邪事不生.

위는 "네 개의 벼리"다.

右"四維"

정치가 흥성한 것은 민심을 따르는 데 있고, 정치를 그르치는 일은 민심을 거스르는 데 있다. 백성은 근심스럽고 수고스러운 일을 싫어하니 나는 그들이 편히 쉬고 즐거워하게 해주며, 백성은 가난하고 (사회적으로) 천賤하게 되는 것을 싫어하니 내가 그들을 부유하고 (사회적으로) 귀貴하게 해주며, 백성은 (목숨이) 위태롭고 (험한 곳으로) 떨어지는 일을 싫어하니 내가 그들의 목숨을 지켜 주고 안전하게 해주며, 백성은 (가정이) 망하고 (대가) 끊어지는 일을 싫어하니 내가 그들을 생육시켜 준다. (내가) 그들이 편히 쉬고 즐거워하게 해주면 백성은 임금을 위해 걱정하고 수고하며, 그들을 부유케 하고 (사회적으로) 귀하게 해주면 백성은 임금을 위해 가난해지고 (사회적으로) 천해지며, 목숨을 지키고 안전하게 대하면 백성은 임금을 위해 (목숨을) 위태로움을 마다 않고 (험지에라도) 추락하며, 생육하게 해주면 백성은 임금을 위해 (자기 집이) 망하거나 (자기 대가) 끊어지는 일을 할 수 있다. 그러므로 형벌로써는 백성의 뜻을 두렵게 만들기에 부족하며, 사형을 내려도 백성의 마음을 복종시키기에 부족하다. 그러므로 형벌이 많아져도 (백성의) 뜻이 두려워하지 않으면 (임금의) 명령은 시행될 수 없을 것이고, 사형시키는 일이 많더라도 (백성의) 마음이 굴복하지 않으면 임금의 자리는 위태로울 것이다! 따라서 (임금이) 백성의 네 가지 요구를 따라 주면 멀리 있는 이도 스스로 가까이 올 것이며, 백성이 싫어하는 네 가지를 실시하면 가까이 있는 이들조차 임금을 배반한다. 따라서 (백성에게) 주는 것

8 錯은 措(조치하다)의 뜻이다.

이 (그들에게서) 취하는 것임을 아는 것이 정치의 보배다.

政之所興, 在順民心; 政之所廢, 在逆民心. 民惡憂勞, 我佚樂之; 民惡貧賤, 我富貴之; 民惡危墜, 我存安之; 民惡滅絶, 我生育之. 能佚樂之則民爲之憂勞, 能富貴之則民爲之貧賤, 能存安之則民爲之危墜, 能生育之則民爲之滅絶. 故刑罰不足以畏其意, 殺戮不足以服其心. 故刑罰繁而意不恐, 則令不行矣. 殺戮衆而心不服, 則上位危矣. 故從其四欲, 則遠者自親; 行其四惡, 則近者叛之. 故知予之爲取者, 政之寶也.

위는 "네 가지 (백성의 요구를) 따름"이다.

右"四順"

기울어질 수 없는 땅에 나라를 세우고, 바닥이 드러나지 않는 창고에 (재화를) 쌓아 두고, 끝이 드러나지 않는 곳간에 (재물을) 숨겨 두며, 샘에서 흐르는 물처럼 명령을 하달한다. 백성들로 하여금 직분을 다투지 않게 해야 하며, (임금은 백성이 죄를 지으면) 죽을 수밖에 없는 길을 분명히 보여 주고, (노력하면) 반드시 획득할 수 있는 방도를 열어 주어야 한다. 이룰 수 없는 일은 (아예) 하지도 않고, 얻을 수 없는 것은 (아예) 구하지도 않는다. (임금은) 오랫동안 머무를 수 있는 곳이 아니면 (그곳에) 거처하지 않고, 다시 반복하여 실시할 수 없는 일은 실행시키지 않는다. 기울어질 수 없는 땅에 나라를 세운다는 것은 덕이 있는 이에게 (높은 지위와 권력을) 준다는 것이다. 바닥이 드러나지 않는 창고에 (재화를) 쌓는다는 것은 오곡五穀의 생산에 힘쓰는 것이다. 끝이 드러나지 않는 곳간에 (재물을) 숨겨 둔다는 것은 뽕나무, 삼[麻]을 키우고 가축들을 기르는 것이다. 샘에서 흐르는 물처럼 명령을 내린다는 것은 명령이 민심을 따르는 것이다. 백성으로 하여금 직분을 다투지 않게 하는 것은 각 사람마다 그의 장기長技를 하게 함이다. (죄를 지었으면) 반드시 죽는 길을 분명히 한다는 것은 형벌을 엄하게 한다는 것이다. 반드시 얻을 수 있는 문을 열어 준다는 것은 경사스러운 상급에 믿음을 갖게 하는 것이다. 이룰 수 없는 일을 하지 않는다는 것은 백성의 힘을 헤아리는 것이다. 얻을 수 없는 것은 구하지도 않는다는 것은 백성이 싫어하는 것을 강제로 하지 않는다는 것이다. 오랫동안 머무를 수 없는 곳에 거처하지 않게 한다는 것은 한 사람의 일생을 몰래 훔치려는 것이 아니다. 다시 실행할 수 없는 일을 시키지 않는다는 것은 자기 백성을 기만하지 않는다는 것이다. 따라서 덕 있는 이에게 (높은 지위와 권력을) 주면 나라가 안정되고, 오곡(의 생산)에 힘쓰면 식량이 충족해지고, 뽕나무와 삼을 기르고 가축을 키우면 백성이 부유해지고, 명령이 민심을 따르면 위엄스런 명령들이 실행되고, 백성들로 하여금 각기 자기 장기를 시행하게 하면 쓰임새가 갖추어지고, 형벌을 엄격하게 시행하면 백성이 나쁜 짓을 멀리하게 되고, 경사스런 상급에 믿음이 가게 하면 백성이 어려운 일도 가볍게 여긴다. 백성의 힘을 헤아려 주면 이루지 못할 일이 없어지고, 백성이 싫어하는 바를 억지로 강제하지 않으니 사기와 거짓이 생겨나지 않고, 일생을 몰래 훔치지 않으니 백성의 원망하는 마음을 품지 않고, 자기 백성을 속이지 않으니 아랫사람들이 윗사람을 친애한다.

錯國於不傾之地, 積於不涸之倉, 藏於不竭之府, 下令於流水之原. 使民於不爭之官, 明必死之路, 開必得之門. 不爲不可成, 不求不可得. 不處不可久, 不行不可復. 錯國於不傾之地者, 授有德也. 積於不涸之倉者, 務五穀也. 藏於不竭之府者, 養桑麻育六畜也. 下令於流水之原者, 令順民心也. 使民於不爭之官者, 使各爲其所長也. 明必死之路者, 嚴刑罰也. 開必得之門者, 信慶賞也. 不爲不可成者, 量民力也. 不求不可得者, 不强民以其所惡也. 不處不可久者, 不偸取一世也. 不行不可復者, 不欺其民也. 故授有德則國安, 務五穀則食足, 養桑麻、育六畜則民富, 令順民心則威令行, 使民各爲其所長則用備, 嚴刑罰則民遠邪, 信慶賞則民輕難. 量民力則事無不成, 不强民以其所惡則詐僞不生, 不偸取一世則民無怨心, 不欺其民則下親其上.

위는 "업무의 도리"다.

右"士[9]經"

집안을 다스리는 능력만으로는 고을을 다스릴 수 없다. 고을을 다스리는 능력만으로는 나라를 다스릴 수 없다. 나라를 다스리는 능력

9 士는 事(일, 업무)와 통한다.

만으로는 온 세상을 다스릴 수 없다. 집안을 다스리는 능력이 있으면 집을 다스리고, 고을을 다스릴 능력이 있으면 고을을 다스리고, 나라를 다스릴 능력이 있으면 나라를 다스리고, 온 세상을 다스릴 능력이 있으면 온 세상을 다스린다. (내국인은) 같은 성씨姓氏가 아니라고 말하지 말라, (그러나) 먼 데 사람(의 말)을 듣지 말라! 같은 고을(사람)이 아니라고 말하지 말라, (그러나) 먼 데 사람(의 말)을 받아들이지 말라! 같은 나라(사람)이 아니라고 받아들이지 말라, (그러나) 먼 데 사람(의 말)을 따르지 말라! 땅과 같고 하늘과 같으니, 무엇에 사사롭고 무엇과 친한가? 달과 같고 태양과 같은 것이 임금의 절도로다! 백성을 조절하는 고삐는 임금이 귀하게 보는 것이다. 백성을 이끄는 방도는 임금이 우선시하는 것이다. 백성에게 고시하는 길은 임금의 좋아함과 싫어함이 있는 곳이다. 따라서 임금이 그것을 구한다면 신하들은 그것을 찾아야 하고, 임금이 그것을 즐겨 먹으면 신하들도 그것을 먹게 되고, 임금이 그것을 좋아하면 신하들은 그것에 복종하게 되고, 임금이 그것을 싫어하면 신하들은 그것을 숨긴다. 너의 나쁜 점을 숨기지 말라, 너의 법도를 달리하지 마라! (그러하지 않으면) 현자라도 장차 너를 도울 수 없을 것이다. (법이란,) 방 안에서 말해도 방 안의 모든 이가 듣고, 당상에서 말하면 당상의 모든 이가 듣고 이해할 수 있어야, 이를 일러 성왕聖王이라 한다. 내성과 외성, 도랑과 해자라도 (성을) 굳게 지키기에 부족하고, 군대의 갑옷과 (군졸들의) 강력한 힘이라도 적과 맞서기에 부족하고, 넓은 땅과 많은 재화라도 백성을 유지하기에 부족하다. 오직 도술 있는 자만이 문제가 아직 보이지 않는데도 대비할 수 있기 때문에 불행이 싹틀 수 없다. 세상에는 신하들이 없다고 걱정할 필요가 없고, 그들을 부릴 임금이 없음을 걱정해야 한다. 세상에 재물이 없다고 걱정할 필요가 없고 그것을 (사람들에게) 분배해 줄 사람이 없다는 것을 걱정해야 한다. 따라서 천시天時를 아는 이를 우두머리로 세울 수 있다. 사심이 없는 이를 우두머리에 앉힐 수 있으며, 천시를 잘 관찰하여 알며, 비용을 잘 관찰하며, 관리를 잘 배치시키는 이를 임금으로 받들 수 있다. (일 처리가) 늦은 이는 일 처리에서 낙후되고, 재물에 인색하면 친한 사람을 잃게 되고, 소인배를 신임하면 (정직한) 선비를 잃게 된다.

以家爲鄕, 鄕不可爲也. 以鄕爲國, 國不可爲也. 以國爲天下, 天下不可爲也. 以家爲家, 以鄕爲鄕, 以國爲國, 以天下爲天下. 毋曰不同生,[10] 遠者不聽. 毋曰不同鄕, 遠者不行. 毋曰不同國, 遠者不從. 如地如天, 何私何親? 如月如日, 唯君之節. 御民之轡, 在上之所貴. 道[11]民之門, 在上之所先. 召[12]民之路, 在上之所好惡. 故君求之則臣得之, 君嗜之則臣食之, 君好之則臣服之, 君惡之則臣匿之. 毋蔽汝惡, 毋異汝度, 賢者將不汝助. 言室滿室, 言堂滿堂, 是謂聖王. 城郭溝渠不足以固守, 兵甲强力不足以應敵, 博地多財不足以有衆. 惟有道者能備患于未形也, 故禍不萌. 天下不患無臣, 患無君以使之. 天下不患無財, 患無人以分之. 故知時者可立以爲長, 無私者可置以爲政.[13] 審於時而察於用而能備官者, 可奉以爲君也. 緩者後於事, 吝於財者失所親,[14] 信小人者失士.

위는 "육친六親과 오법五法"이다.

右"六親五法"

10 生은 姓(가족)과 통한다.
11 道는 導(이끌다)와 통한다.
12 召는 詔(고하다, 알리다)와 통한다.
13 丁士涵에 의하면, 政은 正(우두머리)으로 읽어야 한다.
14 丁士涵에 의하면, 吝은 俗에서 吝(아끼다)로 쓴다.

형세 形勢

형세形勢에서 형形은 사물의 존재 형태를 가리키고, 세勢는 사물·사태의 변화, 발전의 추세를 의미한다. 본 편에서는 치국治國, 치세治世의 규칙성을 말하고 있다. 사마천司馬遷은 이 「형세」 편에서 첫 글자를 따와, 「산고山高」라고 불렀다. 전편全篇에서 많은 예를 들어, 자연계와 인류 사회가 발전하고 변화하는 인과관계와 법칙이 있음을 설명하고 그런 것들을 중시할 것을 말하고 있다.

산이 높고 (오랫동안) 무너지지 않으면 (자연히) 제사에 쓸 양이 오게 되어 있다. 연못이 깊어서 (물이) 마르지 않으면 (사람들이) 옥가락지를 (물에) 던지며 기도드리는 일이 생긴다. 하늘[天]은 상규를 변화시키지 않고, 땅[地]은 그 법칙을 바꾸지 않으며, 봄, 여름, 가을, 겨울도 그 절기를 고치지 않으니, 옛날이나 지금이 한결같다. 교룡蛟龍이 물을 만나면 신령함이 나타나고, 호랑이와 표범은 으슥한 숲에서 위엄이 실리며, 바람과 비는 (한) 방향으로 내리지 않으니 원망하고 분노해도 미칠 수 없다. 귀족이 또한 명령을 내리고, 천민들이 자기 비천함을 잊으니, 목숨이 길고 짧은 것과 가난과 부자는 그저 오는 것이 아니다. (백성이) 명령을 받드는 것은 임금의 존귀함 때문이고, (백성이) 말씀을 받는 것은 (군신 간의) 명분 때문이다.

山高而不崩, 則祈羊至矣. 淵深而不涸, 則沈玉極[1]矣. 天不變其常, 地不易其則, 春秋冬夏不更其節, 古今一也. 蛟龍得水而神可立也,[2] 虎豹得幽而

1 極은 至(이르다, 생겨나다)와 통한다.
2 蛟龍은 전술에 나오는 용의 한 가지다. 모양은 뱀과 같으며 길이가 한 길이 넘고, 네 발이 넓적하고 머리가 작으며, 가슴이 붉고 등에는 푸른 무늬가 있으며, 옆구리와 배는 비단처럼 부드럽다고 한다.

威可載也, 風雨無鄉而怨怒不及也. 貴有以行令,[3] 賤有以忘卑, 壽夭貧富無徒歸也. 銜命者, 君之尊也; 受辭者, 名之運也.

임금이 무위無爲하여도 백성이 스스로 시도試圖하고, 제기祭器를 잡고서 무슨 말을 하지 않아도 종묘와 사당이 잘 정돈되며, (하늘에서) 기러기와 고니들이 아름다운 소리를 내면, 백성은 (아래서) 찬미할 뿐이다. (주周 문왕文王의) 수많은 인재에게, 은殷나라 백성이 감화된 것이다. (은나라) 주紂왕의 실정失政 때문에, (은나라의 비판적 지성인 예 미자微子의) 간언諫言을 가벼이 보고 듣지 않았으니, 제비나 참새가 모여 있어도, 길 가는 사람은 거들떠보지도 않는다. 온전한 희생 제물과 보물이라도 귀신을 흠향시키기에는 부족하니, 임금의 공적이 있다면, 보물과 비단이 무슨 소용인가! 예羿의 도리는 활쏘기가 아니요, 조보造父의 기술은 말 모는 것이 아니요, 해중奚仲의 재주는 나무를 잘 깎는 것이 아니다. 먼 데 있는 사람을 불러오는 데는 사신使臣만 가지고는 할 수 없고, 가까운 사람들을 친하게 만드는 데는 (빈) 말만으로는 안 되니, 오직 (남의 눈에 띄지 않게) 음행하는 사람만이 할 수 있다.

上無事則民自試, 抱蜀不言而廟堂既修. 鴻鵠鏘鏘, 唯民歌之. 濟濟多士,[4] 殷民化之. 紂之失也, 飛蓬之間, 不在所賓;[5] 燕雀之集, 道行不顧. 犧牷圭璧不足以饗鬼神, 主功有素, 寶幣奚爲! 羿[6]之道非射也, 造父[7]之術非馭也, 奚仲[8]之巧非斲削也. 召遠者使無爲焉, 親近者言無事焉, 唯夜行者獨有也.

평원의 축축한 곳이 어떻게 높다고 하겠는가? 큰 산의 후미진 곳이 어떻게 높다고 하겠는가? 좋은 사람을 비방하고 악행을 한 사람을 칭찬하는 사람에게, 큰일을 맡길 수 없다. 발걸음이 큰 사람은 멀리까

3 有는 又와 통한다.
4 濟濟는 수많은 모양이다. 濟濟多士는 수많은 인재를 의미한다.
5 許維遹에 의하면, 閒은 諫(옳지 못한 처사나 과오를 고치도록 말함)과 통한다. 飛蓬은 輕微를 말한 것이다. 賓은 聽(듣다)으로 훈독된다. 黎翔鳳에 의하면, 飛蓬은 微子와 관련이 있다. 微子의 머리는 飛蓬과 같다며 탄식한 것이다.
6 羿는 고대 신화에 활 잘 쏘는 인물이다.
7 造父는 周나라 때의 마차를 잘 몰고 말을 잘 훈련시킨 인물이다.
8 奚仲은 夏 때의 수레 만드는 기술자다.

지 갈 수 있고, (나라의) 걱정을 생각하는 사람은 도리[道]를 불러올 수 있다. 계책을 빨리 제시하지만 가까이에서 문제를 일으키는 사람은, 가서 불러오지 말아야 한다. 장구한 이익을 강구하는 자는 멀리까지 내다볼 수 있다. 큰일을 하는 사람은 뭇사람들을 다스릴 수 있다. (왕공) 대인의 마음은 반드시 백성을 받아들이고 결코 싫어하지 않는다. 꼭 이룰 수 있다고 하는 일도 믿을 수 없고, 꼭 승낙할 것이란 말도 믿을 수 없다. 작은 일에 소심하면 큰일을 이룰 수 없고, 음식을 가려 먹는 자들은 몸이 살찔 수 없다. 이런 버릴 수 없는 말씀을 가진 이는, 반드시 천지(의 공평무사함)에 참여할 수 있다.

平原之隰, 奚有於高? 大山之隈, 奚有於深? 訾讆之人, 勿與任大. 譕臣[9]者可以遠擧, 顧憂者可與致道. 其計也速, 而憂在近者, 往而勿召也. 擧長者,[10] 可遠見也. 裁大者, 衆之所比[11]也. 美[12]人之懷, 定服而勿厭也. 必得之事不足賴也, 必諾之言不足信也. 小謹者不大立, 訾食者不肥體. 有無棄之言者, 必參於天地也.

물가 언덕에서 세 길[仞]을 떨어지는 일은 사람에게는 크게 어려운 일이나, 원숭이들은 그곳에서 물을 마신다. 그래서 말한다. "뻐기고 자만하며 멋대로 하는 일을 좋아하는 것이, 화를 불러오는 일이다." 들판에 가지 않더라도, (타고 갈) 말을 포기하지 말고 길러야 한다. (백성들에게) 베풀고 착취하지 않는 자는, (그런 임금은) 천지와 짝할 수 있다. 게으른 사람은 일을 못 맞추고 (도리를) 버리지 않는 사람은 귀신처럼 일을 한다. (능한 사람은) 정신이 안에 있으나 일을 못하는 사람은 문에서 기다릴 뿐이다. 안에 있는 이는 (마음이) 여유로우나, 문에 있는 이는 (마음이) 피곤할 뿐이다. 새벽에 경계하여 나태하지 말 것이며, 나중에 교만해지면 재앙을 만나게 된다. 아침에 할 일을 잊어버리면 저녁에 일의 결과를 얻지 못한다. 나쁜 기운이 몸속에 들어오면 바른 낯빛도 쇠퇴한다. 임금이 임금 같지 않으면 신하가 신하 같지 않고, 아비가

9 臣은 巨(크다)의 오자다. 張佩綸(1848~1903)은 譕臣을 踱距로 이해하여, 『淮南子』, 「氾論訓」에 나오는 '蹠距者擧遠'(발걸음이 큰 사람은 멀리까지 간다)으로 읽었다.

10 擧長者는 장구한 이익에 중점을 둔 사람이란 뜻이다.

11 裁는 材와 통하고, 比는 庀(다스리다, 갖추다)와 통한다.

12 美는 여기서 大와 뜻이 통한다.

아비 같지 않으면 자식이 자식 같지 않다. 임금이 제 역할을 못하면 아랫사람도 자기가 지켜야 할 절도를 넘어서고, 임금과 신하가 화합하지 않으면 (임금의) 명령은 실행되지 않는다. (임금의) 의관衣冠이 바르지 못하면 손님 접대하는 예관들이 장중하지 못하며, (임금의) 나아가고 물러남에 준칙[儀]이 없으면 법령[政令]이 이행되지 않으니, (임금이 신하와 백성을) 마음에 품고 또한 위엄이 있어야, 임금의 도리가 갖추어지는 것이다.

墜岸三仞, 人之所大難也, 而猿猱飲焉. 故曰: "伐矜好專, 擧事之禍也." 不行其野, 不違其馬. 能予而無取者, 天地之配也. 怠倦者不及, 無廣者疑神. 神者在內, 不及者在門. 在內者將假, 在門者將待.[13] 曙戒勿怠, 後穉[14]逢殃. 朝忘其事, 夕失其功. 邪氣入內, 正色乃衰. 君不君則臣不臣, 父不父則子不子. 上失其位則下踰其節, 上下不和, 令乃不行. 衣冠不正則賓[15]者不肅, 進退無儀則政令不行, 且懷且威則君道備矣.

(신하와 백성을) 즐겁게 해주지 않으면 그들도 (임금을) 애련히 여기지 않고, (신하와 백성을) 살려 주지 않으면 그들도 (임금을) 위해 죽지 않는다. (임금으로부터) 가는 것이 지극하지 않으면, (백성들로부터) 오는 것도 없을 것이다. '도道'가 말하는 것은 하나지만, 그 쓰임새는 다르다. 도를 듣고 집안을 잘 다스렸으면 한 집의 사람이다. 도를 듣고 고을을 잘 다스렸으면 한 고을의 사람이다. 도를 듣고 나라를 잘 다스렸으면 한 나라의 사람이다. 도를 듣고 천하를 잘 다스렸으면 천하의 사람이다. 도를 듣고서 만물을 제자리에 안정시켰으면, 천지와 짝할 수 있는 사람이다. 도가 떠났으면 백성들은 오지 않고, 도가 왔으면 백성들은 떠나지 않으니, 도가 있는 곳에 몸소 귀화한다. 가득한 것을 유지하는 것은 하늘과 함께한 것이요, 위태로움을 편안하게 한 것은 인심과 함께 한 것이다. 하늘의 법도를 잃었으면 비록 가득해도 반드시 고갈될 것이요, 상하가 불화하면 안정된 것도 반드시 위태로워질 것이다. 천하에 임금 노릇하려고 하면서 천하의 도를 잃어버렸으면, 천하를 얻어

13 將待는 將怠와 뜻이 통한다. '피곤하다'의 뜻이다.
14 許維遹에 의하면, 穉는 驕(교만하다)의 뜻이다.
15 賓은 儐(인도하다, 대접하다)과 통한다.

서 왕 노릇할 수가 없다. 하늘의 도리를 얻었으면 정치는 자연스러울 것이요, 하늘의 도리를 잃었다면 비록 (임금 자리에) 세워졌다 해도 불안한 것이다. 일단 도를 얻었다 해도 그것이 어떻게 해서 된 것인지도 모르고, (왕업의) 성과가 일단 이루어졌다 해도 그것이 언제 떠날지를 모른다. 숨겨져 있어서 형체가 없는 것이 하늘의 도리다.

莫樂之則莫哀之, 莫生之則莫死之. 往者不至, 來者不極.[16] 道之所言者一也, 而用之者異. 有聞道而好爲家者, 一家之人也. 有聞道而好爲鄕者, 一鄕之人也. 有聞道而好爲國者, 一國之人也. 有聞道而好爲天下者, 天下之人也. 有聞道而好定萬物者, 天下之配也. 道往者其人莫來, 道來者其人莫往, 道之所設, 身之化也. 持滿者與天, 安危者與人. 失天之度, 雖滿必涸; 上下不和, 雖安必危. 欲王天下而失天下之道, 天下不可得而王也. 得天之道, 其事若自然; 失天之道, 雖立不安. 其道旣得, 莫知其爲之; 其功旣成, 莫知其釋之. 藏之無形, 天之道也.

지금에 의심스러운 것이 있으면 옛것을 살펴보고, 앞으로 올 것이 무엇인지 모르면 지나간 역사를 보라! 모든 일의 내용은 달라도 귀결점은 똑같고, 옛날과 지금이 하나다. 생나무 기둥이 집을 허물어뜨려도 원망과 분노가 미칠 수 없으나, 어린아이가 기와를 (땅으로) 떠밀어 버렸다면 사랑스런 어머니라도 회초리를 든다. 천도의 원칙이라면 멀리 있는 사람도 스스로 (그것을) 가까이할 것이고, 인위적으로 조작한다면 가까운 친척이라도 원망하게 된다. 만사 만물은 사람들에 대하여 사사롭게 가까이하지도 않고, 사사롭게 멀리하지도 않는다. 능숙한 사람은 여유롭지만 어리석은 사람은 부족함이 있기 마련이다. 천도를 따라 일하는 사람은 하늘이 도와주고, 천도에 어긋나게 일하는 사람은 하늘이 등진다. 하늘이 등을 지면, 성공한다 해도 반드시 실패할 것이다. 하늘에 순응하면 결과가 좋을 것이요, 하늘과 어긋나면 흉한 꼴을 당해 다시 일어설 수 없게 된다.

疑今者察之古, 不知來者視之往. 萬事之生[17]也, 異趣而同歸, 古今一也. 生棟覆屋, 怨怒不及. 弱子下瓦, 慈母操箠. 天道之極, 遠者自親; 人事之

16 極은 至(이르다)의 뜻이다.
17 生은 性이다.

起, 近親造怨. 萬物之於人也, 無私近也, 無私遠也, 巧者有餘, 而拙者不足. 其功順天者天助之, 其功逆天者天違之. 天之所助, 雖小必大; 天之所違, 雖成必敗. 順天者有其功, 逆天者懷其凶, 不可復振也.

까마귀들의 사귐은 좋은 것 같아도 친하지 않다. 거듭 묶지 않은 매듭은 비록 단단해 보여도 반드시 풀어진다. 도를 실생활에 적용할 때에는 신중함을 귀히 여긴다. 신뢰할 수 없는 이와 사귀지 말고, 할 수 없는 이에게 강권하지 말며, 이해하지 못하는 사람에게 알려 주지 말라! 신뢰할 수 없는 이와 함께하고 할 수 없는 이에게 강권하며 이해하지 못하는 이에게 알려 주면 고생만 하고 일의 결과가 없다. 겉으로 친절한 이와 사귐은 친하지 않은 것과 거의 같고, 친애하는 듯 보여도 거의 맺어지지 못하고, 덕을 베푸는 듯 보여도 거의 보답을 못 얻는다. 사방의 사람들이 귀의歸依하게 하는 것은 내심으로 행한 덕일 뿐이다. 혼자 왕 노릇하는 군주는 고생스럽고 화禍만 많게 된다. 혼자 날뛰는 군주는 비천해지고 위세가 없게 된다. 스스로 혼인하겠다고 나서는 여자와 같아서, (스스로) 추해지고 신용이 없게 됨과 같다. 보지 않았어도 친밀감이 느껴지는 임금에게 사람들은 모여든다. 오랫동안 잊을 수 없는 임금에게 사람들은 모여든다. 해와 달이 밝게 빛나지 않아도 하늘은 그것을 바꾸지 않는다. 높은 산이 눈에 보이지 않아도 땅은 그것을 바꾸지 않는다. 말을 해놓고 그 말을 다시 실행에 옮길 수 없다면, 임금은 (그것을) 말하지 않는다. 실행하되 그것을 다시 행할 수 없다면, 임금은 (그것을) 실행하지 않는다. 무릇 다시 되풀이하지 못하는 말과 다시 시행할 수 없는 일이란, 나라를 가진 임금이 크게 금해야 하는 것이다.

烏鳥之狡, 雖善不親. 不重之結, 雖固必解. 道之用也, 貴其重[18]也. 毋與不可, 毋彊不能, 毋告不知. 與不可, 彊不能, 告不知, 謂之勞而無功. 見與之交, 幾於不親; 見哀[19]之役, 幾於不結; 見施之德, 幾於不報. 四方所歸, 心行者也. 獨王之國, 勞而多禍. 獨國之君, 卑而不威. 自媒之女, 醜而不信. 未之見而親焉, 可以往矣. 久而不忘焉, 可以來矣. 日月不明, 天不易也. 山高而不見, 地不易也. 言而不可復者, 君不言也. 行而不可再者, 君不行也. 凡言而不可復, 行而不可再者, 有國者之大禁也.

18 重은 愼重의 뜻이다.
19 哀는 愛와 통한다.

권수 權修

권력을 닦음

권수權修는 권력을 닦는다는 말이다. 본 편에서는 주로 권력을 닦는 중요성, 정권을 공고히 하고, 백성을 관리하며, 나라를 다스리는 방법 등을 말하고 있다. 저자는 또한 농업을 중시하고, 민력을 아끼며, 백성의 교화와 법치를 존중하는 사상 경향을 나타내고 있다.

만량의 (수레를 소유한) 나라의 군대에는 (그것을) 주관하는 장수가 없을 수 없다. 토지가 넓고 큰데 들판을 (관리할) 관리가 없을 수 없다. 백성이 많은데 관부官府에서 (일을 주재할) 장이 없을 수 없고, 백성의 운명을 조절함에 조정朝廷에 정책이 없을 수 없다. 토지는 넓으나 나라가 가난한 것은 들판이 개간되지 않은 것이요, 백성은 많으나 군대가 약한 것은 백성을 책임 추궁하고 독촉하는 일이 없어서다. 그러므로 사치품 생산을 막지 않으면 들판이 개간되지 않고, 상과 벌에 신용이 없으면 백성을 독려하고 재촉할 수가 없게 된다. 들판이 개간되지 않고 백성을 독려하지 않으면, 밖으로 적에 대응할 수 없고, 안으로 (나라를) 굳게 지킬 수 없다. 그러므로 말한다. "만량萬輛 수레[大國]라는 명칭은 있으나 천량千輛 수레[小國]의 경비도 없으면서, 왕권이 가볍지 않기를 바란다는 것은 있을 수 없다."

萬乘之國, 兵不可以無主. 土地博大, 野不可以無吏. 百姓殷衆, 官不可以無長. 操民之命, 朝不可以無政. 地博而國貧者, 野不辟也. 民衆而兵弱者, 民無取[1]也. 故末産不禁則野不辟, 賞罰不信則民無取. 野不辟, 民無取,

1 何如璋(1838~1891)에 의하면, 取는 督趣(책임 추궁하여 재촉하다)의 뜻이다.

外不可以應敵, 內不可以固守. 故曰: "有萬乘之號, 而無千乘之用, 而求權之無輕, 不可得也.'

토지는 개간되었지만 나라가 가난한 것은 (임금의) 배와 수레가 사치스럽게 장식되고, 누대樓臺가 넓은 것이다. 상벌이 잘 지켜지지만 군대가 약한 것은, 민중을 가볍게 써서 백성을 수고롭게 했기 때문이다. (임금의) 배와 수레가 (사치스럽게 꾸며지고) 누대가 널찍하다면, 세금이 중한 것이다. 민중을 가벼이 쓰고 백성을 수고롭게 했다면 백성의 힘은 고갈된 것이리라! 세금이 중대하면 아랫사람들은 임금을 원망할 것이요, 백성의 힘이 고갈되었다면 (나라의) 명령이 시행되지 않을 것이로다. 아랫사람들이 임금을 원망하여 명령이 실행되지 않는데, 적국이 나를 침입하지 않기를 바라는 일은 있을 수 없다.

地辟而國貧者, 舟輿飾, 臺榭廣也. 賞罰信而兵弱者, 輕用衆, 使民勞也. 舟車臺榭廣, 則賦斂厚矣. 輕用衆, 使民勞, 則民力竭矣. 賦斂厚則下怨上矣, 民力竭則令不行矣. 下怨上, 令不行, 而求敵之勿謀己, 不可得也.

천하를 다스리려면 반드시 신중하게 국력을 써야 한다. 한 나라를 다스리려면 반드시 신중하게 자기 백성을 써야 한다. 백성의 힘을 쓰려고 하면 반드시 신중하게 백성의 힘을 소진해야 한다. 그들의 힘을 길러 놓지 않으면 그들이 도망가도 막을 수 없고, 그들을 관리하지 않으면 그들을 정착시켜도 쓸 수 없다. 먼 데 사람이라도 와서 떠나지 않는 것은 그들을 양육해 주기 때문이다. 백성이 많아도 하나로 모을 수 있는 것은 그들을 다스려 주기 때문이다.

그들의 가능성을 보고 그것을 즐거워했어도 (그에 따른) 표징이 없었고, 그들이 가망 없다고 보이면 그것을 미워했으나 (그에 대한) 형벌이 없었으니, 상과 벌은 그들이 보인 것에 대한 믿음이라, 비록 그들이 보여 준 것이 없었다면, 감히 상벌을 내렸겠는가? 그들의 가능성을 보고 그것을 즐거워했어도, (그에 따른) 표징이 없었는데, 가능성을 보지 못하고, 그들을 미워해도 형벌이 없었다면, 상과 벌이 그들이 본 것을 믿지 못한 것이고, 그들이 보이지 않는 행동에서 감화되기를 찾는다는 것은 불가능할 것이다.

(임금이) 사랑과 이익을 듬뿍 주어야 (백성이) 충분히 임금을 가까이

할 수 있고, 지식과 예절을 명백히 해주어야 (백성을) 충분히 가르칠 수 있다. 임금이 몸소 선도해 보이고 법도를 제정하여 방지하며, 고을에 선생을 두어서 그들을 설득한다. 그런 다음에 헌법과 법령으로 선포하고, 상급과 포상으로 백성을 권면하며, 형벌로써 진작시키면, 백성들이 모두 기뻐서 좋은 일을 하게 되니, 폭력적이고 혼란한 행위는 생겨나지 않을 것이다. (임금이) 사랑과 이익을 듬뿍 주어야 (백성들은) 충분히 임금을 가까이할 수 있고, 지식과 예절을 명백히 해주어야 (백성들을) 충분히 가르칠 수 있다. 임금이 몸소 선도해 보이고 법도를 제정하여 방지하며, 고을에 선생을 두어서 그들을 설득한다. 그 뒤에 헌법과 법령으로 선포하고 상급과 포상으로 백성들을 권면하고 형벌로써 진작시키면, 백성들은 모두 기뻐서 좋은 일을 하게 되니, 폭력적이고 혼란한 행위는 생겨나지 않을 것이다.

> 欲爲天下者, 必重[2]用其國. 欲爲其國者, 必重用其民. 欲爲其民者, 必重盡其民力. 無以畜之, 則往[3]而不可止也. 無以牧之, 則處而不可使也. 遠人至而不去, 則有以畜之也. 民衆而可一, 則有以牧之也. 見其可也, 喜之有徵; 見其不可也, 惡之有刑. 賞罰信於其所見, 雖其所不見, 其敢爲之乎? 見其可也, 喜之無徵; 見其不可也, 惡之無刑, 賞罰信於其所見, 雖其所不見, 其敢爲之乎! 見其可也, 喜之無徵; 見其不可也, 惡之無刑, 賞罰不信於其所見, 而求其所不見之爲之化, 不可得也. 厚愛利足以親之, 明智禮足以教之. 上身服以先之, 審度量以閑[4]之, 鄉置師以說道之. 然後申之以憲令, 勸之以慶賞, 振之以刑罰, 故百姓皆說爲善, 則暴亂之行無由至矣.

토지에서 재화가 생산되는 계절이 있고, 백성이 힘을 쓸 때는 피곤함이 있는데, 임금의 욕심에는 끝이 없다. 계절의 한계와 피곤함이 있는 한계에서 욕심이 끝없는 군주를 기르는데, 그 사이에 기본 한도가 없다면, 윗사람과 아랫사람들은 서로 미워하게 되니, 이 때문에 신하가 임금을 시해하는 일도 있고, 자식이 아비를 살해하는 일도 있다. 그러므로 백성으로부터 취하는 데는 한도가 있고, 쓰는 데는 그침이

2 여기서 重은 愼重의 뜻이다.
3 여기서 往은 逃亡을 의미한다.
4 閑은 여기서 防止(막다)의 뜻이다.

있어야, 나라가 비록 작더라도 반드시 안정될 수 있다. 백성에게서 취하는데 한도가 없고 쓰임에 그침이 없다면 나라가 비록 크다고 해도 반드시 위태롭게 될 것이다. 농지가 개간되지 않은 것은 내 땅으로 칠 수 없다. 통치를 받지 않는 백성은 나의 백성이 아닌 셈이다. 무릇 통치한다는 것은 쌓아 둔 곡식으로 그들을 먹인다는 것과 같으니, 잘 살피지 않을 수 없다. 쌓아 둔 곡식이 많으면 그것을 먹는 사람도 많게 되며, 쌓아 둔 곡식이 적으면 그것을 먹는 사람도 적게 되니, 쌓아 둔 곡식이 없으면, 아무도 먹일 수 없다. 혹 쌓아 둔 곡식이 있는데 먹이지 않는다면, 백성은 임금을 떠난다. 쌓아 둔 곡식은 많으나 먹는 이가 적으면 백성들은 힘을 쓰지 않을 것이다. 쌓아 둔 곡식이 적은데 먹을 사람이 많으면 백성들은 대부분 속임수를 쓴다. 쌓아 둔 것은 없는데 그저 먹기만 하면 백성들은 요행을 바랄 뿐이다. 따라서 (백성들이) 임금을 떠나고, 힘을 쓰지 않고, 요행만 바란다면, 일을 하여도 이루어지는 것이 없고, 적과 대응해도 소용이 없다. 그러므로 말할 수 있다. "능력을 살펴서 관직을 주며, (공적에 따라) 녹봉에 차등을 주는 것이 백성을 부리는 요점이다."

地之生財有時, 民之用力有倦, 而人君之欲無窮. 以有時與有倦, 養無窮之君, 而度量不生於其間, 則上下相疾也. 是以臣有殺其君, 子有殺其父者矣. 故取於民有度, 用之有止, 國雖小必安. 取於民無度, 用之不止, 國雖大必危. 地之不辟者, 非吾地也. 民之不牧者, 非吾民也. 凡牧民者, 以其所積者食之, 不可不審也. 其積多者其食多, 其積寡者其食寡, 無積者不食. 或有積而不食者, 則民離上; 有積多而食寡者, 則民不力; 有積寡而食多者, 則民多詐; 有無積而徒食者, 則民偸幸. 故離上、不力、多詐、偸幸, 擧事不成, 應敵不用. 故曰: "察能授官, 班祿賜予, 使民之機也."

농촌과 시장이 (일할) 백성을 두고 다투고, 가정과 정부가 재화를 두고 다투고, (시장의) 화폐와 (농촌의) 곡식이 가격을 두고 다투고, 고을(지방정부)과 조정이 통치 권한을 두고 다툰다. 따라서 농촌에 잡초를 쌓아 두지 않는 것은 농사일이 우선이다. 관청에 재화를 쌓아 두지 않는 것은 민간에게 재화를 숨겨 둔 것이다. 시장에 (고정된) 점포를 두지 않은 것은 집안의 재용을 충족시키기 위함이다. 조정에 군중을 모이게 하지 않는 것은 고을로 하여금 분산시켜 다스리는 것이다. 따라서 농촌에 잡초가 쌓이지 않고, 관청에 재화가 몰리지 않고, 시장에 (고정된)

점포가 들어서지 않으며, 조정에 군중이 모이지 않는 것이 지극한 통치다. 사람의 정리는 두 가지가 아니다. 따라서 백성의 실정을 파악하면 다스릴 수 있다. 그들이 좋아하고 싫어하는 것을 살피면, 그들의 장점과 단점을 파악할 수 있다. 그들의 사귐을 관찰하면, 누가 똑똑하고 못난지를 살필 수 있다. 이 두 가지를 잃지 않으면 백성의 능력을 얻어서 관직을 줄 수 있다. 땅을 지키는 것은 성[城, 도시]이고, 도시를 지키는 것은 군대이며, 군대를 지키는 것은 사람이고, 사람을 지키는 것은 곡식이니, 따라서 농지가 개간되지 않으면 도시가 견고하지 못하다. (임금이) 자신을 다스리지 못하면, 어떻게 타인을 다스릴 수 있는가? 타인을 다스리지 못하는데, 어떻게 가정을 다스릴 수 있는가? 가정을 다스릴 수 없는데, 어떻게 고을을 다스릴 수 있는가? 고을을 다스리지 못하는데, 어떻게 나라를 다스릴 수 있는가? 나라를 다스릴 수 없는데, 어떻게 천하를 다스릴 수 있는가? 천하는 나라의 바탕이다. 나라는 고을의 바탕이다. 고을은 가정의 바탕이다. 가정은 사람의 바탕이다. 사람은 몸의 바탕이다. 몸은 다스림의 근본이다. 따라서 임금이 근본의 일[농사]을 좋아하지 않으면 사치품 생산을 금지시킬 수 없고, 사치품 생산이 금지되지 않으면 백성들은 계절에 따른 농사일에 늦어져서 농사 이익을 경시하게 되고, 농사 이익을 경시하면서 전답이 개간되고 창고가 가득하기를 바라는 것은 안 될 일이다. 장사꾼이 조정에 앉아 있으면 재화들이 위로 흘러가고, 여인네들이 공적인 일에 참견하게 되면 상과 벌이 신임을 못 받고, 남자와 여자의 일에 구분이 없게 되면 사람들이 염치가 없게 된다. 재화가 위로 흘러가고, 상벌이 신임을 잃어버리고, 백성들이 염치가 없어지는데, 백성들에게 난리를 안정시키고, 병사들에게 죽음의 절개를 찾는 것은 바랄 수가 없게 된다. 조정의 풍기가 엄숙치 못하고, 귀천이 분명치 않고, 장유長幼가 구분되지 않고, 제도가 불분명하며, 의복에는 차등이 없고, 상하가 (모두) 절도를 넘어서는데, 백성들에게 임금의 정령을 존중하기를 바라는 것은 있을 수 없다. 임금은 음모와 사기를 좋아하고 신하들은 세금을 갈취하여, 백성들은 잠시의 안일을 취하여, 백성들의 원망이 심해졌는데도 아랫사람들이 임금에게 친근하기를 구한다는 것은 있을 수 없다. 농지는 있어도 농사에 힘쓰지 않고, 나라의 임금이면서 백성을 하나로 하지 못하는데, 종묘사직이 위태롭지 않기를 바랄 수 없다.

野與市爭民, 家與府爭貨, 金與粟爭貴, 鄕與朝爭治. 故野不積草, 農事先也. 府不積貨, 藏於民也. 市不成肆, 家用足也. 朝不合衆, 鄕分治也. 故野不積草, 府不積貨, 市不成肆, 朝不合衆, 治之至也. 人情不二, 故民情可得而御也. 審其所好惡, 則其長短可知也; 觀其交游, 則其賢不肖可察也. 二者不失, 則民能可得而官也. 地之守在城, 城之守在兵, 兵之守在人, 人之守在粟, 故地不辟則城不固. 有身不治, 奚待於人? 有人不治, 奚待於家? 有家不治, 奚待於鄕? 有鄕不治, 奚待於國? 有國不治, 奚待於天下? 天下者, 國之本也. 國者, 鄕之本也. 鄕者, 家之本也. 家者, 人之本也. 人者, 身之本也. 身者, 治之本也. 故上不好本事則末産不禁, 末産不禁則民緩於時事而輕地利, 輕地利而求田野之辟, 倉廩之實, 不可得也. 商賈在朝則貨財上流, 婦言人[5]事則賞罰不信, 男女無別則民無廉恥. 貨財上流, 賞罰不信, 民無廉恥, 而求百姓之安難, 兵士之死節, 不可得也. 朝廷不肅, 貴賤不明, 長幼不分, 度量不審, 衣服無等, 上下淩節, 而求百姓之尊主政令, 不可得也. 上好詐謀閒[6]欺, 臣下賦斂競得, 使民偸壹, 則百姓疾怨, 而求下之親上, 不可得也. 有地不務本事, 君國不能壹民, 而求宗廟社稷之無危, 不可得也.

임금이 거북점이나 서점 같은 (미신에) 의지하고, 무당이나 (푸닥거리하는) 의원[醫]들을 즐겨 찾으니, 귀신들이 자주 푸닥거리를 한다. 따라서 공로도 못 세우고, 이름도 드날리지 못하고, 세 가지 문제점을 만든 자는 혼자 날뛰는 임금이요, (나라를) 가난하고 비천하게 만든 임금이요, 살날이 얼마 없는 임금이다. 1년을 계산하면, 곡식을 심는 것만한 것이 없고, 10년을 계산하면, 나무를 심는 것만한 것이 없고, 평생을 계산하면, 사람을 심는 것만한 것이 없다. 한 번 심어 한 번 거두는 것이 곡식이다. 한 번 심어 열 번 거두는 것이 나무다. 한 번 심어 백 번 거두는 것이 사람이다. 나도 인재를 심어 보면 그를 신神처럼 쓸 것이요, 일을 신神처럼 처리하니, 임금만이 할 수 있다.

上恃龜筮, 好用巫醫, 則鬼神驟祟. 故功之不立, 名之不章, 爲之患者三: 有獨王[7]者, 有貧賤者, 有日不足者. 一年之計, 莫如樹穀; 十年之計, 莫如樹木; 終身之計, 莫如樹人. 一樹一穫者, 穀也. 一樹十穫者, 木也. 一樹百獲者, 人也. 我苟種之, 如神用之, 擧事如神, 唯王之門.

5 孫蜀丞(1894~1966)에 의하면, 人은 公의 오자다. 여기에서 人事는 公事다.
6 閒은 惎(음모하다, 미워하다 등)의 뜻이다.
7 王은 旺(왕성함)의 뜻이다.

무릇 백성을 다스리는 사람은 남자로 하여금 사악한 행동을 못하게 하고, 여자로 하여금 음란한 일을 만들게 하지 않는다. 남자에게 사악한 행동이 없는 것은 가르침 덕분이다. 여자가 음란한 행동이 없는 것은 훈육 덕분이다. 가르침과 훈육이 풍속이 되어 형벌이 줄어드니, (이는) 당연한 이치다. 무릇 백성을 다스리는 자는 백성이 바로 되기를 바란다. 백성이 바로 되기를 바라면 조그만 잘못도 금지하지 않으면 안 된다. 조그만 사악함에서 큰 사악함이 생겨난다. 조그만 사악을 막지 않으면서 큰 악이 나라를 망치지 않기를 바랄 수 없다. 백성을 다스리는 자는 사람들이 예禮를 갖기를 바란다. 사람들에게 예가 있으려면, 작은 예라도 신중하지 않으면 안 된다. 나라에 작은 예라도 신중히 하지 않으면서, 백성이 큰 예를 실행하기를 바랄 수 없다. 무릇 백성을 다스리는 자는 사람들이 의義를 지키기를 바란다. 사람들이 의를 지키자면 작은 의라도 지켜야 한다. 나라에 작은 의도 지키지 않으면서 백성이 큰 의[大義]를 지키기를 바랄 수 없다. 무릇 백성을 다스리는 자는 백성이 청렴하기를 바란다. 백성이 청렴하기를 바라면 작은 염치라도 닦아야 한다. 나라에 작은 청렴도 닦지 못하면서 백성이 큰 청렴을 실행하기를 기다릴 수 없다. 무릇 나라를 다스리는 자는 백성이 수치심을 갖기를 바란다. 백성들이 수치심을 갖기를 바란다면 작은 수치심을 가꾸어야 한다. 나라에 작은 수치심도 가꾸지 않으면서 백성들이 큰 수치심을 갖기를 구할 수 없다. 무릇 백성을 다스리는 자는 백성들이 작은 예라도 닦으며, 작은 의라도 실행하며, 작은 염치라도 가꾸고, 작은 수치심이라도 삼가면서, 작은 잘못을 금지시키는 것, 이것들이 백성을 연마시키는 도리다. 백성들이 작은 예를 닦고, 작은 의를 실천하고, 작은 염치를 가꾸고, 작은 수치심을 삼가며, 작은 잘못을 금지시키는 것이 다스림의 근본이다.

凡牧民者, 使士無邪行, 女無淫事. 士無邪行. 教也. 女無淫事, 訓也. 教訓成俗而刑罰省, 數也. 凡牧民者, 欲民之正也. 欲民之正, 則微邪不可不禁也. 微邪者, 大邪之所生也. 微邪不禁, 而求大邪之無傷國, 不可得也. 凡牧民者, 欲民之有禮也. 欲民之有禮, 則小禮不可不謹也. 小禮不謹於國, 而求百姓之行大禮, 不可得也. 凡牧民者, 欲民之有義也. 欲民之有義, 則小義不可不行. 小義不行於國, 而求百姓之行大義, 不可得也. 凡牧民者, 欲民之有廉也. 欲民之有廉, 則小廉不可不脩也. 小廉不脩於國, 而求百

姓之行大廉, 不可得也. 凡牧民者, 欲民之有恥也. 欲民之有恥, 則小恥不可不飾[8]也. 小恥不飾國, 而求百姓之行大恥, 不可得也. 凡牧民者, 欲民之脩小禮, 行小義, 飾小廉, 謹小恥, 禁微邪, 此厲民之道也. 民之脩小禮, 行小義, 飾小廉, 謹小恥, 禁微邪, 治之本也.

무릇 백성을 다스리는 자는 백성을 조절하기를 원한다. 백성을 조절하려면 법률을 잘 알지 않으면 안 된다. 법률이 장차 조정을 확립해 줄 것이다. 앞으로 조정의 위엄을 세우려면 작록을 중시하지 않을 수 없다. 불의한 사람에게 작록을 주면 백성들은 그 작록을 천시하게 된다. 백성들이 작록을 천시하면 임금은 숭상받지 못한다. 임금이 존중되지 않으면 명령은 실행될 수 없다. 법률이란 앞으로 백성의 힘을 쓰고자 함이다. 앞으로 백성의 힘을 쓰고자 하면 녹봉과 상급을 중시하지 않을 수 없다. 녹봉과 상급이 공로가 없는 자들에게 주어지면 백성들은 그 녹봉과 상급을 천시하게 되고, 백성들이 녹봉과 상급을 천시하게 되면 임금은 백성들을 권면할 길이 없게 되고, 임금이 백성을 권면할 길이 없으면 (임금의) 명령은 실시되지 않을 것이다. 법률은 앞으로 백성의 능력을 쓰고자 함이다. 장차 백성의 능력을 쓰고자 하면 관직을 주는 것을 잘 살피지 않으면 안 된다. 관직 수여를 잘 알지 못하면 백성은 통치를 부정하게 되며, 백성들이 통치를 부정하면 이치가 위로 통할 수 없으며, 이치가 위와 소통하지 못하면 아랫사람들은 임금을 원망하게 되며, 아랫사람이 임금을 원망하게 되면 (임금의) 명령은 실행될 수 없다. 법률이란 앞으로 백성의 목숨을 관장할 것이다. 백성의 목숨을 관장하는 이는 형벌을 잘 알지 않으면 안 된다. 형벌을 잘 알지 못하면 (죄를) 회피하고 (형벌을) 받게 되는 일이 있게 된다. 죄를 회피하고 형벌을 받게 되는 일이 있게 되면, 죄 없는 사람을 죽이고 죄지은 자를 용서하게 된다. 죄 없는 사람을 죽이게 되고 죄지은 자를 사면하게 되면, 난신들에 의한 나라의 멸망은 면할 수가 없다. 따라서 작록 부여가 천시되고, 녹봉과 상급 주기가 경시되며, 백성들이 통치를 부정하게 되면, 난신들이 먼저 국난을 일으키게 되니, 이것은 패망하는 나라의 교훈이다.

8 여기서 飾(꾸미다)은 飭(정돈하다)의 뜻이다.

凡牧民者, 欲民之可御也. 欲民之可御, 則法不可不審. 法者, 將立朝廷者也. 將立朝廷者, 則爵服不可不貴也. 爵服加于不義, 則民賤其爵服; 民賤其爵服, 則人主不尊; 人主不尊, 則令不行矣. 法者, 將用民力者也. 將用民力者, 則祿賞不可不重也. 祿賞加于無功, 則民輕其祿賞; 民輕其祿賞, 則上無以勸民; 上無以勸民, 則令不行矣. 法者, 將用民能者也. 將用民能者, 則授官不可不審也. 授官不審, 則民閒[9]其治; 民閒其治, 則理不上通; 理不上通, 則下怨其上; 下怨其上, 則令不行矣. 法者, 將用民之死命者也. 用民之死命者, 則刑罰不可不審. 刑罰不審, 則有辟就. 有辟就, 則殺不辜而赦有罪. 殺不辜而赦有罪, 則國不免於賊臣矣. 故夫爵服賤, 祿賞輕, 民閒其治, 賊臣首難, 此謂敗國之教也.

9 黎翔鳳에 의하면, 閒은 非(아니다)의 뜻이다.

입정 立政

정치에 임함

입정立政은 이정涖政(정치에 임함), 즉 임금이 정치에 임하는 태도다. 이 편에서는 정치할 때 만나는 아홉 가지 근본 문제, 즉 삼본三本, 사고四固, 오사五事, 수헌首憲, 수사首事, 생관省官, 복제服制, 구패九敗와 칠관七觀을 다루고 있다. ① 사람을 쓰는 세 가지 원칙이 국가의 안정과 혼란을 가져온다고 하여 '세 가지 근본'[三本]이라 했다. ② 사람을 쓰는 네 가지 중대 정책이라 하여, 사고四固라고 했다. ③ 경제 분야에서 다섯 가지 중요 사항이라 해서, 오사五事라고 했다. ④ 매년 초에 발표하는 국가의 주요 법령을 수헌首憲(첫째 가는 헌법)이라 했다. ⑤ 매년 초에 발표하는 구체적 조치를 수사首事라 했다. ⑥ 장관들을 감찰하는 방법을 생관省官이라 했다. ⑦ 군주, 신하와 민중이 착용하는 의복 제도를 복제服制라고 했다. ⑧ 나라를 망치는 아홉 가지 이단 학설을 구패九敗라고 했다. ⑨ 나라 경영의 일곱 가지 좋은 표현을 칠관七觀이라고 했다.

나라의 혼란을 다스리는 세 가지가 있는데, (사람을) 살육하고 형벌 주는 것만으로는 충분치 않다. 나라의 위험을 안정시키는 데 네 가지가 있는데, 성곽과 험한 방어 수단만으로는 충분치 않다. 나라를 부유케 하는 다섯 가지가 있으나, 세금을 줄여 주고 농지세를 낮추는 것에만 의지할 수는 없다. 나라를 다스리는 데는 세 가지 근본[三本]이 있고, 나라를 편안히 하는 데는 네 가지 정책이 있고, 나라를 부유하게 하는 데는 다섯 가지 조치가 있다. 다섯 조치가 다섯 원칙이다. 임금이 잘 알아야 할 세 가지가 있다. 첫째는 (신하의) 덕성이 그 지위에 합당한가, 아닌가? 둘째는 (신하의) 공로가 그 녹봉에 합당한가, 아닌가? 셋째는 (신하의) 능력이 그 관직을 감당할 수 있는가, 없는가? 이 세 가지 근본이 혼란을 다스리는 원천이다. 따라서 나라에서 (신하의) 덕성과 의리가 조정에서 분명하게 밝혀지지 않았다면 그에게 높은 자리를 줄 수 없다. 공적과 능력이 나라에 아직 나타나지 않았는데 무거운 녹봉을 줄 수 없다. 일을 맡아서 하는데 백성의 신임을 받지 못했다면 중요 관직을 맡길 수 없다. 따라서 덕성은 두터우나 위치가 낮다면 과오이고, 덕성은 빈약한데 지위가 높다고 하면 과실이다. 차라리 군자들에게 과오를 범해도, 소인들에게는 과실이 없어야 한다. 군자들에게 잘못하면 그들의 원망은 옅으나, 소인들에게 잘못하면 그들의 화는 깊을 것이다. 이렇기 때문에 나라에서 (신하의) 덕성과 의리가 조정에서 명백히 밝혀지지 않았는데도 높은 자리에 앉아 있다면, 좋은 신하들이 발전하지 못하게 된다. 공적과 능력이 나라에 드러나지 않았는데도 많은 녹봉을 받고 있다면, 수고한 신하들이 권면받지 못하게 된다. 일을 맡아서 백성들에게 아직 신임을 못 받았는데도 큰 관직을 맡고 있다면, 재주 있는 신하를 기용한 것이 아니다. (임금이) 이 세 가지 근본을 잘 알고 있다면 신하들은 감히 (좋은 자리를) 멋대로 추구하지 않을 것이다. (임금이) 이 세 가지 근본을 모른다면 나쁜 신하들은 윗사람들과 내통하여 (임금 주위의) 소인배들이 위세를 떨치게 한다. 이렇게 되면 위에서 밝히 보는 것이 막히고, 통치가 아래에서 막히니, 올바른 도리는 버려지고, 나쁜 일들이 날로 자라난다. (임금이) 세 가지 근본을 잘 알면 (군주 측근의) 소인배들이 나라에서 위세를 잃고, 거리에는 끌려다니는 죄수들이 없어지고, 소원한 이도 억울한 소송이 없으며, 아비 없는 어린애와 과부도 억울한 재판이 없게 된다. 따라서 사람들은 말한다. "형벌을 내리는 일이 적어지고 통치할 일이 적어지니, 조정 마당에까지 군중을 모을 필요가 없다."

國之所以治亂者三, 殺戮刑罰不足用也. 國之所以安危者四, 城郭險阻不足守也. 國之所以富貧者五, 輕稅租, 薄賦斂不足恃也. 治國有三本, 而安國有四固, 而富國有五事. 五事, 五經也. 君之所審者三: 一曰德不當其位, 二曰功不當其祿, 三曰能不當其官. 此三本者, 治亂之原也. 故國有德義未明於朝者, 則不可加于尊位; 功力未見於國者, 則不可授以重祿; 臨事不信於民者, 則不可使任大官. 故德厚而位卑者謂之過, 德薄而位尊者謂之失. 寧過於君子, 而毋失於小人. 過於君子, 其爲怨淺; 失於小人, 其爲禍深. 是故國有德義未明於朝而處尊位者, 則良臣不進; 有功力未見於國而有重祿者, 則勞臣不勸; 有臨事不信於民而任大官者, 則材[1]臣不用. 三本者審, 則下不敢求. 三本者不審, 則邪臣上通, 而便辟制威, 如此則明塞於上而治壅於下, 正道消弃, 而邪事日長. 三本者審, 則便辟無威於國, 道塗無行禽,[2] 疏遠無蔽獄, 孤寡無隱治.[3] 故曰刑省治寡, 朝不合衆.

1 材는 才(재주)와 통한다.

2 兪樾(1821~1907)에 의하면, 禽은 擒(생포한 죄수)과 통한다.

3 兪樾에 의하면, 治는 獄(소송)과 통한다.

위는 "세 가지 근본"이다.

右"三本"

임금이 신중히 해야 할 것이 넷이다. 첫째는 지배 계층이라도 지극히 인仁하지 않으면 국가의 대권을 줄 수 없다. 둘째는 현자를 보고도 양보 못하는 이에게 높은 자리를 줄 수 없다. 셋째는 형벌을 면하려고 (임금의) 친족과 권귀權貴(관직이 높아 세력 있는 자)에게로 도피하는 자에게 군대를 주관하게 할 수 없다. 넷째는 농사일을 좋아하지 않고 농지農地를 좋게 만드는 데 힘쓰지 않으며 농지세를 경감해 주는 자에게 도읍을 줄 수 없다. 이 네 가지에 힘쓰는 것이 (나라를) 안정시키거나 위태롭게 하는 근본이다.

따라서 우리는 말할 수 있다. "경상卿相들이 민중(의 마음)을 얻지 못하면 나라가 위태롭게 된다. 대신들이 화합, 동화하지 않으면 나라가 위태롭게 된다. 군대의 장長이 경외를 받지 못하면 나라가 위태롭게 된다. 백성들이 자기 재산에 무관심해지면 나라가 위태롭게 된다." 따라서 상층 계층이 지극히 인자하여 나라를 조정함에 민중의 마음을 얻고, 현자를 보면 그에게 양보하여 대신들이 화합하여 동화되고, 사법을 관장하되 (임금의) 친척과 권귀들에게 도피하지 않으면 (나라의) 위세가 이웃하는 적들에게 미치게 되며, (임금이) 농사일을 좋아하여 농지를 이롭게 하는 데 힘쓰고, 농지세를 무겁게 하면, 백성들은 자기 재산에 애착을 갖게 된다.

君之所愼者四: 一曰大德[4]不至仁, 不可以授國柄. 二曰見賢不能讓, 不可與尊位. 三曰罰避親貴, 不可使主兵. 四曰不好本事, 不務地利而輕賦斂, 不可與都邑. 此四務者, 安危之本也. 故曰: "卿相不得衆, 國之危也. 大臣不和同, 國之危也. 兵主不足畏, 國之危也. 民不懷其産, 國之危也." 故大德至仁, 則操國得衆; 見賢能讓, 則大臣和同; 罰不避親貴, 則威行於鄰敵; 好本事, 務地利, 重賦斂, 則民懷其産.

4 黎翔鳳의 주석에 의하면, 大德은 지배계층을 뜻한다.

위는 "네 가지 근본 정책"이다.

右"四固"

임금이 힘쓸 것은 다섯 가지다. 첫째, 산이나 연못에 불이 났는데 구하지 못함으로 초목들이 번성하지 못하여, 나라가 가난한 것이다. 둘째, 도랑물이 좁은 곳에서 통하지 못하고, 가둔 물이 잠긴 곳에서 편안치 못해서, 나라가 가난하게 된 것이다. 셋째, 뽕나무와 삼[麻]을 들판에 심지 않고 오곡이 땅에 적합지 않아, 나라가 가난한 것이다. 넷째, 농가에서 육축을 기르지 않고 오이, 호박, (마늘과 같은) 훈채葷菜와 과일을 갖추지 못해서 나라가 가난한 것이다. 다섯째, 숙련공들이 목각과 쇠 장식에만 몰두하고, 여자들은 화려한 무늬에만 분주하여, 나라가 가난한 것이다. 따라서 우리는 말할 수 있다. "산과 연못이 화재에서 방비되어 초목이 번성해지면 나라는 부유하다. 도랑물이 좁은 곳에도 통하고 잠긴 물도 편안해지면 나라가 부유해진다. 뽕나무와 삼이 들판에 심어지고 오곡이 땅에 적절하면 나라가 부유해진다. 집에서 육축을 기르고 오이, 호박, 훈채와 온갖 과일을 갖추면 나라가 부유해진다. 숙련공들이 목각과 쇠 장식에만 몰두하지 않고 여자들이 화려한 무늬에만 분주하지 않으면 나라는 부유해진다."

君之所務者五: 一曰山澤不救於火, 草木不植[5]成, 國之貧也. 二曰溝瀆不遂於隘, 鄣水不安其藏, 國之貧也. 三曰桑麻不植於野, 五穀不宜其地, 國之貧也. 四曰六畜不育於家, 瓜瓠葷菜百果不備具, 國之貧也. 五曰工事競於刻鏤, 女事繁於文章, 國之貧也. 故曰: "山澤救於火, 草木植成, 國之富也. 溝瀆遂於隘, 障水安其藏, 國之富也. 桑麻植於野, 五穀宜其地, 國之富也. 六畜育於家, 瓜瓠葷菜百果備具, 國之富也. 工事無刻鏤, 女事無文章, 國之富也."

위는 "다섯 가지 일"이다.

右"五事"

5 植은 殖(번성하다)과 통한다.

나라를 나누어 다섯 고을[鄕]로 하고, 고을에 사師를 둔다. 고을을 나누어 다섯 주州로 하며, 주에는 장長을 둔다. 주를 나누어 열 개의 이里로 하고, 이에는 위尉를 둔다. 이를 나누어 열 개의 유游로 하고, 유에는 종宗을 둔다. 열 집을 10什가, 다섯 집을 5伍가라 하고, 10가와 5가에는 모두 우두머리[長]가 있다. 담[障]을 쌓고 (담의) 숨겨진 틈을 메우고, 길을 하나로 하고, 출입을 검사한다. 마을[閭]의 문을 잘 관찰하고, 열쇠를 신중히 간수한다. 그 열쇠를 이의 우두머리 위에게 맡기고, 마을[閭]에는 관리를 두고, (마을 문을) 때에 맞추어 열고 닫는다. 마을에 관리가 있어 드나드는 사람을 관찰하고, 이의 우두머리 위에게 보고한다. 무릇 (마을의) 출입이 때에 맞지 않고, 의복이 적합하지 않으며, 가족의 붙이나 무리의 행적이 수상하면, 마을의 관리는 이들을 보게 되니, 수시로 보고한다. 만약 가장[長家]의 자식, 머슴과 첩, 잡일하는 무리가 문제를 일으키면, 마을의 우두머리[里尉]는 유의 (우두머리) 종에게 책임 추궁을 해야 하고, 유의 장은 10가, 5가의 장에게 책임 추궁하고, 장은 그 가장에게 책임 추궁한다. 책임을 추궁하여 방비할 뿐 (위로) 보고하지 않는데, 한두 번 잘못하면 용서하나 세 번째는 용서하지 않는다. 무릇 효도하고 형제 간에 화목하며, 진실하고 믿음직하며, 똑똑하고 좋으면, 준재인데, 가장의 자식, 머슴과 첩, 잡일꾼, 손님이라면, 10가와 5가의 장은 (그를) 유의 장인 종에게 보고한다. 유의 종은 이의 위에게 보고하고, 이의 위는 주의 장에게 보고하고, 주장은 고을[鄕]의 장[師]에게 보고하며, 향사는 선비의 우두머리[士師]에게 보고한다. 무릇 죄지은 무리가 가정에 있다면, (책임이) 가장에게 미치고, 가장에 있다면, 10가, 5가의 장에 미친다. 10가, 5가의 장에 있다면 유의 종에 미친다. 유종에 있다면 이위에 미치고, 이위에 있다면 주의 장에 미친다. 주의 장에 있다면 향의 사師에게 미치고, 향사에 있다면 선비의 우두머리에 미친다. (매년) 3개월에 한 번 보고하고, 6개월마다 한 번 수합하고, 열두 달이면 한 번 (기록으로) 서술한다. 무릇 현자를 승진시킬 때 등급을 넘어설 수 없고, 능력 있는 이를 채용할 때 겸직할 수 없고, 죄지은 이를 벌줄 때 본인 혼자에게만 미치지 않고, 공로를 상 줄 때 본인에게만 주지 않는다. 정월正月의 조회에 임금 스스로 조회에 입회하여 자위와 상급을 의론하고 관리들을 점검하는 데 닷새가 걸린다. 겨울의 끝 저녁[年末]에 임금 스스로 조회에 입회하여 (신하들을) 벌주고 죄주고 형벌 주고 사형을 의논하는 데 또한 닷새가 걸린다. 정월 초하루에 모든 관리의 조회에서 임금이 법령을 내어 나라의 헌법을 선포한다. 다섯 고을[鄕]의 향사鄕師와 다섯 소속[屬]의 귀족은 모두 태사太史에게서 헌법을 받는다. 큰 조회가 있는 그날 다섯 향사와 다섯 소속[屬]의 귀족은 모두 임금 앞에서 몸소 헌법을 익힌다. 태사가 헌법을 선포한 뒤에, (그것을 궁궐의) 태부太府에 보관시키고, 임금 앞에서 헌법의 사본을 나누어 준다. 다섯 향사들은 조정에서 퇴실하고 향의 관청으로 가서, 향 소속 관리들을 불러 모으고, (하급인) 유游의 종宗까지 미치며, 모두 헌법을 받는다. 헌법이 반포된 뒤 (향사는 궁궐로) 되돌아와서 (임금께) 회보한 다음에 (자기) 숙소로 간다. 헌법이 아직 (다) 반포되지 않았고 (임금에게) 아직 회보도 안 했으면 (향사는) (자기) 집으로 갈 수 없다. 집으로 갔다면 (임금의) 명령을 지체시킨 것이니 죽을죄를 진 것이요, 용서받을 수 없다. 다섯 소속[屬] 귀족은 모두 마차를 타고 와서 조회에 참석했는데, (조회가 끝나) 퇴조하면 집에는 갈 수 없고 바로 출발해야 한다. (지방의) 도읍에 도착한 날 (그 지방의) 종묘에 가서, 소속 관리들을 불러 모아서 모두 헌법을 받게 한다. 헌법이 일단 공포되었다면 이에 전달 꾼[使者]을 출동시켜 임금께 보고해야 하니, (보고) 시간이 이르고 늦고는 묻지 않는다. 헌법이 일단 공포되고 사자가 (궁궐로) 출발한 다음에 (다섯 소속의 귀족들은) 집에 갈 수 있다. 헌법이 아직 공포되지 않았고, 사자도 아직 출발하지 않았다면 (자기) 집에 갈 수 없다. 집에 갔다면 (임금의) 명을 지체한 것이니 죽을죄를 진 것이요, 용서받을 수 없다. 헌법이 반포되고 헌법에 따라 행동하지 않았다면 (임금의) 명령을 따르지 않은 것이니 죽을죄를 진 것이요, 용서받을 수 없다. 헌법을 살펴보아 (궁궐의) 태부太府에 비치된 전적과 합치하지 않으면, (글자가) 많다면 멋대로 고친 것이요, 적다면 명령을 훼손한 것이니 죽을죄를 진 것이요, 용서받을 수 없다.

分國以爲五鄕, 鄕爲之師. 分鄕以爲五州, 州爲之長. 分州以爲十里, 里爲之尉. 分里以爲十游, 游爲之宗. 十家爲什、五家爲伍, 什伍皆有長焉. 築障塞匿,[6] 一道路, 博[7]出入. 審閭閈, 愼筦鍵. 筦藏于里尉, 置閭有司, 以時

6 黎翔鳳에 의하면, 匿은 숨겨진 작은 틈이다.

開閉. 閭有司觀出入者, 以復于里尉. 凡出入不時, 衣服不中, 圈屬[8]羣徒不順於常者, 閭有司見之, 復無時. 若在長家子弟、臣妾、屬役、賓客, 則里尉以譙于游宗, 游宗以譙于什伍, 什伍以譙于長家. 譙敬[9]而勿復, 一再則宥, 三則不赦. 凡孝悌、忠信、賢良、儁材, 若在長家子弟、臣妾、屬役、賓客, 則什伍以復于游宗. 游宗以復于里尉, 里尉以復于州長, 州長以計于鄉師, 鄉師以著于士師. 凡過黨, 其在家屬, 及于長家; 其在長家, 及于什伍之長; 其在什伍之長, 及于游宗; 其在游宗, 及于里尉; 其在里尉, 及于州長; 其在州長, 及于鄉師; 其在鄉師, 及于士師. 三月一復, 六月一計, 十二月一著. 凡上賢不過等, 使能不兼官, 罰有罪不獨及, 賞有功不專與. 孟春之朝, 君自聽朝, 論爵賞校官, 終五日. 季冬之夕, 君自聽朝, 論罰罪刑殺, 亦終五日. 正月之朔, 百吏在朝, 君乃出令布憲于國. 五鄉之師, 五屬大夫, 皆受憲于太史. 大朝之日, 五鄉之師、五屬大夫皆身習憲于君前. 太史既布憲, 入籍于太府, 憲籍分于君前. 五鄉之師出朝, 遂于鄉官, 致于鄉屬, 及于游宗, 皆受憲. 憲既布, 乃反[10]致令焉, 然後敢就舍. 憲未布, 令未致, 不敢就舍. 就舍謂之留令, 罪死不赦. 五屬大夫皆以行車朝, 出朝不敢就舍, 遂行. 至都之日, 遂於廟, 致屬吏, 皆受憲. 憲既布, 乃發使者, 致令以布憲之日, 蚤晏之時. 憲既布, 使者以發, 然後敢就舍. 憲未布, 使者未發, 不敢就舍. 就舍謂之留令, 罪死不赦. 憲既布, 有不行憲者, 謂之不從令, 罪死不赦. 考憲而有不合于太府之籍者, 侈曰專制,[11] 不足曰虧令, 罪死不赦. 首憲既布, 然後可以布憲.

위는 "첫째는 헌법"이다.

右"首憲"

무릇 거사를 하려면, 반드시 법령이 먼저 나와야 한다. (이는) 일을 앞으로 하려면 상벌의 법도가 반드시 먼저 밝혀져야 한다는 말이고, 일을 맡은 사람은 삼가 법령을 지켜서 상벌을 실시한다. 일의 상황을 따져서 (임금께) 보고할 때, 실시한 상벌의 상황도 보고해야 한다. 법령이 말하는 것과 합치하지 않으면, 비록 결과가 좋더라도, 멋대로 한 것이니 죽을죄를 진 것이요, 용서받을 수 없다. "먼저 할 일"이 일단 반포

7 黎翔鳳에 의하면, 博은 搏(찾아내어 붙잡다)의 뜻이다.

8 周悅讓(19세기)에 의하면, 圈屬은 婘屬, 즉 家屬(살붙이)을 말한다.

9 陶鴻慶(1859~1918)에 의하면, 敬은 儆(방비하다)의 뜻이다.

10 反은 返(되돌아오다)과 통한다.

11 顔昌嶢(1869~1944)에 의하면, 『管子』 원문의 '曰侈專制'는 명백히 '侈曰專制'를 오기한 것으로, 侈는 過(많은 것)의 뜻이다.

된 뒤에 거사를 할 수 있다.

凡將擧事, 令必先出. 曰事將爲, 其賞罰之數必先明之, 立[12]事者謹守令以行賞罰. 計事致令, 復賞罰之所加. 有不合於令之所謂者, 雖有功利, 則謂之專制, 罪死不赦. 首事旣布, 然後可以擧事.

위는 "먼저 할 일"이다.

右"首事"

방화의 법령을 제정하고, 산과 연못, 수풀과 늪에 건초를 쌓아 두는 것을 경계해야 한다. 자원의 발굴은 때에 따라 금지하거나 개방한다. 백성들로 하여금 (그것들을) 집 지을 때 쓰고 땔감을 위해 비축하는 것은 우사虞師[자연자원 감독관]의 일이다. 물길을 파고 도랑을 소통시키며 제방을 수리하고 물의 저수량을 안정시켜서, 때로 물이 과도해도 오곡에 해가 없고 흉포한 가뭄에도 (곡식을) 붙잡아 수확할 것을 있게 하는 것은 사공司空[건설장관]의 일이다. (땅의) 높낮이를 보고서 (토질의) 비옥과 척박을 감별하고, (무슨 곡식이) 땅에 적합한지를 관찰하고, (농부들의) 소집 기일을 밝혀서, 농부들을 앞뒤로 나누어서 계절에 맞게끔 전반적으로 조정하여, 오곡과 뽕나무와 삼[麻]을 모두 심을 자리에 안배하는 것은 사전司田[농무장관]의 일이다. 향리에 가서 (그들의) 가옥들을 살피고, 임목林木과 곡식을 살피고, 육축六畜을 검사하고, 적시에 안배하여, 백성들을 권면하여 노력하게 하고 게으름 피우지 않게 하며, 집안에 미련을 갖게 하고, 고향을 떠날 생각을 어렵게 하는 것은 향사鄕師의 일이다. 모든 기술자를 평가하고 계절에 따른 일들을 잘 분석하여 (생산품의) 우열을 변별하고 이익이 완벽한 것을 높이 쳐주고, 다섯 고을[五鄕]을 통일적으로 감독하여 계절에 따라 전면적으로 안배하여, 목각, 쇠붙이 장식, (화려한) 무늬의 옷감 등을 향리에서 제조하지 못하게 하는 것이 공사工師[산업장관]의 일이다.

脩火憲, 敬[13]山澤林藪積草. 夫財之所出, 以時禁發焉. 使民於宮室之用,

12 立은 蒞(莅, 일을 맡다, 일에 임하다)의 뜻이다.

薪蒸之所積, 虞師之事也. 決水潦, 通溝瀆, 修障防, 安水藏, 使時水雖過度, 無害于五穀, 歲雖凶旱, 有所秎[14]穫, 司空之事也. 相高下, 視肥墝, 觀地宜, 明詔[15]期前後, 農夫以時均脩焉, 使五穀桑麻皆安其處, 由田[16]之事也. 行鄉里, 視宮室, 觀樹蓺, 簡六畜, 以時鈞脩焉, 勸勉百姓, 使力作毋偷, 懷樂家室, 重去鄉里, 鄉師之事也. 論百工, 審時事, 辨功苦, 上完利, 監壹五鄉, 以時鈞脩焉, 使刻鏤文采毋敢造於鄉, 工師之事也.

위는 "장관들을 살핌"이다.

右"省官"

작위에 따라 복식을 정하고, 녹봉을 따져서 재물의 사용을 정한다. 음식에는 한도가 있으며, 의복에는 제도가, 집 짓는 데에는 척도가 있고, 육축六畜과 부리는 사람은 (한정된) 숫자가, 배와 마차와 보기寶器를 하사하는 데에는 법령이 (따로) 있다. 산 사람을 치장해 주는 데 마차와 모자, 직위, 봉록, 주택 등의 차별이 있고, 죽으면 관棺의 자료, 상복, 분묘의 (구분되는) 척도가 있다. 비록 현명하고 귀한 몸이라도 합당한 작위가 없으면 그에 맞는 상복을 입을 수 없다. 비록 집안이 부유하고 재산이 많아도 그의 녹봉이 아니면 그 재물을 쓸 수 없다. 천자의 수놓은 옷은 찬란하지만, 왕후는 (평시의) 연미복으로 종묘에서 제사 지낼 수 없다. 장군 · 귀족은 조회의 복장을 하고, 일반 관리는 명命에 의해 정해진 복을 입고, 선비[士]는 옷자락의 표식으로 그친다. 평민은 무늬가 잡다한 옷을 입을 수 없고, 모든 장인과 장사꾼은 흑염소와 담비 가죽옷을 입을 수 없다. 형을 받았거나 형을 살고 있는 죄수들은 모자를 쓸 수 없고, 가마를 좋아하거나 마차를 탈 수 없다.

度爵而制服, 量祿而用財. 飮食有量, 衣服有制, 宮室有度, 六畜人徒[17]有數, 舟車陳[18]器有禁.[19] 脩[20]生則有軒冕、服位、穀祿、田宅之分, 死則有

13 敬은 儆(경계하다)과 통한다.
14 王紹蘭(1760~1835)에 의하면, 秎은 원래 扮(붙잡다)의 오기다.
15 張佩綸에 의하면, 詔는 召(소집하다)의 뜻이다.
16 由田은 司田의 오기다.
17 徒는 使(사람을 부리다)의 뜻이 있다.
18 許維遹에 의하면, 陳은 申, 즉 申錫(누텁게 下賜히다)의 뜻이 있다
19 『呂氏春秋』, 「離謂」 편의 高誘(?~212)의 주석에 의하면, 禁은 法이다.

棺槨、絞衾、壙壟之度. 雖有賢身貴體, 毋其爵不敢服其服; 雖有富家多資, 毋其祿不敢用其財. 天子服文有章,[21] 而夫人不敢以燕以饗廟. 將軍大夫以朝, 官吏以命, 士止于帶緣. 散民不敢服雜采, 百工商賈不得服長鬈貂. 刑餘戮民, 不敢服絻, 不敢畜[22]連[23]乘車.

위는 "의복 제도"다.

右"服制"

무기 폐지의 학설이 우세하면 험한 방어물도 지킬 수 없다. 겸애兼愛의 학설이 우세하면 군졸들이 전투를 하지 않는다. 삶을 온전히 하려는 학설이 우세하면 염치심이 서지 않는다. 사적 논의와 스스로를 귀하게 보는 학설이 우세하면 임금의 명령이 실행될 수 없다. 패거리가 사익을 도모하려는 학설이 우세하면 현자와 못난이가 구분되지 않는다. 금붙이, 옥, 재물(을 모으려는) 학설이 우세하면 (임금이 내려 주는) 작위爵位는 하류가 된다. 음악을 관상하고 애완물을 좋아하는 학설이 우세하면 간사한 백성들이 윗자리에 있게 된다. 청탁하고 찾아뵙고 보증 추천하려는 학설이 우세하면 (사람채용) 규칙이 부정하게 된다. 아첨하고 잘못을 변명하는 학설이 우세하면 아첨꾼이 기용된다.

寢兵之說勝, 則險阻不守. 兼愛之說勝, 則士卒不戰. 全生之說勝, 則廉恥不立. 私議自貴之說勝, 則上令不行. 羣徒比周[24]之說勝, 則賢不肖不分. 金玉貨財之說勝, 則爵服下流. 觀樂玩好之說勝, 則姦民在上位. 請謁任[25]舉之說勝, 則繩墨不正. 諂諛飾過之說勝, 則巧佞者用.

위는 "아홉 가지 폐단"이다.

右"九敗"

20 黎翔鳳에 의하면, 脩는 飾(꾸미다, 치장하다)과 통한다.
21 張佩綸에 의하면, 服文은 繡衣(수놓은 옷)이고, 有章은 '찬란하다'의 뜻이다.
22 畜은 慉(애호하다)의 뜻으로 통한다.
23 戴望에 의하면, 連은 輦(가마)이다.
24 比周는 私黨을 심어서 개인적 이익을 도모함을 말한다.
25 任은 保(보증하다)의 뜻이다.

소집일이면 (사람들이) 몰려오고, 일을 시키면 와서, 백성들이 자기를 버리고 임금을 위하는 마음을 갖는 것은 교육이 기대하는 바다. 처음에는 볼 것이 없었으나, 결과는 (무엇에도) 비견될 수 없었고, 한 사람이 복종하였는데 만인이 따른 것은 훈육이 기대하는 바다. 아직 명령이 없어도 (자발적으로) 하며, 아직 시킨 일이 없어도 (백성들이) 오며, 임금이 면려하지 않았어도 백성들 스스로 할 일을 다하는 것이 풍속이 바라는 바다. (임금이) 좋아하고 싫어함이 마음에 생겼으나, 백성들이 아래에서 감화되고, 형벌을 실시하지 않았어도 백성들이 두려워하고, 상급을 아직 내리지 않았어도 백성들이 고무되는 것은 (임금의) 성실한 신용이 바라는 바다. 실행하여 손해가 없고, 이룬 일에 이론이 없고, 득을 보고 다툼이 없는 것이 천도天道가 바라는 바다. 일을 시키면 성공하고, 구하면 얻고, 임금이 바라는 크고 작은 일들이 다 거행되는 것이 행사가 바라는 바다. 명령이 있으면 실시하고, 금지하면 그치고, 헌법이 미치는 곳과 풍속이 영향받는 곳이, 마치 몸의 각 부분들이 심장을 따르는 것처럼 하는 것이, 정치가 바라는 바다.

期而致,[26] 使而往, 百姓舍己以上爲心者, 教之所期也. 始於不足見, 終於不可及, 一人服之, 萬人從之, 訓之所期也. 未之令而爲, 未之使而往, 上不加勉, 而民自盡竭, 俗之所期也. 好惡形於心, 百姓化于下, 罰未行而民畏恐, 賞未加而民勸勉, 誠信之所期也. 爲而無害, 成而不議, 得而莫之能爭, 天道之所期也. 爲之而成, 求之而得, 上之所欲, 小大必擧, 事之所期也. 令則行, 禁而止, 憲之所及, 俗之所被, 如百體之從心, 政之所期也.

위는 "일곱 가지 볼거리"다.

右"七觀"

26 期는 소집 기일이고, 致는 至(이르다)의 뜻이다.

승마 乘馬

국가 기본 정책의 수립

이 편에서 승마乘馬는 계산의 의미인 승마乘碼로 읽어야 한다. 옛날에는 농사[農]와 군대[兵] 편제가 일치하였다. 승마乘馬는 군역 세금[軍賦]과 재정을 계산하는 단위다. 본 편은 국가 경영에 필요한 몇 가지 중요 경제정책을 말하면서, 합리적 재정에 필요한 기본 경제정책을 체계적으로 설명하고 있다.

무릇 나라의 도읍을 세울 때 큰 산 밑이 아니라, 반드시 넓은 하천의 위쪽이어야 한다. 높더라도 가뭄에 가까우면 안 되나 물 쓰기가 충족되어야 하고, 낮더라도 홍수에 가까우면 안 되니 도랑과 제방(의 건설)은 생략될 수 있어야 한다. 자연 재료에 맞게끔 하고, 지세地勢를 이용해야 하기 때문에, 성곽은 반드시 컴퍼스[規]나 네모난 척도와 합치할 필요가 없고, 도로 또한 반드시 수평이나 직선의 척도에 맞을 필요가 없다.

凡立國都, 非於大山之下, 必於廣川之上. 高毋近旱而水用足, 下毋近水而溝防省. 因天材, 就地利, 故城郭不必中規矩, 道路不必中準繩.

위는 "나라를 세움"이다.

右"立國"

(정치를) 함이 없는 이가 제왕[帝]이고, 하되 해야 할 까닭이 없는 이가 왕王이며, 하되 귀인이 아닌 이가 패자[霸]다. 하되 스스로를 귀하다고 여기지 않는 것이 임금의 도리이며, 귀하지만 도를 넘지 않는 것이 신하의 도리다.

無爲者帝, 爲而無以爲者王, 爲而不貴者霸. 不自以爲所貴, 則君道也. 貴而不過度, 則臣道也.

위는 "중요 원칙"이다.

右"大數"

① 땅은 정치의 근본이다. ② 조정은 의식의 표현이다. ③ 시장은 재화의 표지다. ④ 황금은 재정의 한도다. ⑤ 제후의 땅이 (마차) 천량千輛을 산출한다면 (이것이) 군비軍備의 제도다. 이 다섯 가지의 이치는 이해할 수 있으나, 이것들을 실천하는 데는 원칙[道]이 있다. 땅은 정치의 근본이니, 이 때문에 땅은 정치를 바로잡을 수 있다. 땅이 골고루 조화하지 않으면 정치는 바로잡힐 수 없다. 정치가 바르지 않으면 생산 활동을 잘 다스릴 수 없다. 봄가을과 여름, 겨울은 음양이 바뀌어 온 것이다. (농사) 시간이 길고 짧음은 음양의 작용이다. 낮과 밤이 바뀌는 것은 음양의 조화다. 그렇다면 음양은 바를 것이다. 비록 바르지 않다고 해도, 넘치는 것을 덜어 낼 수 없고, 부족한 것을 더할 수가 없다. 천지자연은 덜어 내고 보탤 수 없으니, 그렇다면 정치를 바로잡는 것은 땅이요, 따라서 (땅은) 바르지 않을 수 없다. 땅을 바르게 한다는 것은, 실제 (농사지을) 농지가 반드시 바르게 고쳐져야 한다는 것이다. 긴 땅도 반드시 옳게, 짧은 땅도 옳게, 작은 땅도 옳게, 큰 땅도 옳게, 길고 짧고 작고 큰 땅이 다 바르게 되어야 한다. 마땅히 정당할 것이 정당치 못하면 관리가 되지 않고, 관리가 안 되면 일 처리가 안 되고, 일 처리가 안 되면 (거기서 거둘) 재화가 많지 않다. 이 때문에, 재화가 많이 산출된다는 것을 알 수 있는가? '(그것은 농사)일이 잘 처리되었다'라고 말할 뿐이다. 무엇으로 (농사)일이 잘 처리되었다는 것을 알 수 있는가? '(그것은) 재화가 많다'고만 말할 뿐이다. 재화가 많고 (농사)일이 잘 처리되었으면, 세상에 요구할 것이 적을 것이니, (이것이) 농사일하는 원칙이다.

地者, 政之本也. 朝者, 義[1]之理也. 市者, 貨之準也. 黃金者, 用[2]之量也. 諸侯之地, 千乘之國者, 器[3]之制也. 五者, 其理可知也, 爲之有道. 地者, 政之本也, 是故地可以正政也. 地不平均和調, 則政不可正也. 政不正, 則事不可理也. 春秋冬夏, 陰陽之推移也. 時之短長, 陰陽之利用也. 日夜之易, 陰陽之化也. 然則陰陽正矣, 雖不正, 有餘不可損, 不足不可益也. 天地莫之能損益也. 然則可以正政者, 地也, 故不可不正也. 正地者, 其實必正. 長亦正, 短亦正, 小亦正, 大亦正, 長短大小盡正. 正不正則官不理, 官不理則事不治, 事不治則貨不多. 是故何以知貨之多也? 曰事治. 何以知事之治也? 曰貨多. 貨多事治, 則所求于天下者寡矣, 爲之有道.

위는 "음양"이다.

右"陰陽"

조정은 의례儀禮의 표현[儀法]이다. 이 때문에 (부여한) 작위가 바르면 백성들은 원망이 없고, 백성이 원망하지 않으면 (사회가) 어지럽지 않게 되니, 그런 연후에 의례는 다스려질 수 있다. 정돈함[理]이 옳지 못하면 통치할 수 없으니, 정돈하여 잘 마무리하지 않을 수 없다. 그러므로 한 나라의 사람들이 모두 귀족이 될 수 없다. 모두 귀족이면 사업을 끝낼 수 없으니 나라에 이롭지 못하다. 일을 완수 못 하면, 나라에는 이롭지 못하다. 귀족을 없앤다면, 백성들은 스스로를 다스릴 수 없으니, 이 때문에 작위에 높고 낮음을 구별하면 (사람들은) 앞뒤의 순서와 귀천의 뜻을 알게 될 것이니, (이것이) 통치하는 데는 원칙이 있다는 것이다.

朝者, 義之理也. 是故爵位正而民不怨, 民不怨則不亂, 然後義可理. 理不正則不可以治, 而不可不理[4]也. 故一國之人不可以皆貴, 皆貴則事不成而國不利也. 爲事之不成, 國之不利也. 使無貴者則民不能自理也, 是故辨於爵列之尊卑, 則知先後之序, 貴賤之義矣, 爲之有道.

1 義는 儀(의식)이다.
2 用은 재정을 말한다.
3 器는 軍備를 의미한다.
4 여기서 理는 동사로 쓰였으니, 整飭(정돈하고 고친다)의 뜻이다.

위는 "작위"다.

右"爵位"

시장은 재화의 표준이다. 이 때문에 모든 물품의 값이 싸면 (장사꾼들은) 모든 이익을 얻을 수 없게 되고, (장사꾼들이) 모든 이득을 얻지 못하면 모든 (농사)일은 잘 될 것이고, 모든 (생산)사업이 잘 되면 모든 비용은 절감될 것이다. 이렇기 때문에, 생산업은 머리 쓰는 데서 발생하고, 힘쓰면 성공하고, 오만하면 실패한다. 머리 쓰지 않으면 생산이 없고, 힘쓰지 않으면 성공하지 못하고, 오만하지 않으면 실패도 없다. 따라서 (사람들은) 말한다. "시장을 통해서 (사람들은 사회의) 안정과 혼란을 알 수 있고, (재화가) 많고 적음도 알 수 있으나, (재화를) 많거나 적게 생산할 수는 없으니, (시장을) 운영하는 데 원칙이 있다."

市者, 貨之準也. 是故百貨賤則百利不得, 百利不得則百事治, 百事治則百用節矣. 是故事者生於慮, 成於務, 失於傲. 不慮則不生, 不務則不成, 不傲則不失. 故曰: "市者可以知治亂, 可以知多寡, 而不能爲多寡, 爲之有道."

위는 "시장과 생산에 힘씀"이다.

右"務市事"

황금은 재정의 한도다. 황금의 이치를 분석해 보면 (사람들이) 사치하는지, 절약하는지를 알 수 있으니, 사치와 절약을 알면 많은 비용을 절감할 수 있다. 따라서 절약하면 생산하는 일을 망치고, 사치하면 상품자원을 망친다. 절약하면 투자 자본[金]이 줄어들고, 투자 자본이 줄어들면 생산업이 제대로 되지 않기 때문에 생산업이 망쳐진다. 사치하면 투자 금액은 올라가고, 투자 금액은 올라가나 상품 값은 떨어지기 때문에, 상품생산은 망친다. 상품이 다 소진된 뒤에 (물품이) 부족하다는 것을 안다면, 이는 (적당)량을 모른 것이다. 생산이 끝난 뒤에 물품이 남는다는 것을 안다면, 이것은 절제를 모르는 것이다. (적당)량을 모르고, 절제를 모르면, 원칙이 있다고 말할 수 없다. 말을 타고 소[牛]를 쓰는데, 그것들이 가볍고 무거운 짐을 지는 데는 제한이 있다. 하룻밤을 묶고 갈 길처럼, 길의 원근은 다 숫자가 있다. 이와 같이, 제후의 봉토가 마차 천량千輛을 감당할 나라라는 것을 안다면, 그래서 봉토의 크기를 알 수 있고, 그래서 감내해야 할 짐의 경중輕重도 알 수 있다. 무거워진 뒤에 그것을 덜어 내면 부담 능력을 모른 것이고, 가벼워진 뒤에 더 보탠다는 것은 군비(의 규모)를 모르는 것이다. 부담 능력도 모르고 군비의 크기도 모른다면, 원칙[道]이 있다고 말할 수 없다. 땅에 먹을 것이 없고, 산에 나무가 없다면, (땅이) 100무畝라도 1무로 친다. 말라 버린 연못도 1무로 친다. 초목이 자라지 않는 땅도 100무를 1무로 친다. 울타리에 가시[棘]와 잡목이 있어, 사람이 들어갈 수 없는 땅도, 100무를 1무로 친다. 늪지에 낫과 밧줄을 끌고 들어갈 수 있으면 9무를 1무로 친다. 넝쿨이 뻗은 산에, 나무를 재목으로 쓰고 마차 축軸을 만들 수 있고, 도끼가 들어갈 수 있으면 9무를 1무로 친다. 둥글넓적한 산에, 재목은 관棺과 수레를 만들고, 도끼가 들어갈 수 있으면 10무를 1무로 친다. 흐르는 물에 그물이 들어가면, 5무를 1무로 친다. 수풀의 나무는 관을 짜는 재목과 수레를 만들 수 있고, 도끼가 들어가면 5무를 1무로 친다. 연못에 그물이 들어가면, 5무를 1무로 친다. 땅은 모두 실제 경작 면적으로 한다고 말한다. 사방 육리六里의 땅을 포暴라 하고, 다섯 포를 부部라 하고, 다섯 부를 취聚라 한다. 취에는 시장이 있다. 시장이 없으면 백성들은 (시장에) 나가지 않을 것이다. 다섯 취를 모향某鄕이라 하고, 네 향을 방方이라 하니, (이것이) 행정제도다. 행정제도가 성립되니, 지방 조직[邑]을 세운다. 다섯 집이 오伍이고, 열 집이 연連이고 다섯 연이 포暴이며, 다섯 포에 우두머리[長]가 있으니, 그를 모향某鄕이라 부른다. 네 향을 도都라고 하니, (이것이) 지방 조직[邑制]이다. 지방 조직이 성립하니 생산 조직을 만들어야 한다. 네 개의 취는 하나의 이離가 되고, 다섯 이가 하나의 제制가 되고, 다섯 제가 하나의 전田이 되고, 두 개의 전이 하나의 부夫가 되며, 세 부가 하나의 가家를 이룬다. (이것이) 생산 조직이다. 생산 조직이 성립되니 군비[器]가 조직된다. 사방 육리六里가 병거[兵車] 1승乘을 만들어 내는 토지다. 1승은 말 네 필이 끈다. 말 하나에 갑옷 입은 사병이 일곱이고, 방패를 든 군졸이 다섯이다. 4승이면, 갑옷 입은 군졸이 28명이고, 방패를 들은 군졸이 20명이다. (군대 훈련 받지 않은) 평민 30명이 전차 한 대를 받들고 있다. (이것이) 군비 제도다. 사방 육리六里가 1승을 감당하는 토지다. 사방 1리가 농부 9명의 경작지다. 황금 1일鎰[24兩]은 (전차) 100승이 하루 묵으면 다 소진된다. 황금이 없으면 견직물을 쓴다. (실이) 가느다란 견직물 33제制[1제=1丈8尺]면 1일(비용)에 해당하고, 견직물이 없으면 베[布]를 써야 하는데, 엷고 가는 베 100량이면 1일(비용)에 해당한다. 1일의 황금으로 [전차] 100대의 병졸이 먹고 잘 수 있었다면, (세금을) 징수한 땅 6보步에서 (곡식) 1말을 거둔 셈이니, 중등 수확량이라 할 수 있으며, 시장이 있어도, 시장이 없어도, 백성들은 궁핍하지 않을 것이다. 사방 6리의 땅이면 '사社'라 하고, (주민이 사는) 읍邑이면 '앙央'이라 하며, 관세나 시장세를 거두어들인다. 황금 100일鎰이면 작은 상자[협篋] 하나로 계산하고, 화물이 곡식 한 삼태기[籠]이면 10협으로 계산한다. 시장의 장사치가 30명이면, 정월과 12월에 황금 1일을 징수한다. 이것이 바른 (징수)법이다. 봄에는 물가의 순서를 정하고, 입하立夏에 월별 계산을 하고, 가을에 전체 세금을 계산하고, 백성의 수의 증감을 기록한다. 3년마다 논둑을 새로 정하고, 5년에 (경작지) 경계를 수정하고, 10년에 (생산) 계획을 바꾸는 것이 상례다. (지대가 높아서, 땅) 10길을 파야 물이 나오면, 크게 홍수가 들 일이 없고, (땅이 낮아서) 다섯 자[尺]만 파도 물이 나오면 크게 가뭄들 일은 없을 것이다. (고지대여서) 11길을 파서 물이 나오면 세금을 가볍게 부여해야 하니, (세금 중에) 10분의 1은 감면해 주어야 하고, 12길이면 (10분의) 2를 감면하고, [13길이면 (10분의) 3을 면제하고,] 14길이면 (10분의) 4를 면제해 주고, 15길이면 (세금의) 절반을 감면해야 한다. (이런 고지대는) 산악에 비견된다. (저지대라) 다섯 자만 파도 물이 나오면 (세금 중에 10분의) 1을 감면하고, 네 자면 2를 감면하고, 세 자면 3을 감면하고, 두 자면 4를 감면하고, 한 자에서 물이 나오면, (거의) 소택沼澤에 비견된다. 나라 도성의 문에서 사방의 끝까지, 어른은 쟁기 2대로 경작할 수 있는 토지, 5척의 아동은 쟁기 하나로 경작할 토지분에 (임금을 위해) 3일간 일을 한다. (봄) 1월에 농사를 시작해서, (먼저) 공전公田에서 농사를 지어야 한다. 눈이 녹을 때 농사를 시작해서 (여름) 김매기로 끝난다. 경험 많고 학식 있고 판단이 분명한 선비로서 임금의 신하가 아니면, 일에 참여해도 (토지 소득의) 분배는 없다. 상인으로, 물건 값의 귀천을 잘 알고 매일 시장에 왔으나, 관청의 장사치가 아니면, 일에 참여해도 (토지 수익의) 분배는 없다. (물건의) 겉모양과 기능을 다루는 장이[工匠]들도, 매일 시장에 왔으나 관청의 공장工匠이 아니면, 일에 참여해도 (토지 수익의) 분배는 없다. (실제) 시켜서 일에 참여할 수는 없었으나 (농사의) 차별 나는 결실을 식별할 수 있으면, 곡식을 나누어 주었다. 이 때문에 아는 이는 알지만 못난이는 알지 못하니, 백성들을 (다) 가르칠 수는 없다. 재주 있는 이는 할 수 있으나 둔한 자는 할 수 없으니, 백성들을 (다) 가르칠 수 없다. 명령을 한 번 내려 백성들이 순종하지 않으면 크게 잘한 일이 아니다. 많은 사람이 하지 않으면 큰 공로는 이루어질 수 없다. 이 때문에, 성실한 장사치가 아니면 장사로 먹고살 수 없고, 성실한 공장工匠이 아니면 공장 일로 먹고살 수 없고, 성실한 농부가 아니면 농사로 먹고살 수 없고, 신실한 선비가 아니면 조정에 설 수가 없다. 이 때문에 관직이 비었다고 아무나 그 자리를 청구할 수 없으며, 임금이 진귀한 마차와 진귀한 갑옷이 있다 해도 아무나 그것을 차지할 수 없다. 임금이 일을 거사해도 신하 자신이 못하는 것을 (임금께) 속일 수가 없다. 임금이 신하(의 능력)을 알고, 신하들 또한 임금이 자기 (능력)을 알기 때문에, 신하들은 힘을 다하고 자기 정성을 다하여 임금께 오지 않을 수 없는 것이다. 관리 경험으로 말하자면, 지세地稅를 공평하게 하고 가호마다 농사일에 힘쓰게 하여, 백성들로 하여금 농사지을 때를 알게 해야 한다. 이에 백성들은 계절의 빠르고 늦음, 시간의 부족과 배고픔과 추위가 몸에 다가옴을 알게 해야 한다. 이 때문에 밤늦게 자고 아침 일찍 일어나서 아버지, 자식들과 형제들은 자기 할 일들을 잊지 않으며, 일을 하되 권태를 느끼지 않고, 사람들이 수고로우며 고된 것을 꺼리지 않게 해야 한다. 따라서 지세를 공평하게 하지 않은 나쁜 결과는 땅의 좋은 점[利點]을 다 쓸 수 없게 만들고, 백성의 노동력을 다할 수 없게 한다. 농사지을 때를 공시하지 않으면 백성들은 그것을 알 수 없고, 농사일을 지도하지 않으면 백성들은 농사짓지 않는다. 백성들에게 재화를 나누어 주면 백성들은 얻는 것이 정확하다는 것을 알게 되며, 분배를 잘 해줄 줄 알면 백성들은 그들의 힘을 다할 것이다. 그러므로 (일부러) 시키지 않아도 아버지, 자식들과 형제들은 자기 할 일들을 잊지 않는다.

黃金者, 用之量也. 辨於黃金之理則知侈儉, 知侈儉則百用節矣. 故儉則傷事, 侈則傷貨. 儉則金賤, 金賤則事不成, 故傷事. 侈則金貴, 金貴則貨賤, 故傷貨. 貨盡而後知不足, 是不知量也. 事已而後知貨之有餘, 是不知節也. 不知量, 不知節, 不可謂之有道. 乘馬服牛, 而任之輕重有制. 有壹宿之行, 道之遠近有數矣. 是知諸侯之地, 千乘之國者, 所以知地之小大

也, 所以知任之輕重也. 重而後損之, 是不知任也; 輕而後益之, 是不知器也. 不知任, 不知器, 不可謂之有道. 地之不可食者, 山之無木者, 百而當一. 涸澤, 百而當一. 地之無草木者, 百而當一. 樊棘雜處, 民不得入焉, 百而當一. 藪, 鎌纆得入焉, 九而當一. 蔓山, 其木可以爲材, 可以爲軸, 斤斧得入焉, 九而當一. 汎山, 其木可以爲棺, 可以爲車, 斤斧得入焉, 十而當一. 流水, 網罟得入焉, 五而當一. 林, 其木可以爲棺, 可以爲車, 斤斧得入焉, 五而當一. 澤, 網罟得入焉, 五而當一. 命之曰: 地均以實數. 方六里命之曰暴, 五暴命之曰部, 五部命之曰聚. 聚者有市, 無市則民之.[5] 五聚命之曰某鄉, 四鄉命之曰方, 官制也. 官成而立邑. 五家而伍, 十家而連, 五連而暴, 五暴而長, 命之曰某鄉, 四鄉命之曰都, 邑制也. 邑成而制事. 四聚爲一離, 五離爲一制, 五制爲一田, 二田爲一夫, 三夫爲一家, 事制也. 事成而制器. 方六里爲一乘之地也. 一乘者, 四馬也. 一馬, 其甲七, 其蔽五. 四乘, 其甲二十有八, 其蔽二十. 白徒三十人奉車兩, 器制也. 方六里, 一乘之地也. 方一里, 九夫之田也. 黃金一鎰, 百乘一宿之盡也. 無金則用其絹. 季[6]絹三十三, 制當一鎰. 無絹則用其布, 經[7]暴[8]布百兩當一鎰. 一鎰之金, 食百乘之一宿, 則所布之地六步一斞, 命之曰中歲, 有市、無市則民不乏矣. 方六里名之曰社, 有邑焉, 名之曰央, 亦[9]關市之賦. 黃金百鎰爲一篋, 其貨一穀籠爲十篋. 其商苟[10]在市者三十人, 其正月、十二月黃金一鎰. 命之曰正分. 春曰書比,[11] 立夏曰月程, 秋曰大稽, 與[12]民數得亡. 三歲脩封, 五歲脩界, 十歲更制, 經正[13]也. 十仞見水不大潦, 五尺見水不大旱. 十一仞見水輕征, 十分去[一]二三,[14] 二則去[二]三四, [三則去三], 四則去四, 五則去半, 比之於山. 五尺見水, 十分去一, 四則去二[三], 三則去三[二], 二則去四[一], [三]一尺而見水, 比之於澤. 距國門以外, 窮四竟之內, 丈夫二犂, 童五尺一犂, 以爲三日之功. 正月令農始作, 服于公田農耕. 及雪釋, 耕始焉, 芸卒焉. 士聞見博學意察, 而不爲君臣者, 與功而不與分焉. 賈知賈之貴賤, 日至於市, 而不爲官賈者, 與功而不與分焉. 工治容貌功能, 日至於市, 而不爲官工者, 與功而不與分焉. 不可使而爲工,[15] 則視貨離[16]之實, 而出夫粟. 是故智者知之, 愚者不知, 不可以敎民. 巧者能之, 拙

5 許維遹에 의하면, 之는 마땅히 乏 자다. 그러나 『說文解字』에 따르면, 之는 出이다. 시장이 없으면, 백성들은 나가지 않는다.

6 季는 細(가늘다)의 뜻이다.

7 張佩綸에 의하면 經은 絟(가는 베)의 오자다.

8 聞一多에 의하면, 暴은 薄(엷다)의 뜻과 통한다.

9 黎翔鳳에 의하면, 亦은 지금의 腋이고, 腋는 繹(끌어내다, 실을 뽑다)의 뜻이다. 말하자면 抽(뽑다, 거두어들이다)의 뜻이다.

10 黎翔鳳에 의하면, 商苟는 白徒(기술 없는 보통 사람)이다.

11 比는 比次(순차를 정하다)의 뜻이다.

12 兪樾에 의하면, 與는 擧, 즉 기록의 뜻이다.

13 于省吾(1896~1984)에 의하면, 正은 政이다. 經政은 常例다.

14 여기 땅의 高低에 관한 오기는 [ ] 표식 안에 표시했고, 正字는 밑줄을 그었다.

15 丁士涵에 의하면, 工은 功과 통한다.

16 郭沫若에 의하면, 貨離는 差別이다.

者不能, 不可以教民. 非一令而民服之也, 不可以爲大善. 非夫人能之也, 不可以爲大功. 是故非誠賈不得食于賈, 非誠工不得食于工, 非誠農不得食于農, 非信士不得立于朝. 是故官虛而莫敢爲之請, 君有珍車珍甲而莫之敢有. 君擧事臣不敢誣其所不能. 君知臣, 臣亦知君知己也, 故臣莫敢不竭力俱操其誠以來. 道[17]曰: 均地分力,[18] 使民知時也. 民乃知時日之蚤晏, 日月之不足, 饑寒之至于身也. 是故夜寢蚤起, 父子兄弟不忘其功, 爲而不倦, 民不憚勞苦. 故不均之爲惡也, 地利不可竭, 民力不可殫. 不告之以時而民不知, 不道之以事而民不爲. 與之分貨則民知得正矣, 審其分則民盡力矣. 是故不使而父子兄弟不忘其功.

위는 "사농공상"이다.

右"士農工商"

최고 절대 권력자가 최고 권력자가 되는 이유는 이득을 백성에게 잘 나누어 주기 때문이다. 절대 권력자가 이득을 백성들에게 잘 나누어 주지 못한다면 (일반) 백성들과 비슷하다. 자기가 (욕심에) 부족하다고 느끼면, 어찌 성인聖人이라 할 수 있겠는가? 따라서 (나라에) 일이 있을 때 재물을 쓰지만, 할 일이 없으면 그것을 백성들에게 귀속시킨다. 성인만이 산업들을 백성에게 잘 위탁시킬 수 있다. 백성들의 본성은 편벽되면 어리석게 되고, 외부 유혹을 안 받으면 착하게 된다. 윗사람이 하나를 하면, 아랫사람은 둘을 한다.

聖人[19]之所以爲聖人者, 善分民也. 聖人不能分民, 則猶百姓也. 於己不足, 安得名聖? 是故有事則用, 無事則歸之於民, 唯聖人爲善託業於民. 民之生[20]也, 辟[21]則愚, 閉則類.[22] 上爲一, 下爲二.

17 湯孝純, 『新譯管子讀本』(上), 65頁에 의하면, 道는 治理, 즉 경영관리를 말한다.

18 湯孝純에 의하면, 均地는 地稅를 공평히 한다는 뜻이고, 分力은 가호마다 농사일에 힘쓰게 한다는 뜻이다. 上同.

19 黎翔鳳에 의하면, 여기서 聖人은 최고의 절대 권력자를 말한다.

20 王念孫(1744~1832)에 의하면, 生은 性의 의미로 읽어야 한다.

21 黎翔鳳에 의하면, 辟은 僻(정도에서 벗어나다)의 뜻이다.

22 類는 前哲(앞선 철인)에게 부끄럽지 않음의 뜻이니, 善(착하다)의 뜻으로 볼 수 있다. 上同.

위는 "성인"이다.

右"聖人"

시기는 농사의 핵심이니, (농사 시기를) 숨기고 멈출 수는 없다. 따라서 말한다. "오늘 노동하지 않으면 내일에 재화는 없다." 어제는 이미 가버렸고 (다시) 오지 않은 것이다.

時之處事精矣, 不可藏而舍也. 故曰: "今日不爲, 明日亡[23]貨." 昔之日已往而不來矣.

위는 "시기를 잃어버리다"다.

右"失時"

상급의 토지는 사방 80리里에 1만 호戶의 나라가 하나이고, 1,000호의 도읍이 넷이다. 중급의 토지는 사방 100리에 1만 호의 나라가 하나요, 1,000호의 도읍이 넷이다. 하급의 토지는 120리에 1만 호의 나라가 하나이고, 1,000호의 도읍이 넷이다. 상급의 토지 80리와 하급 토지 120리는 중급 토지 100리와 통한다.

上地方八十里, 萬室之國一, 千室之都四. 中地方百里, 萬室之國一, 千室之都四. 下地方百二十里, 萬室之國一, 千室之都四. 以上地方八十里與下地方百二十里, 通於中地方百里.

위는 "지리"다.

右"地理"

23 黎翔鳳에 의하면, 亡은 無다.

칠법 七法

군사와 용병 전략

본 편은 하나의 군사軍事 논문으로, 군을 다스리고, 군대를 어떻게 운영할 것인지에 대하여 서술하고, 동시에 백성을 다스리는 일, 정치하는 일과 나라를 다스리는 일을 말한다. 첫째는 일곱 가지 법칙[七法], 즉 ① 칙則 ② 상象 ③ 법法 ④ 화化 ⑤ 결색決塞 ⑥ 심술心術 ⑦ 계수計數를 통해 군대를 다스리고, 적국을 이기고, 천하를 바로잡는 기초로 설명한다. 둘째는 사상四傷, 즉 백 가지 악[百匿], 간사한 관리[姦吏], 간사한 백성[姦民]과 도적[賊盜]이 나라와 군대를 다스리는 데에 대한 해로움[害]을 말한다. 셋째는 '전쟁하는 이치[爲兵之數]'에서 적을 제압하고 승리하는 8요소를 제시한다. 넷째는 '진陣을 치다[選陳]', 즉 산진算陣에서 공격 전쟁을 모획하기 위한 군사 임무와 장군의 직책을 논한다.

(신하의) 말이 옳아도 (그를) 관직에 세울 수 없고, 말이 틀렸어도 (그것을) 폐기할 수 없고, 공로가 있어도 상을 줄 수 없고, 죄가 있어도 벌을 줄 수 없다. 이와 같은데도 백성을 잘 다스릴 수 있었던 일은 아직 없었다. 옳다면 반드시 (그를) 관직에 세우고, 그르다면 반드시 폐하고, 공로가 있으면 반드시 상을 주고, 죄가 있으면 반드시 벌을 준다. 이와 같다면 (나라가) 다스려지는가? 아직은 아니다. 이것은 무엇 때문인가? 말한다. "군사 실력과 군대 장비가 아직 갖추어지지 않았다면, 아직 잘할 수가 없다." 군사 · 실력 · 군대 · 장비, 이 네 가지가 갖추어진다면, 잘할 수 있을 것이다. 자기 백성을 잘 다스릴 수 없으면서, 자기 군대를 강하게 만들 수 있는 일은 아직 없었다. 자기 백성을 잘 다스릴 수 있지만 군대 운용의 이치에 밝지 못하면, 아무것도 할 수 없는 것과 같다. 자기 군대를 강하게 만들 수 없으면서 반드시 적국을 이길 수 있는 일은 아직 없었다. 자기 군대는 강하게 할 수 있으나 적국을 이기는 도리에 밝지 못하면 아무것도 할 수 없는 것과 같다. 군대가 적국을 반드시 이길 수 없으면서 천하를 바로잡을 수 있는 일은 아직 없다. 군대가 적국을 반드시 이기면서 천하의 명분을 명확히 바로잡을

수 없다면 아무것도 할 수 없는 것과 같다. 따라서 말한다. "백성을 다스리는 데는 군비軍備가 있어야 하고, 군대를 운용하자면 법칙이 있어야 하고, 적국을 이기는 데는 도리가 있으며, 천하를 바로잡는 데는 명분이 있다." ① 규칙[則] ② 현상[象] ③ 척도[法] ④ 교화[化] ⑤ 개방과 금지[決塞] ⑥ 마음의 기능[心術] ⑦ 계산[計數] (등의 함의는 이러하다.) 천지자연의 기운, 춥고 더운 것의 조화와 물과 흙의 성질을 탐구해 보고, 사람, 조수, 식물 등의 생물은 (무생물에 비해) 비록 아주 많은 것은 아니나, 모두 공통점이 있고, 변하지 않으니, 그것을 규칙[則]이라 말한다. 외부 형태[儀], 명칭[名], 연대年代[時], 비슷함[似], 부류[類], (선후)순서[比]와 상태[狀] 등은 현상[象]이다. 자[尺寸], 먹줄[繩墨], 원[規]과 곱자[矩], 무게 측정[衡石], 말[斗]과 되[斛], 부피 재기[斛量]는 척도[法]다. 조금씩 나아가기[漸進], 길들이기, 은밀한 접촉[靡], 훈습薰習[灸], 적응[服]과 습관화는 교화[化]다. 주고 뺏기, 험한 것과 평이함, 이로움과 해로움, 어렵고 쉬움, 열고 막기와 살리고 죽이기는 개방과 금지[決塞]다. 신실, 정성, 너그러움, 베풀기, 도량과 용서는 마음의 기능[心術]이다. 강인과 부드러움, 가볍고 무거움, 크고 작음, 속이 찬 것과 빈 것, 멀고 가까움과 많고 적음이 계산이다. (임금이) 규칙을 제대로 파악 못하나 호령을 발동하려는 것은, 빙빙 도는 도자기 물레에 아침저녁 시간을 확정하는 막대기를 꽂으려는 것이며, 흔들거리는 대나무 막대기를 가지고 그 끝을 고정시키려는 헛수고와 같다. 현상을 제대로 파악 못하면서도 재주에 따라 인물을 쓰려고 하는 것은, 긴 것을 잘라 짧게 만들고, 짧은 것을 잇대어 긴 것으로 만들려는 짓과 같다. 척도를 모르면서도 백성을 다스리고 민중을 하나로 통일하려는 것은, 왼손으로 글을 쓰면서 그것을 오른손이 막는 것과 같다. (백성들을) 교화할 줄 모르면서 그들의 풍속과 교훈을 바꾸려는 것은, 아침에 바퀴를 만들고 (곧바로) 저녁에 마차를 타려고 하는 것이다. (백성에 대한) 개방과 금지를 제대로 모르면서 민중을 부리고 파견하려는 것은, 물을 거꾸로 흐르게 하려는 것이다. 마음의 의향을 제대로 파악하지 못하면서 사람들이 명령을 따르게 하려는 것은, (사슴이나 돼지 발목을 묶는) 올가미를 내버리고 그것들을 반드시 잡겠다고 하는 것과 같다. 계산을 분명하게 파악하지 못한 채 큰일을 벌이려고 한다면, 배나 노 없이 험난한 강물을 건너려는 것과 같다. 따라서 말한다. "법을 세워 제도를 만들 때, 규칙을 모르면 안 된다. 재주를 따져 인물을 쓰려 할 때 현상을 모르면 안 된다. 백성들과 화합하고 민중을 하나로 통일할 때 척도를 모르면 안 된다. 풍속과 교훈을 바꾸려 할 때 교화를 모르면 안 된다. 민중을 부리고 백성을 파견할 때 개방과 금지를 모르면 안 된다. 명령을 내려 반드시 실행토록 할 때 마음의 기능을 모르면 안 된다. 일을 거행하여 꼭 성공시키려면 계산을 모르면 안 된다."

言是而不能立, 言非而不能廢, 有功而不能賞, 有罪而不能誅. 若是而能治民者, 未之有也. 是必立, 非必廢, 有功必賞, 有罪必誅. 若是安[1]治矣, 未也. 是何也? 曰: 形勢器械[2]未具, 猶之不治也. 形勢器械具, 四者備, 治矣. 不能治其民, 而能强其兵者, 未之有也. 能治其民矣, 而不明于爲兵之數, 猶之不可. 不能彊其兵, 而能必勝敵國者, 未之有也. 能彊其兵, 而不明于勝敵國之理, 猶之不勝也. 兵不必勝敵國, 而能正天下者, 未之有也. 兵必勝敵國矣, 而不明正天下之分,[3] 猶之不可. 故曰: "治民有器, 爲兵有數, 勝敵國有理, 正天下有分." 則、象、法、化、決塞、心術、計數. 根[4]天地之氣, 寒暑之和, 水土之性. 人民、鳥獸、草木之生物, 雖不甚多, 皆均有焉, 而未嘗變也, 謂之則. 義[5]也, 名也, 時也, 似也, 類也, 比也, 狀也, 謂之象. 尺寸也, 繩墨也, 規矩也, 衡石也, 斗斛也, 角量也, 謂之法. 漸也, 順也, 靡也, 久[6]也, 服也, 習也, 謂之化. 予奪也, 險易也, 利害也, 難易也, 開閉也, 殺生也, 謂之決塞. 實也, 誠也, 厚也, 施也, 度也, 恕也, 謂之心術. 剛柔也, 輕重也, 大小也, 實虛也, 遠近也, 多少也, 謂之計數. 不明於則, 而欲出號令, 猶立朝夕於運均之上, 檐竿而欲定其末. 不明於象, 而欲論材審用, 猶絶長以爲短, 續短以爲長. 不明於法, 而欲治民一衆, 猶左書而右息之. 不明於化, 而欲變俗易教, 猶朝揉輪而夕欲乘車. 不明於決塞, 而欲敺衆移民, 猶使水逆流. 不明於心術, 而欲行令於人, 猶倍招[7]而必拘之. 不明於計數, 而欲擧大事, 猶無舟檝而欲經於水險也. 故曰: 錯儀畫制, 不知則不可. 論材審用, 不知象, 不可. 和民一衆, 不知法, 不可. 變俗易教, 不知化, 不可. 敺衆移民, 不知決塞, 不可. 布令必行, 不知心術, 不可. 擧事必成, 不知計數, 不可.

1 許維遹에 의하면, 安은 則이다.

2 形勢는 군사 형세, 즉 군사 실력을 의미하고, 器械는 군사 장비를 말한다.

3 湯孝純에 의하면, 分은 서로 다른 사회계층에 맞는 名分을 말한다. 『新譯管子讀本』(上), 70頁.

4 趙守正에 의하면, 根은 탐색의 의미다. 『管子通解』(上), 71頁.

5 何如璋에 의하면, 義는 儀(외형)와 통한다.

6 久는 灸(뜸뜨다, 김을 쐬다)와 통한다.

7 黎翔鳳에 의하면, 倍는 棄(버리다)와 같고, 招는 罥(사슴이나 돼지의 발을 묶어 버리는 올가미)의 뜻이다.

위는 "네 개의 잠언"이다.

右"四傷"[8]

아랫사람의 잘못은 윗사람의 위엄을 해치며, 간사한 관리가 관청의 법도를 해치며, 간사한 백성이 세속의 가르침을 해치며, 도적의 무리가 민중의 이익을 해친다. (임금의) 권위가 상하면 (임금의) 무게가 아래쪽으로 쏠리고, 법치가 파괴되면 뇌물이 위쪽으로 흐르며, 교화가 상처를 입으면 신하들이 화합치 못하고, 민중의 이익이 파괴되면 백성들은 안주할 수가 없다. (임금의) 무게가 아래쪽으로 쏠리면 (임금의) 명령이 제대로 시행되지 못하며, 뇌물이 위쪽으로 흐르면 관청의 일이 파괴되고, 신하들이 화합치 못하면 모든 일에 성과가 없고, 백성들이 자기 집에 안주하지 못하면 도적[輕民]들이 있고 (농사짓는) 힘든 백성[重民]들은 흩어진다. 쉬운 일만 하려는 백성[輕民]들이 있게 되면 힘든 백성[重民]들은 흩어지니, 농지가 개간되지 않는다. 농지가 개간되지 않으면 가축들을 기를 수 없고, 가축을 기르지 않으면 나라가 가난해져 (나라의) 쓰임새가 부족해지며, 나라가 가난하여 쓰임새가 부족해지면 군대가 약해지고 사졸들이 용맹하지 않게 된다. 따라서 말한다. "① (조정의) 상법이 엄밀하지 않으면 온갖 부정이 떨친다. ② 관작 제도가 엄밀치 못하면 간사한 관리들이 판치고 ③ 호적이 엄밀치 못하면 사악한 백성들이 날치고 ④ 형법이 엄정하지 않으면 도적들이 날친다." (이와 같이) 나라의 4법도가 파괴되었는데, 임금이 의심을 늦추고 고치지 않으면 위험을 만나게 된다. 임금이 의심을 늦추고 고치지 않고 있으면 진실을 말하는 선비가 앞으로 발전할 수 없고, 진실을 말하는 선비가 발전할 수 없으면 나라의 실정實情과 과실過失이 임금에게 전해질 수 없다. 세상의 임금이 귀하게 여기는 것이 실제 상황이요, 가까이 여기는 것이 친척이요, 아끼는 것이 백성이요, 중시하는 것이 작록이다. 망하는 임금은 이와 같지 않으니, 귀한 것을 불러왔다 하나 실제 상황

8 黎翔鳳에 의하면, 傷은 枳刺鍼(탱자나무 침)이기에 傷은 創(傷害, 해치다, 처음 만들다)으로 풀이되며, 여기서 箴言의 箴으로 발전할 수 있다. 四는 器(고비), 數(수), 理(법칙)와 分(명분)을 말한다.

이 아니다. 친한 사람을 불러왔다 하나 친척이 아니다. 아끼는 것을 불러왔다 하나 백성은 아니다. 중시하는 것을 불러왔다 하나 작록은 아니다. 따라서 귀중한 보배 때문에 (임금의) 명령에 흠집을 낼 수 없다. 따라서 "명령은 보배보다 귀하다"라고 말한다. 친척을 사랑하기 때문에 나라를 위태롭게 할 수 없다. "나라가 친척보다 가깝다"라고 말한다. 사람을 사랑하기 때문에 법을 어길 수 없다. "사람보다 법을 사랑한다"라고 말한다. 작록을 중시하기 때문에 임금의 위세를 나누어 줄 수 없다. 따라서 "(임금의) 위세는 작록보다 중하다"라고 말한다. 이 네 가지에 통달하지 못한 임금은 아무것도 없는 지경으로 되돌아갈 것이다. 따라서 말한다. "사람을 다스리는 것은 물난리를 다스리는 것과 같고, 사람을 기르는 것은 가축을 기르는 것과 같고, 사람을 쓰는 것은 초목을 사용하는 것과 같다." (임금) 자신이 도리에 따라 일 처리하면, 군신들은 정령에 따를 것이고, 백관들이 엄밀히 일 처리하면 아무도 사적 이익을 펼칠 수가 없다. 공론을 따지고 수고를 계산할 때 법률의 규정을 떠난 적이 없다. 아첨하는 총신, 임금의 친신, 세력이 큰 가문, 권귀權貴나 대신이 멋대로 자기 공을 늘릴 수 없으며, 소원하고 비천하며 숨어서 알려지지 않은 사람들도 그들의 수고가 잊히지 않는다. 따라서 죄 진 자도 임금을 원망할 수 없고, 상을 좋아하는 이도 탐심이 없으면, 진지陣地에 진열한 사졸들은 모두 자기 죽는 것을 가벼이 보고 어려운 일에도 마음이 편하니, 임금을 위한 일들을 요청한다. (이것이) 군대 일을 주관[통솔]하는 극치다.

百[9]匿傷上威, 姦吏傷官法, 姦民傷俗教, 賊盜傷國衆. 威傷則重在下, 法傷則貨上流, 教傷則從令者不輯, 衆傷則百姓不安其居. 重在下則令不行, 貨上流則官徒[10]毁, 從令者不輯則百事無功, 百姓不安其居則輕民處而重民散. 輕民處、重民散, 則地不辟. 地不辟則六畜不育, 六畜不育則國貧而用不足, 國貧而用不足則兵弱而士不厲, 兵弱而士不厲則戰不勝而守不固, 戰不勝而守不固則國不安矣. 故曰: 常令不審則百匿勝, 官爵不審則姦吏勝, 符籍不審則姦民勝, 刑法不審則盜賊勝. 國之四經敗, 人君泄,[11] 見危. 人君泄則言實之士不進, 言實之士不進則國之情僞不竭于上. 世主

9 何如璋에 의하면, 百은 下의 오기다.

10 黎翔鳳에 의하면, 徒는 事(일)로 새길 수 있다.

11 黎翔鳳에 의하면, 泄은 잘못인 줄 알고도 미적거리며 고치지 않음으로 풀이하고 있다.

所貴者實也, 所親者戚也, 所愛者民也, 所重者爵祿也. 亡君則不然, 致所貴非實也, 致所親非戚也, 致所愛非民也, 致所重非爵祿也. 故不爲重寶虧其命, 故曰: "令貴於寶." 不爲愛親危其社稷, 故曰: "社稷戚於親." 不爲愛人枉其法, 故曰: "法愛於人." 不爲重爵祿分其威, 故曰: "威重於爵祿." 不通此四者, 則反於無有. 故曰: "治人如治水潦, 養人如養六畜, 用人如用草木." 居身論道行理, 則群臣服教, 百吏嚴斷, 莫敢開私焉. 論功計勞, 未嘗失法律也. 便辟、左右、大族、尊貴大臣, 不得增其功焉, 疏遠、卑賤、隱不知之人不忘其勞. 故有罪者不怨上, 愛賞者無貪心, 則列陳之士皆輕其死而安難, 以要上事, 本[12]兵之極也.

위는 "온 가지 사악"이다.

右"百匿"

군대를 기르는 이치는, 재물을 축척하는 데 있으니, 재물(축적)에서 대적할 자가 없어야 하고, 공장工匠을 따짐에 있어 공장에 대적할 자가 없어야 하고, 병기 제조에 있어 제조에 대적할 자가 없어야 하고, 사졸을 선발함에 사졸에 대적할 자가 없어야 하고, (군졸들의) 정치 교육에 있어 교육에 대적할 자가 없어야 하고, 군사 연습에 있어 연습에 대적할 자가 없어야 하고, 각국 상황을 두루 알아야 함에 있어 앎에 대적할 자가 없어야 하고, 모략을 명확히 파악함에 있어 파악에 대적할 자가 없어야 한다. 그러므로 군대가 국경을 넘기 전에, 적대 세력을 없애는 것에 여덟 가지가 있다. 이렇기 때문에 ① 재정이 천하를 뒤덮지 않으면 천하를 바로잡을 수 없다. ② 재정이 천하를 뒤덮어도 공장工匠[기술자]이 천하를 뒤덮지 않으면 천하를 바로잡을 수 없다. ③ 공장이 천하를 뒤덮어도 군비가 천하를 뒤덮지 않으면 천하를 바로잡을 수 없다. ④ 군비가 천하를 뒤덮어도 사졸의 능력이 천하를 뒤덮지 않으면 천하를 바로잡을 수 없다. ⑤ 사졸 능력이 천하를 뒤덮어도 교육이 천하를 뒤덮지 못하면 천하를 바로잡을 수 없다. ⑥ 교육이 천하를 뒤덮어도 (군사) 연습이 천하를 뒤덮지 못하면 천하를 바로잡을 수 없다. ⑦ 군사 연습이 천하를 뒤덮어도 각국의 상황을 다 알지 못하면 천하

12 孫蜀丞에 의하면, 本과 主(주관하다)는 뜻이 같다.

를 바로잡을 수 없다. ⑧ 각국의 상황을 다 알아도 군사 모략에 밝지 않으면 천하를 바로잡을 수 없다. 따라서 군사 모략에 밝은 것이 전쟁의 기세氣勢다. 중요한 것은 (전쟁) 시기요, 그다음이 계책이다. 왕도는 폐기될 수 없으나, 세상에 감히 그것을 엿보지 못하는 것은 왕 된 자의 올바름 때문이다. 형고衡庫의 군사 장비를 갖는 것은 천자天子의 예禮다. 이렇기 때문에 무기가 완성되고 군졸들이 선발되면, 용사들은 (싸우면) 이긴다는 신심을 가질 것이다. 천하의 상황을 두루 알고, 전투 기회와 모략을 잘 파악하면, 혼자 다녀도 적수가 없을 것이다. 애정이 가는 나라는 홀로 이롭게 해주고, 미워하는 나라는 홀로 해롭게 해주면, 명령을 내리면 반드시 실행되고 금지시키면 정지하게 된다. 이 때문에 영명한 임금은 이것을 귀하게 여기니, 한 나라에 승리하여 모든 나라가 복종한다면 천하가 두려워할 것이다. 소수의 나라를 도와주고 많은 나라가 그것을 보게 되면, 천하의 민심이 돌아올 것이다. 죄지은 자를 벌주고, 공로 있는 자를 상 주면, 천하 사람들이 따를 것이다. 따라서 천하에서 최고 재료를 수집하고, 많은 공장이 제조한 무기들을 연구하며, 봄과 가을로 시합을 통해 단련시키고, 정교하고 예리한 무기는 상등으로 쳐준다. 완성된 무기는 시험해 보지 않으면 쓸 수 없고, 시험해 보지 않았다면 (그 무기는 창고에) 보관하지 않는다. 천하의 호걸들을 모아서, 천하의 용장勇將들을 만든다. 따라서 이들을 출동시키면 나는 새[飛鳥]와 같고, 이들을 동원하면 우레와 번개와 같고, 이들을 발동하면 바람과 비처럼 사나워져서, 그 앞을 가로막을 수 없고, 그 뒤를 해칠 수 없으니, 독자적으로 나가고 독자적으로 들어와도, 아무도 그들을 막을 수 없다. [그러나] 공을 거두는 거사를 하려면, 반드시 올바른 도리와 올바른 의리에 합치해야 한다. 따라서 도리에 맞지 않으면 천하를 이길 수 없고, 올바른 의리가 아니라면 남을 이길 수 없다. 따라서 현명하고 지혜로운 임금은 반드시 승리할 수 있는 자리에 서 있다. 그러므로 천하를 바르게 하여도, 아무도 그를 막지 못한다.

爲兵之數, 存乎聚財而財無敵, 存乎論工而工無敵, 存乎制器而器無敵, 存乎選士而士無敵, 存乎政教而政教無敵, 存乎服習而服習無敵, 存乎徧知天下而徧知天下無敵, 存乎明於機數[13]而明於機數無敵. 故兵未出境, 而無敵者八. 是以欲正天下, 財不蓋天下, 不能正天下. 財蓋天下, 而工不蓋天下, 不能正天下. 工蓋天下, 而器不蓋天下, 不能正天下. 器蓋天下,

而士不蓋天下, 不能正天下. 士蓋天下, 而教不蓋天下, 不能正天下. 教蓋天下, 而習不蓋天下, 不能正天下. 習蓋天下, 而不偏知天下, 不能正天下. 偏知天下, 而不明於機數, 不能正天下. 故明於機數者, 用兵之勢也. 大者時也, 小者計也. 王道非廢也, 而天下莫敢窺者, 王者之正也. 衡庫[14]者, 天子之禮也. 是故器成卒選, 則士知勝矣. 偏知天下, 審御機數, 則獨行而無敵矣. 所愛之國而獨利之, 所惡之國而獨害之, 則令行禁止, 是以聖王貴之, 勝一而服百, 則天下畏之矣. 立少而觀多, 則天下懷之矣. 罰有罪, 賞有功, 則天下從之矣. 故聚天下之精財, 論百工之銳器, 春秋角試以練, 精銳爲右. 成器不課不用, 不試不藏. 收天下之豪傑, 有天下之駿雄. 故擧之如飛鳥, 動之如雷電, 發之如風雨, 莫當其前, 莫害其後, 獨出獨入, 莫敢禁圉. 成功立事, 必順於理義. 故不理不勝天下, 不義不勝人. 故賢知之君, 必立於勝地. 故正天下而莫之敢御[15]也.

위는 "군대 운용의 이치"다.

右"爲兵之數"

(군대 조직) 곡曲단위가 때 맞춰서 출동할 때, 자연 기후 조건의 이점을 놓쳐서는 안 되며, 지리적 이점을 망쳐서는 안 된다. (군사상) 숫자가 많건 적건, 그 요점은 반드시 계산에서 나와야 한다. 따라서 공격하고 정벌하는 원칙은, 계획을 반드시 안에서 먼저 결정하고, 그다음에 군대가 국경을 넘는 것이다. 계획이 안에서 결정되지 않은 채 군대가 국경을 넘었다면, 전쟁하면 스스로 패할 것이요, 공격하면 스스로 깨질 것이다. 이 때문에, 군대를 풀어놓았으나 전투를 할 수 없고, 읍邑을 포위했으나 공격할 수 없고, 땅을 얻었다 해도 소유할 수가 없다. 이 세 가지 중에 하나가 나타났다면, 궤멸될 것이다. 따라서 적국의 정치에 밝지 못하면 전쟁을 할 수 없다. 적국의 사정에 밝지 못하면 (아군들과) 서약誓約할 수 없다. 적군의 장수를 밝게 알지 못하면 먼저 군사행동을 취할 수 없다. 적군 병사들을 명확히 파악하지 못하면 군졸들을 먼저 배열시길 수 없나. 따라서 무리가 소수를 공격하고, 질서 잡힌

13 機數는 謀略을 의미한다.

14 黎翔鳳에 의하면, 衡은 潢(나루, 水津)의 假借이고, 衡庫는 軍器, 즉 군사 장비를 가리킨다. 이것은 天子만이 가질 수 있다.

15 戴望에 의하면, 御는 禦(막다, 감당하다) 자다.

군대가 난군亂軍을 공격하고, 부유한 군대가 빈군貧軍을 공격하고, 능력 있는 군대가 무능한 군대를 공격하고, 교육받고 노련한 군사가 어중이떠중이 오합지졸을 공격하기 때문에, 열 번 싸우면 열 번 승리하고, 백 번 싸우면 백 번 승리한다. 따라서 전쟁에 대비 없고, 군대를 주관하는 장수가 없다면, 미리 적군을 파악할 수 없다. 야외가 개간되지 않고 땅을 전담하는 관리가 없다면 곡식을 저축할 수 없다. 관리가 자주 변동하여 (책임질 관리가) 없다면 아랫사람은 상관을 원망하게 되니, 무기들이 정교하게 되지 못한다. 조정에 (제대로 된) 정치 명령이 없으니 상벌이 명확치 않고, 상벌이 명확치 않으니 백성들은 요행을 바라고 구차하게 산다. 따라서 적의 형편을 미리 안다면 아무도 없는 지역에 침입한 것과 같고, 비축한 양식이 있으면 오래 전투해도 바닥나지 않고, 무기들이 기묘하다면 정벌해도 힘이 안 들며, 상벌이 명확하면 사람들은 요행을 바라고 구차하게 살지 않는다. 사람들이 요행을 바라지 않으면 용감한 군사들은 고무된다. 따라서 전투에는, 지도를 밝히 알아야 하며, 일곱 관리를 구해서, 매일 비축한 양식을 헤아려 보며, 용사들을 통일시키고, 천하의 형편을 두루 알며, 전술과 모략을 잘 알아서 조절하는 것이 장수의 일이다. 이에 비바람처럼 빠른 행군에도, (병사들은) 길이 먼 곳인지를 모르며, 나는 새처럼 (빠른) 출동에도 산과 강의 험준함을 모르고, 번개와 우레 같은 전투에도 홀로 진격하며 적군이 없고, 물난리와 가뭄 같은 재앙에도 나라들을 공격하고 읍륜들을 구해 내고, 쇠로 만든 성城처럼 굳게 방어하여 종묘를 안정시키고 남녀들을 길러 내며, (온 군졸들을) 한 몸처럼 다루어야, 호령하며, 법제를 명확히 할 수 있을 것이다. 비바람 같은 행진은 속도다. 나는 새 같은 출동은 경쾌함이다. 천둥 번개 같은 전투에 (적군의) 사졸들이 통일될 수 없다. 물난리, 가뭄 같은 재앙에 (적은) 들판에서 수확할 수 없다. (농사해도 수확이 없으니), 쇠 같은 성처럼 굳게 방어한다는 것은 (적들을) 재물로 매수하고, 간첩들을 쓰는 것이다. (군졸들을) 한 몸처럼 다룬다는 것은 사설邪說[나쁜 이론]들을 폐기하고 피폐한 풍속을 금지한다는 것이다. (침공의) 길이 멀다고 느끼지 않기 때문에 먼 지역의 백성들까지도 위협할 수 있다. 산과 강의 험준함을 잊기 때문에 견고하다고 자부하는 나라들도 복종시킬 수 있다. 독자적으로 진군해도 (대항할) 적들이 없기 때문에 금지하면 (적을) 멈출 수 있다. 따라서 적국을 공격하고 (자기의) 읍지를 구할 때 힘 있는 나라와 동맹국도 믿지 않는다. 따라서 (아군이) 지목한 곳이 어디든 반드시 (우리의 말을) 들을 수밖에 없으며, 종묘를 안정시키고 남녀를 양육해도, 천하에 (우리를) 해칠 수 없게 되면, 나라를 지킬 수 있다. 입법을 제정하고 명령을 내려서 누구도 그것에 향응할 수밖에 없다면, 백성을 다스리고 민중을 하나로 통합할 수 있다.

若夫曲制[16]時擧, 不失天時, 毋壙[17]地利. 其數多少, 其要必出於計數. 故凡攻伐之爲道也, 計必先定于內, 然後兵出乎境. 計未定於內, 而兵出乎境, 是則戰之自勝,[18] 攻之自毁也. 是故張軍而不能戰, 圍邑而不能攻, 得地而不能實.[19] 三者見一焉, 則可破毁也. 故不明于敵人之政, 不能加也. 不明于敵人之情, 不可約[20]也. 不明于敵人之將, 不先軍也. 不明于敵人之士, 不先陳也. 是故以衆擊寡, 以治擊亂, 以富擊貧, 以能擊不能, 以教卒練士擊敺衆白徒, 故十戰十勝, 百戰百勝. 故事無備, 兵無主, 則不蚤知[21][敵]. 野不辟, 地無吏, 則無蓄積. 官無常,[22] 下怨上, 而器械不功.[23] 朝無政, 則賞罰不明; 賞罰不明, 則民幸生. 故蚤知敵人如獨行,[24] 有蓄積則久而不匱, 器械功則伐而不費, 賞罰明則人不幸. 人不幸則勇士勸之. 故兵也者, 審於地啚, 謀十[25]官, 日量蓄積, 齊勇士, 偏知天下, 審御機數, 兵主之事也. 故[26]有風雨之行, 故能不遠道里矣. 有飛鳥之擧, 故能不險山河矣. 有雷電之戰, 故能獨行而無敵矣. 有水旱之功,[27] 故能攻國救邑. 有金城之守, 故能定宗廟, 育男女矣. 有一體之治, 故能出號令, 明憲法矣. 風雨之行者, 速也. 飛鳥之擧者, 輕也. 雷電之戰者, 士不齊也. 水旱之功者, 野不收, 耕不穫也. 金城之守者, 用貨財、設耳目也. 一體之治者, 去

16 何如璋에 의하면, 曲은 部曲이다. 曲制는 部曲의 제도다. 『漢書』, 「李廣傳」의 주석: '將軍領軍皆有部曲. 大將軍營五部, 部校尉一人. 部下有曲, 曲有君侯一人'이다. 이것이 군대의 曲制다. 『管子校注』(上), 121頁 참조.

17 何如璋에 의하면, 壙은 曠(황폐시키다) 자와 통한다.

18 丁士涵에 의하면, 是則戰之自勝에서 勝은 오기이고, 마땅히 敗로 보아야 한다. 是는 衍文이다.

19 黎翔鳳에 의하면, 實은 有이다.

20 黎翔鳳에 의하면, 約은 約誓(서약하다)로 보는 것이 옳다.

21 丁士涵에 의하면, 不蚤知 다음에 敵 자가 탈락하였다.

22 黎翔鳳에 의하면, 官無常은, 관리가 '자주 변동하여 일정하지 않아, 고정하여 책임질 사람이 없다'라는 뜻이다.

23 孫星衍(1753~1818)에 의하면, 功은 工으로 읽어야 하고, 工은 巧(교묘하다)와 통한다.

24 黎翔鳳에 의하면, 如獨行은 如入無人之境(아무도 없는 지역에 들어간 것과 같다)의 뜻이다.

25 黎翔鳳에 의하면, 漢나라 때 隸書에서 十은 '十', 七은 '十'이라, 획의 장단으로 구별했기 때문에, 十官은 본래 七官이다.

26 故는 乃(이에)의 뜻이 있다.

27 黎翔鳳에 의하면, 功은 災(재앙)로 보아야 한다.

奇說、禁雕[28]俗也. 不遠道里, 故能威絶域之民. 不險山河, 故能服恃固之國. 獨行無敵, 故令行而禁止. 故攻國救邑, 不恃權與之國.[29] 故所指必聽, 定宗廟, 育男女, 天下莫之能傷, 然後可以有國. 制儀法, 出號令, 莫不嚮應, 然後可以治民一衆矣.

위는 "전쟁을 모획하다"다.

右"選陳"[30]

28 丁士涵에 의하면, 雕(독수리, 새기다)는 彫(새기다, 꾸미다)와 凋(시들다, 슬퍼하다)와 뜻이 통하고, 凋는 피폐하다는 뜻이다.
29 何如璋에 의하면, '不恃權與之國' 구절에서 權은 권력을 뜻하고, 與는 동맹을 뜻한다.
30 湯孝純에 의하면, 選陳은 算陣(공격 전쟁을 모획하다)을 뜻한다. 『新譯管子讀本』(上), 83頁.

판법

목판에 적은 법률

版法

판법版法에서 판版이란 옛날 아직 종이가 없었을 때 글자를 썼던 나무판이나 죽간이다. 따라서 판법은 판 위에 써놓은 상규常規나 상법常法을 말한다. 이 글은 짧고, 임금이 정치하는 중요한 원칙을 서술하고 있다.

무릇 (임금이) 정치를 하려면 ① 그 마음을 바로잡아야 하며 ② 비바람 부는 시기에 어긋나지 않고 ③ 원근과 고하高下의 사람들이 각각 잘 다스려져야 한다. 이 세 가지가 정리되어야 임금은 나라를 보유할 수 있다. (임금이) 기쁘다고 상을 내릴 수 없고, 화난다고 사람을 죽일 수 없다. 기쁘다고 상을 내리고 화난다고 살인하면, 이에 원망이 생기고, 원망이 생기면 (임금의) 명령은 폐기된다. 급히 내린 명령은 시행되지 못하고, 민심은 이에 이반된다. (민심이) 이반하면 패거리가 생기게 되니, 이에 화환禍患이 비로소 염려 거리가 된다. 민중이 분노하면, 그것을 내버려 두어야 하지, 도모할 길이 없다.

凡將立事, 正彼天植,[1] 風雨無違, 遠近高下各得其嗣.[2] 三經既飭, 君乃有國. 喜無以賞, 怒無以殺. 喜以賞, 怒以殺, 怨乃起, 令乃廢. 驟[3]令不行, 民心乃外. 外之有徒, 禍乃始牙.[4] 衆之所忿, 置不能圖.

1 黎翔鳳에 의하면, 位(立)는 涖(임하다)의 뜻이고, 植은 識의 假借한(빌린) 글자다. 天識은 天志를 의미한다. 그리고 제66편「版法解」에서 '天植者, 心也'라고 말하고 있다.
2 于省吾에 의하면, 嗣(잇다)는 治(다스리다)의 假借다.
3 黎翔鳳에 의하면, 驟(말이 빨리 달리다, 신속하다)는 疾(병, 빠르다)의 뜻이다.
4 黎翔鳳에 의하면, 牙는 虞(염려하다, 걱정하다)의 뜻이다.

좋아하는 일을 시행할 때는 반드시 그 결과를 관찰해야 하고, 싫을 일을 폐기할 때는 반드시 그것의 귀결을 계산해 넣어야 한다. 상급으로 돈후한 사람을 북돋아 주어 열심히 일하게[勉勵] 하여 그를 드러내 주고, 공 있는 사람을 풍성한 녹봉으로 권면하고, 이름 있는 사람을 작위로 드러내 아름답게 해주고, (비천한 이들도) 두루 사랑하여 남김없이 베푸는 것이 임금이다. 반드시 먼저 가르쳐 주어야, 만민은 좋은 쪽으로 풍화된다. 아침저녁으로 그들을 이롭게 해주면, 민중은 이에 자기 임무를 해낼 것이다. 자기를 기준으로 인물을 취하고, 실제 상황으로 일을 되게끔 하라! (임금은 나라의) 재정을 잘 알아서, (신하와 백성들에게) 보수를 주는 데 신중해야 하며, (나라의) 역량을 살펴야 한다. 이에, 재정을 쓸 때 인색해서는 안 되며, 인력을 쓰되 고생시켜서는 안 된다. 재정을 인색하게 쓰면 (민심은) 어그러지고, 인력을 고단하게 쓰면 (사람들이) 괴롭다. 백성들이 부족하고 가난해지면 (임금의) 명령은 욕되게 되며, 백성들이 재난으로 고생하게 되면 (임금의) 명령은 실시될 수 없다. 보수를 베풀어 주었으나, (백성들이) 제값을 못 받았다면 화란이 비로소 창궐하고, 화란이 창궐했는데도 (임금이) 깨닫지 못하면 백성들이 스스로 도모하게 된다. 법률이 옳고 제도가 정확해서 죄를 지으면 죽이고 용서치 않는다. 살육殺戮의 형벌이 반드시 믿음을 갖게 되면, 백성들은 두려워서 떨게 된다. 맹렬한 위세가 일단 밝혀졌다면, 법령은 다시 반포될 필요가 없다. 게으름뱅이들을 곤고케 함으로써 모욕을 주고, 죄를 벌주고 작은 잘못은 용서함으로써 징계하며, 금지 사항을 어겼으면 죽이거나 형벌을 내려서 두려워 떨게 한다. (임금의) 마음이 확고부동하면 기괴하고 사특한 사람들은 두려워하게 된다. 기괴함이 없어지고 사특함이 변화되어, 법령이 반포되어서 백성들은 행동하게 된다. (임금은) 하늘을 본받아 (만물의) 덕과 합하고, 땅처럼 사사로운 친함이 없으며, 해와 달과 함께 셋이 되고, 네 계절과 함께 다섯이 된다. 있는 것을 베푸는 데 기쁨이 있으니, 많은 사람이 사사로운 욕심을 버린다. 먼 데 사람을 불러오는 것은 나라 안을 잘 다스림에 있고, 화근을 피하는 길은 원한을 제거함에 있으며, 오랫동안 다스리는 것은 현자를 임용하는 데 있고, 높은 자리를 안정시키는 것은 (백성들과) 이득을 같이하는 데 있다.

擧所美必觀其所終, 廢所惡必計其所窮. 慶[5]勉敦敬以顯之, 富祿有功以勸之, 爵貴有名以休[6]之. 兼愛無遺, 是謂君. 必先順[7]敎, 萬民鄕風. 旦暮利之, 衆乃勝任. 取人以己, 成事以質. 審用財, 愼施報, 察稱量.[8] 故用財不可以嗇, 用力不可以苦. 用財嗇則費,[9] 用力苦則勞. 民不足, 令乃辱; 民苦殃, 令不行. 施報不得, 禍乃始昌; 禍昌不寤, 民乃自圖.[10] 正法直度, 罪殺不赦. 殺僇必信, 民畏而懼. 武[11]威旣明, 令不再行. 頓卒[12]怠倦以辱之, 罰罪宥過以懲之, 殺僇犯禁以振[13]之. 植[14]固不動, 倚[15]邪乃恐. 倚革邪化, 令往民移. 法天合德, 象地無親, 參於日月, 佐[16]於四時. 悅在施有, 衆在廢私. 召遠在修近, 閉禍在除怨, 修[17]長在乎任賢, 安高在乎同利.

5 慶은 賞을 말한다.
6 休는 美(아름답게 하다)의 뜻이 있다.
7 陶鴻慶에 의하면, 順은 마땅히 訓(가르치다, 훈계하다)으로 읽어야 한다.
8 黎翔鳳에 의하면, 稱量은 力(힘)이다.
9 劉師培(1844~1919)에 의하면, 費는 拂(위배하다)의 뜻이다.
10 黎翔鳳에 의하면, 啚는 圖이다.
11 武는 맹렬함의 뜻이 있다.
12 尹知章의 주석에 의하면, 頓卒은 困苦다.
13 聞一多에 의하면, 振은 震(떨게 한다), 威(위협하다), 懼(두려워서 떨게 하다)와 통한다.
14 豬飼彦博에 의하면, 植은 天植, 즉 마음이다.
15 王念孫에 의하면, 倚邪는 奇衺(기괴하고 사특하다)의 뜻이다.
16 王念孫에 의하면, 佐(돕다)는 伍(다섯 명)로 읽어야 한다.
17 黎翔鳳에 의하면, 修는 治의 뜻이다.

유관[1] 幼官

곧 유관幼館

본 편은 '그림[圖]'인데, 10장으로 나누어진다. 매 장마다 매 계절의 월령月令, 산물産物 및 정치나 군사에 관한 시정施政과 강령을 열거하고 있다. 원래는 문장과 함께 그림[圖]이 있었으나, 나중에 그림은 사라졌다. 이 편은 『관자』 사상의 가장 핵심적인 내용을 담고 있다.

(1) 중방본도中方本图

(머리를) 신께 조아리며 밤에 언덕으로 나아가 고요함을 지키면서, 사람들을 모두 선황先皇을 본받았다. 여름의 끝 달에, 임금은 노란색 옷을 입고, 단맛을 맛보며, 궁宮음의 노래를 듣고, 오화五和의 기운을 다스린다. (여름 끝 달에는) 숫자 5를 쓰고, 중앙 우물물을 마시며, 털이 짧은 짐승의 불로써 취사炊事한다. 온화하고 연약한 마음을 가지고, (모든 것을) 길러 주고, 평탄한 마음으로 소통시켜야 한다. 무릇 만물은 고요함을 깨뜨릴 때, 형태에서 조리條理가 생겨나며, 언제나 [타고난 자기] 명命에 이르게 된다. 현자를 존중하고 덕 있는 자에게 벼슬을 주면, 황제[帝]가 될 수 있다. 몸소 인의仁義를 실천하고 충직하며 믿음직한 사람을 쓰면, 왕王이 될 수 있다. 모책을 잘 알고 예禮를 드러내고, 용사들을 선발하고 무기가 예리하면, 패자[覇]가 될

1 何如璋 등이 幼官을 玄宮의 오기로 설명하고 있다. 그러나 黎翔鳳에 의하면, 편명에서 두 글자 모두 틀리는 경우는 있을 수 없다. 幼는 幽(그윽하다)와 통한다. 조상님의 힘을 빌려서, 幼, 즉 幽(그윽함)에 오른다 했으니, 幼 자는 틀리지 않았다. 官은 조정에서 일을 처리하는 곳이니, 館(관사)이다. 편명 '幼官'은 황제 顓頊이 거처하는 玄宮, 즉 幼官의 北宮이다. 聖人들이 幼宮, 즉 幽宮에 오르기 때문에 幼官, 즉 幽館이라고 말한 것이다. 이것은 周나라의 明堂과 다르다. 이것은 殷나라의 제도다.

수 있다. 산 자를 안정시켜 주고 죽은 이를 장사 지내 주며, 현자를 공경하고 민중과 관계를 돈독히 하면, (백성이) 많아질 것이다. 상 주기를 신실히 하고 벌주는데 잘 살피고, 재능 있는 이에게 작위를 주고 능력자에게 녹봉을 주면, 나라가 강해질 것이다. 월별 계산을 하고 연말 합산과 부합시키고, 생산에 힘쓰며 소비재 생산을 정비하면, 부유해진다. 법도를 명확히 하고 도리[數]를 잘 알고, 상도常道를 확립하고 능한 이를 갖추면, 나라가 다스려진다. 동이同異를 구분하고 관직을 분산하면, 나라가 안정된다. (백성을) 도리로써 소통시키며, 은택으로 길러 주고, 사랑[仁]으로 가까이하며, 도의로써 양육하고, 은덕으로 보답하고, 믿음으로 결합시키고, 예의로써 접대하고, 즐거움으로 화합하고, 일[사업]로 회합하며, 관리[官]들을 통해 다스리고, 외력으로 그들을 발동시키고, 계율戒律로써 겁나게 한다. 첫해의 시정施政으로 상하가 좋은 결과를 얻게 되며, 두 번째 해의 시정으로 백성이 따르지 않는 사람이 없고, 세 번째 해의 시정으로 땅이 개간되고 흩어진 백성들이 모이고, 네 번째 해의 시정으로 농민들이 편해지고 곡식이 10배가 되며, 5년째의 시정으로 물건 값은 싸지고 황금은 모이며, 6년째 해의 시정으로 사태 발전을 따져 보고 파악하게 되며, 7년째의 시정으로 국내나 국외 형편을 내[임금]가 이용할 수 있게 되고, 8년째의 시정으로 승기를 잡게 되어 위엄이 서게 되며, 9년째 해의 시정으로 제국帝國의 사업이 틀을 갖추게 된다. 아홉 원칙은 내용이 방대하니, 임금이 지킬 것이다. 여덟 분야 사람(상, 하, 귀, 천, 장長, 유幼, 빈貧, 부富)들이 직분을 갖게 하는 것은 경卿과 재상들의 일이다.

일곱 가지 승리는 충분히 위세를 마련하니, 장군이 지켜야 할 일이다. 여섯 가지 사항[殺生貴賤貧富]을 잘 알고 엄밀히 지키는 것은 현인들이 지키는 것이다. 다섯 가지 일을 행함에 해이하지 않는 것이 서민들의 할 일이다. (임금이 일을) 시작하면 (백성들은) 따라서 하지 않는 것이 없고, (임금이) 안정을 요구하면 그렇게 하지 않는 사람이 없다. 나라의 치란을 결정하는 데 3가지 근본이 있고, 국가의 안위를 결정하는 데 4가지 관건이 있고, 국가 빈부를 결정하는 데 5가지 총칙이 있고, 국가 성쇠를 결정하는 데 6개 기강이 있고, (국가지위의) 고하를 결정하는 데 7가지 원칙이 있고, 강약을 검증하는 데 8가지가 있고, (나라의) 존망을 결정하는 데 9개의 규칙이 있다. (부사들을) 훈련시켜, 도당徒黨

[群]들을 흩뜨리고 (기존의) 단체들[社]을 해체시키며, (그것들을) 여러 번에 걸쳐 (새롭게) 정리한다. 열심히 힘을 합쳐서 재물을 모으고, 서로 권면하여 민중을 갖추는데, 이 두 가지 방식으로 기본을 갖춘다. 상을 주는 데는 반드시 주밀해야 하고, 형벌을 집행하는 데는 국내[中]에서 반드시 [그 이유가] 밝혀져야 한다.

若因夜虛守靜, 人物人物則皇.[2] 五和[3]時節, 君服黃色, 味甘味, 聽宮聲, 治和氣. 用五數, 飮於黃后之井, 以倮獸[4]之火爨. 藏溫儒,[5] 行敺[6]養, 坦氣修通. 凡物開靜, 形生理, 常至命. 尊賢授德則帝, 身[7]仁行義、服忠用信則王, 審謀章[8]禮、選士利械則霸. 定生處[9]死、謹賢修伍則衆. 信賞審罰、爵材祿能則强. 計凡付終,[10] 務本飾[11]末則富. 明法審數、立常備能則治. 同異分官則安. 通之以道, 畜之以惠, 親之以仁, 養之以義, 報之以德, 結之以信, 接之以禮, 和之以樂, 期之以事, 攻[12]之以官, 發之以力, 威之以誠.[13] 一擧[14]而上下得終, 再擧而民無不從, 三擧而地辟散成,[15] 四擧而農佚粟十,[16] 五擧而務輕金九,[17] 六擧而絜[18]知事變, 七擧而內外爲用, 八擧

2 黎翔鳳에 의하면, 옛날에는 若은 諾(머리를 끄덕이다, 승낙하다)과 같은 의미였다. 따라서 若은 '神에게 머리를 끄덕였다'의 뜻이다. 因은 就(나아가다)이고, 虛는 墟(언덕)이다. '夜墟'란, 옛날에 임금은 높은 언덕에 기거했으며, 神廟(귀신 모신 곳)와 政事堂(정치 업무 보는 곳)이 하나였다. 그 신묘에서 귀신에게 제사 드리거나 정무 보는 것은 모두 야간이었으며, 신묘에서는 모두 엄숙해야 했고, 반드시 침묵을 지켜야 했다. '人物人物'은 '人人物物'로 보아야 할 것이다. 則은 法(본받다)의 뜻이다. 皇은 先皇(돌아가신 첫 번째 임금)이다.

3 五行설에 따르면, 五行(木, 火, 金, 水, 土)과 五方(동, 서, 남, 북, 中)은 사계절과 서로 배합해야 하는데, 오행 중의 土와 오방 중의 中은 꼭 맞는 계절이 없기 때문에, 季夏月(여름의 끝 달)을 그것에 배정했다. 여름의 끝 달이 대략 일 년의 중앙에 해당한다고 생각했기 때문이다.

4 裸獸는 호랑이와 표범과 같이, 털이 없거나 짧은 짐승을 말한다.

5 王念孫에 의하면, 儒와 濡(적시다)는 모두 偄(연약하다) 자의 오기다.

6 俞樾에 의하면, 敺(핍박하다)는 마땅히 嘔(撫養, 보듬어 기르다), 즉 嫗(양육하다)다.

7 『說文解字』에 의하면, 身은 躬(몸)이니, 躬行하여 실천함을 말한다. 『管子通解』, 93頁, 注7 참조.

8 章은 여기서 彰(드러나다)의 의미다.

9 安井衡(1799~1876)에 의하면, 處는 安(편안히 해주다)이며, 그것은 장사 지내 준다는 뜻이다.

10 張佩綸에 의하면, 凡은 월별 계산과 같다. 終은 연말, 즉 歲終이다. 付는 '부합하다'의 뜻이다.

11 飾(꾸미다)은 飭(정비하다)으로 읽어야 한다.

12 尹知章의 주석에 의하면, 攻(공격하다)은 治(다스리다)다.

13 安井衡에 의하면, 誠은 마땅히 誡(훈계하다), 즉 敕(경계警戒)으로 읽어야 한다.

14 何如璋에 의하면, 擧는 行과 같은 뜻이다. 따라서 정치를 시행한다는 말이다.

15 黎翔鳳에 의하면, 散成은 '散者集', 즉 흩어져 간 백성들이 모인다는 뜻이다.

16 十은 十全의 의미로, 10배로 해석하였다.

17 張佩綸에 의하면, 務(힘쓰다)는 物(물건)의 오자이고, 黎翔鳳에 의하면, 九는 勼(모으다), 鳩(모으다)의 뜻이다.

18 絜(헤아리다)은 衡量(고려해 보다)의 뜻이다.

而勝行威立, 九擧而帝事成形.[19] 九本搏大,[20] 人主之守也. 八分[21]有職, 卿相之守也. 十官飾勝備威,[22] 將軍之守也. 六紀[23]審密, 賢人之守也. 五紀不解,[24] 庶人之守也. 動而無不從, 靜而無不同. 治亂之本三, 卑尊之交四, 富貧之終五, 盛衰之紀六, 安危之機七,[25] 强弱之應八, 存亡之數九. 練之以散群傰署, 凡數財署.[26] 殺僇[27]以聚財, 勸勉以選[28]衆, 使二分具本. 發善必審於密, 執威必明於中.

이것은 그림[幼官圖]의 중앙에 있어야 한다.

此居圖方中.

(2) 그림 동쪽 방향 밖에 있음[圖東方方外]

봄에 겨울 정치를 하면 춥고, 가을 정치를 하면 서리가 내리고, 여름 정치를 하면 (모든 것이) 막힌다. (입춘 뒤) 12일 지기발地氣發 절기에, (임금은) 봄 농사 시기임을 반포한다. 12일 뒤 소묘小卯 절기에 출문하여 농사를 짓는다. 12일 뒤 천기하天氣下 절기에 (농사에) 참여한 신하들에게 위로금을 내린다. 12일 뒤 화기지和氣至 절기에 마을[閭巷]문을 수

19 形(모양)은 型(틀)의 의미다.

20 趙守正에 의하면, 九本은 아마도 九守인 것 같다. 제55편 「九守」에 열거된 ① 主位, ② 主明, ③ 主聽, ④ 主賞, ⑤ 主問, ⑥ 主因, ⑦ 主周, ⑧ 主參, ⑨ 督名이다. 『管子通解』(上), 94頁, 注21.

21 趙守正에 의하면, 제10편 「五輔」에서 말한 八經: '上下有義, 貴賤有分, 長幼有等, 貧富有度'에서, 上, 下, 貴, 賤, 長, 幼, 貧, 富가 지켜야 할 常規일 것이다. 上同, 注22.

22 何如璋에 의하면, '十官飾勝備威'에서 官飾이 잘못되어 삽입된 것이니, '七勝備威'로 읽어야 한다. 제12편 「樞言」에, '衆勝寡, 疾勝徐 勇勝怯, 智勝愚, 善勝惡, 有義勝無義, 有天道勝無天道. 凡此七勝者貴衆'의 문장이 나온다.

23 趙守正에 의하면, 六紀는 六秉의 오기인 것 같다. 제20편 「小匡」을 보면, 六秉은 殺, 生, 貴, 賤, 貧, 富를 말한다. '桓公曰: 六秉者何也? 管子曰: 殺, 生, 貴, 賤, 貧, 富, 此六秉也.' 上同, 注24.

24 趙守正에 의하면, 五紀는 제4편 「立政」에서 말한, 富國五事에 나오는 五事인 것 같다. 그것은 「立政」에 의하면 ① 山澤에 화재 방지, ② 水路(물길) 정비, ③ 농사에 적합한 땅 만들기, ④ 가축과 채소 기르기, ⑤ 장인들과 여공들의 생산 집중을 말한다. 上同, 注25.

25 張佩綸에 의하면, 이 구절을 제4편 「立政」의 유사 구절과 비교하면, '安危之機七'과 '尊卑之交四'가 뒤바뀐 것이다. 마땅히 '安危之機四', '尊卑之交七'이 되어야 한다. 尊卑之交七에서, 交는 效 자이고, 七은 七法(則, 象, 法, 化, 決塞, 心術, 計數)을 말한다.

26 何如璋에 의하면, 練之以에서 之以를 士卒의 오기라고 했으며, 聞一多는 練之以 뒤에 한 자가 탈락되었다고 보았다. 聞一多에 의하면, 繃은 '무너뜨리다'라는 뜻이고, 倗署는 倗其書社, '세워진 社(단체, 25인으로 구성됨)를 무너뜨리다'라는 뜻이다. 黎翔鳳에 의하면, 財署는 '치수를 측정하여 취할 것과 버릴 것을 결정한다'라는 뜻이다.

27 黎翔鳳에 의하면, 僇은 戮으로 통하니, '힘을 합치다'의 뜻이다.

28 戴望에 의하면, 選은 具의 뜻이다.

리한다. 12일 뒤 청명 절기에 금령을 개방하고 , 시묘始卯 절기에 암컷과 수컷이 결합하고, 중묘中卯 절기와 하묘下卯 절기, 즉 삼묘三卯 절기에는 같은 (봄 농사)일을 한다. 여덟의 봄 시절, 임금은 푸른색의 옷을 입고, 신맛을 맛보며, 각성角聲의 노래를 들으며, 마른 기운[乾氣]을 다스리며, 숫자 8을 쓰고, 동쪽 우물물을 마시며, '남방 주작朱雀의 불'로써 취사를 한다. (남의 고통을) 차마 못 견뎌 하는 마음을 갖추고, (모든 것을) 길러 주고, 평탄한 마음으로 소통시켜야 한다. 무릇 만물은 고요함을 깨뜨릴 때, 형태에서 조리條理가 생겨나며, 광대한 우주와 주위의 외국을 합하면, 강국도 친속이요, 약국도 권속이다. 움직이면 (각국은) 따르지 않을 수 없고, 안정安靜을 바라면 (각국은 그와) 같지 않을 수 없다. 예의로써 일하고 명령을 내리니, 예를 따르면 반드시 성공한다. (군신이) 화목하고 좋아하면 모해함이 없고, 귀천 사이에 허물이 없으나, 사태가 변한다면 그날로 일이 막혀 버린다.

春行冬政肅,[29] 行秋政雷,[30] 行夏政閹.[31] 十二地氣[32]發,[33] 戒春事. 十二小卯, 出耕. 十二天氣下, 賜與. 十二義氣[34]至, 修門閭. 十二淸明, 發禁. 十二始卯, 合男女. 十二中卯, 十二下卯, 三卯同事. 八[35]擧時節, 君服

29 尹知章의 주석에 의하면, 肅은 寒(춥다)이다.

30 湯孝純에 의하면, 제40편 「四時」에 따라서 雷(우레)는 마땅히 霜(서리)로 고쳐져야 한다.

31 尹知章의 주석에 의하면, '陽氣猥併, 故掩閉也'(양기가 많기 때문에 닫힌다)라 했으니, 閹은 掩閉(닫히다)의 뜻이다.

32 黎翔鳳에 의하면, 「幼官」 편은 12일을 절기로 했지, 15일이 아니다. … 제85편 「輕重己」에, '以冬日至始, 數九十二日, 謂之春至. 以春日至始, 數九十二日, 謂之夏至. 以夏日至始, 數九十二日, 謂之秋至. 以秋日至始, 數九十二日, 謂之冬至'라 했으니, 무릇 368일이고, 춘분, 추분이라는 명칭도 없다. 대충 계산해 보면, 春至나 秋至에 밤과 낮이 같을 수 없다. 절기와 사시의 차이가 8일이다. 1년은 365와 1/4일이라, 4년에 1절기를 더해도, 아직 1일이 적다. 무릇 48년마다 11절기로 해야 처음과 끝이 같게 된다. … 그러나 『管子』는 殷나라 문화를 이었다. 그래서 卜辭나 절기를 탐구할 수 없다. '隹十祀才九月甲午, 余步从侯喜征人方, 告於大邑商'(『卜辭通纂』), '才九月癸亥, 正人方才雇'(『書契前編』), '隹十祀才十月甲午, 正人方才 从東'(『續』) 같은 十祀에 두 개의 九月이 있으니, 반드시 하나의 九月은 閏九月이다. 甲午에서 癸亥가 60일이면, 양 九月이 각각 30일이다. 만약 15일을 절기로 하면, 윤달에 中氣가 없어서는 안 된다. (이로써) 殷나라의 閏法(윤달 정하는 방식)은 周나라와는 달라서, 한 달에 반드시 節氣와 中氣가 있어야 하는 것이 아니다. 만약 12일로 계산하면, 두 개의 九月에 5절기만 있게 되니, 이로써 『관자』에서는 夏曆을 썼다는 증거가 된다.

33 湯孝純에 의하면, 地氣發은 절기의 명칭이다.

34 黎翔鳳에 의하면, 이 절기는 '淸明 전이니 대략 춘분과 같아서, 주야가 균등하다. 낮은 양이고, 밤은 음이니, 음양이 조화하기에, 義氣다. 義氣는 和氣이니, 俗語도 이와 같다.' 『管子校注』(上), 148頁.

35 黎翔鳳에 의하면, 木(나무)의 수는 3인데, 중앙 土(흙)의 수 5를 합쳐서, 木의 수는 8이다 .

青色, 味酸味, 聽角聲, 治燥氣, 用八數, 飮於青后之井, 以羽獸之火爨. 藏不忍, 行歐養, 坦氣修通. 凡物開靜, 形生理. 合內空周外,[36] 强國爲圈,[37]弱國爲屬. 動而無不從, 靜而無不同. 擧發以禮, 時[38]禮必得. 和好不基, 貴賤無司, 事變日至.[39]

이 문장은 그림[幼官圖] 동쪽 방향 밖에 있다.

此居於圖東方方外.

(3) 그림 남쪽 방향 밖에 있음[圖南方方外]

여름에 봄 정치를 하면 바람이 세게 불고, 겨울 정치를 하면 (초목이) 메마르고, 심하면 비와 우박이 오고, 가을 정치를 하면 물난리가 난다. 12일 뒤 소영小郢 절기에, 지덕至德한 인재를 뽑고, 12일 뒤 절기하節氣下 절기에 작위를 내리고 포상을 한다. 12일 뒤 중영中郢 절기에, (위로물품을) 내려 주고, 12일 뒤 중절中絶 절기에 (관청에서 물품들을) 수집한다. 12일 뒤 소서小暑가 오면, (장마로 망가진 것들을) 다 수리하고, 12일 뒤 중서中暑, 12일 뒤 대서大暑 절기가 끝나는데, 삼서三暑에는 (농사일이) 같다. 일곱의 뜨거운 여름철에, 임금은 붉은색 옷을 입고, 쓴맛을 맛보며, 우성羽聲의 노래를 듣고, 숫자 7을 쓰고, 털 난 짐승의 불로써, 취사를 한다. 소박하고 순결한 마음을 가지고, 돈독하고 후덕하게 행동하고, 평탄한 마음으로 소통시켜야 한다. 무릇 만물은 고요함을 깨뜨릴 때, 형태에서 조리條理가 생겨나며, (임금은) 대소 관계官階를 확정하고, 명분名分을 밝히므로, (임금은) 많은 신하의 직분을 잘 알게 되고 그 책임을 물으니, 아랫사람이 윗사람을 넘보지 않고, (지위가) 낮은 사람이 높으신 분을 능멸하는 일이 없다. 법치가 확립되고 이치가 있게 되어, 결당하여 사익을 추구하는 사람들이 없게 되면, 윗사람은 높아지고 아랫사람은 낮아지니, 원근에서 (사리事理에) 어그러지는 일이 없다.

36 黎翔鳳에 의하면, 空은 穹(하늘, 크다)의 假借다. 『爾雅』, 「釋詁」에 穹은 大也라 했고, 擴(넓다)이라 했으니, 宇內의 확대와 주위 사방의 외국을 합하여, 合內空周外라 한 것이다.

37 豬飼彦博에 의하면, 圈은 마땅히 眷(권속, 가족)으로 읽어야 한다.

38 許維遹에 의하면, 時는 處(살다, 머물러 있다)와 같다.

39 黎翔鳳에 의하면, 基는 謀害(해를 꾀하다)이고, 司는 伺, 즉 辜(허물, 죄)이며, 至는 窒(막히다)이다.

夏行春政風, 行冬政落,[40] 重則雨雹, 行秋政水. 十二小郢,[41] 至德. 十二節氣下, 下爵賞. 十二中郢, 賜與. 十二中絶, 收聚. 十二大暑[42]至, 盡善.[43] 十二中暑, 十二大暑終, 三暑同事. 七[44]擧時節, 君服赤色, 味苦味, 聽羽聲, 用七數, 飮於赤后之井, 以毛獸之火爨. 藏薄[45]純, 行篤厚, 坦氣修通. 凡物開靜, 形生理, 定府官,[46] 明名分, 而審責於羣臣有司, 則下不乘上, 賤不乘貴. 法立數得, 而無比周之民, 則上尊而下卑, 遠近不乖.

이 글은 그림[幼官圖] 남쪽 방위 밖에 있다.

此居於圖南方方外.

(4) 그림 서쪽 방향 밖에 있음[圖西方方外]

가을에 여름 정치를 행하면 (농작물이) 잎만 무성하고, 봄 정치를 하면 꽃만 피고, 겨울 정치를 하면 손실을 보고 허비하게 된다. 12일 뒤 가을수확 시기가 오면, 가을 농사를 알린다. 12일 뒤 소묘小卯 절기가 오면 모든 관료가 (추수에) 내몰 것이다. 12일 뒤 백로白露 절기에 이슬이 내리면 (관청에서 가을 추수의) 수확을 수집한다. 12일 뒤 복리復理 절기에 (신하와 농민에게) 상급 수여를 실시하고, 12일 뒤 시절始節 절기에 군사훈련을 실시케 한다. 12일 뒤 시유始酉 절기에, (청년) 남녀가 결합하고, 12일 뒤 중유中酉 절기와 12일 뒤 하유下酉 절기인데, 이들 삼유三酉에 똑같은 (가을 정치의) 일을 한다. 아홉 (쓸쓸한 가을) 시절에, 임금은 흰옷을 입고, 매운맛을 맛보며, 상성商聲의 노래를 들으며, 습기를 다스리고, 아홉 수를 쓰며, (서방을 다스리는) 백후白后의 우물물을 마시며, 갑각甲殼류 짐승의 불로써 취사를 한다. 공경하는 마음을 가지고, 예

40 湯孝純은, 『禮記』, 「月令」 편에 '孟夏行冬令, 則草木蚤枯'(겨울 명령을 행하면, 초목들이 일찍 메마른다)에 의거하여, 落을 枯(초목이 마르다)로 수정하였다.

41 何如璋에 의하면, 郢은 盈(가득 차다), 또는 嬴(차다)과 같다. 지금 달력에 立夏 절기 뒤에 오는 小滿 절기는 이것을 본뜬 것이다.

42 湯孝純에 의하면, 大暑는 마땅히 小暑로 바꿔서 읽어야 한다.

43 黎翔鳳에 의하면, 善(착하다)은 繕(손보아 고치다)이다.

44 黎翔鳳에 의하면, 水의 수는 2인데, 땅의 수 5를 보태어 7이다.

45 黎翔鳳에 의하면, 薄(엷다)은 樸(가공하지 않은 나무, 소박하다)의 假借다.

46 趙守正에 의하면, 府는 官署의 통칭이고, 定府官은 '大小나 官階를 확정하다'의 뜻이다. 『管子通解』(上), 97頁, 注5.

리한 무기를 잡고서 행동하며, 평탄한 마음으로 소통시켜야 한다. 무릇 만물은 고요함을 깨뜨릴 때, 형태에서 조리條理가 생겨나며, 남녀의 양육을 검사하고, 마을의 십什과 오伍 조직을 정비하고, 비축한 곡식의 다과를 재어 보고, 관청의 예산을 확정하고, 늙은이와 유아는 나누어 양육하고 서로 연접시켜서는 안 되며, 이롭고 해로움[利害]을 분명히 따져서 사익 추구가 없어야 한다.

秋行夏政葉, 行春政華, 行冬政耗. 十二期風[47]至, 戒秋事. 十二小卯, 薄百爵.[48] 十二白露下, 收聚. 十二復理, 賜與. 十二始節, 賦事.[49] 十二始卯, 合男女. 十二中卯, 十二下卯, 三卯[50]同事. 九[51]和時節, 君服白色, 味辛味, 聽商聲, 治濕氣, 用九數, 飲於白后之井, 以介蟲之火爨. 藏恭敬, 行搏銳, 坦氣修通. 凡物開靜, 形生理, 閒[52]男女之畜, 修鄉閭之什伍, 量委積之多寡, 定府官之計數, 養老弱而勿通,[53] 信[54]利周[55]而無私.

이 글은 그림[幼官圖] 서쪽 방향 밖에 있다.

此居於圖西方方外.

(5) 그림 북쪽 방향 밖에 있음[圖北方方外]

겨울에 가을 정치를 시행하면 안개가 끼고, 여름 정치를 시행하면 천둥이 치고, 봄 정치를 시행하면 증기가 발생한다. 12일 뒤 시한始寒 절기에는 형벌 주는 것을 멈추어야 하며, 12일 뒤 소유小逾 절기에는 (신하와 백성들에게) 상 주기를 해야 한다. 12일 뒤 중한中寒 절기에 (관청에서 생산물을) 징수하여 모은다. 12일 뒤 중유中榆 절기에, (수산물을) 크

47 黎翔鳳에 의하면, 가을은 곡식이 익는 때이니, 곡식이 익는 것이 가을 수확의 시기이니, 이것이 期風이다.
48 安井衡에 의하면, 百爵은 百官이고, 黎翔鳳에 의하면, 薄은 迫이다. '迫近而驅之'(가까이 가서 채찍으로 막 달려가게 하다)의 迫의 뜻이다.
49 湯孝純에 의하면, 賦事는 군사훈련이다.
50 宋翔鳳(1777~1860)에 의하면, 여기서 4개의 卯는 酉 자의 착오다.
51 黎翔鳳에 의하면, 金(쇠)의 수는 4인데, 5를 보태면 9이다.
52 丁士涵에 의하면, 閒(틈)은 閱(검열하다)과 통한다.
53 黎翔鳳에 의하면, 通은 連比, 즉 連接의 뜻이다.
54 趙守正에 의하면, 信은 申(명백히 하다)으로 읽을 수 있다.
55 王念孫에 의하면, 隸書의 害 자는 周 자와 유사하여, 오기된 것이다.

게 수확한다. 12일 뒤 한지寒至 절기에 (마음이) 편안하다. 12일 뒤 대한大寒 절기에 얼음을 캐서 빙실에 둔다. 12일 뒤 대한종大寒終 절기다. 이 삼한三寒 기간에 똑같은 동절기 정치를 한다. 육(물水의) 추운 겨울에, 임금은 검은색 옷을 입고, 짠맛을 맛보며, 징성徵聲의 노래를 들으며, 음기를 다스리고, 숫자 6을 쓰고, (북방을 다스리는) 흑후黑后의 우물물을 마시며, 비늘 달린 짐승[魚類]의 불로 취사를 한다. 자상하고 후덕한 마음을 가지고, 소박하고 순결하게 행동하며, 평탄한 마음으로 소통시켜야 한다. 무릇 만물은 고요함을 깨뜨릴 때, 형태에서 조리條理가 생겨난다. 기물은 협력에서 생기고, 가르침은 미묘한 데까지 베풀어지며, 활동과 멈춤을 기록하지 않으면, 실행과 멈춤을 헤아릴 수 없게 된다. 네 계절을 신중히 분별하여 휴식을 구분해 주고, 들고 나가는 것을 달리함으로써 두 사람이 농사짓는 것을 쉽게 해주고, 분명하게 먹고살게 하여 재앙을 해결해 주고, 받을 것과 줄 것을 잘 알아서 취합해 준다.

1차 제후들을 소집하여 명령한다. "(북방을 다스리는) 현제玄帝의 명령 없이는 하루의 전쟁도 있을 수 없다." 2차 제후들을 소집하여 명령한다. "자손 없는 노인들을 양육하고, 병자를 먹여 주고, 지아비 없는 과부들을 거두어 주어라." 3차 제후들을 소집하여 명령한다. "농지세는 100분의 5를 취하고, 시장세는 100분의 2만 취하고, 성문세는 100분의 1만 취하고, 농사와 직물 기계를 결핍시키지 말라." 4차 제후들을 소집하여 명령한다. "도로를 정비하고, 도량度量의 척도를 통일하고, 무게의 '많고 적음[多少]'을 하나로 하고, 늪과 연못은 때에 따라 봉쇄하고 개방하라." 5차 제후들을 소집하여 명령한다. "봄, 가을, 겨울, 여름에 늘 있는 제사 음식을 차려 제사하고, 천지산천의 옛날 제사를 반드시 때맞추어 하라." 6차 제후들을 소집하여 명령한다. "너희 토지에서 생산한 산물들을 현관, 즉 북문현궁에 제공하고, (천자의) 네 보좌[四輔]들에게 보고하라, (그리고) 장차 하느님[帝]을 받들라!" 7차 제후들을 소집하여 명령한다. "벼슬이 (천자의) 네 보좌[四輔]이나 무례한 자는 명령을 파괴한 죄명으로 유배시켜라!" 8차 제후들을 소집하여 명령한다. "네 의표儀表로 삼아도 비난이 없으면, 현궁玄宮에 천거하여 삼공三公처럼 예우하라!" 9차 제후들을 소집하여 명령한다. "너희 봉토 내의 재물 및 나라에 있는 보물을 (천자에게 바칠) 폐례幣禮로 하라!" 아홉 번 조회에서, (천자의) 큰 명령이 여기서 나오니, 언제나 있는 일이다.

1,000리 밖, 2,000리 이내의 제후들은 3년마다 (천자 앞에서) 조회하고, 명령을 받으며, 삼경三卿들은 (천자의) 네 보좌들로부터 명령을 받고, 매년 정월 초하루에 대부[귀족]들에게 명하여 와서 학습하고 (그들은) 삼공三公에게서 명령을 받는다. 2,000리 밖과 3,000리 이내의 제후들은 5년마다 조회하기 위해 (왕도에) 이르고 (왕의) 명령에 익숙해지고, 3년마다 경卿들에게 명하여 할 일들을 (천자로부터) 청하고, 2년마다 대부들은 미리 (국정의) 길흉을 통보하며, 10년마다 중요한 적자嫡子들을 (왕궁에) 들여보내 (제후들의) 예의를 바로잡으며, 5년마다 대부[귀족]들은 해야 할 것들을 받았고, 3,000리 밖의 제후들은 30년에 한 번 (왕도에) 이르고 대부를 파견하여 조정에서 연회를 베풀고 (또한) 공물을 납입하고 임금의 명령을 받아 갔다.

冬行秋政霧, 行夏政雷, 行春政蒸泄. 十二始寒, 盡[56]刑. 十二小榆, 賜予. 十二中寒, 收聚.[57] 十二中榆, 大收. 十二寒至, 靜.[58] 十二大寒之陰,[59] 十二大寒終, 三寒同事. 六行[60]時節, 君服黑色, 味鹹味, 聽徵聲, 治陰氣, 用六數, 飮於黑后之井, 以鱗獸之火爨. 藏慈厚, 行薄純, 坦氣修通. 凡物開靜, 形生理. 器成於僇,[61] 教行於鈔,[62] 動靜不記, 行止無量. 戒審[63]四時以別息, 異出入以兩[64]易, 明養生以解固,[65] 審取予以總之. 一會諸侯, 令曰: "非玄帝之命, 毋有一日之師役." 再會諸侯, 令曰: "養孤老, 食常疾, 收孤寡."[66] 三會諸侯, 令曰: "田租百取五, 市賦百取二, 關賦百取一, 毋乏耕織之器." 四會諸侯, 令曰: "修道路, 偕度量, 一稱數,[67] 藪澤以時禁發之." 五會諸侯, 令曰: "修春秋冬夏之常祭食,[68] 天壤山川之故祀必以時." 六會

56 黎翔鳳에 의하면, 盡은 止(멈추다)이고, 榆(느릅나무)는 逾(넘어가다)와 통한다.

57 湯孝純은, 『禮記』, 「月令」에 말한 '命司徒循行積聚, 無有不斂', '命水虞漁師, 收水泉池澤之賦'로 보아서, 수산물의 수확을 거두어들이는 것을 말한다고 했다. 『新譯管子讀本』(上), 103頁, 注6.

58 黎翔鳳에 의하면, 靜은 竫(편안하다)의 빌려 온 말이다.

59 湯孝純에 의하면, 之陰은 往陰이다. 陰은 凌陰이니, 藏氷(얼음을 숨겨두다)하는 장소다. 얼음을 캐서 빙실에 둔다는 뜻이다. 上同.

60 黎翔鳳에 의하면, 물의 수는 1인데, 중앙 토의 수 5를 더하여, 6이 되었다.

61 黎翔鳳에 의하면, 僇은 戮(죽이다, 힘쓰다)을 假借한 것이다.

62 戴望에 의하면, 鈔(약탈하다)는 眇(정미精微하다)의 假借다.

63 丁士涵에 의하면, 審은 쓸데없는 자이고, 戒는 愼(삼가다)의 뜻이다.

64 黎翔鳳에 의하면, 兩은 緉(짝)와 같다.

65 張佩綸에 의하면, 固는 故인데, 「大宗伯」 주석에 '故謂凶烖'라 했으니, 재앙의 뜻이다.

66 黎翔鳳에 의하면, 孤老는 無子孫(자손이 없다), 孤寡는 無父(지아비가 없다)의 뜻이다.

67 尹知章의 주석에 의하면, 偕는 同(같이하다)이고, 稱은 斤兩(무게)이고, 數는 多少다.

68 黎翔鳳에 의하면, 祭食은 皿食, 또는 祭享(제사음식을 차려 제사하다)의 뜻이다.

諸侯, 令曰: “以爾壤生物共玄官,[69] 請四輔, 將以禮上帝.” 七會諸侯, 令曰: “官處四體而無禮者, 流之焉莠命.” 八會諸侯, 令曰: “立四義而毋議[70]者, 尙之于玄宮, 聽于三公.” 九會諸侯, 令曰: “以爾封內之財物、國之所有爲幣.” 九會, 大命焉出, 常至.[71] 千里之外, 二千里之內, 諸侯三年而朝, 習命; 二年, 三卿使[72]四輔; 一年, 正月朔日, 令[73]大夫來修, 受命三公. 二千里之外, 三千里之內, 諸侯五年而會, 至, 習命; 三年, 名卿[74]請事; 二年, 大夫通吉凶; 十年, 重適[75]入正禮義; 五年, 大夫請受變,[76] 三千里之外, 諸侯世一至, 置大夫以爲廷安,[77] 入共[78]受命焉.

이 글은 그림[幼官圖] 북쪽 방향 밖에 있다.

此居於圖北方方外.

(6) 중방부도中方副图

반드시 문관文官은 덕이 있고 무관은 위세가 있고, 관리는 (하는 일에) 익숙해야, (적을) 이긴다. 이런 연유들에 힘써야 이기며, 원칙이 한쪽으로 치우침이 없어야 이긴다. 의義를 실천해야 승리하며, 명성과 실적이 이치에 맞으면 승리한다. 급하게라도 등급에 맞는 위세와 명분이 있으면 승리한다. 등급을 살피는 일을 하면 승리하며, 병기를 갖추면 승리한다. 원천이 드러나지 않으면 승리한다. 군대를 쓰는 근본이 확립되어 위임이 있으면 승리하고, 모책과 재원을 확정하면 승리하고, 적의 계책을 들어서 알고 대비책을 확정하면 승리하고, 정밀한 군사를 선발 확정하면 승리하고, 녹봉을 확정하면 승리하고, 역량을 비교하여 쓴다

69 黎翔鳳에 의하면, 官은 館(집)의 뜻이고, 玄官은 幼官의 北門이다. 北宮을 위주로 하여, 아홉 제후들의 소집이 이곳에서 이루어졌음을 서술하였다.

70 黎翔鳳에 의하면, 義는 옛날의 儀 자이고, 『說文解字』에서 ‘議, 語也’라 했으니, 語는 논란이나 비난의 뜻이다.

71 豬飼彦博에 의하면, 焉은 於此이고, 丁士涵에 의하면, 常至는 常歲所至(보통 해에 있는 일)이다.

72 黎翔鳳에 의하면, 使는 受命(명령을 받아들이다)에 상당한다.

73 丁士涵에 의하면, 令은 命이다.

74 張佩綸에 의하면, 名卿은 命卿(天子가 임명한 諸侯의 卿)이다.

75 黎翔鳳에 의하면, 適은 嫡(맏아들)이다.

76 丁士涵에 의하면, 變은 辯(말 잘하다)으로 읽어야 한다. 辯은 治(정리하다)를 말한 것이다.

77 黎翔鳳에 의하면, 廷安에서 安은 晏이며, 宴(연회)과 통한다. 따라서 廷安은 廷燕(조정의 잔치)이다.

78 湯孝純에 의하면, 入共은 곧 入供이니, 入貢(공물을 납입하다)의 뜻이다.

면 승리하고, 윤리가 확정되면 승리하고, 살고 죽고가 확정되면 승리하고, 승패가 확정되면 승리하고, 의지할 바가 확정되면 승리하고, 허실이 확정되면 승리하고, 왕성과 쇠퇴가 확정되면 승리한다. 병기를 발동함에 그 요점을 성실히 얻었다면 적은 헤아릴 수 없고, 교묘한 이점利點을 쓰기에 지성을 다하면 적은 대항할 수 없다. 명성을 밝혀 주고 실적을 표창해 주면 군사들은 죽기로 싸울 것이며, 출병出兵이 기발하고 (적이 헤아릴 수 없게) 습격한다면 군사들은 즐겁게 쓰일 것이다. 방안方案에 따라 물건을 비교·대조해 보면 전투 장비가 갖추어지고, 능력 있는 인재와 예리한 무기를 갖추면 요구하는 것을 얻을 수 있고, (임금이) 하고자 하는 일에 힘쓰고, 해야 할 근본을 명확히 하면, 군사들은 대충대충할 수 없다. (적들이) 대응하지 못하는 것은 장비를 완벽하게 갖춘 것이다. 아주 미세한 것을 들을 수 있기에, 아직 소리 나지 않은 것도 들을 수 있고, 아주 가까운 것을 볼 수 있기에 아직 형체가 없는 것도 볼 수 있고, 아주 깊은 데를 생각하기에 아직 시작하지 않은 것도 알 수 있고, 눈 깜작할 사이에 발동한 명령이기에 끝없는 데에 이를 수 있고, 선발대가 발동하기에 포로와 재물을 얻을 수 있고, 모책에 따랐기에 충실할 수 있고 변고는 있을 수 없다. 군비가 갖춰지고 교령을 굳게 지키면 (행군할) 길을 멀다고 보지 않으며, 호령을 잘 알고 가르쳐준 명령[教命]이 시행되면 산과 강도 험난하지 않고, 넓고 한결같이 순수하고 단단하여 홀로 다녀도 (막을) 적이 없고, 명령을 신중하게 발동하고 깃발과 신호를 잘 알면 공격해도 동맹국을 기다릴 필요 없고, 필승할 것이 밝혀지면 마음 약한 사람도 용기가 나며, 무기가 방향 없이 두루 쓰인다면 바보도 똑똑해지며, 수비하지 않는 곳을 공격하면 못난이도 능숙하게 되는 것이 필연적 도리[數]다. 열 가지 호령에 신중하게 대처하고, 아홉 가지 기치旗幟를 명확히 숙지하고, 각종 무기를 열심히 익히고, 다섯 가지 가르침을 잘 배우며, 부지런히 삼관[북, 꽹과리, 깃발]을 배워야 한다. (군대의) 주[장수]는 반드시 항상 있어야 하고, 계책은 반드시 먼저 정해져야 하고, 천하의 영명한 인재들을 구하고, 여러 장인이 예리한 무기들을 논의하고, 무기가 완성되면 좋은지 나쁜지 시합하여 시험해야 한다. 천하의 호걸들을 모으고, 천하의 좋은 재료를 가지고, 비바람처럼 기빠서 행군하고, 우레와 번개처럼 출격한다.

必得[79]文威武, 官習勝務, 時[80]因勝之終,[81] 無方[82]勝之幾. 行義勝之理, 名實勝之急, 時分[83]勝之事, 察伐[84]勝之行, 備具勝之原, 無象勝之本. 定獨威[85]勝, 定計財勝, 定聞知[86]勝, 定選士勝, 定制祿勝, 定方[87]用勝, 定綸理勝, 定死生勝, 定成敗勝, 定依奇[88]勝, 定實虛勝, 定盛衰勝. 擧機誠要[89]則敵不量, 用利至誠則敵不校.[90] 明名章[91]實則士死節, 奇擧發不意則士歡用. 交[92]物因方則械器備, 因能利[93]備則求必得, 執務明本則士不偸.[94] 備具無常, 無方應也.[95] 聽於鈔故能聞未極,[96] 視於新故能見未形,[97] 思於濬[98]故能知未始, 發於驚故能至無量, 動於昌故能得其寶,[99] 立於謀故能實不可故[100]也. 器成教守則不遠道里, 號審教施則不險山河, 博[101]一純固則獨行而無敵, 愼號審章則其攻不待權與, 明必勝則慈者勇, 器無方則愚者智, 攻不守則拙者巧, 數也. 動愼十號, 明審九章, 飾習十[102]器, 善習五

79 何如璋에 의하면, 得은 마땅히 德이어야 한다.
80 尹知章의 주석에 의하면, 時는 是이다.
81 趙守正에 의하면, 終은 總으로 읽어야 한다. 總은 總則의 뜻이다. 『管子通解』(上), 102頁, 注3.
82 黎翔鳳에 의하면, 無方은 偏向(한쪽으로 치우침)의 없음이다.
83 張佩綸에 의하면, 時分은 마땅히 等分으로 보아야 한다. 等은 威等(등급에 맞는 위세)이고, 分은 名分이다.
84 黎翔鳳에 의하면, 등급을 명확히 하는 것이 伐이다.
85 尹知章의 주석에 의하면, 군대를 쓰는 근본이 확립되어, 홀로 위엄이 있는 자가 승리한다고 보았다.
86 尹知章의 주석에 의하면, 적의 모책을 들어서 알아서 방책을 잘 알아서 결정한 자가 승리한다고 보았다.
87 黎翔鳳에 의하면, 方은 併船(배를 나란히 세우다)의 뜻과 통하며, 併船은 比併(시합하여 역량을 비교하다)의 뜻이 있다.
88 王念孫에 의하면, 依奇는 依倚(依[의지하다], 倚[의지하다])의 뜻이다.
89 尹知章의 주석에 의하면, 誠要는 '그 요점을 성실하게 얻었다'의 뜻이다.
90 湯孝純에 의하면, 校는 比量(비교하다), 대항하다로 이해해야 한다.
91 湯孝純에 의하면, 章은 彰(드러내다)과 통한다.
92 兪樾에 의하면, 交는 校(비교하다)로 읽어야 한다.
93 湯孝純에 의하면, 能은 재능 있는 인재이고 利는 예리한 무기를 의미한다. 『新譯管子讀本』(上), 107頁.
94 尹知章의 주석은, 임금이 하고자 하는 일에 힘쓰고, 해야 할 근본을 명확히 하면, 군사들은 대충대충 할 수 없다고 풀이했다.
95 黎翔鳳에 의하면, 이 구는 도치된 문구다.
96 何如璋에 의하면, 鈔는 眇(아주 작음), 즉 細微(작고 은밀함)이다. 極은 至이다.
97 陳奐(1786~1863)에 의하면, 新은 親의 오기다. 親은 近(가깝다)의 뜻이다. 아주 가까운 것을 볼 수 있으면, 아직 형체가 없는 것도 볼 수 있다는 의미다.
98 尹知章의 주석에 의하면, 아직 시작도 하지 않은 것은, 일이 너무나 깊숙하여, 생각하는 바가 깊은데 있기에, '아직 시작하지 않은 것'도 알 수 있다는 말이다.
99 黎翔鳳에 의하면, 昌은 始로 훈독할 수 있고, 倡(선도하다)의 假借다. 齊나라 사람들은 俘(포로)를 寶라 했으니, 사람과 재물을 포괄한다.
100 黎翔鳳에 의하면, 不可故에서 故는 事變의 뜻이다.
101 黎翔鳳에 의하면, 博은 溥(넓다, 광대하다)의 假借다.
102 黎翔鳳에 의하면, 十은 什이다.

官,[103] 謹修三官.[104] 必設常主,[105] 計必先定. 求天下之精材, 論百工之銳器, 器成角試否臧. 收天下之豪傑, 有天下之稱[106]材, 說行若風雨, 發如雷電.

이 글은 그림[幼官圖] 방향의 가운데 있다.

此居於圖方中.

(7) 동방부도东方副图

(동방의) 깃발은 푸른색을 숭상하고, 병기는 창을 숭상하고, 형벌을 줄 때 칼과 차꼬를 썼다. 무기가 완성되면 (적들은 자신들을) 지킬 수가 없었고, (국경을) 지나가도 적들은 몰랐고, 훈련을 받고 자취를 드러내지 않고, (적이) 생각지 못한 곳을 쳤다. 국경을 지나도 (적이) 모르기 때문에 (적들은) 지킬 수가 없고, 생각하지 못한 곳을 치기 때문에 대응할 수 없었다. 대응할 수 없었기 때문에 온전히 승리하고 손해가 없었고, 막을 수 없었기 때문에 반드시 승리하고 (어딜 가나) 적이 없었다. 적의 정치, 적의 사정, 적의 장수와 적의 군사의 네 가지를 명확히 파악치 못했다면, 9일이 못 되어 군인들은 흩어지고 군대는 놀라게 되며, 방어 요새를 잘 살피지 않으면 8일이 못 되어 외적들이 (침입할) 틈을 갖게 되고, 방비에 신중치 못하면 7일이 못 되어 내부에서 남을 참소하는 음모가 있게 되고, 속임수의 금지를 정비하지 않으면 6일이 못 되어 도적들이 들끓고, 사망한 자에게 제사를 못 지내면 5일 안에 군수물자는 적의 수중에 있게 된다.

旗物尙青, 兵尙矛, 刑則交寒害釱.[107] 器成不守,[108] 經[109]不知, 教習不著,

103 黎翔鳳에 의하면, 官은 管(법칙)으로 훈독되며, 管이 있다는 가르침[教]이 있음의 뜻이다.

104 何如璋은, 제17편 「兵法」에 의거하여, 三官은 ① 鼓(북), ② 金(꽹과리), ③ 旗(깃발)라고 말하였다.

105 丁士涵에 의하면, 이 구절은 '主必常設'로 마땅히 바뀌어야 한다. 設은 立이다.

106 黎翔鳳에 의하면, 稱은 好(좋다)로 훈독한다.

107 黎翔鳳에 의하면, 寒은 韓과 통하고, 韓은 井幹이니, 校(칼, 형구)와 유사하다. 害釱는 轄釱(차꼬, 발목에 채우는 형구)다.

108 尹知章의 주석은, 무기가 완성되면 적은 방비할 수 없고, 經은 法이기에, '용법의 법을 적은 알 수 없다'라고 풀었다.

109 王念孫에 의하면, 經은 過(지나가다)이니, '국경을 지나가도 적들은 몰랐다'로 풀이했다.

發不意. 經不知, 故莫之能圉; 發不意, 故莫之能應. 莫之能應, 故全勝而無害; 莫之能圉, 故必勝而無敵. 四機[110]不明, 不過九日而游兵驚軍; 障塞不審, 不過八日而外賊得閒; 由守不慎, 不過七日而內有譏謀; 詭禁不脩, 不過六日而竊盜者起; 死亡不食, 不過四日[111]而軍財在敵.

이 글은 그림[幼官圖] 동쪽 방향 밖에 있다.

此居於圖東方方外.

(8) 남방부도南方副图

(남방의) 깃발은 붉은색을 숭상하고 병기는 창을 숭상한다. 형벌로는, 척박한 땅을 불태워 개량하는 일이다. 반드시 만물의 근원[一]을 명확히 파악해야 하며, 장수를 명확히 이해해야 하며, 정치를 명확히 이해해야 하며, 사졸들을 명확히 파악해야 한다. 이 네 가지가 갖추어지면 질서 잡힘으로써 혼란을 타격하고, 성공으로써 패망을 격퇴시켜야 한다. 여러 번 전투하면 사졸들이 지치고, 몇 번 승리하면 임금은 교만해진다. 교만한 임금이 피로한 군사들을 부리면 나라가 위태롭게 된다. 제일 좋은 것은 전쟁을 안 해도 이기는 것이요, 그다음은 한 번으로 이기는 것이다. 대승이란, 많은 사람을 모아서 승리하는 것이니, 정의로워야 대승할 수 있다. 대승은 이기지 않는 것이 없다.

旗物尚赤, 兵尚戟. 刑則燒交疆郊.[112] 必明其一,[113] 必明其將, 必明其政, 必明其士. 四者備, 則以治擊亂, 以成擊敗. 數戰則士疲, 數勝則君驕. 驕君使疲民, 則危國. 至善不戰, 其次一之. 大勝者積衆勝, 而無非義者, 焉可以爲大勝. 大勝, 無不勝也.

이 글은 그림[幼官圖] 남쪽 방향 밖에 있다.

此居於圖南方方外.

110 何如璋은, 제17편 「兵法」에 의거하여, 四機는 ① 敵政, ② 敵情, ③ 敵將, ④ 敵士라고 말한다.
111 黎翔鳳은 '中方本圖'에 의거하여, 4일은 마땅히 5일이 되어야 한다고 말한다.
112 章炳麟(1869~1936)에 의하면, 疆郊에서 郊는 墝(척박한 땅)의 假借다.
113 『老子』에서 만물의 근원으로서의 一, 즉 道와 같다.

(9) 서방부도西方副图

(서쪽의) 깃발은 흰색을 숭상하고 병기는 검劍을 숭상하며, 형벌로는 (칼로) 단절시키는 것이다. (전투를) 시작했어도 꼭지가 없으며, 끝냈어도 결말이 없다. 시작해도 꼭지가 없는 것이 도道다. 끝냈어도 결말이 없는 것이 덕德이다. 도는 헤아릴 수 없고, 덕은 셀 수 없다. 헤아릴 수 없으니 숫자가 많아도 도모할 수 없고, 셀 수 없기에 속임수가 감내할 방향이 없다. 도와 덕을 함께 쓰면, 활동할 때나 정지해 있을 때도 공을 세울 수 있다. (병사를) 도道로 키우고, 덕德으로 양육한다. 도로써 키우면 백성들이 화합하고, 덕으로 양육하면 백성들이 화합하니, 따라서 (병사들은) 화목할 수 있고, 화목하기 때문에 화합할 수 있으며, 화목하고 화합하기 때문에 (온 힘을) 다해도, 그들을 해칠 수 없다.

旗物尙白, 兵尙劍, 刑則紹昧[114]斷絶. 始乎無端, 卒乎無窮. 始乎無端, 道也. 卒乎無窮, 德也. 道不可量, 德不可數. 不可量則衆强不能圖, 不可數則爲詐不敢鄉. 兩者備施, 動靜有功. 畜之以道, 養之以德. 畜之以道則民和, 養之以德則民合, 故能習, 習故能偕, 偕習[115]以悉, 莫之能傷也.

이 글은 그림[幼官圖] 서쪽 방향 밖에 있다.

此居於圖西方方外.

(10) 북방부도北方副图

(북방의) 깃발은 검은색을 숭상하고 무기는 방패를 숭상하고, 형벌로는 코에 물을 들이붓는 것이다. 이치를 살피면 치군治軍할 줄 알게 되고, 병기를 잘 알면 승리를 알 수 있고, 모책을 파악하면 적을 이길 수 있고, 덕德에 능통하면 천하가 안정된다. 종묘를 안정시키고, 남녀를 (혼인시켜) 양육하고, 춘하추동의 넷으로 관직을 분리하면, 위엄을 가추고 덕을 시행하고, 법규를 제정하고, 호령을 할 수 있다. 가장 좋은 군대 사용은 영토를 주구하는 것이 아니고, 백성을 벌하고 임금을 바르게 하는 것이다. 정의를 확립하고 거기에 승리를 보태고, 위엄을 일으키

114 章炳麟에 의하면, 紹昧는 斷絶과 같은 뜻이다.
115 丁士涵에 의하면, 習은 輯(화목하다)의 假借이고, 偕는 화합의 뜻이다.

고 거기에 덕으로 채우고, 방어를 하고 나서 정비하고, 이기려는 마음은 천하를 (보호하는) 울타리다. 백성들에게 이로운 것은 세워 주고, 해로운 것을 없애면, 백성들은 따르게 된다.

6,000리의 제후를 세워 주면 큰 귀족들이 따르게 된다. 임금[國君]으로 하여금 통치를 하게 하면, 제후들이 따르게 된다. 제후들의 회합에서 하늘에게 명命을 청하여, 땅이 온화한 기운을 접하게 되면, (모든) 생물도 따르게 된다. 여유 있는 일과 급박한 일에 계책이 서면, 위태로운 일도 어려움이 없을 것이다. 군비의 이점을 명확히 파악하고 있으면, 어려움을 만나도 (태도가) 바뀌지 않는다. 선후의 이치를 살피면, 군대가 출동하여 곤란을 당하지 않는다. (적진을) 들고 나는 법도에 정통하면, 깊이 침입해도 위험하지 않다. (아군의) 활동과 정지의 의무를 잘 알고 있으면, 성공을 획득해도 손해가 없다. 주고받는 구분을 명시明示하면, 영토를 획득해도 두렵지 않다. 호령의 직분에 신중하면, 거사하여 공을 거둔다.

旗物尙黑, 兵尙脅盾, 刑則游仰灌流. 察數而知治, 審器而識勝, 明謀而適勝,[116] 通德而天下定. 定宗廟, 育男女, 官四分,[117] 則可以立威行德, 制法儀, 出號令. 至善之爲兵也, 非地是求也, 罰人是[118]君. 立義而加之以勝, 至[119]威而實之以德, 守之而後脩, 勝心焚[120]海內. 民之所利, 立之; 所害, 除之, 則民人從. 立爲六千里之侯, 則大人從. 使國君得其治, 則人君從. 會請命於天, 地知[121]氣和, 則生物從. 計緩急之事, 則危危而無難. 明於器械之利, 則涉難而不變. 察於先後之理, 則兵出而不困. 通於出入之度, 則深入而不危. 審於動靜之務, 則功得而無害也. 著於取與之分, 則得地而不執.[122] 愼於號令之官, 則擧事而有功.

이 글은 그림[幼官圖] 북쪽 방향 밖에 있다.

此居於圖北方方外.

116 王念孫에 의하면, 適勝은 마땅히 勝適이 되어야 하고, 適(적합하다)은 敵(적군)이다.

117 黎翔鳳에 의하면, 官四分은 '春夏秋冬의 官으로 나눔'의 뜻이다.

118 黎翔鳳에 의하면, 人은 마땅히 民이고, 唐나라 李世民의 避諱(임금의 이름 피하기)다. 是는 正(바르게 하다)의 뜻이다.

119 劉師培(L1884~1919)에 의하면, 至(이르다)는 致(일어나게 하다) 자다.

120 黎翔鳳에 의하면, 焚(불태우다)은 藩(울타리)이다.

121 黎翔鳳에 의하면, 知는 接이다.

122 兪樾에 의하면, 執은 慹(두려워하다)이다.

유관도 幼官圖

리샹펑에 의하면, 「유관도幼官圖」와 「유관幼官」 편의 문자가 같기 때문에, 중복은 말이 안 된다. 옛사람들은 결코 이처럼 미련하지 않다. 「굴원屈原」의 조묘祖廟나 「장사대후묘長沙軑侯廟」의 화견畵絹(그림 비단)을 예로 들면, 「유관도」는 그림이고, 「유관」 편의 글자를 그림으로 벽에 그린 것이다. 郭沫若는 문장의 뜻을 오해하여, 글자와는 별도로 그림[圖]을 보고, 오제五帝[황제黃帝, 전욱顓頊, 제곡帝嚳, 당요唐堯, 우순虞舜]와 오수五獸[五類動物: 지자脂者, 고자膏者, 나자贏者, 우자羽者, 인자鱗者]의 형상을 말하지 않은 것은 잘못이다. 편중의 숫자는 「홍범洪範」이고 그림은 「낙서洛書」라고 黎翔鳳은 말하고 있다. 각각의 서書에 「낙서도洛書圖」가 있는데, 『관자管子』 「유관幼官」 편 속에도 있음을 궈모뤄는 알지 못했다고 그는 말한다. 黎翔鳳에 의하면, 화상뿐만이 아니라, 흑백의 점 또한 그림[圖]라고 말한다. 본도本圖와 부도副圖가 구별된다. (송宋나라) 양침본楊忱本에는 (「유관도」 편이) 순서가 서방 - 남방 - 중방中方 - 북방 - 중부中副 - 북부北副 - 동방, 왼쪽으로는 상, 중, 하가 있어서, 그림의 순서와 합치함을 궈모뤄가 몰랐다고 리샹펑은 말한다.

(1) 서방본도西方本圖

가을에 여름 정치를 행하면 (농작물이) 잎만 무성하고, 봄 정치를 하면 꽃만 피고, 겨울 정치를 하면 손실을 보고 허비하게 된다. 12일 뒤 가을 수확 시기가 오면, 가을 농사를 알린다. 12일 뒤 소묘小卯 절기가 오면 모든 관료를 (추수에) 내몬다. 12일 뒤 백로白露 절기에 이슬이 내리면 (관청에서 가을 추수의) 수확을 수집한다. 12일 뒤 복리復理 절기에 (신하와 농민들에게) 상급 수여를 실시하고, 12일 뒤 시절始節 절기에 (군사들을) 가지런히 하고, 군사 훈련을 실시케 한다. 12일 뒤 시유始酉 절기에, (청년) 남녀가 결합하고, 12일 뒤 중유中酉 절기와 12일 뒤 하유下酉 절기인데, 이들 삼유三酉에 똑같은 (가을 정치의) 일을 한다. 아홉 (쓸쓸한 가을) 시절에, 임금은 흰옷을 입고, 매운맛을 맛보며, 상성商聲의 노래를 들으며, 습기를 다스리고, 숫자 9를 쓰며, (서방을 다스리는) 백후白后의 우물물을 마시며, 갑각甲殼류 짐승의 불로써 취사를 하였다. 공경하는 마음을 가지고, 예리한 무기를 잡고서 행동하며, 평탄한 마음으로 소통시켜야 한다. 무릇 만물은 고요함을 깨뜨릴 때, 형태에서 조리

條理가 생겨나며, 남녀의 양육을 검사하고, 마을의 십什과 오伍조직을 정비하고, 비축한 곡식의 다과를 재어 보고, 관청의 예산을 확정하고, 늙은이와 유아는 나누어 양육하고 서로 연접시켜서는 안 되며, 이롭고 해로움[利害]을 분명히 따져서 사익 추구가 없어야 한다. 이 글은 그림[幼官圖] 서쪽 방향 밖에 있다.

秋行夏政葉, 行春政華, 行冬政秏. 十二期風[1]至, 戒秋事. 十二小卯, 薄百爵.[2] 十二白露下, 收聚. 十二復理, 賜與. 十二始前節, 弟賦事.[3] 十二始卯, 合男女. 十二中卯, 十二下卯, 三卯[4]同事. 九[5]和時節, 君服白色, 味辛味, 聽商聲, 治濕氣, 用九數, 飮於白后之井, 以介蟲之火爨. 藏恭敬 , 行搏銳 , 坦氣修通. 秋行夏政葉, 行春政華, 行冬政秏. 十二期風[6]至, 戒秋事. 十二小卯, 薄百爵.[7] 十二白露下, 收聚. 十二復理, 賜與. 十二始前節, 弟賦事.[8] 十二始卯, 合男女. 十二中卯, 十二下卯, 三卯同事. 九和時節, 君服白色, 味辛味, 聽商聲, 治濕氣, 用九數, 飮於白后之井, 以介蟲之火爨. 藏恭敬, 行搏銳, 坦氣修通. 凡物開靜, 形生理, 閒[9]男女之畜, 修鄕閭之什伍, 量委積之多寡, 定府官之計數, 養老弱而勿通.[10] 信[11]利害而無私. 此居於圖西方方外 .

위는 "서방본도"이다.

右"西方本圖"

1 黎翔鳳에 의하면, 가을은 곡식이 익는 때이니, 곡식이 익는 것이 가을 수확 시기이니, 이것이 期風이다.

2 安井衡에 의하면, 百爵은 百官이고, 黎翔鳳에 의하면, 薄은 迫이다. 迫近而驅之(가까이 가서 채찍으로 막 달려가게 하다)의 迫의 뜻이다.

3 劉績(15세기)에 의하면, 前과 弟는 없어야 한다. 黎翔鳳에 의하면, 前은 剪(자르다)과 같으니, 齊(가지런히 하다)의 뜻이다. 湯孝純에 의하면, 賦事는 군사 훈련이다.

4 宋翔鳳에 의하면, 여기서 4개의 卯는 酉 자의 착오다.

5 黎翔鳳에 의하면, 金(쇠)의 수는 4인데, 5를 보태면 9이다 .

6 黎翔鳳에 의하면, 가을은 곡식이 익는 때이니, 곡식이 익는 것이 가을 수확의 시기이니, 이것이 期風이다.

7 安井衡에 의하면, 百爵은 百官이고, 黎翔鳳에 의하면, 薄은 迫이다. 迫近而驅之(가까이 가서 채찍으로 막 달려가게 하다)의 迫의 뜻이다.

8 劉績에 의하면, 前과 弟는 없어야 한다. 黎翔鳳에 의하면, 前은 剪(자르다)과 같으니, 齊(가지런히 하다)의 뜻이다. 湯孝純에 의하면, 賦事는 군사 훈련이다.

9 丁士涵에 의하면, 閒(틈)은 閱(검열하다)과 통한다.

10 黎翔鳳에 의하면, 通은 連比, 즉 連接의 뜻이다.

11 趙守正에 의하면, 信은 申(명백히 하다)으로 읽을 수 있다.

(2) 서방부도西方副圖

(서쪽의) 깃발은 흰색을 숭상하고, 병기는 검을 숭상하며, 형벌로는 (칼로) 단절시키는 것이다. (전투를) 시작했어도 꼭지가 없으며, 끝냈어도 결말이 없다. 시작해도 꼭지가 없는 것이 도道요, 끝냈어도 결말이 없는 것이 덕德이다. 도는 헤아릴 수 없고, 덕은 셀 수 없다. 헤아릴 수 없으니, 수가 많아도 도모할 수 없고, 셀 수 없기에, 속임수가 감내할 방향이 없다. 도와 덕을 함께 쓰면, 활동할 때나 정지해 있을 때도 공을 세울 수 있다. (병사를) 도로 키우고, 덕으로 양육한다. 도로 키우면 백성들이 화합하고, 덕으로 양육하면 백성들이 합친다. 화합하기 때문에 화목할 수 있고, 화목하기 때문에 화합할 수 있다. 화목하고 화합하기 때문에 (온 힘을) 다해도, 그들을 해칠 수 없다. 이 글은 그림[幼官圖] 서쪽 방향 밖에 있다.

旗物尙白, 兵尙劍, 刑則紹昧[12]斷絶. 始乎無端, 卒乎無窮. 始乎無端, 道也, 卒乎無窮, 德也. 道不可量, 德不可數. 不可量則衆强不能圖, 不可數則爲詐不敢鄕. 兩者備施, 動靜有功. 畜之以道, 養之以德. 畜之以道則民和, 養之以德則民合. 和合故能習, 習故能偕, 偕習[13]以悉, 莫之能傷也. 此居於圖西方方外.

위는 "서방부도"이다.

右"西方副圖"

(3) 남방본도南方本圖

여름에 봄 정치를 하면 바람이 세게 불고, 겨울 정치를 하면 (초목들이) 메마르고, 심하면 비와 우박이 오고, 가을 정치를 하면 물난리가 난다. 12일 뒤 소영小郢 절기에, 지덕至德한 인재를 뽑고, 12일 뒤 절기하節氣下 절기에 작위를 내리고 포상을 한다. 12일 뒤 중영中郢 절기에, (위로 물품을) 내려 주고, 12일 뒤 중절中絶 절기에 (관청에서 물품들을) 수집한다. 12일 뒤 소서小暑가 오면, (장마로 망가진 것들을) 다 수리하고, 12일

12 章炳麟에 의하면, 紹昧는 斷絶과 같은 뜻이다.

13 丁士涵에 의하면, 習은 輯(화목하다)의 假借이고, 偕는 화합의 뜻이다.

뒤 중서中暑, 12일 뒤 대서大暑 절기가 끝나는데, 삼서三暑에는 (농사일이) 같다. 일곱의 뜨거운 여름철에, 임금은 붉은색의 옷을 입고, 쓴맛을 맛보며, 우성羽聲의 노래를 듣고, 숫자 7을 쓰고, 털 난 짐승의 불로 취사를 한다. 소박하고 순결한 마음을 가지고, 돈독하고 후덕하게 행동하고, 평탄한 마음으로 소통시켜야 한다. 무릇 만물은 고요함을 깨뜨릴 때, 형태에서 조리條理가 생겨나며, (임금은) 대소 관계官階를 확정하고, 명분名分을 밝히므로, (임금은) 많은 신하의 직분을 잘 알게 되고 그 책임을 물으니, 아랫사람이 윗사람을 넘보지 않고, (지위가) 낮은 사람이 높으신 분을 능멸하는 일이 없다. 법치가 확립되고 이치가 있게 되어, 결당하여 사익을 추구하는 사람들이 없게 되면, 윗사람은 높아지고 아랫사람은 낮아지니, 원근에서 (사리事理에) 어그러지는 일이 없다. 이 글은 그림[幼官圖] 남쪽 방위 밖에 있다.

夏行春政風, 行冬政落,[14] 重則雨雹, 行秋政水. 十二小郢,[15] 至德. 十二節氣下, 下爵賞. 十二中郢, 賜與. 十二中絶, 收聚. 十二大暑[16]至, 盡善.[17] 十二中暑, 十二大暑終, 三暑同事. 七[18]舉時節, 君服赤色, 味苦味, 聽羽聲, 用七數, 飮於赤后之井, 以毛獸之火爨. 藏薄[19]純, 行篤厚, 坦氣修通. 凡物開靜, 形生理, 定府官,[20] 明名分, 而審責於羣臣有司, 則下不乘上, 賤不乘貴. 法立數得, 而無比周之民, 則上尊而下卑, 遠近不乖. 此居於圖南方方外.

위는 "남방본도"이다.

右"南方本圖"

14 湯孝純은, 『禮記』, 「月令」 편에 '孟夏行冬令, 則草木蚤枯'(겨울 명령을 행하면, 초목들이 일찍 메마른다)에 의거하여, 落을 枯(초목이 마르다)로 수정하였다. 『新譯管子讀本』(上), 99頁, 注2.

15 何如璋에 의하면, 郢은 盈(가득 차다) 또는 嬴(차다)과 같다. 지금 달력에 立夏 절기 뒤에 오는 小滿 절기는 이것을 본뜬 것이다.

16 湯孝純에 의하면, 大暑는 마땅히 小暑로 바꿔 읽어야 한다.

17 黎翔鳳에 의하면, 善(착하다)은 繕(손보아 고치다)이다.

18 黎翔鳳에 의하면, 水의 수는 2인데, 땅의 수 5를 보태어 7이다.

19 黎翔鳳에 의하면, 薄(엷다)은 樸(가공하지 않은 나무, 소박하다)의 假借다.

20 趙守正에 의하면, 府는 官署의 통칭이고, 定府官은 大小나 官階를 확정한다는 뜻이다. 『管子通解』(上), 97頁, 注5.

(4) 중방본도中方本圖

(머리를) 신께 조아리며 언덕으로 나아가 고요함을 지키면서, 사람들 모두는 선황先皇을 본받았다. 여름의 끝 달에, 임금은 노란색 옷을 입고, 단맛을 맛보며, 궁宮음의 노래를 듣고, 오화五和의 기운을 다스린다. (여름 끝 달에는) 숫자 5를 쓰고, 중앙 우물물을 마시며, 털이 짧은 짐승의 불로 취사炊事한다. 온화하고 연약한 마음을 가지고, (모든 것을) 길러주고, 평탄한 마음으로 소통시켜야 한다. 무릇 만물은 고요함을 깨뜨릴 때, 형태에서 조리條理가 생겨나며, 언제나 (타고난 자기) 명命에 이르게 된다. 현자를 존중하고 덕 있는 자에게 벼슬을 주면, 황제[帝]가 될 수 있다. 몸소 인의仁義를 실천하고 충직하며 믿음직한 사람을 쓰면, 왕王이 될 수 있다. 모책을 잘 알고 예禮를 드러내고, 용사들을 선발하고 무기가 예리하면, 패자[覇]가 될 수 있다. 산 자를 안정시켜 주고 죽은 이를 장사지내 주며, 현자를 공경하고 민중과 관계를 돈독히 하면, 민중을 (많이) 얻을 것이다. 상 주기를 신실히 하고 벌주는 데 잘 살피고, 재능 있는 이에게 작위를 주고 능력자에게 녹봉을 주면, 나라가 강해질 것이다. 월별 계산을 하고 연말 합산과 부합시키고, 생산에 힘쓰며 소비재 생산을 정비하면, 부유해진다. 법도를 명확히 하고 도리[數]를 잘 알고, 상도常道를 확립하고 능한 이를 갖추면, 나라가 다스려진다. 동이同異를 구분하고 관직을 분산하면, 나라가 안정된다. (백성을) 도리로 소통시키며, 은택으로 길러 주고, 사랑[仁]으로 가까이하며, 도의로 양육하고, 은덕으로 보답하고, 믿음으로 결합하고, 예의로 접대하고, 즐거움으로 화합하고, 일(사업)로 회합하며, 관리[官]들을 통해 다스리고, 외력으로 그들을 발동시키고, 계율戒律로 겁나게 한다. 첫해의 시정施政으로 상하가 좋은 결과를 얻게 되며, 두 번째 해의 시정으로 백성이 따르지 않는 사람이 없고, 세 번째 해의 시정으로 땅이 개간되고 흩어진 백성들이 모이고, 네 번째 해의 시정으로 농민들이 편해지고 곡식이 10배가 되며, 5년째의 시정으로 물건 값은 싸지고 황금은 모이며, 6년째 해의 시정으로 사태 발전을 따져 보고 파악하게 되며, 7년째의 시정으로 국내나 국외 형편을 내가 이용할 수 있게 되고, 8년째의 시정으로 승기를 잡게 되어 위엄이 서게 되며, 9년째 해의 시정으로 제국帝國의 사업이 틀을 갖추게 된다. 아홉 원칙은 내용이 방대하니, 임금이 지킬 것이다. 여덟 분야 사람(상, 하, 귀, 천, 장, 유, 빈, 부)

들이 직분을 갖게 하는 것은 경卿과 재상들의 일이다. 일곱 가지 승리는 충분히 위세를 마련하니, 장군이 지켜야 할 일이다. 여섯 가지 사항[殺生貴賤貧富]을 잘 알고 엄밀히 지키는 것은 현인들이 지키는 것이다. 다섯 가지 일을 행함에 해이하지 않는 것이 서민들의 할 일이다. (임금이 일을) 시작하면 (백성들은) 따라서 하지 않는 것이 없고, (임금이) 안정을 요구하면 그렇게 하지 않는 사람이 없다. 나라의 치란을 결정하는 데 세 근본이 있고, 국가의 안위를 결정하는 데 네 관건이 있고, 국가 빈부를 결정하는 데 5가지 총칙이 있고, 국가 성쇠를 결정하는 데 6개 기강이 있고, (국가 지위의) 고하를 결정하는 데 7가지 원칙이 있고, 강약을 검증하는 데 8가지가 있고, (나라의) 존망을 결정하는데 9개의 규칙이 있다. 무사들을 훈련시켜, 도당徒黨[群]들을 흩뜨리고 (기존의) 단체들[社]을 해체시키며, (그것을) 여러 번에 걸쳐 (새롭게) 정리한다. 열심히 힘을 합쳐 재물을 모으고, 서로 권면하여 민중을 갖추는데, 이 두 가지 방식으로 기본을 갖춘다. 상을 주는 데는 반드시 주밀해야 하고, 형벌을 집행하는 데는 국내[中]에서 반드시 (그 이유가) 밝혀져야 한다. 이것은 그림[幼官圖]의 중앙에 있어야 한다.

若因處虛守靜, 人物則皇.[21] 五和[22]時節, 君服黃色, 味甘味, 聽宮聲, 治和氣. 用五數, 飲于黃后之井, 以倮獸[23]之火爨. 藏溫儒,[24] 行歐[25]養, 坦氣修通. 凡物開靜, 形生理, 常至命. 尊賢授德則帝; 身[26]仁行義, 服忠用信則王; 審謀章[27]禮、選士利械則霸. 定生處[28]死, 謹賢修伍則衆; 信賞審

21 黎翔鳳에 의하면, 옛날에는 若은 諾(머리를 끄덕이다, 승낙하다)과 같은 의미였다. 따라서 若은 '神에게 머리를 끄덕였다'라는 뜻이다. 因은 就(나아가다)이고, 虛는 墟(언덕)이다. 옛날에 임금은, 높은 언덕에 기거했으며, 神廟(귀신 모신 곳)와 政事堂(정치 업무 보는 곳)이 하나였다. 그 신묘에서 귀신에게 제사드리거나 정무 보는 것은 모두 야간이었으며, 신묘에서는 모두 엄숙해야 했고, 반드시 침묵을 지켜야 했다. '人物'은 '人人物物'로 보아야 할 것이다. 則은 法(본받다)의 뜻이다. 皇은 先皇(돌아가신 첫 번째 임금)이다.

22 오행설에 따르면, 五行(木, 火, 金, 水, 土)과 五方(동, 서, 남, 북, 中)은 사계절과 서로 배합하여야 하는데, 오행 중의 土와 오방 중의 中은 꼭 맞는 계절이 없기 때문에, 季夏月(여름의 끝 달)을 그것에 배정했다. 여름의 끝 달이 대략 일 년의 중앙에 해당한다고 생각했기 때문이다.

23 裸獸는 호랑이와 표범 같이, 털이 없거나 짧은 짐승을 말한다.

24 王念孫에 의하면, 儒와 濡(적시다)는 偄(연약하다)의 오기다.

25 兪樾에 의하면, 毆(핍박하다)는 마땅히 嘔(撫養, 보듬어 기르다), 즉 嫗(양육하다)이다.

26 張佩綸에 의하면, 身은 『論語』의 親仁이나, 『易』의 體仁과 같다. 『說文解字』에서는 身은 躬(몸소 행하다)이라고 했다.

27 章은 여기서 彰(드러나다)의 의미다.

28 安井衡에 의하면, 處는 安(편안히 해주다)이며, 그것은 장사 지내 준다는 뜻이다.

罰、爵材祿能則强, 計凡付終[29]、務本飾[30]末則富, 明法審數、立常備能則治, 同異分官則安. 通之以道, 畜之以惠, 親之以仁, 養之以義, 報之以德, 結之以信, 接之以禮, 和之以樂, 期之以事, 攻[31]之以官, 發之以力, 威之以誠.[32] 一擧[33]而上下得終, 再擧而民無不從, 三擧而地辟散成,[34] 四擧而農佚粟十,[35] 五擧而務輕金九,[36] 六擧而絜[37]知事變, 七擧而內外爲用, 八擧而勝行威立, 九擧而帝事成形.[38] 九本搏大,[39] 人主之守也. 八分[40]有職, 卿相之守也. 十官飾勝備威,[41] 將軍之守也. 六紀[42]審密, 賢人之守也. 五紀不解,[43] 庶人之守也. 動而無不從, 靜而無不同. 治亂之本三, 卑尊之交四, 富貧之終五, 盛衰之紀六, 安危之機七,[44] 强弱之應八, 存亡之數九. 練之以[士], 散群僩署, 凡數財署.[45] 殺僇[46]以聚財, 勸勉以選[47]衆, 使二分具本. 發善必審於密, 執威必明於中. 此居圖方中.

29 張佩綸에 의하면, 凡은 월별 계산과 같다. 終은 연말, 즉 歲終이다. 付는 부합한다는 뜻이다.

30 飾(꾸미다)은 飭(정비하다)으로 읽어야 한다.

31 尹知章의 주석에 의하면, 攻(공격하다)은 治(다스리다)이다.

32 安井衡에 의하면, 誠은 마땅히 誡(훈계하다), 즉 敕(警戒)으로 읽어야 한다.

33 何如璋에 의하면, 擧는 行과 같은 뜻이다. 따라서 정치를 시행한다는 말이다.

34 黎翔鳳에 의하면, 散成은 '散者集', 즉 흩어져 간 백성들이 모인다는 뜻이다.

35 十은 十全의 의미로, 10배로 해석하였다.

36 張佩綸에 의하면, 務(힘쓰다)는 物(물건)의 오자이고, 黎翔鳳에 의하면, 九는 勼(모으다), 鳩(모으다)의 뜻이다.

37 絜(헤아리다)은 衡量(고려해 보다)의 뜻이다.

38 形(모양)은 型(틀)의 의미다.

39 趙守正에 의하면, 九本은 아마도 九守인 것 같다. 『管子·九守』 제55편에 열거된 ① 主位, ② 主明, ③ 主聽, ④ 主賞, ⑤ 主問, ⑥ 主因, ⑦ 主周, ⑧ 主參, ⑨ 督名이다. 上同, 94頁, 注21.

40 趙守正에 의하면, 제10편 「五輔」에서 말한 八經: '上下有義, 貴賤有分, 長幼有等, 貧富有度'에서, 上, 下, 貴, 賤, 長, 幼, 貧, 富가 지켜야 할 常規일 것이다. 上同, 注22.

41 何如璋에 의하면, '十官飾勝備威'에서 官飾이 잘못 삽입된 것이니, '七勝備威'로 읽어야 한다. 제12편 「樞言」에, '衆勝寡, 疾勝徐 勇勝怯, 智勝愚, 善勝惡, 有義勝無義, 有天道勝無天道. 凡此七勝者貴衆'의 문장이 나온다.

42 趙守正에 의하면, 六紀는 六秉의 오기인 것 같다. 제20편 「小匡」을 보면, 六秉은 殺, 生, 貴, 賤, 貧, 富를 말한다. '桓公曰: 六秉者何也? 管子曰: 殺, 生, 貴, 賤, 貧, 富, 此六秉也.' 上同, 注24.

43 趙守正에 의하면, 五紀는 제4편 「立政」에서 말한, 富國五事에 나오는 五事인 것 같다. 그것은 「立政」에 의하면, ① 山澤에 화재 방지, ② 水路(물길) 정비, ③ 농사에 적합한 땅 만들기, ④ 가축과 채소 기르기, ⑤ 장인과 여공의 생산 집중을 말한다. 上同, 注25.

44 張佩綸에 의하면, 이 구절을 제4편 「立政」의 유사 구절과 비교하면, '安危之機七'과 '尊卑之交四'가 뒤바뀐 것이다. 마땅히 '安危之機四', '尊卑之交七'이 되어야 한다. '尊卑之交七'에서 交는 效 자이고, 七은 七法(則, 象, 法, 化, 決塞, 心術, 計數)을 말한다.

45 何如璋에 의하면, 練之以에서 之以를 士卒의 오기라고 했으며, 聞一多(1899~1946)는 練之以 뒤에 한 자가 탈락되었다고 보았다. 聞一多에 의하면, 綳은 '무너뜨리다'의 뜻이고, 僩署는 僩其書社, '세워진 社(단체, 25인으로 구성됨)를 무너뜨리다'의 뜻이다. 黎翔鳳에 의하면, 財署는 '치수를 측정하여 취할 것과 버릴 것을 결정한다'의 뜻이다.

46 黎翔鳳에 의하면, 僇은 戮으로 통하니, '힘을 합치다'의 뜻이다.

47 戴望에 의하면, 選은 具의 뜻이다.

위는 "중앙의 본도"이다.

右"中方本圖"

(5) 북방본도北方本圖

겨울에 가을 정치를 시행하면 안개가 끼고, 여름 정치를 시행하면 천둥이 치고, 봄 정치를 시행하면 증기가 발생한다. 12일 뒤 시한始寒 절기에는 형벌 주는 것을 멈추어야 하며, 12일 뒤 소유小逾 절기에는 (신하와 백성에게) 상 주기를 해야 한다. 12일 뒤 중한中寒 절기에 (관청에서 생산물을) 징수하여 모은다. 12일 뒤 중유中榆 절기에, (수산물을) 크게 수확한다. 12일 뒤 한지寒至 절기에 (마음이) 편안하다. 12일 뒤 대한大寒 절기에 얼음을 캐서 빙실에 둔다. 12일 뒤 대한大寒 절기가 끝나니, 삼한三寒 기간에는 같은 동절기 정치를 한다. 6(水)의 추운 겨울에, 임금은 검은색 옷을 입고, 짠맛을 맛보며, 징성徵聲의 노래를 들으며, 음기를 다스리고, 숫자 6을 쓰고, (북방을 다스리는) 흑후黑后의 우물물을 마시며, 비늘 달린 짐승[魚類]의 불로 취사를 한다. 자상하고 후덕한 마음을 가지고, 소박하고 순결하게 행동하며, 평탄한 마음으로 소통시켜야 한다. 무릇 만물은 고요함을 깨뜨릴 때, 형태에서 조리條理가 생겨난다. 기물은 협력에서 생기고, 가르침은 미묘한 데까지 베풀어지며, 활동과 멈춤을 기록하지 않으면, 실행과 멈춤을 헤아릴 수 없게 된다. 네 계절을 신중히 분별하여 휴식을 구분해 주고, 들고나가는 것을 달리함으로써 두 사람이 농사 지음을 쉽게 해주고, 분명하게 먹고살게 하여 재앙을 해결해 주고, 받을 것과 줄 것을 잘 알아서 취합해 준다.

1차 제후들을 소집하여 명령한다. "(북방을 다스리는) 현제玄帝의 명령 없이는 하루의 전쟁도 있을 수 없다." 2차 제후들을 소집하여 명령한다. "자손 없는 노인들을 양육하고, 병자를 먹여 주고, 지아비 없는 과부들을 거두어 주어라." 3차 제후들을 소집하여 명령한다. "농지세는 100분의 5를 취하고, 시장세는 100분의 2만 취하고, 성문세는 100분의 1만 취하고, 농사와 직물 기계를 결핍시키지 말라!" 4차 제후들을 소집하여 명령한다. "도로를 정비하고, 도량度量의 척도를 통일하고, 무게의 다소를 하나로 하고, 늪과 연못은 때에 따라 봉쇄하고 개방하라." 5차 제후들을 소집하여 명령한다. "봄, 가을, 겨울, 여름에 늘 있는 제사 음식을 차려 제사하고, 천지산천의 옛날 제사를 반드시 때맞추어 하라." 6차 제후들을 소집하여 명령한다. "너희 토지에서 생산한 산물들을 현관, 즉 북문 현궁에 제공하고, (천자의) 네 보좌[四輔]에게 보고하라, (그리고) 장차 하느님을 받들라!" 7차 제후들을 소집하여 명령한다. "벼슬이 (천자의) 네 보좌[四輔]이나 무례한 자는 명령을 파괴한 죄명으로 유배시켜라!" 8차 제후들을 소집하여 명령한다. "네 의표儀表로 삼아도 비난이 없으면, 현궁玄宮에 천거하여 삼공三公처럼 예우하라!" 9차 제후들을 소집하여 명령한다. "너희 봉토 내의 재물 및 나라에 있는 보물을 (천자에게 바칠) 폐례幣禮로 하라!" 아홉 번 조회에서, (천자의) 큰 명령이 여기서 나오니, 언제나 있는 일이다.

천 리 밖, 2천 리 이내의 제후들은 3년마다 (천자 앞에서) 조회하고, 명령을 받으며, 삼경들은 (천자의) 네 보좌들로부터 명령을 받고, 매년 정월 초하루에, 대부[귀족]들에게 명하여 와서 학습하고, (그들은) 삼공三公에게서 명령을 받는다. 2천 리 밖과 3천 리 이내의 제후들은 5년마다 조회하기 위해 (왕도에) 이르고, (왕의) 명령에 익숙해지고, 3년마다 경卿들에게 명하여 할 일을 (천자로부터) 청하고, 2년마다 대부들은 미리 (국정의) 길흉을 통보하며, 10년마다 중요한 적자嫡子들을 (왕궁에) 들여보내 (제후들의) 예의를 바로잡으며, 5년마다 대부[귀족]들은 해야 할 것들을 받았고, 3천 리 밖의 제후들은 30년에 한 번 (왕도에) 이르고, 대부를 파견하여 조정에서 연회를 베풀고, (또한) 공물을 납입하고 임금의 명령을 받아 갔다. 이 글은 그림[幼官圖] 북쪽 방향 밖에 있다.

冬行秋政霧, 行夏政雷, 行春政蒸泄. 十二始寒, 盡[48]刑. 十二小楡, 賜予. 十二中寒, 收聚.[49] 十二中楡, 大收. 十二寒至, 靜.[50] 十二大寒之陰,[51] 十二大寒終, 三寒同事. 六行[52]時節, 君服黑色, 味鹹味, 聽徵聲, 治陰氣, 用六數, 飮於黑后之井, 以鱗獸之火爨. 藏慈厚, 行薄純, 坦氣修通. 凡物

48 黎翔鳳에 의하면, 盡은 止(멈추다)이고, 楡(느릅나무)는 逾(넘어가다)와 통한다.

49 湯孝純은, 『禮記』, 「月令」에 말한 '命司徒循行積聚, 無有不斂', '命水虞漁師, 收水泉池澤之賦'로 보아서, 수산물의 수확을 거두어들이는 것을 말한다고 했다. 『新譯管子讀本』(上), 103頁, 注6.

50 黎翔鳳에 의하면, 靜은 竫(편안하다)의 빌려 온 말이다.

51 湯孝純에 의하면, 之陰은 往陰이다. 陰은 凌陰이니, 藏氷(얼음을 숨겨 두다)하는 장소다. 얼음을 캐서 빙실에 둔다는 뜻이다. 上同, 103頁.

52 黎翔鳳에 의하면, 물의 수는 1인데, 중앙 땅의 수 5를 더하여, 6이 되었다.

開靜, 形生理. 器成於僇.[53] 教行於鈔.[54] 動靜不記, 行止無量. 戒審[55]四時以別息, 異出入以兩[56]易, 明養生以解固,[57] 審取予以總之. 一會諸侯, 令曰: "非玄帝之命, 毋有一日之師役." 再會諸侯, 令曰: "養孤老, 食常疾, 收孤寡."[58] 三會諸侯, 令曰: "田租百取五, 市賦百取二, 關賦百取一, 毋乏耕織之器." 四會諸侯, 令曰: "修道路, 偕度量, 一稱數.[59] 藪澤以時禁發之." 五會諸侯 令曰: "修春秋冬夏之常祭食.[60] 天壤山川之故祀必以時." 六會諸侯, 令曰: "以爾壤生物共玄官.[61] 請四輔, 將以禮上帝." 七會諸侯, 令曰: "官處四體而無禮者, 流之焉莠命." 八會諸侯, 令曰: "立四義而毋議[62]者, 尙之于玄宮, 聽于三公." 九會諸侯, 令曰: "以爾封內之財物, 國之所有爲幣." 九會, 大命焉出, 常至.[63] 千里之外, 二千里之內, 諸侯三年而朝, 習命; 二年, 三卿使[64]四輔; 一年, 正月朔日, 令[65]大夫來修, 受命三公. 二千里之外, 三千里之內, 諸侯五年而會, 至, 習命; 三年, 名[66]卿請事; 二年, 大夫通吉凶; 十年, 重適[67]入正禮義; 五年, 大夫請受變,[68] 三千里之外, 諸侯世一至, 置大夫以爲廷安,[69] 入共[70]受命焉. 此居於圖北方方外.

위는 "북방본도"이다.

右"北方本圖"

53 黎翔鳳에 의하면, 僇은 戮(죽이다, 힘쓰다)을 假借한 것이다.
54 戴望에 의하면, 鈔(약탈하다)는 眇(精微하다)의 假借다.
55 丁士涵에 의하면, 審은 쓸데없는 자이고, 戒는 愼(삼가다)의 뜻이다.
56 黎翔鳳에 의하면, 兩은 𥝩(짝)와 같다.
57 張佩綸에 의하면, 固는 故인데, 「大宗伯」 주석에 '故謂凶烖'라 했으니, 烖(재앙)의 뜻이다.
58 黎翔鳳에 의하면, 孤老는 無子孫(자손이 없다), 孤寡는 無父(지아비가 없다)의 뜻이다.
59 尹知章의 주석에 의하면, 偕는 同(같이하다)이고, 稱은 斤兩(무게)이고, 數는 多少다.
60 黎翔鳳에 의하면, 祭食은 皿食, 또는 祭享(제사 음식을 차려 제사하다)의 뜻이다.
61 黎翔鳳에 의하면, 官은 館(집)의 뜻이고, 玄官은 幼官의 北門이다. 北宮을 위주로 하여, 아홉 제후들의 소집이 이곳에서 이루어졌음을 서술하였다.
62 黎翔鳳에 의하면, 義는 옛날의 儀 자이고, 『說文解字』에서 '議, 語也'라 했으니, 語는 논란이나 비난의 뜻이다.
63 豬飼彦博에 의하면, 焉은 於此이고, 丁士涵에 의하면, 常至는 常歲所至(보통 해에 있는 일)이다.
64 黎翔鳳에 의하면, 使는 受命(명령을 받아들이다)에 상당한다.
65 丁士涵에 의하면, 令은 命이다.
66 張佩綸에 의하면, 名卿은 命卿(天子가 임명한 諸侯의 卿)이다.
67 黎翔鳳에 의하면, 適은 嫡(맏아들)이다.
68 丁士涵에 의하면, 變은 辯(말 잘하다)으로 읽어야 한다. 辯은 治(정리하다)를 말한 것이다.
69 黎翔鳳에 의하면, 廷安에서 安은 晏이며, 宴(연회)과 통한다. 따라서 廷安은 廷燕(조정의 잔치)이다.
70 湯孝純에 의하면, 入共은 곧 入供이니, 入貢(공물을 납입하다)의 뜻이다. 上同, 105頁, 注40.

(6) 남방부도南方副圖

(남방의) 깃발은 붉은색을 숭상하고, 병기는 창을 숭상한다. 형벌로는, 척박한 땅을 불태워 개량하는 일이다. 반드시 만물의 근원[一]을 명확히 파악해야 하며, 반드시 장수를 명확히 이해해야 하며, 반드시 정치를 명확히 이해하며, 반드시 사졸들을 명확히 파악해야 한다. 이 네 가지가 갖추어지면 질서 잡힘으로 혼란을 타격하고, 성공으로 패망을 격퇴시켜야 한다. 여러 번 전투하면 사졸들이 지치고, 몇 번 승리하면 임금이 교만해진다. 교만한 임금이 피로한 군사들을 부리면 나라가 위태롭게 된다. 제일 좋은 것은 전쟁을 안 해도 이기는 것이요, 그다음은 한 번으로 이기는 것이다. 대승이란, 많은 사람을 모아서 승리하는 것이니, 정의로우면 크게 승리할 수 있는가? 대승은 이기지 않는 것이 없다. 이 글은 그림[幼官圖] 남쪽 방위 밖에 있다.

旗物尙赤, 兵尙戟. 刑則燒交疆郊.[71] 必明其一,[72] 必明其將, 必明其政, 必明其士. 四者備, 則以治擊亂, 以成擊敗. 數戰則士疲, 數勝則君驕. 驕君使疲民, 則危國. 至善不戰, 其次一之. 大勝者, 積衆勝而無非義者, 焉可以爲大勝? 大勝, 無不勝也. 此居於圖南方方外.

위는 "남방부도"이다.

右"南方副圖"

(7) 중방부도中方副圖

(임금은) 반드시 문文에 재능이 있고 무武에 위엄이 있어야 하며, (장졸들은) 맡은 직무에 익숙함이 그 시기에 (적을) 이길 수 있는 조건이다. 이것이 승리의 총칙이며, 한쪽으로 치우침이 없는 것이 승리의 묘처妙處이고, 군내를 출동하는 정의正義가 승리하는 이치이고, 명성과 전적이 승리의 급선무이고, 등급에 맞는 위세와 명분이 승리하는 일이요, 명확한 등급을 살피는 것이 승리의 실천이고, (병기를) 갖추는 것이 승리의 원천이고, (행동을 은폐하여) 아무 징조가 보이지 않는 것이 승리의

71 章炳麟에 의하면, 疆郊에서 郊는 墝(척박한 땅)의 假借다.

72 『老子』에서 만물의 근원으로서의 一, 즉 道와 같다.

근본이다. (군대를 쓰는 자가) 홀로 위엄이 확정되면 승리하고 모책과 재원을 확정하면 승리하고, 적의 계책을 들어서 알고 대비책을 확정하면 승리하고, 정밀한 군사를 선발 확정하면 승리하고, 녹봉을 확정하면 승리하고, 역량을 비교하여 쓴다면 승리하고, 윤리가 확정되면 승리하고, 살고 죽고가 확정되면 승리하고, 승패가 확정되면 승리하고, 의지할 바가 확정되면 승리하고, 허실이 확정되면 승리하고, 왕성과 쇠퇴가 확정되면 승리한다. 병기를 발동함에 그 요점을 성실히 얻었다면 적은 헤아릴 수 없고, 교묘한 이점利點을 쓰기에 지성을 다하면 적은 대항할 수 없고, 명성을 밝혀 주고 실적을 표창해 주면 군사들은 죽기로 싸울 것이며, 출병이 기발하고 (적이 헤아릴 수 없게) 습격한다면 군사들은 즐겁게 쓰일 것이다. 방안方案에 따라 물건을 비교 대조해 보면 전투 장비가 갖추어지고, 능력 있는 인재와 예리한 무기를 갖추면 요구하는 것을 얻을 수 있고, (임금이) 하고자 하는 일에 힘쓰고, 해야 할 근본을 명확히 하면, 군사들은 대충대충 할 수 없으며, (적들이) 대응하지 못하는 것은 장비를 완벽하게 갖춘 것이다. 아주 미세한 것을 들을 수 있기에, 아직 소리 나지 않은 것도 들을 수 있고, 아주 가까운 것을 볼 수 있기에 아직 형체가 없는 것도 볼 수 있고, 아주 깊은 데를 생각하기에 아직 시작하지 않은 것도 알 수 있고, 눈 깜작할 사이에 발한 명령이기에 끝없는 데에 이를 수 있고, 선발대가 발동하기에 포로와 재물을 얻을 수 있었고, 모책에 따랐기에 충실할 수 있었고 변고는 있을 수 없다. 군비가 갖춰지고 교령을 굳게 지키면 (행군할) 길을 멀다고 보지 않으며, 호령을 잘 알고 가르쳐 준 명령[教命]이 시행되면 산과 강도 험난하지 않고, 넓고 한결같이 순수하고 단단하여 홀로 다녀도 (막을) 적이 없고, 명령을 신중하게 발동하고 깃발과 신호를 잘 알면 공격해도 동맹국을 기다릴 필요 없고, 필승할 것이 밝혀지면 마음 약한 사람도 용기가 나며, 무기가 방향 없이 두루 쓰인다면 바보도 똑똑해지며, 수비하지 않는 곳을 공격하면 못난이도 능숙하게 되는 것이, 필연적 도리[數]이다. 10가지 호령에 신중하게 대처하고, 9가지 기치旗幟를 명확히 숙지하고, 각종 무기를 열심히 익히고, 5가지 가르침을 잘 배우며, 부지런히 삼관[북, 꽹과리, 깃발]을 배워야 한다. (군대의) 주[장수]는 반드시 항상 있어야 하고, 계책은 반드시 먼저 정해져야 하고, 천하의 영명한 인재들을 구하고, 여러 장인의 예리한 무기들을 따지고, 무기가 완성되면 좋은지 나쁜지 시합하여 시험해야 한다. 천하의 호걸들을 모으고, 천하의 좋은 재료를 가지고, 비바람처럼 기뻐서 행군하고, 우레와 번개처럼 출격한다. 이 글은 그림[幼官圖] 방향의 가운데 있다.

必得[73]文威武. 官習[74]勝之務,[75] 時[76]因勝之終,[77] 無方[78]勝之幾,[79] 行義勝之理, 名實勝之急,[80] 時分[81]勝之事, 察伐[82]勝之行, 備具勝之原, 無象勝之本.[83] 定獨威[84]勝, 定計財勝, 定聞知[85]勝, 定選士勝, 定制祿勝, 定方[86]用勝, 定綸理勝, 定死生勝, 定成敗勝, 定依奇[87]勝, 定實虛勝, 定盛衰勝. 擧機誠要[88]則敵不量, 用利至誠則敵不校,[89] 明名章[90]實則士死節, 奇擧發不意則士歡用. 交[91]物因方則械器備, 因能利[92]備則求必得. 執務明本則士不偸.[93] 備具無常, 無方應也.[94] 聽於鈔故能聞未極,[95] 視於新故能見未形,[96] 思於濬[97]故能知未始, 發於驚故能至無量, 動於昌故能得其寶,[98]

73 何如璋에 의하면, 得은 마땅히 德이어야 한다.

74 湯孝純에 의하면, 官習은 직무에 익숙함이다.上同, 107頁, 注2.

75 黎翔鳳에 의하면, 務는 時所急(그 시기에 급박한 것)이다.

76 尹知章의 주석에 의하면, 時는 是이다.

77 湯孝純에 의하면, 終은 總이니, 總則이다. 上同, 注4.

78 黎翔鳳에 의하면, 無方은 偏向(한쪽으로 치우침)의 없음이다.

79 湯孝純에 의하면, 幾는 微妙處이다. 上同, 注6.

80 湯孝純에 의하면, 名實은 명성과 戰績을 중시함이다. 上同, 注7.

81 張佩綸에 의하면, 時分은 마땅히 等分으로 보아야 한다. 等은 威等(등급에 맞는 위세)이고, 分은 名分이다.

82 黎翔鳳에 의하면, 등급을 명확히 하는 것이 伐이다.

83 湯孝純에 의하면, 無象은 행군과 布陣을 은폐하여 흔적을 없앰이다. 上同, 注8.

84 尹知章의 주석에 의하면, 군대를 쓰는 근본이 확립되어, 홀로 위엄이 있는 자가 승리한다고 보았다.

85 尹知章의 주석에 의하면, 적의 모책을 들어 알아서 방책을 잘 알아 결정한 자가 승리한다고 보았다.

86 黎翔鳳에 의하면, 方은 併船(배를 나란히 세우다)의 뜻과 통하며, 併船은 比併(시합하여 역량을 비교하다)의 뜻이 있다.

87 王念孫에 의하면, 依奇는 依倚(依[의지하다], 倚[의지하다])의 뜻이다.

88 尹知章의 주석에 의하면, 誠要는 '그 요점을 성실하게 얻었다'의 뜻이다.

89 湯孝純에 의하면, 校는 比量(비교하다)하다, 대항하다로 이해해야 한다. 上同, 注16.

90 湯孝純에 의하면, 章은 彰(드러내다)과 통한다. 上同, 注17.

91 兪樾에 의하면, 交는 校(비교하다)로 읽어야 한다.

92 湯孝純에 의하면, 能은 재능 있는 인재이고 利는 예리한 무기를 의미한다. 上同, 注20.

93 尹知章의 주석은, 임금이 하고자 하는 일에 힘쓰고, 해야 할 근본을 명확히 하면, 군사들은 대충대충 할 수 없다고 풀이했다.

94 黎翔鳳에 의하면, 이 구는 도치된 문구다.

95 何如璋에 의하면, 鈔는 眇(아주 작음), 즉 細微(작고 은밀함)다. 極은 至이다.

96 陳奐에 의하면, 新은 親의 오기다. 親은 近(가깝다)의 뜻이다. 아주 가까운 것을 볼 수 있으면, 아직 형체가 없는 것도 볼 수 있다는 의미다.

97 尹知章의 주석에 의하면, 아직 시작도 하지 않은 것은, 일이 너무나 깊숙하여, 생각하는 바가 깊은 데 있기에, 아직 시작하지 않은 것도 알 수 있다는 말이다.

立於謀故能實不可故[99]也. 器成敎守則不遠道里, 號審敎施則不險山河, 博[100]一純固則獨行而無敵, 愼號審章則其攻不待權與. 明必勝則慈者勇, 器無方則愚者智, 攻不守則拙者巧, 數也. 動愼十號, 明審九章, 飾習十[101]器, 善習五官,[102] 謹修三官.[103] 必設常主,[104] 計必先定. 求天下之精材, 論百工之銳器, 器成角試否臧. 收天下之豪傑, 有天下之稱[105]材, 說行若風雨, 發如雷電. 此居於圖方中.

위는 "중방부도"이다.

右"中方副圖"

(8) 북방부도北方副圖

(북방의) 깃발은 검은색을 숭상하고, 무기는 방패를 숭상하고, 형벌로는 코에 물을 들어붓는 것이다. 이치를 살피면 치군治軍할 줄 알게 되고, 병기를 잘 말면 승리를 알 수 있고, 모책을 파악하면 적을 이길 수 있고, 덕德에 능통하면 천하가 안정된다. 종묘를 안정시키고, 남녀를 (혼인시켜) 양육하고, 춘하추동의 넷으로 관직을 분리하면, 위엄을 갖추고 덕을 시행하고, 법규를 제정하고, 호령을 할 수 있다. 가장 좋은 군대 사용은 영토를 추구하는 것이 아니고, 백성을 벌하고 임금을 바르게 하는 것이다. 정의를 확립하고 거기에 승리를 보태고, 위엄을 일으키고 거기에 덕으로 채우고, 방어를 하고 나서 정비하고, 이기려는 마음은 천하를 (보호하는) 울타리다. 백성들에게 이로운 것은 세워 주고, 해로운 것을 없애면, 백성들은 따르게 된다.

6천 리의 제후를 세워 주면 큰 귀족들이 따르게 된다. 제후들로 하여금 통치를 하게 하면, 제후들이 따르게 된다. 제후들의 회합에서

98 黎翔鳳에 의하면, 昌은 始로 훈독할 수 있고, 倡(선도하다)의 假借다. 齊나라 사람들은 俘(포로)를 寶라 했으니, 사람과 재물을 포괄한다.

99 黎翔鳳에 의하면, 不可故에서 故는 事變의 뜻이다.

100 黎翔鳳에 의하면, 博은 溥(넓다, 광대하다)의 假借다.

101 黎翔鳳에 의하면, 十은 什이다.

102 黎翔鳳에 의하면, 官은 管(법칙)으로 훈독되며, '管이 있음'은 敎(가르침)가 있다는 뜻이다.

103 何如璋은, 제17편 「兵法」에 의거하여, 三官은 ① 鼓(북), ② 金(꽹과리), ③ 旗(깃발)라고 말하였다.

104 丁士涵에 의하면, 이 구절은 '主必常設'로 마땅히 바뀌어야 한다. 設은 立이다.

105 黎翔鳳에 의하면, 稱은 好(좋다)로 훈독한다.

하늘에게 명命을 청하여, 땅이 온화한 기운을 접하게 되면, (모든) 생물도 따르게 된다. 여유 있는 일과 급박한 일에 계책이 서면, 위태로운 일도 어려움이 없을 것이다. 군비의 이점을 명확히 파악하고 있으면, 어려움을 만나도 (태도가) 바뀌지 않는다. 선후의 이치를 살피면, 군대가 출동하여 곤란을 당하지 않는다. (적진을) 들고 나는 법도에 정통하면, 깊이 침입해도 위험하지 않다. (아군의) 활동과 정지의 의무를 잘 알고 있으면, 성공을 획득해도 손해가 없다. 주고받는 구분을 명시明示하면, 영토를 획득해도 두렵지 않다. 호령의 직분에 신중하면, 거사하여 공을 거둔다. 이 글은 그림[幼官圖] 북쪽 방향 밖에 있다.

旗物尙黑, 兵尙脅盾, 刑則游仰灌流. 察數而知治, 審器而識勝, 明謀而適勝,[106] 通德而天下定. 定宗廟, 育男女, 官四分,[107] 則可以立威行德, 制法儀, 出號令. 至善之爲兵也, 非地是求也, 罰人是[108]君也. 立義而加之以勝, 至[109]威而實之以德, 守之而後脩, 勝心焚[110]海內. 民之所利, 立之; 所害, 除之, 則民人從. 立爲六千里之侯, 則大人從. 使國君得其治, 則人君從. 會請命於天, 地知[111]氣和, 則生物從. 計緩急之事, 則危危而無難. 明於器械之利, 則涉難而不變. 察於先後之理, 則兵出而不困. 通於出入之度, 則深入而不危. 審於動靜之務, 則功得而無害也. 著於取與之分, 則得地而不執.[112] 愼於號令之官, 則擧事而有功. 此居於圖北方方外.

위는 "북방부도"이다.

右"北方副圖"

(9) 동방본도東方本圖

봄에 겨울 정치를 하면 춥고, 가을 정치를 하면 서리가 내리고, 여름

106 王念孫에 의하면, 適勝은 마땅히 勝適이 되어야 하고, 適(적합하다)은 마땅히 敵(적군)이 되어야 한다.
107 黎翔鳳에 의하면, 官四分은 춘하추동의 官으로 나눔의 뜻이다.
108 黎翔鳳에 의하면, 人은 마땅히 民이고, 唐나라 李世民의 避諱(임금의 이름 피하기)다. 是는 正(바르게 하다)의 뜻이다.
109 劉師培에 의하면, 至(이르다)는 致(일어나게 하다) 자다.
110 黎翔鳳에 의하면, 焚(불태우다)은 藩(울타리)이다.
111 黎翔鳳에 의하면, 知는 接이다.
112 兪樾에 의하면, 執은 慹(두려워하다)이다.

정치를 하면 (모든 것이) 막힌다. (입춘 뒤) 12일 지기발地氣發 절기에, (임금은) 봄 농사 시기임을 반포한다. 12일 뒤 소묘小卯 절기에 출문하여 농사짓는다. 12일 뒤 천기하天氣下 절기에 (농사에) 참여한 신하들에게 위로금을 내린다. 12일 뒤 화기지和氣至 절기에 마을[閭巷] 문을 수리한다. 12일 뒤 청명 절기에 금령을 개방하고 , 시묘始卯 절기에 암컷과 수컷이 결합하고, 중묘中卯 절기와 하묘下卯 절기, 즉 삼묘三卯 절기에는 같은 (봄 농사)일을 한다. 여덟의 봄 시절, 임금은 푸른색 옷을 입고, 신맛을 맛보며, 각성角聲의 노래를 들으며, 마른 기운[乾氣]을 다스리며, 숫자 8을 쓰고, 동쪽 우물물을 마시며, '남방 주작朱雀의 불'로 취사를 한다.(남의 고통을) 차마 못 견뎌 하는 마음을 갖추고, (모든 것을) 길러 주고, 평탄한 마음으로 소통시켜야 한다. 무릇 만물은 고요함을 깨뜨릴 때, 형태에서 조리條理가 생겨나며, 광대 우주와 주위의 외국을 합하여, 강국도 친속이요, 약국도 권속이다. 움직이면 (각국은) 따르지 않을 수 없고, 안정安靜을 바라면 (각국은 그와) 같지 않을 수 없다. 예의로 일하고 명령을 내리니, 예를 따르면 반드시 성공한다. (군신이) 화목하고 좋아하면 모해함이 없고, 귀천 사이에 허물이 없으나, 사태가 변하다면 그날로 일이 막혀 버린다. 이 문장은 그림[幼官圖] 동쪽 방향 밖에 있다.

春行冬政肅,[113] 行秋政雷,[114] 行夏政閹.[115] 十二地氣[116]發,[117] 戒春事.

113 尹知章의 주석에 의하면, 肅은 寒(춥다)이다.

114 湯孝純에 의하면, 제40편 「四時」에 따라서 雷(우레)는 마땅히 霜(서리)으로 고쳐져야 한다. 『新譯管子讀本』(上), 97頁, 注2.

115 尹知章의 주석에 의하면, '陽氣猥併, 故掩閉也(양기가 많기 때문에 닫힌다)'라 했으니, 閹은 掩閉(닫히다)의 뜻이다.

116 黎翔鳳에 의하면, 「幼官」 편은 12일을 절기로 했지, 15일이 아니다. … 제85편 「輕重己」에, '以冬日至始, 數九十二日, 謂之春至. 以春日至始, 數九十二日, 謂之夏至. 以夏日至始, 數九十二日, 謂之秋至. 以秋日至始, 數九十二日, 謂之冬至'라 했으니, 무릇 368일이고, 춘분, 추분이라는 명칭도 없다. 대충 계산해 보면, 春至나 秋至에 밤과 낮이 같을 수 없다. 절기와 四時의 차이가 8일이다. 1년은 365와 1/4일이라, 4년에 1절기를 더해도, 아직 1일이 적다. 무릇 48년마다 11절기로 해야 처음과 끝이 같게 된다. … 그러나 『管子』는 殷나라 문화를 이었다. 그래서 卜辭나 절기를 탐구할 수 없다. '隹十祀才九月甲午, 余步从侯喜征人方, 告於大邑商'(『卜辭通纂』), '才九月癸亥, 正人方才雇'(『書契前編』), '隹十祀才十月甲午, 正人方才 从東'(『續』) 같은 十祀에 2개의 九月이 있으니, 반드시 하나의 九月은 閏九月이다. 甲午에서 癸亥가 60일이면, 양 九月이 각각 30일이다. 만약 15일을 절기로 하면, 윤달에 中氣가 없어서는 안 된다. (이로써) 殷나라 윤달 정하는 방식[閏法]은 周나라와는 달라서, 한 달에 반드시 절기와 中氣가 있어야 하는 것이 아니다. 만약 12일로 계산하면, 2개의 九月에 5절기만 있게 되니, 이로써 『관자』에서는 夏曆을 썼다는 증거가 된다.

十二小卯, 出耕. 十二天氣下, 賜與. 十二義氣[118]至, 修門閭. 十二清明, 發禁. 十二始卯, 合男女. 十二中卯, 十二下卯, 三卯同事. 八[119]擧時節, 君服靑色, 味酸味, 聽角聲, 治燥氣, 用八數, 飮於靑后之井, 以羽獸之火爨. 藏不忍, 行毆養, 坦氣修通. 凡物開靜, 形生理, 合內空[120]周外, 强國爲圈,[121] 弱國爲屬. 動而無不從, 靜而無不同. 擧發以禮, 時[122]禮必得. 和好不基, 貴賤無司, 事變日至.[123] 此居於圖東方方外.

위는 "동방본도"이다.

右"東方本圖"

(10) 동방부도東方副圖

(동방의) 깃발은 푸른색을 숭상하고, 병기는 창을 숭상하고, 형벌을 줄 때 칼과 차꼬를 썼다. 무기가 완성되면 (적들은 자신을) 지킬 수가 없었고, (국경을) 지나가도 적들은 몰랐고, 훈련을 받고 자취를 드러내지 않고 (적이) 생각지 못한 곳을 쳤다. 국경을 지나도 (적이) 모르기 때문에 (적은) 지킬 수 없었고, 생각하지 못한 곳을 치기 때문에 대응할 수 없었다. 대응할 수 없었기 때문에 온전히 승리하고 손해가 없었고, 막을 수 없었기 때문에 반드시 승리하고 (어딜 가나) 적이 없었다. 적의 정치, 적의 사정, 적의 장수와 적의 군사의 네 가지를 명확히 파악치 못했다면, 9일이 못되어 군인들은 흩어지고 군대는 놀라게 되며, 방어요새를 잘 살피지 않으면 8일이 못되어 외적들이 (침입할) 틈을 갖게 되고, 방비에 신중치 못하면 7일이 못되어 내부에서 남을 참소하는 음모가 있게 되고, 속임수의 금지를 정비하지 않으면 6일이 못되어 도적들이 들

117 湯孝純에 의하면, 地氣發은 절기의 명칭이다. 上同, 注4

118 黎翔鳳에 의하면, 이 절기는 '淸明 전이니 대략 춘분과 같아서, 주야가 균등하다. 낮은 양이고, 밤은 음이니, 음양이 조화하기에, 義氣다. 義氣는 和氣이니, 俗語도 이와 같다.' 『管子校注』(上), 148頁.

119 黎翔鳳에 의하면, 木(나무)의 수는 3인데, 중앙 土(흙)의 수 5를 합쳐서, 木의 수는 8이다 .

120 黎翔鳳에 의하면, 空은 穹(하늘, 크다)의 假借다. 『爾雅』, 「釋詁」에 穹은 大也라 했고, 擴(넓다)이라 했으니, 宇內의 확대와 주위 사방의 외국을 합하여, '合內空周外'라 한 것이다.

121 豬飼彦博에 의하면, 圈은 마땅히 眷(권속, 가족)으로 읽어야 한다.

122 許維遹(1902~1951)에 의하면, 時는 處(살다, 머물러 있다)와 같다.

123 黎翔鳳에 의하면, 基는 謀害(해를 꾀하다)이고, 司는 伺, 즉 辜(허물, 죄)이며, 至는 窒(막히다)이다.

끊고, 사망한 자에게 제사를 못 지내면 5일 안에 군수 물자는 적의 수중에 있게 된다. 이 글은 그림[幼官圖] 동쪽 방위에 있다.

旗物尚青, 兵尚矛, 刑則交寒害釱.[124] 器成不守,[125] 經[126]不知, 教習不著發不意. 經不知, 故莫之能圉; 發不意, 故莫之能應. 莫之能應, 故全勝而無害; 莫之能圉, 故必勝而無敵. 四機[127]不明, 不過九日而游兵驚軍; 障塞不審, 不過八日而外賊得間; 由守不慎, 不過七日而內有讒謀; 詭禁不修, 不過六日而竊盜者起; 死亡不食, 不過四日[128]而軍財在敵. 此居於圖東方方外.

위는 "동방부도"이다.

右"東方副圖"

124 黎翔鳳에 의하면, 寒은 韓과 통하고, 韓은 井幹이니, 校(칼, 형구)와 유사하다. 害釱는 轄釱(발목에 채우는 형구)다.

125 尹知章의 주석은, 무기가 완성되면 적은 방비할 수 없고, 經은 法이기에, '용법의 법을 적은 알 수 없다'로 풀이했다.

126 王念孫에 의하면, 經은 過(지나가다)이니, '국경을 지나가도 적들은 몰랐다'로 풀이했다.

127 何如璋은 제17편「兵法」에 의거하여, 四機는 ① 敵政, ② 敵情, ③ 敵將, ④ 敵士라고 말한다.

128 黎翔鳳은 '中方本圖'에 의거하여, 4일은 마땅히 5일이 되어야 한다고 말한다.

제10편

외언外言 1

오보 五輔

정치에 요구되는 다섯 가지 조목

오보五輔는 정치를 하여 나라를 돕는 5가지 정책이니, 덕德, 의義, 예禮, 법法과 권權을 말한다. 이 편에서는 5가지 정책의 내용과 작용을 상세하게 논하고 있다. 끝에는 간사奸邪함을 척결하고, 음탕한 기교를 금하고, 사치와 낭비를 금지할 것을 논하고 있다.

옛날 성왕들이 대단한 명성과 큰 영예를 얻고, 공이 크고 업적을 크게 올려서, 천하에 뚜렷이 나타났으나, 후세에 잊히지 않은 까닭이, 인심을 얻지 못했다는 것을 일찍이 들어본 적이 없다. 난폭한 임금이 나라를 잃고, 사직을 위태롭게 하고, 종묘 사당이 뒤집히고, 천하에 멸망한 까닭이, 인심을 잃어버린 것이 아니라는 것을 일찍이 들어본 적이 없다. 지금 영토를 가진 임금들이 모두 기거함에 편하고, 출동하면 위세를 떨치고, 전투하면 승리하고, 방어는 굳게 하고자 하고, 크게는 천하에 왕 노릇을 하려 하고, 작게는 제후들의 우두머리[覇者]가 되려고 하면서, 사람들의 마음을 얻기에는 힘쓰지 않는다. 이 때문에, 작게는 군대가 깨지고 크게는 (임금) 본인이 죽거나 나라가 망하는 것이다. 이렇기 때문에 말한다. "인심을 얻기에 힘쓰지 않으면 안 된다. 이것이 천하를 얻는 준칙이다." 그렇다면, 인심을 얻는 도리는 그들을 이롭게 해주는 것 만한 것이 없다. 그들을 이롭게 해주는 도리는 정치 업적으로 그들을 가르치는 것 만한 것이 없다. 따라서 정치를 잘하는 임금은, 전답을 개간하여 도성과 읍들이 신실해지고, 조정은 한가하지만 관직들은 다스려지고, 공법이 실시되고 개인적 사심私心이 그치고, (나라의) 창고는 실해지며 감옥監獄은 텅 비고, 똑똑한 사람들이 출세하며 나쁜 백성들은 격퇴된다. 나라의 군자들은 중용과 정도를 높이고 아첨을 천시하며, 나라의 선비들은 무용武勇을 귀하게 여기고 이익 추구를 천시하며, 나라의 백성들은 농사를 좋아하고 (그저) 먹고 마시는 것을 싫어한다. 이에 재용이 충족하고 먹고 마실 양식, 땔감과 채소가 풍부해진다. 이 때문에 임금은 반드시 마음이 넉넉하여 요역을 감해주니, 아래 백성들은 반드시 명령에 따르고 원한이 없으며, 임금과 백성들이 화합하여 같아지니 예의가 있게 된다. 따라서 임금은 거처함에 편안하고 활동에 위엄이 있게 되며, 전쟁하면 승리하고 방어는 굳세진다. 이 때문에 한 번 전쟁하면 (여러 나라) 제후들을 바로잡는다. (임금이) 정치를 못하면, 전답이 황폐해지고 도성과 읍지가 텅 비게 되고, 조정이 흉흉해지며 관청들이 혼란해지고, 국가의 법령이 폐기되고 사법들이 행해지며, (나라의) 국고는 텅 비고 감옥은 꽉 차며, 현인들은 물러나고 간민들이 출세한다. 그 나라의 군자들은 아첨을 숭상하고 중용과 정도를 천시하고, 그 선비들은 이익 추구를 귀하게 여기고 무용을 천시하며, 그 백성들은 먹고 마시기만 좋아하고 농사를 싫어하게 된다. 이때에 재용은 결핍되고 먹고 마실 양식, 땔감과 채소는 궁핍해진다. 임금이 점점 잔악하고 가혹해지며 요역을 면해 주지 않을수록, 아래 백성들은 점점 잔악하여 명령을 따르지 않으며, 임금과 백성들은 서로 압박하여 자유롭지 못하니, 화합하여 같아질 수 없다. 따라서 임금은 거처하기 불안하며 활동해도 위엄이 서지 않으며, 전쟁하면 패하고 방어해도 굳건하지 않다. 이 때문에 작게는 군대가 깨지고 국토가 작아지며, 크게는 임금 자신이 죽게 되고 나라가 멸망한다. 따라서 이것으로 보면, (임금이) 정치하는 데 신중하지 않을 수 없다.

古之聖王所以取明名[1]廣譽, 厚功大業, 顯於天下, 不忘於後世, 非得人者未之嘗聞. 暴王之所以失國家, 危社稷, 覆宗廟, 滅於天下, 非失人者未之嘗聞. 今有土之君, 皆處欲安, 動欲威, 戰欲勝, 守欲固, 大者欲王天下, 小者欲霸諸侯, 而不務得人. 是以小者兵挫而地削, 大者身死而國亡. 故曰: 人, 不可不務也, 此天下之極也. 曰:[2] 然則得人之道, 莫如利之. 利之之道, 莫如教之以政. 故善爲政者, 田疇墾而國邑實, 朝廷閒而官府治, 公法行而私曲止, 倉廩實而囹圄空, 賢人進而姦民退. 其君子上中正而下諂諛,

1 『淮南子』, 「說林」 편의 주석에, 明은 盛과 같다고 했다.

2 黎翔鳳에 의하면, 『古書疑義擧例』에서 '自問自答하는 말이 아닌데, 중간에 또 曰 자를 삽입했다면, 다른 사실을 구별하는 말이다'라고 했다.

其士民貴武勇而賤得利, 其庶人好耕農而惡飮食. 於是財用足而飮食薪菜饒. 是故上必寬裕而有解舍,[3] 下必聽從而不疾怨, 上下和同而有禮義. 故處安而動威, 戰勝而守固, 是以一戰而正諸侯. 不能爲政者, 田疇荒而國邑虛, 朝廷兇而官府亂, 公法廢而私曲行, 倉廩虛而囹圄實, 賢人退而姦民進. 其君子上諂諛而下中正, 其士民貴得利而賤武勇, 其庶人好飮食而惡耕農. 於是財用匱而食飮薪菜乏. 上彌殘苟[4]而無解舍, 下愈覆鷙[5]而不聽從, 上下交引[6]而不和同, 故處不安而動不威, 戰不勝而守不固. 是以小者兵挫而地削, 大者身死而國亡. 故以此觀之, 則政不可不愼也.

덕에는 6가지 발흥시킬 점이 있고, 의리에는 7가지 내용이 있고, 예禮에는 8가지 관철 사항이 있고, 법령에는 5가지 임무가 있고, 권변權變에는 3가지 방도가 있다. 이른바 6가지 발흥시킬 점은 무엇인가? 말한다. ① 전답을 개간하고, 제사 지내는 곳과 주택을 좋게 하고, 심고 가꾸기를 잘하며, 선비와 백성은 근면하며, 농사에 힘쓰며, 담과 집을 수리하는 것, 이것이 삶을 윤택하게 하는 것이다. ② 남이 보지 못한 이점을 찾아내고, 저축한 물자를 운수하고, 도로를 정비하고, 관문과 시장을 편케 하고, 보내고 맞아들임에 신중한 것, 이것이 재원을 운송하는 것이다. ③ 막힌 물을 터주고, 도랑을 좋게 하고, 물을 돌게 하는 모래톱을 터주고, 진흙이 쌓여 막힌 곳을 터서, 막힌 곳을 터주고, 나루나 다리로 배를 끄는 것, 이것이 백성들에게 이익을 주는 것이다. ④ 토지세를 낮추고, 세금을 가볍게 취하고, 형벌을 이완하고, 작은 잘못은 용서하는 것, 이것이 정치를 관대히 함이다. ⑤ 웃어른과 늙은이를 양육하고, 어린애와 고아에게 자비하며, 홀아비와 과부를 긍휼히 여기며, 병들고 아픈 이를 위문하고, 화禍와 상喪을 당한 이들을 조문하는 것, 이것이 긴급한 자를 구제하는 것이다. ⑥ 얼고 추운 자에게 옷을 입히고, 굶고 목마른 자에게 먹을 것을 주며, 빈한한 자를 구제하고, 피폐한 가정을 진작시키며, 재정 파탄한 자를 도와주는 일, 이것이 궁핍한 이들을 진작시키는 것이다. 무릇 이 6가지가 덕정을 일으키는 것이다.

3 孫蜀丞에 의하면, 解舍는 弛舍의 뜻이니, 요역을 면해 줌의 뜻이다.
4 劉績에 의하면, 苟(구차하다)는 苛(가혹하다)의 오기다.
5 劉績에 의하면, 覆은 愎이며, 鷙 또한 很(잔악하다)의 뜻이다.
6 黎翔鳳에 의하면, 引은 牽制(서로 압박하여 자유롭게 못하다)의 뜻이다.

이 6가지 정책이 반포되면, 백성들이 원하는 바를 다 얻는 것이리라! 무릇 백성이란 반드시 그들이 원하는 것을 얻고, 그다음에 임금에게 순종한다. 임금에게 순종한 다음에 정치는 잘될 수 있다. 따라서 말한다. "덕정은 일으키지 않으면 안 된다." 그런데 백성들이 덕정은 알지만, 그들의 의무는 모른다면, 분명한 행동으로 의무를 따르게 해야 한다. 의무에는 7가지가 있다. 그 7가지가 무엇인가? 그것은 이렇다. ① 효도하고 우애하며 자비와 베풀어줌으로 부모를 봉양하고 ② 공경하고 충성과 신의로 임금을 받들고 ③ 공정하고 정직하며 화순함으로 예절을 실행하고 ④ 정숙하고 장엄하여 자신을 굽힘으로 형벌과 살육을 피하고 ⑤ 작은 것을 절약하고 비용을 줄여서 기근에 대비하고 ⑥ 충직하고 진실하여 (나라의) 화란에 대비하고 ⑦ (서로) 화목하고 단결하여 외적을 대비한다.

무릇 이 7가지가 의무의 요체다. 무릇 백성들은 반드시 의무를 이해한 다음에 공평하고 정직해지며, 공평 정직한 다음에 조화를 하고, 서로 조화로운 다음에 편안히 거처할 수 있고, 편안히 거처한 다음에 위세를 발동할 수 있고, 위세를 발동해야 전투에서 승리하고, 방비를 튼튼히 할 수 있다. 그러므로 말한다. "의무를 실행하지 않을 수 없다." 이렇게 말한다. 백성들이 의무는 알지만, 아직 예절을 모른다면, 8가지 도리로 그들을 정비시킨 연후에, 예절로 그들을 지도한다. 이른바 8가지 도리란 무엇인가? 말한다. "윗사람과 아랫사람 사이에 의리가 있고, 귀한 자와 천한 자 사이에 구분이 있고, 어른과 아이들 사이에 등차가 있고, 가난한 이와 부유한 이들 사이에는 한도限度가 있다."

무릇 이 8가지는 예의의 상도다. 따라서 윗사람과 아랫사람 사이에 의리가 없다면 혼란이 오고, 귀한 자와 천한 자 사이에 구분이 없으면 싸우게 되고, 어른과 아이들 사이에 등차가 없다면 (서로) 배반하게 되며, 가난한 이들과 부유한 이들 사이에 한도가 없게 되면 과오를 범하게 된다. 윗사람들과 아랫사람들이 혼란하고, 귀한 이와 천한 자들이 다투고, 어른과 아이들이 배반하며, 가난한 이들과 부유한 이들이 과오를 범하는데, 나라가 혼란하지 않는 일은, 일찍이 들어본 적이 없다. 이렇기 때문에 성왕들은 이 8가지 방도를 정비함으로써, 그 백성들을 이끌었다. 이 8가지 방도가 의미를 갖게 되면, 임금은 공평 정직하여 사사로움이 없게 되고, 신하들은 충직하고 신뢰할 수 있어 파당을 짓지 않고, 아비가 된 자들은 사랑과 베풀어 줌으로 (자식들을) 가르치고, 자식이 된 이들은 효와 우애로 (부모를) 공경하고, 형이 된 이들은 넉넉한 여유로 (동생들을) 가르치고, 동생 된 이들은 화순하여 (형들을) 공경하며, 남편 된 이들은 착실하여 (부부 관계가) 굳건하고, 아내 된 이는 정절로 권면한다. 이렇게 되면, 아랫사람들이 윗사람들을 배반하지 않고, 신하가 임금을 시해하지 않으며, 천한 이가 귀인들을 넘보지 않고, 젊은이가 어른들을 능멸하지 않고, 먼 친척이 친한 이들을 이간하지 못하며, 신참들이 오랜 친구들을 갈라놓지 못하며, 작은 것이 큰 것을 가해할 수 없고, 부정한 자들이 올바른 이들을 깨트릴 수 없다.

무릇 이 8가지는 예의의 상도다. 따라서 말한다. "예의를 부지런히 행하지 않을 수 없다." "백성들이 예의는 알지만, 아직 의무 사항을 모른다 하면, 그런 다음에는 법을 공포하여 힘을 쓰게 한다."

德有六興, 義有七體, 禮有八經, 法有五務, 權有三度. 所謂六興者何? 曰: 辟田疇, 利壇[7]宅, 修[8]樹蓺, 勸士民, 勉稼穡, 修牆屋, 此謂厚其生. 發伏利,[9] 輸墆[10]積, 修道途, 便關市, 愼將宿,[11] 此謂輸之以財. 導水潦, 利陂溝, 決潘渚,[12] 潰泥滯, 通鬱閉, 愼[13]津梁, 此謂遺之以利. 薄徵斂, 輕征賦, 弛刑罰, 赦罪戾, 宥小過, 此謂寬其政. 養長老, 慈幼孤, 恤鰥寡, 問疾病, 吊禍喪, 此謂匡其急. 衣凍寒, 食饑渴, 匡貧窶, 振罷露, 資乏絶, 此謂振其窮. 凡此六者, 德之興也. 六者卽布, 則民之所欲無不得矣. 夫民必得其所欲, 然後聽上, 聽上然後政可善爲也. 故曰: "德不可不興也." 曰: "民知德矣, 而未知義, 然後明行以導之義." 義有七體. 七體者何? 曰: "孝悌慈惠以養親戚, 恭敬忠信以事君上, 中正比宜[14]以行禮節, 整齊撙詘[15]以辟刑僇, 纖嗇省用以備饑饉, 敦懞純固以備禍亂, 和協輯睦以備寇戎." 凡此七者, 義之體也. 夫民必知義然後中正, 中正然後和調, 和調乃能處安, 處安

7 黎翔鳳에 의하면, 壇은 祭場, 제사 지내는 장소다.

8 黎翔鳳에 의하면, 修는 治의 뜻이다.

9 趙用賢(1535~1596)에 의하면, 伏利는 '남이 아직 찾지 못한 이점'의 뜻이다.

10 丁士涵에 의하면, 墆는 滯(막히다) 자이고, 『史記』에는 蹛(쌓다, 저축하다)로 되어 있다.

11 金廷桂(19세기)에 의하면, 將은 送(보내다)이고, 宿은 速과 통하니, 將宿은 送迎(보내고 맞아들임)의 의미다.

12 黎翔鳳에 의하면, 작은 모래톱이 渚(모래섬)이고, 그것이 堵(막다)水, 물길을 막으면, 물이 빙빙 돌기 때문에, 그것을 마땅히 터주어야 함으로 읽었다.

13 黎翔鳳에 의하면, 愼은 원래 引(줄로 끌다), 즉 '새끼줄로 배를 끌어 사람을 건네 주다'의 뜻이다.

14 湯孝純에 의하면, 比宜는 和順함이다. 『新譯管子讀本』(上), 132頁, 注3.

15 湯孝純에 의하면, 詘은 屈(굽히다)과 통하니, 屈己退讓(자신을 굽혀 물러나 양보함)의 뜻이다. 上同, 注3.

然後動威, 動威乃可以戰勝而守固. 故曰: "義不可不行也." 曰: "民知義矣, 而未知禮, 然後飾[16]八經以導之禮." 所謂八經者何? 曰: "上下有義, 貴賤有分, 長幼有等, 貧富有度. 凡此八者, 禮之經也." 故上下無義則亂, 貴賤無分則爭, 長幼無等則倍, 貧富無度則失.[17] 上下亂, 貴賤爭, 長幼倍, 貧富失, 而國不亂者, 未之嘗聞也. 是故聖王飭此八禮, 以導其民. 八者各得其義, 則爲人君者中正而無私, 爲人臣者忠信而不黨, 爲人父者慈惠以敎, 爲人子者孝悌以肅, 爲人兄者寬裕以誨, 爲人弟者比[18]順以敬, 爲人夫者敦懞以固, 爲人妻者勸勉以貞. 夫然, 則下不倍上, 臣不殺君, 賤不踰貴, 少不陵長, 遠不間親, 新不間舊, 小不加大, 淫不破義. 凡此八者, 禮之經也 故曰: "禮不可不謹也." 曰: "民知禮矣, 而未知務, 然後布法以任力."

힘을 쓰는 데는 5가지 의무 사항이 있다. (그러면) 5가지 의무 사항이 무엇이냐? "임금이 신하를 선택하여 벼슬을 주고, 귀족들이 관직을 맡아 일 처리하고, 관을 맡은 우두머리들이 일을 맡아서 관직을 지키면, 선비들은 수신하여 재능을 이루고, 서민들을 농사지어 (작물을) 심고 기른다"라고 말한다. 임금이 신하를 선택하여 벼슬을 주면 일이 번잡하지 않고, 귀족들이 관직을 맡아 일을 처리하면 시행하는 일이 때에 맞고, 관직을 맡은 우두머리들이 일을 맡아서 관직을 지키면 활동이 조화롭게 되고, 선비들이 수신하여 재능을 이루면 현량들이 발탁되고, 서민들이 농사짓고 (작물들을) 심고 기르면 재용이 풍족하게 된다. 따라서 말한다. "무릇 이 다섯 가지는 힘써야 할 책무다." 백성들이 반드시 의무를 이해한 다음에 마음이 하나가 되며, 마음이 하나 된 다음에 의지가 집중되고, 마음이 하나 되어 의지가 집중된 다음에 한 일들이 볼 만하게 된다. 따라서 말한다. "힘을 쓰지 않을 수 없다." "백성들이 힘을 다해 달려갈 곳을 알지만, 아직 권도權道를 모른다"라고 말하면, 그다음에는 세 번 숙고하여 행동한다. 이른바 '세 번 숙고함'이 무엇인가? "위로 하늘의 상서祥瑞로움을 살펴보고, 아래로 토질이 적절한가를 살펴보고, 가운데로 사람들이 화순한지를 살펴봄"이니, 이것이 이른바 삼탁三度이다. 따라서 말한다. "하늘의 시운이 상서롭지 못하면, 수해나 가뭄이 있고, 땅의 도리가 적절치 못하면 기근이 들고, 사

16 湯孝純에 의하면, 飾(꾸미다)는 飭(정비하다)과 통한다. 上同, 135頁, 注1.

17 兪樾에 의하면, 失은 마땅히 軼(잘못, 과오)로 읽어야 한다.

18 尹知章의 주석에 의하면, 比는 和(화합하다)의 뜻이다.

람의 도리가 순조롭지 않으면 불화와 난리가 난다." 이들 3가지가 오면, 불러와야 할 정치는 이러하다. "시절을 잘 살펴서 거사를 하고, 거사에 백성을 동원하고, 백성으로 나라를 움직이고, 나라로 천하를 움직이는데, 천하가 움직였다면, 공명功名은 이룰 수 있다." 따라서 백성들이 반드시 알아야 하고, 그다음 거사에 성공할 수 있으니, 거사에 성공하면 백성들은 화목해지고, 백성들이 화목하면 공명은 성립할 수 있을 것이다. 따라서 말한다. "권도는 헤아려 보지 않을 수 없다."

任力有五務. 五務者何? 曰: 君擇臣而任官, 大夫任官辯[19]事, 官長任事守職, 士修身功材,[20] 庶人耕農樹藝. 君擇臣而任官, 則事不煩亂; 大夫任官辯事, 則擧措時; 官長任事守職, 則動作和; 士修身功材, 則賢良發; 庶人耕農樹藝, 則財用足. 故曰: "凡此五者, 力之務也." 夫民必知務然後心一, 心一然後意專, 心一而意專, 然後功足觀也. 故曰: "力不可不務也." 曰: "民知務矣,[21] 而未知權, 然後考三度以動之." 所謂三度者何? 曰: "上度之天祥, 下度之地宜, 中度之人順, 此所謂三度." 故曰: "天時不祥, 則有水旱; 地道不宜, 則有饑饉; 人道不順, 則有禍亂." 此三者之來也, 政召之. 曰: "審時以擧事, 以事動民, 以民動國, 以國動天下, 天下動然後功名可成也." 故民必知權然後擧錯得, 擧錯得則民和輯, 民和輯則功名立矣. 故曰: "權不可不度也."

이 5가지 조치가 일단 반포된, 이후에 나쁜 백성들을 쫓아내고, 사기치고 거짓 행위 하는 자들을 조사하고, 참소하고 나쁜 짓 하는 자들을 제거하고, 음란한 말은 듣지 않고, 나쁜 물건은 만들지 않았다. 만약 백성이 음란한 행위와 나쁜 품성이 있어서, 음란한 말을 지어내고, 나쁜 물건을 제조하여, 위로 임금께 아첨하고 아래로 백성들을 유혹하여, 국정을 흔들고 민중을 동원하여, 백성들의 의무를 해친다면, 그 형벌은 사형이거나 유배다. 따라서 말한다. "무릇 임금이 안으로 백성을 잃고, 밖으로 제후들을 잃으며, 군사가 깨지고 영토가 깎이며, 명성은 낮아지고 나라가 파괴되어, 사직이 망하여 전복되고, 자기 몸이 위태롭게 된 것이, 아첨과 음탕함에서 생겨난 것이 아니라는 말은 일찍이 들어본 적이 없다." 무엇으로 일이 그렇게 된다는 것을 알 수 있는

19 王念孫에 의하면, 辯은 治(관리하다)의 뜻이다.
20 王念孫에 의하면, 功은 成(이룬다)의 뜻이다.
21 黎翔鳳에 의하면, 務는 趣(달리다, 향하다)의 뜻이니, 務는 '힘을 다하여 달려감'의 뜻이다.

가? 말한다. "음란한 목소리는 귀를 아첨시키고, 음란한 볼거리는 눈을 아첨시킨다. 귀와 눈이 좋아하는 것은 마음을 아첨시키며, 마음이 좋아하는 것은 백성들을 상傷하게 한다. 백성들이 상했는데 (임금의) 몸이 위태롭지 않다는 것은, 일찍이 들어본 적이 없다." 말한다. "흙구덩이 빈 곳을 채우고, 전답을 개간하고, 담과 집을 수리하면, 나라가 부유해진다. 먹고 마실 것을 절제하고, 입는 옷을 절약하면, 재용이 풍족하게 된다. 현명하고 좋은 인재를 천거하고, 공들여 수고하는 일에 힘쓰며, 덕과 은택을 베풀면, 좋은 인재가 출세하게 된다. 간사한 무리를 내쫓고, 사기와 거짓을 따져 묻고, 참소와 사특함을 제거하면, 간사한 무리들이 멈추게 된다. 굶주림에 대비하고, 재해를 구제하며, 피폐한 사람들을 진작시켜 주면, 나라가 안정된다." ① 영명한 왕의 책무는 농사[생산업]의 강화와 무용한 일을 제거함에 있으니, 그런 뒤에 백성들을 부유하게 할 수 있다. ② 현명한 인재를 논의하고, 유능한 이를 기용하면, 백성들을 다스릴 수 있다. ③ 세금을 경감하고, 백성들에게 가혹하지 않으며, 진실과 사랑으로 대한다면, 백성들과 친해질 수 있다. 이 3가지는, 패자霸者의 할 일이다. 농사[생산업]가 근본이요, 인의의 정치가 요점이다. 지금 기술자[工]들이 기교에만 매달려서, 백성들이 쓸 물건이 부족한 것은, 임금이 기호품을 좋아하기 때문이다. 농사꾼이 수고하나, 세상이 굶주리는 것은, 임금이 진귀한 것만 좋아하여, (음식이 임금) 앞에 사방 한 길이[丈] 싸였기 때문이다. 여자들이 기교에만 매달려도, 세상이 추위를 느끼는 것은, 임금이 (화려한) 무늬와 자수를 열광하기 때문이다. 이 때문에, (멋쟁이의) 널따란 혁대를 잘라 버리고, 긴소매도 잡아당기고, 화려한 자수는 염색해 버리고, 조각품들은 녹여 버렸으며, 조각한 쇠나 옥돌은 밋밋하게 뭉겨 버렸다. 관문에서 (잘) 살펴보고 세금은 징수하지 않았으며, 시장의 물건을 쌓아 둔 곳도 세금을 부과하지 않았다. 옛날의 좋은 기술자들은, 교묘한 것을 만들 줄 알아도 기호품을 만드는 데 수고하지 않았다. 이 때문에 소용없는 물건이라도, 법을 집행하는 이는 그대로 내버려두지 않았다.

故曰:[22] 五經既布, 然後逐姦民, 詰詐僞, 屛讒慝, 而毋聽淫辭, 毋作淫巧.

22 黎翔鳳에 의하면, 故曰은 古語이지, 衍文이 아니다.

若民有淫行邪性, 樹爲淫辭, 作爲淫巧, 以上諂君上, 而下惑百姓, 移國動衆, 以害民務者, 其刑死流. 故曰: "凡人君之所以內失百姓, 外失諸侯, 兵挫而地削, 名卑而國虧, 社稷滅覆, 身體危殆, 非生於諂淫者, 未之嘗聞也." 何以知其然也? 曰: "淫聲諂耳, 淫觀諂目. 耳目之所好諂心, 心之所好傷民, 民傷而身不危者, 未之嘗聞也." 曰: "實壙[23]虛, 墾田疇, 修牆屋, 則國家富. 節飮食, 撙衣服, 則財用足. 擧賢良, 務功勞, 布德惠, 則賢人進. 逐姦人, 詰詐僞, 去讒慝, 則姦人止." 修[24]饑饉, 救災害, 振罷露, 則國家定. 明王之務, 在於强本事, 去無用, 然後民可使富. 論賢人, 用有能, 而民可使治. 薄稅斂, 毋苟于民, 待以忠愛, 而民可使親. 三者, 霸王之事也. 事有本, 而仁義其要也. 今工以巧矣, 而民不足於備用者, 其悅在玩好. 農以勞矣, 而天下饑者, 其悅在珍怪, 方丈陳於前. 女以巧矣, 而天下寒者, 其悅在文繡. 是故博帶梨,[25] 大袂列,[26] 文繡染, 刻鏤削, 雕琢采.[27] 關幾[28]而不征, 市鄽而不稅. 古之良工, 不勞其知巧以爲玩好. 是故無用之物, 守法者不失.[29]

23 黎翔鳳에 의하면, 『說文解字』에 '壙은 흙을 파낸 구멍이요, 또한 크다'라고 하였다고 말한다.
24 兪樾에 의하면, 修는 備 자의 오기다.
25 黎翔鳳에 의하면, 梨는 剺(베다) 자와 통한다.
26 黎翔鳳에 의하면, 列은 挈(잡아당기다)의 뜻이다.
27 湯孝純에 의하면, 采는 平(평평히 하다)의 오자다. 上同,140~141頁, 注10 참조.
28 尹知章의 주석에 의하면, 幾는 察(살피다)의 뜻이다.
29 黎翔鳳에 의하면, 失은 縱失(내버려두어 없어지게 한다)의 뜻이다.

주합 宙合

우주

주宙는 고왕금래古往今來, 옛날부터 지금까지의 시간을 말하고, 합合은 천지와 사방(동, 서, 남과 북)을 말한다. 주합은 우주의 시공을 말하며, 삼라만상을 포괄한다. 본 편은 앞부분이 경經으로 격언체로 씌었고, 뒷부분은 해解로써, 장章을 나누어 경문에 대한 축자 해석을 하고 있다. 내용은 천시天時, 지리地利, 군신간의 도리, 인재 임용, 제법制法과 수덕修德 등 언급하지 않은 것이 거의 없다. 그래서 편명을 주합宙合이라고 하였다.

(경문經文): "왼쪽(임금)이 다섯 음[궁宮, 상商, 각角, 치徵, 우羽]을 조율하면, 오른쪽(신하들)은 다섯 맛(달다[甛], 시다[酸], 쓰다[苦], 맵다[辣]와 짜다[鹹])으로 조리한다. (임금은) 먹줄[繩], 수평기[准], 갈고리[鉤] (표준 규칙들) 등을 가지고, 컴퍼스나 굴대[軸] 같은 많은 장치를 갖추었으니, 다 발전하여 크게 완성되었으며, 이는 (임금의) 시기와 위덕이 교묘히 합치하는 것이리라! 봄에 새로 난 채소를 캐어 먹고, 가을에 열매를 채집케 하고, 여름에 음지에 쉬게 하고, 겨울에 양지에 살게 하니, 이렇게 큰 현인의 덕은 자라난다. 현명하면 철리가 생기고, 철리가 나면 현명해지며, 왕성하고 나면 쇠락해지니, 현명한 철리에서 크게 행사할 일이 나온다. 싫더라도 화내지 말고, 원한이 있어도 말하지 말며, 원하는 것이 있어도 가볍게 (남과) 계획하지 말라. 심사숙려하는 태도는 마치 깨어 있는 채로 잠을 자는 것과 같고, 어둠 속에서 광명을 찾는 것과 같으니, (요임금의 아들) 오敖가 (아버지) 요堯임금 앞에 있는 것처럼 경계한다. 교묘한 말과 영색하는 사람을 찾지 말며, 아첨하는 사람을 기르지 말며, 흉포한 사람을 키우지 말며, 아랫사람들의 헐뜯는 말을 듣지 말라! (인재 등용에) 시비의 표준이 없다면, (명성이) 커도, 장차 패망할 것이다. (임금은) 자기 생각대로 처리하면 안 된다. (임금은) 많은 새가 날아가는 방향을 표준으로 삼아야 한다. (임금의) 마음에는 기가 충만하고 감각기

관은 균형 잡혀서, 쉬운 정치로 백성들을 이롭게 해야 한다. 위험한 일은 하지 말고, 가까운 데서 이익을 취하지 말아야, 근심을 멀리할 수 있다. 높은 자리에 있으면서, 그 높은 곳에서 떨어지기라도 한다면, 아무도 구해 줄 사람이 없다. 낮은 곳이면 낮게, 깊은 곳이면 깊게, 뜰 만하면 뜨고, 가라앉을 만하면 가라앉고, 굽은 곳에는 굽게, 곧은 곳이면 곧게, 말해야 할 때는 말하고, 침묵해야 하면 침묵해야 한다. 하늘은 하나의 계절만이 아니고, 땅은 한 가지 이점에 국한하지 않고, 사람이 하는 일은 한 가지 일만이 아니다. 너의 시선을 바르게 하고, 네가 할 일을 확정하고, 너의 족적을 깊이 하라! 천지에 한 번은 어렵고 한 번은 쉬운 것은, 마치 북에 막대가 있어, 막대기로 치면 '땡' 소리가 나는 것과 같다. 천지는 만물을 담는 주머니요, 우주[宙合]는 천지를 담는 주머니다."

"左操五音, 右執五味. 懷繩與准鉤, 多備規軸, 減溜[1]大成, 是唯時德之節.[2] 春采生, 秋采蓏, 夏處陰, 冬處陽, 大賢之德長. 明乃哲, 哲乃明, 奮乃苓,[3] 明哲乃大行. 毒[4]而無怒, 怨而無言, 欲而無謀. 大揆度[5]儀, 若覺卧, 若晦明, 若敖之在堯也. 毋訪于佞, 毋蓄于諂, 毋育于凶, 毋監[6]于讒. 不正,[7] 廣, 其[8]荒. 不用其區區.[9] 鳥飛准繩. 讂充[10]末衡, 易政利民. 毋犯其凶, 毋邇其求, 而遠其憂. 高爲其居, 危顚莫之救. 可淺可深, 可浮可沈, 可曲可直, 可言可黙. 天不一時, 地不一利, 人不一事. 可正而[11]視, 定而履,[12] 深而迹.

1 湯孝純에 의하면, 減은 咸(다, 모두)의 뜻이고, 溜는 發의 뜻이며, 大成은 大全의 뜻이니, 減溜大成은 '다 발전하여 크게 완비됨'을 말한다. 『新譯管子讀本』(上), 144頁, 注3 참조.

2 節은 符節(신표의 마디)이니, '唯時德之節'은 時機와 威德이, 신표의 마디처럼, 서로 교묘히 맞음의 뜻이다. 上同, 注4 참조.

3 黎翔鳳에 의하면, 苓(씀바귀)은 零落(시들다)의 零이다.

4 湯孝純에 의하면, 毒은 厭惡(싫어하다)의 뜻이다. 『廣雅』, 「釋詁」에 '毒은 惡이다'라고 말한다. 上同, 146頁 , 注1 참조.

5 趙守正에 의하면, 揆度은 謀劃(계책을 꾸미다), 思考(생각한다)의 뜻이며, 儀는 의태儀態, 즉 태도다. 大揆度儀는 심사숙려하는 태도다. 『管子通解』(上), 136頁, 注12 참조.

6 黎翔鳳에 의하면, 監은 闞(내려다보다)과 통하니, 闞은 '아랫사람을 내려봄'의 뜻이니, '毋監於讒'은 '아랫것들의 讒言(헐뜯는 말)을 듣지 않음'의 뜻이다.

7 湯孝純에 의하면, 正은 과녁의 중심이니, 시비의 표준의 뜻이다. 『新譯管子讀本』(上), 146頁, 注7 참조.

8 其는 '장차 …일 것이다'의 뜻이다. 上同, 注8 참조.

9 其區區는 '임금은 자기 생각대로 처리하면 안 됨'의 뜻이다. 上同, 147頁, 注1 참조.

10 黎翔鳳에 의하면, 敻(멀다)과 讂(추구하다)은 같은 뜻이니, 옛사람은 '以心爲氣之充'으로 생각했으니, 讂充은 心에 기가 충만함을 말한다.

11 而는 爾(너)와 통한다.

12 履는 '할 일'의 뜻이다.

夫天地一險一易, 若鼓之有椁, 擿擋則擊.[13] 天地萬物之橐, 宙合有橐天地."

(경문:) "왼쪽(임금)이 오음五音을 조절하면, 오른쪽(신하들)은 오미五味로 조리한다."

"左操五音, 右執五味."

이것은 군신의 직분을 말한 것이다.

此言君臣之分也.

임금이 명령을 내리는 것은, 쉽기 때문에 왼쪽에 서고, 신하들이 힘쓰는 일을 맡아서 수고하기 때문에, 오른쪽에 선다. 5음은 소리가 같지 않으나 조화할 수 있다. 이것은 임금이 명령을 내는 데 허망虛妄이 없어서, 순통하지 않음이 없으니, 순조롭게 (임금의) 명령이 행해지고 정치가 이루어짐을 말한 것이다. 5가지 맛이 다르지만 조화할 수 있다. 이것은 신하들이 일을 맡아서 힘씀에 허망함이 없고, 이루지 못할 것이 없으니, 힘쓸 일과 재부가 많다는 것이다. 따라서 임금이 명령을 내려서, 자기 나라를 바르게 하는 데 자기의 사욕을 이룰 수 없으니, 오로지 그것을 사랑하여 자기의 사욕만을 이룰 수 없다. 왕이 시정을 베풀어 줌에 사욕이 없으니, 천하가 복종할 것이로다! 신하들이 책임을 맡으면, 함께 충성하고 사리를 다투지 않고, 자기 할 일을 잃지 않으니 허명을 탐하지 않으며, 합심하여 존경하고 질투가 없으니, 백성들은 화합하고 근면하다. 임금이 음을 잃으면 (즉 정치를 잘못하면) 음양이 조화를 잃으니, 풍류는 반드시 유폐流弊되고, 유폐되면, 혼란과 패망이 따른다. 신하들이 맛을 버리면, 백성들을 양육하지 않게 되고, 백성들이 양육되지 않으면 민중은 흩어져 도망가게 된다. 임금과 신하들이 각자 자기 직분을 다하면 나라는 편안해질 것이니, 따라서 '큰 덕'이라 한다.

13 洪頤煊(1765~1837)에 의하면, 椁(문배나무)은 마땅히 桴(장구의 막대)이며, '擿擋則擊'의 어순은 마땅히 '擿擊則擋'(擋은 鐺['땡' 하는 소리]과 통함)이다.

君出令佚, 故立于左; 臣任力勞, 故立于右. 夫五音不同聲而能調, 此言君之所出令無妄也, 而無所不順, 順而令行政成. 五味不同物而能和 . 此言臣之所任力無妄也, 而無所不得, 得而力務財多. 故君出令, 正其國而無齊[14]其欲, 一其愛而無獨與是.[15] 王施而無私, 則海內來賓[16]矣. 臣任力, 同其忠而無爭其利, 不失其事而無有其名, 分敬[17]而無妬, 則夫婦[18]和勉矣. 君失音則風律必流,[19] 流則亂敗. 臣離味則百姓不養, 百姓不養則衆散亡. 君臣各能其分則國寧矣, 故名之曰不[20]德.

(경문:) "(임금은) 먹줄, 수평기와 원그림 쇠(컴퍼스) 등 (표준 규칙들)을 가지고, 컴퍼스나 굴대[軸] 같은 많은 장치를 갖추었으니, 다 발전하여 크게 완성되었으며, 이는 (임금의) 시기와 덕망이 교묘히 합치하는 것이리라!"

"懷繩與准鉤, 多備規軸, 減溜[21]大成, 是唯時德之節."[22]

먹줄은 기울어진 것을 펴서 바르게 하고, 수평기는 높다란 것을 허물어서 평평하게 하며, 갈고리는 시작은 굽으나 결과는 곧게 한다. 이것들은 성군과 재상 제도의 운용이다. (법도가) 상세하여 잘못된 점이 없기 때문에, 여러 공능을 겸비하여 놓치는 점이 없다. 나라는 여전히 그 나라이고, 백성 또한 그 백성인데, 걸·주가 왕이 되면 혼란하여 망하고, 탕·무왕이 다스리면 창성한다. 도리를 창달하여 (백성들을) 가르치고 법을 밝혀 단속하니, 백성들이 선을 일으키는 것이 이렇게 현저한

14 兪樾에 의하면, 齊는 濟(이루다)로 읽어야 한다.
15 張佩綸에 의하면, 與는 마땅히 其로 보아야 하니, '無獨其是'로 읽어야 한다. 여기서 黎翔鳳에 의하면, 是는 日과 正을 따르기 때문에, '자기의 사욕을 억지로 남에게서 구하여, 그것을 취하시 말라!'의 뜻이다.
16 趙守正에 의하면, 賓은 복종, 歸順의 뜻이다. 『管子通解』(上), 138頁, 注6 참조.
17 丁士涵에 의하면, 分敬은 合敬의 뜻이다 .
18 黎翔鳳에 의하면, 夫婦는 백성을 가리킨다.
19 黎翔鳳에 의하면, '임금이 정치를 잘못하면 음양이 조화를 잃는다'라는 뜻이다.
20 丁士涵에 의하면, 不는 마땅히 丕(크다)로 읽어야 한다.
21 湯孝純에 의하면, 減은 咸(다, 모두)의 뜻이고, 溜는 發의 뜻이며, 大成은 大全의 뜻이니, 減溜大成은 '다 발진하여 크게 완비됨'을 말한다. 『新譯管子讀本』(上), 144頁, 注3 참조.
22 節은 符節(신표의 마디)이니, '唯時德之節'은 時機와 威德이, 신표의 마디처럼, 서로 교묘히 맞음의 뜻이다. 上同, 注4 참조.

것은, 탕·무왕의 공이다. 컴퍼스나 굴대 같은 많은 장치를 갖추었다는 것은, 굴대를 갖춘 것이다. 굴대가 많으니, 구멍이 커도 줄어들지 않고, 구멍이 작아도 막히지는 않으니, 마치 족적에서 신발 모형을 찾는 것과 같으므로 어떻게 적합하지 않겠는가? 잘 맞는 것은 잘 갖추어 놓아서, (신발 모형들을) 잘 바꾼 것이다. 이 때문에 결핍될 수 없다. 따라서 가르치는 사람이 (많은) 비유를 취하는 것과 같다. 하늘은 양기를 길러내는데, (그것을) 셀 수 없고, 땅은 만물을 변화시키고 생성하는데, 그 가장자리[邊際]를 알 수 없다. 이른바 옳다고 하면 그른 것이 없고, 그르다면 옳은 것은 없다. 옳고 그름은 또한 반드시 함께 온다. 진실로 옳은 점이 있다고 하면, 반드시 먼저 그것을 살펴보지 않을 수 없고, 반드시 그것을 식별하여 생각해 보지 않을 수 없다. 그러니 갑작스럽게 하면 대비할 수가 없다. 그러므로 성인은 널리 듣고 많이 견문하여, 도리[道]를 길러 사물들을 대하니, 사물이 이르면 모형[型]을 가지고 대하고, 마치 (목수에게) 곱자나 (도공에게) 물레가 있는 것과 같은 것이리라! '감減'은 다함의 뜻이다. '유溜'는 발전[發]의 뜻이다. 세상의 모든 것이, 갖추지 않은 것이 없음을 말한 것이다. 따라서 (경에서) "다 발전하여 크게 이루어졌다"라고 말한다. 성공의 길에는, 반드시 방도가 있으니, 반드시 덕에 주밀하고, 시기를 잘 알아야 한다. 시기와 덕망의 만남은, 성공의 짝이니, 마치 신표가 합치하는 것과 같다. 따라서 말한다. 이것이 (경經에서 말하는) "시기와 덕망이 교묘히 합치하는 것이리라!"

夫繩扶撥以爲正, 准壞險[23]以爲平, 鉤入枉而出直. 此言聖君賢佐之制擧也. 博[24]而不失, 因以備能而無遺. 國猶是國也, 民猶是民也, 桀紂以亂亡, 湯武以治昌. 章道以教, 明法以期,[25] 民之興善也如此, 湯武之功是也. 多備規軸者, 成軸也. 夫成軸之多也, 其處大也不究, 其入小也不塞,[26] 猶迹求履之憲也, 夫焉有不適? 善適善備也, 僊[27]也; 是以無乏. 故諭教者取辟焉. 天湇[28]陽, 無計量; 地化生, 無法崖. 所謂是而無非, 非而無是, 是

23 尹知章의 주석에, '반드시 높다란 것을 허물어서, 그다음에 평평하게 한다'라고 풀었다.

24 趙守正에 의하면, 博은 '전체적으로 자세하다'의 뜻이다. 『管子通解』(上) ,140頁, 注2 참조.

25 湯孝純에 의하면, 期는 期約이다. 『新譯管子讀本』(上), 152頁, 注9 참조.

26 黎翔鳳에 의하면, 軸에는 큰 것과 작은 것 두 종류가 있다. 黃梅는, 究는 縮(줄어들다)으로 보았다. 大軸不縮, 小軸不塞(큰 굴대라도 줄어들지 않고, 작은 굴대라도 막히지 않는다).

27 黎翔鳳에 의하면, 僊은 遷을 假借한 것이다.

28 黎翔鳳에 의하면, 湇은 옛날의 育 자다. 王引之는, 法은 마땅히 泮(물가)이니, 泮厓(가장자

非有[29]必交來. 苟信是, 以有不可先規之,[30] 必有不可識慮之. 然將卒[31]而不戒. 故聖人博聞多見, 畜道以待物, 物至而對形,[32] 曲均[33]存矣. 減, 盡也. 溜, 發也. 言偏環畢,[34] 莫不備得. 故曰: "減溜大成." 成功之術, 必有巨獲,[35] 必周於德, 審於時. 時德之遇, 事之會也, 若合符然. 故曰: 是"唯時德之節."

(경문經文): "봄에 새로 난 채소를 캐어 먹고, 가을에 열매를 채집케 하고, 여름에 음지에 쉬게 하고, 겨울에 양지에 살게 한다."

"春采生, 秋采蓏, 夏處陰, 冬處陽."

이것은 성인의 동정動靜, 열고 닫기, 굴신, 빠르고 느림, 주고받음이 반드시 시기에 따랐음"을 말하는 것이다.

此言聖人之動靜、開闔、詘信、涅儒,[36] 取與之必因於時也.

시기적절하면 활동하고, 시기가 맞지 않으면 가만히 있었다. 이 때문에, 옛날 선비들은 뜻이 있어도 그것을 현양할 수 없으면, 진실로 그 치세의 말씀들을 수렴하여, (가슴속에) 깊이 감추어 두었다. 현인들이 난세에 처하여, 도리가 실현될 수 없음을 알면, 몸을 숨겨서 형벌을 피하거나, 가만히 침묵하면서 화환禍患을 면하였다. 비유하자면, 여름에 시원한 곳으로 가고, 겨울에는 따뜻한 곳으로 가는 것과 같아서, 추위

리)의 뜻이라고 보았다.

29 湯孝純에 의하면, 有는 又(또한)와 통한다. 『新譯管子讀本』(上), 153頁, 注18 참조.

30 丁士涵에 의하면, 以는 必 자의 오기이고, 規는 窺(살피다)의 뜻이며, 慮(생각하다)는 圖(도모하다)의 뜻이다.

31 黎翔鳳에 의하면, 卒은 猝(갑자기)의 뜻이다.

32 形은 型(거푸집, 본보기)의 뜻이다.

33 章炳麟에 의하면, 曲은 曲矩(곱자와 직각자)의 曲(곱자)이고, 均은 陶鈞(도자기 만드는 물레)의 鈞(물레)이다. 曲은 목수가 꼭 가져야 할 기물이고, 鈞은 도공이 반드시 가져야 하는 기물이다.

34 劉師培에 의하면, 畢(모두)은 寓의 오기며, 環寓는 寰宇(天下)의 뜻이다. 偏과 徧은 옛날에는 서로 통했다.

35 黎翔鳳에 의하면, 矩(곱자)의 본자가 巨이고, 獲(얻다)은 마땅히 矱(자, 법도)이다. 巨獲은 矩矱(법도, 방도)을 말한다.

36 金廷桂에 의하면, 涅儒는 涅濡이니, 疾徐(빠르고 느림)의 뜻이다.

와 더위의 재난이 미치지 못하니, 죽는 것이 두려워서 나라에 불충하는 것이 아니다. (신하가) 강열한 간언諫言으로 형벌을 받게 되면, 공훈과 덕택이 주어지지 않았을 뿐더러, 위로 임금의 존엄한 뜻을 손상시키고, 아래로 신하 (자신)의 생명을 해친 결과이니, 이롭지 못함이 정말 심하도다! 따라서 (현신은 조정에서) 물러나도 단정함을 놓지 않고, 공부할 땐 판책을 놓지 않음으로써, 청명한 시대를 기다린다. 그러므로 미자微子는 (은殷나라) 주紂왕의 난국을 피하여, (신흥한 주周나라에 의해) 송宋땅에 봉해져서, 은나라 유민의 군주가 되었다. (은나라) 조상들은 멸망한 것이 아니고, 후손들도 끊어진 것이 아니다. 따라서 (경經에서) 말한다. "큰 현인의 덕은 자라난다."

時則動, 不時則靜. 是以古之士有意而未可陽[37]也, 故愁[38]其治言, 含愁而藏之也. 賢人之處亂世也, 知道之不可行, 則沈抑[39]以辟罰, 靜默以侔[40]免. 辟[41]之也, 猶夏之就清, 冬之就溫焉, 可以無及於寒暑之災矣, 非爲畏死而不忠也. 夫强言以爲僇,[42] 而功澤不加, 進傷爲人君嚴之義, 退害爲人臣者之生, 其爲不利彌甚. 故退身不舍端, 脩業不息版, 以待清明. 故微子不與於紂之難, 而封於宋, 以爲殷主. 先祖不滅, 後世不絶. 故曰: "大賢之德長."

(경문:) "현명하면 철리가 생기고, 철리가 나면 현명해지며, 왕성하고 나면 쇠락해지니, 현명한 철리에서 크게 행사할 일이 나온다."

"明乃哲, 哲乃明, 奮乃苓,[43] 明哲乃大行."

이것은 스스로 아름답고 스스로 왕성旺盛하며 스스로 분투함을 말한 것이다.

37 丁士涵에 의하면, 陽은 揚(현양하다)이다.

38 趙守正에 의하면, 愁(슬퍼하다, 우려하다)는 揫(모으다, 수렴하다)와 같은 뜻이다. 『管子通解』(上), 142頁, 注3 참조.

39 湯孝純에 의하면, 沈抑은 隱伏(숨어 버리다), 謙退(겸양하여 물러나다)의 뜻이다. 『新譯管子讀本』(上), 154頁, 注6 참조.

40 尹知章의 주석에 의하면, 侔는 取의 뜻이다.

41 王念孫에 의하면, 辟 자는 譬(비유하다)의 의미다.

42 욕僇은 戮(형벌을 받다)과 통한다.

43 黎翔鳳에 의하면, 苓(씀바귀)은 零落(시들다)의 零이다.

此言擅美主盛自奮也.

방탕하여 다른 사람들을 능멸하고 압도하니, 사람의 실패는 항상 이런 것들에서 생긴다. 이 때문에 성인들이 서책을 저술하여, 후진들에게 전하여 아뢰었다. "분발[奮]은 왕성이요, 영苓, 즉 영零[零落]은 쇠락이다. 왕성한 뒤에 쇠락하지 않는 것은 아직 없다." 그러므로 도술이 있는 이는 자기 저울대가 (남보다) 평평하다고 보지 않았고, 자기 도량이 꽉 차 있다고 보지 않았고, 자기 음악이 성대하다고 보지 않았고, 자기의 풍도가 지극하다고 보지도 않았다. 벼슬이 높으면 선비들을 공경하였고, 녹봉이 풍부하면 베푸는 데 힘썼으며, 공이 커도 과시하지 않았고, 업적이 많아도 뽐내지 않았다. 명名과 실實은 서로 온축한 지 오래되었다. 이 때문에 외계와 내왕을 절단하면 실만을 취하게 된다. 지혜로운 이는 이 둘을 지킬 수는 없으니, 하나를 취하였다. 그러므로 (경에서) 말한다. "편안하여 근심이 없으며, 싫더라도 화내지 말라." 이것은, 분노하여도 흔적을 남기지 말며, 물을 건너는 데 잠수하여 건너는 방법도 있다는 말이다. (경에서) "말이란 신중히 하지 않을 수 없음"을 말한 것이다. 말은 치밀하지 않으면, 도리어 자기 몸을 해친다. 따라서 (경에서) "원하는 것이 있어도 가볍게 (남과) 계획하지 말라"는 말은, 계획은 누설되면 안 되니, 계획이 누설되면 재앙이 최악임을 말한 것이다. 분노하면서 빨리 일을 이루려고 하면, 잠수하여 건너는 방법도 실패하여 발설되니, 원망의 말이 가볍게 계획을 누설하면, 재앙이 반드시 몸에 미치게 된다. 그러므로 (경에서) 말한다. "싫더라도 화내지 말라, 원한이 있어도 말하지 말라, 원하는 것이 있어도 가볍게 (남과) 계획하지 말라." (경에서) "심사숙려하는 태도는, 마치 깨어 있는 채로 잠을 자는 것과 같고, 어둠 속에서 광명을 찾는 것과 같다"라는 것은, (임금이) 기쁨과 분노를 얼굴에 나타내지 않아 스스로를 막은 것과 같고, 잠자코 침묵하며 도리를 생각하는 것은, 현자에 의지함과 같음을 말한 것이다. 일단 인자하고 좋은 인재가 누군지 알고서, 옳은 일인지 아닌지, 이로운지 해로운지 이치에 통달하는 것은, 마치 어린아이의 미욱함을 깨우치는 일과 같다. 그러므로 (경에서) 말한다. "심사숙려하는 태도는 마치 깨어 있는 채로 잠을 자는 것과 같고, 어둠 속에서 광명을 찾는 것과 같으니, (요임금의 아들) 오敖가 (아버지) 요堯임금 앞에 있는 것처럼 경계한다."

以琅湯凌轢[44]人, 人之敗也常自此. 是故聖人著之簡筴, 傳以告後進曰: 奮盛苓落也. 盛而不落者, 未之有也. 故有道者不平其稱, 不滿其量, 不依[45]其樂, 不致[46]其度. 爵尊則肅[47]士, 祿豐則務施, 功大而不伐, 業明[48]而不矜. 夫名實之相怨[49]久矣, 是故絶而無交.[50] 惠[51]者知其不可兩守, 乃取一焉. 故"安而無憂, 毒[52]而無怒." 此言止忿速, 濟沒法[53]也. "怨而無言," 言不可不愼也. 言不周密, 反傷其身. 故曰: "欲而無謀", 言謀不可以泄, 謀泄災極. 夫行忿速遂, 沒法賊發, 言[54]輕謀泄, 災必及於身. 故曰: "毒而無怒, 怨而無言, 欲而無謀." "大揆度[55]儀, 若覺臥, 若晦明." 言淵色以自詰[56]也, 靜默以審慮, 依賢[57]可用也. 仁良旣明, 通於可不利害之理, 循發蒙[58]也. 故曰: "若覺臥, 若晦明, 若敖之在堯也."

(경에서 말한) "교묘한 말과 영색하는 사람을 찾지 말라!"라는 것은, 영색하는 사람을 쓰지 말라는 말이다. 영색하는 사람을 기용하면 사사로운 행실이 많아진다. (경에서 말한) "아첨하는 사람을 기르지 말라!"

44 丁士涵에 의하면, 琅湯은 放蕩이며, 安井衡에 의하면, 凌(능가하다)은 陵(침범하다)의 뜻이다. 轢은 壓殺하다의 뜻이다.

45 兪樾에 의하면, 依는 殷(성대하다)으로 읽어야 한다.

46 趙守正에 의하면, 致는 至, 즉 至極이라고 보았다. 『管子通解』(上), 143頁, 注5 참조.

47 肅은 恭敬하다의 뜻이다.

48 兪樾에 의하면, 高誘(東漢 시대)의 주석에, '明은 盛이다'라고 했다.

49 黎翔鳳에 의하면, 怨은 蘊(저축하다)으로 읽어야 한다. 蘊은 사적으로 축재함이 없다는 뜻이다.

50 黎翔鳳에 의하면, '絶而無交'는 외계와 왕래를 끊어서, 名을 취하지 않으나, 단지 實을 취함을 말한 것이다.

51 孫星衍에 의하면, 惠와 慧는 서로 통한다.

52 湯孝純에 의하면, 毒은 厭惡(싫어하다)의 뜻이다. 『廣雅』, 「釋詁」에 '毒은 惡이다'라고 말한다. 『新譯管子讀本』(上), 146頁, 注1 참조.

53 黎翔鳳에 의하면, 速은 迹(자취)의 뜻이다. '속에서 분노해도, 밖으로 노출하지 말라'가 止忿迹이다. 濟(물을 건너다)는 '물을 건넘'의 뜻이고, 沒은 잠수하여 건너다의 뜻이다.

54 黎翔鳳에 의하면, 賊은 敗이고, 言은 怨言(원망하는 말)의 뜻이다.

55 趙守正에 의하면, 揆度은 謀劃(계책을 꾸민다), 思考(생각한다)의 뜻이며, 儀는 儀態, 즉 태도다. 大揆度儀는 심사숙려하는 태도다. 『管子通解』(上), 136頁, 注12 참조.

56 黎翔鳳에 의하면, 淵色은 '기쁨과 분노를 얼굴에 나타내지 않는다'의 뜻이고, 詰(힐문하다)은 禁(금하다)와 같은 뜻이다.

57 張佩綸에 의하면, 靜默審慮는 恭默思道(공손히 침묵하며 도리를 생각함)의 뜻이고, 依賢의 依는 倚(의지하다)의 뜻이다.

58 黎翔鳳에 따르면, 어린아이의 몽매함을 깨우쳐 주는 일을 따라서, 옳은지 아닌지, 이로운지 해로운지 이치에 통달함의 뜻이다.

는 것은, 아첨을 듣지 말라는 말이다. 아첨을 들으면 임금을 속이게 된다. (경에서 말한) "흉포한 사람을 키우지 말라!"라는 것은, 흉포한 사람을 쓰지 말라는 것이다. 흉포한 사람을 기용하면 백성을 해치게 된다. (경에서 말한) "아랫사람들의 헐뜯는 말을 듣지 말라!"는 말은, 헐뜯는 말을 하지 말라는 것이다. 헐뜯는 말을 들으면, (임금은 자질 좋은) 선비들을 잃게 된다. 개인적 이득의 추구, 임금을 속임, 백성들을 해침, 인재의 상실, 이 4가지가 실시된다면, 임금의 엄정함을 해치고 정의를 잃게 되는 까닭이다. 임금이 일단 엄정과 정의를 상실하고, 부정으로 명예를 삼고, 신하들이 충성하지 않고 사악한 짓을 하며, 작위와 녹봉을 취하려 줄달음질하여, 세속이 혼란하고 망한 세상에, 그저 편하기만 취하고 안락을 염원한다면, (임금의) 권위가 비록 넓게 퍼졌다 해도, 손상을 받을 수 있다. 따라서 (경에서) 말한다. "(임금이 인재 등용에) 시비의 표준이 없다면, (명성이) 커도, 장차 패망할 것이다." 이 때문에 옛사람들은, (위의 네 가지 폐단으로 가는) 길을 막고, 통로를 폐쇄하고, (자신을) 지키며 눈을 지그시 감고 멀리 보아 수련하였기 때문에, 그것들을 서책에 저술하여 후세 사람들에게 전하여 말하였다. "이 (4가지 폐단으로 생겨난) 원한은 아마도 심각할 것이니, 이 때문에 (임금의) 위세는 다 끝났도다!" (경에서, 임금은) 자기 생각대로 처리하면 안 된다"라는 것은 (마음을) 비우라는 말이다. 사람이 오랫동안 변하지 않을 수 없기에, 따라서 (마음을) 비우라고 말한다. 무릇 서로 어긋나면 움직일 수 없고, 주저하면서 나아갈 수 없으니, 시기를 반드시 잃게 되며, 잃게 되면 망하여 구제할 수 없다. 뜻을 잃은 바름[正]은 화목할 수 없으니, 슬기로운 것이라 할 수 없다. 뜻은 있으나 능력이 없으면, 좋다고 할 수 없다. 성인을 슬기롭다고 찬미하는 것은, 성인들은 변화를 따라 발전하기 때문이다. (성인의 행동이) 깊은 샘의 물처럼 끝이 없고, (또) 은미하고 은약하여 흐름이 퍼지는 것은, 그렇기에 (성인의) 은덕의 흐름이, 만물을 골고루 윤택하게 하는 것이다. 따라서 성인들은 천지(의 조화)에 참여한다고 말한다. (경에서 말한) "(임금은) 많은 새가 날아가는 방향을 표준으로 삼아야 한다." 이것은 위대한 사람[大人]의 의리를 말한 것이다. 무릇 새들이 비상하면, 반드시 산을 돌아서 골짜기에 모인다. 산을 돌지 못하면 곤경에 빠지고, 골짜기에 모이지 않으면 죽게 된다. 산과 골짜기의 위치는, 반드시 바르고 곧을 필요는 없으니, 산모퉁이를 돌아서 골짜기에 모일 때, 구부러진 곳이라면 구부러진 곳일 것이나, (대체적인 방향은) 직선이라 이름할 수 있다. 새들이 북쪽에서 날아올랐다면 남쪽을 생각하여 남쪽에 이르렀고, 남쪽에서 날았다면 북쪽을 생각하여 북쪽에 이르렀다. 대체적인 뜻이 맞았다면, 작은 결점 때문에 마음 상하지 않는다. 따라서 성인들은 이런 것을 찬미하여 책 속에 이렇게 적었다. "천 리 길은 먹줄처럼 곧게 펼 수 없으며, 만 호의 큰 도시는 수평기로 잰 것처럼 평평할 수 없다." 위대한 인물의 행동은, 반드시 앞서서 나갈 필요는 없고, 상도常道를 자세히 살펴서 도의가 성립되는 것이 현명함이라는 말이다. 따라서 임금이 신하를 논할 때도, 이런 도술을 잃어서는 안 된다.

"毋訪于佞," 言毋用佞人也. 用佞人則私多行. "毋蓄于諂," 言毋聽諂. 聽諂則欺上. "毋育于凶," 言毋使暴, 使暴則傷民. "毋監[59]于讒." 言毋聽讒. 聽讒則失士. 夫行私、欺上、傷民、失士, 此四者用, 所以害君義[60]失正也. 夫爲君上者旣失其義正, 而倚[61]以爲名譽, 爲臣者不忠而邪, 以趨爵祿, 亂俗數世, 以偸安懷樂, 雖廣其威可損也. 故曰: "不正[62]廣其[63]荒." 是以古之人阻其路, 塞其遂,[64] 守而物[65]修. 故著之簡筴, 傳以告後世人曰: 其爲怨也深, 是以威盡焉. "不用其區區[66]者" 虛也, 人而無良[67]焉, 故曰虛也. 凡堅解[68]而不動, 陼陻而不行, 其於時必失, 失則廢而不濟. 失植之正而不謬,[69] 不可賢也. 植而無能, 不可善也. 所賢美於聖人者, 以其與變隨化也. 淵泉而不盡, 微約而流施, 是以德之流, 潤澤均加于萬物. 故曰: 聖人參于天地. "鳥飛准繩," 此言大人之義也. 夫鳥之飛也, 必還山集谷, 不還山則困, 不集谷則死. 山與谷之處也, 不必正直, 而還山集谷, 曲則曲矣, 而名

59 黎翔鳳에 의하면, 監은 闞(내려다보다)과 통하니, 闞은 아랫사람을 내려다봄의 뜻이니, '毋監於讒'은 아랫것들의 讒言(헐뜯는 말)을 듣지 않음의 뜻이다.

60 黎翔鳳에 의하면, 害君義는 곧 위 문장에서 말한 '進傷爲人君嚴之義'(나아가 임금 존엄의 뜻을 해침)의 뜻이다.

61 倚는 不正, 기울음의 뜻이다.

62 湯孝純에 의하면, 正은 과녁의 중심이니, 시비의 표준의 뜻이다. 『新譯管子讀本』(上), 146頁, 注7 참조.

63 其는 '장차 …일 것이다'의 뜻이다. 上同, 注8 참조.

64 孫蜀丞에 의하면, 遂는 道(길)이다.

65 黎翔鳳에 의하면, 物은 眑(눈을 가늘게 뜨고 멀리 보다)의 假借다.

66 其區區는 '임금은 자기 생각대로 처리하면, 안 됨'의 뜻이다. 上同, 147頁, 注1 참조.

67 湯孝純에 의하면, 良은 長, 長久의 뜻이다. 上同, 159頁, 注2 참조.

68 郭沫若에 의하면, 堅解는 扞格(서로 저촉되다, 서로 맞지 않는다)의 뜻과 같으니, 尶尬(서로 껄끄럽다)의 뜻이고, 陼陻는 陻陼, 즉 躊躇(머뭇거리다)의 뜻이다.

69 黎翔鳳에 의하면, 植은 志(뜻)와 같고, 謬는 『禮記』에 繆(얽다)로 되어 있으니, 穆(화목하다)과 같다.

縄焉. 以爲鳥起於北, 意南而至於南; 起於南, 意北而至于北. 苟大意得, 不以小缺爲傷. 故聖人美而著之曰: "千里之路, 不可扶以繩. 萬家之都, 不可平以准." 言大人之行, 不必以先, 帝[70]常義立之謂賢. 故爲上者之論其下也, 不可以失此術也.

(경에서 말한) "(임금의) 마음에는 기가 충만하다"라는 말은 마음을 말한 것이며, 마음은 진실하고자 한다.

"讒充",[71] 言心也; 心欲忠.

(경에서 말한) "감각기관은 균형 잡히다"는 (귀와 눈 같은) 감각기관을 말한 것이고, 감각기관은 단정하고자 한다.

"末衡", 言耳目也; 耳目欲端.

(마음)속이 바른 것이, 다스림의 근본이다. 귀는 듣기를 주관하는데, 들으면 들은 것에 반드시 신중해야 한다. 들은 것에 정밀하고 확실한 것이 총명[聰, 밝게 듣다]이다. 눈은 보기를 주관하는데, 보면 본 것에 반드시 신중해야 한다. 본 것이 세밀하면 명백함[明]이다. 마음은 생각을 주관한다. 생각은 반드시 언어에 신중하여, 언어가 정당하면 지식이다. 듣고 보기에 명확하여 지식이 넓고, 넓으면 사리가 명확하기에, 따라서 쉽게 다스릴 수 있다. 다스리기가 쉽고 백성이 이롭다. (백성이) 이로우면 이에 (서로) 권면하고, 권면하게 되면 서로 일러 준다. 듣는데 신중하고 정밀하고 확실치 않으면 총명이 아니다. 정밀하고 확실치도 않고 총명도 아니면 착오다. 보는 것이 세밀하지도 않으며 명확하지도 않다. 세밀하지도 않고 분명하지도 않으면 과오를 범한다. 생각이 (정확한) 지식일 수 없다. 정확한 지식이 아니라면 (지식이) 혼탁한 것이다. 착오와 과오를 저질러 (정신이) 혼탁해지면 우울하다. 우울하면 해침이 심각해지는 까닭이요, 해침이 심각해지는 것은 정치가 험난해

70 黎翔鳳에 의하면, 先은 前進(앞으로 나아감)의 뜻이고, 帝는 審諦(자세히 살핌)의 뜻이다.
71 黎翔鳳에 의하면, 㑴(멀다)과 讒(추구하다)은 같은 뜻이니, 옛사람은 '以心爲氣之充'으로 생각했으니, 讒充은 '마음'에 기가 충만함을 말한다.

지는 까닭이다. 다스림이 험해지면 백성이 손해를 보고, 손해 보면 이에 원망이 생기고, 원망이 생기면 (인심이) 흉흉해진다. 그러므로 (경에서 말한) "마음에 기운이 충만하고 감각기관이 균형 잡힌다"라는 것은, 다스림이 용이하고 백성을 이롭게 함을 말한 것이다.

中正者, 治之本也. 耳司聽, 聽必順[72]聞. 聞審謂之聰. 目司視, 視必順見. 見察謂之明. 心司慮. 慮必順言, 言得謂之知.[73] 聽明以知則博, 博而不惛, 所以易政也. 政易民利. 利乃勸, 勸則告. 聽不愼不審不聰. 不審不聰則繆.[74] 視不察不明. 不察不明則過. 慮不得不知. 不得不知則昏. 繆過以惛則憂. 憂則所以伎苛,[75] 伎苛所以險政. 政險民害, 害乃怨, 怨則凶. 故曰: "謏充末衡," 言易政利民也.

(경에서) "위험한 일은 하지 말라"라는 말은 (임금이) 마음을 바로잡아 신중함을 기르라는 말이다. (경經에서) "가까운 데서 이익을 취하지 말라!"라는 말은, 임금의 실패는 항상 금붙이, 옥, 말[馬], 여자들을 탐욕하면서, 곡식과 쌀, 재물을 (백성들에게) 내주는 데 인색하였다는 말이다. 백성들에게 세금을 많이 추렴하면, 만민은 원망하게 되어 있다. (경에서) "근심을 멀리할 수 있다"는 말은, 임금이 나라를 망하게 한다는 말이다. (임금이) 항상 음악을 가까이 하고, 우아한 미인들을 세워 놓고, 밖으로 말 달리고 사냥하기에 빠지고, 안으로 아름다운 여색과 음탕한 노래에 방종하면, 아랫사람들은 마음이 풀어져 게을러지고, 백관은 모두 단정함을 잃게 되면, 번뇌가 생겨서, 그 나라는 망하게 될 것이로다! (경에서) "높은 자리에 있으면서, 그 높은 곳에서 떨어지면 아무도 구해 줄 사람이 없다." 이 말은, 지위가 높고 큰 사람이 많아서, 화려함으로 남에게 과시하기를 좋아하고, 임금이 성대히 현자로 처신하면서 스스로 잘났다 한다. 따라서 성대함은 반드시 사라지고 잘난 이는 반드시 실패할 것이다. 임금이 일단 성대히 현자로 처신하고, 선비들과 백성들을 부린다면, 나라는 혼란해지고, 만민은 마음속으로 원망하게 되니, 이렇게 되면, 반드시 망한다. 만 길의 (높은) 산에서 굴러 떨어

72 黎翔鳳에 의하면, 順 자는 모두 愼(신중하다)의 뜻이다.

73 知는 智(지식)다.

74 繆(묶다)는 謬(착오)와 통한다.

75 黎翔鳳에 의하면, 伎(재주)는 忮(해치다)와 통한다.

져 깊은 연못에 빠지게 되니, 그렇게 되면 죽어도 구제할 수 없게 됨은 필연이다. 그러므로 (경에서) 말했다. "가까운 데서 이익을 취하지 말아야, 근심을 멀리 할 수 있다. 높은 자리에 있으면서, 그 높은 곳에서 떨어지면 아무도 구해 줄 사람이 없다" (경에서) "낮은 곳이면 낮게, 깊은 곳이면 깊게, 뜰 만하면 뜨고, 가라앉을 만하면 가라앉고, 굽은 곳에는 굽게, 곧은 곳이면 곧게, 말해야 할 때는 말하고, 침묵해야 하면 침묵해야 한다."(라고 말한다.) 이것은 공을 이룰 수 있는 뜻을 보여 줌을 말한 것이다.

"毋犯其凶," 言中正以蓄愼也. "毋邇其求," 言上之敗常貪于金玉馬女, 而吝愛於粟米貨財也.[76] 厚藉斂于百姓, 則萬民懟怨. "遠其憂," 言上之亡其國也. 常邇其樂, 立優美, 而外淫于馳騁田獵, 內縱于美色淫聲, 下乃解怠惰失, 百吏皆失其端, 則煩亂以亡其國家矣. "高爲其居, 危顚莫之救," 此言尊高滿大, 而好矜人以麗, 主盛處賢而自予雄也. 故盛必失而雄必敗. 夫上旣主盛處賢以操士民, 國家煩亂, 萬民心怨, 此其必亡也. 猶自萬仞之山, 播而入深淵, 其死而不振也必矣. 故曰: "毋邇其求, 而遠其憂, 高爲其居, 危顚莫之救也." "可淺可深, 可沈可浮, 可曲可直, 可言可默." 此言指[77]意要功之謂也.

(경에서) 말한다. "하늘은 하나의 계절만이 아니고, 땅은 한 가지 이점에 국한하지 않고, 사람이 하는 일은 한 가지 일만이 아니다." 이 때문에, (사람들의) 직업도 많지 않을 수 없고, 사람들의 명위도 다르지 않을 수 없다. 널리 밝은 사람은, 따라서 하나의 사물에 국한되어 법도를 어길 수 없고, 도리에 널리 통한다. 도는 위로 통하여 끝이 없고, 무궁한 곳을 돌아다니며, 모든 생명에 운용된다. 그렇기 때문에 한 가지 말에 달변하고, 한 가지 정치를 자세히 보고, 한 가지 일을 잘 처리하는 사람은, 부분적 설명은 할 수 있으나, 널리 미치는 일을 할 수 없다. 성인들은 이것으로 말[언어]이 전부 포괄할 수 없음을 알고, 따라서 널리 연구하여 그 뜻을 결산하며, (하나의) 일도 전부를 포괄할 수 없음을 알고, 따라서 부연 설명을 하고서 결과를 비교한다. 한 해에 봄가을과 여름겨울이 있고, 한 달에 상, 중, 하의 순旬[10일]이 있고, 낮에 아침저녁

76 吝는 吝(아끼다)과 같다.
77 黎翔鳳에 의하면, 指(가리키다)는 示(보이다)의 뜻이다.

이 있고, 밤에 황혼과 새벽이 있으며, 가운데 별과 12시진時辰이, 각자 맡은 일이 있다. 그래서 말한다. "하늘은 하나의 계절만이 아니다."

험준한 산과 능선에서, 샘물이 휑하니 흘러내리고, 샘물이 더욱 급히 흐르며 끝이 없으며, 얕은 물은 이어 급히 흐르고 꽉 차지 않으니, 높 낮고 비옥하고 척박한 토지에, 농작물이 적합하다. 그래서 (경에서) 말하였다. "땅은 한 가지 이점에 국한하지 않는다."

향리에는 향속이 있고, 나라에는 국법國法이 있으며, 먹고 마시는 것이 한 가지 같은 맛이 아니며, 의복은 색깔이 다르고, 세상에서 쓰는 기계나, 원자, 곱자, 먹줄, 수평이, 양을 재고 도수를 표시하듯, 항목마다 규정이 있다. 따라서 (경에서) 말했다. "사람이 하는 일은 한 가지 일만이 아니다."

이와 같이, 각각의 일에는 마땅한 것이 있으니, 그것의 상세한 내용은 다 말할 수 없다. (경에서 말한) "네 시선을 바르게 하라!"는 아름답고 추악한 것을 잘 살펴서, 좋은 것과 나쁜 것을 구별해 내는 것이니, 잘 살피지 않을 수 없음을 말한 것이다. 구분을 번잡케 하지 않기 때문에, 정치함에 후회가 없다.

(경에서) "네가 할 일을 확정하라!"라는 말은, 임금의 자리에 처하여, 자기가 갈 길을 가고, 자기 할 일을 처결하면, 백성들도 자기 직분을 지켜서 혼란하게 되지 않을 것이다. 따라서 (나라의) 질서를 잡으면 좋은 결과가 있음을 말한 것이다.

(경에서) "너의 족적을 깊이 하라!"는 말은, 명확히 먹으로 비단이나 대나무에 저술하여, 도리와 덕이 준칙이 되었다면, 후세 사람들이 그 이치를 닦아서 혼미하지 않게 되기 때문에, (성인의) 명성은 그치지 않을 것이다.

(경에서) "천지에 한 번은 어렵고 한 번은 쉬운 것은, 마치 북에 막대가 있어, 막대기로 치면 '땡' 소리가 나는 것과 같다"라는 말은, 누가 선창하면, 반드시 화답하기 마련이다. 화답에 착오가 없는 것은, 천지자연의 도리를 다했기 때문이다. 그림자는 굽은 물건을 곧다하지 않고, 메아리는 듣기 나쁜 음악을 아름답게 하지 않는다. 그러므로 성인들은 사물의 본성을 명확히 알기 때문에, 반드시 그와 같은 부류로 대응한다. 따라서 군자들은 자기들의 솔선 행위를 조심하며 신중히 한다.

(경經에서) 말한다. "천지는 만물을 담는 주머니요, 우주[宙合]는 천

지를 담는 주머니이다." 천지는 만물을 속에 품고 있다. 따라서 (경에서) 말한다. "만물의 주머니이다."

주합[우주]의 뜻은 위로 하늘 위까지 통하고, 아래로 땅 아래까지 미치며, 밖으로는 사해四海의 밖까지 나아가니, 천지를 포괄하는 하나의 주머니이다. 그 뜻은 전일專一하지 않으나, 일단 그것을 정리해보면, 하나의 책은 안 되어도, 그러나 그것의 정리는 아무도 하지 않았다. 받는 것이 많으면 준비를 잘 할 수 있고, 시기적절하게 합당하니, 성인의 도는 준비와 합당을 중시한다. 무엇이 합당인가? 허망하지 않은 통치에 바탕을 두고, 고정된 방법에 의존하지 않은 일들을 운용하고, 변화에 따르면서 결점이 없는 것을 합당하다고 한다. 변화란 오지 않을 수 없으나, 합당한 것이 없으면, 그 합당이 본래 틀렸다 해도, 화를 낼 수가 없다. 따라서 그것을 이름 하여 "주합[우주]" 현상이라 말한다.

"天不一時, 地不一利, 人不一事." 是以著業不得不多, 人之名位不得不殊. 方[78]明者察于事, 故不官[79]于物而旁通于道. 道也者, 通乎無上, 詳[80]乎無窮, 運乎諸生. 是故辯于一言, 察于一治, 攻[81]于一事者, 可以曲說, 而不可以廣擧. 聖人由此知言之不可兼[82]也, 故博爲之治而計其意; 知事之不可兼也, 故名爲之說而况[83]其功. 歲有春秋冬夏, 月有上下中旬, 日有朝暮, 夜有昏晨, 半星[84]辰序, 各有其司. 故曰: "天不一時." 山陵岑巖,[85] 淵泉閎[86]流, 泉踰瀷而不盡, 薄[87]承瀷而不滿, 高下肥磽, 物有所宜. 故曰: "地不一利." 鄕有俗, 國有法, 食飮不同味, 衣服異采, 世用器械, 規矩繩準, 稱量數度, 品有所成. 故曰: "人不一事." 此各事之儀,[88] 其詳不可盡也. "可正而[89]視," 言察美惡, 審別良苦, 不可以不審. 操分不雜, 故政治不悔. "定而履,"[90] 言處其位, 行其路, 爲其事, 則民守其職而不亂. 故葆統而好

78 黎翔鳳에 의하면, 方(사방)은 旁(두루)과 溥(광대하다)의 뜻이니, 方明(두루 널리 밝음)의 뜻이다.
79 黎翔鳳에 의하면, 官은 管束(단속하여 법도에 어긋나지 못하게 한다)과 통한다.
80 丁士涵에 의하면, 詳은 翔(날다, 뛰어 다니다)의 假借다.
81 孫蜀丞에 의하면, 攻은 治(다스리다)의 뜻이다.
82 黎翔鳳에 의하면, 兼은 包擧(총괄하다)의 뜻이다.
83 況은 비교하다의 뜻이다.
84 湯孝純에 의하면, 半星은 中星('가운데 별')이다. 『新譯管子讀本』(上), 165頁, 注12 참조.
85 岑巖은, 산세가 험준한 모양이다.
86 閎은 마을 문처럼 휑하니 뚫린 모습이다.
87 兪樾에 의하면, 薄은 泊(얕은 물)의 假借다.
88 安井衡에 의하면, 儀(거동)는 宜(마땅하다)와 통한다.
89 而는 爾(너)와 통한다.
90 履는 '할 일'의 뜻이다.

終. "深而迹," 言明墨章書,[91] 道德有常, 則後世人人修理而不迷, 故名聲不息. "夫天地一險一易, 若鼓之有椁, 擿擋則擊,"[92] 言苟有唱之, 必有和之. 和之不差, 因以盡天地之道. 景不爲曲物直, 響不爲惡聲美. 是以聖人明乎物之性者, 必以其類來也. 故君子繩繩乎[93]愼其所先. "天地, 萬物之橐也, 宙合有橐天地." 天地苴萬物. 故曰 "萬物之橐." 宙合之意, 上通於天之上, 下泉[94]於地之下, 外出於四海之外, 合絡天地以爲一裹, 散之至于無閒, 不可名而山, 是大之無外, 小之無內, 故曰: "有橐天地." 其義不傳, 一典品之, 不極一薄, 然而典品[95]無治也. 多內則富, 時出則當, 而聖人之道, 貴富以[96]當. 奚謂當? 本乎無妄之治, 運乎無方之事, 應變不失之謂當. 變無不至, 無有應,[97] 當本錯, 不敢忿, 故言而名之曰: "宙合."

91 黎翔鳳에 의하면, 書는 箸(저술하다)이니, 대나무나 비단에 쓴 것이 書이다.

92 洪頤煊에 의하면, 椁(문배나무)은 마땅히 桴(장구의 막대)이며, '擿擋則擊'의 어순은 마땅히 '擿擊則擋'(擋은 鏜['땡' 하는 소리]과 통함)이다.

93 湯孝純에 의하면, 繩繩乎는 繩繩然, 즉 조심하고 신중히 하는 모양이다.『新譯管子讀本』(上), 166頁 注2 참조.

94 王引之(1766~1834)에 의하면, 泉은 臮의 오기다. 臮는 옛날의 曁(및, 함께) 자이다.

95 郭沫若에 의하면, 典品은 整理(정리하다)를 말하고, 簿와 薄(엷다)은 옛날에는 혼용하였다. 黎翔鳳에 의하면, 品은 齊(가지런하다, 갖게 하다)의 뜻이다. '比而齊之, 不盡一簿(비견하여 같게 해도, 하나의 책이 될 수 없다).' 傳은 專(오로지)과 같다.

96 陳奐에 의하면, 富는 마땅히 福 자가 되어야 한다. 福은 備(갖추다)의 뜻이고, 內는 納(바치다)의 뜻이고, 以는 與와 같다. 貴는 '중시하다'의 뜻이다.

97 黎翔鳳에 의하면, 應은 當(합당)이다.

추언 樞言

핵심의 말

추언樞言은 핵심적인 말의 뜻이다. 이 편은 격언체로 쓰였으며, 내용은 대체로 다음 몇 가지 논점을 포함한다. 첫째, 백성을 중시하고 보물을 경시하는 민본 사상. 둘째, 도의道義로써 치국하고, 천하에 왕으로 자처하는 도리. 셋째, 먼저 나라를 다스리고, 천하에 왕으로 자처하는 조건과 원칙. 넷째, 신하가 군주를 보좌하는 규범과 원칙.

관중이 말했다. "도가 하늘에 있는 것이 태양이라면, 그것이 사람의 몸속에 있는 것이 마음이다."

따라서 말한다. "기氣가 있으면 살고, 기가 없으면 죽게 되고, 명분이 있으면 (사회가) 다스려지고, 명분이 없으면 혼란되니, 다스려짐은 그 명분 때문이다." 『핵심의 말』 책에서 말한다. "(백성을) 사랑하고, 이롭게 해주고, (재물을) 보태 주고, 그들을 편안하게 하라!"
이런 네 가지는 도에서 나온 것이다.

제왕帝王들이 이것을 쓰면, 온 세상이 다스려질 것이다. 제왕은, 먼저 할 일과 나중에 할 일을 잘 살펴서, 백성과 토지를 우선시하면 될 것이고, 귀족들과 교만한 자들을 우선시하면 실패할 것이다. 이 때문에 옛 임금들은 먼저 할 일과 나중에 할 일을 신중하게 중시하였다. 임금은 존귀한 사람을 신중하게 대해야 하며, 백성을 신중하게 대해야 하며, 부자를 신중하게 대해야 한다. 존귀한 사람을 신중히 대한다고 함은 현자를 천거함에 있고, 백성을 신중히 대해야 함은 관직을 두는 데 있고, 부자를 신중히 대함은 농지에 힘씀에 있다. 따라서 임금의 지위가 높아짐과 낮아짐, 가볍게 됨과 무거워짐은, 이 세 가지에 있으니, 신중히지 않을 수 없나.

管子曰:“道之在天者, 日也. 其在人者, 心也.” 故曰:“有氣則生, 無氣則死; 有名則治, 無名則亂, 治者以其名.”『樞言』曰:“愛之、利之、益之、安之.” 四者, 道之出. 帝王者用之而天下治矣. 帝王者審所先所後, 先民與地則得矣, 先貴與驕則失矣. 是故先王愼貴在所先所後. 人主不可以不愼貴, 不可以不愼民, 不可以不愼富. 愼貴在擧賢, 愼民在置官, 愼富在務地. 故人主之卑尊輕重, 在此三者, 不可不愼.

나라에는 보물, 기구器具와 재용財用이 있다. 내성외곽, 험한 지세와 양식의 저장이 보배이고, 거룩한 지혜[聖智]는 도구이고, 진주와 옥은 상업용이다. 옛 임금들은 (생산을 산출하는) 나라의 보배와 기구를 중시하였고, 나라의 상업 활동은 가볍고 편리하게 하였으며, 그 때문에 천하를 잘 다스렸다. (나라를) 살리면서 죽이지 않는 것은 두 가지[寶와 器]이고, 있으나 안정될 수 없는 것은 네 가지(임금의 기쁨[喜]과 분노[怒], 싫음[惡]과 욕구[欲])의 정서다. (임금의) 기쁨, 분노, 염증과 욕구의 정서가 천하를 망치니, 현자들은 이 교훈을 함양한다. 거짓 착함은 착함이 아니다. 따라서 착함에는 거짓됨이 없기에, 따라서 옛 임금들은 착함을 귀중하게 보았다. 왕 노릇하는 군주의 축적은 백성에 있고, 패覇 노릇하는 군주의 축적은 용사를 양성함에 있고, 쇠망하는 군주의 축적은 귀족들에 있고, 망하는 군주의 축적은 여색, 진주와 패옥에 있다. 이 때문에 옛 임금은 자기들이 축적하는 것을 신중히 하였다. 빨리하라, 빨리하라, 만물은 많다. 노력하라, 노력하라, 만물은 시간 따라 변화한다. 강화하라, 강화하라, 만물은 아름답다!

國有寶, 有器, 有用. 城郭、險阻、蓄藏, 寶也. 聖智, 器也. 珠玉, 末[1]用也. 先王重其寶器而輕[2]其末用, 故能爲天下. 生而不死者二, 立而不立者四.[3] 喜也者, 怒也者, 惡也者, 欲也者, 天下之敗也, 而賢者寶[4]之. 爲善者, 非

1 黎翔鳳에 의하면, 末은 本과 末의 대칭의 의미이니, 본이 농업 생산이라면, 말은 상업 활동이다.

2 黎翔鳳에 의하면, 輕은 輕便(가볍고 편리하게 하다)의 뜻이지, 결코 ‘경시하다’의 뜻이 아니다.

3 黎翔鳳에 의하면, 房玄齡(578~648)의 주석에, 二는 寶와 器라 말한 것은 옳다. 『說文解字』에 의하면, 立은 住다. 住(살다)는 駐(머무르다)와 같다. 喜怒惡欲의 이 4가지는 정서여서, 안온정립[穩定]할 수 없다. 그래서 立而不立(있으나 확실하게 정립할 수 없음)이다.

4 黎翔鳳에 의하면, 寶는 保이고, 保는 涵養(기르다)의 뜻이다.

善也. 故善無以爲[5]也, 故先王貴善. 王主積于民, 霸主積于將[6]戰士, 衰主積于貴人, 亡主積于婦女珠玉. 故先王愼其所積. 疾之疾之, 萬物之師[7]也. 爲之爲之, 萬物之時也. 强之强之, 萬物之指[8]也.

무릇 나라에는 세 가지 관계가 있다. ① 다른 나라를 압도하는 경우 ② 다른 나라에게 압도당하나 다른 나라를 압도할 수 없는 경우 ③ 다른 나라가 (내 나라를) 압도할 수 없는 경우가 있다. 어떻게 그렇다는 것을 알 수 있는가? 은덕도 많고 의리가 높으면서도 다른 나라에게 자기 명망을 즐겨 덧붙이지 않는 경우, 자기 인민이 많고 군대가 강하여도 자기 나라 때문에 (천하에) 난리를 일으키거나 환난을 만들지 않으며, 천하에 큰 난리가 나도 즐겨 자기 나라를 후방에 놓는다. 이렇게 한다면, 다른 나라를 압도할 수 있다. 은덕도 많지 않고, 의리도 높지 않지만 즐겨 다른 나라에 자기 명망을 덧붙이면서, 인구도 많지 않고, 군대도 강하지 못하면서, 자기 나랏일로 난리를 일으키고 환난을 일으키면서, 동맹국에 의지하여, 명리名利 찾기에 요행을 바란다. 이렇게 한다면, 다른 나라에게 압도당한다. 다른 나라가 앞서가면 나[임금] 또한 앞서가고, 다른 나라가 후퇴하면 나[임금] 또한 후퇴하고, 다른 나라가 힘써 애쓰면 나[임금]도 또한 힘써 애쓰고, 다른 나라가 편안히 지내면, 나[임금] 또한 편히 지낸다. 진퇴와 고난과 편함이 다른 나라와 같다. 이와 같다면, 다른 나라를 압도할 수도 없고, 다른 나라 또한 (이 나라를) 압도할 수 없다.

凡國有三制. 有制人者, 有爲人之所制者, 有不能制人, 人亦不能制者. 何以知其然? 德盛義尊而不好加名於人, 人衆兵强而不以其國造難生患, 天下有大事而好以其國後. 如此者, 制人者也. 德不盛, 義不尊, 而好加名于人; 人不衆, 兵不强, 而好以其國造難生患; 恃與國, 幸名利. 如此者, 人之所制也. 人進亦進, 人退亦退, 人勞亦勞, 人佚亦佚. 進退勞佚與人相胥. 如此者, 不能制人, 人亦不能制也.

5 郭沫若에 의하면, 이 구절에서 2개의 爲는 僞(거짓)의 假借다.
6 黎翔鳳에 의하면, 將은 養(기르다)이나.
7 湯孝純에 의하면, 師는 衆(무리)의 뜻이다. 『新譯管子讀本』(上), 173頁, 注2 참조.
8 黎翔鳳에 의하면, 指는 본래 脂(기름기가 돌다), 즉 아름다움의 칭호다.

남을 심히 사랑한다 해도 (사적으로) 이롭게 할 수 없고, 남을 심히 미워해도 (사적으로) 손해를 끼칠 수 없다. 따라서 옛 임금들은 합당한 것을 중시했고, 주밀周密한 것을 중시했다. 주밀하다는 것은, 입에서 나오는 것도 아니고, 색깔로 보이는 것도 아니며, 한 번은 용으로 한 번은 뱀으로, 하루에 오행五行으로 변화하는 것을 '주밀'하다고 말한다. 따라서 선왕들은 하나를 음양[二]으로 보지 않았다. 선왕들은 혼자서 일 처리하지 않았고, 제멋대로 공치사를 하지도 않았다. 선왕들은 (타국과) 결속하지 않았고, 결맹을 하지도 않았다. (다른 나라와) 결속했다면 풀어지고, 결맹했다면 끊어졌다. (타국과) 친밀함은 결속이나 결맹에 있지 않다. 선왕들은 재물을 주고받지 않았고, 영토를 찢어 주지도 않으면서, 천하를 다스렸다. 천하의 형세는 (쉽게) 개선할 수 없으나, 채찍의 무력을 쓸 수는 있다. 시기와 이익, (이 둘을) 추진시켜서 실천한다. (시기와 이익, 둘 외의) 남은 시력으로는 분명히는 볼 수 없고, 남은 청력도 분명히 들을 수 없다. 이 때문에 (시기와 이익만이) 천자가 수용할 수 있다. 군주의 직분 또한 이와 같다. 시기가 하늘의 도움을 얻고, 이익은 사람들의 도움을 얻는다. 일단 시기와 이익을 가졌다면, 따라서 하늘과 사람들의 도움을 얻을 수 있다. 선왕들은 사나운 무력으로 변경 문제를 다루지 않았기에 변경이 편안했으며, 변경이 편안하여 이웃 나라와 친밀하였고, 이웃 나라와 친밀하니 (그들의) 처결은 당연하였을 것이다. 사람들은 본래 서로 미워한다. 사람의 마음은 흉포하기 때문에, 법法이 만들어졌다. 법은 예禮에서 나왔고, 예는 도리[理]에서 나왔다. 도리와 예는 '도道'이다. 만물은 도리와 예를 기다린 뒤에 안정된다. 무릇 만물은 음양의 둘에서 생겨나니, 종합 관찰해 보아야 하며, 선왕들은 종합 관찰하였기 때문에 나아감과 멈춤을 신중히 하였다. 낮은 것을 낮다고 하면, 낮은 것이 무엇인지 알 수 없고, 높은 것을 높다 하면, 높은 것이 무엇인지 알 수 없으니, (폭군) 걸桀과 (현군) 순舜의 경우가 그렇다. 선왕들이 가장 중시했으며, 얻으면 반드시 살고, 잃으면 반드시 죽는 것은 무엇인가? 양식이다. 이것을 얻어서, 요, 순, 우, 탕, 문, 무왕과 효기孝己는, 이것을 다 기다려서 성공하였으니, 천하는 반드시 양식이 있고서야 살 수 있다. 따라서 선왕들은 이것을 중시하였다. 하루 먹지 못하는 것은 일 년 수확이 부실한 것 같고, 사흘 못 먹는 것은 일 년 기근이 든 것 같고, 닷새 못 먹는 것은 일 년 재난으로 황폐해지는 것 같고, 이래 못 먹는 것은 나라의 농토가 없는 것 같으며, 열흘 못 먹는 것은 같은 동료가 없어진 것과 같으니, 다 죽었을 것이로다! 선왕들은 정성과 신뢰를 귀히 여겼다. 정성과 신뢰는 천하 사람들을 묶어 주는 것이다. 현명한 귀족들은 종족[宗室]에 의지하지 않고, 지극한 선비들은 다른 나라의 권력에 의지하지 않았다. 보통 작은 이익은 공적功績으로 치지도 않았고, 보통 작은 방비책은 쓰지도 않았다. 따라서 나라를 존속시키고, 사직을 안정시키는 일도 창졸간의 모책일 뿐이었다. 성인의 마음 씀은, 도탑고 크게 통하여 원만하며, 모호하여 들어가는 문을 찾을 수 없고, 얼크러진 실타래처럼 어지럽고, 종적을 찾기에 (너무) 아주 완곡하다. 따라서 말하였다. "지식을 원하면 그를 알게 하였고, 이익을 원하면 그를 이롭게 해주었고, 용기를 원하면 그를 용기 있게 해주었고, 높은 신분을 원하면 그를 높게 해주었다." 그가 높은 신분을 원하면, 내가 그를 높이 해주니, 사람들은 내가 예禮가 있다고 말하였다. 그가 용기를 원하면 내가 그를 용기 있게 해주니, 사람들은 내가 공손하다고 하였다. 그가 이득을 원하면 내가 그를 이롭게 해주니, 사람들은 내가 인자하다고 말하였다. 그가 알고자 하면, 그를 알게 해주니, 사람들은 내가 총명하다고 말했다. 조심하고 조심해라, 미묘해도 잘 분별하라! 행동할 때는 반드시 사고해야 하고, 다른 사람이 그것을 간파하게 해서는 안 된다. 갑자기 찾아올 것에 반드시 대비하여야 한다. 남에게 신의 있게 하는 것이 인자함이며, 속지 않는 것이 지혜이다. 일단 지혜가 있고, 또 인자하면, 완성된 사람이다.

愛人甚而不能利也, 憎人甚而不能害也. 故先王貴當、貴周. 周者, 不出于口, 不見于色, 一龍一蛇, 一日五化之謂周. 故先王不以一過二.[9] 先王不獨擧, 不擅功.[10] 先王不約束, 不結紐. 約束則解, 結紐則絶, 故親不在約束結紐. 先王不貨交, 不列[11]地, 以爲天下. 天下不可改也, 而可以鞭箠使也. 時也, 利也, 出[12]爲之也. 餘目不明, 餘耳不聰. 是以能繼天子之容.[13]

9 黎翔鳳에 의하면, 『說文解字』에서, '五는 五行이다. 從二(過二)는 음양이 천지간에서 交午(교착)하는 것이다'라고 했다. 한 번은 龍 한 번은 蛇이니, 서로 교차하여 변화하는 것이다.

10 趙守正에 의하면, 獨擧는 혼자서 일 처리하다의 뜻이고, 擅功은 혼자 공로가 있다고 뻐김이다. 『管子通解』(上), 163頁, 注4 참조.

11 安井衡에 의하면, 列은 裂(찢어 주다)과 같으니, 裂地(영토를 찢어 주다)는 남에게 뇌물을 주는 것이다. 貨交(재물을 주고받다)나 裂地는 곧 결속하고 결맹하는 일이다.

12 黎翔鳳에 의하면, 『釋名釋言語』에, '出은 進이니, 미루어 앞으로 나아간다'라고 했으니, 時와

官職亦然. 時者得天, 義[14]者得人. 旣時且義, 故能得天與人. 先王不以勇猛爲邊竟則邊竟安, 邊竟安則鄰國親, 鄰國親則擧當矣. 人故[15]相憎也. 人之心悍, 故爲之法. 法出于禮, 禮出于治.[16] 治、禮, 道也. 萬物待治、禮而後定. 凡萬物陰陽兩生而參[17]視, 先王因其參, 而愼所入所出.[18] 以卑爲卑, 卑不可得; 以尊爲尊, 尊不可得; 桀舜是也. 先王之所以最重也, 得之必生, 失之必死者, 何也? 唯無.[19] 得之, 堯、舜、禹、湯、文、武, 孝己, 斯[20]待以成, 天下必待以生. 故先王重之. 一日不食比歲歉, 三日不食比歲饑, 五日不食比歲荒, 七日不食無國土, 十日不食無疇[21]類, 盡死矣. 先王貴誠信. 誠信者, 天下之結也. 賢大夫不恃宗室, 至士不恃外權. 坦坦[22]之利不以功, 坦坦之備不爲用. 故存國家, 定社稷, 在卒[23]謀之閒耳. 聖人用其心, 沌沌乎博[24]而圜, 豚豚[25]乎莫得其門, 紛紛乎若亂絲, 遺遺乎若有從治.[26] 故曰: "欲知者知之, 欲利者利之, 欲勇者勇之, 欲貴者貴之." 彼欲貴, 我貴之, 人謂我有禮. 彼欲勇, 我勇之, 人謂我恭. 彼欲利, 我利之, 人謂我仁. 彼欲知, 我知之, 人謂我慜.[27] 戒之戒之, 微而異[28]之. 動作必思之, 無令人識之. 卒[29]來者必備之. 信之者仁也, 不可欺者智也. 旣智且仁, 是謂成人.

천한 사람은 본래 귀한 사람을 섬기고, 똑똑치 못한 이는 본래 현명한 사람을 섬겨야 한다. 귀한 이가 자기의 귀함을 이룬 까닭은, 자기의 존귀함으로써 천한 이들을 섬겼기 때문이다. 현자가 현명함을 이

利를 추진시켜서 행함의 뜻이다.

13 尹知章의 주석에 의하면, 天子之容(천자가 수용하는 것)은 時利일 뿐이다.

14 尹知章의 주석에 의하면, 義가 곧 利이다.

15 故는 固(본래)의 뜻과 통한다.

16 黎翔鳳에 의하면, 治는 理(도리)의 假借다.

17 黎翔鳳에 의하면, 參은 參合(종합 참고, 종합 관찰)의 의미다.

18 孫蜀丞에 의하면, 「繫辭傳」의 '其出入以度, 外內使知懼'에 대하여, 韓康伯(332~380)은 '明出入之度, 使物知外內之戒也'라고 말했으니, 出入은 行藏(즉 行止)과 같고, 外內는 隱顯(숨거나 나타남)과 같은 뜻이다.

19 趙守正에 의하면, 無는 粟(양식)의 오자다. 『管子通解』(上), 165頁, 注1 참조.

20 尹桐陽(1882~1950)에 의하면, 斯는 盡(모두, 다)이다.

21 趙守正에 의하면, 疇는 儔(짝, 친구)와 통한다. 上同, 166頁, 注3 참조.

22 尹知章의 주석에 의하면, 坦坦은 平平(평범)의 뜻이다.

23 趙守正에 의하면, 卒은 猝(창졸간, 갑자기)과 같다. 上同, 注4 참조.

24 黎翔鳳에 의하면, 沌은 敦厚(도탑다)의 뜻이고, 博은 크게 통함으로 訓讀할 수 있다.

25 丁士涵에 의하면, 豚은 遯(달아나다, 피하다)의 假借다. 遯遯은 隱隱(불분명한, 미약한)과 같은 뜻이다.

26 黎翔鳳에 의하면, 遺와 蛇는 음이 같으며, 委婉(완곡하게)의 뜻이다. 治는 理絲(실을 뽑아내다)이다. 從迹은 『史記』에는 蹤迹(자취를 뒤쫓다)으로 되어 있다.

27 湯孝純에 의하면, 慜은 敏과 같으니, 총명의 뜻이다. 『新譯管子讀本』(上), 180頁, 注8 참조.

28 黎翔鳳에 의하면, 異는 分(분별하다)이다.

29 여기서 卒은 猝(갑자기)의 뜻이다.

룬 것은, 자기 현명함으로써 똑똑치 못한 이들을 섬겼기 때문이다. 미움이란 아름다움을 기르며, 낮음이란 높음을 기르며, 지위가 낮음이란 지위 높음을 기른다. 따라서 선왕들은 이 사실을 귀히 여겼다. 하늘은 계절로써 사람을 일 부리며, 땅은 재료[자원]로써 사람을 일 부리며, 사람은 덕德으로써 일 부리며, 귀신은 (길흉의) 조짐으로써 사람을 일 부리며, 짐승은 그들의 힘 때문에 일 시킴을 당한다. 이른바 덕德은, (남보다 자신을) 앞서게 하는 것을 말한다. 따라서 덕은 먼저 시행하는 것 만한 것이 없고, 적敵을 대응할 때는 나중에 하는 것 만한 것이 없다. 선왕들 중에, 음陰[소극적 대처] 하나와 양陽[적극적 대처] 둘을 썼으면, 패자覇者[으뜸 제후]가 되었고, 다 적극적으로 대처했으면, 왕王이 되었다. 적극적 대처 하나와 소극적 대처 둘을 쓰면, 국력이 쇠락하였고, 다 소극적 대처를 했으면 멸망하였다. 수량을 셀 때 적은 것을 많은 것으로 하지 말며, 무게를 잴 때 가벼운 것을 무거운 것으로 간주하지 말며, 길이를 잴 때 짧은 것을 길다고 하지 말라! 이 세 가지를 정확히 하지 않으면, 큰일을 거사할 수 없다. 경계할 수 있는가? 조심할 수 있는가? 숨어서 잠복할 수 있는가? 마음을 기장 씨 뿌려 기장 농사하는 것처럼 할 수 있는가? 마음을 보리 씨 뿌려 보리 농사하는 것처럼 할 수 있는가? 봄에 (싹이) 안 나와서 여름에 수확할 것이 없는 것처럼 할 수 있는가? 선왕들은 중요한 일[농사, 제사나 전쟁 등] 때문에 이웃 나라와 교제하였고, 은덕으로 사람들은 맺어졌다. 둘이 (마음이) 합치하지 않으면, (서로의 관계는) 이루어질 수도, 서로 친할 수도 없었을 것이다.

賤固事貴, 不肖固事賢. 貴之所以能成其貴者, 以其貴而事賤也. 賢之所以能成其賢者, 以其賢而事不肖也. 惡者, 美之充[30]也; 卑者, 尊之充也; 賤者, 貴之充也. 故先王貴之. 天以時使, 地以材使, 人以德使, 鬼神以祥使, 禽獸以力使. 所謂德者, 先之之謂也. 故德莫如先, 應適[31]莫如後. 先王用一陰二陽者霸, 盡以陽者王; 以一陽二陰者削, 盡以陰者亡. 量之不以少多, 稱之不以輕重, 度之不以短長. 不審此三者, 不可擧大事. 能戒乎? 能勑[32]乎? 能隱而伏乎? 能而稷乎? 能而[33]麥乎? 春不生而夏無得

30 黎翔鳳에 의하면, 『說文解字』에서, '充, 長也, 高也'라고 말했다.

31 安井衡에 의하면, 適은 敵과 통한다.

32 勑는 勅과 같다. 趙守正에 의하면, 勅은 飭과 통하니, '조심하다'의 뜻이다. 『管子通解』(上), 168頁, 注2 참조.

乎? [衆人之用其心也, 愛者, 憎之始也; 德者, 怨之本也. 唯賢者不然.][34] 先王事以合交, 德以合人. 二者不合, 則無成矣, 無親矣.

무릇 나라가 망하는 것은, 그 나라의 장점 때문이다. 사람들이 스스로 실패하는 것은 자기의 장점 때문이다. 따라서 수영 잘하는 사람이라도 (안전한) 교량에서 (실족하여) 죽는 수가 있고, 활 잘 쏘는 이가 (위험이 없는) 들판 가운데서도 죽는 수가 있다. 명命은 먹는 것에 달려 있고, 말[辭]은 (실제의) 일에 종속한다. 일은 잘하는 것이 없는데 말을 잘한다는 것은 옛날부터 지금까지 있은 적이 없다. 다수가 소수를 이기고, 빠른 것이 느린 것을 이기고, 용기 있는 자가 겁쟁이를 이기고, 똑똑한 이가 바보를 이기고, 착한 것이 악한 것을 이기고, 정의로운 사람이 정의롭지 못한 이를 이기고, 천도天道를 아는 이가 천도를 모르는 이를 이긴다. 무릇 이 7가지 승리는 다수를 중시한 것이고, 이 원칙을 평생 쓴 이도 많을 것이다. 임금이 편안하기를 좋아해서, 자기 자신도 잊어버리고, 나라도 잃게 되면, 위태롭다. 임금의 덕이 자기 백성을 품기에 부족하면, 위태롭다. 형벌을 명확히 하며 자기 군졸에게는 잔혹하면, 위태롭다. 제후가 위력을 빌린 지, 오래되었으나 (그것을) 급히 멈추게 할 줄 모른다면, 위태롭다. 몸은 점점 늙어가는데, 적자[太子]를 존중할 줄 모르면, 위태롭다. 저장해둔 양식이 쌓여 부식이 되어도, 백성을 구제하지 않으면, 위태롭다. 무릇 사람의 명분이 셋 있다: ① 다스리다 ② 독촉하다 ③ 일 처리하다. 일 처리에 2가지가 있다: (사전에) 정확히 하고, (사후에) 관찰하기다. 이 5가지면 천하를 통치할 수 있을 것이다. 명분이 정당하면 다스려지고, 명분이 기울어지면 혼란이 올 것이고, 명분이 없으면 망한다. 따라서 선왕들은 명분을 중시하였다. 선왕들이 천하를 차지하는 데, 먼 나라는 예禮로써, 가까운 나라는 친근함으로 하였다. 친근함과 예는, 천하를 차지한 이유이고, 멀고 가까운 것은, 천하 나라의 국경을 구분하는 까닭이다. 날이 많아질수록 걱정이 적어지는 것은 충성뿐이요, 날이 적어질수록 걱정이 많아지는 것

33 孫蜀丞에 의하면, 2개의 而는 如 자와 같다.

34 王念孫에 의하면, 이 여섯 구절은 衍文이다. 따라서 번역을 안 했고, [ ] 안에 이 구절을 삽입했다.

은 욕심뿐이다. 충성심을 많게 하고 욕심을 적게 갖는 것이 지혜요, 신하된 자들의 큰 도리다. 신하가 되어서, 나라에 공로가 없으면서, 자기 집은 부유하되 나라는 가난한 것은, 신하된 자의 큰 죄다. 신하가 되어서, 나라에는 공로가 없고, (자기) 벼슬[爵位]은 높되 임금(의 위세)는 낮아졌다면, 신하된 자의 큰 죄다. 나라에는 공로가 없는데, (자기) 지위는 높고 (돈이) 많다면, 어찌 이것이 현자를 높이는 것이겠는가?

凡國之亡也, 以其長者也. 人之自失也, 以其所長者也. 故善游者死于梁池,[35] 善射者死于中野. 命屬于食, 治[36]屬于事. 無善事而有善治者, 自古及今未嘗之有. 衆勝寡, 疾勝徐, 勇勝怯, 智勝愚, 善勝惡, 有義勝無義, 有天道勝無天道. 凡此七勝者貴衆, 用之終身者衆矣. 人主好佚欲、亡[37]其身、失其國者, 殆. 其德不足以懷其民者, 殆. 明其刑而賤[38]其士者, 殆. 諸侯假之威, 久而不知極[39]已者, 殆. 身彌老, 不知敬其適子者, 殆. 蓄藏積陳朽腐, 不以與人者, 殆. 凡人之名三: 有治也者, 有恥[40]也者, 有事也者. 事之名二: 正之, 察之. 五者而天下治矣. 名正則治, 名倚則亂, 無名則死. 故先王貴名. 先王取天下, 遠者以禮, 近者以體.[41] 體、禮者, 所以取天下; 遠、近者, 所以殊天下之際.[42] 日益之而患少者惟忠, 日損之而患多者惟欲. 多忠少欲, 智也, 爲人臣者之廣[43]道也. 爲人臣者, 非有功勞于國也, 家富而國貧, 爲人臣者之大罪也. 爲人臣者, 非有功勞于國也, 爵尊而主卑, 爲人臣者之大罪也. 無功勞于國而貴富者, 其[44]唯尙賢乎?

보통 사람의 마음 씀은, 사랑이란 증오의 시작이요, 덕을 베푸는 것은 원망이 (시작)되는 바탕이다. 부모를 섬김에, 처첩과 자식들이 다 있으면 효도는 쇠락할 것이로다! 임금을 받들어, 산업이 잘되고, 가정이 부유해지면, (진실한) 행위는 쇠락해질 것이로다! 작위와 녹봉이 충

35 黎翔鳳에 의하면, 也 자를 池로 오기한 것이다.
36 趙守正에 의하면, 食은 먹을 것, 즉 양식의 의미이고, 治는 辭(말씀)의 뜻으로 보아야 한다. 『管子通解』(上), 168頁, 注1과 2 참조.
37 安井衡에 의하면, 亡은 忘(잊다)과 같다.
38 戴望에 이하면, 賤 자가 宋나라 蔡潛道本에는 殘(잔혹하다)이다.
39 黎翔鳳에 의하면, 極은 곧 亟(위급하다)이다.
40 趙守正에 의하면, 恥는 마땅히 取이나, 取는 趣와 같으니, 督趣(재촉하다) 혹은 督促(독촉하다)의 의미다. 上同, 169頁, 注1 참조.
41 趙守正에 의하면, 體는 親近이다. 『禮記』, 「學記」: '就賢體遠', 주석에 '體, 猶親也'(體는 親과 같다). 上同 참조.
42 趙守正에 의하면, 際는 邊際, 國界이다. 上同, 注2 참조.
43 廣은 큼의 뜻이다.
44 其는 여기서 豈(어찌)의 의미다.

만하면 충성은 쇠락할 것이로다! 유독 현자만은 그렇지 않을 것이다! 따라서 선왕들은 (작위나 녹봉을) 꽉 차게 하지 않았다. 임금이 반대로 해야, 신하들은 순종하였다. 선왕들은 (신하들의) 영욕榮辱을 중시하여, (신하들이) 영달하거나 모욕당하는 것은 (그들의) 행위에 있었다. 세상에는 사사로운 사랑도 없고, 사사로운 증오도 없다. 선행을 하면 복을 받고, 좋지 않은 행위를 하면 화를 받는다. 화를 받느냐 복을 받느냐는 행위에 있다. 따라서 선왕들은 행위를 중시하였다. 상을 명백히 한다는 것은 우연에서 생긴 일이 아니고, 형벌을 명백히 하는 것은 갑작스레 할 수 없다. 상과 벌이 명백한 것은 덕정德政이 지극한 것이다. 따라서 선왕들은 명백히 함을 중시하였다. 천도天道가 크지만 제왕帝王들은 사랑함과 미워함을 쓴다. 천하를 사랑하고 미워하는 마음은 비밀일 수 있다. (제왕의) 사랑하는 마음과 미워하는 마음은 이중으로 가려져 있어서 반드시 굳게 닫혀 있다. (양기量器인) 부釜와 고鼓가 (가득) 차면 사람들이 그것들을 평탄하게 하고, 사람들도 가득 차면 하늘은 그들을 평탄하게 한다. 따라서 선왕들은 이들을 꽉 차게는 하지 않았다. 선왕의 책들은, 마음에서 깨우치고 받들 것이나, 보통 사람들은 그것을 모른다. 따라서 일이 생기면 그 책들을 받들어 읽고, 일이 없을 때도 또한 받들어 읽어야 한다. 나는 일하기를 두려워해 일하고 싶지 않으며, 나는 말하기를 두려워해, (더 이상) 말하고 싶지 않다. 따라서 나이 60살이 되었어도 늙어서 (말이) 어눌하다.

衆人之用其心也, 愛者, 憎之始也; 德者, 怨之本也. 其事親也, 妻子具則孝衰矣! 其事君也, 有好業, 家室富足, 則行衰矣! 爵祿滿, 則忠衰矣. 唯賢者不然. 故先王不滿也. 人主操逆, 人臣操順. 先王重榮辱, 榮辱在爲. 天下無私愛也, 無私憎也. 爲善者有福, 爲不善者有禍. 禍福在爲. 故先王重爲. 明賞不費,[45] 明刑不暴,[46] 賞罰明則德之至者也. 故先王貴明. 天道大而帝王者用愛惡. 愛惡天下可祕.[47] 愛惡重閉必固. 釜鼓滿則人概之, 人

45 湯孝純에 의하면, 『中庸』: '君子之道費而隱'에서 費는 佹(우연에서 생기다)의 의미다. 『新譯管子讀本』(上), 187頁, 注1 참조.

46 湯孝純에 의하면, 暴은 猝(갑자기)이다. 上同, 注2 참조.

47 黎翔鳳에 의하면, 天道는 공개적이어서 사사로움이 없으나, 제왕들은 사랑하고[愛] 미워하지[惡] 않을 수 없다. 그러나 그 사랑함과 미워함을 마음속에 감춰서, 밖으로 노출하지 않기 때문에, 비밀[秘]이라 할 수 있다.

滿則天概之. 故先王不滿也. 先王之書, 心之敬[48]執也, 而衆人不知也. 故有事事[49]也, 毋事亦事也. 吾畏事, 不欲爲事; 吾畏言, 不欲爲言. 故行年六十而老吃也.

48 黎翔鳳에 의하면, 敬은 뜻이 警(경계하다)과 통한다.

49 趙守正에 의하면, 여기서 事는 侍奉(받들어 모시다), 敬事는 敬讀(받들어 읽어라)의 의미다. 『管子通解』(上), 171頁, 注2 참조.

팔관 八觀

8가지 관찰

여기서 관觀은 관찰의 뜻이다. 다음 여덟 가지 방면으로 나라를 관찰하였으니: ① 허기지느냐, 배부르느냐[飢飽] ② 가난한가, 부자인가[貧富] ③ 사치와 검소[侈儉] ④ 실한가, 허한가[實虛] ⑤ 다스려지는가, 혼란한가[治亂] ⑥ 강한가, 약한가[强弱] ⑦ 흥하는가, 망하는가[興亡] ⑧ 생존하는가, 망하는가[存亡]이다. 이 편의 저자는 이 8가지 관찰을 통해서, 한 나라의 상태, 즉 그 나라의 정치, 군사, 사회 풍속 등을 전체적으로 파악할 수 있다고 말한다.

큰 성은 완비되지 않을 수 없으며, 외곽의 둘레는 밖과 통하면 안 된다. 동네 구역은 가로로 통할 수 없으며, 동리의 문도 닫혀 있어야 한다. 담 벽과 성문 빗장은 굳게 수리되어 있어야 한다. 따라서 큰 성은 완비되지 않았다면, 난리를 일으키는 도적들이 도모할 것이다. 외성 밖의 둘레가 외부로 통했다면, 나쁜 짓을 하고 성벽을 넘어뛰는 자들이 작동할 것이다. 동네 구역이 가로로 통했다면, 서로 뺏고 훔치고 도적질하는 자들이 그치지 않을 것이다. 동리의 문이 닫혀 있지 않으면, 안팎이 서로 통하여, 남자들과 여자들이 구별되지 않는다. 담의 벽이 완비되지 않고, 문의 빗장이 튼튼치 못하면, 좋은 물건이 있어도, 지킬 수가 없다. 따라서 형세가 잘못을 저지를 수 없다면, 나쁘고 사악한 사람도 성실하기 원할 것이며, 금지하고 벌주기가 위협적이고 엄격하면, 태만한 사람들도 정돈하며 가지런할 수 있고, 국법이 뚜렷이 밝으면 야만인들이 감히 침범할 수 없고, 상 주고 축하하는 일이 반드시 믿음직하다면, 공이 있는 이들을 권면할 것이고, 교육을 받고 풍속을 지키는 이가 많아지면, 임금과 백성들의 태도가 변했어도 스스로는 알지 못할 것이다. 이 때문에 영명한 군주가 임금 자리에 있으면, 형벌[刑]은 작아지고 벌도 적게 되지만, 형벌을 내릴 것을 안 내리는 것이 아니고, 죄를 물을 수 있는데 죄 묻지 않는 것이 아니다. 영명한 군주는, 범죄로 가는 문을 폐쇄하고, 그 길을 막아서, 범죄의 흔적을 덮어 버리고, 백성들로 하여금 음탕하고 그릇된 여지와 접촉할 기회를 없이 한다. 이 때문에, 백성의 도가 바르고 행동이 착한 것이 마치 타고난 성품 그대로인 것 같다. 따라서 죄와 벌이 적어지며 백성들은 잘 통치될 것이로다!

大城不可以不完, 郭周不可以外通.[1] 里域不可以橫通, 閭閈不可以毋闔. 宮垣關閉, 不可以不脩. 故大城不完, 則亂賊之人謀. 郭周外通, 則姦遁踰越者作. 里域橫通, 則攘奪竊盜者不止. 閭閈無闔, 外內交通, 則男女無別. 宮垣不備, 關閉不固, 雖有良貨, 不能守也. 故形勢不得爲非, 則姦邪之人愨願; 禁罰威嚴, 則簡慢之人整齊; 憲令著明, 則蠻夷之人不敢犯; 賞慶信必, 則有功者勸; 教訓習俗者衆, 則君民化變而不自知也. 是故明君在上位, 刑省罰寡, 非可刑而不刑, 非可罪而不罪也. 明君者閉其門, 塞其塗, 弇其迹, 使民毋由接於淫非之地. 是以民之道正行善也若性然. 故罪罰寡而民以治矣.

전답과 들판에 가서, 그 농사와 김맨 것을 관찰하고, 농사일을 따져 보면, 배고픈 나라인지 포만한 나라인지를 알 수 있다. 밭갈이가 깊지 않고, 김매는 데 부지런하지 않았으며, 땅의 적합성을 돌보아 시키지 않았으며, 야생의 밭에 잡초가 많은데, 농사짓는 곳이 반드시 비옥하지도 않고, 황무지가 반드시 척박하지도 않으니, 들판 전체를 따져 보면, 황무지가 많고, 개간한 밭은 적어서, 비록 홍수나 가뭄이 아니어도, 굶주린 나라의 들판이다. 이와 같이 백성이 적다면, 이들은 자기 땅을 방어하기에도 부족할 것이고, 이와 같이 백성들이 많다 해도, 나라는 가난하고 백성들은 굶주리게 되며, 이런 지경에 가뭄을 만나면 많은 이가 흩어져서 (그들을) 거두어들일 수 없다. 백성들이 (땅을) 지키기에도 부족하면, 그 성은 튼튼하지 못할 것이다. 백성들이 굶는다면, 전쟁을 시킬 수도 없으니, 무리가 흩어져도 (다시) 모을 수 없게 되면, 나라는 폐허가 될 것이다. 따라서 말한다. "영토가 있어 임금이 나라를 운영하지만, 농사와 김매기에 힘쓰지 않으면, (남의 나라에) 기생하는 임금에 불과하다." 따라서 말한다. "전답과 들판에 가서, 그 농사와 김매

1 黎翔鳳에 의하면, 都城은 두 겹이니, 내성은 궁전이요, 외성에는 백성들이 산다. 城 밖에 郭을 만든다.

기를 관찰하고, 농사일을 계산해 보면, 굶주리는 나라인지 포만한 나라인지를 알 수 있다."

行其田野, 視其耕芸, 計其農事, 而饑飽之國可以知也. 其耕之不深, 芸之不謹,[2] 地宜不任,[3] 草田多穢, 耕者不必肥, 荒者不必墝, 以人猥計[4]其野, 草田多而辟田少者, 雖不水旱, 饑國之野也. 若是而民寡, 則不足以守其地, 若是而民衆, 則國貧民飢; 以此遇水旱, 則衆散而不收. 彼民不足以守者, 其城不固. 民饑者, 不可以使戰; 衆散而不收, 則國爲丘墟. 故曰: "有地君國, 而不務耕芸, 寄生之君也." 故曰: "行其田野, 視其耕芸, 計其農事, 則饑飽之國可知也."

산과 연못에 가서, 뽕나무와 삼나무를 보고, 가축들의 출산을 계산하면, 가난한 나라인지 부자 나라인지를 알 수 있다. 산림과 호택이 광대하면 초목이 쉽게 많아지며, 토양이 비옥하면 뽕나무와 삼을 쉽게 심을 수 있고, 건초가 많으면 가축들이 쉽게 번식한다. 산림과 호택이 광대하나, 초목의 채벌을 금하지 않고, 토양이 비록 비옥해도, 뽕나무와 삼나무 (재배) 기술이 없고, 건초가 비록 풍부해도, 가축에 세금을 물리는 것은, 재화를 막아 버리는 문이다. 따라서 말한다. "계절에 따른 재화가 순조롭게 나오지 않으면, 금붙이나 옥이 비록 많다 해도, 가난한 나라라고 말한다." 따라서 말한다. "산림과 호택을 가보고, 뽕나무와 삼나무를 보고, 가축들의 출산을 따져 보면, 가난한 나라인지 부자 나라인지를 알 것이다." 나라의 도읍지에 들어가서, 궁실을 보고, 수레와 말, 의복을 관찰하면, 사치한 나라인지 검소한 나라인지를 알 수 있다. 나라의 도시는 크나 전답과 벌판이 협소하면, 그 들판은 그 백성을 기르기에 부족하고, 도시는 크나 사람들이 적으면, 그 백성은 그 도시를 수비하기에 부족하며, 궁궐은 크지만 여염집이 적으면, 그 여염집은 그 궁궐을 채울 수 없고, 가옥은 많으나 사람들이 적으면, 사람들은 그 집들에 살기에 부족하며, 창고는 적은데 누대와 정자가 많다면, 저장물은 비용을 감당할 수 없다. 따라서 말한다. "임금이 쌓아 둔 것은 없는데

2 戴望에 의하면, 謹(삼가다)과 勤(부지런하다)은 옛날에는 서로 뜻이 통했다.
3 黎翔鳳에 의하면, 『說文解字』에 任은 保로 되어 있다. 또 王筠(1784~1854)이 말했다: '保、任並云使也, 謂可保任而使之也'(保와 任, 둘은 使[시키다]이니, 보호하는 일을 맡아서 시킨다).
4 孫星衍에 의하면, 猥計는 總計다.

궁실이 아름답고, 민중의 가정에 쌓아 둔 것은 없는데 (임금의) 의복이 수려하고, 수레 타는 이가 외관을 장식하고, 보행자가 무늬 있는 옷을 입고, 생산비는 적은데 사치 비용이 많은 것이, 사치하는 나라의 풍속이다." 나라가 사치하여 비용을 허비하고, 비용이 허비되면 백성은 가난해지고, 백성이 가난하면 간악한 지혜가 생겨나고, 간악한 지혜가 생겨나면 사악한 기교가 만들어진다. 따라서 간악한 기교가 생겨나는 것은 궁핍과 부족에서 생겨난 것이고, 궁핍과 부족의 생기는 것은 사치에서 생겼고, 사치에서 생긴 것은, 한도가 없음에서 생긴 것이다. 따라서 말한다. "도량度量을 잘 살피고, 의복을 절제하며, 재물의 사용을 검소하게 하고, 사치가 커지는 것을 금하는 것이 치국의 위급한 용무다." 이러한 계략에 통달하지 못한 이는 나라를 운용할 수가 없다. 따라서 말한다. "나라의 도읍지에 들어가, 궁실을 보고, 수레와 말, 의복을 관찰하면, 사치하는 나라인지 검소한 나라인지를 알 수 있다."

行其山澤, 觀其桑麻, 計其六畜之產, 而貧富之國可知也. 夫山澤廣大則草木易多也, 壤地肥饒則桑麻易植也, 薦草多衍則六畜易繁也. 山澤雖廣, 草木毋禁, 壤地雖肥, 桑麻毋數,[5] 薦草雖多, 六畜有征, 閉貨之門也. 故曰: "時貨不遂,[6] 金玉雖多, 謂之貧國也." 故曰: "行其山澤, 觀其桑麻, 計其六畜之產, 而貧富之國可知也." 入國邑, 視宮室, 觀車馬衣服, 而侈儉之國可知也. 夫國城大而田野淺狹者, 其野不足以養其民; 城域大而人民寡者, 其民不足以守其城; 宮營大而室屋寡者, 其室不足以實其宮, 室屋衆而人徒寡者, 其人不足以處其室, 囷倉寡而臺榭繁者, 其藏不足以共其費. 故曰: "主上無積而宮室美, 氓家無積而衣服脩, 乘車者飾觀望, 步行者雜文采, 本資少而末用多者, 侈國之俗也." 國侈則用費, 用費則民貧, 民貧則姦智生, 姦智生則邪巧作. 故姦邪之所生, 生於匱不足; 匱不足之所生, 生於侈; 侈之所生, 生於毋度. 故曰: "審度量, 節衣服, 儉財用, 禁侈泰, 爲國之急也." 不通於若計者, 不可使用國. 故曰: "入國邑, 視宮室, 觀車馬衣服, 而侈儉之國可知也."

흉년에 기근을 조사해 보고, 군역을 따져 보고, 누대와 정자를 관찰해 보고, 나라 경비를 재보면, 알찬 나라인지 허실한 나라인지 알 수 있다. 전야와 들판이란 만萬 가정의 사람들이 먹을 수 있는 영토이니,

5 趙守正에 의하면, 여기서 數는 術과 같다.『管子通解』(上), 180頁, 注2 참조.
6 趙守正에 의하면, 遂(이르다, 성취하다)는 성공, 순리 발전의 의미다. 上同, 注4 참조.

사방 50리이면, 충족할 것이다. 만 가정 이하라면, 산림과 호택의 땅을 포함해도 괜찮을 것이다. 만 가정이 넘으면, 산림과 호택의 땅을 제외해야만 될 것이다. 그 들판이 다 개간되었어도, 백성들이 저축한 것이 없다면, 국토가 작아서 먹고살 땅이 협소한 것이다. 전답이 반쯤 개간되었으나, 백성에게 남은 양식이 있고, 양식이 많은 것은, 국토가 크고 먹고살 땅이 넓은 것이다. 국토는 크지만 들판이 개간이 안 된 것은, 임금이 재물을 좋아하고 신하들이 이익을 좋아한 것이다. 개척한 땅이 넓으나 백성의 살림이 부족한 것은, 임금의 세금이 무거워서, 저장한 곡식을 (금전으로) 유통시킨 것이다. 따라서 말한다. "양식이 (멀리) 300리를 가서 팔리면, 나라에는 1년의 축적이 없어지는 것이고, 양식이 400리를 가서 팔리면, 나라에는 2년의 축적이 없어지는 것이고, 양식이 (멀고 먼) 500리에 가서 팔리면, 민중에게 굶는 기색이 있게 된다." 곡물에서 실패한 것이 3분의 1이면, 작은 흉년이라 할 수 있고, 작은 흉년이 3년이면 큰 흉년이다. 큰 흉년이 들면 무리에게는 굶어 죽은 시체가 버려져 있기 마련이다. 열 사람 중 하나가 군대에 있다고 하면, (그에 딸린 사람들을 합치면) 열 사람 중에 세 사람은 농사일을 안 하게 되니, 농작물의 손실이 3분의 1이다. 곡식의 손실이 3분의 1이면, 쌓아 둔 양식이 있지 않고서야, 길가에는 왜소하고 깡마른 사람뿐일 것이로다! 열 사람 중 하나가 군역을 담당하고, 3년간 해제가 안 된다면, 여유 양식이 없으면, 백성 중에 자식을 파는 사람도 있을 것이다! 따라서 말한다. "산림이 비록 가까이 있고, 초목이 비록 아름답더라도, 궁실의 건축에는 반드시 제한이 있어야 하고, (벌채) 금지와 개방에는 반드시 시기를 정해 두어야 한다." 이것은 무엇 때문인가? 말한다. "큰 나무는 한 사람이 벨 수 없고, 큰 나무는 한 사람이 들 수 없고, 큰 나무는 한 사람이 운반할 수 없으며, 큰 나무는 얇은 담장의 소형 건물 위에는 올려놓을 수 없다." 따라서 말한다. "산림이 비록 광대하고, 초목이 비록 아름답다 하여도, (벌채) 금지와 개방에는 반드시 시기 제한이 있어야 한다." 나라가 비록 충실하고, 금붙이와 옥 등이 많더라도, 궁실의 건축에는 반드시 한도가 있어야 한다. 강과 바다가 비록 광대하고, 지소池沼와 호택湖澤이 비록 넓고, 물고기와 자라가 비록 많더라도, 그물은 반드시 올바른 규격이어야 한다. 배와 그물의 백성은 하나의 재로財路[즉 어업]만으로 성공할 수 없으니, 초목들을 사사로이 취하거나 물고기와 자라 잡는 데 애착하지 말고, 백성들이 양곡 생산을 폐기하는 것도 싫어해야 한다. 따라서 말한다. "선왕들이 산림과 호택에서 작업을 금한 것은, 많은 사람이 곡식 생산을 하라는 것이다." 저 백성들은 곡식이 아니면 먹을 것이 없고, 곡식은 땅이 아니면 살아날 방도가 없고, 땅은 백성이 아니면 개간할 수 없고, 백성이 아니면 (땅에) 힘을 쓸 수 없어서, 재화를 불러올 수 없다. 세상에서 생산되는 것은, 힘을 쓰는 데서 생겨나니, 힘을 써서 생긴다는 것은, 몸을 고달프게 해서 생기는 것이다. 이 때문에 임금이 재물을 쓰는 데 그침이 없으니, 이는 백성이 힘을 씀에도 멈출 수 없음이다. 따라서 말한다. "누각과 정자가 서로 보이는 나라에서는, 윗사람과 아랫사람이 서로 원망을 한다." 백성에게 여분의 양식이 없다면, (임금의) 금지 명령도 반드시 (백성을) 멈추게 할 수 없다. 무리들 속에 버려진 아사자餓死者가 많다면, 전쟁을 해도 반드시 승리할 수 없다. 길거리에 몸집이 작고 삐쩍 마른 사람만 있다면, 방어를 한다 해도, 반드시 군세게 지킬 수 없다. 따라서 (임금의) 명령이 반드시 집행되지 않으면, 금지 명령도 반드시 (백성들을) 멈출 수 없으며, 전쟁해도 반드시 승리할 수 없고, 수비도 반드시 군세지 않다면, (나라가) 위태로우며 망하는 것이 그 뒤를 따라올 것이로다! 따라서 말한다. "흉년에 기근을 조사해 보고, 군역을 따져 보고, 누대와 정자를 관찰해 보고, 나라 경비를 재보면, 알찬 나라인지 허실한 나라인지 알 수 있다."

課[7]凶饑, 計師役, 觀臺榭, 量國費, 而實虛之國可知也. 凡田野, 萬家之衆可食之地, 方五十里, 可以爲足矣. 萬家以下, 則就山澤[8]可矣. 萬家以上, 則去山澤可矣. 彼野悉辟, 而民無積者, 國地小而食地淺也. 田半墾, 而民有餘食, 而粟米多者, 國地大而食地博也. 國地大而野不辟者, 君好貨而臣好利者也. 辟地廣而民不足者, 上賦重, 流其藏者也. 故曰: "粟行於三百里, 則國毋一年之積; 粟行於四百里, 則國毋二年之積; 粟行於五百里, 則衆有饑色." 其稼亡三之一者, 命曰小凶, 小凶三年而大凶. 大凶則衆有大遺苞[9]矣. 什一之師,[10] 什三毋事, 則稼亡三之一. 稼亡三之一, 而非有故

7 課는 '조사해 보다'의 뜻이다 .

8 趙守正에 의하면, 就山澤의 뜻은 '산림과 호택이 있는 지역을 포함함'의 의미다. 上同, 183頁, 注2 참조.

9 洪頤煊에 의하면, 大遺苞에서 大는 衍文이고, 遺苞는 마땅히 遺莩로 읽어야 한다. 莩는 殍(굶어 죽은 시체)와 통한다.

10 劉績에 의하면, 師는 師役(군대의 일)의 의미다.

蓋[11]積也, 則道有損瘠[12]矣. 什一之師, 三年不解, 非有餘食也, 則民有鬻子矣. 故曰: "山林雖近, 草木雖美, 宮室必有度, 禁發必有時." 是何也? 曰: "大木不可獨伐也, 大木不可獨擧也, 大木不可獨運也, 大木不可加之薄牆[13]之上." 故曰: "山林雖廣, 草木雖美, 禁發必有時." 國雖充盈, 金玉雖多, 宮室必有度. 江海雖廣, 池澤雖博, 魚鱉雖多, 罔罟必正. 船網不可一財而成也,[14] 非私草木、愛魚鼈也, 惡廢民於生穀也. 故曰: "先王之禁山澤之作者, 博民於生穀也." 彼民非穀不食, 穀非地不生, 地非民不動, 民非作力毋以致財. 天下之所生, 生於用力, 用力之所生, 生於勞身. 是故主上用財毋已, 是民用力毋休也. 故曰: "臺榭相望者, 其上下相怨也." 民毋餘積者, 其禁不必止. 衆有遺苞者, 其戰不必勝. 道有損瘠者, 其守不必固. 故令不必行, 禁不必止, 戰不必勝, 守不必固, 則危亡隨其後矣. 故曰: "課凶饑, 計師役, 觀臺榭, 量國費, 實虛之國可知也."

(백성이 사는) 향리에 들어가서, 습관과 풍속을 보고, 백성들이 윗사람들에게 감화된 까닭을 들어 보면, 잘 다스려지는 나라인지 어지러운 나라인지를 알 수 있다. 향리가 떨어져 있지 않고, 동리 문에 빗장을 설치하지 않아, 출입에 시간 제한이 없고, 이른 아침과 밤늦게까지 통금이 없다면, 약탈하고, 훔치며, 공격하고, 상해를 입히는 백성들을 이겨 낼 수 없을 것이로다! (같은) 골짜기의 물을 마시며, (같은) 동네에서 우물을 파고, 마당과 농장이 접해 있고, 수목들이 우거졌는데, 담벼락은 부서져 파괴되었고, 집의 문은 잠겨 있지 않으며, (집의) 안팎이 서로 통하게 된다면, 남녀의 구별은, 바로잡을 수 없을 것이로다! 향리에 유游 단위 이장이 없고, 동리에 관리인의 집이 없으며, 때때로 회의할 수도 없으며, 상喪을 당하거나 연말 제사에도 (부락민이) 모이지 못하고, 금지와 벌도 엄격치 않다면, 연치年齒에 따른 어른과 아이들의 화목이 생길 수가 없다. 따라서 결혼 예식이 신중하지 않으면, 백성들은 염치를 갖지 않을 것이고, 현자를 고를 때 향리의 추천이 없으면, 선비들은 품행에 연연하지 않을 것이며, 뇌물이 나라에 횡행하면, 법령들은 관리들에 의해 훼손될 것이며, 청탁이 윗사람들에게서 통하게 되면,

11 趙守正에 의하면, 蓋積에서 蓋 자는 衍文이다. 上同, 183頁, 注8 참조.
12 黎翔鳳에 의하면, 損瘠는 瘠損이니, 消瘠(몸이 작아지고 마르다)의 뜻이다.
13 趙守正에 의하면, 薄墻은 담의 벽이 단순한 소형 건축물이다. 上同, 注11 참조.
14 趙守正에 의하면, 어민들이 고기 잡는 일만을 財路로 삼지 말고, 농사지어 곡식 생산하는 것이 필요하다고 보았다. 上同, 注13 참조.

당파가 아랫사람들에게서 생길 것이다. 향鄕의 관리들에게 법제가 없고, 백성과 무리들이 명령을 따르지 않는다면, 이렇게 해서 망국과 임금의 시해가 스스로 생겨날 것이다. 따라서 말한다. "향리에 들어가서, 습관과 풍속을 보고, 백성들이 윗사람들에게 감화된 까닭을 들어 보면, 잘 다스려지는 나라인지 어지러운 나라인지를 알 수 있다."

入州里, 觀習俗, 聽民之所以化其上, 而治亂之國可知也. 州里不鬲,[15] 閭閈不設, 出入毋時, 早晏不禁, 則攘奪、竊盜、攻擊、殘賊之民毋自[16]勝矣. 食谷水, 巷鑿井, 場圃接, 樹木茂, 宮牆毀壞, 門戶不閉, 外內交通, 則男女之別, 毋自正矣. 鄉毋長游, 里毋士舍,[17] 時無會同,[18] 喪烝[19]不聚, 禁罰不嚴, 則齒長輯睦毋自生矣. 故昏禮不謹則民不修廉, 論賢不鄉舉則士不及[20]行, 貨財行於國則法令毀於官, 請謁得於上則黨與成於下. 鄉官毋法制, 百姓群徒不從, 此亡國弒君之所自生也. 故曰: "入州里, 觀習俗, 聽民之所以化其上者, 而治亂之國可知也."

조정에 들어가서, (임금) 좌우(대신)을 보고, 모여든 조정 신하들에 의해, 위와 아래에서 무엇이 중요하고 무엇이 천한가를 따져 보면, 강한 나라인지 약한 나라인지 알 수 있다. 공로가 많아서 윗자리에 있으나, 녹봉과 상급은 아랫자리라면, 공로를 쌓은 신하들이 힘을 다하는 데는 열심히 하지 않을 것이다. 통치 행위는 윗자리나, 작록의 순서가 아래라면, 호걸과 재주 있는 신하들이 능력을 다하는 데 힘쓰지 않을 것이다. 총신들이 (임금) 좌우에 있고, 공과 능력은 따지지 않고 작록을 주면, 백성들은 원한을 갖고 임금을 그르다고 할 것이며, 작위를 천시하고 녹봉을 가볍게 볼 것이다. 금붙이와 옥, 재물을 가진 장사꾼들에게, (사람됨을) 따지지 않고, 작위와 녹봉을 긍휼히 여겨 내려 주었다면, 임금의 명령을 (사람들은) 가벼이 여길 것이고, 법제는 파괴될 것이다.

15 鬲(막다)는 隔(사이)과 통한다.

16 尹知章의 주석에 의하면, 自는 從(좇다)의 뜻이다.

17 黎翔鳳에 의하면, 房玄齡의 주석에, '士謂里尉, 每里當置舍, 使尉居焉'(士는 동리의 관리요, 동리마다 마땅히 집을 지어, 관리가 살도록 하였다)라고 했다. 舍는 里館이지, 鄉學(향리의 학교)이 아니다.

18 趙守正에 의하면, 會同은 집회다. 上同, 184頁, 注4 참조.

19 黎翔鳳에 의하면, 『祭統』에, 冬祭曰蒸이라 했는데, 冬은 옛날의 終 자이니, 동제는 연말 제사다.

20 黎翔鳳에 의하면, 及은 汲汲(마음이 분주하다)의 의미다.

권력이 막중한 사람들이 (그들의) 재능에 관계없이 높은 자리를 얻게 되면, 사람들은 본래의 직업을 버리고 외세外勢를 추구할 것이다. 저들 공로를 쌓은 사람들이 제힘을 다하는 데 힘쓰지 않는다면, 병사들이 싸우지 않을 것이로다! 호걸과 재주 있는 사람들이 능력을 다하는 데 힘쓰지 않으면, 국내 정치가 다스려지지 않을 것이로다! 백성들이 원한을 갖고 임금을 비난하고, 작위를 천시하고 녹봉을 가벼이 본다면, 임금은 민중을 권면할 수 없을 것이로다! 임금의 명령이 경시되고, 법제가 파괴된다면, 임금은 신하를 부릴 수 없을 것이고, 신하도 임금을 받들 필요가 없을 것이로다! 백성들이 본래의 직업을 버리고 외세를 추구한다면, 나라의 실정과 거짓은 다 없어져 적국에게 있을 것이로다! 따라서 말한다. "조정에 들어가서, (임금) 좌우(대신)을 보고, 모여든 조정 신하들에 의해, 위와 아래에서 무엇이 중요하고 무엇이 천한가를 따져 보면, 강한 나라인지 약한 나라인지 알 수 있다."

入朝廷, 觀左右, 本求[21]朝之臣, 論上下之所貴賤者, 而强弱之國可知也. 功多爲上, 祿賞爲下, 則積勞之臣不務盡力. 治行爲上, 爵列爲下, 則豪桀材臣不務竭能. 便辟左右, 不論功能而有爵祿, 則百姓疾怨非上, 賤爵輕祿. 金玉貨財, 商賈之人不論而在[22]爵祿也, 則上令輕, 法制毁. 權重之人不論才能而得尊位, 則民倍本行[23]而求外勢. 彼積勞之人不務盡力, 則兵士不戰矣. 豪桀材人不務竭能, 則內治不別[24]矣. 百姓疾怨非上, 賤爵輕祿, 則上毋以勸衆矣. 上令輕, 法制毁, 則君毋以使臣, 臣毋以事君矣. 民倍本行而求外勢, 則國之情僞竭在敵國矣. 故曰: "入朝廷, 觀左右, 本求朝之臣, 論上下之所貴賤者, 而强弱之國可知也."

법을 가지고 명령을 내리며, 민중을 부리며, 임금의 위엄과 너그러움, 은혜를 따져 본다면, 그것이 백성들에게 통용되었는지 백성들에게 통용되지 않았는지를 알 수 있다. 법은 껍데기로 존재하고, (임금과) 소원하면 손해를 보고, 명령이 내려져도, (그것을) 듣지 않아도 생존할 수 있으며, (임금의) 작록을 (사람들이) 천시하고, 공로가 없어도 부자가 된

21 黎翔鳳에 의하면, 求는 원래 裘(가죽옷)의 옛 글자인데, 그것은 聚(모여들다)의 뜻이다.
22 黎翔鳳에 의하면, 在는 恤問(가엾이 여겨 위문하다)의 뜻이다.
23 黎翔鳳에 의하면, 倍는 背棄(배반하고 버리다)이고, 本行은 本業이다.
24 黎翔鳳에 의하면, 別은 辨(분별하다)의 뜻이고, 『方言』에 의하면, 別은 治(다스리다)다.

다. 그렇다면, 민중은 반드시 (임금의) 명령을 가볍게 볼 것이므로, 임금의 자리는 위태로워진다. 따라서 말한다. "좋은 전답이 전투하는 군사들에게 있지 않은지, 3년이 지나면 군대는 약해지고, 상과 벌을 내리는데 신용이 없으면, 5년 뒤에 격파되고, 임금이 관작官爵을 팔면, 10년 뒤에 망하고, 인륜을 배반하고 금수 같은 행동을 하면, 10년 뒤에 멸망한다." 전쟁하여 승리하지 못하면, 약한 것이다. 국토가 사방에서 깎여 나가 다른 제후국에 편입되면, 파탄이다. 본국을 떠나서, 도읍을 옮기면, 패망이다. (나라를) 가진 이가 다른 성씨이면, 멸망이다. 따라서 말하였다. "법을 가지고 명령을 내리며, 민중을 부리며, 임금의 위엄과 너그러움, 은혜를 따져 본다면, 그것이 백성들에게 통용되었는지 백성들에게 통용되지 않았는지를 알 수 있다."

置法出令, 臨衆用民, 計其威嚴寬惠, 行於其民與不行於其民可知也. 法虛立而害疏遠, 令一布而不聽者存, 賤爵祿而毋功者富. 然則衆必輕令而上位危. 故曰: "良田不在戰士, 三年而兵弱; 賞罰不信, 五年而破; 上賣官爵, 十年而亡; 倍人倫而禽獸行, 十年而滅." 戰不勝, 弱也. 地四削, 入諸侯, 被也.[25] 離本國, 徙都邑, 亡也. 有者異姓, 滅也. 故曰: "置法出令, 臨衆用民, 計(其)威嚴寬惠, 而行於其民不行於其民可知也."

적국과 동맹국을 따져 보고, 임금의 뜻을 헤아려 보고, 나라의 본업[농업]을 살펴보고, 백성의 재산이 여유餘裕로운지 부족한지를 관찰하면, 존립할 나라인지 망할 나라인지를 알 수 있다. 적국이 강하고 동맹국이 약하며, (임금께) 간언諫言하는 신하는 죽고 아첨하는 신하들이 높이 되며, 사사로운 정리가 통행되고 공공의 법은 훼손된다. 그렇게 되면, 동맹국도 자기를 친하다고 믿지 않고, 적국은 그 나라의 강함을 두려워하지 않으며, 호걸들이 자기 자리에서 편안치 못하고, 공로를 쌓은 사람도 자기 봉록에 미련을 못 가진다. 장사치들을 좋아하고 농업생산에는 힘쓰지 않는다면, 백성들은 게으름 피우게 되고 (양식) 저축을 하지 않게 되며, 호걸들이 자기 위치에 불안해하면, 좋은 신하들은 퇴출되며, 공적을 쌓은 이들이 그들의 녹봉에 미련을 갖지 않게 되면, 병사들을 쓸 수가 없다. 백성들이 게으름을 피워 (양식) 저축을 하

25 黎翔鳳에 의하면, 被는 破의 오기다.

지 않게 되면, 양식 창고는 텅 비게 된다. 이렇게 되어도 임금이 변혁하지 않는다면, 약탈하고, 도적질하며, (인명을) 살상하며, 정권을 모취謀取하려는 무리가 일어날 것이로다! 안으로는 조정에 좋은 신하들이 없고, 병사들을 쓸 수 없고, 양식 창고는 텅 비어 있고, 밖으로는 강적의 근심이 있게 되면, 나라는 앉아서 스스로 멸할 것이로다! 따라서 말했다. "적국이 강하고 동맹국이 약하며, (임금께) 간언하는 신하는 죽고 아첨하는 신하들이 높이 되며, 사사로운 정리가 통행되고 공공의 법이 훼손된다. 그렇게 되면, 동맹국도 자기를 친하다고 믿지 않고, 적국은 그 나라의 강함을 두려워하지 않으며, 호걸들이 자기 자리에 편안치 못하고, 공로를 쌓은 사람도 자기 봉록에 미련을 못 가진다." 따라서 이 여덟 가지로, 군주의 나라를 본다면, 어떤 군주도 실정을 숨길 수 없을 것이로다!

計敵與, 量上意, 察國本, 觀民產之所有餘不足, 而存亡之國可知也. 敵國彊而與國弱, 諫臣死而諛臣尊, 私情行而公法毁. 然則與國不恃其親,[26] 而敵國不畏其彊, 豪傑不安其位, 而積勞之人不懷其祿. 悅商販而不務本貨, 則民偸處而不事積聚; 豪傑不安其位, 則良臣出; 積勞之人不懷其祿, 則兵士不用. 民偸處而不事積聚, 則囷倉空虛. 如是而君不爲變, 然則攘奪、竊盜、殘賊、進取之人[27]起矣. 內者廷無良臣, 兵士不用, 囷倉空虛, 而外有彊敵之憂, 則國居[28]而自毁矣. 故曰: "計敵與, 量上意, 察國本, 觀民產之所有餘不足, 而存亡之國可知也." 故以此八者, 觀人主之國, 而人主毋所匿其情矣.

26 尹知章의 주석에 의하면, 동맹국도 자기를 친하다고 믿지 않는다고 보았다.
27 趙守正에 의하면, 進은 向上(위로 향함)이고, 取는 謀取(꾀로 취함)의 뜻이다. 이곳의 進取之人은 정권을 모략으로 취하려는 사람을 가리킨다. 上同, 187頁, 注5 참조.
28 兪樾에 의하면, 옛날에는 坐(앉다)를 居라고 했다.

제14편

법금 法禁

법으로 금지

법금法禁, 즉 법을 세워 금지한다는 말이다. 이 편은 우선 국가가 통일된 법도를 제정해야 하는 중요성을 설명한다. 그다음 구체적 사례를 들어서 18가지 금지, 즉 대신들의 전제적 통치, 관리와 붕당의 폐해, 그 밖에 임금에게 대항하거나 각종 위법적 금지 활동 등을 하나하나 열거하여 배척한다. 그래서 편명을 '법으로 금지[法禁]'라고 하였다.

법의 제정에 사사로운 논의가 없어야, 백성들이 사사私事롭게 서로 대할 수 없고, (임금이) 형벌을 주고 죽이는 데 용서가 없다면, 백성들이 좋은 일 하기에 게으르지 않을 것이며, 작위 주고 녹봉 책정에 (임금의 권한을) 빌려주는 일이 없다면, 아랫사람들이 임금을 혼란시킬 수 없다. 이 3가지는 관부에 보관되어 있고, 나라에서 베풀어져 풍속을 이루었다면, 그 나머지는 힘들지 않게 다스려질 것이로다! 군주가 통일적으로 법제를 정하면, 모든 관료가 그 법을 지키며, 임금이 분명히 그 법을 선포하면, 아랫사람들은 모두 그 제약을 이해할 것이로다! (그러나) 군주가 법제를 제정함에 통일성이 없다면, 아랫사람들이 법을 위반하고 사사로운 이치를 내세우는 일이 반드시 많을 것이로다! 이 때문에 사람들이 사사私事로움을 내세워, 임금의 법제를 폐지하고 자기주장을 말할 것이다. 따라서 아랫사람들과 관리들이 법을 나누어 가질 것이며, 윗사람들과 임금이 위세를 나누어 가질 것이니, 나라의 위기는 반드시 이것에서부터 시작될 것이로다! 옛날 성왕이 백성을 통치하는 것은 그와 같지 않아서, 임금의 법제를 폐기한 자는 반드시 수치[恥, 모욕]를 받았으며, (어느 권세가가) 많은 재물과 넓은 은택으로 백성들과 사사로이 친하게 되면, (그것은) 법금法禁에 따라 스스로 바로잡히게 하였을 것이로다! 나라의 도리를 어지럽히고, 나라의 상도常道를 바꾸며, 상賞

을 내리기를 자의적으로 하는 것은, 성왕聖王이 금하는 것이다. 성왕이 일단 죽고 나면, 그를 이은 왕은 쇠락한다. 임금이 (나라에) 임금을 세운 이치를 알지 못하고, (그 모름을) 나라의 근본이라 생각하면, (세력이) 큰 신하가 아랫사람들에게 작은 은택으로 인심을 매수하는 일이 반드시 많아질 것이로다! 임금이 법을 제정한 이유를 잘 살필 수 없다면, 백성들이 사사로운 도리를 내세워 부당한 방법으로 이익을 취하는 일이 반드시 많아질 것이로다!

法制不議, 則民不相私; 刑殺毋赦, 則民不偸于爲善; 爵祿毋假, 則下不亂其上. 三者藏於官則爲法, 施於國則成俗, 其餘不彊而治矣. 君壹置其儀, 則百官守其法; 上明陳其制, 則下皆會其度矣. 君之置其儀也不一, 則下之倍法而立私理者必多矣. 是以人用其私, 廢上之制而道其所聞. 故下與官列[1]法, 而上與君分威, 國家之危必自此始矣. 昔者, 聖王之治其民也不然, 廢上之法制者必負以恥, 財厚博惠, 以私親于民者, 正經[2]而自正矣. 亂國之道, 易國之常, 賜賞恣于己者, 聖王之禁也. 聖王旣歿, 受之者衰. 君人而不能知立君之道, 以爲國本, 則大臣之贅下[3]而射[4]人心者必多矣. 君不能審立其法以爲下制, 則百姓之立私理而徑於利者必衆矣.

옛날 성왕이 사람들을 다스림에, 사람들이 널리 가르치는 것을 귀중하게 보지 않았고, 사람들이 화합하고 합동하여 (임금의) 명령을 따르는 것만을 원하였다. 『상서尙書』, 「태서泰誓」에서 말하였다. "(은殷나라) 주紂왕은 신하가 억만 사람이었고, 또한 억만 가지 마음을 가졌는데, (주周나라) 무武왕은 신하 3천 명에 한 가지 마음[一心]을 가졌다." 그래서 주紂왕은 억만 가지 마음으로 망하였고, 무왕은 한 가지 마음으로 존립하였다. 따라서 나라를 가진 군주는, (자기 마음을) 민심과 함께 할 수도 없고, 나라의 위세를 통일했으나, 선비들의 뜻을 같게 하여, 임금과 통하는 정치를 아랫사람들의 법도로 만들 수 없다면, 비록 영토가 넓고 백성이 많아도, 아직 안심할 수 없는 것이다. 군주가 자기 도리를 잃으면, 대신들은 권력이 중한 자들과 결탁하여 나라에 서로 천거하며, 작은 신

1 兪樾에 의하면, 列은 裂(찢어지다)로 읽어야 한다. 裂은 또한 分(나뉘다)의 뜻이다.
2 黎翔鳳에 의하면, 正經은 法禁의 의미다.
3 黎翔鳳에 의하면, 贅下는 아랫사람에게 은혜를 베풀어서 기쁨을 취하는 것이다.
4 趙守正에 의하면, 射는 獵取(명예나 재물을 취함)의 뜻이니, 射人心은 작은 은택으로 인심을 사서, 남으로부터 기쁨을 취한다는 뜻이다. 『管子通解』(上), 195頁, 注8 참조.

하들도 반드시 (자기) 이익을 좇아서 서로 나갈 것이다. 따라서 나라에 천거된 인사들이란 (나라를) 망치는 무리여서, 공공의 도리로써 사사로운 은택을 베풀며, (관직에) 나아갈 때 임금에게 서로 밀어주고, (관직에서) 물러나면 백성들에게는 서로 예찬하고, 각자 자기 몸을 편케 하면서, 나라 일은 잊어버리고, 자기 집을 넓히며, 도당들을 모아 무리를 이루고, 위로는 임금(의 눈과 귀)를 가리고, 아래로 백성들을 착취하니, 이것은 모두 임금을 약화시키고 나라를 어지럽히는 도리다. 그러므로 나라를 위태롭게 하고, 나라의 권력을 마음대로 하고 백성들에게서 심히 갈취하는 것을, 성왕은 금한다. 자기 몸이 임금으로부터 소임을 떠맡지 않는 것을, 성왕은 금지한다. (관청에) 나가면 임금에게서 봉록을 받으나, (집에) 돌아오면 집에 봉록을 감춰 두었으며, 맡아서 다스릴 일은 없으며, 다만 (사적으로) 연락하는 일에만 힘쓰고, 임금의 관직을 사사私事로이 이용하고, 임금의 관리들을 사사롭게 썼으며, 그 사람이 아니라면 제거하고, 사사로운 행동을 하는 것을, 성왕은 금지하였다.

昔者, 聖王之治人也, 不貴其人博學[5]也, 欲其人之和同以聽令也. 「泰誓」曰: "紂有臣億萬人, 亦有億萬之心; 武王有臣三千而一心." 故紂以億萬之心亡, 武王以一心存. 故有國之君, 苟不能同人心, 一國威, 齊士義, 通上之治, 以爲下法, 則雖有廣地衆民, 猶不能以爲安也. 君失其道, 則大臣比[6]權重以相擧於國, 小臣必循利以相就也. 故擧國之士以爲亡黨, 行公道以爲私惠. 進則相推於君, 退則相譽於民, 各便其身, 而忘社稷, 以廣其居, 聚徒威羣, 上以蔽君, 下以索民, 此皆弱君亂國之道也. 故國之危也, 擅國權以深索於民者, 聖王之禁也. 其身毋任於上者,[7] 聖王之禁也. 進則受祿於君, 退則藏祿於室, 毋事治職, 但力事屬, 私王官, 私君事,[8] 去非其人而人私行者,[9] 聖王之禁也.

수신修身하는 데 친친親親을 근본으로 삼지 않고, 일 처리에 관아의 일을 위주로 하지 않고, 무능한 사람을 천거하고 공적이 없는 자를

5 黎翔鳳에 의하면, 學은 敎이니, 博學은 博敎이다.
6 趙守正에 의하면, 比는 比附, 勾結의 뜻이다. 上同, 196頁, 注3 참조.
7 黎翔鳳에 의하면, 칩거하는 은자와 유민을 말한다.
8 黎翔鳳에 의하면, 事와 吏는 옛 글자에서는 통했다. 三事는 三吏의 뜻이다. 屬은 連屬이니, 지금의 連絡을 말한다.
9 趙守正에 의하면, 私行 앞의 人 자는 衍文이다. 上同, 198頁, 注4 참조.

출세시키는 것을, 성왕은 금지하였다. 남과 교제하면 자기에게 은택을 베풀게 하고, 남을 천거하면 자기를 위해 애를 쓰게 하고, 남에게 벼슬자리를 주면 그와 봉급을 나누어 갖는 일을 성왕은 금지하였다. 이익을 달성시켜 주는 자와 교제하는 뇌물은 빈궁한 사람에게서 얻은 것이요, 가볍게 백성들에게서 취하고, 임금에게서 무겁게 가져오며, 임금(의 수입)을 깎아서 아랫사람들을 위무하고, 국법을 어기면서 백성들에게 기쁨을 추구하는 것을 성왕은 금지한다. 씀씀이가 그 사람과 걸맞지 않고, 직업보다 가정이 부유하고, (나라의) 봉록은 적으나 재산이 아주 많은 것을 성왕은 금한다. 세상을 거스르는 행동을 하고, 임금을 비난하는 것을 명예로 여기고, 늘 임금의 법제를 반대함으로 나라에 무리를 조성하는 것을 성왕은 금지한다. 빈궁하나 꾸미고, 부지런히 일하는 것을 폐기하고, 빈천한 이들에게 기세를 올리고, 몸에는 직업이 없어서, 집에는 항산恒産이 없고, 윗사람들과 아랫사람들 사이에 끼면서, 은근한 말로 백성을 위하는 것을 성왕은 금지한다. 선비들을 모아 자기의 밑천으로 만들고, 밭을 개간하여 자기의 밑천으로 삼고, 죽을 각오를 한 무사는 사적으로 키워 낸다. 그런 다음 방종하게 속임수를 심화하여, 임금과 거래하는 것을 성왕은 금지한다. 작은 절도節度를 세심하게 꾸미고, 때에 맞추어 큰일을 언급하여 임금을 격동시키고, 먼 나라와 친교하여 무리들을 추월하고, 작위를 빌려서 조정에 군림하는 것을 성왕은 금지한다. 신분을 낮추고 민간에 섞여 살며, 은밀한 행위로 사악한 짓을 하고, 몰래 들어가 먼 나라의 세력을 맞아들이며, 임금을 속이고 백성을 속이는 일을 성왕은 금지한다. 습속이 괴이하고 예절은 이상하면서, 큰소리로 (자기 행동은) 법 받을 만하다고 떠들면서, 자기가 하는 일은 어려운 일이라고 하여, 스스로를 높게 올려놓는 일을 성왕은 금지한다. 저축을 지켜서 한가롭게 살며, (재물을) 널리 분배하여 민중을 모으고, 부지런히 일하고 행동하며, 재물로 사람들을 기쁘게 하고, 사람을 구제하여 명예를 사고, 자신은 매우 조용하면서 남들이 와서 요구하게 하는 일을 성왕은 금하였다. 행동은 편벽되고 고집은 세면서, 언론은 괴이하나 달변이고, 술수는 그르나 박식하며, 악惡에 동조하면서도 윤택한 것을 성왕은 금지하였다. 친구들을 당파로 만드는 것을 벗이라 하고, 악을 덮어 주는 것을 인애仁愛로 여기고, 자주 변신하는 것을 기지機智로 알고, 무겁게 추렴하는 것을 충성으로 알고, 분노를 표출하는 것을 용기로 생각하는 것을 성왕은 금지한다. 나라의 근본을 막으면서, 몸은 임금에게 달려가기에 힘쓰며, (역逆으로는) 제후들에게 (암암리에) 깊이 결탁하는 것을 성왕은 금지한다.

脩行則不以親爲本, 治事則不以官爲主, 擧毋能, 進毋功者, 聖王之禁也. 交人則以爲己賜, 擧人則以爲己勞, 仕人則與分其祿者, 聖王之禁也. 交於利通而獲於貧窮,[10] 輕取於其民而重致於其君, 削上以附[11]下, 枉法以於民者, 聖王之禁也. 用不稱其人, 家富於其列,[12] 其祿甚寡而資財甚多者, 聖王之禁也. 拂世以爲行, 非上以爲名, 常反上之法制, 以成羣於國者, 聖王之禁也. 飾於貧窮, 而發[13]於勤勞, 權[14]於貧賤, 身無職事, 家無常姓,[15] 列上下之閒, 議[16]言爲民者, 聖王之禁也. 壹[17]士以爲亡資, 脩田以爲亡本,[18] 則生之養私不死.[19] 然後失矯[20]以深, 與上爲市者, 聖王之禁也. 審飾小節以示民,[21] 時言大事以動上,[22] 遠交以踰羣, 假爵以臨朝者, 聖王之禁也. 卑身雜處, 隱行辟倚,[23] 側入[24]迎遠, 遁上而遁[25]民者, 聖王之禁也. 詭俗異禮, 大言法行, 難其所爲而高自錯[26]者, 聖王之禁也. 守委閒居, 博分以致衆,[27] 勤身遂行, 說[28]人以貨財, 濟人以買譽, 其身甚靜而使人求者, 聖王之禁也. 行辟而堅, 言詭而辯, 術非而博, 順惡而澤者, 聖王之禁也. 以朋黨爲友, 以蔽惡爲仁, 以數變爲智, 以重斂爲忠, 以遂[29]忿爲勇者,

10 兪樾에 의하면, 利通은 利達(이익에 달통하다)이다. 뇌물로써 이익을 달성시켜 주는 사람과 교제하려면, 얻는 것은 모두 가난한 사람[窮民]에게서 나왔다는 뜻이다.
11 黎翔鳳에 의하면, 附는 拊(어루만지다, 사랑하다)의 假借다.
12 尹知章의 주석에 의하면, 列은 業(직업)이다.
13 孫星衍에 의하면, 發은 廢(폐기하다)로 읽어야 한다. 古字에서는 통용되었다.
14 黎翔鳳에 의하면, 權은 捲(기세, 용기 있고 힘세다[勇壯])의 의미다.
15 丁士涵에 의하면, 姓은 마땅히 生의 假借다. 生은 財業이니, 恒産을 말한다.
16 黎翔鳳에 의하면, 議는 諷諫(완곡한 은어로 권하다)의 의미다.
17 黎翔鳳에 의하면, 壹은 聚(모이다)를 뜻한다.
18 王念孫에 의하면, 2개의 亡 자는 마땅히 己 자가 되어야 한다.
19 張佩綸에 의하면, 이 구절은 마땅히 '死士則私生養之'(죽을 각오를 한 무사는 개인적으로 낳아 길러야 한다)가 되어야 한다.
20 黎翔鳳에 의하면, 失은 縱(멋대로)이고, 矯(사칭하다)는 矯誣(명의를 빌려 나쁜 짓하다)의 뜻이다.
21 湯孝純에 의하면, 示民은 示人이고, 남에게 顯示(분명히 알린다)함의 뜻이다. 『新譯管子讀本』(上), 210頁, 注25 참조.
22 湯孝純에 의하면, 動上은 임금을 激動시킨다의 뜻이다. 上同, 注26 참조.
23 王念孫에 의하면, 辟은 僻(邪辟)의 뜻이고, 倚(僻邪)는 邪(사악)의 뜻이다.
24 側入은 몰래 들어감의 뜻이다.
25 王念孫에 의하면, 遁은 欺(속이다)의 뜻이다.
26 錯은 置(조치하다)의 뜻이다.
27 尹知章의 주석에 의하면, '守其委積以閑居, 博分其財以致衆'(저축한 재물을 지켜서 한가하게 지내며, 널리 재물을 나누어 주어서 민중을 불러 모았다)이라고 했다.
28 說은 悅(기뻐하다)의 뜻이다.
29 湯孝純에 의하면, 遂는 통달시킴이니, 遂忿은 '분노를 내뿜음'의 의미다. 上同, 211頁, 注42 참조.

聖王之禁也. 固[30]國之本. 其身務往於上, 深附於諸侯者, 聖王之禁也.

성왕의 몸은, 세상이 잘 다스려질 때, 덕행은 반드시 옳은 바가 있어야 하며, 도의는 반드시 명확히 밝혀 주는 것이 있어야 한다. 그러므로 선비는 괴이한 습속과 이상한 예절을 가지고, 나라에 스스로 자신을 나타내서는 안 되며, 은택을 베풀고 완화하는 행동으로, 윗사람과 아랫사람의 교제를 해나가며, 백성들에게 친화해서는 안 되고, 관직의 등급을 뛰어넘어, 이익과 공적을 취하고, 임금에게서 기쁨을 취하지 않았다. 성왕이 백성들을 다스림에 (관리들이) 잘 나가도 (멋대로) 이득을 취할 방도는 없었고, 안 될 때 박해를 피할 방도도 없었으며, 반드시 (그들로) 하여금 자기 지위에 안락하고, 임금과 함께 즐거워하며, 자기 직책에 힘쓰고, 자기 이름을 영예榮譽롭게 하는 곳으로 되돌아가게 하였다. 따라서 자기 관직을 뛰어넘어 자기 무리를 떠난 자들은 반드시 손해를 보게끔 하였고, 자기 일을 하지 못해 자기 직책을 잃은 자들은 반드시 수치심을 갖게 하였다. 이 때문에 성왕이 백성들을 가르침에 인애仁愛로써 그들을 대하였고, 수치심으로써 그들을 부렸으며, 그들의 능력을 닦게 하여, 성과를 불러오는 데서 그치게 하였다. 따라서 말한다. "사악함을 끊고, 안정되게 다스리니, 편안하고 존귀해지며, 일을 도모함에 변함이 없는 것이 성왕의 도리다."

聖王之身, 治世之時, 德行必有所是, 道義必有所明. 故士莫敢詭俗異禮以自見[31]於國, 莫敢布惠緩行、修上下之交以和親於民, 故莫取超等踰官、漁利蘇[32]功, 以取順其君. 聖王之治民也, 進則使無由得其所利, 退則使無由避其所害, 必使反乎安其位, 樂其羣, 務其職, 榮其名而後止矣. 故踰其官而離其羣者, 必使有害; 不能其事而失其職者, 必使有恥. 是故聖王之敎民也, 以仁錯之, 以恥使之, 脩其能, 致其所成而止. 故曰: "絶[33]而定, 靜而治, 安而尊, 擧錯而不變者, 聖王之道也."

30 安井衡에 의하면, 固는 錮(막다)와 통하니, 塞(막히다)의 뜻이다.

31 여기서 見은 現(나타내다)의 뜻이다.

32 王念孫에 의하면, 蘇는 取(취하다), 索(찾다)의 뜻이다.

33 尹知章의 주석에 의하면, 絶은 絶邪僻(사악함을 끊어 버리다)의 뜻이다.

제15편

중령 重令

명령이 중하다

중령重令은 나라와 백성을 다스리는 데는 법령이 중요하다는 뜻이다. 이 편에서는 정반正反 두 방향에서 법령이 국가 통치에서 중요함을 말하였다. 또한 법령을 엄격히 집행할 것을 요구하고 있다. 법령 앞에서 사람은 모두 평등함을 주장하는 조기早期의 법가 사상이 뚜렷하다.

무릇 나라를 다스리는 도구 중에, 명령보다 중요한 것은 없다. 명령이 중하면 임금이 존귀해지고, 임금이 존귀해지면 나라가 편안하다. 명령이 가볍게 되면 임금도 낮아지고, 임금이 낮아지면 나라가 위태하다. 따라서 나라를 평안케 하는 것은 임금을 존귀하게 보는 데 있고, 임금을 존귀하게 하는 것은 명령을 집행하는 것이고, 명령의 집행은 엄한 형벌에 있다. 벌이 엄하여 명령이 수행되면, 모든 관리가 모두 두려워할 것이다. 벌이 엄하지 않아, 명령이 수행되지 않으면, 모든 관리가 모두 기뻐할 것이다. 따라서 영명한 임금은 백성을 다스리는 근본을 살피는데, 근본은 명령보다 중요한 것이란 없다. 따라서 말한다. 명령을 훼손하면 사형이고, 명령을 보태면 사형이고, 명령을 수행하지 않으면 사형이고, 명령을 유예猶豫시키면 사형이고, 명령을 따르지 않으면 사형이다. 이 다섯 가지가 사형이며 용서는 없으니, 명령만을 중시한다. 따라서 말한다. 명령이 위중하면 아랫사람들은 두려워한다. 임금 된 이가 분명히 깨닫지 못했다면, 비록 명령이 임금에게서 나오지만, '옳다', '옳지 않다'를 따지는 이는 아랫사람들이다. 임금 명령의 위배를 (자기) 위세로 삼아, 자기 멋대로 행하는 것을 사익으로 삼는다면, 모든 관리 중에 어찌 기뻐하지 않는 이가 있겠는가! 또한 명령이 비록 임금에게서 나오지만, '옳다', '옳지 않다'를 따지는 이는 아랫사람들에게 있다면, 이것은 위세가 아래에 백성에게 매인 것이다. 위세가 아래로 백성에게 매어 있는데, 임금이 위태롭지 않기를 바라는 것은, 바랄 수 없는 것이다. (임금의) 명령이 발동되었으나 (이것을) 지체시킨 일이 무죄라면, 이는 백성들에게 (임금을) 존경하지 말라하고 가르친 것이다. 명령이 발동되었으나 (이것을) 실행하지 않은 일이 무죄이고, 이것을 실행한 것이 유죄라면, 이것은 모두 백성들에게 (임금의 명령을) 듣지 말라 하고 시킨 것이다. 명령이 발동되었으나 '옳다', '옳지 않다'를 따지는 것이 관리에게 있다면, 이는 위세가 아래에서 나뉜 것이다. (임금의 명령을) 보태고 덜어 낸 것이 무죄라면, 이는 백성들에게 나쁜 길을 가르친 것이다. 이렇게 되면, 교언영색 하는 이들은, 장차 이것으로 사익을 이루기 위해 교제할 것이고, 당파 지어 이익을 추구하는 이들은, 장차 이것으로 당파에 아첨하고 동맹을 쟁취하며, 이를 탐하는 이들은, 장차 이것으로 뇌물을 받고 재산을 모을 것이고, 겁을 내고 나약한 이들은, 장차 이것 때문에 권귀權貴들에게 아첨하고 부자를 섬기며, 총신이나 뻐기고 자만하는 이들은, 장차 이것으로 명예를 사고 이름을 이루려고 할 것이다. 따라서 (임금의) 명령이 일단 반포되는 것은, 백성들에게 오거리에서 삐뚤어진 길을 현시하는 것인데, 임금이 위태롭지 않고, 아랫사람들이 난리치지 않기를 구하는 것은 있을 수 없는 일이다.

凡君國之重器, 莫重於令. 令重則君尊, 君尊則國安. 令輕則君卑, 君卑則國危. 故安國在乎尊君, 尊君在乎行令, 行令在乎嚴罰. 罰嚴令行, 則百吏皆恐. 罰不嚴, 令不行, 則百吏皆喜. 故明君察於治民之本, 本莫要於令. 故曰: 虧令者死, 益令者死, 不行令者死, 留令者死, 不從令者死. 五者死而無赦, 惟令是視. 故曰: 令重而下恐. 爲上者不明, 令出雖自上, 而論可與不可者在下. 夫倍上令以爲威, 則行恣於己以爲私, 百吏奚不喜之有? 且夫令出雖自上, 而論可與不可者在下, 是威下繫於民也. 威下繫於民, 而求上之毋危, 不可得也. 令出而留者無罪, 則是敎民不敬也. 令出而不行者毋罪, 行之者有罪, 是皆敎民不聽也. 令出而論可與不可者在官, 是威下分也. 益損者毋罪, 則是敎民邪途也. 如此, 則巧佞之人, 將以此成私爲交; 比周[1]之人, 將以此阿黨取與;[2] 貪利之人, 將以此收貨聚財; 懦弱之人, 將以此阿貴事富, 便辟伐矜之人, 將以此買譽成名. 故令一出, 示民邪途五衢, 而求上之毋危, 下之毋亂, 不可得也.

1 比周는 '당파를 지어 사익을 추구하다'의 뜻이다.
2 與는 親與, 즉 동맹을 말한다.

양식이 부족한데, 상업을 금지하지 않으면, 백성들에게 반드시 굶은 얼굴색이 있게 되고, 공장工匠들이 무늬 새긴 조각彫刻으로 서로 뽐내면, 역행逆行이라고 볼 수 있다. 베와 비단이 부족한데, 옷 짓는 데 절도가 없으면, 백성들은 반드시 동상에 걸리고 추위에 상하는 일이 있게 되는데, (옷감 짜는) 여자들은 아름다운 옷감과 직물로 서로 뽐낸다면, 역행이라 할 수 있다. 만승의 무장을 한 대국에서, 군졸들이 야전에서 적을 응대할 수 없어서, 나라가 반드시 위태롭게 되어 망하는 환난이 있는데, 군사들이 군역을 면했다고 뽐내는 것은 역행이라 할 수 있다. 사람에게 작위 주는 데 능력을 따지지 않고, 사람에게 녹봉을 주는 데 공로를 따지지 않는다면, 선비들은 임금의 명령을 수행하고 절개를 지키지 않을 것이며, 많은 신하는 반드시 외국과 사통하고 청탁할 것이며, 권도權道를 취하여 행할 것이고, (임금의) 총신들을 섬김으로써, 부귀로써 영화를 누리는 것을 서로 뽐낼 것이니, 역행이라 할 수 있다. 조정에는 고정된 법으로 삼을 만한 신하[經臣]가 있고, 나라에는 고정된 법으로 삼을 만한 풍속[經俗]이 있고, 백성에게는 고정된 법으로 삼을 만한 산업[經産]이 있다. 고정된 법으로 삼을 만한 신하란 무엇인가? 자기 능력을 관찰하여 벼슬을 받고, 임금을 속이지 않으며, 법령에 따라 엄격하게 통치하고, 당파에 아첨을 아니하고, 능력을 다하고 힘을 다 쓰며 (사리私利를) 얻기를 바라지 않고, 어려움을 당하고 환란을 당해도 죽음을 사양하지 않고, 봉록을 받되 자기 공적보다 지나치지 않으며, 작위를 받되 자기 능력을 과장하지 않으며, 내용 없이 허수로 받지 않는 사람이 조정의 경신經臣이다. 나라에 고정된 법으로 삼을 만한 풍속이란 무엇인가? (백성들이) 좋아하고 싫어하는 것이 임금(의 관점)에 위배되지 않고, (백성이) 중시하고 천시하는 것이 (임금의) 명령에 역행하지 않고, 임금의 뜻에 위배되는 일을 하지 않고, 아랫사람들과 영합迎合하는 일을 않고, 양생養生을 사치스럽게 하지 않고, (신분) 등급을 넘어서는 복식을 하지 않고, 향리의 행동에 근면하며, 조정의 행사에 역행하지 않는 것이 나라의 고정된 법으로 삼을 만한 풍속이다. 백성에게 고정된 법으로 삼을 만한 산업이란 무엇인가? 가축을 기르고 종자를 심고, 계절에 따라 곡식을 증식하고, 농사에 힘쓰고 초지를 개간하며, 장사와 소비를 금지하는 것이, 백성들이 고정된 법으로 삼을 만한 산업이다. 따라서 말한다. "조정에서 경신經臣을 귀히 보지 않으면, (임금 주위의) 총신들이 출세하여, 공이 없어도 허세로 (관록을) 취하고, 간특하고 사악한 행동을 하게 되며, 임금과는 소통할 길이 없어진다." 나라에서 경속經俗을 쓰지 않으면, 신하들이 순종하지 않고, 임금의 명령은 실시되기 어렵게 된다. 백성들이 경산經産에 힘쓰지 않으면, (나라의) 창고가 텅 비고, (나라의) 재정이 부족해진다. 총신들이 출세하고, 공이 없어도 허세로 (봉록을) 취하고, 간특하고 사악한 행동을 하게 되고, 임금과 소통할 방도가 없게 되면, 큰 신하들은 화목치 못하고, 신하들은 순종하지 않으며, 임금의 명령이 집행되기 어려우면, 난리에 응대해도 이길 수 없게 된다. (나라의) 창고가 텅 비고, 재정이 부족하면, 나라는 굳게 지킬 방도가 없게 된다. 이 3가지 중에 하나가 나타나면, 적국이 압제할 것이로다!

菽粟[3]不足, 末生[4]不禁, 民必有饑餓之色, 而工以雕文刻鏤相穉[5]也, 謂之逆. 布帛不足, 衣服毋度, 民必有凍寒之傷, 而女以美衣錦繡綦[6]組相穉也, 謂之逆. 萬乘藏兵之國, 卒不能野戰應敵, 社稷必有危亡之患, 而士以毋分役相穉也, 謂之逆. 爵人不論能, 祿人不論功, 則士無爲行制[7]死節, 而羣臣必通外請謁, 取權道行, 事便辟, 以貴富爲榮華以相穉也, 謂之逆. 朝有經[8]臣, 國有經俗, 民有經產. 何謂朝之經臣? 察身能而受官, 不誣於上, 謹於法令以治, 不阿黨, 竭能盡力而不尙得, 犯難離患而不辭死, 受祿不過其功, 服位不侈[9]其能, 不以毋實虛受者, 朝之經臣也. 何謂國之經俗? 所好惡不違於上, 所貴賤不逆於令, 毋上拂[10]之事, 毋下比[11]之說, 毋侈泰[12]之養, 毋踰等之服, 謹於鄕里之行, 而不逆於本朝之事者, 國之經俗也. 何謂民之經產? 畜長[13]樹蓺,[14] 務時殖穀, 力農墾草, 禁止末事者, 民

3 菽粟은 콩과 조인데, 양식을 의미한다.

4 黎翔鳳에 의하면, 生은 곧 産이니, 末産은 상업이다.

5 黎翔鳳에 의하면, 穉는 稺(어리다)와 같다. 稺는 驕(교만하다)로 훈독될 수 있다.

6 王念孫에 의하면, 綦(연둣빛 비단)는 纂(붉은 띠)의 오자다. 纂組는 '매우 아름다운 직물'의 뜻이다.

7 湯孝純에 의하면, 行制는 '임금의 명령을 수행하다'의 의미다. 『新譯管子讀本』(上), 217頁, 注7 参조.

8 湯孝純에 의하면, 經은 常法(고정된 법)의 뜻이다. 上同, 218頁, 注1 참조.

9 湯孝純에 의하면, 侈는 과분함의 뜻이다. 上同, 注6 참조.

10 尹知章의 주석에 의하면, 拂은 違(어기다, 위반하다)다.

11 湯孝純에 의하면, 比는 親合하다, 迎合하다의 뜻이다. 上同, 注8 참조.

12 趙守正에 의하면, 侈泰는 奢侈이다. 『管子通解』(上), 207頁, 注2 참조.

13 尹知章의 주석에 의하면, 畜長은 축산이다.

14 『孟子』, 「滕文公」(上): '后稷敎民稼穡, 樹蓺五穀'의 注에, 樹는 種(종자를 심다)이고, 蓺는 植(심다)이니, 樹蓺는 종자(씨)를 심음의 뜻이다.

之經産也. 故曰: "朝不貴經臣, 則便辟得進, 毋功虛取, 姦邪得行, 毋能上通." 國不服經俗, 則臣下不順, 而上令難行. 民不務經産, 則倉廩空虛, 財用不足. 便辟得進, 毋功虛取, 姦邪得行, 毋能上通, 則大臣不和, 臣下不順, 上令難行, 則應難不捷. 倉廩空虛, 財用不足, 則國毋以固守. 三者見一焉, 則敵國制之矣.

따라서 나라는 내용 없이 존중받을 수 없고, 군대는 내용 없이 승리할 수 없고, 백성은 내용 없이 쓰여질 수 없고, (임금의) 명령은 내용 없이 행해질 수 없다. 무릇 나라가 존중받는 것은, 반드시 군대의 승리를 기다려서, 나라는 이에 존중받게 된다. 무릇 군대의 승리는 반드시 백성들의 쓰임새를 기다려서, 군대는 이에 승리하게 된다. 무릇 백성들의 쓰임새는 반드시 (임금의) 명령의 수행을 기다려서, 백성들은 이에 쓰임새가 있게 된다. 무릇 명령의 수행은 반드시 (임금) 가까이 있는 자들의 승리를 기다려, (임금의) 명령은 이에 실행하게 된다. 따라서 금지명령이 (임금의) 가까운 권귀權貴들을 이기지 못하고, 형벌이 (임금의) 총신들에게는 실행되지 않고, 법의 금지가 (죄가) 엄중한 자를 벌주지 못하나, (임금과) 소원한 자는 해를 입고, 상급이 (지위가) 낮고 천한 이에게는 실시되지 않으면서, (임금의) 명령이 반드시 실행되기를 구한다면, 가능할 수가 없다. 능력 있으나 관직에는 통하지 못하고, 녹봉과 상급을 받는데 공적에 합당치 않고, 호령이 민심에 역행하고, 동정의 태도가 시대의 변화에 위배되고, 공이 있어도 반드시 상을 받지 못하고, 죄가 있어도 반드시 책임 추궁당하지 않고, (임금이) 명령을 내려도 반드시 실행되지 못하고, 금지시켜도 반드시 정지시킬 수 없고, 임금의 자리에 있어도 아랫사람들을 부릴 수 없는데, 백성들의 쓰임새를 반드시 구한다면, 가능할 수가 없다. 장수가 엄격한 위세가 없고, 백성의 마음이 하나로 통일되어 있지도 않고, 진지에 임한 군사들이 군주의 명령에 따라 죽을 각오가 없으며, 군사들이 적을 두려워하지도 않는데, 군대가 반드시 승리하기를 구하는 것은, 가능할 수가 없다. 국내의 수비도 완정完整할 수 없고, 밖으로의 공격도 (적을) 굴복시킬 수 없고, 야전에서 적을 제압할 수도 없고, 침략하고 정벌해도 이웃 나라들을 위협할 수 없으면서, 나라가 존중되기를 바라는 것은, 가능할 수가 없다. 약소국들에게 덕을 베풀지 않고, 강대국들에게 위세가 신장되지 않으며, 정벌로써 천하를 복종시킬 수 없으면서, 으뜸 제후[覇]가 되고자 하면, 가능할 수가 없다. 위세에도 양립하는 타국이 있고, 군사력에도 나누어 다투는 타국이 있는데, 덕이 먼 나라들을 품을 수 없고, 명령이 제후들을 하나로 할 수 없는데, 천하에 왕이 되겠다는 것은, 가능할 수가 없다.

故國不虛重, 兵不虛勝, 民不虛用, 令不虛行. 凡國之重也, 必待兵之勝也, 而國乃重. 凡兵之勝也, 必待民之用也, 而兵乃勝. 凡民之用也, 必待令之行也, 而民乃用. 凡令之行也, 必待近者之勝也, 而令乃行. 故禁不勝於親貴, 罰不行於便辟, 法禁不誅於嚴重而害於疏遠, 慶賞不施於卑賤而求令之必行, 不可得也. 能不通於官, 受祿賞不當於功, 號令逆於民心, 動靜詭[15]於時變, 有功不必賞, 有罪不必誅, 令焉不必行, 禁焉不必止, 在上位無以使下, 而求民之必用, 不可得也. 將帥不嚴威, 民心不專一, 陳士[16]不死制,[17] 卒士不輕敵,[18] 而求兵之必勝, 不可得也. 內守不能完, 外攻不能服, 野戰不能制敵, 侵伐不能威四鄰, 而求國之重, 不可得也. 德不加於弱小, 威不信[19]於强大, 征伐不能服天下, 而求霸諸侯, 不可得也. 威有與兩立, 兵有與分爭, 德不能懷遠國, 令不能一諸侯, 而求王天下, 不可得也.

영토가 크며 나라가 부유하고, 인구가 많고 병력이 강한 것, 이것은 으뜸 제후[霸]나 왕이 되는 근본이나, (나라가) 위태로워지고 망하는 것과 이웃하는 것이리라! '하늘 도리'[天道]의 추세와 인심人心의 변화는 (모두 급변한다.) 천도의 추세는 극단에 이르면 되돌아오고, 왕성하면 쇠퇴한다. 인심의 변화는, 여유 있으면 교만해지고, 교만해지면 느려지고 게을러진다. 교만하다는 것은 제후들에게 교만한 것이고, 제후들에게 교만하다는 것은, 밖에서 제후들에게 신망을 잃어버리는 것이다. 느슨하고 게을러지면, 백성들이 나라 안에서 난리를 일으킨다. (나라) 밖에서 제후들이 신망을 잃으면, 백성들이 (나라) 안에서 난리를 일으키는 것이 천도天道이니, 이것이 위태롭게 되거나 망하는 때다. 무릇 영토가 비록 광대하나, 겸병하지 않고, 강탈하지 않으며, 인구가 비록 많으나, 느려지고 게으르지 않으며, 나라가 비록 부유해도, 사치하지 않

15 安井衡에 의하면, 詭(기만하다)는 違(어기다)의 의미다.

16 湯孝純에 의하면, 陳士는 陣士, 즉 陣地에 참여한 병사다. 『新譯管子讀本』(上), 220頁, 注6 참조.

17 趙守正에 의하면, 死制는 死於軍令(군령에 의해 죽다)의 뜻이다. 制는 制令(임금의 명령)이니, 이곳에서는 軍令을 의미한다. 『管子通解』(上), 208頁, 注4 참조.

18 安井衡에 의하면, 輕敵은 藐視(경시하다), 즉 '두려워하지 않음'의 뜻이다.

19 信은 伸(펴다)과 통한다.

고, 욕심나는 대로 함부로 하지 않고, 군대가 비록 강력하나, 제후들을 가볍게 모욕하지 않고, 많은 사람을 동원하고 전쟁을 해도, 반드시 천하를 위하여 바르게 정리한다. 이것이 천하의 근본을 바로잡고, 으뜸 제후나 왕이 되는 군주다.

地大國富, 人衆兵强, 此霸、王之本也, 然而與危亡爲鄰矣. 天道之數,[20] 人心之變. 天道之數, 至則反, 盛則衰. 人心之變, 有餘則驕, 驕則緩怠. 夫驕者驕諸侯, 驕諸侯者, 諸侯失於外. 緩怠者, 民亂於內. 諸侯失於外, 民亂於內, 天道也, 此危亡之時也. 若夫地雖大而不並兼, 不攘奪; 人雖衆, 不緩怠, 不傲下; 國雖富, 不侈泰, 不縱欲; 兵雖强, 不輕侮諸侯, 動衆用兵, 必爲天下政[21]理. 此正天下之本, 而霸、王之主也.

무릇 선왕이 나라를 다스리는 도구는 셋인데, 공격하여 그것을 훼손시키는 것은 여섯 가지다. 영명한 왕이 이들의 공격을 이길 수 있기 때문에 세 가지에 더 보태지 않아도, 스스로 나라를 가질 수 있고, 천하를 바로잡을 수 있다. 혼란을 일으키는 왕은 이들의 공격을 이길 수 없기 때문에 또한 이 세 가지에서 덜어내지 않아도, 스스로 천하를 소유하나 망하고 만다. 세 가지 도구란 무엇인가? 말한다. "(임금의) 호령, (벌주는) 작은 도끼[斧]와 큰 도끼[鉞] 그리고 봉록과 상급이다."

여섯 가지 공격이란 무엇인가? 말한다. "① 가까운 사람 ② 고귀한 귀족 ③ 재물 ④ 미색 ⑤ 교묘한 아첨꾼 ⑥ 즐기는 기호품이다."

세 가지 도구를 씀은 무엇을 말하는가? 말한다. "(임금의) 호령이 아니면 아랫사람들을 부릴 수 없고, (벌주는) 부월이 아니면 무리들에게 위세를 부릴 수 없고, 녹봉과 상급이 아니면 백성들을 권면하지 않는 것이다."

여섯 가지 공격의 실패란 무엇인가? 말한다. "(임금의 명령을) 비록 듣지 않더라도, 생존할 수 있고, (나라의) 금지 사항을 범했어도, (형벌을) 면할 수 있고, (나라에) 공로가 없더라도, 부유해질 수 있는 것이다."

무릇 나라에 (임금의) 명령을 따르지 않고도 생존할 수 있다면, 호령이라도 아랫사람들을 일 시킬 수 없고, 금지 사항을 어겼더라도 (형

20 黎翔鳳에 의하면, 數는 자연의 趨勢다.

21 趙守正에 의하면, 政理는 正理(바르게 정리하다)와 같다. 上同, 209頁, 注3 참조.

벌을) 면할 수 있으면, 부월이라도 무리들에게 위세를 부리기에 부족하며, (나라에) 공로가 없어도 부유해질 수 있으면, 녹봉과 상급도 백성을 권면케 할 수 없다. (임금의) 호령도 아랫사람들을 부리기에 부족하고, 부월도 무리들에게 위세를 가하기에 부족하고, 녹봉과 상급도 백성들을 권면하기에 부족하다. 이와 같다면 백성들은 스스로 (나라를 위해) 쓰일 수가 없다. 백성이 (나라를 위해) 스스로 쓰일 수 없다면 전쟁을 하여도 승리할 수 없고, 전쟁에 승리를 못하면 (나라의) 수비가 견고할 수 없고, 수비가 견고하지 못하면 적국에게 제압당할 것이로다! 그렇다면 선왕들은 장차 어떻게 할 것인가?

말한다. "여섯 가지 실패 때문에 (임금의) 명령을 바꿀 수 없고, 여섯 가지 실패 때문에 (형벌 주는) 부월을 쓸 생각이 없고, 여섯 가지 실패 때문에 녹봉과 상급을 보태거나 덜어 낼 수 없다."

이렇게 된다면 멀리에 있거나 가까이에 있는 사람들이 한마음이 되고, 멀리에 있거나 가까이에 있는 사람들이 한마음이 되면 큰 무리나 적은 무리들이 힘을 함께할 것이고, 큰 무리나 적은 무리가 힘을 같이하면 전쟁에서 반드시 이길 수 있고, (나라의) 방비는 반드시 굳건할 것이다. 겸병하거나 강탈이 아니어도, 천하의 정치는 잘 다스려질 것이다. 이것이 천하를 바로잡는 도리다.

凡先王治國之器三, 攻而毁之者六. 明王能勝其攻, 故不益於三者而自有國正天下. 亂王不能勝其攻, 故亦不損於三者而自有天下而亡. 三器者何也? 曰: "號令也, 斧鉞也, 祿賞也." 六攻者何也? 曰: "親也, 貴也, 貨也, 色也, 巧佞也, 玩好也." 三器之用何也? 曰: "非號令毋以使下, 非斧鉞毋以威衆, 非祿賞毋以勸民." 六攻之敗何也? 曰: "雖不聽而可以得存者, 雖犯禁而可以得免者, 雖毋功而可以得富者." 凡國有不聽而可以得存者, 則號令不足以使下; 有犯禁而可以得免者, 則斧鉞不足以威衆; 有毋功而可以得富者, 則祿賞不足以勸民. 號令不足以使下, 斧鉞不足以威衆, 祿賞不足以勸民. 若此則民毋爲自用. 民毋爲自用則戰不勝, 戰不勝而守不固, 守不固則敵國制之矣. 然則先王將若之何? 曰: "不爲六者變更於號令, 不爲六者疑錯[22]於斧鉞, 不爲六者益損於祿賞." 若此則遠近一心, 遠近一心則衆寡同力, 衆寡同力則戰可以必勝, 而守可以必固. 非以幷兼攘奪也, 以爲天下政治也. 此正天下之道也.

22 黎翔鳳에 의하면, 疑錯은 擬措(조치할 생각이다)의 뜻이다.

법법 法法

법으로 법을 시행

법법法法은 법으로 법을 삼다, 혹은 법으로 법을 시행하다의 뜻이다. 본 편에서는 입법立法(법의 제정)과 집법執法(법의 집행)의 관점에서 법치의 중요성을 말한다. 이 편의 작자는 첫째, 입법은 법을 지키고, 집행함으로써만 철저하게 그 의의를 드러낸다고 본다. 둘째, 법을 집행하려면, 철저하게 엄격하고 공정 무사 해야만 한다는 법의 엄숙성을 말한다.

법을 법대로 시행하지 않으면 나라의 일에는 상도가 없어지고, 법이 법으로 집행되지 않으면 (국가) 명령이 실시되지 않는다. 명령이 집행되지 않으면 명령이 법적 효력이 없다. 법으로 집행되지 않았다면 명령을 마련한 이가 (사정을) 잘 모른 것이다. 잘 알았지만 집행되지 않았다면 상벌이 가벼운 것이다. (상벌이) 무거운데 집행되지 않았다면 상벌이 (사람들에게) 믿기지 않은 것이다. 믿음직했는데도 집행이 안 되었다면 (임금께서) 몸으로써 실천하지 않은 것이다. 따라서 말한다. "금지가 (임금) 자신에게서 승리했다면, 명령은 백성들에게 집행되었을 것이로다!" 현명한 이에 대하여 듣고도 천거하지 않았다면, (정국이) 위태롭다. 착한 사람에 대하여 듣고도 찾아보지 않았다면, (정국이) 위태롭다. 능한 사람을 보고도 일을 시키지 않았다면, (정국이) 위태롭다. 남에게 친절하면서 (관계가) 군건하지 않다면, (정국이) 위태롭다. 모의는 함께 했으나 틈이 생겼다면, (정국이) 위태롭다. 남을 위험에 빠뜨리려고 했으나 그렇게 할 수 없었다면, (정국은) 위태롭다. 사람을 폐기했다가 다시 기용한다면, (정국은) 위태롭다. 가능했으나 (적기에) 안 했으면, (정국은) 위태롭다. 풍족하나 구휼하지 않았으면, (정국은) 위태롭다. 은밀한 일에 비밀을 못 지키면, (정국이) 위태롭다. 임금이 주도周到하고 세밀치 못하면, 바른말 하고 직선적으로 행동하는 선비가 위험하고, 바른 말 하고 직선적으로 행동하는 선비가 위태하면, 임금은 외롭고 친밀한 사람이 없으며, 임금이 외롭고 친밀한 사람이 없으면, 신하들이 당파를 만들고 무리를 이룬다. 임금으로 하여금 외롭고 친밀한 사람이 없게 하여, 신하들이 당파를 만들고 무리를 이룬다면, 이것은 신하들의 죄가 아니라, 임금의 잘못이다.

不法法則事[1]毋常, 法不法則令不行. 令而不行則令不法也. 法而不行則脩令者不審也. 審而不行則賞罰輕也. 重而不行則賞罰不信也. 信而不行則不以身先之也. 故曰: "禁勝於身, 則令行於民矣." 聞賢而不擧, 殆. 聞善而不索, 殆. 見能而不使, 殆. 親人而不固, 殆. 同謀而離, 殆. 危人而不能, 殆. 廢人而復起, 殆. 可而不爲, 殆. 足而不施, 殆. 幾[2]而不密, 殆. 人主不周密, 則正言直行之士危; 正言直行之士危, 則人主孤而毋內;[3] 人主孤而毋內, 則人臣黨而成羣. 使人主孤而毋內, 人臣黨而成羣者, 此非人臣之罪也, 人主之過也.

백성들에게 엄중한 죄가 없다면, 잘못은 큰 것이 아니다. 백성들에게 큰 잘못이 없다면, 임금의 용서도 필요 없다. 임금이 작은 잘못을 용서해 주면, 백성들에게 엄중한 죄가 많아지게 되는 것은, (작은 죄들이) 쌓인 데서 생겨난 것이다. 따라서 말한다. 용서가 나가면 백성들은 공경하지 않게 되고, 혜택이 행해지면 과오가 날로 많아진다. 혜택과 용서가 백성들에게 베풀어지면, 감옥監獄이 비록 꽉 차고, 사형이 비록 빈번해져도, 간특함은 이루다 이길 수 없이 많아질 것이로다! 따라서 말한다. "사악한 일은, 그것을 일찍이 금지하는 것만 한 것이 없다." 과오를 용서해 주고 착한 일은 잊어버린다면, 백성들은 고무될 수 없다. 과오가 있으면 용서하지 않고, 좋은 일을 잊어버리지 않는 것이, 백성을 고무시키는 도리이니, 여기에서 (백성들을) 쓸 수 있을 것이로다! 따라서 말한다. "영명한 임금은 일을 잘 결단한다."

民毋重罪, 過不大也. 民毋大過, 上毋赦也. 上赦小過, 則民多重罪, 積之所生也. 故曰: 赦出則民不敬,[4] 惠行則過日益. 惠赦加於民, 而囹圄雖實,

1 여기서 事는 國事(나라의 일)을 말한다.

2 趙守正에 의하면, 幾는 隱微하다의 뜻이다. 『管子通解』(上), 216頁, 注4 참조.

3 丁士涵에 의하면, 內는 親(친밀하다)과 같다.

4 黎翔鳳에 의하면, 『說文解字』에 따르면, 敬은 肅(엄숙하다, 공경하다)이다.

殺戮雖繁, 姦不勝矣. 故曰: "邪莫如蚤禁之." 赦過遺善, 則民不勵. 有過不赦, 有善不遺, 勵民之道, 於此乎用之矣. 故曰: "明君者, 事斷者也."

임금은 백성에 대하여 3가지 욕구가 있으니, 3가지 욕구를 절제하지 못하면, 임금의 지위가 위태롭다. 3가지 요구란 무엇인가? 첫째는 요구요, 둘째는 금지요, 셋째는 명령이다. (임금은) 요구하면 반드시 얻기를 바라고, 금지하면 반드시 그치기를 바라고, 명령은 반드시 수행되기를 원한다. 요구하는 것이 과다하면 임금이 얻는 것은 적을 것이고, 금지 사항이 많으면 그치게 하는 것이 적을 것이고, 명령이 많아지면 실행되는 것이 적어진다. 요구했는데 얻지 못했다면 위세가 날로 손해를 본 것이요, 금했는데 그치지 않았다면 형벌이 수모당한 것이요, 명령이 이행되지 않았다면 아랫사람들이 임금을 능멸한 것이다. 따라서 많이 요구하여 많이 얻은 일은 아직 없었고, 금지를 많이 시켜서 많이 그친 일은 아직 없었고, 많은 명령을 내려서 많이 실행된 일은 아직 없었다. 따라서 말한다. 임금이 가혹하면 아랫사람들이 (그 말을) 듣지 않으며, 아랫사람들이 듣지 않는다고 (임금이) 형벌로써 강제하면, 임금 된 자를 많은 이가 (해치려) 도모할 것이로다! 임금이 되었으나 많은 이가 (해치려) 도모하면, (임금이) 비록 위태롭지 않기를 바라지만, 그렇게 될 수 없다.

君有三欲於民, 三欲不節, 則上位危. 三欲者何也? 一曰求, 二曰禁, 三曰令. 求必欲得, 禁必欲止, 令必欲行. 求多者其得寡, 禁多者其止寡, 令多者其行寡. 求而不得則威日損, 禁而不止則刑罰侮, 令而不行則下凌上. 故未有能多求而多得者也, 未有能多禁而多止者也, 未有能多令而多行者也. 故曰: 上苛則下不聽, 下不聽而彊以刑罰, 則爲人上者衆謀矣. 爲人上而衆謀之, 雖欲毋危, 不可得也.

(임금의) 호령이 이미 발동되었는데 또 그것을 바꾸고, 예의禮義가 이미 실행되었는데 또 그것을 정지시키고, (임금의) 도량度量이 이미 제정되었는데 또 이것을 변경하고, (임금의) 형법이 이미 내려졌는데 또 그것을 바꾸어 버린다. 이와 같다면, 축하와 상급이 비록 막중하더라도, 백성들은 권면되지 않고, 살육의 형벌이 비록 번다繁多해도, 백성들이 두려워하지 않는다. 따라서 말한다. "임금께서 확고한 마음이 없으면, 아랫사람들은 의심을 할 것이고, 나라에 항상적 규칙[常經]이 없더

라도, 백성들은 힘을 다 소진하는 것이 도리다." 영명한 임금이 윗자리에 있으면, 백성들은 개인적 의견을 내어 스스로를 귀한 자로 여길 수 없다. 나라에는 (윗사람이 아랫사람에 대한) 특이한 명령은 없어야 되고, 잡된 풍속도 없고, 별다른 예절도 없어야, 선비들에게 사사로운 논의가 없을 것이다. 거만하여 명령을 바꾸고, 의법儀法에 금 도색을 칠하고 제도制度를 그려 내며, 사사로운 논의를 일으키면 다 죽여야 한다. 따라서 강한 자는 꺾이고, 날카로운 자는 무뎌지고, 굳센 자는 깨어져야 한다. (백성들을) 먹줄[즉 법]로써 이끌고, 이들을 살육으로 묶어 둔다. 따라서 만백성의 마음은 모두 복종하여 임금을 따른다. 그들은 밀면 따라가고, 이끌게 되면 따라오니, 저들 아랫사람들이 사사로운 논의를 하여 스스로 존귀하게 보면, 분쟁을 일으키고 물러나게 되기에, (임금의) 명령은 이로부터 시행될 수 없게 된다! 따라서 말한다. "사사로운 논의가 세워지면, 군주[임금]의 도리는 낮아질 것이로다!" 스스로를 임금에 빗대어 건방을 떨고, (임금의) 명령을 바꾸고, 의법에 금 도색을 칠하고 제도를 그려 내며, 풍속도 바꿔 버리게 되면, 괴이한 복장이나 특수한 이론도 오히려 성립할 것이로다! 위로는 임금의 명령을 실행하지 않고, 아래로는 향리(의 습속)에 부합되지 않으나, 변환을 제멋대로 하여, 나라의 습속을 바꾸는 자는, 그들을 이름하여 '관리되지 않는 사람'(不牧之民)이라 한다. '관리되지 않는 사람'은, 법망 밖에 있으니, 법망 밖에 있다면, 죽여야 한다. 현명한 이로 하여금 능력으로 먹고살게 하고, 전투하는 군사는 공적으로 먹고살게 해야 한다. 현명한 이가 능력으로 먹고살면, 임금은 존귀하게 되고 백성들은 따르게 되며, 전투하는 군사들이 공적으로 먹고살게 되면, 군졸들은 (국가의) 혼란을 가벼이 보게 되고 적들을 무시하게 된다. 임금이 존귀해지고 백성들이 순종하며, 군졸들이 혼란을 가벼이 여기고 적들을 무시하게 된다. 이 두 가지가 나라에 시행된다면, 천하는 다스려지고 임금은 편안할 것이로다!

號令已出又易之, 禮義已行又止之, 度量已制又遷之, 刑法已錯又移之. 如是, 則慶賞雖重, 民不勸也; 殺戮雖繁, 民不畏也. 故曰: "上無固植,[5] 下

5 尹知章의 주석에 의하면, 植은 心(마음)이다.

有疑心, 國無常經, 民力必竭, 數[6]也." 明君在上位, 民毋敢立私議自貴者. 國毋怪嚴,[7] 毋雜俗, 毋異禮, 士毋私議. 倨傲易令, 錯[8]儀畫制, 作議者盡誅. 故彊者折, 銳者挫, 堅者破. 引之以繩墨, 繩之以誅僇. 故萬民之心皆服而從上. 推之而往, 引之而來, 彼下有立其私議自貴, 分爭而退者, 則令自此不行矣. 故曰: "私議立則主道卑矣." 况主[9]倨傲易令, 錯儀畫制, 變易風俗, 詭服殊說猶立. 上不行君令, 下不合於鄉里, 變更自爲, 易國之成俗者, 命之曰不牧之民. 不牧之民, 繩之外也, 繩之外誅. 使賢者食於能, 鬭士食於功. 賢者食於能, 則上尊而民從; 鬭士食於功, 則卒輕患而傲敵. 上尊而民從, 卒輕患而傲敵. 二者設[10]於國, 則天下治而主安矣.

무릇 용서는 이익은 작고 손해는 큰 것이니, 따라서 (세월이) 오래되면 그 화를 다 감당할 수 없다. 용서를 안 하는 것은, 손해는 작고 이익은 크니, 따라서 (세월이) 오래되면 그 복을 다 감당할 수 없다. 따라서 용서는 날뛰는 말의 고삐를 놓는 격이고, 용서를 안 한다는 것은, 뾰루지[痤]와 등창[疽]을 치료하는 '돌 침[砭]'과 같다. 작위가 높지 않고, 녹봉이 많지 않은 사람이라면, 함께 난리를 도모하고 위험을 감수할 수 없는 것은, 그 방도로는 문제를 해결할 수 없기 때문이다. 이 때문에 선왕들은 수레[軒]와 모자[冕]의 등급을 제정하여, 충분히 귀천을 드러냈지만, 그것들의 미를 추구한 것이 아니고, 작위와 녹봉을 설정하여, 충분히 그 복색의 차이를 지킨 것은 복색의 외관을 찾은 것이 아니다. 군자들로 하여금 도리로써 먹고살게 하였고, 소인들은 자기 힘으로 먹고살게 하였다. 군자들이 도道로써 먹고살면, 임금은 존귀해지고 백성들은 순종하며, 소인들이 제 힘으로 먹고살면, 재력이 많아지고 공양供養이 충족하게 된다. 임금이 존귀해지고 백성들은 순종하고, 재산이 많고 공양이 충족하니, 이 4가지가 다 갖추어져 모두 만족하니, (이에) 임금이 계절(의 변화)를 존중하면 왕 노릇하기가 어렵지 않을 것이로다! 문인들에게는 세 번의 관용이 있고, 무관에게는 한 번의

6 尹知章의 주석에 의하면, 數는 理(도리)다.

7 黎翔鳳에 의하면, 嚴은 敎命(윗사람의 아랫사람에 대한 敎令이나 지시)다.

8 黎翔鳳에 의하면, 『說文解字』에, '錯, 金涂也' 했고, 錯은 '황금을 칠함'의 뜻이니, 畫(그림 그리다)와 같은 뜻이다. 또한 『說文解字』에, 作은 興(일으키다)이라고 했으니, '興事生非'(일을 만들어 그릇된 일을 만든다)의 興과 같은 의미다.

9 黎翔鳳에 의하면, 況主는 '自比於主也'(스스로를 임금에게 빗대다)의 뜻이다.

10 湯孝純에 의하면, 設은 설치, 시행의 뜻이다. 『新譯管子讀本』(上), 230頁, 注4 참조.

용서도 없다. 혜택[惠]은, 용서가 많고, 먼저는 쉽고 나중에는 어려워지니, 시간이 오래되면 그 화를 다 감당할 수 없다. 법이란, 먼저는 어렵고 나중은 쉬워지니, 시간이 오래되면 그 복을 다 감당할 수 없다. 따라서 혜택이란 백성들의 원수요, 법이란 백성들의 부모와 같다. 제일 좋기로는 법의 제도로 제압하는 것이고, 그다음은 잘못이 있으면 그것을 따져 물을 수 있는 것이니, 비록 과실이 있더라도 또한 (그것이) 심하지는 않을 것이로다! 영명한 군주가 종묘를 만든 것은 제사를 충분히 공경하기 위해 만든 것이지, 외관의 아름다움을 찾은 것은 아니고, 궁실, 누대와 정자들을 만든 것은, 건조하고 축축한 것과 추위와 더위를 충분히 피하려는 것이지, 그것들의 웅대함을 찾은 것이 아니며, 조각, 무늬를 새기고 넣은 것은 귀천을 충분히 구별해 내려고 한 것이지, 볼거리를 찾은 것은 아니다. 따라서 농부들이 농사철을 잃지 않고, 많은 공장工匠이 그 재능을 잃지 않고, 상인들이 이익을 폐기하지 않고, 백성들이 노는 날이 없으면, 재물에 막힘이 없어진다. 따라서 말한다. "검약이 정도正道로구나!"

凡赦者, 小利而大害者也, 故久而不勝其禍. 毋赦者, 小害而大利者也, 故久而不勝其福. 故赦者, 犇馬之委轡; 毋赦者, 痤雎[11]之礦[12]石也. 爵不尊, 祿不重者, 不與圖難犯危, 以其道爲未可以求之也. 是故先王制軒冕足以著貴賤, 不求其美; 設爵祿所[13]以守其服, 不求其觀也. 使君子食於道, 小人食於力. 君子食於道, 則上尊而民順; 小人食於力, 則財厚而養足. 上尊而民順, 財厚而養足, 四者備體則胥[14]足, 上尊時而王不難矣. 文有三侑,[15] 武毋一赦. 惠者, 多赦者也, 先易而後難, 久而不勝其禍. 法者, 先難而後易, 久而不勝其福. 故惠者, 民之仇讎也; 法者, 民之父母也. 太上以制制度, 其次失而能追之, 雖有過亦不甚矣. 明君制宗廟, 足以設賓[16]祀, 不求其美; 爲宮室臺榭, 足以避燥溼寒暑, 不求其大; 爲雕文刻鏤, 足以辨貴賤, 不求其觀. 故農夫不失其時, 百工不失其功, 商無廢利, 民無游日, 財無砥[17]墆. 故曰: "儉其道乎!"

11 雎는 疽(등창) 자와 통한다.
12 王念孫에 의하면,礦(쇳돌)石은 砭石(돌침)을 말한다.
13 宋翔鳳에 의하면, 所와 足은 옛날에는 통용되었다.
14 여기서 胥는 '모두'의 뜻이다.
15 洪頤煊에 의하면, 侑(권하다)는 宥(용서하다, 돕다)와 통한다.
16 黎翔鳳에 의하면, 『說文解字』에 '賓, 所敬也'(賓은 공경받는 것이다)라고 했으니, 귀신을 공경하여 받드는 것은 神主만 공경하는 것이 아님의 의미다.
17 兪樾에 의하면, 砥(숫돌)는 底(바닥)로 읽어야 한다. 底는 滯(체증, 막히다)의 뜻이다.

(임금의) 명령이 아직 반포되지 않았는데, 백성들이 혹시 일을 했다해서, 그것에 상급이 따랐다면, 이는 임금이 망령되게 준 것이다. 임금이 (상급을) 망령되게 주었다면 공신들이 원망할 것이고, 공신들이 원망하면 어리석은 백성들은 일을 망령되게 할 것이니, 우매한 백성들이 일을 망령되게 한다면, (그것이) 큰 난리를 일으키는 근본이다. (임금의) 명령이 아직 반포되지 않았는데 형벌이 내려졌다면, 이것은 임금이 망령되게 죽인 것이다. 임금이 망령되게 죽이면 백성들이 사는 것을 가볍게 보며, 백성들이 사는 것을 가볍게 보면 폭도들이 일어나며, 떼거리 당파들이 일어나고 난적들이 작동할 것이로다! (임금의) 명령이 이미 반포되었으나, 상급[賞]이 따르지 않으면, 이는 백성들로 하여금 서로 권면하게도, 법제를 시행하게도, 죽음의 절개도 못 지키게 한다. 백성들이 권면하지도 않고, 법제를 시행하지도 않고, 죽음의 절개도 못 지키게 되면, 전투해도 승리할 수 없고 수비를 하여도 튼튼치 못하게 되니, 전투에서 승리하지 못하고 수비가 튼튼치 못하면, 나라는 불안해질 것이로다! 명령이 이미 반포되었으나 형벌이 못 미친다면, 이는 백성들에게 가르쳐도 (그들이) 듣지 않게 된다. 백성들이 (임금의 명령을) 듣지 않게 되면, 강한 자들이 일어나니 임금의 지위는 위태로워질 것이로다! 따라서 말한다. "법의 제도는 반드시 도리를 본받고, (임금의) 호령은 반드시 분명하게 드러나며, 상과 벌은 반드시 믿음성 있고 비밀이 지켜져야 하니, 이것이 백성들을 바로잡는 방법이다."

令未布而民或爲之, 而賞從之, 則是上妄予也. 上妄予則功臣怨, 功臣怨而愚民操事於妄作, 愚民操事於妄作, 則大亂之本也. 令未布而罰及之, 則是上妄誅也. 上妄誅則民輕生, 民輕生則暴人興, 曹[18]黨起而亂賊作矣. 令已布而賞不從, 則是使民不勸勉, 不行制, 不死節. 民不勸勉, 不行制, 不使節, 則戰不勝而守不固, 戰不勝而守不固, 則國不安矣. 令已布而罰不及, 則是敎民不聽. 民不聽則彊者立, 强者立則主位危矣. 故曰: "憲律制度必法道, 號令必著明, 賞罰必信密, 此正民之經也."

무릇 큰 나라의 임금은 존귀하나, 작은 나라의 임금은 낮은 대우를 받는다. 큰 나라의 임금이 존귀한 대접을 받는 까닭은, 무엇인가? 대답

18 陳奐에 의하면, 曹(마을)는 羣(무리)이다.

한다. "그를 위해 쓰일 사람이 많은 것이다." 작은 나라의 임금이 낮은 대우를 받는 까닭은, 무엇인가? 말한다. "그를 위해 쓰일 사람이 적은 것이다." 그러므로 자기를 위해 쓰일 사람이 많으면 존귀하고, 그를 위해 쓰일 사람이 적어서 낮은 대접을 받는다면, 임금들은 어찌 많은 백성이 자기를 위해 쓰이길 바라지 않겠는가! 민중으로 하여금 자기를 위해 쓰이게 하려면, 어떻게 해야 하는가? 말한다. "법제가 확립되고 (임금의) 명령이 실시되면, 백성들 중에 쓰일 자가 많을 것이로되, 법제가 확립되지 않고 명령도 시행되지 않는다면, 백성 중에 쓰일 자가 적을 것이로다!" 따라서 법제가 확립되고, (임금의) 명령이 실행된 것이 많고, 폐기된 것이 적다면, 백성들은 사사私事롭게 비방하지 않을 것이다. 백성들이 사사롭게 비방하지 않으면, (임금의 명령을) 듣고 따를 것이로다! 법제의 확립과 명령의 수행이 폐기된 것들과 같다면, 나라에는 항상적 법제가 없는 것이요, 나라에 항상적 법제가 없다면 백성들은 망령되게 행동할 것이로다! 법제의 확립과 (임금) 명령의 수행이 적고, 폐기된 것은 많다면, 백성들은 (임금의 명령을) 듣지 않을 것이고, 백성들이 듣지 않으면 포악한 사람들이 들고 일어나니, 간특하고 사악한 일이 만들어질 것이로다! 임금이 백성을 사랑하는 까닭을 따져 보면, 그들을 쓰기 위하여 그들을 사랑하는 것이다. 백성들을 사랑하기 때문에, 법제를 훼손하고 명령을 파괴하는 일이 어렵지 않다면, 이것은 사랑하는 이유를 잃은 것이리라! 백성들을 사랑하기 때문에 백성들을 쓴다면, 백성들이 쓰일 수 없음이 명확할 것이로다! 무릇 백성들을 쓰기에 이르렀다면, 이들을 죽이고, 위태롭게 하고, 수고롭게 하고, 고생시키고, 굶주리게 하고, 갈증나게 해야 하는 것이다. 백성들을 쓰려면 앞으로 이런 것들을 끝[極端]까지 할 수 있어야만, 백성들이 (임금인) 자기를 모해할 수 없을 것이다. 영명한 임금이 윗자리에 있고, 도道와 법제가 나라에 실시되면, 백성들은 모두 자기들이 좋아하는 것을 버리고 싫어하는 것을 행하게 된다. 따라서 백성들을 잘 쓰는 이는, 큰 수레나 큰 모자 같은 상급을 아랫사람에게 월권하여 쓰지 않고, 부월斧鉞 같은 도끼로 윗사람들에게 벌주지 않는다. 이렇게 하면, 현명한 이를 권면할 수 있고, 폭도들은 그치게 된다. 현명한 이가 권면되고 폭도들이 그치면, 공적과 명성이 그 뒤에 세워질 것이로다! (군졸들이) 날카로운 칼날을 밟고, 화살과 돌멩이를 감내하고, 물불에 뛰어들면서, 임금의 명령을 듣게 된다. 임금의 명령은 다 실행되고, 금지는 다 그치게 한다. 이끌어 그들을 부리면, 백성들은 그 힘을 다른 곳으로 전환할 수 없고, 밀어서 전투하게 하면, 백성들은 자기의 죽음도 아끼지 않는다. 그 힘을 감히 전환할 수 없게 한, 뒤에 공적이 있게 되고, 죽음을 아끼지 않은 뒤에 적들이 없어진다. 진격하니 적이 없고, 퇴각하면 공적이 있으니, 이 때문에 전 군대의 무리는 그 수령들을 보호할 수 있고, 부모와 처자들은 국내에서 완전히 안전할 수 있다. 따라서 백성들은 일찍이 함께 시작을 도모한 적이 없어도, 성공을 함께 즐길 수 있다. 이 때문에 인자한 사람, 아는 사람, 도가 있는 이들은 민중과 함께 시작을 도모하지 않는다.

凡大國之君尊, 小國之君卑. 大國之君所以尊者, 何也? 曰: "爲之用者衆也." 小國之君所以卑者, 何也？ 曰: "爲之用者寡也." 然則爲之用者衆則尊, 爲之用者寡則卑, 則人主安能不欲民之衆爲己用也! 使民衆爲己用, 奈何? 曰: "法立令行, 則民之用者衆矣; 法不立, 令不行, 則民之用者寡矣. 故法之所立、令之所行者多, 而所廢者寡, 則民不誹議." 民不誹議則聽從矣. 法之所立, 令之所行, 與其所廢者鈞, 則國毋常經, 國毋常經則民妄行矣. 法之所立, 令之所行者寡, 而所廢者多, 則民不聽, 民不聽則暴人起, 而姦邪作矣. 計上之所以愛民者, 爲用之愛之也. 爲愛民之故, 不難毀法虧令, 則是失所謂愛民矣. 夫以愛民用民, 則民之不用明矣. 夫至用民者, 殺之, 危之, 勞之, 苦之, 饑之, 渴之. 用民者將致之此極也, 而民毋可與[19]慮害己者. 明王在上, 道法行於國, 民皆舍所好而行所惡. 故善用民者, 軒冕不下儗,[20] 而斧鉞不上因. 如是則賢者勸而暴人止. 賢者勸而暴人止, 則功名立其後矣. 蹈白刃, 受矢石, 入水火, 以聽上令. 上令盡行, 禁盡止. 引而使之, 民不敢轉其力; 推而戰之, 民不敢愛其死. 不敢轉其力, 然後有功; 不敢愛其死, 然後無敵. 進無敵, 退有功, 是以三軍之衆皆得保其首領, 父母妻子完安於內. 故民未嘗可與慮始, 而可與樂成功. 是故仁者、知者、有道者, 不與大[21]慮始.

나라가 작고 불행하여 영토가 줄어들고 망하는 일은 없으나, 반드시 임금과 큰 신하들의 덕행이 스스로에 의해 실패하게 되고, 관직, 법제와 정치 교육에서 나라 (일)에 실패하게 되고, 제후들의 모책들이 외부에서 실패하게 되기 때문에 영토가 줄어들고 나라가 위태롭게 된 것

19 黎翔鳳에 의하면, 與는 以와 같다.
20 黎翔鳳에 의하면, 儗(의심하다)는 僭(참람하다, 주제넘다)이다.
21 尹知章의 주석에 의하면, 大는 衆(무리)과 같다.

이로다! 나라가 크고 다행으로 공명을 얻는 일은 없으나, 반드시 임금과 대신들의 덕행이 스스로에서 성공하였고, 관직, 법제와 정치, 교육면에서 국가적으로 이룬 바 있고, 제후들의 모책들이 밖에서 성공하여, 그런 다음에 공적이 세워지고 명성을 이룬 것이다. 그렇다면, 나라에는 왜 찾아야 할 도道가 없는 것인가? 사람에게는 왜 찾아야 할 현자가 없는 것인가? 도를 얻어서 (백성들을) 인도하고, 현자를 얻어서 그들을 부린다면, 장차 이익을 일으키고 폐해를 제거하는 데 크게 기대할 바가 있는 것이다. 이익을 일으키고 해를 없애려고 기대하는 중에, 자기 자신보다 더 급한 것은 없다. 그런데, 어찌 임금만 홀로 손해[害]를 보아야 하는가! (임금에게) 반드시 먼저 그런 해가 잃게 되어야 한다. 임금은 (자기의) 명령을 잃게 되면 (안목이) 가려지니[실정을 파악 못하게 되니], 일단 가려졌다면 (임금 자리가) 겁탈당하고, 이미 겁탈되면 시해되는 것이다. 무릇 임금이 임금 되는 것은 자기 세력이다. 따라서 임금이 세력을 잃어버렸다면, 신하들이 그를 압제할 것이로다! 세력이 아래에 있게 되면, 임금은 신하들에게 제압당할 것이고, 세력이 위에 있으면, 신하들은 임금에게 제압될 것이로다! 따라서 임금과 신하들에게 자리 바뀜은, 세력이 아랫사람들에게 있는 것이다. 신하들에게 (세력이) 1년만 있게 되면, 신하가 비록 불충하여도, 임금은 (신하의 권력을) 빼앗을 수가 없다. (세력이) 자식에게 1년만 있으면, 자식이 비록 불효를 해도, 아버지는 (자식을) 복종케 할 수 없다. 따라서 『춘추』에 기록되었다. 신하가 그 임금을 시해하는 일도, 자식이 아버지를 시해하는 일도 있을 것이로다! 따라서 말한다. "(임금 계시는) 당堂 위는 백 리보다 멀고, 당 아래는 천 리보다 먼 것이며, 궁궐문 밖은 만 리보다 멀다." 지금처럼 걷는 사람이 하루 동안에, 백 리의 사정에 통할 것이로다! (임금 계시는) 당 위에서 사건이 터졌는데, 열흘 동안 임금이 그에 대하여 들어 본 적이 없다면, 이것이 이른바 백 리보다 먼 것이라 말할 수 있다. 걷는 사람이 열흘이면, 천 리의 사정에 통할 것이로다! (임금 계시는) 당 아래에서 사건이 일어났으나, 한 달이 되어도 임금은 (그것에 대해서) 듣지 못했다면, 이것이 (임금이) 이른바 천 리보다 멀리 있는 것이다. 걷는 사람은 백 날이라면, 만 리萬里의 사정에 통할 것이로다! 궁궐 문밖에서 사건이 일어났으나, 1년이 지나도 임금은 (그것에 대해) 듣지 못했다면, 이것은 (임금이) 이른바 만 리보다 먼 것이다. 따라서 고발이 들어왔으나, (그에 대해, 임금의 명령이) 나오지 않는 것이 인멸湮滅이고, (임금의 명령이) 나왔으나 (임금에게 다시) 들어가지 않는 것이 두절杜絶이고, (고발이) 들어왔으나 (임금에게) 전해지지 않는 것이 침탄侵呑(남의 것을 불법적으로 점령하는 것)이며, (임금의 명령이) 나왔으나 중도에서 제지制止되는 것이 막힘[壅蔽]이다. 인멸되고, 두절되며, 침탄되며, 제지받는 임금은, 출구와 문의 입구를 막아서 (그렇게) 되는 것이 아니고, 정치를 하여 (임금 노릇이) 실행되지 못하게 된 것이다. 따라서 말한다. "(임금의) 명령은 보배보다 귀중하고, 토지 신[社]과 곡식 신[稷]이 친척들보다 앞서며, 법은 백성보다 귀중하고, (임금의) 위세와 권위는 (대신들의) 작위나 녹봉보다 귀중하다." 따라서 귀중한 보배를 위해서 (임금의) 호령을 경시하지 말고, 친척들을 위해서 사직을 뒤로하지 말고, 백성을 인애하려고 법률을 왜곡시키지 말고, 작위와 녹봉을 위해 (임금의) 위세와 권위를 나누어 주지 말아야 한다. 따라서 말한다. "(임금의) 세력은 남에게 빌려주는 것이 아니다."

國無以小與不幸而削亡者, 必主與大臣之德行失於身也, 官職、法制、政教失於國也, 諸侯之謀慮失於外也, 故地削而國危矣. 國無以大與幸而有功名者, 必主與大臣之德行得於身也, 官職、法制、政教得於國也, 諸侯之謀慮得於外也, 然後功立而名成. 然則國何可無道? 人何可無求?[22] 得道而導之, 得賢而使之, 將有所大期於興利除害. 期於興利除害, 莫急於身, 而君獨甚傷[23]也! 必先令之失. 人主失令而蔽, 已蔽而劫, 已劫而弑. 凡人君之所以爲君者, 勢也. 故人君失勢, 則臣制之矣. 勢在下, 則君制於臣矣; 勢在上, 則臣制於君矣. 故君臣之易位, 勢在下也. 在臣期年, 臣雖不忠, 君不能奪也. 在子期年, 子雖不孝, 父不能服也. 故『春秋』之記, 臣有弑其君、子有弑其父者矣. 故曰: "堂上遠於里, 堂下遠於千里, 門廷遠於萬里." 今步者一日, 百里之情通矣. 堂上有事, 十日而君不聞, 此所謂遠於百里也. 步者十日, 千里之情通矣. 堂下有事, 一月而君不聞, 此所謂遠於千里也. 步者百日, 萬里之情通矣. 門廷有事, 期年而君不聞, 此所謂遠于萬里也. 故請[24]入而不出謂之滅, 出而不入謂之絶, 入而不至謂之侵, 出而道止謂之壅. 滅絶侵壅之君者, 非杜其門而守其戶也, 爲政之有所不行也. 故曰: "令重於寶, 社稷先於親戚, 法重於民, 威權貴於爵祿." 故不爲重寶輕號令, 不爲親戚後社稷, 不爲愛民枉法律, 不爲爵祿分威權. 故曰: "勢非所以予人也."

22 張佩綸에 의하면, 求 자는 마땅히 賢이 되어야 한다.
23 黎翔鳳에 의하면, 여기서 傷은 害의 뜻이다.
24 黎翔鳳에 의하면, 請은 고발이다.

정치란 바로잡는 것이다. 바로잡는 것은 만물의 이름을 바르게 확정하는 것이다. 이 때문에 성인들은 알갱이[精]을 닦고 덕德을 수행하여, 중용을 세움으로써 '바로잡음[正]'을 세우며, 바름을 명백히 함으로써 나라를 다스린다. 따라서 '바로잡음'은, 과오를 정지시키며 모자라는 곳에 보태 준다. 과오와 못 미침은 모두 올바르지 않다. 올바르지 않은 것은 나라를 해치는 데는 똑같다. 그러므로 용기는 있어도 의義롭지 못하면, 군대가 해를 입고, 인애하여도 법에 맞지 않으면, 정치가 해를 입는다. 따라서 군대의 패배는 의롭지 못한 데서 생기고, 법이 침해받는 것은 올바르지 못한 정치에서 생긴다. 그러므로 언론은 잘 하나 힘쓰지 않으면, 행동에 어려움이 있게 되고 좋은 것이 아니다. 그러므로 언론은 반드시 임무에 맞아야 하고, 구차하게 말 잘할 필요는 없고, 행동할 때 반드시 선한 것을 생각하되, 구차하게 어려운 일을 할 필요는 없다. 원자[規]와 곱자[矩]는 네모와 원을 바로잡아 주는 것이다. 비록 교묘한 시력을 가진 날렵한 사람이라 해도, 서투른 원자나 곱자가 네모와 원을 바로잡아 주는 것만 못하다. 따라서 교묘한 시력을 가진 사람은 원자나 곱자를 만들 수 있으나, 원자와 곱자를 폐기하고서 네모와 원을 바로잡을 수는 없다. 비록 성인이 법을 만들어 낼 수 있으나, 법을 폐기하고 나라를 다스릴 수 없다. 따라서 명철한 지능과 고상한 품행이 있더라도, 법에 위배되게 다스리면, (그것은) 원자나 곱자를 폐기하고 네모와 원을 바로잡으려는 것이다.

政者, 正也. 正也者, 所以正定萬物之命[25]也. 是故聖人精德立中以生正, 明正以治國. 故正者, 所以止過而逮不及也. 過與不及也, 皆非正也. 非正則傷國一也. 故勇而不義, 傷兵; 仁而不法, 傷正.[26] 故軍之敗也, 生於不義; 法之侵也, 生於不正. 故言有辨而非務者, 行有難而非善者. 故言必中務, 不苟爲辯; 行必思善, 不苟爲難. 規矩者, 方圜之正也. 雖有巧目利手, 不如拙規矩之正方圜也. 故巧者能生規矩, 不能廢規矩而正方圜. 雖聖人能生法, 不能廢法而治國. 故雖有明智高行, 倍法而治, 是廢規矩而正方圜也.

25 命은 名과 통한다.

26 黎翔鳳에 의하면, 正은 곧 政이다. '仁하나 不法이면 政을 해친다'의 뜻이다.

옛날의 어떤 설법에 따르면, "무릇 임금의 덕행과 위엄이 다른 사람들보다 다 현명할 수는 없다." 임금이라 말하면, 따라서 그를 존귀하게 보고, 그의 덕행의 높낮이는 감히 의논하지 못하기 때문에 임금이 (사람을) 죽이느냐 살리느냐는 생명 주관의 신보다 더 급박하다. 사람을 부유하게도 하고 사람을 가난하게도 하여, 사람들로 하여금 서로 길러 주게 하며, 사람을 귀하게도 만들고 천하게도 만드니, 사람들로 하여금 서로 신하가 되게 한다. 임금은 이 여섯 가지를 조종하여 신하들을 기르며, 신하들 또한 이 여섯 가지를 바라보고, 그 임금을 섬긴다. 임금과 신하들의 만남은, 이 여섯 가지를 획책하고 생각해 내는 것이다. 이 여섯 가지 대권이 신하에게 1년이 있게 되면, 그 신하는 (임금께) 충성하지 않으나, 임금은 (대권을) 빼앗아 올 수 없다. 아들에게 (대권이) 1년간 있으면, 자식이 불효해도, 아버지는 (대권을) 빼앗아 올 수 없다. 따라서 『춘추』에 기록되었다. '신하이면서 그 임금을 시해한 일도 있고, 자식이면서 그 아버지를 시해한 적도 있다.'[27] 이 여섯 가지 대권을 얻은 것을, 임금도 아버지도 알지 못했다. 이 여섯 가지 대권이 신하에게 있으면, 임금(의 눈과 귀)은 가려질 것이로다! 임금이 가려지면, 그 명령을 잃게 된다. 따라서 말한다. "명령이 (임금에게) 보고는 되나 (다시 명령을) 내보낼 수 없는 것이 엄폐이고, 명령이 발동되나 (임금에게) 되돌아오지 못하는 것이 옹폐壅蔽이고, 명령이 발동되나 실행되지 않는 것이 견제牽制이고, 명령이 들어와도 (임금께) 이르지 못하는 것이 막힘이다." 견제, 막음, 엄폐, 옹폐의 방법으로 임금을 받들게 되면, 왕의 대문을 막아버리고 그 (왕의) 집 문을 지키는 것이 아니니, (임금의) 명령이 실시될 수 없을 것이로다! 이것이 이렇게 된 까닭은, 현인들이 (임금께) 출사出仕하지 못하게 된 것이고, 충신들이 쓰이지 않았기 때문이다. 따라서 임금은 그 명령을 신중히 하지 않으면 안 된다. 명령은 임금의 큰 보물이다. 이런 말이 있다. "현명한 사람이 출사하지 않는 것이 엄폐이고, 충신들이 기용되지 않는 것이 막힘이며, 명령이 이행되지 못한 것이 장애이고, 금지했으나 멈추게 하지 못한 것이 거역[逆]이다." 엄폐되고 막히고 장애 받고 거역을 당하는 임금이, 감히 궁궐 문

27 이것을 『孟子』, 「滕文公」(下)에는, '臣弑其君者有之, 子弑其父者有之. 孔子懼, 作『春秋』.'(6:9) 라고 말하고 있다. 『孟子譯注』, 155頁 참조.

을 닫고 자기 문호를 수비하지 못한 것은, 현인들이 출사하지 못하고, (임금의) 명령이 이행되지 않았기 때문이다.

一曰:[28] "凡人君之德行威嚴, 非獨能盡賢於人也." 曰人君也, 故從而貴之, 不敢論其德行之高卑, 有故爲其殺生急於司命也. 富人貧人, 使人相畜也; 貴人賤人, 使人相臣也. 人主操此六者以畜其臣, 人臣亦望此六者以事其君. 君臣之會, 六者謂之謀.[29] 六者在臣期年, 臣不忠, 君不能奪. 在子期年, 子不孝, 父不能奪. 故『春秋』之記, 臣有弑其君、子有弑其父者. 得此六者, 而君父不智[30]也. 六者在臣則主蔽矣. 主蔽者, 失其令也. 故曰: "令入而不出謂之蔽, 令出而不入謂之壅, 令出而不行謂之牽, 令入而不至謂之瑕."[31] 牽瑕蔽壅之事君者, 非敢杜其門而守其戶也, 爲令之有所不行也. 此其所以然者, 由賢人不至, 而忠臣不用也. 故人主不可以不愼其令. 令者, 人主之大寶也. 一曰: "賢人不至[32]謂之蔽, 忠臣不用謂之塞, 令而不行謂之障, 禁而不止謂之逆." 蔽塞障逆之君者, 不敢杜其門而守其戶也, 爲賢者之不至, 令之不行也.

무릇 백성들이 임금을 따른 것은 입으로 말한 것을 따른 것이 아니고, 심정心情에서 좋아하여 따른 것이다. 임금이 용기를 좋아하면 백성들은 죽음도 가벼이 보며, 임금이 인애[仁]함을 좋아하면 백성들은 재물도 경시한다. 따라서 임금이 좋아하는 것은, 백성들은 (그것을) 반드시 더 좋아할 것이다. 이 때문에 명철한 임금은, 백성들은 반드시 임금을 마음에 두었기에, 따라서 법을 제정하면, (백성들이) 스스로 다스려지게 되고, 예의禮儀를 세우면 (백성들이) 스스로 바로잡히게 되는 것을 안다. 따라서 임금이 (법제를) 실행하지 않으면 백성들이 따르지 않고, 저들 백성들이 법에 복종하고 죽음으로써 법제를 지키지 않는다면, 나라는 반드시 혼란해질 것이로다! 이 때문에 도리를 아는 임금은 법을 시행하고 법제를 닦으며, 백성들보다 먼저 (법제를) 시행한다. 무릇 인물을 논할 때는 요점이 있어야 한다. 자랑하는 사람 중에, 큰 인

28 尹知章의 주석에 따르면, '管子稱古言, 故曰: 一曰'(관자가 옛날 말을 부를 때, 따라서 말하였다: 一曰).

29 黎翔鳳에 의하면, 謀는 謀慮(모책을 생각하다)의 뜻이다.

30 여기서 智(지식)은 知(알다)의 뜻이다.

31 兪樾에 의하면, 瑕(옥돌의 티)는 마땅히 格이 되어야 한다. 格은 阻隔(가로막다)의 뜻이다.

32 安井衡에 의하면, 至는 古本(옛날 책)에는 臣이다. 黎翔鳳에 의하면, 不臣은 현자가 벼슬 살려고 나오고자 하지 않음의 뜻이다.

물은 없다. 저 자랑하는 이는 (쉽게) 자만하고, 자만은 빈껍데기다. 자만하여 빈껍데기이면, 남에게 압제 당한다. 자랑하는 자는 조무래기 족속이다. 무릇 인물을 따질 때, 옛것을 멀리하는 자 중에, 고명한 사람은 없고, 일단 옛것도 모르면서 공적도 쉽게 여기는 이 중에 똑똑한 인사는 없다. 덕행은 몸으로 익혔으나 옛것을 멀리하는 낮은 인사는, 일할 자본이 없고 시기時期를 만나도 그 일을 태만히 하기에, 성정은 곧으나 우둔한 사람이다. 명예를 낚시질하는 인사들 중에 현명한 인사는 없고, 이익을 낚시질하는 임금에게 왕이 될 만한 군주는 없다. 현명한 이가 행동할 때, 그의 명예를 잊어버리며, 왕이 될 군주가 자기의 원칙을 실행함에 자기의 성공을 잊어버린다. 현인들의 행동이나, 왕노릇할 군주의 도리는, 모두 멈출 수가 없는 것이다. 영명한 임금은 나라에 공명 성실함으로써 백성들(의 마음)을 하나로 통합하여, 세상(민심)에 귀 기울이고, 충신들은 곧음으로 매진하여 자기 능력을 말한다. 영명한 임금은 녹봉과 작위로써 좋아하는 이들을 사사私事롭게 대하지 않고, 충신들은 능력을 기만欺瞞함으로써 작위와 녹봉을 구하지 않는다. 임금이 나라를 사사롭게 대하지 않고, 신하들이 능력을 기만하지 않으니, 이런 방식으로 나아가면, 비록 아직 크게 다스려지지 않았어도, 백성들을 바로잡는 원칙이다. 지금 능력을 속이는 신하들로써, 나라를 사사롭게 대하는 임금을 받들게 하여, 공적과 명예를 얻은 일은 옛날에도 지금에도 없다. 능력을 속이는 사람은 쉽게 알 수 있다. 제가 선대의 왕들을 따져 보면, 순舜임금이 천하를 가졌을 때, 우禹가 사공司空[토목 건축 담당]이였고, 설契이 사도司徒[토지와 교육 담당]이였고, 고요皐陶는 사법司法장관, 후직后稷은 농무農務장관이었다. 이 네 인물은 천하의 현인들이나, 오히려 각각 하나의 일에 정통함으로써, 그 임금을 받들었다. 지금 능력을 속이는 자가 일하면서 벼슬을 맡았으니, 모두 네 현인들[우禹, 설契, 고요皐陶와 후직后稷]의 능력을 겸하였다. 이 점에서 보면, 공적과 명예가 이루어질 수 없음을, 또한 쉽게 알겠다. 그러므로 높은 작위와 많은 녹봉을 주는데 받지 않은 이가 없고, (이런 자들의) 형세가 이롭고 관직이 대단하여, (즐거이) 따르지 않을 수가 없다. 이런 식으로 임금을 받들게 되면, 이것은 이른바 능력을 속이고 이권을 탈취하는 신하들이다. 세상에 나라를 공공의 정성으로 다스리는 임금이 없으면, 정직하게 출세하려는 인물들이 없어지며, 능력을 따지지 않는 임금이면 공적을 세우는 신하도 없게 된다. 옛날, (하夏, 은殷, 주周의) 삼 대에서는 (임금이 무능하면 유능한 군주에게) 서로 전해진 것이오, 어찌 따로 천하가 있어 살육전을 했겠는가? 백성들을 가난케 하고 재산을 잃게 하는데, 전쟁보다 더 큰 것은 없고, 나라를 위태롭게 하고 임금을 걱정케 하는데, 전쟁보다 빠른 것은 없다. 이 네 가지 병통은 명확할진데, 옛날이나 지금이나 이것들을 없앨 수는 없다. 군대는 마땅히 없앨 것이나 없앨 수 없으니, 옛날과 지금의 착각이요, (군대를 가지거나 폐기하거나) 이 두 가지는 폐기하지 않았을 때는 그것을 폐기하려고 하니, 또한 착각이다. (군대를 가지거나 폐기하거나) 이 두 가지가 나라를 망침에는 하나와 같다. 황제黃帝, 당요[堯], 우순[舜]은, 제업帝業이 왕성해서, 천하를 차지해도, 한 사람에서 통제되었다. 이때에는 군대가 폐기되지 않았다. 지금은 덕이 세 황제[黃帝, 唐堯, 虞舜]에 못 미쳐서, 천하가 순종치 않는데, 군대를 폐기할 것을 추구하니, 또한 어렵지 않겠는가! 따라서 명철한 군주는 (마땅히) 해야 할 것을 알고, (또) 걱정해야 할 것을 안다. 나라가 다스려지고 백성들이 저축하기에 힘쓰는 것, 이것이 이른바 해야 될 것이고, (임금이 언제) 움직여야 되고, (언제) 쉬어야 되는지, 이것이 걱정거리다. 이 때문에 영명한 임금은 그가 취해야 할 것을 잘 알아서, 그가 걱정해야 할 것에 대비한다.

凡民從上也, 不從口之所言, 從情之所好者也. 上好勇則民輕死, 上好仁則民輕財. 故上之所好, 民必甚焉. 是故明君知民之必以上爲心也. 故置法以自治, 立儀以自正也. 故上不行則民不從, 彼民不服法死制, 則國必亂矣. 是以有道之君, 行法脩制, 先民服也. 凡論人有要. 矜物之人, 無大士焉. 彼矜者, 滿也, 滿者虛也. 滿虛在物, 在物爲制也. 矜者, 細之屬也. 凡論人而遠古者, 無高士焉; 既不知古而易其功者, 無智士焉. 德行成於身而遠古卑人也,[33] 事無資遇時而簡其業者, 愚[34]士也. 釣名之人, 無賢士焉; 釣利之君, 無王主焉. 賢人之行其身也, 忘其有名也; 王主之行其道也, 忘其成功也. 賢人之行, 王主之道, 其所不能已也. 明君公國一民, 以聽於世; 忠臣直進, 以論其能. 明君不以祿爵私所愛, 忠臣不誣能以干爵祿. 君不私國, 臣不誣能, 行此道者, 雖未大治, 正民之經也. 今以誣能之臣, 事私國之君, 而能濟功名者, 古今無之. 誣能之人易知也. 臣度之先王者, 舜之有天下也, 禹爲司空, 契爲司徒, 皐陶爲李, 後稷爲田. 此四士者,

33 兪樾에 의하면, 卑人也는 大士, 高士, 愚士처럼, 卑士로 읽어야 한다.
34 黎翔鳳에 의하면, 『說文解字』에, '愚, 戇也'라고 했다. 그러나 戇直은 '강직하다'의 뜻이다.

天下之賢人也, 猶尙精一德,[35] 以事其君. 今誣能之人, 服事任官, 皆兼四賢之能. 自此觀之, 功名之不立, 亦易知也. 故列尊祿重, 無以[36]不受也; 勢利官大, 無以不從也. 以此事君, 此所謂誣能篡利之臣者也. 世無公國之君, 則無直進之士; 無論能之主, 則無成功之臣. 昔者, 三代之相授也, 安得二天下而殺之? 貧民、傷財, 莫大於兵; 危國、憂主, 莫速於兵. 此四患者明矣, 古今莫之能廢也. 兵當廢而不廢, 則古今惑也; 此二者不廢而欲廢之, 則亦惑也. 此二者傷國一也. 黃帝、唐、虞, 帝之隆也, 資[37]有天下, 制在一人. 當此之時也, 兵不廢. 今德不及三帝, 天下不順, 而求廢兵, 不亦難乎! 故明君知所擅, 知所患. 國治而民務積, 此所謂擅也; 動與靜, 此所患也. 是故明君審其所擅, 以備其所患也.

흉포 잔인한 임금은 외적의 난리를 면할 수 없고, 겁 많고 연약한 임금은 국내의 난리를 면할 수 없다. 흉포 잔인한 임금은 죽이는 것을 가볍게 하니, 가볍게 죽인 유폐流弊는 정도正道를 행한 이들을 불안케 한다. 정도를 시행한 이들이 불안해하면, 재능 있는 신하들은 도망가 버릴 것이로다! 저들 지식인들은 우리들의 허와 실을 알고서, 적을 위해 우리를 모해하니, 외부의 난동이 이것에서부터 올 것이로다! 따라서 말한다. "흉포 잔인한 임금은 외부의 난리를 면할 수 없다." 겁 많고 연약한 임금은 죽이는 것을 매우 애석하게 생각하므로, 죽이기를 애석히 여김의 잘못은 사악한 짓을 해도 제거되지 않는 일이다. 사악한 일을 행하고도 오랫동안 혁파되지 않으면, 많은 신하가 결탁하게 된다. 많은 신하가 결탁하되면, 좋은 것은 가려지고 나쁜 것은 드날리니, 좋은 것이 가려지고 나쁜 것이 드날리면, 내부의 혼란이 이것에서부터 일어날 것이로다! 따라서 말한다. "겁 많고 연약한 임금은 내부의 난리를 면할 수 없다." 영명한 임금은 친척들 때문에 나라를 위험에 빠뜨리지 않으니, 나라가 어버이보다 중하며, 임금의 욕망 때문에 명령을 바꾸지 않으니, 명령이 임금보다 중하며, 중요한 보물 때문에 자기 위세를 나누어 주지 않으니, 위세가 보물보다 중하며, 백성들을 아끼기 때문에 법을 깨뜨리지 않으니, 백성보다 법을 사랑한다.

35 尹知章의 주석에 의하면, 謂各精一事也(각각 하나의 일에 정통하였음을 말한다).
36 黎翔鳳에 의하면, 以는 予(주다), 與(주다)와 같은 뜻이다.
37 尹知章의 주석에 의하면, 資는 用의 뜻이다.

猛毅之君, 不免於外難; 懦弱之君, 不免於內亂. 猛毅之君者輕誅, 輕誅之流, 道正者不安. 道正者不安則材能之臣去亡矣. 彼智者知吾情僞,[38] 爲敵謀我, 則外難自是至矣. 故曰: "猛毅之君, 不免於外難." 懦弱之君者重[39]誅, 重誅之過, 行邪者不革. 行邪者久而不革, 則羣臣比周. 羣臣比周則蔽美揚惡, 蔽美揚惡則內亂自是起矣. 故曰: "懦弱之君, 不免於內亂." 明君不爲親戚危其社稷, 社稷戚於親; 不爲君欲變其令, 令尊於君; 不爲重寶分其威, 威貴於寶; 不爲愛民虧其法, 法愛於民.

38 湯孝純에 의하면, 情僞는 誠僞이니 眞假(진짜냐 가짜냐) 또는 허실의 뜻이다. 『新譯管子讀本』(上), 249頁, 注4 참조.
39 趙守正에 의하면, 重은 重惜(아주 애석하다)의 뜻이다. 『管子通解』(上), 228頁, 注2 참조.

병법 兵法

군대를 다스리는 방법

이 편에서는 군대를 다스리는 문제[治兵]나 군대를 쓰는 문제[用兵]를 다룬다. 본편은 제6편 「칠법七法」, 제8편 「유관幼官」과 상통하는 군사사상을 말하고 있다. 그러나 「칠법」이나 「유관」 편보다 군령, 군기軍紀, 훈련, 지형, 무기 장비, 정보 등의 내용을 자세하게 설명한다.

만물의 근원을 분명히 파악했다면 황皇[하늘 같은 인물]이고, (치국의) 도리를 관찰한 이가 제[帝]이고, 덕정德政을 통틀어 알면 왕王이 되고, 계책으로 전쟁을 이긴 자가 으뜸 제후[覇]가 된다. 따라서 군대는 비록 (치국의) 도를 마련하는 지극한 덕목은 아니지만, 그러나 왕업을 돕고 패자를 이루게 하는 근거는 된다. 지금 시대 군사를 쓰는 자는 이러하지 않아서, 용병의 권모權謀[兵權]를 모른다. 따라서 군대를 일으킨 날에 국내가 가난하면, 전쟁은 반드시 승리할 수 없고, 승리한다면 죽는 자가 많을 것이며, 영토는 얻었지만 나라는 패망한다. 이 4가지 사항은, 군대를 쓴 재앙이다. 4가지가 나라에 화를 입히면, 위태하지 않을 수 없다. 『대도大度』 책에 이렇게 쓰였다. "전쟁을 하는 날에 국내가 가난하지 않다면, 전투하면 반드시 승리할 것이고, 승리해도 죽지 않을 것이며, 영토를 얻고도 나라는 패망하지 않는다." 이 4가시 경우는, 어떻게 하면 되는가? 거병하는 날 국내가 가난하지 않은 것은, 계산하여 얻은 것이다. 전쟁하면 반드시 승리한다는 것은, 법 제도를 잘 알고 있는 것이다. 승리했으나 죽지 않았다는 것은, (군사들의) 훈련이 완벽하고 도구들이 최고여서 저들이 감히 대적하지 못한 것이다. 영토는 얻었으나 나라는 패하지 않았다는 것은, (점령한 현지) 백성들이 순응했기 때문이다. (점령지) 백성들이 순응했기에 호령 제도가 발동할 수 있었고, 훈련이 잘 되어 있고 도구들이 완벽했기에 통제할 수 있었고, 법도를 잘 알았으므로 지키는 바 되었고, 계산이 맞았기에 예견할 수 있었다. 무리를 다스리는 데는 술책이 있고, 적에 승리하는 데는 도리가 있다. 술수를 살피면 이치를 알 수 있고, 군비를 잘 알면 이길 수 있고, 이치를 명확히 파악하면 적을 이길 수 있다. 종묘를 안정시키고, 남녀를 키우고, (백성을) 넷[士, 農, 工, 商]으로 나누어 관리하면, (임금의) 위세와 덕을 안정시킬 수 있고, 법과 의례를 제정하고, (임금의) 호령을 발동하면, 그런 다음에 무리를 하나로 하여 백성들을 다스릴 수 있다. 군대에 주장主將이 없다면, 적을 일찍 알아볼 수 없고, 들판에 관리가 없다면 축적蓄積이 있을 수 없고, 관청에 상법常法이 없다면, 아랫사람들은 임금을 원망할 것이고, 군사 장비가 신통치 못하면, 조정은 안정될 수 없고, 상벌이 명확치 않으면, 백성들이 자기 생산물[產]을 가볍게 보게 된다. 따라서 말한다. "적정敵情을 일찍 알면, (적을 피해) 혼자 다닐 수 있고, 축적이 있으면, 오랫동안 있어도 궁핍하지 않고, 군사장비가 신통하면, 정벌하는 데 힘이 안 들고, 상과 벌이 분명하면, 용기 있는 무사들이 진작된다."

明一[1]者皇, 察道者帝, 通德者王, 謀得兵勝者霸. 故夫兵雖非備道至德也, 然而所以輔王成霸. 今代之用兵者不然, 不知兵權[2]者也. 故擧兵之日, 而境內貧, 戰不必勝, 勝則多死, 得地而國敗. 此四者, 用兵之禍者也. 四禍其國, 而無不危矣. 大度[3]之書曰: "擧兵之日而境內不貧, 戰而必勝, 勝而不死, 得地而國不敗." 爲此四者, 若何? 擧兵之日而境內不貧者, 計數得也. 戰而必勝者, 法度審也. 勝而不死者, 教器備利[4]而敵不敢校也. 得地而國不敗者, 因[5]其民也. 因其民則號制有發也, 教器備利則有制也, 法度審則有守也, 計數得則有明[6]也. 治衆有數,[7] 勝敵有理. 察數而知理, 審器而識勝, 明理而勝敵. 定宗廟, 遂男女, 官四分, 則可以定威德, 制法儀, 出

1 『老子』 39장에, '萬物得一以生'이라 했으니, 一은 만물의 근원이다. 『管子通解』(上), 238頁, 注1 참조.

2 尹知章의 주석에 의하면, '權者, 所以知輕重'(저울대는 경중을 아는 바탕이다), '旣不知兵權, 則失輕重之節'(일단 군대의 경중을 모른다면, 경중의 절도를 잃게 된다)이다.

3 黎翔鳳에 의하면, 『白虎通』에도 『大度』가 인용되었다. 大度는 인명이 아니고, 책명이다.

4 湯孝純에 의하면, 教器備利는 '教練周備, 器械精銳'(훈련이 완벽하고, 전쟁 도구는 최고다)의 뜻이다. 『新譯管子讀本』(上), 252頁, 注4 참조.

5 趙守正에 의하면, 因은 순응의 뜻이다. 『管子通解』(上), 239頁, 注5 참조.

6 趙守正에 의하면, 明은 明見, 즉 豫見이다. 上同, 注9 참조.

7 數는 術과 통한다.

號令, 然後可以一衆治民. 兵無主則不蚤知敵, 野無吏則無蓄積, 官無常[8]則下怨上, 器械不巧則朝無定, 賞罰不明則民輕其産. 故曰: "蚤知敵則獨行, 有蓄積則久而不匱, 器械巧則伐而不費, 賞罰明則勇士勸也."

삼관三官에는 착오錯誤가 없고, 오교五敎는 혼란이 없고, 구장九章이 밝게 드러나면, 위태하나 해롭지 않고, 매우 어려운 처지에 처했다 하여도 어려울 것이 없다. 따라서 먼 데 이르는 데는 방법이 있고, 강한 적敵은 발자취를 좇아가서 제압한다. 삼관이란 첫째가 북이다. 북을 치니 작전을 맡는 것이고, (군대를) 일어나게 하는 것이고, 진격하는 것이다. 둘째가 꽹과리다. 꽹과리를 치면 수비해야 하고, 퇴각해야 하고, 전투 종식[면전免戰]해야 한다. 셋째가 깃발이다. 깃발은 군대를 세우는 것이고, 전투에 이롭게 하는 것이고, 전투를 쉬게 하는 것이다. 이것이 삼관이다. (이에 따라) 3가지 명령이 있게 되니, 병법이 다스려진다. 오교는 5개의 가르침이다. 첫째는 (병사의) 눈에 각종 깃발을 가르치고, 둘째, 몸에 각종 호령을 가르치고, 셋째, 발에 전진하고 후퇴하는 도수를 가르치고, 넷째, 손에 길고 짧은 무기들의 예리함을 가르치고, 다섯째, 마음에 상벌의 성실함을 가르친다. 이 다섯 교육을 각자가 익히면, 병사들은 용기를 등에 지니게 된다. 구장九章이란, 첫째, 태양의 기旗를 들어 올리면 낮의 행군이고, 둘째, 달의 기를 들어 올리면 야간 행군이고, 셋째, 용龍의 기를 들어 올리면 물속 행군이고, 넷째, 호랑이의 기를 들어 올리면 숲속의 행군이고, 다섯째, 새의 기를 들어 올리면 언덕의 행군이고, 여섯째, 뱀의 기를 들어 올리면 늪지의 행군이고, 일곱째, 까치의 기를 들어 올리면 육지의 행군이고, 여덟째, 늑대의 기를 들어 올리면 산악 지대의 행군이고, 아홉째, 활집의 기를 들어 올리면 식량을 싣고 마차 타고 고향에 가는 것이다. 아홉 기旗가 일단 확정되면, (전군의) 움직임과 정지에 차오가 없게 된다. 삼관, 오교와 구장九章은 시작에 (출발)점이 없고, 끝날 때 끝점이 없다. 시작에 출발점이 없는 것이 도道이다. 끝날 때 끝점이 없는 것이 덕德이다. 도는 헤아릴 수 없고, 덕도 셀 수 없다. 따라서 헤아릴 수 없기에 많은 강적도 도모할 수 없고, 셀 수 없기에 거짓과 사기가 (우리에게) 접근할 수 없다. (도와 덕) 이 둘을 같이 쓰

8 趙守正에 의하면, 常은 常規나 常法이다. 上同, 240頁, 注1 참조.

면, (우리 군대가) 이동하거나 정지해도 공효가 있게 된다. 지나가도 (적들은) 모르고, (병력은) 생각 밖에서 출병한다. 지나가도 (적들이) 모르기 때문에 (적이) 방어할 수가 없다. (병력이) 생각 밖에서 출병을 하기 때문에 대응할 수가 없다. 따라서 전승을 해도 손해 입은 것이 없고, (병사들을) 편리한 대로 훈련시키고, 이로울 때 출병한다.

三官不繆,[9] 五教不亂, 九章著明, 則危危而無害, 窮窮而無難. 故能致遠以數,[10] 縱[11]彊以制. 三官: 一曰鼓. 鼓所以任[12]也, 所以起也, 所以進也. 二曰金. 金所以坐[13]也, 所以退也, 所以免也. 三曰旗. 旗所以立兵也, 所以利兵也, 所以偃兵也. 此之謂三官. 有三令, 而兵法治也. 五教: 一曰教其目以形色之旗, 二曰教其身以號令之數, 三曰教其足以進退之度, 四曰教其手以長短之利, 五曰教其心以賞罰之誠. 五教各習, 而士負以勇矣. 九章: 一曰擧日章則晝行, 二曰擧月章則夜行, 三曰擧龍章則行水, 四曰擧虎章則行林, 五曰擧鳥章則行陂, 六曰擧蛇章則行澤, 七曰擧鵲章則行陸, 八曰擧狼章則行山, 九曰擧韓章則載食而駕. 九章既定, 而動靜不過. 三官、五教、九章, 始乎無端, 卒乎無窮. 始乎無端者, 道也. 卒乎無窮者, 德也. 道不可量, 德不可數也. 故不可量則衆彊不能圖, 不可數則僞詐不敢嚮. 兩者備施, 則動靜有功. 徑[14]乎不知, 發乎不意. 徑乎不知, 故莫之能禦也. 發乎不意, 故莫之能應也. 故全勝而無害, 因便而教, 准利而行.

교련은 (편리한 것을 따르기 때문에) 일정한 틀이 없고, (군대의) 출동 역시 (이로움을 따르기 때문에) 일정한 고정된 틀이 없다. 이 둘을 겸하여 실시하면, 출동에 곧 공효가 있을 것이다. (군사) 장비가 이루어졌고 교련이 실시되었으며, 도망자를 추격하고 은둔자를 축출하는 것이 태풍처럼 거세고, (적군을) 치고 찌르기가 천둥 번개처럼 맹렬하다. 고립무원의 땅은 수비하지 않고, 확고함을 믿고 있으면 반드시 함락해야 하고, 중용에 처해 있으면 적이 없고, 명령 수행에 유보留保는 없다. 장비가 갖추어지고 교련이 실시되었다면, 이들을 분산시켜도 방어할 수 없고, 모아놓으면 (그 수를) 셀 수 없다. 교련이 완비되고 장비가 좋다면,

9 繆(얽다, 묶다)는 謬(오류)와 통한다.

10 數는 術(방법)과 통한다.

11 黎翔鳳에 의하면, 縱(늘어지다)은 蹤(자취)과 통한다.

12 趙守正에 의하면, 任은 맡음의 뜻이다. 군대가 작전을 맡으니, 북을 친다는 것은 작전하기 위한 것이다.上同, 241頁, 注3 참조.

13 湯孝純에 의하면, 坐는 坐守, 즉 방비, 수비의 뜻이다. 『新譯管子讀本』(上), 254頁, 注5 참조.

14 徑(지름길)은 經(경과하다)과 통한다.

출격과 후퇴가 마치 천둥 번개 같아서, 멈출 수가 없다. 한 기운에 오로지 확정되어 있으면, 사통팔달이라 멈출 수가 없고, 조련된 군사와 예리한 기계[장비]가 있다면, 어려움을 겪고도 정지할 수 없다. 진격하는 데 멈출 수 없고, 퇴각하는데 정지할 수 없다면, 적들은 (우리에게) 이용될 것이다. 큰 산의 언덕을 넘는데 갈고리와 사다리가 필요 없고, 물이 찬 골짜기를 지나는데 배와 노[檝]가 필요 없으니, 고립무원의 땅을 곧 바로 취하고, 견고한 적들을 공격하며, 마치 혼자 왔다 혼자 가는 듯하니, (누구도) 멈추게 할 수 없다. 포로들은 홀로 들어오는 것이 아니니, 따라서 그들을 정지시킬 수 없고, 포로들은 홀로 보이는 것이 아니기에, 따라서 그들을 (한곳으로) 모을 수도 없다. (포로의 획득은) 새겨서 기록할 것이 없어서 다하여 없어지니, 없어져도 개의치 않는다. 따라서 위대함이 신과 비견될 수 있다. (군사들을) 도道로써 기르면, 백성들이 화합하고, (그들을) 덕德으로써 양육하면, 백성들이 단결한다. 화합하기 때문에 협조할 수 있고 협조하기 때문에 화목할 수 있고, 협조하고 화목하기에 온전할 수 있어서, 그것을 해칠 수 있는 것은 없다.

教無常, 行無常.[15] 兩者備施, 動乃有功. 器成教施, 追亡逐遁若飄風, 擊刺若雷電. 絶地不守, 恃固不拔,[16] 中處而無敵, 令行而不留. 器成教施, 散之無方,[17] 聚之不可計. 教器備利, 進退若雷電, 而無所疑匱.[18] 一氣專定, 則傍通而不疑; 厲士利械, 則涉難而不匱. 進無所疑, 退無所匱, 敵乃爲用. 凌山阬[19]不待鉤梯, 歷水谷不須舟檝. 徑於絶地, 攻於恃固, 獨出獨入, 而莫之能止. 寶[20]不獨入, 故莫之能止; 寶不獨見, 故莫之能斂. 無名[21]之至盡, 盡而不意. 故不能疑神.[22] 畜之以道則民和, 養之以德則民合. 和合故能諧, 諧故能輯, 諧輯以悉, 莫之能傷.

15 尹知章의 주석에 의하면, '教既因便, 故無常也'(교련은 일단 편한 것을 따르기 때문에 일정한 틀이 없다)이고, '行既準利, 故亦無常也'(출병 역시 일단 이로움[利]에 따르기 때문에 또한 일정한 틀이 없다)의 뜻이다.
16 豬飼彦博에 의하면, 不拔은 마땅히 必拔(반드시 뺏다)이 되어야 한다.
17 趙守正에 의하면, 方은 防(막다)의 뜻이다. 『管子通解』(上), 242頁, 注3 참조.
18 章炳麟에 의하면, 疑도 또한 止(멈추다)의 뜻이 있고, 匱(삼태기)도 止의 뜻이 있다.
19 阬은 大山坡(큰 산의 언덕)이다.
20 黎翔鳳에 의하면, 寶는 俘(포로)다.
21 黎翔鳳에 의하면, 名은 銘(새기다)이다. 『釋文』에, '銘, 名也, 記名其功也'(새기는 것은 이름이다, 그 공에 이름을 기록한다)라고 하였다. 포로를 획득한 것을 자기 공으로 보지 않기 때문에, 다하여 없어진다고 말한 것이다.
22 趙守正에 의하면 不은 丕(크다)로 읽을 수 있으며, 疑는 擬(비교하다)의 뜻이다. 上同, 243頁, 注7 참조.

'일지一至: 큰 것을 격파하고 강자에게 이긴다'를 굳게 믿고서, 2가지 요청[敎無常, 行無常]을 실행하고, 3가지[북, 꽹과리와 기旗]를 따르고, 네 가지 군사 정보[敵情, 敵將, 敵政과 敵士]를 실시하고, 5가지 (군사) 교육을 받고, 6가지 행군 작전 방법을 실시하고, 7가지 방책들을 따져 묻고, 8가지 대응, 9가지 깃발과 10가지 호령을 펼치니, 따라서 완전 승리할 수 있다. 크게 승리하면 (적들은) 수비할 수 없다. 따라서 승리를 지킬 수 있다. 자주 전투하면 군사들이 피곤해지며, 자주 승리하면 임금은 교만해진다. 교만한 임금이 피곤한 백성들을 부리면, 나라가 편안하고 위험이 없을 수 있겠는가! 따라서 가장 좋은 것은 전쟁하지 않는 것이고, 그다음은 (전쟁을) 한 번만 하는 것이다. 대국을 격파하고 강적에 승리하면, 한 번 (전쟁으로 안정이) 오는 것이다. (적을) 교란하는데 권변權變으로 하지 않고, (적을) 쫓되 속임수로 하지 않으며, 승리하되 거짓으로 하지 않으니, 한 번 전쟁의 결실이다. (적이) 가까이 오면 실력을 쓰고, 멀리 있으면 호령을 실시한다. (적의) 역량은 헤아릴 수 없고, 강함은 알아서 맞출 수 없고, (적의) 사기는 끝이랄 수 없고, 마음 씀은 측정할 수 없으니, (이것이) 한 번 전투의 원천이다. (병사들이 적들보다) 많기로는 제때에 내리는 빗물 같고, (적들보다) 적으면 질풍처럼 신속한 것이, 한 번 전쟁의 마지막이다. 날카롭고 적절함이 최상의 무기다. (병사들의) 쓰임새가 적절하니, 교련은 극진하였다. 무기가 정밀할 수 없으면 날카롭고 적절할 수 없으며, 교련을 끝낼 수 없으면 적을 이용할 수 없다. 적을 이용할 수 없으면 궁색해지고, 무기를 정밀하게 못하면 곤경에 빠진다. 멀리에 있는 군대를 쓰면 필승할 수 있고, 출입하는 길이 다르면 적을 상해傷害할 수 있다. (적진에) 깊이 들어가 위험하면 군사들은 스스로 경계할 것이고, 군사들이 스스로 경계하면 마음도 힘도 함께 쓰게 된다. 전쟁 잘하는 사람은, 적으로 하여금 거처를 텅 빈 것처럼 하고, 몸뚱이와 그림자가 서로 싸우는 것처럼 한다. (적들은 아군에게) 책략을 세울 수도 없고 (우리가) 드러난 형체도 없으니, (아군은) 성공하지 못할 일이 없다. (보이는) 형체도 없고 무얼 할 수도 없으니, (아군은) 변화하지 않을 수 없다. 이것이 도道라 말할 수 있을 것이로다! 없는 것 같으면서 존재하고, 뒤에 있는 것 같으면서 앞서 있으니, 위세威勢라고 그것을 이름 부를 수도 없다.

定一至, 行二要, 縱三權, 施四教, 發五機,[23] 設六行, 論七數, 守八應, 審九器, 章十號,[24] 故能全勝. 大勝無守也. 故能守勝. 數戰則士罷, 數勝則君驕. 夫以驕君使罷民, 則國安得無危! 故至善不戰, 其次一之. 破大勝彊, 一之至也. 亂之不以變, 乘[25]之不以詭, 勝之不以詐, 一之實也. 近則用實, 遠則施號. 力不可量, 彊不可度, 氣不可極, 德[26]不可測, 一之原也. 衆若時雨, 寡若飄風, 一之終也. 利適,[27] 器之至也. 用敵, 教之盡也. 不能致[28]器者不能利適, 不能盡教者不能用敵. 不能用敵者窮, 不能致器者困. 遠用兵則可以必勝, 出入異塗則傷其敵. 深入危之則士自脩,[29] 士自脩則同心同力. 善者之爲兵也, 使敵若據虛, 若搏景. 無設無形焉, 無不可以成也. 無形無爲焉, 無不可以化也. 此之謂道矣. 若亡而存, 若後而先, 威不足以命[30]之.

23 張佩綸에 의하면, 四教와 五機는 마땅히 四機, 五教로 바뀌어야 한다.

24 趙守正에 의하면, 1) 一至: 아래 문장에서, '破大勝强, 一之至也'라고 했으니, 아마도 一至는 破大勝强(큰 것을 격파하고 강한 것을 이긴다)인 것 같다. 2) 二要는 위의 문장 중 教無常(교련에 고정된 틀이 없음)과 行無常(군대의 출동은 일정한 고정된 틀이 없음)을 가리키는 것 같다. 3) 三權은 위의 문장에서 말한 三官: 鼓(북), 金(꽹과리)과 旗이다. 4) 四機는 4가지 군사 정보(敵情, 敵將, 敵政과 敵士)다. 5) 五教는 위의 문장에서 말한 ① 目(눈), ② 耳(귀), ③ 足(다리), ④ 手(손), ⑤ 心(마음)의 교육이다. 6) 六行은 「七法」 편의 選陣에서 말한 6가지 행군 작전의 법: ① 風雨之行, ② 飛鳥之擧, ③ 雷電之戰, ④ 水旱之功, ⑤ 金城之守, ⑥ 一體之治을 말한다. 7) 七數는 「七法」 편에서 말한 則, 象, 法, 化, 決塞, 心術, 計數이다. 8) 八應은 聚財, 論工, 制器, 選士, 政教, 服習, 遍知天下와 審御機數다. 9) 九章은 日章, 月章, 龍章, 虎章, 烏章, 蛇章, 鵲章, 狼章과 韓章이다. 上同, 注4 참조.

25 乘은 驅逐(달려서 쫓아감)의 뜻이 있다.

26 趙守正에 의하면, 德은 心(마음)이다. 上同, 244頁 注4 참조.

27 尹知章의 주석은, 칼날이 날카로우며 적절하니, 그 무기는 아주 적절하다로 말한다.

28 湯孝純에 의하면, 致는 緻(정밀하다, 精緻하다)와 같다. 『新譯管子讀本』(上), 259頁, 注1 참조.

29 湯孝純에 의하면, 自脩는 自儆(스스로 경계하다)이다. 上同, 注3 참조.

30 命은 名과 통한다.

제18편 내언內言 1

대광 大匡

『관자』에는 「대광大匡」, 「중광中匡」, 「소광小匡」 세 편이 있다. 여기에는 관중管仲과 제환공齊桓公과의 국사를 의논하는 대화가 나온다. 郭沫若에 의하면, 「대광」은 2자[尺] 4치[寸]의 긴 죽간竹簡에 기록한 것이고, 「중광」은 1자 2치의 죽간에, 「소광」은 8치의 짧은 죽간에 기록한 것이다. 죽간의 길고 짧은 차이는 내용 면에서도 다소 차이가 나타난다. 「대광」은 제나라의 공식 문서이고, 「중광」과 「소광」은 개인의 저술로 본다. 광匡은 바로잡음의 뜻이다. 광匡은 부簿의 가차假借로 보며, 간簡[대쪽]과 통한다.

제나라 희僖공이 왕자 제아諸兒, 왕자 규糾, 왕자 소백小白을 낳았다. 포숙鮑叔으로 하여금 소백의 스승이 되게 하니, 포숙은 사양하고, 병을 핑계로 (조정에) 나가지 않았다.

관중管仲과 소홀召忽이 가서 포숙을 보고 말했다. "왜 (조정에) 나오시지 않습니까?"

포숙이 대답하였다. "선인들의 말씀이 이렇습니다. '자식을 알기로는 아비만 한 사람이 없고, 신하를 알기로는 임금만 한 사람이 없다.' 지금 임금께서는 제가 못났다는 것을 알고 계십니다. 이 때문에 저로 하여금 소백의 스승이 되라고 하셨습니다. 저는 제가 (임금에게서) 버림받았다는 것을 알 것 같습니다."

소홀이 말했다. "당신께서 진심으로 사양하신다면, 출두하지 마세요. 제가 잠깐 당신이 사망했다고 보증하여, 반드시 당신을 (그 일에서) 면제시켜 드리겠습니다."

포숙이 대답했다. "당신께서 그렇게 해준다면, 면제받지 못할 이유가 있겠습니까?"

관중이 말했다. "안 됩니다. 사직과 종묘를 책임진 사람들은, 일을 양보해도 안 되고, 일 없이 한가하게 있어도 안 됩니다. 장차 (누가) 나라를 갖게 될지 아직 알 수 없습니다. 당신께서는 출두하세요!"

소홀이 말했다. "안 됩니다. 우리 세 사람은 제나라에 대하여, 비유하자면 솥[鼎]의 (세) 다리와 같으니, 하나를 없애면 (솥은) 반듯이 설 수 없습니다. 제가 보건데 소백(왕자)은 반드시 후사를 이을 수 없을 것입니다."

관중이 말했다. "그렇지 않습니다. 나라 사람들이 (왕자) 규의 어머니를 미워합니다. (이것이) 규의 몸에 영향을 미치고 있으며, (왕자) 소백이 어미 없음을 동정합니다. 제아가 맏이지만 천출이니, 일이 어떻게 될지 아직은 모릅니다. 제나라를 안정시킬 사람은 이 두 왕자가 아니면, 장차 없을 것입니다. (왕자) 소백은 사람됨이 작은 지혜는 없으나, 방탕하면서도 크게 생각합니다. 제[夷吾]가 아니면 소백을 포용할 수 없습니다. 하늘이 제나라에 화를 내리고 재앙을 보탠다면, (왕자) 규가 비록 임금이 된다 해도, 사태는 장차 해결되지 않을 것이니, 당신[鮑叔]이 아니라면 나라를 안정시킬 이가, 누가 있겠습니까?"

소홀이 말했다. "100년 뒤에, 우리 임금이 30년을 점쳐 보아, 제가 임금의 명령을 어기어 제가 옹립한 이를 폐기하게 된다면, 저의 (왕자) 규에게서 (임금 자리를) 빼앗고, (누가) 천하를 차지하더라도 저는 살 수 없습니다. 하물며, 저에게 제나라 정치를 맡긴다면, 임금의 명령을 받들고 고치지 않을 것이며, 옹립한 임금을 받들어 성공 못한다 해도, 그것이 제 뜻입니다."

관중이 말했다. "저는 임금의 신하가 되어, 장차 임금의 명령을 받들고, 사직을 받들고 종묘를 지킬 것이니, 어찌 하나의 (왕자) 규 때문에 죽겠습니까? 제가 죽는 것은, 사직이 깨지고, 종묘가 파멸되고, 제사가 끊어진다면, 저도 죽을 것입니다. 이 세 경우가 아니면, 저는 살아남을 것입니다. 제가 살았다면 제나라가 이로울 것이고, 제가 죽었다면 제나라는 불리할 것입니다."

포숙이 말했다. "그렇다면, 어떻게 합니까?"

관자가 말했다. "당신께서는 나가서 명을 받들면 되는 것입니다."

포숙은 허락하고, 이에 출사하여 임금의 명령을 받들고, 마침내 (왕자) 소백의 스승이 되었다.

齊僖公生公子諸兒、公子糺、公子小白. 使鮑叔傅小白, 鮑叔辭, 稱疾不出. 管仲與召忽往見之, 曰: "何故不出?" 鮑叔曰: "先人有言曰: '知子莫若

父, 知臣莫若君.' 今君知臣不肖也, 是以使賤臣傅小白也. 賤臣知弃矣." 召忽曰: "子固辭無出, 吾權[1]任[2]子以死亡, 必免子." 鮑叔曰: "子如是, 何不免之有乎?" 管仲曰: "不可. 持社稷宗廟者, 不讓事, 不廣閒.[3] 將有國者, 未可知也. 子其出乎." 召忽曰: "不可, 吾三人者之於齊國也, 譬之猶鼎之有足也, 去一焉則必不立矣. 吾觀小白必不爲後矣." 管仲曰: "不然也. 夫國人憎惡糾之母, 以及糾之身, 而憐小白之無母也. 諸兒長而賤, 事未可知也. 夫所以定齊國者, 非此二公子者, 將無已也. 小白之爲人無小智, 惕[4]而有大慮. 非夷吾莫容小白, 天不幸降禍加殃于齊, 糾雖得立, 事將不濟. 非子定社稷, 其將誰也?" 召忽曰: "百歲之後, 吾君卜世,[5] 犯吾君命而廢吾所立, 奪吾糾也, 雖得天下吾不生也. 兄[6]與我齊國之政也, 受君令而不改, 奉所立而不濟, 是吾義也." 管仲曰: "夷吾之爲君臣也, 將承君命, 奉社稷以持宗廟, 豈死一糾哉? 夷吾之所死者, 社稷破, 宗廟滅, 祭祀絶, 則夷吾死之. 非此三者, 則夷吾生. 夷吾生則齊國利, 夷吾死則齊國不利." 鮑叔曰: "然則奈何?" 管子曰: "子出奉令則可." 鮑叔許諾, 乃出奉令, 遂傅小白.

포숙이 관중에게 물었다. "무엇을 할 것입니까?"

관중이 대답했다. "신하된 이가, 임금에게 힘을 다하지 않으면 친밀하게 신임하지 않을 것이고, 친밀하게 신임하지 않으면 그의 말을 듣지 않을 것이고, 말이 먹히지 않으면 나라는 안정될 수 없습니다. 임금을 섬기는데, 두 마음을 가져서는 안 됩니다."

포숙은 (이에 왕자 소백의 스승 자리를) 허락하였다. 희僖공의 동모 동생 이중년夷仲年이 공손무지公孫無知를 낳으니, 희공이 총애하여, 의복衣服이나 예우가 적자嫡子와 같았다. 희공이 죽으니, 제아諸兒가 장성하여, 임금이 되었으니, 이가 (제나라) 양공襄公이다. 양공이 임금이 된 뒤에, (공손)무지를 배척하니, 무지가 분노하였다. 양공은 연칭連稱과 관지보管至父에게 명령하여 규구葵丘 땅을 수비하게 하면서 말하였다. "(금년) 오이가 익을 때 가서, (명년) 오이가 익으면 돌아오라."

수비한 지 1년이 되었으나, 양공의 통지가 오지 않기에, 대리할 사

1 權은 잠깐의 뜻이다.
2 房玄齡의 주석에 任은 保證함의 뜻이다.
3 兪樾에 의하면, 廣은 曠(비어두다, 空)이다.
4 黎翔鳳에 의하면, 隸書체에서는 惕(두려워하다)은 愓(방탕하다)과 구별이 없다. 여기서는 愓(방탕하다)의 뜻이다.
5 世는 30년이다.
6 劉績에 의하면, 兄은 옛날 況(하물며) 자다.

람을 청했으나, 허락을 받지 못했다. 따라서 이 두 사람은 공손무지를 따라서 내란을 일으켰다. 노魯나라 환공桓公의 부인 문강文姜은 제齊나라 여자였다. (노나라) 환공이 제나라에 가고자 할 때, 부인도 함께 가고자 하였다.

(신하) 신유申兪가 간언諫言하였다. "안 됩니다. 여자에게는 (남편의) 집이 있고, 남자는 처실妻室이 있으니, 서로 패란敗亂이 없는 것이 예법입니다."

노나라 환공은 (간언을) 듣지 않고서, 마침내 문강을 데리고 낙濼 땅에서 제나라 제후를 만났다.

문강이 제나라 제후와 통하였는데, (노나라) 환공이 이 말을 듣고, (자기 부인) 문강을 질책하였다. (이것을) 문강이 제나라 제후에게 일러바치니, 제나라 제후가 화가 났다. (노나라) 환공을 대접하는 잔치에서, (제나라 임금이) 왕자 팽생彭生을 시켜서 노나라 제후를 엄습하여 갈비뼈를 손으로 부러뜨리니, (노) 환공은 마차에서 죽었다.

(제나라 귀족) 수만竪曼이 말했다. "현자들은 죽음으로 충성하며 의심을 씻어 내니, 백성들은 그것에 의탁합니다. 지식인은 이치를 궁구하고 오랫동안 생각하여, (화를) 면할 수 있습니다. 지금 왕자 팽생彭生은 왕의 다음 사람으로 태어나서, (충신의) 말은 다 못하고 (왕에게) 아첨하여, 우리 임금을 희롱하였습니다. 우리 임금으로 하여금 친척에 대한 예의의 명성을 잃게 하였으며, 또한 폭력으로 우리 임금의 화禍를 이루었고, (제와 노) 두 나라가 원한을 갖게 했으니, 팽생은 그 화를 면할 수 있을까요? 화가 당연히 미칠 것입니다!"

2월에, 노나라 귀족들은 제나라에 고발하여 이렇게 말했다. "저희 임금께서는 (제나라) 임금의 위세를 두려워해서, 편안히 계시지 못합니다. (제나라에) 와서 오래된 우호 관계를 맺으려 했는데, 예의가 이루어졌는데도 돌아올 수 없으니, (우리 임금님의) 시체가 돌아올 곳이 없기에, 팽생彭生을 없애 주시기 바랍니다!"

제나라 귀족들은 이 때문에 팽생을 죽이고, 노나라에 사죄하였다.

오월에, (제나라) 양공이 패구貝丘 땅에서 사냥을 할 때, 아아, 돼지를 보았다. 시종이 말했다. "왕자 팽생이다."

(제나라) 제후가 분노하여 말했다. "왕자 팽생이 어찌 감히 나타나는가!"

그것을 쏘니, 돼지가 사람처럼 울음소리를 냈다. (제나라) 제후는 두려워서, 수레에서 떨어져서, 다리를 다치고 신발을 잃어버렸다. 돌아와서, 시종인 비費에게 신발을 찾게 했으나, 찾을 수 없었다. 비를 (마구) 때리니 피가 보였다. 비가 뛰어서 밖으로 나가니, 문에서 도적을 만났다. (도적이) 그를 잡아끌어 묶었다. 비가 윗몸을 벗고 그에게 (매를 맞은) 등을 보이니, 도적이 그를 믿고, 비를 먼저 들여보냈다. (비가) (제) 양공을 숨겨 두고 (다시) 나와서, 문에서 (도적과) 싸우다 죽었다. (시종) 석지분여石之紛如는 계단 아래에서 죽었고, 맹양孟陽이 임금을 대신하여 침대에서 자고 있었는데, 도적이 그를 죽이면서 말했다. "임금이 아닌 것 같다. 비슷하지가 않아."

방문 아래에서 (제) 양공의 발이 보이자, 마침내 그를 죽이고 왕자 무지를 임금으로 세웠다.

鮑叔謂管仲曰: "何行?" 管仲曰: "爲人臣者, 不盡力於君, 則不親信, 不親信, 則言不聽, 言不聽, 則社稷不定. 夫事君者無二心." 鮑叔許諾. 僖公之母弟夷仲年生公孫無知, 有寵於僖公, 衣服禮秩[7]如適. 僖公卒, 以諸兒長, 得爲君, 是爲襄公. 襄公立后, 絀無知, 無知怒. 公令連稱、管至父戍葵丘曰: "瓜時而往, 及瓜時而來." 期戍, 公問不至, 請代不許. 故二人因公孫無知以作亂. 魯桓公夫人文姜, 齊女也. 公將如齊, 與夫人皆[8]行. 申兪諫曰: "不可. 女有家, 男有室, 無相瀆也, 謂之有禮." 公不聽, 遂以文姜會齊侯於濼. 文姜通於齊侯, 桓公聞, 責文姜. 文姜告齊侯, 齊侯怒, 饗公, 使公子彭生乘[9]魯侯脅[10]之, 公薨于車. 豎曼曰: "賢者死忠以振[11]疑, 百姓寓[12]焉. 智者究理而長慮, 身得免焉. 今彭生二於君, 無盡言而諛行, 以戲我君. 使我君失親戚之禮命, 又力成吾君之禍, 以構二國之怨, 彭生其得免乎? 禍理屬焉! 夫君以怒遂禍, 不畏惡親, 聞容昏生, 無醜也, 豈及彭生而能止之哉! 魯若有誅, 必以彭生爲說." 二月, 魯人告齊曰: "寡君畏君之威, 不敢寧居, 來脩舊好, 禮成而不反, 無所歸死,[13] 請以彭生除之." 齊人爲殺彭生, 以謝于魯. 五月, 襄公田于貝丘, 見豕彘.[14] 從者曰: "公子彭生也." 公怒曰:

7 湯孝純에 의하면, 禮秩은 대우하는 등급이다. 『新譯管子讀本』(上), 264頁, 注1 참조.

8 皆는 偕(함께) 자와 통한다.

9 乘은 掩襲의 뜻이다.

10 王引之에 의하면, 脅(갈빗대)은 協 자의 假借다. 協의 원래 글자는 擸(꺾다)이다. 이것은 拉(부러뜨리다)으로 쓴다. 그렇다면, 脅之는 손으로 부러뜨림의 뜻이다.

11 兪樾에 의하면, 振은 挋(닦다, 씻다)과 통한다.

12 黎翔鳳에 의하면, 寓는 寄(위탁하다)의 뜻이니, 백성들이 기탁한 것을 말한다.

13 黎翔鳳에 의하면, 死는 屍(주검)다.

14 黎翔鳳에 의하면, 彘(돼지)는 豨(멧돼지의 '아아' 하는 탄식)이다.

"公子彭生安敢見!" 射之, 豕人立而啼. 公懼, 墜於車下, 傷足亡屨. 反, 誅屨於徒人費, 不得也. 鞭之見血. 費走而出, 遇賊於門; 脅而束之. 費袒而示之背, 賊信之, 使費先入. 伏公而出, 鬪死于門中. 石之紛如死于階下, 孟陽代君寢于牀, 賊殺之, 曰: "非君也, 不類." 見公之足于戶下, 遂殺公而立公孫無知也.

포숙아는 왕자 소백을 모시고 거莒 땅으로 도망쳤고, 관중과 소홀은 왕자 규를 모시고 노魯나라로 도망쳤다. (노魯 장공莊公) 9년[15]에 공손무지가 옹름雍廩을 학대하니, 옹름이 (임금) 무지無知를 죽였다. (제) 환공[왕자 소백]이 거莒 땅에서 (왕자 규보다) 먼저 (제) 나라에 들어오니, 노나라 귀족들이 제나라를 정벌하여, 왕자 규를 (제나라에) 돌려보내려고, 건시乾時 땅에서 전투하였는데, 관중이 환공에게 화살을 쏘아 혁대를 맞혔다. 노나라 군대가 패배하고, 환공[小白]은 임금 지위에 올랐다. 이에 (제 환공이) 노나라를 겁박하여, 노나라로 하여금 왕자 규를 죽이려고 하였다.

鮑叔牙奉公子小白奔莒, 管夷吾、召忽奉公子糾奔魯. 九年, 公孫無知虐於雍廩, 雍廩殺無知也. 桓公自莒先入, 魯人伐齊, 納公子糾, 戰於乾時, 管仲射桓公中鉤. 魯師敗績, 桓公踐位. 於是劫魯, 使魯殺公子糾.

환공이 포숙에게 물었다. "앞으로 어떻게 나라를 안정시킬 것이오?"

포숙이 말했다. "관중과 소홀을 얻으면 나라가 안정될 것입니다."

(환)공이 말했다. "관중과 소홀은 과인의 적당賊黨이요."

포숙은 이에 환공에게 그들의 옛날 계획을 말씀드렸다.

환공이 말했다. "그러면 그것이 가능한 일입니까?"

포숙이 말했다. "빨리 그들을 부른다면 가능할 수 있으나, 급히 하지 않으면 불가능합니다. 노나라 (귀족) 시백施伯은 관중이 지혜로움을 압니다. 그는 꾀를 내어 앞으로 반드시 관중에게 노나라 정치를 맡기려 할 것입니다. 관중이 그것을 받으면 그는 제나라(의 세력)을 약화시킬 것입니다. 관중이 받지 않는다면, 그는 관중이 앞으로 제나라로 돌아갈 것을 알기에, 장차 반드시 관중을 죽일 것입니다."

15 魯 莊公 9년은 기원전 685년이다.

환공이 말했다. "그렇다면, 관중은 장차 노나라 정치를 받겠습니까? 아니면 안 받겠습니까?"

포숙이 대답하여 말하였다. "안 받을 것입니다. 관중이 (왕자) 규를 위해 죽지 않은 것은 제나라의 사직을 안정시키기 위함입니다. 지금 노나라의 정치를 맡게 되면, 그것은 제나라를 약화시키는 일입니다. 관중이 임금을 받들려는 데는 두 마음이 없습니다. 비록 (노나라에서) 죽을 줄 알더라도, 반드시 안 받을 것입니다."

환공이 말하였다. "그가 과인에 대하여, 그와 같을 수 있겠는가!"

포숙이 대답하여 말하였다. "임금 때문이 아니고, 선대 임금 때문입니다. 임금님에 대해서는, (왕자) 규와 친밀한 것만 못합니다. (그런데) 규를 위해 죽지 않았는데, 하물며 임금님을 위해서 (자신이) 죽겠습니까! (그러나) 임금께서 만약 제齊나라 사직을 안정시키길 원하신다면, 빨리 그를 환영해 맞이해야 합니다."

환공이 말했다. "아마도 안 될 것 같은데, 어떻게 하면 좋을꼬?"

포숙이 말하였다. "시백施伯의 사람됨은, 명민하나 두려움이 많으니, 임금께서 (노나라에게) 먼저 (관중을) 되돌려 보내라고 말씀하신다면, (노나라는 제나라와) 원한을 맺는 것을 두려워하기에, 반드시 (관중을) 죽이진 못할 것입니다."

환공이 말했다. "그렇게 합시다."

시백이 노나라 임금께 진언하였다. "관중에게 긴급한 일이 있었는데, 그 일[왕자 규를 제나라의 왕으로 옹립]이 성공 못하여, 지금 노나라에 와있으니, 임금께서 그에게 노나라 정치를 맡기세요. (그가) 만약 맡으면 제나라는 약화될 것입니다. 만약 안 맡겠다면 그를 죽입시다. 죽여서 제나라를 기쁘게 하는 것이니, (제나라와) 함께 분노하기보다는, (우선은 그를) 죽이지 않는 것이 오히려 현명합니다."

(노나라) 임금이 말했다. "그렇게 합시다."

노나라에서 (관중에게) 정치를 맡기기 전에, 제나라 사자使者가 (노나라에) 와서 말하였다. "관중과 소홀은 과인의 적당들이오. 지금 노나라에 있으니, 과인은 산 채로 그들을 잡기를 원하오. 만약 잡지를 못한다면, 이는 (노)나라 임금께서 (스스로) 과인과 적당賊黨이 되는 것이오."

노魯 임금이 시백에게 물으니, 시백이 말했다. "임금님, 그를 줍시다. 제가 듣기로는 제나라 임금은 방탕하고 또한 매우 교만합니다. 비록 현자를 얻었다 해도, 어찌 그를 반드시 쓰겠습니까? 제나라 임금이 그를 기용하기에 이른다면, 관중은 일을 성공시킬 것입니다. 관중은 천하의 큰 성인입니다. 지금 제나라로 되돌아간다면, 천하가 모두 그에게 향할 것입니다. 어찌 홀로 노나라만이겠습니까! (그러나) 지금 만약 (임금께서 그를) 죽이신다면, 그는 포숙의 친구이므로, 포숙이 이 일 때문에 난리를 일으킬 테니, 임금께서는 반드시 (그들을) 방어할 수 없을 것입니다. (그러하니) 그를 (제나라로) 돌려보내는 것만 못합니다."

노나라 임금이 이에 마침내 관중과 소홀을 묶었다.

관중이 소홀에게 말했다. "당신은 두렵습니까?"

소홀이 대답했다. "무엇이 두렵겠습니까? 제가 일찍 죽지 못한 것은, 장차 결정되기를 기다린 것뿐입니다. 지금 이미 결정된 셈입니다. 당신이 좌상左相이 되면, 반드시 제가 우상右相이 될 것이지만, 비록 (우리) 임금[왕자 규]은 죽었는데 제가 기용된다면, 이는 두 번 저를 모욕하는 것입니다. 당신은 살아 있는 신하, 저[소홀]는 죽은 신하가 됩시다. 소홀이 또한 만승의 대국에 정치할 줄 알지만 죽는다면, 왕자 규는 죽은 신하를 가진 셈이 됩니다. 당신은 살아서 (제나라) 제후를 으뜸 제후[覇]로 만들면, 왕자 규는 살아있는 신하를 가진 셈입니다. 죽는 자는 덕행을 이루고, 산자는 명성을 이룬 것이 됩니다. 명성은 (덕행과) 양립할 수 없습니다. 덕행 또한 허수로 오는 것은 아닙니다. 당신은 아마도 노력해야 할 것입니다! 죽음도 삶도 직분이 있는 것입니다!"

이에 (이들은 노나라를) 떠났다. 제나라 국경에 들어서자, (소홀은) 스스로 목을 찔러 죽었으며, 관중은 드디어 (제나라에) 들어갔다.

군자들은 이를 듣고 말했다. "소홀의 죽음은 삶을 슬기롭게 한 것이고 관중의 삶은 죽음을 슬기롭게 한 것이다."

桓公問於鮑叔曰: "將何以定社稷?" 鮑叔曰: "得管仲與召忽則社稷定矣." 公曰: "夷吾與召忽, 吾賊也." 鮑叔乃告公其故圖. 公曰: "然則可得乎?" 鮑叔曰: "若亟召則可得也, 不亟不可得也. 夫魯施伯知夷吾爲人之有慧也. 其謀必將令魯致政於夷吾. 夷吾受之, 則彼知能弱齊矣. 夷吾不受, 彼知其將反於齊也, 必將殺之." 公曰: "然則夷吾將受魯之政乎, 其否也?" 鮑叔對曰: "不受. 夫夷吾之不死糾也, 爲欲定齊國之社稷也. 今受魯之政, 是弱齊也. 夷吾之事君無二心; 雖知死, 必不受也." 公曰: "其於我也, 曾[16]若是乎!" 鮑叔對曰: "非爲君也, 爲先君也. 其於君, 不如親糾也. 糾之不死, 而况君乎! 君若欲定齊之社稷, 則亟迎之." 公曰: "恐不及, 奈何?" 鮑叔

曰: "夫施伯之爲人也, 敏而多畏, 公若先反,[17] 恐注怨焉, 必不殺也." 公曰: "諾." 施伯進對魯君曰: "管仲有急, 其事不濟, 今在魯, 君其致魯之政焉, 若受之則齊可弱也, 若不受則殺之. 殺之以說於齊也, 與同怒, 尙賢於已."[18] 君曰: "諾." 魯未及致政, 而齊之使至, 曰: "夷吾與召忽也, 寡人之賊也. 今在魯, 寡人願生得之. 若不得也, 是君與寡人賊比也." 魯君問施伯, 施伯曰: "君與之. 臣聞齊君惕[19]而亟驕. 雖得賢, 庸必能用之乎? 及齊君之能用之也, 管子之事濟也. 夫管仲天下之大聖也. 今被反齊, 天下皆鄕之, 豈獨魯乎! 今若殺之, 此鮑叔之友也, 鮑叔因此以作難, 君必不能待[20]也; 不如與之." 魯君乃遂束縛管仲與召忽. 管仲謂召忽曰: "子懼乎?" 召忽曰: "何懼乎? 吾不蚤死, 將胥[21]有所定也. 今既定矣, 令子相齊之左, 必令忽相齊之右. 雖然殺君而用吾身, 是再辱我也. 子爲生臣, 忽爲死臣. 忽也知得萬乘之政而死, 公子糾可謂有死臣矣; 子生而霸諸侯, 公子糾可謂有生臣矣. 死者成行, 生者成名. 名不兩立, 行不虛至. 子其勉之, 死生有分[22]矣." 乃行, 入齊境, 自刎而死, 管仲遂入. 君子聞之曰: "召忽之死也, 賢其生也; 管仲之生也, 賢其死也."

어떤 이는 말한다. "이듬해에, 양공이 (왕자) 소백을 쫓아내니, 소백은 거 땅으로 도망을 갔다. 3년째에, 양공이 죽자, 왕자 규가 왕위에 오르고자 했으나, 나라의 귀족들이 소백을 불렀다."

포숙이 말했다. "왜 안 가시렵니까?"

(왕자) 소백이 말했다. "안 됩니다. 관중은 지혜가 있고, 소홀은 강한 무사입니다. 비록 나라의 귀족들이 나를 불러도, 나는 오히려 (제나라에) 들어가면 안 됩니다."

포숙이 말했다. "관중이 제나라에서 그의 지혜를 펼칠 수 있다면, 나라가 혼란하겠습니까? 소홀이 강한 무사이나, 어찌 홀로 우리를 대적할 수 있겠습니까?" 소백이 말했다. "(관중이) 비록 그의 지혜를 쓸 수 없다 해도, 어찌 장차 쓸 일이 없겠는가? 소홀이 비록 무리를 얻지 못했지만, 어찌 우리를 대적하기에 부족하겠습니까?"

16 曾은 '어찌… 같을 수 있겠는가!'의 뜻이 있다.

17 黎翔鳳에 의하면, 反은 還(되돌려 보내다)의 뜻이다.

18 趙守正에 의하면, 已는 止, 즉 살해를 그치는 것, 바로 죽이지 않는 것이다. 『管子通解』(上), 255頁, 注5 참조.

19 惕(두려워하다)는 愓(방탕하다)의 뜻이다.

20 王念孫에 의하면, 待(기다리다)는 禦(방어하다)의 뜻이다.

21 趙守正에 의하면, 胥(모두)는 待(기다리다)의 뜻이다. 上同, 注6 참조.

22 湯孝純에 의하면, 分은 職分의 뜻이다. 『新譯管子讀本』(上), 269頁, 注17 참조.

포숙이 대답하여 말하였다. "나라에 난리가 나면, 지혜로운 사람도 국내의 일을 할 수 없고, 친구들도 서로 힘을 합쳐 박살 낼 수 없으니, (이참에) 나라는 도모할 수 있습니다."

이에 수레를 말들에게 매게 하여, 포숙이 말을 몰고, 소백은 수레에 타고 거 땅을 빠져나왔다.

소백이 말했다. "(관중과 소홀) 이 두 사람은 임금의 명령을 받들고 있으니, 나는 (그들에게) 모험할 수 없네."

이에 (소백이) 말에서 내렸다.

포숙이 소백의 다리를 밟으면서, 말했다. "일이 성공할 수 있는 것은, 이때입니다. 일이 성공 못하면, 제가 죽을 테니, 왕자님은 오히려 화를 면할 것입니다." 이에 출발하면서, 읍내의 교외에 이르러, 포숙은 수레 20대를 타고 앞서 가도록 하고, 10대는 뒤에 오도록 명령하였다.

포숙이 이에 (왕자) 소백에게 아뢰었다. "(제)나라에서 (왕자님과) 몇몇 사람을 의심할 수 있으나, 저는 알아볼 수 없습니다. 일이 성공 못하면, 저는 이것들로 길을 막겠습니다."

포숙은 이에 맹세하여 말하였다. "일이 성공하면, 내 명령을 듣고, 일이 실패하면, 왕자에게 화를 면하게 하는 것이 상책일 것이네. 죽는 것은 하책이야. 나는 다섯 대의 수레로 실제 길을 차단하겠네."

포숙은 이에 앞서서 말 타고 나가서, 마침내 제나라에 들어가, 왕자 규糾를 축출하니, 관중은 (왕자) 소백에게 활을 쏘아서 혁대를 맞혔다. 관중과 왕자 규, 소홀은 마침내 노나라로 도망쳤다. (제) 환공이 왕위에 오르니, 노나라가 제나라를 공격하여, 왕자 규를 (제나라에) 돌려보내려 했으나 그리할 수 없었다.

或[23]曰: "明年,[24] 襄公逐小白, 小白走莒. 三年, 襄公薨, 公子糾踐位, 國人

23 黎翔鳳에 의하면, 或曰은 『管子』를 집필한 어떤 사람이지, 管仲보다 후대 사람(예 劉向)은 아니다.

24 黎翔鳳에 따르면, 『春秋左傳』에서는 이렇게 말했다. '鮑叔知亂將作, 奉小白奔莒, 則所謂'明年'者, 乃小白分莒之明年, 其事在襄公八、九年. 另有傳說, 則非小白自出奔, 而爲襄公逐小白, 其事甚明, 何云"不可考"乎? 此事桓公諱言, 故記以"或曰"存疑'(포숙은 난이 장차 일어날 것을 알고 소백을 모시고 거 땅으로 달아났는데, 이른바 '내년'은 바로 소백이 거 땅으로 도망친 그다음 해이니, 그 일은 襄公 8~9년이다. 다른 전설도 있다. 소백이 스스로 도망쳐 나온 것이 아니고 양공이 소백을 쫓아낸 것이니, 그 사실이 분명하다면, 왜 '고증할 수 없다'라고 말했는가? 이 일은 환공의 諱[이름을 기피함]이니, 그 때문에 '或曰'[누가 말했다]로 기록한 것이라는 의심이 든다).

召小白." 鮑叔曰: "胡不行矣?" 小白曰: "不可, 夫管仲知,[25] 召忽强武. 雖國人召我, 我猶不得入也." 鮑叔曰: "管仲得行其知於國, 國可謂亂乎? 召忽强武, 豈能獨圖我哉?" 小白曰: "夫雖不得行其知, 豈且[26]不有焉乎? 召忽雖不得衆, 其及豈不足以圖我哉?" 鮑叔對曰: "夫國之亂也, 智人不得作內事, 朋友不能相合摎,[27] 而國乃可圖也." 乃命車駕, 鮑叔御, 小白乘而出於莒. 小白曰: "夫二人者奉君令, 吾不可以試也." 乃將下. 鮑叔履其足, 曰: "事之濟也, 在此時. 事若不濟, 老臣死之, 公子猶之免[28]也." 乃行, 至於邑郊, 鮑叔令車二十乘先, 十乘後. 鮑叔乃告小白曰: "夫國之疑二三子,[29] 莫忍老臣.[30] 事之未濟也, 老臣是以塞道." 鮑叔乃誓曰: "事之濟也, 聽我令; 事之不濟也, 免公子者爲上. 死者爲下, 吾以五乘之實距[31]路." 鮑叔乃爲前驅, 遂入國, 逐公子糺, 管仲射小白中鉤. 管仲與公子糺、召忽遂走魯. 桓公踐位, 魯伐齊, 納公子糺而不能.

환공은 원년元年에 왕위에 올라, 관중을 부르니, 관중이 이르렀다.

환공이 물었다. "나라를 안정시킬 수 있는가?"

관중이 대답하여 말하였다. "임금께서 패왕霸王이 되시면, 사직이 안정되고, 임금께서 패왕이 안 되시면, 사직은 안정될 수 없습니다."

환공이 말했다. "과인이 그렇게 큰 것을 바라겠나, 사직이나 안정시키려 할 뿐이요."

관중이 또 청했으나, 임금은 말했다. "(과인은) 할 수 없소."

관중이 임금을 하직하면서, 말하였다. "임금께서 저에게 죽음을 면하게 해주신 것은 저의 행운입니다. 그러나 제가 (왕자) 규를 위해 죽지 않은 것은, 사직을 안정시키고자 한 것입니다. 사직이 안정되지 않는다면, 저는 제나라의 정치를 전적으로 맡아서 (왕자) 규를 위해 죽지도 못했으니, 저도 감히 무엇을 못하겠습니다."

이에 걸어서 나가, 문에 이르니, 환공이 관중을 불렀다. 관중이 되돌아오니, (환)공이 땀을 흘리며 말했다. "그치시오, 으뜸 제후[覇]가 되

25 知는 智(지혜)와 통한다.
26 黎翔鳳에 의하면, 且(장차)는 將(장차)과 통한다.
27 黎翔鳳에 의하면, 『說文解字』에 따르면, 摎(매다, 묶다)은 縛殺(동여매서 죽이다)이다.
28 黎翔鳳에 의하면, 猶之免也는 猶免之也와 같다. 옛날과 지금은 어법에 차이가 있다.
29 趙守正에 의하면, 二三子는 몇몇 사람의 뜻이다. 『管子通解』(上), 256頁, 注5 참조.
30 黎翔鳳에 의하면, 夫國은 彼國(저 나라)이다. 忍은 認의 假借다.
31 湯孝純에 의하면, 距(사이가 뜨다)는 拒(방어하다)와 통한다. 『新譯管子讀本』(上), 272頁, 注10 참조.

도록 노력하겠소!"

관중이 재배하고 머리를 조아리고 일어나서, 말했다. "오늘 임금께서 으뜸 제후가 되고자 하시니, 저는 즐거이 명령을 받들겠습니다."

(그는) 뛰어나가 재상의 지위에 임하였다. 이에 다섯 개의 관청에 명령을 내리고 정사政事를 보았다.

> 桓公二年,[32] 踐位召管仲, 管仲至. 公問曰: "社稷可定乎?" 管仲對曰: "君霸王, 社稷定; 君不霸王, 社稷不定." 公曰: "吾不敢至於此其大也, 定社稷而已." 管仲又請, 君曰: "不能." 管仲辭於君, 曰: "君免臣於死, 臣之幸也. 然臣之不死糾也, 爲欲定社稷也. 社稷不定, 臣祿[33]齊國之政而不死糾也, 臣不敢." 乃走出, 至門, 公召管仲. 管仲反, 公汗出曰: "勿已,[34] 其勉霸乎." 管仲再拜稽首而起, 曰: "今日君成霸, 臣貪[35]承命." 趨立於相位. 乃令五官行事.

다른 날, 환공이 관중에게 보고하여, 말하였다. "제후들 사이에 전쟁이 없으니, 약간 군비를 손보겠소."

관중이 말했다. "안 됩니다. 백성들이 힘들어 하는데, 임금께서는 먼저 백성들과 어울리고 무기는 감추어 두십시오. 무기에 후한 정을 두기보다 사람들에게 후한 것만 못합니다. 제나라 사직이 아직 안정되지 않았는데, 임금께서는 사람들과는 아직 시작도 안 하시고 병기와 시작한 것입니다. 밖으로 제후들과 친하지도 않고, 안으로 백성들과 친하지도 않습니다."

환공이 말하였다. "그렇구먼."

정치가 아직 실행되지 않았는데, 이듬해에, 환공은 더욱 혼란해져서, 또 관중에게 고하여 말하였다. "과인은 군비를 돌보고 싶소."

관중이 또 말하였다. "안 됩니다."

환공이 (관중의 말을) 듣지 않고, 과연 군비를 정리했다. 환공이 송宋

32 黎翔鳳에 의하면, 무릇 새 임금이 즉위하면, 어떤 때는 즉시 연도를 바꾸거나, 어떤 때는 그 다음 해에 연도를 바꾼다. 문의文意로 보면, 왕자 규의 이 년二年이고, 당시에는 연호가 없었다. 그러나 趙守正은, 二는 元 자가 파괴된 것으로 본다. 『管子通解』, 257頁, 注1 참조.

33 趙守正에 의하면, 祿(녹봉)은 錄(기록하다)으로 읽어야 한다. 즉 領錄(전체적으로 관리함)의 뜻이다. 上同, 注2 참조.

34 尹知章의 주석은 이렇다. '必欲令霸王而不已, 我將勉力而求霸也'(반드시 패왕이 되기를 바라고 그치지 않으니, 나는 장차 열심히 하여 패왕이 되길 구하겠소).

35 陳奐에 의하면, 貪은 歆(대접받다)의 假借다.

부인과 배 안에서 (술을) 마셨는데, 부인이 배를 요동치게 하여 환공을 두렵게 하였다. 환공이 화가 나서 부인을 쫓아내니, 송宋나라가 이를 받아들이고 채蔡나라 제후에게 시집을 보냈다.

그다음 해에, 환공이 분노하여 관중에게 고발하여, 말하였다. "(과인은) 송나라를 공격하고 싶네."

관중이 대답했다. "안 됩니다. 제가 듣기로는, 내정을 닦지 않고, 밖으로 출동하면 성공하지 못합니다."

환공이 듣지 않고, 과연 송나라를 공격하였다. 제후들이 군사를 일으켜 송나라를 구하고, 제나라 군사들을 크게 패퇴시켰다.

환공이 분노하여, 돌아와서 관중에게 고하여 말하였다. "군비를 마련합시다. 우리 군사는 숙련되지 않았고, 군비도 충실하지 못해, 그 때문에 제후들이 우리 원수를 구원하였습니다. 군비를 안에서 정비합시다!"

관중이 대답했다. "안 됩니다. 제나라가 위험할 것입니다. 국내에서 백성들이 쓸 것을 빼앗고, 군사들에게 밖에서의 용기를 권면하면, (이것이) 난리의 근본이 됩니다. 대외적으로 침범하는 제후는, (대내적으로) 백성들의 원망을 많이 받습니다. (그리고) 의義를 행하려는 인사들이, 제나라에는 (더 이상) 들어오지 않게 될 것이니, 어찌 위태롭지 않겠습니까?"

포숙이 말했다. "임금께서는 반드시 관중의 말대로 하십시오."

환공은 듣지 않고, 이에 전국에 명령하여 군비를 준비하게 하고, 관문과 시장의 세금을 많이 거두어들였다. 환공은 이에 마침내 용기를 따져보고서 (무사들을) 채용하고 녹봉을 주었다.

포숙이 관중에게 말했다. "다른 날에 환공은 자네에게 으뜸제후[覇]가 될 것을 응낙하였는데, 지금 나라가 점점 더 혼란해지니, 자네는 장차 어찌할 것인가?"

관중이 말했다. "우리 임금은 방탕한데, 그의 머리는 (또) 많이 가르쳐야하네. 잠시 잠깐 기다려, 그가 스스로 터득하게 하세."

포숙이 말했다. "그 스스로 알게 될 때까지 기다린다면, 나라의 손실이 많지 않겠는가?"

관중이 대답했다. "아직 괜찮네. 나라의 정치를, 내가 아직 보이지 않게 하고 있네. 어찌 난리가 날 수 있겠나? 아직 기다릴 수 있네. 외국 제후들의 보좌진은, 우리 두 사람 같은 이가 없으니, 아직 감히 우리 나라를 침범하지 못하네." 그다음 해에, 조정에서 녹봉을 다투고 서로 자극하니, 목을 자르고 목덜미를 베는 일이 끊이지 않았다.

포숙이 관중에게 말하였다. "나라에 죽은 이가 많으니, 해로운 일이 아닐까?" 관중이 말했다. "어떻게 그런 것을 그치게 할 수 있을까! 이런 것이 모두 저들 욕심을 부리는 사람들 때문이네. 내가 걱정하는 것은, 제후국들 나라에서 의로운 사람들이 제나라에 들어오려고 하지 않으며, 제나라의 의인들도 벼슬을 살려고 하지 않는 것이네. 저들 (서로 싸워) 죽는 자들을, 내가 무엇에 쓸려고 애석해하겠나?"

환공은 또 군비를 정돈하였다.

異日, 公告管仲, 曰: 欲以諸侯之間無事也, 小脩兵革." 管仲曰: "不可. 百姓病, 公先與百姓而藏其兵. 與其厚於兵, 不如厚於人. 齊國之社稷未定, 公未始於人而始於兵. 外不親於諸侯, 內不親於民." 公曰: "諾." 政未能有行也, 二年, 桓公彌亂, 又告管仲曰: "欲繕兵." 管仲又曰: "不可." 公不聽, 果爲兵. 桓公與宋夫人飮舡中, 夫人蕩舡而懼公, 公怒出之. 宋受而嫁之蔡侯. 明年, 公怒告管仲, 曰: "欲伐宋." 管仲曰: "不可. 臣聞內政不脩, 外擧事不濟." 公不聽, 果伐宋. 諸侯興兵而救宋, 大敗齊師. 公怒, 歸告管仲曰: "請脩革. 吾士不練, 吾兵不實, 諸侯故敢救吾讎. 內脩兵!" 管仲曰: "不可. 齊國危矣. 內奪民用, 士勸於勇外, 亂之本也. 外犯諸侯, 民多怨也. 爲義之士, 不入齊國, 安得無危?" 鮑叔曰: "公必用夷吾之言." 公不聽, 乃令四封之內脩兵, 關市之征侈之. 公乃遂用以勇授祿. 鮑叔謂管仲曰: "異日者, 公許子霸, 今國彌亂, 子將何如?" 管仲曰: "吾君惕,[36] 其智多誨. 姑少胥, 其自及也." 鮑叔曰; "比其自及也, 國無闕亡乎?" 管仲曰: "未也. 國中之政, 夷吾尙微爲, 焉亂乎? 尙可以待. 外諸侯之佐, 旣無有吾二人者, 未有敢犯我者." 明年, 朝之爭祿相刺, 裚[37]領而刎頸者不絶. 鮑叔謂管仲曰: "國死者衆矣, 毋乃害乎?" 管仲曰: "安得已然! 此皆其貪民也. 夷吾之所患者, 諸侯之爲義者莫肯入齊, 齊之爲義者莫肯仕, 此夷吾之所患也. 若夫死者, 吾安用而愛之?" 公又內脩兵.

세 번째 해에, 환공이 노나라를 정벌하려고, 말하였다. "노나라와 우리는 가깝네. 거기에 노나라가 송나라를 구원하는 데도 재빨랐으니, 과인이 장차 (노나라를) 벌주려 하네."

36 앞서 주석에서 설명했듯이, 惕(두려워하다)은 愓(방탕하다)과 통한다.
37 丁士涵에 의하면, 裚(끓다, 옷을 자르다)는 折(꺾다, 자르다)의 俗字다.

관중이 말했다. "안 됩니다. 제가 듣기로는, 영토를 가진 임금은, 전쟁에는 부지런하지 않고, 욕을 먹는 데 거리낌이 없고, 잘못을 반복하지 않으면, 나라가 안정됩니다. 군비에 부지런하고, 작은 욕도 꺼리며, 잘못을 반복하면, 나라가 위태로워집니다."

환공은 (관중의 충언을) 듣지 않고, 군사를 일으켜 노나라를 공격하였다. (제나라 군사가) 장작長勺에 이르렀으니, 노나라 장공莊公이 군사를 일으켜 이를 맞이하여, (제나라 군사를) 크게 패배시켰다.

환공이 말했다. "우리의 병력이 아직은 작았네. 내가 세 배로 (노나라 군대를) 포위한다면, 어떻게 우리를 막아 낼 수 있겠는가?"

(즉위한 지) 사 년에, 병력을 정비하고, (군대가) 완벽하고 굳세기가 같은 병사가 10만萬이고, 전차가 5,000대이니, (환공은) 관중에게 말했다. "우리 군사들은 이미 조련되었고, 우리 병력은 일단 많으니, 과인은 노나라를 복속시키고 싶소."

관중이 아아 탄식하며 말했다. "제나라가 위태로울 것이로다! 임금이 덕德에는 힘쓰지 않고 군비에만 힘쓰네. 천하의 나라 중에 갑옷 입은 군대 10만이 적지 않은데, 우리 나라는 작은 병력을 발동하여 큰 병력을 복속시키려 하니, 안으로는 우리의 무리를 잃을 것이다. (다른 나라) 제후들은 방비를 설정하였는데, 우리는 급하게 응전하니, 나라가 위태롭지 않기를 바란다고, 가능하겠는가?"

환공은 말을 듣지 않고, 과연 노나라를 치려고 나섰다. 노나라가 감히 응전하지 못하고, 나라 50리 밖에, 관문을 설치하고 대비하였다. 노나라가 관내후關內侯 신분이 되어, 제나라를 따를 것이니, 제나라도 또한 노를 다시 침범하지 않기를 청하였다. 환공이 승낙하였다.

노나라 귀족들이 맹약을 청하면서, 말하였다. "노나라는 작은 나라이니, 진실로 검劍을 대동하지 않겠습니다. 지금 검을 대동하면, 이는 (서로) 교전할 것이라고, 제후들에게 소문이 날 것입니다. 임금께서 (전쟁을) 끝내심만 못하니, 무기는 치우십시오."

(제) 환공이 말했다. "그럽시다."

이에 시종들에게 명하여 무기를 지니지 못하게 하였다.

관중이 말했다. "안 됩니다. 제후 각국이 임금님을 싫어하는데, 임금님께서 이렇게 후퇴하는 것은 괜찮습니다. 임금님께서 과연 정말 노나라 임금을 약화시키려 한다면, 제후들은 또 임금께 탐욕을 덧붙일 것입니다. 나중에 일이 생기면, 작은 나라들은 더욱더 굳건해지고, 큰 나라들도 대비를 할 것이니, (이런 상황이) 제나라에게 결코 유리하지 않습니다."

환공이 듣지 않으니, 관중이 또 간언하여, 말하였다. "임금님은 제발 가지 마십시오. (노나라가) 어찌 무기를 안 쓰겠습니까? 조귀曹劌의 사람됨은, 강인하고 독하니, 맹약을 믿을 수 없습니다."

환공은 듣지 않고, 과연 (노 임금과) 만났다.

(노나라) 장공은 스스로 검을 품속에 품었고, 조귀曹劌 또한 검을 품고서, (맹세하는) 단상에 올라갔다.

(노) 장공이 품속에서 검을 빼들면서, 말하였다. "노나라 국경은 국도에서 50리 밖에 떨어져 있고, 또한 죽지 않은 이가 없을 지경이요."

왼손으로 환공을 찌르려고 하며, 오른손은 스스로를 가리키며, 말하였다. "함께 죽읍시다. 임금 앞에서 죽을 것이요."

관중이 임금[환공] 쪽으로 달려가는데, 조귀가 칼을 뽑고 두 계단 사이에 막아서면서, 말했다. "두 분 임금께서는 원래 생각을 고칠 생각이라면, 누구도 앞으로 나오는 것을 허락 않겠소."

관중이 말했다. "(노나라) 임금께 땅을 드리겠소, 문汶강을 국경으로 합시다." 환공이 허락하고, 문강을 국경으로 하고 (제나라로) 돌아갔다. 환공은 돌아와서 정무를 정돈하고, 군대 문제에 힘쓰지 않았다. 스스로 변방에 힘쓰며 충돌하지 않으며, 과오를 그치고 전쟁을 포기했다.

三年, 桓公將伐魯, 曰: "魯與寡人近, 於是其救宋也疾, 寡人且誅焉." 管仲曰; "不可. 臣聞有土之君, 不勤於兵, 不忌於辱, 不輔[38]其過, 則社稷安. 勤於兵, 忌於辱, 輔其過, 則社稷危." 公不聽, 興師伐魯. 造[39]於長勺, 魯莊公興師逆之, 大敗之. 桓公曰: "吾兵猶尚少. 吾參圍之, 安能圉我?" 四年, 脩兵, 同甲[40]十萬, 車五千乘. 謂管仲曰: "吾士既練, 吾兵既多, 寡人欲服魯." 管仲喟然嘆曰: "齊國危矣! 君不競於德, 而競於兵! 天下之國, 帶甲十萬者不鮮矣, 吾欲發小兵以服大兵, 內失吾衆. 諸侯設備, 吾人設詐,[41] 國欲無危, 得已乎?" 公不聽, 果伐魯. 魯不敢戰, 去國五十里, 而爲之關. 魯請

38 趙守正에 의하면, 輔(돕다)는 보조의 뜻이나, 여기서는 중복의 뜻이다. 上同, 259頁, 注1 참조.

39 湯孝純에 의하면, 造는 至於(… 에 이르다), 즉 도달의 뜻이다. 『新譯管子讀本』(上), 277頁, 注3 참조.

40 尹知章의 주석에 의하면, 同甲은 完堅齊等(완벽하고 굳세기가 같음)의 뜻이다.

41 黎翔鳳에 의하면, 設詐는 倉卒應戰(급하게 응전하다)의 뜻이다.

比於關內, 以從于齊, 齊亦毋復侵魯. 桓公許諾. 魯人請盟, 曰: "魯小國也, 固不帶劍. 今而帶劍, 是交兵, 聞於諸侯. 君不如已, 請去兵." 桓公曰: "諾." 乃令從者毋以兵. 管仲曰: "不可. 諸侯加忌於君, 君如是以退, 可. 君果弱魯君, 諸侯又加貪於君. 後有事, 小國彌堅, 大國設備, 非齊國之利也." 桓公不聽, 管仲又諫, 曰: "君必不去魯, 胡不用兵? 曹劌之爲人也, 堅强以忌, 不可以約取也." 桓公不聽, 果與之遇. 莊公自懷劍, 曹劌亦懷劍, 踐壇. 莊公抽劍其懷, 曰: "魯之境去國五十里, 亦無不死而已." 左揕桓公, 右自承, 曰: "均之死也, 戮死於君前." 管仲走君, 曹劌抽劒當兩階之閒, 曰: "二君將改圖, 無有進者." 管仲曰: "君與地, 以汶爲竟." 桓公許諾, 以汶爲竟而歸. 桓公歸而脩於政, 不脩於兵革, 自圉辟人, 以過弭師.[42]

오 년에는, 송나라가 기杞나라를 공격하였다. 환공이 관중과 포숙에게 말했다. "송나라는, 과인이 진실로 정벌하고 싶은데, (다른) 제후들이 어떻게 반응할까? 기나라는 영명한 임금[禹王]의 후대인데, 지금 송나라가 정벌하니, 과인이 그 나라를 구제하고 싶은데, 가능하겠습니까?"

관중이 대답했다. "안 됩니다. 제가 듣기로, 내정이 정비되지 않고서, 밖으로 의義를 내걸어도 신임을 받지 못합니다. 임금께서 장차 외부에 의를 시행하고, 행위로 모범을 보이신다면, 제후들이 귀부歸附할 것입니다."

환공이 말했다. "이번에 도와주지 않으면, 훗날 송나라를 칠 길이 없을 것이오."

관중이 말하였다. "제후의 임금이 되어, 영토를 탐하지 않아야 합니다. 영토를 탐하면, 반드시 용병에 진력하게 되고, 용병에 힘을 다하면 반드시 백성들이 피로하고 쇠약해지며, 백성들이 피로해지고 쇠약하게 되면 사기詐欺가 많아집니다. 사기란, 비밀로 한 뒤에 활동하면 이길 수는 있으나, 사기로 했다면 백성들에게 신임을 못 받게 됩니다. 백성들을 못 믿게 되면 난리가 국내에서 생기지요. (그러면), 위험이 자신에게 미칩니다. 이 때문에 선왕의 도리를 들었던 옛날 사람들은, 용병에 매달리지 않았습니다."

환공이 말했다. "그러면 어떻게 해야 합니까?"

42 黎翔鳳에 의하면, 以는 已와 통하니, 以過는 已過이고, 그것은 止過(과오를 멈추다)의 뜻이다. 圉는 垂(드리우다)와 통한다. 辟人은 避人이니, '남과 충돌을 하지 않음'의 뜻이다.

관중이 대답하였다. "저라면 그렇게는 안 합니다. 사람을 시켜 후한 예물로 (송나라에) 사신을 보냅니다. 사신을 보냈는데 (일이) 안 되었으면, 임금께서 (기杞나라 임금을) 받아드려 (그에게) 봉토를 내리십시오."

환공이 포숙에게 물었다. "어떻게 합니까?"

포숙이 대답했다. "임금은 관중이 말한 대로 행하십시오."

환공은 조손숙曹孫宿을 송나라에 사신으로 보냈는데, 송나라는 (환공의 말을) 듣지 않고, 과연 기杞나라를 공격했다. 환공은 연릉緣陵을 축조하고 (기杞나라에) 봉토를 주었으며, 전차戰車 100승乘과 1,000명의 갑사甲士도 주었다. 그다음 해에, 적狄인들이 형邢나라를 공격하니, 형나라 임금이 탈출하여 제나라에 이르렀다. 환공은 이의夷儀에 (성을) 축조하고 (그에게) 봉토를 주었고, 전차 100승과 1,000명의 군졸을 주었다. 그다음 해에, 적인이 (또) 위衛나라를 정벌하니, 위의 임금이 탈출하여 허虛 땅에 이르렀다. 환공은 또 (그에게) 봉토를 주었다. 습붕隰朋과 빈서무賓胥無가 간언하였다. "안 됩니다. 삼국(杞, 邢, 衛)이 망한 까닭은, 다만 약소하기 때문입니다. 지금 임금께서 망한 나라에 봉토를 주기를 구하니, 나라가 다 소진되면 어떻게 하시렵니까?"

환공이 관중에게 물었다. "어떻게 할 것이요?"

관중이 대답했다. "임금께는 의義를 행한 명성이 있고, 이에 그 결실을 얻을 것입니다. 임금은 계속 행하십시오."

환공은 또 포숙에게 물으니, 포숙이 대답했다. "임금께서는 관중의 말대로 행하십시오."

환공은 초구楚丘에 (성을) 축조하고 그에게 봉토를 주었으며, 전차 300승과 5,000명 갑사를 주었다.

五年, 宋伐杞. 桓公謂管仲與鮑叔曰: "夫宋, 寡人固欲伐之, 無若諸侯何! 夫杞, 明王之後也. 今宋伐之, 予欲救之, 其可乎?" 管仲對曰: "不可. 臣聞內政之不脩, 外擧義不信. 君將外擧義, 以行先之, 則諸侯可令附." 桓公曰: "於此不救, 後無以伐宋." 管仲曰: "諸侯之君, 不貪於土. 貪於土必勤於兵, 勤於兵必病[43]於民, 民病則多詐. 夫詐, 密而後動者勝, 詐則不信於民. 夫不信於民則亂內動, 則危於身. 是以古之人聞先王之道者, 不競於

43 病에는 疲憊(피로하고 쇠약함)의 뜻이 있다.

兵.” 桓公曰: “然則奚若?” 管仲對曰: “以臣則不,[44] 而令人以重幣使之. 使之而不可, 君受而封之.” 桓公問鮑叔曰: “奚若?” 鮑叔曰: “公行夷吾之言.” 公乃命曹孫宿使於宋, 宋不聽, 果伐杞. 桓公築緣陵以封之, 予車百乘, 甲一千. 明年, 狄人伐邢, 邢君出致[45]於齊. 桓公築夷儀以封之, 予車百乘, 卒千人. 明年, 狄人伐衛, 衛君出致於虛. 桓公且封之. 隰朋、賓胥無諫曰: “不可. 三國所以亡者, 絶[46]以小. 今君簛[47]封亡國, 國盡若何?” 桓公問管仲曰: “奚若?” 管仲曰: “君有行之名, 安[48]得有其實. 君其行也.” 公又問鮑叔, 鮑叔曰: “君行夷吾之言.” 桓公築楚丘以封之, 與車三百乘, 甲五千.

일단 위衛나라에 봉토를 주니, 그다음 해에, 환공이 관중에게 물었다. “장차 무슨 일을 해야 할까요?”

관중이 대답하였다. “임금께서 국내에서 정치를 돌보고 백성들을 권면하면, 제후들에게 신임을 받을 것이 옵니다.”

환공이 허락했다.

이에 부세를 가볍게 하고, 관문과 시장세를 낮추었으며, 부세賦稅와 녹상祿賞의 제도를 만들었다.

일단 이런 일들이 끝나자, 관중은 또 (환공에게) 청하였다. “병 있는 신하를 문병하십시오. (임금께서) 상을 내리시고 벌罰은 없애기를 바랍니다. 오 년이 되면 각국의 제후들이 가까이 따를 것입니다.”

환공이 말했다. “그러겠습니다.”

일단 실행을 하니, 관중이 또 청하였다. “제후들 간에 예禮를 차릴 때, 제나라는 호랑이 가죽[虎皮]를 보내면 작은 제후들은 사슴 가죽[鹿皮]으로 보답하게 하십시오. 제나라가 말[馬]을 보냈다면, 작은 제후들은 개[犬]로 보답하도록 하십시오.”

환공이 허락하고, 그렇게 실행하였다. 관중은 또 나라에서 상을 내리시고, 제후들에게 미치도록 청하였다.

환공은 말했다. “그러지요.”

그렇게 실행하였다. 관중은 나라 안에서 상급을 내리고, 환공은

44 黎翔鳳에 의하면, 不는 否(부정하다)와 같다.

45 姚永概(1866~1923)에 의하면, 致는 至로 읽어야 한다.

46 姚永概에 의하면, 絶은 止(멎다)이다. 止는 只와 통한다.

47 孫星衍에 의하면, 簛는 마땅히 蘄(祈求하다), 즉 求(찾다)의 뜻이다.

48 黎翔鳳에 의하면, 安은 乃와 같다.

(각국의) 제후들에게 상급을 내렸다. 제후의 임금 중에, 좋은 행동을 한 이들에게, 후한 예물로 축하를 하였다. 국내 열사列士 이하(의 직급)에서 선행을 한 사람이 있으면, 의복으로 축하를 하였다. 무릇 제후들의 신하로 (자기) 임금에게 간언하여 착한 일을 했으면, 옥쇄로 그를 위문하고, 그의 말[言辭]을 신임하였다.

환공이 일단 실행하고, 또 관중에게 물어 말하였다. "무엇을 행해야겠습니까?" 관중이 말했다. "습붕隰朋은 총명하고 대응이 민첩하니, (제나라) 동쪽의 나라[東國]을 관리할 수 있습니다. 빈서무賓胥無는 단단하고 강하며 좋으니, 서토西土를 관리를 다스릴 수 있습니다. 위衛나라의 교화는, 거짓으로 친절하여 실리를 취합니다. 공자개방公子開方의 사람됨은 지혜롭고 민첩한데, 오래 끌 수는 없지만 새로운 것을 즐기니, 위나라에 사신으로 보냅시다. 노魯나라의 교화는, 화려한 것을 좋아하고 예禮에 순종합니다. 계우季友의 사람됨이, 공손하고 순수하며, 도량이 넓고, 작은 믿음도 많이 따르니, 노나라에 사신으로 갈 수 있습니다. 초楚나라의 교화는 교묘히 꾸며서 이득을 취하며, 대의大義를 세우는 것을 좋아하지 않고, 작은 믿음만 즐겨 세웁니다. 몽손蒙孫이 정교政教에 널리 통하고, 말솜씨가 꾸밈이 있고 기교하며, 대의 세우기를 싫어하고, 작은 믿음을 즐겨 맺으니, 초나라에 사신으로 갈 수 있습니다. 작은 제후들이 이미 복종했고, 큰 제후들도 이미 친밀하니, 비로소 정치를 해볼 수 있겠군요."

환공이 말했다. "그러겠습니다."

이에 공자개방이 위나라에 사신 갔고, 계우季友가 노나라에 사신 갔고, 몽손은 초楚나라에 사신으로 갔다.

既以封衛, 明年, 桓公問管仲: "將何行." 管仲對曰: "公內脩政而勸民, 可以信於諸侯矣." 君許諾. 乃輕稅, 弛[49]關市之征, 爲賦祿之制. 卽已, 管仲又請曰: "問病臣. 願賞而無罰, 五年諸侯可令傅."[50] 公曰: "諾." 既行之, 管仲又請曰: "諸侯之禮, 令齊以豹皮往, 小侯以鹿皮報. 齊以馬往, 小侯以犬報." 桓公許諾, 行之. 管仲又請賞於國, 以及諸侯. 君曰: "諾." 行之. 管仲賞於國中, 君賞於諸侯. 諸侯之君, 有行事善者, 以重幣賀之. 從列士以

49 黎翔鳳에 의하면, 弛 자의 正字는 弛이다.

50 趙守正에 의하면, 傅(스승)는 附(가깝다)와 통한다. 여기서는 親附(친밀하게 기댄다)의 뜻이다. 『管子通解』(上), 262頁, 注10 참조.

下有善者, 衣裳賀之. 凡諸侯之臣, 有諫其君而善者, 以璽問之, 以信其言. 公既行之, 又問管仲曰: "何行?" 管仲曰: "隰朋聰明捷給,[51] 可令爲[52]東國. 賓胥無堅强以良, 可以爲西土. 衛國之教, 危傅[53]以利. 公子開方之爲人也, 慧以給,[54] 不能久而樂始, 可游於衛. 魯邑之教, 好邇[55]而訓[56]於禮. 季友之爲人也, 恭以精,[57] 博於糧,[58] 多小信, 可游於魯. 楚國之教, 巧文以利, 不好立大義, 而好立小信. 蒙孫博於教, 而文巧於辭, 不好立大義, 而好結小信, 可游於楚. 小侯既服, 大侯既附, 夫如是, 則始可以施政矣." 君曰: "諾." 乃游公子開方於衛, 游季友於魯, 游蒙孫於楚.

오 년에, (각국의) 제후들이 귀순했는데, 적狄인들이 공격하였다.

환공이 각국의 제후들에게 고하여 말을 했다. "구해 주기 위해 (적狄나라를) 칩시다."

각국의 제후들이 허락하였다. 큰 나라 제후는 전차 200승, 병졸 2,000명, 작은 나라 제후들은 전차 100승, 병졸 1,000명이라 하니, 제후들이 모두 허락하였다. 제齊나라 전차 1,000승, 병졸들이 먼저 연릉緣陵에 이르러, (제후들의 군사들이 제나라에 도착한) 뒤에 전투하였다. 따라서 적狄나라를 패배시켰다. (이번 전투에서) 얻은 전차, 갑옷과 재물은, 작은 나라 제후들이 받았다. 큰 제후로서 (적나라에) 가까운 이는, (적나라) 현縣을 나누어 받았고, 그(적나라) 국도는 밟지 않았다. 북주北州의 제후들이 참가하지 않았다.

환공이 남주南州의 제후들을 소릉召陵에서 만나서, 말했다. "적나라는 무도無道하여, 천자의 명령을 어기고, 작은 나라를 공격하였네. 우리들은 천자의 고훈古訓을 따라서, 천명을 존중하여, 영을 내려 침략에서 구제한 것이네. (허나) 북주의 제후들은 오지 않았으니, 위로는 천자의 명령을 듣지 않고, 아래로는 제후들에게 무례하였으니, 과인은 북주의 제후들을 벌주려 하노라."

51 捷給은 대응이 민첩하다는 뜻이다.

52 趙守正에 의하면, 爲는 다스리다, 관리하다의 뜻이다. 上同, 注11 참조.

53 黎翔鳳에 의하면, 危傅는 詭附(거짓으로 친밀하다)의 뜻이다.

54 給은 민첩함의 뜻이다.

55 俞樾에 의하면, 邇(가깝다)는 마땅히 爾(너)로 읽어야 한다. 爾는 麗爾의 뜻인데, 靡麗(화려하다)와 같은 뜻이다.

56 訓에는 순종의 뜻이 있다.

57 精에는 純粹의 뜻이 있다.

58 黎翔鳳에 의하면, 糧은 量일 것이다.

제후들이 동의하였다. 환공은 이에 북쪽으로 영지令支국을 정벌하고, 부지산鳧之山을 공략하고, 고죽孤竹국을 공격하고, 의외로 산융山戎을 만났다.

(환공이) 관중을 뒤돌아보며, 말했다. "앞으로 무엇을 실행할까요?"

관중이 대답하였다. "임금께서 제후들에게 가르치어 백성들을 위해 양식을 모으라 하시고, 제후들 가운데 병력이 모자라는 이에게, 임금께서 그를 도와서 병력을 발동하게 하십시오. 이렇게 하면, 비로소 (그들에게) 정령政令을 내리실 수 있을 것입니다."

환공이 이에 여러 제후에 통고하여, 필히 삼 년의 양식을 충분히 갖추고, 나머지로 전쟁 준비를 하라고 하였다. 군비가 부족하면 그 일을 개선하기 위해, 제나라에 통고하고, 제나라가 보조하여 출병하게 하였다. 일단 그렇게 실행하니, 환공이 또한 관중에게 물었다. "무엇을 해야 합니까?"

관중이 대답하였다. "임금께서 (직접 제후들의) 군신君臣과 부자父子를 만나신다면, 그들에게 정령을 내릴 수 있을 것입니다."

환공이 말했다. "만나는 도리는 무엇입니까?"

(관중이) 대답했다. "제후들은 임의로 첩을 처로 세우면 안 되고, 임의로 대신을 죽여서는 안 되고, 나라에 수고하지 않았으면 임의로 봉록을 주어서는 안 되며, 사士와 서민들은 임의로 처실妻室을 버려서는 안 되고, 도처에 제방을 세우지 말고, 매점하기 위해 양식을 싸놓지 말고, 재목을 쓰는 것을 금지합니다. 이것을 시행한 지 1년이 되면 비로소 벌을 내릴 수 있을 것입니다."

환공은 이에 이것들을 제후들에게 반포하고, 제후들은 응낙하고, (이것들을) 접수하고 시행하였다. 연말이 지나자, 오吳나라 사람들이 곡穀 땅을 공격하였다. 환공이 제후들에게 다 통고하지 않았는데, 제후들의 군사가 다 이르러서, 환공(의 명령)을 기다렸다. 환공이 전차 1,000승으로 국경에서 제후들을 만났는데, 모든 군사가 아직 도착하지 않았는데, 오나라 사람들이 도망가니, 제후들도 모두 해산했다.

환공이 돌아와 관중에게 물었다. "장차 무엇을 행해야겠습니까?"

관중이 말하였다. "정령을 펼칠 수 있습니다."

(또 관중이) 말했다. "지금부터 앞으로 2년 동안, 맏아들이 효도하는 것을 듣지 못하고, 동생을 사랑한다는 것을 듣지 못하고, 국가의 좋

은 신하를 존경한다는 것을 못 들었다 하면, 이 3가지 중에 하나라도 없으면, 벌을 줄 수 있습니다. 제후들의 신하나 국사國事 중에, 3년 동안 좋은 얘기를 못 들었다면, 임금에게 과오가 있는데 대부[귀족]들이 간언하지 않고, 사士와 서민들이 좋은 일이 있는데, 대부들이 진언하지 않았다면, 벌을 줄 수 있습니다. 사와 서민들이 들었던 관리가, 현명하고 효도하며 형제 간에 우애가 깊다면 상을 줄 수 있습니다."

환공이 이 말을 받아서 실행하였고, 가까이 있는 제후 중에 (제나라를) 받들고 싶어 하지 않는 일이 없었다. (환공은) 군사 회맹이 6번, 우호 동맹이 3번, 나라를 누린 것이 42년이었다.

五年, 諸侯附, 狄人伐. 桓公告諸侯曰: "請救伐." 諸侯許諾. 大侯車二百乘, 卒二千人; 小侯車百乘, 卒千人, 諸侯皆許諾. 齊車千乘, 卒先致緣陵, 戰于後; 故敗狄. 其車甲與貨, 小侯受之. 大侯近者, 以其縣分之, 不踐其國. 北州侯莫來. 桓公遇南州侯於召陵, 曰: "狄爲無道, 犯天子令, 以伐小國. 以天子之故, 敬[59]天之命, 令以救伐. 北州侯莫至, 上不聽天子令, 下無禮諸侯, 寡人請誅於北州之侯." 諸侯許諾. 桓公乃北伐令支, 下鳧之山, 斬[60]孤竹, 遇[61]山戎. 顧問管仲曰: "將何行?" 管仲對曰: "君教諸侯爲民聚食, 諸侯之兵不足者, 君助之發. 如此則始可以加政矣." 桓公乃告諸侯, 必足三年之食安,[62] 以其餘脩兵革. 兵革不足以引[63]其事, 告齊, 齊助之發. 旣行之, 公又問管仲曰: "何行?" 管仲對曰: "君會其君臣父子, 則可以加政矣." 公曰: "會之道奈何?" 曰: "諸侯毋專立妾以爲妻, 毋專殺大臣, 無國勞, 毋專予祿. 士庶人毋專弃妻, 毋曲隄,[64] 毋貯[65]粟, 毋禁材. 行此卒歲, 則始可以罰矣." 君乃布之於諸侯, 諸侯許諾, 受而行之. 卒歲, 吳人伐穀. 桓公告諸侯未徧, 諸侯之師竭至, 以待桓公. 桓公以車千乘會諸侯於竟, 都師未至, 吳人逃, 諸侯皆罷. 桓公歸, 問管仲曰: "將何行?" 管仲曰: "可以加政矣." 曰: "從今以往二年, 適子不聞孝, 不聞愛其弟, 不聞敬國良, 三者無一焉, 可誅也. 諸侯之臣及國事, 三年不聞善, 可罰也. 君有過, 大夫不諫, 士庶人有善, 而大夫不進, 可罰也. 士庶人聞之吏, 賢孝悌可賞也." 桓公受而行之, 近侯莫不請事. 兵車之會六, 乘車之會三, 饗國四十有二年.

59 敬에는 존중의 뜻이 있다.

60 黎翔鳳에 의하면, 斬은 伐(공격하다)이다.

61 黎翔鳳에 의하면, 遇는 不期(기대 밖에, 예상 밖에)의 뜻이다.

62 安井衡에 의하면, 安은 어조사 焉과 같다.

63 蘇輿(1874~1914)에 의하면, 引은 益(더하다)과 통한다.

64 趙守正에 의하면, 毋曲隄에서 毋는 勿이고, 隄는 堤(제방)이다. 曲은 보편의 뜻이다. 上同, 264頁, 注4 참조.

65 貯는 囤積(매점하기 위해 쌓아 놓다)의 뜻이다.

환공이 왕위에 오른 지 19년에, 관문과 시장세를 낮추고, 50분의 1만 받았다. 양식으로 세금을 기록하고, 농지의 비옥과 척박 정도에 따라 세금을 매겼다. 2년에 한 번 세금을 거두니, (결실이) 좋은 해는 10분의 3을 취하고, 보통의 해는 10분의 2를 취하고, 나쁜 해에는 10분의 1을 취했으며, 그해에 흉년이 들면 세금을 받지 않았다. 흉년이 완화되면 세금을 받았다. 환공은 포숙에게 여러 신하 가운데 선한 일을 한 사람을 기록하라 했고, 안자晏子에게 벼슬 살지 않고 농사짓는 사람 중에 선한 일을 한 사람을 기록하라 하고, 고자高子에게는 공장工匠과 상인 중에 좋은 일한 사람을 기록하라 했다. 국자國子를 옥리獄吏로 했고, 습붕隰朋을 동쪽 나라들을 맡게 했고, 빈서무賓胥無는 서쪽 영토를 맡게 했고, 불정弗鄭은 주택에 세금을 매기게 했다. 무릇 벼슬 사는 이는 수도首都의 사무실과 가까운 곳에 살며, 벼슬을 안 살고 농사짓는 이가 성문 가까이에 살고, 공장과 상인이 시장에 가까이 살고, 30리마다 역참驛站과 양식 저장소[委]를 두며, 관리가 이것을 맡아서 했다. 제후국들로부터 (제나라에) 통하려고, 관리가 따라오면, 한 사람은 수레를 사용하게 하였고, 하룻밤을 묵는 사람은, 사람을 시켜 자기 말을 키우게 하고, 저축한 양식과 목초로 먹였다. 손님과 (역참의) 관리는 계약을 하고, (손님이) 본국에 들어가면 계약에 따라, 비용은 의례儀禮를 따져서 부당했다면, 유죄로 판결하였다. 무릇 서민이 (임금과) 소통하고자 하는데, 향리가 소통을 안 시키고, 7일이 지나면, 구금이다. 사士가 (임금과) 소통하고자 하는데, 관리가 소통을 안 시켜, 5일이 지났으면 구금이다. 귀한 사람이 (임금과) 소통하고자 하는데, 관리가 소통시키지 않고, 3일이 지났으면 구금이다. 무릇 현리縣吏가 제후들 나라의 인사人士를 추천했는데, 그 인물의 능력의 대소大小를 보고, 그에게 상급을 내리되, 잘못이 있어도 죄를 묻지 않는다. (환공이) 포숙에게 대부[귀족]를 추천하게 하여, 국가 일에 힘을 쓰니, 성공하고 잘못이 없으면 상등上等으로 천거하였다. 정치에 종사하여, 치적治積은 그다음이다. 들판에 많이 수원水源을 개발하니, 많은 것이 폐기되지 않았고, 일을 하는 데 교만하지 않으니, 그다음이다. 나라 일에 힘을 써서, ① 많은 성공을 얻었으나 잘못이 있고 ② 정치를 하여 다스렸지만, 들판에서 수원을 찾지 못했고 ③ 또한 폐기된 것도 많았으며, 일에는 교만하였다. 이 세 가지를 행했다면, 하등이다. (환공은) 안자晏子를 시켜 귀족의 자제를 추천케 하니, ① 나가서 현장 학습은 안 했어도 ② 거처가 화려하지 않으며 ③ 어린이와 어른들에게 우애를 주었으면, 상등으로 추천했고, (이 셋 중에) 둘을 했으면 그다음이고, 하나만 했으면 하등이다. 선비가 자신을 낮추고 겸손하여, 노인과 귀족을 존경하고, 교제에 예禮를 잃지 않았으면, 이 3가지를 행했다면 상등으로 추천하고, 둘만 했으면 이등, 하나만 했으면 하등이다. 농사짓는 이가 열심히 힘쓰고, 부형父兄에게 순종하고, 현명한 이를 섬기기를 많이 하니, 이 3가지를 행했으면 상등으로 추천하고, 둘은 차등이고, 하나만 하면, 하등이다. (환공이) 고자로 하여금 공장과 상인을 추천케 하니, 부형에게 순종하며, 어른을 섬기고 노인들을 부양하고, 일 하는데 엄숙하고 신중하면, 이 3가지를 (다) 행했다면 상등으로 추천하고, 둘만 했다면, 차등, 하나만 했다면 하등이다. (환공이) 국자를 시켜 정실情實에 따라 소송을 판결하게 했으며, (포숙, 안자와 고자) 이 세 대부[귀족]들이 이미 뽑아서 추천하니, 현縣의 관리를 시켜 실행하게 하였다. 관중은 나아가 (피추천인과) 함께 담론하고, 위로 올려 그를 임금에게 보이면, 연말에 임금이 (그를) 들어서 썼다. 관중이 포숙에게 고하여 말했다. "국사를 논할 때, 성공하지 못하면 잘못이 있으니, 정치를 못하면, 들판의 수원을 찾을 수 없고, 또한 다수 폐기되어, 일에 교만해지네. 무릇 이 세 경우, 유죄를 받고 용서가 없을 것이네."

(관중이) 안자에게 고하여 말하였다. "귀족의 자제들은 거처가 화려하고, (친구들을) 아래에 처하게 하고, 먹고 마시기를 좋아하니, 이 세 가지를 행하면, 죄가 되고 용서를 받지 못하네. 선비[士]로서 출입에 상규常規가 없고, 노인을 존중하지 않고, 영리營利로 부를 꾀하면, 이 세 가지를 하면 벌받고 용서가 없네. 농사짓는 이가 출입에 부형들에게 순종하지 않고, 힘써 농사짓지 않으며, 현자를 모시지 않으면, 이 3가지를 실행하면, 죄가 되고 용서는 없다."

(관중이) 고자에게 고하여 말하였다. "공장과 상인들이 출입에 부형에게 순종하지 않고, 일을 맡고서 엄숙히 처리하지 않고, 노인에게 거슬려서 빚을 지는데, 이 3가지를 행하면, 죄를 받고 용서가 없다네."

무릇 부형에게 잘못을 저지르지 않고, 주리州里에서 그를 칭찬하여, 관리가 그를 천거하면, 임금이 그를 임용하였다. 선한 일을 했는데 상이 없고, 과오가 있는데 벌도 없어서, 관리가 추천을 안 했다면, (그 관리의) 의도를 살펴야 했다. 부형에게는 잘못한 일이 없고, 주리에서 칭찬도 없는데, 관리가 그를 천거하면, 임금이 그를 임용하였다. (그가) 좋은 일을 했으면, 임금이 상을 내리고, 좋지 못하다면, 관리가 처벌받는다.

임금께서 국자에게 말했다. "무릇 귀천의 원칙은, 집에서는 아버지와 함께 하는 것이요, 출병하면 사단장과 함께 하는 것이요, 조정에 나가면 임금과 함께 하는 것이라네. 무릇 이 세 경우, 도적을 만났는데 죽음으로 방위를 못했고, 적도 몰랐다면, 용서받지 못할 것이네. 소송의 판결에는 인정人情이 원칙[義]에 의해 교체되고, 원칙이 녹봉에 의해 속죄贖罪되어 바뀌고, 녹봉에 의해 속죄된다 하여도, 용서는 받을 수 없다네."

桓公踐位十九年, 弛關市之征,[66] 五十而取一. 祿[67]以粟, 案田而稅.[68] 二歲而稅一, 上年什取三, 中年什取二, 下年什取一, 歲饑不稅. 歲飢弛而[69]稅. 桓公使鮑叔識[70]君[71]臣之有善者, 晏子識不仕與耕者之有善者, 高子識工賈之有善者. 國子爲李,[72] 隰朋爲東國, 賓胥無爲西土, 弗鄭爲宅.[73] 凡仕者近公,[74] 不仕與耕者近門, 工賈近市, 三十里置遽, 委[75]焉, 有司職之. 從諸侯欲通, 吏從行者, 令一人爲負[76]以車; 若宿者, 令人養其馬, 食其[77]委. 客與有司別契, 至國八[78]契, 費義[79]數[80]而不當, 有罪. 凡庶人欲通, 鄉吏不通, 七日囚. 出[81]欲通, 吏不通, 五日囚. 貴人子欲通, 吏不通,

66 黎翔鳳에 의하면, 弛는 弛(늦추다)의 隸書의 別體이다.
67 趙守正에 의하면, 祿(녹봉)은 錄(기록하다)이다.上同, 注1 참조.
68 趙守正에 의하면, 案田而稅는 농지의 높고 낮음, 비옥과 척박 등 여러 상황에 따라 세금을 징수함의 뜻이다. 上同, 注2 참조.
69 蘇輿에 의하면, 而는 則과 같다.
70 湯孝純에 의하면, 識은 誌(적어 두다)와 통하니, 기재의 뜻이다. 『新譯管子讀本』(上), 288頁, 注1 참조.
71 王引之에 의하면 君臣은 마땅히 羣臣이어야 한다.
72 李는 獄吏를 말한다.
73 安井衡에 의하면, 宅地에 세금을 매김이다.
74 黎翔鳳에 의하면, 公은 首都의 사무실이다.
75 尹知章의 주석에 의하면, 遽는 지금의 郵驛(역참)이고, 委는 물건을 저축해 두었다가 공급하고, 관리를 두고 주관함을 말한다.
76 兪樾에 의하면, 負는 服(쓰다)과 옛날에는 통했다.
77 安井衡 의하면, 古本에는 其는 以이다. 食以委는 저축한 양식과 木草로 먹였음이다.
78 張佩綸에 의하면, 『說文』: '八, 別也.' 八契는 別契이다.
79 丁士涵에 의하면, 옛날에는 義는 儀와 같다.
80 張佩綸에 의하면, 數는 鉤考(탐구하여 고증하다)의 뜻이다.
81 黎翔鳳에 의하면, 隸書에서는 出이 士와 別體(다른 글자체)다.

三日四. 凡縣吏進諸侯士而有善, 觀其能之大小, 以爲之賞, 有過無罪. 令鮑叔進大夫, 勸[82]國家, 得之成而不悔[83]爲上擧. 從政, 治爲次. 野爲原, 又多不發, 起訟不驕,[84] 次之. 勸國家, 得之[85]成而悔, 從政雖治, 而不能野原, 又多發, 起訟驕, 行此三者爲下. 令晏子進貴人之子, 出不仕,[86] 處不華, 而友有少長, 爲上擧, 得二爲次, 得一爲下. 士處靖,[87] 敬老與貴, 交不失禮, 行此三者爲上擧, 得二爲次, 得一爲下. 耕者農農[88]用力, 應於父兄, 事賢多,[89] 行此三者爲上擧, 得二爲次, 得一爲下. 令高子進工賈, 應於父兄, 事長養老, 承事敬, 行此三者爲上擧, 得二者爲次, 得一者爲下. 令國子以情斷獄, 三大夫旣已選擧, 使縣行之. 管仲進而擧[90]言, 上而見之於君, 以卒年君擧. 管仲告鮑叔曰: "勸國家不得成而悔, 從政不治, 不能野原, 又多而發, 訟驕, 凡三者有罪無赦." 告晏子曰: "貴人子處華, 下交,[91] 好飮食, 行此三者, 有罪無赦. 士出入無常, 不敬老而營富, 行此三者, 有罪無赦. 耕者出入不應於父兄, 用力不農, 不事賢, 行此三者, 有罪無赦." 告國子[92]曰: "工賈出入不應父兄, 承事不敬, 而違老治危,[93] 行此三者, 有罪無赦." 凡於父兄無過, 州里稱之, 吏進之, 君用之. 有善無賞, 有過無罰, 吏不進, 廉[94]意. 於父兄無過, 於州里莫稱, 吏進之, 君用之. 善, 爲上賞; 不善, 吏有罰. 君謂國子: "凡貴賤之義, 入與父俱, 出與師俱, 上與君俱. 凡三者遇賊不死, 不知賊, 則無赦. 斷獄情與義易, 義與祿易, 易祿可無斂, 有可無赦."

82 權에는 出力(힘을 내다)의 뜻이 있다.

83 趙守正에 의하면, 成은 功과 같고, 不悔는 無過(허물이 없다)와 같다. 『管子通解』(上), 266頁, 注9 참조.

84 黎翔鳳에 의하면, '野爲原'은 多闢水源(물의 샘을 많이 개발하다)이 본뜻이다. 發은 廢가 맞다. 訟은 『說文』에서 事로 訓讀했다.

85 여기 之는 의미가 없다.

86 黎翔鳳에 의하면, 仕는 學(배우다)의 뜻이니, 즉 見習(현장 학습)의 뜻이다.

87 尹知章의 주석에 의하면, 靖은 (자신을) 낮추고 겸손한 모양이다.

88 王引之에 의하면, 여기에 農 자가 많은 것은 후인들이 덧붙인 것이다. 農은 농부의 뜻이 아니고, 勉力(힘쓰다)의 뜻이다.

89 尹知章의 주석에 의하면, '좋은 것을 택하여 따르니, 많이 할 수 있음'의 뜻이다.

90 陶鴻慶에 의하면, 擧는 與로 읽어야 한다.

91 劉績에 의하면, 下交는 '귀족으로 사람을 능멸하고, 친구를 아래에 처하게 함'의 뜻이다.

92 陶鴻慶에 의하면, 國子는 마땅히 高子가 되어야 한다.

93 黎翔鳳에 의하면, 危는 마땅히 詭(속이다) 자인데, 『說文解字』: '詭, 責也'이니, 責은 債(빚)다.

94 黎翔鳳에 의하면, 廉은 察(살피다)의 뜻이다.

중광 中匡

「대광大匡」과 「소광小匡」 두 편은 연대의 순서에 따라서 역사 사실을 서술했지만, 본 편은 다르다. 관중과 제환공의 문답인데, 그 내용은 치신治身, 치국治國, 치천하治天下와 패도覇道에 관한 것이다.

관중이 나라의 비용을 계산하니, 3분의 2는 손님 접대이고, 3분의 1은 국내 재정이었는데, 관중은 벌벌 떨며 (환공에게) 아뢰었다.

환공은 말했다. "그대는 왜 그렇게 떠십니까? 사방 이웃 나라의 손님이란, (제나라에) 들어오면 기쁜 것이고, 떠나면 영예로워서, 아름다운 명성이 천하에 꽉 찰 것입니다. 들어온 이가 기뻐하지 않고, 떠난 사람이 영예롭게 생각하지 않으면, 오명汚名이 천하에 꽉 찰 것입니다. 땅에서는 양식이 나고, 나무에서 화폐가 생깁니다. 양식이 떨어지면 (다시) 생겨나고, 화폐는 흩어지면 (다시) 모입니다. 임금이란, 명성이 귀중하지, 재물이야 무엇이겠습니까?"

관중이 말했다. "이는 임금의 명확한 관찰이십니다."

환공이 말했다. "백성들이 군대의 일을 해도, 괜찮겠습니까?"

(관중이) 대답했다. "안 됩니다. 갑옷과 병기가 아직 부족합니다. 형벌을 줄이시고 갑옷과 병기를 후하게 하십시오."

이렇게 되어서, 사형 받은 사람도 죽이지 않고, 형을 받을 사람도 벌하지 않고, 갑옷과 병기로 속죄하게 했다. 사형 죄는 코뿔소 갑옷과 하나의 창, 형 받을 사람은 옆구리 보호 방패와 하나의 창, 과오로 벌 받는 자는 금속으로 (속죄하고), 군대에서 억울함이 없는데 소송했다면, 한 묶음의 화살로 평결하였다.

환공이 말하였다. "갑옷과 병기는 이제 충분하니, 내가 무도無道한 대국을 벌주려는데, 괜찮겠습니까?"

(관중이) 대답했다. "국내를 사랑한 연후에, 국경 밖의 나쁜 사람들을 미워할 수 있습니다. 경卿, 대부大夫의 가문들을 안정시킨 뒤에 적敵을 돕는 나라를 위태롭게 할 수 있습니다. 소국에 (예물을) 내린 뒤에, 무도한 대국을 벌줄 수 있습니다. 현량賢良들을 천거한 다음에, 법을 훼손하는 비속한 백성들을 폐출廢黜할 수 있습니다. 이 때문에 선왕들은 반드시 설치한 그 뒤에, 폐하였고, 반드시 이익을 주고, 그다음에 해害를 주었습니다."

환공이 말하였다. "옛날 (하, 은, 주) 삼왕 시절에는 일단 임금들을 시해弑害했지만, 지금 인의仁義를 말하는데, 반드시 삼왕을 법도로 삼아야 한다니, 그 이유가 무엇인지 모르겠습니다."

(관중이) 대답하였다. "옛날 우禹임금이 천하를 평정하였는데, 걸桀왕 때에 난리가 나니, 탕湯임금이 걸을 내쫓아서 우왕의 공로를 확정하였습니다. 탕왕이 천하를 평정하자, 주紂왕 때에 난리가 나기에 미치니, 무武왕이 주왕을 징벌함으로써 탕왕의 공로를 확정한 것입니다. 항차 선善이 불선을 징벌하는 것은, 옛날부터 지금까지, 고쳐진 적이 아직 없으니, 임금님께서는 무엇을 의심합니까?"

환공이 또 물었다. "옛날 망한 나라는 무엇을 잃은 것입니까?"

(관중이) 대답하였다. "영토와 보물을 얻은 것만 따졌지, 제후들(의 신망)을 잃은 것은 따지지 않았으며, 재물과 비축한 양식을 얻은 것만 따졌지, 백성들(의 신망)을 잃은 것은 따지지 않았으며, 가까이 돈독함만 따졌지 버림받았음을 따지지 않았습니다. 이 3가지 중에 하나만 있으면, (국력은) 작아지고, 다 있게 되면, (나라가) 망하는 것입니다. 옛날에 나라를 망치고, 사직이 허물어진 것은, 고의로 그렇게 한 것이 아니고, 반드시 조금은 즐거운 것이 있어서, 나라가 악惡에 빠지는 것을 모른 것입니다."

管仲會[1]國用, 三分二在賓客, 其一在國, 管仲懼而復[2]之. 公曰: "吾子猶如是乎? 四鄰賓客, 入者說, 出者譽, 光名滿天下. 入者不說, 出者不譽, 汙

1 黎翔鳳에 의하면, 會는 會計이다.

2 黎翔鳳에 의하면, 復은 白(아뢰다)이다.

名滿天下. 壤可以爲粟, 木可以爲貨.[3] 粟盡則有生, 貨散則有聚. 君人者, 名之爲貴, 財安可有?"[4] 管仲曰: "此君之明也." 公曰: "民辦軍事矣, 則可乎?" 對曰: "不可, 甲兵未足也. 請薄刑罰以厚甲兵." 於是死罪不殺, 刑罪不罰, 使以甲兵贖. 死罪以犀甲一戟, 刑罰以脅盾一戟, 過罰以金, 軍無所計[5]而訟者, 成[6]以束矢. 公曰: "甲兵旣足矣, 吾欲誅大國之不道者, 可乎?" 對曰: "愛四封之內, 而後可以惡竟[7]外之不善者. 安卿大夫之家, 而後可以危救敵之國. 賜小國地, 而後可以誅大國之不道者. 擧賢良, 而后可以廢慢法鄙賤之民. 是故先王必有置也, 而後必[8]有廢也. 必有利也, 而后必有害也." 桓公曰: "昔三王者旣弒其君, 今言仁義, 則必以三王爲法度, 不識其故何也?" 對曰: "昔者, 禹平治天下, 及桀而亂之, 湯放桀以定禹功也. 湯平治天下, 及紂而亂之, 武王伐紂以定湯功也. 且善之伐不善也, 自古至今, 未有改之, 君何疑焉!" 公又問曰: "古之亡國其何失?" 對曰: "計得地與寶而不計失諸侯, 計得財委而不計失百姓, 計見親而不計見弃. 三者之屬, 一 足以削, 徧而有者亡矣. 古之隳國家、隕社稷者, 非故且爲之也, 必少有樂焉, 不知其陷于惡也."

환공이 관중에게 말했다. "중보仲父의 존칭을 드립니다."

환공이 관중보管仲父라는 (이름을) 허여許與하고 새 우물을 파고서 덮개를 씌웠다. (환공은) 10일간 (목욕)재계하고, 관중을 불렀다. 관중이 오니, 환공은 술잔을 들었고, 사람들도 술잔을 잡고, 잔에 술을 가득 부어 세 순배를 돌았는데, 관중이 급히 밖으로 뛰어 나갔다.

환공이 분노하여 말했다. "과인은 열흘 동안 재계하고 중보에게 술을 권했으니, 내 스스로는 좋은 생각이었지. (그런데) 중보가 과인에게 아뢰지도 않고 밖으로 나가니, 그 까닭이 무엇이냐?"

포숙, 습붕이 뛰어나가서, 길에서 관중에게 미치니, 말을 했다. "임금께서 분노하시네."

관중이 돌아와, (당상으로) 들어왔으나, 병풍을 등에 지고 서 있자, 환공은 아무 말도 안 했다. (관중이) 조금 (앞으로) 중정中庭으로 나아갔으나, 환공은 아무 말도 하지 않았다. (관중이) 조금 (앞으로) 나아가, 당

3 黎翔鳳에 의하면, 貨는 幣(화폐)다.

4 趙守正에 의하면, '財安可有?'는 마땅히 '財焉何有?'(재물이야 무엇이겠는가?)로 읽어야 한다. 『管子通解』(上), 282頁, 注4 참조.

5 蘇輿에 의하면, 計는 마땅히 抑이어야 한다. 억울할 것이 없는데 멋대로 소송하는 것을 말한다.

6 黎翔鳳에 의하면, 房玄齡의 주석에, 成은 平으로 훈독하였다.

7 黎翔鳳에 의하면, 竟은 境이다.

8 王念孫에 의하면, 而後 뒤의 必 자는 모두 필요 없다.

상에 오르니, 환공이 말했다. "과인이 열흘간 목욕재계하고 중부에게 술대접하여, 스스로는 죄책감에서 벗어나고 싶었네. (그런데), 중부께서 과인에게 말도 않고 밖으로 나갔으니, 그 까닭을 모르겠소."

(관중이) 대답하였다. "제가 듣기로는, 음악에 빠져 있으면 근심으로 얼룩지고, 맛을 중시하면 덕행에 박하고, 조정에 태만하면 정사에 느려지니, 나라에 해로운 것은 사직을 위태롭게 하는 것이라, 신이 감히 뛰쳐나간 것입니다."

환공이 급히 당堂 아래로 내려가면서 말했다. "과인은 감히 스스로 (다) 갖추었다고는 생각지 않으나, 중부께서 연로하시고, 과인 또한 쇠약해졌으니, 그저 하루아침 중보님을 편히 쉬게 하고 싶었습니다."

(관중이) 대답했다. "제가 듣기로는, 젊은이는 게으르지 말고, 늙은이는 그냥저냥 하지 말고, 하늘의 도리에 순종하면, 반드시 선종할 수 있습니다. (하, 은, 주) 삼 대의 왕들이 천하를 잃은 것은, 하루아침에 갑자기 온 것이 아니니, 임금께서도 어찌 그냥저냥 한가할 수 있겠습니까?"

관중이 걸어서 나가니, 임금은 빈객의 예로 재배하고 그를 보냈다.

桓公謂管仲曰: "請致仲父." 公與[9]管仲父而將飮之, 掘新井而柴[10]焉. 十日齋戒, 召管仲. 管仲至, 公執爵, 夫人執尊, 觴三行, 管仲趨出. 公怒曰: "寡人齋戒十日而飮仲父, 寡人自以爲脩矣. 仲父不告寡人而出, 其故何也?" 鮑叔、隰朋趨而出, 及管仲於途, 曰: "公怒." 管仲反, 入, 倍屛而立, 公不與言. 少進中庭, 公不與言. 少進傅[11]堂, 公曰: "寡人齋戒十日而飮仲父, 自以爲脫於罪矣. 仲父不告寡人而出, 未知其故也." 對曰: "臣聞之, 沈於樂者洽[12]於憂, 厚於味者薄於行, 慢於朝者緩於政, 害於國家者危於社稷, 臣是以敢出也." 公遽下堂曰: "寡人非敢自爲脩[13]也, 仲父年長, 雖寡人亦衰矣, 吾願一朝安仲父也." 對曰: "臣聞壯者無怠, 老者無偸, 順天之道, 必以善終者也. 三王失之也, 非一朝之萃,[14] 君奈何其偸乎?" 管仲走出, 君以賓客之禮再拜送之.

9 黎翔鳳에 의하면, 與는 許(허락하다)다.

10 劉師培에 의하면, 柴는 棧과 통한다. 나무로 우물 덮개를 만들어 다른 사람이 물 긷는 것을 금하고, 청결을 보증한다.

11 傅에는 至(이르다), 達(다다르다)의 뜻이 있다.

12 安井衡에 의하면, 沈은 淫(음란)과 통하고, 洽은 沾漬(얼룩을 지게 하다)다.

13 劉師培에 의하면, 脩는 마땅히 備(갖추다)가 되어야 한다. 그리고 自 아래에 以 자가 빠졌다.

14 兪樾에 의하면, 萃는 猝(갑자기)이다.

다음 날, 관중이 조정에 나오니, 환공이 말하였다. "과인은 임금의 신의에 대하여 듣고 싶소."

(관중이) 대답했다. "백성들이 임금을 사랑하며, 이웃나라들이 그에게 가까이 오며, 천하가 그를 신임합니다. 이것이 임금의 신의이지요."

환공이 말했다. "좋소. 신의는 어디에서 시작하면 좋은지요?"

(관중이) 대답했다. "치신하는 데서 시작해서, 그다음에 치국하시고, 치천하를 이루십시오."

환공이 물었다. "치신은 어떻게 합니까?"

(관중이) 대답했다. "혈과 기를 따라서, 나이, 마음과 덕德이 커가기를 구하십시오. 이것이 치신입니다."

환공이 물었다. "치국을 어떻게 합니까?"

(관중이) 대답했다. "멀리에서 현인들을 천거하고, 백성들에게 자애롭고, 밖으로는 망국을 존속시키고, 끊어지는 세대를 잇게 하고, 고아들을 일으켜주고, 세금을 적게 하고, 형벌을 가볍게 하면, 이것이 치국하는 대강입니다. 법을 시행하되 각박하지 않고, 형벌은 넘치게 많지 않지만 용서는 없고, 관리는 너그럽되 사납지 않고, 우울하고 탁하고 은미하고 피로하고 약해도, 모두 법망이 없을 수는 없어야 하며, (사람들의) 왕래에 정돈된 것은 없어도, 백성들이 세상에서 노닐 것입니다. 이것이 치천하입니다."

明日, 管仲朝, 公曰: "寡人願聞國君之信." 對曰: "民愛之, 鄰國親之, 天下信之, 此國君之信." 公曰: "善. 請問信安始而可?" 對曰: "始於爲身, 中於爲國, 成於爲天下." 公曰: "請問爲身." 對曰: "道血氣, 以求長[15]年, 長心, 長德, 此爲身也." 公曰: "請問爲國." 對曰: "遠擧賢人, 慈愛百姓, 外存亡國, 繼絶世, 起諸孤, 薄稅斂, 輕刑罰, 此爲國之大禮[16]也. 法行而不苛, 刑廉[17]而不赦, 有司寬而不淩,[18] 菀濁困滯,[19] 皆法度不亡, 往行不來,[20] 而民游世矣. 此爲天下也."

15 于省吾에 의하면, 長은 養으로 읽는 것이 옳다.
16 黎翔鳳에 의하면, 大禮는 大體다.
17 姚永概에 의하면, 廉은 不濫(넘쳐나지 않는다)의 뜻이다.
18 黎翔鳳에 의하면, 淩(깔보다)은 暴(사납다)의 뜻이다.
19 尹知章의 주석에 의하면, 困滯는 피곤하고 약하고 음미한 것을 말한다.
20 黎翔鳳에 의하면, 菀은 鬱(막히다)과 같고, 來는 勑(정돈하다)와 같다.

소광 小匡

「소광小匡」 편은 전체가 제나라 재상 관중의 사적을 기술하고 있다. 환공이 제나라에 돌아와서 즉위한 것에서 시작하여, 패업霸業을 완성한 데에서 끝난다. 이 편의 내용은 『국어國語』 「제어齊語」와 대동소이하다. 「제어」의 내용이 좀 어렵고 옛날 느낌이 많다면, 「소광」은 분명하고 읽기가 쉽다. 따라서 「소광」 편이 「제어」보다 나중에 쓰인 것으로 추정된다.

환공이 거莒 땅에서 제나라로 돌아와, 포숙아로 하여금 재상이 되게 하려고 하였다. 포숙이 사양하여 말했다. "신은 임금님의 평범한 신하입니다. 임금께서 저에게 은택을 베푸시어, 저로 하여금 (추위에) 얼거나 굶지 않게 해주신다면, 그것은 임금의 보살핌입니다. (임금께서) 만약 나라를 다스리고자 하신다면, 저는 능력이 안 되고, 아마 관중뿐일 것입니다! 제가 관중만 못한 것이 5가지입니다. ① 백성을 너그럽게 대하고 은택을 베풀며 사랑함이, 저는 (관중만) 못 합니다. ② 나라를 다스리자면 권력을 놓쳐서는 안 되는데, 저는 못 합니다. ③ 충실하고 믿음직하게 제후들과 (회맹을) 체결하는 것을, 저는 못 합니다. ④ 예의법도를 세워 천하 사방에 법 받게 만드는 것을, 저는 못 합니다. ⑤ 갑옷, 투구 쓰고, 북채를 잡고, 군문軍門에 서서, 백성들 모두에게 용기를 불어넣는 것을, 저는 못 합니다. 관중은 백성들의 부모입니다. 장차 그 자식들을 다스리고자 하시면, 그 부모를 내치시면 안 됩니다."

환공이 말했다. "관중은 몸소 과인을 활로 쏘아, 혁대를 맞혀, (과인이) 거의 죽을 뻔했는데, 될 말이요?"

포숙이 말했다. "관중은 자기 주군을 위해 (그렇게) 활동한 것이지요, 임금께서 (지금 그를) 용서하시어 (제나라에) 돌아오게 하신다면, 아마도 임금님을 위해서도 또한 그와 같을 것입니다."

환공이 말하였다. "그러면 어찌해야 하오?"

포숙이 말했다. "임금께서 사신을 시켜 노魯나라에 청하십시오."

환공이 말했다. "시백施伯은 노나라의 지모 있는 신하다. 그는 과인이 관중을 기용할 것을 안다면, 반드시 과인에게 주지 않을 것이요."

포숙이 말했다. "임금께서 사신에게 이렇게 명하세요. '과군의 나쁜 신하들이 (노) 임금의 나라에 있으니, 그들을 주시어 군신들 앞에서 그들을 처단하게 해주기 바랍니다.' 노나라 임금은 반드시 응낙할 것입니다. 그런데 시백은 관중의 재주를 알기에, 반드시 노나라의 정치를 그에게 맡기려고 할 것입니다. 관중이 그것을 받으면, 노나라는 제나라를 약화시킬 것입니다. 관중이 그것을 받지 않으면, 그는 관중이 앞으로 제나라에 돌아갈 것을 알고서, 반드시 그를 죽일 것입니다."

환공이 말했다. "그렇다면, 관중이 (노나라의 정치를) 받을 것인가?"

포숙이 대답했다. "안 받을 것입니다. 관중은 임금을 섬기는 데 두 마음이 없습니다."

환공이 말했다. "과인에 대해서 그렇단 말인가?"

(포숙이) 대답하였다. "임금 때문이 아닙니다. 먼저 돌아가신 임금들과 사직 때문입니다. 임금께서 종묘를 안정시키시길 원한다면, 빨리 그를 청하십시오. 그렇지 않으면 손쓸 수 없습니다."

환공은 이에 포숙을 사신으로 노나라와 화평을 바라며, 말하였다. "왕자 규糾는 내 친척이니, 임금께서 그를 없애기를 바랍니다."

노나라 귀족들은 (제환공을) 위해 왕자 규를 죽였다.

또 (사신은) 말했다. "관중도 원수이니, (그를) 받아서 (처리해야) 마음이 좋겠습니다."

노나라 임금이 승낙하였다. 시백이 노나라 임금에게 아뢰어 말하였다. "주지 마십시오. 그를 죽이지도 마십시오. 그가 장차 정치하도록 해둡시다. 관중은 천하의 현인이니, 큰 그릇입니다. 초나라에 있으면 초가 천하에 뜻을 얻고, 진晉나라에 있으면 진이 천하에 뜻을 얻고, 적狄나라에 있으면 적이 천하에 뜻을 얻습니다. 지금 제나라에서 (그를) 요구하여 얻게 되면, 반드시 오랫동안 노나라의 근심거리가 됩니다. 임금께서는 왜 (그를) 죽여서 그 시체를 받게 하시지 않으십니까?"

노나라 임금이 말했다. "그렇군."

막 관중을 죽이려고 하니, 포숙이 앞으로 나가서, 말했다. "죽여서 제나라에 보내면, 이는 제나라를 죽인 것이요, 그를 노나라에서 죽이면 이는 노나라를 죽이는 것입니다. 저희 과군께서는 산 채로 그를 얻어, 전국에 순회巡廻를 돌려서, 여러 신하 앞에서 죽이려고 합니다. 산 채로 잡아오지 못하면, 이것은 임금께서 과군의 적당들과 친밀하게 되는 것입니다. (이렇게 되면) 저의 나라 임금께 보고할 것이 없게 되니, 사신使臣인 (저도) 명령을 받들 수 없습니다."

이래서 노임금은 이에 (관중을) 죽이지 않고, 마침내 산 채로 묶어서, 제나라에 주기 위해 압송하였다. 포숙이 받고서 울었는데, 거짓으로 세 번 신음하였다.

시백이 따라와서 (거짓을) 냉소하며, 대부[귀족]들에게 말하였다. "관중은 반드시 죽지 않을 것이고, 포숙의 인심仁心은 현인을 죽이지 않게 하는 것이니, 그의 지혜는 현명함으로 스스로를 이룰 것입니다. 포숙이 왕자 소백小白의 재상으로, 먼저 (제나라에) 입성하여 나라를 얻고, 관중과 소홀이 왕자 규를 받들고 나중에 (제나라에) 들어와서, 노나라와 함께 전투하여, 이에 노나라를 패배시켰으니, 공로는 하늘의 도움을 받았는가, 잃었는가? 이지만, 사람이 한 일은 같습니다. 지금 노나라가, (제나라가) 두려워서 왕자 규와 소홀을 죽이고, 관중을 죄수로 제나라에 주었으나, 포숙은 나중에 아무 일 없음을 알고서, 반드시 장차 관중을 도와서 임금[제환공]을 위로할 것이며, (또) 장차 그의 공로를 드러낼 것입니다. 많은 이가 준 것에는 반드시 얻는 바가 있을 것입니다. 힘써 죽은 공로도, 오히려 칭찬할 만한데,[1] 살아서 공로를 드높인 것은,[2] 앞으로 어떻겠습니까? 이는 (관중의) 덕을 밝혀서 임금 다음가는 사람으로 만들 것이니, 포숙의 지혜는 실패한 것이 아닙니다."

당부堂阜 땅에 이르러, 포숙은 (부정을 없애는) 푸닥거리를 하고 세 번 목욕하고 나니, 환공께서 교외로 오시어 친히 그를 환영하였다.

관중은 갓끈을 내려뜨리고 옷깃을 여미고, 사람을 시켜 도끼를 들게 하고, 자기 뒤에 서 있게 했다. 환공이 도끼(를 든 사람)를 세 번 물리치고, 그다음에 그들을 퇴장시켰다.

환공이 말했다. "갓끈을 내려뜨리고, 옷깃을 아래로 하라 했으니,

1 힘써 죽은 공은, 아마도 왕자 糾와 소홀을 말한다.
2 아마도 관중의 공을 말하는 것이다.

과인이 (자네를) 보려고 하네."

관중이 재배하고 머리를 조아리며 말했다. "임금의 은혜를 받아, 죽어서 황천에 이르러도, (몸이) 죽어서 썩지 않을 것입니다."

환공은 마침내 그와 함께 돌아와서, 종묘에 예식을 올리고, (술이) 세 순배 도니 정치를 어떻게 할지를 하문하였다.

桓公自莒反于齊, 使鮑叔牙爲宰. 鮑叔辭曰: "臣, 君之庸臣也. 君有加惠於其臣, 使臣不凍饑, 則是君之賜也. 若必治國家, 則非臣之所能也, 其唯管夷吾乎! 臣之所不如管夷吾者五: 寬惠愛民, 臣不如也. 治國不失秉,[3] 臣不如也. 忠信可結於諸侯, 臣不如也. 制禮義可法於四方, 臣不如也. 介胄執枹, 立於軍門, 使百姓皆加勇, 臣不如也. 夫管仲, 民之父母也. 將欲治其子, 不可弃其父母." 公曰: "管夷吾親射寡人, 中鉤, 殆於死, 今乃用之, 可乎?" 鮑叔曰: "彼爲其君動也, 君若宥而反之, 其爲君亦猶是也." 公曰: "然則爲之奈何?" 鮑叔曰: "君使人請之魯." 公曰: "施伯, 魯之謀臣也. 彼知吾將用之, 必不吾予也." 鮑叔曰: "君詔使者曰: '寡君有不令之臣在君之國, 願請之以戮羣臣.' 魯君必諾. 且施伯之知夷吾之才, 必將致魯之政. 夷吾受之, 則魯能弱齊矣. 夷吾不受, 彼知其將反於齊, 必殺之." 公曰: "然則夷吾受乎?" 鮑叔曰: "不受也. 夷吾事君無二心." 公曰: "其於寡人猶如是乎?" 對曰: "非爲君也, 爲先君與社稷之故. 君若欲定宗廟, 則亟請之, 不然無及也." 公乃使鮑叔行成,[4] 曰: "公子糾, 親也, 請君討[5]之." 魯人爲殺公子糾. 又曰: "管仲, 讎也, 請受而甘心焉." 魯君許諾. 施伯謂魯侯曰: "勿予, 非戮之也, 將用其政也. 管仲者, 天下之賢人也, 大器也. 在楚則楚得意於天下, 在晉則晉得意於天下, 在狄則狄得意於天下. 今齊求而得之, 則必長爲魯國憂, 君何不殺而受之其屍." 魯君曰: "諾." 將殺管仲, 鮑叔進曰: "殺之齊是戮齊也, 殺之魯是戮魯也. 弊邑寡君願生得之, 以徇於國, 爲羣臣僇. 若不生得, 是君與寡君賊比[6]也. 非弊邑之君所謂[7]也, 使臣不能受命." 於是魯君乃不殺, 遂生束縛, 而柙以予齊. 鮑叔受而哭之, 三擧.[8] 施伯從而笑之, 謂大夫曰: "管仲必不死, 夫鮑叔之忍不僇賢人, 其智稱賢以自成也. 鮑叔相公子小白, 先入得國. 管仲、召忽奉公子糾後入, 與魯以戰, 能[9]使魯敗, 功足以得天與失天, 其人事一也. 今魯懼, 殺公子糾、召忽, 囚

3 秉은 柄(자루, 권세)과 통한다. 黎翔鳳에 의하면, 柄은 후대에 생긴 글자다.
4 尹知章의 주석에 의하면, 成은 平이다. 노나라와 화평하다.
5 湯孝純에 의하면, 討는 誅戮(죽이다)이다. 『新譯管子讀本』(上), 301頁, 注2 참조.
6 黎翔鳳에 의하면, 比는 親이다.
7 黎翔鳳에 의하면, 謂는 報(알리다)다.
8 尹知章의 주석에 의하면, 세 번 소리를 냈으나, 그가 죽을 것을 거짓으로 애도한 것이다.
9 黎翔鳳에 의하면, 能은 乃다.

管仲以予齊, 鮑叔知無後事, 必將勤[10]管仲以勞其君, 願[11]以顯其功, 衆必予之有得. 力死之功, 猶尙可加[12]也. 顯生之功, 將何如? 是昭德以貳君也, 鮑叔之知, 不是失也." 至於堂阜之上, 鮑叔祓而浴之三, 桓公親迎之郊. 管仲詘纓捷[13]衽, 使人操斧而立其後. 公辭斧三, 然後退之. 公曰: "垂纓下衽, 寡人將見." 管仲再拜稽首, 曰: "應[14]公之賜, 殺之黃泉, 死且不朽." 公遂與歸, 禮之於廟, 三酌而問爲政焉.

(환공이) 말했다. "옛날 돌아가신 양공襄公은 높은 누각, 넓은 연못, 음악과 음주에 빠졌고, 사냥과 투망과 화살로, 국정을 돌보지 않았습니다. 성인들을 낮추고 선비들을 모욕하며, 계집만 숭상했지요. 정비[妃]가 아홉이고 빈嬪이 여섯 명, 아래의 첩들은 수천 명이 먹는 것은 반드시 좋은 정미와 고기이며, 옷은 반드시 화려하게 수를 그렸으나, 무사들은 동상에 걸리거나 굶주렸습니다. 전투하는 말들이란 유람하는 마차의 퇴물 말이고, 용사들이 먹는 것은 아래 첩들이 남긴 (음식)찌꺼기였지요. 연기 배우나 (재주 피우는) 꼽추나 난쟁이들이 앞줄에 서고, 현명한 대부들은 뒷줄에 섰습니다. 이 때문에 국가는 날로 크거나 달로 자라나지 않으니, 종묘가 깨끗이 청소되지 않고, 사직에서 제사 지낼 수도 없게 되었습니다. 어떻게 하면 되겠소? 하고 감히 묻겠습니다."

관중이 대답했다. "옛날 우리의 선왕이신, 주나라 소昭왕과 목穆왕은 문文왕과 무武왕의 먼 자취를 세대에 걸쳐서 배움으로써, 자기들의 명성을 이루었습니다. 여러 나라의 실정을 모으고, 백성 중에 도리 있는 이들을 비교하여, 민중의 모범을 세웠으며, 아름다움을 써서 서로 응대하고, 연결하여 필기함으로써, 근본에 근거하여 끝까지 추구했으며, (백성들을) 축하와 상급으로 권면하고, 형벌로써 바로잡고, 정수리의 머리털로 순서를 정하듯이, (상급을) 내려 주어 그들을 위무하고, 처음부터 끝까지 백성들을 다스렸습니다."

曰: "昔先君襄公, 高臺廣池, 湛樂飮酒, 田獵罼弋, 不聽國政. 卑聖侮士,

10 黎翔鳳에 의하면, 勤은 助(돕다) 자로 훈독해야 한다.
11 黎翔鳳에 의하면, 願은 將來다.
12 丁士涵에 의하면, 加는 嘉(훌륭하다)와 통한다.
13 王念孫에 의하면, 捷(이기다)은 옛날의 插(꽂다) 자다.
14 王念孫에 의하면, 應은 受(받다)다.

唯女是崇. 九妃六嬪, 陳妾數千, 食必梁肉, 衣必文繡, 而戎士凍饑. 戎馬待游車之弊, 戎士待陳妾之餘. 倡優侏儒在前, 而賢大夫在後. 是以國家不日益, 不月長, 吾恐宗廟之不掃除, 社稷之不血食. 敢問爲之奈何?" 管子對曰: "昔吾先王周昭王、穆王, 世法文、武之遠迹, 以成其名. 合羣國, 比校民之有道者, 設象以爲民紀, 式[15]美以相應, 比綴以書, 原本窮末, 勸之以慶賞, 糺[16]之以刑罰, 糞除其顚旄,[17] 賜予以鎭撫之, 以爲民終始."

(환)공이 말했다. "어떻게 하면 그렇게 됩니까?"

관중이 대답했다. "옛날 성왕聖王이 백성을 다스림에, 나라를 셋으로 나누고 교외를 다섯 비鄙로 나누어, 백성들이 살 곳을 정해 주고, 백성들의 사업을 이루게 하였습니다. 백성의 기율로는, 여섯 가지 권병權柄을 썼으니, 이렇게 하여 백성들의 실정을 파악하고 백성들을 조정할 수 있었습니다."

환공이 물었다. "여섯 가지 권병이 무엇입니까?"

관중이 대답했다. "죽이고, 살게 하고, 귀하게 하고, 천하게 하고, 가난하게 하고, 부자가 되게 함, 이것이 여섯 가지 권병입니다."

환공이 물었다. "나라를 셋을 나눔은 어떻게 합니까?"

관중이 대답하였다. "나라를 21항鄕으로 만듭니다. 상인과 공장工匠들의 향은 6, 선비와 농민의 향은 15입니다. 임금께서 11향을, 고자高子가 5향을, 국자國子가 5향을 통솔하고, 3나라이기 때문에 3개의 군대입니다. 임금님께서 세 (나라) 관청의 신하를 세우면, 시장에는 3향鄕 사무소를 세우고, 공장들은 3족族 사무소를 세우고, 연못에는 3우虞 사무소를 세우고, 산에는 3형衡 사무소를 세웁니다. 5집[家]을 궤軌로 하고, 궤에는 우두머리[長]가 있습니다. 10궤는 이里이고, 이에는 관리가 있으며, 4리가 연連이 되며, 연에는 우두머리[長]가 있습니다. 10연이 향鄕이 되고, 향에는 낭관郎官이 있으며, 3향마다 하나의 통솔자[帥]가 있습니다."

환공이 물었다. "5비鄙를 어떻게 만듭니까?"

관중이 대답했다. "5집을 궤, 궤에는 우두머리가 있습니다. 6궤가

15 黎翔鳳에 의하면, 式은 用이다.

16 糺에는 矯正(바르게 고친다)의 뜻이 있다.

17 兪樾에 의하면, 糞除顚旄는 『國語』의 班序顚毛(정수리의 머리털을 순서적으로 차례 짓다)의 뜻이다.

읍邑이 되며, 읍에는 관리가 있습니다. 10읍은 솔率이 되고, 솔에는 장長이 있습니다. 10솔은 향이 되고, 향에는 낭관이 있습니다. 3향은 속屬이 되고, 속에는 통솔자가 있습니다. 5속은 다섯 대부大夫가 있습니다. 무정武政은 속에서 처리되고, 문정文政은 향에서 처리되어, 각각 보증하여 일 처리를 하니, 방탕하고 게으름이 없습니다."

환공이 말했다. "백성들의 거처를 정하고, 백성의 사업을 이루게 하려면, 어떻게 해야 합니까?"

관중이 대답하였다. "사농공상, 네 백성은, 나라의 (기반을 닦는) 반석과 같은 백성이니, (서로) 잡거雜居하게 해서는 안 됩니다. 잡거를 시키면 말들이 난잡해지고, 혼란한 일들이 일어나게 됩니다. 이 때문에 성인들은 선비들을 반드시 그들이 거처할 만한 곳에 있게 하였고, 농사꾼은 반드시 전답이 있는 들판에 거처하게 해야 하고, 공장工匠은 반드시 관청에 기거하게 하고, 상인은 반드시 시장에 거처하게 해야 했습니다. 지금 선비들은, 동류들과 함께 살며, 거처할 만한 곳에서 기거하며, 아버지는 아버지 또래와 의리義理를 논하고, 자식들은 자식 또래와 효도를 이야기하며, 임금을 섬기는 자들은 경애敬愛를 논하며, 어른들은 (아이들을) 사랑하고, 어린애들은 화목하니, 아침저녁으로 이런 이야기를 담론하면서, 자제들을 교육시킵니다. (아이들이) 젊어서 배워 두면, 그들의 마음이 편안해지고, 이상한 것을 보고도 (마음이) 바뀌지 않습니다. 이렇기 때문에 그 아버지나 형들의 가르침은, 엄격하지 않아도 이루어집니다. 그 자제들의 학습도 힘들지 않고 할 수 있습니다. 이렇기 때문에, 선비의 자식들은 늘 선비가 됩니다. 지금 농부들은, 동류가 집단 거주하면서, 사계절의 평형과 조절을 잘 알아서, 기계[장비]와 도구를 갖추고, 가래, 보습, 큰 낫과 도리깨 등을 씁니다. 추위가 오면, 시든 잡초를 뭉개고 밭을 갈고 나서, 때를 기다려서 농사를 시작합니다. (밭을) 깊이 갈고, 씨 뿌리는 간격을 고루하고, 바쁘게 김매 주며, 먼저 비 오게 하고 잡초를 뽑고, 적기適期의 비를 기다립니다. 적기의 비가 이미 오면, 말뚝, 낫, 호미를 옆에 끼고, 아침저녁으로 들에서 농사 지면서, 평복을 벗고 노동복을 입고 일하며, 새싹과 가라지를 구별하고, (모[苗]의) 엉성함과 빽빽함을 고르게 벌려 놓고, 머리에 밀짚모자 쓰고, 몸에는 비옷雨衣을 입고, 온몸을 적시고 양발에 진흙을 묻히고, 머리털과 살갗을 (햇빛에) 드러내고, 사지의 힘을 다하여, 들판에서 재빠르게 농사일을 합니다. 젊어서 습관이 되면, 그 마음은 편안하고, 이상한 것을 보고도, 마음이 쏠리지 않습니다. 이 때문에 부모의 가르침이 엄격하지 않아도, 성공합니다. 자제들의 공부도, 힘들이지 않고 할 수 있습니다. 이 때문에 농부의 아들들이 항상 농부가 됩니다. (성격이) 소박하고 악이 없어서, 그 수재로서 무사가 되면, 충분히 신뢰할 수 있습니다. 따라서 농사를 지으면 곡식이 많아지고, 벼슬을 살면 현자가 많아집니다. 이 때문에 성왕들은 농부를 경외하고 가까이합니다. 관리가 보고서도 고발을 하지 않으면, 그 죄는 5가지이고, 관리가 이미 일에 착수하여 완수합니다. 지금 공장들이 동류로서 집단 거주하면서, 좋은 재료를 찾아보고, 네 계절을 잘 살펴서, 정교한 것과 조악한 것을 식별하고, 그 용도를 고르게 조절하고, 등급을 매기고, 규격을 고려해서, 기물器物들을 판단함에, 완전한 이점을 중시합니다. (이렇게) 서로 할 일을 말하고, 서로 결과물을 보이고, 서로 재주를 열거해서, 서로 신지식을 높입니다. 아침부터 저녁까지 여기서 일에 종사하며, 그 자제들을 가르칩니다. 젊어서 습득하면, 마음이 편안해지며, 이상한 것을 보아도 마음이 끌리지 않습니다. 이 때문에 부형들의 가르침이, 엄격하지 않아도 성공합니다. 그 자제들의 배움은 힘들이지 않아도 할 수 있습니다. 이렇기 때문에, 따라서 공장의 자식들은 항상 공장[기술자]이 됩니다. 지금 장사꾼들은 동류로서 집단 거주하면서, 흉년에 배고픔을 관찰하고, 나라의 변란을 잘 알며, 네 계절을 살펴서, 그 고을의 품목을 보고, 그 시장 가격을 (잘) 알고 있습니다. (화물들을) 어깨에 매달고 등에 지고, 소를 쓰고 말을 타고, 사방으로 두루 다니며, (물건이) 얼마나 있는지 알고서, 높은 값과 싼값을 계산하여, 자기가 있는 물건으로 없는 물건과 바꿔서, 싸게 사서는 비싸게 팝니다. 이 때문에 꿩의 털이나 긴 털 소 같은 진귀한 보물이 찾지 않아도 스스로 오며, 대나무 화살[竹箭]은 국내에서도 남아돌고, 기괴한 물건이 때마침 오니, 진기한 물건들이 모여듭니다. 아침부터 저녁까지 여기서 일하며, 그 자제들을 가르칩니다. 서로 이익을 말하고, 서로 시기時機를 보이며, 서로 진열하여 가격을 압니다. 젊어서 습득하니, 마음이 편안하고, 이상한 물건을 보아도 마음이 끌려가지 않습니다. 이 때문에 부형들의 가르침이 엄격하지 않아도 성공합니다. 그 자제들의 배움은 힘들이지 않아도 할 수 있게 됩니다. 이렇기 때문에, 따라서 상인의 자식들은 항상 상인이 됩니다. 땅을 살펴 세금을 차등으로 정하면, 백성들은 이사를 가지 않을 것입니다. 오는 손님을 안정시켜 주면, 백성들이 게으르지 않게 됩니다. 산림과 호택湖澤을 시기에 맞추어 개방하고 닫으면, 백성들이 마구잡이는 안 될 것입니다. 산릉과 평지, 토산土山과 전답이 같은 등급이면, 백성들이 미혹되지 않습니다. 백성들의 (중요한) 시기를 빼앗지 않는다면, 백성들은 부유하게 됩니다. (제사에 쓸) 희생 제물을 빼앗지 않으면, 소나 말이 양육됩니다."

公曰: "爲之奈何?" 管子對曰: "昔者, 聖王之治其民也, 參其國而伍其鄙, 定民之居, 成民之事. 以爲民紀, 謹用其六秉, 如是而民情可得, 而百姓可御." 桓公曰: "六秉者何也?" 管子曰: "殺、生、貴、賤、貧、富, 此六秉也." 桓公曰: "參國奈何?" 管子對曰: "制國以爲二十一鄕. 商工之鄕六, 士農之鄕十五. 公帥十一鄕, 高子帥五鄕, 國子帥五鄕, 參國故爲三軍. 公立三官[18]之臣, 市立三鄕, 工立三族, 澤立三虞, 山立三衡. 制五家爲連, 連有長. 十連爲里, 里有司. 四里爲連, 連有長. 十連爲鄕, 鄕有良[19]人, 三鄕一帥." 桓公曰: "五鄙奈何?" 管子對曰: "制五家爲軌, 軌有長. 六軌爲邑, 邑有司. 十邑爲率, 率有長. 十率爲鄕, 鄕有良人. 三鄕爲屬, 屬有帥. 五屬一[20]大夫, 武政聽屬, 文政聽鄕, 各保而聽, 毋有淫佚者." 桓公曰: "定民之居, 成民之事奈何?" 管子對曰: "士農工商, 四民者, 國之石民也, 不可使雜處. 雜處則其言哤,[21] 其事亂. 是故聖王之處士必於閒燕,[22] 處農必就田墅, 處工必就官府, 處商必就市井. 今夫士, 羣萃[23]而州處,[24] 閒燕, 則父與父言義, 子與子言孝, 其事君者言敬, 長者言愛, 幼者言弟,[25] 旦昔從事於此, 以敎其子弟. 少而習焉, 其心安焉, 不見異物而遷焉. 是故其父兄之敎, 不肅而成. 其子弟之學, 不勞而能. 夫是, 故士之子常爲士. 今夫農, 羣萃而州處, 審其四時權節,[26] 具備其械器, 用比耒耜穀芨.[27] 及寒, 擊槀[28]除田, 以待時乃[29]耕. 深耕均種疾耰, 先雨芸耨, 以待時雨. 時雨旣至, 挾其

18 黎翔鳳에 의하면, 官은 館(집)이다.
19 黎翔鳳에 의하면, 良人은 부인의 남편이니, 여기서는 郞인데, 漢대의 郞官과 같다.
20 王念孫과 王紹蘭에 의하면, 一은 마땅히 五가 되어야 한다.
21 哤은 '난잡함'의 뜻이다.
22 黎翔鳳에 의하면, 閒燕은 거처하는 장소다.
23 羣萃는 同類를 말한다.
24 黎翔鳳에 의하면, 洲處는 '삥 둘러 삶'을 말한다.
25 弟는 悌(화목하다)의 뜻이다.
26 尹知章에 의하면, 權節은 平衡調節(權衡[저울]을 유지하며 조절한다)의 뜻이다.
27 黎翔鳳에 의하면, 耒는 가래이고, 耜는 보습이다. 芨은 藥名이기에 뜻이 不通이니, 아마도 耒殳 자로 읽어야 한다. 芟은 큰 낫이고, 耒殳은 『國語』「齊語」에 의하면, 枷(도리깨)이다. 枷는 보리타작에 쓰인다.
28 槀는 雜草(시든 풀)다.
29 黎翔鳳에 의하면, 乃耕은 그런 뒤에 농사지음의 뜻이다.

槍刈耨鎛, 以旦暮從事於田壄, 稅衣就功, 別苗莠, 列疏遬,[30] 首戴苧蒲,[31] 身服襏襫,[32] 沾體塗足, 暴其髮膚, 盡其四支之力, 以疾從事於田野. 少而習焉, 其心安焉, 不見異物而遷焉. 是故其父兄之教, 不肅而成. 其子弟之學, 不勞而能. 是故農之子常爲農. 樸野而不慝, 其秀才之能爲士[33]者, 則足賴也. 故以耕則多粟, 以仕則多賢, 是以聖王敬畏戚[34]農. 有司見之而不以告, 其罪五, 有司已於事而竣. 今夫工, 羣萃而州處, 相[35]良材, 審其四時, 辨其功苦,[36] 權節其用, 論比計制, 斷器[37]尙完利. 相語以事, 相示以功, 相陳以巧, 相高以知事. 旦昔從事於此, 以教其子弟. 少而習焉, 其心安焉, 不見異物而遷焉. 是故其父兄之教, 不肅而成. 其子弟之學, 不勞而能. 夫是, 故工之子常爲工. 今夫商, 羣萃而州處, 觀凶饑, 審國變, 察其四時, 而監其鄕之貨, 以知其市之賈. 負任擔荷, 服牛輅馬, 以周四方, 料多少, 計貴賤, 以其所有, 易其所無, 買賤鬻貴. 是以羽旄不求而至, 竹箭有餘於國, 奇怪時來, 珍異物聚.[38] 旦昔從事於此, 以教其子弟. 相語以利, 相示以時, 相陳以知賈. 少而習焉, 其心安焉, 不見異物而遷焉. 是故其父兄之教, 不肅而成. 其子弟之學, 不勞而能. 夫是, 故商之子常爲商. 相地而衰其政,[39] 則民不移矣. 正旅舊,[40] 則民不惰. 山澤各以其時至, 則民不苟. 陵陸丘井[41]田疇均, 則民不惑. 無奪民時, 則百姓富, 犧牲不勞,[42] 則牛馬育."

환공이 또한 물었다. "과인이 정치를 해보려는데 천하를 보고 살피는 것이, 가능하겠습니까?"

관중이 대답했다. "가능합니다."

환공이 말하였다. "어떻게 시작해야, 가능합니까?"

관중이 대답했다. "백성을 사랑하는 것으로 시작하십시오."

환공이 물었다. "백성을 사랑하는 도리는, 어찌해야 합니까?"

30 黎翔鳳에 의하면, 遬은 數와 옛날에는 통했다. 疏數는 곧 疏密(엉성하고 빽빽함)이다.

31 苧蒲는 밀짚모자다.

32 黎翔鳳에 의하면, 襏襫은 羽衣(비옷)이다.

33 黎翔鳳에 의하면, 여기서 士는 武士 또는 軍士이다.

34 戚은 '가까이 함'의 뜻이다.

35 相에는 '보다', '관찰하다'의 뜻이 있다.

36 戴望에 의하면, 苦는 盬(견고하지 않다)로 읽어야 한다. 이 글자는 沽로도 쓴다.

37 趙守正에 의하면, 論比는 등급을 논함이고, 計制는 규격의 고려이고, 斷器는 기물에 대한 판단이다. 『管子通解』(上), 297頁, 注39 참조.

38 黎翔鳳에 의하면, 物聚는 方以類聚(각종 방술에는 동류가 모인다)와 같다.

39 劉師培에 의하면, 政은 征(세금)이다

40 黎翔鳳에 의하면, 正旅舊는 '오는 손님을 안정시킴'의 뜻이다.

41 丁士涵에 의하면, 井은 마땅히 阜(언덕)가 되어야 한다.

42 王念孫에 의하면, 勞는 撈(빼앗다)로 읽어야 한다.

관중이 대답했다. "제후는 제후의 가족을 돌보고, 가정은 가족 식구들을 돌보면서, 서로 연관 지어 일을 하며, 봉록으로 서로 도우면, 백성들은 서로 친해질 것입니다. 옛날에 지은 죄를 방면하고, 옛 종친들을 정비하고, 후손 없는 이로 대代를 이어 가게 하면, 백성들이 늘어납니다. 형과 벌을 약하게 하시고, 세금을 줄이시면, 백성들이 부유해질 것입니다. 마을[鄕]에 현명한 인재를 발탁하여, 나라에 가르침을 베풀어 주면, 백성들이 예禮를 갖게 될 것입니다. 명령을 내려서 그것을 (달리) 고치지 않으신다면, 백성들은 바르게 될 것입니다. 이것이 백성을 사랑하는 도리입니다."

환공이 말했다. "백성들이 부유하면서 친하다면, 그들을 부릴 수 있습니까?"

관중이 대답하였다. "재원을 개발하고 각종 기술자[百工]를 키우면, 백성들의 생필품을 맞출 수 있고, 재력을 공헌하고 현자를 높이면 백성들이 지식을 권면할 수 있습니다. 형벌을 주어도 가혹하지 않으면, 백성들을 구제할 수 있습니다. (임금께서) 사심을 품지 않고 실행하신다면, 민중을 수용하기에 충분합니다. 말씀을 하시되 반드시 신뢰성이 있으면, (임금의) 명령은 끝임이 없을 것입니다. 이것이 백성을 부리는 도리입니다."

桓公又問曰: "寡人欲脩政以干時[43]於天下, 其可乎?" 管子對曰: "可." 公曰: "安始而可?" 管子對曰: "始於愛民." 公曰: "愛民之道, 奈何?" 管子對曰: "公修公族, 家修家族, 使相連以事, 相及以祿, 則民相親矣. 放舊罪, 修舊宗, 立無後, 則民殖矣.[44] 省刑罰, 薄賦斂, 則民富矣. 鄕建賢士, 使敎於國, 則民有禮矣. 出令不改, 則民正矣. 此愛民之道也." 公曰: "民富而以親, 則可以使之乎?" 管子對曰: "擧財長工, 以止[45]民用. 陳力[46]尙賢, 以勸民知. 加刑無苛, 以濟百姓. 行之無私, 則足以容衆矣. 出言必信, 則令不窮矣. 此使民之道也."

43 黎翔鳳에 의하면, 干은 '不待禮見曰干'(예를 갖추지 않고 보려는 것을 干이라 말함)이고, 時는 伺(엿보다, 찾다)의 뜻이다.

44 尹知章의 주석에 의하면, '放舊罪則全人命, 修舊宗則收散親, 立無後則繼絶世, 故人殖. 殖, 生也'(옛날 죄를 방면하면 인명이 온존해지고, 옛날 종친을 정돈하면 흩어진 친족들을 모으고, 후손이 없는 이를 세우면 끊어진 세대를 이을 수 있기, 때문에 사람들이 번성한다. 殖은 생겨남이다).

45 章炳麟에 의하면, 止는 待(공급하다)이다.

46 陳力은 '才力을 공헌하다'의 뜻이다.

환공이 말했다. "백성들이 이미 정착했고, 사업은 이미 이루어졌으니, 과인이 천하 제후들의 일을 하려는데, 가능하겠습니까?"

관중이 대답했다. "아직 안 됩니다. 민심이 아직 안정되지 않았습니다."

환공이 물었다. "안정시키려면, 어찌해야 합니까?"

관중이 대답했다. "옛날 법도를 정비하시고, 그중 좋은 것을 골라서, 추천하여 예의 바르게 쓰십시오. 백성들을 사랑하고, 재산 없는 가난한 이들에게 베풀고, 세금과 용역을 너그럽게 하시고, 백성들을 존중한다면, 나라는 부유하고 백성들은 편안할 것입니다."

환공이 물었다. "백성들이 편안하다면, 그것으로 되겠습니까?"

관중이 대답했다. "안 됩니다. 임금께서 군대를 가지런히 하고, 갑옷과 무기들을 정비하면, 큰 나라도 또한 군대를 가지런히 하고, 갑옷과 무기를 정비할 것입니다. 임금께서 정복 전쟁을 하면, 작은 제후의 나라 신료들은 방어 준비를 할 것입니다. 그렇게 되면, (임금께서는) 천하의 뜻을 빨리 얻기가 어려울 것입니다. 임금께서 천하 제후들에게 빨리 뜻을 얻고 싶으시다면, 군사 문제에 숨김이 있어야 하고, 정치에도 무엇에 기탁해야 합니다."

환공이 물었다. "그렇게 하려면, 어떻게 해야 합니까?"

관중이 대답했다. "내정內政을 하면서 군대의 명령에 기탁해야 합니다. (제나라에는) 고자高子의 마을, 국자國子의 마을, 임금님의 마을이 제나라를 셋으로 나누고 있으며, (군대도) 셋의 군대입니다. 슬기로운 백성을 뽑아서, 이장里長을 시키십시오. 향鄕에는 5명[伍], 25명[行]과 졸卒(100명)을 만들면, 명령을 통제할 수 있어서, 상벌을 내리신다면, 백성들은 군무에도 통달할 것입니다."

환공이 말했다. "좋습니다."

여기에 관중은 다섯 집을 궤軌로 삼고, 궤에 우두머리[長]를 두었다. 10궤는 1리里이고, 이里에는 관리를 두었다. 4이가 연連이고, 연에는 장長이 있다. 10연이 향鄕이고, 향에는 낭인郞人(즉, 良人)이 있다. (이것을 또한) 군령軍令으로 하였다. 이 때문에 다섯 집이 궤이고, 다섯 사람은 오伍이고 궤장이 이를 통솔한다. 10궤가 이里이고, 따라서 50인이 소융小戎이니, 이里의 관리가 이것을 통솔한다. 4 이가 연連이고, 따라서 200인이 졸卒이고, 연의 장이 이것을 통솔한다. 10연이 향鄕이고, 따라서 2,000인이 여旅이고 향의 낭인이 이것을 통솔한다. 5향이 하나의 사단[師]이니, 1만 인이 하나의 군단[軍]이며, 5향의 사師가 이것을 통솔한다. 세 군단은 이렇다: 따라서 중앙군의 북[鼓], 고자高子의 북[鼓]과 국자國子의 북[鼓]이다. 봄의 사냥은 수蒐(봄 사냥)이니 여旅가 떨치고 일어난다. 가을에 사냥이 선獮[가을 사냥]이니, 병졸의 연습이다. 이 때문에 졸오는 이里에서 정리되어 확정되고, 여旅군은 교외에서 정리되어 확정된다. 내부의 교련이 일단 완성되면, 명령은 (임의로) 바뀔 수 없다. 따라서 군대의 사람은, 사람과 사람이 서로 보증하며, 집과 집이 서로 사랑하고, 젊은이들이 서로 거처하며, 어른들이 상호 교유하고, 제사에 서로 복을 빌며, 죽어서 상을 당하면 서로 위로하고, 화禍나 복福도 서로 걱정해 주며, 사는 집에서 서로 즐기고, 행동에서 서로 화목하고, 우는 일에는 서로 슬퍼한다. 따라서 밤에 전투하면 목소리가 서로 들려서, 혼란이 충분히 없다. 낮에 전투하면 눈으로 서로 보기에, 충분히 서로 알아본다. 서로 기뻐하니 서로 죽을 수 있다. 이 때문에 수비하면 견고하고, 전투하면 승리한다. 임금[환공]은 이런 교육받은 군사가 3만 명이 천하에 널리 돌아다니며, 무도한 자들을 처단함으로써, 주나라 왕실을 안정시켰다. 천하에 큰 나라의 임금들도 이를 막지 못했다.

桓公曰: "民居定矣, 事已成矣, 吾欲從事於天下諸侯, 其可乎?" 管子對曰: "未可, 民心未吾安." 公曰: "安之奈何?" 管子對曰: "脩舊法, 擇其善者, 擧而嚴[47]用之. 慈於民, 予無財,[48] 寬政[49]役, 敬百姓, 則國富而民安矣." 公曰: "民安矣, 其可乎?" 管仲對曰: "未可. 君若欲正[50]卒伍,[51] 修甲兵, 則大國亦將正卒伍, 修甲兵. 君有征戰之事, 則小國諸侯之臣有守圉之備矣. 然則難以速得意於天下. 公欲速得意於天下諸侯, 則事有所隱, 而政有所寓." 公曰: "爲之奈何?" 管子對曰: "作內政而寓軍令焉. 爲高子之里, 爲國子之里, 爲公里. 三分齊國, 以爲三軍. 擇其賢民, 使爲里君. 鄕有行伍卒長, 則其制令, 且以田獵, 因以賞罰, 則百姓通於軍事矣." 桓公曰: "善." 於是乎管子乃制五家以爲軌, 軌爲之長. 十軌爲里, 里有司. 四里爲連, 連爲

47 張佩綸에 의하면, 嚴은 敬(예의가 바르다)이다.
48 戴望에 이하면, 遂는 滋(번식하다, 더하다)이고, 滋는 慈의 假借한 글자다.
49 安井衡에 의하면, 政은 征(세금을 걷다)이다.
50 黎翔鳳에 의하면, 正은 整(정돈하다)의 假借다.
51 卒伍는 5명이면 伍, 100명이면 卒이니, 군대의 뜻이다.

之長. 十連爲鄕, 鄕有良人. 以爲軍令. 是故五家爲軌, 五人爲伍, 軌長率之. 十軌爲里, 故五十人爲小戎, 里有司率之. 四里爲連, 故二百人爲卒, 連長率之. 十連爲鄕, 故二千人爲旅, 鄕良人率之. 五鄕一師, 故萬人一軍, 五鄕之師率之. 三軍: 故有中軍之鼓, 有高子之鼓, 有國子之鼓. 春以田曰蒐, 振旅. 秋以田曰獮, 治兵. 是故卒伍政[52]定於里, 軍旅政定於郊. 內教既成, 令不得遷徙. 故卒伍之人, 人與人相保, 家與家相愛, 少相居, 長相游, 祭祀相福, 死喪相恤, 禍福相憂, 居處相樂, 行作相和, 哭泣相哀. 是故夜戰其聲相聞, 足以無亂. 晝戰其目相見, 足以相識. 驩[53]欣足以相死. 是故以守則固, 以戰則勝. 君有此教士三萬人, 以橫行於天下. 誅無道, 以定周室. 天下大國之君, 莫之能圉也.

정월달 (어느 날) 아침에, 향의 장이 공적인 일을 보고할 때, 환공이 친히 물었다. "너의 향에, 거주하되 의롭고, 배우기를 좋아하며, 총명하고, 타고난 바탕이 인애하고, 부모와 형들을 사랑하고 효도하며, 우애하고 돈독하여 향리에 소문난 이가 있으면, 통지하여라. 있는데도 보고를 안 하면, 어진 이를 감춘 것으로, 그 죄는 5가지다."

관리의 보고가 끝나자 물러났다.

환공이 또 물어서 말하였다. "너의 향에, 힘쓰며 용감하고 다리와 팔에 힘이 있어, 체력이 민중보다 특출한 자가, 있으면 보고하라. 있는데도 보고를 안 하면, 인재를 숨긴 것이니, 그 죄가 5가지다."

관리가 보고를 끝내고 물러났다.

환공이 또 물었다. "너의 향에 부모에게 사랑하고 효도하지 않고, 향리에 우애도 돈독함도 없으면서, 성품이 교만하고 급하며 방종하고 난포하여, 상관의 명령을 듣지 않는 자가, 있으면 보고하라. 있는데도 보고를 안 하면, 아랫사람을 비호한 것이니, 그 죄가 다섯이다."

관리는 보고가 끝나자 물러났다. 이에 향의 장은 물러나서, 덕을 쌓고 현명賢明한 사람을 추천하였다.

환공이 이들을 직접 보고서, 마침내 관청에서 (일을) 돕도록 하였다. 환공은 관청의 장에게, 1년이 되면 공적들을 적어서 보고하고, 또 관청의 현자를 뽑고 보고토록 하라고 말하였다. "어떤 이는 과인의 관청에서 공적이 있고, 미덕이 있고 순종하며, 단정하고 신실하니 때를

52 黎翔鳳에 의하면, 政은 正인데, 正은 整과 통한다.

53 驩(기뻐하다)은 歡(기뻐하다)과 통한다.

기다려서 쓰일 것이며, (그들을) 백성으로 하여금 공경토록 하여 권면할 것이다. 그들이 설명하고 집행하는 말들은 관청의 좋지 않은 점을 충분히 보충할 것이로다."

환공은 향과 이里에 두루 물어보고, 시험도 해보고, 이에 (합당한 인물을) 불러서 그와 함께 앉아서, 그 자질을 관찰하였고, 그가 성공할 것인지, 일을 성공시킬지 시험하여 증명하였다. (그를 관리로) 세울 만하면 (일단) 기다려서, 나라의 골칫거리를 물었을 때 위축되어 앞으로 나가지는 못하지만, 물러나 그의 향리를 묻고 살펴서, 그 능력을 관찰하여, 큰 허물이 없으면, (그를) 올리어 상경上卿의 보좌관이 되게 하였다. 이것을 이름하여, 세 번째 선발이라 한다. 고자高子나 국자國子 같은 (대귀족도) 물러나 향을 통치해 보고, 향에서 물러나 연을 통치해 보고, 연에서 물러나 이를 통치해 보고, 이에서 물러나 궤를 통치해 보고, 궤에서 물러나 집[家]을 통치했다. 이렇기 때문에 보잘것없는 사내[필부]도 좋은 점이 있으면, 따라서 (그를) 얻어서 천거할 수 있었다. 필부라도 좋지 않은 점이 있으면, 따라서 (그를) 얻어서 벌줄 수 있었다. 일단 시정이 성공하니, 향에는 (향)장을 월권할 수가 없었고, 조정에는 작위爵位를 월권할 수가 없었고, 도의가 결여된 선비[士]는 (받아 주는) 대오[伍]가 없었고, 도의가 결여된 여자는 (받아 줄) 집이 없었다. 선비는 세 번 (부정한) 아내를 내보내서, 나라 밖으로 쫓았다. (부정한) 여자는 세 번 (강제로) 시집가게 하니, 곡식을 찧는 데[용舂]로 들어갈 수밖에 없었다. 이 때문에 백성들은 모두 열심히 착한 일을 하였다. 선비는 향에서 잘하기보다, 이에서 잘하는 것만 못했다. 그가 이里에서 잘하기보다, 집에서 잘하는 것만 못했다. 이 때문에 선비는 하루아침의 편리함만 추구하지 않았고, 모두 일 년 계획이 있었다. 아무도 (생을 마치는) 종년을 이야기하지 않았고, 모두 평생의 공적이 있었다. 정월 (어느 날) 아침에, 다섯 속屬의 귀족들이 환공에게 할 일을 이야기하고, 공적이 적은 이를 택하여, 그를 꾸짖으며, 말하였다. "땅을 쪼개 주고 백성을 나누어 준 것은 같은데, (그대는) 왜 홀로 공이 적은가? 왜 남에게 미치지 못했나? 교훈이 좋지 않았나, 정치와 일이 아마도 다스려지지 않은 것이네. 한 두 번은 용서해 주겠네. (그러나) 세 번이면 용서가 없네."

환공이 또 물어서, 말하였다. "자네의 속屬에, 거처에서 의義를 행하고, 학문을 좋아하고, 총명하며, 바탕이 인애仁愛하고, 부모에게 사랑하고 효도하며, 우애하고 돈독하여 향리鄕里에 소문난 이가 있으면, 신고하라. 있는데도 신고를 안 하면, 현자를 감춘 것이니, 그 죄가 다섯이다."

관리가 보고를 끝내고 물러났다.

환공이 또 물었다. "너의 속屬에, 힘쓰며 용감하고 다리와 팔에 힘이 있어, 체력이 민중보다 특출한 자가 있으면, 보고하라. 있는데도 보고를 안 하면, 인재를 숨긴 것이니, 그 죄가 5가지다."

관리가 보고를 끝내고 물러났다.

환공이 또 물었다. "너의 속에, 부모에게 사랑하고 효도하지 않고, 향리에 우애도 돈독함도 없으면서, 성품이 교만하고 급하며 방종하고 난포하여, 상관의 명령을 듣지 않는 자가 있으면, 보고하라. 있는데도 보고를 안 하면, 아랫사람을 비호한 것이니, 그 죄가 다섯이다."

관리의 보고가 끝나자 물러났다. 여기에 다섯 속의 귀족[大夫]들은 물러나서 속을 다스려보고, 속에서 물러나 연을 통치해 보고, 연에서 물러나 향을 통치해 보고, 향에서 물러나 졸을 통치해 보고, 졸에서 물러나 읍을 통치해 보고, 읍에서 물러나 집[家]을 통치하였다. 이렇기 때문에 보잘것없는 사내[필부]도 좋은 점이 있으면, 따라서 (그를) 얻어서 천거할 수 있었다. 필부라도 좋지 않은 점이 있으면, 따라서 (그를) 얻어서 벌줄 수 있었다. 일단 시정이 성공하니 나라가 편안해지고, 방어하면 굳건해지고, 전투하면 강해졌다. 봉토 내부가 다스려지니, 백성들과 친밀해지고, 사방으로 출정하여, 하나의 패霸와 왕王의 위업偉業을 세울 수 있을 것이로다!

正月之朝, 鄕長復事, 公親問焉, 曰: "於子之鄕, 有居處爲義好學, 聰明質仁,[54] 慈孝於父母, 長弟[55]聞於鄕里者, 有則以告. 有而不以告, 謂之蔽賢, 其罪五." 有司已於事而竣.[56] 公又問焉, 曰: "於子之鄕, 有拳勇股肱之力, 筋骨[57]秀出[58]於衆者, 有則以告. 有而不以告, 謂之蔽才, 其罪五." 有司已

54 黎翔鳳에 의하면, 質은 淳樸(순박하다)이다.

55 湯孝純에 의하면, 長은 撫養이고, 弟는 悌(공경하다)이다. 『新譯管子讀本』(上), 315頁, 注2와 3 참조.

56 竣은 '물러남'의 뜻이다.

57 筋骨은 체력을 말한다.

於事而竣. 公又問焉, 曰: "於子之鄕, 有不慈孝於父母, 不長弟於鄕里, 驕躁淫暴, 不用上令者, 有則以告. 有而不以告, 謂之下比, 其罪五." 有司已於事而竣. 於是乎鄕長退而脩德進賢明. 桓公親見之, 遂使役[59]之官. 公令官長, 期[60]而書伐[61]以告, 且令選官之賢者而復之, 曰: "有人居我官有功, 休德維順, 端愨以待時使, 使民恭敬以勸. 其稱秉[62]言, 則足以補官之不善政." 公宣[63]問其鄕里, 而有考驗, 乃召而與之坐, 省相[64]其質, 以參其成功成事. 可立而時,[65] 設問國家之患而不肉,[66] 退而察問其鄕里, 以觀其所能, 而無大過, 登以爲上卿之佐. 名之曰三選. 高子、國子退而脩鄕, 鄕退而脩連, 連退而脩里, 里退而脩軌, 軌退而脩家. 是故匹夫有善, 故可得而擧也. 匹夫有不善, 故可得而誅也. 政旣成, 鄕不越長, 朝不越爵. 罷士[67]無伍, 罷女無家. 士三出妻, 逐於境外. 女三嫁, 入於舂穀. 是故民皆勉爲善. 士與其爲善於鄕, 不如爲善於里. 與其爲善於里, 不如爲善於家. 是故士莫敢言一朝之便, 皆有終歲之計. 莫敢以終歲爲議, 皆有終身之功. 正月之朝, 五屬大夫復事於公, 擇其寡功者而譙之, 曰: "列地分民者若一, 何故獨寡功? 何以不及人? 敎訓不善, 政事其不治. 一再則宥, 三則不赦." 公又問焉, 曰: "於子之屬, 有居處爲義好學, 聰明質仁, 慈孝於父母, 長弟聞於鄕里者, 有則以告. 有而不以告, 謂之蔽賢, 其罪五." 有司已事而竣. 公又問焉, 曰: "於子之屬, 有拳勇股肱之力, 秀出於衆者, 有則以告. 有而不以告, 謂之蔽才, 其罪五." 有司已事而竣. 公又問焉, 曰: "於子之屬, 有不慈孝於父母, 不長弟於鄕里, 驕躁淫暴, 不用上令者, 有則以告. 有而不以告者, 謂之下比, 其罪五." 有司已事而竣. 於是乎五屬大夫退而脩屬, 屬退而脩連, 連退而脩鄕, 鄕退而脩卒, 卒退而脩邑, 邑退而脩家. 是故匹夫有善, 可得而擧. 匹夫有不善, 可得而誅. 政成國安, 以守則固, 以戰則彊. 封內治, 百姓親, 可以出征四方, 立一霸王矣.

환공이 말하였다. "졸卒과 오伍(의 군대 편제)가 완성되었고, 정사政事도 이미 이루어졌으니, 과인이 천하 제후들에게 군사 회맹을 해도, 괜찮겠는가?"

58 董增齡(약 1780~?)에 의하면, 拳은 捲(힘쓰다)이니, 氣勢이며, 秀는 特의 뜻이다.

59 張佩綸에 의하면, 여기의 役之官은 在官助使(관청에서 돕도록 시키다)의 뜻이지, 관리로 만드는 것이 아니다.

60 湯孝純에 의하면, 期는 週年, 즉 만 1년이다. 『新譯管子讀本』(上), 315頁, 注9 참조,

61 尹知章의 주석에 의하면, 伐은 功이다.

62 黎翔鳳에 의하면, 稱은 詮(설명하다)이며, 秉은 執(시행하다)의 뜻이다.

63 尹知章의 주석에 의하면, 宣은 遍(두루)이다.

64 生相은 省視(探望하다), 관찰의 뜻이다.

65 黎翔鳳에 의하면, 時는 待(기다리다)다.

66 黎翔鳳에 의하면, 不肉은 縮朒(행동이 느린 모양, 외축되어 앞으로 나가지 못하는 모양)이다.

67 尹知章의 주석에 의하면, 罷는 도의가 결여된 자다.

관중이 대답했다. "아직 안 됩니다. 군사 명령이라면, 제가 이미 내정에 기탁했습니다. (그러나) 제나라는 갑옷과 병기가 적어서, 저는 중죄인들을 가볍게 해주는 보석금을 갑옷과 병기 쪽으로 옮기려고 합니다."

환공이 말했다. "어떻게 하시려고요?"

관중이 대답했다. "규정에, 중죄에는 무기, 갑옷과 (말들을 위한) 코뿔소 갑옷 및 짧은 창 2개를 납입하게 하고, 경죄에는 무기 선반[兵器架], 방패, 가슴 갑옷[胸甲皮]과 짧은 창 2개를 납입하고요, 작은 죄에는 금속 1.5균鈞을 납입하게 하고, 형사 처분을 면한 미미한 죄에는 금속 0.5균을 납입하고요, 원한도 없는데 소송을 해서, 관장이 두세 번 만류해도, 이유가 바르지 않은 경우, 활 한 묶음을 납입케 하는 벌을 내립니다. 청동青銅으로 창[戈], 검[劍], 세모창[矛], 긴 창[戟]을 제조하여 개나 말에 쓰고요, 쇠붙이로 도끼[斤], 도끼[斧], 괭이[鉏], 호미[夷], 톱[鋸], 도끼[欘]를 제조하여 땅이나 나무에 쓰면 됩니다."

환공이 말했다. "갑옷과 병기는 (이제) 아주 충족합니다. 과인이 제후들과 회맹을 맺고 싶은데, 가능할까요?"

관중이 대답했다. "아직 안 됩니다. 내치도 아직 안 되었는데, 외치는 아직 준비가 안 되었습니다."

따라서 포숙아鮑叔牙를 대간大諫으로 삼았고, 왕자성보王子城父는 장군이 되었고, 현자기弦子旗는 옥관獄官이 되었고, 영척甯戚은 농관[田]이 되었고, 습붕隰朋은 (다른 제후국들에) 사신으로 나갔고, 조손숙曹孫宿은 초楚나라에 머물게 했고, 상용商容은 송宋나라에 머물게 했고, 계로季勞는 노魯나라에 머물게 했고, 서개봉徐開封은 위衛나라에 머물게 했고, 언상匽尚은 연燕나라에 머물게 했고, 심우審友는 진晉나라에 머물게 하였다. 또한 유세객 여든 명이, 거마車馬와 의복, 가죽을 받들고, 재물과 양식을 많이 갖추고, 재물과 화폐를 충분히 가지고, 사방으로 주유周遊하게 하여, 천하의 현인들을 찾는다고 호소하였나. 완호玩好하는 물품을 가지고, 사방에 파견하고 주유하게 하여, 그 물품들을 제후들에게 팔아 버리면서, 이들 나라의 임금과 신하들이 귀중하게 여기고 좋아하는 것들을 관찰하게 하였다. 방종하고 어지러운 나라를 선택하여, 그 나라를 먼저 정벌하였다.

환공이 말했다. "안과 밖이 안정되었으니, 되었습니까?"

관중이 대답했다. "아직 안 됩니다. 이웃 나라들이 아직 우리와 친밀하지 않습니다."

환공이 말했다. "그들을 친하게 하려면 어떻게 해야 합니까?"

(관중이 대답했다.) "우리 나라 변경을 잘 알아서, 침략한 영토는 반환해 주고, 이웃 나라와의 경계를 바로잡고, 그들의 재물을 받지 말고, 모피와 비단을 아름답게 보고, 삼 년마다 제후들을 급히 만나십시오. 사방의 이웃들을 편안히 대하시면, 이웃 나라들이 우리에게 친밀할 것입니다."

환공이 말했다. "갑옷과 병기가 충족하니, 과인은 남쪽으로 정벌하고 싶은데, 어느 나라를 위주로 해야 합니까?"

관중이 대답했다. "노魯나라를 위주로 하시고, 우리가 침략한 당棠과 잠潛땅을 돌려주세요. (제나라는) 바다를 병풍으로 삼고, 비해裨海를 담장으로 삼고, 강산綱山을 울타리[圈, 牢]로 삼으십시오."

환공이 말했다. "과인이 서쪽을 정벌하고 싶은데, 어느 나라를 위주로 할까요?"

관중이 대답했다. "위衛나라를 위주로 하시고, 우리가 침략한 땅인 길대吉臺, 원고原姑와 칠리漆里를 돌려주세요. 바다를 병풍으로 삼고, 비해를 담장으로 삼고, 강산을 울타리로 삼으십시오."

환공이 말했다. "과인이 북쪽을 정벌하고 싶은데, 어느 나라를 위주로 할까요?"

관중이 대답했다. "연燕나라를 위주로 하시고, 빼앗은 땅 시부柴夫와 폐구吠狗를 돌려주세요. 바다를 병풍으로 삼고, 비해를 담장으로 삼고, 강산을 울타리로 삼으십시오."

사방의 이웃 나라들과 매우 친해졌다. 일단 (제나라가) 침략한 땅을 돌려주고, 그 경계를 바로잡았으니, 남쪽으로는 태산泰山의 북쪽에 이르렀고, 서쪽으로는 제수濟水에까지 이르렀고, 북쪽으로는 바다에 이르렀고, 동쪽으로는 기수紀隨 땅까지 이르러, 국토가 사방 360리里였다. (관중이 보좌한 지) 3년째에 정치가 안정되었고, 4년째에 (군사)교련이 완성되었고, 5년째에 출병하였으니, 훈련받은 군사가 3만 명, 군사용 수레가 800승이었다. 제후들은 다분히 방종하고 혼란했으며, (주周나라) 천자에게 순종하지 않았다. 이때 (제)환공이 동쪽으로 서주徐州를 구하였고, 오나라를 반으로 나누었고, 노나라의 채릉蔡陵을 존치시켰고, 월越의 땅을 분할하였다. 남쪽으로는 송宋나라와 정鄭나라를 거점으로 하여, 초楚나라를 정벌하였고, 여수汝水를 건너서, 방지方地를 뛰어넘어, 문산文山을 바라보고, 주나라 왕실에 견사絹絲를 조공하였더니, (주 왕실의) 천자가 융악隆嶽에서 제사 지낸 고기를 (제)환공에게 내렸으며, 형주荊州의 각국 제후들이 와서 복종하지 않는 이가 없었다. 중원에서 진공晉公을 구원했고, 적狄나라 왕을 사로잡았으며, 호맥胡貉을 패배시켰고, 도하屠何를 격파하였고, 말 타고 다니는 외적들을 비로소 정복하였다. 북쪽으로는 산융山戎을 정벌하였고, 영지泠支를 제압하였고, 고죽孤竹을 참살斬殺하고 나니, 아홉 오랑캐[夷]들이 비로소 말을 들었다. 바닷가의 제후들은, 와서 굴복하지 않는 이가 없었다. 서쪽으로 정복하여, 백적白狄의 땅을 침탈侵奪하고, 마침내 서하西河에 이르렀다. 배[舟]를 나란히 붙이고 뗏목으로, 대나무 나무통으로 강을 건넜다. 석침石沈 땅에 이르러, 험한 산길을 통해, 대행大行산을 지나갔다. 비이卑耳산의 맥貉족과 함께, 진하秦夏국의 왕을 묶어서 돌아왔다. 서쪽으로 유사流沙와 서우西虞를 정복하니, 진융秦戎이 비로소 복종하였다. 따라서 한 번 출병하여 열두 번의 큰 공적을 이루었다. 따라서 동이東夷, 서융西戎, 남만南蠻, 북적北狄과 중원의 제후국들은 귀순하지 않는 나라가 없었다.

(환공은) 제후들과 함께 희생 제물을 장식하고, 회맹會盟 내용을 기재하고, 상하의 신들께 맹세하고, 신들께 진헌進獻하고, 그다음에 (환공은) 천하의 제후들을 거느리고, 주 왕실을 안정시키고, 양곡陽穀 땅에서 제후들과 큰 조회를 하였다. 따라서 (긴급한) 병거兵車의 회맹이 여섯 차례이고, 승거乘車의 우호 동맹이 세 차례이고, 아홉 번 제후들과 만나서, 천하를 한 번에 바로잡았다. 갑옷을 (묶는) 새끼줄을 푼 적이 없고, 무기를 집[医]에서 꺼내지 않았고, 활집에 활이 없고, 화살집에 활이 없고, 무기의 일은 끝을 내고, 문도文道만을 행하고, 천자께 조배하였다. 규구葵丘의 회맹에서, (주나라) 천자가 대부 재공宰孔을 시켜서 (제) 환공에게 제사 지낸 고기를 내리면서, 말하였다. "내 명령으로 문왕과 무왕에게 제사 지냈고, 재공宰孔을 시켜서 (이제) 제사 고기를 내리노라." 또한 (천자께서) 나중에 명령하여 말하였다. "자네 스스로 자신을 낮추고 수고했기에, 실로 큰 아재라 할 수 있으니, 당堂상에서 내려와 배수拜受하지 말게!"

환공이 관중을 불러 상의하였다.

관중이 대답하였다. "임금이 임금답지 않고, 신하가 신하 같지 않은 것이, 난정亂政의 근본입니다."

환공이 말하였다. "과인이 승거乘車의 회맹을 세 번, 병거兵車의 회맹을 여섯 번, 아홉 번 제후들을 규합하여, 천하를 한 번 바로잡았었네. 북쪽으로는 고죽孤竹, 산융山戎, 예맥穢貉에 이르렀고, 진하秦夏왕을 묶어서 데려왔고, 서쪽으로는 유사流沙와 서우西虞에 이르렀고, 남쪽으로는 오吳, 월越, 파巴, 장가牂柯, 장瓹, 불유不庾, 조제雕題와 흑치黑齒에 이르렀고, 형이荊夷의 나라들은, 어느 나라도 과인의 명령을 어기지 못했으나, 중원의 나라들은 과인을 아래로 깔보았네. 옛날 (하, 은, 주) 삼대에 천명을 받은 왕들도, 이와는 달랐을까?"

관중이 대답했다. "봉황과 난鸞 새가 (하늘에서) 내려오지 않으니, 매, 송골매, 솔개, 올빼미가 많습니다. 여러 신이 오지 않으니, 점치는 거북 껍질도 징조를 나타내지 않으나, 좁쌀로 점 보는 (동네) 무당들은 종종 맞춥니다. 적기의 단비와 감로는 안 내려도, 태풍과 폭우는 자주 옵니다. 오곡이 번성치 못하고, 육축은 잘 자라지 못해도, 쑥, 사철 쑥, 명아주 등은 함께 나옵니다. 봉황의 무늬는, 앞에서는 덕과 의義를, 뒤에서는 날로 번창함을 나타냅니다. 옛날에 천명을 받으면, 용이나 거북이 나타났고, 황하에서 하도河圖가 나오고, 낙수에서 낙서洛書가 나왔으며, 땅에서 승황乘黃이라는 신마神馬가 나타났습니다. 지금 이 세 가지 상서로움이 보이지 않는 것은, 비록 천명을 받았다 해도, 아마 그것을 잃어버린 것은 아닐까요?"

(이 말을 듣고) 환공이 두려워하며, 나가서 손님들을 만나며 말했다. "천자의 위험이 나와 지척도 안 떨어졌는데, 과인 소백小白이 천명을 받았다 해서 내려가 배수拜受하지 않는다면, 아마도 군신의 순서가 거꾸로 되는 것이니, 천자에게는 수치羞恥가 될 것이네."

마침내 (환공은) 내려가서 배수하였고, 올라와서 상을 받았다. 큰 수레와, 용기龍旗의 아홉 깃발[九游]과 원문轅門의 붉은 깃발을 받았다. 천자께서 환공에게 제사 고기를 내렸으나 (환공이) 받지는 않았으니, 천하의 제후들이 (환공이 천자에게) 순종하였음을 칭찬하였다.

桓公曰: "卒伍定矣, 事已成矣, 吾欲從事於諸侯, 其可乎?" 管子對曰: "未可. 若軍令則吾旣寄諸內政矣. 夫齊國寡甲兵, 吾欲輕重罪而移之於甲

兵.” 公曰: “爲之奈何?” 管子對曰: “制: 重罪入以兵甲犀脅[68]二戟, 輕罪入蘭盾鞈革二戟, 小罪入以金鈞,[69] 分宥薄罪入以半鈞, 無坐抑而訟獄者, 正[70]三禁之而不直,[71] 則入一束矢以罰之. 美金以鑄戈、劍、矛、戟, 試諸狗馬. 惡金[72]以鑄斤、斧、鉏、夷、鋸、欘, 試諸木土.” 桓公曰: “甲兵大足矣. 吾欲從事於諸侯, 可乎?” 管仲對曰: “未可. 治內者未具也, 爲外者未備也.” 故使鮑叔牙爲大諫, 王子城父爲將, 弦子旗爲理,[73] 甯戚爲田, 隰朋爲行, 曹孫宿處楚, 商容處宋, 季勞處魯, 徐開封處衛, 匽尙處燕, 審友處晉. 又游士八千[74]人, 奉之以車馬衣裘, 多其資糧, 財幣足之, 使出周游於四方, 以號召收求天下之賢士. 飾玩好, 使出周游於四方, 鬻之諸侯, 以觀其上下之所貴好. 擇其沈亂者而先政之.[75] 公曰: “外內定矣, 可乎?” 管子對曰: “未可. 鄰國未吾親也.” 公曰: “親之奈何?” 管子對曰: “審吾疆埸,[76] 反其侵地, 正其封界, 毋受其貨財, 而美爲皮幣,[77] 以極[78]聘覜[79]於諸侯. 以安四鄰, 則鄰國親我矣.” 桓公曰: “甲兵大足矣, 吾欲南伐, 何主?” 管子對曰: “以魯爲主, 反其侵地常[80]潛; 使海於有蔽,[81] 渠彌[82]於有陼,[83] 綱山於有牢.” 桓公曰: “吾欲西伐, 何主?” 管子對曰: “以衛爲主, 反其侵地吉臺、原姑與柒[84]里, 使海於有蔽, 渠彌於有陼, 綱山於有牢.” 桓公曰: “吾欲北伐, 何主?” 管子對曰: “以燕爲主, 反其侵地柴夫、吠狗, 使海於有蔽, 渠彌於有陼, 綱山於有牢.” 四鄰大親. 旣反其侵地, 正其封疆, 地南至于岱陰, 西至於濟, 北至於海, 東至于紀隨, 地方三百六十里. 三歲治定, 四歲教成, 五歲兵出, 有教士三萬人, 革車八百乘. 諸侯多沈亂, 不服於天子. 於是乎桓公東救徐州, 分吳半, 存魯蔡陵, 割越地. 南據宋、鄭, 征伐楚, 濟汝水, 踰方地, 望文山, 使貢絲于周室, 成周反胙於隆嶽, 荊州諸侯,

68 黎翔鳳에 의하면, 犀脅은 코뿔소 가죽으로 갈비뼈를 보호하니, 갑옷 部類다. 犀脅은 犀甲이라고도 한다.

69 鈞은 중량의 단위이고, 30斤이 1鈞이다.

70 黎翔鳳에 의하면, 正은 長(우두머리)이다.

71 湯孝純에 의하면, 不直은 이유가 불충분하거나 부족함을 말한다. 『新譯管子讀本』(上), 319頁, 注8 참조.

72 美金은 청동이고, 惡金은 쇠붙이다.

73 尹知章의 주석에 의하면, 理는 獄官이다.

74 王引之에 의하면, 八千人은 수가 너무 많고, 『齊語』에 따라서 마땅히 八十人으로 보아야 한다.

75 安井衡에 의하면, 沈과 淫은 옛날에는 통용되었고, 正, 政, 征도 통용되었다.

76 黎翔鳳에 의하면, 隸書에서는 易와 昜(볕)에 구별이 없다. 彊埸과 彊場(변경)은 같다.

77 皮幣는 모피와 비단이다.

78 黎翔鳳에 의하면, 極은 急의 假借다. 『說文解字』에 ‘諸侯三年大相聘曰覜’(제후들이 삼 년마다 크게 서로 격식을 갖추어 방문함이 覜이다)라고 했다.

79 尹知章의 주석은 覜(보다)는 見(보다)이다.

80 戴望에 의하면, 常은 棠(아가위, 팥배나무)으로 보아야 한다.

81 安井衡에 의하면, 於는 爰(여기에서)이고, 弊는 蔽(가리다)다.

82 趙用賢에 의하면, 渠彌는 裨海이다. 裨海는 少海의 뜻이다.

83 陼는 堵(담장)와 통한다. 上同, 322頁, 注17 참조.

84 劉績에 의하면, 柒은, 「齊語」에 漆로 되어 있다.

莫不來服. 中救晉公, 禽狄王, 敗胡貉, 破屠何, 而騎寇始服. 北伐山戎, 制泠支, 斬孤竹, 而九夷始聽. 海濱諸侯, 莫不來服. 西征, 攘白狄之地, 遂至于西河. 方舟[85]投柎,[86] 乘桴濟河. 至于石沈, 縣車束馬, 踰大行. 與卑耳之貉, 拘[87]秦夏. 西服流沙西虞, 而秦戎始從. 故兵一出而大功十二. 故東夷、西戎、南蠻、北狄、中諸侯國, 莫不賓服.[88] 與諸侯飾牲,[89] 爲載書,[90] 以誓要于上下, 薦神, 然後率天下定周室, 大朝諸侯於陽穀. 故兵車之會六, 乘車之會三, 九合諸侯, 一匡天下. 甲不解壘, 兵不解翳,[91] 弢無弓, 服無矢, 寢[92]武事, 行文道, 以朝天子. 葵丘之會, 天子使大夫宰孔致胙於桓公, 曰: "余一人之命, 有事於文、武, 使宰孔致胙." 且有後命曰: "以爾自卑勞, 實謂爾伯舅,[93] 毋下拜." 桓公召管仲而謀. 管仲對曰: "爲君不君, 爲臣不臣, 亂之本也." 桓公曰: "余乘車之會三, 兵車之會六, 九合諸侯, 一匡天下. 北至於孤竹、山戎、穢貉, 拘秦夏, 西至流沙、西虞, 南至吳、越、巴、牂柯、䞣[94]、不庾、雕題、黑齒, 荊夷之國, 莫違寡人之命, 而中國卑我. 昔三代之受命者, 其異於此乎?" 管子對曰: "夫鳳皇鸞鳥不降, 而鷹隼鴟梟豐. 庶神不格,[95] 守龜[96]不兆, 握粟而筮者屢中. 時雨甘露不降, 飄風暴雨數臻. 五穀不蕃, 六畜不育, 而蓬蒿藜藋並興.[97] 夫鳳皇之文, 前德義, 後日昌. 昔人之受命者, 龍龜假,[98] 河出圖, 雒出書,[99] 地出乘黃.[100] 今三祥未見有者, 雖曰受命, 無乃失諸乎?" 桓公懼, 出見客曰: "天威不違顏咫尺, 小白承天子之命, 而毋下拜, 恐顚蹶於下, 以爲天子羞." 遂下拜, 登受賞. 服大路, 龍旗九游, 渠門[101]赤旂. 天子致胙於桓公而不受, 天下諸侯稱順焉.

85 方舟는 배 두 척을 나란히 붙들어 맴의 뜻이다.

86 黎翔鳳에 의하면, 柎(뗏목)는 泭(뗏목)와 같고, 束의 古音이 投다.

87 戴望에 의하면, 拘는 그 임금을 묶어서 돌아옴의 뜻이다.

88 賓服은 귀순의 뜻이다.

89 趙守正에 의하면, 飾牲은 제사에 쓰이는 가축을 장식함이다. 『管子通解』(上), 307頁, 注24 참조.

90 湯孝純에 의하면, 載書는 會盟 내용을 기재하는 것이다. 『新譯管子讀本』(上), 322頁, 注36 참조.

91 戴望에 의하면, 纍는 큰 새끼줄이고, 翳는 医의 假借이고, 医는 활과 화살을 담아 넣는 도구다.

92 趙守正에 의하면, 寢은 그치다의 뜻이다. 『管子通解』(上), 307頁, 注29 참조.

93 伯舅는, 姓이 다른 제후를 존경하여 부르는 말이다.

94 䞣은 남방의 옛 나라 이름이다.

95 格은 오다, 이름의 뜻이다.

96 趙守正에 의하면, 守龜는, 점 보는 龜甲이다. 上同, 309頁, 注7 참조.

97 兪樾에 의하면, 藋 는 藋(명아주)이다. 『說文解字』에는 藋 자가 보이지 않는다.

98 尹知章의 주석에 의하면, 假는 至(이르다)의 뜻이다.

99 趙守正에 의하면, 伏羲 때 龍馬가 황하에서 나타나 등에 河圖를 지고 나타났고, 洛水에서 神龜가 등에 洛書를 지고 나타난 것을 말한다. 上同, 注10 참조.

100 趙守正에 의하면, 乘黃은 전설 속의 神馬다. 上同, 注11 참조.

101 趙守正에 의하면, 渠門은 轅門(수레를 문처럼 배치함)이다. 上同, 注13 참조.

환공이 천하 제후들 때문에 걱정하였다. 노魯나라에서 (장공莊公의) 부인(강씨姜氏)과 경보慶父가 난을 일으켜서, (자반子般과 민공閔公) 두 임금을 시해하니, 대가 끊겨 후계가 없었다. 환공이 이를 듣고서, 고자高子를 시켜서 노나라를 존속시켰다. 남자와 여자는 난잡하면 안 되고, (노魯의 사자使者가) 말과 소를 잘 갖추고서, 옥을 가지고 환공을 뵙고, (제나라의) 관내후關內侯가 되기를 청하였으나, 환공이 그렇게 되는 것을 허락하지 않았다. 적狄인들이 형邢나라를 공격하니, 환공이 이의夷儀성을 축조하고, 형나라 임금을 그곳에 봉하였다. 남녀는 난잡해서는 안 되고, (형나라 사자가) 말과 소를 잘 갖추고서, 옥을 가지고 환공을 뵙고, (제나라의) 관내후가 되기를 청하였으나, 환공이 그렇게 되는 것을 허락하지 않았다. 적狄나라 사람들이 위衛나라를 공격하니, 위나라 사람들이 조曹땅에 객거客居하였다. 환공이 초구楚丘성을 쌓고 위나라 임금을 그곳에 봉했는데, 가축들이 (다) 흩어져서, 말 300필을 주었으니, 천하 제후들이 (환공의) 인자함을 칭찬하였다. 이에 천하의 제후들이 환공께서 그들을 위해서 진력한다는 것을 알았으니, 이 때문에 제후들이 환공에게 귀순함이 비유하자면 마치 시장의 사람들처럼 많았다. 환공은 제후들이 자기에게 귀순함을 알기 때문에 그들이 가져오는 예물은 가볍게 해주고, 자기의 답례는 무겁게 했다. 따라서 천하 제후들로 하여금 여윈 말, 개, 양으로 예물을 하게 하고, 제나라는 좋은 말[馬]로 보답하게 하였다. 제후들은 명주, 비단, 베, 사슴 가죽 4개로 (값싼) 예물을 하게 하고, 제나라에서는 (값비싼) 무늬 있는 비단과 호표虎豹 가죽으로 답례하게 했다. 제후들의 사자가 빈 주머니로 (제나라에) 들어와서, 가득 채워서 돌아갔다. (제나라에서는) 따라서 제후들을 사랑으로 꾀어서, 그들에게 이익을 주었고, 신의로 맺어서, 그들에게 무력武力을 보여 주었다. 이 때문에 천하의 작은 제후들은, 일단 환공에게 복종하여, 감히 배반하지 못하고 귀순했으며, 제나라의 사랑을 기뻐하고, 제나라의 이익을 탐했으며, 제나라의 인자함을 믿고서 제나라의 무력을 외경하였다. 환공은 천하의 작은 제후들 대부분이 자기와 함께한다는 것을 알고서, 여기에 또한 크게 베풀어 마음을 다하고 힘을 다했다. 걱정되면 그 나라를 위해 걱정했고, 모책을 낼 수 있다면, 그 나라를 위해 모책을 냈고, (무력을) 동원할 수 있으면 그 나라를 위해 동원했고, 담譚나라와 내萊나라를 토벌했으나 그것들을 자기 소유로 하지 않았으니,

제후들이 (환공의) 인자함을 칭송하였다. 동래東萊와 제후 각국에 제나라의 어염魚鹽을 통상케 하였고, 관문과 시장에서는 사악한 부정을 관찰하고 세금은 걷지 않았으며, 점포에는 세금이 없었으니, 제후국들을 이롭게 하여, 제후들은 (환공의) 관용을 칭송하였다. 채蔡, 언릉鄢陵, 부하負夏와 영구靈丘에 도성을 축조하고, 융적戎狄을 방위하여, 제후국들에 대한 폭력을 금지시켰다. 오록五鹿, 중모中牟, 업개鄴蓋와 모구牡丘 등의 성읍을 축조하여, 제하諸夏 일대를 방위하여, 중원의 나라들에 권위를 보였다. (환공의) 정교政教는 크게 성공하였다. 이 때문에 천하는 환공에 대하여, 먼 나라의 백성은 부모처럼 바라보았고, 가까운 나라 백성들은 흐르는 물처럼 따랐다. 따라서 (환공이) 지나간 지역이 멀면 멀수록, (마음을) 얻은 민중은 그만큼 많았다. 이것은 무엇 때문일까? 그의 문덕文德을 그리워했고, 그의 무력을 경외했기 때문이다. 따라서 (그는) 무도한 자를 죽이고, 주나라 왕실을 안정시켰는데, 천하의 아무도 그를 막을 수 없었고, 무력의 업적은 (이미 다) 이루어졌다. (수레, 말, 사람의) 세 갑옷을 확정하고, 다섯 가지 병기를 쓰지 않고, 조복朝服을 입고서 황하를 건너서, 회맹을 하니 두려울 것이 없었음은, 문치文治가 이미 승리했기 때문이다. 이 때문에 큰 나라의 군주는 부끄러워했고, 작은 나라들의 제후들이 귀순하여 종속하였다. 이 때문에 대국의 군주들은 (환공을) 받드는 것을 종처럼 하였고, 소국의 제후들도 부모처럼 (환공을) 기뻐했다. 이렇게 되었기에, 대국의 군주도 (자신을) 함부로 높이질 못했고, 소국의 제후들도 비굴하지 않았다. 이 때문에 대국의 군주도 교만하지 않았고, 소국의 제후들도 두려워하지 않았다. 이에 넓은 영토는 나누어, 좁은 영토에 보탰고, 재물은 덜어서 재물 없는 이에게 보태 주었다. 군자들을 도와주었다고, 성공 못할 것도 없었다. 백성들을 도와주었다고, 내려진 호령號令을 상실하는 것도 아니었다. 이렇게 해서, 평시에 안순安順할 수 있고, 출병하면 성공할 수 있어서, 전쟁을 치르지 않아도, 문왕文王과 무왕武王과 같은 업적을 성취할 수 있었다. 환공은 많은 신하의 모책들을 빌릴 수가 있어서, 자기의 지능을 늘릴 수 있었다. 그의 재상에는 관중, 대부에는 영척甯戚, 습붕隰朋, 빈서무賓胥無와 포숙아鮑叔牙였다. 이 다섯 사람을 임용하여, 일을 맡아서 시비是非를 정하고, 덕정을 넓게 피었고 법제法制를 늘렸으며, 세상에 밝게 보이시어, 후대에 전하였다. 효공孝公과 소공昭公에까지 은택이 미치어,

크게 천하의 패자覇者로서, 명성이 멀리 전파된 것을, 매몰시킬 수 없다. 이것은 명군明君이 위에 있었고, 아래에 현명한 재상이 있었기 때문이다.

桓公憂天下諸侯. 魯有夫人慶父之亂, 而二君[102]弑死, 國絶無後. 桓公聞之, 使高子存之. 男女不淫, 馬牛選具,[103]執玉以見, 請爲關內之侯, 而桓公不使也. 狄人攻邢, 桓公築夷儀以封之. 男女不淫, 馬牛選具, 執玉以見, 請爲關內之侯, 而桓公不使也. 狄人攻衛, 衛人出旅於曹. 桓公城楚丘封之, 其畜以散亡, 故桓公予之繫馬三百匹, 天下諸侯稱仁焉. 於是天下之諸侯知桓公之爲己勤也, 是以諸侯之歸之也譬若市人. 桓公知諸侯之歸己也, 故使輕其幣而重其禮. 故使天下諸侯以疲[104]馬犬羊爲幣, 齊以良馬報. 諸侯以縷帛布鹿皮四分[105]以爲幣, 齊以文錦虎豹皮報. 諸侯之使, 垂槖而入, 攟[106]載而歸. 故鈞[107]之以愛, 致之以利, 結之以信, 示之以武. 是故天下小國諸侯既服桓公, 莫之敢倍而歸之, 喜其愛而貪其利, 信其仁而畏其武. 桓公知天下小國諸侯之多與己也, 於是又大施忠[108]焉. 可爲憂者爲之憂, 可爲謀者爲之謀, 可爲動者爲之動, 伐譚、萊而不有也, 諸侯稱仁焉. 通齊國之魚鹽東萊, 使關市幾[109]而不正,[110] 壥而不稅, 以爲諸侯之利, 諸侯稱寬焉. 築蔡、鄢陵、培夏、靈父丘,[111] 以衛戎狄之地, 所以禁暴於諸侯也. 築五鹿、中牟、鄴蓋與社丘,[112] 以衛諸夏之地, 所以示勸於中國也. 教大成. 是故天下之於桓公, 遠國之民望如父母, 近國之民從如流水. 故行地滋遠, 得人彌衆. 是何也? 其文而畏其武. 故殺無道, 定周室, 天下莫之能圉, 武事立也. 定三革,[113] 偃五兵,[114] 朝服以濟河,[115] 而無怵惕焉, 文事勝也. 是故大國之君慙媿, 小國諸侯附比. 是故大國之君事如臣僕,

102 尹知章의 주석에 의하면, 慶父가 장공의 부인 姜氏와 사통하여, 子般과 閔公을 시해하였다.

103 王引之에 의하면, 選具는 齊備(온전히 갖추다)와 같다.

104 尹知章의 주석에 의하면, 疲는 瘦(여위다)다.

105 王引之에 의하면, 分은 介이니, 지금의 个다.

106 趙守正에 의하면, 攟載는 捆載(묶어서 실음) 또는 綑載(묶어서 잔뜩 실음)의 뜻이다. 『管子通解』(上), 311頁, 注6 참조.

107 安井衡에 의하면, 古本에는 鈞은 釣(낚다, 꾀다)로 되어 있다.

108 忠은 '마음을 다하고 힘을 다함'의 뜻이 있다.

109 尹知章의 주석에 의하면, 幾는 察(살펴서 알다)이다. '察其姦非, 而不征稅'(사악한 비非를 자세히 관찰하고, 세금은 걷지 않았다).

110 安井衡에 의하면, 古本에는 正은 征(징수하다)의 뜻이다.

111 張佩綸에 의하면, 培夏는 負夏이고, 靈父丘는 아마도 靈丘인 것 같다.

112 王引之에 의하면, 社丘는 牡丘다.

113 尹知章의 주석에 의하면, 車(수레), 馬(말), 사람이 모두 革甲(갑옷)이 있으니, 三革(세 가지 갑옷)이나.

114 韋昭(204~273)의 注에 五兵은 刀, 劍, 矛, 戟과 矢다. 湯孝純, 『新譯管子讀本』(上), 329頁, 注26 참조.

115 尹知章의 주석은 이렇다. '乘車之會, 朝服濟河, 以與西諸侯盟也'(乘車의 會盟에서, 朝服을 입고 황하를 건너서, 서쪽의 제후들과 회맹하였다). 朝服은 군신들이 朝會 때 입는 복식이다.

小國諸侯驩如父母. 夫然, 故大國之君不尊, 小國諸侯不卑. 是故大國之君不驕, 小國諸侯不懾. 於是列[116]廣地以益狹地, 損有財以益無財. 周[117]其君子, 不失成功. 周其小人, 不失成命. 夫如是, 居處則順, 出則有成功, 不稱動[118]甲兵之事, 以遂文武之近於天下. 桓公能假[119]其羣臣之謀, 以益其智也. 其相曰夷吾, 大夫曰甯戚、隰朋、賓胥無、鮑叔牙. 用此五子者何[120]功度義, 光德繼法, 紹終[121]以遺後嗣. 貽孝昭穆, 大霸天下, 名聲廣裕, 不可掩也. 則唯有明君在上, 察相在下也.

일찍이, 환공이 교외에서 관중을 영접하면서, (정치에 대해서) 물었다. 관중은 사양했다. 그런 다음에 나라를 셋으로, 비鄙[행정 구획]를 다섯으로 구분할 것으로 대답하였고, 5향鄕으로 교화敎化함을 세웠고, 5속屬을 세워 군무軍武를 단련시켰고, 병사兵事를 내정內政에 기탁하였고, 형벌을 감해 줌으로써 군무에 대비하였고, 무도한 제후들을 무력으로 제재함으로써, 주나라 왕실을 받들었다. 환공은 크게 기뻐하였다. 이에 (그는) 열흘간 목욕재계하고, 관중을 재상으로 임명할 준비를 하였다.

관중이 말했다. "저는 도끼에 맞아 죽을 죄인인데, 다행히 살게 되어, 허리와 목을 이어 주신다면, 저의 큰 복입니다. 나라의 정치는, 제가 간여할 바가 아닙니다."

환공이 말했다. "그대가 정치를 맡으면 과인은 흔쾌히 수용할 것이고, 그대가 정치를 맡지 않는다면 과인은 아마도 무너질 것입니다."

관중은 응낙하고, 재배再拜하며 수상 자리를 받았다.

3일이 지나서, 환공이 말했다. "과인은 큰 병폐가 셋이 있는데, 대체 나라를 다스릴 수 있겠습니까?"

(관중이) 대답했다. "제가 아직 듣지 못했는데요."

환공이 말했다. "과인은 불행히도 사냥을 좋아하여, 밤늦게 날짐승의 거처에 도착하면, 사냥하여 날짐승을 잡고서야, 그다음에야 돌아

116 黎翔鳳에 의하면, 列은 分解(나누다)의 뜻이다.

117 黎翔鳳에 의하면, 周는 補貼의 貼(보상하다, 도와주다)이다.

118 蘇輿에 의하면, 稱이 擧이기에, 動 자는 있을 필요가 없다.

119 假는 빌림의 뜻이다.

120 孫星衍에 의하면, 何는 擔荷의 荷 자이다.

121 古本, 劉績本, 朱東光本에 '紹終'이 '紹於天下'로 되어 있는데, 이것을 郭沫若는 '昭於天下'로 읽었다. 이것은 昭示天下(세상에 명백히 보이다)의 뜻이다. 上同, 332頁, 注3 참조.

옵니다. (이러하니) 제후들의 사신들이 (제나라에) 왔어도 과인이 있는 곳에 올 수가 없으니, 관리들은 (이것을) 아뢰지도 못합니다."

(관중이) 대답했다. "나쁘긴 나쁩니다. 그러나 급박하게 해결할 일은 아닙니다."

환공이 말했다. "과인은 불행이도 술을 좋아하여, 낮과 밤으로 이어지니, 제후들의 사신들이 왔어도 과인이 있는 곳으로 올 수가 없으니, 관리들은 (이것을) 아뢰지도 못합니다."

(관중이) 대답했다. "나쁘긴 나쁩니다. 그러나 급박하게 해결할 일은 아닙니다." 환공이 말했다. "과인에게는 더러운 행동이 있어요. 불행히도 여색을 좋아하여, 사촌 자매들도 시집보내지 않는 일도 있어요."

(관중이) 대답했다. "나쁘긴 나쁩니다. 그러나 급박하게 해결할 일은 아닙니다."

환공이 얼굴색이 변하면서 말했다. "이 세 가지가 괜찮다니, 도대체 안 될 일이 무엇이요!"

(관중이) 대답하였다. "임금이 되어서, 이도저도 아니고 민첩하지도 않으면 안 됩니다. 이도저도 아니면 옹호하는 민중이 없고, 민첩하지 않으면 일을 처리할 수 없습니다."

환공이 말했다. "좋소. 그대는 가서 쉬세요. 다른 날 그대와 상의하겠습니다."

(관중이) 대답했다. "지금 저와 이야기하지요, 무엇 때문에 다른 날을 기약합니까?"

환공이 말했다. "어떻게 합니까?"

(관중이) 대답했다. "공자거公子擧는, 사람됨이 견문이 넓고 예의도 알며, 배움을 좋아하고 말씀이 겸손하니, 노魯나라에 사신으로 가면 좋은 결합을 이룰 것입니다. 공자개방公子開方은, 사람됨이 기교를 부리면서도 예리하니, 위衛나라에 사신으로 가면, 좋은 결합을 이룰 것입니다. 조손숙曹孫宿은, 사람됨이, 작은 일에 깨끗하며, 익숙함을 받아들이고, 아주 공손하고 말재간이 있고, 바로 초楚나라 풍속과 행동이 같으니, 사신으로 가면, 좋은 결합을 이룰 것입니다."

미침내 세 사신을 보내기루 하고, 그런 다음에 물러났다. (관중이) 재상으로 석 달이 되니, 모든 관료를 평가하여 확정하고자 하였다.

환공이 말했다. "예."

관중이 말했다. "올라가고 내려가는 손님과 주인의 예식, 전진과 후퇴 의식의 숙달, 말솜씨의 강함과 유柔함에서 저는 습붕隰朋만 못하니, 그를 대행大行[빈객을 접대하는 관리]으로 세우시길 바랍니다. 황무지를 개간하여 성읍城邑으로 만들고, 땅을 개발하여 식량을 모으고, 민중을 많고 크게 하며, 땅의 이점을 다 발휘하는데, 저는 영척甯戚만 못하니, 그를 대사전大司田[농무 장관]으로 세우십시오. 목축할 수 있는 넓은 평원에서 (전투하는데), 마차의 바큇자국이 뒤엉키지 않으며, 군사들이 돌아서지 않으며, 북을 울리면 삼군三軍의 군사들이 죽는 것을 고향에 돌아가는 것처럼 (편안히) 여기게 하는 데는, 저는 왕자성보王子城父만 못하니, 그를 대사마大司馬[대장군]로 세우십시오. 송사 판결에 적절하고, 죄 없으면 죽이지 않고, 죄 없는 이를 속이지 않는데, 저는 빈서무賓胥無만 못하니, 그를 대사리大司理[법무장관]로 세우십시오. 임금의 얼굴색도 감히 범하고, 간언을 하면 반드시 충직하며, 죽는 것을 피하지 않고, 부귀에도 굽히지 않는데, 저는 동곽아東郭牙만 못하니, 그를 대간大諫의 관직에 세우십시오. 이 다섯 사람에게, 저[관중]는 하나도 같은 것이 없으니, 그러므로 저와 (그들의 관직을) 바꾸신다 해도, 저는 안 할 것입니다. 임금께서 나라를 다스리시고, 군대를 강하게 만들려면, 이 다섯 사람이 있으면 될 것입니다. (그러나) 패왕이 되시려면, 관중 제가 여기에 있어야 합니다."

환공이 말했다. "좋습니다."

初, 桓公郊迎管子而問焉. 管仲辭讓. 然後對以參國伍鄙, 立五鄉以崇化, 建五屬以厲武, 寄兵於政, 因罰[122]備器械, 加兵無道諸侯, 以事周室. 桓公大說. 是於齋戒十日, 將相管仲. 管仲曰: "斧鉞之人也, 幸以獲生, 以屬[123]其腰領, 臣之祿也. 若知國政, 非臣之任也." 公曰: "子大夫受政, 寡人勝任,[124] 子大夫不受政, 寡人恐崩." 管仲許諾, 再拜而受相. 三日, 公曰: "寡人有大邪三, 其猶尚可以爲國乎?" 對曰: "臣未得聞." 公曰: "寡人不幸而好田, 晦夜而至禽側, 田莫不見禽而後反. 諸侯使者無所致,[125] 百官有司無所復." 對曰: "惡則惡矣, 然非其急者也." 公曰: "寡人不幸而好酒, 日夜

122 陶鴻慶에 의하면, 因罰은 마땅히 因刑罰이 되어야 한다. 제나라에서 형벌을 감해줌으로써 軍武를 강화하는 정책을 말하는 것이다.
123 尹知章의 주석에 의하면, 屬은 綴連(연결하다)의 뜻이다.
124 勝任은 '흔쾌히 수용함'의 뜻이다.
125 黎翔鳳에 의하면, 致는 送詣(보내다)다. 送詣는 '보내서 그곳에 이름'의 뜻이다.

相繼, 諸侯使者無所致, 百官有司無所復." 對曰: "惡則惡矣, 然非其急者也." 公曰: "寡人有汚行, 不幸而好色, 而姑姊有不嫁者." 對曰: "惡則惡矣, 然非其急者也." 公作色曰: "此三者且可, 則惡有不可者矣!" 對曰: "人君唯優[126]與不敏爲不可. 優則亡衆, 不敏不及事." 公曰: "善. 吾子就舍, 異日請與吾子圖之." 對曰: "時可將與[127]夷吾, 何待異日乎?" 公曰: "奈何?" 對曰: "公子擧, 爲人博聞而知禮, 好學而辭遜, 請使游於魯, 以結交焉. 公子開方, 爲人巧轉而兌[128]利, 請使游於衛, 以結交焉. 曹孫宿, 其爲人也, 小廉而苛忕,[129] 足恭而辭結,[130] 正荊之則[131]也, 請使往游, 以結交焉." 遂立行三使者, 而後退. 相三月, 請論百官. 公曰: "諾." 管仲曰: "升降揖讓, 進退閑[132]習, 辨辭之剛柔, 臣不如隰朋, 請立爲大行.[133] 墾草入邑, 辟土聚粟, 多[134]衆, 盡地之利, 臣不如甯戚, 請立爲大司田. 平原廣牧, 車不結轍,[135] 士不旋踵,[136] 鼓之而三軍之士視死如歸, 臣不如王子城父, 請立爲大司馬. 決獄折中, 不殺不辜, 不誣無罪, 臣不如賓胥無, 請立爲大司理. 犯君顔色, 進諫必忠, 不辟死亡, 不撓富貴, 臣不如東郭牙, 請立以爲大諫之官. 此五子者. 夷吾一不如, 然而以易夷吾, 夷吾不爲也. 君若欲治國彊兵, 則五子者存矣. 若欲霸王, 夷吾在此." 桓公曰: "善."

제21편「왕언王言」망실亡失.

126 黎翔鳳에 의하면, 優(어렴풋하다)는 彷佛(모호하다, 안색이 선명하지 않다)이다.
127 黎翔鳳에 의하면, 與는 許(허가하다)로 훈독할 수 있다.
128 顧廣圻(1766~1835)에 의하면, 兌는 銳(날카롭다)다.
129 黎翔鳳에 의하면, 忕는 習(익숙하다)의 뜻이고, 苛는 荷(받아들임)의 뜻이다.
130 黎翔鳳에 의하면, 辭結은 辭給(말이 민첩하다, 말재간)이다.
131 尹知章의 주석에 의하면, 행동이 楚나라의 풍속과 같음의 뜻이다.
132 趙守正에 의하면, 閑은 嫺(익숙하게 되다)과 통한다. 閑習은 熟習(숙달)이다.『管子通解』(上), 314頁, 注1 참조.
133 尹知章의 주석에 의하면, 大行은 大使의 관직이다.
134 黎翔鳳에 의하면, 多는 大와 같다.
135 趙守正에 의하면, 結轍은 수레와 말이 오가면서 생긴 수레바퀴 자국의 교차를 말한다. 上同, 315頁, 注3 참조.
136 趙守正에 의하면, 旋踵은 '발꿈치를 돌려서 후퇴함'의 뜻이다. 上同, 注4 참조.

패형 霸形

이 편의 제목이 「패형霸形」이고, 다음 편의 제목이 「패언霸言」인데, 그 제목이 뒤바뀐 것이다. 「패언」은 왕패王霸업에 대한 설명이다. 본문의 환공과 관중의 대화는 처음부터 끝가지 치국治國, 중민重民, 내정內政, 외치外治 및 봉기封杞, 봉형封邢, 존위存衛, 벌초伐楚 등 패업을 도모하는 이론과 실천, 즉 패언霸言을 기술하고 있다. 따라서 본편의 제목은 당연히 패언霸言이다.

환공이 (임금) 자리에 있을 때, 관중과 습붕이 (임금을) 뵈었고, 좀 있으니, 기러기 두 마리가 날아와서 지나갔다.

환공이 탄식하며 말했다. "중보 님, 지금 저 기러기들은 어떤 때는 남쪽으로 날고, 어떤 때는 북쪽으로 날고, 어떤 때는 가버렸다가, 어떤 때는 돌아오니, 사방이 얼마나 멀리 있어도, 가고 싶으면, 그곳에 이릅니다. 날개가 있기 때문만이 아니라, 이것으로 천하에 자기(의 자유로운) 뜻을 알리려는 것인가요?"

관중과 습붕이 대답하지 않았다. 환공이 말했다. "두 분께서는 왜 대답을 안 하십니까?"

관중이 대답했다. "임금께서는 패왕霸王이 되시고자 하는 마음이 계신데, 저는 패왕(을 만들 수 있는) 신하가 아닙니다. 이 때문에 저는 감히 대답할 수 없습니다."

환공이 말했다. "중보 님, 왜 그러십니까? 왜 당연한 말씀을 안 하시니, 과인은 어디를 향해야 합니까? 과인이 중보 님을 가진 것은, 마치 나는 기러기가 날개를 가진 것 같고, 마치 큰 강을 건너는 배와 노를 가진 것 같습니다. 중보 님이 과인을 가르칠 말씀 한마디를 안 하시니, 과인이 귀가 있어도, 어찌 도道를 들어서 헤아릴 수가 있겠습니까?"

桓公在位, 管仲、隰朋見, 立有間, 有貳鴻飛而過之. 桓公嘆曰: "仲父, 今彼鴻鵠有時而南, 有時而北, 有時而往, 有時而來, 四方無遠, 所欲至而至焉. 非唯有羽翼之故, 是以能通其意於天下乎?" 管仲、隰朋不對. 桓公曰: "二子何故不對?" 管子對曰: "君有霸王之心, 而夷吾非霸王之臣也. 是以不敢對." 桓公曰: "仲父胡爲然? 盍不當言, 寡人其有鄉乎? 寡人之有仲父也, 猶飛鴻之有羽翼也, 若濟大水有舟楫也. 仲父不一言教寡人, 寡人之有耳, 將安聞道而得度哉?"

관중이 대답했다. "임금께서 장차 큰일을 하실 패왕이 되고자 하십니까? 그렇다면 반드시 근본에서 일을 하셔야 할 것입니다."

환공이 몸을 움직이며 좌석을 끌어당기고, 두 손 모아 물었다. "그 근본은 무엇을 말씀하는 것입니까?"

관중이 대답했다. "제齊나라 백성들이 임금의 근본입니다. 사람들이 배고픔을 많이 걱정하는데, 뜯는 세금은 무겁습니다. 사람들은 죽는 것을 매우 두려워하는데, 임금님이 때 없이 전쟁을 일으키십니다. 임금께서 세금 걷기를 가볍게만 하시면, 사람들이 배고픔을 걱정 안 할 것입니다. 형정刑政을 완화하시면, 사람들은 죽는 것을 두려워하지 않습니다. 전쟁을 때에 맞추어 하면, 사람들은 노역으로 몸이 상하지 않습니다."

환공이 말했다. "과인이 중보 님의 말씀을 들으니, 이 세 가지가 가르침이군요. 멋대로 하지 않고, 장차 돌아가신 임금들에게 (제사를) 올리겠습니다."

여기에 모든 관리에게 명령하여, 방판方板[네모 나무판, 즉 문서]을 깎고, 먹과 붓을 들고, 다음 날 모두 태묘太廟의 문에서 만나게 했다. 이른 아침에 결정하여, 모든 관리에게 명령하였다. 세금을 걷는 이가 백석白石에서 1종鍾[1]만을 걷었고, 아비 없는 고아나 어린이는 형벌[刑]을 없앴고, 호택湖澤은 시간 따라 개방하였고, 관문關門에서 조사만 하지 세금은 없었으며, 시장에서 등기만 하지 세금은 없었다. 가까이 있는 제후들은 충심과 신의를 보였고, 멀리에 있는 제후들은 예의를 보였다. 이것들을 시행한 지 몇 년이 되니, 백성들이 물 흐르듯이 귀순하였다.

1 鍾은 옛날 중량 단위다. 杜預(222~285)의 注에 鍾은 여덟 斛이다.

管子對曰: "君若將欲霸王擧大事乎? 則必從其本事矣." 桓公變躬遷席, 拱手而問曰: "敢問何謂其本?" 管子對曰: "齊國百姓, 公之本也. 人甚憂飢, 而稅斂重. 人甚懼死, 而刑政險. 人甚傷勞, 而上擧事不時. 公輕其稅斂, 則人不憂飢. 緩其刑政, 則人不懼死. 擧事以時, 則人不傷勞." 桓公曰: "寡人聞仲父之言, 此三者聞命矣. 不敢擅也, 將薦之先君." 於是令百官有司, 削方墨筆, 明日皆朝於太廟之門. 朝定,[2] 令於百吏. 使稅者百一鍾, 孤幼不刑, 澤梁時縱, 關譏而不征, 市書而不賦. 近者示之以忠信, 遠者示之以禮義. 行此數年, 而民歸之如流水.

이 뒤에, 송宋나라가 기杞나라를 치고, 적狄나라가 형邢나라와 위衛나라를 쳤다. 환공이 이들을 구해 주지 않았고, 알몸으로 가슴을 문지르며 아프다고 했다. 관중을 불러서, 말하였다. "과인이 비록 천 년 먹을 양식이 있더라도, 백 세의 수명을 갖지 못하니, 지금 병이 났는데, 잠시 즐기려 하오!"

관중이 말했다. "예."

그래서 쇠북[鐘]과 경쇠[磬]를 틀에 걸라고 명령을 했고, 노래 부르고 춤을 추며 피리와 비파의 음악을 연주하고, 하루에 수십 마리 소를 잡고 몇십 일이 지났다.

여러 신하가 몰려와서 간언하였다. "송나라가 기나라를 쳤으며, 적나라가 형과 위나라를 쳤으니, 임금께서는 그들을 구해 주셔야 합니다."

환공이 말했다. "과인이 비록 천 년 먹을 양식이 있어도, 백 세의 수명을 살 수 없는데, 지금 또 병이 나서, 잠시 즐기려는 것이오! 또한 저들은 과인의 나라를 공격하지 않았고, 이웃 나라를 침략했으니, 자네들은 할 일이 없을 것이네." 송나라가 이미 상相 땅을 취했고, 적나라가 이미 형과 위나라를 함락하였다.

환공이 일어나서, 쇠북과 경쇠를 매달은 나무틀 사이를 다닐 때, 관중이 따라가서, 큰 쇠북의 서쪽에 이르러, 환공이 남면하고 서니, 관중은 북향으로 그를 면대하였다. 큰 쇠북이 울렸다.

환공이 관중을 보면서 말했다. "중보 님, 즐겁게 노십니까?"

2 黎翔鳳에 의하면, 앞 구절의 朝는 '아침때에 만남'의 뜻이고, 뒤 구절의 朝는 早(이른 아침)의 뜻이다.

관중이 대답했다. "이는 제가 말하는 비애悲哀이지, 즐거움이 아닙니다. 제가 듣기로는, 옛날 쇠북과 경쇠 사이에서 즐거움을 말한 것은 이와는 다릅니다. (임금의) 말씀이 입에서 나오면, 명령이 천하에 실행되고, 쇠북과 경쇠 사이에서 노니나 사면에 전쟁의 근심이 없었습니다. 지금 임금님께서 하시는 일은, 말씀이 입에서 나오자, 명령이 천하에 실시되지 않고, 사면에 전쟁의 근심이 있으니, 이것은 제가 말하는 비애요, 즐거움이 아닙니다."

환공이 말했다. "좋소."

이 말에 쇠북과 경쇠를 매단 줄을 끊어 버리고, 가무의 음악을 폐쇄하니, 궁 안이 고요하며, 아무도 (음악을) 하는 사람이 없었다.

환공이 말했다. "과인이 쇠북과 경쇠를 매단 줄을 끊어 버리고, 가무의 음악을 폐쇄했으니, 장차 나라에 무엇을 시행할지 시작을 묻고 싶소."

관중이 대답했다. "송나라가 기나라를 치고, 적나라가 형과 위를 공격하였는데, 임금께서 구원하시지 않은 것은, 저는 (임금님의) 경사로 여깁니다. 제가 듣기로는, 제후들이 강역을 다툴 때, 더불어 강함을 다투지 마십시오. 지금 임금께서는 (기, 형과 위나라) 임금의 거처를 왜 아직 정해 주시질 않으십니까?"

이래서 환공이 말했다. "그렇군요."

여기에 수레 100승과 군졸 1,000명을 주고, 연릉緣陵 땅을 봉토로 기나라에 주었다. 이에 명령하여 수레 100승과 군졸 1,000명을 주고, 이의夷儀 땅을 봉토로 형나라에 주었다. 수레 500승과 군졸 5,000명을 주고, 초구楚丘 땅을 봉토로 위나라에 주었다.

환공이 말했다. "과인이 세 나라 군주의 거처를 정해 주었으니, 지금 또 장차 무엇을 실행할까요?"

관중이 대답했다. "제가 듣기로, 제후들은 잇속을 탐하니, 이로움을 함께 나누지 마십시오. 임금께서는 왜 호랑이 표범 가죽과 문채 나는 비단을 사신들을 발동하여 제후국들에게 보내고, (값싼) 무늬 없는 견직물과 사슴 가죽으로 보답하도록 명령하지 않으십니까?"

환공이 말했다. "그렇게 하지요."

이에 호랑이 표범 가죽과 무늬 진 비단을 사신을 통해 제후들에게 보내고, 제후들은 (값싼) 무늬 없는 모직물과 사슴 가죽으로 보답하라는, 명령이 진실로 처음으로 천하에 시행되었도다!

此其後, 宋伐杞, 狄伐邢、衛. 桓公不救, 裸體紉[3]胷稱疾. 召管仲, 曰: “寡人有千歲之食, 而無百歲之壽, 今有疾病, 姑樂乎!” 管仲曰: “諾.” 於是令之縣鍾磬之榱, 陳歌舞竽瑟之樂, 日殺數十牛者數旬. 羣臣進諫曰: “宋伐杞, 狄伐邢、衛, 君不可不救.” 桓公曰: “寡人有千歲之食, 而無百歲之壽, 今又疾病, 姑樂乎! 且彼非伐寡人之國也, 伐鄰國也, 子無事焉.” 宋已取相, 狄已拔邢衛矣. 桓公起, 行筍虡[4]之間, 管子從, 至大鍾之西, 桓公南面而立, 管仲北鄉對之. 大鍾鳴. 桓公視管仲曰: “樂夫, 仲父?” 管子對曰: “此臣之所謂哀, 非樂也. 臣聞之, 古者之言樂於鍾磬之間者不如此. 言脫於口, 而令行乎天下, 游鍾磬之間, 而無四面兵革之憂. 今君之事, 言脫於口, 令不得行乎天下, 在鍾磬之閒, 而有四面兵革之憂. 此臣之所謂哀, 非樂也.” 桓公曰: “善.” 於是伐鍾磬之縣, 併[5]歌舞之樂, 宮中虛無人. 桓公曰: “寡人以伐鍾磬之縣, 幷歌舞之樂矣, 請問所始, 於國將爲何行?” 管子對曰: “宋伐杞, 狄伐邢、衛, 而君之不救也, 臣請以慶. 臣聞之, 諸侯爭於彊[6]者, 勿與分於强. 今君何不定三君之處哉?” 於是桓公曰: “諾.” 因命以車百乘、卒千人, 以緣陵封杞. 車五百乘、卒五千人, 以楚丘封衛. 桓公曰: “寡人以定三君之居處矣, 今又將何行?” 管子對曰: “臣聞諸侯貪於利, 勿與分於利, 君何不發虎豹之皮、文錦以使諸侯, 令諸侯以縵帛、鹿皮報.” 桓公曰: “諾.” 於是以虎豹皮、文錦使諸侯, 諸侯以縵帛、鹿皮報, 則令固始行於天下矣.

그 뒤에 초나라 사람들이 송宋과 정鄭나라를 침략했다. (초나라는) 정나라 토지를 인화 물질과 마른 물건으로 불태웠고, 도시가 파괴된 곳에 다시 개축할 수 없게 하였고, 집이 불탔으면 다시 이엉을 덮지 못하게 하였고, 또 그 배우자를 잃어버린 이들은, 사는 곳이 새나 쥐들의 굴 같았다. 송나라 전답을 막고 저雎강과 변汴강을 좌우에서 메워서, 물길이 동쪽으로 흐르지 못하게 하니, 동산의 서쪽은, 물이 깊어지며 둑[堤防]을 무너뜨렸기에, 400리 밖에서야 (비로소) 농사를 지을 수 있었다. 초나라는 송과 정나라를 병탄하고 제나라를 위협하려고 하였으며, 매일 사람이 많고 병력이 강하여 자기를 해칠 수 있는 나라는, 반드시 제나라일 것이라고 생각하였다.

3 黎翔鳳에 의하면, 擘(엄지손가락, 쪼개다)을 楚나라에서는 紉이라 하는데, 房玄齡의 注에서는 摩(문지르다)로 훈독하고 있다.

4 張佩綸에 의하면, ‘植者曰虡, 橫者曰栒’(세워진 것이 虡이고, 가로가 栒이다). 虡栒은 또 簨虡로 쓴다. 鐘(쇠북)과 磬(경쇠)를 매단 나무틀이다.

5 安井衡에 의하면, 併(아우르다)은 屛(버리다)이다.

6 安井衡에 의하면, 彊(굳세다)은 마땅히 疆(강역)으로 읽어야 한다.

이에 초나라 왕이 나라 안에 명령하여 말했다. "과인이 임금들 중에 총명한 사람은, (제)환공만한 이가 없고, 신하 중에 현명한 이가, 관중 같은 이가 없다고 생각한다. 임금이 총명하고 신하가 현명하다면, 과인은 그들을 받들 것이다. 누가 과인을 제나라와 교류할 수 있게 하면, 과인은 그에게 봉후封侯의 군장 자리를 아끼지 않을 것이다."

이에 초나라의 현명한 인재들이, 모두 값나가는 보물과 비단을 가지고 제나라를 섬겼다. 환공의 좌우의 신하 중에, (초나라의) 중한 보물과 비단을 받지 않은 사람이 없었다.

이에 환공이 관중을 불러 말하였다. "과인이 들으니, 남을 잘 대해준 사람은, 남들도 또한 그에게 좋게 대한다고 합니다. 지금 초나라 왕이 과인을 매우 잘 대하는데, 과인이 좋지 않게 대한다면, 도에 어긋날 것이니, 중보 님, 왜 마침내 초나라와 수교하지 않습니까?"

관중이 대답하였다. "안 됩니다. 초나라 사람들이 송과 정나라를 침입하여, 정나라 땅을 인화 물질로, 마른 물질로 불태웠고, 도시가 파괴된 곳에는 다시 건축할 수 없게 하였고, 타버린 집에 이엉을 다시 언지 못하게 했습니다. 배우자를 잃은 사람들로 하여금, 사는 집이 새나 쥐들의 굴속처럼 하였으며, 송나라 전답을 막고 저雎강과 변汴강을 좌우에서 메워서, 물이 동쪽으로 흐를 수 없게 하니, 동산의 서쪽은, 물이 깊어서 둑이 무너져, 400리를 지난 뒤에야 농사를 지을 수 있게 되었습니다. 초나라는 송과 정나라를 병탄하고, 사람이 많고 병력이 강하여 자기를 해칠 수 있는 나라는, 반드시 제나라일 것이라 생각하고, 이에 문치文治로 제나라를 이기고, 무력으로 송과 정나라를 취한 것입니다. 초나라가 송과 정나라를 취했는데도, (우리가) 그것을 막을 줄을 몰랐으니, 이는 (우리가) 송과 정나라에게 신망을 잃게 된 것입니다. (지금) 초나라를 못하게 만든다면, 이것은 또한 초나라를 믿지 못하는 것입니다. 안에서 신망을 잃었음을 알고서, 병력이 밖에서 곤란을 당하면, (이것은) 좋은 방법이 아닙니다."

환공이 말했다. "좋소. 그러면 어찌 하겠소?"

관중이 대답하였다. "군사를 일으켜 남쪽으로 송과 정나라를 존치시키고, (이들 나라들에게) 초나라를 공격하지 말라하고 명령하십시오. 말로는 초나라 임금과 만난다고 하고, (초나라 왕을) 만나게 되면 정나라의 도시들과 송나라의 강물을 요구하십시오. 초나라가 (우리 요구에)

응낙하면, 이것은 우리가 문치로써 이긴 것입니다. 초나라가 허락하지 않으면, 마침내 무력으로 명령을 내리세요.”

환공이 말했다. “좋소.”

이에 마침내 군사를 일으켜서 남쪽으로 송과 정나라를 존치시키고, 초왕과는 소릉召陵 땅에서 만나서, 만난 자리에서 명령하여 말했다. “(각 나라 제후들은) 양식을 비축하지 말라, 마음대로 제방을 건설하지 말라, 임으로 적자嫡子를 폐위하지 말라, 첩실을 정부인으로 취하지 말라!”

이에 초나라에게 정나라의 도시들과 송나라의 강물을 청구하였다. 초나라 사람들이 허락하지 않자, (제나라는) 마침내 70리를 물러나 주둔했고, (제나라의) 군대들로 정나라 남쪽에 성城을 세우게 해서, 백세대世代나 존속할 (튼튼한) 성을 세우면서, 말하였다. “여기로부터 북쪽으로 황하에 이르기까지가, 정나라 스스로 성을 쌓을 것이다.”

초나라가 감히 이를 훼멸하지 못했다. 동쪽에서 송나라 전답을 파내며, 저睢강과 변汴강의 두 물을 좌우에서, 물이 다시 동쪽으로 흐르게 하니, 초나라가 감히 이것을 막지 못했다. 마침내 남쪽을 정벌하니, 방성方城에 미치어 그곳을 돌아가고, 여수汝水를 건너서, 민산岷山을 바라보고서, 남쪽으로 초楚나라와 월越나라 왕들에게 이르렀으며, 서쪽으로는 진秦나라를 치고, 북쪽으로는 적狄나라를 정벌하고, 동쪽으로 남쪽에 진 임금[晉公]을 존치시켰고, 북쪽으로 고죽孤竹을 치고, ‘연 임금[燕公]’을 존치시켰다. 병거兵車의 회맹 여섯, 승거乘車의 회맹 셋, 아홉 번 (환공은) 제후들을 회맹에 모았으며, 이미 패자覇者의 지위에 돌아와서, 쇠북과 경쇠의 음악을 닦으며 다시 즐기었다.

관중이 말했다. “이것이 제가 말하는 즐거움입니다.”

此其後, 楚人攻宋、鄭. 燒焫熯焚[7]鄭地, 使城壞者不得復築也, 屋之燒者不得復葺也, 令其人有喪雌雄,[8] 居室如鳥鼠處穴. 要[9]宋田夾塞兩川,[10] 使水不得東流, 東山之西, 水深滅垝,[11] 四百里而後可田也. 楚欲吞宋、鄭

7 黎翔鳳에 의하면, 燒焫은 인화 물질로 불태움의 뜻이고, 熯焚은 마른 물건으로 불태움이다.

8 黎翔鳳에 의하면, 배우자를 잃었으면, 동거하게 하였고, 有는 又(또, 다시) 자이다.

9 黎翔鳳에 의하면, 要는, 房玄齡의 注에는, 遮取의 뜻이다. 즉, 要는 要遮(가로막다)의 요다.

10 尹知章의 주석에 의하면, 兩川은 睢강과 汴강이다.

11 黎翔鳳에 의하면, 垝(담)은 흙을 쌓아 만든 제방이다.

而畏齊, 日思人衆兵强能害己者, 必齊也. 於是乎楚王號令於國中曰: "寡人之所明於人君者, 莫如桓公. 所賢於人臣者, 莫如管仲. 明其君而賢其臣, 寡人願事之. 誰能爲我交齊者, 寡人不愛封侯之君焉." 於是楚國之賢士, 皆抱其重寶、幣帛以事齊. 桓公之左右, 無不受重寶、幣帛者. 於是桓公召管仲曰: "寡人聞之, 善人者, 人亦善之. 今楚王之善寡人一甚矣, 寡人不善, 將拂於道, 仲父何不遂交楚哉?" 管子對曰: "不可. 楚人攻宋、鄭, 燒焫熯焚鄭地, 使城壞者不得復築也, 屋之燒者不得復葺也. 令人有喪雌雄, 居室如鳥鼠處穴. 要宋田夾塞兩川, 使水不得東流, 東山之西, 水深滅埦, 四百里而後可田也. 楚欲呑宋、鄭, 思人衆兵强而能害己者, 必齊也, 是欲以文克齊, 而以武取宋、鄭也. 楚取宋、鄭而不知禁, 是失宋鄭也. 禁之則是又不信於楚也. 知失於內, 兵困於外, 非善擧也." 桓公曰: "善, 然則若何?" 管子對曰: "請興兵而南存宋、鄭, 而令曰: 無攻楚. 言與楚王遇, 至於遇上, 而以鄭城與宋水爲請. 楚若許, 則是我以文令也. 楚若不許, 則遂以武令焉." 桓公曰: "善." 於是遂興兵而南存宋、鄭, 與楚王遇於召陵之上, 而令於遇上曰: "毋貯粟, 毋曲隄, 無擅廢適子, 無置妾以爲妻." 因以鄭城與宋水爲請於楚. 楚人不許, 遂退七十里而舍. 使軍人城鄭南之地, 立百代[12]城焉, 曰: "自此而北至於河者, 鄭自城之." 而楚不敢隳也. 東發宋田, 夾兩川, 使水復東流, 而楚不敢塞也. 遂南伐, 及踰方城, 濟於汝水, 望汶山,[13] 南致楚、越之君, 而西伐秦, 北伐狄, 東存晉公於南, 北伐孤竹, 還, 存燕公. 兵車之會六, 乘車之會三, 九合諸侯, 反位已霸, 修鍾磬而復樂. 管子曰: "此臣之所謂樂也."

12 黎翔鳳에 의하면, 代는 마땅히 世가 되어야 한다. 代는 唐나라 시대의 避諱다.

13 尹知章의 주석에 汶山은 岷山이다.

패언 霸言

전편前篇에서 말했듯이, 본 편의 제목은 패언霸言이 아니고, 패형霸形이어야 한다. 이 편의 첫 구절에 패형霸形이 나오기 때문이다. 이른바 「패형」은 패왕의 업적에 대한 규모나 형세를 말한다. 이 편에서는 우선 패형의 규모가 큼을 말했고, 이어서 어떻게 패업霸業을 이룰 것인가에 대한 조건을 논했으며, 끝으로 민본民本, 덕의德義, 외교, 형세, 권력, 모략 등 패업을 이루기 위한 조건과 형세를 분석하였다.

패업霸業과 왕업王業의 형세는, 하늘과 같고 땅을 본받았으니, 백성들을 교화하고 세상을 바꾸며, 천하 제도를 창제하고, 제후들의 차례를 등급 지우고, 세상을 귀화 복종시키고, 때맞춰 천하를 바로잡는 것이다. 큰 나라는 작게 하고, 비뚤은 나라는 바로잡고, 강한 나라는 약하게 만들고, 무거운 나라는 가볍게 만들고, 난국亂國은 병합하고, 횡포한 왕들은 잔패殘敗시킨다. 죄지은 자를 벌주고, 작위爵位를 낮추고, 백성을 보호한 연후에 왕으로 다스린다. 나라를 부유하게 했으면 패霸이고, 다른 나라까지 겸하여 바로잡았으면 왕王이라 한다. 왕이란 홀로 밝은 데가 있으니, 덕德을 함께 하는 나라는 공취攻取하지 않고, 도道가 같은 나라라면 거기에 왕 노릇하지 않는다. 천하를 쟁취한다는 것은, 무력으로 위험하고 폭력적인 왕을 바꿔 놓는 것이니, 왕의 상도常道이다. 임금이라면 도가 있어야 하고, 패霸나 왕王이라면 (이용할) 시기가 있다. (내) 나라는 잘 정리되었으나 이웃 나라가 무도한 것이, 패나 왕이 될 자격 조건이다. 한 나라의 생존은, 이웃 나라와 관계가 있다. 나라가 망할 때, 이웃 나라에 전쟁이 나면, (다른) 이웃 나라는 이익을 얻을 수 있다. (또) 이웃 나라에 전쟁이 나면, (다른) 이웃 나라가 그 때문에 망할 수 있다. 천하에 전쟁이 있게 되면, 성왕聖王에게는 이롭다. 나라가 위태롭게 되면, 성인들은 그것을 알게 될 것이로다! 선대의 왕들이 왕이 되었던 까닭은, 이웃 나라의 처사가 부당했던 것에 의한 것이다.

霸王之形, 象天則地, 化人易代,[1] 創制天下, 等列諸侯, 賓屬四海, 時匡天下. 大國小之, 曲國正之, 强國弱之, 重國輕之, 亂國幷之, 暴王殘之. 僇其罪, 卑其列, 維其民, 然後王之. 夫豐國之謂霸, 兼正之國之謂王. 夫王者有所獨明, 德共者不取也, 道同者不王也. 夫爭天下者, 以威易危暴, 王之常也. 君人者有道, 霸王者有時. 國修而鄰國無道, 霸王之資也. 夫國之存也, 鄰國有焉. 國之亡也, 鄰國有焉. 鄰國有事, 鄰國得焉. 鄰國有事, 鄰國亡焉. 天下有事, 則聖王利也. 國危則聖人知矣. 夫先王所以王者, 資鄰國之擧不當也. 擧而不當, 此鄰敵之所以得意也.

천하의 권력을 쓰고자 하는 이는, 반드시 먼저 제후들에게 덕을 선포해야 한다. 이 때문에 선대의 왕들은 취取한 것이 있고, 베풀어 준 것이 있고, 몸을 굽힌 데가 있고, 몸을 펼친 데가 있은, 다음에야 천하의 권력을 쓸 수 있었다. 권력을 잡을 때 병력이 우세하고, 토지가 있을 때 권력이 우세하다. 따라서 제후들이 땅의 이점利點을 얻었을 때 권력이 따랐다. 땅의 이점을 잃어버리면, 권력도 떠나갔다. 천하를 쟁취하려면, 반드시 먼저 사람들을 쟁취해야 한다. 천하의 대략大略을 명백히 파악한다면 사람(의 마음)을 얻고, 작은 계산을 잘 따질 줄 알면 사람을 잃는다. 천하 민중의 마음을 얻으면 왕업을 이루고, 그 절반의 인심을 얻으면, 패자霸者가 된다. 이 때문에 성왕들은 예禮보다 자신을 낮추어, 천하의 현인들보다 겸손하였기에 왕 노릇했던 것이고, 땅의 이점利點을 균분함으로써 천하의 민중을 끌어모아서 그들을 신하로 삼으니, 따라서 고귀하기로 천자天子가 되었고, 부유하기로 천하를 가졌어도, 세상 사람들은 탐욕이라 말하지 않은 것은, 대계획이 있었기 때문이다. 천하의 재물로써 천하 사람들을 이롭게 하였다. 명백한 위력을 떨침으로써 천하의 권력을 아울렀다. 덕행을 수행하여, 제후들과 친밀함을 맺었다. 사특하고 아첨하는 무리들을 징벌하여, 천하 사람들의 마음을 나타냈다. 천하의 군위軍威를 빌어서, 성군聖君의 정벌을 확대하였다. 반란하는 나라는 공멸攻滅하였고, 공 있는 노력하는 신하[勞臣]들에게 상을 내렸으며, 성현의 덕을 가진 자를 봉토를 줌으로써 천

1 黎翔鳳에 의하면, 唐태조 李世民의 避諱에 따라, 人은 民이고, 代는 世다.

자天子의 행동을 밝혔으며, 백성들은 안정시켰다.

夫欲用天下之權者, 必先布德諸侯. 是故先王有所取, 有所與, 有所詘, 有所信,[2] 然後能用天下之權. 夫兵幸[3]於權, 權幸於地. 故諸侯之得地利者, 權從之. 失地利者, 權去之. 夫爭天下者, 必先爭人. 明大數者[4]得人, 審小計者失人. 得天下之衆者王, 得其半者霸. 是故聖王卑禮以下天下之賢而王之, 均分以釣[5]天下之衆而臣之, 故貴爲天子, 富有天下, 而伐[6]不謂貪者, 其大計存也. 以天下之財, 利天下之人. 以明威之振, 合天下之權. 以遂德之行, 結諸侯之親. 以姦佞之罪,[7] 刑[8]天下之心. 因天下之威, 以廣明王之伐. 攻逆亂之國, 賞有功之勞, 封賢聖之德, 明一人[9]之行, 而百姓定矣.

선왕들이 천하를 차지한 것은 또한 술術이다. 그 술은, 큰 덕이다! 사물들을 이롭게 했음을 말한다. 나라에 늘 우환이 없게 하고, 명성과 이익을 함께 오게 하는 군주는 신성하다. 나라가 위태하고 망할 지경인데, 오래 존속할 수 있게 한 임금은 명확히 성인이시다. 이 때문에 선대의 왕들이 스승으로 모신 분은 신성하시다! 그들이 숭상하시는 분은 명확히 성인이시다! 한마디 말씀으로 나라를 장수하게 하고, 그 말을 듣지 않으면, 망한다. 이와 같다면, 큰 성현의 말씀이다.

夫先王取天下也術. 術乎, 大德哉! 物利之謂也. 夫使國常無患, 而名利並至者, 神聖也. 國在危亡, 而能壽者, 明聖也. 是故先王之所師者, 神聖也. 其所賞[10]者, 明聖也. 夫一言而壽國, 不聽則國亡. 若此者, 大聖之言也.

영명한 왕이 가벼이 보는 것은 말과 옥 같은 보물이고, 그가 중히 보는 것은 정권政權과 군대다. 천하를 잃은 군주는 이와 같지 않으니,

2 黎翔鳳에 의하면, 房玄齡의 注: '所謂尺蠖之屈, 而求伸也'(이른바 자벌레가 몸을 굽히는 것은, [몸을] 펼칠 것을 구함이다)에서와 같이, 詘은 屈(몸을 굽히다)과 같고, 信은 伸(펴다)과 같다.

3 尹知章의 주석에 의하면, 幸은 勝(이기다)이다.

4 湯孝純에 의하면, 大數는 大略이다. 『新譯管子讀本』(上), 350頁, 注4 참조.

5 湯孝純에 의하면, 釣(낚시하다)는 招引(잡아끈다)이다. 上同, 注8 참조.

6 黎翔鳳에 의하면, 伐은 代이다. 그리고 俞樾에 의하면, 代는 唐 태조 李世民의 避諱이기 때문에 世로 읽어야 한다.

7 趙守正에 의하면, 罪는 懲罰이다. 『管子通解』(上), 341頁, 注8 참조.

8 黎翔鳳에 의하면, 形은 刑과 통한다.

9 姚永概에 의하면, 一人은 天子를 말한다.

10 丁士涵에 의하면, 賞은 마땅히 尙(높이다)으로 읽어야 한다.

사람에게 주어진 정권을 가벼이 보고, 사람에게 준 준마駿馬를 중하게 본다. 사람에게 준 군대를 가벼이 보고, 사람에게 준 패옥을 중히 본다. 궁문의 수리는 중하게 보고, 사방 국경의 수비를 가벼이 보면, (영토가) 작아지는 원인이다. 권력은 신성한 자산이다. (임금이) 홀로 밝게 아는 것은, 천하를 (다스리는) 날카로운 무기다. (임금이) 홀로 결단 하는 것은, 비밀의 진지다. 이 3가지가, 성상聖上(임금)들이 본받는 것이다. 성상[임금]은 (눈에 안 띄는) 미묘한 것을 두려워하고, 어리석은 사람은 밝게 드러난 것을 두려워한다. 성상은 안[內]을 미워하나, 어리석은 사람은 밖[外]을 미워한다. 성상은 장차 움직이려면 반드시 알아야만 하는데, 어리석은 사람들은 지극히 위험해도 말씀을 가볍게 한다. 성상은 시기를 관찰할 뿐, 시기에 위배할 수 없고, 지혜 있는 사람은 모책은 잘 세우나, 시기를 맞추는 것보다 못하다. 시기를 정밀히 살피는 이는, 날 수는 적어도 공적은 많게 된다. 모책을 꾸미는 데 주견主見이 없으면 곤란해지고, 일에 대해 준비가 없으면 망치게 된다. 이 때문에 성상[임금]은 대비를 갖추기에 힘을 썼고, 그 시기를 신중하게 지켰다. 준비하고 시기를 기다렸고, 시기에 맞추어 일을 했다. 때가 되면 병력을 출동시켰고, (적이) 견고하면 끊어 버리고 나라를 공격했고, 크면 격파하여 (그) 땅을 제압하였으니, 근본을 크게 하고 말업末業을 축소하였고, 근린近隣과 친밀하고 멀리 있는 나라를 공격하였다. 대국으로 소국을 견제하고, 강국으로 약국을 부렸으며, 다수로서 소수를 불러들였다. 백성들에게 덕과 이익을 베풀고, 천하를 위세로 흔들었기에 명령이 각국 제후들에게 행해지고 그에 어기는 나라는 없었다. 가까운 근린 중에 복종하지 않는 나라가 없었고, 멀리 있는 나라도 (임금의) 말을 듣지 않는 나라가 없었다.

夫明王之所輕者馬與玉, 其所重者政與軍. 若失主不然, 輕與人政, 而重予人馬; 輕予人軍, 而重與人玉. 重宮門之營,[11] 而輕四境之守, 所以削也. 夫權者, 神聖之所資也. 獨明者, 天下之利器也. 獨斷者, 微密之營壘[12]也. 此三者, 聖人之所則也. 聖人畏微, 而愚人畏明. 聖人之憎惡也內, 愚人之

11 營은 여기서 修理의 뜻이다.

12 尹知章의 주석 '謂獨斷可以自營而卽定, 故曰營壘'(독단은 스스로 움직여 즉시 결정하였기에, 營壘라고 한다) 참조.

慴惡也外. 聖人將動必知, 愚人至危易辭.[13] 聖人能輔[14]時, 不能違時; 知者善謀, 不如當時. 精時者, 日少而功多. 夫謀無主則困, 事無備則廢. 是以聖王務具其備, 而愼守其時. 以備待時, 以時興事. 時至而擧兵. 絶堅[15]而攻國, 破大而制地, 大本而小標, 埊[16]近而攻遠. 以大牽小, 以彊使弱, 以衆致寡. 德利百姓, 威振天下, 令行諸侯而不拂. 近無不服, 遠無不聽.

영명한 왕이 천하를 위하여 바르게 다스림에 강자를 억제하며 약자를 도와주고, 폭력을 금지하고 탐욕을 저지하며, 상망喪亡을 존립시키고 위태로운 것을 안정시켰으며, 단절된 왕위를 존속시켜 주었다. 이것들은 천하가 옹호하여 추대한 일이며, 제후들이 친근하게 교호交好한 것이요, 백성들에게 이로운 바였다. 이 때문에 천하에서는 이런 일들을 해낸 사람을 왕으로 하였다. 지식이 천하를 뒤덮고, 치적治積이 당대에 제일이며, 재능이 사해四海를 뒤흔드는 이가 왕의 보좌다. 천량 병거兵車의 (작은) 국가라도, 마땅히 지켜야 할 조건을 갖추었다면, 제후를 얻어 신하로 삼을 수 있고, 천하를 얻어 가질 수 있다. 만량 병거의 (큰) 나라도 마땅한 조건을 안 갖추었다면, 나라는 (이미) 자기 나라가 아닐 것이다. 천하의 모든 나라가 다스려졌는데, 자기만 홀로 혼란하다면, 나라는 (이미) 자기 나라가 아닐 것이다. 제후들은 모두 연합하였는데, 자기 홀로 고립되었다면, 나라는 (이미) 자기 나라가 아닐 것이다. 이웃 나라들은 모두 험준한데, 자기 홀로 평이하다면, 나라는 (이미) 자기 나라가 아닐 것이다. 이 세 가지는 망할 나라의 징조다. 나라는 큰데 정치가 작다면, 그 나라는 정치를 따라서 작아질 것이다. 나라가 작아도 정치가 크면, 그 나라는 점점 커질 것이다. 크지만 하는 것이 없으면 다시 작아지고, 강했지만 통치에 조리가 없다면 다시 약해지며, (사람이) 많았으나 조리가 없다면 다시 적어질 것이고, 귀한 신분이었지만 할 도리가 없었다면 다시 천한 신분이 될 것이고, (권력이) 중했지만 절도를 넘으면 다시 가볍게 될 것이고, 부유해지면 교만해진

13 黎翔鳳에 의하면, 易辭는 成語이기에, 이것을 房玄齡의 注에서 慢易之辭로 보았다. 慢易는 '경시하다'의 뜻이다.
14 輔는 相(자세히 보다), 즉 관찰의 뜻이다.
15 姚永概에 의하면, '적이 견고하면 우리는 그것을 끊을 수 있고, 적이 크다면 우리가 그것을 격파할 수 있다'의 뜻이다.
16 黎翔鳳에 의하면, 埊는 睦(화목하다)과 통한다.

다. 따라서 나라를 보려면 임금을 보아야 하고, 군대를 보려면 장군을 보아야 하고, 군비를 보려면 들판(의 농사 상황)을 보아야 한다. 임금이 영명한 것 같으나 영명하지 않고, 장군이 현명한 것 같으나 현명하지 않고, 사람들이 농사짓는 사람 같으나 농사를 짓지 않아서, 일단 이 세 가지 조건을 지키지 못했다면, 나라는 (이미) 자기 나라가 아닐 것이다. 땅은 크지만 (영농 작업을) 안 했다면, 농토가 꽉 찼다고 말한다. 사람들은 많으나 다스려지지 않았다면, 사람이 꽉 찼다고 말한다. 군대는 위협적이지만 휴식을 주지 않았다면, 무력이 꽉 차 있다고 말한다. 세 가지가 꽉 차 있는데 제지制止하지 않는다면, 나라는 자기 나라가 아닐 것이다. 땅은 크지만 농사를 안지면, 자기 땅이 아니다. 경卿이 귀한 신분이지만 신하 노릇을 못하면, 경이 아니다. 사람들이 많아도 친밀하지 않으면, 자기 사람이 아니다. 농토가 없는데 부자가 되려하면 근심이 되고, 덕이 없는데 왕이 되고자 하면 위험하고, 베푸는 것은 박한데 후하게 얻고자 하면 외롭다. (권력이) 임금에게는 작고 아래(신하들)에는 크다면, (임금이 지배하는) 나라는 작은데 (귀족들이 다스리는) 도읍들이 크다면, (임금은) 시해된다. 임금이 높고 신하들은 낮으며, 임금이 위세가 있고 아래(신하들)가 공경한다면, (임금의) 명령이 시행되어 사람들이 복종하는 것이 지극한 도리다. 천하에 두 천자天子가 있게 되면, 천하는 다스릴 수 없게 된다. 나라는 하나인데 임금이 둘이면, 한 나라는 다스려질 수 없다. 한 집에 아버지가 둘이면, 한 집은 다스려질 수가 없다. 명령은 높은 신분에서 나오지 않으면 실행될 수 없고, 급박하지 않으면 들리지 않는다. 요임금과 순임금 때의 사람들은 나면서부터 다스려진 것이 아니다. 걸桀왕과 주紂왕 때 사람들은 나면서부터 혼란을 좋아한 것은 아니다. 따라서 다스려지느냐, 혼란이냐는 임금에게 달려 있다. 패업과 왕업의 시작은 사람이 근본이다. 근본이 다스려지면 나라는 공고해지며, 근본이 혼란되면 나라가 위태롭다. 따라서 임금이 영명하면 신하들이 존경하고, 정치가 화평하여 사람들이 (사는) 땅에서 편안하며, 교련이 순조롭고 군인들은 적을 이기며, 능력 있는 이를 쓰면 모든 일이 다스려지고, (대신들이) 친밀하고 인애仁愛하면 임금은 위태롭지 않고, 현지를 인용하면 제후들이 복종한다. 패업과 왕업의 형태는 이러하니, 덕의德義가 우세하고, 지모智謀가 우세하고, 전투에서 우세하고, 지형에서 우세하고, 동작에서 우세하여, 그래서 (천하를 다스리는) 왕으로 모셔졌다. 나라를 잘 운용하면, 대국의 우세한 힘으로, 그 세력으로 다른 나라들을 작게 만든다. 강국의 권력으로, 그 기세로 다른 나라들을 약화시킨다. 막중한 나라의 형세로 인해, 그 기세로 다른 나라들을 가볍게 본다. 약한 나라가 많으면, 강彊을 합침으로써 약한 나라를 공략하여 패업霸業을 도모한다. 강한 나라가 소수면, 소수가 연합하여 큰 나라를 공격함으로써 왕업王業을 도모한다. 강국이 많은데, 왕업의 대세를 말한다면, 어리석은 사람의 지혜다. 강국이 적은데, 패도霸道를 실시한다면, 일을 망치는 계책이다. 신성한 인물은 천하의 형세를 보고서, 동정의 시기를 알며, 앞에 할 일과 뒤에 할 일의 밸런스[균형]를 보면, (그것이) 화禍와 복福의 입구[門]인지를 안다. 강국이 많다면, 먼저 출동하는 나라는 위험하고, 나중에 출동해야 유리하다. 강국이 적다면, 먼저 출동하면 왕이 되고, 나중에 출동하면 망한다. 전쟁하는 나라가 많으면, 나중의 출동으로 패자霸者가 될 수 있다. 전쟁하는 나라가 적다면, 먼저 출동하면 (천하의) 왕이 될 수 있다. 왕의 바른 마음은 작위를 빼앗아 갖는 것이 아니고, 현자를 현자로 보는 것을 탈취하는 것이 아니고, 나이의 순서로 민중을 선택할 수도 없으니, 이는 큰 일을 찾는 일이다. 이 때문에 왕업王業의 형세는 큰 것이다. 선대의 왕들은 바른 마음으로 천하를 다투었고, 천하를 세울 때는 가지런히 하였으며, 천하를 다스릴 때는 평이하게 하였다. (임금이) 정치를 수립하고 명령을 발동할 때는 인도人道를 썼으며, 작록爵祿을 베풀 때는 지도地道를 썼으며, 큰일을 거행할 때는 천도天道를 썼다. 이 때문에 선대의 왕들은 공격에 있어, 거역하는 나라를 공격하였고 순종하는 나라는 공격하지 않았으며, 정국이 험악한 나라를 공격했고 정국이 평온한 나라는 공격하지 않았으며, 잘못한 나라를 공격했지 곤란한 나라는 공격하지 않았다. 사방의 경계 안에서는, 올바름[正道]으로 다스렸다. 각국 제후들의 회맹會盟에는, 권위權威로써 그들을 불러 모았다. 가까이에 있으면서 복종하지 않는 나라는 영토를 (잠식하여) 그들을 괴롭혔다. 멀리 있어 (제나라의) 말을 듣지 않는 나라는, 형세로써 그들을 위협했다. 통일을 위해 공격하는 것이 무치武治다. 복종했으면 너그럽게 용서하는 것이 문치文治다. 문치와 무치를 갖추어 충만한 것이 덕치德治다.

夫明王爲天下正理[17]也, 案[18]彊助弱, 圉[19]暴止貪, 存亡定危, 繼絶世. 此天下之所載[20]也, 諸侯之所與也, 百姓之所利也. 是故天下王之. 知蓋天下, 繼[21]最一世, 材振四海, 王之佐也. 千乘之國, 可得其守, 諸侯可得而臣, 天下可得而有也. 萬乘之國失其守, 國非其國也. 天下皆理,[22] 己獨亂, 國非其國也. 諸侯皆令,[23] 己獨孤, 國非其國也. 鄰國皆險, 己獨易, 國非其國也. 此三者, 亡國之徵也. 夫國大而政小者, 國從其政. 國小而政大者, 國益大. 大而不爲者復小, 彊而不理者復弱, 衆而不理者復寡, 貴而無理者復賤, 重而凌[24]節者復輕, 富而驕肆者復貧. 故觀國者觀君, 觀軍者觀將, 觀備者觀野. 其君如明而非明也, 其將如賢而非賢也, 其人如耕者而非耕也, 三守既失, 國非其國也. 地大而不爲, 命曰土滿. 人衆而不理, 命曰人滿. 兵威而不止,[25] 命曰武滿. 三滿而不止, 國非其國也. 地大而不耕, 非其地也. 卿貴而不臣, 非其卿也. 人衆而不親, 非其人也. 夫無土而欲富者憂, 無德而欲王者危, 施薄而求厚者孤. 夫上夾[26]而下苴, 國小而都大者弑. 主尊臣卑, 上威下敬, 令行人服, 理之至也. 使天下兩天子, 天下不可理也. 一國而兩君, 一國不可理也. 一家而兩父, 一家不可理也. 夫令, 不高不行, 不摶[27]不聽. 堯、舜之人, 非生而理也. 桀、紂之人, 非生而亂也. 故理亂在上也. 夫霸王之所始也, 以人爲本. 本理則國固, 本亂則國危. 故上明則下敬, 政平[28]則人安士,[29] 教和則兵勝敵, 使能則百事理, 親仁則上不危, 任賢則諸侯服. 霸王之形, 德義勝之, 智謀勝之, 兵戰勝之, 地形勝之, 動作勝之, 故王之. 夫善用國者, 因其大國之重, 以其勢小之. 因彊國之權, 以其勢弱之. 因重國之形, 以其勢輕之. 弱國衆, 合彊以攻弱, 以圖霸. 彊國少, 合小以攻大, 以圖王. 彊國衆而言王勢者, 愚人之智也. 彊國少, 而施霸道者, 敗事之謀也. 夫神聖視天下之形, 知動靜之時, 視先後之稱,[30] 知禍福之門. 彊國衆, 先擧者危, 後擧者利. 彊國少, 先擧者王, 後擧者亡. 戰國衆, 後擧可以霸. 戰國少, 先擧可以王. 夫王者之心方, 而不最列, 不讓賢賢, 不齒弟擇衆,[31] 是貪大物也[32] 是以王之形大也. 夫先王之

17 黎翔鳳에 의하면, 正理는 正治이다. 이것은 唐의 避諱라 고쳐진 것이다.
18 案에는 抑止, 停止의 뜻이다.
19 圉에는 禁止의 뜻이다.
20 戴望에 의하면, 載와 戴는 옛날에는 통용되었다.
21 張佩綸에 의하면, 繼는 斷의 誤字다. 『淮南子』의 高誘의 注에 斷은 治와 같다.
22 張佩綸에 의하면, 理는 마땅히 治이다. 唐의 避諱다.
23 王念孫에 의하면, 令은 마땅히 合이어야 한다. 令은 오자다.
24 黎翔鳳에 의하면, 凌(깔보다)은 越(뛰어넘다)의 뜻이다.
25 黎翔鳳에 의하면, 不止는 用兵不休(군대를 쓰는데 휴식을 안 주다)의 뜻이다.
26 王念孫에 의하면, 夾은 狹(좁다)이니, 上狹而下苴는 上小而下大也이다.
27 黎翔鳳에 의하면, 摶(찾아내 붙잡다)은 迫(급박하다)이다.
28 平은 여기서 平和의 의미다.
29 戴望에 의하면, 士는 마땅히 土(흙)가 되어야 한다.
30 稱은 균형이다.
31 黎翔鳳에 의하면, 方은 正의 뜻이고, 最는 犯而取(위배해서 취하다)의 뜻이고, 列은 位이고,

爭天下也以方心, .其立之也以整齊, 其理之也以平易. 立政出令用人道, 施爵祿用地道, 擧大事用天道. 是故先王之伐也, 伐逆不伐順, 伐險不伐易, 伐過不伐及.[33] 四封之內, 以正使之. 諸侯之會, 以權致之. 近而不服者, 以地患之. 遠而不聽者, 以刑[34]危之. 一而伐之,[35] 武也. 服而舍之, 文也. 文武具滿, 德也.

(나라의) 경중과 강약의 형세로 말하면, 제후들이 연합하면 강해지고, 고립되면 약해진다. 준마의 능력이 뛰어나더라도 100필의 말들을 번갈아 (준마와 함께) 뛰게 하면, 준마는 반드시 피로할 것이다. (천하를) 공격하여 하나로 할 만큼 강력함이 최고이지만 온 천하가 함께 (그 나라를) 제압하면, 그 나라는 반드시 약해질 것이다. 작은 나라들을 받아들임으로써 강국은 성공했고, (자기) 강함만 의지했을 때 강국은 실패하였다. 자기를 굽혀 남에게 겸하함으로써 작은 나라들은 성공했고, 강국을 떠날 때 그들은 실패했다. 나라는 대소에 따른 (여러) 책략策略이 있고, 강약에 따른 (여러) 형세形勢가 있다. (왕이 직접 통치하는) 기내畿內의 땅은 가깝고 변경은 먼 것이 왕의 나라의 형세다. 소국들이 연합하여 대국을 공격하는 것은 대등한 나라들의 형세다. 변두리의 나라로 변두리의 나라를 공격하게 하는 것이, 중원의 나라들의 형세다. 자신을 굽혀서 남에게 겸하함으로써 죄를 피하는 것이 작은 나라의 형세다. 옛날부터 지금까지 먼저 난리를 일으키고, 시기에 맞지도 않았는데 형세를 바꿔서, 공명을 이룬 일은 일찍이 없었고, 이런 일은 있을 수도 없다. 항상 먼저 난리를 일으켰고, 시기도 맞지 않았는데 형세를 바꾸었다면, 실패하지 않은 적이 없었다. 신하로써 임금을 공격하여, 사해四海를 바로잡으려는 사람은, 병력만으로는 공격하여 승리를 취할 수 없다. 반드시 먼저 계획과 생각을 확정하고, 편리한 지형地形과 이로운 권력의 균형을 선택하고, 동맹국들과 친밀해야 한다. 시기를 살

讓은 攘(물리치다)이며, 弟는 次弟(순서)의 뜻이다.

32 湯孝純에 의하면, 貪은 探(찾다)과 통한다. 『新譯管子讀本』, 358頁, 注4 참조.

33 黎翔鳳에 의하면, 及은 急의 假借다. 여기서 急은 困難의 뜻이다.

34 張佩綸에 의하면, 刑은 形의 뜻이다.

35 黎翔鳳에 의하면, 선대의 왕들은 王業을 한 것이지, 霸業을 한 것이 아니다. 『孟子』의 주장: '定於一', '武王亦一怒而安天下之民'과 같이, '一而伐之, 武也'(통일을 위해 공격하는 것이 武力이다)의 뜻이다.

펴서 활동하는 것이, 왕업王業을 이룬 왕의 책략이다. 선대 왕들의 공격은, 출동할 때 반드시 의義로웠으며, 용병用兵은 반드시 포악했고, 형세를 살피면 가능성을 알게 되었으며, 힘을 비교하면 공격 방식을 알 수 있었고, 공격이 성공하면 시기의 성숙을 알 수 있었다. 이 때문에 선왕들이 정벌은, 반드시 먼저 전투하고 나중에 공략했고, 먼저 공략한 뒤에 땅을 차지했다. 그러므로 공격을 잘하는 이는 군중을 헤아려 군중을 공격했고, 식량을 헤아려 식량을 공격했고, 군비를 헤아려 군비를 공략했다. 군중으로 군중을 공격할 때, (적의) 군중이 생존하고 있으면 공략하지 않았다. 양식으로 양식을 공격할 때, (적의) 식량이 남았으면 공략하지 않았다. 군비로써 군비를 공략할 때, (적의) 군비가 남아 있으면 공략하지 않았다. 실한 데는 내버려 두고 허실한 곳을 공략했고, 굳센 데를 내버려 두고 부실한 곳을 공략하고, 어려운 데를 내버려 두고 쉬운 곳을 공략하였다. 싸우는 나라는 옛것을 놓지 않으려는 데 있지 않고, 세상을 다스리는 것은 공격을 잘 하는 데 있지 않고, 패업[霸]이나 왕업[王]은 작은 국면을 이루는 데 있지 않다. (임금의) 조치가 잘못되면 나라가 위태로우며, 형세가 잘못되면 (임금의) 권력이 무너지고, 모책謀策이 바뀌면 불행이 되돌아오며, 계략이 성공해야 믿음이 강해지고, 성공이 있어야 명예가 따르며, (임금의) 권력이 중해야 명령이 실행되는 것은 진실로 법칙이다. 강성을 쟁취하려는 나라는, 반드시 먼저 모략을 쟁취하고, 형세를 쟁취하고, 권병權柄을 쟁취해야 한다. 임금으로 하여금 한 번 기뻐하고 한 번 분노하게 하는 것은, 모책이다. 나라로 하여금 한 번은 가볍게, 한 번은 무겁게 만드는 것은, (나라의) 형세이다. 군대로 하여금 한 번은 진격하고 한 번은 퇴각하게 하는 것은 권병權柄이다. 따라서 모책謀策에 정통하면, 임금의 소원이 이루어질 수 있고, 명령이 실행될 수 있다. (나라의) 형세에 정통하면, 대국의 영토도 탈취할 수 있고, 강국의 병력도 막을 수 있다. 권병에 정통하면, 천하의 군대를 조정調整할 수 있으며, 제후국의 임금들을 조빙朝聘[36]하러 오게 할 수 있다. 신성한 사람은 천하의 형세를 살피면, 당대의 방략方略을 알 수 있었고, 군대의 공격 목표를 알 수 있었고, 영토

36 朝聘은, 제후들이 天子를 정기적으로 聘問하는 것을 말한다.

가 누구에게 귀속될지 알 수 있었고, 누구에게 명령이 내려질지 알 수 있었을 것이다. 무릇 병력은 싫어하는 나라를 공략하여 이득을 취하는 것이니, 이렇게 하면 이웃 나라가 친밀하게 될 수 없다. 위권威權은 증오하는 나라를 향하여 움직이는데, 실익이 (자기에게) 적게 돌아오면, 힘센 나라일 뿐이다. 한 나라를 멋대로 격파하여, 그 강력함이 다음 몇 세대에 걸쳐 있다면, (왕업을 이룬) 왕이다. 한 나라를 멋대로 격파하여, 그 강력함이 이웃 나라에게만 있다면, (반드시) 패망할 것이다.

夫輕重彊弱之形, 諸侯合則彊, 孤則弱. 驥之材而百馬伐[37]之, 驥必罷矣. 彊最一伐而天下共[38]之, 國必弱矣. 彊國得之也以收小, 其失之也以恃彊. 小國得之也以制[39]節,[40] 其失之也以離彊. 夫國小大有謀, 彊弱有形. 服[41]近而彊遠,[42] 王國之形也. 合小以攻大, 敵國之形也. 以負海攻負海, 中國之形也. 折節事彊以避罪, 小國之形也. 自古以至今, 未嘗有能先作難, 違時易形, 以立功名者, 無有. 常先作難, 違時易形, 無不敗者也. 夫欲臣伐君, 正四海者, 不可以兵獨攻而取也. 必先定謀慮, 便地形, 利權稱, 親與國. 視時而動, 王者之術也. 夫先王之伐也, 擧之必義, 用之必暴, 相形而知可, 量力而知攻, 攻得而知時. 是故先王之伐也, 必先戰而後攻, 先攻而後取地. 故善攻者, 料衆以攻衆, 料食以攻食, 料備以攻備. 以衆攻衆, 衆存不攻. 以食攻食, 食存不攻. 以備攻備, 備存不攻. 釋實而攻虛, 釋堅而攻膬, 釋難而攻易. 夫摶國不在敦[43]古, 理世不在善攻, 霸王不在成曲.[44] 夫擧失而國危, 刑[45]過而權倒, 謀易而禍反, 計得而彊信, 功得而名從, 權重而令行, 固其數也. 夫爭彊之國, 必先爭謀, 爭刑, 爭權. 令人主一喜一怒者, 謀也. 令國一輕一重者, 刑也. 令兵一進一退者, 權也. 故精於謀, 則人主之願可得, 而令可行也. 精於權, 則天下之兵可齊,[46] 諸侯之君可朝也. 夫神聖視天下之刑, 知世之所謀, 知兵之所攻, 知地之所歸, 知令之所加矣. 夫兵攻所憎而利之, 此鄰國之所不親也. 權動所惡, 而實[47]寡歸者, 彊. 擅破一國, 彊在後世者, 王. 擅破一國, 彊在鄰國者, 亡.

37 王念孫에 의하면, 伐은 宋나라 판본을 따라, 마땅히 代(번갈아)여야 한다.
38 黎翔鳳에 의하면, 共은 拱과 통하니, 拱은 執持(쥐다, 장악하다)의 뜻이다.
39 王引之에 의하면, 制는 折(꺾다)로 읽어야 한다.
40 折節은 '자기를 굽혀서 남에게 겸하하다'의 뜻이다.
41 黎翔鳳에 의하면, 服은 甸服(京畿, 왕이 직접 통치하는 지역)의 服이다.
42 張佩綸에 의하면, 彊遠은 마땅히 强遠(국경이 멀다)이다.
43 黎翔鳳에 의하면, 敦은 拘守(잡고 잃지 않다)다.
44 黎翔鳳에 의하면, 曲은 小局面(작은 국면)이다.
45 丁士涵에 의하면, 刑은 마땅히 形이 되어야 한다.
46 黎翔鳳에 의하면, 齊는 調劑(조정하다)의 뜻이다.
47 陶鴻慶에 의하면, 實은 利다.

제24편 내언內言 7

문 問

사회 조사 요강

본 편은 실제 하나의 사회 조사 요강이다. 전체 60여 개의 문제가 열거되어 있다. 내용은 정치, 경제, 군사, 사회 구제救濟, 종법宗法 제도 등 각계 방면이다.

무릇 조정에서 일을 보자면, 조사를 해야 하는데, (그것은) 근본 강령을 지키는 일이다. 작위를 덕 있는 사람에게 주면, 대신大臣들은 의義를 지킬 것을 주장한다. 녹봉이 공적이 있는 사람들에게 주어진다면, 병사들은 죽음의 절개도 가볍게 생각할 것이다. 임금께서 백성들이 옹호하는 사람을 장수로 임용한다면, 임금과 아랫사람들이 화합할 것이다. 능력에 따라 일을 맡기면, 사람들은 일의 공효를 높이 볼 것이다. 형벌을 심사하여 죄에 합당하면, 사람들은 쉽게 송사하지 않을 것이다. 사직과 종묘에 혼란이 없으면, 사람들은 존중할 거리가 있게 된다. 노인들과 부모를 잊어버리지 않는다면, 대신들도 원망은 없을 것이다. 일을 할 때 사람들의 급박함을 알면, 민중은 혼란되지 않을 것이다. 이런 원칙을 수행하려면, 나라에는 상규常規와 상법常法이 있게 되고, 사람들은 일의 시작과 끝을 알게 되니, 이것이 패왕霸王의 도를 실행하는 정책이다. 그 뒤에 조사를 하게 된다. 조사는 먼저 큰 업적이고, 정무政務는 작은 것들로부터 시작한다.

凡立[1]朝廷, 問[2]有本紀.[3] 爵授有德, 則大臣興義. 祿予有功, 則士輕死節.

1 趙守正에 의하면, 立은 莅(임하다)의 뜻이다. 『管子通解』(上), 354頁, 注1 참조.

上帥士以人之所戴, 則上下和. 授事以能, 則人上功. 審刑當罪, 則人不易訟. 無亂社稷宗廟, 則人有所宗.[4] 毋遺老忘親, 則大臣不怨. 擧知人急, 則衆不亂. 行此道也, 國有常經, 人知終始, 此霸王之術也. 然後問事. 事先大功, 政自小始.

조사: (나라를 위해) 죽은 이들의 자식들 중에, 아직 전답과 주택을 받지 못한 사람이 있는가?

조사: 젊은 장정으로 군대 복무를 안한 사람이 몇 명인가?

조사: (나라를 위해) 죽은 사람의 미망인으로, 그들이 매월 받는 생식生食과 양식은 어떠한가?

조사: 나라에 큰 공로가 있는 자가, 어느 관청의 관리인가?

조사: 주州의 대부大夫는, 어느 이里의 선비인가? 지금 그 관리는 무엇으로 발탁되었는가?

조사: 형刑에 관한 논의는 항상 이미 실행되어서 개정할 수 없는데, 지금 이 사건은 오랫동안 유보되고 있으니, 그 이유는 무엇인가?

조사: 다섯 관청은 법규와 규정이 있고, 향리의 관리들도 항상 판결을 내리는데, 지금 일의 처리는 왜 지연되는가?

조사: 홀아비, 과부, 아비 없는 아이와 홀어미, 병든 환자가 몇 명인가?

조사: 나라에서 귀양 보낸 이가, 어느 가족의 자제인가?

조사: 시골의 좋은 집안에서 거두어들인 이들이 몇 명인가?

조사: 읍내의 가난한 사람들 중에 빚으로 먹고사는 사람이 몇 명인가?

조사: 과수원과 채소밭을 경영하며 먹고 사는 사람이 몇 가구인가? 밭을 개간하여 농사짓는 사람이 몇 가구인가? 선비로 농사짓는 사람이 몇 가구인가?

조사: 시골의 빈민들은, 어느 가족의 후예인가?

조사: 적장자嫡長子로서 형제, 및 가난한 사촌 형제들을 수용한 것이 몇 가구인가? 나머지 자식들은 벼슬 살아서 전답이 (시골에) 있고

2 問은 調査로 이해했다.

3 尹知章의 주석에 의하면, 本紀는 根本綱紀, 즉 근본 강령이다.

4 宗이 동사로 쓰이면 尊(높이다)의 의미를 갖는다.

(집은) 읍에 있는데, 지금 (읍에) 들어온 사람이 몇인가? 향鄕과 이里에서 효자로 소문난 자제가 몇인가? 나머지 자식들 중에 부모가 생존하신데, 모시지 않고 떠나 있는 사람이 몇인가? 선비로 전답이 있으나 (직접) 농사짓지 않는 사람이 몇인가? 관리는 무슨 일을 싫어하는가? 선비로 전답이 있으나 농사짓지 않는 사람이 몇인가? 자신은 무슨 일을 하는가? 임금의 신하로 직위는 있으나 전답을 소유하지 않은 사람이 몇인가? 다른 나라 사람으로 왔으나 아직 전답과 집을 소유하지 못한 집이 몇인가? 국내의 자제로서 외국에서 있는 이가 몇 사람인가? 가난한 선비로서 대부大夫들에 빚을 진 사람이 몇인가? 상가는 값싸고 장부帳簿를 쓰는 상인이나, 가신들이 일하는 사람들은 몇인가? 관청을 받드는 (낮은) 관리로 전답도 없고 생식生食도 받지 못하고 그저 일만 하는 사람이 몇인가? 군신 중에 관대부官大夫(집)에서 일을 하는 사람이 몇인가? 외국 사람으로 대부의 집에서 유랑하는 사람이 몇인가? 시골의 자제로서 전답에 힘쓰며 사람을 거느리는 사람이 몇인가? 국내의 자제로서 하는 일은 없고, 옷과 음식에 절제가 없으며, 자제들을 이끌고서, 농사는 안 짓고 사냥만 하는 사람이 몇인가? 남녀가 가지런하지 못하고, 향鄕의 자제들을 혼란시키는 사람이 있는가?

조사: 양식을 빌리는 사람 중에 다른 채무를 진 사람이 몇인가?

조사: 나라에서 저축한 이자로 사람의 위급 상황을 대처한 데가 몇 곳인가?

問: 死事之孤, 其未有田宅者有乎? 問: 少壯而未勝甲兵者幾何人? 問: 死事之寡, 其餼廩[5]何如? 問: 國之有功大者, 何官之吏也? 問: 州之大夫也, 何里之士也? 今吏亦何以明之矣? 問: 刑論有常, 以[6]行不可改也, 今其事之久留也何若? 問: 五官有度制, 官都[7]有其常斷, 今事之稽也何待? 問: 獨夫、寡婦、孤寡、疾病者, 幾何人也? 問: 國之弃人, 何族之子弟也? 問: 鄕之良家, 其所牧[8]養者幾何人矣? 問: 邑之貧人, 債而食者幾何家? 問: 理園圃而食者幾何家 ? 人之開田而耕者幾何家? 士之身耕者幾何家? 問: 鄕之貧人, 何族之別也? 問: 宗子之收昆弟者, 以貧從昆弟者幾何家?

5 尹知章의 주석에, 餼는 매월 받는 生食이고, 廩은 米粟(쌀과 조)의 종류다.
6 黎翔鳳에 의하면, 以는 已(이미)와 같다.
7 劉師培에 의하면, 官都는 鄕官(지방관) 중의 낮은 관직이다.
8 黎翔鳳에 의하면, 牧(가축 등을 기르다, 다스리다)은 收(거두다) 자의 別體(다른 글자)다.

餘子[9]仕而有田邑，今入者幾何人？子弟以孝聞於鄕里者幾何人？餘子父母存，不養而出離者幾何人？士之有田而不使者幾何人？吏惡何事？士之有田而不耕者幾何人？身何事？君臣有位而未有田者幾何人？外人之來從而未有田宅者幾何家？國子弟之游于外者幾何人？貧士之受責於大夫者幾何人？官賤行書[10]身士，以家臣自代者幾何人？官承[11]吏之無田餼而徒理事者幾何人？羣臣有位[12]事官大夫者幾何人？外人來游在大夫之家者幾何人？鄕子弟力田爲人率者幾何人？國子弟之無上事，衣食不節，率子弟不田弋獵者幾何人？男女不整齊，亂鄕子弟者有乎？問：人之貸粟米有別券[13]者幾何家？問：國之伏[14]利，其可應人之急者幾何所也？

조사: 향리에서 사람들에게 해로운 것은 무엇인가?

조사: 선비로서 밭과 집이 있는데, 몸이 군대에 있는 사람이 몇인가? 나머지 아들로 군대에서 임무를 맡고 있는 사람이 몇인가?

조사: 남녀가 재주가 있어서, 병기兵器를 만드는 사람이 몇인가? 여자로서 여공의 일을 하는 사람이 몇인가? 농사를 안 지으면서 입을 열어 먹기만 하는 사람이 몇인가?

조사: 농부 하나가 몇 사람분의 식량을 생산하는가?

조사: 군대에 쓰는 수레는 계산하면, 몇 량인가? (개인) 집의 말과 수레가 몇 량인가? 선비로 수행修行을 하여, 충분히 남을 가르칠 수 있고, 군인들을 이끌며 백성들을 다스릴 수 있는 사람이 몇인가? (나라가) 위급하고 곤란할 때 쓸 수 있는 선비가 몇 사람인가? 기술이 좋아서, 출정하면 군대에 이롭고, 집에 있을 때 성곽을 수리하거나 수비를 보충할 수 있는 사람은 몇인가? 도시의 곡식과 군대의 양식은 몇 년 동안 쓸 수 있는가? (나라가) 위급하고 난리가 났을 때 쓸 수 있는 관리는 몇 사람인가? 대부에게 보고된 무기로, 갑옷, 수레, 깃발, 북과 징, 장막 등 각종 무기를 실은 수레가 몇 량인가? 무기를 감싼 이불, 활과 쇠뇌를 싼 천막, 옷으로 감싼 검[鈹], 구현鉤弦[15]을 실은 수레, 과戈와 극戟

9 黎翔鳳에 의하면, 『孟子』에 '餘子二十五畝'라고 했으니, 그 농토는 시골에 있고, 벼슬 살면, 邑에 살림집이 있으니, 지금 邑에 餘子가 몇 사람이냐를 묻는 것이다.

10 黎翔鳳에 의하면, 官은 館(집)이고, 書는 帳簿다.

11 黎翔鳳에 의하면, 承은 奉(받들다)과 통하니 奉官(관직을 받들음)하는 관리다.

12 江瀚(1857~1935)에 의하면, 位는 마땅히 涖(임하다)가 되어야 한다.

13 尹知章의 주석에 의하면, 別券은 分契(情分이 투합하다)다.

14 黎翔鳳에 의하면, 伏은 藏(감추다)이다. 儲藏(저장하다)의 이점은 급할 때 대처할 수 있다.

15 鉤弦은 활줄을 잡아당기는 오른손 손가락에 씌우는 가죽 덮개다.

을 동여매는 줄, 그것들이 닳아빠진 정도는 어떠한가? 마땅히 수리해야 했는데 수리하지 않았다면, 전에 그것을 시찰한 적이 있는가? 수리하는 집[館]에는 무기를 내보내기도 하고 무기를 집에 두기도 하는데, (무기를) 마땅히 만들어야 하는데 안 만들었다면, 어떻게 대하여야 하는가? 향鄕이나 수帥에서 병거兵車와 치거輜車의 수리 설비 시설은, 수리가 어떻게 진행되고 있는가? 공장工匠의 우두머리가 나무를 베어 재목을 쓰는데, (봄, 여름, 가을) 세 계절에는 (나무를) 벨 수 없는 것은 많은 재목이 자라기 때문이고, 무기를 만드는 것은 겨울에 한정되니, 완성된 좋은 재료는 쓰기에 충족하다. 사람이 여유의 무기가 있으면 그것을 행오行伍[16]에 진열할 책임이 있는 것은 나라의 법규를 신중히 해야 하기 때문이다. 수령은 때때로 소와 말들이 살쪘는지 말랐는지를 검사해야 하고, 늙어서 죽은 경우는 모두 보고해야 한다. 이들이 산이나 늪이나 삼림이나 호택湖澤에서 풀을 먹는 놈은 몇 마리인가? 팔거나 사거나 죽거나 번식한 총계總計는 몇 마리인가? 성곽이 실한지 엷은지, 도랑이 얕은지 깊은지, 동네의 문은 높은지 낮은지, 마땅히 수리할 것을 아직 수리하지 않았는지를, 임금은 반드시 관찰해야 한다. 방비하는 군대는, 무기와 물건들이 참 모습을 잃지 않도록 해야 하고, 오랫동안 비가 오면 각각 숨겨 둘 곳이 있어야 한다.

조사: 군대나 관청의 관리나 나라의 호방한 협객들 중에, (나라가) 위급하거나 난리가 났을 때 충분히 보조할 수 있는 사람들이 몇인가? 전쟁을 하는 것은 위험한 일이니, 불시에 승리하고, 불의한데도 성공했다면, 아직 복福이라 할 수 없다. 계책이 실패하면 (군대가) 패하여, 나라가 위험하니, 신중히 모책을 세워야 나라를 보호할 수 있다.

조사: 사람을 훈련시키고 선발하자면, 무슨 일을 해야 하나?

조사: 행정장관[官都]의 직을 맡아서, 그 일에 군림한 지 몇 년이 되었나? 황무지를 개간하여 봉지封地에 유익한 것이 얼마나 되는가? (임금이) 봉토로 표창한 것이 사람들에게 재산을 만드는 데 이익을 준 것으로 무엇이 있는가? 성곽을 쌓고, 담장을 수리하고, 통로를 끊어 버리고, 궁문을 보수하고, 도랑을 깊이 파서, 사람들의 국토를 방어하는 데 이롭게

16 伍는 다섯 사람, 五伍, 25명은 行이다, 行伍는 군대를 말한다.

한 곳이 어디냐? 도적들을 붙잡아, 인민의 해를 없앤 것이 얼마인가?

人之所害於鄉里者何物也? 問: 士之有田宅, 身在陳列者幾何人? 餘子之勝甲兵有行伍者幾何人? 問: 男女有巧伎, 能利備用者幾何人? 處女操工事者幾何人? 冗國所開口而食者幾何人? 問: 一民有幾年之食也? 問: 兵車之計, 幾何乘也? 牽家馬、軛家車者幾何乘? 處士修行, 足以教人, 可使帥衆涖百姓者幾何人? 士之急難可使者幾何人? 工之巧, 出足以利軍伍, 處可以修城郭、補守備者幾何人? 城粟軍糧, 其可以行[17]幾何年也? 吏之急難可使者幾何人? 大夫疏[18]器, 甲兵、兵車、旌旗、鼓鐃、帷幕, 帥車之載幾何乘? 疏藏器,[19] 弓弩之張,[20] 衣夾鋏,[21] 鉤弦之造, 戈戟之緊, 其厲何若? 其宜修而不修者故何視? 而造修之官,[22] 出器處器之具, 宜起而未起者何待?[23] 鄉師[24]車輜造脩之具, 其繕何若? 工尹伐材用, 毋於三時,[25] 羣材乃植, 而造器定冬, 兒[26]良備用必足. 人有餘兵詭[27]陳之行, 以慎國常. 時簡稽帥[28]馬牛之肥膌, 其老而死者皆舉之. 其就山藪林澤食薦者幾何? 出入死生之會幾何? 若夫城郭之厚薄, 溝壑之淺深, 門閭之尊卑, 宜脩而不脩者, 上必幾之. 守備之伍, 器物不失其具, 淫雨[29]而各有處藏. 問: 兵官之吏,[30] 國之豪士, 其急難足以先後者幾何人? 夫兵事者危物也, 不時而勝, 不義而得, 未爲福也. 失謀而敗, 國之危也, 慎謀乃保國. 問: 所以教選人者何事? 問: 執官都者, 其位[31]事幾何年矣? 所辟草萊有益于家邑[32]者幾何矣? 所封表以益人之生利者何物也? 所築城郭, 脩牆閉[垣], 絶通道, 阸[門]闕,[33] 深防溝, 以益人之地守者何所也? 所捕盜賊, 除人害者幾何矣?

17 張佩綸에 의하면, 行은 用이다.

18 趙守正에 의하면, 疏는 記載이고, 疏器는 보고된 무기 상황이다. 『管子通解』(上), 359頁, 注7 참조.

19 黎翔鳳에 의하면, 郭沫若은, 藏疏器는 '무기를 둘러싼 이불'이라고 말했다.

20 黎翔鳳에 의하면, 張은 帳(장막)이다.

21 黎翔鳳에 의하면, 夾은 持니 持鋏[劍]과 鉤弦이 對句이다. 그리고 造는 簉(여벌로 따라가는 수레)다.

22 黎翔鳳에 의하면, 官은 館(집)이고, 故何視는 '전에 시찰한 적이 있느냐?'의 뜻이다.

23 姚永槪에 의하면, 出器는 다니는 사람에게 소용되고, 處器는 집에 있는 사람에게 소용되고, 具는 收藏한 장소다. 起는 作과 같다.

24 安井衡에 의하면, 師는 마땅히 帥다.

25 三時는 봄, 여름, 가을이다.

26 黎翔鳳에 의하면, 隸書에서 完은 皃로 쓴다. 皃는 完 자다.

27 章炳麟에 의하면, 詭는 責(책임, 임무)이다. 이것은, 사람이 여유의 무기가 있으면 그것을 行伍에 진열할 책임이 있고, 사적으로 감추면 안 된다는 말이다.

28 黎翔鳳에 의하면, 帥는 帥領의 의미다.

29 淫雨는 오랫동안 내리는 비를 말한다.

30 黎翔鳳에 의하면, 군대나 관청에서 명령을 받들고 출발하는 사람을 兵官之吏라고 한다.

31 丁士涵에 의하면, 位는 마땅히 涖(임하다)가 되어야 한다.

32 家邑은 大夫의 采地(봉토된 땅)다.

33 陳奐에 의하면, 이 문장은 이렇게 고쳐져야 한다. '築城郭, 修牆垣, 阸門闕, 深溝防.' 여기에 黎翔鳳은 阸은 塞(막히다), 즉 彌補(보수하다)로 보았고, 闕은 通道(통하는 길)로 보았다.

토지의 확정을 위한 억제 수단. 임금이 말했다. 나라를 다스리는데, 땅을 본받아 정치하는 것이 첫째다. 군신의 예禮와 부자父子간의 친밀함이 만민을 키우며, 관청의 저축[藏]이 강한 군대로 나라를 보호하고, 험준한 성곽으로 사방의 외국과 통한다. 모든 것을 갖추었기에 취할 수 있는 땅과 시장에 천지간의 재물들이 모이니, 만인들이 화합하고 이익을 본다. 바로 이것이 도리[道]다. 백성들이 병들지 않았으니, 사람들은 온 힘을 쏟는다. (상인들은) 한결같이 나라를 보호하지만, 각자 주관主管하는 위치는 달라서, 나쁜 사람들이 난동으로 이익을 보지 않게 하고 이 세상[九州]에서 친밀하게 운영하라. 관문은 제후들의 통도通道요, 외국의 재물이 들어오는 문이고, 만인이 다니는 길이다. 도로를 밝히라는 명령을 재삼 고지告知토록 하고, 관문에서 세금을 걷었으면, 시장에서는 걷지 말고, 시장에서 세금을 냈으면, 관문에서 걷지 말고, 빈 수레는 수색하지 말고, 등짐을 지고 걸어오는 사람은 (세금을) 걷지 말고, 먼 나라 사람들을 오게 하여, (전국) 16개 도로에서 똑같이 시행하라! 외교 사무는 엄격해야 하니, 그 이름을 들어 보고, 그 이름을 (다시) 보고, 얼굴색을 관찰하고, 하는 일이 맞는지를 보고, 품덕品德을 고찰하고, 외모를 관찰하면, 상식 밖의 사람은 믿을 수 없고, 덕이 무실無實하여 혼란을 일으켜도, 나라의 일은 미혹됨이 없으니, 이것이 외교관의 직무다. 변방 관리에게 공시公示하여 말하노니, 작은 이익이 신용을 해치고, 작은 분노가 의義를 해치며, 작은 믿음이 덕행을 해치고, 치우친 화평은 덕을 해치며, 사방의 나라들과 두텁게 화목하고, 화순和順한 모습으로 덕을 베푼 뒤에 사통팔달로 향하게 한다. 법을 지키라고 명령을 받은 관리가 말하기를, 법을 지킬 때는 반드시 엄명해야 하며, 상법常法을 지키도록 맹세하라!

制[34]地. 君曰: 理國之道, 地德爲首.[35] 君臣之禮, 父子之親, 覆育萬人,[36] 官府之藏, 强兵保國, 城郭之險, 外應四極. 具取之地, 而市者天地之財具

34 黎翔鳳에 의하면, 制地는 토지를 확정하는 억제책이다. 확실히 한 편의 총결인데, 古本에서 분명히 이해를 못하여 삭제하고, 다른 편이 잘못 삽입된 것으로 생각했으니, 심한 오해다.

35 尹知章의 주석에는, '法地以爲政, 故曰: 地德爲首'(땅을 본받는 것을 정치로 여겼으니, 따라서 地德이 첫째라고 말했다).

36 安井衡에 의하면, 人은 마땅히 民이어야 하는데, 唐의 避諱로 이렇게 된 것이다. 黎翔鳳은 이에 대해, 民은 氓(백성), 또는 萌(싹)의 뜻이며, 그러나 民 자를 쓰면, 韻이 맞지 않는다.

也, 而萬人之所和而利也. 正是道也. 民荒無苛,[37] 人盡地之職. 一保其國, 各主異位, 毋使讒人亂普而德, 營九車之親.[38] 關者, 諸侯之陬隧也, 而外財之門戶也, 萬人之道行也. 明道[39]以重告之, 征於關者勿征於市, 征於市者勿征於關, 虛車勿索, 徒負勿入, 以來遠人, 十六道同. 身外事謹,[40] 則聽其名, 視其名, 視其色, 是其事, 稽其德, 以觀其外, 則無敦於權人, 以困貌德, 國則不惑,[41] 行之職也. 問於邊吏曰: 小利害信, 小怒傷義, 邊[42]信傷德, 厚和構四國, 以順貌德, 后鄉四極. 令守法之官曰: 行度必明, 無失[43]經常.[44]

제25편 「모실謀失」 망실亡失.

37 尹桐陽에 의하면, 荒은 氓(백성)이고, 苛는 疴(병들다)이다.

38 黎翔鳳에 의하면, 普는 替, 軍은 圍(둘러싸다), 德은 得이다. 또 丁士涵에 의하면, 九軍은 九圍이니, 九圍는 九州다.

39 尹知章의 주석에 의하면, '當明道路之令, 再重而告之'(당연히 도로를 밝게 하라는 명령을 재삼 告知토록 하라!)다.

40 黎翔鳳에 의하면, 謹은 嚴(엄격하다)이다.

41 丁士涵에 의하면, 則은 事이고, 張佩綸에 의하면, 敦은 信이고, 困은 亂이고, 權은 反常(이치에 어긋남)이고, 貌는 無實, 즉 虛의 뜻이다.

42 兪樾에 의하면, 邊은 蔑이니, 小의 뜻이고, 黎翔鳳에 의하면, 信는 和이다.

43 黎翔鳳에 의하면, 失은 矢(화살, 맹세하다)의 오기다. 矢는 誓(맹세하다)의 의미다. 無는 여기서 허사다.

44 經常은 常道, 常法을 말한다.

계 戒

경계할 점

계戒는 경계할 점, 주의할 점을 뜻한다. 본문에서는 주로 관중에게 제 환공이 주의해야 할 경계 사항을 물었다. 환공이 백성들의 고통에 대하여 관심을 가지고 보라는 말 외에, 다음의 몇 가지 점을 말하고 있다. ① 임금은 자기의 수양을 간과해서는 안 될 것. ② 계절에 맞추어 백성들을 부리고, 형벌을 내리는 데 관대하고, 세금을 적게 매길 것. ③ 여색을 멀리하고 덕 있는 사람과 가까이할 것. ④ 각 제후들과 관계를 잘할 것. ⑤ 반드시 강江과 황黃 두 나라를 초楚나라에 돌려줄 것. ⑥ 역아易牙, 수조豎刁, 개방開方 등을 멀리할 것.

환공이 막 동쪽으로 유람하려고 하면서, 관중에게 물었다. "과인이 놀러 마차를 타고 가서, 남쪽으로 낭야琅邪에 갔어요. 사마司馬가 '또한 선대의 왕이 유람한 곳입니다'라고 말했으니, 무슨 말씀입니까?"

관중이 대답했다. "선대 임금의 시찰은, 봄인데, 본래 농사일이 왕성하지 못함을 유游라 합니다. 가을에 나가서, 사람들의 부족한 부분을 보태 주는 것을 예豫[또는 夕]라고 합니다. 군사가 출동하여 백성들의 양식을 먹으면, 망亡한다고 말합니다. 즐거움을 좇아서 돌아오지 않으면, 황폐[荒]라고 말합니다. 선대 왕들은 유游와 예豫는 했으나, 자신이 황荒과 망亡을 행한 일은 없습니다."

환공이 물러나면서, 재배하고, 말했다. "보물 같은 말씀이십니다!"

桓公將東游, 問於管仲曰: "我游猶軸轉斛,[1] 南至琅邪. 司馬曰,[2] '亦先王之游已.' 何謂也?" 管仲對曰: "先王之游也, 春出, 原農事之不本[3]者, 謂之

1 洪頤煊에 의하면, 斛은 마땅히 轂(바퀴)이어야 한다. 王引之에 의하면, 猶는 欲으로 읽어야 하고, 軸은 마땅히 由로 읽어야 한다.

2 張佩綸에 의하면, 여기서 司馬는 王子城父다.

3 黎翔鳳에 의하면, 本은, 漢 때 隸書로는 滔(물이 불어 넘치다)로 읽어야 한다. 원래 농사일이

游. 秋出, 補人之不足者, 謂之夕.[4] 夫師行而糧食其民者, 謂之亡. 從樂而不反者, 謂之荒. 先王有游夕之業於人, 無荒亡之行於身." 桓公退, 再拜, 命曰: "寶法也!"

관중이 환공에게 회답하였다. "날개 없이 날아가는 것이 목소리입니다. 뿌리내릴 수 없는 것이 감정입니다. 복福 있게 할 방도가 없는 것이 삶입니다. 임금께서도 또한 감정을 고정하시고, 말씀을 삼가, 삶을 온전히 하십시오. 이것이 도리의 융성함[榮]이라 이릅니다."

환공이 물러나면서, 두 번 절하고, 이 말씀을 잘 지키겠다고 하였다.

管仲復[5]於桓公曰: "無翼而飛者, 聲也. 無根而固者, 情也. 無方而富[6]者, 生也. 公亦固情謹聲, 以嚴尊生,[7] 此謂道之榮." 桓公退, 再拜, 請若此言.

관중이 환공에게 회답하였다. "임무가 무거운 것으로 내 몸 같은 것이 없고, 길에서 두려운 것으로는 구설수만 한 것이 없습니다. 먼 시간을 기약하자면 나이를 먹는 것만 한 것이 없습니다. 무거운 짐을 지고 두려운 길을 가는데, 먼 기약한 장소에 이르는 것은, 오직 군자君子들만이 할 수 있을 것입니다."

환공이 물러나면서, 재배하며 말했다. "선생께서는 이런 말씀으로 과인을 빠르게 가르치시는군요."

관중이 대답했다. "음식을 잘 먹고 적절히 운동하고 쉬면, 이것이 생명을 키워 주는 것입니다. 좋음과 싫음, 기쁨과 분노, 슬픔과 환락은 삶의 (정서) 변화입니다. 총명하게 일 처리하는 것이 덕성을 키웁니다. 이 때문에 성인들은 음식을 제대로 조절하고, 때에 맞게 운동하고 휴식하며, 육기六氣[好惡, 喜怒, 哀樂]의 변화를 바로잡고, 노래와 여색女色의 음탕을 금지했습니다. 몸에는 사특한 행동이 없고, 도리에 어긋난 언행은 입에 올리지 말아야 하며, 고요함으로 품성을 안정할 수 있

왕성[滔滔]하지 않은 것을 游濫이라 한다.

4 宋翔鳳에 의하면, 夕은 豫로 읽었으니, 『孟子』에서 豫라고 했다.

5 復에는 '회답하다'의 뜻이 있다.

6 黎翔鳳에 의하면, 富와 福은 音도 뜻도 같다.

7 豬飼彦博에 의하면, 嚴은 또한 尊이니, 마땅히 감정을 고정하고, 말씀을 삼가고, 삶을 존중하라고 말한 것이다. 何如璋에 의하면, 尊生은 『呂覽』 「貴生」 편의 全生이다: '所謂全生者, 六欲皆得其宜也'(온전한 삶은, 육욕이 모두 그 적절함을 얻은 것이다).

으면, 성인이십니다. 인仁은 속에서 나오고, 의義는 밖에서 만들어집니다. 인하기 때문에, 천하를 이용하여 사리를 취하지 않습니다. 의로운 일이기 때문에, 천하를 이용하여 사사로운 명성名聲을 취하지 않습니다. 인하기 때문에, 천하를 대신하여 스스로 왕이 되고자 하지 않습니다. 의로운 일이기 때문에, 70세에 이르러 정무를 양도합니다. 이 때문에 성인들은 위로는 덕이 있고 아래로는 공로가 있으며, 도道를 존숭하고 물건들을 가벼이 봅니다. 도와 덕으로 존재하니, 따라서 사물에 미혹되지 않습니다. 이 때문에 몸이 초야에 있어도, 무서울 것이 없습니다. (왕이 되어) 남면하여 천하의 일을 들어도, 교만한 기색이 없습니다. 이와 같은 다음에야 천하의 왕이 될 수 있습니다. 덕이라는 것도, (임금은) 움직이지 않지만 신하들이 재빨리 다가오며, 서로 알려 주지 않아도 알며, (특별히) 하지 않아도 이루어지니, 이것이 (임금) 덕의 위력입니다. 따라서 하늘은 운동을 시키지 않아도, (봄, 여름, 가을, 겨울) 네 계절이 움직이니, 만물이 화육되는 것입니다. 따라서 하늘은 움직이지 않으나, 천기가 아래로 다니니 만물이 스스로 변화합니다. 임금께서는 움직이지 않으나, (임금의) 정령政令들이 열거되니, 아래에서 모든 일이 이루어집니다. 마음은 움직이지 않으나, 사지四肢와 이목耳目을 움직이게 하니, 모든 정을 느낄 수 있습니다. 왕래는 적으나 친분이 많으면, 지인知人이라 말합니다. 일은 적었으나 성공했으면, 일을 할 줄 안다고 말합니다. 한마디를 듣고 만물을 꿰뚫으면, 도道를 안다고 말합니다. 말은 많으나 맞지 않으면, 말이 적은 것만 못합니다. 널리 배웠으나 스스로 반성이 없으면, 반드시 사악해집니다. (부모에게) 효도하고 (형제 간에) 우애가 있는 것이 인仁의 근본입니다. 진실한 믿음은 교분을 치하致賀하는 것입니다. 집에서 효도와 우애를 생각하지 않고, 밖에서 올바른 진실과 믿음을 보이지 않고, 이 효도, 우애와 진실과 믿음을 버리고 외우기만 하고 배운다면, 이는 자신을 망치는 것입니다."

管仲復於桓公曰: "任之重者莫如身, 塗之畏者莫如口, 期而遠者莫如年.[8] 以重任行畏塗, 至遠期, 唯君子乃能矣." 桓公退, 再拜之曰: "夫子數[9]以此

8 黎翔鳳에 의하면, 期而遠에서 기대하는 사람은 我(나)이니, 이 문장은 '나'의 작용을 강조한 것이다.

9 尹桐陽에 의하면, 數는 速(빠르다)과 같다.

言者敎寡人.” 管仲對曰: “滋味動靜,[10] 生之養也. 好惡喜怒哀樂, 生之變也. 聰明當物, 生之德也. 是故聖人齊滋味而時動靜, 御正六氣[11]之變, 禁止聲色之淫. 邪行亡乎體, 違言不存口, 靜然定生,[12] 聖也. 仁從中出, 義從外作. 仁, 故不以天下爲利. 義, 故不以天下爲名. 仁, 故不代[13]王. 義, 故七十而致政. 是故聖人上德而下功, 尊道而賤物. 道德當身, 故不以物惑. 是故身在草茅之中, 而無懾意. 南面聽天下, 而無驕色. 如此而後可以爲天下王. 所以謂德者, 不動而疾,[14] 不相告而知, 不爲而成, 不召而至, 是德也. 故天不動, 四時云下而萬物化.[15] 君不動, 政令陳, 下而萬功成.[16] 心不動, 使四肢耳目而萬物情.[17] 寡交多親, 謂之知人. 寡事成功, 謂之知用. 聞一言以貫萬物, 謂之知道. 多言而不當, 不如其寡也. 博學而不自反, 必有邪. 孝弟者, 仁之祖也. 忠信者, 交之慶[18]也. 內不考孝弟, 外不正忠信, 澤其四經[19]而誦學者, 是亡其身者也.”

환공이 다음 날 쌀 창고에서 사냥을 하는데, 관중과 습붕이 (임금을) 뵈러 왔다. 환공이 두 사람을 바라보면서, 활을 내려놓고 장갑을 벗으며 이들을 맞이하면서 말했다. “지금 백조는, 봄에 북쪽으로 가고 가을에는 남쪽으로 오며, 계절을 놓치지 않습니다. 날개가 있어 천하에 자기 뜻을 펼치는 것인가? 지금 과인이 천하에 뜻을 얻지 못했으니, 모두 두 분의 근심거리가 아니겠습니까?”

환공이 다시 말했으나, 두 사람은 대답이 없었다. 환공이 말했다. “과인이 이미 말했는데, 두 분은 왜 대답이 없으시오?”

관중이 대답했다. “지금 사람들은 노역을 걱정하는데, 임금께서는

10 趙守正에 의하면, 滋味는 음식의 滋味이고, 動은 활동, 靜은 휴식이니, 이 구절은 음식을 적당히 먹고 활동과 휴식을 적절이 하는 것이 몸과 마음을 수양하는 전제 조건임을 말한 것이다. 『管子通解』(上), 368頁, 注13 참조.

11 趙守正에 의하면, 六氣는 好, 惡, 喜, 怒, 哀, 樂이다. 上同, 注14 참조.

12 張文虎(1808~1885)에 의하면, 然은 乃와 같으며, 黎翔鳳에 의하면, 生은 性이다.

13 趙守正에 의하면, 不代王은 ‘천하를 배제하고 왕이 되지 않음’의 뜻이다. 上同, 注16 참조.

14 趙守正에 의하면, 不動而疾은 ‘임금은 움직이지 않으나, 臣民들이 빠르게 닦아 옴’의 뜻이다. 上同, 369頁, 注19 참조.

15 黎翔鳳에 의하면, 云은 古文에서 雲이다. 『說文解字』에 ‘雲, 運也. 象雲回轉形’(구름은 움직인다. 구름이 회전하는 형상이다).

16 兪樾에 의하면, ‘下而萬物化’는 ‘天氣가 下行하여 만물이 自化함’의 뜻이고, ‘下而萬功成’은 ‘君道가 下行하여 萬功이 自成함’의 뜻이다.

17 劉績에 의하면, 어떤 판본에는 萬情得인데, 이것이 옳다.

18 黎翔鳳에 의하면, 慶은 賀(치하하다)의 뜻이다.

19 王念孫에 의하면, 舍, 釋, 澤의 三字는 옛날에는 소리가 같아서 통용하였다. 四經은 孝(효도), 弟(우애), 忠(진실), 信(믿음)이다.

일을 시키는 데 (정해진) 때가 없습니다. 사람들은 굶지 않을까 걱정하는데, 임금께서는 무겁게 세금을 걷습니다. 사람들은 죽음을 걱정하는데, 임금께서는 형벌을 서두르십니다. 이렇게 하며 또한 여색女色을 가까이하고 덕 있는 이를 멀리하십니다. 비록 백조가 날개가 있는 것은, 큰 강물을 건너는 배와 노와 같으니, 그것이 임금에게 어떻다는 것입니까?"

환공은 힘이 빠지며 공손해졌다.

관중이 말했다. "옛날 선대의 왕들이 사람을 다스릴 때는, 사람들이 노역을 걱정하기에 임금은 절기에 맞추어 일을 시켰으니, 사람들이 노역을 걱정하지 않았습니다. 사람들이 굶는 것을 걱정하니 임금은 세금을 적게 하여, 사람들은 기아飢餓를 걱정하지 않았습니다. 사람들이 죽음을 걱정하니 임금은 형벌에 관대해졌으니, 사람들이 죽음을 걱정하지 않았습니다. 이렇게 하여 덕 있는 이들을 가까이하고 여색을 멀리한다면, 나라 안에서 (백성들은) 임금을 마치 부모님처럼 볼 것입니다! 나라 밖에서 임금께 귀화하는 것이 물의 흐름처럼 많을 것입니다!" 환공이 활쏘기를 멈추고, 줄을 잡아당기어 마차에 올라타고, 스스로 몰았는데, 관중은 왼편에, 습붕은 오른편에 탔다. 그 달 3일에 둘이 조묘祖廟에 올라오니, 환공은 재배再拜하고 머리를 조아리며 말했다. "과인이 두 분의 말씀을 듣고서, 귀의 청력이 증가하였고 눈이 더욱 밝아졌어요. 과인이 감히 이를 홀로 들을 수 없으니, 응당 조상님께도 (그 말씀을) 올립시다."

관중과 습붕이 재배하고 머리를 조아리며, 말했다. "임금과 같은 왕이 계신데, 이는 저희의 말이 아니고, 임금의 가르치심입니다."

이에 관중과 환공이 맹세하며 칙령을 결정하고, 말하였다. "노약자에게는 형벌을 주지 않고, 세 번은 용서한 뒤에 형을 집행하며, 관문에서 조사만 하고 세금은 걷지 않으며, 시장에는 관리는 하지만 세금은 없고, 산림과 교량과 호수에는 시간에 따라 금지하고 개방하며, 세금은 걷지 않는다."

(들에서) 초지를 개간하고 물을 막는 사람들, 바닷가에서 염전하는 사람들이 몰려드는 것이, 비유하자면 마치 저잣거리의 사람들처럼 많았다. 3년째 군인들을 훈련시키고, 4년째 현명한 이를 뽑아, 우두머리로 삼고, 5년째 비로소 힘을 합쳐서 전차戰車를 만들어 탔다. 마침내

남쪽으로 초楚나라를 공격하여, (초의) 수도 영郢 가까이까지 돌진하였다. 북쪽으로는 산융山戎까지 정벌하고, 겨울 파[蔥]와 산융의 콩[菽]을 가지고 나와, 천하에 퍼트렸으며, (환공은) 실로 세 번 (주周나라) 천자를 바로잡아 주었고 아홉 번 제후들을 회맹으로 규합하였다.

桓公明日弋[20]在廪, 管仲、隰朋朝. 公望二子, 弛弓脱釬而迎之, 曰: "今夫鴻鵠, 春北而秋南, 而不失其時. 夫唯有羽翼以通其意於天下乎? 今孤之不得意於天下, 非皆二子之憂也?" 桓公再言, 二子不對. 桓公曰: "孤既言矣, 二子何不對乎?" 管仲對曰: "今夫人患勞, 而上使不時. 人患飢, 而上重斂焉. 人患死, 而上急刑焉. 如此而又近有色而遠有德. 雖鴻鵠之有翼, 濟大水之有舟楫也, 其將若君何?" 桓公蹵蹴然逡遁. 管仲曰: "昔先王之理人也, 蓋人有患勞而上使之以時, 則人不患勞也. 人患飢, 而上薄斂焉, 則人不患飢矣. 人患死, 而上寬刑焉, 則人不患死矣. 如此而近有德而遠有色, 則四封之內視君其猶父母邪! 四方之外歸君其猶流水乎!" 公輟射, 援綏而乘, 自御, 管仲爲左, 隰朋參乘. 朔月[21]三日, 進二子於里官,[22] 再拜頓首, 曰: "孤之聞二子之言也, 耳加聰而視加明, 於孤不敢獨聽之, 薦之先祖." 管仲、隰朋再拜頓首, 曰: "如君之王也, 此非臣之言也, 君之教也." 於是管仲與桓公盟誓爲令, 曰: "老弱勿刑, 參宥有後弊,[23] 關幾[24]而不正,[25] 市正[26]而不布, 山林梁澤以時禁發, 而不正也." 草封澤鹽者之歸之也,[27] 譬若市人. 三年教人, 四年選賢以爲長, 五年始興車踐乘.[28] 遂南伐楚, 門傅施城.[29] 北伐山戎, 出冬蔥[30]與戎叔,[31] 布之天下, 果三匡天子而九合諸侯.

20 익弋은 줄이 달린 화살이지만, 사냥하다의 뜻도 있다.

21 黎翔鳳에 의하면, 朔은 蘇(소생하다), 生(생겨남)의 뜻이다. 먼저 달이 이미 죽었으니, 이번 달이 다시 생겨남이다.

22 黎翔鳳에 의하면, 官은 館(집)이다. 里官은 幼官과 비슷하니, 祖廟가 있는 곳이다.

23 黎翔鳳에 의하면, 弊는 俗書이며, 세 번 용서한 뒤에 죽였다.

24 幾는 譏(기찰하다) 자와 통하니, 査問(조사하여 묻다)의 뜻이다.

25 黎翔鳳에 의하면, 賦(세금)를 布로 읽었고, 正은 征(세금을 걷다)이다.

26 趙守正에 의하면, 正은 官長의 뜻이니, 관을 설치하여 관리했다는 뜻이다. 上同, 370頁, 注8 참조.

27 張佩綸에 의하면, 草는 『孟子』의 闢草萊나 『商君書』의 墾草와 같다. 封은 壅(막다)과 같다. 黎翔鳳에 의하면, 鹽(소금)은 바닷물로 만드니, 澤鹽이라고 한다. 澤은 해변에 물이 있는 낮은 땅이다.

28 黎翔鳳에 의하면, 수레가 있어야 탈 수 있으니, 興은 '힘을 합하여 만들다'의 뜻이다.

29 黎翔鳳에 의하면, 門은 捫(어루만지다)이고, 傅는 拊이니, 迫近(逼近하다)의 뜻이다. 施城에서, 施는 沱의 假借이고, 沱는 鉈와 같다. 『禹貢』에 '沱潛既道'라고 했으니, 곧 夏水이고, 江陵, 즉 郢에 있으니, 즉 楚나라의 古都이다. 그러므로 迫近(아주 가까이)이라고 한 것이다.

30 趙守正에 의하면, 蔥(파)은 葱(문득)과 같다. 冬葱은 겨울 파다. 上同, 371頁, 注12 참조.

31 黎翔鳳에 의하면, 叔은 菽(콩)이다.

환공이 밖에서 머무르니 식사가 풍성하지 않았다.

환공의 고모가 궁녀들에게 말했다. "왜 따라나서지 않느냐? 임금께서 장차 순행하실 것이다." 궁녀들이 모두 나와 쫓아갔다.

환공이 화를 내며 말했다. "내가 순행이 있다고 누가 말하더냐?"

궁녀가 대답했다. "제가 임금의 고모에게서 들었습니다."

환공이 고모를 불러서 말하였다. "내가 순행 갈 것이라고 어디에서 들었소?" (고모가) 대답했다. "제가 듣기로, 임금께서 밖에서 주무시고 성찬도 차려 잡숫지 않는다면, 국내의 걱정거리가 아니라면, 반드시 외환이 있는 것입니다. 지금 임금께서 밖에서 주무시고 성찬도 안 했으니, 임금께서 내환이 아니라면, 저는 이것으로 임금께서 장차 순행을 할 것으로 알았습니다."

환공이 말했다. "좋습니다. 이것은 과인이 고모님과 이야기할 일은 아니요. 말이 여기에 이르렀으니, 과인이 이것을 말해 주겠소. 과인이 (각국) 제후들을 오라고 시켰는데 오지 않았으니, 어떻게 하면 좋소?"

(환공의) 고모가 말했다. "저는 남을 접대하지 않았으니, 남이 짠 옷감을 얻은 적이 없습니다. 생각건대, (외국 사절들을) 계속해서 접대하는 것이 올바르지 못하였던 것은 아닌지요?"

다음 날, 관중이 조회에 나왔기에, 환공이 이 말들을 일러 주었다. 관중이 말했다. "이것은 성인의 말씀입니다. 임금께서는 반드시 실행하십시오."

公外舍而不鼎饋. 中婦諸子[32]謂宮人: "盍不出從乎? 君將有行." 宮人皆出從. 公怒曰: "孰謂我有行者?" 宮人曰: "賤妾聞之中婦諸子." 公召中婦諸子曰: "女焉聞吾有行也?" 對曰: "妾人聞之, 君外舍而不鼎饋, 非有內憂, 必有外患. 今君外舍而不鼎饋, 君非有內憂也, 妾是以知君之將有行也." 公曰: "善, 此非吾所與女及也. 而言乃至焉, 吾是以語女. 吾欲致諸侯而不至, 爲之奈何?" 中婦諸子曰: "自妾之身之不爲人持接也, 未嘗得人之布織也, 意者更容不審[33]邪?" 明日, 管仲朝, 公告之. 管仲曰: "此聖人之言也, 君必行也."

관중이 아파서 누워 있어서, 환공이 가서 위문하였다.

32 黎翔鳳에 의하면, 中婦諸子는 환공의 고모들이다.

33 黎翔鳳에 의하면, 審은 諟(바르다)다. 更은 庚, 賡(잇다, 계속하다)이다.

(환공은) 말하였다. "중보 님의 병환이 심하시니, 숨기지 마십시오, 불행하게도 이 병환에서 일어나지 못하시면, 정치는 과인이 장차 누구에게 맡겨야 하겠습니까?"

관중이 아직 대답을 하지 않았다. 환공이 말했다. "포숙의 사람됨이 어떠합니까?"

관중이 대답하였다. "포숙은 군자입니다. 천 량千輛의 수레를 가진 (작은) 나라를 그에 맞지 않는 도리로써 그에게 준다면, (그는) 받지 않을 것입니다. 비록 그러하지만, 정치를 할 수 없습니다. 그의 사람됨은 착한 것을 좋아하고 미운 것을 미워함이 심하여, 한 번 잘못을 보면 평생 잊지 못합니다."

환공이 말했다. "그렇다면, 누가 합당합니까?"

관중이 대답했다. "습붕이면 됩니다. 습붕의 사람됨은, 기억력이 좋고 아랫사람들에게 묻습니다. 제가 듣기로는, 덕을 남에게 주는 사람은 인자하고, 재물을 남에게 주는 사람은 좋은 사람입니다. 남을 잘 이기면, 남을 굴복시키지 못합니다. 남을 잘 키워 주는 사람은 남을 굴복시키지 않는 일이 없습니다. 나라에도 모르는 정치가 있으며, 집에서도 가사를 모르는 일이 있으니, (이것이) 반드시 습붕일 것입니다! 또한 습붕의 사람됨은, 집에 있어도 조정을 잊지 못하고, 조정에 있어도, 집안일을 잊지 못하지만, 임금을 섬김에 두 마음이 아니고, 또한 자기 신분을 잊지도 않습니다. 제나라의 돈을 드려서, 가난한 집 50가구를 구제했다 해도, 그 사람은 알 수 없습니다. 크게 이진 이가, 아마도 습붕일 것 같습니다!"

환공이 또 물었다. "불행히도 중보를 잃는다면, 대부 두셋이 나라를 편안히 다스릴 수 있겠소?"

관중이 대답했다. "임금께서 (제나라를) 생각해 보시지요? 포숙아의 사람됨은 정직함을 좋아합니다. 빈서무賓胥無의 사람됨은, 선善을 좋아합니다. 영척의 사람됨은 일을 잘합니다. 손재孫在의 사람됨은 말을 잘합니다."

환공이 말했다. "이 네 분 중에, 누가 제일입니까? 과인이 (네 사람을) 아울러 신하로 삼아서는, 나라가 안녕하지 않다면, 그 이유는 무엇입니까?"

(관중이) 대답했다. "포숙아의 사람됨은, 정직을 좋아하지만 나라 때문에 (자신을) 굽힐 수는 없습니다. 빈서무의 사람됨은, 선善을 좋아하

나 나라 때문에 자신을 굽힐 수 없습니다. 영척의 사람됨은, 일은 잘하나, 멈추고 쉬지를 못합니다. 손재의 사람됨은, 말은 잘하나 믿음성 있게 침묵하지는 못합니다. 제가 듣기로는 사물의 성쇠변화에 따라서, 백성들과 함께 굽혔다가 펴기도 해야, 그 연후에 나라가 편안할 수 있습니다. 아마도, 습붕이면 되겠습니다! 습붕의 사람됨은, 활동하려면 반드시 힘을 헤아려 보고, 거사할 때는 반드시 기량을 따져 봅니다."

말을 마치고, (관중이) 아아 탄식하며, 말했다. "하늘은 습붕을 낳아, 관중의 혓바닥으로 삼았노라. 아, 그 몸이 죽는데, 혓바닥이 어찌 살 수 있을 것이냐!"

관중이 말했다. "강江과 황黃나라는 초나라와 아주 가까우니, 제가 죽으면, 임금께서는 반드시 이 (나라)들을 초나라에 돌려주시고 의탁하게 하세요. 임금께서 초나라에 돌려주지 않으면, 반드시 이 나라들을 사사私事롭게 대하십시오. 사사롭게 대한다면 이 나라[江과 黃나라]들을 구제하지 않으면 안 되니, 이들을 구해 준다면, 난리는 이것들로부터 시작될 것입니다."

환공이 말했다. "그렇게 하겠습니다."

관중은 또 말했다. "개가 동곽東郭에 있는데 으르렁거리며, 아침저녁으로 물고자 하니, 내가 (개목에) 형틀을 씌워서 사용하지 못하게 했습니다. 지금 역아易牙는 자기 아들도 사랑하지 않는데, 장차 어찌 임금을 사랑하겠습니까? 임금께서는 반드시 그를 제거하십시오."

환공이 말했다. "예."

관중이 또 말했다. "개가 북곽北郭에 있는데 으르렁거리며, 아침저녁으로 물고자 하니, 내가 (개목에) 형틀을 씌워서 사용하지 못하게 했습니다. 지금 수조竪刁가 자기 몸도 사랑하지 않는데, 어찌 임금을 사랑하겠습니까? 임금은 반드시 그를 제거하십시오."

환공이 말했다. "예."

관중이 또 말했다. "개가 서곽西郭에 있는데 으르렁거리며, 아침저녁으로 물고자 하여, 내가 (개목에) 형틀을 씌워서 사용하지 못하게 했습니다. 지금 위衛나라 장군 공자개방公子開方이 전차戰車 천 대를 가진 나라 맏아들의 자리도 버리고 신하로서 임금을 모시고 있으니, 이는 임금에게서 얻고자 하는 것이, 장차 천량의 나라를 초과하는 것을 바라는 것입니다. 임금께서는 그를 내처 버리십시오."

환공이 대답했다. "예."

관중이 마침내 죽었다. 죽은 지 열 달 만에, 습붕 또한 죽었다.

管仲寢疾, 桓公往問之. 曰: "仲父之疾甚也, 若不可諱矣, 不幸而不起此疾, 彼政我將安移之?" 管仲未對. 桓公曰: "鮑叔之爲人何如?" 管子對曰: "鮑叔, 君子也, 千乘之國不以其道予之, 不受也. 雖然, 不可以爲政. 其爲人也, 好善而惡惡已甚, 見一惡終身不忘." 桓公曰: "然則孰可?" 管仲對曰: "隰朋可. 朋之爲人, 好上識[34]而下問. 臣聞之: 以德予人者, 謂之仁, 以財予人者謂之良. 以善勝人者, 未有能復人者也. 以善養人者, 未有不服人者也. 於國有所不知政, 於家有所不知事, 必則朋乎![35] 且朋之爲人也, 居其家不忘公門, 居公門不忘其家, 事君不二其心, 亦不忘其身. 擧齊國之幣, 握路[36]家五十室, 其人不知也. 大仁也哉, 其朋乎!" 公又問曰: "不幸而失仲父也, 二三大夫者, 其猶能以國寧乎?" 管仲對曰: "君請矍已乎?[37] 鮑叔牙之爲人也, 好直. 賓胥無之爲人也, 好善. 甯戚之爲人也, 能事. 孫在[38]之爲人也, 善言." 公曰: "此四子者, 其孰能一人之上也? 寡人幷而臣之, 則其不以國寧, 何也?" 對曰: "鮑叔之爲人, 好直而不能以國詘.[39] 賓胥無之爲人也, 好善而不能以國詘. 甯戚之爲人, 能事而不能以足[40]息. 孫在之爲人, 善言而不能以信默. 臣聞之, 消息盈虛, 與百姓詘信, 然後能以國寧. 勿已者, 朋其可乎! 朋之爲人也, 動必量力, 擧必量技." 言終, 喟然而歎曰: "天之生朋, 以爲夷吾舌也. 其身死, 舌焉得生哉!" 管仲曰: "夫江、黃之國近於楚, 爲臣死乎, 君必歸之楚而寄之. 君不歸楚, 必私之, 私之而不救也則不可, 救之則亂自此始矣." 桓公曰: "諾." 管仲又言曰: "東郭[41]有狗嘊嘊, 旦暮欲齧, 我猳[42]而不使也. 今夫易牙, 子之不能愛, 將安能愛君? 君必去之." 公曰: "諾." 管子又言曰: "北郭有狗嘊嘊, 旦暮欲齧, 我猳而不使也. 今夫豎刁, 其身之不愛, 焉能愛君? 君必去之." 公曰: "諾." 管子又言曰: "西郭有狗嘊嘊, 旦暮欲齧, 我猳而不使也. 今夫衛公子開方, 去其千乘之太子[43]而臣事君, 是所願也得於君者, 是將欲過其千乘也. 君必去之." 桓公曰: "諾." 管子遂卒. 卒十月, 隰朋亦卒.

34 豬飼彦博에 의하면, 好는 마땅히 也 자이고, 識의 音은 zhi이니, 上識는 强記(기억력이 좋다)다.

35 黎翔鳳에 의하면, '必則朋乎'는 '則必朋乎'이다.

36 王引之에 의하면, 握은 마땅히 振(떨치다)이고, 振은 擧救(구제하다)의 뜻이다. 路는 露(이슬)이다. 露家는 궁곤한 집이다.

37 黎翔鳳에 의하면, 矍은 度이고, 已는 以이고, 用이다.

38 劉師培에 의하면, 孫在는 제20편 「小匡」의 曹孫宿이다.

39 詘(굽히다)는 屈(굽히다)과 같다.

40 孫蜀丞에 의하면, 足은 止(멈추다)의 뜻이다. 足息은 止息(휴식, 정지)이다.

41 黎翔鳳에 의하면, 易牙가 東郭에 살았기 때문에, 東郭牙라고 불린다.

42 黎翔鳳에 의하면, 죄인의 목에 채우는 形具는 枷(칼)인데, 개의 목에 매달았기에 猳(수퇘지) 자를 썼다.

43 黎翔鳳에 의하면, 太子는 長子(맏아들)와 같다.

환공은 역아, 수조와 위衛의 공자개방을 떠나게 했다. (환공이 밥을 먹어도) 5가지 맛이 오지 않으니, 이에 다시 역아를 돌아오게 했다. 궁중에서 난이 일어나니, 다시 수조를 돌아오게 했다. 듣기 좋은 말과 공손한 말이 귓가에 없으니, 다시 위나라 공자개방을 되돌아오게 했다. 환공은 안으로 힘을 헤아리지 않고, 밖으로 외교外交를 따지지 않고, 힘으로 사방의 이웃 나라를 정벌하였다. 환공이 죽자, 여섯 아들이 모두 왕이 되고자 하였다. 역아와 위衛의 공자가, 들어가서 수조와 함께, 여러 관리를 함께 죽이고, 왕자 무휴無虧를 왕으로 세웠다. 따라서 환공이 죽은 지 이레가 되어도 염殮을 하지 않았고, 아홉 달이 되어도 매장을 안 했다. (제齊) 효공孝公은 송나라로 도망을 갔고, 송宋나라 양공襄公이 제나라를 공격하여, 언甗 땅에서 전투했으며, 크게 제나라 군대를 패배시키고, 왕자 무휴를 살해하였고, 효공孝公을 (제나라의) 임금으로 세우고 돌아갔다. (송나라) 양공은 13년 재위했고, (제)환공은 42년을 재위하였다.

桓公去易牙、豎刁、衛公子開方. 五味不至, 於是乎復反易牙. 宮中亂, 復反豎刁. 利言卑辭[44]不在側, 復反衛公子開方. 桓公內不量力, 外不量交, 而力伐四鄰. 公薨, 六子皆求立. 易牙與衛公子, 內[45]與豎刁, 因共殺羣吏而立公子無虧. 故公死七日不歛, 九月不葬. 孝公犇宋, 宋襄公率諸侯以伐齊, 戰于甗, 大敗齊師, 殺公子無虧, 立孝公而還. 襄公立十三年, 桓公立四十二年.

44 卑辭는 공손한 말씨다.

45 黎翔鳳에 의하면, 內는 入 자와 통한다.

지도 地圖

지도는 나라를 다스리고 군사작전을 하는 데 중요한 도구다. 이 편은 군사작전에서 지도의 중요성을 설명한다. 또한 군대를 거느리고 작전할 때 지도를 잘 읽어야 함을 강조한다.

무릇 군대의 주장主將은 반드시 먼저 지도를 잘 살피고 알아야 한다. 전차戰車가 다니는 험지, 둥글게 구덩이를 파는 수레의 물길[水路], 명산名山, 큰 골짜기, 강하江河, 고원高原, 구릉丘陵의 소재, 저마[苴], 임목林木, 창포[蒲葦]가 무성한 곳, 도로의 원근, 성곽의 대소, 이름난 도시[邑], 폐허된 도시, 척박한 땅과 농사지을 땅을 반드시 다 알아야 한다. 지형의 차이와 교착을 다 마음속에 담아두어야 한다. 그런 다음에 행군하여 도시를 습격할 수 있다. 행동을 취할 때 선과 후를 알고, 지리의 이점을 놓치지 않아야 하니, 이것이 지도의 상도常道[의의意義]이다.

凡兵主者, 必先審知地圖. 轘轅[1]之險, 濫車[2]之水, 名山、通谷、經川、陵陸、丘阜之所在, 苴草、林木、蒲葦之所茂, 道里之遠近, 城郭之大小, 名邑、廢邑、困殖之地, 必盡知之. 地形之出入相錯者, 盡藏之. 然後可以行軍襲邑. 擧錯知先後, 不失地利, 此地圖之常也.

1 黎翔鳳에 의하면, 춘추 시대에는 車戰이 위주였기에, 수레는 直行을 못하고, 轅(끌채)을 돌면서 갔기 때문에, 험한 지형을 말한다. 본래는 還轅인데, 마차가 가기 때문에 轘이라 썼다.
2 陳奐에 의하면, 濫은 마땅히 漸으로 읽어야 한다. 黎翔鳳에 의하면, 漸車는 塹車이니, 둥글게 구덩이를 파는 수레다. 濫은 '(물이) 위에서 아래로 적시다'의 뜻이다.

(주장主將은) 사람 수의 많고 적음, 군사들의 소질의 우열, (군사) 장비의 우열을 다 알아야 한다. 이것이 바로 (전투) 형세를 파악하는 것이다. 전세戰勢를 아는 것은 전투 능력을 아는 것만 못하고, 전투 능력을 아는 것은 전의戰意를 아는 것만 못하다. 따라서 군대를 주관하는 사람이 반드시 갖추어야 할 것이 3가지이니, 임금의 영명英明함, 재상의 지혜[智], 장군의 능숙함을 갖추어야 할 것이다. 따라서 장군이 명령을 발동하여 군사를 내보낼 때, 날[日] 수에 기한이 있어야 한다. 먼저 정벌할 나라를 정하고, 많은 신하, 높은 관리, 부형父兄들, 편애하는 좌우 총신은 (전쟁의) 성패에 대하여 논의할 수 없고, 임금만이 책임을 진다. 공적과 수고를 논하고, 상벌을 논함에, 현명한 이를 감추고 사사롭게 할 수 없다. 재물을 사용하고 운반하며, 군대의 수요를 찾아서 공급하며, 모든 관리를 엄숙하고 신중하게 하며, 게으름 피우거나 간사한 짓을 못하게 함으로써, 임금의 명령을 기다리게 하는 것은 재상의 책임이다. (군사) 장비를 정비하고, 사졸士卒을 선발하고, 교련敎鍊을 실시하고, 5명[伍], 25명[什]의 군대 편제를 전반적으로 이해하고, 시기와 책략을 잘 알고 통제하는 것은 군대 사령관[兵主]의 임무다.

人之衆寡, 士之精麤,[3] 器之功苦,[4] 盡知之, 此乃知形者也. 知形不如知能, 知能不如知意. 故主兵必參具者也, 主明、相知、將能之謂參具. 故將出令發士, 期有日數矣. 宿[5]定所征伐之國, 使羣臣、大吏、父兄、便辟[6]左右不能議成敗, 人主之任也. 論功勞, 行賞罰, 不敢蔽賢有私. 行用貨財, 供給軍之求索, 使百吏肅敬, 不敢解怠行邪, 以待君之令, 相室之任也. 繕器械, 選練士, 爲敎服, 連什伍, 徧知天下, 審御機數, 此兵主之事也.

3 趙守正에 의하면, 士의 精麤는 士兵 소질의 優劣과 같다. 『管子通解』(上), 381頁, 注1 참조.
4 趙守正에 의하면, 功苦는 工苦, 즉 병기의 품질의 우열을 말한다. 上同, 注2 참조.
5 尹知章의 주석에, 宿은 先과 같다.
6 湯孝純에 의하면, 便辟은 곧 便嬖이니, 임금 주위에서 총애를 받는 신하들을 말한다. 『新譯管子讀本』(上), 390頁, 注6 참조.

제28편

단어短語 2

삼환 參患

세 가지 문제점

이 편은 군사에 관한 논문이다. 삼환, 즉 용병에 관한 세 가지 문제점은 이렇다. ① 용맹한 군주인가, 연약한 군주인가? 하는 임금의 자질. ② 계책이 아직 정해지지 않았는데, 군대가 국경에 출병하는 문제. ③ 장군과 사졸 및 전투 장비의 상황.

무릇 임금이 흉포凶暴하고 혹독酷毒하면 (타인에 의해) 징벌당하고, 나약하면 (신하에 의해) 시해된다. 흉포하고 혹독한 것이 무엇인가? 사람을 쉽게 죽이는 것을 흉포하고 혹독하다고 말한다. 나약함은 무엇인가? 사람 죽이는 것을 가볍게 못함이 나약이다. 이런 것들은 둘 다 잘못된 것이다. 무릇 쉽게 죽인다면 죄 없는 사람도 죽이게 되고, 죽이는 것을 어렵게 하면 죄를 벌주는 데 잘못이 있을 수 있다. 따라서 죄 없는 사람을 죽이면, 도리가 바른 이들이 불안하게 되고, 임금이 죄를 벌주는 데 잘못이 있다면, 사특한 짓을 한 자가 변하지 않게 된다. 도리가 바른 사람들이 불안하면, 재능 있는 사람들이 떠나고 없을 것이다. 사특한 짓을 하고 변하지 않았다면, 많은 신하가 패거리 당파를 이룰 것이다. 재능 있는 인재들이 떠나고 없으면, 당연히 외침外侵이 있게 된다. 많은 신하가 패거리 당파를 이루면, 당연히 내란內亂이 있게 된다. 따라서 말하게 된다. "(임금이) 흉포하고 혹독하면 (남에게) 징벌을 당하고, 나약하면 시해된다."

凡人主者, 猛毅則伐, 懦弱則殺. 猛毅者何也? 輕誅殺人之謂猛毅. 懦弱者何也? 重誅殺人之謂懦弱.[1] 此皆有失彼此. 凡輕誅者殺不辜, 而重誅者失有罪. 故上殺不辜, 則道正者不安; 上失有罪, 則行邪者不變. 道正者不安, 則才能之人去亡. 行邪者不變, 則羣臣朋黨. 才能之人去亡, 則宜有外難.

羣臣朋黨, 則宜有內亂. 故曰: "猛毅曰伐, 懦弱者殺也."

임금이 존중받거나 경시되는 이유나, 나라가 안정되거나 위태롭게 되는 근거로는, 용병用兵보다 중요한 것은 없다. 따라서 흉포한 나라를 벌주는 것은 반드시 군대로써 하며, 비뚤어진 백성을 막는 것은 반드시 형벌로써 한다. 그러한즉 군대는 밖으로 흉포한 나라를 벌주고, 안으로는 옳지 못한 자들을 엄금嚴禁한다. 따라서 군대는 임금을 높이고 나라를 안정시키는 상도常道이니, 폐기할 수 없다. (지금) 세상의 임금은 그렇지 않다. 밖으로 군대를 쓰지 않고 흉포한 나라를 벌주려 하면, 영토를 반드시 잃을 것이다. 안으로 형벌을 쓰지 않고도 옳지 못한 자들을 다 없애려 하면, 나라에 반드시 난리가 날 것이다. 따라서 무릇 용병의 계책은, 세 번 무력 동원 연습을 하고 한 번 출정할 수 있고, 세 번 출정이면 한 번 (적의) 군대를 포위할 수 있고, 세 번 포위는 한 번 전투를 할 수 있다. 따라서 한 번 군사 연습에 10년 저축이 다 없어진다. 한 번 교전의 비용으로 몇 대에 걸친 노동 성과가 다 소모된다. 지금 칼날을 부딪치고 접전한 뒤에 (군졸들을) 신뢰할 수 있으면, 전투에 승리가 따른다. 도시를 공격하고 읍내를 포위하니, 주로 사람들이 자식을 바꾸어서 잡아먹고, (시체의) 뼈를 쪼개어 취사炊事하면, 공격은 저절로 (적의 도성을) 빼앗는 것이다. 이 때문에 성인들은 소규모로 출정하여 크게 문제를 바로잡고, 하늘이 내어 준 시기를 놓치지 않으며, 지리적 이점을 헛되이 하지 않고, 밝은 낮에만 전투하기에, 책략은 (원래의) 계책을 넘지 않는다. 따라서 계책은 반드시 먼저 결정되고 병력이 국경에 나타나야 하는데, 계책이 아직 결정되지 않았는데 병력이 국경에 나타났다면, 전투는 스스로 실패한 것이요, 공격은 스스로 무너진 것이다.

君之所以卑尊, 國之所以安危者, 莫要於兵. 故誅暴國必以兵, 禁辟民必以刑. 然則兵者, 外以誅暴, 內以禁邪. 故兵者, 尊主安國之經[2]也, 不可廢也. 若夫世主則不然. 外不以兵而欲誅暴, 則地必虧矣. 內不以刑而欲盡

1 黎翔鳳에 의하면, 重은 의심하며 가볍게 결단하지 못함이다. 나약한 임금은 사람을 죽이면 걱변이 생기지 않을까를 두려워해서, 집행을 가볍게 하지 못함이다.

2 經은 常道의 뜻이 있다.

邪, 則國必亂矣. 故凡用兵之計, 三驚[3]當一至, 三至當一軍,[4] 三軍當一戰. 故一期[5]之師, 十年之蓄積殫. 一戰之費, 累代之功盡. 今交刃接兵而後利之, 則戰之自[6]勝者也. 攻城圍邑, 主人易子而食之, 析骸而爨之, 則攻之自拔者也. 是以聖人小征而大匡,[7] 不失天時, 不空地利, 用日維夢,[8] 其數不出於計. 故計必先定, 而兵出於竟. 計未定而兵出於竟, 則戰之自敗, 攻之自毁者也.

많은 사람을 얻었으나 그 마음을 얻지 못했다면, 혼자 행동한 것과 내용이 똑같다. 병기가 온전하지도 않고 날카롭지도 않으면, 병기를 갖지 않은 것과 똑같다. 갑옷이 튼튼하고 조밀하지 않으면, 상체上體가 맨몸인 것과 같다. 쇠뇌가 멀리에 이르지 못한다면, 짧은 병기와 똑같다. 활을 쏘아 맞추지 못하면, 화살이 없는 것과 똑같다. (화살이) 맞긴 했으나 뚫고 들어가지 못했다면, 화살의 촉이 없는 것과 같다. (수레나 말이 없는) 보병은 (견고한 갑옷을 입었어도) 맨몸이나 마찬가지이다. 짧은 무기를 가지고 멀리서 오는 화살을 대한다는 것은, 앉아서 죽음을 기다리는 것과 같다. 따라서 무릇 용병을 크게 따질 때, 반드시 먼저 (군사) 장비를 논해야 하고, 사졸士卒들을 따지고, 장수將帥를 논하고, 임금을 따져야 한다. 따라서 말한다. "무기가 조악하여 날카롭지 못하면, 군졸들을 적敵에게 넘겨준 것이다. 군사들을 쓸 수 없으면, 장군을 적에게 넘겨준 것이다. 장군이 용병할 줄 모르면, 임금을 적에게 넘겨준 것이다. 임금이 용병에 힘을 들여 쌓지 않는다면, 나라를 적에게 넘겨준 것이다. 따라서 어느 하나의 병기가 최고의 수준이며, 앞으로 나갈 용사가 갖추어졌다면, 세상에 아무도 (그 나라와) 전투할 마음이 생기지 않는다. 두 가지 무기가 최고 수준이고, 적을 놀라게 할 수 있는 용사들이 있다면, 세상에는 (적군의) 아무도 (자기) 도시[城]를 지킬 수가 없다. 3개의 무기가 최고 수준이고, 유세遊說하는 선비가 있다면,

3 尹知章의 주석에는, 驚은 위력을 과시하여 무력을 보임이다.
4 陶鴻慶에 의하면, 軍의 本義는 圍(포위)다.
5 黎翔鳳에 의하면, 期는 會이니, 一期는 일차 會戰다.
6 黎翔鳳에 의하면, 利는 賴(의뢰하다)의 의미고, 自는 從(따르다)의 의미다.
7 黎翔鳳에 의하면, 匡은 正(바로잡다)의 뜻이다.
8 黎翔鳳에 의하면, 夢의 뜻은 不明이다. 明과 발음은 같지만, 뜻은 반대다. 하지만, 『論語』의 '予有亂臣十人'에서 '亂臣'은 '撥亂之臣'(禍亂을 평정한 신하)이니, 亂을 治로 훈독한다. 이런 반어법에 따라, 夢을 明으로 훈독할 수 있다.

세상에 (대적하려고) 모여들 민중은 없을 것이다. 이른바 전투할 마음이 없다는 것은, 전투하면 반드시 패한다는 것을 알기 때문에 전투할 마음이 없다고 한 것이다. 이른바 수비할 도시가 없다는 것은, 도시가 반드시 빼앗긴다는 것을 알기 때문에 수비할 도시가 없다고 말한 것이다. 이른바 모일 민중이 없다는 것은, 민중이 반드시 흩어진다는 것을 알기 때문에 모일 민중이 없다고 말한 것이다.

得衆而不得其心, 則與獨行者同實. 兵不完利, 與無操者同實. 甲不堅密, 與俴[9]者同實. 弩不可以及遠, 與短兵同實. 射而不能中, 與無矢者同實. 中而不能入, 與無鏃者同實. 將徒人,[10] 與俴[11]者同實. 短兵待遠矢, 與坐而待死者同實. 故凡兵有大論,[12] 必先論其器, 論其士, 論其將, 論其主. 故曰: 器濫惡不利者, 以其士予人也. 士不可用者, 以其將予人也. 將不知兵者, 以其主予人也. 主不積務於兵者, 以其國予人也. 故一器成,[13] 往夫具,[14] 而天下無戰心. 二器成, 驚夫[15]具, 而天下無守城. 三器成, 游夫[16]具, 而天下無聚衆. 所謂無戰心者, 知戰必不勝, 故曰無戰心. 所謂無守城者, 知城必拔, 故曰無守城. 所謂無聚衆者, 知衆必散, 故曰無聚衆.

9 黎翔鳳에 의하면, 俴(맨몸)은 袒(윗옷을 벗음)과 같다.

10 黎翔鳳에 의하면, 당시는 車戰이 爲主여서, 수레나 말이 없이 적진을 향하여 돌진하고, 튼튼한 진지를 공격하면, 비록 견고한 갑옷을 입었어도, 맨몸인 것과 마찬가지다.

11 張佩綸에 의하면, 여기서 俴 자는 殘(죽이다)와 같은데, 殘은 殺(죽이다)의 뜻이다.

12 趙守正에 의하면, 論은 評定(평판을 듣고 결정하다), 考評(고증하여 결정하다)의 뜻이다. 『管子通解』(上), 385頁, 注3 참조.

13 趙守正에 의하면 成은 盛(왕성하다), 즉 정점, 최고 수준이다. 上同, 386頁 , 注4 참조.

14 尹知章의 주석에 의하면, '敢往之夫又具, 則天下不敢生心與戰也'(감히 앞으로 나가는 용사가 또한 갖추어지면, 세상에 아무도 감히 싸워 볼 마음이 안 생긴다) 참조.

15 尹知章의 주석에 의하면, 驚夫는 敵을 놀라게 할 수 있는 용사다. 上同, 注6 참조.

16 張佩綸에 의하면, 游夫는 游士다. 선비를 파견하여 한 번 유세하니 세상에 모이는 민중이 없었다.

제분 制分

원칙의 파악

제분制分은 원칙을 파악하라는 뜻이다. 본 편은 세 문단으로 이루어졌다. 첫째와 둘째 문단은 전쟁을 논했는데, 상당히 주목할 만하다. 치국治國이나 전쟁 모두 일정한 원칙이 있으니, 그것을 파악함이 중요하다고 한다.

무릇 용병은 먼저 쟁취해야 하는 것이다. 성인과 현명한 인재라면, (임금은) 작위爵位를 귀하게 보지만 아끼지는 않았다. 도술이 있고 지능智能이 있다면, (임금은) 관직을 아끼지 않는다. 기묘한 재주와 용력勇力이 있다면, (임금은) 무거운 녹봉을 아끼지 않는다. 귀가 밝고 눈이 총명한 사람[1]이 있다면, (임금은) 금과 재물을 아끼지 않는다. 따라서 백이伯夷와 숙제叔齊는 죽은 날이 아니고 나중에 유명해진 것인데, 그들이 앞서 한 일들에 수양이 많았기 때문이다. (주周) 무왕武王이 갑자甲子날 아침이 아니라 나중에 승리한 데는, 그가 전前에 정치에 좋은 일을 많이 했기 때문이다. 따라서 작은 전쟁이라도 천 리千里의 상황을 다 알아야 하는데, (비유하자면) 1도堵[2]의 담장을 쌓는 데, 열 명의 인부가 모여 일하며, 하루에 다섯 번 살피는 것과 같다. 큰 전쟁에는 천하의 상황을 다 알아야 하니, 하루에 하나의 간첩이면 된다. 황금과 재물을 뿌려서, 귀 밝고 눈이 총명한 간첩을 써야 한다. 따라서 잘 용병하는 이는, 도랑과 보루는 없어도 (좋은) 귀와 눈[간첩]을 가졌다. 용병用兵은 경계警戒를 불러일으켜서는 안 되고, (일 없는데) 군중을 모이게 하지 말

1 귀가 밝고 눈이 총명한 사람, 이런 사람은 간첩으로 쓸 수 있다.
2 堵는 一版의 길이, 높이 5版을 1堵라고 한다. 版은 높이 2尺, 길이 8尺다.

고, 망령되이 행동을 말며, 억지로 진격해도 안 된다. 경계를 불러일으키면 적들이 대비하고, (일 없이) 군중들을 불러 모으면 민중이 쓸모가 없게 되고, 망령되이 행동하게 되면 많은 군졸이 피곤해지며, 억지로 진격하면 예리한 군사들이 꺾이게 된다. 따라서 무릇 용병은 견고한 것을 공격하면, 부드러우면서 견실해지고, 작고 연약한 것에 올라타면 신묘神妙해진다. 견실한 데를 공격하면 약한 것도 견실해지고, 약한 데를 올라타면 견실한 것도 (결국) 약해진다. 따라서 견고한 데는 견실하게 대하고, 연약한 데는 연약하게 대하는 것은, (마치) 소잡이 탄坦이 아침에 아홉 마리 소를 해체했는데, 칼날은 쇠도 자를 수 있으며, 칼날이 놀 틈이 있는 것과 같다.

凡兵之所以先爭. 聖人賢士, 不爲愛尊爵. 道術知能, 不爲愛官職. 巧伎[3] 勇力, 不爲愛重祿. 聰耳明目, 不爲愛金財. 故伯夷、叔齊非於死之日而後有名也, 其前行多修矣.[4] 武王非於甲子之朝而後勝也, 其前政多善矣. 故小征千里徧知之, 築堵之牆, 十人之聚, 日五間之. 大征徧知天下, 日一間之.[5] 散金財, 用聰明也. 故善用兵者, 無溝壘而有耳目. 兵不呼儆,[6] 不苟聚,[7] 不妄行, 不强進. 呼儆則敵人戒, 苟聚則衆不用, 妄行則羣卒困, 强進則銳士挫. 故凡用兵者, 攻堅則軔, 乘𤨏[8]則神. 攻堅則𤨏者堅, 乘𤨏則堅者𤨏.[9] 故堅其堅者、𤨏其𤨏者, 屠牛坦朝解九牛, 而刀可以莫[10]鐵, 則刃游閒也.

따라서 하늘의 도道가 순조롭지 않다면, 궁지에 몰린 도적도 복종하지 않는다. (적국의) 인사人事가 혼란하면, 10명으로 100명을 무찌를 수 있다. (적의) 군사 장비를 쓸 수 없다면, 반절의 힘으로 두 배의 적군

3 趙守正에 의하면, 伎(재주)는 技(재주)와 통한다. 『管子通解』(上), 388頁, 注3 참조.

4 尹知章의 주석: '由前行多修, 故死後有名'(앞선 행동에 수양이 많았기 때문에, 사후에 유명해졌다) 참조.

5 黎翔鳳의 주석: '千里範圍小, 可以多間; 天下範圍大, 故用間少'(千里는 범위가 작아서 많은 간첩이 있을 수 있고; 천하는 범위가 크다. 따라서 간첩을 쓰되 적은 수다) 참조.

6 儆은 警備(경계하며 대비하다)의 뜻이다.

7 尹知章의 주석: '無事徒聚, 衆必不用, 若周幽之僞烽也'(일이 없는데 兵卒들을 모이게 하면, 무리는 반드시 쓸모없어지니, 주나라 幽王이 가짜 봉화로 제후들을 놀라게 한 것과 같다) 참조.

8 黎翔鳳에 의하면, 『說文解字』에 𤨏 자는 없다. 𤨏는 脃(작고 연약하여 쉽게 부러짐)와 같고, 堅(견실)과 반대다.

9 黎翔鳳에 의하면, 견실한 데를 공격하면 실력을 소모하게 되어, 다시 맹공할 수 없으니, 적들의 취약이 변하여 강하게 된다.

10 尹知章에 의하면, 莫은 削(깎다)이다.

을 무찌를 수 있다. 따라서 승리하려는 전략가라면, 완정한 성곽이나 해자는 공격하지 않으며, 도리 있는 이는 상喪 당한 나라는 공격하지 않는다. 따라서 적군이 장차 올 줄을 몰랐다면, (적이) 왔어도 방비할 수 없다. (적들이) 장차 떠날 것을 몰랐다면, (그들이) 떠나도 붙잡을 수 없다. 적군이 비록 많을지라도, (아군을) 막을 수 없다. 통치라는 것이 부유富裕함에 말미암은 바지만, 통치한다고 반드시 부유하게 되지는 않으니, 반드시 부유가 무엇인지 알아야, 그다음에 부유할 수 있다. 부유하다는 것은 강함에 말미암지만, 부유하다고 반드시 강할 수는 없고, 반드시 강해지는 이치를 알아야만, 그다음에 강할 수 있다. 강함은 승리에서 말미암지만, 강하다고 반드시 승리하는 것은 아니니, 반드시 승리하는 이치를 알아야만, 그다음에 이길 수 있다. (적에 대한) 승리는 제압에서 말미암는 것이지만, 승리해도 반드시 (천하를) 제압할 수 있는 것은 아니니, 반드시 (천하를) 제압할 수 있는 명분을 알아야, 그다음에 (천하를) 제압할 수 있다. 이 때문에 나라를 다스리는 데는 군비軍備가 있어야 하고, 나라를 부유하게 하려면 산업이 있어야 하고, 나라를 강하게 하려면 책략이 있어야 하고, 나라를 승리하게 하려면 도리가 있어야 하고, 천하를 제압하려면 명분이 있어야 한다.

故天道不行,[11] 屈[12]不足從. 人事荒亂, 以十破百. 器備不行,[13] 以半擊倍. 故軍爭者[14]不行於完城池, 有道者不行於無君.[15] 故莫知其將至也, 至而不可圍.[16] 莫知其將去也, 去而不可止. 敵人雖衆, 不能止待.[17] 治者所道富也, 治而未必富也,[18] 必知富之事, 然後能富. 富者所道强也, 而富未必强也, 必知强之數,[19] 然後能强. 强者所道勝也, 而强未必勝也, 必知勝之

11 何如璋에 의하면, 行은 順과 같으니, 天道가 不順하면, 사람들은 곧 굴복하게 되어, 따라서 功을 도모할 수 없다고 말한다.

12 湯孝純에 의하면, 屈은 窮寇(궁지에 몰린 도적)다. 『新譯管子讀本』(上), 399頁, 注15 참조.

13 黎翔鳳에 의하면, 行은 用이다.

14 軍爭者는 승리의 조건을 탈취하려는 군사 전략가를 말한다.

15 張佩綸에 의하면, 無君은 喪 당한 나라는 공격하지 않음의 뜻이다.

16 黎翔鳳에 의하면, 圍는 衛(방비하다)다.

17 湯孝純에 의하면, 止待는 막음의 뜻이다. 上同, 注21 참조.

18 王念孫에 의하면, 道는 由이고, '治而'는 '而治未必富也'로 되어야 한다.

19 數는 道理의 의미다.

理, 然後能勝. 勝者所道制也, 而勝未必制也, 必知制之分,[20] 然後能制. 是故治國有器, 富國有事,[21] 强國有數,[22] 勝國有理, 制天下有分.

20 分은 名分이다.
21 事는 산업을 말한다.
22 數는 책략, 權術의 의미다.

군신상 君臣上

『관자』에는 「군신상君臣上」과 「군신하君臣下」 편이 있다. 여기서는 대체로 군도君道와 신도臣道 및 임금과 신하의 관계를 논한다. 본 편에서 임금이 법에 의거하여 명령을 내리면, 신하들은 그 명령을 받들어 일 처리하고, 백성들은 윗사람들에게 순종하여, 임금은 영명하게 되고, 임금과 신하들은 서로 신뢰하게 된다고 한다. 이에 관리는 단정하고, 선비는 염치가 있고, 농부는 우직하며, 상인과 공장工匠이 진솔해지는 이상적 국면이 실현될 수 있다.

임금이 된 이는, 임금의 도를 닦고, 관리의 일들을 말하지 않는다. 신하된 이들은 관리의 일들을 핵심적으로 파악해야 하고, 그 밖의 것을 말하지 않는다. 임금의 도리가 명확하지 않으면, 명령을 받은 사람은 의심하게 되고, 준칙이 통일되지 않으면, 의義를 좇는 이가 미혹되고 만다. 백성들이 의심하여 주저하는 마음이 있게 되면 임금이 (백성의 마음을) 고칠 수가 없게 되고, (임금과) 백성들에 간극間隙[틈]이 생기면, 높이 달린 깃발과 같아서 (백성들이) 좇아갈 수 없으니 (임금의) 명령은 (결국) 정지停止된다. 그러므로 임금의 도리를 나라 안에 분명하게 밝히고, 백성들에게 그것을 전하여, 관리들이 아랫사람들을 충분히 교화시키는 것이 영명한 임금이다. 위로 임금에게 다 말할 수 있고, 아래로는 백성들에게 힘을 들여서, (백성들이) 의義를 좇고 명령을 따르게 하는 것이 충신이다. 위로는 도리를 따르고, 아래로는 자기의 할 일에 힘써서, 임금과 신하들이 서로 관찰함이, 해시계 막대기로 측정하는 것과 같으니, 사특한 죄를 (쉽게) 알 수 있다. 이색부吏嗇夫[官名]가 감찰 일을 맡고, 민색부民嗇夫는 교화教化의 일을 맡는다. 교화는 백성에 대한 것이고, 죄가 되는 행동을 판정할 때는 법을 어겨 사사로이 행하지 않고, 성실함에서 상을 내린다. 군신의 도를 실천함에 있어서, 성공은 수비와 공격인데, 이것으로 이색부의 직분이 끝나는 것이다. 이색부는 계량計量의 공식과 사태 판단의 법률을 충분히 장악하고, 법률과 형벌, 저울[權衡], 두곡斗斛[용량 단위]을 심의하고, 죄인을 검거하고 탄핵할 때 사적으로 논의할 수 없고, 사실로써 증명해야 하니, 이렇게 하면, 이색부의 일은 끝난다. 민색부가 교화를 완성하고, 이색부가 율령을 완성하고, 그다음에, 비록 충성스럽고 믿을 만하고 돈독한 자라도 (이를) 고칠 수 없고, 시시덕거리며 놀면서 게으른 자도 이것들을 망치게 할 수 없으니, 이렇게 되면, 임금의 일은 끝나는 것이다. 이 때문에 임금은, 그들[민색부와 이색부]의 업무와 그들의 일을 타고서, 법도로써 고찰하는 것이다. 잘한 사람에게 존귀한 작위와 풍만한 전답의 상을 내려도, 백성들은 그리워하지 않는다. 잘못한 이에게 폐망시키는 모욕과 죽이는 형벌을 주어도, 백성들은 비방하지 않는다. 죽이든 살리든 (법을) 어기지 않으니, 백성들은 자기 부모를 내버리는 일이 없다. 이것은 오직 임금만이 밝은 법도를 가지며, 아래에는 (신료들이) 항상 있는 일들을 한다.

爲人君者, 修官上之道, 而不言其中.[1] 爲人臣者, 比[2]官中之事, 而不言其外. 君道不明, 則受令者疑. 權度不一, 則脩[3]義者惑. 民有疑惑貳豫之心而上不能匡, 則百姓之與閒,[4] 猶揭表而令之止也. 是故能象[5]其道於國家, 加之於百姓, 而足以飾[6]官化下者, 明君也. 能上盡言於主, 下致力於民, 而足以修義從令者, 忠臣也. 上惠其道, 下敦其業,[7] 上下相希,[8] 若望參表,[9] 則邪者可知也. 吏嗇夫[10]任事, 人嗇夫[11]任教. 教在百姓, 論[12]在不撓,[13] 賞在信誠.[14] 體之以君臣, 其誠[15]也以守戰, 如此則吏嗇夫之事究

1 張佩綸에 의하면, '官上之道'는 君道이고, '官中之事'는 吏事(官吏의 일)다.
2 湯孝純에 의하면, 比는 考校이니, 校對, 核査(핵심을 조사하다)의 뜻이다. 『新譯管子讀本』(上), 402頁, 注3 참조.
3 王念孫에 의하면, 脩는 마땅히 循(좇다)이다.
4 安井衡에 의하면, '百姓之與閒'은 '與百姓閒也'이며, 張佩綸에 의하면, 閒은 隙(틈)이다.
5 黎翔鳳에 의하면, 象은 明示이다.
6 安井衡에 의하면, 飾(꾸미다)은 飭(정돈하다, 교도하다)이다.
7 張佩綸에 의하면, 惠는 順(따르다)이고, 敦은 勉(힘쓰다)이다.
8 趙守正에 의하면, 希는 晞(仰望하다)와 통하니, 관찰의 뜻이다. 上下相希는 '임금과 신하들이 서로 관찰함'이다. 『管子通解』(上), 394頁, 注10 참조.
9 兪樾에 의하면, 希는 睎(바라보다)로 읽는다. 參은 三과 같다.
10 吏嗇夫는 관직의 명칭이다.
11 人嗇夫는 唐諱 때문이고, 원래는 民嗇夫이고 역시 관직의 명칭이다.
12 湯孝純에 의하면, 論은 罪刑을 판정함의 뜻이다. 『新譯管子讀本』(上), 403頁, 注3 참조.
13 趙守正에 의하면, 不撓는 '枉曲(구부러짐)이 없음'이니, 여기서는 법을 어기고 사사로운 일을 함을 말한다. 『管子通解』(上), 395頁, 注2 참조.
14 黎翔鳳에 의하면, 信誠의 誠, 즉 성실이다.
15 趙守正에 의하면, 誠은 成과 통한다. 여기서는 '성과'의 뜻이다. 上同, 注3 참조.

矣.[16] 吏嗇夫盡有訾程事律,[17] 論法辟衡權斗斛,[18] 文劾不以私論,[19] 而以事爲正,[20] 如此則吏嗇夫之事究矣. 人嗇夫成敎, 吏嗇夫成律, 之後, 則雖有忠信敦慤者不得善也,[21] 而戲豫怠傲者不得敗也,[22] 如此則人君之事究矣. 是故爲人君者, 因其業, 乘其事, 而稽之以度.[23] 有善者, 賞之以列爵之尊, 田地之厚, 而民不慕也. 有過者, 罰之以廢亡之辱, 戮死之刑, 而民不疾也.[24] 殺生不違, 而民莫遺其親者. 此唯上有明法, 而下有常事也.

하늘에는 불변하는 형상이 있고, 땅에는 불변하는 모습이 있고, 사람들에게는 불변하는 예禮가 있으니, 한 번 설치되면 바꿀 수 없기에, 이를 삼상三常이라 한다. 이 세 가지를 아울러 갖고 하나로 하는 것이 임금의 도리다. 나누어서 담당하는 것이 신하들의 일이다. 임금이 자기 도리를 잃으면, 나라를 이끌고 소유할 수가 없다. 신하들이 자기 할 일들을 잊어버리면, 자기 지위를 가질 수 없다. 그러므로 임금이 신하들을 길러 나감에 어그러짐이 없으면, 신하들이 임금을 모시는 데 허술함[虛妄]이 없다. 임금이 신하들을 길러 나감에 어그러짐이 없으면, 거기서 나온 법칙과 제도는 분명하다. 신하들이 임금을 모시는 데 허망이 없다면, 의義를 좇고 명령을 따름에 신중할 것이다. 임금이 영명하고 신하들이 신중하여, 위와 아래가 같은 공능을 가져서, 대대代代로 서로 순서를 지킬 것이다. 임금이 자기 권세를 잃지 않고, 신하들이 자기 할 일을 망치지 않은 것은 서로 은덕을 베푼 것이 아니다. 이 때문에 윗사람들은 덕에 힘쓰며, 아랫사람들은 자기 절개를 지킨다. 의와 예가 위에서 형성되고, 아랫사람들을 잘 대하는 것이 백성들에게 통하게 되면, 백성들은 위로 임금에게 귀의하여 친밀하게 되니, 아랫사람들은 농사에 진력을 다할 것이다. 따라서 말한다. 임금이 영명하고,

16 趙守正에 의하면, 究는 窮이나 極이다. 上同, 注4 참조.

17 趙守正에 의하면, 訾는 計量(양을 잼)이고, 程은 程式이다. '訾程事律'이란, 計量의 규정과 일을 판단하는 법률이다. 上同, 注5 참조.

18 趙守正에 의하면, 辟은 刑이다. '論法辟'은 법도와 刑律를 심의함이다. 上同, 注6 참조.

19 湯孝純에 의하면, '文劾'은 서면으로 죄인을 검거하고 탄핵함이다. 『新譯管子讀本』(上), 403頁, 注11 참조.

20 湯孝純에 의하면, 正은 證(증거)이다. 上同, 注12 참조.

21 湯孝純에 의하면, 慤은 忠厚, 誠篤이다. 善은 繕(고치다)이다. 上同, 注13과 14 참조.

22 湯孝純에 의하면, 戲豫는 逸豫이니, 시시덕거리며 노는 것이다. 上同, 注15 참조.

23 趙守正에 의하면, 稽는 고찰이다. '稽之以度'는 法度로써 고찰함이다. 上同, 注9 참조.

24 湯孝純에 의하면, 疾은 非毁(비방하다)다. 上同, 注19 참조.

서로 신뢰하며, 다섯 관직이 엄격하며, 선비는 염치 있고, 농부는 우직하고, 상공인은 소박하여, 상하가 한 몸이며, 내와 외가 구별된다. 백성들의 기질은 순했고 아버지 가족[父族], 자기 가족[己族]과 자식의 가족[子族]의 삼족 제도다. 무릇 임금이 된 이는 사람들에게 덕을 베풀었다. 신하들은 임금을 위로 받들며 살았다. 임금은 공적에 따라서 풍족하게 양식을 주었다. 신하들은 책임을 맡아 교육을 맡았다. 시정이 공평하고, 백성들의 재산이 풍족하면 나라가 풍요로운 것이다. 수고한 대가로 봉록을 받으니, 백성들은 (그 이상의) 요행을 바라지 않는다. 형과 벌이 편파적이지 않으니, 아래에서 원망의 마음이 없다. 명의名義가 바르고 직분이 명확하니, 백성들이 도리에 의혹이 없다. '도'라는 것은, 임금이 백성들을 지도하는 바탕이다. 이 때문에 도덕은 임금에게서 나오고, (임금의) 법제와 명령은 재상에 의해 공포되고, 관리들은 임금에 의해 사업을 심사받는다. 백성들의 노력은, (임금의) 명령을 보고서 움직인다.

天有常象, 地有常刑,[25] 人有常禮, 一設而不更, 此謂三常. 兼而一之, 人君之道也. 分而職之, 人臣之事也. 君失其道, 無以[26]有其國. 臣失其事, 無以有其位. 然則上之畜下不妄, 而下之事上不虛矣. 上之畜下不妄, 則所出法[27]制度者明也. 下之事上不虛, 則循義從令者審也.[28] 上明下審, 上下同德, 代[29]相序也. 君不失其威, 下不曠其產, 而莫相德也. 是以上之人務德, 而下之人守節. 義禮成形於上, 而善下通於民, 則百姓上歸親於主, 而下盡力於農矣. 故曰: 君明、相信、五官[30]肅、士廉、農愚、商工愿, 則上下[31]體而外內別也. 民性因而三族制也.[32] 夫爲人君者, 廕德於人者也. 爲人臣者, 仰生於上者也. 爲人上者, 量功而食之以足. 爲人臣者, 受任而處之以教. 布政有均, 民足於產, 則國家豐矣. 以勞受祿, 則民不幸生. 刑罰不頗, 則下無怨心. 名正分明, 則民不惑於道. 道也者, 上之所以導民也.

25 黎翔鳳에 의하면, 刑은 形과 통한다.
26 黎翔鳳에 의하면, 以는 從으로 훈독된다.
27 黎翔鳳에 의하면, 法은 法則이다.
28 審에는 愼重의 뜻이 있다.
29 黎翔鳳에 의하면, 代는 본래 世인데, 唐나라 諱(임금의 이름을 피함)를 따른 것이다.
30 湯孝純에 의하면, 五官은 ① 司徒, ② 司馬, ③ 司空, ④ 司士, ⑤ 司寇 등 5종 관직의 총칭이다. 『新譯管子讀本』(上), 405頁, 注11 참조.
31 黎翔鳳에 의하면, 君明, 相信과 五官肅이 上이고 內이며, 士廉, 農愚와 商工愿이 下이고 外다.
32 安井衡에 의하면, 三族은 父族, 己族과 子族이고, 制는 제도다. 黎翔鳳에 의하면, 당시 四民(士農工商)은 대대로 恒產이 있었기 때문에, 民性因(백성들의 기질은 순했다)의 뜻이다.

是故道德出於君，制令傳[33]於相，事業程[34]於官．百姓之力也，胥[35]令而動者也．

이 때문에 임금은, 자기 말보다 귀한 것은 없다. 신하들은 자기 능력만큼 사랑받는 것도 없다. (임금의) 말씀은 내려오고 (신하들의) 노력은 올라가니, 신하와 임금의 도리가 완성된다. 이 때문에 임금은 계획하고, 재상이 그것을 지키며, 재상이 방책을 세우면, 백관이 그것을 지키고, 백관이 계획하면, 백성이 그것을 수행한다. 또 부절符節, 인장, 전장 법규, 간책簡策과 부적簿籍 등으로 서로 관리하니, 이것이 공도公道를 명확히 하고 사기와 거짓을 없애는 방도다. 재능을 따져 보고 능력을 헤아려 보고, 덕을 고려하여 기용하는 것이 임금의 도리다. 한마음 한뜻으로, 직분을 지키고 수고로워 하지 않는 것이 신하의 할 일이다. 임금은, 아래로 관리들이 맡은 일에 대해 언급하지 않고, 유사에게 맡기고 (스스로는) 소임을 맡지 않는다. 신하들이 위로 임금의 일에 함께 전념하면, 임금이 위세를 잃게 된다. 이 때문에 도리가 있는 임금은 임금의 덕을 바로잡아서 백성들에게 임하며, (관리들의) 지능과 총명을 말하지 않는다. 지능과 총명은 신하들의 직분이다. (관리들의) 지능과 총명을 쓸 수 있는 근거는 임금의 도리다. 임금은 자기의 도리에 명철하고, 신하된 이는 그 직분을 잘 지키면, 상과 하가 구분되어 맡은 바가 다르나, (임금과 신하는) 다시 한 몸으로 합쳐진다. 이 때문에 선善을 아는 것이 임금이다. 자신이 선하면, 남을 위해 복역한다. 임금 자신이 착하다면, 전면적으로 파악할 수가 없다. 임금이 전체적으로 파악할 수 없다면, 늘 상 주기에만 은혜를 베풀고, 차마 형을 못 주니, 이는 나라에 법이 없는 것과 같다. 나라를 다스리는 데 법제가 없다면, 백성들은 붕당을 짓고 아래에서 결당하여, 교묘한 잔꾀를 부려 사욕을 이룬다. 법제가 항상 있으면, 백성들이 흩어지지 않고 위로 합쳐지니, 진심을 다하여 충성을 임금께 바친다. 이 때문에 (임금이) 지능을 따지지 않아도, 일이 순조롭게 다스려지며, 나라의 근심이 해소되는 것은 대신

33 于省吾에 의하면, 傳는 敷(공포하다)와 통한다.

34 尹知章의 주석에 의하면, '官各以其事業程於君也'는 '관리들은 각자 자기 사업으로써 임금에 의해 평가를 받는다'의 뜻이다.

35 黎翔鳳에 의하면, 胥는 視(보다)다.

들의 책임이다. (임금이) 총명을 따지지 않아도, 좋은 사람들이 천거되며, 사기를 치고 속이는 자들은 처형당하며, (이런 것들을) 보고 들은 이들이 많아진다. 이 때문에 임금은 만물의 근원을 지키며, 살아있는 모든 것을 다스리는 직분을 가진다. 현인을 선발하고 재능을 논하며, 천거된 이들을 얻어, 앉아서 그 복을 거두니, 다 기를 수 없다. 관리가 책임을 못 지고, (이들이) 도망가서 몰리게 되니, 실패한 일들을 다 구제할 수 없다. 나라에는 책임질 선비들이 결핍된 적이 없으니, 임금의 명철한 지혜가 그들을 알아보기에 특히 부족했을 뿐이다. 이 때문에 영명한 임금은 책임질 신하를 잘 알아보아야 한다. 따라서 말한다. 임금의 도리가 통하면, 현명한 인재들이 오고, 백성들은 다스려지니, 잘 다스려지느냐, 혼란스러우냐는 임금에게 달려 있을 뿐이다. 따라서 말한다. 임금의 몸은 덕을 바로잡는 근본이다. 관리들을 다스린다는 것은 (임금의) 눈과 귀의 기능과 같은 것이다. (임금의) 몸이 바로 서면 백성들은 교화되고, (임금의) 덕이 올바르니 관리들이 (잘) 다스려진다. 관리들을 다스리고 백성들을 교화시키는 요점은 임금에게 있다. 이 때문에 군자들은 백성들에게 요구하지 않는다. 이 때문에 임금이 신하들의 일에 간여하는 것은 (그 직분에) 어긋나며, 신하들이 임금의 일에 간여하는 것은 월권이다. 임금이면서 (신하들의 일에) 간여하면, 어그러지는 것이다. 신하이면서 (임금의 일에) 월권하면, 역적이다. 나라에는 (신하들의) 반역과 역행이 있을 수 있고, 영토가 있고 백성들을 주관하는 임금이 자기 기율을 잃을 수 있다.

是故君人也者, 無貴如其言. 人臣也者, 無愛如其力. 言下力上, 而臣主之道畢矣. 是故主畫之、相守之; 相畫之, 官守之; 官畫之, 民役之. 則又有符節、印璽、典法、筴籍以相揆也, 此明公道而滅姦僞之術也. 論材量能, 謀德而擧之, 上之道也. 專意一心, 守職而不勞, 下之事也. 爲人君者, 下及官中之事, 則有司不任. 爲人臣者, 上共專於上,[36] 則人主失威. 是故有道之君, 正其德以莅民, 而不言智能聰明. 智能聰明者, 下之職也. 所以用智能聰明者, 上之道也. 上之人明其道, 下之人守其職, 上下之分不同任, 而復合爲一體. 是故知善, 人君也. 身善, 人役也. 君身善, 則不公[37]矣. 人

36 黎翔鳳에 의하면, 上은 官上, 즉 임금을 말한다.
37 湯孝純에 의하면, 不公은 不通이니, 전체를 파악할 수 없다는 뜻이다. 『新譯管子讀本』(上), 408頁, 注1 참조.

君不公, 常惠於賞, 而不忍於刑,[38] 是國無法也. 治國無法, 則民朋黨而下比, 飾巧以成其私. 法制有常, 則民不散而上合, 竭情以納其忠. 是以不言智能, 而順事治, 國患解, 大臣之任也. 不言於聰明, 而善人擧, 姦僞誅, 視聽者衆也. 是以爲人君者, 坐[39]萬物之原, 而官諸生[40]之職者也. 選賢論材而待之以法, 擧而得其人, 坐而收其福, 不可勝收[41]也. 官不勝任, 犇走而奉,[42] 其敗事不可勝救也. 而國未嘗乏於勝任之士, 上之明適[43]不足以知之. 是以明君審知勝任之臣者也. 故曰: 主道得, 賢材遂, 百姓治, 治亂在主而已矣. 故曰: 主身者, 正德之本也. 官治者, 耳目之制也. 身立而民化, 德正而官治. 治官化民, 其要在上. 是故君子不求於民. 是以上及下之事謂之矯,[44] 下及上之事謂之勝. 爲上而矯, 悖也. 爲下而勝, 逆也. 國家有悖逆反迕之行, 有土主民者失其紀也.

이 때문에 상하의 교류를 구분하고 군신의 직분을 바로잡는 것을 이치[理]라 하고, 이치를 따라서 잃을 것이 없는 것이 도道다. 도와 덕德이 정해지면 백성들은 (따라 갈) 궤도가 있게 된 셈이다. 도리가 있는 임금은 훌륭하게 법제를 설치하여 사사로이 막는 법이 없다. 도리가 없는 임금은 이미 법제가 있어도, 법제를 버리고 사사로운 짓을 행한다. 임금이 법제를 버리고 사익을 취하면, 신하들은 사적인 것을 끌어들여 공적인 것을 채운다. 공적인 도리를 어기지 않으면, 이는 사적인 도리도 어기지 않는 것이다. 공적인 도리를 행하면서 사적인 것을 기탁하고, (그것이) 오래 쌓여도 (잘못인 줄) 모른다면, 속이려는 마음[姦心]이 어찌 쌓이지 않겠는가? 속이려는 마음이 쌓이면, (신하들이) 크게는 침범하고 핍박하여 임금을 살해하는 재앙이 있게 되고, 작게는 (신하들이) 결당하여 사익을 도모하는 내란이 있게 된다. 이런 일이 일어나는 까닭은, 임금의 덕이 바로 서지 못하고 나라에 상법常法이 없기 때문이다. 임금의 덕이 서 있지 않으면, 여인네들도 임금의 의도를 엿볼 수 있다. 나라에 상법이 없으면, 대신들이 감히 임금의 위세를 침범할 수

38 黎翔鳳에 의하면, 전체적으로 파악할 수 없다면, 상 주는 것이 옳지 않은데 상을 주니, 이는 베풂이 지나친 것이고, 마땅히 벌을 주어야 하는데 벌을 안 주니, 이는 차마 형을 줄 수 없는 것이다.

39 黎翔鳳에 의하면, 坐는 守(지키다)다.

40 黎翔鳳에 의하면, 諸生은 衆生을 말하니, 현대어로는 生物이고, 官은 管이다.

41 黎翔鳳에 의하면, 收는 牧(사육하다)이다.

42 黎翔鳳에 의하면, 奉은 捧(簇擁, 몰리다)이다.

43 于省吾에 의하면, 適은 啻(뿐)와 통하며, 特(특별)과도 통한다.

44 王念孫에 의하면, 矯는 拂(위배하다)이고, 勝은 陵(뛰어넘다)이다.

있다. 대신들은 여인네의 능력을 빌려서 임금의 정서를 살피고, 총애 받는 부인네들은 남자의 꾀를 빌려서 외부 권력을 끌어들여, 여기에 정부인을 제거하고 태자太子를 위태롭게 하며, 안에서 병란兵亂을 일으키고, 외부의 적들을 불러오니, 이는 임금을 위태롭게 하는 징조다.

是故別交正分[45]之謂理, 順理而不失之謂道. 道德定而民有軌矣. 有道之君者, 善明設法而不以私防者也. 而無道之君, 旣已設法, 則舍法而行私者也. 爲人上者釋法而行私, 則爲人臣者援私以爲公. 公道不違, 則是私道不違者也. 行公道而託其私焉, 寖久而不知, 姦心得無積乎? 姦心之積也, 其大者有侵偪殺上之禍, 其小者有比周內爭之亂. 此其所以然者, 由主德不立, 而國無常法也. 主德不立, 則婦人能食[46]其意. 國無常法, 則大臣敢侵其勢. 大臣假於女之能以規[47]主情, 婦人嬖寵假於男之知以援外權, 於是乎外[48]夫人而危太子, 兵亂內作, 以召外寇, 此危君之徵也.

이 때문에 도리 있는 임금은, 위로 오관五官을 두어서 백성들을 다스리면, 민중은 감히 법도를 뛰어넘는 행동은 안 할 것이다. 아래에 오황五潢[규찰糾察하는 관리]이 있어서 관리들을 살피면, 관리들이 법제를 이탈하여 (권력을) 행사할 수 없을 것이다. 조정에 일정한 법도와 준칙이 있어서 임금의 지위를 존숭하고, 의복, 곤룡포와 모자에 다 법도가 있게 되면, 임금의 격식이 성립될 것이다. 임금은 법에 따라서 명령을 내리고, 관리가 명령을 받들어 행사하면, 백성들이 임금을 따르는 것이 습속으로 된다. (이것이) 오래되어 일상이 되면, 풍속을 해치고 가르침을 떠난 자들을, 민중이 한뜻으로 나쁘다고 여기게 되면, 임금이 편안해질 것이다. 천자는 천하에 명령을 발동하고, 제후들은 천자에게 명령을 받고, 대부大夫들은 군주에게서 명령을 받고, 자식들은 부모에게 명령을 받고, 아랫사람들은 윗사람의 말을 듣고, 동생들이 형의 말을 듣는다면, 이것이 지극히 도리에 맞는 것이다. 형衡과 단石은 통일된 무게 단위, 두斗와 곡斛은 통일된 용량 단위, 장丈과 척尺은 통일된 도량 단위, 과戈와 병兵[무기]은 통일 규격이며, 서체가 같고, 수레바퀴

45 尹知章에 주석에 의하면, '別上下之交, 正君臣之分'(상하의 교류를 구별하고, 군신의 본분을 바로잡다)라고 했다.
46 趙守正에 의하면, 食은 伺(엿보다)와 통한다. 『管子通解』(上), 400頁, 注5 참조.
47 丁士涵에 의하면, 規는 옛날의 窺(엿보다) 자다.
48 趙守正에 의하면, 外는 '제거'의 뜻이다. 上同, 注8 참조.

가 같은 크기이니, 이것이 지당한 규격이다. 순조로움을 따르면 반역이 드러나고, 바른 것을 따르면 죄가 밝혀지니, 이것은 밤중에 물건을 찾으려는데 횃불을 얻은 것과 같다. 사기와 거짓을 저지른 사람이 숨을 곳이 없으니, 이것은 선왕들이 민심을 하나로 만들었기 때문이다. 이 때문에 천자天子께서 선한 일이 있으면, 하늘에 그 덕德을 돌린다. 제후들 중에 선한 이가 있으면, 그에 대해 천자에게 천거한다. 대부[귀족]들 중에 선한 이가 있으면, 그것을 제후[임금]에게 돌린다. 백성들에 선한 일이 있으면, 아버지에게 바탕을 둔 것이니, 이를 장로들에게 추천한다. 이는 도道와 법法이 나온 출처, 그곳이 나라를 다스리는 근본이다. 이 때문에 한 해의 '첫 달[正初]'에 한 해의 계획[王言]을 공포하는 것이 임금이다. 사계절에 (관리들을) 살피는 것이 재상宰相이다. 매달 (관리들을) 조사하는 것은 관의 몫이다. 온몸의 힘을 다 써서, 농사를 지으며 (임금의) 명령을 기다리는 것이 서민들이다. 이 때문에 서민들은 부형 사이에서 그들의 힘을 헤아려보고, 군신들 사이의 의리에서 자신들(에 대한 평가의) 언론을 들어 본다. 관리들은 그들의 덕과 능력을 따져서, (추천을) 기다린다. 대부[귀족]들은 관할하는 일만을 따져 보고, 그 밖의 것들은 언급하지 않는다. 그리고 재상은 항상 모든 것을 갖추어서 공급한다. 재상은 요점들을 총괄하고, 관리들은 일을 계획하고, 그 실제를 헤아리고 아름답고 좋은 점을 의논하여, 의심된 것을 바로잡는다. 임금은 명부明府[官府]에 소장된 법률을 끄집어내어 고찰하는데, (그는) 그것을 세 계단 위에 세우고, 남면南面하면서 (재상의) 요점만을 받는다. 이 때문에 임금은 여가의 시간이 있고, 관리들은 자기 소임을 다하고, 계절의 명령이 어지럽지 않고, 백성들이 정확히 공물을 바치고, 여기에 위로는 법제가 있고, 아래로는 분담하는 직책이 있다.

是故有道之君, 上有五官[49]以牧其民, 則衆不敢踰軌而行矣. 下有五横[50]以揆其官, 則有司不敢離法而使矣. 朝有定度衡[51]儀以尊主位, 衣服縪

49 五官은 위의 주석에서 말한 司徒, 司馬, 司空, 司士와 司寇이다.
50 章炳麟에 의하면, 五横은 五潢이니, 天象을 빌려 관직을 이름 지었다. 糾察하는 관직이 五潢이다.
51 尹知章의 주석에, 衡은 正이다. 正儀는 準則이다.

絻[52]盡有法度, 則君體法而立矣. 君據法而出令, 有司奉命而行事, 百姓順上而成俗, 著久而爲常, 犯俗離敎者, 衆共姦之, 則爲上者佚矣. 天子出令於天下, 諸侯受令於天子, 大夫受令於君, 子受令於父母, 下聽其上, 弟聽其兄, 此至順矣. 衡石一稱, 斗斛一量, 丈尺一綧制, 戈兵一度, 書同名, 車同軌, 此至正也. 從順獨[53]逆, 從正獨辟,[54] 此猶夜有求而得火也. 姦僞之人無所伏矣, 此先王之所以一民心也. 是故天子有善, 讓德於天. 諸侯有善, 慶[55]之於天子. 大夫有善, 納之於君. 民有善, 本於父, 慶之於長老. 此道法之所從來, 是治本也. 是故歲一言者,[56] 君也. 時省者, 相也. 月稽者, 官也. 務四支之力, 修耕農之業以待令者, 庶人也. 是故百姓[57]量其力於父兄之間, 聽其言於君臣之義. 而官論其德能, 而待之. 大夫比官中之事, 不言其外. 而相爲常具以給之. 相總要者, 官謀士,[58] 量實義[59]美, 匡請所疑. 而君發其明府之法瑞[60]以稽之, 立三階之上, 南面而受要. 是以上有餘日, 而官勝其任, 時令不淫, 而百姓肅給, 唯此上有法制, 下有分職也.

'도'는 '사람의 타고난 차별[姓別]'을 이루어 주었으니, (그 타고난 차별의 책임은) 사람에게 있지 않다. 성왕과 영명한 임금은 (이 이치를) 잘 알아서 그것을 이용하는 것이다. 이 때문에 백성들을 다스리는 데는 상도常道가 있으며, 재물의 생산에는 상법常法이 있다. 도는 만물의 핵심이다. 임금이 핵심을 잡고 기다린다면, 아랫사람들이 비록 사기와 거짓의 마음이 있어도, (임금을) 해칠 수는 없다. 도는 있긴 하나 비어 있으니, 그것을 아는 사람이 있으면 통하고, 그것을 아는 사람이 없다면 막혀 버리니, 여기에 그것이 없으면 사람들을 다스릴 수 없고, 여기에 이것이 없으면 재물을 만들어 낼 수가 없다. 백성들을 다스리고 재물을 키우는 데, 그 복은 임금에게 돌아간다. 이 때문에 영명한 임금은 도와 법을 중시할 줄 알고, 나라는 (그것들보다) 가볍게 여기는 것을 알 수 있다. 따라서 한 나라에서 임금 노릇 한다면, 도道가 그를 임금으

52 尹知章의 주석에 의하면, 緷絻은 옛날의 袞冕(袞衣와 모자)이다.
53 黎翔鳳에 의하면, 獨과 蜀은 같은 音이며, 獨은 燭(나타내다), 즉 照(비추다)의 뜻이다.
54 辟에는 죄, 허물의 뜻이 있다.
55 王念孫에 의하면, 慶은 마땅히 薦(천거하다) 자다.
56 黎翔鳳에 의하면, 왕은 正月에 한 해의 계획을 象魏(敎令을 현시하는 곳)에 공포하니, 이것이 王言이다.
57 劉績에 의하면, 百姓은 서민이다.
58 何如璋에 의하면, 士는 事다.
59 丁士涵에 의하면, 實은 功實이고, 義는 마땅히 議(논의하다)가 되어야 한다.
60 劉績에 의하면, '明府之法瑞'란, 太史가 헌법을 공포하면, 太府에 입고시키는 것이니, 象魏에 내걸린 法과 같다는 뜻이다. 黎翔鳳에 의하면, 瑞는 玉으로 信標를 삼았다는 뜻이다.

로 삼은 것이다. 천하에 왕 노릇 한다면, 도가 그를 왕으로 만든 것이다. 크게는 천하에 왕 노릇 하고, 작게는 한 나라에 임금 노릇 하지만, 그 도가 군림하고 있는 것이다. 이렇기 때문에, 임금이 바라는 것은 백성에게서 그것을 얻을 수 있다. 싫어하는 것이 있다면, 백성들에게서 그것을 제거해 줄 수 있다. (임금이) 바라는 것을 백성들에게서 얻을 수 있으니, 이 때문에 현명한 인재들이 천거된다. 싫어하는 것을 백성들에게서 없앨 수 있기 때문에 사기와 거짓이 관찰될 수 있다. (이는) 쇠붙이를 야금하고, 점토에서 도자기를 만드는 것과 같으니, 만드는 것은 기술자에게 달려 있다.

道者, 誠[61]人之姓也, 非在人也. 而聖王明君善知而道[62]之者也. 是故治民有常道, 而生財有常法. 道也者, 萬物之要也. 爲人君者, 執要而待之, 則下雖有姦僞之心, 不敢殺[63]也. 夫道者虛設, 其人在則通, 其人亡則塞者也, 非兹是無以理人, 非兹是無以生財. 民治財育, 其福歸於上, 是以知明君之重道法而輕其國也. 故君一國者, 其道君之也. 王天下者, 其道王之也. 大王天下, 小君一國, 其道臨之也. 是以其所欲者, 能得諸民. 其所惡者, 能除諸民. 所欲者, 能得諸民, 故賢材遂. 所惡者, 能除諸民, 故姦僞省. 如冶之於金, 陶之於埴, 制在工也.

이 때문에 (임금이) 백성들에게 주려고 할 때, 많이 준다면 (다) 공급할 수 없다. (백성들을) 장차 죽이려 해도, (임금의) 엄격한 위세는 (다시) 진작될 수 없다. 엄격한 위세가 진작될 수 없고, 후한 은혜도 제공하지 못하면, (임금의) 명성名聲과 실상[實]에는 틈이 있게 된다. 좋은 일을 한 사람에게 그가 받을 상을 미루지 않는다면, 따라서 백성들도 자기 이익을 사사로이 취하지 않는다. 과실이 있는데 벌주는 일을 늦추지 않는다면, 따라서 백성들도 임금의 위세를 싫어하지 않게 된다. 위세 있는 형벌이 백성들에게서 벗어나지 않는다면, 사람들은 임금에게 몰려들어 친할 것이로다! 마치 하늘에서 내리는 비와 같으니, 촉촉하게 아래를 한 자[尺] 적셔 주면, (초목이) 위로 한 자[尺] 자라난다.

61 陶鴻慶에 의하면, 誠은 마땅히 成이 되어야 한다. 成은 立의 의미가 있다. 黎翔鳳에 의하면, 姓은 사람들이 타고난 것이다.

62 黎翔鳳에 의하면, 道는 由로 훈독된다.

63 黎翔鳳에 의하면, 殺은 賊(해치다)의 뜻이다.

이 때문에 사람들을 다스리지만 (자신은) 간여하지 않고, 사람들을 일을 시키지만 (스스로는) 일하지 않으니, 홀로 서서 아무것도 따지지 않는 것이 임금의 지위다. 선왕들이 천하에 있는 것을, 백성들은 신명의 덕이 있는 것에 비유했으니, 선왕들은 백성들을 잘 거둔 것이다. 백성들을 나누어서 듣는 것은 어리석고, 모아서 들으면 슬기롭다. (임금은) 비록 탕湯왕이나 무武왕과 같은 덕이 있더라도, 다시 시장의 사람들의 말과 들어맞아야 한다. 이 때문에 영명한 임금은 인심에 순응하고, 사람들의 성정性情에 안주하여, 민중의 마음이 모이는 곳에서 (뜻을) 펼친다. 이 때문에 (임금의) 명령이 발동하면 미루어지는 일이 없고, 형벌은 있으나 쓰이지 않는다. 선왕들은 백성들과 더불어 한 몸이 되기를 잘한다. (임금은) 백성들과 한 몸이기에, 이로써 나라로써 나라를 지키고, 백성들로써 백성들을 지킨다. 이렇게 되니, 백성들은 옳지 않은 일을 하면 불편해한다. 비록 영명한 임금이라도, 100걸음 밖이라면, 들으려고 해도 들리지 않는다. 1판版 두께의 담장이 가로막혔다면, 엿보려 해도 보이지 않는다. 영명한 임금이라고 일컫는 것은, 그 임금이 자기 신하들을 잘 활용하고, 신하들이 (임금에게) 충성을 잘 바치는 것이다. 믿음으로 믿음이 이어지고, 선善으로 선한 것이 전해지니, 이 때문에 천하를 얻어서, 다스릴 수 있는 것이다. 이 때문에 영명한 임금이 그 아래 신하들을 천거할 때, 그들의 장점과 단점을 다 알고, 그가 더 이상 잘할 수 있는 한계점까지 알고서, 일을 맡기는 것이다. 현인이 임금에게 신하 노릇 하면, (임금의) 장단점과 자기 힘으로 할 수 없는 점을 다 알고서, (자기) 능력을 헤아려 관직을 받는다. 임금은 이렇게 신하들을 키우고, 신하들은 이렇게 임금을 모시니, 임금과 신하들이 서로 공정公正을 기대하며, 남녀 백성들이, 모두 함께 다스려진다.

是故將與之, 惠厚不能供. 將殺之, 嚴威不能振. 嚴威不能振, 惠厚不能供, 聲實有間也. 有善者不留其賞, 故民不私其利. 有過者不宿[64]其罰, 故民不疾其威. 威罰之制, 無踰於民, 則人歸親於上矣. 如天雨然, 澤下尺, 生上尺. 是以官人不官, 事人不事, 獨立而無稽者, 人主之位也. 先王之在天下

64 尹知章의 주석에서, 宿은 停(정체하다)과 같다.

也, 民比之神明之德, 先王善牧[65]之於民者也. 夫民別而聽之則愚,[66] 合而聽之則聖. 雖有湯、武之德, 復合於市人之言. 是以明君順人心, 安情性, 而發於衆心之所聚. 是以令出而不稽,[67] 刑設而不用. 先王善與民爲一體. 與民爲一體, 則是以國守國、以民守民也. 然則民不便爲非矣. 雖有明君, 百步之外, 聽而不聞. 閒之堵牆, 窺而不見也. 而名爲明君者, 君善用其臣, 臣善納其忠也. 信以繼信, 善以傳善, 是以四海之內, 可得而治. 是以明君之擧其下也, 盡知其短長, 知其所不能益, 若[68]任之以事. 賢人之臣其主也, 盡知短長, 與身力之所不至, 若量能而授[69]官. 上以此畜下, 下以此事上, 上下交期於正, 則百姓男女, 皆與治焉.

65 陶鴻慶에 의하면, 牧은 收(거두다)의 뜻이고, 收는 取(취하다)의 뜻이다.

66 張佩綸에 의하면, '人離而聽之則愚, 合而聽之則聖'(사람들을 분리하여 허망[妄]을 들으면 어리석고, 합하여 들으면 성인이다)이니, 民이 唐나라 諱로 人이 되었고, 離와 別은 같은 뜻이다.

67 尹知章의 주석에 의하면, 稽는 留保의 뜻이다.

68 兪樾에 의하면, 若은 乃(이에, 곧)다.

69 兪樾에 의하면, 若은 乃이고, 授(주다)는 受(받다)의 뜻이다.

제31편

군신하 君臣下

본 편은 군신 관계를 중심으로, 이와 관련된 여러 문제를 토론한다. 임금이 상벌을 실천할 것과 재상宰相 및 선현先賢 선발의 원칙을 설명한다. 또한 나라가 위태롭게 되거나 멸망하는 문제들과 군신들이 쉽게 범하는 착오들을 분석하고 있다. 그리고 임금이 자기에게 시작하여, 나라를 다스리는 원칙을 묻고 있으며, 농업, 법제, 이치吏治를 중시한다. 궁중의 내란과 총신과 근신近臣들에 의한 권력 탈취의 방지를 말한다.

옛날에는 군신의 상하 구별이 아직 없었고, 부부 배필配匹의 혼인이 아직 없었고, 짐승처럼 무리 지어 생활하고, 힘으로 서로 정복하였다. 여기에 지능 있는 이가 어리석은 자를 속이고, 강한 자가 약자를 능멸하니, 늙은이, 어린이, 아비 없는 자식들과 늙어 자식 없는 이들이 그들이 살 곳을 (제대로) 얻지 못했다. 따라서 똑똑한 이가 많은 사람의 힘을 빌려서 강자의 학대를 금지시키니, 난폭한 이들이 그치게 되었다. 백성들을 위해 이득을 일으키고 해를 제거하여, 백성들의 덕을 바로잡으니, 백성들이 그를 스승으로 삼았다. 이 때문에 도술과 덕행이 현인들에게서 나왔으며, 의義를 믿고 따르니 백성들의 마음에 조리條理들이 생기게 되어, 백성들이 도道에로 돌아오게 되었다. 물건을 이름 짓는 데 옳고 그름의 구분에 머무르거나 떠난다면, 바로 상賞이나 벌이 따를 것이다! 위아래가 설정되고, 백성의 가족들이 연결되니, 나라의 도성都城들이 성립되었을 것이다. 이 때문에 국가가 나라가 된 까닭은, 백성들이 연결되어서 나라가 된 것이다. 임금이 군주가 된 까닭은, 상과 벌을 주기 위해 임금이 된 것이다. 상을 남발하면 (나라 재정이) 궁핍하게 되고, 벌을 남발하면 학대가 된다. 재정이 궁핍해지고 명령이 (백성들을) 학대하게 되면, 백성들을 잃어버리는 이유가 된다. 이 때문에 영명한 임금은 일상의 교화를 잘 알아서, 백성들을 다스리기에, (임금이) 있으면 다스려지고 싸우면 이기고 지키면 굳건해지는 것이다. 상이 커지면 임금은 (더 이상) 줄 수 없게 되고, 벌이 학대의 수준이면 아래의 백성들이 (임금을 더 이상) 믿지 않게 된다. 이 때문에 영명한 임금은 음식과 조상弔喪의 예禮를 정비하여, 민중을 권면한다. 이 때문에 (임금은) 팔정八政[食, 貨, 祀, 司空, 司徒, 司寇, 賓과 師]으로 권면하였고, 의복으로 표시하였고, 나라의 미곡米穀으로 부유하게 하였으며, 왕의 법제로써 고귀하게 해주었으니, 백성들이 임금에게 친밀하여, 그들을 쓸 수 있었다. 백성들을 쓸 수 있으면, 천하 사람들을 끌어모을 수 있다.

古者未有君臣上下之別, 未有夫婦妃匹之合, 獸處羣居, 以力相征. 於是智者詐愚, 强者凌弱, 老幼孤獨不得其所. 故智者假衆力以禁强虐, 而暴人止. 爲民興利除害, 正民之德, 而民師之. 是故道術德行出於賢人, 其從義理兆[1]形於民心, 則民反道矣. 名物處違[2]是非之分, 則賞罰行矣. 上下設, 民生體,[3] 而國都立矣. 是故國之所以爲國者, 民體以爲國. 君之所以爲君者, 賞罰以爲君. 致賞則匱, 致罰則虐. 財匱而令虐, 所以失其民也. 是故明君審居處之教,[4] 而民可使, 居治戰勝守固者也. 夫賞重則上不給也, 罰虐則下不信也. 是故明君飾食飲弔傷[5]之禮, 而物厲[6]之者也. 是故厲之以八政,[7] 旌[8]之以衣服, 富之以國裹,[9] 貴之以王禁,[10] 則民親君, 可用也. 用, 則天下可致[11]也.

(임금이) 임금의 도로 이끌면 천하 사람들이 오며, 임금의 도로 이끌지 않으면 (사람들이) 오지 않는다. 무릇 물이란 파도치며 올라가서, 다 흔들어 놓고 다시 내려오니, 물의 형세가 진실로 그러한 것이다. 따

1 黎翔鳳에 의하면, 從은 믿고 따름의 뜻이고, 理는 條理이고, 兆는 길흉의 실마리이고, 먼저 보이는 조짐이다.

2 黎翔鳳에 의하면, 處는 止(그치다)이고, 違는 離(물러나다), 去(떠나다)의 뜻이다. 戴望에 의하면, 名物은 그 물건을 바르게 이름하다의 뜻이다.

3 黎翔鳳에 의하면, 體는 連絡과 같다. 生은 姓이니, 가족의 의미다.

4 趙守正에 의하면, 居處之教는 일상의 교화를 말한다. 『管子通解』(上), 413頁, 注2 참조.

5 飾은 飭(정비하다)과 통한다. 傷은 喪(잃다, 사망하다)과 통한다.

6 黎翔鳳에 의하면, 厲는 勵(힘쓰다)의 假借이고, 勸勉의 뜻이다.

7 趙守正에 의하면, 八政은 食, 貨, 祀, 司空, 司徒, 司寇, 賓과 師이다. 上同, 414頁, 注5 참조.

8 旌은 표시하다의 뜻이다.

9 黎翔鳳에 의하면, 裹는 『穆天子傳』의 '米三百裹'의 裹(포장함)다.

10 許維遹에 의하면, 禁은 法制와 같다.

11 湯孝純에 의하면, 致는 引來(끌어오다), 즉 歸向시키다의 뜻이다. 『新譯管子讀本』(上), 422頁, 注12 참조.

라서 (임금이) 덕을 베풀어 (백성들을) 품고, 두려움으로써 겁을 주면, 천하 사람들이 (다) 귀의할 것이로다! (임금의) 도가 있는 나라에서 호령을 발동하면, 부부夫婦들이 다 임금에게 귀화할 것이로다! 법령과 헌장憲章을 반포하면, 현인과 열사烈士들이 임금에게 재능을 다 발휘할 것이로다! 천 리千里 안에 베 한 묶음의 (가벼운) 벌罰[12]이나, 백 평[畝]의 땅에 대한 (하찮은) 세금까지도, (임금은) 다 알 수 있다. 도끼를 (형벌로) 다루는 (지위 낮은) 형리刑吏라도 (임금에게) 형刑을 따져 물을 수 있고, (상으로 내리는) 수레와 모자를 관할하는 (낮은) 관리도 (임금에게 부당한) 상을 따져 물을 수 있다. 아름답기가 한 아버지의 자식들과 같고, 한 가정의 참모습과 같으니, 의義와 예禮가 명확하다. 아랫사람들이 그 윗사람들을 받들지 않고, 신하들이 그 임금을 받들지 않으면, 현인賢人들은 오지 않는다. 현인들이 안 오면, 백성들을 쓸 수가 없다. 백성들을 쓸 수 없으면, 천하 사람들이 오지 않는다. 따라서 말한다. (임금의) 덕이 침해를 받으면 임금이 위태롭고, (임금의) 논공행상論功行賞이 침해를 받으면 공로가 있는 사람이 위태롭고, (임금의) 명령이 침해를 받으면 관리들이 위태롭고, (임금의) 형벌이 침해를 받으면 백성들이 위태롭기에, 영명한 임금은 권력을 멋대로 휘두르며 분수를 넘어서는 신하들을 잘 살펴서 억누른다. 위에서 권력을 멋대로 휘두르고 분수를 넘어서는 논의가 있을 수 없다면, 아래에서 요행을 바라는 마음이 없을 것이다.

天下道[13]其道則至, 不道其道則不至也. 夫水, 波而上, 盡其搖而復下, 其勢固然者也. 故德之以懷也, 威之以畏也, 則天下歸之矣. 有道之國, 發號出令, 而夫婦盡歸親於上矣. 布法出憲, 而賢人列士盡功能于上矣. 千里之內, 束布之罰, 一畝之賦, 盡可知也. 治斧鉞者不敢讓[14]刑, 治軒冕者不敢讓賞. 墳[15]然若一父之子, 若一家之實, 義禮明也. 夫下不戴其上, 臣不戴其君, 則賢人不來. 賢人不來, 則百姓不用. 百姓不用, 則天下不至. 故曰: 德侵則君危, 論侵則有功者危, 令侵則官危, 刑侵則百姓危, 而明君者, 審禁淫侵[16]者也. 上無淫侵之論, 則下無異幸[17]之心矣.

12 베 한 묶음의 벌은 경미한 罰이다.

13 道는 導(이끌다)와 통한다.

14 黎翔鳳에 의하면, 讓은 責讓(따져 묻다)의 뜻이다.

15 黎翔鳳에 의하면, 墳(무덤)은 賁(장식하다, 아름답다)으로 읽는다.

16 淫侵은 '擅權越分'(권력을 멋대로 휘두르고 분수를 넘어섬)이다.

17 朱東光本에 따르면, 異幸이 冀幸으로 되어 있다. 趙守正에 의하면, 冀幸은 僥倖이다. 冀와 異가 옛날에는 서로 통했다. 『管子通解』(上), 415頁, 注3 참조.

임금이 도를 어기고 법을 버리고, 사사로운 일하기를 좋아하는 것을 일컬어 난리라고 한다. 신하가 되어, 전통의 법제와 준칙을 버리고, 아첨하는 관리가 되어 임금께 아첨하면, 품계를 무시하고 뛰어오른다고 한다. 난리가 심해지면 학대이고, 뛰어오름이 심해지면 패배敗北다. 이 네 가지 중에 하나만 와도, 패배하는 것이니, 적敵들이 도모하는 일이다. 이 때문에 (임금이) 사람들에게 재물을 나누어 주어 여유 있고 자족하여 난리가 그친다면, 백성들은 기뻐할 것이다. (임금이) 현인을 선발하고 재능 있는 인재를 천거하며, (부모에게) 효도하고 (형제간에) 우애 있는 사람들을 예우禮遇하면, 사기와 거짓이 멈출 것이다. 음란 방탕을 막고, 남녀를 구별하면, 사통私通과 음란 행위는 멀어질 것이다. 귀한 자와 천한 자 사이에 예의가 있고, 질서와 관등에 파격이 없어지면, 공로 있는 사람들이 (더욱) 분발할 것이다. 나라에 온당한 규범이 있고, 상법常法이 가려 있지 않다면, 아랫사람들은 원망하는 마음이 없을 것이다. 이 다섯 가지가, (임금의) 덕을 일으키고 과오를 바로잡으며, 나라를 존속시키고 백성들을 안정시키는 도리다.

爲人君者, 倍道弃法, 而好行私, 謂之亂. 爲人臣者, 變故易常, 而巧官以諂上, 謂之騰.[18] 亂至則虐, 騰至則北. 四者有一至, 敗, 敵人謀之. 則故施舍優猶以濟亂,[19] 則百姓悅. 選賢遂材而禮孝弟, 則姦僞止. 要[20]淫佚, 別男女, 則通亂隔. 貴賤有義, 倫等不踰, 則有功者勸. 國有常式,[21] 故法[22]不隱, 則下無怨心. 此五者, 興德匡過, 存國定民之道也.

임금이 큰 잘못이 있을 수 있고, 신하가 큰 죄를 지을 수 있다. 나라는 (임금에게) 소유되고, 백성들은 임금이 관할하니, 나라가 있고 백성을 임금이 다스리되, 백성들이 싫어하는 자로 하여금 백성들을 제재하게 되면 이것이 (임금의) 첫째 과오다. 백성들에게 봄, 여름, 가을에 해야 할 일을 선포하지 않으면, 백성들은 그 (나라의) 백성이 될 수 없

18 黎翔鳳에 의하면, 諂은 諛(아첨하다)이고, 巧官은 巧宦(아첨하는 관리)과 같다. 騰은 越級提升(등급을 넘어 뛰어오르다)의 뜻이다.

19 王念孫에 의하면, 優猶는 優游(有閑自得)이고, 濟는 止다. 黎翔鳳에 의하면, 則故는 是故와 같다.

20 尹知章의 주석에, 要는 遮止(막다)다.

21 常式은 온당한 규범이다.

22 趙守正에 의하면, 故法은 常法이다. 『管子通解』(上), 416頁, 注8 참조.

다. 백성들이 (더 이상) 그 나라의 백성이 아니라면, (나라를) 지키며 싸울 수 없다. 이것이 임금의 두 번째 과오다. 신하들은 임금으로부터 높은 작위와 후한 녹봉을 받으며, 큰 관직들을 다스린다. 관직을 배반하고, 할 일을 놓치고, 임금의 심기만 살펴 따르고, 임금의 욕구에 순종하며, (임금에게) 아첨하며 (임금의) 욕구를 내버려두는 것은 신하의 큰 죄다. 임금이 과오가 있는데 (그것을) 고치지 않으면 역행이고, 신하가 마땅히 죄를 받아야 하나 받지 않는 것은 난리[亂]다. 임금이 역행하는 임금이고, 신하가 난신이라면, 나라가 쇠망할 것은 앉아서 기다릴 수 있다. 이 때문에 도리 있는 임금이 근본을 잡고 있고, 재상이 요점을 잡고 있고, 대부大夫들이 법을 잡고 있다면, 많은 신하를 통치할 수 있다. 많은 신하가 머리를 다하고 힘을 다하여, 임금에게 제 역할을 하게 된다. 이 네 가지 지킬 것을 지키면 나라가 다스려지고, 소홀하면 (나라가) 혼란해지니, 따라서 (임금은) (이 네 가지를) 명확히 설정하여 굳게 지키지 않으면 안 된다. 옛날에, 성왕들은 민생을 후하게 함을 근본으로 삼고, 화와 복이 어디에서 생겨나는지를 잘 알았다. 이 때문에 작은 일도 신중히 하고 미세한 것에서 일을 시작하여, (이치에) 어긋나거나 비행이라면 끝까지 따져서 분변分辨하였다. 이렇게 되니 사기와 거짓을 하는 간사한 자들이 감히 시도조차 못하게 되었다. 이것이 예禮에 따르고 백성을 바르게 하는 도리다.

夫君人者有大過, 臣人者有大罪. 國所有也, 民所君也, 有國君民, 使民所惡制之, 此一過也. 民有三務[23]不布, 其民非其民也. 民非其民, 則不可以守戰. 此君人者二過也. 夫臣人者, 受君高爵重祿, 治大官. 倍其官, 遺其事, 穆[24]君之色, 從其欲, 阿而勝[25]之, 此臣人之大罪也. 君有過而不改謂之倒,[26] 臣當罪而不誅謂之亂. 君爲倒君, 臣爲亂臣, 國家之衰也, 可坐而之. 是故有道之君者執本, 相執要, 大夫執法, 以牧其羣臣. 羣臣盡智竭力, 以役其上. 四守者, 得則治, 易則亂, 故不可不明設而守固. 昔者, 聖王本

23 張佩綸에 의하면, 『說苑』, 「辨物篇」에, '古者主四時者: 主春者張, …, 可以種穀, 上告于天子, 下布之民; 主夏者大火, …, 上告于天子, 下布之民; 主秋者虛, …, 可以種麥, 上告于天子, 下布之民; 主冬者昴, …, 可以斬伐, 田獵蓋藏, 上告于天子, 下布之民'라 했으니, 三務는 봄, 여름과 가을 계절의 책무다.

24 兪樾에 의하면, 穆은 順이고, 다음 문장의 從도 順이다.

25 黎翔鳳에 의하면, 勝은 任(맡긴다)의 뜻이다.

26 黎翔鳳에 의하면, 倒行은 逆施다. 『說文解字』에는 '倒' 글자가 없는데, 漢의 碑石에 처음 보이니, 楊忱本은 漢의 隸書로 쓰였다.

厚民生, 審知禍福之所生, 是故愼小事微, 違[27]非索辯以根之. 然則躁作姦邪僞詐之人, 不敢試也. 此[28]禮正民之道也.

옛날에 두 마디 말씀이 있었으니, 담장에도 귀가 있고, 매복한 적敵이 옆에 있다는 것이다. 담장에도 귀가 있다는 것은, 은밀한 계획이 밖으로 새어 나가는 것을 말한 것이다. 숨어 있는 도적이 옆에 있다는 것은, (숨은 도적들이) 침묵하며 마음을 정定하고 음험한 '도'로써 백성들(의 마음)을 얻는 도리다. 은밀한 계획이 누설되는 것은, 교활한 여자가 임금의 정情을 몰래 취하여, 유세하는 사악한 무리들에게 주는 것이다. 침묵으로 마음을 정하는 것은 음험한 도로써 민심을 얻는 것이다. 전에는 귀한 신분이었다가 나중에 비천해진 자들이, (음험한 도로써 민심을 얻으려고) 날뛴다. 영명한 임금이 위에 있으면, 총신들이 임금의 뜻을 좀먹지 못하니, 형벌은 근신들에게 먼저 가해진다. 대신들이 임금의 권세를 침입할 수 없으니, 붕당을 결성한 자들은 처벌당하는 것이 분명하다. 임금은 참언하거나 아첨하는 무리를 멀리하고, (신하들이) 붙어서 당파를 짓는 것을 폐지시키고, 음란 패역하며 유세하는 변사辯士의 무리에게 조정에 작위를 주지 않으니, 이것이 사기를 멈추게 하고, 간특한 자를 구금하며, 나라를 부유케 하고, (임금이) 임금 자리를 보전하는 도리다. (그러나) 임금은 많은 신하와 백성을 통제하고, (임금의) 좌우 대신들을 통해서 화합한다. 이 때문에 좌우 대신들은 신하와 임금이 서로 융합하여, 제정한 명령을 백성들에게 반포하고, 반드시 좌우 대신들을 통해서 실현한다. 좌우 대신들은 원만한 것을 급한 것으로 하고, 급한 것에서 위세를 취하기도 하고, 급한 것을 원만한 것으로 하고, 원만하여 백성들에게 베풀기도 한다. (이렇게) 위세와 시혜가 아랫사람들에게 옮겨 간다면, 임금은 위태롭게 될 것이다. (관리들이) 현명한지 아닌지가 임금에게 알려지는 것은 반드시 좌우 대신들로 말미암는다. 재력이 임금에게 공급되는데, 반드시 좌우 대신들에 의해서 말미암는다. 현인과 그러하지 못한 이가 바뀌어질 수 있고, 아래에서 위세를 부리며 당파를 이루게 될 수 있다. 또한 백성들의 재력으로 위로

27 黎翔鳳에 의하면, 違는 離(背離이다)다.
28 黎翔鳳에 의하면, 此는 止이니, 比次(…에 따라서)의 뜻이다.

임금을 함정에 빠뜨릴 수 있고, 아래에서 공로功勞를 사취할 수 있다. (신하들이) 임금과 신하의 일들을 겸직하며 그들이 사익을 취하게 되면, (임금이) 작위 제도를 더 이상 쓸 수 없게 되니, 임금은 위험하게 되리로다!

古者有二言, 牆有耳, 伏寇在側. 牆有耳者, 微謀外泄之謂也. 伏寇在側者, 沈疑[29]得民之道也. 微謀之泄也, 狡婦襲主之請,[30] 而資游慝[31]也. 沈疑者, 得民也者. 前貴而後賤者, 爲之驅也. 明君在上, 便僻不能食[32]其意, 刑罰亟[33]近也. 大臣不能侵其勢, 比黨者誅, 明也. 爲人君者, 能遠讒諂, 廢比黨, 淫悖行食之徒,[34] 無爵列朝於朝者, 此止詐拘姦厚國存身之道也. 爲人上者, 制羣臣百姓, 通中央[35]之人和. 是以中央之人, 臣主之參,[36] 制令之布於民也, 必由中央之人. 中央之人, 以緩爲急, 急可以取威; 以急爲緩, 緩可以惠民. 威惠遷於下, 則爲人上者危矣. 賢不肖之知於上, 必由中央之人. 財力之貢於上, 必由中央之人. 能易賢不肖, 而可威黨[37]於下. 有能以民之財力, 上陷其主,[38] 而可以爲勞於下. 兼上下以環[39]其私, 爵制而不可加, 則爲人上者危矣.

임금보다 앞서 좋은 일을 한다고, (임금의) 상賞을 침탈하면 그 (임금의) 실권을 뺏는 것이다. 임금보다 앞서 나쁜 일을 한다고, (임금의) 형벌을 침해하면 (임금의) 위세를 뺏는 것이다. 외부에 떠도는 말로써 임금을 위협하려고 한다. (임금의) 명령을 막아서 밖으로 내보내지 않는 것은 그 임금을 유폐幽閉시키는 것이다. 이 네 가지가 다 일어났는

29 黎翔鳳에 의하면, 沈疑의 疑는 定으로 훈독된다. 침묵으로 확정하고, 陰險의 道로서 백성들을 얻는 것이 伏寇인되, 潛伏하여 발각되지 않음을 말한 것이다.

30 丁士涵에 의하면, 襲은 密取의 뜻이니, 교활한 여자가 임금의 情을 몰래 취하니, 계획이 누설되었다 請은 情이다.

31 湯孝純에 의하면, 游慝은 유세하여 詐欺 치는 무리다.『新譯管子讀本』(上), 427頁, 注8 참조.

32 兪樾에 의하면, 食은 蝕(벌레 먹다)으로 읽어야 한다.

33 豬飼彦博에 의하면, 亟은 急(先과 같다)이니, 형벌이 가까운 신하들에게 먼저 가해진다는 뜻이다.

34 黎翔鳳에 의하면, 郭沫若가 行食之徒는 遊客이나 辯士의 무리라고 말한 것은 옳다.

35 丁士涵에 의하면, 通은 아마도 道의 오자인 것 같고, 道는 由의 뜻이다.

36 湯孝純에 의하면, 參은 參錯이니, 상호 융합의 뜻이다. 上同, 428頁, 注3 참조.

37 黎翔鳳에 의하년, 黨은 比이니, 作威而比黨於下(위세를 부리며 아래에서 당파를 만든다)의 뜻이다.

38 劉績에 의하면, 有는 又(또)다. 黎翔鳳에 의하면, 陷其主는 '임금을 그들의 術에 떨어뜨려 스스로 일어설 수 없게 함'이니, 陷이 옳다.

39 王念孫에 의하면, 環은 營이다.

데도, 임금은 아는데 아랫사람들이 모른다면, 나라의 위태로움은 앉아서 기다릴 뿐이다.

先其君以善者, 侵其賞而奪之實者也. 先其君以惡者, 侵其刑而奪之威者也. 訛言於外者,[40] 脅其君者也. 鬱[41]令而不出者, 幽其君者也. 四者一[42]作, 而上下不知也,[43] 則國之危, 可坐而待也.

신성한 이가 왕이 되고, 인자하고 지혜로운 이가 임금이 되고, 무예와 용기 있는 이가 우두머리가 되는 것, 이것은 하늘의 '도'요, 사람들의 실정이다. 천도天道와 인정人情이 통하니 (명名과 실實의 차이가 없어서) 질박하고, 사랑[은혜]을 따르니, 이는 도리를 따른 것이다. 이 때문에 어려움을 걱정하는 데서 시작하는 이는 그 일에 참여할 수 없고, 일을 친히 하는 사람은, 도리는 거들떠보지도 않는다. 이 때문에 임금은 걱정만 하고 수고하는 것은 아니며, 백성들은 수고는 하지만 걱정은 없다. 임금과 신하는 상과 하의 방향이 나뉜다면, 예제禮制가 성립된 것이로다. 이 때문에 사람들은 임금에게 부역하고, (백성들은) 힘으로서 영명한 이들에게 부역하고, 몸은 마음에 부역하니, 이것은 사물의 이치다. 마음의 공능은 생각하고 안 하는 것이며, 몸의 공능은 위를 보고 아래를 보며 (몸을) 굽혔다 펴는 것과 같다. 생각하고 안 하고는 제동制動을 주관하고, 위보고 아래 보고 (몸을) 굽혔다 펴는 것은 노동을 주관한다. 노동을 주관하는 것은 네모이나, 제동을 주관하는 것은 원圓이다. 둥근 것은 구르고, 구르는 것은 통하며, 통하면 화합한다. 네모는 집착하고, 집착하면 굳어지고, 굳어지면 신념이 있다. 임금은 의義로 화합하고, 신하들은 절개와 신의를 지키면, 상과 하에서 사특한 일이 없을 것이다. 따라서 말한다. 임금은 어질음[仁]으로 통제하고, 신하들은 믿음을 지켜 나가니, 이것은 상과 하의 예禮를 말한 것이다. 임금이 서울에 있는 것은, 마음이 몸에 있는 것과 같다. 도와 덕이 임금에

40 尹知章의 주석에 의하면, '假說妖妄之言以惑衆, 如此者, 欲脅君也'(가설과 여망한 말로써 민중을 미혹하여, 임금을 위협하려고 한다)의 뜻이다.

41 尹知章의 주석에 의하면, 鬱은 塞(막다, 막히다)이다.

42 王念孫에 의하면, 一은 皆(모두)다.

43 黎翔鳳에 의하면, '上知而下不知, 其惡不昭著'(임금은 아는데 아래에서 모른다면, 그 악은 아직 밝히 드러나지 않았다)라고 말한다.

게서 정해지면, 백성들이 아래에서 교화된다. 마음이 속에서 형성됨을 계신戒愼하면, 용모가 밖으로 움직여 나타난다. 바로잡는 것은, (임금의) 덕을 밝히는 까닭이다. (임금은 무엇이) 자기에게 적합한지를 알게 되면, 백성들에게 (무엇이) 적합한지를 알게 되는 것이니, 사리를 따른 것이다. (임금이) 백성들에게 무엇을 잘못했는지를 알게 하면, (백성들은) 물러나서 자기에게서 (그 원인을) 찾게 되고, 그 근본으로 되돌아오게 된다. 자기에게 요구하는 것이 많으면, 따라서 (임금의) 덕행이 세워진 것이다. 남들에게서 요구하는 것이 적다면, 따라서 백성들도 쉽게 그것을 내준다. 따라서 임금은 하늘에 주목하고, 신하들은 아래의 땅에 주목해야 한다. 하늘을 주목하려면, 천시天時를 장악해야 하고, 백성들의 경제력[民力]에 힘써야 한다. 아래의 대지에 주목하여, 땅의 이점을 찾아내면, 재용財用은 충분할 것이다. 따라서 대의大義를 잘 꾸미고, 계절과 절기를 잘 알고,, 위로 신명神明께 예를 올리고, 아래로 보좌하는 신하에게 의를 갖추어야 한다. 영명한 임금의 도리는 법제에 의거하고 아첨을 금하는 것이며, 위로 임금의 잘못을 고치고, 아래로 백성들의 근심을 구제하는 것이 충신들이 할 일이다. 영명한 임금이 위에 계시고, 충신들이 보좌한다면, 정책과 형벌로써 백성들을 다스릴 수 있다. (백성들은) 먹고 입는 이점에 이끌리기 때문에 질박하고 부리기 쉽고, 우둔하여 멈추게 함이 쉽다. 군자들은 도리로 살고, 소인들은 노력으로 사니, 각각 제 힘으로 할 수 있는 것을 다한다. (임금의) 위엄에 세력이 없다면 또한 그 자리에 서 있을 수가 없을 것이며, (소인들이) 일을 하지 않으면 또한 생산될 것도 없다. 이런 (구분이) 정해지면 나라가 평안하고 죄악도 적을 것이로다. 군자가 도리로 산다면, 의를 잘 알 수 있고 예가 밝아질 것이다. 의를 잘 알고 예가 밝아지면, 윤상倫常의 질서에 월권이 없을 것이니, 비록 수레와 보병을 가진 대부[귀족]라 할지라도, 요행으로 난리를 일으킬 마음을 갖지 못할 것이기에, 임금은 위태롭지 않을 것이다. 평민들은 힘으로 먹고살면, 농업에 힘쓸 것이다. 농업을 하는 사람이 많으니, 농사지으며 (임금의) 명령을 들을 것이다. 이 때문에 영명한 임금이 세상을 다스리고, 백성들이 임금에 의해 다스려지는 것은, 초목이 계절에 의해 다스려지는 것과 같다. 따라서 백성들이 뒤에서 따라오면 그러하게 하고, 백성들이 잘 따라오면 그들을 우회迂回시켜야 한다. (그들을) 터주면 행동하고, 막으면 멈추게 해야 한다. 영명한 임금만이 (백성들에게) 길을 터주고, 또한 그 길을 막을 수 있다. 터주면 군자들은 예를 행할 것이고, 막으면 소인들은 농사에 전념할 것이다. 군자들이 예를 행하면, 임금은 존귀해지고 백성들은 순종할 것이다. 평민들이 농사에 전념하면, 재물이 후厚해지고 군비가 충족될 것이다. 임금이 존귀해지고 백성들이 순종하면, 재물이 많아지고 군비가 충족되니, 이 4가지가 한 몸을 이루면, 한 순간에 왕이 되는 것이, 어렵지 않을 것이로다! 사지四肢와 육도六道는 사람 몸이다. 사정四正[군, 신, 부, 자]과 오관五官[五行의 관직]은 나라의 몸체다. 사지가 통하지 않고, 육도六道가 원활하지 않으면, (기氣와 혈血이) 조화를 잃었다고 말한다. 군신과 부자[四正]가 올바르지 않고, 오행五行의 관직들이 관직을 제대로 못하면, (나라는) 혼란混亂한 것이라 말한다. 이 때문에 나라의 임금은 다른 성씨에서 아내를 취하고, (시집올 때) 함께 오는 잉첩媵妾[조카와 여동생]들, 비빈妃嬪들, 궁녀들을 세우니, 다 법제가 있어, 내궁內宮을 다스리는 근거다. 남녀의 구별을 명확히 하여, (남녀 간) 혐의 가는 절제를 명확히 함으로써, 간통을 방지하는 근거로 삼았다. 이 때문에 궁중과 밖이 소통할 수 없었고, 참언과 모해가 생길 수 없었으며, 여자들의 말이 관청의 일을 언급할 수 없었고, 여러 신하와 자제들은 궁중과 교제가 없으니, 이로써 선왕들은 덕을 밝혔고 죄악을 금지하였고, 공적인 것을 밝혔고 사적인 것을 박멸하였다. (임금은) 설정된 (적장자嫡長子를) 분명히 대접하고 총애하지만, 적장자 때문에 의를 해쳐서는 안 된다. (임금은 서자들을) 예우하고 사사로이 사랑하고 좋아할 수 있지만, 세력은 (적장자와 그들을) 함께 논의할 수 없다. 작위가 비록 높다 해도, (적장자嫡長子에 대한) 예를 행하지 않을 수 없다. (적장자는) 사교社交의 총관으로 뽑히어, (좋은) 의복으로 꾸며 주고, 깃발로 표시하는 것은, 그의 위엄이 중요하기 때문이다. 그렇게 되면 형제들 사이에 틈이 없으니, 나쁜 말을 하는 사람들이 감히 활동을 할 수 없다. 따라서 임금이 재상을 세울 때는, 그의 공적을 열거하고 거기에 덕을 보태어, 그의 수고를 논하고 그것을 법제로 밝히며, 착종錯綜하여 검증함으로써 서로 신임하고 두루 천거를 받아서, (그의) 형세를 높이어 그를 명확히 믿게 하는 것이다. 이 때문에 아랫사람들은 간쟁하다 죽기를 꺼리는 일이 없고, (조정에) 모여 있는 관리들도 억울하고 분한 마음이 없으니, 이와 같다면 나라는 평안하고 백성들에게는 악한 마음이 없을 것이다.

임금이 현재賢才를 선발할 때, 덕 있는 자를 천거하여 작위爵位의 항렬에 들게 하니, 덕이 없으면 낄 데가 없다. 능력 있는 이를 천거하여 관직을 주는데, 무능하면 낄 데가 없다. 덕으로 공로는 덮을 수 있지만, 나이만으로는 천거될 수 없다. 이렇게 되면, 임금은 곤란할 것이 없고, 백성들도 (오랫동안) 살아온 것만 가지고는 요행을 바랄 수는 없다.

神聖者王, 仁智者君, 武勇者長, 此天之道, 人之情也. 天道人情, 通者質, 寵者從,[44] 此數[45]之因也. 是故始於患[46]者, 不與其事; 親其事者, 不規其道. 是以爲人上者, 患而不勞也; 百姓, 勞而不患也. 君臣上下之分素,[47] 則禮制立矣. 是故以人役上, 以力役明, 以刑[48]役心, 此物之理也. 心道進退, 而刑道滔赶.[49] 進退者主制, 滔赶者主勞. 主勞者方, 主制者圓. 圓者運, 運者通, 通則和. 方者執, 執者固, 固則信. 君以利[50]和, 臣以節信, 則上下無邪矣. 故曰: 君人者制仁, 臣人者守信, 此言上下之禮也. 君之在國都也, 若心之在身體也. 道德定於上, 則百姓化於下矣. 戒[51]心形於內, 則容貌動於外矣. 正也者, 所以明其德. 知得諸己, 知得諸民, 從其理也. 知失諸民, 退而脩諸己, 反其本也. 所求於己者多, 故德行立. 所求於人者少, 故民輕給之. 故君人者上注, 臣人者下注.[52] 上注者, 紀天時, 務民力. 下注者, 發地利, 足財用也. 故能飾大義, 審時節, 上以禮神明, 下以義輔佐者.[53] 明君之道, 能據法而不阿, 上以匡主之過, 下以振民之病[54]者, 忠臣之所行也. 明君在上, 忠臣佐之, 則齊民以政刑. 牽於衣食之利, 故愿[55]而易使, 愚而易塞.[56] 君子食於道, 小人食於力, 分民.[57] 威無勢也無所立, 事無爲也無所生. 若此則國平而姦[58]省矣. 君子食於道, 則義審而禮明. 義

44 黎翔鳳에 의하면, 『說文解字』에서 '質, 以物相贅'는 물건으로 돈을 받음의 뜻이고, 또 名實不爽曰質(名과 實에 차이가 없음이 質이다)의 뜻이다. 天人의 寵(사랑, 은혜)을 받으니, 세력이 높아지고, 또한 마땅히 道에 따라서 행할 것이다.

45 여기서 數는 理(도리)의 뜻이다.

46 黎翔鳳에 의하면, 患은 憂(근심)로 훈독되니, 慮難(난리를 걱정하다)의 뜻이다.

47 黎翔鳳에 의하면, 素는 傃로 읽으니, 向과 같다.

48 刑은 形과 통한다.

49 趙守正에 의하면, 滔赶은 滔迂로 볼 수 있다. 滔는 流通이고, 迂는 迂回이니, 滔迂는 몸의 俯仰과 屈伸이다. 『管子通解』(上), 419頁, 注4 참조.

50 黎翔鳳에 의하면, 『易』, 「文言」의 괘에 利는 義의 和라 했다.

51 黎翔鳳에 의하면, 戒는 戒愼(경각하고 조심하다)을 말한다.

52 尹知章의 주석에 의하면, 上注는 上天에 주의하는 것이고, 下注는 下地에 주의하는 것이다.

53 湯孝純에 의하면, 義는 동사이니, 공정하고 합리적으로 대우함이다. 『新譯管子讀本』(上), 431頁, 注5 참조.

54 安井衡에 의하면, 振은 救濟이고, 病은 患(근심)이다.

55 愿은 質朴하다의 뜻이다.

56 塞에는 遏制(막다, 금하다)의 뜻이 있다. 尹知章의 주석에는 塞은 止(멈추게 하다)의 뜻이다.

57 黎翔鳳에 의하면, 分民은 '각자 그 힘으로 할 수 있는 것을 다함'의 뜻이다.

58 姦은 죄악의 뜻이다.

審而禮明, 則倫等不踰, 雖有偏卒[59]之大夫, 不敢有幸心, 則上無危矣. 齊民[60]食於力, 作本. 作本者衆, 農以聽命. 是以明君立[61]世, 民之制於上, 猶草木之制於時也. 故民迂則流之, 民流通則迂之.[62] 決之則行, 塞之則止. 雖[63]有明君能決之, 又能塞之. 決之則君子行於禮, 塞之則小人篤於農. 君子行於禮, 則上尊而民順. 小民篤於農, 則財厚而備足. 上尊而民順, 財厚而備足, 四者備體, 頃時而王, 不難矣. 四肢六道,[64] 身之體也. 四正五官,[65] 國之體也. 四肢不通, 六道不達, 曰失.[66] 四正不正, 五官不官, 曰亂. 是故國君聘妻於異姓, 設爲姪娣命婦宮女, 盡有法制, 所以治其內也. 明男女之別, 昭嫌疑之節, 所以防其姦也. 是以中外不通, 讒慝不生, 婦言不及官中之事, 而諸臣子弟無宮中之交, 此先王所以明德圉姦、昭公威[67]私也. 明妾寵設,[68] 不以逐子傷義.[69] 禮私愛驩, 勢不並論. 爵位雖尊, 禮無不行. 選爲都佼,[70] 冒之以衣服, 旌之以章旗, 所以重其威也. 然則兄弟無間郄, 讒人不敢作矣. 故其立相也, 陳功而加之以德, 論勞而昭之以法, 參伍[71]相德[72]而周擧之,[73] 尊勢而明信之. 是以下之人無諫死之誋,[74] 而聚立者無鬱怨之心, 如此則國平而民無慝矣. 其選賢遂材也, 擧德以就列, 不類無德. 擧能以就官, 不類無能. 以德弇[75]勞, 不以傷[76]年. 如此則上無困而民不幸生矣.

나라가 난리가 나는 까닭이 넷이고, 나라가 망하는 이유는 두 가지다. 궁내에 정부인을 의심하는 첩이 있으면, 이것이 궁중의 난이다.

59 兪樾에 의하면, 偏은 車數이고, 卒은 人數이니, 100인이 卒이고 車가 九乘이면 小偏이고, 15乘이면 大偏이다. '有偏卒之大夫'는 大夫의 집에 車(수레)와 徒(보병)를 가진 귀족을 말한다.

60 齊民은 平民과 같다.

61 黎翔鳳에 의하면, 立은 涖(다스리다)로 훈독된다.

62 黎翔鳳에 의하면, 通은 遷(따라오게 함)이다.

63 戴望에 의하면, 雖는 唯와 같다.

64 黎翔鳳에 의하면, 『素問』에 六經(陽明, 少陽, 太陽, 太陰, 少陰, 厥陰)이 氣血의 通道이다. 따라서 '六道不達'(六道는 틀림이 없다)라고 말했다.

65 尹知章의 주석에 의하면, 四正은 君臣父子이고, 五官은 五行의 관직이다.

66 黎翔鳳에 의하면, 失은 氣血의 失調(조화를 잃음)이다.

67 黎翔鳳에 의하면, 威는 滅(꺼지다, 멸하다)이다.

68 章炳麟에 의하면, 逐은 冑(투구)의 假借이니, 冑는 長子를 말한다. 寵設은 '설정된 長子(맏아들)를 총애하다'로 보아야 한다.

69 黎翔鳳에 의하면, 逐子는 곧 冑子(맏아들)이고, 妾은 接이고, 設은 合이다.

70 黎翔鳳에 의하면, 都佼는 交際의 總管이다.

71 參伍는 '錯綜하여 검증하다'의 뜻이다.

72 李哲明(1857~?)에 의하면, 德은 得이다.

73 黎翔鳳에 의하면, 周擧는 徧擧(전체적 개괄)다.

74 黎翔鳳에 의하면, 誋는 忌(꺼리다)다.

75 弇(덮다)은 遮蔽(가리다)의 뜻이다.

76 章炳麟에 의하면, '不以傷年'은 마땅히 '不以年傷'인데, 傷은 揚이고, 揚은 또한 擧(천거하다)의 뜻이다.

서자 가운데 적자를 의심하는 자식이 있다면, 이것이 집안[家]의 내란이다. 조정에서 재상을 의심하는 신하가 있다면, 이것이 나라의 내란이다. 무능한 사람에게 관직을 임명하면, 이것이 민중의 내란이다. 이 네 가지는 구별이 없으니, 임금이 그 체통을 잃어버리고, 많은 관리가 붕당을 이루며 사익을 품는다면, 종족宗族을 잃게 될 것이다. 나라의 몇몇 대신이 은밀하게 음모를 꾸며 (임금을) 상대하면, (임금은) 백성들의 도움을 상실하게 될 것이로다. (임금이) 안에서 종족을 잃고, 밖으로 (백성들의) 도움을 상실하게 되면, 이것이 두 가지의 망국이다. 따라서 정부인이 반드시 확정되어야 하며, 자식들이 반드시 올바르며, 재상이 반드시 올바른 지위에서 (임금의 말씀을) 들으며, 관리들이 반드시 충성과 믿음으로 (임금을) 공경하여야 한다. 따라서 말한다. 궁중의 난, 형제의 난, 대신들의 난, 중간 관리들의 난, 소인들의 난, 이 다섯 가지 중에 하나가 생기면, 임금은 위태로울 것이다. 궁중의 난은 여인네들의 시기에서 엉클어진 것이고, 형제의 난은 올바르지 않은 자들과 당파를 만든 것이고, 대신들의 난은 천명天命 또는 왕명王命을 빌려서 말하는 것이고, 중간 관리들의 난은 두려워서 고해 바친 것이고, 소인들의 난은 재물이 바닥나서 일어난 것이다. 재물이 바닥나면 박대薄待[77]가 일어나고, 실성해서 떠들게 되면 오만방자한 행동이 나오고, (천명이나 왕명을) 사칭하게 되고, 부정不正한 사람들과 당파를 만들고, (여인네들이) 질투에서 난리가 나면 변고가 생긴다. 따라서 명분을 바로잡고 의심 가는 데를 조사하여, 아주 가까운 이[여인네]를 죽이면, 궁내는 안정될 것이다. 대신들을 공적功績으로 가르치고, 중간 관리들을 행적으로 가르치고, 백성들을 의무로써 가르치면, 나라는 풍요로울 것이다. 천시天時를 잘 알고, 땅의 성질을 살핌으로써, 백성들의 힘을 모은다. 수문각루繡紋刻鏤[옷에 수 넣고 무늬 넣으며, 금속을 아름답게 깎는 것] 하는 일을 금하고, 농사 업적을 권장함으로써, 여러 가지 일을 다하면 백성들은 다스려질 것이다. 위에서 숫자를 정하여 요구하면, 아래에서 십오什伍의 기층基層조직을 통해서 징수하고, 근친이라도 (죄가 있으면) 죗값을 받음으로써, 이[관리]들의 뜻을 굳건히 하게 한다. 향鄕마다 선생을 두어

77 薄待는 함부로 대하는 것이다.

서, 배움을 완성케 하고, 그 능력에 따라 관직을 주고, 몇 년이 되어 천거한다면, 선비들은 덕행의 길로 돌아올 것이다. 덕을 따져 보고 공적을 계산하며, 자기가 할 수 있는 것에 힘을 쏟은 것을, 이에 중론衆論으로 고찰하여, 이에 나라의 중임重任을 그들에게 위임한다. 이러하게 하면, 중간 관리[中民]들은 성실하게 될 것이다.

國之所以亂者四, 其所以亡者二. 內有疑妻之妾, 此宮亂也. 庶有疑適之子, 此家亂也. 朝有疑相之臣, 此國亂也. 任官無能, 此衆亂也. 四者無別, 主失其體, 群官朋黨以懷其私, 則失族矣. 國之幾臣, 陰約閉謀以相待也, 則失援矣. 失族於內, 失援於外, 此二亡也. 故妻必定, 子必正, 相必直立以聽, 官必中[78]信以敬. 故曰: 宮中之亂, 有兄弟之亂, 有大臣之亂, 有中民[79]之亂, 有小人之亂, 五者一作, 則爲人上者危矣. 宮中亂曰妬紛,[80] 兄弟亂曰黨偏,[81] 大臣亂曰稱述,[82] 中民亂曰讋諄,[83] 小民亂曰財匱. 財匱生薄, 讋諄生慢, 稱述、黨偏、妬紛生變. 故正名稽疑, 刑殺亟近, 則內定矣. 順[84]大臣以功, 順中民以行, 順小民以務, 則國豐矣. 審天時, 物[85]地生, 以輯民力. 禁淫務,[86] 勸農功, 以職其無事,[87] 則小民治矣. 上稽之以數, 下十伍以徵, 近其罪伏,[88] 以固其意. 鄕樹之師, 以遂其學, 官之以其能, 及年而擧, 則士反[89]行矣. 稱德度功, 勸[90]其所能, 若稽之以衆風,[91] 若任之以社稷之任. 若此, 則士[92]反於情[93]矣

78 黎翔鳳에 의하면, 直은 正이고, 立은 位이고, 中은 忠이다.

79 尹知章의 주석에 의하면, 中民은 百吏(公卿 이하의 衆官)에 속한다.

80 張佩綸에 의하면, 紛(어지러워지다)이 亂이다. 黎翔鳳에 의하면, 亂은 絲(실)를 다루는데 얼크러진 것이다.

81 黎翔鳳에 의하면, 黨偏은 '올바르지 않은 자와 당파를 이루다'의 뜻이다.

82 黎翔鳳에 의하면, 대신들이 天命을, 또는 王命을 빌려서 말하는 것이 모두 稱述이다.

83 黎翔鳳에 의하면, 讋(두려워하다)은 失氣를 말한 것이고, 諄은 告曉의 孰, 즉 誥(가르치다)다.

84 黎翔鳳에 의하면, 順은 訓(가르치다)으로 읽는다.

85 豬飼彦博에 의하면, 物土方의 物이니, 相(보다)의 뜻이다. 黎翔鳳에 의하면, 生은 性과 통한다.

86 尹知章의 주석에 의하면, 무늬를 수놓고 조각하여 꾸미는 일이 淫務다.

87 黎翔鳳에 의하면, 無 자는 2가지다. ① 無는 豊이다. ② 無는 庶다. 「形勢」 편에, 모신譕臣은 蹠巨이니, 職其無事는 職其庶事(여러 가지 일을 주관하다)를 말한다.

88 伏은 여기서 服(받는다)의 뜻이다.

89 許維遹에 의하면, 反은 復還(다시 돌아가다)의 뜻이다.

90 黎翔鳳에 의하면, 勸은 勉(힘쓰다)의 뜻이다.

91 兪樾에 의하면, 2개의 若은 乃와 같고, 衆風은 衆人의 風謠다.

92 黎翔鳳에 의하면, 士는 中民이다.

93 趙守正에 의하면, 情은 성실이다. 『管子通解』(上), 424頁, 注6 참조.

소칭 小稱

「소칭小稱」 편은 관중이 환공의 잘못을 약간 들추어, 그것을 고치려 한다는 뜻이다. 본문은 두 부분으로 되어 있다. 전반부에는 관중이 수신修身과 임금의 도리를 말함으로써 환공을 권고한다. 후반부에는 환공이 역아易牙, 수조竪刁, 당무堂巫와 개방開方 등 소인배를 쫓아낼 것과 환공과 관중, 포숙아鮑叔牙, 영척甯戚이 나라가 환란患亂을 당할 때 공통으로 노력하여 해결할 것을 권면한다.

관중이 말했다. "우리가 좋지 못한 것만 걱정하고, 남이 자기를 알아주지 않는다고 걱정하지 마십시오. 단사丹砂와 주사朱砂가 산속에 있지만, 사람들이 알아서 그것을 캐오고, 아름다운 진주가 연못 속에 있으나 사람들이 알아서 캐옵니다. 이 때문에 우리에게는 과오가 있지만, 백성들에게는 잘못된 평가가 없습니다. 다른 사람들이 우리를 보는 것이 매우 분명한데, 어찌 숨어서 좋지 못한 짓을 하겠습니까? 따라서 우리가 좋은 일을 했으면 우리를 칭찬하고, 우리가 잘못을 저질렀으면 우리에게 책임 추궁을 합니다. '잘했고 못했고'는, 사람들이 칭찬하거나 책임 추궁을 하는 것을 보면 되지, 가족들에게 물어볼 필요가 없습니다. 따라서 선왕들은 백성들을 두려워했습니다. 좋은 이름을 가지고 백성들을 따랐으니, 강성하지 못한 분이 없었습니다. 좋은 뜻을 가지고 여러 왕을 내쳤으니, 약한 적이 없습니다. 비록 천사나 제후라도, 백성들은 모두 좋은 뜻을 가지고 그들을 제거했으니, 영토를 버리고 도망치게 했습니다. 따라서 선왕들은 백성들을 두려워합니다. 우리 몸에 무엇이 유익할까요? 기가 충만하면 몸이 튼튼하고 눈은 밖의 사물들을 관찰할 수 있습니다. 성인聖人들은 그것을 이용하고 거기에 의탁하니, 따라서 백성들도 중해지고 명성이 현달해져서, 우리도 또한 의탁하게 됩니다. (그러나) 성인들의 의탁은 좋으나, 우리의 의탁은 좋지 않습니다. 우리의 의탁이 좋지 않은데, 아름다운 명성을 불러온다는 것이, 또한 가능하겠습니까? 사랑한다 해도 우리는 착해질 수 없습니다. 모장毛嬙과 서시西施는 천하의 미인입니다. (그러나) 얼굴에 분노한 기색이 완연하면, 그것을 좋게 할 수는 없습니다. 우리는 보기 싫은 얼굴로, 원기怨氣가 왕성합니다. 원기가 얼굴에 보이면, 나쁜 말이 입에서 튀어나오니, 나쁜 기운이 충만한 것을 버렸다고 아름다운 명성을 얻는 것이, 가능하겠습니까? 심하도다! 백성들이 사람들의 두려운 마음을 싫어함이! 이 때문에 길으면 잘라 주고, 짧으면 이어 주고, 가득 찼으면 새어 나가게 해주고, 비었으면 채워 주어야 합니다."

管子曰: "身不善之患, 毋患人莫己知. 丹青在山, 民知而取之. 美珠在淵, 民知而取之. 是以我有過爲, 而民毋過命.[1] 民之觀也察矣, 不可遁逃, 以爲不善.[2] 故我有善則立譽我. 我有過則立毁我. 當民之毁譽也, 則莫歸問於家矣.[3] 故先王畏民. 操名從人, 無不强也. 操名去人, 無不弱也.[4] 雖有天子諸侯, 民皆操名而去之, 則捐其地而走矣. 故先王畏民. 在於身者孰爲利? 氣與目爲利.[5] 聖人得利而託焉, 故民重而名遂, 我亦託焉. 聖人託可好, 我託可惡. 我託可惡以來[6]美名, 又可得乎? 愛且不能爲我能[7]也. 毛嬙、西施, 天下之美人也. 盛怨氣於面, 不能以爲可好. 我且惡面而盛怨氣焉. 怨氣見於面, 惡言出於口, 去惡充以求美名, 又可得乎? 甚矣! 百姓之惡人之有餘忌[8]也, 是以長者斷之, 短者續之, 滿者洫[9]之, 虛者實之."

관중이 말했다. "(임금이) 자신에게 죄를 잘 물으면, 백성들은 (임금의) 죄를 물을 수 없습니다. 자신에게 죄를 묻지 못한다면, 백성들이 죄를 묻습니다. 따라서 자신의 허물을 말하는 것이, 강자입니다. 자신의

1 趙守正에 의하면, 過命에서 過는 과오이고, 命은 稱謂, 指定이니, 평가의 뜻이다. 『管子通解』(上), 434頁, 注5 참조.

2 劉績에 의하면, '다른 사람들이 나를 보는 것이 매우 분명한데, 어찌 숨어서 좋지 못한 짓을 하겠는가?'가 이 구절의 의미다.

3 張文虎에 의하면, 莫歸問於家는 '잘했고 못했고는, 사람들이 칭찬하거나 책임 추궁하는 것을 보면 되지, 가족들에게 물어볼 필요가 없다'는 뜻이다.

4 黎翔鳳에 의하면, 여기서 操는 志의 뜻이고, 去之는 去人과 같으니, 왕도 또한 人이다.

5 黎翔鳳에 의하면, 이 구절의 뜻은, '氣充則身强, 目則觀測外界事物'(기가 충만하면 몸이 튼튼하고, 눈은 밖의 사물들을 관측한다)이다.

6 湯孝純에 의하면, 來는 招徠(오게 하다)의 뜻이다. 『新譯管子讀本』(上), 440頁, 注8 참조.

7 黎翔鳳에 의하면, 能은 善이다.

8 黎翔鳳에 의하면, 忌는 恐(두려워하다)이다.

9 黎翔鳳에 의하면, 洫은 濫이고, 濫은 泄(새다)과 같다.

절개를 수련하는 것이, 지혜입니다. 좋지 않은 것을 다른 사람에게 귀속시키지 않는다면, (그것이) 사랑[仁]입니다. 따라서 영명한 왕은 잘못이 있으면, 자신에게 그것을 돌리고, 좋은 일이 있으면 백성에게 돌립니다. 허물이 있어 자신에게 돌리면, 자신도 두려워하게 됩니다. 좋은 것을 백성들에게 돌리면 백성들이 기뻐합니다. 돌려서 백성들을 기쁘게 하고, (자신에게) 돌아와서 자기 몸도 두려워하니, 이것은 영명한 임금이 백성들을 다스리는 이유입니다. 지금 (하夏나라를 망친) 걸桀왕과 (은殷나라를 망친) 주紂왕은 그러하지 않아서, 좋은 일은 자신에게 돌리고, 허물은 백성들에게 돌렸습니다. 백성들에게 돌리니 백성들은 분노하였고, (좋은 것을) 자신에게 돌려서 자신은 매우 거만하였으니, 이것이 자기 몸을 잃은 이유입니다. 따라서 영명한 왕은 (백성들의 원망의 소리가) 귓가에 들릴까 두려워하며, (백성들의 원망의) 기운이 자기 눈에 띌까 두려워합니다. 이 두 가지 때문에 천하를 차지한 것이니, 신중하지 않을 수 있겠습니까! 장인匠人은 도낏자루에 느낌이 있으니, 줄[繩]을 따라가면 목재를 얻습니다. 후예后羿는 활과 화살에 감이 있었기 때문에 과녁을 맞힐 수 있었습니다. 조보造父는 고삐와 줄에 감이 있었기 때문에 빠른 짐승도 잡을 수 있었으니, 먼 길도 다다를 수 있었습니다. 세상에는 항시 혼란함도 없고, 항시 다스려짐도 없습니다. 좋지 않은 이가 (임금) 자리에 있으면 혼란한 것이고, 좋은 사람이 (임금) 자리에 있으면, 다스려지니, 다 (잘) 다스려졌다면, (백성들이) 감화를 받았기 때문입니다."

管子曰: "善罪身者, 民不得罪也. 不能罪身者, 民罪之. 故稱身之過者, 强也. 治身之節者, 惠也.[10] 不以不善歸人者, 仁也. 故明王有過, 則反之於身, 有善, 則歸之於民. 有過而反之身, 則身懼. 有善而歸之民, 則民喜. 往喜民, 來懼身, 此明王之所以治民也. 今夫桀、紂不然, 有善則反之於身, 有過則歸之於民. 歸之於民則民怒, 反之於身則身驕. 往怒民, 來驕身, 此其所以失身也. 故明王懼聲以感耳, 懼氣以感目, 以此二者有天下矣, 可毋慎乎! 匠人有以感斤欘,[11] 故繩可得料也.[12] 羿有以感弓矢, 故轂可得中

10 趙守正에 의하면, 惠는 慧(지혜)와 통한다. 『管子通解』(上), 435頁, 注1 참조.
11 趙守正에 의하면, 斤은 도끼이고, 欘은 도낏자루다. 上同, 注3 참조.
12 張佩綸에 의하면, 料는 量이고, '繩, 可得料'은 '나무가 줄을 따르게 되면 바르게 됨'의 뜻이다.

也. 造父有以感轡筴, 故遬[13]獸可及, 遠道可致. 天下者, 無常亂, 無常治. 不善人在則亂, 善人在則治, 在於旣[14]善, 所以感之也."

관중이 말했다. "공손, 경애, 사양을 닦고 나서, 원망을 없애 주고, 다툼이 없이, 서로를 맞아 준다면, 사람들에게 잃음이 없을 것이로다! 가령 원한이 많고 이利를 다투고, 서로 불손하다면, 자기 몸도 보존할 수 없을 것이로다. 위대하도다! 겸손, 경애의 도리는. 길사吉事이니 들어가 제사를 모실 수 있고, 흉사이니 문상問喪을 할 수 있어, 크게는 천하를 다스려도 크게 이익이 많아질 것도 없고, 작게는 한 몸을 다스리니 손해 볼 것도 없다. 수도, 중원의 나라와 만이蠻夷의 나라들 및 금수나 곤충까지 보자면, 서로 불손하면, 모두 이것을 기다려서 혼란해지거나 다스려지는 것이다. 몸을 윤택하게 하면 영화롭고, 몸에서 이것들을 없애면 욕보게 된다. 확실히 몸소 실천하고 게으르지 말 것이며, 비록 오랑캐의 백성일지라도, 변하여 사랑스럽게 할 수 있다. 확실히 이런 것들을 몸에서 떼어 버린다면, 비록 형제 부모라도, 변하여 그들을 밉게 할 수 있다. 따라서 이것들은 몸으로 하여금 사랑받게도 밉게도 할 수 있으며, 이름을 영화롭게도 욕보게도 할 수 있다. 이것은 사물을 변화시킴이 하늘과 같고 땅과 같으니, 따라서 선왕들은 '도'라고 불렀다."

管子曰: "修恭遜敬愛辭讓, 除怨無爭, 以相逆也, 則不失於人矣. 嘗試[15]多怨爭利, 相爲不遜, 則不得其身. 大哉! 恭遜敬愛之道. 吉事可以入察,[16] 凶事可以居喪, 大以理天下而不益也, 小以治一人而不損也. 嘗試往之中國[17]諸夏蠻夷之國, 以及禽獸昆蟲, 皆待此而爲治亂. 澤[18]之身則榮, 去之身則辱. 審[19]行之身毋怠, 雖夷貉之民, 可化而使之愛. 審去之身, 雖兄弟父母, 可化而使之惡. 故之[20]身者使之愛惡, 名者使之榮辱. 此其變[21]名物也, 如天如地, 故先王曰道."

13 黎翔鳳에 의하면, 遬(빠르다)은 速이니, 疾(빠르다)의 뜻이다.
14 尹知章에 의하면, 旣는 盡(다)이다.
15 黎翔鳳에 의하면, 嘗試는 가정한 물음이다.
16 王念孫에 의하면, 察은 마땅히 祭여야 한다. 祭는 吉事다.
17 于省吾에 의하면, 中國은 京師(서울)다.
18 何如璋에 의하면, 澤은 潤과 같다.
19 趙守正에 의하면, 審은 확실이다. 上同, 436頁, 注3 참조.
20 黎翔鳳에 의하면, 之는 此와 같다.
21 趙守正에 의하면, 變은 改變이다. 上同, 注5 참조.

관중이 병이 나, 환공이 가서 문병하며 말했다. "중보께서 탈이 병이 되었어요, 만약 숨기지 마시고 이 병을 이기지 못하신다면, 중보께서는 또한 무엇을 과인에게 가르치시겠습니까?"

관중이 대답하였다. "임금께서 저에게 묻지 않는다면, 진실로 제가 말씀드리려 했습니다. 하지만, 임금께서는 어디에도 가실 수 없습니다."

환공이 말했다. "중보께서 과인을 동쪽으로 가라 하시면, 과인은 동으로 가고, 과인을 서쪽으로 가라 하시면, 과인은 서로 가겠습니다. 중보께서 과인에게 말씀하시는데, 과인이 어찌 따르지 않겠습니까?"

관중이 의관을 제대로 여미고, 대답하였다. "소신은 임금께서 역아易牙, 수조豎刁, 당무堂巫와 공자개방公子開方을 멀리하시길 원합니다. 역아는 (음식) 맛을 잘 맞추어 임금님을 모셨는데, 임금께서 '어린애를 쪄서 아직 맛보지 했다'하여, 여기에 (그는) 첫째 아들을 삶아 임금께 바쳤으니, 인정상 자기 자식을 사랑하지 않을 수 없는데, 자식도 사랑하지 않았다면, 장차 임금을 사랑할까요? 임금께서는 궁의 내실을 좋아하는데 질투도 많아, 수조豎刁가 스스로에게 궁형을 가해 임금을 위해 내실을 다스리니, 인정상 제 몸을 사랑하지 않는 일이 없는데, 자신의 몸도 사랑하지 않았다면, 장차 임금을 사랑할까요? 공자개방이 임금을 모신 지가 15년인데, (위衛)나라에 돌아가서 자기 부모를 찾아보지 않았습니다. 제齊와 위나라 사이는, 며칠 여행도 필요 없습니다. 제가 듣건대, 거짓에 힘써도 오래갈 수 없고, 허위도 장구할 수 없습니다. 그들은 살아서도 좋지 못하였는데, 죽어도 반드시 선종할 수 없을 것입니다."

환공이 말했다. "좋습니다."

관중이 죽자, 장례를 치르고 나서, 환공이 이 네 명을 증오하여, 이들의 관직을 폐지하였다. 당무를 쫓아내니 심한 병이 들었고, 역아를 쫓아내니 입맛이 오지 않았고, 수조를 쫓아내니 궁중이 어지러워졌으며, 공자개방을 쫓아내니 조정이 다스려지지 않았다.

환공이 말했다. "아아, 성인도 잘못이 있구나!"

이에 네 명을 복직시켰다. 1년이 지나자, 이 네 사람이 난을 일으키어, 환공을 한 방에 가두고, 내보내지 않았다. 어떤 부인이, 마침내 구멍으로 들어와서, 환공이 있는 곳에 이르니, 환공이 말했다. "내가 배가 고파서 먹고자 하고, 목이 말라 물을 마시고자 하나, (이것들을) 얻을 수 없으니, 그 이유가 무엇인가?"

부인이 대답했다. "역아, 수조, 당무와 공자개방, 이 네 사람이 제나라를 나누어 가졌습니다. 길은 열흘째 불통입니다. 공자개방이 700개 이상의 사社의 토지와 인구를 위나라에 주었습니다. 음식은 못 잡수실 것입니다."

환공이 말했다. "아아, 이렇구나! 성인의 말씀이 긴 것을 본 것이구나! 죽은 이가 지각이 없다면 그만이나, 만약 지각이 있다면, 내가 지하에서 무슨 면목으로 중보 님을 뵐 것인가!"

이에 하얀 덮개를 꺼내어 머리를 휩싸고 절명하였다. 죽은 지 11일이 되니, 벌레들이 문 밖으로 나와서, 이에 환공이 죽은지 알고서, 직문稷門의 문짝으로 가리고 장사를 지냈다. 환공의 몸이 죽은 지 11일 만에, 벌레들이 문 밖으로 나오도록 수습하지 않았다는 것은, (환공은) 끝내 현인들을 쓰지 않았기 때문이다.

管仲有病, 桓公往問之, 曰: "仲父之病病[22]矣, 若不可諱而不起此病也, 仲父亦將何以詔寡人?" 管仲對曰: "微君之命臣也, 故[23]臣且謁[24]之. 雖然, 君猶不能行也." 公曰: "仲父命寡人東, 寡人東. 令寡人西, 寡人西. 仲父之命於寡人, 寡人敢不從乎?" 管仲攝衣冠起, 對曰: "臣願君之遠易牙、豎刁、堂巫、公子開方. 夫易牙以調和[25]事公, 公曰惟烝嬰兒之未嘗, 於是烝其首子而獻之公, 人情非不愛其子也, 於子之不愛, 將何有於公? 公喜宮而妬, 豎刁自刑而爲公治內, 人情非不愛其身也, 於身之不愛, 將何有於公? 公子開方事公十五年, 不歸視其親. 齊、衛之間, 不容數日之行. 臣聞之, 務爲[26]不久, 蓋虛不長. 其生不長[27]者, 其死必不終." 桓公曰: "善." 管仲死, 已葬, 公憎四子者, 廢之官. 逐堂巫而苛病起兵,[28] 逐易牙而味不至, 逐豎刁而宮中亂, 逐公子開方而朝不治. 桓公曰: "嗟! 聖人固有悖乎!" 乃復四子者. 處期年, 四子作難, 圍公一室不得出. 有一婦人, 遂從竇入, 得至公所, 公曰: "吾饑而欲食, 渴而欲飲, 不可得, 其故何也?" 婦人對曰: "易牙、豎刁、堂巫、公子開方, 四人分齊國. 塗十日不通矣. 公子開方以

22 戴望에 의하면, 病病은 疾病이다, 疾이 심하면 病이다.

23 王引之에 의하면, 故는 固(진실로)와 같다.

24 趙守正에 의하면, 謁은 말함의 뜻이다. 上同, 438頁, 注3 참조.

25 黎翔鳳에 의하면, 和는 和味다.

26 黎翔鳳에 의하면, 務爲는 전적으로 僞(거짓)를 하다다.

27 趙守正에 의하면, 不長은 不良이다. 上同, 注8 참조.

28 王念孫에 의하면, '苛病起' 다음의 兵 자는 마땅히 없어야 한다.

書社[29]七百下衛矣. 食將不得矣." 公曰: "嗟, 茲乎! 聖人之言長乎哉! 死者無知則已, 若有知, 吾何面目以見仲父於地下!" 乃援素幭以裹首而絶.[30] 死十一日, 蟲出于戶, 乃知桓公之死也, 葬以楊門之扇.[31] 桓公之所以身死十一日, 蟲出戶而不收者, 以不終用賢也.

환공과 관중, 포숙아와 영척 네 사람이 술을 마셨다. 술이 취하자, 환공이 포숙아에게 말했다. "과인을 위해 왜 축수祝壽하지 않는가?"

포숙아가 잔을 받들고 일어나며 말했다. "임금으로 하여금 거莒 땅에서 나올 때를 잊지 말게 해주시고, 관중으로 하여금 노나라에서 (포승줄에) 묶였던 것을 잊지 말게 하시고, 영척으로 하여금 수레 밑에서 소에게 꼴을 먹이던 것을 잊지 말게 해주십시오!"

환공이 자리를 떠나서 재배하면서 말했다. "과인이 두 분 대부들과 함께 선생의 말씀을 잊지 않는다면, 나라의 사직은 반드시 위태롭지 않을 것입니다!"

桓公、管仲、鮑叔牙、寧戚四人飲. 飲酣, 桓公謂鮑叔牙曰: "闔不起爲寡人壽[32]乎?" 鮑叔牙奉杯而起, 曰: "使公毋忘出如莒時也, 使管子毋忘束縛在魯也, 使寧戚毋忘飯牛車下也." 桓公辟席再拜, 曰: "寡人與二大夫能無忘夫子之言, 則國之社稷必不危矣."

29 尹知章의 주석에 의하면, 25家가 1社이니, 社數를 策에 썼으며, 이 社들의 토지와 인구를 衛나라에 주었다고 하였다.

30 王念孫에 의하면, 幭(덮개)이니, 얼굴을 덮을 수 있다.

31 張佩綸에 의하면, 楊門은 稷門의 오기다.

32 黎翔鳳에 의하면, 祝壽가 禱(빌다)다.

사칭 四稱

네 가지 예

칭稱은 예를 든다는 뜻이다. 사칭四稱이란 네 종류의 예를 든다는 말이다. ① 도리가 있는 임금, ② 도리가 없는 임금, ③ 도리가 있는 신하, ④ 도리가 없는 신하다. 이 편의 저자는 환공과 관중의 문답 형식으로 4가지 표현과 구별을 분석하였다.

환공이 관중에게 물었다. "과인은 유약하고 혼미하고 어리석어, 제후들이나 사방의 이웃 나라들과 소통하는 의의를 모르니, 옛날 도리가 있던 임금을 저에게 다 말해 주시지 않겠습니까? 과인 또한 거울삼아 보겠습니다."

관중이 대답했다. "제가 할 수 있는 것과 할 수 없는 것이, 다 임금에게 있거늘, 임금께서는 어찌 또한 저더러 말하라고 하십니까?"

환공이 또 물었다. "중보 님, 과인이 유약하고 혼미하고 어리석어, 제후들이나 사방의 이웃나라들과 소통하는 의의를 모르니, 옛날 도리가 있던 임금을 과인에게 다 말해 주시지 않겠습니까? 과인 또한 거울삼아 보겠습니다."

관중이 대답하였다. "저는 서백徐伯에게서 들었습니다. 옛날 도리가 있는 임금은 산천山川, 종묘宗廟와 사직社稷에게 공경하여 제사드렸고, 먼저 돌아가신 대신들에 이르러서는, (그들이) 진심으로 재물을 취집해 주었기에, 그들에게 큰 상을 내렸습니다. 무신武臣들을 단결시켜서, 그들의 힘을 크게 썼습니다. 성인이 앞서서 인도하고, 정직하고 깨끗한 인사들이 옆에서, 의義에 따라서 다투어 천거하니, 윗사람과 아랫사람들이 자신을 닦아서 다스렸으며, 형법刑法과 정무政務가 밝고 상세하였으며, 네 계절의 부역에 차질이 없었으니, 백성들 또한 근심이 없었고, 오곡은 잘 생장하였습니다. 내외가 고루 화평하니, 제후들이 신하들처럼 복종하였고, 나라와 집안이 다 안녕하였으며, 전쟁이 소용없었고, 화폐와 비단을 이웃 나라에 주니, 그 은덕에 감화되었으며, 정령을 이웃나라들에 제시하니, 그들의 법도가 되었습니다. 이것 또한 옛날의 도리가 있는 임금이라 말할 수 있습니다."

환공이 말했다. "좋습니다!"

桓公問於管子曰: "寡人幼弱惛愚, 不通諸侯四鄰之義, 仲父不當盡語我昔者有道之君乎? 吾亦鑒焉." 管子對曰: "夷吾之所能與所不能, 盡在君所矣. 君胡有[1]辱令?" 桓公又問曰: "仲父, 寡人幼弱惛愚, 不通四鄰諸侯之義, 仲父不當盡告我昔者有道之君乎? 吾亦鑒焉." 管子對曰: "夷吾聞之於徐伯曰: 昔者有道之君, 敬其山川、宗廟、社稷, 及至先故之大臣, 收聚以忠而大富之.[2] 固[3]其武臣, 宣用其力. 聖人在前, 貞廉在側, 競稱於義, 上下皆飾.[4] 形正[5]明察, 四時不貸,[6] 民亦不憂, 五穀蕃殖. 外內均和, 諸侯臣伏, 國家安寧, 不用兵革. 受其幣帛, 以懷其德; 昭受其令, 以爲法式. 此亦可謂昔者有道之君也." 桓公曰: "善哉!"

환공이 말했다. "중보께서 이미 과인에게 옛날 도리 있는 임금을 말했으니, 과인에게 옛날 무도한 임금을 다 말씀해주시지 않겠습니까? 과인이 또한 거울삼아 보겠습니다."

관중이 대답하였다. "지금 임금께서 좋고 아름다우시며 명확히 통달하여서, 아름다운 도리를 분명하게 보고 계신데, 또한 어찌 악한 행위를 듣고자 하십니까?"

환공이 말했다. "무슨 말씀이십니까? 검은 색에 검은 색이 따르면, 과인이 어찌 그 아름다움을 알겠습니까? 흰색에 흰색이 따르면, 과인이 어찌 그 좋음을 알겠습니까? 중보께서는 이미 과인에게 좋은 점을 말해 주었는데, 과인에게 나쁜 것을 말해 주지 않으신다면, 과인이 어찌 좋은 것이 좋은 줄 알겠습니까?"

1 有는 여기서 又(또한)의 뜻이다.
2 黎翔鳳에 의하면, 大富는 크게 상급을 주는 것이다.
3 黎翔鳳에 의하면, 固는 지금의 團結을 말한다.
4 安井衡에 의하면, 飾(꾸미다)은 飭(정돈하다, 명령하다)으로 읽어야 한다. 飭은 修治를 말한다.
5 戴望에 의하면, 朱東光本에는 形正이 刑政으로 되어 있다.
6 陶鴻慶에 의하면, 貸는 忒(어긋나다)으로 읽어야 한다.

관중이 대답했다. "제가 서백에게서 들었습니다. 옛날에 무도한 임금은 궁실을 크게 하고, 누각과 정자를 높게 지었으며, 좋은 신하는 쓰지 않았고, 좋은 사람을 중상하는 이들과 한 패거리였고, 집안은 다스리지 않았으며, 남(의 힘)을 빌려서 (일을) 도모했습니다. 정령政令이 좋지 않은 것이 깜깜한 밤중과도 같았습니다. 비유하자면 들짐승 같아서, (사람들이 살 만한) 밝은 곳이 없었습니다. 천도天道를 따르지 않고, 사방을 비춰보지도 않았습니다. 자신도 다스리지 않았으니, 마치 미쳐서 날뛰는 것 같았습니다. 많은 사람이 원망하고 저주하니, 멸망하지 않는 일이 드물었습니다. 헐뜯는 사람과 광대를 천거하였고, 종鐘과 북[鼓]을 번다하게 늘어놓았습니다. 바둑이나 장기에 빠졌고, 장님 악인樂人들과 놀았습니다. 좋은 신하들은 죽이고, 부녀자들과 음탕하게 놀았습니다. 밤낮으로 사냥하여 사냥감을 다 잡았고, 아버지들에게 난폭하였습니다. 무절제하게 말을 타고 달렸으며, 장난치며 즐기고 웃어댔습니다. 행정行政은 왜곡歪曲되었고, 형벌은 혹독했습니다. 나라 안에서 백성들을 각박하게 다루었으며, (그것을) 공로[功]로 삼았습니다. 새는 솥과 같았으니, 어찌 고갈되지 않았겠습니까? 이것 또한 옛날의 무도한 임금이라 말할 수 있습니다."

환공이 말했다. "좋습니다."

桓公曰: "仲父既已語我昔者有道之君矣, 不當盡語我昔者無道之君乎? 吾亦鑒焉." 管子對曰: "今若君之美好而宣[7]通也, 既官職美道,[8] 又何以聞惡爲?" 桓公曰: "是何言邪? 以繢緣繢,[9] 吾何以知其美也? 以素緣素, 吾何以知其善也? 仲父已語我其善, 而不語我其惡, 吾豈知善之爲善也?" 管子對曰: "夷吾聞之於徐伯曰: 昔者無道之君, 大其宮室, 高其臺榭. 良臣不使, 讒賊是舍.[10] 有家不治, 借人爲圖. 政令不善, 墨墨若夜. 辟若野獸, 無所朝處.[11] 不修[12]天道, 不鑒四方. 有家[13]不治, 辟若生狂. 衆所怨詛, 希不

7 趙守正에 의하면, 宣은 宣明이다. 『管子通解』(上), 445頁, 注1 참조.

8 趙守正에 의하면, 官職은 明察과 같다. 上同, 注2 참조.

9 王念孫에 의하면, 繢(꿰매다)은 마땅히 緇(검은색)가 되어야 한다.

10 孫詒讓(1848~1908)에 의하면, 舍는 마땅히 予(주다)의 假借다. 予는 與와 뜻이 같다. 讒賊是舍는 讒賊是與(헐뜯는 도적도 [오히려] 준다)와 같다.

11 黎翔鳳에 의하면, 朝處는 昭處(밝은 곳)이니, 사람을 가리킨다.

12 王念孫에 의하면, 脩는 마땅히 循(좇다)이다.

13 安井衡에 의하면, 有家不治는 중복하여 나올 필요가 없으니, 家는 마땅히 身이 되어야 한다.

滅亡. 進其諛優,[14] 繁其鍾鼓. 流於博塞,[15] 戲其工瞽.[16] 誅其良臣, 敖[17]其婦女. 獠獵畢弋,[18] 暴遇諸父. 馳騁無度, 戲樂笑語. 式政旣輮,[19] 刑罰則烈. 內削其民, 以爲攻伐.[20] 辟猶漏釜, 豈能無竭? 此亦可謂昔者無道之君矣." 桓公曰: "善哉!"

환공이 말했다. "중보께서 이미 과인에게 옛날 도리 있는 임금과 옛날 무도한 임금에 대해서 말씀해 주었습니다. 중보께서 과인에게 옛날 도리 있는 신하를 다 이야기해 주시지 않겠습니까? 과인이 거울삼아 보고 싶습니다."

관중이 대답했다. "저는 서백에게 들었습니다. 옛날 도리 있는 신하들은, (몸을 두 동강으로 자르는) 형구刑具를 위임받고서 신하가 되며, (임금) 좌우의 총신들은 존경하여 받들지 않습니다. 임금께서 (자기를) 알아주면 벼슬을 살고, 몰라주면 그만둘 뿐입니다. 일이 생기면 반드시 나라를 위해 도모하며, (자기 능력을) 충분히 발휘하고, 조상의 덕행을 따르며, 순종과 역모를 변별합니다. 현인들을 추천하여 기르고, 험담과 나쁜 짓을 안 합니다. 임금을 섬기는 데 의義로 하여, 아랫사람들로 하여금 예禮가 있게 합니다. 귀한 사람과 낮은 사람이 서로 친밀하여, 형과 동생 같습니다. 나라에 충성하니, 상하가 (모두) 각기 있을 곳을 얻습니다. 집에 있을 때 의를 생각하고, 말을 할 땐 모책을 고려하니, 일을 하면 결과가 있습니다. 난리를 마주하여 일을 하면, 죽더라도 후회가 없습니다. 임금 가까이에서는 임금을 돕고, 임금과 멀리 있어도 보좌합니다. 의에 따라 교류하며, 청렴으로 살아갑니다. 관직을 맡아서는 다스리고, 술과 음식에는 너그럽습니다. 임금을 헐뜯지도 않고, 언사는 거리낌이 없습니다. 임금이 만약 과오가 있으면, 진언하여

14 黎翔鳳에 의하면, 優는 倡(광대)이고, 諛는 讒(헐뜯는 사람)과 같다.

15 安井衡에 의하면, 流는 溺(빠지다)이고, 博塞는 局戲(바둑이나 장기)다.

16 趙守正에 의하면, 工瞽는 樂人이다. 工은 옛날에 樂人을 가리키고, 瞽는 옛날에는 소경이 많이 樂官이 되었다. 따라서 瞽는 樂官의 대명사다. 上同, 446頁, 注11 참조.

17 孫星衍에 의하면, 敖는 淫(음란하다)이다.

18 趙守正에 의하면, 獠(밤 사냥)이니, '燎獵畢弋'은 '밤낮으로 사냥하여, 사냥감을 다 잡음'의 뜻이다. 上同, 注13 참조.

19 趙守正에 의하면, 式은 用의 뜻이니, 式政은 用政, 즉 行政이다. 輮는 彎曲이니, 歪曲이다. 上同, 注15 참조.

20 豬飼彥博에 의하면, 攻은 功(공로)이고, 安井衡에 의하면, 벌 또한 功이다.

의심을 풉니다. 임금께서 근심이 있으시면, 신하는 그것을 집행할 뿐입니다. 이것 또한 옛날 도리 있는 신하라고 말할 수 있습니다."

환공이 말했다. "좋습니다."

> 桓公曰: "仲父旣已語我昔者有道之君, 與昔者無道之君矣, 仲父不當盡語我昔者有道之臣乎? 吾以鑒焉." 管子對曰: "夷吾聞之徐伯曰: 昔者有道之臣, 委質[21]爲臣, 不賓[22]事左右. 君知則仕, 不知則已. 若有事必圖國家, 徧其發揮, 循其祖德, 辯[23]其順逆. 推育賢人, 讒慝不作. 事君有義, 使下有禮. 貴賤相親, 若兄若弟. 忠於國家, 上下得體. 居處則思義, 語言則謀謨, 動作則事. 居國則富, 處軍則克. 臨難據事, 雖死不悔. 近君爲拂,[24] 遠君爲輔. 義以與交, 廉以與處. 臨官則治, 酒食則慈. 不謗其君, 不毀其辭. 君若有過, 進諫不疑. 君若有憂, 則臣服之.[25] 此亦可謂昔者有道之臣矣." 桓公曰: "善哉!"

환공이 말했다. "중보께서 이미 과인에게 옛날 도리가 있는 신하에 대해 말해 주었으니, 과인에게 옛날 무도한 신하를 다 말씀해 주지 않겠습니까? 과인이 또한 거울삼아 보겠습니다."

관중이 대답했다. "제가 서백에게 들었습니다. 옛날 무도한 신하들은, (몸을 두 동강으로 자르는) 형구를 위임받아 신하가 되어, (임금) 좌우의 총신들을 공경하여 섬기었고, (온갖) 이론들을 내세워서, 자신이 잊히기를 바라지 않았습니다. (관직에서) 출세만 알 뿐 퇴직을 몰랐으며, (임금의) 총애를 빌어 존귀한 자들을 매수했습니다. 재물과 뇌물을 존중하였고, 자기 작위는 천시했습니다. 조정에 나가면 임금을 보좌하지만, 퇴궐하면 (임금을) 비방하였습니다. 임금의 명예를 떨어뜨리고, 모두 자기가 한 짓이 아니라고 말했습니다. 불인不仁한 자들과 함께 처하였고, 현인들을 공격했습니다. 재물이 많은 사람을 재물처럼 보며, 낮은 사람을 (길거리에서) 지나가는 사람으로만 보았습니다. 재물과 뇌물을 탐하고, 술과 음식을 다투었습니다. 좋은 사람과 섞이지 않고, 자기

21 黎翔鳳에 의하면, 質은 斧鑕의 鑕(아래위로 달린 도끼날이 맞닿아서 몸을 두 동강으로 자름)의 刑具다.

22 尹知章의 주석에 의하면, 賓은 敬(공경하다)이다.

23 辯은 辨(辨別)과 통한다.

24 安井衡에 의하면, 拂은 弼(돕다)이고, 허물을 고치는 것이 拂이다.

25 黎翔鳳에 의하면, 房玄齡은 服을 行으로 훈독하였다.

가 할 것만 했습니다. 건방지고 공손하지 못하며, 좋은 선비와 벗하지 않았습니다. 험담하는 사람들과 통하였고, 사람들과 다투는 것을 그치지 않아, 사람들과 송사를 (많이) 했습니다. 술독에 빠져서, 행동은 의를 따르지 않았습니다. 조상들의 옛 법을 좋아하지 않았고, 나라의 상도常道를 바꾸었습니다. (임금의) 거짓 명령을 멋대로 만들었고, 임금을 미혹했습니다. (임금의) 정치를 탈취하였고, 고귀한 신분을 보물로 여기고 (임금의) 은총을 자랑했습니다. 좋은 선비들을 버리고, 재물 있는 사람만 받아들였습니다. (조정에) 들어가면 동류[같은 부류]를 능가했고, 나오면 당파와 결합하였습니다. 재물과 뇌물이 서로 들어갔고, 술과 음식으로 서로 친해졌습니다. 모두들 임금을 혼란케 하였습니다. 만약 임금에게 과실이 있으면, 각자는 깨끗한 척하고 (과실을) 임금에게 미루었습니다. 이것 또한 옛날의 무도한 신하라고 말할 수 있습니다."

환공이 말했다. "좋습니다."

桓公曰: "仲父既已語我昔者有道之臣矣, 不當盡語我昔者無道之臣乎? 吾亦鑒焉." 管子對曰: "夷吾聞之於徐伯曰: 昔者無道之臣, 委質爲臣, 賓事左右, 執說以進, 不蘄亡[26]己. 遂進不退, 假寵鬻貴.[27] 尊其貨賄, 卑其爵位. 進曰輔之, 退曰不可. 以敗其君, 皆曰非我. 不仁羣處, 以攻賢者. 見賢[28]若貨, 見賤若過. 貪於貨賄, 競於酒食. 不與善人, 唯其所事. 倨敖不恭, 不友善士. 讒賊與鬪,[29] 不彌[30]人爭, 唯趣人詔.[31] 湛湎於酒, 行義不從. 不脩[32]先故, 變易國常. 擅創爲[33]令, 迷或[34]其君. 生[35]奪之政, 保[36]貴寵矜. 遷損[37]善士, 捕援[38]貨人. 入則乘等, 出則黨駢.[39] 貨賄相入, 酒食相親. 俱

26 于省吾에 의하면, 亡은 忘(잊어버리다)이다.
27 尹知章의 주석에는, (관직에서) 오직 출세하는 것만 알고 물러나는 것을 모름을 말한 것이다. 假는 因이다.
28 黎翔鳳에 의하면, 여기서 賢은 재물이 많음의 뜻이다.
29 丁士涵에 의하면, 鬪는 마땅히 通이다.
30 趙守正에 의하면, 彌는 弭(중지하다)와 통한다. 上同, 448頁, 注6 참조.
31 劉績에 의하면, 詔는 訟(송사하다)으로 되어 있다.
32 王念孫에 의하면, 脩는 循(좇다, 따르다)의 뜻이다.
33 許維遹에 의하면, 爲는 僞(거짓)다.
34 安井衡에 의하면, 或은 惑(착각)이다.
35 尹知章의 주석에 의하면, 生은 奪政과 같다.
36 劉師培에 의하면, 保는 葆이고, 葆와 寶와 통한다.
37 黎翔鳳에 의하면, 損에 棄(버리다)의 뜻이 있다. 戴望에 의하면, 遷은 去의 뜻이다.
38 黎翔鳳에 의하면, 捕는 收取다.
39 安井衡에 의하면, 乘은 陵(능가하다)이고, 等은 輩는 동류이고, 駢은 比다.

亂其君. 君若有過, 各奉其身.[40] 此亦[41]謂昔者無道之臣." 桓公曰: "善哉!"

제34편 「정언正言」 망실亡失.

40 尹知章의 주석에 따르면, '자신을 깨끗하게 하는 데 헌신했고, 허물은 임금에게 미루었음'의 뜻이다.

41 黎翔鳳에 의하면, 古本에는 亦 자 밑에 可 자가 있다.

치미 侈靡

소비 생활

치미侈靡는 사치한 소비생활을 말한다. 본 편은 길고 내용도 많아서, 경제, 정치, 군사, 철학 등 여러 영역을 언급한다. 그러나 주요 내용은 소비 학설, 즉 사치[侈靡]의 이론이다. 따라서 치미侈靡를 본 편의 이름으로 하였다. 이 편에서는 매우 중요한 주제를 다룬다.

(환공이) 물었다. "옛날의 천시天時와 지금의 천시가 같습니까?"

(관중이) 대답했다. "같습니다."

(환공이 물었다.) "사람들은 같습니까? 다릅니까?"

(관중이) 대답했다. "같지 않습니다. (그러나) 벌주는 것[誅]이 정당화되었습니다. 곡嚳제帝와 요堯제 시대에는 곤오昆吾산의 좋은 광물[銅]이 땅속에 있어도 (그것을 캐내는) 방법은 특수하지 않았습니다. 산들이 같지 않았으나 (나무를) 날카롭게 깎아서 (도구로) 사용했으며, 연못은 고갈되지 않아서 먹고살기에는 충분하였습니다. 농사지어서 스스로를 양육하였고, 나머지는 천자天子를 위해 비축하였기에, 따라서 화평하였습니다. (옛날 그 시절에는) 소와 말을 방목해도 서로 만나지 않았으며, 사람들의 풍속은 서로 알 수 없었으며, 걸어도 백 리百里를 넘지 않았으니 찾아오면 (먹고살기에) 풍족하였습니다. 따라서 마을은 법치法治가 안 되었으니, 조용하였습니다. 송사訟事할 때 한 쪽 발은 싸구려 신발, 한쪽 발은 잡雜 신발을 신었다면 마땅히 죽을 수밖에 없었습니다. (그러나) 지금 주공周公[1]의 법률로 충분히 고려하여 판결하였으니, 머리 잘린 죄수의 명부名簿가 가득 찼으며, 발 잘린 죄수의 명부가 가득 찼

1 周公의 법은 당시 齊나라의 현행법을 말한다.

어도, 죽는 이가 복종을 안 한 것은, 사람의 습성이 아니라, (상商나라 민족의) 실패였습니다. 영토가 귀중해지고 인구는 늘어나서, 생활은 파탄났고 식량은 부족해졌으니 (사람들이) 장사하는 데[末業]에 종사하자 백성들이 일어나기 시작하였으니, 이 때문에 명성을 아래로 보고 실질을 숭상하게 되었습니다. (원래) 성인聖人들은 농업도 살폈고 즐기기도 하였습니다. 아주 늦은 저녁, 깊은 밤까지 (상나라 사람들을 함께) 놀게 하였습니다."

問曰: "古之時與今之時同乎?" 曰: "同." "其人同乎? 不同乎?" 曰: "不同, 可與政其誅.[2] 俈[3]、堯之時, 混吾[4]之美在下, 其道[5]非獨出人也. 山不同而用掞,[6] 澤不弊[7]而養足. 耕以自養, 以其餘應良[8]天子, 故平. 牛馬之牧不相及, 人民之俗不相知, 不出百里而來足. 故卿而不理,[9] 靜也. 其獄一踦腓,[10] 一踦屨而當死. 今周公斷滿稽, 斷首滿稽,[11] 斷足滿稽, 而死民不服,[12] 非人性也, 敝也.[13] 地重人載,[14] 毁敝而養不足, 事末作而民興之, 是以下名而上實也. 聖人者, 省諸本而游諸樂. 大昏也, 博夜[15]也."

(환공이) 물었다. "시기에 맞춰 재화를 늘리려면, 어떻게 해야 되겠습니까?"

(관중이 대답했다.) "사치보다 좋은 것이 없습니다. 실용적인 것을 싸게 하고, 무용한 (보물들을) 경모敬慕하게 하면 사람들은 그것을 모형으

2 黎翔鳳에 의하면, 政은 正이다.
3 趙守正에 의하면, 俈은 帝嚳이다. 帝嚳과 帝堯 시대는 古이고, 周公 시대는 今이다. 『管子通解』(上), 453頁, 注4 참조.
4 孫詒讓에 의하면, 混吾는 昆吾山이다.
5 道는 여기서 방법의 의미다.
6 黎翔鳳에 의하면, 掞은 剡(날카롭게 하다)이다.
7 黎翔鳳에 의하면, 房玄齡의 弊를 竭(물이 마르다)로 훈독하였다.
8 黎翔鳳에 의하면, 良은 量과 통한다. '얼마인지를 헤아려 비축함'의 뜻이다.
9 黎翔鳳에 의하면, 卿의 本字는 鄕이고, 理는 法治를 말한다.
10 尹桐陽에 의하면, 腓(장딴지)는 菲履(싸구려 신발)이고, 屨(신발)는 封屨(두꺼운 신)나 雜屨(잡신)의 부류다.
11 王引之에 의하면, 稽는 죄인의 이름을 기재한 簿書(책)다.
12 黎翔鳳에 의하면, '死民不服'은, '죽은 사람이 복종하지 않았다'와 같은 뜻이다.
13 黎翔鳳에 의하면, 周나라가 商나라를 멸망시켰으니, 상나라 백성은 노예가 되었다. 敝는 민족의 실패를 말한다.
14 趙守正에 의하면, 載는 戴(더하다)와 통한다. 上同, 454頁, 注13 참조.
15 趙守正에 의하면, 大昏은 늦은 저녁이고, 博夜는 長夜(긴 밤)이니, '밤이 매우 깊음'의 뜻이다. 上同, 注16 참조.

로 삼을 것입니다. 따라서 곡식과 쌀을 싸게 하고 주옥珠玉을 경모하고, 예악禮樂을 좋아하고 장사 업종을 천시하는 것이 농업의 시작입니다. 진주[珠]는 땅의 양陽이니, 따라서 불을 이깁니다. 옥玉은 땅의 음이니, 따라서 물을 이깁니다. 이것들의 변화는 신묘합니다. 따라서 천자天子는 (화폐로 쓰는) 진주와 옥을 준비하고, 제후들은 (악기로 쓰는) 쇠와 돌을 준비하고, 대부[귀족]들은 개와 말을 기르며, 백성들은 (옷감으로 쓰는) 베옷이나 비단 등 물자들을 준비합니다. 그러하지 않는다면, 강자만이 그것들을 지킬 수 있고, 똑똑한 자만이 그것들을 거둘 수 있으니, 비싼 보물들을 싸게 값을 깎고 싼 것[곡식 등]을 비싸게 하였을 것입니다. 그러하지 않는다면, 마누라 없는 늙은이, 과부, 자식 없는 늙은이와 노인네들은 얻을 것이 없겠으나, (지금 각자가 비축이 있기에) 균평한 시작을 가질 수 있습니다."

> 問曰: "興時化[16]若何?" "莫善於侈靡. 賤有實, 敬無用,[17] 則人可刑[18]也. 故賤粟米而如[19]敬珠玉, 好禮樂而如賤事業, 本之始也. 珠者, 陰之陽也, 故勝火. 玉者, 陰之陰也,[20] 故勝水. 其化如神. 故天子臧珠玉, 諸侯臧金石, 大夫畜狗馬, 百姓臧布帛. 不然, 則強者能守之, 智者能牧[21]之, 賤所貴而貴所賤. 不然, 鰥寡獨老不與得焉, 均之始也."

(환공이 물었다.) "정령政令과 교육, 어느 것이 더 긴급합니까?"

관중이 말했다. "정령과 교육은 서로 비슷하나 지향志向이 다릅니다. 교육이란, 가을 구름처럼 높은 하늘에 있어서, 사람 마음을 처량하게 움직입니다. 풍만한 여름의 구름처럼, 낮고 느리게 사람 몸에 미칩니다. 호리蒿里산 북쪽의 동굴이 유정幽靜해서 사람 마음에 원망이 들게 합니다. 빠르게 물이 흘러가니, 사람들로 하여금 사색하게 만드는데, 사람이 죽으면 천당에 가는 이치가 교육의 시작이니, 몸소 반드시

16 黎翔鳳에 의하면, 化는 貨(재화)다.

17 黎翔鳳에 의하면, 실용이 없는 珠玉을 거짓으로 존경하고, 부자들의 재산을 뜯어내며, 실용 있는 곡식의 가치를 도리어 떨어뜨리면 백성들이 살기가 편하니, 사람들은 그 방법을 모형으로 삼을 수 있다.

18 何如璋에 의하면, 刑은 型(틀)과 통한다.

19 王引之에 의하면, 2개의 而 자는 후대 사람이 덧붙인 것이니, 如는 而와 같다.

20 郭大癡(20세기)에 의하면, 이 문장에서 2개의 陰은 地다.

21 王念孫에 의하면, 牧은 마땅히 收(거두다)여야 한다.

순종해야 할 것입니다. 비유하자면 가을의 구름이 처음 보인 것과 같습니다. 현자나 못난 사람이나 교화되어야 합니다. 공경하며 기다리고, 아끼며 사랑하는 것은, 마치 (금은金銀을 캐는) 광산에서 향불 피워 제사 지내는 것과 같습니다. 똑똑한 사람은 적고, 못난 사람은 많기에, 똑똑한 이들을 교육시킨다면, 못난 사람들은 어찌 교화되지 않겠습니까? 지금 정령政令은 작은 조각으로 자르는 원칙이니, 모양을 완성하는 징험과 같습니다. 제거하면, 작아지니, 사람들을 부릴 수 있지 않겠습니까!"

(환공이 물었다.) "빈자와 부자를 임용하자면, 어떻게 하면 되겠습니까?"

(관중이) 대답했다. "(사람이) 아주 부유하면 부릴 수 없고, 아주 가난하면 수치羞恥를 모르는데, 물은 수평이면 흐르지 않고, 수원水源이 없으면 빠르게 고갈합니다. 구름이 평평하면 비가 많지 않으며, 구름을 따르지 않고, 회전回轉만 하면 빨리 그칩니다. 정령政令이 평이하기만 하고 위세威勢가 없으면 시행되지 못하니, (임금의) 사랑은 치우친 친밀함이 없어서 흘러 버리고 맙니다. 유용한 사람을 친밀하게 돕고, 무용하다면 피해야 합니다. 서로 거짓말을 하면, 원망이 많아집니다. 단점을 높이고 장점을 천시賤視하면, 써야 할 방도가 없게 되니, 농업을 위태롭게 합니다. 경중輕重이 맞지 않는데 담제禫祭와 차조次祖 제사를 지내어, 맹서盟誓를 어겼고 변질시켰으니, (임금의) 신용이 없어진 것입니다. 조상을 존경하는 것이, 높임의 시작입니다. 맹약을 지키는 것이 (임금의) 행동입니다. 천지天地의 이치를 받드는 것이, (임금의) 위세를 말할 수 있는 근거입니다. (민심을) 넓게 얻은 임금이 (재화를) 저축한 곳은 반드시 모양이 완성됨을 따라서 사람을 평가하는 것, 이것이 정령政令이 실천되는 곳이니, (이래야) 왕 노릇 하지 않겠습니까?"

"政與教孰急?" 管子曰: "夫政教相似而殊方. 若夫教者, 標然若秋雲之遠, 動人心之悲. 藹然若夏之靜雲, 乃及人之體. 鵬然若謞之靜,[22] 動人意以怨.[23] 蕩蕩若流水, 使人思之, 人所生往,[24] 教之始也, 身必備之.[25] 辟之若

22 趙守正에 의하면, 原文에는 鵬然인데, 郭沫若을 따라서, 窵然(깊숙하고 먼 모양)으로 고쳤다. 上同, 456頁, 注3 참조.

23 黎翔鳳에 의하면, 遠은 高空(높은 하늘)이고, 靜은 이동이 매우 느림이지, 靜止가 아니다. 藹

秋雲之始見, 賢者、不肖者化焉. 敬而待之, 愛而使之, 若樊[26]神山[27]祭之. 賢者少, 不肖者多, 使[28]其賢, 不肖惡得不化? 今夫政則少則, 若夫成形之徵者也.[29] 去則少, 可使人乎?" "用貧與富, 何如而可?" 曰: "甚富不可使, 甚貧不知恥, 水平而不流, 無源則遬[30]竭. 雲平而雨不甚, 無委雲, 雲則遬已.[31] 政平而無威則不行, 愛而無親則流.[32] 親左有用, 無用則辟之.[33] 若相爲,[34] 有兆[35]怨. 上[36]短下長, 無度而用, 則危本.[37] 不稱而祀譚次祖, 犯詛渝盟傷言.[38] 敬祖禰,[39] 尊始也. 齊約[40]之信, 論行也. 尊天地之理, 所以論威也. 薄德之君之府囊也,[41] 必因成刑[42]而論於人, 此政行也, 可以王乎?"

(환공이 물었다.) "(과인이) 어떻게 해야 되는지, 묻고 싶습니다."

(관중이 대답했다.) "하늘과 땅의 도리를 반드시 변별하고, 그다음에

는, 房玄齡의 주석에 의하면 油潤貌(빛이 나고 윤택한 모양)다. 乃는 구름이 몸을 스치고 지나가는 느린 동작이다. 鄗은 高의 別體이니, 속명 蒿里山이다. 그 산 북쪽에 鬼仙洞이 있는데 어둡고 무서워서 아무도 못 들어간다. 어둑해서, 사람을 원망하게 한다.

24 黎翔鳳에 의하면, 사람이 죽으면 往生하니 요즈음 말하는 天堂에 간다는 뜻이다.

25 丁士涵에 의하면, 備는 犕의 오자이고, 犕는 服과 같다.

26 樊은 焚(향불 피우다)의 뜻이다.

27 黎翔鳳에 의하면, 神山은 金과 銀이 나오는 鑛山을 가리킨다.

28 黎翔鳳에 의하면, 使는 敎之(가르치다)의 뜻이다.

29 黎翔鳳에 의하면, 則은 鍘(작두)이다. 아래 문장에 '國之山林, 則而利之'(나라의 산림은, 작두로 잘라서 이용한다)가 있다. 富者의 재산을 나누어 작게 하고, 작은 것을 모으면 많아지니, 政令를 행함은 大用이다. 때문에, '若夫成形之徵者也'(형태, 즉 모양을 완성하는 징험과 같다)라고 말했다.

30 尹知章의 주석은, 遬를 速(빠르다)으로 보았다.

31 黎翔鳳에 의하면, 雲은 어떤 판본에는 云이니, 回轉의 형상이다. 『廣雅』에는, 雲은 運이고, 또 委는 隨이니, 바로 구름을 형용하고 있다.

32 尹知章에 의하면, 임금이 신하들을 사랑하기만 하고 偏親(치우친 친밀함)이 없으면, 그 사랑이 범범하게 흘러 버려서, 賢智라도 다 힘을 쓰지 않는다고 말한다.

33 黎翔鳳에 의하면, 左는 佐(돕다)이고, 有는 又이고, 辟은 避(피하다)다.

34 爲는 僞(거짓)다.

35 兆에는 數로 쓰일 때는 衆多(아주 많다)의 뜻이다.

36 趙守正에 의하면, 上은 尙(높이다)의 뜻이다. 上同, 457頁, 注9 참조.

37 黎翔鳳에 의하면, 本은 농업이다.

38 黎翔鳳에 의하면, 稱은 輕重을 말한다. 譚은 禫의 假借이니, 禫祭는 탈상 때 지내는 제사이고, 次祖는 叢祀가 되니, 叢林 중의 神社다. 詛는 盟誓이다. 渝(변하다)는 變汙[汚](변하여 더러워짐)다. 또 趙守正에 의하면, 傷言은 誓約을 훼손하고 盟約을 어겼으니, 이에 信用이 없기 때문에 傷言, 즉 신용 있는 말이 없으니, '傷言'이라고 한 것이다. 上同, 注3 참조.

39 趙守正에 의하면, 祖禰는 조상이다. 禰는 죽은 아버지가 종묘에서 신주가 세워진 것을 말한다. 上同, 注4 참조.

40 黎翔鳳에 의하면, 齊約은 劑約(약속을 조화시키다)이다.

41 黎翔鳳에 의하면, 薄은 普(보편, 전면적)의 뜻이고, '薄德之'는 普得之의 뜻이다. 府囊은 재물이 저장된 곳이다.

42 黎翔鳳에 의하면, 刑은 形이다.

공명功名을 수립할 수 있습니다. 땅의 이점利點을 잘 분석하면, 백성들은 부유해질 수 있습니다. 사치[소비]에 통달하면, 선비들은 친밀해집니다. 임금 스스로 일 벌이기를 좋아해서, 억지로 결단을 내리고, 인애仁愛의 마음으로 즐거이 사람들을 임명하였습니다. 임금께서 정사政事를 보아 오래 사시면, 백성들도 역병으로 요절하지 않으며, 가축이 많이 자라고, 오곡이 많이 숙성하게 되니, 그런 다음에 백성들의 힘을 얻어서 쓸 수 있습니다. 이웃 나라들의 임금들이 모두 현명하지 못할 때, 그다음에 왕이 될 수 있습니다."

(환공이 물었다.) "현명한 이들을 갖추려면, 어떻게 해야겠습니까?"

(관중이) 말했다. "(다른 제후의 나라에서) 홀연히 재상을 경질하고, 홀연히 사업을 바꾸어서 재물을 도모하고 있다면, (이럴 때 임금께서) 변화된 정책을 쓰신다면 충분히 명성을 얻을 수 있습니다. (이웃 나라의) 폐해를 보고서 백성들을 권장한다면, 여기에 씨[종자]를 심게 해서 백성들을 부유하게 할 것입니다. 맹서盟誓의 말씀에 따라 (천심天心의) 감화를 받아서, 만물과 함께 성장할 것입니다. 해와 달의 광명을 따라서, 비바람에 순응하여 씨를 심었습니다. 하늘이 덮어 주고, 땅이 실어 주니, 이것이 백성들의 양식인 것입니다. (비바람을) 갖고 있지 않다면 하늘과 땅과 같을 수 없으니, 천자天子가 해야 할 일이 아닙니다. 백성들은 변했으나 (임금이) 변혁할 수 없다면, 이것은 빠진 털이 (그대로) 가죽에 붙어 있는 경우와 같습니다. 가죽이지만, 고쳐 쓸 수 없다면, (백성의 마음을) 굴복시킬 수 없습니다. 백성들은 진실을 지키기 위해 죽으며, 제후들은 재화를 지키기 위해 죽습니다."

"請問用之若何?" "必辨於天地之道, 然後功名可以殖.[43] 辯於地利, 而民可富. 通於侈靡, 而士可戚.[44] 君親自好事, 强以立斷, 仁以好任人. 君壽以政年,[45] 百姓不夭厲,[46] 六畜遮育, 五穀遮熟,[47] 然後民力可得用. 鄰國之君俱不賢, 然後得王." "俱賢若何?" 曰: "忽然易卿而移, 忽然易事而化,[48]

43 殖에는 樹立의 뜻이 있다.
44 尹知章에 의하면, 戚은 親이다.
45 張佩綸에 의하면, '君壽以政年'은 마땅히 '政以壽年'으로 바뀌어야 한다.
46 趙守正에 의하면, 厲는 癘(염병)와 통한다. 上同, 458頁, 注5 참조.
47 洪頤煊에 의하면, 遮와 庶는 옛날에는 통용되었다. 庶는 많음의 뜻이다.
48 兪樾에 의하면, 易卿이나 易事는 다른 나라의 임금을 말한 것이다. 黎翔鳳은 化를 貨로 보았다.

> 變而足以成名, 承弊[49]而民勸之, 慈[50]種而民富. 應言[51]待感, 與物俱長. 故[52]日月之明, 應風雨而種. 天之所覆, 地之所載, 斯民之良[53]也. 不有而醜[54]天地, 非天子之事也. 民變而不能變, 是梲之傅革.[55] 有革而不能革, 不可服. 民死信, 諸侯死化."[56]

(환공이 물었다.) "제후들의 재화와 화폐에 대하여 묻고 싶습니다."

(관중이 말했다.) "화폐는 (대부[귀족]들의) 가문을 (대상으로) 합니다. 이 가문들은, 사람들이 중시하는 돈[화폐] 때문에 운용됩니다. 우리 임금이 오랫동안 사냥꾼을 불러들였고, 임금은 호랑이, 표범의 가죽을 (종묘에서) 귀중하게 보았습니다. 수고하고 공적 있는 임금은 금옥金玉과 폐물을 최고로 쳤습니다. 전투를 좋아하는 임금은 갑옷과 무기를 최고로 쳤습니다. 갑옷과 병기의 원천은, 우선 반드시 (농사짓는 전원의) 밭과 집에 있습니다. 지금 우리 임금께서 전투를 하신다면, 백성들이 중시하는 가죽과 폐물[皮幣]을 쓰고자 하는 것입니다. 먹고 마시는 것이나, 즐기는 것이, 백성들이 바라는 바입니다. 그들이 바라는 것이 풍족하면, 그들은 잊지 못할 것이 많게 되니, 백성들을 쓸 수 있을 것입니다. (그런데) 지금 (백성들이) 짐승 가죽만 입고, 쇠뿔을 쓰고 다니며, 들판의 풀만 먹고, 들판의 물만 마신다면, (임금이) 누구를 쓸 수 있겠습니까? (그들이) 마음이 상했다면, 공을 이룰 수 없습니다. (그러나 부자들은) 따라서 지극한 맛을 맛보고, 음악은 싫도록 들어 역겹고, 계란에 갖은 장식을 한 다음에 요리해 먹고, 횃불로 장식한 다음에 밥을 해먹습니다. 주사朱沙 광산鑛山의 입구를 틀어막지 않았으니, 장사꾼이 그치지 않습니다. 부자들은 실컷 돈 쓰고, 빈자들은 (그들을 위해) 노동만

49 陶鴻慶에 의하면, 承弊는 '承隣國之弊'(이웃 나라의 폐를 이어받다)이다.

50 李哲明에 의하면, 慈는 마땅히 玆다.

51 黎翔鳳에 의하면, 言은 위의 문장에서 말한 '詛盟의 言(맹서의 말씀)'이다.

52 黎翔鳳은, 兪樾과 李哲明에 따라 故를 倣, 또한 效로 보았다.

53 黎翔鳳에 의하면, 良은 糧(양식)이다.

54 郭大癡에 의하면, 醜는 同이다. 黎翔鳳은, 위의 '應風雨而種'을 이어, 이것(비바람)이 없으면, 天地와 같을 수 없다고 말한다.

55 丁士涵에 의하면, 梲은 마땅히 蛻(허물 벗다)와 통하고, 傅는 附와 통한다. 革은 皮와 같다. '變而不能變, 譬若鳥獸之脫毛仍附於皮'(변해야 하나 변할 수 없으면, 비유하면 鳥獸의 탈모가 그대로 피부에 붙어 있다)와 같은 형국이니, 위의 革은 皮革이고, 아래의 革은 變革을 말한다.

56 黎翔鳳에 의하면, 信은 『詩·衛風·氓』의 '信誓旦旦'(진실로 분명히 맹세하네)의 信(진실로)이고, 化는 貨(재화)다.

합니다. 이들 백성들은 (희망이 없기에) 게으르지만, (임금께서) 백방으로 구제救濟하여 먹고는 삽니다. (부자들이) 스스로 그렇게 한 것은 아닐 것이고, (임금이) 이들을 위해 저축한 재화를 쓴 것입니다. 그 (부자들)의 하인들이 (백성들에게) 주었다가는 탈취하고, 일을 시켰다가는 중지시키고, 공연히 (물건을) 주어서 부유케 하고, 법도로써 아버지가 자식들을 가르쳐서 (그들이) 복종하게 하며, (부자들이) 껍데기 작위를 주며 교만하니, 봄가을에 종자를 심게 하여 (그 수익을) 소모하며, 또한 혼잡한 예의禮儀 제도로써 (사람들을) 압박하며, 또 늘 영리하고 강한 인물을 선발하여 칭송합니다. (부자들은) 강압으로 한 다음에 (백성들을) 일을 시킬 수 있으며, 변란을 일으킬 때 웅변으로 하며, 지식으로 사람의 정실情實을 알아내며, 청렴으로 결국 사람들을 다치게 합니다. 견강堅强하여 많은 사람을 능멸하였으며, 자기의 은덕을 널리 베풀어서 임금을 가볍게 보게 하였고, 능력 없는 자들을 부려서 그들이 죄를 짓고 흩어지게 했으니, 이것은 나라를 망치게 하는 틈새입니다."

"請問諸侯之化弊?"[57] "弊也者, 家也. 家也者, 以因人之所重而行之. 吾君長來獵, 君長虎豹之皮用.[58] 功力之君, 上金玉幣.[59] 好戰之君, 上甲兵. 甲兵之本, 必先於田宅. 今吾君戰, 則請行民之所重. 飮食者也, 侈樂者也, 民之所願也. 足其所欲, 贍其所願,[60] 則能用之耳. 今使衣皮而冠角, 食野草, 飮野水, 孰能用之? 傷心者不可以致功, 故嘗至味而, 罷[61]至樂, 而雕卵然後瀹之, 雕橑然後爨之. 丹沙之穴不塞, 則商賈不處.[62] 富者靡之, 貧者爲之. 此百姓之怠生, 百振而食, 非獨自爲也, 爲之畜化用.[63] 其臣者,[64]

57 黎翔鳳에 의하면, 弊는 幣(돈)와 같다. 家는 大夫(귀족)의 家다. '제후들의 侈靡(사치, 소비)의 대상은 大夫들이다. 雕卵이나 雕橑는 재산을 만드는 도리이고, 동시에 敎戰(가르침과 전투)을 고려해서, 부자는 사치하고, 가난뱅이는 실제 행동을 한다'라고 말한다.

58 黎翔鳳에 의하면, 來는 勑(위로하다)의 假借이고, 위의 長은 久(오램)의 뜻이고, 아래의 長은 崇貴의 뜻이다.

59 黎翔鳳에 의하면, 功은 수고로움으로 나라를 안정시키는 것을 말한다. 金玉은 상으로 내리는 것이니, 중히 여기는 것이다.

60 黎翔鳳에 의하면, 願은 念이고 念은 不忘을 말한다. '바라는 것이 충족하면, 그들이 잊지 못할 것이 넉넉함'의 뜻이다.

61 劉績에 의하면, '罷至樂'은 '耳倦絲竹'(음악만 싫도록 들어서 지겹다)의 뜻이다.

62 黎翔鳳에 의하면, 丹沙의 穴은 황금에 중점을 두고, 塞는 封禁이며, 處는 止다.

63 黎翔鳳에 의하면, 이 구절은 '부자가 사치하고 소비하지만, 빈자들은 飮食의 사치는 자기에게는 바랄 수 없는 소망이라고 생각하기 때문에, 게으를 수밖에 없다. 振은 구제이니, 다방면에서 구제하여, 가난뱅이들을 먹여 살리는 것은, 부자만이 스스로 한 것은 아닐 것이다'의 뜻이다. 化는 貨(재화)다.

64 黎翔鳳에 의하면, 저축한 재물을 쓰는 것은 부자이니, 其는 부자를 가리키고, 臣은 그들의 하

予而奪之, 使而輟之, 徒[65]以[66]而富之, 父繫[67]而伏[68]之, 予虛爵而驕之, 收其春秋之時[69]而消之, 有[70]雜禮我[71]而居之,[72] 時擧其强者以譽之. 强而可使服事,[73] 辯以辯辭,[74] 智以招請,[75] 廉以摽人.[76] 堅强以乘六,[77] 廣其德以輕上,[78] 位不能使之而流徙, 此謂國亡之郄."[79]

(관중이 말했다.) "법제를 굳건히 하고, 상규常規를 지키고, 예를 존숭하고 민속民俗을 변경하고, 신의信義를 높이고 꾸밈을 천시하며, 순종을 좋아하고 거친 폭력[粗暴]에 저항하는 것, 이것이 나라를 이루는 법입니다. 나라를 위하는 사람은 백성들의 타고난 습성을 돌이킨 다음에, 백성들과 더불어 친해질 수 있습니다. 백성들이 놀자고 하면 노동하는 법을 가르치고, 백성들이 살고자 하면 (나라를 위해) 죽는 법을 가르쳐야 합니다. 노동시키는 가르침이 확정되고서야 나라는 부유해지고, (나라를 위해) 죽는 가르침이 확정되어야 (임금의) 위세가 통하게 됩니다. 똑똑한 임금은 사물의 정반正反을 잘 파악하여, 겉으로는 평

인으로 부자를 위해 일한다.

65 徒는 空(근거 없다)의 뜻이다.

66 豬飼彦博에 의하면, 以는 마땅히 予다.

67 黎翔鳳에 의하면, 父는 矩이니, 法度로 교육하다의 뜻이다.

68 伏에는 服의 뜻이 있다.

69 黎翔鳳에 의하면, 時는 蒔(모종하다)다.

70 有는 又이다.

71 兪樾에 의하면, 有는 마땅히 肴인데, 肴는 殽(섞이다)다. 殽는 '서로 섞여 있음'의 뜻이다. 黎翔鳳에 의하면, 我는 義이다.

72 湯孝純에 의하면, '有雜禮義而居之'는 '번잡한 禮儀 제도를 채택하여 속박함'의 뜻이다. 『新譯管子讀本』(上), 467頁, 注5 참조.

73 兪樾에 의하면, '强而可使服事'란 '아랫사람이 윗사람의 명령을 따르지 않으니, 강압을 쓴 뒤에 순종하여 일을 할 수 있음'의 뜻이다.

74 兪樾에 의하면, 아래의 辯은 마땅히 變으로 읽어야 한다.

75 兪樾에 의하면, '智以招請'에서, 請은 情으로 읽으니, '지혜를 믿고서 사람의 情實을 불러옴'의 뜻이다.

76 兪樾에 의하면, '廉而摽人'에서 摽는 剽로 읽어야 하니, '廉而摽人'은 '持其廉而傷人'(청렴함이 남을 해친다)의 뜻이다.

77 兪樾에 의하면, '堅强以乘六'에서 六은 下의 오자이고, 乘은 陵이니, '强하야 아랫사람들을 능가하다'의 뜻이다.

78 兪樾에 의하면, '廣其德以輕上位'에서 位는 아래에 붙여 읽어야 되니, '廣其德以逕上'과 '堅强以乘下'와 대비된다. 자기 덕을 넓게 심어서 임금의 권력을 나누어 가지니, 齊나라의 陳氏와 같다. '位不能使之而流徙'에서 位는 任의 오자이니, '任不能使之而流徙'는, '능력이 없는 이에게 일을 맡기면, 이들을 죄짓게 하여 옮겨 가게 만듦'의 뜻, 결과적으로 '賊夫人之子'(남의 자식들을 해친다)가 된다.

79 黎翔鳳은 兪樾의 주를 대부분 받아들인다. 다만 六은 大로 보았다. 大는 衆이다, 郄(틈)은 隙(간극)과 같다.

탄하지만 내심에서는 엄격을 요구해야 합니다. 따라서 감정을 방치하면 정신을 해치고, 바탕을 미화하면 꾸밈을 망칠 수 있고, 아름다운 변혁도 또한 반드시 명분에 맞아야 하고, 아름다운 변화도 또한 시의時宜에 맞아야 합니다. 그 시기 단서의 조짐을 못 보면 재앙이 미칠 수 있습니다. 그러므로 땅의 이점을 따라서, 하늘의 뜻을 받들어 따르는데, 풀을 두껍게 깔고서 시신屍身을 감싸고, 그것을 들어 올리고, 묘지를 열은 뒤에 (다시) 덮습니다. 땅의 이로운 점에 따르는 것을 알아야 하니, 천지天地의 지리地利에 참여하는 까닭입니다. 하늘의 뜻을 받아서 따른다면, 행동은 반드시 분명해질 것입니다. 자리를 깔고 주검을 올리면 그 관직에 따라서 같으니, 조정에서 규칙을 받들면, 그 도리는 반드시 실행됩니다. 분묘墳墓의 입구를 열어, 축복의 말을 하고, 술잔들을 듭니다. 자리를 깔고 (죽은 이의 직위의) 순차循次를 알아서, (그에 따른) 제물과 규벽圭璧을 놓고, (죽은 자를 위한) 술잔을 잡습니다. 작은 해害를 떠넘기어, 작은 해로 큰 해를 눌러서 극복합니다. 그 중간을 통하게 하고, 그 외부는 조개껍데기로 땅을 파고서 귀신들을 불러 모으니, (귀신들의) 강력함을 두려워해서, (여러 사람이 매장된) 무덤을 크게 하여, (혼魂들의) 정기精氣를 바로 하니, 그(귀신)들의 정황을 볼 수 있습니다."

(환)공이 말했다. "묘지의 무덤은 막아 놓아야 하니, 백성 중에 누가 감히 와서 (곁에서) 놀려고 생각하겠습니까? 왜 그것에 대비하지 않습니까?"

(관중이 대답했다.) "하늘이 돕는 바를 선택하였고, 귀신이 주는 복福을 택하였으며, 사람의 정례頂禮를 택하여, 몸을 급히 붙였으니, 이것은 신령神靈을 안정시키는 것입니다."

"故[80]法而守常, 尊禮而變俗, 上信而賤文, 好緣而好駔,[81] 此謂成國之法也. 爲國者, 反[82]民性然後可以與民戚. 民欲佚而教以勞, 民欲生而教以

80 郭大癡에 의하면, 故는 固(굳다)다.
81 石一參에 의하면, '好緣而好駔'은 '好緣而奸駔'이다. 奸은 干(저항하다)과 통한다. 丁士涵에 의하면, 緣은 順이고, 駔(준마)은 麤(거칠다)다. 湯孝純, 上同, 467頁, 注14 참조.
82 尹知章의 주석에 의하면, 反은 冥(어둡다)이다. 백성들의 타고난 습성에 순종하면, 반드시 패망한다.

死. 勞教定而國富, 死教定而威行. 聖人者, 陰陽理,[83] 故平外而險中.[84] 故信其情者傷其神,[85] 美其質者傷其文.[86] 化之美者應其名,[87] 變其美者應其時,[88] 不能兆其端者菑及之.[89] 故緣[90]地之利, 承從天之指,[91] 辱擧其死, 開國閉辱.[92] 知其緣地之利者, 所以參天之吉綱也.[93] 承從天之指者, 動必明. 辱擧其死者, 與其失[94]人同, 公事則道必行. 開其國門者, 玩之以善言, 柰其斝. 辱知神次者, 操犧牲與其珪璧, 以執其斝. 家小害, 以小勝大.[95] 員其中, 辰其外而復,[96] 畏强, 長其虛[97]而物正, 以視其中情."[98] 公曰: "國門則塞, 百姓誰敢敖, 胡以備之?"[99] "擇天下之所宥,[100] 擇鬼之所當, 擇人天之所戴, 而亟付其身, 此所以安之也."

(환공이 묻는다.) "이익이 남아도는 강자强者와 (재력이) 적은 자가 지

83 趙守正에 의하면, 陰陽은 正反과 뜻이 같다. '陰陽理'는, 사물의 正反을 잘 장악함이니, 이것은 나라를 다스리는 큰일이다. 『管子通解』(上), 462頁, 注1 참조.
84 趙守正에 의하면, 險은 檢과 통하고, 약속이나 제한의 뜻이다. '平外檢中'은, '밖으로는 평이함을 나타내나, 내심에는 엄격함을 요구함'의 뜻이다. 上同, 注2 참조.
85 趙守正에 의하면, 故는 顧(보다)와 통한다. 信은 放任이니, '信其情者傷其神'은, '정을 방치하면 정신을 해침'의 뜻이다. 上同, 注3 참고.
86 趙守正에 의하면, 質은 바탕이다. '美其質者傷其文'은, '바탕을 아름답게 하면 꾸밈을 방해할 수 있음'의 뜻이다. 上同, 注4 참조.
87 趙守正에 의하면, 名은 명분이다. '化之美者應其名'은, '아름다운 변혁 또한 반드시 명분에 합당해야 함'의 뜻이다. 上同, 注5 참조.
88 趙守正에 의하면, 時는 時宜이고, '變之美者應其時'는, '아름다운 변화 또한 반드시 時宜에 맞아야 함'의 뜻이다. 上同, 注6 참조.
89 趙守正에 의하면, 端은 단서이고, '不能兆其端者菑及之'는, '변화의 단서의 조짐을 못 보면 재앙이 미침'의 뜻이다. 上同, 注7 참조.
90 尹知章의 주석에 의하면, 緣은 順이다.
91 尹知章의 주석에 의하면, 指는 意이다.
92 黎翔鳳에 의하면, 國은 殯宮[墳墓]이다. '辱擧其死'는 목초로 두껍게 깔고서, 屍體를 들고 감의 뜻이고, '開國閉辱'은 '묘지를 열어 풀을 깔고 덮음'의 뜻이다.
93 黎翔鳳에 의하면, 옛날 사람들은 장사 지낼 때 반드시 日(날)을 점쳤는데, 이것이 天時이고, 吉岡은 地利다.
94 黎翔鳳에 의하면, 失은 秩(녹봉, 관직)이다.
95 黎翔鳳에 의하면, 家는 嫁(떠넘기다)와 통한다.
96 黎翔鳳에 의하면, 辰은 蜃殼(조개껍데기)이니, 耒耜가 보편적으로 쓰이기 전에는 조개껍데기로 땅을 팠다. 復은 '죽은 사람의 혼을 불러옴'의 뜻이다.
97 黎翔鳳에 의하면, 强은 귀신 精氣의 强이고, 虛는 叢葬(여러 사람을 함께 매장)의 大冢이다. 귀신들의 강력함을 두려워해서, 그들의 분묘를 개수하니, 精氣가 바르게 되었음의 뜻이다.
98 黎翔鳳에 의하면, 『易』, 「繫辭」, '精氣爲物, 游魂爲變, 故知鬼神之情狀'(精氣란 游魂이 변한 것이니, 따라서 귀신의 상태를 알 수 있다)에서 情과 같은 뜻이다. 그 정황을 物에 의해 알 수 있다.
99 黎翔鳳에 의하면, 衍은 溢(넘치다)이고, 敖(놀다)는 出游다. 衍敖와 游衍은 같은 뜻이다. 則은 卽과 같다. '叢社[叢林 중의 神社]의 문은 즉시 닫혀야 하니, 백성들이 귀신을 무서워하니, 누가 감히 와서 놀겠는가? 왜 미리 대비하지 않는가?'를 말한 것이다.
100 王念孫에 의하면, '天下之所宥'는 마땅히 '天'과 人, 鬼가 對文이다. 宥는 祐(돕다)이다. 當은 마땅히 富인데, 富는 福과 통한다.

위가 같다면, 제한을 두는 것이 어떠합니까?"

(관중이 대답한다.) "높은 명성을 주어서 (현신賢臣을) 선발하고, 중요한 관직을 주어서 그들을 두드러지게 한 것은, 능력을 따져서 결과가 따라온 결과입니다. (현인들이) 친척이라면 그들을 소원하게 대해서, 사람들이 비난의 말을 못하게 합니다. 소원하다면 친밀하게 하고, 사람들로 하여금 굽혀 뜻을 따르지 못하게 합니다. 이것이 (좋은 신하를) 보호하기 위한 조치입니다."

(환공이 묻는다.) "(권력을) 많이 가진 신하들이 매우 커지면, 장차 반대로 (과인에게) 해가 됩니다. 과인이 문제점을 염려하여 해로운 것을 없애려, 작은 데서 그 야심을 찾으려 하니, 어떻게 하면 되겠습니까?"

(관중이 대답한다.) "깊이 뿌리 박힌 나무는 쉽게 벨 수 없습니다. (그들을 벌줄 수 없다면) 진실로 그들을 받들고, 그들의 악惡에 혼입되지 말아야 합니다. 깊이 들어가 조사하며, 비호해서도 안 됩니다. 그들을 도모할 수 없으면, 없애지도 마십시오. 좋지 못한 짓을 하면, 조장해 주지도 마십시오. (좋지 않은 것을 할 때는) 그것을 밝히 드러내고, 그것을 없애지 마십시오. (역신逆臣들이) 꽃을 피울 때, 그 시기를 놓치지 말아야 합니다. (정책이 이미 정해졌다면) 어떤 언론도 동요하지 말아야 하니, 비록 흉재凶災를 만났다 해도 반드시 길吉할 것입니다. 따라서 (불행이) 평정되어 원만해질 것입니다."

(환공이 묻는다.) "별일이 없을 때[평시에] 재화를 모아서, 일[전쟁]이 터졌을 때를 대비하자면, 어떻게 하면 되겠습니까?"

(관중이 대답한다.) "부자들은 양식이 남아돌아 사치하고, 아름다운 수레와 말을 타고 달리고, 많은 술과 감주를 소비한다 해도, 천 년이 가도 식량이 줄어들지 않으니, 이를 일러 농업 생산을 촉진시키는 일이라 합니다."

强與短而立齊, 國之若何?[101]" "高予之名而擧之, 重予之官而危[102]之, 因責其能以隨之. 猶傶則疏之,[103] 毋使人圖[104]之. 猶疏則數[105]之, 毋使人曲

101 黎翔鳳에 의하면, 贏餘가 있는 것이 强이고, 短은 短少이다. 立은 位다. 國과 域은 같으니, 制限의 뜻이다.

102 湯孝純에 의하면, 危는 高聳, 즉 '돌출시킴'의 뜻이다. 『新譯管子讀本』(上), 470頁, 注9 참조.

103 趙守正에 의하면, 猶는 由와 같고, 傶은 戚(친척)과 같다. 『管子通解』(上), 465頁, 注6 참조.

104 湯孝純에 의하면, 圖는 非議이다. 『新譯管子讀本』(上), 470頁, 注12 참조.

之. 此所以爲之也." "大有臣甚大, 將反爲害. 吾欲優[106]患除害, 將小能察大, 爲之奈何?" "潭[107]根之, 毋伐. 固事之, 毋入.[108] 深黜之, 毋涸.[109] 不儀之, 毋助.[110] 章明之, 毋滅.[111] 生榮之, 毋失.[112] 十言者不勝此一,[113] 雖凶必吉. 故平以滿." "無事而總,[114] 以待有事, 而爲之若何?" "積者立餘食而侈,[115] 美車馬而馳, 多酒醴而靡, 千歲毋出[116]食, 此謂[117]本事."

(관중이 또 말한다.) "현縣의 수입은, 수입이 있어야 비용을 쓸 수 있는데, 그래도 (현에서) 쓸 수 없다면, 시장에 (재화가) 쌓인 것입니다. 한편으로 쌓아 놓으면 쌓아 놓을수록 (이윤이) 적어지고, 한편으로 쌓아 놓으면 쌓아 놓을수록 (이윤이) 많아지니, 이것은 이윤의 무상함을 말합니다. 백성들은 다른 보물은 없고, 이익을 보는 것이 최고입니다. 한번은 많아지고 한번은 적어져도, (백성들은) 이익이 있는 곳에만 머무릅니다. 이익이 있은 다음에 유통되고, 유통된 뒤에 도시가 세워집니다. 소수에게만 (재화가) 머문다면 유통되지 못하니, 재화가 나오는 곳을 살펴야 합니다. (백성들이) 따라서 움직이게 하고, (함부로 시킬 수 없는) 부자들은, (세금에 차등을 두어서) 백성들과 같게 해야 합니다. 좋은 명성이 있는 사람을 선발하여, 관리로 하고, 명성이 끊이지 않는 좋은 사

105 數는 '친밀', '친근'의 뜻이다.
106 黎翔鳳에 의하면, 優는 憂와 같다. 憂는 慮(염려)의 뜻이다.
107 尹知章의 주석에 의하면, 潭은 深이다.
108 尹知章의 주석에 의하면, '일단 없앨 수 없다면, 진실로 그들을 모셔라, 그 惡에 유입되지 말라'고 말한다.
109 湯孝純에 의하면, 黜는 '관찰'의 뜻이고, 涸은 護(비호하다)와 통한다. 上同, 471頁, 注5, 6 참조.
110 尹知章의 주석에 의하면, 儀는 善이다. '彼爲不善, 無得助爲之也'(그가 좋지 않은 짓을 하면, 그것을 조장해 주지 말아야 한다)의 뜻이다.
111 尹知章의 주석에 의하면, '當發明不善, 令人皆知之, 無使昧滅也'(좋지 않은 것을 만들어 낼 때는, 사람들로 하여금 모두 그것을 알게 하고, 아무도 모르게 없애지 마십시오)의 뜻이다. 章明은 彰明이다.
112 尹知章의 주석에 따르자면, '謂生纂殺之心, 若草木之生榮, 此其可誅之時, 必不得失之'([임금을] 찬탈하고 죽일 마음이 생길 때가, 마치 초목이 꽃을 피울 때와 같으니, 이것이 그를 죽일 수 있는 시기이기에, 반드시 이 기회를 놓치지 말라고 말한 것이다).
113 黎翔鳳에 의하면, 정책이 이임 결정되면, 어떤 다수의 언론이라도 동요하지 말라는 말이다.
114 趙守正에 의하면, 總은 '재산을 모음'의 뜻이다. 『管子通解』(上), 466頁, 注1 참조.
115 黎翔鳳에 의하면, 立은 마땅히 粒(쌀알)이 되어야 한다. 立食은 粒食과 같다. '委積之富人, 粒食有餘而侈'(재물이 많은 부자들은, 양식이 남아돌아 사치한다)
116 黎翔鳳에 의하면, 出은 詘(다하다, 적어지다)의 뜻이다.
117 趙守正에 의하면, 謂는 爲와 통하니, 여기서 爲는 治理의 뜻이다. '爲本事'는 농업 생산을 촉진함이다. 上同, 注4 참조.

람이면 나라를 다스리게 해야 합니다. 업적이 아직 이루어지지 않았다면, 홀로 명성을 가질 수 없습니다. (신하들은) 업적이 있은 다음에 홀로 명성이 있게 되며, 일이 정리된 후에 명성이 있게 되니, 그런 다음에 (임금이 내려 주는) 제육祭肉을 받을 수 있습니다. 군인들보다 먼저 상을 주었다면 (임금) 스스로의 잘못이고, 백성들을 뒤로 했다면 (임금) 스스로의 만족입니다. 나라의 위계位階를 경시하면 나라는 반드시 패망하고, 귀족과 인척[貴戚]을 홀대하면, (나라의) 비밀들이 새어 나갑니다. 다른 나라 사람을 (관리로) 임명하지 않는 것이, 나라를 지키는 원칙입니다. (정령政令을) 자주 바꾸지 말아야 하는데, 이렇게 하면[바꾸면] 성공을 망칩니다. 큰 신하들이 죄를 지었으면, (그들이) 나라 밖으로 나가는 것을 금해야 하니, 이것[밖으로 나가는 것]은 실정을 누설하는 것입니다. (임금은) 자주 대신의 집에서 음주해서는 안 되는 것이니, 이것은 국력을 소모시키는 방도입니다. 삼요三堯[國子, 高子와 桓公]가 있더라도, 황궁에만 깊이 박혀 있고, 친근한 대신들의 집에만 내왕하니, 이렇다면, 반드시 이를 따라서 패망할 것입니다! 비유하자면 뾰족한 뿔잔과 같아서, 끝이 바탕을 이기지 못하여 위로 흐르나 (결국) 아래로 쏟아지니 평평해질 수 없습니다. 지금 명령이 아랫사람을 구속해도 다스려지지 않으면, 상하를 유지할 수도 없으니, 이것을 (국력이) 쇠퇴하여 간다고 말합니다."

"縣人有主, 人此治用, 然而不治, 積之市.[118] 一人積之下, 一人積之上,[119] 此謂利無常. 百姓無寶, 以利爲首. 一上一下, 唯利所處. 利然後能通, 通然後成國.[120] 利靜而不化,[121] 觀其所出. 從而移之, 視其不可使,[122]因以爲民等. 擇其好名, 因使長民, 好而不已, 是以爲國紀. 功未成者, 不可以獨名. 事未道者, 不可以言名. 成功然後可以獨名, 事道然後可以言名, 然後可以承致酢.[123] 先其士者之爲自犯, 後其民者之爲自贍.[124] 輕國位者國

118 趙守正에 의하면, 여기의 4개의 人은, 모두 入자의 오기다. 上同, 注5 참조. 黎翔鳳에 의하면, 治는 理와 같다.

119 趙守正에 의하면, 績之上은 쌓아 놓으면 쌓아 놓을수록 (이윤이) 많아진다는 뜻이며, 績之下는 쌓아 놓으면 쌓아 놓을수록 (이윤이) 적어진다는 뜻이다. 上同, 注6 참조.

120 여기서 國은 도시를 말한다.

121 黎翔鳳에 이하면, 靜은 소수인의 손에 머무는데, 侈靡 정책을 쓰면, (백성들은) 따라서 움직인다. 이 구절은 대부(귀족)를 두고 한 말이다.

122 黎翔鳳에 의하면, 不可使는 부자를 가리킨다.

123 黎翔鳳에 의하면, 承은 奉, 受의 뜻이고, 酢는 報(갚다)다.

必敗, 疏貴戚者謀將泄. 毋仕[125]異國之人, 是爲經.[126] 毋數變易, 是爲敗成. 大臣得罪, 勿出封外, 是爲漏情. 毋數據大臣之家而飮酒, 是爲使國大消.[127] 三堯在,[128] 臧於縣,[129] 返於連比.[130] 若是者, 必從是罍[131]亡乎! 辟之若尊譚,[132] 未勝其本, 亡流[133]而下, 不平. 令苟下[134]不治, 高下者不足以相待,[135] 此謂殺."[136]

(환공이 묻는다.) "일이 되다가도 무너지는 것은, 무슨 이유입니까? 군대가 멀리 있어도 (적국이) 두려워하는 것은, 무슨 이유입니까? 백성들이 이미 모였다가도 뿔뿔이 흩어지는 것은, 무슨 이유입니까? 안정이 그치고 위태로워지는 것은, 무슨 이유입니까?"

(관중이 대답한다.) "공적은 이루어졌어도 신뢰가 없으면 위태롭고, 군대는 강하나 의義가 없으면 잔악하고 포악[殘暴]합니다. 이웃 나라는 공경하지 않으면서, 먼 나라들이 가까이 오기를 바란다면, 아무도 그 군대의 위세威勢를 못 믿게 됩니다. 가까운 신하들은 계획을 가지고 대하고 멀리 있는 신하들과 조화하면, 일[功]을 세울 수 있습니다. (소비[侈靡]정책을 안 쓴다면) 나라가 망하는 일이 생기고, 임금의 동족同族이 무너지니, 군대는 멀리 떨어져 있어서 위세도 없습니다. 나라는 작은데 대국의 정치를 시도하고, 인정仁政을 베풀어도 효과가 없으며, 또 (다른 나라와) 공명功名을 다투니, 폐해, 이것이 현실입니다! (남들이) 즐거이 모아 준 재력으로 남의 강점을 아울러 갖고자 하면, 재해를 기다

124 黎翔鳳에 의하면, (임금에게서) 얻은 재물은, 첫째가 戰士에게 쓰이고, 그다음이 민중이다. 무사들보다 먼저 하여 쓴다면 陵犯[침범]이고, 백성들을 뒤로하고 쓴다면, (임금의) 自足이다.

125 王引之에 의하면, 仕는 마땅히 任의 오기다.

126 黎翔鳳에 의하면, 방현령의 주석에 '有國之經'이라 한 것이 옳다.

127 黎翔鳳에 의하면, 消는 減削(줄이다)이다.

128 黎翔鳳에 의하면, 이 구절은 親貴한 대신으로 大夫들 위이니, 齊나라에서 國子, 高子와 桓公을 三堯라고 말한다

129 湯孝純에 의하면, 縣은 天子가 계신 皇宮이다. 『新譯管子讀本』(上), 473頁, 注7 참조.

130 湯孝純에 의하면, 連比는 항상 친근한 자, 즉 위에서 말한 '자주 가서 술 마시는' 大臣의 집을 말한다. 上同, 注8 참조.

131 黎翔鳳에 의하면, 罍는 儡(피곤, 喪敗)의 古字이다.

132 張佩綸에 의하면, 尊譚은 尊觶[뿔잔]이다. 觶는 모양이 뾰족하여 重心이 아래에 있지 않으니, 쉽게 기울어지기 때문에, '未勝其本, 亡流而下'(바탕을 이기지 못하고 멋대로 흘러 아래로 쏟아진다)라 했으니, 觶(잔)는 평평할 수 없다.

133 丁士涵에 의하면, 未는 末이고, 亡은 上이다.

134 張佩綸에 의하면, 下는 衍字다.

135 許維遹에 의하면, 待는 持다.

136 黎翔鳳에 의하면, 殺은 減(덜다)과 같다. 여기서는 減降(덜어서 내림)의 뜻이다.

리는 것과 같으니, 모아 놓은 재산이 있어도 반드시 흩어질 것입니다. 대왕大王이라면 민중을 믿는 것이 아니고 자기를 믿는 것이고, 백성들이 스스로 모여들어, (그들에게) 공급해 준 뒤에 이득을 보는 것이니, (이래야) 일이 이루어지더라도 해害가 없는 것입니다. 친척을 멀리하고 외부와 친밀을 기도하며, 친절을 행하면서 기밀을 누설하고, 적은 것을 천시하고 큰 것을 좋아하는 것, 이것이 (나라를) 위태롭게 하는 것입니다. (신하들은) 많으나 부자는 적으며, (재물을) 취했으나 겸양謙讓을 말하며, 음험한 행동으로 다른 뜻을 나타냅니다. 외모外貌로는 화禍도 병환도 없는 것처럼 보이게 합니다. 내가 이런 상황이니, 홀로 어찌 알겠습니까!"

> "事立而壞, 何也? 兵遠而畏,[137] 何也? 民已聚而散, 何也? 輟安而危, 何也?" "功成而不信者, 殆. 兵强而無義者, 殘. 不謹[138]於附近, 而欲來遠者, 兵不信. 略近臣合於其遠者, 立.[139] 亡國之起, 毁國之族, 則兵遠而不畏.[140] 國小而脩大, 仁而不利, 猶有爭名者, 累哉是也! 樂聚之力, 以兼人之强, 以待其害, 雖聚必散.[141] 大王不恃衆而自恃, 百姓自聚, 供而後利之, 成而無害.[142] 疏戚而好外企, 以仁[143]而謀泄, 賤寡而好大, 此所以危. 衆而約實,[144] 取而言讓, 行陰而言陽.[145] 利人之有禍, 言人之無患. 吾欲獨有是,[146] 若何!"

(관중이 말한다.) "그러므로 이때에 재산을 처리하는 방도는, (임금의)

137 黎翔鳳에 의하면, 畏는 威(위세)이다.

138 謹에는 恭敬의 뜻이 있다.

139 黎翔鳳에 의하면, 略은 經略(계획을 세워 다스리다)의 뜻이고, 合은 和(화합하다)의 뜻이다.

140 黎翔鳳에 의하면, 侈靡(사치) 정책을 쓰면, 皮幣의 값이 올라가고, 公族에게서 수익을 취하여, 국가의 재력이 커지고, 군대는 멀리까지 위세를 떨치는데, 그렇지 못하면 군대가 멀리 있으면, 위세도 없을 것이다.

141 黎翔鳳에 의하면, 재화가 쌓여서 얻은 소득은, 남들이 즐겨서 운송해 온 것이요, 이에 재력이 있게 된 것이다. 만약 이로써 남의 강점을 겸병하려고 한다면, 이미 모여든 재산도 마침내 흩어질 것이다.

142 黎翔鳳에 의하면, 재산은 백성들 스스로가 모여든 것이며, 공급을 최고로 한 다음에 이득을 보는 것이니, 일이 완성되어도 害가 없는 법이다.

143 黎翔鳳에 의하면, 外企는 '외부와 친밀을 기도함'의 뜻이고, 以는 爲와 같고, 仁은 親이다.

144 黎翔鳳에 의하면, 實은 富이다.

145 黎翔鳳에 의하면, '行陰而言陽'은, 달리 음험한 마음 씀이 있어서, 외모에는 禍도 없고 患(병)도 없음을 말한 것이다.

146 黎翔鳳에 의하면, 是는 위의 문장을 총결하는 감탄사이다. 『莊子』, 「齊物論」의 '是以無有爲有, 有爲無有, 雖有神禹且不能知, 吾獨且奈何哉?'가 이것과 서로 유사하다.

명령으로 할 수 있습니다. 이익을 흩어 놓으면 백성들은 살펴볼 것이니, (임금께서) 반드시 친히 실시해 보고, 그런 연후에 실행하십시오."

(환)공이 말한다. "무엇을 말씀하시는 것입니까?"

(관중이 말한다.) "오랜 장례에 시간을 허비하고, 장례를 거창하게 치르니 큰돈을 벌니다. 한 번 친척이 오고, 한 번 친척이 가니, 이래서 친척이 합치니, 이것이 민중의 풍속입니다."

(환공이) 묻는다. "실제로 어떻게 운용합니까?"

(관중이 대답한다.) "커다랗게 매장하는 지하실을 만들려면, 빈민貧民들을 써야 하는 것입니다. 분묘를 아름답게 꾸미려면, 부장품[明器]에 무늬가 들어가야 합니다. 관곽棺槨을 크게 만들자면, 목공들을 써야 합니다. 매장용 의금衣衾을 많이 만들려면, 여공女工들을 써야 합니다. 이런 것으로 아직 다한 것이 아니니, 따라서 각종의 제사祭祀에 보따리가 있습니다. (무덤에 나무를 심어서) 울타리를 만들며, 명기明器[부장품]를 마련하고, 이것으로 (백성들이) 서로 먹고사니, 이런 다음에 백성들이 서로 이롭게 될 것이며, (백성들의) 수비하고 전투할 준비가 갖추어지게 됩니다. 고을[鄕]마다 풍속이 다르고, 나라에는 예법이 같지 않기에, 백성들은 (멀리) 이사를 가지 않습니다. (제齊나라는 다른 나라와) 같지 않은 법이 있기에, 백성들은 피곤[고단]하지 않습니다. 시골에서 늙더라도 담장을 (뛰어)넘지 않고, 흩어지더라도 책임을 따져 묻지 않으니, 사람들은 도망가지도 않습니다. 고향에서 편안해 하고 집에 있기를 즐기며, 제사 지내며 노래하고, 호칭은 있되 모두 책임을 묻지 않으니, 백성들이 풍속을 가지게 됩니다. 정전井田의 수를 결정하고, 군부軍賦의 수량을 정하여, 정제定制로 삼아야 합니다. 산과 계곡에 귀신 사당을 세워 정성으로 제사 지내고, (사람들은) 모두 능력에 따라서 먹는 사람의 수가 구별됨으로써, 농업 생산을 중시함을 보이는 것입니다. 따라서 땅의 넓이가 천리千里인 임금은, (신하들의) 녹봉도 무겁고 제사의 규모 또한 높습니다. (그러나) 그 임금은 과도過度하지 않습니다. 봉지封地가 다른 나라와 같다면, 순종하여 (잡초를) 제거해야 합니다. 임금께서 시작하는 것도 제초除草이며, 전체적으로 잡초가 (많이) 있으면 순종하여 제초하고, 제초를 같게 해야 합니다. 따르는 사람들이 제초를 해서, 함께 제초하니, 제초하는 일이 한결같습니다. 봉토封土가 없는데서 시작하였으니, 왕王은 농사일을 높이 보는 것입니다. 왕도를 행하는 임

금은 농사일을 높이며, 패覇도를 행하는 임금은 공功을 진척시키니, (모두) 농사를 중시합니다. 예禮를 관장하는 관리나, (조상 신위神位의) 순서에는 차별이 있고, 공적과 기물器物에도 선후가 있어서 일을 다스리며, 귀신[祭祀]들을 존중하고 옛것을 지켜 나가며, 전쟁戰爭의 소임은, 공을 높이 보고 (무공無功을) 가볍게 보니 죽음으로써 본분을 다하여, 공에 따라서 얻어먹고 이익을 살핌으로써 신하들이 권면됩니다. (임금의) 위의威儀를 높이 보아야 하고 작은 이익에 참여해서는 안 됩니다. (제齊나라의) 다섯 관직[大諫, 行人, 理, 將과 田]으로 말하면, 사람들이 그 관직을 다툰 뒤에, 임금이 (정보를) 들어 알게 됩니다. 제사를 지낼 때 재물 많은 사람을 높이니, 따라서 많은 신하가 (제사祭祀에서 임금을) 대리합니다. 많은 신하가 (제사에서 임금이 하는 일을) 대리하면, 상하가 같아집니다. 이 때문에 재력이 많은 사람을 높이더라도 무익無益함을 알게 되니, 망하는 것도 이렇게 빠릅니다. 재력이 많은 사람을 숭상하면 망하고, 재력이 많은 사람들을 일 시킬 줄 알면 창성昌盛하게 됩니다. 의義를 높여 폭력을 금지시키고, 시조始祖를 존숭하여 시조를 공경하고, (친족들을) 종실宗室에 모아서 (임금과의) 친소親疎를 밝힘으로써 임금을 가볍게 보지 않음을 보여야 합니다."

"是故之時陳財之道, 可以行令也. 利散而民察, 必放之身, 然後行."[147] 公曰: "謂何?" "長喪以黫其時, 重送葬以起身財.[148] 一親往, 一親來, 所以合親也, 此謂衆約."[149] 問: "用之若何?" "巨瘞培, 所以使貧民也. 美壟墓, 所以文明也.[150] 巨棺槨, 所以起木工也. 多衣衾, 所以起女工也. 猶不盡, 故有次浮也. 有差樊, 有瘞藏,[151] 作此相食, 然後民相利, 守戰之備合矣. 鄕殊俗, 國異禮, 則民不流矣.[152] 不同法,[153] 則民不困. 鄕丘老不通覩, 誅流

147 黎翔鳳에 의하면, 之는 此이고, 陳은 處와 같고, 身은 親이다.

148 黎翔鳳에 의하면, 黫는, 花費(비용을 쓰다)의 뜻이다. 起는 發이니, '起身財'는 發財(대량의 재물을 획득하다)의 뜻이다.

149 李哲明에 의하면, '一親往, 一親來'는 喪家 친척들의 왕래다. 黎翔鳳에 의하면, 이런 喪家의 소비 습관은 풍속으로 약정된 것이다.

150 黎翔鳳에 의하면, 明은 明器[부장품]를 가리킨다.

151 章炳麟에 의하면, 이 절은 모두 葬禮의 일을 말하고 있다. 次浮, 差樊과 瘞藏, 셋이 나란히 있다. 浮는 苞의 假借다. 樊은 藩(울타리)이고, 瘞藏은 明器[부장품]이다.

152 尹知章의 주석에 의하면, 流는 移(옮기다)의 뜻이다. 俗禮가 다르기에, 사람들은 각기 편안함을 얻었기 때문에, 흩어지지 않음을 말하였다.

153 黎翔鳳에 의하면, 不流는 '이사를 가지 않음'이다. '不同法'은 異法이니, 異禮와 같은 뜻이다. 齊나라 法은 다른 나라와 같지 않기에, 백성들은 곤란하지 않은 것이다.

散, 則人不眺.[154] 安鄕樂宅, 享祭而謳吟, 稱號者皆誅,[155] 所以留民俗也. 斷方井田之數, 乘馬田之衆,[156] 制之. 陵鷄立鬼神而謹祭, 皆以能別以爲食數, 示重本也.[157] 故地廣千里者, 祿重而祭尊. 其君無餘.[158] 地與他若一者,[159] 從而艾之.[160] 君始者艾, 若一者從乎殺, 與于殺若一者. 從者艾艾, 若一者從于殺, 與于殺若一者.[161] 從無封始, 王事者上. 王者上事, 霸者生[162]功, 言重本. 是爲十禺, 分免[163]而不爭, 言先人而自後也.[164] 官禮之司, 昭穆之離,[165] 先後功器事之治,[166] 尊鬼而守故, 戰事之任, 高功而下死本事,[167] 食功而省利勸臣. 上義而不能與小利. 五官者, 人爭其職, 然後君聞.[168] 祭之時, 上賢者也, 故君臣[169]掌.[170] 君臣掌, 則上下均. 此以知上賢無益也, 其亡玆適.[171] 上賢者亡, 而役賢者昌.[172] 上義以禁暴, 尊祖以敬祖, 聚宗以朝[173]殺, 示不輕爲主也."

154 洪頤煊에 의하면, 丘는 區로 읽어야 한다. 眺는 逃(도망치다)의 假借다. 黎翔鳳에 의하면, 覩는 堵(담장)이고, 誅는 責(꾸짖다)이다.

155 黎翔鳳에 의하면, 誅는 責이다.

156 趙守正에 의하면, 乘馬(네 필의 말)는 부역과 軍賦의 근거이기 때문에, 반드시 일찍 定數를 정해야 한다. 衆은 衆多를 가리킨다.『管子通解』(上), 470頁, 注5 참조.

157 黎翔鳳에 의하면, 산과 골짜기에 귀신 사당을 세우는 것은, 나라에서 叢社를 세우는 것과 맞는다. 人鬼를 함께 먹이되, 血食(祭品을 歆饗)이다.

158 黎翔鳳에 의하면, 餘는 饒(배불리 먹다)이니 過度의 뜻이다. 祿이나 祭라면 모두 過度하지 않다.

159 李哲明에 의하면, 若은 衍字다.

160 艾는 刈(베다)와 통한다.

161 黎翔鳳에 의하면, '君始者艾'는 '잡초를 베는 것으로 시작함'의 뜻이고, '若一者從乎殺'은 '전체적으로 잡초를 제거함'의 뜻이다. 잡초 제거 뒤에 전체적으로 작은 풀과 뿌리가 또 있다면, 다시 제거한다. 함께 잡초 제거 뒤에, 경계를 넘어 밖으로 다시 개간하여, 아직 봉토로 주지 않은 경계로부터 시작한다. 農本을 중시하는 것이 이 구절의 뜻이다.

162 黎翔鳳에 의하면, 生은 進이다.

163 李哲明에 의하면, 分免은 分等하여 勸勉함의 뜻이다.

164 黎翔鳳에 의하면, 禺는 偶(짝) 또는 耦, 즉 耦耕의 뜻이고, 馬田은 牧馬場이니 井田의 九區와 합하여 十區를 이룬다. 전답이나 牧場에서 등급을 나누어서 권면하면서 다투지 않고, 모두가 양보하면서, 남을 앞세우고 자신을 뒤로한다. 분묘가 많은 황무지는, 개간할 수 있는 데는 개간한다.

165 尹知章의 주석에, 離는 次位(위치 순서)의 구별이다.

166 尹知章에 의하면, 功에는 大小가 있고, 器(기물)에는 精麤가 있어, 각기 先後의 차등을 정한다고 말한다.

167 尹知章의 주석에 의하면, 戰士에게는 상하의 차별이 있지만, 각자 죽음으로써 본 일을 해야 한다.

168 黎翔鳳에 의하면, 立功이 최고이고, 본 일을 위해 죽는 것이 그다음이다. 省은 省察이고, 義는 威儀로 훈독된다. 齊나라의 五官은 大諫, 行人(朝覲과 聘問을 주관하는 관직), 理(獄官), 將(장군)과 田(농사를 주관하는 관리)이니, 周나라와 다르다. 君聞은 聞於君(임금에게서 듣다)이다.

169 張佩綸에 의하면, 君臣은 마땅히 羣臣이다.

170 惠棟(1697~1758)에 의하면, 掌은 攝(代理하다)과 같다.

171 李哲明에 의하면, 適은 速 자의 착오이고, 玆는 滋(번성하다)다. 玆速은 滋甚이다.

172 黎翔鳳에 의하면, 제사 지낼 때, 지위가 높은 사람이 제사를 주관하고, 戰時에는 功을 높이 보는데, 공이 크면 상을 받으니, 결코 모순이 아니다. 賢은 재물이 많은 것이다.

173 章炳麟에 의하면, 朝는 昭(밝히다)다. '聚宗以朝殺'은 族人들을 宗室에 모아서 親疏의 차등을 밝힘의 뜻이다.

제사 때에는 (임금이) 덕德을 밝혀야 한다. 고자高子가 이를 듣고서, 궁중의 여인에게 이 말을 전했다. 궁중의 여인이 과인[桓公]에게, '(임금이) 조정을 떠나 있으면, 성대한 음식은 들지 않는다'라고 알려주었다. 궁중의 여인이 궁중의 여인네들에게 말했다. "임금께서 곧 출행을 할 것인데, 왜 (자네들은) 임금을 환송하지 않는가?"

(환)공이 말했다. "출행하는 일은 없네, 자네들은 어디에서 들었는가?"

(궁녀들이) 말했다. "궁중의 여인에게서 들었습니다."

(환공이) 궁중 여인을 찾아서 물었다. "과인은 출행이 없는데, 자네는 어디에서 들었는가?"

(여인이 대답했다.) "제가 선인先人들에게서 들었는데, 임금이 조정을 떠나 있으면서 거창한 음식을 들지 않는다면, 외부에 전쟁이 있거나, 반드시 나라 안에 근심이 있는 것입니다."

(환)공이 말했다. "과인이 자네에게 이것을 언급하고 싶지 않았는데, 자네의 말이 (이미) 이것에 이르렀으니, 자네에게 이 말을 하지 않을 수 없겠네. 과인은 제후들을 (과인에게) 오게 하고 싶으나, 제후들이 오지 않으니, 어떻게 해야 하겠는가?"

여인네인지라 제후들을 오게 하는 일은 분별할 수 없는데요, (말씀을 감히 드립니다.) "스스로 제가 염색하는 일은 할 수 없었고, 다른 사람들이 옷감을 짜지만 (제가) 얻어서 입어 본 적도 없기에, 따라서 성인聖人들이 계시더라도, (제가) 어떻게 할 수 있겠습니까?"

載祭明置.[174] 高子聞之, 以告中寢諸子.[175] 中寢諸子告寡人, 舍朝不鼎饋. 中寢諸子告宮中女子曰: "公將有行, 故不送公?" 公言: "無行, 女安聞之?" 曰: "聞之中寢諸子." 索中寢諸子而問之: "寡人無行, 女安聞之?" "吾聞之先人, 諸侯舍[176]於朝不鼎饋者, 非有外事, 必有內憂." 公曰: "吾不欲與汝及若,[177] 女言至焉, 不得毋與女及若言. 吾欲致諸侯, 諸侯不至, 若何哉?" 女子不辯於致諸侯, "自吾不爲汙殺之事, 人布職不可得而衣, 故雖有聖人, 惡用之?"[178]

174 張佩綸에 의하면, '載祭明悳'이 되어야 한다.

175 孫詒讓에 의하면, 옛날의 寢은 婦와 비슷하니, '中寢諸子'는 '中婦諸子'다.

176 舍에는 放棄(버리다)의 뜻이 있다.

177 黎翔鳳에 의하면, 若은 此다.

(환공이 관중에게 물었다.) "옛날 법도를 추측하여 새로운 것을 이끌어 내고, 나라를 다스려 안정시킨 연후에 시세時勢를 변화시킬 수 있습니까?"

(관중이 대답했다.) "도성이 가난하고 시골이 부유하다면, (시골이) 조정朝廷보다 아름다우니, 도성과 교역을 할 수 있습니다. 도성은 부유하나 시골이 가난하다면, (백성들의 힘이) 쇠진衰盡하여 시장에 갈 사람이 없을 것입니다. 시장이란 (사람들을) 부추기는 곳입니다. 권면하면 (상업이) 일어날 수도 있습니다. 농업도 좋아지고 상업도 일어나니, 소비가 없어진다면, 농사일도 (제대로) 설 수 없습니다. 현인賢人들을 선발하고 능력 있는 사람들을 추천하는 일은 서서 기다릴 수가 없으니, 어찌 (자신을) 자랑하면서 모피와 비단[귀중한 선물들]을 쓰지 않겠습니까? 백 명의 인부들도 우두머리가 없다면, 산만해지니 (그들을) 감독을 해야 합니다. 천 승千乘의 (작은 나라)도 도리[道]가 있다고 하나, (실상實狀을) 교묘하게 꾸며서는 안 됩니다. 주紂왕이 임금 자리에 있으면서, 어찌 (자신을 좋은 임금으로) 꾸미지 않을 수 있었겠습니까? (세력이) 같으면 전투하게 되고, 수비하다가도 공격하게 됩니다. 백 채의 가옥이 있으나 (집에) 담장을 축조하지 못했고, 천 개나 되는 촌락에 토지 사당[社]이 없다면, 조악粗惡하다고 말할 수 있으니, (그런 경우라면) 한 번 전쟁으로 쟁취할 수 있습니다. 천하에 한 번 기회가 왔다면, (그때가) 일을 도모할 시기입니다. 제후들의 세력이 같다면, 만백성들은 (어느 제후의 말도) 따를 수가 없습니다. (임금이) 위의 자리에 있으나 공적功績도 못 냈고 개혁도 할 수 없었다면, 왕이 될 수 있었겠습니까? 옛것을 좇고 법도를 따르며, 정치의 도리를 바로잡는다면, (다른 세력들은) 모두 소멸될 것이니, 임금께서는 저 이오夷吾(관중의 이름)를 선택하시어 정치를 대리하게 하십시오."

(환)공이 말했다. "어떻게 해야 합니까?"

(관중이) 대답했다. "(우리들이) 모여서 함께 생각해야 합니다. 하느님께서 이미 (우리들을) 감찰하고 계신 지 오래되었으니, 분명히 성과를

178 戴望에 의하면, 職은 옛날에 織과 通했다. 安井衡에 의하면, 辯은 辨, 別이다. 黎翔鳳에 의하면, 汙殺은 짐승을 죽여 그 피를 바르며 제사드리는 것이다. 汙殺은 塗血(피를 바르다)임이 명확하다.

얻을 것입니다. 귀신의 도리는 (그윽하여) 밝지 않은데, 제품祭品을 차리는 것은 보답을 바라는 것이 아니고, (임금의) 후덕함을 밝히는 것입니다. (넋가 귀신에게) 제사하면서, (옥玉을 물속에 던지는 것은,) 재물財物을 가벼이 봄을 보이는 것입니다. 먼저 신상神像을 세우고 (제사) 시기를 확정하고 나면, 백성들이 따르니, 따라서 (귀신들께) 기도드려 복福을 구하는 것입니다. (전사戰士들의 혼을) 부르는데 (갑옷을 묶는) 실과 비단을 분명히 사용했고, 재물은 경시했으며 (죽은 전사戰士의 덕을 돌이나 쇠에) 새겨 넣을 정도로 중시하였습니다."

(환)공이 말했다. "'이 땅에 함께 임臨하소서'에서, 이른바 '함께'는, 선후의 일로써 변화를 알 수 있을 것입니다. (황금의 저축은 같지만,) 30근의 비단이 같다면, 서로 경쟁하며, 기뻐할 것입니다. (남보다 재산이) 열 곱이면 (상대는) 복종하여 따를 것이고, 만 배라면 (상대는) 감화될 것입니다. 성공을 했어도, (다른 사람들은) 그것을 알 수도 없을 것입니다. 그러나 백성들이 (임금으로) 기대하니, 그다음에 (패왕霸王의) 형세가 이루어질 것이고, (과인의 공덕을 금석에) 새겨 넣는다면, (사후에) 사당에서 군림할 것입니다."

"能摩故道新,[179] 道定國家, 然後化時乎?" "國貧而貪鄙富, 苴美於朝, 市國. 國富而鄙貧, 莫盡如[180]市.[181] 市也者, 勸也, 勸者所以起. 本善而末事起, 不侈, 本事不得立.[182] 選賢擧能不可得,[183] 惡得伐不服用?[184] 百夫無長, 衍可臨也.[185] 千乘有道, 不可修也.[186] 夫紂在上 , 惡得伐不得? 鈞

179 張文虎에 의하면, 摩는 揣摩의 摩이다. 黎翔鳳에 의하면, 故는 舊法을 가리키고, 新은 新地이다. 道는 由나 治로 훈독된다.

180 黎翔鳳에 의하면, 如는 往(가다)이다.

181 張佩綸에 의하면, 貪은 衍字이고, 苴도 衍字다. 이 구절은, '國貧而鄙富, 美如朝市; 國富而鄙貧, 盡如莫市'(都城이 가난한데 시골이 부유하면, 아침의 시장보다 아름다운 곳이 없고, 도성이 부유하나 시골이 가난하다면, [백성들은] 다 쇠진해져 시장에 가지 못한다)의 뜻인데, 시골이 부유하다면 백성들도 부유해서, 아름답기가 아침의 시장과 같으나, 도성이 부유하여 卿大夫들이 사적으로 부유하면, 백성들의 노동력은 쇠진해져 시장에 물건이 없음과 같은 것이다.

182 黎翔鳳에 의하면, 起는 가격이 시장보다 높다는 뜻이고, 本은 농업, 末은 상업을 가리킨다. 농사가 풍성하게 수확해야, 상업도 일어날 기미가 있게 되니, 소비가 없으면 농사일도 자리 잡을 수 없음을 말한 것이다.

183 張佩綸에 의하면, '選賢擧能不可得'에서 得은 立待(서서 기다리다)의 뜻이다.

184 黎翔鳳에 의하면, 伐은 '과시함', '자랑함'의 뜻이고, 惡는 何이니, '다른 사람들과는 다르다고 스스로 과시하는데, 어찌 皮幣를 쓰지 않습니까?'의 뜻이다.

185 黎翔鳳에 의하면, 衍은 漫衍(넘쳐나다)이고, 臨(내려다보다)은 監臨(감독하다)의 뜻이다.

186 黎翔鳳에 의하면, 千乘의 작은 나라도, 스스로 道가 있다고 말하지만, 마땅히 그 실상을 보

則戰, 守則攻. 百蓋無築, 千聚無社, 謂之陋,[187] 一擧而取, 天下有一, 事之時也. 萬[188]諸侯鈞, 萬民無聽. 上位不能爲功更制, 其能王乎? 緣故脩法, 以政治道,[189] 則約殺子,[190] 吾君故取夷吾謂替." 公曰: "何若?" 對曰: "以同. 其日久臨, 可立而待.[191] 鬼神不明, 囊橐之食無報, 明厚德也.[192] 沉浮, 示輕財也.[193] 先立象而定期,[194] 則民從之, 故爲禱, 朝縷綿明, 輕財而重名."[195] 公曰: "同臨, 所謂同者, 其以先後智渝者也.[196] 鈞同財, 爭依則說. 十則從服, 萬則化.[197] 成功而不能識而民期, 然後成形而更名, 則臨矣."[198]

(환공이 물었다.) "변경을 다스리자면, 어떻게 해야 합니까?"

(관중이) 대답하였다. "변경의 상황은 매일 변하니, 일반 상식으로 바라볼 수 없습니다. 변방 백성들이 아직 변란을 일으키지 않았는데 변란이 일어났다고 여긴다면, 이것은 스스로의 혼란입니다. 사방의 변경 상황에 대하여 물어보고 그 어려움[難象]을 헤아려서, (사람들에게)

아야 하니, 文飾해서는 안 된다. 修는 飾(꾸미다)이다.

187 黎翔鳳에 의하면, 蓋는 지붕이 있는 집을 말하고, 築은 네 면에 담장을 쌓는 것을 말한다. 100채의 지붕 있는 집이라면 많다고 할 수 있으나, 아직 담장을 축조하지 못했다면, 조악하다 말할 수 있다. 촌락[聚]이 천 개라면 사람은 많다고 할 수 있으나, 아직 토지 묘[社]가 없다면, 조악하다 말할 수 있다.

188 豬飼彦博에 의하면, 萬은 衍字이다.

189 王念孫에 의하면, 脩는 마땅히 循(좇다)이고, 緣도 또한 循이다. 政은 正과 같다.

190 李哲明에 의하면, 約은 마땅히 鈞(모두)이고, 謂는 爲이고, 替는 代이다. 黎翔鳳에 의하면, 殺子는 滅殺, 즉 소멸이다.

191 黎翔鳳에 의하면, 同은 사람들이 모이는 것이다. 모여서 생각을 내는 것이 '以同'이다. '其日久臨'은 '上帝(하느님)가 이미 오랫동안 監臨(감독하다)하심'의 의미이다.

192 李哲明에 의하면, 鬼神의 道는 그윽하여[幽] 밝지 않다. '囊橐之食'은 祭品이니, '군자들은 귀신 제사를 받드는데, 보답을 바라는 것이 아니고, 本에 보답하고자 처음으로 돌아가는 것이니, 厚德을 밝힌다'는 뜻이다.

193 何如璋에 의하면, 沈浮는 마땅히 浮沈이어야 한다. 『爾雅』: '祭川曰浮沈'(냇가의 제사가 浮沈이다). 냇가에 제사 지낼 때 玉을 던지니, 따라서 '示輕財'(재물을 가벼이 봄을 보인 것이다)라고 하였다.

194 黎翔鳳에 의하면, 象은 神像을 가리킨다.

195 黎翔鳳에 의하면, 朝는 召(부르다)이고 名은 銘(金石에 새기다)의 뜻이니, 죽은 사람의 德을 새기는 것이, 重名이다. 縷는 갑옷을 묶는 실이다. 春秋 시대에는 면화가 없어서, 실[縷]로 갑옷을 묶어서, 戰士의 魂을 불렀다.

196 黎翔鳳에 의하면, 同臨은 同臨其地의 뜻이고, 渝는 變이고, 智는 知의 뜻이다.

197 黎翔鳳에 의하면, 鈞은 30斤이고, 財는 幣帛(비단)이다. 黃金의 저축량이 같다면, 비단으로 경쟁을 한다. 서로 의지하게 되면 서로 기뻐한다. 房玄齡의 주석에, '若財十倍多彼, 則服而從之'(만약 재산이 그보다 10배가 많으면, [상대방은] 복종하여 따를 것이다), '若財萬倍多彼, 則變化而無不如意'(만약 재산이 그보다 만 배가 많다면, [상대방이 완전히] 변화되니 如意롭지 않을 것이 없다)의 말씀이 있다.

198 黎翔鳳에 의하면, 名은 위 문장의 重名의 名(즉 銘)이다. 功德을 金石에 새겨 넣으니, 社(사당)에 군림할 것임의 뜻이다.

일을 맡기시고, 계책에 따라서 계획을 정하십시오. 사방 백 리百里의 지역에서, 표지標識를 박아서 서로 바라볼 정도(의 거리距離)라면, (전쟁 소식을) 남자[丈夫]가 날듯이 뛰어가 변경邊警에게 보고할 것이고, 부인네는 먹을 것을 준비하게 됩니다. 안과 밖에서 (전쟁에) 서로 대비하지만, 봄과 가을의 하루에 재물의 소모가 천금千金이니, 재력에 맞추어 (군대를) 출동시켜야 합니다. 첩보원은 존중해서는 안 되며, 임금[上]하고만 교류해야 하고, 반드시 변방의 관리에 힘을 다해야 합니다. 사신[行人]이 사심私心이 있을 수 있습니까? 안 됩니다. 사심이 있다면, 그것이 내인內因이 됩니다. (사신들 중에) 능한 자가 주관을 가져야 할 것이니, (이것이) 내사內事입니다."

> "請問爲邊若何?" 對曰: "夫邊日變, 不可以常知[199]觀也. 民未始變而是變, 是爲自亂. 請問諸邊而參其亂, 任之以事. 因其謀,[200] 方百里之地, 樹表相望者, 丈夫走禍, 婦人備食.[201] 內外相備, 春秋一日, 敗曰千金, 稱本而動.[202] 候人不可重也, 唯交於上, 能必於邊之辭.[203] 行人可不有私? 不. 有私, 所以爲內因也. 使能者有主矣, 而內事."[204]

(관중이 말했다.) "만세萬世나 지속될 나라라면, 반드시 만세에 지속될 실제 내용이 있어야 합니다. (나라를 세우려면) 반드시 천지天地의 도리를 따라야만 하는데, 내부에서부터 시작하되 외부의 일은 하지 말 것이며, 작은 일부터 시작하고, 큰일을 시도하더라도 이러한 나라의 보배[원칙]를 버리지 말기를 바랍니다. 재주에 따라 중임重任을 맡았다면, 존중하고 전권全權을 주어서, 성인聖人의 업적을 이루게 해서, 치국治國의 귀한 도구[寶器]로 칭송받게 해야 합니다. 재주에 따라 작은 직

199 湯孝純에 의하면, 常知는 常智이니, 일반 상식의 뜻이다. 『新譯管子讀本』(上), 484頁, 注2 참조.

200 黎翔鳳에 의하면, 변방의 상황을 물어보고 그 難象을 징험하며, 사람들의 모책을 따라서 계획을 정함의 뜻이다.

201 黎翔鳳에 의하면, 서행이 步이고, 빨리 가는 것이 趨이고, 빨리 뛰는 것이 走이다. 丈夫가 飛奔(날듯이 뛰어가다)하여 邊警에게 보고함의 뜻이다.

202 黎翔鳳에 의하면, 本은 穀이나, 여기서는 財力의 뜻이고, 敗는 毁이니, 재력의 소모[耗財]의 의미다.

203 趙守正에 의하면, 能은 而이고, 辭는 옛날에 司(벼슬)와 통했다. 이 구절은 '而必於邊之司'이니, 반드시 변방의 직책에 힘을 다함의 뜻이다. 『管子通解』(上), 477頁, 注4 참조.

204 黎翔鳳에 의하면, 內는 納(받다)이다. 교류부장 중에 能者는 마음에 주장이 있어서, 일 중에 받아들일 것은 받아들인다, 이것이 內事다.

책을 맡겼더라도, (백성들을) 선도先導하게 해야 합니다. (뽑힌 이가) 능력자이니 전문성을 갖게 되고, 전문성을 갖게 되니 (일이) 편안하게 됩니다. 서까래는 순차적으로 배열되어 있어, (순서를 무시하고) 뛰어넘기 쉽지 않습니다. (그러나) 유능한 관리는 (항상) 지키고 서 있지 않아도 (군졸들이) 흩어지지 않습니다. 많은 사람이 유능하다면, (임금은) 패자霸者가 될 수 있을 것입니다. 그렇지 않다면, (서로) 대립될 것입니다. 군자들은 사람들을 바르게 개선하는 데 노력해야 하며, (백성들에 의해) 고쳐지는 사람들이 아닙니다. 따라서 (저울에서) 가벼운 것[輕]은 가볍고, 무거운 것[重]은 무거우니, 가벼운 것과 무거운 것은 서로 끌어당기지 않습니다. 무릇 가벼운 것은 실물[實]을 조절해야만 합니다. 가벼운 것을 운용할 수 있으나, 무거운 것은 작용시킬 수 없다면, (이럴 때 바로) 경중輕重을 조절시켜야 합니다. (경중의 운용에 따라서) 중한 것으로 나라를 다스리고, 가벼운 것으로 죽음을 걸고 싸우는 무사武士들을 격려해야 합니다. (관리들의) 봉록을 완전하게 하지 마십시오. (그렇게 하면) 가난한 나라는 재용이 부족해질 것입니다. 상급을 온전히 하지 마십시오! (임금이) 덕을 좋아하여 (그것을) 일상으로 하지도 마십시오."

"萬世之國, 必有萬世之實. 必因天地之道, 無使其內, 使其外,[205] 使其小, 毋使其大棄其國寶.[206] 使其大, 貴一與而聖,[207] 稱其寶.[208] 使其小, 可以爲道.[209] 能則專, 專則佚. 椽能踰則椽於踰,[210] 能宮,[211] 則不守而不散. 衆能, 伯,[212] 不然, 將見對.[213] 君子者, 勉於紖人者也, 非見紖者也. 故輕者輕, 重者重, 前後不慈.[214] 凡輕者, 操實也. 以輕則可使, 重不可起, 輕重

205 趙守正에 의하면, 본 구절에서 使는 事와 통한다. 여기에 原文: '毋使其內, 使其外'는, 兪樾을 따라 '使其內, 無使其外'로 수정하였다. 上同, 注2 참조.

206 黎翔鳳에 의하면, 나라를 세우는 것은 인에서부터 시작해야 하고, 작은 일에서부터 시작해야 하는데, 이것을 國寶라고 한다.

207 湯孝純에 의하면, 貴는 존중이고, 一與는 全權을 줌의 뜻이고, 聖은 성현의 업직을 이룸의 뜻이다. 『新譯管子讀本』(上), 485頁, 注2, 3, 4 참조.

208 湯孝純에 의하면, '稱其寶'는, 治國의 寶器로 칭송받음의 뜻이다. 上同, 注5 참조.

209 湯孝純에 의하면, 道는 導와 통한다. 上同, 注6 참조.

210 湯孝純에 의하면, 椽於踰는 아마도 踰於椽, 즉 '서까래를 뛰어넘음'의 뜻인 것 같다. 黎翔鳳에 의하면, 椽(서까래)은 榱(서까래)인네, 서로 傳次(순차)로 배열의 뜻이고, 쉽게 넘어뛸 수 없다.

211 趙守正에 의하면, 丁士涵은, 宮은 官의 오기라고 밝힌다. 『管子通解』(上), 478頁, 注6 참조.

212 趙守正에 의하면, 伯은 覇이다. 上同, 注7 참조.

213 趙守正에 의하면, 對는 '상반' 또는 '서로 대립'의 뜻이다. 上同, 注8 참조.

214 黎翔鳳에 의하면, 慈는 磁와 통한다. '慈石吸鐵, 母子相戀也'(자석이 쇠를 끌어당기고, 어머니와 자식은 서로 그리워한다). '前後不慈'(앞뒤가 끌어당기지 않는다)는 輕重이 서로 끌어당기

有齊.[215] 重以爲國, 輕以爲死.[216] 毋全祿貧國而用不足, 毋全賞! 好德, 惡(亡)使常."[217]

(환공이 물었다.) "먼저 천하를 연합시키면서 사사로운 원한을 만들지 말며, 강포強暴한 사람들을 (공의公義로써) 억압하되 사사로운 상해傷害를 끼치지 않을 방법을 묻고 싶은데, 어떻게 하면 되겠습니까?"

(관중이) 대답했다. "나라가 비록 강하다 해도, (임금의) 명령은 반드시 진실하고 의義로워야 합니다. 나라가 비록 약소하더라도, (임금의) 명령은 반드시 공경스럽고 비통해야 합니다. 강한 나라와 약한 나라가 서로 충돌하지 말아야, 사람들은 (임금의 명령을) 듣고자 할 것입니다. 다른 사람들을 앞세우고 자신을 뒤로했다 해서, (남들에게) 인애仁愛했다고 여기지 마십시오. 남들에게 공로를 더해 주었다고 덕德이라 치지 마십시오. (그래야) 포용이 멀리까지 미치고, 쟁취하려는 것이 광활廣闊해집니다. (임금께서) 명백히 사사로운 교분이 없어야, (백성들은) 속의 원한이 없어집니다. 회맹을 큰 나라와 함께 하면 승리하고, 사사로운 교제가 많아지면 원한에 등차等差가 많아질 것입니다. 저 관중管仲이 사람들에게 재물을 주기보다는, (그들에게서) 농사지을 시기를 뺏지 않는 것만 못하고, 사람들에게 먹을 것을 주기보다는, 농사일을 뺏지 않는 것만 못합니다. 이것이 내외에 근심을 없애는 길입니다."

"請問先合於天下而無私怨, 犯强而無私害, 爲之若何?" 對曰: "國雖强, 令必忠以義. 國雖弱, 令必敬以哀.[218] 强弱不犯, 則人欲聽矣. 先人而自後, 而無以爲仁也. 加功於人而勿得.[219] 所橐者遠矣, 所爭者外矣.[220] 明無私

지 않음의 뜻이다.

215 李哲明은 齊를 劑(배합하다)로 읽었다.

216 黎翔鳳에 의하면, 輕重을 비유로 말하지만, 실제로 경제상의 輕重을 포함하여, 侈靡 정책을 설명한다. 무거운 것을 모아서 나라를 다스리고, 가벼운 것을 풀어서 死士를 격려한다. 재산을 증식시키고 전투를 가르치니, 시종 이 핵심을 떠나지 않는다.

217 趙守正은, 張佩綸에 따라서 亡 자를 衍字로 보았다. 上同, 注8 참조.

218 黎翔鳳에 의하면, 『老子』: '抗兵相加, 則哀者勝矣'(교전하는 군대가 서로 같다면, 비분하는 쪽이 승리한다)(69장), 抗兵은 '교전하는 군대를 말하고, 加는 如와 같다'는 말처럼, 나라가 모욕을 당하면, 명령은 반드시 悲憤(비통)해야 한다.

219 丁士涵에 의하면, 得은 德이다.

220 趙守正에 의하면, 橐은 포용의 뜻이며, 外는 遠의 뜻이니, '所爭者外矣'는 '쟁취하려는 것이 遠大하고 廣闊함'의 뜻이다. 上同, 注3 참조.

交, 則無內怨. 與大則勝, 私交衆則怨殺.[221] 夷吾也如以予人財者, 不如無奪時; 如以予人食者, 不如毋奪其事. 此謂無外內之患."

(관중이 말했다.) "일이란, 임금과 신하들 사이의 회합會合입니다. 예의禮義는 임금을 거룩하게 하니, 또한 임금과 신하를 이어 주는 것입니다. 부모의 사랑은 (타고난) 천성天性입니다. 임금과 부모의 관계는 똑같은 것을 구하는데, (서로) 공경恭敬함입니다. 임금을 불안하게 하는 것은 경계하여 대비[戒備]해야 할 일이기에, (임금은) 신중하지 않을 수 없습니다. (임금은) 현인들에게 위세威勢를 부릴 수 없으며, 능력이 있으면, (그들을) 지체[留保]시켜서도 안 됩니다. (음식을 만들 때) 물이 솥에서 끓으면, 사람들이 모여듭니다. 토양이란, 땅의 질이 좋은 곳이니, 사람들이 죽을 때까지 지키는 곳입니다. 큰 호수와 강가에서 진주와 조개를 찾는 사람들은 (서로) 명령을 내리지 않아도, 모두 올 것입니다. 귀신을 쫓을 때 횃불 피워서 멀리에서 전해 오니, 즐겨 술 마시는 사람들도 (서로) 만나지 않는데, 하물며 이익을 다 쓰지 않은 사람들을 찾을 수 있겠습니까? 일로써 도성을 돕는 사람으로 위태로운 나라의 잘못한 임금을 보았으며, (그가) 능력 있는 인재를 취하려고 하면, 어찌 사직社稷의 신주神主가 그를 위해危害하지 않을 수 있겠습니까?"

"事故也, 君臣之際也. 禮義者, 人君之神也, 且君臣之屬也.[222] 親戚之愛, 性也.[223] 使君親之察同索, 屬故也.[224] 使人君不安者, 屬際也,[225] 不可不謹也. 賢不可威,[226] 能不可留. 杜事之於前, 易也.[227] 水, 鼎之汨也,[228] 人聚之. 壤, 地之美也, 人死之. 若江湖之大也, 求珠貝者不令也.[229] 逐神而

221 黎翔鳳에 의하면, 明은 盟의 假借이고, 與大는 회맹한 大國과 함께의 뜻이며, 殺은 差等이다.
222 黎翔鳳에 의하면, 屬은 連(맺다)이다.
223 兪樾에 의하면, 옛날에는 父母도 親戚이라고 불렀다.
224 趙守正에 의하면, 察은 際(교제)이고, 故는 敬의 오자다. 上同, 479頁, 注3 참조.
225 趙守正에 의하면, 여기서 際는 察의 뜻이니, 戒備(경계하여 대비하다)의 의미다. 上同. 注3 참조.
226 黎翔鳳에 의하면, 현인들은 예로써 접대해야 하고, (임금이) 그들에게 위세로 군림하면, 불안해서 떠나가기를 바란다.
227 李哲明에 의하면, 임금은 신하들에 대하여 禮義로써 대우하고, 마땅히 愛敬으로 서로 맺어지니, 앞에서 그들을 존중해 주었으면, 뒤의 염려를 막은 것이니, (그들을) 다스리기 매우 용이하게 된다. 물은, 솥 안에서 다스려지는 것이다.
228 黎翔鳳에 의하면, 물이 솥에서 끓으면, 사람들이 모여든다.
229 黎翔鳳에 의하면, 令은 合 자이며, 會의 의미다.

遠熱, 交解者不處, 兄[230]遺利. 夫事左[231]中國之人,[232] 觀危國過君而弋其能者, 豈不幾於危社主哉!"

(관중이 말했다.) "이익은 늘 항상 있을 수 없기에, 따라서 백성들은 흩어집니다. 신神들이 늘 항상 같을 수 없기에, 따라서 (백성들은) 그들에게 제사를 지냅니다. 하늘과 땅은 멈추어 있지 않기에, 따라서 움직이며, 옛것을 변화시키고 새것을 따릅니다. 이 때문에 하늘(의 마음)을 얻었다면, (지위가) 높아도 무너질 염려가 없습니다. 인심人心을 얻었으면, 지위가 낮더라도 (그를) 이겨 낼 수 없을 것입니다. 이 때문에 성인도 이점을 중시하고, 임금도 이점을 중시합니다. 지정至正에서 지신至信이 생기고, 지신에서 지극한 교제가 생기며, (지극한 교제에서) 지도至道가 생깁니다. 꾸밈으로 진실을 이기려 하지 말고, 많은 것으로 적은 것을 이기려 하지 말아야 합니다. (군자들이) 부동不動하고 있으면 바라보기가 담벼락 같은 것이 모두의 품행입니다."

"利不可法,[233] 故民流.[234] 神不可法, 故事之. 天地不可留, 故動, 化故從新. 是故得天者, 高而不崩. 得人者, 卑而不可勝. 是故聖人重之, 人君重之. 故至貞生至信, 言往[235]至絞, 至自有道.[236] 不務以文勝情, 不務以多勝少. 不動則望有廧, 旬身行."[237]

(관중이 말했다.) "법제法制와 표준[度量]은 왕王이 나라를 다스리는 준칙과 도구입니다. 옛날의 의義와 도道를 굳게 지키는 것은 변통變通

230 劉績에 의하면, 兄은 옛날의 況이다.

231 黎翔鳳에 의하면, 左는 佐(돕다)다.

232 張佩綸에 의하면, '中國之人'은 '國中之人'(도성 안의 사람)이다.

233 張佩綸에 의하면, 法은 常이다. '故民流'는 '故流之'이다.

234 黎翔鳳에 의하면, 이익을 보려는 왕의 여유와 부족이 무상하기에, 따라서 백성들은 흘러가 버리고, 귀신의 禍福이 무상하기에, 따라서 백성들은 정중하게 제사 지낸다. 天地는 停留하지 않으니, 따라서 항상 새롭다.

235 李哲明에 의하면, 言은 信이고 往은 生이니, '言往至絞'는 '信生至絞'이고, 그것은 '至信生至絞'인 셈이다. 絞는 交이다. 自有는 衍字이다.

236 黎翔鳳에 의하면, 貞은 卜問, 當과 正으로 훈독된다. 往은 旺(왕성하다)이고, 絞(목매다)는 두 줄[繩]을 서로 교차함이며 交로 훈독된다.

237 尹知章의 주석에서, '君子儼然不動, 則望者如墻焉'(군자가 의젓하게 움직이지 않으면, 보는 사람이 담벼락 같다), '君子身行, 必令均平正直'(군자의 품행은, 반드시 고르고 정직해야 한다)라고 말한다. 旬은 均이다.

을 두려워하기 때문입니다. 하늘과 땅은 신묘한 움직임과 같아서, 변화하는 것입니다. 하늘과 땅의 좋은 점은 재화와 함께 가격이 올라서 왕성하게 쓰이는 것이니, (크게) 선양宣揚할 일은 아닙니다. 인자仁者는 잘 쓸 줄 알고, 지자智者도 잘 쓸 줄 알기에, 인자와 지자가 아니라면, (여러) 신神들과 함께 없어져 버릴 것입니다. 사람들에게 음식이란, 하루라도 안 먹을 수 없으나, 가족들의 수는 (때에 따라) 커질 수 있습니다. 그러므로 왕공王公들과 서민들은, 먹고살기 어려울 때가 생깁니다."

"法制度量, 王者典器也. 執故[238]義道, 畏變也. 天地若夫神之動, 化變者也.[239] 天地之極也, 能與化起而王用,[240] 則不可以道山也.[241] 仁者善用, 智者善用, 非其人則與神往矣.[242] 衣食之於人也, 不可以一日違也. 親戚可以時大也. 是故聖人萬民,[243] 艱處而立焉."

사람들이 죽으면 쉽게 (한곳으로 시체를) 운반하지만, 살아 있다면 마음을 합치기가 힘이 듭니다. 따라서 처음 주면 상賞으로 알고, 다시 주면 항상 있는 일이라고 생각하고, 세 번째 (상을) 주면 당연한 일로 간주합니다. 조금 시행할 때는 풍속이 되지만, 오래되면 예의禮儀에 불과합니다. 따라서 아랫사람들로 하여금 때에 이르렀다고 임금께서 내리는 상을 받게 해서는 안 되며, 그런 다음에 상인들이 이런 묘역墓域으로 옮겨 오는 것이지, 사람들을 쓰자는 것이 아닙니다. (상인들은) 고을을 선택하여 거처하는 것도 아니고, 무리[군중]를 선택하여 부리는 것도 아니며, 출행하면 이利를 좇고, (거처에) 들어와 있다고 해도 (군사) 방어는 하지 않습니다. 묘역墓域[묘지]의 산림에서 (나무를) 베어서 이득을 취하고, 시장 먼지의 사방 속에서 본전의 두 배를 벌어들입니다. 따라서 윗사람들이 사치하고 아랫사람들도 소비하니, 여러 신하가 서로 호응합니다. (이들이) 서로 친밀하면, 많은 신하의 재산이 사사로이 은

238 安井衡에 의하면, 故는 古와 통한다.

239 黎翔鳳에 의하면, 神은 변화를 이끌어 내니, 천지의 변화는 神과 같다. 변화는 천지의 頂點이다.

240 黎翔鳳에 의하면, 化는 貨이고, 起는 가격이 중간보다 높음을 말한다. 王은 旺(왕성하다)이다.

241 黎翔鳳에 의하면, 山은 宣으로 訓讀된다.

242 黎翔鳳에 의하면, 往은 去이니, 亡去이다.

243 黎翔鳳에 의하면, 聖人은 王公을 가리키고, 萬民은 庶民이다.

폐[私藏]되지 않습니다. 그렇게 되면 (상인들은) 다투어 활동하고, 방법을 달리하고 노력하여 밥을 얻어먹습니다. (상인들이) 읍邑을 옮겨 가고 시장을 옮겨 다녀도, 또한 통계는 한결같습니다.

人死則易云,[244] 生則難合也. 故一爲賞, 再爲常, 三爲固然. 其小行之則俗也, 久之則禮義.[245] 故無使下當上必行之,[246] 然後移商人於國,[247] 非用人也. 不擇鄕而處, 不擇君[248]而使, 出則從利, 入則不守. 國之山林也, 則[249]而利之. 市塵之所及, 二依其本.[250] 故上侈而下靡, 而君臣相上下. 相親, 則君臣之財不私藏.[251] 然則貪動, 枳而得食矣.[252] 徙邑移市, 亦爲數[253]一.

(환공이) 물었다. "재화가 많다면, (그것을) 가까이할 수 있을까요?"

(관중이) 대답하였다. "미끼를 먹지 않는 물고기나 자라도, (자기가 사는) 그 연못을 빠져나갈 수 없습니다. 서리와 눈을 이겨 내는 수목樹木들은 하늘의 계절[天時]을 그대로 믿지 않습니다. 스스로를 다스릴 줄 아는 선비는 성인聖人을 기다리지 않습니다. (그렇다면 임금께서는) 누구와 친밀해야 할까요? 제가 듣기로는, (선비란) 강하면서도 (남을) 굴복시키지 않고, 지능이 있으면서 다른 사람들에 의해 다스려지길 바라지 않습니다. 한 달이 29일이어도 달빛이 충만함을 기대할 수 있으며, 하나의 밝음에서 나온 것과 같다면, (선비는) 조용히 기다릴 수 있습니다. 따라서 이들의 (발전할) 길이 막혀서 (지금) 그들의 봉급이 박하더라도, 선비들은 말하지 않을 것입니다. 사람을 선택하지 않으며 그에게 몫을 주는 것은 (지나치게) 과분한 사람이라 할 수 있습니다. 사람을 선택하

244 黎翔鳳에 의하면, 云은 運과 통한다. 여기서는 叢葬[여러 사람을 함께 매장함]을 말하니, 사람이 죽으면 한곳으로 운반한다.

245 黎翔鳳에 의하면, 조금 시행할 때는 풍속이 되지만 오래 시행하면 典禮의 의식되어, 이렇게 하지 않으면 안 되는 것이다.

246 尹知章의 주석에 의하면, 아랫사람들로 하여금 때에 이르렀다고 임금이 반드시 내리는 賞을 받게 해서는 안 된다.

247 黎翔鳳에 의하면, 國은 兆域, 즉 묘지다.

248 黎翔鳳에 의하면, 君은 羣이다.

249 黎翔鳳에 의하면, 則은 鍘(削刀)이다.

250 黎翔鳳에 의하면, 所及은 四方이고, '二依其本'은 '二倍其本'과 같은 뜻이다. 塵은 囂塵(시끄러운 속세)의 뜻이다.

251 黎翔鳳에 의하면, 2개의 君은 羣이고, '相上下'는 '서로 呼應하다'의 뜻이다.

252 黎翔鳳에 의하면, 貪動은 爭動이고, '枳而得食'은 '分途用力而得食'(길을 나누어 힘을 써서 밥을 얻어먹다)의 뜻이다.

253 黎翔鳳에 의하면, 數는 計이다.

지 않고 (세금을) 취하는 것은 과분하게 이利를 취하는 것입니다. 이 두 가지를 잘 알아서 (임금께서) 처신한다면, 되었다고 말할 수 있습니다. 이것이 사물의 우연한 재변災變입니다."

問曰: "多賢可云?"[254] 對曰: "魚鼈之不食咡[255]者, 不出其淵. 樹木之勝霜雪者, 不聽於天. 士能自治者, 不從[256]聖人. 豈云[257]哉? 夷吾之聞之也, 不欲强能不服, 智而不牧.[258] 若旬虛期於月津, 若出於一明,[259] 然則可以虛矣.[260] 故阨[261]其道而薄其所予, 則士云矣.[262] 不擇人而予之, 謂之好人.[263] 不擇人而取之, 謂之好利. 審此兩者以爲處行, 則云矣."

(환공이 말했다.) "바르지 못한 정치로는 나라를 다스릴 수 없습니다. 한쪽으로 치우친 데다 움직이지 말라는 말은, 도리[道]가 될 수 없습니다. 절기에 맞게 정치하고, 계절과 함께 움직여야 할 것입니다. (임금은) 몸소 움직이지 않음을 도道로 삼고, 똑같이 보는 것을 행동으로 삼아야 할 것입니다. [도가道家들의 주장처럼] 세속을 피하라는 도리는 나아가서 취할 것이 못 됩니다. 드러난 것은 계책으로 발전시키고, 은밀한 것은 느낌에 따라야 합니다. 다시 극복을 하면 해결됩니다. 그런 연후에 (저, 환공은) 역수歷數의 운세를 묻고 싶습니다."

(관중이) 대답하였다. "합치고[合] 헤어지는[離] 규칙에 따라서, 천지간에 (달月의) 비고虛 참滿이 있습니다. (일월日月의 주기가) 합치고 떨어지니, (이것이) 봄가을, 여름겨울의 교체입니다. 그리고 (임금께서) 또한 (각 제후국의) 강약의 특이점들을 알고서, 제후들의 추세趨勢에 대응할 수 있습니다. 그러므로 (임금께서 나라의) 위태로움을 안정시킬 줄 알아야,

254 黎翔鳳에 의하면, 賢은 多財이고, 云은 親으로 훈독된다.
255 孫星衍에 의하면, 咡(입)는 마땅히 餌(먹이)여야 한다.
256 張文虎에 의하면, 從은 아마도 待의 誤記이다.
257 黎翔鳳에 의하면, 云은 親이다.
258 王引之에 의하면, 能은 而이고, 牧은 治人(남을 다스리다) 또는 治於人(남에 의해 다스려지다)이다.
259 李哲明에 의하면, 한 달이 30일이면 旬滿이고 29일이면 旬虛다. 달이 밝을 때, 빛이 충만하여 하나에서 나온 것 같지만, 旬虛이기 때문에 달이 마침내 밝음을 잃는 것은 아니다.
260 湯孝純에 의하면, 虛는 舒와 통하니, '조용하여 압박을 받지 않음'의 뜻이다. 『新譯管子讀本』(上), 492頁, 注7 참조.
261 湯孝純에 의하면, 阨은 厄(재앙), 즉 困窮의 뜻이다. 上同, 注8 참조.
262 張佩綸에 의하면, 마땅히 '則士不云矣'이다.
263 黎翔鳳에 의하면, 好에는 過份(過分)의 뜻이 있다.

나라가 보존되는 것입니다. 절기에 맞추어 하늘을 부리고, 하늘에 따라서 신神들을 부리며, 신에 따라서 귀신들을 부립니다. 따라서 나라 안에 (범죄자를 잡는) 그물망이 없어야 임금께서 오래 살 수 있으며, 백성들이 지식을 감소시키지 말고 모책을 운용하여 날카로운 무기는 감추고, 보여 주기만 해야 합니다. 가득 찬 것[滿]은 줄어들고, 빈 곳[虛]에서 새 싹[萌, 생명]이 생겨납니다. 이런 참과 비움의 결합은, 어떤 때는 (사물의) 실체이고, 어떤 때는 (사물의) 운동입니다. 땅이 양陽이면 절기節氣에 착오[忒]가 생겨나서, 그해 겨울이 추웠으면 여름은 더웠고, 양이 많으면 음陰은 추웠기에, 이 때문에 왕王들은 동지冬至를 중시하였습니다. 따라서 (임금께서) 비고 참[虛滿]의 소재를 아신다면, 정령政令을 확정할 수 있습니다. (가을이라) 이미 생명체들은 죽었겠지만, (가을에) 화평한 기운은 아직 흩어지지 않았으니, (형사)재판을 할 수가 있습니다. (늦여름과 초가을에) 장차 얼어붙을 조짐이 있을 때에, 그 절기에 따라서 군대의 위세를 보일 수도 있을 것입니다. 그 (군대의) 크기를 분별하여, 군정軍政을 결정하십시오."

"不方[264]之政, 不可以爲國. 曲靜之言,[265] 不可以爲道. 節時於政, 與時往矣. 不動以爲道, 齊[266]以爲行. 避世之道, 不可以進取. 陽者進謀, 幾者應感.[267] 再殺則齊,[268] 然後運, 可請也."[269] 對曰: "夫運謀者, 天地之虛滿也. 合離也, 春秋冬夏之勝[270]也.[271] 然有知强弱之所尤,[272] 然後應諸侯取交.[273] 故知安危, 國之所存. 以時事天, 以天事神, 以神事鬼.[274] 故國無罪

264 張佩綸에 의하면, 方은 正이다.

265 黎翔鳳에 의하면, 曲은 一偏(한쪽으로 치우침)이고, 靜은 不動이니, 道가 변화를 주도한다면, 道라고 말할 수 없다.

266 湯孝純에 의하면, 齊는 齊一(한결같이 하다)의 뜻이다. 上同, 493頁, 注5 참조.

267 李哲明에 의하면, 陽은 顯(드러나게 하다)이고, 幾는 微이다.

268 湯孝純에 의하면, 殺은 克이고 齊는 濟(해결하다)이다. 上同, 注3과 4 참조.

269 尹知章의 주석에 의하면, 정치를 가지런히 했다면 천하 제후들이 복종할 것이니, 환공은 歷數의 운수를 묻고 싶어졌음을 말한 것이다.

270 湯孝純에 의하면, 勝은 擧이니, 교체를 가리킨다. 上同, 注6 참조.

271 黎翔鳳에 의하면, 運은 運謀인데, 謀는 規와 통한다. 虛滿은 달의 虛盈을 가리키며, 合은 日月의 合朔[夏曆每月初一]이니, 合 뒤에 또 離가 오며, 1년의 계절은 合離의 운행규칙에 따라 정해진다.

272 尹知章의 주석에 의하면, 尤는 殊絶(특출하다)이다.

273 湯孝純에 의하면, 取交는 趨交와 통하니, 趨向이다. 上同, 注10 참조.

274 黎翔鳳에 의하면, 有는 又로 읽어야 한다. 事와 使는 옛날에는 같은 字다.

而君壽,[275] 而民不殺智運謀而雜櫜刃焉.[276] 其滿爲感, 其虛爲亡.[277] 滿虛之合, 有時而爲實, 時而爲動. 地陽時貸,[278] 其冬厚則夏熱, 其陽厚則陰寒, 是故王者謹於日至. 故知虛滿之所在以爲政令. 已殺生, 其合而未散, 可以決事.[279] 將合可以禺, 其隨行以爲兵.[280] 分其多少, 以爲曲政."[281]

(환공이 물었다.) "사물이 갖게 되는 천시天時에 따라 조성된 우연한 재변災變이 무엇입니까?"

(관중이) 대답하였다. "음양의 분량이 정해지면, 감초甘草와 고초苦草가 생겨납니다. 사계절의 적절함을 따르면, 신맛과 짠맛이 어우러져서, 형체의 색깔이 정해지고, (좋은) 음악이 됩니다. 음양이 진퇴進退하고 만허滿虛가 때에 따라서 흘러가 버리지만, 분산과 집합의 현상으로 한 해 농사의 수확을 알 수 있습니다. 성인聖人만이 한 해의 수확의 때를 그르치지 않아서 풍요와 황폐에 따른, 풍요와 부족을 알아서, 넘치는 데서 빼앗아 부족한 곳을 보태 주어, 정사政事를 소통시키니, 백성들의 항산恒産을 넉넉하게 해줍니다. 땅에서 재변災變의 기운이 보이면, 그것이 나온 곳에서 대응해야 합니다. 물에서 재변의 기운은, 정성精誠으로 대응하며, 미리 예비하여 받습니다. 하늘의 재변의 기운은 정월正月에 대응합니다. 또한 천지天地의 정기精氣에 오행[金, 木, 水, 火, 土]이 있는데, (운행을) 반드시 멈추게 할 수는 없으며, 끝에 가면 (올라갔던) 계단을 되돌아오니, (오행의) 운동과 멈춤, 진퇴가 이와 같으니, 이치[數]를 터득하기 어렵습니다. 이것이 땅에서 천시天時에 따라서 조성된 재변災變입니다."

275 黎翔鳳에 의하면, 『說文解字』에, 罪는 물고기를 잡는 竹(대나무)나 网(그물)이다.

276 黎翔鳳에 의하면, 殺은 衰減의 뜻이고, 櫜刃은 칼을 칼집에 넣음의 뜻이고, 雜은 𣝗이니, 聚의 뜻이다.

277 趙守正에 의하면, 感은 減으로 읽어야 하고, 亡은 萌(싹)으로 읽어야 한다. 『管子通解』(上), 484頁, 注1과 2 참조.

278 黎翔鳳에 의하면, 貸는 忒(착오, 잘못)이다. 옛사람들은 매년 달력을 만드는데, 먼저 冬至에서부터 시작했으니, '謹於日至', 즉 冬至를 중시했다.

279 尹桐陽에 의하면, '已殺生'은 가을을 말하고, 가을에 천기가 아직 和同하기에 '合而未散'이라 말한다. 決事는 斷獄이다.

280 尹知章의 주석에 의하면, 禺는 실마리가 처음 보인다는 뜻이니, 夏末과 初秋의 시기에, 寒凉이 막 오니, 막 얼어붙는 이 가을의 초창기에, 이 시기를 따라서, 군대의 威勢를 보일 수 있다.

281 黎翔鳳에 의하면, 曲政은 軍政과 같다.

“請問形有時而變乎?”[282] 對曰: “陰陽之分定, 則甘苦之草生也.[283] 從其宜, 則酸鹹和焉,[284] 而形色定焉, 以爲聲樂. 夫陰陽進退滿虛時亡,[285] 其散合可以視歲. 唯聖人不爲歲, 能知滿虛, 奪餘滿補不足, 以通政事, 以贍民常.[286] 地之變氣, 應其所出.[287] 水之變氣, 應之以精, 受之以豫. 天之變氣, 應之以正. 且夫天地精氣有五, 不必爲沮, 其亟而反其重陔,[288] 動毁之進退卽此, 數之難得者也. 此形[289]之時變也.”

(환공이 말했다.) “360일日의 햇빛을 막는 것은 말씀을 침묵하는 것만 못합니다. (저녁의) 기운이 사라지면서 활동은 하나, 어둠침침한 기운이 사라지면서 서글픈데, 어찌 활동을 다스릴 수 있겠습니까?”

(관중이) 대답하였다. “시간의 차등을 아는 것은, 표지標識 막대의 위치를 관찰하는 것이니, 여유로운 시간 뒤에 햇무리가 있게 됩니다. 마음을 수양하며, 해그림자의 차감差減을 서로 기다려야 하니, 따라서 만滿이 허虛로 바뀌고 슬픔[哀]이 즐거움[樂]으로 바뀌는 기운이 있게 됩니다. 따라서 경전[書]에서 말하는 여덟 황제[八帝]에, 신농神農 제帝는 들어갈 수가 없으니, (차지할) 자리가 없으면, 서로 작용할 수 없는 것입니다.”

“沮平氣之陽, 若如辭靜.[290] 餘氣之潛然而動, 愛氣之潛然而哀,[291] 胡得而治動?” 對曰: “得之衰時, 位之觀之,[292] 佁美然後有煇. 脩之心, 其殺以相

282 湯孝純에 의하면, ‘有時而變’은 天時에 의해 조성된 우연한 災變을 가리킨다. 上同, 495頁, 注1 참조.

283 趙守正에 의하면, ‘陰陽之分’은 陰陽份量의 배합이다. 『管子通解』(上), 485頁, 注2 참조.

284 尹知章의 주석에 따르면, 四時(사계절)의 적절함에 따라서 신맛과 짠맛이 화합하면 먹을 수 있다. 봄에는 신맛이 많고, 겨울에는 짠맛이 많다.

285 黎翔鳳에 의하면, 亡은 逃, 즉 流走, 流亡의 듯이다.

286 黎翔鳳에 의하면, 不爲歲는 不訛歲(한 해를 그르치지 않음)이고, 民常은 民恒, 즉 民之恒産이다.

287 尹知章의 주석에 의하면, 땅에서 災變의 기운이 보이면, 그것이 나온 곳에 대응하여, 방법을 세워서 풍성한 수확을 얻게 한다.

288 黎翔鳳에 의하면, 正은 正月을 가리키며, 沮(막다)는 止(멎다)다. 重陔는 겹친 계단을 말한다.

289 黎翔鳳에 의하면, 形은 地를 말한다.

290 黎翔鳳에 의하면, ‘平氣之陽’은 360日의 日光이다. 이 숫자는 허실의 불안을 조절하여 靜止로 생각해 본 것이다.

291 黎翔鳳에 의하면, 平은 아침 기운이고, 餘氣는 저녁 기운이다. 해질녘에 曖曖(어둑어둑)하여 해질 때 서글프다. 변동해 보아도, 어떻게 할 수 있겠는가?

292 黎翔鳳에 의하면, 衰는 等差의 數이고, 位는 해그림자를 측정하는 表位(標識나무의 위치)다.

待,[293] 故有滿虛哀樂之氣也. 故書之帝八, 神農不與存, 爲其無位, 不能相用."[294]

(환공이) 물었다. "(사계절) 운행의 산합散合과 허만虛滿의 비밀은 어디에 있습니까?"

(관중이 대답하였다.) "(윤년閏年을 포함하여) 20년이면 (주기週期가) 확대가 되고, 12년에 (목성歲星이) 주기를 대신하고, 100년 뒤에 (사람이 죽어서) 제사가 끊길 것이고[傷神], (역법曆法에 따르게 되니) 주周나라, 정鄭나라 역법의 예禮는 바뀔 것입니다. (새 역법이 나오면,) 주나라의 음율音律 방법은 폐기될 것이고, (바뀐 역법에 따라서 윤월閏月의 조절이 잘못되면,) 중원 나라들의 초목이 왕래가 없는 다른 [만이蠻夷의] 지역으로도 이동될 것입니다. 그렇게 되면 임금의 음악과 복장도 바뀌어 질 것이며, 신하들은 녹봉으로 말[馬]을 받게 될 것입니다. 부인네들이 정치에 참여하니, (병기를 만드는) 쇠가 중시되어 도리어 황금에 도전하게 됩니다. 노래는 하급의 곡조를 좋아하고, 음식은 짜고 쓴맛을 좋아하게 되니, 임금(의 권위)는 날로 쇠퇴해질 것입니다. 심해지면, (여인네들이 참정하고) 계릉谿陵과 산곡山谷의 신들에 대한 제사가 바뀌게 될 것이고, 나라의 호칭도 또한 바뀔 것입니다. 보이는 것은 또한 날씨의 변환이고, 볼 수 있는 것은 노래들의 풍조입니다. 옛날의 제사는, 어느 때는 밤중에 별이 나타나면 제사 지냈고, 어느 때는 새벽에 여명이 오면 제사 지냈고, 어느 때는 한낮에 제사 지냈고, 어느 때는 평시에 따듯할 때 제사를 지냈습니다. 수확이 적고 많음은 음양이 정하는 것이고, 명칭이 아름답고 미운 것은 제사에 의해서 나타납니다. 이 때문에, 역대 천자天子들이 나라를 다스릴 때, (제사에는 그 당대의) 봉수封樹[松, 栢, 栗 등]와 (靑, 白, 赤의) 복색服色 중에서 택하였습니다."

問: "運之合滿[295]安臧?" "二十歲而可廣, 十二歲而聶廣, 百歲傷神, 周鄭

293 黎翔鳳에 의하면, 해그림자는 변하면서도 불변하는 것이니, 장기간 공들여 관찰하지 않으면, 알 수 없으니, '修之心'이라 말했다. 해그림자의 差減의 수는 매일 달라서, 길다가 짧아지고, 또 짧아졌다가 길게 변하니, 서로 對待하는 것이다.

294 黎翔鳳에 의하면, 八帝는 四正四隅의 八方의 帝이다. 당시 북방에서 관찰이 쉬웠고, 남방은 멀어서 위치를 정하여 관찰할 수 없어서, '無位不能相用'라고 말했다. 炎帝는 남방을 가리킨다.

295 湯孝純에 의하면, 合滿은 散合과 虛滿을 가리킨다. 上同, 498頁, 注1 참조.

之禮移矣.[296] 則周律之廢矣, 則中國之草木有移於不通之野者.[297] 然則人君聲服變矣, 則臣有依駟之祿.[298] 婦人爲政, 鐵之重反旅金. 而聲好下曲, 食好鹹苦, 則人君日退. 亟[299]則谿陵山谷之神之祭更應,[300] 國之稱號亦更矣. 視[301]之亦變, 觀之風氣., 古之祭有時而星, 有時而星熺, 有時而熰, 有時而朐.[302] 鼠應廣之實, 陰陽之數也. 華若落之名, 祭之號也.[303] 是故天子之爲國, 圖具其樹物也."[304]

296 黎翔鳳에 의하면, 百歲는 死後를 가리키니, '傷神'이라 말 한 것이다. 閏年을 두는 것이 禮法이다.

297 黎翔鳳에 의하면, 閏月을 연말에 두기 때문에, 中國의 봄에 草木이 아직 자라지 않는데, 四隣에는 초목이 이미 싹터 오르니, 따라서 '中國之草木有移於不通之野'라 말한 것이다. 不通은 兩國이 往來가 없음이고, 계절이 이와 같은 것은, 매년 이런 것은 아니고, 윤월을 삽입하여 바르게 조정되면, 中國과 四隣의 초목의 성장 시기도 같아질 것이다.

298 黎翔鳳에 의하면, 依는 祿이고, 祿을 駟(말 네 마리)로 말한 것이다.

299 王念孫에 의하면, 亟은 極과 같다.

300 黎翔鳳에 의하면, '社稷變置, 谿陵山谷之神, 祭祀亦更而應之'(社稷의 신들이 變置되고, 谿陵과 山谷의 神과 祭祀 또한 바뀌게 될 것이다) 참조.

301 黎翔鳳에 의하면, 視는 示(보이다)고, 風氣는 氣象을 말한 것으로 12律의 風이다.

302 湯孝純에 의하면, '有時而星'은 '밤중에 별이 나타나면 제사 드림'의 뜻이고, '有時而熺'는 '새벽이 희미할[黎明] 때 제사 드림'의 뜻이고, '有時而熰'는, '해가 중천에 떴을 때 제사 지냄'의 뜻이고, '有時而昫'는, '해 떠서 온난할 때 제사 지냄'의 뜻이다. 上同, 498頁, 注17, 18, 19와 20 참조.

303 趙守正에 의하면, 鼠應廣에서 應은 衍字이고, 華若落에서 若이 衍字이니, 鼠廣과 華落이 대구를 이룬다. 鼠廣은 小大의 뜻이며, 華落은 盛衰나 美惡의 뜻이다. 『管子通解』(上), 488頁, 注6과 7 참조.

304 趙守正에 의하면, 樹는, 山川의 제단과 封樹(흙을 쌓아 나무를 심고 경계를 확고히 함)의 변화, 즉 三社의 松, 柏, 栗의 종류를 말하고, 物은 무늬와 服色의 바뀜, 즉 三代의 靑白赤의 숭상을 말한다. 上同, 489頁, 注8 참조.

제36편

단어短語 10

심술상 心術上

마음의 기능

본 편은 마음의 기능을 논한 것으로, 다음 편[心術下]과 더불어 상·하편을 이루고 있다. 당唐나라 성현영成玄英(608~669)의 소疏에 의하면, 술術은 능能이다. 심술心術은 말하자면 마음의 기능이다. 옛사람들은 심心을 사유의 기관으로 생각하여, 마음이 신체를 지배한다고 여겼다. 따라서 심[마음]은 백성을 지배하는 임금에 대비되었다. 이 편의 기본 내용은 마음의 기능과 내심을 수양하는 방법 등을 설명한다. 『관자』에서, 「심술상」과 「심술하」, 「백심白心」과 「내업內業」의 네 편은 철학 논문의 관점이 대개 비슷하다. 전국戰國시대 도가道家 사상을 대표한다. 네 편에서 말하는 무위無爲의 통치술은 전국 시대 도道와 법法이 결합하는 추세를 나타낸다. 본 편에도 이런 경향이 뚜렷하다. 본 편은 앞에는 경經문이고 뒤는 해解문이다. 경과 해가 모두 5장으로 나누어졌다. 경문과 해문의 제1장은 마음[心]과 감각기관[九竅]의 다른 직분, 즉 임금과 신하는 하는 일이 다름을 말한다. 경문과 해문의 제2장에서는 성인聖人의 구함도 없고[無求] 설정도 없는[無設] 텅 빈 도[虛道]를 말한다. 제3장에서 도덕과 의義, 예禮, 법法의 상호 관계를 말한다. 제4장에서 진인眞人은 주관을 설정하지 않는 인순因順의 태도를 말한다. 제5장에서는 명名을 따져서 실實을 구하는 응물應物의 도道를 말하고 있다. 끝으로 제6장에서 성인聖人들의 속은 텅 비고 무위無爲하는 '고요함'[靜因]의 도道를 말한다.

몸에서 마음은 임금의 자리다. [신체의] 아홉 구멍[감각기관]들은, 직분이 나뉘어 있다. 마음은 정도正道에 있고, 아홉 개의 구멍은 그들의 순리에 따르고 있다. 하고 싶은 욕망이 가득 차면, 눈은 색깔을 볼 수 없고, 귀는 소리를 들을 수 없다. 따라서 말한다. "임금이 자기 정도를 잃으면, 신하들은 그들의 직분을 잃는다." 말을 대신하여 (뛰어) 달릴 수 없으니, 말이 자기 힘을 다 쓰게 하여야 한다. 새를 대신하여 날 수 없으니, 새들이 날개와 깃의 힘을 다 써야 한다. (임금은) 신하들보다 먼저 활동해서는 안 되며, 그들의 방식[則]을 관찰해야 한다. (임금이 먼저) 움직이면 자기 지위를 잃게 되고, 가만히 있어야 스스로 (지위)를 얻을 수 있다. 도리[道]는 멀리 있지 않지만 (그것에) 도달하기는 어렵고, 여러 사람과 함께 있다면 (도를) 파악하기 어렵다. 자기 욕심을 텅 비워야, 정신이 장차 들어와서 쉰다. 깨끗이 소제되어 있지 않으면, 정신은 머물기 어렵다. 사람들은 모두 지식을 원하지만, 지식의 근거를 찾지 않는다! 지식이여, 지식이여, (멀리) 바다 밖으로 던져 버려도 자신에게서 빼앗아 갈 도리가 없으며, 그것을 찾아도 그것이 있는 곳을 모르겠구나! 바른 군자라도 찾을 수 없구나! 따라서 (마음을 텅) 비워야 한다. 텅 비어 (보이는) 형체가 없는 것이 도다. 모든 존재를 기르는 것이 덕德이다. 임금과 신하, 아버지와 아들 등, 인간의 일들이 의리[義]이다. 높은 이와 낮은 이가 손님과 주인으로 만나고, 그들 사이에 차등이 있고, 가까움과 멀음의 체통이 예禮다. 간단하고 복잡하고, 작고 큰 것은 같은 도리이며, 죽이고 욕보이고 금하고 벌주는 것이 법法이다. 큰 도리는 편안히 행할 수는 있으나 설명할 수는 없다. 곧은 사람의 말은 한곳으로 쏠림이 없다. 입에서도 나오지 않으며, 얼굴색에도 보이지 않으니, 온 세상 사람들은, 누가 또한 (도의) 법칙을 알겠는가?

心之在體, 君之位也. 九竅之有職, 官之分也. 心處其道, 九竅循理. 嗜欲充益, 目不見色, 耳不聞聲. 故曰: "上離其道, 下失其事." 毋代馬走, 使盡其力. 毋代鳥飛, 使獘其羽翼. 毋先物動, 以觀其則. 動則失位, 靜乃自得. 道不遠而難極也, 與人並處而難得也. 虛其欲, 神將入舍. 掃除不潔, 神乃[1]留處. 人皆欲智, 而莫索其所以智乎![2] 智乎智乎, 投之海外無自奪, 求之者不得處之者夫. 正人無求之也, 故能虛無. 虛無無形謂之道. 化育萬物謂之德. 君臣父子人間之事謂之義. 登降揖讓, 貴賤有等, 親疏之體謂之禮. 簡物小未[3]一道, 殺僇[4]禁誅謂之法. 大道可安而不可說. 直人之言, 不義不顧.[5] 不出於口, 不見於色, 四海之人, 又孰知其則?

하늘은 텅 비었으며, 땅은 고요하니, 실패함이 없다. 관장하는 곳[마음]을 깨끗이 하고, 문[아홉 구멍]을 개방하고, 사사로움을 버리고 말을 안 하면, 신명神明이 보전될 것이다. 분분히 어지러우면, 이를 가라앉히고 자신을 다스려라. 억지로 하면 모두에게 합당할 수 없고, 지식도 (모든 일을) 다 계획할 수 없다. 사물이란 본래의 형체가 있고, 형체에는 본래의 이름이 있고, 이름에 들어맞으면, (그를) 성인聖人이라 한

1 黎翔鳳에 의하면, 乃는 難(어렵다)의 뜻이다.

2 黎翔鳳에 의하면, 乎는 감탄사이다.

3 陳鼓應(1935~?)에 의하면, 簡과 物은 대립하니, 物은 衆, 雜과 통한다. 丁士涵의 설에 의하면, 未는 大의 誤字이다. 『管子四篇詮釋』, 138頁, 注4 참조.

4 黎翔鳳에 의하면, 僇(욕보이다)은 辱(욕되게 하다)이다.

5 章炳麟에 의하면, 義와 顧는 뜻이 같다. 義는 俄이고, 俄는 傾貌이고, 顧는 環視이다. 우리 마음에 지어먹은 마음이 없으면, 할 바가 없고, 한 사물에 쏠리지 않는다. 느낌이 있으면 응할 뿐이다.

다. 따라서 말을 하지 않고 함도 없는 그것을 반드시 알고 난 다음에 도의 실마리[端緖]를 알 수 있다. (만물이) 형체가 같지 않고 형세가 달라도, 만물과 다른 이치가 아니니, 따라서 (도는) 천하의 시작이다. 사람을 죽일 수 있는 것은, 사람들이 죽음을 싫어하기 때문이다. 그에게 이롭지 않게 할 수 있음은, 그가 이로운 것을 좋아하기 때문이다. 이 때문에 군자는 좋아하는 것을 보고도 유혹받지 않고, 나쁜 것에도 핍박받지 않는다. 즐거이 무위無爲하니, 교묘한 꾸밈을 없앴다. 응대함도 (미리) 마음먹은 것이 아니다. 움직임도 (미리) 택한 것이 아니다. 잘못은 스스로 함에 있고, 죄는 (멋대로) 변화시킴에서 온다. 이 때문에 도리 있는 임금은 거처함에 아무것도 모르는 것과 같고, 사물을 대함에 우연히 짝지은 듯하니, (이것이) 고요함에 따른 도리[靜因之道]다.

天曰虛, 地曰靜, 乃不伐.[6] 潔其宮,[7] 開其門, 去私毋言, 神明若存. 紛乎其若亂, 靜之而自治. 强不能徧立, 智不能盡謀. 物固有形, 形固有名, 名當謂之聖人. 故必知不言無爲之事, 然後知道之紀. 殊形異執, 不與萬物異理,[8] 故可以爲天下始. 人之可殺, 以其惡死也. 其可不利, 以其好利也. 是以君子不怵乎好,[9] 不迫乎惡. 恬愉無爲, 去智與故.[10] 其應也, 非所設也. 其動也, 非所取也. 過在自用, 罪在變化. 是故有道之君, 其處也若無知, 其應物也若偶之, 靜因之道也.

몸에서 마음은 임금의 자리다. 아홉 구멍[감각기관]의 직분은 관직의 구분이다. 귀와 눈은 보고 듣는 기관이다. 마음은 보고 듣는 일과 무관하니, (감각)기관은 자기 직분을 지키는 것이다. 마음에 욕심이 생기면, 사물이 지나가도 눈이 (그것을) 못 보며, 소리가 지나가도 귀가 듣지 못한다. 따라서 말한다. "임금이 자기 도리를 떠나 있으면, 신하들이 자기 직분을 못한다." 따라서 말한다. "마음의 기능은 (스스로) 함이 없지만, 구멍[감각기관]들을 제어하니, 따라서 임금이라 부른다." 말[馬]을 대신하여 (뛰어) 다니지 않고, 새를 대신하여서 날지 않는다는 것, 이것은 (다른 사물의) 능력을 뺏을 수도 없고, 아랫것들의 성실함에

6 黎翔鳳에 의하면, 伐은 敗다.
7 張佩綸에 의하면, 宮은 官의 오자다.
8 何如璋에 의하면, 사물들이 번다하게 변하고 형세가 비록 달라도 그 이치는 하나다.
9 王念孫에 의하면, 怵(두려워하다)은 訹(꾀이다)와 통한다.
10 許維遹에 의하면, 智故는 巧飾(교묘히 꾸미다)의 뜻이다.

간여하지 않는다는 말이다. (임금은 다른) 사람보다 먼저 움직이지 말라는 것은 움직이면 안정되지 못하고, 조급하면 고요할 수가 없으니, 움직이면 (사물들을) 관찰할 수 없음을 말한 것이다. (임금의) 자리란, 임금이 서 있는 곳을 말한다. 임금은 음陰에 서며, 음은 고요하니, 그러므로 움직이면 (임금) 자리를 잃는다고 말한다. 음이면 양陽을 제압할 수 있고, 고요하면 움직임을 제압할 것이다. 그러므로 말한다. 고요해야 이에 (임금은) 스스로 얻을 수 있다. 도는 하늘과 땅 사이에 크기로는 밖이 없고, 작기로는 안이 없다. 그러므로 (도는) 멀리 있지 않지만 도달하기 어렵다고 말한다. 텅 빔과 사람도 사이가 없으나, 성인聖人만이 텅 빈 도를 얻는다. 그러므로 말한다. 함께 살아도 (도는) 얻기 어렵다. 세상 사람들이 아는 것은 정기[精]이니, 욕심을 제거하면 두루 통할 수 있고, 두루 통하면 고요할 것이다. 고요하면 정기를 얻고, 정기를 얻으면 홀로 설 수 있다. 홀로라면 밝히 알고, 밝히 알면 신명神明이 날 것이다. 신명 나면 지극히 귀한 것이다. 그러므로 (머무는) 관사館舍가 깨끗이 치워지지 않으면, 귀한 사람이 머물지 않을 것이다. 그러므로 말한다. 깨끗하지 않으면 신명은 머물지 않는다. 사람들은 모두 알려고 하지만, 알 수 있는 근거, 그것을 찾지 않는다. 알 수 있는 근거는, 이것이다. 이것을 닦지 않고서, 어떻게 저것을 알 수 있을까? 이것을 닦지 않으면, (마음이) 텅 빌 수 없다. 텅 빔은 감춰 둔 것이 없음이니, 따라서 말한다. 지식을 버리고서 무엇을 좇아서 찾을 수 있는가! 가설도 없다면 생각이 없을 것이고, 생각이 없다면 아래와 위를 뒤바꾸어 놓은 것이니 맹탕일 것이다.

心之在體, 君之位也. 九竅之有職, 官之分也. 耳目者, 視聽之官也. 心而無與於視聽之事, 則官得守其分矣. 夫心有欲者, 物過而目不見, 聲至而耳不聞也. 故曰: "上離其道, 下失其事." 故曰: "心術者, 無爲而制竅者也, 故曰君." 無代馬走, 無代鳥飛, 此言不奪能能, 不與下誠也. 毋先物動者, 搖者不定, 趮者不靜, 言動之不可以觀也. 位者, 謂其所立也. 人主者立於陰, 陰者靜, 故曰動則失位. 陰則能制陽矣, 靜則能制動矣. 故曰靜乃自得. 道在天地之間也, 其大無外, 其小無內, 故曰不遠而難極也. 虛之與人也無間, 唯聖人得虛道, 故曰並處而難得. 世人之所職者精也, 去欲則宣,[11] 宣則靜矣. 靜則精, 精則獨立矣. 獨則明, 明則神矣. 神者至貴也. 故館不

11 宣은 大(크다) 또는 보편의 뜻이 있다.

辟除, 則貴人不舍焉. 故曰: 不潔則神不處. 人皆欲知, 而莫索之其所以知, 彼也. 其所以知, 此也. 不脩之此, 焉能知彼? 脩之此, 莫能虛矣. 虛者無藏也, 故曰: 去知則奚率[12]求矣. 無藏則奚設矣! 無求無設則無慮, 無慮則反覆[13]虛矣.

하늘의 도는 텅 비어서 형체가 없다. 비었으니 다함[끝]이 없고, 형체가 없으니 거스르는 자리도 없으며, 거스르는 자리가 없으니, 그러므로 만물을 두루 다녀도 변함이 없다. 덕德은 도가 머무는 곳이니, 사물들이 살고 또 살 수 있으며, 도의 정기[精]를 알 수 있다. 그러므로 덕은 얻는 것이다. 얻는다는 것은, 얻어서 그렇게 되었음을 말한다. '함이 없음[無爲]'이 도道이고, 그것이 머무는 곳이 덕이다. 그러므로 도와 덕은 틈새가 없다. 그러므로 말로는 구별이 안 된다. 틈새의 도리는 그것에 머물 수 있음을 말한 것이다. 의義는 각각 그 마땅함에 처하는 것이다. 예禮는 인정人情에 따르고, 도의를 따라서 하니, 행동이 절도에 맞는 것이다. 그러므로 예는 도리가 있음을 말한 것이다. 도리는 분수를 밝히어 의의 뜻을 알리는 것이다. 따라서 예는 의에서 나오고, 의는 도리[理]에서 나오며, 도리는 마땅함[宜]에서 말미암는다. 법法은 차이를 없이하여 그렇게 되지 않으면 안 되게 하는 것이다. 그러므로 (법에서는) 죽이고 욕보이고 금지하고 벌줌으로써, (백성들을) 하나로 하는 것이다. 그러므로 일은 법에 따라서 살피고, 법은 저울질하기[權衡]에서 나오고, 권형權衡은 도에서 나온다. 도는 움직여도 그 모습을 볼 수 없고, 베풀어도 그 은덕은 보이지 않는다. 만물들은 모두 (도에서) 얻어진 것이나, 그러나 그 끝을 아무도 모른다. 그러므로 (우리는) 말한다. (도에서) 편히 쉴 수 있으나 (그것을) 설명할 수는 없다. (도를) 아무도 말할 수 없으니, 지극하다. (한쪽으로) 기울지 않았으니, 대응할 뿐이다. 대응함은, 내가 설정한 것이 아니고, 따라서 (한쪽으로) 기울어짐이 없다. (무엇을) 되돌아보고 말하는 것이 아니니, 따를 뿐이다. 따른다는 것은, 내가 (고의로) 뒤돌아보는 것이 아니기에, 따라서 뒤돌아봄[두리번거림]이 없다. (도는) 입에서 나오지도 않고, 얼굴색에도 보이지 않으니, 아무런 형체가 없음을 말한 것이다. 온 세상 사람들, 누가 그(도) 법칙을 알

12 黎翔鳳에 의하면, 率은 循(좇다)이다.
13 黎翔鳳에 의하면, 反覆은 上下를 뒤바꾸는 것이다.

겠는가? (도는) 깊은 우리[囿]라고 말한다. 하늘의 도는 텅 비었고, 땅의 도는 고요하다. 텅 비었으나 끝남이 없고, 고요하며 변하지 않으니, 변하지 않고 과실[잘못]이 없다. 따라서 말한다. (도는) 무너뜨림이 없다. 집을 깨끗이 하고, 대문을 열어 둔다. 집은 마음[심장]이다. 마음은 지식이 머무는 곳이니, 따라서 집[宮]이다. 집을 깨끗이 함은 지나친 욕구를 버리는 것이다. 대문은 귀와 눈이다. 귀와 눈은 듣고 보는 수단이다. 사물은 진실로 형체가 있고, 형체는 진실로 이름이 있으니, 이것[이름]은 실제 내용을 넘을 수 없고, 실제 내용은 이름의 외연밖에 있을 수 없다. 형체를 추단하여 형체를 알고, 형체로 이름을 취하며, 말을 살펴서 이름을 바로잡기 때문에 성인聖人이라고 말한다. 말할 수 없는 말이, (진짜) 응답이다. 응답이란, 그것이 (정말) 사람들을 위한 것이다. 이름을 잡고서 그 대응할 것으로 향하니, 이루어 주는 근거는 대응의 도일 뿐이다. '함이 없는[無爲]' 도가 원인[因]이다. 이 원인은 함도 없고 덜어 냄도 없다. (도가) 드러났기에, 따라서 이름이 있는 것이니, 이것이 원인의 본받음[術]이다.

天之道, 虛其無形. 虛則不屈, 無形則無所位𧺆,[14] 無所位𧺆, 故偏流萬物而不變. 德者, 道之舍, 物得以生生, 知得以職[15]道之精. 故德者得也. 得也者, 其謂所得以然也. 以無爲之謂道, 舍之之謂德. 故道之與德無閒, 故言之者不別也. 閒之理者, 謂其所以舍也. 義者, 謂各處其宜也. 禮者, 因人之情, 緣義之理, 而爲之節文者也. 故禮者, 謂有理也. 理也者, 明分以諭義之意也. 故禮出乎義, 義出乎理, 理因乎宜者也. 法者, 所以同出[16]不得不然者也. 故殺僇禁誅以一之也. 故事督[17]乎法, 法出乎權, 權出乎道. 道也者, 動不見其形, 施不見其德; 萬物皆以得, 然莫知其極. 故曰: "可以安而不可說也." 莫[18]人言, 至也. 不宜,[19] 言應也. 應也者, 非吾所設, 故能無宜也. 不顧言, 因也. 因也者, 非吾所顧, 故無顧[20]也. 不出於口, 不見於色, 言無形也. 四海之人, 孰知其則? 言深囿也. 天之道虛, 地之道靜. 虛則

14 黎翔鳳에 의하면, 𧺆는 牾, 즉 違逆(거스르다)의 뜻이다.
15 黎翔鳳에 의하면, 莫은 無와 같다.
16 郭沫若에 의하면, 出은 參差(차이가 나다)이고, 同出은 '차이를 갖게 함'의 뜻이다.
17 尹知章의 주석에 의하면, 督은 察(살피다)이다.
18 黎翔鳳에 의하면, 莫은 無와 같다.
19 趙守正에 의하면, 宜는 義와 통한다. 義는 俄(기울다)에서 빌려온 것이니, 不俄는 '偏斜(기울어짐)이 없음'의 뜻이다. 『管子通解』(下), 8頁, 注2 참조.
20 黎翔鳳에 의하면, 『說文解字』에 '顧, 還視'(뒤돌아보다)라 했으니, 사물 그대로에 따르고, 배회하며 두리번거림이 없음을 말한다.

不屈, 靜則不變, 不變則無過, 故曰不伐.[21] 潔其宮, 闕[22]其門. 宮者, 謂心也. 心也者, 智之舍也, 故曰宮. 潔之者, 去好過也.[23] 門者, 謂耳目也. 耳目者, 所以聞見也. 物固有形, 形固有名, 此言不得過實, 實不得延名.[24] 姑形以形, 以形務名,[25] 督言正名, 故曰聖人. 不言之言, 應也.[26] 應也者, 以其爲之人者也.[27] 執其名, 務[28]其應, 所以成之, 應之道也. 無爲之道, 因也. 因也者, 無益無損也. 以其形, 因爲之名, 此因之術也.

이름은, 성인이 만물의 실마리를 잡는 근거다. 사람들은 노력해야 (자기 자리를) 세울 수 있고, 좋은 일 하기에 힘쓰며, 마침내 할 수 있게 되고, 이유에 따라서 움직인다. 성인은 (사물을) 주재할 마음이 없으니, (바로) 그것이 없기에 사물[백성]들과 다를 것이다. (성인들은) 다르기에 텅 비어 있고, 텅 빈 것이 만물의 시작이다. 따라서 (『노자』에서) 말한다. (도는) 천하의 시작이 될 수 있다. 사람들은 나쁜 짓에 쫓기면 좋은 것을 잃을 수도 있고, 좋은 것에 유혹되면[怵], 미워해야 할 곳도 잊어버리니, 도와 맞지 않는다. 따라서 말한다. "좋은 것에 유혹되지도 말고, 나쁜 것에 쫓기지도 말아라!" 싫어해도 도리는 잃지 말 것이며, 욕구해도 실정을 넘지 말아야 하니, 그러므로 말한다. "군자들은 마음을 담담히 하여 (쓸데없이) 함이 없다." 지식과 연고[이유]를 버리라고 함은, (마음이) 소박하고 비어 있음을 말한 것이다. 대응해도, (미리) 계획[設]된 것이 아니다. 활동해도, (미리) 선택한 것이 아니다. 이것이 따름[因]이다. 따름이란 자기를 버리고 대상[物]을 법도로 삼은 것이다. 느낌이 있은 다음에 응대했으니, (미리) 설정한 것이 아니다. 도리를 따라서 움직였으니, (미리) 선택한 것이 아니다. 잘못은 (자기) 멋대로 함에 있으며, (자기 멋대로) 변화시킨 것에 죄가 있다. 자기 멋대로 하여 (마음을)

21 伐은 敗壞(패배시키고 무너뜨림)의 뜻이다.

22 黎翔鳳에 의하면, 闕은 不合(닫지 않는다)이니, 開(열어두다)의 뜻이다.

23 黎翔鳳에 의하면, 嗜好(즐거워함)에는 善惡을 따질 수 없으니, 모두 마음의 짐이 된다. 房玄齡의 주석에 '去欲好之過也'(욕구의 지나침을 버린다)라고 했다.

24 黎翔鳳에 의하면, 延은 현대 논리학의 外延이다.

25 黎翔鳳에 의하면, 姑는 估計(추단하다)이고, 務는 趣(달리다, 향하다)이고 取와 같다.

26 尹知章의 주석에 의하면, '言則言彼形耳. 於我無言'(말했다면 그 형태[껍질]만 말했을 뿐이고, 나에 대해서는 말한 바 없다).

27 尹知章의 주석에 의하면, '人之所爲, 故聖人得不應'(사람들에게 행한 바는, 따라서 성인은 不應할 뿐이다)라고 했다.

28 黎翔鳳에 의하면, 務는 趣(向하다)의 뜻이다.

비우지 못했으니, 비우지 못했다면 사물과 어그러졌을 것이다. (일을) 변화시키면 일이 생겨나니, (일이) 생겨났다면 어지러워질 것이다. 따라서 도는 따름[因]을 귀히 여긴다. 따름이란 할 수 있는 능력을 따라서, 쓰이는 바를 말한다. 군자들이 머무름에 아무것도 모르는 것 같은 것은, (그들이) 지극히 비어 있음[至虛]을 말한 것이다. 그들이 사물에 대응함이 마치 (잃은) 짝을 마주하는 것과 같음은, '때에 맞게끔[時宜]' 적절함을 말한 것이다. 그림자가 사물을 따르고 메아리가 소리에 대응하는 것과 같다. 따라서 사물이 오면 (그에) 대응하고, 지나가면 그치는 것이다. 그친다는 것은 빈 것[虛]에 다시 처했음을 말한다.

名者, 聖人之所以紀萬物也. 人者, 立於强, 務於善, 未[29]於能, 動於故者也. 聖人無之,[30] 無之則與物異矣. 異則虛, 虛者萬物之始也, 故曰: 可以爲天下始. 人迫於惡則失其所好, 怵於好則忘其所惡, 非道也. 故曰: 不怵乎好, 不迫乎惡. 惡不失其理, 欲不過其情, 故曰: 君子恬愉無爲. 去智與故, 言虛素也. 其應, 非所設也. 其動, 非所取也. 此言因也. 因也者, 舍己而以物爲法者也. 感而后應, 非所設也. 緣理而動, 非所取也. 過在自用, 罪在變化. 自用則不虛, 不虛則仵於物矣. 變化則爲生, 爲生則亂矣. 故道貴因. 因者, 因其能者, 言所用也. 君子之處也, 若無知, 言至虛也. 其應物也, 若偶之, 言時適也. 若影之象形, 響之應聲也. 故物至則應, 過則舍矣. 舍矣者, 言復所於虛也.

29 黎翔鳳에 의하면, 未는 末이다.
30 尹知章의 주석에 의하면, '謂無宰物之心也'([성인은] 사물을 주재할 마음이 없다).

심술하 心術下

마음의 기능

「심술하心術下」 편은 「심술상心術上」 편의 연속이나 발전이 아니다. 내재적인 연결 관계가 없다. 본 편의 내용은 기본적으로 오히려 「내업內業」 편에 보인다. 본 편이 간략한 개괄이라면, 「내업」 편의 서술이 상세하고 완결되어 있다. 많은 사람이, 본 편이 「내업」 편의 별본別本으로 생각한다. 본 편은 다섯 문단으로 나뉘었다. 첫 장에서는 마음[心]과 몸[形]을 닦아서 기를 모으고, 천도를 본받아 천하를 다스릴 것을 논한다. 제2장은 심신心神의 정정靜定을 말한다. 제3장은 마음과 몸, 임금[君]과 백성[民]의 관계를 말한다. 제4장은 성인의 도의 특성과 도를 정확히 이해하지 못하고 도를 응용하면 난亂이 발생함을 말한다. 제5장은 속마음[內心]을 정정正靜하면 도를 얻고, 도를 얻으면 천지天地경계에 도달할 수 있음을 말한다.

몸이 바르지 않다는 것은, 덕德이 (마음속에) 오지 않은 것이며, 속이 정밀하지 않으면 마음이 다스려지지 않는다. 몸이 바르고 덕을 정비했다면, 만물을 다 이해할 수 있다. 새가 날아오듯, 신명神明의 끝을 알 수 없구나! 천하를 소상히 알며, 사방에 통달한다. 이 때문에 말한다. "외물 때문에 감관을 어지럽히지 말며, 감관으로 마음을 어지럽히지 말라! 이것이 마음속의 얻음이다." 이 때문에 의기意氣가 안정된 후에 (다시) 돌이켜 바로잡는다. 기氣는 몸을 채우고 있다. (그래야) 행동이 '바름'의 뜻을 가진다. (기가) 몸을 채운 것이 아름답지 않으면 마음은 제대로 작동할 수 없고, (임금의) 행동이 바르지 못하면 백성들은 복종하지 않는다. 이 때문에 성인들은 마치 하늘과도 같으니, 사사로이 덮어주는 일이 없고, 마치 대지大地와 같이, 사사로이 싣고 있음이 없다. 사사로움은 천하를 어지럽힌다.

무릇 사물은 이름이 있고, 성인들은 그에 따라 이들을 다루니, 천하가 다스려진다. 실질이 다치지 않으니, 천하에 난리가 없어서, 천하가 다스려진다.

形不正者德不來,[1] 中不精者心不治. 正形飾德,[2] 萬物畢得. 翼然自來, 神莫知其極. 昭知天下, 通於四極. 是故曰: "無以物亂官, 毋以官亂心, 此之謂內德."[3] 是故意氣定然後反正.[4] 氣者, 身之充也. 行者, 正之義也. 充不美則心不得, 行不正則民不服. 是故聖人若天然, 無私覆也; 若地然, 無私載也. 私者, 亂天下者也. 凡物載名而來, 聖人因而財之,[5] 而天下治; 實不傷, 不亂於天下, 而天下治.

뜻에 오롯이 하고, 마음을 하나로 하여, 이목[눈과 귀]이 단정해지면, 미래의 길흉을 실제로 나타낼[徵] 수도 있다. (뜻을) 완전히 할 수 있는가? (마음을) 하나로 할 수 있는가? 복卜점이나 서筮점을 안치고 (미래의) 길흉을 알 수 있는가? 뜻을 지닌 채 고요히 안정할 수 있는가? 남에게 묻지 않고서도 스스로 깨우침이 있지 않은가? 따라서 말한다. "생각하고 (또) 생각해도 알 수 없으면, 귀신이 가르쳐 준다. 귀신의 힘이 아니라 정기精氣가 극치에 달한 것이로다!"

기氣에 전일하면 변화하여 정묘精妙해지며, 한 일에 전념하면 변화를 터득하여 예지叡智를 갖게 된다. 간택하여 선발하기에, 일이 순조롭다. 끝까지 변화하는 것이 사물을 대하는 길이다. 간택하여 선발하니 혼란이 없고, 끝까지 변화하나 번잡하지 않은 것이 하나[道]를 붙들고 있는 군자君子로다. 하나[道]를 붙들고서 잃지 않으니, 만물을 주재할 수 있고, 해와 달과 (찬란한) 빛을 함께하고, 하늘과 땅과 이치[理]를 함께 하니, 성인들이 만물은 재단하되, 외물에 부림당하지 않는다.

專於意, 一於心, 耳目端, 知遠之證.[6] 能專乎? 能一乎? 能毋卜筮而知凶吉乎? 能止乎? 能已乎? 能毋問於人而自得之於己乎?[7] 故曰: "思之思之, 不

1 尹知章의 주석: '有諸內必形於外, 故德來居中, 外兄自正'(마음속에 있는 것은 반드시 밖으로 나타나니, 그 때문에 덕이 와서 마음속에 있으면. 외형이 스스로 바르다) 참조.

2 李哲明에 의하면, 飾은 마땅히 飭(정비하다)으로 訓讀해야 한다.

3 黎翔鳳에 의하면, 德은 得이다.

4 黎翔鳳에 의하면, 反은 復還(다시 돌아감)이다.

5 劉績에 의하면, 財는 裁(마름질하다)와 같다.

6 黎翔鳳에 의하면, '知遠'은 곧 '미래의 길흉'을 말한다. 證은 諭(따져 물음)의 뜻이니, 徵(證驗하다)의 뜻이다.

7 陳鼓應에 의하면, 已는 止와 같다. 모두 '持意靜定'(뜻을 지니고 고요히 안정함을 말한다)로 보고 있다. '自得之於己'는 '己心有所悟覺'(자기 마음에 깨달음이 있음)을 말한다. 『管子四篇詮釋』, 163頁, 注2 참조.

得, 鬼神教之." 非鬼神之力也, 其精氣之極也. 一氣能變曰精, 一事能變曰智. 慕選者,[8] 所以等事也.[9] 極變者, 所以應物也.[10] 慕選而不亂, 極變而不煩, 執一之君子. 執一而不失, 能君萬物, 日月之與同光, 天地之與同理, 聖人裁物, 不爲物使.

(임금의) 마음이 편하면, 이는 나라가 편안한 것이다. (임금의) 마음이 다스려지면, 이는 나라가 다스려진 것이다. 다스리는 것은 마음이다. 편안한 것도 마음이다. 다스리는 마음은 (마음)속에 있으며, 다스리는 말은 (임금의) 입에서 나오며, 다스리는 일들이 백성들에게 더해진다. 따라서 업적이 이루어지면 백성들이 따르니, 백성들이 다스려질 것이다. (백성들은) 장악하는 것은 형벌이 아니다. (백성들이) 경외하는 것은 (임금의) 분노가 아니다. 백성들이 도道를 가지고 있으면, 백성들은 다스려진다. 도는 지극한 근본이니, 지극히 크고 지극히 풍부하지만, (쓰는 이가 마땅한) 그 사람이 아니라면 혼란이 생긴다. 무릇 관리들이 (백성들을) 제약하는 법칙들은 도가 아니다. 성인의 도는 있는 것 같기도 하고 없는 것 같기도 하나, (그것을) 끌어다 쓰면 평생 잊을 수 없다. (도는) 시대와 더불어 변하지만 변함이 없고, 사물들을 응대하나 바뀌지 않으며, 매일매일 사용해도 변함이 없다.

心安, 是國安也. 心治, 是國治也. 治也者, 心也. 安也者, 心也. 治心在中,[11] 治言出於口, 治事加於民. 故功作[12]而民從, 則百姓治矣. 所以操者,[13] 非刑也. 所以危者,[14] 非怒也. 民人操,[15] 百姓治, 道其本至也,[16] 至不至無,[17] 非所人而亂.[18] 凡在有司執制者之利,[19] 非道也. 聖人之道, 若存

8 黎翔鳳에 의하면, 慕選은 募選(간택하여 뽑다)이다.
9 陳鼓應에 의하면, 等은 齊(고르다), 順(순조롭다)의 뜻이다. 上同, 165頁, 注2 참조.
10 陳鼓應에 의하면, 끝까지 변화하여 사물에 응대함이다. 上同, 注3 참조.
11 黎翔鳳에 의하면, 「內業」 편에 '治心在於中, 治言出於口, 治事加於人' 이 세 구절이 모두 같은데, 오직 民은 避諱하여 人으로 고쳤으며, 在 아래 於 자가 있다.
12 陳鼓應은 功作을 功成(공이 이루어짐)으로 보았다. 上同, 注6 참조.
13 陳鼓應은 操를 把持(잡다), 掌管(장악하다)으로 보았다. 上同, 注7 참조.
14 陳鼓應은 危를 畏(경외하다)다. 上同, 注8 참조.
15 陳鼓應은, 操를 '道를 가지고 있음'으로 해석한다. 上同, 注9 참조.
16 陳鼓應에 의하면, 其는 乃이고, 本至는 마땅히 至本(지극한 근본)으로 바뀌어야 한다. 上同, 168頁, 注1 참조.
17 黎翔鳳에 의하년, 郭沫若가 不를 丕(크다)로 본 것이 옳다. 無는 豊(풍성하다)의 뜻이다.
18 陳鼓應에 따르면, 所는 其와 같고, 許維遹(1900~1950)에 의하면, 而는 則이다. 上同, 注3 참조.
19 何如璋에 의하면, 利는 마땅히 則이다. 관리가 (백성들을) 제약하는 법도를 말하는 것이니,

若亡. 援而用之, 歿世不亡.[20] 與時變而不化, 應物而不移, 日用之而不化.

사람이 바르게 평안할 수 있으면, 근육이 부드러워지면서 질기고 뼈가 강해진다. 하늘을 (머리에) 지니고 땅을 밟고서, 달을 보며 해를 본다. (사람이 마음을) 바르고 고요하게 하여 과실이 없으며, 날로 (자기) 덕을 새롭게 하여, 천하를 환히 알고서, 네 극단[우주]에까지 통한다. 속에서 마음을 닫았다 해도 숨길 수는 없으니, 밖으로 얼굴에 나타나기에, 안색에서 알 수 있다. 선한 기운으로 사람을 맞으면 친밀하기 형제와 같으나, 나쁜 기운으로 사람을 맞으면 무기보다 해롭다. 말 없는 말이 우레나 북소리보다 (크게) 들린다. 마음을 닫았어도 드러남이 해와 달보다 밝으니, 부모보다 잘 살핀다. 옛날에 유명한 임금들이 천하를 사랑하기 때문에 천하 사람들이 귀부歸附할 수 있었고, 폭군이 천하 사람들을 미워했기 때문에 세상 사람들이 떠날 수 있었다. 그러므로 재화는 사랑이 되기에 부족하고, 형벌은 악이 되기에 부족하다. 재화는 사랑의 말단이고 형벌은 악의 말단이다.

人能正靜者, 筋肕[21]而骨强. 能戴大圓者, 體乎大方; 鏡大淸者視乎大明.[22] 正靜不失, 日新其德, 昭知天下, 通於四極. 金[23]心在中不可匿, 外見於形容, 可知於顔色. 善氣迎人, 親如弟兄; 惡氣迎人, 害於戈兵.[24] 不言之言, 聞於雷鼓. 金心之形, 明於日月, 察於父母. 昔者明王之愛天下, 故天下可附; 暴王之惡天下, 故天下可離. 故貨之不足以爲愛, 刑之不足以爲惡. 貨者, 愛之末也; 刑者, 惡之末也.

무릇 사람의 품성은 반드시 올바르게[正] 되어야 한다! 그것을 잃게 하는 것은 반드시 기쁨, 즐거움, 애통과 분노다. 분노를 절제함에는 음악[樂]만한 것이 없고, 쾌락을 절제함에는 예禮만한 것이 없으며,

道라고 말할 수 없다.

20 戴望에 의하면, '沒世不亡'에서 亡은 마땅히 忘(잊다)이다. 옛날에는 서로 통했다.

21 李哲明에 의하면, 肕은 韌(부드러우나 질김)의 뜻이다.

22 安井衡에 의하면, 「內業」 편에 體는 履(밟다)로 되어 있다. 陳鼓應에 의하면, 張舜徽(1911~1992)는 2개의 者는 모두 마땅히 而 자라고 말하며, 大圓은 하늘을 가리키고, 大方은 땅을 가리키고, 鏡(거울)은 視(보다)의 뜻이고, 大淸은 달을 가리키고, 大明은 해를 가리킨다. 上同, 170頁, 注2 참조.

23 黎翔鳳에 의하면, 金은 禁이니, 噤(입을 다물다)의 뜻이다.

24 劉績에 의하면, 戈는 「內業」 편에는 戎(병기)으로 되어 있다.

예의禮儀를 지킴에는 공경만한 것이 없다. 밖으로 공경하고 (마음)속에서 고요하면, 반드시 (사람의) 품성을 회복할 것이다. 어찌 이利를 탐할 일이 없겠는가? 나는 이를 좇을 마음이 없다. 어찌 안주하려는 마음이 없겠는가? 나는 편안하려는 마음이 없다. 어지러운 마음속에 또한 (고요하고 바른) 마음이 있으니, 생각[意念]이 말보다 먼저 생긴다. 생각이 있으면 드러나고, 드러난 다음에 생각하고, 생각하고 나면, (이치를) 알게 된다. 무릇 마음이 드러날 때, 지나치게 알거나 왕성함을 앞세우기에, 이 때문에 (마음을) 속으로 모은 것을 바탕으로 해야 한다. 원천이 고갈되지 않고, 겉과 속이 마침내 (서로) 통하니, 원천이 마르지 않고, 사지四肢가 튼튼하다. (마음) 속으로 수렴한다면, (그 몸도) 튼튼해질 것이다. 따라서 성인들은 한마디로 말하였다. "(도는) 위로 하늘에 통하고, 아래로 땅에 이른다."

凡民之生也,[25] 必以正乎! 所以失之者, 必以喜樂哀怒. 節怒莫若樂,[26] 節樂莫若禮, 守禮莫若敬. 外敬而內靜者, 必反其性. 豈無利事哉? 我無利心. 豈無安處哉? 我無安心. 心之中又有心,[27] 意以先言. 意然後形, 形然后思, 思然后知.[28] 凡心之刑, 過知先王,[29] 是故內聚以爲原. 泉之不竭, 表裏遂通; 泉之不涸, 四支堅固. 能令用之, 被服四固.[30] 是故聖人一言解之,[31] 上察於天, 下察於地.[32]

25 陳鼓應에 의하면, 生은 性이다. 上同, 172頁, 注1 참조.

26 黎翔鳳에 의하면, 여기서 樂은 禮樂의 뜻이고, 아래 문장의 節樂은 쾌락의 의미이다.

27 尹知章의 주석은, '動亂之心中, 又有靜正之心也'(혼란한 마음속에, 또한 靜正한 마음이 있다'이다

28 尹知章은 이렇게 말한다. '思然後得理, 故能知也'(생각하고 나면 理를 얻기 때문에 알 수가 있다).

29 黎翔鳳에 의하면, 刑은 形과 통하고, 王은 旺(왕성함)으로 읽어야 한다.

30 黎翔鳳에 의하면, 用令은 內聚(마음속으로 수렴하다)의 뜻이고, 房玄齡의 주석에 '堅固被及其身'이라고 했다.

31 趙守正에 의하면, 「內業」 편: '道滿天下, 普在民所, 民不能知也. 一言之解, 上察於道, 下極於地'라 했으니, 이 구절은 총결하는 말로써, 道에 대하여, 한마디 말로 하면, 또한 위로 하늘에 통하고 아래로 땅에 미친다는 뜻이다. 『管子通解』(下), 20頁, 注3 참조.

32 趙守正에 의하면, 察은 際(가깝다)와 통한다. 上同, 注4 참조.

백심 白心

마음을 깨끗이 함

백심白心은 마음을 깨끗이 한다는 뜻이다. 그것은 「심술상」 편의 '결기궁潔其宮'이나 '허기욕虛其欲'과 비슷한 뜻을 가진다. 임금은 욕심을 없애고, 텅 빈 마음, 고요한 마음을 가지려는 속마음[內心]의 수양을 말한다. 요컨대 (임금) 무위無爲의 도가사상을 말하고 있다. 작자는 임금이 허정虛靜을 바탕으로 하여, 자연 규칙에 순응하는 도가의 정치 철학을 전개하고 있다.

상법常法을 세워서 도道를 정하고, 고요함[靜]을 근본으로 삼고, 올바름[正]을 법도로 삼고, 이로우면 오래 간다. 나의 법이 아니면, 비록 이롭다 해도 하지 않는다. 나에게 합당치 않다면, 이롭다 해도 실행하지 않는다. 나의 도道가 아니면, 비록 이롭다 해도 취하지 않는다. 첫째가 하늘을 따르는 것이고, 그다음에 사람의 도리를 따르는 것이다. 인도人道는 누가 외치지 않으면 따르지 않고, 천도天道는 누가 먼저 발동하지 않으면, 따르지 않는다. 따라서 발언된 내용은 또한 폐기되지 않고, 종사한 일도 실패가 없다. 사물의 근원을 탐구하고 실질을 연구하여, 생성된 근거를 이해하게 되면, 그 형상[象]을 알게 되니 그 모양[形]을 찾게 된다. 그 이치에 따라서 그 사물의 실정을 알게 되니, 그 실마리를 찾으면 그 이름을 알 수 있다. 따라서 만물을 포괄함에 하늘과 땅보다 큰 것은 없고, 만물을 화육化育함에 해와 달보다 많은 것은 없고, 사람에 긴급한 것은 물과 불보다 더 긴급한 것이 없다. 그러나 하늘도 한 사물 때문에 천시天時를 어길 수 없으니, 명군明君이나 성인聖人 또한 (임금) 한 사람 때문에 법도를 어길 수 없다. 하늘은 자기가 갈 길을 가지만 만물들이 그 혜택을 입고, 성인 또한 자기 갈 길을 가지만 백성들이 그 이로움을 받는다. 이 때문에 만물들은 모두 다양하고 잡다한 것이다. 그러므로 성인들의 다스림은 몸을 고요히 하고 기다릴 뿐이며,

일이 생기면 그 이름 (또한) 스스로 다스려진다. 이름이 바르면 스스로 다스려지고, 몸이 성치 않으면 이름 (또한) 폐기되니, 이름이 바르고 법이 완비되면, 성인들은 할 일이 없다. 항상 (한) 곳에서 살 수도 없지만, 집을 없애버리는 것은 안 되며, 변화를 따라서 결단을 내려야 하니, 시기時機를 알아서 법도로 삼아야 한다. 큰 것은 여유 있고, 작으면 옹색하니, (어떤) 사물에 여유가 있다면, 어디에는 부족함이 있다.

> 建當立有, 以靖爲宗, 以時爲寶, 以政爲儀, 和則能久.[1] 非吾儀, 雖利不爲. 非吾當, 雖利不行. 非吾道, 雖利不取. 上之隨天, 其次隨人. 人不倡不和, 天不始不隨. 故其言也不廢, 其事也不隨.[2] 原始計實,[3] 本其所生,[4] 知其象則索其形; 緣其理則知其情, 索其端則知其名. 故苞物衆者莫大於天地, 化物多者莫多於日月, 民之所急莫急於水火. 故苞物衆者莫大於天地, 化物多者莫多於日月, 民之所急莫急於水火. 然而天不爲一物枉其時, 明君聖人亦不爲一人枉其法.[5] 天行其所行而萬物被其利, 聖人亦行其所行而百姓被其利, 是故萬物均旣誇衆矣.[6] 是以聖人之治也, 靜身以待之, 物至而名自治之.[7] 正名自治之, 奇身名廢,[8] 名正法備, 則聖人無事. 不可常居也, 不可廢舍也, 隨變斷事也, 知時以爲度. 大者寬, 小者局, 物有所餘, 有所不足.

무기가 (몸에서) 나오니, 사람에게서 나온 것이다. 그것이 (다른 병사의 몸에) 들어갔으니, 몸에 들어간 것이다. 병기의 승리는 적합함에서 오는 것이다. 도덕 수양은 자기(수양)에서 오는 것이다. 따라서 말한다. "귀신에게서 복 받는 것은 사람들에게 올바르게[義] 했기 때문이다."

무기를 옳지 않은 데 쓰면, 안 된다. 강하되 교만하면 그 강력함이

1 王念孫에 의하면, 當은 常이고, 有는 首, 즉 道이다. 靖은 靜과 같고, 政은 正과 같고, 儀는 法이다. 陶鴻慶에 의하면, 和는 利의 오기다.

2 王念孫에 의하면, 隨는 마땅히 墮(廢하다)이니, 壞(무너지다)의 뜻이다.

3 趙守正에 의하면, '原始計實'은 '사물의 來源을 탐색하고 사물의 실질을 연구함'이다. 『管子通解』(下), 24頁, 注1 참조.

4 趙守正에 의하면, '本之所生'은 그 사물의 생성된 근거를 이해하는 것이다. 上同, 注2 참조.

5 黎翔鳳에 의하면, 法을 어긴다면, 聖人이 왜 필요한가? 明君은 또한 존재하니, 明君은 衍字가 아니다.

6 黎翔鳳에 의하면, 『論語』에 '不使勝食旣'가 있는데, 食은 正餐이고 旣는 '小吃(간단한 음식)'이다. 誇는 侉、夸와 통한다. 夸는 奢와 통하니, 誇衆은 奢衆이며, '다양하며 많음'의 뜻이다.

7 黎翔鳳에 의하면, 본문에 '自治之'는 '다른 사람의 힘을 빌리지 않음'의 뜻이다.

8 黎翔鳳에 의하면, 『方言』에 '倚、踦, 奇也'라 했으니, 體不具(몸이 성치 않음)가 奇身(기이한 몸)이다. 이름이 바르면 스스로 다스려지고, 몸이 성치 못하면 이름도 폐기되니, 한 字도 잘못이 없다.

손상되고, 약하면서 교만하면 빨리 죽게 된다. 강하면서 (몸을) 낮추면, 그 강함을 발전시킬 수 있다. 약하면서 몸을 낮추면, 벌 받기를 면할 수 있다. 이 때문에 교만의 끝은 겸비謙卑이고, 겸비의 끝은 교만이다. 도道는 (임금) 한 사람이 그것을 썼다 해도, 남았다는 말을 들어본 적이 없고, 온 세상 사람이 그것을 따랐다 해도, 부족했다는 것을 들은 적이 없다. 이것이 도道라고 하겠다. (임금이) 작게 취했으면 복福을 적게 받고, 크게 취했으면 크게 복을 받으며, (세상 사람들이) 다 실행했다면 천하가 복종하였을 것이다. (도에서) 취한 것이 하나도 없으면, 멸망하고 (임금) 자신에까지 미치니, 죽임을 면할 수 없다. 왼쪽은 출동을 주관하고, 오른쪽은 응대[應接]을 주관한다. (사물이) 나타났다고 결코 사람을 해치는 것이 아니고, 응대할 때 스스로 손상된다. (좋은) 날과 (좋은) 달을 따지지 않고 일을 추진하면 순조롭고 합당하며, 복卜점도 안치고 서筮점을 치지 않아도 좋을지 흉할지를 잘 알 수 있다. 이렇게 되면 (임금의) 몸은 한가로이 평온하고, 가만히 있어도 이름을 얻는다. (임금이) 좋은 말을 하고, 좋은 일을 하면, 일은 이루어지고 무명無名의 상태로 되돌아간다. 능력 있는 (임금)이 찾는다고 해도, 종사한 일은 (분명히) 드러나지 않는 일[업적]이다. 사물의 발생과 그 처리가 합당한지를 깊이 따져보고, 사물과 그 이름이 (서로) 들어맞는지를 본다. 누가 법法을 따르되, 법에 따른 자취가 없는가? 시작은 있되, 시작한 자취가 없는가? 끝냈으나, 끝낸 자취는 없는가? 연약함을 지켰으나, 약함의 흔적은 없는가? 그러므로 말한다. "(도는) 어두침침하나 아름답구나!" 따라서 말한다. "가운데[中]다 가운데다 하지만, 누가 과연 가운데의 속뜻을 얻었는가?"

따라서 말한다. "공은 이루어졌다면 무너지고, 이름은 이루어졌다면 찌그러진다."

따라서 말한다. "누가 이름과 공로를 버리고, 또한 일반 백성들과 같아질 수 있는가? 누가 공로와 이름을 버리고서, 또한 아무 성과도 없이 돌아올 수 있겠는가?"

성과가 없으면, 또 성과 있는 것을 귀하게 보고, 성과가 있으면 아직 성공하지 못한 그때를 중시하게 된다. 해가 끝에 가면 기울어지고, 달도 차면 줄어든다. (달도) 끝에 가면 기울고, 꽉 찼으면 기울고, 커졌으면 작아진다. 누가 끝냈어도 끝나지 않을 수 있는가? 하늘과 땅의 법칙을 본받은 이일 것이다.

兵之出, 出於人. 其人入, 入於身.[9] 兵之勝, 從於適. 德之來, 從於身. 故曰: 祥於鬼者義於人.[10] 兵不義, 不可. 强而驕者損其强, 弱而驕者亟死亡. 强而卑義, 信其强.[11] 弱而卑義,[12] 免於罪. 是故驕之餘卑, 卑之餘驕.[13] 道者, 一人用之, 不聞有餘; 天下行之, 不聞不足. 此謂道矣. 小取焉則小得福, 大取焉則大得福, 盡行之而天下服. 殊無取焉, 則民反其身, 不免於賊.[14] 左者, 出者也. 右者, 入者也.[15] 出者而不傷人, 入者自傷也. 不日不月而事以從,[16] 不卜不筮而謹[17]知吉凶. 是謂寬[18]乎刑,[19] 徒居而致名.[20] 去善之言, 爲善之事, 事成而顧反無名.[21] 能者無求,[22] 從事無事. 審量出入, 而觀物所載.[23] 孰能法, 無法乎? 始, 無始乎? 終, 無終乎? 弱, 無弱乎? 故曰: 美哉弟弟.[24] 故曰: "有中有中, 孰能得夫中之衷乎?" 故曰: "功成者隳, 名成者虧." 故曰: "孰能棄名與功, 而還與衆人同?" 孰能棄功與名, 而還反無成? 無成, 有[25]貴其成也; 有成, 貴其無成也. 日極則仄, 月滿則虧. 極之徒仄, 滿之徒虧, 巨之徒滅. 孰能已無已乎?[26] 效夫天地之紀.

9 王念孫에 의하면, 其人의 人은 앞의 人자 때문에 삽입된 衍字이다. 黎翔鳳에 의하면, 兵은 무기이고, 士卒이 아니다. 사람이 손에 병기를 잡았으니, '出於人'(사람에게서 나왔다)라고 말한 것이다. 그 사람이, 병기가 몸에 찔러서 상처를 입었으니, '入於身'이라 말한 것이다.

10 尹知章은 주석에서, '사람들에게 義로우면, 귀신이 도와주니, 福祥이다'라고 말했다.

11 尹知章의 주석에 의하면, 信은 申, 즉 伸(펴다)이다.

12 丁士涵에 의하면, 두 개의 義 자는 마땅히 者의 오기다.

13 湯孝純에 의하면, 餘는 '끝에 가서는', '반대로'의 뜻이다. 『新譯管子讀本』(下), 526頁, 注7 참조.

14 安井衡에 의하면, 殊는 絶(절대로)이고, 戴望에 의하면, 民은 마땅히 泯(滅하다)이고 反은 及(미치다)의 오자다. 賊은 살육의 뜻이다.

15 尹知章은 주석에서, '左는 陽이니, 生을 주관하기에 出이요, 右는 陰이니, 死를 주관하기에 入이다'라고 말한다.

16 陳鼓應은 從을 順當(순조롭고 합당함)으로 보았다. 『管子四篇詮釋』, 188頁, 注3 참조.

17 陳鼓應에 의하면, 謹은 善(『楚辭』, 「懷沙」, 漢 王逸注)이다. 上同, 注4 참조.

18 湯孝純에 의하면, 寬은 寬閒이니, 閒適(한가하고 편하다)의 뜻이다. 『新譯管子讀本』(下), 527頁, 注8 참조.

19 刑은 形과 통한다.

20 陳鼓應에 의하면, 徒는 마음을 비우고 침묵함이고, 致는 返還의 뜻이다. 『管子四篇詮釋』, 188頁, 注5 참조.

21 趙守正에 의하면, 去는 出의 오기이며, 顧는 還(돌려보내다)의 뜻이다. 『管子通解』(下), 26頁, 注4와 注5 참조.

22 黎翔鳳에 의하면, 求는 宋本에는 缺文이었는데, 각종 판본에 名으로 한 것은 모두 잘못이다. 房玄齡의 주석에는 求名(이름을 찾다)의 뜻이 있다. 그러므로 求의 뜻이지, 名은 결코 아니다.

23 陳鼓應에 의하면, '審量出入, 而觀物所載'는 사물의 발생과 그 처리가 합당한가, 아닌가를 깊이 따져보고, 사물과 그 이름이 상부하는가를 따져보는 것이다. 『管子四篇詮釋』, 188頁, 注7 참조.

24 陳鼓應에 의하면, 弟弟은 昏昏과 같다. 幽晦(어두침침한 모양)이다. 上同, 注9 참조.

25 여기서 有는 又(또, 다시)와 통한다.

26 何如璋에 의하면, '已無已'는 '周而復始, 往而復來, 故可以法夫天地之紀也'(돌아갔으면 다시 시작하고, 왔으면 다시 오는 것이니, 따라서 하늘과 땅의 조리를 본받을 수 있다)의 뜻이다.

사람들이 좋게 말했다고 (쉽게) 믿지 말 것이며, 남들이 나쁘게 말했다고 (쉽게) 믿지 말 것이다. 그대로 두고 기다릴 뿐이며, 공연스레 짝이 되지 말 것이며, 잡탕이 가라앉으면 (물이) 맑아져 스스로 깨끗해지듯, 옆 사람의 말을 진실로 보지 말라! 잘 관찰하여 증험하고, (옆 사람들의) 잡담을 듣지 말 것이다. 모든 일은 귀결되니, 아름다운 것과 미운 것이 이에 스스로 나타난다. 하늘은 무엇이 지탱하고 있고, 땅은 무엇이 싣고 있다. 하늘은 무엇이 지탱하고 있지 않으면 하늘은 추락할 것이고, 땅은 무엇이 싣고 있지 않다면 땅은 (깊이) 내려앉을 것이다. 하늘이 추락하지 않고, 땅이 (깊이) 빠지지 않는다면, 무엇이 (하늘을) 지탱해주고 (땅을) 싣고 있는 것이리라! 또 하물며 사람들이야 어떻겠는가? 사람에게는 또한 다스리는 이가 있으니, 비유하면 (누가 쳐야만) 팔면八面의 북에서 소리가 나는 것과 같다! 스스로 움직일 수 없는 것은, 무엇인가가 그것을 움직여 준다. 그럼, 무엇인가는 무엇인가? (그것은) 그러한 것과 같다. 보려고 해도 보이지 않고, 들으려고 해도 들리지 않고, 확 퍼져서 천하에 가득해도, 그 꽉 찬 것이 보이지 않는다. (그것[道]은) 색깔에도 모이고, 피부로서도 (감촉하여) 알 수 있으나, 그것이 오고 간 것을 물으면, 온 때를 알 수 없다. (도道란) 넓이가 네모 같고, 동그라니 원圓과 같고, 막연하여 (들어가는) 문을 모르겠다! 그러므로 입은 소리를 내고, 귀로 듣고, 눈으로 보고, 손으로 가리키고, 발로 걸으니, 사물은 (그것[道]에게) 의지한 곳이 있다. "마땅히 살 것은 생겨나고, 마땅히 죽을 것은 죽어 없어지니." (달이) 서쪽에서 뜨고 (해가) 동쪽에서 뜨는 것처럼, 각자 자기 방향을 주관함을 말한다.

人言善亦勿聽, 人言惡亦勿聽. 持而待之, 空然勿兩之,[27] 淑然自淸,[28] 無以旁言爲事成. 察而徵之, 無聽辯.[29] 萬物歸之, 美惡乃自見. 天或維之, 地或載之. 天莫之維則天以墜矣, 地莫之載則地以沈矣. 夫天不墜, 地不沈, 夫或維而載之也夫. 又況於人? 人有治之, 辟之若夫靁鼓[30]之動也. 夫不能自搖者, 夫或搖之. 夫或者何? 若然者也. 視則不見, 聽則不聞, 灑乎

27 黎翔鳳에 의하면, 兩은 耦(짝, 상대자)의 뜻이니, '勿兩之'는 '더불어 짝이 되지 말라!'의 뜻이니, 좋다 말해도 좋게 여기지 않으며, 나쁘다 말해도 나쁘게 여기지 않음을 말한다.

28 黎翔鳳에 의하면, 淑은 淸湛의 뜻이고, 湛과 沈은 古今字이니, 深沈(물이 깊다)의 뜻이다. 잡색의 물질이 가라앉으면 (물이) 맑아질 것이다.

29 陳鼓應에 의하면, 徵은 證驗이다.

30 趙守正에 의하면, 靁鼓는 八面鼓(팔면체의 북)이다. 『管子通解』(下), 28頁, 注3 참조.

天下滿, 不見其塞. 集於顏色, 知於肌膚, 責其往來, 莫知其時. 薄乎其方也,[31] 韓乎其圜也, 韓韓乎莫得其門.[32] 故口爲聲也, 耳爲聽也, 目有視也, 手有指也, 足有履也, 事物有所比也.[33] "當生者生, 當死者死," 言有西有東,[34] 各死其鄕.[35]

상규常規를 세우고 상법常法[儀]을 수립하여, 올바름[正]을 지킬 수 있는가? 일함에 도道를 따르며, 백성들을 관리할 수 있는가? 따라서 서책들은 찌꺼기요, 말[言]은 멸시할 것이다. 최고의 성인은 입으로 뜻 없는 소리를 지르지 않았고, 손으로 허투루 가리키지 않았으니, 사물이 나타나면 (비로소 그것에게) 이름 지었을 뿐이다. 이름도 소리도 있으며, 피부 색깔도 있다면, 이것[道]은 (무엇인지) 알 수 있다. 이름도 소리도 없으며, 피부 색깔도 없다면, 이것은 (무엇인지) 알 수 없다. 지극한 도道에 이르면, 가르침이 있어도 되고, 없어도 된다. 따라서 말한다. "배로 물을 건너는 사람은 물과 화합해야 한다. 사람들에게 올바르게[義] 하면, 귀신에게 복 받을 것이로다!"

置常立儀, 能守貞乎?[36] 常事通道,[37] 能官人乎?[38] 故書其惡者, 言其薄者.[39] 上聖之人, 口無虛習也,[40] 手無虛指也, 物至而命之耳. 發於名聲, 凝於體色, 此其可諭者也. 不發於名聲, 不凝於體色, 此其不可諭者也. 及至於至[41]者, 教存可也, 教亡可也. 故曰: "濟於舟者, 和於水矣. 義於人者, 祥其神矣."[42]

31 陳鼓應에 의하면, 薄은 地勢가 광대한 모양이며, 其는 道를 가리킨다. 『管子四篇詮釋』, 193頁, 注4 참조.
32 安井衡에 의하면, 沌、豚、韓은 소리도 같고 뜻도 통하니, 『莊子』의 渾沌과 같다. 張佩倫에 의하면, 純純은 沌沌과 통한다. 黎翔鳳에 의하면, 淳(순박함)은 옛날에 敦(도탑다)으로 읽었다.
33 陳鼓應에 의하면, 比는 比附, 歸屬이다. 上同, 注5 참조.
34 陳鼓應에 의하면, 西는 달이 서쪽에서 뜨고, 東은 해가 동쪽에서 나옴이다. 上同, 注6 참조.
35 尹桐陽에 의하면, 死는 尸(시동)와 통하니 主이다.
36 湯孝純에 의하면, 貞은 正과 통한다. 『新譯管子讀本』(下), 531頁, 注3 참조.
37 陳鼓應에 의하면, 常은 當과 같고, 當事는 곧 應事와 같다. 通은 順이다. 『管子四篇詮釋』, 196頁, 注3 참조.
38 [illegible]에 의하면, 官은 管(관리하다)과 통한다. 『管子通解』(下), 29頁, 注4 참조.
39 陳鼓應에 의하면, 두 개의 其 자는 [illegible]의 뜻이다. 『管子四篇詮釋』, 197頁, 注5 참조.
40 陳鼓應에 의하면, 張舜徽는 習을 唱(소리 지름)으로 보았다. 上同, 注6 참조.
41 陳鼓應에 의하면, 至는 至道이다. 上同, 注7 참조.
42 安井衡에 의하면, 古本에는 其를 於 자로 썼다.

일이란, 적합해야 하나 적합지 않다면, 이에 적합하게 된다. 뾜 송곳은, (매듭을) 풀어야 하는데 풀 수 없는, 그런 다음에 풀 수 있다. 따라서 일을 잘하는 사람이 있으면, 나라 사람들은 그의 실마리를 모른다. 잘했는가? 반드시 편안히 살폈다고 할 수 없다. 좋지 못했는가?, 장차 형벌을 받을 것이다. 좋았든 못 했든, 신용을 얻는 것으로 그칠 뿐이다! 혹 부족하거나 넘쳐나도, 정 중간일 뿐이다. (정 중간의 도는) 해와 달처럼 높이 달려있으니, 영원히 그침이 없다. 가슴을 확 트고, 천하 때문에, 근심하지 않는다. (이리저리) 마음 쓰면서, 만물들 때문에 즐겁지 못하다. 누가 다급한 유위有爲를 버리고서, 가슴통이 큰 무위無爲를 하겠는가!

事, 有適而無適, 若有適.[43] 觿, 解不可解, 而后解. 故善擧事者, 國人莫知其解. 爲善乎, 毋提提.[44] 爲不善乎, 將陷於刑. 善不善, 取信而止矣. 若左若右,[45] 正中而已矣. 縣乎日月,[46] 無已也. 愕愕者, 不以天下爲憂. 剌剌者, 不以萬物爲筴.[47] 孰能弃剌剌, 而爲愕愕乎!

법령 정책을 선포하기란 어려우니, 반드시 (일반 사람들과 마음이) 상통相同해야 발표할 수 있다. 말을 더 보탤 것도 없고, 더 뺄 것도 없으니, (일반 사람들과 상통해야) 거의 잘못을 면免할 수 있다. 따라서 말한다. "안다면 무엇을 아는가? 꾀를 낸다면 무슨 꾀를 내겠는가?"

(사람 마음을) 잘 알아서 (법령을) 반포하면, 그들은 스스로 따라올 것이다. 스스로 아는 것은 따져보는 것이요[稽], 남을 아는 것은 헤아려봄이다. 자기도 알고 남도 알 수 있게 되면, 천하의 임금이 될 수 있다. 내심內心에 진실로 도를 가지고 있으면, 오래 장생할 수 있고, 시기를 잘 택하여 그것을 쓴다면, 천하의 주인이 될 수 있다. 천도天道를 보면서 (사람이) 정밀해져서, 사방四方에 통달하고 인정과 물리까지 알게

43 兪樾에 의하면, 若은 乃여야 한다.

44 孫星衍에 의하면, 提提는 安諦(편안히 살피다)의 뜻이다.

45 陳鼓應에 의하면, 若은 或과 같고, 左는 下, 또는 不及이고, 右는 上, 또는 過(지나치다)의 뜻이다. 上同, 197頁, 注12 참조.

46 湯孝純에 의하면, 縣은 懸(매달리다)와 같다. 『新譯管子讀本』(下), 532頁, 注6 참조.

47 陳鼓應에 의하면, 愕愕은 落落으로 읽고(郭沫若說), 筴은 愜(상쾌함)(兪樾說)으로 읽고, 剌剌는 棘棘, 亟亟과 통하니, 亟亟은 『莊子』, 「逍遙遊」의 數數와 같은 뜻이다. 이것은 '落落無爲者不以天下事爲憂, 亟亟有爲者不以有萬物爲快'(가슴 크게 無爲하는 이가 천하 일로 근심하지 않고, 긴박하게 有爲하는 이가 만물을 위해 껄껄 웃지 못하는 도다!)의 뜻이다. 『管子四篇詮釋』 197, 198頁, 注13 참조.

되었다. 토양이 살 수 있는 자료들을 주었다. 바람 불고 파도가 치듯, 자연스럽게 마음이 바라던 그대로인가? 진실로 자식이 아버지를 대신하는 것은 의롭다[義] 하고, 신하가 자기 임금을 대신하면 반역이라고 한다. 찬탈인데, 왜 찬양의 노래인가? (주周나라) 무왕武王이 그런 예이다. 따라서 말한다. "누가 말재주와 재간 꾼을 제거할 수 있고, 일반 백성과 함께 같은 도리를 신봉할 수 있겠는가?"

따라서 말한다. "사색이 과도하면 분명한 정신이 쇠퇴하고, 덕행을 지나치게 닦으면 왕도王道가 협소해지며, 명리名利를 버리면 근심을 털어버릴 수 없다. 지능을 세상에 두루 쓰면, 삶에 어려움을 만남을 나는 안다."

(잔에 물이) 가득 차 있으면, 곧 위태로울 것이다. 이름이 천하에 꽉 찼다고 하면, 그것을 (빨리) 끝냄만 못하다. 이름이 완수되면 몸은 물러나는 것이 하늘의 도道이다. 충만하고 왕성한 나라에는, 벼슬살이를 말아야 한다. 충만하고 왕성한 집안에는 딸을 시집보내서는 안 된다. 교만하고 거친 사람과는 친구가 되어서는 안 된다.

難言憲術, 須同而出.[48] 無益言, 無損言, 近[49]可以免. 故曰: 知何知乎? 謀何謀乎? 審而出者彼自來. 自知曰稽, 知人曰濟.[50] 知苟適, 可爲天下周.[51] 內固之一, 可爲長久,[52] 論而用之,[53] 可以爲天下王.[54] 天之視而精, 四璧而知請.[55] 壤土而與生.[56] 能若夫風與波乎? 唯其所欲適. 故子而代其父曰義也, 臣而代其君曰簒也. 簒何能歌? 武王是也. 故曰: "孰能去辯與巧, 而還與衆人同道?" 故曰: "思索精者明益衰, 德行脩者王道狹, 臥名利者寫生

48 趙守正에 의하면, 憲術은 法令 정책이고, '難言憲術'은 법령 정책을 선포하는 것은 어려운 일이라는 뜻이고, 同은 보통 사람들의 마음과 같다는 의미다. 『管子通解』(下), 30頁, 注1과 2 참조.

49 黎翔鳳에 의하면, 近은 幾(거의)와 같다.

50 黎翔鳳에 의하면, 濟는 齊이니, 齊는 度(헤아리다)이다.

51 陳鼓應에 의하면, 適은 達到(다다르다)의 뜻이니, '知苟適'은 '자기도 알고[自知] 남도 알 수 있다면' 이다. 兪樾에 의하면, 周는 君이다. 『管子四篇詮釋』, 198頁, 注17 참조.

52 陳鼓應에 의하면, 之는 於와 같고, 一은 道요(許維遹說), 張文虎(1808~1885)에 의하면, 長久는 마땅히 久長이 되어야 한다. 上同, 注18 참조.

53 陳鼓應에 의하면, 論은 掄(선택하다), 즉 선택, 擇時이니, '論而用之'는 '시기를 택하고 일을 따져서 씀'의 뜻이다. 上同, 注19 참조.

54 李哲明에 의하면, 王은 마땅히 主이다.

55 陳鼓應에 의하면, 而는 能이니, 天道를 보면 사람이 똑똑해질 수 있음을 말한다. 그리고 璧은 마땅히 闢, 즉 開、通이고, 請은 情이니, 四方에 통하고 物理를 알 수 있음의 뜻이다. 上同, 201頁, 注1과 2 참조.

56 陳鼓應에 의하면, 토양이 사람에게 생존 자료를 제공하였다. 上同, 注3 참조.

危."[57] 知周於六合之內者, 吾知生之有爲阻也.[58] 持而滿之, 乃其殆也. 名滿於天下, 不若其已也. 名進而身退,[59] 天之道也. 滿盛之國, 不可以仕任. 滿盛之家, 不可以嫁子. 驕倨傲暴之人, 不可與交.[60]

도道란 크기가 하늘 같고, 넓기가 땅덩이 같고, 무게가 돌덩이 같으며, 가볍기가 깃털과 같다. (이를) 알고 쓰는 사람은 적다. 따라서 말한다. "도는 왜 이리도 가까이 있는가? 그러나 더불어 쓰는 이가 없구나!"

사람들은 왜 힘들게 자기를 버리고 멀리 찾아 나가는가? 따라서 말한다. "내 몸을 알려면, 먼저 내 실정을 알아야 한다. 천지만물과 친하려면, 내 몸을 살펴야 한다."

이것으로 방법을 알아낸다. 이에 실행할 실정을 파악하게 되니, 이에 살길[養生]을 알게 된다. 좌우, 전후에서 찾고, 돌아와 다시 그 자리이다. 상례[儀]를 따르고 법식을 채용하여, 공손히 (도道를) 맞아들인다. 이제 (도가) 온 것은 자기의 길을 따라온 것이다. (세월을) 질질 끌어온 것도 없으니, 생명은 장구할 것이다. 화합하여 중정中正에 돌아왔으니, 몸과 품성이 서로 보호를 한다. (마음이) 오로지[一]하여 두 가지 뜻이 없으니, 이것이 도道를 아는 것이다. (사람들이) 도를 실행하려면, 반드시 처음부터 한마음으로, (그것을) 굳건히 지켜야 한다. (도의) 왕래를 알려고 하면, 그 시기를 알 수 없다. 어두운 데서 도를 찾자면, 시도 만날 수도 있으나, 이런 어두운 데서의 만날 시기를 놓치지 말아야, 이에 도를 얻을 수 있다. 그러므로 말한다. "내가 너희에게 말하노니, 해와 달은 하늘 꼭대기에까지 올라간다."

해와 달의 광명은 가려진 것이 아니고, 사람들이 그것을 찬양하지 않은 것이다. (도와) 같으면 서로 따르고, (도와) 반대면 서로 어긋난다. 나는 (지금 세상에 도와) 반대되어 서로 배척하는 것을 보았기에, 옛날에는 (도와) 같은 것을 따랐음을 진실로 아는 것이다.

57 黎翔鳳에 의하면, 臥는 休(그만두다)이니 舍去(버리다)의 뜻이고, 寫는 瀉(쏟다)와 통하니, 寫憂는 消愁(근심을 쓸어버리다)의 뜻이다.

58 尹知章은 주석에서, '周其智於六合則神傷竭, 故於其生有阻難也'(세상[六合]에 지식을 두루 쓰면 정신이 상하고 고갈되기 때문에, 사는 것에 어려움을 만난다)라고 쓰고 있다.

59 張佩倫에 의하면, 『老子』: '功成名遂身退, 天之道'(공이 이루어지고 이름이 완수되면 몸은 물러나는 것이, 하늘의 도다). 따라서 進은 遂의 오기다.

60 王念孫에 의하면, 交는 마땅히 友이다.

道之大如天, 其廣如地, 其重如石, 其輕如羽. 民之所以[61]知者寡. 故曰: “何道之近, 而莫之與能服也!” 棄近而就遠, 何以費力也?[62] 故曰: “欲愛吾身, 先知吾情.” 君[63]親六合, 以考內身. 以此知象,[64] 乃知行情. 旣知行情, 乃知養生. 左右前後, 周而復所.[65] 執儀服象,[66] 敬迎來者. 今夫來者, 必道其道. 無遷無衍,[67] 命乃長久. 和以反中, 形性相葆. 一以無貳, 是謂知道. 將欲服之, 必一其端, 而固其所守. 責其往來, 莫知其時. 索之於天, 與之爲期,[68] 不失其期, 乃能得之. 故曰: “吾語若, 大明之極.”[69] 大明之明非愛, 人不予也.[70] 同則相從, 反則相距也. 吾察反相距, 吾以故[71]知古從之同也.[72]

61 黎翔鳳에 의하면, 以는 用이다.

62 陳鼓應에 의하면, 이 구절은 마땅히 이렇게 되어야 한다. ‘何以臂力去捨近求遠呢?’ 近은 己身이고, 遠은 身外이다. 上同, 205頁, 注3 참조.

63 黎翔鳳에 의하면, 君은 羣으로 훈독된다.

64 陳鼓應에 의하면, 象은 방법이다. 上同, 注5 참조.

65 黎翔鳳에 의하면, 所는 處이다.

66 湯孝純에 의하면, 象은 법칙이나 규칙이다. 『新譯管子讀本』(下), 535頁, 注6 참조.

67 俞樾에 의하면, 衍자는 마땅히 延(끌다)으로 읽어야 한다. 衍과 延은 옛날에 통용되었다. 여기서는 遷延(시간을 끌다)의 의미이다.

68 陳鼓應에 의하면, 天은 冥冥(昏暗, 어두운 곳)이고 위기爲期는 相合(相符)와 같다. 『管子四篇詮釋』, 205頁, 注11 참조.

69 湯孝純에 의하면, 「內業」 편에서 大明은 日月이다. 해와 달은 ‘頂空(하늘 꼭대기)’까지 올라온다. 之는 往(가다)이다. 『新譯管子讀本』(下), 535頁, 注9 참조.

70 湯孝純에 의하면, 愛는 薆(은폐하다)와 통하고, 予는 與와 통하고, 與는 讚揚과 통한다. 上同, 注10과 11 참조.

71 故는 固(진실로)와 통한다.

72 丁士涵에 의하면, 마땅히 ‘古之從同’으로 되어야 한다. 今本에 착오가 있다.

수지 水地

물과 땅

본 편은 물[水]을 만물의 근원으로 논술하고 있다. 이 밖에도 물의 성질과 작용 등을 말하며 각종 사물과 물의 관계를 논증한다. 끝으로 각 지역의 물의 성질[水性]과 토지와의 관계를 말하고 있다. 물을 논구한 전형적인 철학 논문으로, 『관자』의 중요 사상 중 하나라 할 수 있다.

땅은 만물의 본원이며, 모든 생물이 열매 맺어 뿌리에 쌓아 두니, 예쁘고 미운 것, 현명[賢]하고 못난 것[不肖], 우둔[愚]과 잘남[俊]이 (모두) 여기에서 나온다. 물은 땅의 혈기血氣요, 근육과 맥락이니 (몸속에서) 서로 통하고 흐른다. 그러므로 말한다. "물은 공급하는 재료이다. 무엇으로 그렇다는 것을 아는가?"

따라서 말한다. "물은 진흙 속에서 미약할 때 (자신을) 깨끗이 하여, 남의 더러운 것을 즐거이 씻어내니 어질다."

(깊은) 물은 검게 보이나 (얕은 물은) 흰색이니, 알짜이다. (물의 양을) 잴 때 고르게 할 필요 없으니, 꽉 차기에 이르면 (스스로) 그치기에 바름[正]이다. 흐르지 않는 곳이 없으나, 잔잔함[平]에 이르면 그치니, 옳음[義]이다. 사람들은 모두 높은 곳에 오르려 하나, (물은) 스스로 홀로 아래로 향하니 겸손히 내려가는 것이다. 겸하謙下는 도道의 집이니, 임금이 될 그릇이요, 물이 괴는 곳이다. 수평기는 다섯 측정 기구의 핵심이다. 흰색은 다섯 색깔의 바탕이다. 담백한 맛은 다섯 맛의 중심이다. 이 때문에 물은 만물을 평평하게 하는 기틀이고, 모든 생물에게 (영양을) 공급하니, 시비是非와 득실得失의 바탕이다. 이 때문에 (물은) 가득 차지 않음이 없으며, 있지 않은 곳이 없다. (물은) 하늘과 땅에 섞여 있고, 만물 속에 숨어 있고, 쇠와 돌에서도 나오며, 모든 생물에 섞여 있

으니, 따라서 물은 신神에 비견된다. (물이) 초목에 모이면, 뿌리가 일정한 깊이에 이르고, 꽃이 일정한 숫자를 얻게 되고, 열매도 일정량을 얻게 된다. 새와 짐승들이 물을 얻게 되면, 몸집이 커지고, 깃털과 털이 풍성해지며, 색채가 분명해지며 무늬가 뚜렷하게 된다. 만물 중에 그 미묘함을 다하지 않은 것이 없으니, 그 불변의 도에 되돌아감은, (그 속에) 포함된 수분이 적절하기 때문이다. 옥이 귀중한 것은, 아홉 가지 덕이 거기에서 나오기 때문이다. 옥은 따스하며 광택이 나니, 인자하다. 냉정하며 조리가 있으니, 지혜롭다. 굳세어 위축되지 않으니, 의기[義]가 있다. 예리하되 남을 상처 입히지 않았으니, 품행이 바르다. 참신하며 오점이 없으니, 깨끗하다. 부러지되 굴종은 없으니, 용기다. 장단점이 다 보이니, 으뜸[精]이다.

(옥이) 화려하고 광택이 나지만, 서로 통하고 서로 속이지 않으니, 관용이다. (옥을) 두드리면 소리가 맑아서 멀리까지 퍼지니, 순수하여 혼란하지 않으니, 조리가 있다. 이 때문에 군주는 옥을 귀중하게 보고, 감추어서 보물로 여겼고, 갈라서 부서符瑞로 삼은 것은, 아홉 가지 덕이 (옥에서) 나오기 때문이다.

사람은 물이다. 남자와 여자의 정기精氣가 합하여 물처럼 흘러서 모양을 이룬다. 삼 개월간 (어머니의 혈관을) 입에 물고 있다. 입에 문다는 것은 무엇인가?

말한다. "다섯 가지 맛이다."

다섯 가지 맛은 무엇인가?

말한다. "다섯 가지 장기臟器이다."

신맛이 비장[脾]을 주관하고, 짠맛이 폐肺를 주관하고, 매운맛이 콩팥[腎]을 주관하고, 쓴맛이 간肝을 주관하고, 단맛이 심장[心]을 주관한다.

다섯 장기가 이미 갖추어졌으니, 나중에 오육五肉이 생겼다. 지라[肥]에서 횡경막이 생기고, 폐에서 뼈가 생기며, 콩팥에서 뇌[腦]가 생기고, 간에서 피부[革]가 생기며, 심장에서 살[肉]이 생긴다.

지라에서 코로 발전하고, 간에서 눈으로 발전하고, 콩팥에서 귀로 발전하며, 폐에서 (아홉) 구멍[竅]으로 발전한다. 다섯 달에 (몸은) 완성되고, 10달이면 (아기가) 태어난다.

태어나면, 눈으로 보고, 귀로 듣고, 심장으로 생각한다. 눈으로는,

(큰) 산의 능선만이 아니라, 알아보기 힘든 것[恍惚]도 본다. 귀로는, (커다란) 우레나 북소리만이 아니라, 작은 소리도 듣는다. 마음으로는, 크고 거친 것을 아는 것만이 아니고, 아주 작은 것을 살피는 것이니, 따라서 축약의 핵심이다. 이러므로 물은 옥玉에 모이며, 아홉 가지 덕이 거기서 나온다.

(물이) 응고하여 붙으면 사람이 되니, (이에) 아홉 감관[九竅]과 오관五官이 생겨난다. 이것[사람과 옥]은 (물의) 정기이다. (정기가) 엉기어 붙었으니, 생존하며 없어질 수가 없는 것이다.

地者, 萬物之本原, 諸生之根菀也,[1] 美惡賢不肖愚俊之所生也. 水者, 地之血氣, 如[2]筋脈之通流者也. 故曰: 水, 具材也.[3] 何以知其然也? 曰: 夫水, 淖弱以清,[4] 而好洒人之惡, 仁也. 視之黑而白, 精也. 量之不可使概, 至滿而止, 正也. 唯無不流, 至平而止, 義也. 人皆赴高, 己獨赴下, 卑也. 卑也者, 道之室, 王者之器也, 而水以爲都居.[5] 準也者, 五量之宗也.[6] 素也者, 五色之質也. 淡也者, 五味之中也. 是以水者, 萬物之準也, 諸生之淡也,[7] 違非得失之質也, 是以無不滿, 無不居也. 集[8]於天地, 而藏於萬物, 產於金石, 集於諸生, 故曰水神. 集於草木, 根得其度, 華得其數, 實得其量. 鳥獸得之, 形體肥大, 羽毛豐茂, 文理明著. 萬物莫不盡其幾,[9] 反其常者,[10] 水之內度適也. 夫玉之所貴者, 九德出焉. 夫玉溫潤以澤, 仁也. 鄰[11]以理者, 知也. 堅而不蹙,[12] 義也. 廉而不劌,[13] 行也. 鮮而不垢,[14] 絜也. 折而不撓,[15] 勇也. 瑕適[16]皆見, 精也. 茂華光澤, 並通而不相陵,[17] 容也. 叩

1 黎翔鳳에 의하면, 菀은 結, 積이니, 根菀은 '(열매를) 맺어 뿌리에 열매를 쌓아둠'의 뜻이다.
2 戴望에 의하면, 如가 없어야 한다.
3 黎翔鳳에 의하면, 具는 共置이니, 물은 만물이 필요로 하는 것을 공급한다.
4 黎翔鳳에 의하면, 淖(진흙)는 泥(진흙)이니, 물의 힘이 미약하여 다른 물건을 이기지 못하지만, 진흙 속에서 (자신을) 깨끗이 할 수 있다. 때문에 '淖弱以淸'이라 말한 것이다.
5 安井衡에 의하면, 都와 豬는 통한다. 豬는 瀦와 통하니, 물이 渟(물이 괴다)한 모습이다.
6 尹桐陽에 의하면, 準(수평기) 이외에, 規, 矩, 權, 衡, 繩이 五量이다.
7 兪樾에 의하면, 淡은 澹과 통하고, 澹은 贍(供給)의 古字다.
8 黎翔鳳에 의하면, 集은 뭇 새들이 나무에 앉은 모습이니, 雜, 襍(섞이다)의 뜻이다.
9 黎翔鳳에 의하면, 幾는 微(미묘)다.
10 黎翔鳳에 의하면, 常은 불변의 道이니, 만물의 영원한 성질이다.
11 黎翔鳳에 의하면, 鄰은 栗과 통하니, 栗은 慄(戰慄하다)의 뜻이다.
12 趙守正에 의하면, 蹙은 縮(오그라들다)의 뜻이다. 『管子通解』(下), 39頁, 注3 참조.
13 陳鼓應에 의하면, 廉은 銳利함이고, 劌는 割傷이고, 行은 품행이다. 『管子四篇詮釋』, 287頁, 注3 참조.
14 趙守正에 의하면, 垢는 오점이다. 『管子通解』(下), 39頁, 注5 참조.
15 趙守正에 의하면, 撓는 彎曲이다. 上同, 注6 참조.
16 趙守正에 의하면, 瑕(옥의 티)는 결점이고, 適은 좋은 점, 즉 장점이다. 上同, 注7 참조.
17 趙守正에 의하면, 陵은 侵凌(침범)이다. 上同, 40頁, 注8 참조.

之其音淸摶徹遠,[18] 純而不殺, 辭也.[19] 是以人主貴之, 藏以爲寶, 剖以爲符瑞, 九德出焉. 人, 水也. 男女精氣合而水流形.[20] 三月如咀. 咀者何?[21] 曰: "五味." 五味者何? 曰: "五藏." 酸主脾, 鹹主肺, 辛主腎, 苦主肝, 甘主心. 五藏已具, 而後生肉.[22] 脾生隔,[23] 肺生骨, 腎生腦, 肝生革, 心生肉. 五肉已具, 而後發爲九竅. 脾發爲鼻, 肝發爲目, 腎發爲耳, 肺發爲竅. 五月而成, 十月而生. 生而目視、耳聽、心慮. 目之所以視,[24] 非特山陵之見也, 察於荒忽.[25] 耳之所聽, 非特雷鼓之聞也, 察於淑湫.[26] 心之所慮, 非特知於麤粗也, 察於微眇,[27] 故脩要[28]之精. 是以水集於玉, 而九德出焉. 凝蹇[29]而爲人, 而九竅五慮出焉. 此乃其精也. 麤濁蹇, 能存而不能亡者也.[30]

어두운 곳에 숨어서 생존할 수도 있고 없어질 수도 있는 것은, 천 년 사는 거북과 용龍이다. 거북은 물에서 살지만, 불로 (껍질을) 지지면, 곧 (갈라진 금으로 인해) 만물을 위해 앞서 알려 주니, 화禍와 복福의 징표가 된다. 용은 물에서 살지만, 오색을 입고서 헤엄을 치니, 따라서 신비롭다. (용은 몸집을) 작게 하면 누에[蠶]만 하지만, 크게 하면 천하를 받아들일 수 있고, 높이 올라가면 구름과 안개도 넘어서고, 아래로 내려가면 깊은 황천黃泉에 들어갈 수도 있다. (언제나) 변화하여 날짜에 매이지 않으니, 오르내리는 때가 일정치 않아, 신비롭다고 말한다. 거북이와 용은 어두운 속에 숨어 사니 생존할 수도 있고, 없을 수도 있

18 孫星衍에 의하면, 摶은 尃, 즉 敷(펴다)다.

19 趙守正에 의하면, 郭沫若에 따라서, 殺을 殽(혼란)의 오기다. 辭는 治, 즉 條理이다. 上同, 注10 참조.

20 尹知章의 주석에 의하면, '陰陽交感, 流布成形也'(음양이 교감하여, 흘러 퍼져서 모양이 이루어진다)라고 되어 있다.

21 黎翔鳳에 의하면, 태아는 어머니의 혈관을 입에 물고서 生長한다. 입안에 물고서 맛보는 것이 咀다. 如는 而로 읽는다.

22 黎翔鳳에 의하면, 胚胎, 肌臚, 脾肝, 肺腎이 모두 肉을 따랐으니, 心血에서 생긴 것이기 때문에 五肉이라는 이름이 있다 五內는 醫書에 없다.

23 安井衡에 의하면, 隔은 古本에 膈(횡격막)으로 되어 있다.

24 趙守正에 의하면, 劉績本에 의거해 以 자를 제거하였다. 上同, 41頁, 注7 참조.

25 湯孝純에 의하면, 荒忽은 恍惚과 같다. 숨겨져 모호하여, 알아보기 힘듦의 뜻이다 『新譯管子讀本』(下), 542頁, 注10 참조.

26 黎翔鳳에 의하면, 淑湫는 雷鼓와 대립하니, 작은 소리다.

27 黎翔鳳에 의하면, 麤는 멀리 감이고, 粗는 흩어짐이다. 微는 隱行(몰래 감)이고, 眇는 한쪽 눈이 작은 것이다.

28 黎翔鳳에 의하면, 脩要는 縮約이다.

29 黎翔鳳에 의하면, 凝蹇은 凝垸(결합하여 붙이다)이다. 五慮는 九竅 중에 있으니 五官이다.

30 張佩倫에 의하면, '此乃其精也'는 玉과 사람이 바로 물의 精이라는 말이다. 麤는 衍字이고, 濁蹇은 마땅히 凝蹇이니, 사람과 玉은 물의 精이 결합한 것으로, 존재하며 없어질 수 없음을 말한 것이다.

다. 어느 세상에는 보이고, 어느 세상에는 보이지 않는 것이, 위蝺와 경기慶忌이다. 따라서 마른 연못이 수백 년이 되었고, 산곡山谷이 변동이 없으나, 물이 멈추지 않았다면 경기慶忌가 생긴다.

경기의 모양은, 생김이 사람과 같으나, 크기가 네 치[寸]인데, 노란 옷을 입고, 노란 모자를 쓰며, 노란 우산을 들고, 작은 말을 타며, 아주 빨리 달린다. 그 이름을 부르면, 천 리千里 밖이라도, 하루 만에 되돌아와 답할 수 있다. 이것이 마른 연못의 요정이다. 마른 냇가의 요정이 태어나 위蝺가 된다. 위는 머리가 하나인데 몸이 둘이고, 그 몸은 뱀과 같고, 길이가 팔 척尺이다. 그 이름을 부르면, 고기와 자라를 잡을 수 있다. 이것이 마른 냇가의 요정이다. 이 때문에, 물의 요정은 거칠며 응축하여 모이니, 생존하여 없어지지 않는 것이기에 사람과 옥으로 태어난다.

암흑 속에 숨어서 생존할 수 있고 은몰隱沒할 수 있는 것이 장수하는 거북과 용이다. 어느 세상에는 보이고, 어느 세상에는 보이지 않는 것이 위蝺와 경기慶忌이다. 그러므로 사람들은 모두 (물을) 마시지만, 관자管子가 물을 본받았다. 사람들이 모두 (물을) 가지고 있으나, 관자가 이를 이용하였다.

伏闇[31]能存而能亡者, 蓍龜與龍是也.[32] 龜生於水, 發之於火, 於是爲萬物先, 爲禍福正.[33] 龍生於水, 被五色而游, 故神. 欲小則化如蠶蠋, 欲大則藏於天下,[34] 欲尙則淩於雲氣, 欲下則入於深泉. 變化無日, 上下無時,[35] 謂之神. 龜與龍, 伏闇能存而能亡者也. 或世見, 或世不見者, 生蝺與慶忌. 故涸澤數百歲, 谷之不徙, 水之不絶者, 生慶忌. 慶忌者, 其狀若人, 其長四寸. 衣黃衣, 冠黃冠, 戴黃蓋, 乘小馬, 好疾馳. 以其名呼之, 可使千里外, 一日反報. 此涸澤之精也. 涸川之精者, 生於蝺.[36] 蝺者, 一頭而兩身, 其形若虵,[37] 其長八尺. 以其名呼之, 可以取魚鱉. 此涸川水之精也. 是以水之精, 麤濁蹇, 能存而不能亡者, 生人與玉. 伏闇能存而亡者, 蓍龜與龍.

31 伏闇은 어두운 곳에 숨어 있음의 뜻이다.

32 黎翔鳳에 의하면, 蓍, 蒿屬, 千年을 산다. 蓍龜, 즉 耆龜다.

33 趙守正에 의하면, 先은 先知이며, 正은 征이며 征兆, 征驗의 뜻이 있다. 上同, 42頁, 注3 참조.

34 孫星衍에 의하면, 『太平御覽』이나 『事類賦』 注二十八에는 '欲大則函天地'로 인용되어 있다.

35 尹知章은 '隨時而變, 不期於日'(수시로 변하여, 날짜에 얽매이지 않는다)로 주석하고 있다.

36 何如璋에 의하면, 『山海經』, 「北山經」에 '渾夕산의 뱀이, 머리 하나에 몸이 둘인데, 이름이 肥遺이다'. 郭沫若注에서 '『管子』의 蝺가 또한 이 종류다'.

37 黎翔鳳에 의하면, 形과 狀은 같은 뜻이다. 虵는 蛇(뱀)와 같다.

或世見, 或不見者, 蝺與慶忌. 故人皆服之,[38] 而管子則之. 人皆有之, 而管子以之.[39]

이 때문에 구색을 갖춘 것은 무엇인가? 물이다.

만물 중에 (물에 의하여) 살지 않는 것이 없으며, (물에) 의탁하였다는 것을 아는 사람만이 이것을 증명할 수 있다. (모든 것을) 갖춘 것은 물이다. 그러므로 말한다. "물이란 무엇인가?"

(물은) 만물의 본원이며, 모든 생명의 발원처[宗室]이고, 아름답고 미운 것, 현명하고 못난 것, 바보와 준재가 생겨난 곳이다.

무엇으로 그렇다는 것을 아는가?

제齊나라의 물길은 급하게 맴도니, 따라서 백성들이 탐욕스럽고 거칠다. 초楚나라의 물은 부드럽고 맑아서, 그 때문에 백성들은 가볍긴 하지만 결단성이 있다. 월越나라의 물은 진하게 탁하여 걸쭉하기에, 따라서 백성들은 어리석고, 씩씩하지만 더럽다. 진秦나라의 물은 탁한 것이 쌓여서 흐르지 못하니, 진흙으로 가라앉아 잡박雜駁하기 때문에 백성들이 탐욕스럽고 거칠며, 허망하고, 살벌하다. 진晉나라의 물은 말랐으나 빙빙 돌고, 진흙이 가라앉아 잡박하니, 따라서 백성들이 아첨하고 거짓을 감추고, 교언영색하며 이익을 좋아한다. 연燕나라의 물은 모이면 아래로 흘러 유약하고, 침체하여 잡박하니, 그러므로 백성들이 어리석고, 강직하여 곧게 서는 것을 좋아하여, 급하고 죽는 것을 쉽게 여긴다. 송宋나라의 물은 가벼우면서도 강하며 깨끗하니, 그 때문에 백성들은 여유가 있고 평이平易하고 공정한 것을 좋아한다. 이 때문에 성인들이 세상을 교육함에, 그 해답은 물에 있었다. 따라서 물이 바로 서면 사람의 마음은 하나로 되니, 물이 맑으면 민심도 평이해진다.

(마음이) 하나로 되면 욕심이 더러워지지 않으며, 사람 마음이 평탄하면 행동에 사악함이 없다. 이 때문에 세상을 다스림에, 사람에게 (일일이) 일러 주는 것이 아니고, 집집마다 설명해 주는 것도 아니니, 그 요점은 물에 있다.

38 何如璋에 의하면, 服은 食, 用의 뜻이다.
39 湯孝純에 의하면, 以는 이용이다. 『新譯管子讀本』(下), 545頁, 注6 참조.

是故具者何也? 水是也. 萬物莫不以生, 唯知其託者能爲之正.[40] 具者, 水是也. 故曰: 水者何也? 萬物之本原也, 諸生之宗室也, 美惡賢不肖愚俊之所産也. 何以知其然也? 夫齊之水道躁而復, 故其民貪麤而好勇.[41] 楚之水淖弱而清, 故其民輕果而賊.[42] 越之水濁重而洎, 故其民愚疾而垢.[43] 秦之水泔冣而稽, 埉滯而雜,[44] 故其民貪戾, 罔而好事齊.[45] 晉之水枯旱而運, 埉滯而雜, 故其民諂諛葆詐,[46] 巧佞而好利.[47] 燕之水萃[48]下而弱, 沈滯而雜, 故其民愚戇而好貞, 輕疾而易死. 宋之水輕勁而清, 故其民閒易而好正.[49] 是以聖人之化世也, 其解在水. 故水一則人心正,[50] 水清則民心易. 一則欲不汚, 民心易則行無邪. 是以聖人之治於世也, 不人告也, 不戶說也, 其樞在水.

40 湯孝純에 의하면, 託은 依託이고, 正은 證(증명하다)이다. 上同, 546頁, 注1과 2 참조.

41 黎翔鳳에 의하면, 淵은 回水(도는 물)이고, 任林圃가 復을 澓(水回流)으로 본 것이 마땅하다. 道는 水路이다.

42 黎翔鳳에 의하면, 賊은 札과 같으니, 札實(穩固, 믿을 만한)이다. 果札은 '결단성이 있음'이다.

43 黎翔鳳에 의하면, 洎는 '걸쭉한 즙을 더 넣음'의 뜻이고, 重濁과 뜻이 이어진다. 疾은 壯(씩씩하다)이다.

44 湯孝純에 의하면, 埉는 淤(진흙)와 같다. 上同, 547頁, 注8 참조.

45 湯孝純에 의하면, 泔은 쌀 씻은 물이나 수질이 혼탁함을 말하며, 冣는 쌓음의 뜻이고, 稽는 停留(머무르다), 淤는 진흙이고, 罔은 虛妄이고, 事는 剚(척살하다)와 통한다. 齊는 剪(자르다)와 통한다. 上同, 547頁, 注7, 11 참조.

46 黎翔鳳에 의하면, 枯旱은 涸(물이 마르다), 運은 回旋(빙빙 돌다)과 같다.

47 孫星衍에 의하면, 諛 아래에 而 자가 있다. 黎翔鳳에 의하면, 葆는 '藏其詐'(거짓을 감추다)이다.

48 趙守正에 의하면, 萃는 '물이 모임'이라는 뜻이다. 『管子通解』(下), 44頁, 注8 참조.

49 黎翔鳳에 의하면, 閒은 不急이다.

50 陶鴻慶에 의하면, 이 구절은 마땅히 '水正則人心一'이 되어야 한다. 黎翔鳳에 의하면, 房玄齡의 주석에 一은 不雜이라고 했다.

제40편

사시 四時

네 계절

본 편은 사계절에 응당 실시해야 할 정사政事와 호령을 설명한다. 여기에서는 3개의 요점을 말하고 있으니, 첫째, 정치는 계절의 명령[時令]에 순종할 것을 말하고 있다. 둘째, 사계절 각각의 정사와 호령이다. 셋째, 성왕聖王의 정치는 반드시 형덕刑德을 굳게 지켜서 하늘을 본받고, 천지天地 운행의 규칙에 합치하도록 힘써야 한다는 것이다. 음양오행과 사계절을 자연과 인간이 만나는 합치점으로 생각하여, 하늘을 통해서 정치하고, 백성들을 긍휼히 여기고, 언제나 정령政令들이 시의時宜를 잃지 않을 것을 강조하고 있다.

관자가 말했다. "(임금이) 명령을 내릴 때는 시기時期가 있으니, 시기가 없다면 반드시 하늘[자연]의 운행을 살피고 순종해야 한다. (자연의 운행이) 엉망진창인데, 누가 그것을 알겠는가! 오직 성인들만이 사계절을 안다. 사계절을 모른다면, 이에 나라의 기초를 잃게 된다. 다섯 가지 곡식이 나고 자라는 도리를 모른다면, 나라는 이에 망한다. 따라서 하늘은 믿을 수 있는 빛이며, 땅은 믿어서 통할 수 있으니, 사계절은 바르다고 말할 수 있다. 왕이 믿을 수 있고, 밝을 수 있고, 통할 수 있다면, 신하들도 이에 바로잡힌다. 무엇으로 임금이 믿을 수 있고, 밝을 수 있고, 통할 수 있음을 아는가? (대답하여) 말한다. '(임금이) 신중하게 능력 있는 신하를 쓸 수 있고, (그들의 말을) 잘 듣고 믿으면 된다.' 능력 있는 신하를 쓰는 것이 (임금의) 밝음이요, (그들의 말을) 듣고서 믿는 것이 (임금의) 소통[通]이다. (임금의) 믿음, 밝음, 통함은 모두 하늘의 상급賞給이요, 능력 없는 이를 쓰는 것은 사리事理를 모르는 것이다. 사리가 분명치 못해 잊어버렸다면, 모두 하늘의 벌을 받는다. 이 때문에 임금이 일이 성사됨을 보고 결과를 귀히 여기니, 백성들이 하는 일이 민첩하여, 수고스러우나 (다른) 많은 생각이 없다. 임금이 (일의) 결과를 보고 경시한다면, 아랫사람들은 강직하여 고집을 부리며, 임금은 교만해진다. 그러므로 음양은 하늘과 땅의 큰 이치이다. 사계절은 음양의 큰 길이다. 형벌과 은덕은 사계절에 순응하는 조치이다. 형벌과 은덕이 계절에 맞으면 복이 생기고, 처벌받게 되면 화가 생긴다. 그렇다면 봄, 여름, 가을과 겨울은 장차 어찌 흘러가야 하나?"

管子曰: "令有時, 無時則必視順天之所以來. 五漫漫, 六惛惛,[1] 孰知之哉! 唯聖人知四時. 不知四時, 乃失國之基. 不知五穀之故,[2] 國家乃路.[3] 故天曰信明, 地曰信聖,[4] 四時曰正. 其王信明聖, 其臣乃正. 何以知其王之信明信聖也? 曰: '愼使能, 而善聽信之.' 使能之謂明, 聽信之謂聖. 信明聖者, 皆受天賞, 使不能爲惛. 惛而忘[5]也者, 皆受天禍. 是故上見成事而貴功, 則民事接, 勞而不謀.[6] 上見功而賤, 則爲人下者直,[7] 爲人上者驕. 是故陰陽者, 天地之大理也. 四時者, 陰陽之大經也.[8] 刑德者, 時之合也. 刑德合於時則生福, 詭[9]則生禍. 然則春夏秋冬將何行?"

동쪽은 별이고, 그 계절은 봄이고, 그 기운은 바람이다. 바람에 나무와 열매가 생긴다. 봄은 즐거이 (생장을) 충만하게 함을 얻고, 절기가 있는 계절을 낳게 한다. 봄에 내릴 (임금의) 명령은 제신諸神들의 신위神位를 깨끗이 청소하고, 삼가 예물을 차려 신께 복을 비는 것이다. (봄은 양陽이니) 정양正陽을 주로 삼고, 제방을 고치고, 밭 갈고 김매주고 과수를 기르며, 부두와 교량을 바로 하고, 물길을 정리하고, 지붕의 기와와 물길을 정리하고, (백성들의) 원한을 풀어주고 죄를 사면하여, 사방(의 백성들)이 소통하게 한다. 이렇게 하면 부드러운 바람과 단비가 올 것이니, 백성들이 오래 살고, 각종 동물들이 번식하니, 이것이 별의 덕德이다. 별은 바람을 관장하고 발산한다. 이 때문에 봄에 겨울 정치를 하면 (나무) 잎사귀들이 떨어지고, 가을 정치를 하면 서리가 내리고, 여름 정치를 하면 내시[宦官]가 된 것 같다. 이 때문에 봄의 석 달 동안은 갑

1 趙守正에 의하면, 漫은 사물의 '漫無邊際'이고, 惛은 인식이 '迷糊不清함'이다. '五漫漫, 六惛惛'은 요즈음 '亂七八糟'(엉망진창)이다. 『管子通解』(下), 48頁, 注1 참조.

2 趙守正에 의하면, 故는 원인, 도리의 뜻이다. 上同, 49頁, 注2 참조.

3 王念孫에 의하면, 路는 露와 같으니, 敗의 뜻이다.

4 黎翔鳳에 의하면, 『說文解字』에서 聖은 通의 뜻이다.

5 兪樾에 의하면, 忘은 芒이니, 昧(어둡다)와 통하고, 惛(사리가 不明함)의 뜻이다.

6 黎翔鳳에 의하면, 丁士涵이 接을 捷(빠르다)으로 본 것이 옳다. 謀는 慮難이니, 일을 빨리하여, 수고스럽지만 많이 고려하지 않는다.

7 黎翔鳳에 의하면, 直은 植이니, '강직하여 말을 듣지 않음'의 뜻이다.

8 黎翔鳳에 의하면, 經은 마땅히 徑(방도, 길)이다. 趙(用賢)本이 經으로 고친 것은 옳지 않다.

9 黎翔鳳에 의하면, 詭는 責(처벌)이다.

甲이나 을乙 날에 다섯 가지 정책을 발표한다. 첫째 정책은 어린아이들을 돌보고, 죄인들을 용서해 주는 것이다. 둘째 정책은 관직을 부여하고, 녹봉을 수여하는 것이다. 셋째 정책은 언 땅이 녹게 되면, 도랑[溝瀆]을 정비하고, 죽은 사람의 분묘를 돌보는 것이다. 넷째 정책은 험한 길을 평탄하게 하고, 농지 경계를 정리하여, (농지의) 두렁길을 바로잡는 것이다. 다섯째 정책은 새끼 양이나 알을 죽이지 말고, 잘 자라나는 농작물을 뽑지 말고 채소들을 자르지 않는 것이다. 다섯 가지 정책이 절기에 맞으니, 이에 봄비가 온다.

東方曰星, 其時曰春, 其氣曰風. 風生木與骨.[10] 其德喜嬴, 而發出[11]節時.[12] 其事號令, 修除神位, 謹禱獘梗.[13] 宗正陽, 治隄防, 耕芸樹藝, 正津梁, 修溝瀆, 甃[14]屋行水, 解怨赦罪通四方. 然則柔風甘雨乃至, 百姓乃壽, 百蟲乃蕃,[15] 此謂星德. 星者掌發爲風.[16] 是故春行冬政則雕, 行秋政則霜, 行夏政則欲.[17] 是故春三月, 以甲乙之日[18]發五政. 一政曰: 論幼孤, 舍有罪.[19] 二政曰: 賦爵列, 授祿位. 三政曰: 凍解, 修溝瀆, 復亡人.[20] 四政曰: 端險阻, 修封疆, 正千伯.[21] 五政曰: 無殺麛夭,[22] 毋蹇華絶芋.[23] 五政苟時,[24] 春雨乃來.

10 黎翔鳳에 의하면, 『說文解字』에 '骨, 肉之覈也'이니, 段玉裁(1735~1815) 注에 '覈, 實也. 肉中骨曰覈'라 했고, 蔡邕 注 『典引』에 '肴覈, 食也. 肉曰肴, 骨曰覈'이라 했으니, 核物은 梅李의 종류다. 覈과 核은 古今字이다. 骨은 곧 과실의 核이다.

11 趙守正에 의하면, 發出은 出生이다. 上同, 50頁, 注2 참조.

12 黎翔鳳에 의하면, 節時는 절기가 있는 계절이고, 德은 得의 뜻이다, 각 계절이 얻은 것이 時德이다. 嬴(차다)은 贏(利가 남다)의 假借이고, 盈(차다)과 같은 뜻이다.

13 惠士奇에 의하면, 獘는 마땅히 幣(돈, 예물)다. 王引之에 의하면, 梗은 禱祭(소원을 비는 제사)다.

14 甃는 지붕의 기와와 도랑을 고치고 정리함의 뜻이다.

15 湯孝純에 의하면, 蟲은 각종 동물을 가리키니, 百蟲은 각종 동물이다. 『新譯管子讀本』(下), 552頁, 注10 참조.

16 戴望에 의하면, 者 자는 잘라 버리고, 發 자를 보충해야 한다.

17 黎翔鳳에 의하면, 欲은 㱿(음부를 제거하다)과 통하니, 閹(내시, 거세하다)의 뜻이다.

18 湯孝純에 의하면, 음양오행으로 말하자면, 甲乙은 木王의 날이다. 따라서 星氣와 상응한다. 上同, 注15 참조.

19 孫星衍에 의하면, 舍는 赦이다.

20 張佩綸에 의하면, 復土는 '墓穴을 열거나 막는 일을 주관함'을 말한다. 亡人은 죽은 사람이다.

21 尹知章에 의하면, 千伯은 阡陌(두렁)이다.

22 孫星衍에 의하면, 夭는 卵이다.

23 黎翔鳳에 의하면, 蹇華는 '欣欣向榮하는 농작물을 뽑음'의 뜻이고, 絶芋는 '채소를 자름'의 뜻이다.

24 孫星衍에 의하면, 『太平御覽』이나 『事類賦』 注에 '五政徇時'로 인용되었으니, 徇과 循(좇다)은 같은 뜻이다.

남쪽 방향은 태양이고, 그 계절은 여름이고, 그 기운은 양陽이다. 양은 불과 기운을 낳고, 그(여름)의 덕은 베풀어 주고 즐기는 것이다. 여름의 할 일과 (임금의) 호령은, 상을 내리고 작위를 부여하며, 녹봉을 주고 향읍鄕邑을 순시하고, 삼가 신께 제사를 올리고, 공적을 헤아려 현자에게 상급을 주어서, 양기陽氣를 돕는 것이다. 극심한 더위가 오고, 이에 시기에 맞춰 비가 내리며, 오곡과 백과가 이에 익으니, 이것이 해의 덕이다. (오행에서) 중앙은 흙[土]이고, 흙의 덕이 실로 사계절을 도우니, 바람과 비가 들고 나는 일이 가장 많다. 흙의 덕은 비가 많아서 생장 능력을 북돋우고, 흙에서 자란 나무들이 실제로 피와 살을 이루니, 토덕土德은 화평하고 균일하여 중정中正하여 사사로움이 없으니, 실로 사계절을 도와준다. 봄은 잉태하여 기르고, 여름은 양육하여 키우고, 가을은 모아서 수확하고, 겨울은 닫아 두고 감춰 둔다. (한 해가) 대한大寒 절기에서 끝나니, 나라가 이에 창성昌盛하고, 사방(의 나라들)이 복종하니, 이것이 세덕歲德이다. 해가 상급賞給을 장악하니, 상급은 더위이다. 한 해는 화합을 장악하니, 화합이 비[雨]이다. 여름에 봄의 정치를 하면 바람이 많고, 가을 정치를 하면 홍수가 생기고, 겨울 정치를 하면 (나뭇잎들이) 떨어진다. 그러므로 여름 석 달 동안은, 병丙과 정丁의 날에 다섯 가지 정책을 발표한다. 첫째 정책은 (나라에) 공로 있는 사람을 구하니, 그렇게 노력하는 사람을 추천하는 것이다. 둘째 정책은 오래 묵힌 곡식을 열고, 묵은 창고를 개방하고, 지하 동굴을 열어서 (가난한 이들에게) 대여해 주는 것이다. 셋째 정책은 (문의) 빗장을 금지하고 열쇠를 버리며, 옷깃을 (멋대로) 쑤셔 넣지 말고 (꼭) 모자는 쓰고, 밭 가운데 집에 급하게 (비) 새는 곳을 처리하라고 명령하는 것이다. 넷째 정책은 (임금의 상급을) 얻기를 추구하여, 상급을 백성들에게 베풀어 (백성들이) 상을 받는 것이다. 다섯째 정책은 그물을 펼쳐서 짐승을 잡는 것을 금지하고, 나는 새들은 죽이지 말라고 명령하는 것이다! 다섯 가지 정책이 절기에 맞으니, 여름비가 이에 온다.

南方曰日, 其時曰夏, 其氣曰陽. 陽生火與氣, 其德施舍修樂. 其事號令, 賞賜賦爵, 受祿順鄕,[25] 謹修神祀, 量功賞賢, 以動陽氣.[26] 九暑乃至,[27] 時

25 安井衡에 의하면, 受는 마땅히 授(주다)이다. 趙守正에 의하면, 順鄕은 巡鄕, 즉 鄕邑을 巡視

雨乃降, 五穀百果乃登,[28] 此謂日德. 中央曰土, 土德實輔四時, 入出以風雨.[29] 節土益力, 土生皮肌膚,[30] 其德和平用均, 中正無私, 實輔四時. 春嬴育, 夏養長, 秋聚收, 冬閉藏. 大寒乃極, 國家乃昌, 四方乃服, 此謂歲德.[31] 日掌賞, 賞爲暑. 歲掌和, 和爲雨. 夏行春政則風, 行秋政則水, 行冬政則落. 是故夏三月, 以丙丁之日發五政. 一政曰: 求有功發, 勞力者而擧之.[32] 二政曰: 開久墳,[33] 發故屋, 辟闢故窌以假貸. 三政曰: 令禁扇去笠,[34] 毋扱免, 除急漏田廬.[35] 四政曰: 求有德,[36] 賜布施於民者而賞之. 五政曰: 令禁罝設禽獸,[37] 毋殺飛鳥. 五政苟時, 夏雨乃至也.

서쪽은 방성房星[辰]이니, 계절은 가을이고, 그 기운은 음陰이다. 음기에서 쇠붙이와 갑옷이 나오고, 그 덕德은 근심과 슬픔이기에, (마음을) 고요히 바르게 하고 엄격하게 순명하며, 집에 있을 때라도 음탕하거나 안일할 수 없다. (가을의) 할 일과 (임금의) 호령은 백성들로 하여금 음탕하고 사납게 하지 말며, 농사꾼들을 신중히 다루고 수확을 모아야 한다. 백성들의 재력을 헤아려서 재물을 모으고, 목재를 채집하고, 많은 재료를 모아들이니, 많은 물건들이 이에 모인다. 백성들로 하여금 나태하지 못하게 하며, (그들이) 싫어하는 것을 반드시 살피고, 얻고자 하는 것은 반드시 얻게 하고, (백성들이) 신의信義가 있으면 (성취)할 수 있으니, 방성房星은 (농작물의) 수확을 관장하고, 수확은 음陰의 일이다. 가을에 봄의 정치를 하면 꽃이 피고, 여름 정치를 하면 홍수洪水가 나며, 겨울 정치를 하면 손실이 있게 된다. 이 때문에 가을 석 달 동안

함이다.

26 王念孫에 의하면, 動은 마땅히 助의 誤字이다.

27 黎翔鳳에 의하면, 九는 究(끝)와 통하므로, 九暑는 極熱하니, 大暑와 같은 뜻이다.

28 湯孝純에 의하면, 登은 成熟이다. 上同, 553頁, 注7 참조.

29 黎翔鳳에 의하면, 夏至로부터 立秋에 이르기까지 여름이 다 지나니, 한 해에 風雨가 가장 많은 계절이다. 그러므로 '入出以風雨'라고 했다.

30 尹知章은 주석에서 '土德雨遍, 益其生植之力'(토덕은 비가 많아서, 그 생식시키는 힘을 보탠다)라고 했다. 그리고 '土所生木, 實成皮與肌膚'(흙에서 생겨난 나무들이, 실세로 피부와 살을 이룬다)라고 했다.

31 黎翔鳳에 의하면, 土는 一歲를 운행하는데, 立春에서 大寒에 이르면 끝이니, 立春으로부터 大寒에 이르러 끝나기에, 歲德이라 한다.

32 安井衡에 의하면, 發과 伐은 통한다.

33 劉師培에 의하면, 墳은 積의 訛(거짓)이다.

34 何如璋에 의하면, 扇은 扉(빗장)이고, 笠은 戶牡(열쇠)를 말한다.

35 黎翔鳳에 의하면, 除는 治(다스리다)다.

36 黎翔鳳에 의하면, 德은 得이니, '임금의 賞給을 얻어서, 백성들에게 보시함'의 뜻이다.

37 黎翔鳳에 의하면, 設은 翕이니, 聚(모으다)의 뜻이다. 그물을 펴서 합해 모이는 것이 設이다.

에, 경庚이나 신辛날에 다섯 가지 정책을 발표한다. 첫째 정책은 도박을 금지하고, 작은 말다툼을 제한하고, 말 때문에 싸우는 것을 (금지한다.) 둘째 정책은 오종 무기들을 감추어 두는 일이다. 셋째 정책은 이주해 온 농민들을 신중히 대하고, (수확을) 많이 거둬들이는 것이다. 넷째 정책은 (창고의) 결함을 보충하고 갈라진 틈을 막는 것이다. 다섯째 정책은 담장과 주위의 대문[마을 문]을 수리하는 것이다. 다섯 가지 정책이 절기에 맞으니, 오곡들이 모두 들어온다.

西方曰辰, 其時曰秋, 其氣曰陰. 陰生金與甲,[38] 其德憂哀, 靜正嚴順, 居不敢淫佚. 其事號令, 毋使民淫暴, 順旅聚收.[39] 量民資以畜聚, 賞彼羣幹,[40] 聚彼羣材, 百物乃收. 使民毋怠, 所惡其察,[41] 所欲必得, 我信則克,[42] 辰掌收, 收爲陰. 秋行春政則榮, 行夏政則水, 行冬政則耗. 是故秋三月, 以庚辛之日發五政. 一政曰: 禁博塞,[43] 圉小辯,[44] 鬬譯跽.[45] 二政曰: 毋見五兵之刃.[46] 三政曰: 愼旅農, 趣聚收.[47] 四政曰: 補缺塞坼. 五政曰: 修牆垣, 周門閭.[48] 五政苟時, 五穀皆入.

북쪽은 달이고, 그 시기는 겨울이며, 그 기운은 춥다. 한기에서 물과 피[血]가 생기고, 그 품덕[德]은 순박하고 맑으며, 노기[怒]를 감추고 있되 두루 엄밀하다. (겨울의) 할 일과 (임금의) 호령은 이사를 금지하고, 백성들에게 고요하게 지내도록 명령하고, 땅의 기운이 새나가지 않게 하고, 형벌을 내려 벌주되, 죄지은 자를 용서하지 않으니, 음기陰氣와 부합한다. 대한大寒 절기가 오면, 갑옷과 무기들도 강해지고, 오곡들이

38 黎翔鳳에 의하면, 여기서 辰은 房星이고, 房星은 농사에 상서롭고, 四時를 지켜본다. 불이 초가을에 이르면, 저녁에 서쪽에 보인다. 그래서 서쪽 별이라 했다. 甲은 甲胄의 甲이고, 가을은 刑을 주관하니, 大刑[重刑]에 甲兵을 쓰니, '蔭生金與甲'이라 한 것이다.

39 洪頤煊에 의하면, 順은 愼으로 읽어야 하며, 旅는 旅農(衆農)의 뜻이다.

40 劉師培에 의하면, 賞은 賣(떨어지다)의 잘못이니, 隕(떨어지다)와 같으니 落으로 落實(관철하다, 결과를 낳다)의 의미이다.

41 兪樾에 의하면, 其察은 마땅히 必察로 바뀌어야 한다.

42 黎翔鳳에 의하면, 我는 옛날 義 자이다.

43 博塞는 賭博이다.

44 趙守正에 의하면, 圉는 제한이다.『管子通解』(下), 53頁, 注9 참조.

45 黎翔鳳에 의하면, 많은 사람들이 忌諱가 많아서, 본 것에 따라서 전하는 말이 끝이 없으니, 이것이 譯諰이다. 房玄齡 注에 '譯傳言語相疾忌爲鬬訟'(전해진 말로써 서로 시기했으니 鬬訟이다)라고 했다.

46 黎翔鳳에 의하면, 毋見은 藏(저장하다, 감추다)이다.

47 劉師培에 의하면,『事類賦』注五에는 趣를 趍(많다)로 인용한다.

48 黎翔鳳에 의하면, 周는 繞(둘러싸다)의 뜻이다.

이에 성숙되며, 나라는 이에 번창하고, 사방(의 이웃 나라들은) 이에 신중하게 되니, 이것이 달의 덕분이다. 달은 형벌을 관장하고, 형벌을 내리면 춥다. 겨울에 봄의 정치를 하면 (양기陽氣가) 새어 나가고, 여름 정치를 하면 우레가 치고, 가을 정치를 하면 가뭄이 든다. 이 때문에 봄에 (농작물이) 시들고, 가을에 꽃이 피고, 겨울에 우레가 치고, 여름에 서리와 눈이 있다면, 이것은 모두 해치는 것이다. 형벌과 은덕의 절기가 바뀌고, 순서를 잃게 되면 해로운 기운이 급속히 오게 되고, 해로운 기운이 급속히 오면 나라에는 재앙이 많게 된다. 이 때문에 성왕들은 계절에 (맞게) 힘을 썼고 그에 맞는 정치를 했으며, 가르침을 만들어서 (계절마다) 사냥을 시행하였으며, 제사를 받들어서 (임금의) 덕을 기탁하였다. 이 세 가지는, 성왕들이 하늘과 땅의 운행에 부합하는 근거이다. 태양은 양陽을 장악하고, 달은 음陰을 장악하고, 별들은 화합을 장악하고 있다. 양이 덕이고, 음은 형刑이고, 화합이 일이다. 이 때문에 일식日蝕이 있으면 덕을 잃은 나라가 그것을 싫어했고, 월식月蝕이 있으면 형벌(의 정당성)을 잃은 나라가 그것을 싫어했고, 혜성彗星이 보이면 화합을 상실한 나라가 그것을 싫어했고, 바람과 태양이 광명을 다투면 어버이를 봉양하지 못하는 나라가 그것을 싫어했다. 이 때문에 성왕들은 일식이 생기면 덕을 베풀었고, 월식이 생기면 형벌을 개선했고, 혜성이 나타나면 화합을 닦았으며, 바람과 태양이 광명을 다투면 부모의 봉양을 중시했다. 이 네 가지가 성왕들이 하늘과 땅의 형벌을 면한 이유이다. 신실하게 이런 것들을 실천하면, 오곡들이 번성하고, 가축들이 늘어나고 군대가 강해진다. 치적이 잘되면 (나라가) 창성昌盛하고, 폭력과 학대가 쌓이면 (나라는) 망한다. 이 때문에 겨울 석 달 기간에, 임壬이나 계癸 날에 다섯 가지 정책을 발표한다. 첫째 정책은 아비 없는 어린애나 자식 없는 늙은이를 돌보고, 늙은이들을 가엽게 여기는 것이다. 둘째 정책은 음陰에 질 순응하고, 제사를 잘 받들고, 작록爵祿을 부여하며, 직위를 주고 마련하는 것이다. 셋째 정책은 회계(장부)를 잘 살펴보되, 산과 하천의 보물은 캐지 않는 것이다. 넷째 정책은 나쁜 짓하고 숨은 자를 잡아끌어 도적을 잡았으면 상을 받는 것이다. 다섯째 정책은 이사를 금지하고, 유민流民들을 저지하고, 분가分家를 엄금하는 것이다. 다섯 가지 정책이 절기에 맞으니, 겨울의 정사는 과실이 없고, 찾는 것은 반드시 얻고, 싫어하는 것은 반드시 굴종시킨다.

北方曰月, 其時曰冬, 其氣曰寒. 寒生水與血, 其德淳越,[49] 溫怒周密.[50] 其事號令, 修禁徙, 民令靜止, 地乃不洩, 斷刑致罰, 無赦有罪, 以符陰氣. 大寒乃至, 甲兵乃强, 五穀乃熟, 國家乃昌, 四方乃備,[51] 此謂月德. 月掌罰, 罰爲寒. 冬行春政則泄, 行夏政則靁, 行秋政則旱. 是故春凋、秋榮、冬雷、夏有霜雪, 此皆氣之賊也. 刑德易節, 失次則賊氣遬至, 賊氣遬至, 則國多菑殃. 是故聖王務時而寄政焉, 作教而寄武焉,[52] 作祀而寄德焉. 此三者, 聖王所以合於天地之行也. 日掌陽, 月掌陰, 星掌和. 陽爲德, 陰爲刑, 和爲事.[53] 是故日食則失德之國惡之, 月食則失刑之國惡之, 彗星見則失和之國惡之, 風與日爭明則失生之國惡之.[54] 是故聖王日食則修德, 月食則修刑, 彗星見則修和, 風與日爭明則修生. 此四者, 聖王所以免於天地之誅也. 信能行之, 五穀蕃息, 六畜殖而甲兵强. 治積則昌, 暴虐積則亡. 是故冬三月, 以壬癸之日發五政. 一政曰: 論孤獨, 恤長老. 二政曰: 善順陰, 修神祀, 賦爵祿, 授備位. 三政曰: 效會計,[55] 毋發山川之藏. 四政曰: 攝奸遁得盜賊者有賞.[56] 五政曰: 禁遷徙, 止流民, 圉分異.[57] 五政苟時, 冬事不過, 所求必得, 所惡必伏.

도道에서 하늘과 땅이 생기고, 덕德에서 현인賢人들이 나온다. 도에서 덕이 생기고, 덕에서 정치가 생기며, 정치에서 일거리[事]가 생긴다. 이 때문에 성왕들이 천하를 다스리는데, 궁하면 되돌아오고, 끝나면 (다시) 시작한다. 덕은 봄에서 시작하고, 여름에 자라나며, 형벌은 가을에 시작하고, 겨울로 옮겨 간다. 형벌과 은덕에는 실수가 없으니, (춘하추동) 네 계절은 한결같다. 형벌과 은덕이 방향을 바꾸면, 계절들은 이에 거꾸로 흐른다. 일해도 결과가 없으며, 반드시 대재앙이 있게 된다. 달마다 '세 가지 정치[三政]'[58]가 있으니, 임금이 일하더라도, 반드시 그

49 淳越은 '순박하고 맑음'의 뜻이다.

50 何如璋에 의하면, 溫은 蘊(쌓다, 저축하다)과 통하니 藏의 뜻이다.

51 黎翔鳳에 의하면, 備는 愼의 뜻이 있다.

52 張佩綸에 의하면, 寄武는 春蒐, 夏苗, 秋獮과 冬狩를 말한다.

53 黎翔鳳에 의하면, 歲和란 土德이고, 별들이 화합을 관장하니, 日德이 되고, 日德은 歲德 중에 포괄되니, 四時는 봄이 첫째다.

54 黎翔鳳에 의하면, 生은 養이니, 失生은 失養(부모를 봉양하지 못함)이다.

55 黎翔鳳에 의하면, 效는 考(살펴보다)다.

56 黎翔鳳에 의하면, 攝은 引持(잡아끌다)이니, 姦遁者를 보고, 그를 끌어다 관아에 보내면 상급을 받는데, 관리가 체포하면 상급은 없다.

57 張佩綸에 의하면, 圉는 禁이고, 許維遹에 의하면, 異는 廙와 통하고, 廙는 居의 뜻이니, 圉分異는 禁分居(분거를 금지하다)의 뜻이다.

58 趙守正에 의하면, 三政은 위에서 말한 '務時而寄政, 作教而寄武, 作祀而寄德'을 가리킨다. 上同, 56頁, 注3 참조.

도리를 지키면 오래 갈 수 있다. (삼정三政의 도리와) 부합하지 않으면 사멸하고, 그 도리를 잃으면 쇠망한다. 나라에는 사계절에 따른 (다른 정사들이) 있으니, 굳세게 임금의 정사를 집행하라! 사계절의 (해당) 정사를 지키고 제 자리를 찾으라, (그리고) 세 가지 정책으로 도우라!

道生天地, 德出賢人. 道生德, 德生正,[59] 正生事. 是以聖王治天下, 窮則反, 終則始. 德始於春, 長於夏. 刑始於秋, 流於冬.[60] 刑德不失, 四時如一. 刑德離鄉, 時乃逆行. 作事不成, 必有大殃. 月有三政, 王事必理, 以爲久長.[61] 不中者死,[62] 失理者亡. 國有四時, 固執王事. 四守有所,[63] 三政執輔.

59 王念孫에 의하면, 正은 政과 같다.

60 安井衡에 의하면, 流는 移와 같다.

61 尹知章은 주석에서, '月三旬政異, 故曰: 三政也. 王者行事, 必順三政之理, 然後可以長久'(달에는 旬이 셋이니 정치가 [각각] 다르다. 따라서 三政이라 말한다. 임금이 행사를 하는데, 반드시 三政의 도리에 순종해야, 그다음에 장구할 수 있다)라고 했다.

62 尹知章의 주석에 의하면, 中은 合과 같다.

63 尹知章의 주석: '謂守四時, 令得其所'(네 계절을 지키고, [임금의] 호령은 제 자리를 얻을 것을 말함) 참조.

오행 五行

본 편은 주로 정사政事와 오행五行의 관계를 서술하고 있다. 오행을 다섯 방향[五方]과 사계절[四時]로 배열하니, 1년은 360일이 되고, 오행이 각기 72일을 장악하니, 임금의 정사는 반드시 오행과 합치되어야 한다. 합치하면 복을 받고, 어그러지면 화禍를 당한다.

첫째는 농상農桑의 근본이요, 둘째는 이것들을 다루는 도구요, 셋째는 이에 들어맞는 인력人力이다. (백성들을) 다스림이 넷째요, 가르침이 다섯째요, (관직을 세워) 지키는 것이 여섯째이고, 일을 만드는 것이 일곱째이고, (일을) 분별하는 것이 여덟째이고, 결말을 짓는 것이 아홉째이니, 그다음 열째로 다섯 관직[五官]을 설치하고, 육부六府를 두었으니, 오음五音[궁宮, 상商, 각角, 치徵, 우羽]을 육율六律[태주太簇, 고선姑洗, 유빈蕤賓, 이칙夷則, 무사無射, 황종黃鍾]에 배열한 것과 같다. 여섯 달이면 동지나 하지가 오니, 이 때문에 사람들은 (순양純陽이든 순음純陰이든) 육六이 많다고 보는데, 육이 많은 것은 하늘과 땅 사이의 통로이기 때문이다. 하늘의 도는 9수數로 이루어지며, 땅의 도리는 8수로 이루어지며, 사람의 도는 6수로 이루어진다. 하늘을 아버지로 삼고, 땅을 어머니로 삼아, 만물을 개발하여, 모두 하나로 이룬다. 구제九制, 육부와 세 기氣에 통하면 영명한 천자天子가 된다. 관개灌漑한 물을 정리하고, 위로 하늘의 기근[饑]을 기다리며, 오곡의 저장 창고로 돌아와서 (기근이) 오지 않았음을 보게 된다. (물의 신에게) 제사를 올리고, 아래로 (물이) 땅에서 흐른 위치를 살핀다. 거북 뼈[龜]와 옥玉을 사당[祠廟]에 진설하고 복을 비니, 정기精氣와 합치한다. 이미 (정기와) 화합하니 상도常度가 있게 되고, 상도가 있게 되니 (정사政事가 따를 수 있는) 법전[經]을 갖게 된다. 세심하게 (천뢰天籟의) 소리에 감응하여, (양陽의) 육율六律과 (음陰의) 육려六呂의 종鐘과 합치하여, 인정人情을 규범으로 삼는다. 인정人情을 이미 얻었다면, 사물의 이치를 끝까지 추구한 것이니, 그런 다음에 (임금은) 덕德이 있는 것이다. 그러므로 양기陽氣에 통달하는 것이 하늘을 섬기는 근거이니, 해와 달의 (운행 규칙을) 따져서, 백성들에게 응용한다. 음기陰氣에 통달하면, 땅을 섬기는 근거이니, 성력星曆의 (규칙을) 따져서, 그 운행의 순서를 살핀다. 이런 (음양, 해, 달, 별들의) 도리에 통달하면, 그다음에 실천할 수 있다. 이렇게 되면 신령한 서筮점도 영험하지 않으며, 신령한 거북 뼈도 점괘가 나오지 않으니, 황제黃帝는 간택하여 참조하니, 지극한 통치에 이른다.

一者本也, 二者器也, 三者充也,[1] 治者四也, 敎者五也, 守者六也,[2] 立者七也,[3] 前者八也,[4] 終者九也, 十者然後具五官於六府也, 五聲於六律也.[5] 六月日至, 是故人有六多, 六多所以街天地也.[6] 天道以九制, 地理以八制, 人道以六制. 以天爲父, 以地爲母, 以開乎萬物, 以總一統. 通乎九制、六府、三充[7]而爲明天子.[8] 修槩水, 上以待乎天菫. 反五藏以視不親.[9] 治祀

1 尹知章의 주석에 의하면, 本은 農桑이고, 器는 農桑을 다스리는 도구이며, 人力이 本과 器에 相稱함이 充이다.

2 尹知章은 이렇게 말한다. '人旣奉法從敎, 則設官以守之'(사람들이 일단 법을 받들고 가르침을 따르면, 관직을 세워서 그것을 지킨다) 참조.

3 尹知章의 주석에 의하면, 立은 立事(일을 만들다)이다.

4 張佩綸에 의하면, 前은 마땅히 別, 즉 分別의 뜻이다.

5 張佩綸에 의하면, 『淮南』「天文訓」에 '何謂五官? 東方爲田, 南方爲司馬, 西方爲理, 北方爲司空, 中央爲都. 何謂六府? 子午、丑未、寅申、卯酉、辰戌、己亥是也'(무엇이 五官인가? 동쪽[관리]는 田이고, 남쪽[관리]는 司馬이고, 서쪽[관리]는 理, 북쪽[관리]는 司空이며, 중앙은 都이다. 무엇이 六府인가? 子午, 丑未, 寅申, 卯酉, 辰戌, 己亥, 이것이다). 그리고 『孟子』에 '不以六律不能正五音'에 대해, 趙崎의 注에 '六律: 陽律 太簇、姑洗, 蕤賓、夷則、無射、黃鐘. 五音: 宮、商、角、徵、羽也'(六律에 태주, 고선, 유빈, 이칙, 무사, 황종; 五音에 궁, 상, 각, 치, 우가 있다) 참조.

6 黎翔鳳에 의하면, '六月曰至'란, 房玄齡의 주석에 따르면, 여섯 달[六月] 있으면 冬至, 여섯 달 있으면 夏至라는 뜻이다. 六多란, 房注에 따르면, '陽至六, 爲純陽之多也. 陰至六, 爲純陰之多也'(陽이 여섯에 이르면 純陽이 많고, 음이 여섯에 이르면, 純陰이 많다)는 뜻이다. 街는 밭 사이의 길이다.

7 趙守正에 의하면, '九制六府三充'은, 李哲明의 說에 따르면, '九功六府三事'이다. 『書·大禹謨』: '以水、火、金、木、土、穀爲六府, 以正德、利用、厚生爲三事. 合而稱爲九功'(水, 火, 金, 木, 土, 穀이 六府요; 正德, 利用, 厚生이 三事이니, 합하면 九功이라 한다). 九功은 六府와 三事의 功이다. 『管子通解』(下), 62頁, 注4 참조.

8 黎翔鳳에 의하면, 『管子』에 充은 氣를 말한 것이다.

9 黎翔鳳에 의하면, '修槩水'는 '修治灌漑之水'(관개한 물을 다스리다)의 뜻이고, 菫은 饉(흉년)이며, 五藏은 五穀을 藏한 것이며, 親은 至이니, '視不親'은 '視其不至也'(그것이 오지 않음을 보다)의 뜻이다.

之, 下以觀地位.[10] 貨曋神廬, 合於精氣.[11] 已合而有常, 有常而有經. 審合其聲, 修十二鍾,[12] 以律[13]人情. 人情已得, 萬物有極, 然后有德.[14] 故通乎陽氣, 所以事天也, 經緯日月, 用之於民. 通乎陰氣, 所以事地也, 經緯星曆, 以視其離.[15] 通若道然后有行.[16] 然則神筮不靈, 神龜不卜,[17] 黃帝澤參,[18] 治之至也.

옛날에 황제黃帝는 치우蚩尤를 얻어서 천도天道에 밝았고, 대상大常을 얻어서 지리地利를 잘 살폈고, 사룡奢龍을 얻어서 동쪽을 분명히 살폈고, 축융祝融을 얻어서 남쪽을 잘 살폈고, 대봉大封을 얻어서 서쪽을 잘 살폈고, 후토后土를 얻어서 북쪽을 잘 살폈다. 황제는 여섯 명의 재상을 얻어서 하늘과 땅을 다스렸으니, 영명함이 지극하였다. 치우는 천도에 밝으니, 따라서 천시天時를 주관하게 하였다. 대상은 지리를 잘 살폈으니, 따라서 (양식) 창고를 맡겼다. 사룡은 동쪽을 잘 살폈으니, 따라서 집[巢] 짓는 토사土師가 되었고, 축융은 남쪽을 잘 살폈으니, 따라서 (농무農務를 주관하는) 사도司徒가 되게 했다. 대봉大封은 서쪽을 잘 살폈으니, 따라서 (군사를 담당하는) 사마司馬가 되게 하였다. 후토는 북쪽을 잘 살폈으니, 따라서 (옥관獄官을 담당하는) 옥관이 되게 하였다. 이 때문에 봄의 특성은 (집짓기를 주관하는) 토사土師, 여름 특성은 (농사를 주관하는) 사도司徒, 가을 특성은 (전쟁을 주관하는) 사마司馬, 겨울 특성은 옥관獄官에 있다. 옛날에 황제가 (소리) 감응의 완급緩急에 따라 오음五音[궁宮, 상商, 각角, 치徵, 우羽]을 만들고, 종鐘의 다섯 가지를 바로잡았다. 다섯 가지 종의 (음조音調의) 명칭: 첫째 푸른 종[靑鍾]은 대음大音이

10 黎翔鳳에 의하면, 물을 다스리려면 물의 神에게 제사하고, 땅에서 물의 흐름을 보아서 물의 위치를 안정시켜야 한다.

11 黎翔鳳에 의하면, 태양이 머문 곳이 曋(해우자리), 즉 躔(궤도)과 같다. 貨는 龜玉이다. 神廬는 祠廟이다. 龜玉을 祠廟에 진열하고 기도를 한다.

12 湯孝純에 의하면, 十二鐘은 12달에 상응하는 六律 六呂의 鐘과 합치한다. 즉 黃鐘은 大呂, 太簇는 夾鐘, 姑洗은 仲呂, 蕤賓은 林鐘, 夷則은 南呂, 그리고 無射는 應鐘과 합치한다. 『新譯管子讀本』(下), 563頁, 注19 참조.

13 湯孝純에 의하면, 律은 규범이나 陶冶의 뜻이다. 上同, 注20 참조.

14 尹知章의 주석: '得人情則物理極, 極於物理, 可謂有德也'(人情을 얻었다면 物理를 끝까지 추구한 것이요, 物理를 끝까지 추구했다면, 德이 있다고 말할 수 있다) 참조.

15 張佩綸에 의하면, 離는 歷(지내다)이다.

16 許維遹에 의하면, 若은 此다.

17 趙守正은, 趙用賢本에 의거하여, '神龜衍不卜'에서 衍자를 제거하였다. 『管子通解』(下), 64頁, 注4 참조.

18 黎翔鳳에 의하면, 澤參은 '擇而參之'(간택하여 참조하다)다.

고, 둘째 붉은 종[赤鍾]은 붉은 노을[重心]이고, 셋째 노란 종[黃鐘]은 세척하여 밝은 근본[洗光]이고, 넷째 영종[影鐘]은 밝은 빛을 어둡게 한 것이고, 다섯째 검은 종[黑鐘]은 본모습을 가린 것이다. 오음이 일단 조화를 이룬 연후에 오행五行을 처음으로 세워서, 시령時令의 계절[天時]을 바로잡고, 오관五官을 두어서 사람들의 서열[位次]을 바로잡는다. 사람과 하늘 간에 조화가 되면, 그다음에 하늘과 땅 사이에서 아름다운 일이 생긴다.

昔者黃帝得蚩尤而明於天道, 得大常而察於地利, 得奢龍而辯於東方,[19] 得祝融而辯於南方, 得大封而辯於西方, 得后土而辯於北方. 黃帝得六相而天地治,[20] 神明至.[21] 蚩尤明乎天道, 故使爲當時.[22] 大常察乎地利, 故使爲廩者. 奢龍辯乎東方, 故使爲土師;[23] 祝融辨乎南方, 故使爲司徒. 大封辨於西方, 故使爲司馬. 后土辨乎北方, 故使爲李. 是故春者土師也, 夏者司徒也, 秋者司馬也, 冬者李也. 昔黃帝以其緩急作五聲,[24] 以政五鍾. 令其五鍾:[25] 一曰青鍾, 大音. 二曰赤鍾, 重心.[26] 三曰黃鍾, 洒光.[27] 四曰景鍾, 昧其明. 五曰黑鍾, 隱其常.[28] 五聲旣調, 然后作立五行,[29] 以正天時, 五官以正人位. 人與天調, 然后天地之美生.

동지 뒤에, 갑자甲子 날을 만나야 목행木行에 의해 일을 한다. 천자

19 趙守正에 의하면, 辯은 辨(분별하다)과 통하니, 明察의 뜻이다. 上同, 64頁, 注6 참조.

20 王念孫이 '天地治'를 '天下治'로 바꾸었으나, 黎翔鳳에 의하면, 위의 문장에서 '天父地母, 天堇地位, 事天事地'를 말했고, 모두 天地를 나누어 말했으니, 天地가 본래이다.

21 湯孝純에 의하면, '神明至'는 英名함이 최고점에 도달했다는 뜻이다. 『新譯管子讀本』(下), 565頁, 注12 참조.

22 劉師培에 의하면, 當은 尙이다.

23 黎翔鳳에 의하면, 古代에 나무를 엮어서 巢(집)를 만들었으며, 나무를 톱질하여 屋을 만들 수는 없었다. 空은 土穴을 따른 것이니, 土師가 맞다.

24 孫星衍에 의하면, 『書鈔』 一百八에, 作 아래에 立이, 政은 正으로 인용되었고, 아래 문장: '立五行以正天時'이 이를 증명한다. 그러나 王念孫에 의하면, 今本에는 立자가 보이지 않는다. 立作은 始立의 뜻이다.

25 陶鴻慶에 의하면, 令은 命과 통하고, 命은 名과 통한다. 아래의 '青鍾大音'은 尹知章의 주석에 의하면 '皆鐘名'이다.

26 黎翔鳳에 의하면, 赤은 赫(붉다)이니 太陽의 색이고, 重은 壬을 따르고 東聲이다. 東은 해가 나무에 걸려 있는 모습이다.

27 黎翔鳳에 의하면, 洒는 滌(씻다)이다. 『月令』에 '律中姑洗'(律에 姑洗이 있다)의 구절이 있으니, 洒는 洗와 같다. 灑 자는 맞지 않는다.

28 『爾雅』, 「釋天」에 '太歲在辛曰重光'이니, 해가 지고 붉은 노을의 뜻을 취했다. 黃은, 張佩綸의 말대로, 땅의 색이고, 從田從光이니, 따라서 '黃鐘洒光'이다. 洒는 高陵(높은 언덕)이다. 景은 影이다.

29 黎翔鳳에 의하면, 作은 始이니, 作立은 始立이다.

께서 명령을 내리면, 좌우의 사사士師[즉 司空]에게 내치內治를 맡기고, 각급 관작들을 분별하고, 현명하거나 어리석은 관리를 평가하여, 전국의 관리들에게 노고에 따라 상급을 내린다. 저장한 양식을 개방함에 농지 면적으로 계산하였고, 도성을 나가서 자연물에 세금을 매길 때, 산림을 신중하게 대하여, 백성들에게 벌목을 금지한 것은 초목을 아꼈기 때문이다. 그러면 물이 풀리고 얼음이 녹으면, 초목들은 새싹이 튼다. 칩거하던 해충을 제거하고, 순채蓴菜는 봄 농사에 (심지만 소득을) 기대하지 않고, (봄에 난) 싹[苗]은 바탕을 감싸야 하고, 병아리는 죽이지 말며, 어린 사슴을 일찍 죽게 하지 말고, 사슴 새끼들을 압박하지 말고, 포대기에 싼 아이는 다치게 하지 말고, 계절에 따라 (농작물들을) 시들게 하지 말아야 한다. 72일이면 (봄 농사가) 끝난다.

日至, 睹甲子木行御.[30] 天子出令, 命左右士師內御, 總別列爵, 論賢不肖士吏, 賦秘賜賞於四境之內.[31] 發故粟以田數, 出國衡, 順山林,[32] 禁民斬木, 所以愛草木也. 然則水解而凍釋, 草木區萌.[33] 贖蟄蟲, 卯菱春辟[34]勿時,[35] 苗足本, 不癘雛鷇,[36] 不夭麑麇,[37] 毋傅速,[38] 亡傷繈褓,[39] 時則不凋. 七十二日而畢.

(여름 명령은) 병자丙子 날을 만나야, 화행火行에 의거하여 일을 한다. 천자께서 명령을 내리니, 행사行使의 관리에게 내치內治를 맡기고, 명령으로 물길을 파게 하고, 옛날 물길을 터주며, 창고에 쌓아 둔 곡식을

30 張佩綸에 의하면, 睹(보다)는 見이다. 冬至 뒤 甲子날을 보니, 곧 '木行御'이다. 黎翔鳳에 의하면, 冬至날이 반드시 甲子는 아니지만, 반드시 甲子날을 보아야 木行御라 할 수 있다. 동방이 甲子이다.

31 黎翔鳳에 의하면, 『說文解字』에 秘자가 없으니, 본래 祕이다. '分勞賞賜'(수고하여 상을 내리다)의 뜻이다.

32 黎翔鳳에 의하면, 順은 愼이다.

33 趙守正에 의하면, 『史記』, 「樂書」: '區萌達'에 대해, 『正義』에는, '曲出曰區, 菽豆之屬; 直出曰萌, 稻稷之屬也'(꼬부라져 나오는 것이 區싹이니, 콩 종류요, 곧게 나오는 것이 싹이니, 벼와 기장 종류이다) 참조.

34 湯孝純에 의하면, 春辟은 春耕이다. 上同, 567頁, 注12 참조.

35 安井衡에 의하면, 古本에는 卵이 卯이다. 卯를 茆(鳧葵, 해바라기 씨)로 읽었다. 贖은 貿이니, 房玄齡은 去(버리다)로 훈독하였다. 時는 期待(기대하다)의 뜻이다.

36 尹知章의 주석에는, 足은 擁(옹호)이다. 癘는 殺(죽이다)이다.

37 江瀚에 의하면, 麇는 麋(큰 사슴)의 새끼다.

38 黎翔鳳에 의하면, 速은 麑麇(사슴 새끼)의 足跡이다. 傅는 迫(다그치다)이다.

39 湯孝純에 의하면, 繈葆는 襁褓(포대기)다. 上同, 567頁, 注19 참조.

내놓아 임금은 상급을 내린다. 여러 신하들은 깃발을 정비하고 말을 달려서 땅의 기운을 퍼뜨리고, 모피와 비단을 꺼냈으며, 행사行使 관리에게 천하에 춘추의 예禮를 닦게 하여 여러 제후들을 만나니, 천하에서 만난 이들은 함께 회합을 가졌다. 이러하니 하늘에는 질풍疾風이 없었고, 초목들이 왕성히 생장하여, 우울한 기색이 끝나고, 백성들은 질병이 없이 화려하게 번성하였다. 72일 (뒤에 여름 농사가) 끝났다.

睹丙子, 火行御. 天子出令, 命行人內御,[40] 令掘溝澮, 津舊塗, 發臧任[41]君賜賞. 君子修游馳以發地氣,[42] 出皮幣, 命行人修春秋之禮於天下諸侯, 通天下, 遇者兼和.[43] 然則天無疾風, 草木發奮, 鬱氣息, 民不疾而榮華蕃. 七十二日而畢.

(가을 명령은) 무자戊子 날을 만나야, 토행土行에 의거하여 일을 한다. 천자께서 명령을 내리니, 좌우의 사도司徒에게 내치를 맡기고, (점쳐서) 물어보지 않았다고 책망하지 않았으며, 농사가 긴급하니, 좋은 말씀을 크게 선양하여, 형을 받아 죽는 죄도 너그럽게 대하고, 죄인에게도 (형을) 완화시켜 준다. 성 밖으로 나가면, 사도司徒는 순종하는 백성들의 공력功力을 발동하는 명령을 내려서, 오곡을 기른다. (통치하는) 군자들은 가만히 기거하되, 농부들은 그들의 공력功力을 긴급하게 닦는다. 이러하면 하늘은 답답한 기운을 없애 버리니, 초목들이 크게 자라나며, 오곡들이 번성하여 결실이 크며, 가축들과 제물들이 갖추어지고, 백성들은 재산이 풍족하고, 나라가 부유하여, 윗사람과 아랫사람들이 화친하고, 제후들이 화목하다. 72일 뒤에 (가을 농사가) 끝이 난다.

睹戊子, 土行御. 天子出令, 命左右司徒內御, 不誅不貞,[44] 農事爲敬,[45] 大揚惠言,[46] 寬刑死, 緩罪人. 出國, 司徒令命順民之功力,[47] 以養五穀. 君

40 尹知章의 주석에 의하면, 行人은 行使의 관리이다.

41 尹知章의 주석에 의하면, 任은 委이니, '창고에 싸둔 양식을 개방함'을 말한다.

42 黎翔鳳에 의하면, 君은 羣으로 읽는다. 游는 旌旗(깃발)의 부류다.

43 黎翔鳳에 의하면, 遇는 逢(만나다)이다. 兼은 同이고, 和는 會(만나다)다.

44 黎翔鳳에 의하면, 貞은 卜問이다. 誅는 責(꾸짖다)이다.

45 王念孫에 의하면, 敬은 亟(긴급하다)이다.

46 黎翔鳳에 의하면, 惠言은 '寬刑死, 緩罪人'을 가리킨다.

47 黎翔鳳에 의하면, 國은 城內이고, 令은 使이고, 命은 '호령을 발함'이다.

子之靜居, 而農夫修其功力極.[48] 然則天爲粵宛,[49] 草木養長, 五穀蕃實秀大, 六畜犧牲具, 民足財, 國富, 上下親, 諸侯和. 七十二日而畢.

경자庚子 날을 만나면, 금행金行에 의거해서 일을 한다. 천자께서 명령을 내리니, (제사를 주관하는) 축종祝宗에 명하여 (제사에 쓸) 짐승을 택하여 (살육을) 금지하고, 먼저 익은 오곡五穀을 조상의 사당과 오사五祀에 올린다. 귀신들로 하여금 이것들의 기운을 흠향하도록 하고, 군자들은 그것들의 맛을 본다. 이러면 찬바람이 이르고, 백로白露가 내린다. 천자께서 명령을 내리시어, 좌우의 사마司馬에게 내치를 맡기시고 갑옷을 만들고 무기를 조련하고, (군대 조직을) 열 명씩 합치고 다섯 명씩 참여시키며, 국내에서 군비를 조련하여, 화평하게 백성들에게 전쟁이 있음을 알리고, 결국 (가을에) 하늘과 땅이 살육殺戮하기를 기다리는 것이다. 이렇게 되면 낮은 태양이 뜨겁고, 저녁에는 이슬이 내리니, 오곡들이 서로 연접해서 숙성하니, 초목들이 왕성하다. 가득 수확한 해이니 농사가 풍족하여, (그 외 각종 사업들도) 이 해에는 크게 풍성하다. 72일 뒤에 (농사가) 끝난다.

睹庚子, 金行御. 天子出令, 命祝宗選禽獸之禁, 五穀之先熟者, 而薦之祖廟與五祀.[50] 鬼神饗其氣焉, 君子食其味焉. 然則涼風至, 白露下. 天子出令, 命左右司馬衍[51]組甲厲兵,[52] 合什爲伍,[53] 以修於四境之內, 諛然告民有事,[54] 所以待天地之殺斂也. 然則晝炙陽, 夕下露, 地競環,[55] 五穀鄰熟,[56] 草木茂. 實歲農豐,[57] 年大茂. 七十二日而畢.

임자壬子 날을 만나면, 수행水行에 의거해서 일을 한다. 천자께서

48 黎翔鳳에 의하면, 極은 亟(긴급)과 통한다.

49 洪頤煊에 의하면, 粵은 越이다. 高誘의 注에, 越은 散이다. 宛은 菀이나 苑과 통하니, 모두 鬱結이다.

50 尹知章의 주석에 의하면, 五祀(다섯 곳의 제사)는 ① 門(대문), ② 行(다니는 길목), ③ 戶(출입구), ④ 竈(부엌)과 ⑤ 中霤(방의 중앙)에 지내는 제사이다.

51 張佩綸에 의하면, 衍 자는 內御를 잘못 쓴 것이다.

52 趙守正에 의하면, 厲兵은 礪兵이다. 『管子通解』(下), 上同, 69頁, 注4 참조.

53 黎翔鳳에 의하면, '合其什而參伍之'([군대 조직을] 열 명으로 합치고, 다섯 명씩 참여시켰다).

54 黎翔鳳에 의하면, 諛는 和同의 뜻과 가깝다.

55 洪頤煊에 의하면, 環은 營으로 읽는다. '地利를 다 쓰게 할 수 있음'의 뜻이다.

56 黎翔鳳에 의하면, 鄰은 連이니, 서로 連接함이다.

57 黎翔鳳에 의하면, 實은 滿이다.

명령을 내리시니, 좌우의 사람들을 시켜서, 내치를 하도록 명령한다. (겨울) 기운이 충족하면 (옥관獄官들이 범죄인들을) 고발하는 데서 그치나, (냉)기가 부족하면 도랑에 (숨어서) 도적들을 살피고, 자주 죽전竹箭을 깎아서 화살을 만들고, 박달나무[檀]와 산뽕나무[柘]를 베어서 활을 만들며, 백성들에게 명령하여 나가서 짐승들을 사냥하게 하니, 크고 작고를 가리지 않고 (모두) 죽였으니, 하늘과 땅이 (모든 것을) 막고 감추는 것을 귀하게 본 것이다. 이렇게 되면 (새) 알들이 곯아 죽는 것이 없고, 태아胎兒가 죽지 않으며, 임신한 여인이 달이 차지 않고 (영아를) 낳는 일도, 버리는 일도 없이, 초목들도 또한 뿌리가 튼튼하고 아름답다. 72일 뒤에 (하던 일들이) 끝난다.

睹壬子, 水行御. 天子出令, 命左右使人內御. 其氣足則發而止, 其氣不足則發撊瀆盜賊,[58] 數劋竹箭,[59] 伐檀柘, 令民出獵禽獸, 不釋巨少而殺之,[60] 所以貴天地之所閉藏也. 然則羽卵者不段,[61] 毛胎者不贖, 腫婦不銷棄,[62] 草木根本美. 七十二日而畢.

갑자甲子 날을 만나면, 목행木行에 의거해서 일을 한다. 천자께서 부여賦與하지도 않고, 상급을 주지도 않으면서, 크게 (죄인을) 수레에 찢어 죽이는 일을 하여 (백성들에게) 상처를 주면, 임금은 위태로워진다. (임금이) 쇠퇴하고 약해지지 않았다면, 태자太子가 위태로울 것이고, 가족이나 부인이 죽을 것이고, 그렇지 않다면 장자長子가 죽을 것이다. (이런 재난은) 72일 뒤에는 끝날 것이다.

병자丙子 날을 만나면, 화행火行에 의거해 일을 한다. 천자께서 자주 긴급한 정치를 하면, 가뭄이 들고 병으로 사람들이 죽고, 새싹들이 죽으며, 백성들은 역병에 걸린다. (이런 재앙도) 72일 뒤에 끝난다.

58 黎翔鳳에 의하면, 撊은 瞯(엿보다)과 같으니, 窺伺(살피다)의 뜻이다. 撊瀆은 '瀆에서 사람을 살핌'의 뜻이다.

59 尹知章의 주석에 의하면, 數劋는 竹箭을 자주 깎아서 화살(矢)을 만드는 것을 말한다.

60 黎翔鳳에 의하면, 釋은 除, 捨(버리다)의 假借이다.

61 洪頤煊에 의하면, 段은 毈이다. 高誘의 注에 '胎不成獸曰贕, 卵不成鳥曰毈'(태가 짐승이 안 된 것이 贕이고, 알이 새가 못 된 것이 毈이다) 참조.

62 丁士涵에 의하면, 『玉篇』에 腫은 孕 자이다. 張佩綸에 의하면, 銷(녹이다)는 마땅히 消(약해지다)이어야 한다. 消는 달수가 부족하게 태어나는 것을 말하고, 棄는 땅에 떨어져도 들어 올리지 않음을 말한다.

무자戊子 날을 만나면, 토행土行을 위주로 일을 한다. 천자께서 궁실을 수리하고, 누각과 정자를 지으면, 임금이 위태롭다. 밖으로 성곽을 건축하면, 신하들이 죽는다. (이런 재난도) 72일 뒤에 끝난다. 경자庚子 날을 만나면, 금행金行에 의거해서 일을 하니, 천자께서 산을 개발하여 광석을 캐내고, 무기를 갖게 되나, 전쟁하면 실패하여, 군졸들이 죽고 집정자들이 사망한다. (이런 재난도) 72일 뒤에 끝난다.

임자壬子 날을 만나면, 수행水行에 의거해서 일을 한다. 천자께서 큰 물을 트거나 막거나 하면, 왕후와 부인들이 죽을 것이다. 그렇지 않다면, (새들의) 알은 곯아서 죽을 것이요, 태아는 영아가 못 되어 죽을 것이고, 임신한 여인은 영아를 달이 차지 않은 채 낳거나 땅에 버리니, 초목들의 뿌리들조차도 아름답지 못하다. (이런 재앙은) 72일 뒤에 끝난다.

睹甲子, 木行御. 天子不賦, 不賜賞, 而大斬伐傷,[63] 君危. 不殺,[64] 太子危, 家人夫人死, 不然則長子死. 七十二日而畢.

睹丙子, 火行御. 天子敬[65]行急政, 旱札苗死, 民厲.[66] 七十二日而畢.

睹戊子, 土行御. 天子修宮室, 築台榭, 君危. 外築城郭, 臣死. 七十二日而畢. 睹庚子, 金行御, 天子攻山擊石, 有兵, 作戰而敗, 士死喪執政. 七十二日而畢.

睹壬子, 水行御. 天子決塞動大水, 王后夫人薨. 不然, 則羽卵者段, 毛胎者贕, 贕婦銷棄, 草木根本不美. 七十二日而畢也.

63 黎翔鳳에 의하면, 傷은 創이다. 斬은 車裂이니, 큰 죄이다. 天子는 상급을 내리지 않는 이유를 선포하지 않을 뿐만 아니라, 크게 車裂의 刑을 쓰면, 상해를 입은 자들도 격분할 것인데, 이렇게 되면 백성들의 분노가 깊어져서 임금이 위태롭게 된다.

64 黎翔鳳에 의하면, 殺은 衰減(쇠퇴하고 약해지다)의 뜻이다.

65 王念孫에 의하면, 敬은 亟이니, 數(자주)다.

66 趙守正에 의하면, 旱은 天旱不雨(하늘이 가물어 비가 안 옴)이고, 札은 疫病으로 죽은 사람들이고, 厲는 災疫이다.

제42편 단어短語 16

세 勢

추세

본 편의 이름인 세勢는 추세趨勢를 말한다. 추세에는 규칙성이 있다. 본 편에서는 전쟁을 다루는데, 군사 작전에서 필연적 추세에 관하여 담론하고 있다.

전투하면서 물을 두려워하면, 이것은 물에 의해 소멸됨을 말한다. (이런 사람은) 작은 일도 못 하는데, 큰일을 하면 상서祥瑞롭지 못하다. 전투하면서 험지를 두려워하면, 이것은 마음속이 헷갈리는 것이다. 군사의 무리를 혼란시킴으로 사람들이 헷갈리게 되었다면, 반드시 장차 망하는 방도일 뿐이다. 조용함을 중시하면 (죽은) 시체와 같고, 작전을 중시하면 귀신(처럼) 재빠르고, 펴는 것을 강조하면 (수탉의) 며느리발톱과 가깝고, 굽히는 것을 강조하면 절름발이(처럼) 피한다. 고요함과 움직임은 시기에 따라 주인이 되고, 시기에 따라 객[손님]이 되어야 하니, (적당한) 정도程度를 얻는 것이 귀중하다. 조용히 함을 알아서 대비하고 있으면, 자신에게 이롭다. (군대가) 움직일 때를 알아서 따르면, 매번 출동마다 효과가 있을 것이다. 그러므로 말한다. 무위無爲하면 황제[帝]가 된다는 것은, 이것을 말한 것이다.

戰而懼水, 此謂澹滅.[1] 小事不從, 大事不吉. 戰而懼險, 此謂迷中.[2] 分其師

1 黎翔鳳에 의하면, 滅자는 水를 따랐고, 威은 불이 꺼진 모습이다. 즉 물로 불을 끈 것이 滅이다. 顏師古(581~645) 曰: '澹, 古"贍"字. 贍, 給也'라 했으니, 물을 두려워하면, 마침내 물에 의해 滅하지, 물을 무서워할 수 없다.
2 張佩綸에 의하면, 迷는 惑(헷갈리다)이다. 鄭玄(127~200)주석에, '中, 心中也'(中은 마음속이다).

衆,[3] 人旣迷芒, 必其將亡之道.[4] 動靜者比於死, 動作者比於醜, 動信者比於距, 動詘者比於避.[5] 夫靜與作, 時以爲主人, 時以爲客, 貴得度. 知靜之修, 居而自利.[6] 知作之從, 每動有功. 故曰: 無爲者帝, 其此之謂矣.

일이 터졌는데 어리석게도 (적을) 맞이하며, 천지에 아무런 징조도 없는데, 먼저 (무력으로 적을) 정벌한다면, 그 일은 성공하지 못할 것이고, (서로) 마멸磨滅되면서 벌을 받을 것이다. 하늘은 사람들에 따르고, 성인들은 또한 하늘의 움직임에 따른다. 천시天時(자연의 계절)에 변고가 없다면, (그 나라를) 침입하지 말라! 인위적 사고가 없다면, (전쟁을) 시작하지 말라! 민중들과 화합하기에 힘쓰고, 천지天地의 운행에 순종해야 한다. 타인[적]들이 먼저 (일을) 일으키면, 하늘과 땅도 (그에 대응하는 조치를) 만들 것이니, 성인들이 (정벌 수단을) 완성했다면, 하늘과 준칙이 같은 것이다. (임금이) 만약 공정하고 허정虛靜하여 쟁탈이 없다면, 행동은 두 가지일 수 없고, (타고난) 소질이 흘러 가버릴 수 없으니, 땅과 준칙이 같을 것이다. 아직 하늘의 준칙을 얻지 못했다면, 수덕修德에 의지해야 한다. 이미 하늘의 준칙을 얻었다면, 그에 힘써야 한다. 일단 성공을 이루었다면, 그 결과에 따르고 온전히 지킬 것이며, 사람들은 (그것을) 고칠 수 없다. 성공의 길은 (자신의) 굴신屈伸과 진퇴進退를 보배로 삼는다. 하늘의 준칙을 잊지 말아야 하며, 하늘에 의해 주어진 수數를 다한 다음에 그친다. 일을 일으켜 성공을 아직 못했다면, 일상의 모습을 고치지 말고, 처음의 기초를 잃지 말아야 한다. 백성들을 안정시켜서 때를 관찰하여, (자연의) 때를 기다려서 (전쟁을) 일으켜야 한다. 그러므로 말한다. 음양의 흐름을 굳게 지키고, 하늘과 땅, 그 운행의 상태를 따르라! 굴신과 진퇴에서, (계절의 흐름을) 따름이 마땅하다. 숨기고 드러내고는, 하늘과 땅의 형편에 말미암는다. 하늘과 땅의 형편에 따라서, 성인들은 (정벌을) 완성한다. 작게 정벌하면 작게 이익을 얻고, 크

3 黎翔鳳에 의하면, 郭沫若은 分을 紛(혼란)이라 본 것은 옳다.

4 尹知章은 주석에서, '若是者, 必亡其衆. 凡此二事, 皆滅亡之道也'(이와 같다면, 반드시 그 군중들을 잃어버릴 것이다. 무릇 이 두 가지 일은, 모두 멸망의 길이다)라고 했다.

5 兪樾에 의하면, 네 개의 動자는 모두 重이다. 張佩綸에 의하면, 動은 마땅히 重자이고, 湯孝純에 의하면, 醜는 鬼자이다. 信은 伸(펴다)과 통하니, 伸展, 즉 확충이다. 距는 수탉의 며느리발톱이다. 詘은 屈과 통하니 屈曲이다. 避는 辟과 통하고, 辟은 또 躄(절뚝발이)이다. 湯孝純, 『新譯管子讀本』(下), 576頁, 注3, 4, 5, 6, 7 참조.

6 張佩綸에 의하면, 修는 마땅히 備(갖추다)이다.

게 정벌하면 크게 이익을 보니, 다 정벌하면, 천하를 가질 것이다.

> 逆節萌生,[7] 天地未刑,[8] 先爲之政,[9] 其事乃不成, 繆受其刑.[10] 天因人, 聖人因天.[11] 天時不作, 勿爲客. 人事不起, 勿爲始. 慕和其衆,[12] 以修天地之從.[13] 人先生之, 天地刑之,[14] 聖人成之, 則與天同極.[15] 正靜不爭, 動作不貳, 素質不留,[16] 與地同極. 未得天極, 則隱於德.[17] 已得天極, 則致其力. 既成其功, 順守其從, 人不能代.[18] 成功之道, 嬴縮爲寶.[19] 毋亡天極, 究數而止.[20] 事若未成, 毋改其刑,[21] 毋失其始. 靜民觀時, 待令而起. 故曰: 修陰陽之從, 而道天地之常.[22] 嬴嬴縮縮, 因而爲當. 死死生生,[23] 因天地之形. 天地之形, 聖人成之. 小取者小利, 大取者大利. 盡行之者有天下.

그러므로 현명한 임금은 진실과 믿음으로 (백성들을) 인애仁愛하고, 사랑과 베풀어 줌으로 그들을 아낀다. (대궐 밖에) 정치 입법을 공고하게 하며, (임금 개인의 뜻을) 남보다 먼저 앞세울 수 없다. (임금의) 속은 정일靜逸하여 (잡생각으로) 흐르지 않으니, 덕이 풍요로우면 남에게서 찾지도 않으니, 처녀의 얼굴빛으로 나타난다. 이런 (임금의) 처세는,

7 安井衡에 의하면, 節은 事와 같다. 陶鴻慶에 의하면, 逆은 迎이고 萌은 昧이니, '時未至而萌昧興事以迎之, 故曰: 逆節萌生'(시기가 아직 오지 않았는데 어리석게도 일을 일으켜 (적을) 맞이하니, 따라서 말한다: 일을 맞이하는 데 어리석음이 생긴다).

8 黎翔鳳에 의하면, 刑은 形이다.

9 安井衡에 의하면, 政은 征이다.

10 黎翔鳳에 의하면, 繆(얽다)는 '不成'을 이은 것인데, 『莊子』, 「齊物論」의 '一受其成形, 不亡以待盡, 與物相刃相靡'(일단 몸이 생기면, 죽지 않고 소멸될 때까지, 남들과 서로 붙이치고 서로 磨滅한다)에서 靡는 磨(갈다, 문지르다)와 같은 뜻이다.

11 尹知章은 孔穎達(574~648)의 『周易』 疏에 따라, '先天而天弗違, 後天而奉天時'(天時보다 앞서서 일을 한다 해도 天時를 어길 수 없고, 천시보다 나중에 일을 한다고 해도, 天時를 받들 뿐이다) 구절을 주석하였다.

12 黎翔鳳에 의하면, 慕는 慔이니, 勉(힘쓰다)이다.

13 王念孫에 의하면, 修는 마땅히 循이 되어야 한다. 循은 順이고, 從은 行이다. 天地의 운행에 순종을 말한 것이다.

14 安井衡에 의하면 古本에는 刑이 形이다.

15 趙守正에 의하면, 極은 準則이다. 『管子通解』(下), 77頁, 注11 참조.

16 黎翔鳳에 의하면, 留는 流다.

17 兪樾에 의하면, 隱은 옛날의 依(의지하다)다.

18 黎翔鳳에 의하면, 代는 更(고치다)이다.

19 趙守正에 의하면, 嬴縮은 屈伸과 進退이다. 上同, 78頁, 注1 참조.

20 湯孝純에 의하면, 亡은 忘이고, 究數는 '窮盡天數'(하늘에 의해 주어진 數를 끝까지 다한다)의 뜻이다. 『新譯管子讀本』(下), 578頁, 注2와 3 참조.

21 趙守正에 의하면, 原文의 刑은 形이다. 『管子通解』(下), 78頁, 注3 참조.

22 湯孝純에 의하면, 修는 堅持이고, 道는 取道, 今 遵循(따르다)이다. 『新譯管子讀本』(下), 578頁, 注8과 9 참조.

23 尹知章의 주석에 의하면, 死生은 隱顯과 같다.

부드러운 마음으로 조용히 즐기며, 덕정을 베풀되 다투지 않으며, (이런 마음으로) 천하에 동란動亂이 일어나길 기다릴 뿐이다. 그러므로 현명한 임금은 안온하고 고요하며 바르고 정숙靜淑하여, 유연한 절도로 먼저 안정한다. 행동은 감히 (먼저) 하지 않고, 할 수 없다는 입장에 서며, 유약하게 절도를 지켜서 굳세게 처신한다. 그러므로 자연의 계절을 어기지 않고, 백성들이 하는 일을 어지럽히지 않으며, 계절에 순종하며 백성들을 양육한다. 덕을 먼저 하고, 형벌은 뒤로 하며, 하늘에 순명하고, 계절에 따라서 사람들을 정탐偵探한다. 잘 주밀周密하면, 밝게 살펴도 (결점을) 찾아낼 수 없다. 아주 잘 정탐하면, 주밀하다고 해도 엄폐할 수 없다. 잘 찾는 것이 잘 주밀함을 이긴다면, 상대방은 아주 주밀한 것이 못 된다. 아주 주밀한 것이 아주 잘 정탐하는 것을 이겼다면, 상대방은 아주 잘 정탐하는 것이 아니다. 크게 주밀하다면 먼저, 떨쳐서 일어설 수 있다. 아주 (천하를) 잘 정탐하는 시조라면, 천하를 바꿀 수 있다. (아래에서) 찾아도 찾을 수 없다면, 초요招搖의 별자리에서 찾아야 한다. 짐승들이 매우 빨리 뛰면, 그물이 (앞에) 잠복해 있고, 한 번 자빠지고 한 번 기울어지니, 그러하지 않고서는 할 수가 없다. 승거乘車의 회맹會盟이 세 차례였으니, 의義와 덕德을 귀히 여겼다. 병거兵車의 회맹이 세 차례였으니, 무력과 폭력을 그치게 하였다.

故賢者誠信以仁之, 慈惠以愛之. 端政象,[24] 不敢以先人. 中靜不留, 裕德無求,[25] 形於女色.[26] 其所處者, 柔安靜樂, 行德而不爭, 以待天下之濆作也.[27] 故賢者安徐正靜, 柔節先定. 行於不敢, 而立於不能, 守弱節而堅處之. 故不犯天時, 不亂民功, 秉時養人.[28] 先德後刑, 順於天, 微度人.[29] 善周者, 明不能見也. 善明者, 周不能蔽也. 大明勝大周, 則民無大周也.[30]

24 張佩綸에 의하면, 端政象이란 『周禮』, 「大司馬職」에 '正月之吉, 始和, 布政於邦國都鄙, 乃縣治象之法于象魏, 使萬民觀政象, 挾日而斂之'(正月 좋은 날에, 화평하면, 나라의 읍과 변방에 정치 방침을 공포하는데, 대궐 밖에 정치 강령의 법규를 내걸어서, 만백성들로 하여금 그 법칙을 보게 하고, 10일 뒤에 거두어들였다)에서처럼 정치의 입법 공고이다.

25 趙守正에 의하면, 求는 貪求(욕심나는 대로 구하다)다. '裕德無求'는 尹知章의 주에, '도덕이 여유로우면 타인에게 구하지 않는다'로 풀었다. 『管子通解』(下), 79頁, 注2 참조.

26 黎翔鳳에 의하면, 앞에서와 마찬가지로 留는 流다. 張佩綸의 말대로, '有處女子之色'과 같다.

27 黎翔鳳에 의하면, 房玄齡 注에 따라서, 濆은 動亂이다.

28 兪樾에 의하면, 秉은 順이다.

29 黎翔鳳에 의하면, 度는 時度이다.

30 趙守正에 의하면, 여기서 民은 人의 오기로, 적군(상대방)을 뜻한다. 上同, 注3 참조.

大周勝大明, 則民無大明也. 大周之先, 可以奮信.[31] 大明之祖, 可以代天下.[32] 索而不得, 求之招搖之下.[33] 獸厭走,[34] 而有伏網罟, 一偃一側,[35] 不然不得. 大文三曾,[36] 而貴義與德. 大武三曾, 而偃武與力.

31 黎翔鳳에 의하면, 周는 密이다. 信은 伸(펴다)이며, 振起(떨쳐서 일어서다)이다.

32 黎翔鳳에 의하면, 代는 易(바꾸다)이다.

33 尹知章의 주석: '招搖之星, 隨斗杓順時而建者也'(招搖의 별은 북두칠성의 자루의 별을 따라서 계절에 순응하여 세운 별자리이다) 참조.

34 姚永概에 의하면, 厭은 極이다. 黎翔鳳에 의하면, 走는 趨(달리다)이다.

35 趙守正에 의하면, '一偃一側'에서 偃은 臥倒(자빠지다)요, 側은 傾斜(기울다)이다.

36 郭沫若에 의하면, 두 개의 曾자는 모두 會자의 誤記이다. '大文三會'는 '乘車之會三'이고, '大武三會'는 '兵車之會'를 가리킨다.

정 正

바로잡음

본 편의 주제는 백성들을 바로잡음[正民]과 자신을 바로잡음[正己]이다. 나라를 다스리는 임금은 형刑, 정政, 법法, 덕德과 도道로 다른 사람들을 바르게 만들고, 신용을 지킴[服信], 일신日新, 신중함을 지킴[守愼], 사심 없는 천거[擧人無私]와 남을 높이고 자신을 뒤로함[先人後己]으로 자기 자신을 바로잡을 것을 말하고 있다.

(임금이) 다섯 가지 형벌을 제정하여 판결함에, 각각 그 이름에 합당해야 한다. 죄를 지은 사람들이 원망이 없고, 좋은 사람들이 놀라지 않는 것이 형벌이다. (백성들을) 바로잡고 복종시키고, (나쁜 짓을) 못하게 하고 훈계하며, 반드시 명령을 엄히 집행하여, 백성들이 그것들을 본받으면, (그것을) 정치[政]라고 말한다. (일 년) 사계절(의 운행)에 착오가 없는 것과 같고, 별들(의 운행)에 분별分別이 없는 것과 같고, 밤과 같고 낮과 같으며, 음陰과 같고 양陽과 같으며, 해와 달의 밝기와 같은 것이, (임금의) 법法이다. (백성들을) 애무愛撫하고 생육하고, 양육하고 성공시키고, 백성들을 이롭게 해주고 은덕을 베푼 것으로 하지 않으나, 세상 사람들이 가까이 따른다면, (임금의) 덕德이다. 덕을 베풀지도 않고 원망을 하지도 않고, 좋은 일을 하지도 않고 나쁜 일을 하지도 않지만, 만물들이 하나를 바탕으로 하고, 음양이 함께 귀속하면, 도이다. 형벌은 판결을 내야 하고, 정령政令으로 명령을 수행하고, 법으로 (백성들을) 억제하고, 덕으로 백성들을 양육하고, 도道로서 그들을 계발시킨다. 정령政令으로 판결을 내린다면, 백성들의 목숨을 잃지 않게 해야 한다. (임금의) 명령으로 백성들의 욕구에 순종해야 하며, (그들에게) 나쁜 곳으로 가지 못하도록 분명하게 하라! (백성들을) 억제하려면 그들의 생각[意]을 끊어내야 하니, 백성들로 하여금 요행을 바라지 말게 하라!

교육으로 그들의 잘못을 개혁하려면, 반드시 그들 자신부터 하게 하라! 분명하게 자기 삶을 성찰하게 하여, 반드시 순리를 따르게 하라! (임금이) 형벌을 주는 것은, 백성들로 하여금 스스로 방비하도록 마음 쓰게 함이다. (임금이) 정령을 내리는 것은, 백성들로 하여금 믿음을 가지고 (명령을) 들으라는 것이다. (임금이) 법을 내리는 것은, 백성들이 (법을) 신중히 지키어 자신을 바로잡게 하는 것이다. (임금이) 덕을 내리는 것은, 백성들이 화평하여 조용히 지내라는 것이다. (임금이) 도를 내리는 것은, 백성들이 (서로) 의지하고 다투지 말라는 것이다. 사람에게 벌을 줄 때 명분이 맞아야 하는 것이 형刑이고, 명령을 내림에 시기가 합당해야 하는 것이 정령[政]이고, 일에 당면하여 고치지 않는 것이 법이고, 백성을 사랑하되 사사로움이 없는 것이 덕이며, 백성들을 회합에 모이게 하는 것이 도다.

制斷五刑, 各當其名. 罪人不怨, 善人不驚, 曰刑. 正之服之, 勝之飾之,[1] 必嚴其令,[2] 而民則之, 曰政. 如四時之不貣, 如星辰之不變,[3] 如宵如晝, 如陰如陽, 如日月之明, 曰法. 愛之生之, 養之成之, 利民不德, 天下親之, 曰德. 無德無怨, 無好無惡, 萬物崇一,[4] 陰陽同度, 曰道. 刑以弊之,[5] 政以命之, 法以遏之, 德以養之, 道以明之. 政以弊之,[6] 毋失民命. 令之以終其欲, 明之毋徑.[7] 遏之以絶其志意,[8] 毋使民幸. 養之以化其惡, 必自身始. 明之以察其生, 必修其理. 致刑, 其民庸心以蔽.[9] 致政, 其民服信以聽. 致德, 其民和平以靜. 致道, 其民付而不爭.[10] 罪人當名曰刑, 出令時當曰正,[11] 當故不改曰法,[12] 愛民無私曰德, 會民所聚曰道.

1 尹知章은 주석에서, '所以勝姦邪'(간사하고 나쁜 일을 이겨냄)이라 풀이하고 있다.
2 安井衡에 의하면, 飾(꾸미다)는 飭(훈계하다)로 읽어야 한다.
3 黎翔鳳에 의하면, 古書에서 星變을 말할 때, 별의 운행의 差失을 말한 적이 없으니, 變은 辨이나 別이다.
4 兪樾에 의하면, 崇은 宗으로 읽어야 한다. 宗은 本이다.
5 黎翔鳳에 의하면, 鄭司農(鄭衆, ?~83) 注에 '弊之, 斷其獄訟也'(폐한다는 것은, 獄訟을 판결하는 것이다)라고 했다.
6 黎翔鳳에 의하면, 房玄齡 注에 '刑斷'은 弊 자를 해석한 것이다.
7 黎翔鳳에 의하면, 徑은 小路이기 때문에 邪(어긋남)로 훈독할 수 있다. 「牧民」 편에 '從其四欲, 則遠者自親. 行其四惡, 則近者叛之'라 했으니, 仁政은 백성들의 욕구에 순종함에 있으니, 따라서 '終之'(마친다)라고 말한 것이다.
8 黎翔鳳에 의하면, 志와 意는 구별된다. 志는 識와 같다. 志와 意는 連用할 수 있다. 그러나 만약 衍字가 있다면 志이지, 意 자가 아니다.
9 黎翔鳳에 의하면, 蔽는 障이다.
10 兪樾에 이하면, '付而不爭'은 마땅히 '附而不爭'(의지하고 다투지 말라)이어야 한다.
11 兪樾에 의하면, 正은 政이다. 正과 政은 통용된다.
12 黎翔鳳에 의하면, 故는 事다.

(임금이) 상법常法을 세우고 행정을 하면, (백성들이 그것을) 지키고 믿을 수 있는가? (임금이) 중정中正하여 화목하고 신중하며 공경하면, (자기 덕을) 매일 새롭게 할 수 있는가? (임금이 정정政情이) 바르고 평온하여 한결같게 조용하면, 근신勤愼을 지킬 수 있는가? (임금이) 사익을 버리고 공익을 확립하여, 사람들을 천거할 수 있는가? (임금이) 정치에 임하여 백성들을 관리함에, (남을 앞세우고) 자기 자신을 뒤로 할 수 있는가? (임금이) 정치에 복종하고 신뢰하게 하는 것, 이것이 기율을 바르게 잡는 것이다. (임금이) 매일 새롭게 행할 수 있으면, 이것이 도리道理를 실천하는 것이다. (임금이) 근신을 지키며 명분을 바로 하면, 거짓들이 스스로 그칠 것이다. 사람을 천거하는데 사심私心이 없으면, 신하의 도리는 모두 (바른) 도리와 같다. (남을 앞세우고) 자신을 뒤에 세울 수 있으면, 위로 천자天子를 도울 수 있다.

立常[13]行政, 能服信乎? 中和愼敬, 能日新乎? 正衡一靜,[14] 能守愼乎? 廢私立公, 能擧人乎? 臨政官民, 能後其身乎? 能服信政, 此謂正紀. 能服日新,[15] 此謂行理. 守愼正名, 僞詐自止. 擧人無私, 臣德咸道. 能後其身, 上佐天子.

13 趙守正에 의하면, 立常은 常規, 常法을 세움이다. 『管子通解』(下), 85頁, 注1 참조.

14 尹知章은 주석에서, 衡을 平으로 말한다.

15 黎翔鳳에 의하면, 服과 行은 같은 뜻이다.

제44편

구변 九變

아홉 가지 사모

변變은 연變의 오자誤字이다. 『설문해자說文解字』에서 연變은 사모思慕의 뜻이다. 구연九變은 아홉 가지 사모이다. 본 편은 군사 논문이다. 본문에 '守戰至死而不德其上者'(전투하거나 수비하다가 죽음에 이르렀어도 임금의 덕德으로 보지 않는다)라는 것은 아홉 개의 사모 때문이라고 말한다.

무릇 백성들이 전투를 수비하다 죽음에 이름[至死]에도 그 임금의 덕으로 보지 않는 이유는, 이런 상황에 이르게 된 이유가 있기 때문이다.

말한다. 중요한 것은 부모님의 묘소가 있는 곳이고, 토지와 주택이 풍족해서 살 만한 곳이기 때문이다. 그렇지 않다면, 고을의 무리와 종족宗族이 즐거이 놀 수 있는 곳이다. 그렇지 않다면, 임금이 훈련시키고, 이렇게 (형성된) 습속 및 백성들에 대한 자애慈愛가 두터워서, 다른 곳에 가면 찾을 수 없기 때문이다. 그렇지 않다면, 바로 산림과 택곡澤谷의 이점利點[자원資源]이 살아가기에 충분하기 때문이다. 그렇지 않다면, 지세地勢가 험난하여 방어하기 쉽고, 공략攻略하기가 어렵기 때문이다. 그렇지 않다면, 형벌이 엄격하여 두려움을 느낄 만하기 때문이다. 그렇지 않다면, 바로 장상獎賞이 명확하여 (사람들을) 격려할 만하기 때문이다. 그렇지 않다면, 바로 적인敵人들에 대해 원한이 깊기 때문이다. 그렇지 않다면, 임금에게 공로가 두텁기 때문이다. 이것들이 백성들이 전투를 수비하다 죽음에 이름[至死]에도 임금의 덕으로 보지 않는 이유이다. 지금 믿을 수 없는 사람을 믿고서, (적의 형편을) 이해할 것을 구하는 것이나, 방비할 수 없는 백성들을 써서, (대비를) 굳건히 하겠다는 것이나, 장차 싸우지 못할 병졸들을 가시고 요행히 승리를 바라는 것들, 이것들이 용병의 세 가지 우매함이다.

凡民之所以守戰至死而不德其上者, 有數以至焉.[1] 曰: 大者親戚墳墓之所在也,[2] 田宅富厚足居也. 不然, 則州縣鄉黨與宗族足懷樂也.[3] 不然, 則上之教訓習俗慈愛之於民也厚, 無所往而得之. 不然, 則山林澤谷之利足生也. 不然, 則地形險阻易守而難攻也. 不然, 則罰嚴而可畏也. 不然, 則賞明而足勸也. 不然, 則有深怨於敵人也. 不然, 則有厚功於上也. 此民之所以守戰至死而不德其上者也. 今恃不信之人, 而求以智.[4] 用不守之民, 而欲以固. 將不戰之卒, 而幸以勝. 此兵之三闇也.

1 湯孝純에 의하면, '有數以至焉'은 즉 '有所以至焉'(다다른 이유가 있다)이다. 『新譯管子讀本』(下), 587頁, 注2 참조.

2 尹桐陽에 의하면, 親戚은 父母다.

3 孫星衍에 의하면, 『通典』 148과 『太平御覽』 271에는 모두 '州黨'으로 인용되었다. '縣鄉'은 後人들이 덧붙인 것이다.

4 黎翔鳳에 의하면, 智는 識(識別하다)의 뜻이다.

임법 任法

법에 맡김

임법任法이란 법도法度에 맡긴다는 뜻이다. 옛날의 치세治世는 모두 법에 의탁했음을 말하고 있다. 본편은 '萬物百事非在法之中者不能動'(모든 것과 모든 일이 법 안에 있지 않으면 해결할 수 없다), '君臣上下貴賤皆從法'(임금과 신하, 윗사람과 아랫사람, 귀한 자와 천한 자, 모두가 법을 따른다)를 말하고 있다.

성군은 법에 맡기지 지모智謀에 맡기지 않으며, 공리公理[數]에 맡기지 (공허한) 학설에 맡기지 않으며, 공론[公]에 맡기지 사익[私]에 맡기지 않으며, 큰 도리에 맡기지 작은 것에 맡기지 않으니, 그다음에 (임금은) 몸이 편하고 천하가 다스려진다. 실패한 임금은 그렇지 않으니, 법을 버리고 지모에 맡기니, 그렇기 때문에, 백성들은 해야 일을 버리고 명예만 좋아하며, 공리公理를 버리고 (공허한) 이론에 맡기니, 그러므로 백성들은 실질은 버리고 (빈) 말만 좋아하고, 공적인 것을 버리고 사적인 것을 좋아하니, 따라서 백성들은 법을 떠나서 멋대로 행동하며, 큰 도道를 버리고 작은 것에 의탁하니, 따라서 임금은 수고롭고 번거로우며, 백성들은 미혹되니, 나라는 다스려지지 않는다. 성군은 그러하지 않으니, 도道의 요점을 지키고, 즐거움에 처하며, 말을 타고 활을 쏴 사냥하고, 종이나 북, 거문고를 치고 피리를 부니, 궁중의 음악은, 금할 것이 없다. (임금은) 생각지도 않고 꾀를 내지 않으며, 걱정 없이 도모하지도 않으며, (자기) 몸만을 이롭게 하고, 몸체를 편하게 하며, 수명을 (길게) 연장하고, 옷을 내려뜨리고 손은 맞잡고 있어도 천하는 다스려진다. 이 때문에 임금은 도道를 가진 자를 기용하니, 마음을 수고롭게 하지 않고, 생각할 일이 없고, 힘쓸 일이 없어도, 토지는 스스로 개간되며, 창고는 자연히 충실해지고, 쌓인 물건들은 자연히 많아지고, 갑옷과 병기는 저절로 강해지는데, 뭇 신하들이 거짓이 없어지고, 모든 관리의 사악한 행위가 없어지며, 기특한 재주 있는 사람들이라도, 고담高談으로 행동을 과장하거나 실정을 덮어 버리는 일을 하여, 임금에게 영합迎合할 일이 없을 것이다.

聖君任法而不任智, 任數而不任說, 任公而不任私, 任大道而不任小物, 然后身佚而天下治. 失君則不然, 舍法而任智, 故民舍事而好譽; 舍數而任說, 故民舍實而好言; 舍公而好私, 故民離가法而妄行; 舍大道而任小物, 故上勞煩, 百姓迷惑, 而國家不治. 聖君則不然, 守道要, 處佚樂, 馳騁弋獵, 鍾鼓竽瑟, 宮中之樂, 無禁圉也. 不思不慮, 不憂不圖, 利身體, 便形軀, 養壽命, 垂拱而天下治. 是故人主有能用其道者, 不事心, 不勞意, 不動力, 而土地自辟, 囷倉自實, 蓄積自多, 甲兵自强; 羣無詐僞, 百官無奸邪, 奇術技藝之人, 莫敢高言孟行,[1] 以過其情, 以遇其主矣.[2]

옛날 요堯임금이 천하를 다스린 것은, 마치 점토가 흙의 반죽에 있으니, 도공陶工만이 할 수 있고, 마치 쇠붙이가 용광로에 있으나, 야장冶匠이 맡아서 주조鑄造할 수 있는 것과 같다. 백성들이란 그들을 끌면 따라오고, 밀어 버리면 가고, 시키면 (일을) 이루고, 금지하면 그치는 것이다. 그러므로 요임금의 통치는 법으로 금지하는 명령을 잘 밝힌 것이다. 황제黃帝가 천하를 통치하니, 백성들을 이끌어 오지 않아도 오고, 밀어 버리지 않아도 가며, 시키지 않았어도 이루었으며, 금지하지 않아도 그치었다. 그러므로 황제의 통치는, 법을 설치하고 바꾼 것이 없었으니, 백성들로 하여금 법을 편안히 여기게 한 것이다.

昔者堯之治天下也, 猶埴之在埏也,[3] 唯陶之所以爲, 猶金之在罏, 恣冶之所以鑄.[4] 其民引之而來, 推之而往, 使之而成, 禁之而止. 故堯之治也, 善明法禁之令而已矣. 黃帝之治天下也, 其民不引而來, 不推而往, 不使而成, 不禁而止. 故黃帝之治也, 置法而不變, 使民安其法者也.

1 尹知章의 주석에 의하면, 孟은 大이다.
2 劉師培에 의하면, 遇(만나다)는 偶(짝)와 같다. 偶는 合과 같다.
3 黎翔鳳에 의하면, 埏은 梴(길다, 長木)과 挺의 別字이다. 埏(흙을 반죽하다)은 본래 挺(이기다, 늘이다)인데, 治와 통한다. 已埏은 '已治之爲器'(이미 다뤄서 그릇을 만들다)의 뜻이다.
4 趙守正에 의하면, 冶는 冶工이고, 恣는 聽任(맡기다)의 뜻이다. 『管子通解』(下), 90頁, 注2 참조.

이른바 인仁, 의義, 예禮와 악樂은 모두 법에서 나왔으니, 이것은 앞선 성인[先聖]들이 백성들을 하나로 묶은 근거이다. 『주서周書』는 이렇게 말하고 있다. "나라의 법이란 법의 문장이 통일되어 있지 않으면, 통치자가 상서祥瑞롭지 못하다. 백성들이 법을 따르지 않으면 상서롭지 못하다. (그렇다면) 나라는 법을 고쳐 세워서 백성들을 맡아서 관리해야, 상서롭다. 여러 신하들이 (백성들을) 예의禮義로 가르치지 않으면, 상서롭지 못하다. 모든 관리들이 일하는데 법을 떠나서 다스리면, 상서롭지 못하다."

따라서 말한다. "법을 (세우는[制定] 데는) 항구적일 수 없다."

(법이란 나라가) 존속하고 망하며 다스려지고 혼란에 빠지는 것에 따라 나오는 곳이요, 성군聖君이 천하의 큰 본보기[儀表]가 되는 근거이다. 임금과 신하, 윗사람과 아랫사람, 귀한 자와 천한 자를 (다스리는 것이) 모두 법이다. 따라서 말한다. 옛날의 법도를 법으로 받든다. (법치가 되면) 세상에는 청탁을 하거나 보증하고 추천하는 사람이 없고, 학식 있고 박학하고 말 잘하는 인사가 없을 것이고, (법규에 위배되는) 이상한 복식服飾이 없을 것이고, 기괴한 행동도 없을 것이고, 모두 법률에 포용 됨으로써 임금을 받든다.

所謂仁義禮樂者, 皆出於法, 此先聖之所以一民者也. 『周書』曰: "國法法不一,[5] 則有國者不祥. 民不道法[6]則不祥. 國更立法以典民則祥.[7] 羣不用禮義教訓則不祥. 百官伏事者離法而治[8]則不祥." 故曰: "法者不可恆也."[9] 存亡治亂之所從出, 聖君所以爲天下大儀也. 君臣上下貴賤皆發焉.[10] 故曰: 法古之法也. 世無請謁任擧之人, 無閒識博學辯說之士,[11] 無偉服,[12]

5 湯孝純에 의하면, '法不一'은, 법률의 문장 형식이 통일되지 않음, 즉 서로 矛盾됨을 말한 것이다. 『新譯管子讀本』(下), 592頁, 注3 참조.

6 尹知章은, 道는 從이라 주석했다.

7 黎翔鳳은, '法不一, 民不蹈法, 則更立法, 原文不誤'(법률이 통일되지 않았고, 백성들도 법을 지키지 않는다면, 법을 다시 제정해야 하니, 原文은 착오가 없다)라고 말한다.

8 張佩綸에 의하면, 伏事는 趙用賢本을 따라서 마땅히 服事(일하다)여야 한다.

9 黎翔鳳에 의하면, 房玄齡의 주석이 옳다. 立法(법을 제정하는 것)과 守法(법을 지키는 것)은 다르다. '守法有恒而立法因時而變, 不可恒也'(법을 지키는 것은 항구적이나 법을 제정하는 것은 시기에 따라서 변해야 하니, 항구적일 수 없다) 참조.

10 許維遹에 의하면, 發과 法은 옛날에는 通用되었으니, 誤字가 아니다. 廢가 灋의 假借였으니, 灋은 옛날의 法자이다. 廢가 灋이 된 것은, 發이 法이 된 것과 같다.

11 王念孫에 의하면, 閒識은 마땅히 聞識(지식, 학식)이다.

12 趙守正에 의하면, 偉服은 특이한 服飾으로, 법의 규정을 넘어서는 服飾이다. 『管子通解』(下), 92頁, 注3 참조.

無奇行, 皆囊於法以事其主.[13]

따라서 영명한 왕들이 영구히 지킬 것이 두 가지이다. 하나는 법을 분명하게 하여, 그것을 굳게 지키는 것이고, 둘째는 백성들의 사사로움을 금지하여 그들을 부리는 것이다. 이 두 가지는, 임금이 영구히 가져야 한다. 법은 임금이 백성들을 통일하고 아랫사람들을 부리는 근거이다. 사사로움은 아랫사람들이 법을 침범하여 임금을 혼란하게 만드는 근거이다. 따라서 성군은 예의禮儀를 두고 법규를 세워서 그것을 굳세게 지킨다. 이렇기에 법제에 익숙한 사람이나 지식이 박학한 사람도 어지럽게 할 수 없고, 사람이 많고 세력이 강하며, 부귀하여 사사로운 용기를 내는 자들도 (법도를) 침범할 수 없으며, (임금이) 믿고 가까이 친애하는 자들도 (법도를) 위배할 수 없고, 진귀하고 요상한 물건으로도 미혹할 수 없으며, 모든 것, 모든 일이 법규 안에 없으면 통용될 수 없다. 그러므로 법은 천하의 지극한 도리요, 성군聖君이 실제로 쓰는 것이다. 지금 천하는 이러하지 못하니, 모두 좋은 법은 가지고 있으나 (그것을) 지킬 수가 없다. 이러므로 많이 아는 지식인, 법제에 익숙한 사람이나 지식이 박학한 선비들이 그들의 지혜로써 법을 어지럽히고 임금을 미혹시키며, 사람이 많고 세력이 강하며, 부귀하여 사사로운 용기를 내는 자들도 그들의 위세로써 법을 침범하고 (임금을) 능멸하며, 이웃 나라의 제후들에게는 권력으로 태자를 폐위시키고 재상宰相으로 서는 일이 있고, 대신들이 자기 사당私黨을 백성들에 기탁시키고, 나라 재물을 잘라먹고 (자기) 사병들에게 봉록을 주는 일이 있다. 무릇 이와 같다면, 법치가 시행되기를 기다려, 나라가 다스려지는 일은 있을 수 없다. 성군들은 그와 같지 않으니, 경卿이나 재상이라도 그의 사사로운 패거리[私黨]들을 승진시킬 수 없으며, 여러 신하들도 그들의 친애하는 사람들을 사랑할 수 없었다. 성군들은 또한 그 법을 명확히 파악하여 그것을 굳게 지키고, 여러 신하들이 (자신들을) 닦아서 서로 통하며 (임금 주위로) 모여서, 임금을 받들며, 백성들이 화목하게 명령을 들으며, 법규에 순종하여 자기들이 할 일을 하도록 했다. 그러므로 말한

13 尹知章은 囊은 斂藏(수렴하다)으로 주석했다.

다. 어떤 이는 법을 만들고, 어떤 이는 법을 지키고, 어떤 이는 법에 따라서 법을 실행한다. 법을 제정하는 이는, 임금이다. 법을 지키는 이는 신하이다. 법에 의지하고 법에 따르는 이들이, 백성이다. 임금과 신하, 윗사람과 아랫사람들, 귀한 자와 천한 자 모두가 법을 따르니, 이것이 크게 다스려지는 것[大治]이다.

故明王之所恆者二: 一曰明法而固守之, 二曰禁民私而收使之.[14] 此二者, 主之所恆也. 夫法者, 上之所以一民使下也. 私者, 下之所以侵法亂主也. 故聖君置儀設法而固守之. 然故諶杵習士聞識博學之人不可亂也,[15] 衆强富貴私勇者不能侵也, 信近親愛者不能離也, 珍怪奇物不能惑也, 萬物百事非在法之中者不能動也. 故法者, 天下之至道也, 聖君之實用也. 今天下則不然, 皆有善法而不能守也. 然故諶杵習士聞識博學之士能以其智亂法惑上, 衆强富貴私勇者能以其威犯法侵陵, 鄰國諸侯能以其權置子立相,[16] 大臣能以其私附百姓, 翦公財以祿私士. 凡如是, 而求法之行, 國之治, 不可得也. 聖君則不然, 卿相不得翦其私, 羣不得闢其所親愛.[17] 聖君亦明其法而固守之, 羣臣修通輻湊, 以事其主, 百姓輯睦聽令, 道法以從其事.[18] 故曰: 有生法, 有守法, 有法於法. 夫生法者, 君也. 守法者, 臣也. 法於法者, 民也. 君臣上下貴賤皆從法, 此謂爲大治.

그러므로 임금은 세 가지 방법을 갖는다. 사람들을 사랑하되, 사적으로 상을 주지 않고, 사적으로 벌을 주지 않는다. 예의를 갖추고 법제를 설정하여, 법도로 헤아려 판결하는 것이 최고의 임금이다. 사람들을 사랑하여 사적으로 상을 주며, 사람들을 미워하여 사적으로 이들을 벌주고, 대신大臣들과 (생각이) 위배違背되며, 좌우 (총신寵臣들을) 떠나서, 전적으로 자기 마음으로 결단하는 이가 중간 정도의 임금이다. 신하가 좋아하는 이를 사사로이 상을 주며, 미워하면 사사로이 벌을 주며, 공공의 법규를 위반하고, 자기의 바른 마음을 훼손하고, 전적으로 대신들의 말만 듣는다면, 위태로운 임금이다. 그러므로 임금이 된

14 李哲明에 의하면, 收는 마땅히 牧의 誤記이다. 牧은 使와 통한다.

15 黎翔鳳에 의하면, 然은 是와 같고, 然故는, 王引之에 따르면, 是故이다. 諶杵는 淹貫(깊이 통하여 넓게 알다)과 같다.

16 尹知章은, '鄰國恃權能, 廢置君之子, 援立國相'(이웃 나라에서 權能을 믿고서, 임금의 태자를 廢置시키고, 나라의 재상을 끌어서 세운다)라고 주석하고 있다.

17 黎翔鳳에 의하면, 翦은 踐(升任시키다)이며, 闢은 嬖(사랑하다)와 통한다.

18 丁士涵에 의하면, 道는 順, 從이다.

이는, 사람들을 사랑하는 데 치우침이 없고, 사람들을 미워하는 데 치우치지 않는다. 사랑에 치우치면 (임금의) 덕을 잃게 되고, 미움에 치우치면 (임금의) 위세威勢를 잃게 된다. 위세와 덕을 잃게 되면, 임금은 위태롭다. 그러므로 영명한 임금이 장악한 것이 여섯이다. (백성들을) 살리는 것, 죽이는 것, 부유하게 하는 것, 가난하게 하는 것, 귀하게 하는 것, 천하게 하는 것이다. 이 여섯 가지 권병權柄은, 임금이 장악하고 있어야만 하는 것이다. 임금이 가져야 할 것이 넷이다. 첫째가 문치文治이고, 둘째가 무공武功이고, 셋째가 위세威勢이고 넷째가 덕을 베풂[施德]이다. 이 네 가지는 임금이 마땅히 가지고 있어야 한다. 자기가 장악한 것을 다른 사람에게 빌려주었다면, 권병權柄이 탈취되었다고 말한다. 자기가 점유하고 있던 것을 다른 사람에게 빌려주었다면, 지위[位]가 상실되었다고 말한다. 권병을 탈취당하고 지위를 상실했는데도, (자기) 명령이 실행되기를 구한다면, (그것은) 될 수 없는 일이다. 법이 공정하지 않고, 명령이 온전하지 못하다면, 이것 또한 권병을 탈취당하고 (자기) 지위를 상실하는 방도이다. 그러므로 법령이 구부러지고, 명령이 훼손되는 것, 이것은 성군이 스스로 엄금하는 바이다. 그러므로 귀족이 (임금을) 위협할 수 없고, 부자가 (임금에게) 뇌물을 줄 수 없으며, 천민이 (임금을) 받들 수 없으며, 가까운 이들이 (임금을) 친애할 수 없으며, 미녀들이 (임금을) 유혹할 수 없다. (임금의) 심지가 확고하여 동요하지 않으니, 기괴하고 사악한 사람들이 이에 두려워하여, 기괴함이 혁파되고 사악함이 변화되니, (임금의) 명령이 내려지면 백성들은 움직인다. 그러므로 성군은 (주관적인) 척도는 버리고, (객관적인) 예의와 법을 세우니, (그것은) 하늘과 땅처럼 굳건하고, 해와 달처럼 밝으며, 사계절처럼 믿음이 있다. 그다음에 (임금이) 명령을 내리면 백성들이 그것에 따른다. 못난 임금은 그와 같지 않으니, 법을 제정하고 다시 그것을 폐지하고, 명령을 내렸다가 뒤에 그것을 거둬들이고, 법을 왜곡시키며 사사로움을 좇게 하고, 명령을 훼손하고 온전하게 못하니, 이것으로 귀족들은 (임금을) 위협할 수 있고, 부자가 (임금에게) 뇌물을 바칠 수 있고, 천민이 (임금을) 받들며, 가까운 이들이 (임금과) 친애하며, 미녀들이 (임금을) 유혹할 수 있게 된다. 이 다섯 가지를 자신에게서 엄금할 수 없으면, 이 때문에 많은 신하와 백성, 사람들은 자기의 사사로움을 끼고서 임금에게서 요행을 바란다. 저들이 요행히 (바라는 것을) 얻게 되면, 임금은 날로 (세력이) 침해당한다. 저들이 요행히 얻지 못하게 되면, 원망이 날로 생겨난다. (임금의 권병이) 매일 침탈당하고 원망이 (날로) 생긴다면, 이는 못난 임금이 좇는 것이다.

故主有三術.[19] 夫愛人, 不私賞也. 惡人, 不私罰也. 置儀設法, 以度量斷者, 上主也. 愛人而私賞之, 惡人而私罰之, 倍大臣, 離左右, 專以其心斷者, 中主也. 臣有所愛而爲私賞之, 有所惡而爲私罰之, 倍其公法, 損其正心, 專聽其大臣者, 危主也. 故爲人主者, 不重愛人, 不重惡人. 重愛曰失德, 重惡曰失威. 威德皆失, 則主危也. 故明王之所操者六: 生之, 殺之, 富之, 貧之, 貴之, 賤之. 此六柄者, 主之所操也. 主之所處者四: 一曰文, 二曰武, 三曰威, 四曰德. 此四位者, 主之所處也. 藉人以其所操, 命曰奪柄. 藉人以其所處, 命曰失位. 奪柄失位, 而求令之行, 不可得也. 法不平, 令不全, 是亦奪柄失位之道也. 故有爲枉法, 有爲毁令, 此聖君之所以自禁也. 故貴不能威, 富不能祿,[20] 賤不能事, 近不能親, 美不能淫也. 植固而不動,[21] 奇邪乃恐, 奇革而邪化, 令往而民移. 而失君則不然, 法立而還廢之,[22] 令出而後反之, 枉法而從私, 毁令而不全, 是貴能威之, 富能祿之, 賤能事之, 近能親之, 美能淫之也. 此五者不禁於身, 是以羣臣百姓人挾其私而幸其主. 彼幸而得之, 則主日侵. 彼幸而不得, 則怨日産. 夫日侵而産怨, 此失君之所愼也.[23]

임금이면서 임금의 법도를 쓸 수 없고, 자기 뜻에 맡길 수도 없으며, 신하들을 돌아보고 행동을 하고, 법규를 떠나서 귀족과 신하들의 말을 듣는다면, 이것이 이른바 귀족이 임금을 위협하는 것이다. 부자들이 황금과 옥玉으로 임금에게 뇌물을 주어 일을 이루고, 임금은 이에 법을 떠나서 그들의 말을 들어준다면, 이것은 이른바 '부자가 (임금에게) 뇌물 주는 것'이다. 천민들이 굴종과 비굴함으로 슬프게 임금에게 호소하여, 임금이 이에 법을 떠나서 그들의 말을 들어주는 것, 이것이 이른바 '천민이 (임금을) 받드는 것'이다. 가까운 총신들이 가까이에서 총애를 받음을 이용하여 임금에게 청탁하니, 임금이 법을 떠나서 그들의 말을 듣는 것, 이것이 이른바 '가까이에서 친밀함'이다. 미녀들

19 趙守正에 의하면, 三術이란 세 가지 방법이다. 上同, 94頁, 注1 참조.
20 趙守正에 의하면, 祿은 賂(뇌물)과 통한다. 上同, 95頁, 注2 참조.
21 趙守正에 의하면, 植은 心志를 가리킨다. 上同, 注5 참조.
22 黎翔鳳에 의하면, 還은 復이다.
23 安井衡에 의하면, 愼과 順은 옛날에는 통용되었다. 順은 循(좇다)이다.

이 교묘한 말과 교태로써 임금에게 청탁하니, 임금이 법을 떠나서 그들의 말을 듣는 것, 이것이 이른바 '미인들의 유혹'이다. 잘 다스려지는 세상이라면 이렇지는 않을 것이다. (상대방이) 친밀한지 소원한지, 먼데 사는지 가까이 사는지, 귀한 사람인지 천한 사람인지, 잘생겼는지 못생겼는지를 알지 못해도, 도량으로써 판결을 내리면, 사람을 죽였다 해도 원망이 없고, 사람에게 상급을 내렸다 해도 은덕으로 보지 않는다. 법제法制를 실시하면, 하늘과 땅처럼 사사로움이 없으니, 이 때문에 관리들이 사사로운 논의가 없고, 선비들에게 사적인 의론이 없으며, 백성들에게 사사로운 말들이 없으니, 모두 가슴을 텅 비우고 임금의 말을 듣게 된다. 임금이 공정하게 처리하여, 법으로써 결단을 내린다. 따라서 천하를 맡아서 (다스려도) 무거운 줄 모른다. 지금 어지러운 군주는 이와 같지 않다. 사적으로 보니, 따라서 못 보는 것이 있다. 사적으로 들으니, 따라서 듣지 못하는 것이 있다. 사적으로 심려하니, 따라서 알지 못하는 것이 있다. 사사로움은 (모든 것에서) 가려지고 폐쇄되어 (임금) 지위를 잃게 되는 방도이다. 임금이 공공의 법도를 버리고 사사로운 이야기만 듣고, 그러므로 여러 신하와 백성들이 모두 사사로운 이상한 도술을 세움으로써 (그것들을) 나라 안에서 가르친다. 여러 당파들이 몰려가며 사사로운 입장을 내세우고, 청탁과 보증 추천으로 공공의 법도를 어지럽히고, 사람들은 자기 꾀를 써서 임금에게 요행을 구하니, 임금은 어떤 법도로도 이것들을 막을 길이 없게 된다. 이 때문에 사사로운 얘기들이 날로 증가하고, 공법公法은 날로 훼손되니, 나라를 다스릴 수 없게 되는 것은, 여기에서 생긴 것이리라!

爲主而不得用其法, 不能其意,[24] 顧臣而行, 離法而聽貴臣, 此所謂貴而威之也. 富人用金玉事主而來焉,[25] 主因離法而聽之, 此所謂富而祿之也. 賤人以服約卑敬悲色告愬其主,[26] 主因離法而聽之, 此所謂賤而事之也. 近者以偪近親愛有求其主, 主因離法而聽之, 此謂近而親之也. 美者以巧言令色請其主, 主因離法而聽之, 此所謂美而淫之也. 治世則不然.[27] 不知親

24 黎翔鳳에 의하면, 能은 任(맡기다)이다.

25 黎翔鳳에 의하면, 來는 致(오게 하다)와 같다.

26 尹知章은, 服約을 屈服 隱約으로 보았다. 告愬는 告訴이다.

27 安井衡에 의하면, 이 구절은 '至治之世則不然'(지극한 통치의 세상이라면 이렇지는 않을 것이다)이거나 治君(잘 다스리는 임금)일 것이다.

疏遠近貴賤美惡, 以度量斷之, 其殺戮人者不怨也, 其賞賜人不德也.[28] 以法制行之, 如天地之無私也, 是以官無私論, 士無私議, 民無私說, 皆虛其匈以聽其上. 上以公正論, 以法制斷, 故任天下而不重也. 今亂君則不然. 有私視也, 故有不見也. 有私聽也, 故有不聞也. 有私慮也, 故有不知也. 夫私者, 壅蔽失位之道也. 上舍公法而聽私說, 故羣臣百姓皆設私立方以教於國.[29] 羣黨比周以立其私, 請謁任擧以亂公法, 人用其心以幸於上, 上無度量以禁之. 是以私說日益, 而公法日損, 國之不治, 從此産矣.

임금과 신하는 하늘과 땅의 위치이다. 백성들은 만물들의 상징이다. 각각 자기 직분에 서서, 임금의 명령을 기다린다. 여러 신하들과 백성들이 어찌 각자 자기 마음을 써서 사사로움을 펼 수 있겠는가? 그러므로 임금의 명령을 준수하여 실행했다면, 비록 상하고 패하는 결과가 있다 해도, 벌은 없다. 임금의 명령이 아니었다면, 비록 공功과 이득이 있다 해도, 죄를 받고 죽게 될 것이다. 그렇기 때문에 아랫사람들이 윗사람을 섬기는 것은, 메아리가 소리에 대응하는 것과 같다. 신하들이 임금을 섬기는 것은, 그림자가 물체를 따르는 것과 같다. 그러므로 임금이 명령을 내리면 아랫사람들이 응대하고, 임금이 행하면 신하들이 따르는 것, 이것이 다스림의 도리이다. 임금의 명령이 아닌데 실행하여, 공리功利가 있어서 그것을 상 주었다면, 이것은 망령된 거사를 가르친 셈이다. 임금의 명령을 따라서 실행했는데, 훼손되고 실패해서 벌을 받았다면, 이것은 백성들로 하여금 이利와 해害를 고려해보고 법을 떠나게 하는 것이다. 여러 신하들과 백성들, 사람들이 이득과 손해를 따져보고서, 자기의 개인적인 마음으로 행동거지를 정한다면, 법제는 무너질 것이고 (임금의) 명령은 시행되지 않을 것이다!

夫君臣者, 天地之位也. 民者, 衆物之象也. 各立其所職, 以待君令. 羣臣百姓安得各用其心而立私乎? 故遵主令而行之, 雖有傷敗, 無罰. 非主令而行之, 雖有功利, 罪死. 然故下之事上也, 如響之應聲也. 臣之事主也, 如影之從形也. 故上令而下應, 主行而臣從, 此治之道也. 夫非主令而行, 有功利因賞之, 是教妄擧也. 主令而行之, 有傷敗而罰之, 是使民慮利害而離法也. 羣臣百姓, 人慮利害, 而以其私心擧措, 則法制毁而令不行矣.

28 黎翔鳳에 의하면, 두 개의 人 다음에 者가 있어야 하나, 위에는 있고, 아래 구절에는 없다.
29 尹知章은 方을 異道術로 보았다.

명법 明法

명법明法이란 법을 밝힌다는 말이다. 본 편에 의하면, 법치法治는 반드시 군도君道를 강조하는 것이다. 이 편의 기본 사상은 둘이다. 하나는 군권君權은 반드시 집중되어야 한다는 것이다. 또 하나는 법치의 강조이다.

이른바 나라를 다스린다는 것은 임금의 도리를 밝히는 것이다. 이른바 나라를 어지럽힌다는 것은 신하들의 (사적인 이해를 증진시키는) 술책이 승리하는 것이다. 임금을 존중하고 신하를 낮추는 것은, 가까움[親]을 헤아려서가 아니라, (임금의) 세력이 우세하기 때문이다. 모든 관료들이 직분을 행하는 것은 (임금이) 은혜를 베푸는 것이 아니라, 형벌이 반드시 따르기 때문이다. 그러므로 임금과 신하가 도道를 함께 가지면 혼란해지고, (신하에게 권병을) 전적으로 주면 (임금 자리를) 잃는 것이다. 나라에는 네 가지 패망이 있다. (임금의) 명령이 모이기만 하고 나갈 수 없으니 멸망[滅]이요, 나갈 길이 유보되니 옹폐壅蔽요, 아랫사람들의 사정이 모이기만 하고 위로 통할 수 없으니 (꽉) 막힌 것이오, 아랫사람들의 사정이 올라가도 길에서 막히니 침탈이다. 그러므로 (임금의 명령이) 없어지고, 침탈당하고, 막히고, 옹폐되는 일이 생기는 것은, 법치가 성립되지 않기 때문이다. 이 때문에 선왕들이 나라를 다스림에, 법 밖에 뜻을 두지 않았고, 법안에서는 사사로이 베풀어 줌[恩德]이란 없었다. 행동에 법이 아닌 것이 없었던 것은, 과오를 막고 사사로움을 멀리했기 때문이다.

所謂治國者, 主道明也. 所謂亂國者, 臣術勝也.[1] 夫尊君卑臣, 非計親也,以埶勝也.[2] 百官識,[3] 非惠也, 刑罰必也. 故君臣共道則亂, 專授則失. 夫國有四亡, 令求不出謂之滅,[4] 出而道留謂之擁, 下情求不上通謂之塞, 下情上而道止謂之侵. 故夫滅侵塞擁之所生, 從法之不立也.[5] 是故先王之治國也, 不淫意於法之外,[6] 不爲惠於法之內也. 動無非法者, 所以禁過而外私也.

권력은 두 가지로 행사될 수 없고, 정치는 두 가지 문門에서 나올 수 없다. 법제로써 나라를 다스리니, (그렇게) 처리할 뿐이다. 이 때문에 법도의 제도가 있으면, 꾸며내서 사기詐欺를 치거나 거짓말을 할 수 없다. 저울추와 저울대로 (물건을) 달면, 무게를 속일 수 없다. 여덟 자[尺]와 10자[丈]의 수치가 있으니, 길고 짧은 것에 차이가 있을 수 없다. 지금 임금이 법을 버리고 평판[禮讚]으로 능력자를 출세시키면, 신하들은 임금을 떠날 것이고 아랫사람들은 당파를 이루어 사리를 도모할 것이다. 당파로 관리를 추천한다면, 백성들은 사교에 힘쓸 것이며 실용實用은 찾지를 않을 것이다. 이 때문에 관청에서 통치에 실패했다면, 이것은 임금이 평판으로 (신하들을) 상을 준 것이고, (신하들이) 헐뜯음으로 벌을 내린 것이다. 그렇게 되면 상급을 기뻐하고 형벌을 싫어하는 사람들은, 공공公共의 도리를 떠나서 사적인 방도를 행사할 것이로다. 결당하여 사익을 추구하고 서로 거짓을 했으니, 이는 임금을 잊어버리는 것이요 외부와 교제하여서, 자기의 당파들을 진출시킨 것이다. 그러므로 많은 무리와 사귀면, 당여黨與가 많아지고, 안팎으로 붕당이 생기니, 큰 잘못을 저지르고서도 그들이 임금을 가리는 일이 많게 될 것이다. 죽은 것이 죄 때문이 아니고, 천거된 것이 공적 때문이 아니니, 그렇게 되면 신하된 자들이 사사로움을 중시하고 공공의 것을 경시하게 될 것이다. 이 때문에 충신들이 죄를 짓지 않아도 죽게 되고, 사악한 신하들이 (나라에) 공적이 없이도 천거된다. 10명(의 신하들)이 개인

1 趙守正에 의하면, 臣術은 신하들의 私術, 사적 이해를 펼치는 술책이다. 『管子通解』(下), 103頁, 注2 참조.

2 黎翔鳳에 의하면, 옛날에는 勢 자가 없어서, 埶 자를 썼다.

3 黎翔鳳에 의하면, 識은 職과 통한다.

4 黎翔鳳에 의하면, 求는 裘(가죽옷)의 古文이다. 皮衣와 같은 모양이니, 逑, 즉 斂聚(모이다)의 뜻이다.

5 黎翔鳳에 의하면, 從은 由와 같다.

6 孫星衍에 의하면, 淫은 遊이다.

들의 문전에 가고, 하나만이 (임금의) 조정에 가며, 모든 사람들이 자기 집안을 걱정하고, 한 사람도 나라를 위해 도모하지 않으니, 숫자가 많다고 하지만, 임금을 높이려는 것이 아니고, 백관들이 갖추어져 있더라도 나라를 맡길 수 없다. 이것은 나라에 (충성하는) 사람이 없음을 말한다. 나라에 사람들이 없다는 것은 조정(의 신하들의 수가) 줄어든 것이 아니다. 가문과 가문들이 서로 이롭게 함에 힘을 쓰고, 임금을 높이기에는 힘을 쓰지 않은 것이다. 큰 신하들은 서로 귀해지고자 힘쓰며 나라의 일은 맡지 않고, 작은 신하들은 녹봉을 받고 교제하며 관직을 일로 삼지 아니하니, 따라서 관청은 그 직분을 놓친 것이다. 이 때문에 선왕들이 나라를 다스릴 때에, 법을 통해 사람들을 뽑았으며, 스스로 천거할 수 없게 하였고, 법으로 공적을 헤아렸으며, 스스로 헤아리게 하지 않았다. 따라서 (자기) 능력이 나쁘면 숨길 수 없었고, 실패했다면 (거짓으로) 꾸밀 수가 없었다. (신하들이) 칭송해도 진출할 수 없었고, 비방을 해도 물러나게 할 수 없었다. 그렇게 되니 임금과 신하의 간격이 분명히 구별되었고, 명확하게 구별되니 (임금이) 쉽게 다스릴 수가 있었다. 임금이 비록 몸소 아래의 일들을 하지 않았지만, (신하들이) 법을 지키기만 하면 되었다.

威不兩錯,[7] 政不二門. 以法治國, 則擧錯而已. 是故有法度之制者, 不可巧以詐僞.[8] 有權衡之稱者, 不可欺以輕重. 有尋丈之數者,[9] 不可差以長短. 今主釋法以譽進能, 則臣離上而下比周矣. 以黨擧官, 則民務交而不求用矣. 是故官之失其治也, 是主以譽爲賞, 以毁爲罰也. 然則喜賞惡罰之人, 離公道而行私術矣. 比周以相爲匿,[10] 是忘主死交, 以進其譽.[11] 故交衆者譽多,[12] 外內朋黨, 雖有大姦, 其蔽主多矣. 是以忠臣死於非罪, 而邪臣起於非功. 所死者非罪, 所起者非功也, 然則爲人臣者重私而輕公矣.

7 任林圃(20세기)에 의하면, 『說苑』에 따르면, '權不兩錯'인데, '三國時吳人避孫權諱所改'(삼국시대 吳나라 사람들이 吳王 孫權[182~252]을 피하여 諱로 고친 것이다) 원본에는 權인데, 吳諱 때문에 威로 바뀐 것이다.

8 黎翔鳳에 의하면, 『方言』 七에 '吳越飾貌爲竘, 或謂之巧'(吳나라나 越에서는 꾸민 모양을 꾸밈[竘]으로 하고, 혹은 巧라 말한다)이다.

9 尋丈에서 尋은 8尺(자)이고, 10자가 1丈이다.

10 湯孝純에 의하면, 爲은 僞와 통하고, 郭沫若(1892~1978)을 따라, 匿을 医로 보았으니, 그것은 也이다. 『新譯管子讀本』(下), 605頁, 注6 참조.

11 湯孝純에 의하면, 王念孫을 따라서, 死를 外로 보았다. 그리고 譽는 與, 즉 黨與로 보았다. 上同, 注8과 9 참조.

12 劉師培에 의하면, 者는 衍字이다.

十至私人之門, 不一至於庭, 百慮其家, 不一圖國, 屬數雖衆, 非以尊君也, 百官雖具, 非以任國也. 此之謂國無人. 國無人者, 非朝臣之衰也.[13] 家與家務於相益, 不務尊君也. 大臣務相貴而不任國, 小臣持祿養交不以官爲事, 故官失其能.[14] 是故先王之治國也, 使法擇人, 不自擧也; 使法量功, 不自度也. 故能匿而不可蔽, 敗而不可飾也. 譽者不能進, 而誹者不能退也. 然則君臣之閒明別, 明別則易治也. 主雖不身下爲, 而守法爲之可也.

13 孫星衍에 의하면, 『韓非子』 「有度」 편에는 臣이 廷이고, 安井衡에 의하면, 衰는 減이다.
14 戴望에 의하면, 能은 職이다.

정세 正世

세상을 바로잡음

정세正世는 세상을 바로잡고 치국하는 도리를 말한다. 입법과 행정이 실제에서 출발하여, 시대와 풍속의 변화를 따르며, 동시에 후상중벌厚賞重罰할 수 있는 임금 세력의 강화를 말하고 있다.

옛날에 세상을 바로잡고 천하를 조정하고자 하면, 반드시 먼저 나라의 정세를 관찰하고, 해야 할 일들을 따져보고, 백성들의 풍속을 살펴서, 다스림과 혼란이 생기는 바탕에 의거하여, (나라의) 득과 실을 파악하고, 그다음에, 일하였다. 그러므로 법치가 성립할 수 있어야 정치를 실시할 수 있다. 만민이 화합하지 못하고, 나라가 안정되지 않는데, 잘못이 임금에게 있지 않다면, 잘못은 아랫사람들에게 있다. 지금 임금으로 하여금 반역叛逆을 실행하고 도道를 닦지 않으며, (백성들을) 주살誅殺하고 도리를 지키지 않으며, 세금을 무겁게 하고, 백성들의 재산을 획득하고, 급하게 명령을 내려서, 백성들의 힘을 피로하게 한다. (군대가) 재화가 고갈되면 침략하여 약탈하지 않을 수 없고, 기력이 탈진하면 성가퀴에서 추락하지 않을 수 없다. 백성들이 이미 침략하여 약탈하고 성가퀴에서 떨어졌는데, 법에 따라서 이들을 죽인다면, 이는 처벌이 엄중한 것이니 혼란이 더욱 일어날 것이다. 백성들이 수고하여 곤고困苦하고 부족하다면, 금령을 간략히 하고 죄를 가볍게 해야 한다. 이와 같은 것은 과실이 임금에게 있는 것이다. 과실이 임금에게 있는데 임금이 변하지 않는다면, 만민은 (그에게) 자기 목숨을 의탁하지 않을 것이다. 지금 임금이 형벌과 정책을 가볍게 하고, 백성들을 너그럽게 대하며, 세금을 약하게 하고, 명령을 완화했는데도, 백성들이 방종하고 경박하여 사익을 따르며 제약을 받지 않고, 지식을 꾸미고 사기를 일삼으며, 힘을 내어 다툰다면, 이는 과실이 아랫사람들에게 있는 것이다. 과실이 아랫사람들에게 있다 해도, 임금이 청렴하게 변하지 않으면, 폭도들이 넘쳐 나니, 사악과 혼란은 그치지 않을 것이다. 폭도들이 넘쳐 나고, 사악과 혼란이 그치지 않는다면, 임금은 세력이 상실되고 위력은 날로 쇠약할 것이로다. 그러므로 임금이 된 사람에게는, (세력이) 우세한 것보다 귀중한 것은 없다. 이른바 우세는 법이 제정되어 (임금의) 명령이 통행되는 것이 우세이다. 법이 제정되고 명령이 통행되어서, 그러므로 군신群臣들은 법을 받들고 직분을 지키며, 백관들은 상법常法을 가지며, 법률이 복잡하고 사악하지 말아야 하며, 만백성들은 돈후敦厚하고 진실해야 하며, 농업으로 되돌아가서 힘을 절약해야 한다. 그러므로 상급은 반드시 충분해야 (백성들을) 부릴 수 있고, 위세는 반드시 충분해야 승리할 수 있으니, 그런 다음에 아랫사람들이 따른다. 그러므로 옛날 이른바 영명한 임금은 하나의 임금만이 아니었다. 내건 상급도 어떤 것은 박하고 어떤 것은 후하며, 내세운 금지도 어떤 것은 가볍고 어떤 것은 무거우며, 지나온 행적도 반드시 같을 수는 없으니, 일부러 서로 반대되는 것은 아니고, 모두 시절에 따라서 변화해온 것이고, 풍속에 따라 행동한 것이다. 백성들의 마음이 조급하고 행동들이 경박하다면, 상급을 후하게 하지 않을 수 없고, 금지도 무겁게 하지 않을 수 없다. 그러므로 성인들이 상급을 두텁게 제정한 것은, 사치가 아니요, 금지를 무겁게 한 것은, 폭력의 행사가 아니다. 상급이 박하면 백성들이 이득으로 여기지 않고, 금지가 가벼우면 사특한 사람들이 두려워하지 않는다. 사람들이 이로운 것이라고 여기지 않는 것을 내세우고, (그들을) 사역 시키려고 한다면, 백성들은 힘을 다 쏟지 않을 것이다. 사람들이 두려워하지 않는 것을 내세워, 금지하려고 한다면, 사특한 사람들은 (잘못을) 그치지 않을 것이다. 이 때문에 법을 갖추고 명령을 내려도, 백성들이 따르지 않고, 따라서 상급이 권면을 일으키기에 부족하다면, 선비나 백성들을 쓸 수 없게 되고, 형벌이 두려움을 일으키기에 부족하다면, 폭도들은 법이 금하는 것을 가볍게 침범할 것이다. 백성들이란, 위세와 살육에 굴복한 뒤에 따르는 것이며, 이득을 본 연후에 쓰일 수 있으며, 다스려진 후에 바르게 되고, 편안함을 얻은 뒤에 조용해진다.

古之欲正世調天下者, 必先觀國政, 料事務, 察民俗, 本治亂之所生, 知得失之所在, 然後從事. 故法可立而治可行. 夫萬民不和, 國家不安, 失非在上, 則過在下. 今使人君行逆不修道, 誅殺不以理, 重賦斂, 得民財, 急使令, 罷民力. 財竭則不能毋侵奪, 力罷則不能毋墮倪.[1] 民已侵奪墮倪, 因以法隨而誅之, 則是誅罰重而亂愈起. 夫民勞苦困不足, 則簡禁而輕罪. 如此, 則失在上. 失在上而上不變, 則萬民無所託其命. 今人主輕刑政, 寬百姓, 薄賦斂, 緩使令. 然民淫躁行私而不從制, 飾智任詐, 負力而爭, 則是過在下. 過在下, 人君不廉而變, 則暴人不勝, 邪亂不止. 暴人不勝, 邪亂不止, 則君人者勢傷而威日衰矣. 故爲人君者, 莫貴於勝. 所謂勝者, 法立令行之謂勝. 法立令行, 故羣臣奉法守職, 百官有常, 法不繁匿,[2] 萬民敦慤, 反本而儉力. 故賞必足以使, 威必足以勝, 然後下從. 故古之所謂明君者, 非一君也. 其設賞有薄有厚, 其立禁有輕有重, 迹行不必同,[3] 非故相反也, 皆隨時而變, 因俗而動. 夫民躁而行僻, 則賞不可以不厚, 禁不可以不重. 故聖人設厚賞, 非侈也; 立重禁, 非戾也.[4] 賞薄則民不利, 禁輕則邪人不畏. 設人之所不利, 欲以使, 則民不盡力. 立人之所不畏, 欲以禁, 則邪人不止. 是故陳法出令, 而民不從. 故賞不足勸, 則士民不爲用; 刑罰不足畏, 則暴人輕犯禁. 民者, 服於威殺然後從, 見利然後用, 被治然後正, 得所安然後靜者也.

도적들을 이길 수 없고, 사악과 혼란이 그치지 않고, 강자가 약자를 겁탈하고, 무리가 적은 수에게 폭력을 휘두르는 것, 이것들이 세상의 걱정거리요, 만백성들의 우려이다. 우환이 제거되지 않으면, 백성들은 안심하고 살 수 없다. 백성들이 살기 불안하면, 백성들의 임금에 대한 희망은 끊어질 것이다. 이로움 중에 (사회가) 다스려지는 것만 한 것이 없고, 해로움 중에 혼란보다 큰 것은 없다. 오제五帝와 삼왕三王들이 성공하여 이름이 나서 후세에 뚜렷한 것은, 천하에 이익을 증진했고 해를 제거했다고 여기기 때문이다. 시행한 업적은 반드시 같을 수는 없지만, (그들이) 힘쓴 바는 한 가지이다. 백성들이 탐욕스럽고 행동들이 조급한데, (나라의) 형벌이 가볍고, 죄와 과실이 밝혀지지 않았다면, 이는 사악함과 혼란을 키운 것이요 사특하고 경박한 행위들을 편하게

1 黎翔鳳에 의하면, 倪는 陴(성가퀴, 성의 돌출부)와 같다.
2 兪樾에 의하면, 匿은 慝(私慝이다)이다.
3 趙守正에 의하면, 跡行은 사람들이 남겨둔 공적이나 行事다. 『管子通解』(下), 109頁, 注1 참조.
4 趙守正에 의하면, 戾(포악하다)는 暴戾다. 上同, 注3 참조.

해준 것이다. (임금이) 사람들을 사랑하는 마음이 있으나, 실제로는 백성들을 해치기에 충분했다면, 이 두[愛와 傷] 경우를 살펴보지 않을 수 없다. 도적들을 이기지 못하면, 양민들이 위험할 것이다. 법과 금지가 (제대로) 서지 않으면, 거짓과 사특함이 번성할 것이다. 그러므로 일에는 마땅히 힘쓸 일보다 급한 것이 없고, 다스림에는 가지런하게 함보다 귀한 것이 없다. 백성들을 억제하는데, 급하게 하면 백성들이 압박을 느끼고, 백성들이 압박을 당하면 구속감을 가지게 되고, 구속감을 가지면 백성들은 (자기) 보장을 잃게 된다. (백성들을) 느슨하게 대하면 방종해지고, 방종하게 되면 절제가 없어지고, 절제가 없게 되면 사사로운 행동을 하게 되고, 사사로운 행동을 하게 되면 공적인 것을 떠나게 되며, 공적인 것을 떠나면 (더) 쓰기가 어려워진다. 그러므로 다스려지는 것이 성립하지 않는 이유는 조치를 취할 수 없는 것이고, 조치를 취할 수 없으면 다스려짐은 실행되기 어렵다. 그러므로 백성들을 다스리는 조치는, 살펴보지 않을 수 없다. 성인이란 혼란을 다스리는 방법에 밝으며, 인사의 처음과 끝에 숙련된 사람이다. 그들이 백성들을 다스릴 때, 백성들에게 이로움이 기약되면 (그것으로) 그쳤으니, 따라서 이들이 법을 세운 것이다. 옛것을 받들기만 하지도 않았고, 현재에 안주해 변하기를 거부하지도 않았고, 시대에 따라 변하면서, 습속을 따라서 변화하였다. 임금의 도리는 우세함보다 귀한 것은 없다. 우세하기 때문에, 임금의 도가 성립하고, 임금의 도가 성립된 뒤에 아랫사람들이 따르고, 아랫사람들이 따르기에, 따라서 교육이 성립될 수 있고 감화가 이루어질 수 있다. 백성들이 마음으로 복종하고 몸으로 따르지 않으면, 예의禮義의 방법으로 가르칠 수 없다. 임금이라면, (이런 것들을 명확히) 살펴보지 않으면 안 된다.

夫盜賊不勝, 邪亂不止, 强劫弱, 衆暴寡, 此天下之所憂, 萬民之所患也. 憂患不除, 則民不安其居. 民不安其居, 則民望絶於上矣. 夫利莫大於治, 害莫大於亂. 夫五帝三王所以成功立名顯於後世者, 以爲天下致利除害也. 事行不必同, 所務一也. 夫民貪行躁而誅罰輕, 罪過不發, 則是長淫亂而便邪僻也. 有愛人之心, 而實合於傷民,[5] 此二者不可不察也.[6] 夫盜賊不

5 兪樾에 의하면, 合은 給(넉넉하다)와 통하고, 給은 足(충족)이다.

6 尹知章에 주석에서, 이 둘은 愛와 傷이라고 말했다.

勝, 則良民危. 法禁不立, 則奸邪繁. 故事莫急於當務, 治莫貴於得齊.[7] 制民, 急則民迫, 民迫則窘, 窘則民失其所葆.[8] 緩則縱, 縱則淫, 淫則行私, 行私則離公, 離公則難用. 故治之所以不立者, 齊不得也, 齊不得則治難行. 故治民之齊, 不可不察也. 聖人者, 明於治亂之道, 習於人事之終始者也. 其治人民也,[9] 期於利民而止, 故其位齊也.[10] 不慕古, 不留今,[11] 與時變, 與俗化. 夫君人之道, 莫貴於勝. 勝故君道立, 君道立然後下從, 下從故教可立而化可成也. 夫民不心服體從, 則不可以禮義之文教也. 君人者不可以不察也.

7 黎翔鳳에 의하면, 齊는 '가지런히 함'의 뜻이다.

8 趙守正에 의하면, 葆는 保와 통하니, 保障이다. 上同, 110頁, 注4 참조.

9 湯孝純에 의하면, 張佩綸은 人을 衍字로 보았다. 唐나라 諱 때문에 民을 人으로 바꾼 것을 모르고, 두 글자를 합쳤다. 『新譯管子讀本』(下), 612頁, 注5 참조.

10 陶鴻慶에 의하면, 位와 立은 같으니, 立劑는 立法이다.

11 尹知章은, 留는 '守常不變'이라 주석했다.

치국 治國

나라를 다스림

본 편은 농업을 크게 발전시켜서 식량 생산을 늘리며, 사치품을 금지하고, 나라와 백성을 부강하게 하고, 병력을 늘려서 천하 통일[王天下]할 것을 말하고 있다.

무릇 나라를 다스리는 도리는 반드시 먼저 백성들을 부유하게 하는 것이고, 백성들이 부유해지면 다스리기 쉽고, 백성들이 가난하면 다스리기 어렵다. 어떻게 그렇다는 것을 알 수 있는가? 백성들이 부유하며, 향리를 편안히 여기고 가정을 중시하며, 향리를 편안히 하며 가정을 중시하면, 임금을 경모하고 죄를 두려워하니, 임금을 경모하고 죄를 두려워하면 쉽게 다스릴 수 있다. 백성들이 가난하면 향리를 위태롭게 하고 가정도 경시하니, 향리를 위태롭게 하고 가정을 경시하면 임금을 감히 능멸하고 금지 사항을 범하는데, 임금을 능멸하고 금령을 위반하면 다스리기 어렵다. 그러므로 다스려지는 나라는 항상 부유하고, 혼란한 나라는 반드시 가난하다. 이 때문에 나라를 잘 다스리자면, 반드시 먼저 백성들을 부유하게 해야 하며, 그런 다음에 그들을 다스릴 수 있다. 옛날에 79대의 임금들이, 법제가 하나가 아니었고, 호령도 같지 않았으나, 그런데 모두 천하에 왕 노릇을 하였으니, 무엇 때문인가? 반드시 나라가 부유했고 곡식이 많았다. 나라를 부유하게 하고 곡식을 많게 하는 것은, 농업에서 나오니, 그러므로 선왕들은 농업을 귀히 여겼다.

凡治國之道, 必先富民, 民富則易治也, 民貧則難治也. 奚以知其然也? 民富則安鄕重家, 安鄕重家則敬上畏罪, 敬上畏罪則易治也. 民貧則危鄕輕家, 危鄕輕家則敢陵上犯禁, 陵上犯禁則難治也. 故治國常富, 而亂國必貧. 是以善爲國者, 必先富民, 然後治之. 昔者七十九代之君, 法制不一, 號令不同, 然俱王天下者, 何也? 必國富而粟多也. 夫富國多粟生於農, 故先王貴之.

무릇 나라를 다스리는 데 긴급한 일은 반드시 먼저 소비 산업[末作]과 기이한 재주를 금지하는 것이다. 소비 산업과 기이한 재주가 금지되면, 백성들은 놀고먹는 일이 없다. 백성들에게 놀고먹는 일이 없게 되면, 반드시 농업에 종사할 것이다. 백성들이 농사를 지으면 전답이 개간되며, 전답이 개간되면 곡식이 많아지며, 곡식이 많아지면 나라는 부유하고, 나라가 부유하면 군대가 강해지고, 군대가 강해지면 전쟁에서 승리하고, 전쟁에서 승리하면 영토가 넓어진다. 이 때문에 선왕들은 백성들을 많게 하고, 나라를 부유하게 하고, 군대가 강해지고, 영토가 넓어지는 것은 반드시 곡식(생산)에서 나오는 것을 알았으니, 따라서 소비 산업을 금지하고, 기이한 재주를 금했으며, 농사를 이롭게 하였다. 지금 소비 산업과 기이한 재주를 부리는 이들이 하루 활동하여 닷새 동안 먹고 산다. 농부들은 일 년 내내 농사를 지어도, 스스로 먹기에 부족하다. 이러하니 백성들이 농사일을 버리고, 소비 산업에 종사한다. 농사일을 버리고 소비 산업에 종사하면, 전답이 황폐해지고 나라는 가난해질 것이로다!

凡爲國之急者, 必先禁末作文巧.[1] 末作文巧禁, 則民無所游食. 民無所游食, 則必農.[2] 民事農則田墾, 田墾則粟多, 粟多則國富, 國富者兵彊, 兵彊者戰勝, 戰勝者地廣. 是以先王知衆民、彊兵、廣地、富國之必生於粟也,[3] 故禁末作, 止奇巧, 而利農事. 今爲末作奇巧者, 一日作而五日食. 農夫終歲之作, 不足以自食也. 然則民舍本事而事末作. 舍本事而事末作, 則田荒而國貧矣.

무릇 농사는 매달로 따지면 부족하나 일 년으로 보면 남는 것[結

1 洪頤煊에 의하면, 두 개의 文巧는 마땅히 奇巧(기이한 재주)로 보아야 한다.

2 戴望에 의하면, 農 위에 事가 탈락하였다.

3 張佩綸에 의하면, '衆民彊兵廣地富國'은 上文에 따르자면, 마땅히 語順을 바꾸어 '衆民富國彊兵廣地'가 되어야 한다.

實]이 있다. 그런데 임금이 (세금을) 징수하는데 모질고 급하여 정해진 때가 없으니, 백성들은 두 배로 (갚는) 빚을 내서 임금의 세금으로 바쳤을 것이로다! 농사짓고 김매는 데는 (한정된) 시간이 있고, 연못의 물이 반드시 풍족한 것이 아니면, 백성들은 두 배로 (갚는) 빚을 내서 일꾼들을 썼을 것이다. (상인들이) 가을에 다섯으로 (곡식을) 매입하여, (다음 해) 봄에 10으로 내다 파니, 이것 또한 배로 (갚는) 대출貸出이다. 그러므로 위의 세금 징수로 따지면 백성들에게 두 배로 취하는 것이 네 번째이다. 시장의 관세와 창고의 징수가 곡식의 10분의 1이고, 장작 패고 수레 모는 일이 있으니, 이러한 사계절(의 노동)도 또한 두 배로 갚는 빚에 해당한다. 무릇 백성들이란 사계절에 두 곱으로 (갚을) 빚이 있으니, 그러므로 도망하거나 이사를 하면 형벌을 내렸으나, 임금도 (이것을) 그치게 할 수 없었던 것은, 양식이 적었고 백성들에게는 저축이 없었기 때문이다. 항산恒山의 동쪽에, 황하黃河와 여수汝水 사이에는, (식물들이) 일찍 생장하고 늦게 쇠락하니, 오곡五穀이 번성하고 잘 여물었다. 사계절에 씨를 뿌려 오곡들을 수확했으니, 보통 해에 (땅) 1묘畝에서 (곡식) 두 섬[石]을 거두고, 농부 하나가 곡식 200섬을 수확했다. 지금은 (나라의) 창고가 텅 비고 백성들은 저축이 없으니, 농부들은 자식들을 내다 팔며, 임금은 그들을 균등하게 살게 할 방도가 없다. 그러므로 선왕들은 농사꾼, 선비, 장사치와 공장工匠들로 하여금 능력을 바꾸고 하던 일을 바꾸게 하여, 일 년의 수익을 서로 초과하지 않게 하니, 이 때문에 백성들은 한 가지 일만 해도 균등할 수 있었다. 백성들이 한 가지 일만 해도 전답이 개간되니, 허위와 기교가 생기지 않았다. 전답이 개간되니 곡식이 많게 되었고, 곡식이 많게 되니 나라가 부유하게 되었다. 허위와 기교가 생기지 않으니 백성들이 다스려졌다. (백성들을) 부유하게 하여 다스리는 것, 이것이 왕업王業을 이루는 도리이다. 양식을 생산하지 못하는 나라는 망하고, 양식이 생겨나서 흩어져 나가면 패자覇者가 되고, 곡식이 생겨서 흩어지지 않으면 (천하 통일하는) 왕王이 된다. 양식은 백성들이 모여드는 곳이다. 양식은 재화가 몰려오는 곳이다. 양식은 토지가 몰리는 곳이다. 양식이 많으면, 천하의 물건들이 모두 이른다. 그러므로 순舜임금은 한번 이사하여 읍邑을 이루었고, 두 번 이사하여 도읍을 이루었고, 세 번 이사하여 나라를 이룩하였다. 순임금은 형벌을 엄히 한 것도 금령을 중하게 여긴 것도 아니나, 백성들이 그에게 몰려든 것이니, (순임금을) 떠난 이들은 반드시 손해를 봤고, 따른 이들은 반드시 이로움을 얻었다. 선왕들이 백성들을 위하여 손해를 잘 없애고 이익을 일으켰기에, 따라서 천하의 백성들이 그들에게 돌아왔다. 이른바 이익을 일으켰다는 것은, 농사를 이롭게 한 것이다. 이른바 해를 없앴다는 것은, 농사를 해치는 것을 금지시킨 것이다. 농사가 잘 나가면 들어오는 곡식이 많아지며, 들어오는 곡식이 많아지면 나라는 부유하고, 나라가 부유하면 향리를 편하게 여기고 가정을 중시한다. 향리를 편안히 여기고 가정을 중시하면, 비록 풍속을 변화시키고 습관을 바꾸며, 민중을 핍박하고 백성들을 이사移徙를 시키며, 이들을 죽게 하는 데 이르렀다 해도, 백성들은 지나치다고 여기지 않는다. 이것은 양식에 힘쓴 공로이다. 임금이 농사를 이롭게 하지 않으면 양식이 적어지고, 양식이 적어지면 사람들이 가난해지고, 사람들이 가난하면 가정을 가벼이 보고, 가정을 가벼이 보면 쉽게 (집을) 떠나 버리고, 쉽게 떠나 버리면 임금의 명령이 반드시 실행될 수 없으며, 임금의 명령이 반드시 실행될 수 없으면 금지해도 반드시 그치게 할 수 없으며, 금지해도 반드시 그치게 하질 못하면 전투하여도 반드시 승리할 수 없으며, 수비해도 반드시 굳건하다고 할 수 없을 것이다! (임금이) 명령해도 반드시 실행되지 않으며, 금지해도 반드시 그치게 할 수 없으며, 전투해도 반드시 승리할 수 없고, 수비해도 반드시 견고할 수 없으면, 기생하는 임금이라고 이름 짓는다. 이것은 농사에 이롭지 않아 양식이 적어진 해로움 때문이다. 양식이란 왕이 본래 해야 할 일이니, 임금의 큰 임무요, 백성들을 있게 하는 길이요, 나라를 다스리는 도리이다.

凡農者, 月不足而歲有餘者也. 而上徵暴急無時, 則民倍貸以給上之徵矣.[4] 耕耨者有時, 而澤不必足, 則民倍貸以取庸矣.[5] 秋糴以五, 春糶以束,[6] 是又倍貸也. 故以上之徵而倍取於民者四.[7] 關市之租, 府庫之徵, 粟

4 尹知章은, 倍貸는 '謂貸一還二也'(하나를 빌리면 둘로 갚음을 말한다)라고 주석하였다.

5 黎翔鳳에 의하면, 庸은 傭(품팔이꾼)과 같다.

6 張佩綸에 의하면, 10개가 束이다. 糴은 곡식을 사들이는 것이고, 糶는 出穀이다. 黎翔鳳의 인용: '富人秋收以賤償糴入, 來春倍其價而糶出'(부자 상인들이 가을 수확에 싼값으로 [곡식을] 매입하고, 명년 봄에 그 값을 두 배로 하여 [양식을] 내다가 판다) 참고.

7 丁士涵에 의하면, 앞의 문장에서 '倍貸'로 말한 것이 3번이고, 아래 문단에서 말하는 '關市' 또한 '亦當一倍貸'이니, 이것을 합치면 넷[四]이 된다.

什一, 廝輿之事,[8] 此四時亦當一倍貸矣.[9] 夫以一民養四主,[10] 故逃徙者刑, 而上不能止者, 粟少而民無積也. 常山之東, 河、汝之間, 蚤生而晚殺, 五穀之所蓄孰也.[11] 四種而五穫,[12] 中年畝二石, 一夫爲粟二百石. 今也倉廩虛而民無積, 農夫以粥子者, 上無術以均之也. 故先王使農士商工四民交能易作, 終歲之利無道相過也, 是以民作一而得均. 民作一則田墾, 奸巧不生. 田墾則粟多, 粟多則國富. 奸巧不生則民治. 富而治, 此王之道也. 不生粟之國亡, 粟生而死者霸, 粟生而不死者王.[13] 粟也者, 民之所歸也. 粟也者, 財之所歸也. 粟也者, 地之所歸也. 粟多, 則天下之物盡至矣. 故舜一徙成邑, 二徙成都, 參徙成國. 舜非嚴刑罰重禁令, 而民歸之矣; 去者必害, 從者必利也. 先王者善爲民除害興利, 故天下之民歸之. 所謂興利者, 利農事也. 所謂除害者, 禁害農事也. 農事勝則入粟多, 入粟多則國富, 國富則安鄉重家. 安鄉重家, 則雖變俗易習, 敺衆移民, 至於殺之, 而民不惡也.[14] 此務粟之功也. 上不利農則粟少, 粟少則人貧, 人貧則輕家, 輕家則易去, 易去則上令不能必行, 上令不能必行, 則禁不能必止, 禁不能必止, 則戰不必勝, 守不必固矣. 夫令不必行, 禁不必止, 戰不必勝, 守不必固, 命之曰寄生之君. 此由不利農少粟之害也. 粟者, 王之本事也, 人主之大務, 有人之塗, 治國之道也.

8 趙守正에 의하면, 劈柴(장작 패기)와 駕車(수레 몰기)의 勞役이다. 『管子通解』(下), 116頁, 注7 참조.

9 張佩綸에 의하면, '廝輿之事'는 徒役을 함이다. 黎翔鳳에 의하면, '關市之租, 府庫之徵'으로 농민이 수확한 곡식 10분의 1을 떼어가고, 또 '廝輿之事'(장작을 패고 수레를 모는 일)을 더하여, 時日을 소모시키니, 무상 노동인데, 둘을 합쳐서 계산하면, 倍貸가 아니어도, 하나의 倍貸와 같게 될 것이다.

10 黎翔鳳에 의하면, 임금이 暴政하여 백성들이 빚을 내어 징수에 응했으니, 房玄齡注에 '四倍貸'가 主라 했으니, 그 말이 매우 분명하다. 四時倍貸가 四主이다.

11 黎翔鳳에 의하면, 常山은 바로 恒山이다. 孰은 食飪(밥이 익다)이다.

12 尹知章은, 四種을 '四時皆種'(네 계절 모두 씨를 심었다)로 주석했다.

13 尹桐陽에 의하면, 여기서 말하는 '粟生而死'은 '粟生而則散'을 말한다. '粟生而不死'는 '粟生常存而不散也'(양식이 항상 있어서 흩어지지 않음)을 말한다.

14 黎翔鳳에 의하면, 惡은 過이다.

내업 內業

**마음을 닦아서
정기를 유지하는 공부**

본 편은 내심內心을 수양하고, 정기精氣를 유지할 방법을 다룬 철학 논문이다. 본 편의 저자는, 정기란 사람의 생명과 의식의 본원本原이며, 정기를 보유하는 기본 방법은 내심을 텅 비우고 고요하게 하는 것[虛靜]이라 말한다. 또 그는 밖의 사물들이 자기의 감관感官들이나 내심을 어지럽히지 못하게 할 것과 음식, 생각, 언행 등도 중정中正하게 하고 화평하게 할 것을 말하고 있다.

무릇 사물들의 정기精氣, 이것이 생명의 바탕이다. (이것이) 아래에서 오곡五穀을 생산하고, 위에서 별들이 되었다. 하늘과 땅 사이를 흘러 다니니, 신묘한 움직임이라 말한다. (이것을) 가슴 속에 감추고 있으면, 성인이라 말한다. 이런 까닭에 백성들의 기氣는 밝기로는 하늘에 올라간 것 같고, 어두우면 심연深淵에 들어간 것 같고, 축축하기로는 바다에 있는 것 같고, 높이 올라간 모습은 풀 없는 민둥산에 있는 것 같다. 이러하기에 이 (정)기는 힘으로써 멈추게 할 수 없고, 덕德으로써 안정시킬 수 있다. (정기는) 소리로는 부를 수 없지만, 뜻으로는 맞이할 수 있다. (정기를) 공경스럽게 지키고 잃지 않으면, 그것이 덕을 이루는 것이다. 덕이 이루어지면 지혜가 나오니, 만물이 모두 (적절함을) 얻는다. 무릇 마음의 모습은, (정기가) 스스로 채워지고 스스로 차는 것이요, 스스로 생겨나고 스스로 이루는 것이다. 마음이 (정기를) 잃어버리면, 반드시 우울하거나, 즐겁거나, 기쁘거나, 분노하거나, 욕구하거나, (혼자만) 이롭게 하고자 한다. 우울, 즐거움, 기쁨, 분노, 욕구와 이기심(의 감정)을 없앨 수만 있다면, 마음은 이에 되돌아와서 제대로 된다. 저 마음의 실정은 편안한 것이 이로운 것이다. (그것을) 번거롭게 하지 말고 혼란스럽게 하지 말아야, 조화를 이뤄 스스로 완성된다. (정기는) 밝기가 옆에 있는 것과 같고, 어둡고 미세하여 얻을 수 없는 것과 같고, 아득히 멀어서 끝이 없는 것과 같다! 이 마음의 준칙은 멀리 있지 않으니, (우리는) 매일매일 (정기精氣의) 덕德을 쓰고 있다. 도道는 몸을 채워주는 근거이지만, 사람들은 (그것을) 고정固定할 수 없다. 정기는 사라진다면 회복되지 않으며, 돌아오더라도, 머물지 않는다. 어둑어둑하여 그 소리를 들을 수 없고, 모여들면 마음속에 있게 된다. (그것은) 어두워서 모양을 볼 수 없고, 스며들어 우리와 함께 산다. (보아도) 그 형태는 볼 수 없고, 들으려 해도 그 소리를 들을 수 없으나, 완성을 말하는 것이 도道라고 한다.

凡物之精, 此則爲生.[1] 下生五谷, 上爲列星. 流於天地之間, 謂之鬼神.[2] 藏於胷中, 謂之聖人. 是故民氣, 杲乎如登於天,[3] 杳乎如入於淵, 淖乎如在於海, 卒乎如在於己.[4] 是故此氣也, 不可止以力, 而可安以德. 不可呼以聲, 而可迎以音.[5] 德成而智出, 萬物果得.[6] 其所以失之, 必以憂樂喜怒欲利. 能去憂樂喜怒欲利, 心乃反濟. 彼心之情, 利安以寧. 勿煩勿亂, 和乃自成. 折折乎如在於側,[7] 忽忽乎如將不得,[8] 渺渺乎如窮無極. 此稽不遠,[9] 日用其德. 夫道者, 所以充形也, 而人不能固. 冥冥乎不見其形, 淫淫乎與我俱生.[10] 不見其形, 不聞其聲, 而序其成, 謂之道.[11]

무릇 도란 (있는 일정한) 곳이 없고, 좋은 마음속에 편안히 거한다. 마음이 고요하고 기맥氣脈이 다스려지면, 도는 이에 머무를 수 있다. 저 도는 멀리 있지 않으니, 사람들이 (도를 통해) 생명을 얻는다. 저 도는 (만물을) 펼쳐 놓지 않지만, 사람들은 그로 인해 지혜를 얻는다. 이

1 陳鼓應에 의하면, 張舜徽는 '此則爲生'가 '이 氣가 바로 생명의 本이다'라고 말했다(張舜徽, 『周秦道論發微』 참조). 『管子四篇詮釋』, 88頁, 注1 참조.

2 陳鼓應에 의하면, 鬼神은 자연계의 신묘한 작용으로 풀이하였다. 上同, 注2 참조.

3 尹知章은, 杲(밝다)를 밝음으로 주석하고 있다.

4 猪飼彦博에 의하면, 卒은 崒과 같으니, 高峻貌다. 趙守正에 의하면, 己는 屺(민둥산)과 草木이 없는 산과 같다. 『管子通解』(下), 122頁, 注6 참조.

5 王念孫에 의하면, 音은 곧 意이다. '言不可呼之以聲, 而但可迎之以意也'(소리로는 부를 수 없고, 다만 뜻으로 맞이할 수 있음을 말한 것이다) 참조.

6 王念孫에 의하면, 果는 마땅히 畢이다.

7 黎翔鳳에 의하면, 房玄齡注에 折折은 明皃(밝은 모습)이니, 哲(밝다)와 통한다.

8 陳鼓應에 의하면, 忽忽은 幽微貌다. 『管子四篇詮釋』, 91頁, 注6 참조.

9 郭沫若에 의하면, 위 문장에서, 心之形, 心之情을 말했으니, 此는 此心이고, 稽는 法式이다.

10 趙守正에 의하면, 淫은 侵潤(스며들다)이다. 『管子通解』(下), 123頁, 注5 참조.

11 孫星衍에 의하면, 『文選』, 「辨命論」 注에 인용하여, '視之不見其形, 聽之不聞其聲, 而序其成者, 道也'(보려 해도 그 형태가 보이지 않으며, 들으려 해도 그 소리를 들을 수 없으나, 완성을 말하는 것이, 道이다)를 말하였다.

때문에 (도는) 모여 있으면 함께 찾을 수 있으나, 미묘하여 있는 곳을 알 수 없다! 도의 실정을 받아들이면, 음악과 소리를 싫어한다. 마음을 닦고 뜻을 고요히 해야, 도를 이에 얻을 수 있다. 도란 입으로 말할 수 없고, 눈으로 볼 수 없고, 귀로 들을 수 없으나, 마음을 닦을 수 있고 몸을 바르게 해주는 근거이다. 사람이란 그것을 잃으면 죽고 얻으면 산다. 일도 (도를) 잃으면 실패하고, 얻으면 성공한다.

> 凡道無所, 善心安愛.[12] 心靜氣理, 道乃可止. 彼道不遠, 民得以產.[13] 彼道不離,[14] 民因以知. 是故卒乎其如可與索,[15] 眇眇乎其如窮無所. 脩心靜音,[16] 道乃可得. 道也者, 口之所不能言也, 目之所不能視也, 耳之所不能聽也, 所以脩心而正形也. 人之所失以死, 所得以生也. 事之所失以敗, 所得以成也.

무릇 도란 뿌리도 없고 줄기도 없으며, 잎도 없고 꽃도 없다. (그것 때문에) 만물들이 살고, 만물들이 완성되니, 도라고 이름한다. 하늘은 공평을 주관하고, 땅은 균평均平을 주관하고, 사람들은 편안과 고요함[安靜]을 주관한다. 봄과 가을, 겨울과 여름은 자연[天]의 계절이다. 산과 언덕, 냇가와 골짜기는 땅의 팔다리이다. 기쁨, 분노, 받기와 주기는 사람들이 꾀하는 것이다. 이 때문에 성인들은 계절과 더불어 변화했으나 동화同化된 것은 아니고, 사물들을 따랐으나 바뀌지 않는다. (마음을) 바르게 할 수 있고 고요히 할 수 있다면, 그다음에 (마음을) 안정할 수 있다. 안정된 마음이 속에 있고, 귀와 눈이 총명하고, 팔다리[四肢]가 튼튼하면, (몸은) 정기精氣의 집이 된다.

정精이란 기氣의 정화精華이다. 기는 통하면 살아나고, 살아나면 이에 생각할 수 있고, 생각하면 이에 알 수 있고, 안다면 이에 처신함으로 일을 할 수 있다. 무릇 마음의 형체는 지나치게 알면 본성을 잃는다.

12 陶鴻慶에 의하면, 愛는 處의 오기며, 所 또한 處다.
13 尹知章은, 產을 生으로 주석했다.
14 黎翔鳳에 의하면, 離는 옛날에는 羅(진열하다)로 읽었다.
15 黎翔鳳에 의하면, 卒은 聚(모이다)다.
16 豬飼彥博에 의하면, 靜音은 마땅히 靜意다.

凡道無根無莖, 無葉無榮. 萬物以生, 萬物以成, 命之曰道. 天主正, 地主平, 人主安靜. 春秋冬夏, 天之時也. 山陵川谷, 地之枝也.[17] 喜怒取予, 人之謀也. 是故聖人與時變而不化, 從物而不移. 能正能靜, 然後能定. 定心在中, 耳目聰明, 四枝堅固, 可以爲精舍. 精也者, 氣之精者也. 氣, 道乃生,[18] 生乃思, 思乃知, 知乃止矣.[19] 凡心之形, 過知失生.[20]

한 사물에 하나로 집중하여 (세월이 가면) 변화시킬 수 있으니 신묘하고, 하나의 일에 집중하여 (세월이 가면) 변화시킬 수 있으니 지혜라 한다. (사물은) 변하나 기氣는 바뀌지 않고, (일은) 변하나 지혜는 바뀌지 않는다. 오직 집중하는 군자들만이 이렇게 할 수 있구나! 하나에 집중하여 잃지 않으면, 만물을 주재主宰할 수 있다. 군자들은 외물들을 주재하지, 외물들에 의해 주재당하지 않기에, (이것이) 하나에의 집중을 얻는 도리이다. 닦으려는 마음이 속에 있어서, 다스리려는 말씀이 입에서 나오고, 다스리려는 일들을 사람들에게 부가시킬 수 있으면, 그렇다면 천하는 다스려질 것이다! 도道를 장악하면 천하가 복종할 것이고, 도가 확립되면 천하가 말을 들을 것이니, 이것이 공공公共을 (위한 것)이다.

一物能化謂之神, 一事能變謂之智.[21] 化不易氣, 變不易智. 惟執一之君子能爲此乎! 執一不失, 能君萬物. 君子使物, 不爲物使, 得一之理. 治心在於中, 治言出於口, 治事加於人, 然則天下治矣. 一言得而天下服, 一言定而天下聽,[22] 公之謂也.

몸이 바르지 않으면, 덕德이 오지 않고, (마음) 속이 고요하지 않으면, 마음은 다스려지지 않는다. 몸을 바르게 하고 덕을 닦아서, 하늘처럼 인자하고 땅처럼 의義로우면, (정기精氣가) 면면히 이어서 올 것이다. 신명神明이 지극하게 되고, 만물들을 밝게 안다면, 마음은 의롭기

17 黎翔鳳에 의하면, 枝(가지)는 肢(팔다리)와 통한다.
18 戴望에 의하면, 道는 通이다. '氣道乃生'은 氣가 통하면 산다는 뜻이다.
19 陳鼓應에 의하면, 止는 行止이니, 處身行事를 말한다.『管子四篇詮釋』, 97頁, 注4 참조.
20 陳鼓應에 의하면, 生은 性이다. 上同, 100頁, 注5 참조.
21 陳鼓應에 의하면, 張舜徽는 一은 專一이라고 말한다. 上同, 104頁, 注1 참조.
22 陳鼓應에 의하면, 一言은 道를 가리킨다. 得은 장악이고, 定은 확립이다. 上同, 101頁, 注3 참조.

에 지킴에 틀림이 없을 것이다. 외물 때문에 감관感官을 어지럽히지 않고, 감관 때문에 마음[內心]을 어지럽히지 않는 것, 이것이 속마음[內心]을 얻는 것이다. 정기가 스스로 몸에 있으니, 한 번 나가고 한 번 들어오니, 신묘神妙하여 (무엇인지) 생각할 수 없다. 그것을 잃어버리면 반드시 혼란이 생기고, 그것을 얻으면, 반드시 다스려진다. 삼가 그것[정기]이 머무를 집을 청소하면, 정기는 장차 스스로 올 것이다. 정순精純한 속마음으로 생각하고, 잡스러운 생각을 잠재우고 (마음을) 다스린다. 외모를 엄숙히 하고 삼가 경외하면, 정기는 장차 올바름[正]에 이를 것이다. 그것을 얻었으면 버리지 말 것이며, 귀와 눈도 방탕해서는 안 되고, 마음에 다른 잡생각이 없어야 한다. 바른 마음이 (마음) 속에 있어야, 만물들은 (알맞은) 법도를 얻게 된다.

形不正, 德不來; 中不靜, 心不治. 神明之極, 照乎知萬物,[23] 中義守不忒.[24] 不以物亂官, 不以官亂心, 是謂中得. 有神自在身,[25] 一往一來, 莫之能思. 失之必亂, 得之必治. 敬除其舍, 精將自來. 精想思之,[26] 寧念治之. 嚴容畏敬, 精將至定.[27] 得之而勿捨, 耳目不淫. 心無他圖. 正心在中, 萬物得度.

도道가 천하에 가득 차고, 백성들이 있는 곳에 두루 있어도, 백성들은 (그 사실을) 알지 못한다. 도의 이치는, 위로 하늘에 이르고, 아래로는 땅끝까지 가고, 온 세상[九州]에 가득 펼쳐져 있다.

어떻게 그것을 이해할 수 있는가?

마음을 다스림에 있다. 내 마음이 다스려지면, 감관感官들도 이에 다스려진다. 내 마음이 편안하면, 감관도 이에 편안해진다. 다스리는 것도 마음이요, 편안하게 하는 것도 마음이다. 마음은 마음속에 감추어있지만, 마음속에 또 마음이 있다. 저 마음속의 마음은, 뜻[意]이 말[言]보다 앞선다. 뜻이 있은 다음에 (말이) 나타나며, (뜻이) 나타난 뒤에 말이 되고, 말이 있은 다음에 (사람들을) 시킬 수 있고, 시킨 다음에 다

23 洪頤煊에 의하면, 照는 마땅히 昭(밝다)다.
24 黎翔鳳에 의하면, 中은 心을 가리킨다.
25 陳鼓應에 의하면, 神은 精氣를 가리킨다. 上同, 105頁, 注1 참조.
26 湯孝純에 의하면, 精想은 精純한 內心의 생각이다. 『新譯管子讀本』(下), 628頁, 注3 참조.
27 黎翔鳳에 의하면, 定은 正의 뜻이다.

스려짐이 있다. 다스리지 않으면 반드시 혼란이 있고, 혼란이 생기면 이에 (사람들이) 죽게 된다.

道滿天下, 普在民所, 民不能知也. 一言之解, 上察於天, 下極於地, 蟠滿九州.[28] 何謂解之? 在於心安.[29] 我心治, 官乃治. 我心安, 官乃安. 治之者心也, 安之者心也. 心在藏心, 心之中又有心焉. 彼心之心, 音以先言.[30] 音然後形, 形然後言. 言然後使, 使然後治. 不治必亂, 亂乃死.

정기精氣가 있으니 (사람들이) 스스로 생존할 수 있고, 밖으로 광채가 난다. (정기를) 안에 저장하니 (생명의) 원천이 되며, 광활하며 화평하니, 기氣의 연원淵源이 된다. 연원이 고갈枯渴되지 않으니, 사지四肢가 이에 튼튼해진다. 샘이 막히지 않으니, (사람 몸의) 아홉 구멍이 마침내 막힘없이 통한다. (세상을 다스리면) 공로가 하늘과 땅에 다 미칠 것이고, 덕德은 사해四海에 펴질 것이다. 마음속에 미혹迷惑할 만한 뜻이 없고, 밖으로 사악한 재앙이 없다. 마음이 속에서 온전하고, 몸이 밖에서 건전하다. 하늘의 재앙도 만나지 않고, 인화人禍도 만나지 않으니, 성인이라 말할 수 있다. 사람이 (마음이) 바르고, (뜻이) 고요하면, 피부가 윤기 나고 풍만하며, 귀와 눈이 밝으며, 근육이 펼쳐지고 뼈가 강해져서, 이에 큰 하늘을 머리에 올려놓을 수 있고, 큰 대지를 밟고 설 수 있다. 텅 빈 하늘을 관찰하고, 해와 달을 보면서, 공경하며 근신하면 잘못이 없을 것이니, 매일 덕을 새로이 하여, 천하를 두루 알고, 사방의 아주 먼 데까지 이른다. 정기의 충만을 삼가 발전시킴, 이것이 (마음) 안의 득得과 실實이다. 그러나 (정기를) 반환返還하지 못하는 것, 이것이 생명의 파탄이다.

精存自生, 其外安榮.[31] 內藏以爲泉原, 浩然和平, 以爲氣淵. 淵之不涸, 四體乃固. 泉之不竭, 九竅遂通.[32] 乃能窮天地, 被四海.[33] 中無惑意, 外無邪

28 陳鼓應에 의하면, 一言은 道이고, 解는 道理이다. 察은 至(이르다)의 의미이고, 蟠은 播는 播布이다. 『管子四篇詮釋』, 106頁, 注1 참조.

29 郭沫若에 의하면, 安은 마땅히 治여야 되며, 위 문장의 之와 韻이 맞는다.

30 陳鼓應에 의하면, 王念孫의 교정에 의하면, 音은 意이다. 上同, 107頁, 注4 참조.

31 王念孫에 의하면, 安은 乃이다. 榮은 光色을 가리킨다.

32 王念孫에 의하면, 通은 達이다.

33 湯孝純에 의하면, 窮은 功窮이요, 이것은 功盡의 의미요, 被는 德布나 澤施의 의미다. 『新譯

菑. 心全於中, 形全於外. 不逢天菑, 不遇人害, 謂之聖人. 人能正靜, 皮膚裕寬, 耳目聰明, 筋信而骨强, 乃能戴大圜, 而履大方. 鑒於大淸, 視於大明,[34] 敬愼無忒, 日新其德, 徧知天下, 窮於四極. 敬發其充,[35] 是謂內得. 然而不反,[36] 此生之忒.

무릇 도는 반드시 주밀周密해야 하고, 반드시 관후하고 화평하며, 반드시 견고해야 한다. 선한 것을 지키고 버리지 말 것이며, 사악한 것을 내쫓고 부박浮薄한 것을 버리고, 일단 이런 준칙을 알았다면, 도道와 덕德으로 돌아와야 한다. 온전한 마음이 속에 있는 것을 가려두고 숨길 수 없다. (그것이) 얼굴에 나타남을 알 수 있고, 피부 색깔에도 보인다. 착한 기운은 사람들을 맞아들이니, 형제들처럼 가깝다. 나쁜 기운도 사람들을 맞이하니, 무기들보다 해롭다. 말 없는 소리가 우레[雷]나 북[鼓]보다 빠르다. 심기心氣가 (밖으로) 표현되는 것은, 해나 달보다 (더) 명확하고, 부모들보다도 (먼저) 살핀다. 기氣의 뜻이 통하면 천하가 복종하고, 마음의 뜻이 확정되면 천하 사람들이 귀 기울인다. 상賞도 착한 것을 권면하기에 부족하고, 형벌도 잘못을 징계하기에 부족하다. 기의 뜻이 통하면 천하가 복종하고, 마음의 뜻이 확정되면 천하 사람들이 귀 기울인다. 기의 뜻이 통하면 천하가 복종하고, 마음의 뜻이 확정되면 천하 사람들이 귀 기울인다. 정기精氣에 전념하여 신(의 경지)에 도달하면, (마음) 속에 만물들이 갖추어진다. 전심專心할 수 있는가? 한결같을 수 있는가? 복卜점이나 서筮점 없이도 길흉을 알 수 있는가? (멈추려고 해도) 멈출 수 있는가? (끝내려고 해도) 끝낼 수 있는가? 남에게서 찾지 않고서도 자기 (마음)에서 깨달을 수가 있는가? 생각하라, 생각하라, 거듭 생각하라! 생각해도 통하지 않으면, 귀신이 통하게 해줄 것이다. 귀신의 힘이 아니고, 정기가 (이미) 극치에 이른 것이다. 몸이 단정하고, 혈기가 일단 고요하고, 같은 뜻으로 마음에 전념하면, 눈도 귀도 혼란을 못 일으키며, 멀리 있는 것이라도 가까이 있는 것처럼 보인다.

管子讀本』(下), 630頁, 注6과 7 참조.

34 湯孝純에 의하면, 大淸은 虛空, 즉 天空이요, 大明은 日月을 가리킨다. 上同, 注13과 14 참조.

35 陳鼓應에 의하면, 充은 '사람 몸의 精氣를 충실히 함'의 뜻이다. 『管子四篇詮釋』, 112頁, 注4 참조.

36 陳鼓應에 의하면, 反은 復니, 精氣가 밖으로 발산되지만, 또한 끊임없이 返還하여 보충한다는 뜻이다. 上同, 注5 참조.

凡道必周必密, 必寬必舒, 必堅必固. 守善勿舍, 逐淫澤薄,[37] 旣知其極,[38] 反於道德. 全心在中, 不可蔽匿. 和於形容,[39] 見於膚色. 善氣迎人, 親於弟兄. 惡氣迎人, 害於戎兵. 不言之聲, 疾於雷鼓. 心氣之形, 明於日月, 察於父母. 賞不足以勸善, 刑不足以懲過. 氣意得而天下服, 心意定而天下聽. 摶氣如神,[40] 萬物備存. 能摶乎? 能一乎? 能無卜筮而知吉凶乎?[41] 能止乎? 能已乎?[42] 能勿求諸人而之己乎?[43] 思之思之, 又重思之. 思之而不通, 鬼神將通之. 非鬼神之力也, 精氣之極也. 四體旣正, 血氣旣靜, 一意摶心, 耳目不淫, 雖遠若近.

사색은 지혜를 낳고, 태만과 경시는 우울을 불러오고, 폭력과 오만은 원한을 낳고, 우울은 병을 생기게 하고, 질병과 곤궁으로 이에 죽는 것이다. 사색하더라도 쉬지 않으면, 안으로 곤궁해지고 밖으로 압박을 받게 된다. 일찍이 도모하지 않으면, 생명은 장차 떠나서 죽을 것이다. 먹는 데는 포식하지 않는 것만 한 것이 없고, 사색해도 탈진하지는 말아라! 절제가 적절하여 중화中和에 이르면, 저것[生命]은 장차 스스로 이를 것이다. 무릇 사람의 인생은, 하늘이 정기精氣를 내놓고, 땅이 형체를 내놓으니, 이것들을 합쳐서 사람이 된다. (하늘과 땅 둘이) 화합하면 이에 살아나고, 화합하지 못하면 살지 못한다. 화합하는 방식을 살펴보면, 그 정기는 보이지 않고, 그 징조도 같지 않다. 화평과 중정中正이 가슴을 채우고, 이치를 따지는 것이 마음에 있으니, 이러면 오래 살 수 있다. 분노가 정도를 잃었다면, 이에 그것에 대비對備해야 한다. 다섯[耳, 目, 口, 鼻, 心] 욕구를 절제하고, 두 개의 흉물[喜와 怒]을 제거하여, 기뻐하지도 말고 분노하지도 말며, 화평和平과 중정中正으로 가슴을 채워라!

37 趙守正에 의하면, 澤은 釋(버리다)와 통한다. 『管子通解』(下), 128頁, 注1 참조.

38 陳鼓應에 의하면, 極은 準則이다. 『管子四篇詮釋』, 113頁, 注2 참조.

39 劉積에 의하면, 和는 知의 誤記다.

40 陳鼓應에 의하면, 摶氣는 專氣이니, 精氣를 포섭하여 모으는 것이다. 如는 達到(이른다)의 뜻이다. 上同, 115頁, 注1 참조.

41 王念孫에 의하면, 吉凶은, 「心術」편에는 凶吉로 되었다.

42 湯孝純에 의하면, 已는 完畢이다. 『新譯管子讀本』(下), 632頁, 注2 참조.

43 陳鼓應에 의하면, '得之己'는 悟覺(자기 마음의 깨달음)을 말한다. 『管子四篇詮釋』, 115頁, 注4 참조.

思索生知, 慢易生憂,[44] 暴傲生怨, 憂鬱生疾, 疾困乃死. 思之而不舍, 內困外薄. 不蚤爲圖, 生將巽舍.[45] 食莫若無飽, 思莫若勿致.[46] 節適之齊,[47] 彼將自至. 凡人之生也, 天出其精, 地出其形, 合此以爲人. 和乃生, 不和不生.[48] 察和之道, 其精不見, 其徵不醜.[49] 平正擅匈,[50] 論治在心,[51] 此以長壽. 忿怒之失度, 乃爲之圖. 節其五欲, 去其二凶, 不喜不怒, 平正擅匈.

무릇 사람의 삶은 반드시 화평하고 바라야[正] 하는데, 이것을 잃었다면, 반드시 기쁨, 분노, 우울, 걱정 때문이다. 이렇기에 분노를 그치게 하는 데 시詩만 한 것이 없고, 근심을 없애는 데 음악만 한 것이 없고, 환락을 절제하는 데 예禮만한 것이 없고, 예를 지키는 데 경건하고 엄숙함[敬肅]만한 것이 없고, 경건하고 엄숙함을 지키는 데 허정虛靜만한 것이 없다. 안으로 허정虛靜하고 밖으로 경건하고 엄숙하여, 본성으로 되돌아올 수 있고, (평정한) 본성은 장차 크게 안정될 것이다. 무릇 먹는 도리는 아주 배부르면 (몸이) 상하고, 아주 절제하면 뼈가 마르고 피가 굳어진다. 배부른 것과 절제의 중간이면, 이것이 조화가 이루어진 것이다. 정기精氣가 머무를 수 있으면, 지식이 생겨난다. 배고픔과 포만이 정도를 잃었으면, 이에 대비해야 한다. 배부르면 행동이 재빠르나, 굶으면 생각이 느려지고, (나이를 먹어서) 늙게 되면, 오래도록 생각한다. 배가 불러서 빨리 움직일 수 없으면, 기氣가 사지四肢에 통하지 못한다. 굶더라도 생각을 느리게 하지 말아야 하며, 배부르더라도 배고픔을 멈출 수 없다. 늙었다고 오래도록 생각하지 않으면, (심신이) 막혀서 빨리 쇠약해진다. 마음을 크게 하여 진취적으로 되고, 정기精氣

44 尹知章은, '疏慢輕易, 必致凶禍, 故生憂'(怠慢과 輕視는 반드시 凶禍를 불러오니, 따라서 근심을 낳는다)라고 주석하고 있다.

45 趙守正에 의하면, 巽은 遜과 통하니, 遜은 양보하다, 떠남의 뜻이다. 舍는 육체이니, 巽舍는 死亡(육체를 떠남)이다. 『管子通解』(下), 130頁, 注8 참조.

46 尹知章은, '治思者, 多困竭'(사색하게 되면, 자주 탈진된다)라고 주석했다.

47 黎翔鳳에 의하면, 齊는 中이다. 陳鼓應은, 節適은 절제가 적당함의 뜻이고, 之는 이르다, 齊는 中和로 주석하였다. 『管子四篇詮釋』, 116頁, 注9 참조.

48 黎翔鳳에 의하면, 房玄齡은 '二氣和乃成其生'([하늘과 땅의] 두 기운이 화합하면 이에 人生이 이루어진다)고 말했지, 人和는 말하지 않았다.

49 黎翔鳳에 의하면, 醜는 同이다.

50 趙守正에 의하면, 擅은 擅專(占有하다)이니, 占據의 뜻이다. '平正擅匈'은 和平과 中正으로 가슴을 점거함의 뜻이다. 匈은 胸이다. 『管子通解』(下), 130頁, 注2 참조.

51 黎翔鳳에 의하면, 論은 辨이고, 治는 理이다.

를 넉넉히 하여 (사유를) 넓혀라! 몸을 안정시키고 (마음은) 흐리멍덩하게[游移] 하지 말고, (마음을) 하나로 하여 지키고 온갖 질병을 버려 버리고, 이익을 보고도 유혹받지 말고, 해를 보고도 두려워하지 말며, (마음을) 넉넉히 가지고 인자하며, 홀로 자신을 즐기니, 이것을 운기運氣라고 말하니, 뜻이 하늘처럼 돌아다닌다.

凡人之生也, 必以平正, 所以失之, 必以喜怒憂患. 是故止怒莫若詩. 去憂莫若樂, 節樂莫若禮, 守禮莫若敬,[52] 守敬莫若靜. 內靜外敬, 能反其性, 性將大定. 凡食之道, 大充傷而形不臧, 大攝骨枯而血沍. 充攝之間, 此謂和成. 精之所舍, 而知之所生. 飢飽之失度, 乃爲之圖. 飽則疾動, 飢則廣思,[53] 老則長慮. 飽不疾動, 氣不通於四末. 飢不廣思, 飽而不廢.[54] 老不長慮, 困乃邀竭. 大心而敢,[55] 寬氣而廣. 其形安而不移, 能守一而棄萬苛,[56] 見利不誘, 見害不懼, 寬舒而仁, 獨樂其身, 是謂雲氣,[57] 意行似天.

무릇 사람의 본성은 반드시 즐거워야 한다. 근심하면 질서를 잃어버리고, 분노하면 단서端緖를 잃어버린다. 근심하고 비통해하고, 기뻐하고 분노하면, 도道는 이에 (있을) 곳이 없게 된다. 사랑도 욕심도 그것을 잠잠하게 해야 하며, 어리석음과 혼란도 그것을 바로잡아야 한다. (일부러) 끌어당기거나 밀어내지 말라, 복은 장차 스스로 돌아올 것이다. 저 도는 스스로 온 것이지만, 우리는 (도를) 빌려서 모책을 낼 수 있다. 조용하면 (도를) 얻을 수 있고, 조급하면 그것을 잃는다. 영기靈氣가 마음에 있으나, 한 번은 오고 한 번은 가버린다. 작다고 하면 안[內]이 없고, 크다고 하면, 밖[外]이 없다. (사람들이) 이것을 잃어버리는 이유는 조급함이 해害가 되기 때문이다. 마음이 허정虛靜한 곳에 머무를 수 있으면, 도는 장차 스스로 안정될 것이다. 도를 얻은 사람은, (나쁜

52 趙守正에 의하면, 敬은 敬愼이나 敬肅의 뜻이다. '內靜外敬'은 내심은 虛靜하고, 밖은 敬肅의 뜻이다. 上同, 131頁, 注2 참조.

53 戴望에 의하면, 廣은 緩(느슨하다)이니, '飢則緩思者, 亦恐傷其精氣'(굶으면 생각이 느려지니, 또한 아마도 그 精氣를 해칠 것이다)라고 말한다.

54 趙守正에 의하면, 廢는, 尹知章은 止로 해석한다. 廢는 飢餓를 멈추게 할 수 없음을 말한다. 上同, 132頁, 注10 참조.

55 黎翔鳳에 의하면, 大는 泰와 같고, 敢은 進取다.

56 陳鼓應에 의하면, 守一은 '營魄抱一'에서 抱一과 같으니, 마음과 몸이 서로 지키고 合一이 됨을 말한다. 苛는 痾(질병)의 假借이다.『管子四篇詮釋』, 121頁, 注13 참조.

57 安井衡에 의하면, 雲은 옛날에는 云이었다. 云은 運이다.

기운들이) 살갗 틈과 머리털에서 밖으로 발산되어, 가슴속에 썩은 것들이 없다. 욕심을 줄이는 도를 실행하니, 만물들이 해를 끼칠 수 없다.

凡人之生也, 必以其歡. 憂則失紀,[58] 怒則失端. 憂悲喜怒, 道乃無處. 愛慾靜之, 遇亂正之.[59] 勿引勿推, 福將自歸. 彼道自來, 可藉與謀. 靜則得之, 躁則失之. 靈氣在心, 一來一逝. 其細無內, 其大無外. 所以失之, 以躁爲害. 心能執靜, 道將自定. 得道之人, 理丞而屯泄,[60] 匈中無敗. 節欲之道, 萬物不害.

58 趙守正에 의하면, 紀는 綱紀이니, 질서의 의미다. 『管子通解』(下), 133頁, 注2 참조.

59 王念孫에 의하면, 遇亂은 愚亂이다.

60 王引之에 의하면, 丞은 蒸으로 읽는다. 蒸은 升(오르다)이고, 泄은 發이다. 屯은 毛이다. 陳鼓應에 의하면, 理는 腠理, 피부의 틈이다. 丞은 蒸과 같다.

봉선 封禪

본 편은 『사기史記』의 「봉선서封禪書」 중 관중과 환공의 대화와 같다. 윤지장尹知章은 '원편은 없어졌으니, 지금은 사마천司馬遷의 「봉선서」에 기재된 관자[管仲]의 말로써 보충하였다'(原篇亡, 今以司馬遷「封禪書」所載管子言以補之)라고 말한다. 따라서, 본 편이 본래 『관자』의 원문이 아니고, 사마천의 글임을 알 수 있다.

환공이 일단 으뜸 제후[覇]가 되고, 규구葵丘땅에서 제후들을 소집하였고, 봉선 제사를 바치고자 하였다.

관중이 말하였다. "옛날에 태산泰山에서 하늘에 봉封제사를 올리고 양보梁父산에서 땅에 선禪제사를 올린 것은 72가문이 되지만, 제가 기억하기로는 12가문뿐입니다. 옛날에 무회씨無懷氏가 태산에서 (하늘에) 봉封제사를 올렸고 운운云云산에서 땅에 선禪제사를 했습니다. 복희虙羲는 태산에서 (하늘에) 봉제사를 드렸고, 운운산에서 땅에 선제사를 했습니다. 신농神農은 태산에 봉제사를 올렸고, 운운산에서 선제사를 드렸습니다. 염제炎帝는 태산에서 봉제사를 올렸고, 운운산에서 선제사를 드렸습니다. 황제黃帝는 태산에서 봉제사를 올렸고 정정亭亭산에서 선제사를 드렸습니다. 전욱顓頊은 태산에서 봉제사를 올렸고, 운운산에서 선제사를 드렸습니다. 제곡帝佶은 태산에서 봉제사를 올렸고, 운운산에서 선제사를 드렸습니다. 요堯는 태산에서 봉제사를 올렸고, 운운산에서 선제사를 드렸습니다. 순舜은 태산에서 봉제사를 올렸고, 운운산에서 선제사를 드렸습니다. 우禹는 태산에서 봉제사를 올렸으며, 회계會稽산에서 선제사를 올렸습니다. 탕湯은 태산에서 봉제사를 올렸고, 운운산에서 선제사를 했습니다. 주周나라 성왕成王은 태산에서 봉제사를 올렸고, 사수社首에서 선제사를 올렸습니다. 모두 천명을 받은 연후에 봉封과 선禪제사를 드릴 수 있었습니다."

환공이 말했다. "과인은 북쪽으로 산융山戎을 정벌하고, 고죽孤竹국을 지나갔습니다. 서쪽으로 대하大夏국을 정벌하고, 유사流沙강을 건너서, 말을 묶고 전차戰車를 들고서, 비이卑耳산을 올라갔습니다. 남쪽으로 정벌하여 소릉召陵에 이르러, 웅이熊耳산에 올라가서 장강長江과 한수漢水를 바라보았습니다. 병거兵車의 회의가 세 번, 승거乘車의 회의가 여섯 번, 아홉 번 제후들을 소집하고, 천하를 한 번 바로잡았으니, 어떤 제후도 과인을 거역하지 못했습니다. 옛날 (하, 은, 주) 삼대에 천명天命을 받은 일과, 또한 어찌 다르겠습니까?"

여기에 관중은 말로써는 환공을 막을 수 없음을 보고서, 사례를 들어서, 말하였다. "옛날 봉선 제사 드릴 때는, 호상鄗上 일대의 기장, 북리北里의 벼를 제사 그릇에 담아 올렸습니다. 장강長江과 회하淮河 일대에서 세 줄기 띠 풀로 짠 방석으로 깔개를 합니다. 동해에서는 비목어比目魚를 바치고, 서해에서는 비익比翼새를 바칩니다. 그다음에 부르지 않아도 스스로 오는 물건들이 15가지입니다. 지금 봉황이나 기린이 오지도 않았으며, 좋은 곡식도 나지 않으니, 쑥과 잡초들만 무성하고, 솔개와 올빼미만 자주 오는데, 봉선 제사를 하시려는 것이 아마도 가능이나 하시겠습니까?"

여기에서 환공은 그만두었다.

桓公旣霸, 會諸侯於葵丘, 而欲封禪. 管仲曰: "古者封泰山禪梁父者七十二家, 而夷吾所記者十有二焉. 昔無懷氏封泰山, 禪云云. 虙羲封泰山, 禪云云. 神農封泰山, 禪云云. 炎帝封泰山, 禪云云. 黃帝封泰山, 禪亭亭. 顓頊封泰山, 禪云云. 帝佶封泰山, 禪云云. 堯封泰山, 禪云云. 舜封泰山, 禪云云. 禹封泰山, 禪會稽. 湯封泰山, 禪云云. 周成王封泰山, 禪社首. 皆受命然后得封禪." 桓公曰: "寡人北伐山戎, 過孤竹. 西伐大夏, 涉流沙, 束馬懸車, 上卑耳之山. 南伐至召陵, 登熊耳山以望江、漢. 兵車之會三, 而乘車之會六, 九合諸侯, 一匡天下, 諸侯莫違我. 昔三代受命, 亦何以異乎?" 於是管仲睹桓公不可窮以辭, 因設之以事, 曰: "古之封禪, 鄗上之黍, 北里之禾, 所以爲盛. 江、淮之間, 一茅三脊, 所以爲藉也. 東海致比目之魚, 西海致比翼之鳥, 然後物有不召而自至者十有五焉. 今鳳凰麒麟不來, 嘉穀不生, 而蓬蒿藜莠茂, 鴟梟數至, 而欲封禪, 毋乃不可乎?" 於是桓公乃止.

소문 小問

작은 질문들

부국富國 강병强兵이나 치세治世와 안민安民의 정책 같은 큰 문제뿐만 아니라, 환공의 승마乘馬 등 작은 문제까지 환공이 물으면, 관중이 답변하는 방식으로 전편을 엮었다.

환공이 관중에게 물었다. "(나라를) 통치하여 혼란이 없고, (백성들을) 명확히 파악하고 총명이 가려지지[壅蔽] 않으려면, 어떻게 하면 되겠습니까?"

관중이 대답하여 말하였다. "분담分擔을 명확히 하고 직분을 맡긴다면, 통치해도 혼란되지 않고, 명확히 파악하나 총명이 가려지지 않을 것입니다."

환공이 물었다. "나라를 부유하게 하려면, 어찌해야 합니까?"

관중이 대답하였다. "농지에 힘쓰시고, 계절에 맞게 활동하면, 나라는 반드시 부유해질 것입니다."

환공이 또 물었다. "과인이 넓은 어짊[大仁]과 큰 의리[大義]를 실시하여 천하를 이롭게 하고자 하오나, 어떻게 하면 되겠습니까?"

관중이 대답하였다. "폭도들을 죽이고 비리非理를 금지하고, 망한 나라를 존속시키고 끊어진 대代를 잇게 해주면, 인자함이 확대되고 의리도 커질 것입니다."

환공이 말했다. "과인이 듣기로는, 폭도를 죽이고 비리를 금지하며, 죄 없는 이를 용서하는 것은, 반드시 전승할 수 있는 군비軍備와 공격하여 쟁취할 수 있는 책략이 있은, 연후에 폭도들을 죽이고 비리를 금지하고, 무죄한 이들을 사면할 수 있습니다."

환공이 물었다. "전승할 수 있는 군비에 대하여 묻고자 합니다."

관중이 대답하였다. "천하의 호걸들을 선발하고, 천하의 정교한 물자들을 집결시키고, 천하의 좋은 기술자들을 오게 하면, 전승할 수 있는 군비를 갖게 될 것입니다."

환공이 말했다. "공략하여 쟁취할 수 있는 책략은 어떠합니까?"

관중이 대답했다. "장비를 훼손하고, 저축한 재물들을 흩어 버리고, (백성들의) 식량을 뺏는다면, 도시를 튼튼히 할 수 없을 것입니다."

환공이 말했다. "그렇다면 쟁취하려면 어떻게 해야 합니까?"

관중이 대답하였다. "아름답게 해서 예우하고, 두텁게 대하면서 속이지 않는다면, 천하의 선비들이 (다) 올 것입니다."

환공이 말했다. "천하의 정교한 물품들을 모으려면, 어떻게 해야 합니까?"

관중이 대답하였다. "(값이) 5라면 6으로 쳐주고, 9라면 10으로 쳐준다면, (들어온 물품들을) 다 셀 수 없을 것입니다."

환공이 물었다. "기술자들을 오게 하려면 어떻게 해야 합니까?"

관중이 말했다. "(월급을) 세 배로 하면, 천 리千里라도 멀다 하지 않을 것입니다."

환공이 말했다. "과인은 이미 전승할 수 있는 군비와 공격하여 쟁취할 수 있는 계책은 알고 있으나, 행군하여 읍邑을 칠 때, 거사의 선후先後를 알고, 지리적 이점을 잃지 않을 방도를 묻고자 하니, 어떻게 하면 되겠습니까?"

관중이 대답했다. "재물을 써서 (반간反間을) 매수하고 (적의) 지도地圖를 살피십시오."

환공이 말했다. "야전野戰에서 반드시 승리하려면, 어떻게 해야 합니까?"

관중이 대답했다. "기습입니다."

환공이 말했다. "과인은 천하를 두루 알고 싶소. 어떻게 하면 되겠습니까?"

관중이 말했다. "제가 작은 것들을 기록하지 않는다면, 천하(라는 큰 것도) 기록할 수 없습니다."

환공이 말했다. "수비, 침공, 정탐偵探이 문제인데, 백성들이 반드시 죽을 각오가 없다면, 출병하여 방어하거나 공격하는 전투의 난점을 같이 할 수 없습니다. (백성들을) 반드시 신뢰할 수 없다면, 믿고서 밖의 사정을 정탐할 수 없습니다. 죽을 각오가 안 된 백성들을 믿고서 방어하거나 전투하기를 추구하며, 신뢰할 수 없는 사람을 믿고서, 밖을 정탐하기를 추구하는 것, 이것은 군대의 세 가지 우매함입니다. (그런데) 백성들로 하여금 반드시 죽을 각오로 싸우며, 반드시 신뢰할 수 있게 하려면, 어떻게 해야 합니까?"

관중이 대답하였다. "세 가지 근본을 명확히 알아야 합니다."

환공이 말하였다. "세 가지 근본이 무엇입니까?"

관중이 대답하였다. "세 가지 근본은 첫째로 고정固定이요, 둘째로 존현尊顯이고, 셋째로 보증保證입니다."

환공이 말했다. "무엇을 말씀하시는 것입니까?"

관중이 대답하였다. "고국故國에 부모와 묘소가 있으니, 고정된 것이요, 전답과 집, 작위와 봉록이 자신을 드러나게 하는 것[尊顯]이요, 아내와 자식들이 보증입니다. 이 세 가지를 갖춘 그다음에 그들의 위엄을 크게 해주며, 그 의지를 북돋우면, 백성들은 반드시 죽을 각오로 싸울 것이며 우리를 속이지 않을 것입니다."

桓公問管子曰: "治而不亂, 明而不蔽, 若何?" 管子對曰: "明分任職, 則治而不亂, 明而不蔽矣." 公曰: "請問富國奈何?" 管子對曰: "力地而動於時, 則國必富矣." 公又問曰: "吾欲行廣仁大義以利天下, 奚爲而可?" 管子對曰: "誅暴禁非, 存亡繼絶而赦無罪, 則仁廣而義大矣." 公曰: "吾聞之也, 夫誅暴禁非而赦無罪者, 必有戰勝之器, 攻取之數, 而後能誅暴禁非而赦無罪." 公曰: "請問戰勝之器?" 管子對曰: "選天下之豪傑, 致天下之精材, 來天下之良工, 則有戰勝之器矣." 公曰: "攻取之數何如?" 管子對曰: "毁其備, 散其積, 奪之食, 則無固城矣." 公曰: "然則取之若何?" 管子對曰: "假而禮之,[1] 厚而勿欺, 則天下之士至矣." 公曰: "致天下之精材若何?" 管子對曰: "五而六之, 九而十之, 不可爲數.[2] 公曰: "來工若何?" 管子對曰: "三倍不遠千里." 桓公曰: "吾已知戰勝之器, 攻取之數矣. 請問行軍襲邑, 擧錯而知先後, 不失地利, 若何?" 管子對曰: "用貨察圖.[3] 公曰: "野戰必勝, 若何?" 管子對曰: "以奇." 公曰: "吾欲徧知天下, 若何?" 管子對曰: "小以

1 張佩綸에 의하면, 假는 嘉(경사스럽다)이다. 嘉는 美다.

2 兪樾에 의하면, '不可爲數'는 '不可勝數'(다 셀 수 없다)다.

3 湯孝純에 의하면, 貨는 '재물로 간첩을 매수함'을 말한다. 圖는 적국의 地圖이다.『新譯管子讀本』(下), 643頁, 注13 참조.

吾不識, 則天下不足識也.[4] 公曰: "守戰遠見有患,[5] 夫民不必死, 則不可與出乎守戰之難. 不必信, 則不可恃而外知. 夫恃不死之民, 而求以守戰, 恃不信之人, 而求以外知, 此兵之三闇也.[6] 使民必死必信, 若何?" 管子對曰: "明三本." 公曰: "何謂三本?" 管子對曰: "三本者, 一曰固, 二曰尊, 三曰質.[7] 公曰: "何謂也?" 管子對曰: "故國父母, 墳墓之所在, 固也. 田宅爵祿, 尊也. 妻子, 質也. 三者備, 然後大其威, 厲其意, 則民必死而不我欺也."

환공이 백성을 다스리는 것에 대하여 관중에게 물었다.

관중이 대답하였다. "무릇 백성을 다스리는 임금은, 반드시 백성들의 아픔을 알아야 하며, 덕으로써 백성들을 화합시켜야 하며, 죄목罪目으로 겁을 주지 말아야 하며, 폭력으로 금지하지 말아야 합니다. 이런 네 가지를 신중하게 하면, 충분히 백성들을 다스릴 수 있습니다."

환공이 말했다. "과인도 좋은 점은 보입니다. (그러나 나라가) 작으니, (과인이) 어찌해야 합니까?"

관중이 대답했다. "적은 것[寡]은 나라를 가진 이가 걱정할 일이 아닙니다. 옛날에 천자天子가 중앙에 서면, 통치 영역은 천 리千里였으며, 사방에는 오랑캐들[蠻夷]의 말[言]들이 갖추어져 있었으니, 어찌 (천 리가) 적다고 말하십니까? 백성들을 다스리는 이가 백성들의 질병을 모르면 백성들은 아픕니다. (그들을) 은덕으로 화합하지 않으시면, 백성들은 원성이 많게 됩니다. 죄목으로 그들을 겁주면, 백성들은 사기詐欺를 많이 칩니다. 폭력으로 제지하면, 떠난 자들은 돌아오지 않고, 온 사람들도 용맹하게 저항합니다. 따라서 성왕들이 백성을 다스릴 때, 백성들은 많게 하는데 (중점이) 있지 않습니다."

환공이 말했다. "좋습니다. 그만둡시다. 이것을 또 어떻게 실행을 해야 합니까?"

관중이 대답하였다. "질박하며 신실하고 매우 인애[仁]하며, 엄격하고 예의가 있으니, 이 넷을 신중히 하면, 실천할 수 있습니다."

환공이 말했다. "설명을 듣고자 합니다."

관중이 대답했다. "신실하면, 백성들이 믿습니다. 어질면, 백성들이

4 黎翔鳳에 의하면, 鄭玄(127~200)注에, 志는 古文의 識, 즉 記(기록하다)다.

5 湯孝純에 의하면, 遠見은 遠方사물을 살핌이니, 偵探이다. 上同, 643頁, 注16 참조.

6 趙守正에 의하면, 暗은 愚昧다.『管子通解』(下), 145頁, 注10 참조.

7 趙守正에 의하면, 固는 固定이고, 尊은 尊顯이고, 質은 保證이다. 上同, 注11 참조.

품에 안깁니다. 엄격하면, 백성들이 두려워합니다. 예禮가 있으면, 백성들이 찬미합니다. 상언常言은 이렇습니다. '명령을 버리고 식언食言을 아니하면, 믿음이다. 자기가 바라지 않는 것을 남에게 베풀지 말라는 것이 어질음[仁]이다. 속이 견실하고 밖으로 바름이 엄격이다. 질박하고 믿음성 있고, 양보하면, 예禮다.'"

환공이 말했다. "좋습니다! 백성들을 다스리자면, 무엇이 먼저입니까?"

관중이 대답했다. "어느 때는 먼저 할 일이 있고, 어느 때는 먼저 할 정책이 있고, 어느 때는 먼저 은덕을 베풀고, 어느 때는 먼저 (백성들을) 헤아려 줍니다. 폭풍이 불고 폭우가 내려도, 백성들을 해칠 수 없고, 물이 없고 가뭄이 와도, 백성들의 걱정이 아닙니다. 모든 강물을 통하게 하고, 그런 해의 곡식들이 성숙하면, (곡식을) 매입하고, 빌려주어도 값이 싸며, 짐승들과 사람들이 모여서 먹어도, 백성들이 질병에 걸리지 않으니, 이 시기에는, 백성들은 부유하고 왕성하게 됩니다. 백성을 다스리는 이는 풍년에 많이 걷어서, 창고를 채우고, 호수와 택지澤地의 개방을 금지하니, 이것이 먼저 할 일입니다. 형벌이 뒤에 따르며, 예禮와 악樂으로 엄숙히 경비하는 것, 이것이 먼저 할 정책입니다. 폭풍과 폭우가 백성들을 해치고, 물이 없고 가뭄이 들어 백성들의 아픔이니, 그런 해의 곡식이 여물지 못하고, 그런 해에 기근이 들어서 곡식을 매입하고 빌리는 값이 올라가서, 백성들이 병에 걸리니, 이 시기에, 백성들이 가난하고 또한 피로합니다. 백성을 다스리는 이가, 창고를 열어서, 산과 산림과 늪과 택지澤地에서 재물을 공유하게 하며, 그다음에 일을 시키며, 먼저 그들을 헤아려서, 그 피로함을 구제하는 것, 이것이 은덕을 먼저 베푸는 일입니다. 그가 거둘 때, 백성의 재산을 강탈하지 않았고, 그가 베풀 때, 덕을 잃지 않았습니다. 윗사람들을 부유케 하고 아랫사람들을 충족시켰으니, 이것이 성왕聖王의 지극한 일입니다."

환공이 말했다. "좋습니다."

桓公問治民於管子, 管子對曰: "凡牧民者, 必知其疾, 而憂之以德,[8] 勿懼

8 兪樾에 의하면, 憂는 '行之和也'이니, '憂之以德'은 '和之以德也'(덕으로써 화목한다)이다.

以罪, 勿止以力.[9] 愼此四者, 足以治民也." 桓公曰: "寡人睹其善也, 何爲其寡也?[10] 管仲對曰: "夫寡非有國者之患也. 昔者天子中立, 地方千里, 四言者該焉,[11] 何爲其寡也? 夫牧民不知其疾, 則民疾. 不憂以德, 則民多怨. 懼之以罪, 則民多詐. 止之以力, 則往者不反, 來者鷙距.[12] 故聖王之牧民也, 不在其多也." 桓公曰: "善, 勿已, 如是又何以行之?" 管仲對曰: "質信極忠,[13] 嚴以有禮, 愼此四者, 所以行之也." 桓公曰: "請聞其說." 管仲對曰: "信也者, 民信之. 忠也者, 民懷之. 嚴也者, 民畏之. 禮也者, 民美之. 語曰: '澤命不渝,[14] 信也. 非其所欲, 勿施於人, 仁也. 堅中外正, 嚴也. 質信以讓, 禮也.'" 桓公曰: "善哉! 牧民何先?" 管子對曰: "有時先事, 有時先政, 有時先德, 有時先怒.[15] 飄風暴雨, 不爲人害, 涸旱不爲民患. 百川道,[16] 年穀熟, 糴貸賤, 禽獸與人聚食民食, 民不疾疫, 當此時也, 民富且驕. 牧民者厚收善歲,[17] 以充倉廩, 禁藪澤, 此謂先之以事. 隨之以刑, 敬之以禮樂,[18] 以振其淫, 此謂先之以政. 飄風暴雨爲民害, 涸旱爲民患, 年穀不熟, 歲飢糴貸貴, 民疾疫, 當此時也, 民貧且罷. 牧民者, 發倉廩, 山林藪澤以共其財, 後之以事, 先之以恕, 以振其罷, 此謂先之以德. 其收之也, 不奪民財. 其施之也, 不失有德. 富上而足下, 此聖王之至事也." 桓公曰: "善."

환공이 관중에게 물었다. "과인이 (전에) 으뜸 제후[覇]가 되고 싶어서, 여러분의 공로로 일단 으뜸 제후가 되었습니다. 지금 과인이 또 왕王이 되고자 하니, 가능이나 하겠습니까?"

관중이 대답하였다. "임금께서는 마땅히 포숙아를 불러서 물으십시오."

포숙아가 오니, 환공이 또 묻자, 포숙아는 대답하였다. "임금께서는 마땅히 빈서무를 불러서 물어보십시오."

빈서무가 빨리 달려가서 찾아뵈니, 환공이 또 물어서, 빈서무는 대답하였다. "옛날의 임금은 임금의 예禮가 있으니, 그 신하들이 가르침을 받았습니다. 지금은 임금의 신하들이 예가 있습니다."

9 張佩綸에 의하면, 止는 禁과 같다.

10 黎翔鳳에 의하면, 이것은 倒置된 구절이다. 그 뜻은, '寡也, 何以爲之'(작으니, 어찌해야 합니까?)이다.

11 黎翔鳳에 의하면, 四言은 四夷之言(사방 蠻夷의 언어)이다.

12 黎翔鳳에 의하면, 距는 拒와 같으니 敵이다. 鷙距는 勇猛하게 抗拒함이다.

13 宋翔鳳에 의하면, 仁의 古文은 忎이다. 忠은 忎의 잘못이다.

14 何如璋에 의하면, 澤은 釋으로 읽으니, 舍(버리다)의 뜻이다. 渝(달라지다)는 變이다.

15 黎翔鳳에 의하면, '有時先怒'를 『趙用賢本』과 『朱東光本』 등에서 怒를 恕로 본 것은 맞다.

16 張佩綸에 의하면, 道는 通이다. 道를 導(통하게 하다)로 읽는다.

17 顔昌嶢에 의하면, 善歲는 豊年이다.

18 黎翔鳳에 의하면, 敬은 肅이니, 肅警(엄숙히 경비하다)의 뜻이다.

환공은 뒤로 물러나서 멀어져 가니, 두세 (인사人士)도 마침내 천천히 물러서 나왔다.

환공이 말하였다. "옛날 태왕太王[古公亶父]이 현명하였고, 왕계王季가 현명하였고, 문왕文王이 현명하였고, 무왕武王이 현명하였습니다. 무왕이 은殷나라를 정벌하여 이겼고, 7년이 지나자 죽었습니다. 주공 단旦이 성왕成王을 보좌하여 천하를 통치하여, 겨우 사해四海 안에서 제압을 할 수 있었습니다. 지금 과인의 아들들은 과인만 못하고, 과인은 여러분들만 못합니다. 이것으로 보자면, 과인이 왕王이 못 될 것은 필연일 것입니다."

桓公問管仲曰: "寡人欲霸, 以二三子之功, 旣得霸矣. 今吾有欲王,[19] 其可乎?" 管仲對曰: "公當召叔牙而問焉." 鮑叔至, 公又問焉, 鮑叔對曰: "公當召賓胥無而問焉." 賓胥無趨而進, 公又問焉, 賓胥無對曰: "古之王者, 其君豐,[20] 其臣敎. 今君之臣豐." 公遵遁繆然遠,[21] 二三子遂徐行而進. 公曰: "昔者大王賢,[22] 王季賢,[23] 文王賢, 武王賢. 武王伐殷, 克之, 七年而崩. 周公旦輔成王而治天下, 僅能制於四海之內矣. 今寡人之子不若寡人, 寡人不若二三子. 以此觀之, 則吾不王必矣."

환공이 말했다. "과인이 백성들을 제압하고 싶으면, 어떻게 해야 합니까?"

관중이 대답하였다. "이것은 임금께서 하실 말씀이 아닙니다. 백성들을 제압하기는 쉬우니, 백성들을 제압하는 방법은, 천하의 큰 도道는 아닙니다. 임금께서 백성들을 제압하려면, 관리로 하여금 조목마다 형벌 규정을 써서 고발하게 하십시오, 죄지은 자를 찾게 되면 상을 주고, 몇 번 살펴서 엄격히 벌주어, 이렇게 하면 백성들을 제압할 수 있을 것입니다. 비록 그러하지만, 백성들을 제압하는 방법은, 천하의 큰 도는 아닙니다. 백성들로 하여금 임금을 두려워하고 친밀함을 보이지 않으시면, 화는 급속히 몸에 미칠 것이니, 비록 서로 대치는 안 하더라도, 사람들은 막아 주지는 않을 것이니, 위험합니다! 임금의 나라가 위급합니다!"

19 宋翔鳳에 의하면, 有는 又로 읽는다.
20 黎翔鳳에 의하면, 豊은 行禮의 그릇[器]인 禮와 같이 읽는다.
21 王念孫에 의하면, 遵遁은 逡巡(뒤로 물러나다)과 같다.
22 趙守正에 의하면, 大王은 周文王의 祖父인 古公亶父를 말한다. 上同, 148頁, 注6 참조.
23 趙守正에 의하면, 周文王의 아버지 王季이다. 上同, 注7 참조.

桓公曰: “我欲勝民, 爲之奈何?” 管仲對曰: “此非人君之言也. 勝民爲易, 夫勝民之爲道, 非天下之大道也. 君欲勝民, 則使有司疏獄而謁,[24] 有罪者償, 數省而嚴誅, 若此則民勝矣. 雖然, 勝民之爲道, 非天下之大道也. 使民畏公而不見親, 禍亟及於身, 雖能不久, 則人持莫之弑也,[25] 危哉! 君之國岋乎!”[26]

환공이 마구간을 보면서, 마구간 관리에게 물어보았다. “마구간에서 무슨 일이 제일 어려운가?”

마구간 관리가 아직 대답을 못 하자, 관중이 대답하였다. “내가 일찍이 말 키우는 관리였습니다. 마판馬板을 순서대로 까는 것이 가장 어렵습니다. 먼저 굽은 목재를 깔면, 굽은 목재가 또 굽은 나무를 찾으니, 굽은 나무를 이미 깔았으면, 곧은 나무는 깔 데가 없을 것입니다. 먼저 곧은 나무를 깔았다면, 곧은 나무는 또 곧은 나무를 찾을 것이니, 곧은 목재를 이미 깔았는데, 굽은 나무는 또한 깔 데가 없을 것입니다.”

桓公觀於廐, 問廐吏曰: “廐何事最難?” 廐吏未對, 管仲對曰: “夷吾嘗爲圉人矣. 傅馬棧最難. 先傅曲木,[27] 曲木又求曲木, 曲木已傅, 直木無所施矣. 先傅直木, 直木又求直木, 直木已傅, 曲木亦無所施矣.”

환공이 관중에게 말했다. “과인은 복종하지 않는 큰 나라를 정벌하려고 하니, 어떻게 해야 합니까?”

관중이 대답하였다. “먼저 국내를 사랑하십시오, 그다음에 국경 밖의 선정善政을 못하는 자를 미워할 수 있으며, 먼저 경卿과 귀족의 가문들을 안정시키십시오, 그다음에 이웃 적국敵國을 위태롭게 할 수 있습니다. 이 때문에 선왕들은 반드시 먼저 설치하고, 나중에 폐지하였습니다. 반드시 먼저 이롭게 하고, 나중에 손해를 주었습니다.”

환공이 즉위하고, 토지 신께 제사하여 감사 제사를 올리게 명령하

24 趙守正에 의하면, 蔬는 조목을 갈라서 기록함, 즉 조목에 따른 刑獄에 관한 규정이다. 上同, 148頁, 注2 참조.

25 黎翔鳳에 의하면, 久는 相距(대치하다)의 뜻이 있고, 弑는 試, 즉 用이다.

26 尹桐陽에 의하면, 岋乎는 岌乎(위태하다)다.

27 黎翔鳳에 의하면, 房玄齡注는, 傅를 編次(순서대로 안배하다)로 훈독했다. 鋪(늘어놓다)와 같다.

였다. 제관祭官인 부鳧와 이비已疵가 제사한 고기를 (환공에게) 올렸다.

제관이 말하였다. "임금의 (잡다한) 병 빼고는, 허虛가 많고 실實이 적음을 인정합니다."

환공은 (이 말에) 기뻐하지 않고, 눈을 감고 제관인 부와 이비를 바라보았다. 제관인 부와 이비는 술을 받고서 제사를 지냈다. (이들은) 말했다. "또 임금이 현명해지기를 (신께서) 응낙해주실 것을 청합니다."

환공이 분노하여, 장차 이들을 죽이려 하였으나 미처 못 하였다고, 관중에게 고하였다.

관중은 이에 환공이 으뜸 제후[霸]는 될 수 있다는 것을 알았다.

桓公謂管仲曰: "吾欲伐大國之不服者, 奈何?" 管仲對曰: "先愛四封之內, 然後可以惡竟外之不善者. 先定卿大夫之家, 然後可以危鄰之敵國. 是故先王必有置也, 然後有廢也. 必有利也, 然后有害也." 桓公踐位, 令釁社塞禱.[28] 祝鳧已疵獻胙.[29] 祝曰: "除君苛疾, 與若之多虛而少實.[30] 桓公不說, 瞑目而視祝鳧、已疵. 祝鳧已疵授酒而祭之.[31] 曰: "又與君之若賢."[32] 桓公怒, 將誅之而未也, 以復管仲. 管仲於是知桓公之可以霸也.

환공이 말을 타려는데, 호랑이가 멀리서 이것을 보고서 잠복하고 있었다. 환공이 관중에게 물었다. "지금 과인이 말을 타려는데, 호랑이가 멀리서 과인을 바라보고서 공격을 안 하는, 그 이유는 무엇입니까?"

관중이 대답하였다. "임금께서 얼룩말을 타고 빙빙 돌다가, 태양을 향하여 마구 달릴 생각이십니까?"

환공이 말하였다. "그렇습니다."

관중이 대답하였다. "이것은 박駮[호랑이를 잡아먹는 맹수]의 형상인데, 이것은 범과 표범을 잡아먹으니, 따라서 호랑이가 의심한 것입니다."

28 丁士涵에 의하면, 塞은 賽(감사 제사)다. 옛날에는 賽자가 없었다.

29 尹知章은 주석에서, 祝은 祝史(제관의 벼슬)이고, 鳧와 疵는 그들의 이름이라고 말한다. 그러나 黎翔鳳에 의하면, 已疵가 이름이다.

30 黎翔鳳에 의하면, 苛疾은 질병이고, 若은 諾(승낙)과 같다. '謂得神之許可, 多虛而少實, 言無病也'(신의 허가를 얻었으니, 허한 데가 많고 實한 데는 적으나, 病은 없음을 말한 것이다) 참조.

31 安井衡에 의하면, 古本에는 授(주다)가 受(받다)로 되었다.

32 黎翔鳳에 의하면, 若은 諾과 같다. '請神許諾使君賢, 則君之現在爲不賢矣, 故桓公怒將誅之也'(神에게 임금이 현명하게 허락해 달라고 청한 것은, 임금이 지금 현명하지 못하다고 여긴 것이니, 따라서 환공이 분노하여 이들[제관]을 죽이려고 하였음)을 말하고 있다.

초楚나라가 거莒 땅을 정벌하려 하니, 거 땅의 임금이 제나라에 구원을 청하여, 환공이 막 그를 구원하려고 하였다.

관중이 말했다. "임금께서 구제하지 마십시오."

환공이 말했다. "그 이유는 무엇입니까?"

관중이 대답했다. "제가 그의 사신과 이야기했는데, 자기 임금을 세 번 욕보이고도, 안색이 변하지 않았습니다. 제가 관리를 시켜서 예물禮物에서 삼관전三貫錢을 공제控除하고자 하니, 그 사신이 목숨을 걸고 싸웠습니다. 거莒의 임금은 소인小人배이니, 임금께서는 구제하지 마십시오."

환공이 과연 구제하지 않으니 거는 망하였다. 환공이 봄에 유람遊覽하러 나가니, 삼월에 들판에서 관람하였다.

환공이 말했다. "어떤 물건이 임금의 덕德에 비견되겠습니까?"

습붕이 대답하였다. "곡식은 안에 (옷을) 입고 있고, 중간에 갑옷의 한 층層이 있으며, 밖에 가시[刺]가 있으나 자만하지 않고, 스스로 곡식이라 말하니, 이것이 군자의 덕에 비견될 것입니다!"

관중이 말했다. "싹은 처음에는 작으니, 진실하기 어린애 같구나! 커지면, 장성하기가 용사로구나! 성숙하기에 이르러, 풍성하게 이삭이 숙었으니, 군자로다! 세상이 이것을 얻으면 편안하고, 얻지 못하면 위태로우니, 따라서 벼[禾]라 이름하니, 이것이 아마도 군자의 덕에 비견될 것입니다."

환공이 말했다. "좋습니다."

桓公乘馬, 虎望見之而伏. 桓公問管仲曰: "今者寡人乘馬, 虎望見寡人而不敢行, 其故何也?" 管仲對曰: "意者君乘駁馬而洀桓,[33] 迎日而馳乎?" 管仲對曰: "此駁象也, 駁食虎豹, 故虎疑焉." 楚伐莒, 莒君使人求救於齊, 桓公將救之. 管仲曰: "君勿救也." 公曰: "其故何也?" 管仲對曰: "臣與其使者言, 三辱其君, 顏色不變. 臣使官無滿其禮, 三强.[34] 其使者爭之以死. 莒君, 小人也, 君勿救." 桓公果不救而莒亡. 桓公放春[35]三月觀於野. 桓公曰: "何物可比於君子之德乎?" 隰朋對曰: "夫粟, 內甲以處, 中有卷城, 外

33 黎翔鳳에 의하면, 駁(얼룩말)은 지금 駮(범을 잡아먹는 맹수)으로 쓴다.

34 趙守正에 의하면, 强은 繈이니, 錢貫(동전들을 꿰뚫는 실)이다. 贈禮(바치는 선물)에서 三貫錢을 控除하니, 사신이 목숨을 걸고 싸웠다고 말했다. 上同, 151頁, 注2 참조.

35 金廷桂에 의하면, 放春은 봄에 游放함이다. 즉 出游이다.

有兵刃,[36] 未敢自恃, 自命曰粟, 此其可比於君子之德乎!" 管仲曰: "苗, 始其少也, 眗眗乎,[37] 何其孺子也! 至其壯也, 莊莊乎何其士也! 至其成也, 由由乎茲免,[38] 何其君子也! 天下得之則安, 不得則危, 故命之曰禾. 此其可比于君子之德矣." 桓公曰: "善."

환공이 북쪽으로 고죽孤竹국을 정벌하고, 비이지계卑耳之谿 10리에 못 이르렀는데, 버티고 나가지 않고, 똑바르게 쳐다보면서 활을 당겨 쏘고자 하여, 활을 당겼으나 아직 발사는 못 했다. 좌우의 사람에게 말하였다. "이 앞에 선 사람을 보았는가?"

좌우에서 대답하였다. "보지 못했습니다."

환공이 말하였다. "일이 제대로 성공하지 못할 것인가? 과인이 크게 미혹되었네. 지금 내가 본 사람은 크기가 1자[尺]이지만 사람의 풍모는 갖추었고, 모자를 썼으며, 오른쪽으로 옷을 추켜들고, 뛰는 말 앞으로 달려갔으니, 원정이 성공하지 못할 것이 아닌가! 과인은 크게 미혹되어 있으니, 어찌 이 같은 사람이 있을 수 있는가?"

관중이 대답하였다. "신臣이 듣기로는 산에 오르는 신神에 유아兪兒라는 신神이 있는데, 키가 1자요, 사람의 풍모를 갖추었습니다. 패업을 이룰 임금이 일어나면, 산을 오르는 신이 나타나서, 또한 말을 타고 달리며 앞에서 빨리 가며, 인도합니다. 옷깃을 집어 올리고, 앞에 물이 있음을 보입니다. 오른쪽으로 옷깃을 집어 들면, 오른쪽으로 물을 건널 것을 보여 줍니다."

비이지계에 도달하니, 물 건너는 것을 가르쳐 주는 사람이 말했다. "왼쪽으로 물을 건너면, 깊어서 (물이) 모자[冠]까지 미칩니다. 오른쪽으로 건너면, 깊이가 무릎에 이릅니다. 오른쪽으로 건너시면, 아마도 건널 것입니다."

환공은 말 앞에서 즉각 관중에게 감사 표시를 하였다. "중보의 성

36 姚永概에 의하면, 알갱이는 갑옷 안에 있고, 卷城은 알갱이 밖의 갑옷의 한 층이다. 兵刃은 갑옷 밖의 가는 가시[細刺]이다.

37 丁士涵에 의하면, 眗眗은 마땅히 恂恂이다. 黎翔鳳에 의하면, 恂(진실한)은 信心이니, '恂恂如鄙人'(시골 사람처럼 진실하다)라고 말한다.

38 程瑤田(1725~1814)에 의하면, 茲免에서 免은 俯(구부리다)이고, 茲는 益이다. 이삭이 더욱 구부러지면 뿌리를 향하는 것을 말한 것이다. 何如璋에 의하면, 由由는 油油(濃密하고 飽滿하고 潤澤함)와 통한다.

명聲明이 이와 같은 데 이르렀으니, 과인이 벌받은 지 오래되었습니다."

관중이 대답하였다. "제가 듣기로는, 성인들은 형태가 드러나기 전에 먼저 안다고 했는데, 지금 이미 형체가 드러나고, 그 뒤에 안 것이니, 저는 성인이 아니고, 가르침을 잘 받은 것입니다."

桓公北伐孤竹, 未至卑耳之谿十里, 闟然止, 瞠然視,[39] 援弓將射, 引而未敢發也. 謂左右曰: "見是前人乎?" 左右對曰: "不見也." 公曰: "事其不濟乎? 寡人大惑. 今者寡人見人, 長尺而人物具焉,[40] 冠, 右祛衣, 走馬前疾, 事其不濟乎! 寡人大惑. 豈有人若此者乎?" 管仲對曰: "臣聞登山之神, 有俞兒者, 長尺而人物具焉. 霸王之君興, 而登山, 神見, 且走馬前疾, 道也.[41] 祛衣, 示前有水也. 右祛衣, 示從右方涉也." 至卑耳之谿, 有贊水者曰:[42] "從左方涉, 其深及冠. 從右方涉, 其深至膝. 若右涉, 其大濟." 桓公立拜管仲於馬前曰: "仲父之聖至若此, 寡人之抵罪也久矣." 管仲對曰: "夷吾聞之, 聖人先知無形, 今已有形而後知之, 臣非聖也, 善承教也."

환공이 관중을 시켜서 영척甯戚의 의견을 구하였다. (영)척이 응답하여 말하였다. "물이 성대합니다!"

관중은 (그 뜻을) 알지 못하니, 점심을 먹을 때까지 그것을 생각하였다. 비녀婢女가 말하였다. "나리께서 무엇을 골몰하십니까?"

관중이 말했다. "비녀가 알아야 될 일이 아니다."

비녀가 말하였다. "나리께서는 (저를) 어리다고 깔보지도 말고, 천시하지도 마세요. 옛날 오吳나라와 간干나라가 전투를 했는데, 유치乳齒가 빠지지 않은 어린아이는 군대의 문턱에도 들어올 수 없었습니다. 국자國子라는 아이가 이빨을 뽑고, 마침내 (군문에) 들어가서, 간나라를 위해 많은 일을 했습니다. 백리혜百里徯는 진秦나라에서 소 키우던 자인데, 목공穆公이 천거하여 재상이 되어, 마침내 (진나라를) 제후 중에 으뜸 제후가 되게 했습니다. 이것으로 본다면, 천하다고 어찌 천하게만 보며, 어리다고 어찌 어리게만 볼 수 있겠습니까?"

39 黎翔鳳에 의하면, 瞠(보다)은 지금의 瞪(바로 보다)이다. 闟은 荅의 假借이니, 住立이다.

40 趙守正에 의하면, 人物은 사람의 品貌와 風度를 말한다. 具는 具備다. 上同, 152頁, 注2 참조.

41 黎翔鳳에 의하면, 道는 導(인도하다)와 같다.

42 趙守正에 의하면, 贊水는 물 건너는 것을 가르쳐 주는 사람이다. 贊은 引導이다. 上同, 152頁, 注4 참조.

관중이 말했다. "그래, 환공께서 저더러 영척의 의견을 물어 오라고 하시기에, 영척은 저에게 '물이 성대하도다!'라고 대답했다. (그런데) 저는 그 뜻을 모르겠소!"

비녀가 대답했다. "시詩에 있는데, '성대하도다, 물이여! 펄펄 뛰노는 것은 물고기로다! 아직 아내가 없으니, 어디서 나를 불러서 안거할 수 있을까?' 영척은 아마도 아내를 취하려는 것이 아닐까요?"

桓公使管仲求甯戚. 甯戚應之曰: "浩浩乎![43] 管仲不知, 至中食而慮之. 婢子曰: "公何慮?" 管仲曰: "非婢子之所知也." 婢子曰: "公其毋少少, 毋賤賤. 昔者吳、干戰, 未齔不得入軍門. 國子擿其齒, 遂入, 爲干國多. 百里徯, 秦國之飯牛者也, 穆公擧而相之, 遂霸諸侯. 由是觀之, 賤豈可賤, 少豈可少哉!" 管仲曰: "然. 公使我求甯戚, 甯戚應我曰: '浩浩乎!' 吾不識." 婢子曰: "詩有之: '浩浩者水, 育育者魚.[44] 未有室家, 而安召我居?' 甯子其欲室乎?"

환공이 관중과 함께 문을 닫고서 거莒 땅을 칠 것을 모의하고, 밝히지는 않았는데, 이미 도성에 소문이 난 것은, 그 이유가 무엇이겠습니까?

관중이 말했다. "도성 안에 반드시 성인이 계십니다."

환공이 말했다. "그렇습니다. 일꾼 중에, 자리를 깔고 식사하면서 위를 쳐다본 이가 있는데, 반드시 그 사람일 것입니다."

이에 다시 일하도록 명령을 하고, 다시 서로 대신하지 못하게 하였다. 얼마 안 있어 동곽우東郭郵가 오니, 환공은 접대 관리를 시켜서 위를 향하게 하니, 그와 계급을 나누고 위를 쳐다보게 하여, 물었다.

(환공이) 말하였다. "자네가 거 땅을 칠 것이라 말했는가?"

동곽우가 대답했다. "네, 저입니다."

환공이 말하였다. "과인은 거를 친다고 말하지 않았으나, 자네가 거를 친다고 말했으니, 그 이유는 무엇인가?"

43 趙守正에 의하면, 浩浩는 水盛大貌(물이 盛大한 모양)이다. 上同, 153頁, 注1 참조.

44 趙守正에 의하면, 育育은 活潑自如貌이다. 尹知章注에, '水浩浩然盛大, 魚育育然相與而游其中, 喩時人皆得配偶以居其室家. 甯戚有伉儷之思, 故陳此詩見意'(물이 매우 성대하도다! 고기들이 팔팔 뒤며 그 중에 노니는구나! 당시 사람들이 모두 짝을 얻어 그들의 집에 살고 있음을 깨우친 것이다. 영척은 아내를 얻고 싶은 생각이 있었고, 그 때문에 이 시를 써서 (자기) 뜻을 보인 것이다). 上同, 153頁, 注5 참조.

동곽우가 대답하였다. "제가 듣기로는, 군자들은 모의를 잘하고, 소인들은 생각을 잘하니, 제가 생각한 것입니다."

환공이 말했다. "자네가 어떻게 그것을 생각했는가?"

동곽우가 말했다. "흔연히 기뻐하는 것은, 종과 북을 치는 낌새요, 무거우며 침체한 것은 상례喪禮의 낌새요, 얼굴색이 밝고 깨끗하며, 손발과 엄지를 움직이는 것은 전쟁의 낌새입니다. 그날 제가 두 분께서 누대 위에 계신데, 입은 벌렸으나 닫지를 못하는 것을 보니, 이는 거를 말하는 것이고, 두 손으로 가리키니, 세력은 거에 해당합니다. 또 제가 보기에 작은 나라 제후로서 복종하지 않는 것은 오직 거뿐입니다. 저는 그래서 거를 친다고 말한 것입니다."

환공이 말하였다. "좋네. 미미한 데서 명확한 것을 알아맞혔으니, 이것을 말하는가! 자네는 앉게나, 과인은 자네와 함께 거를 칠 모의를 하겠네."

> 桓公與管仲闔門而謀伐莒, 未發也, 而已聞於國, 其故何也? 管仲曰: "國必有聖人." 桓公曰: "然. 夫之役者, 有執席食以視上者, 必彼是邪?" 於是乃令之復役, 毋復相代. 少焉東郭郵至, 桓公令儐者延而上,[45] 與之分級而上, 問焉. 曰: "子言伐莒者乎?" 東郭郵曰: "然, 臣也." 桓公曰: "寡人不言伐莒, 而子言伐莒, 其故何也?" 東郭郵對曰: "臣聞之, 君子善謀, 而小人善意,[46] 臣意之也." 桓公曰: "子奚以意之?" 東郭郵曰: "夫欣然喜樂者, 鐘鼓之色也. 夫淵然淸靜者, 縗絰之色也. 漻然豐滿, 而手足拇動者,[47] 兵甲之色也. 日者臣視二君之在臺上也, 口開而不闔, 是言莒也. 擧手而指, 勢當莒也. 且臣觀小國諸侯之不服者, 唯莒於是.[48] 臣故曰伐莒." 桓公曰: "善哉, 以微射明,[49] 此之謂乎! 子其坐, 寡人與子同之."[50]

어느 문객門客이 제齊 환공을 혹 만나 뵈면, 높은 관직에 임용되기를 청하며, 녹봉 천종千鐘을 받고자 하였다. 환공이 관중에게 보고하였다.

(관중이) 말했다. "임금께서 주십시오."

45 尹知章은, 儐은 賓客을 인도하는 사람이라고 주석했다.

46 黎翔鳳에 의하면, 意는 憶(생각하다)과 같다.

47 黎翔鳳에 의하면, 翹拇(엄지손가락을 쳐드는 것)은 得意한 모습이니, 矜(자신을 갖다)와 같다.

48 王念孫에 의하면, 於是는 焉과 같다.

49 湯孝純에 의하면, 射는 '알아맞힘'의 뜻이다. 上同, 658頁, 注13 참조.

50 尹知章은, 同은 '莒를 치는 모의를 함께 함'으로 주석하고 있다.

문객이 이 말을 듣고서, 말하였다. "저는 벼슬을 살지 않겠습니다."

환공이 물었다. "무슨 이유입니까?"

(객이) 대답하였다. "제가 듣기로는 남의 말을 듣고 사람을 취했으면, 그가 사람을 버릴 때, 또 남의 말을 들을 것입니다. 저는 벼슬 살지 않을 것입니다."

客或欲見於齊桓公, 請仕上官, 授祿千鍾. 公以告管仲. 曰: "君予之." 客聞之曰: "臣不仕矣." 公曰: "何故?" 對曰: "臣聞取人以人者, 其去人也, 亦用人. 吾不仕矣."

칠신칠주 七臣七主

칠신七臣과 칠주七主는 일곱 종류의 임금과 일곱 종류의 신하라는 뜻이다. 본 편은 일곱 유형의 임금과 일곱 유형의 신하가 있어, 서로 짝을 지어 놓으면 옳은 것[是]도 있고 그른 것[非]도 있으니 분별하여 논술하고 있다. 그러므로 칠신칠주七臣七主를 본 편의 이름으로 취했다. 그러나 본문 중간 부분에 임금의 도道, 및 법제法制, 경제, 음양, 시령詩令 등의 문제를 말하고 있으니, 아마도 다른 편의 착간錯簡이 혼입된 것 같다.

혹자가 허심탄회하게, 일곱 종류의 임금의 경력을 논술하여, 여섯 종의 과실과 한 종의 옳음을 얻었으니, (이것을) 자기의 거울로 삼아서, 득과 실을 알 수 있었다. 일곱 종류의 신하들을 따져 보니, 여섯의 과실과 하나의 옳음을 얻었다. 아아, 아름답구나, 이미 이뤄진 일이!

(예법으로 자신을 다스릴 수 있는) 임금은 형세에 맡기고 이치를 지키는 것을 상도常道로 삼고, 원근遠近의 일을 두루 들어서 명확한 이해를 이어 가며, 매월 계산을 비교하면 법령法令들이 확고해지고, 상과 벌이 분명하면 아랫사람들이 법도에 복종하고, 대비를 안 해도 덕德으로 화합하게 되면, 백성들이 소박함으로 돌아온다.

혜택을 베푸는 임금은 상을 후하게 하고 두텁게 베풀어서 저축한 재화를 고갈하고, 범죄를 용서하고 과실을 방임함으로써 법을 훼손한다. 저축이 바닥나면 임금의 권력이 쇠衰하고, 법이 훼손되면 죄악의 문이 열린다. 그러므로 말한다. "통이 크면 반대로 실패한다."

(법을) 침범하는 임금은 좋아하든 싫어하든 법을 위배하여 자신을 훼손하고, 알기 어려운 문제를 즐겨 결단하여 밝은 지혜를 가로막고, 엿보아서 작은 것을 살피는 것을 좋아하며, 하는 일이 일정하지 않아 법령을 속박한다. (정책들을) 반대로 하지 않으면 나라는 세력을 잃어버릴 것이다.

황폐한 임금은 눈으로 항시 오색五色만을 보고, 귀로 항시 오성五聲만을 들으며, 사방의 이웃 (제후)들에 대한 모책이 없고, 간관諫官들도 (여론을) 듣지 않으니, 신하들이 아래에서 멋대로 행사해서, 나라의 권병權柄이 크게 기울었다. (정책들을) 거꾸로 하지 않으면 나쁜 것이 (임금의) 몸에 미친다.

헛수고만 하는 임금은 (신하들의) 직분을 구분하는 이치를 파악하지 못하니, 윗사람과 아랫사람들이 서로 간섭하여, 벼락같은 형벌이 예리하고, 예리함에 엄혹함이 보태지니, (이런 폭력은) 없애면 어지럽고, 이르면 위태로우니, 후대後代 사람들은 어떻게 살 수 있을까?

벼락같은 임금은 희로喜怒에 상도常度가 없으니, 엄격하게 (사람들을) 죽이고 용서가 없으니, 신하들이 번개처럼 두려워하기에, 어떻게 대응할지를 모르게 되면, 사람들은 옛날로 돌아가게 된다. (이 정책을) 뒤엎지 않으면, 법리法理가 날로 쇠퇴하여, 나라는 굳건함을 잃게 된다.

망하는 임금이 인정人情으로 의문점을 물으면, 신하들은 (임금에 대해) 믿음이 없으므로 다 스스로 그 일들을 처리하자니 일이 많은 것이고, (일이) 과過하면 혼몽해지고, 혼몽해지면 급한 일이건 느슨한 일이건 모두 방치하게 된다. (이 정책들을) 뒤엎지 않으면, 좋지 못한 것을 보게 되니, 나머지 힘을 스스로 방일放逸하게 되면 벌을 받을 것이다.

그러므로 임금은 즐기고 편안하며, 관리들은 정숙하고 엄격하며, 백성들은 소박하며 친하니, 관리 중에 나쁜 관리가 없고, 조정에 사악한 신하가 없고, 아랫사람들이 침탈하고 싸우지 않으니, 세상에는 벌받을 백성들이 없다.

或以平虛, 請論七主之過,[1] 得六過一是, 以還自鏡, 以知得失. 以繩七臣,[2] 得六過一是. 嗚呼美哉, 成事疾.[3] 申主任勢守數以爲常,[4] 周聽近遠以續明, 皆要審則法令固,[5] 賞罰必則下服度,[6] 不備待而得和,[7] 則民反素也. 惠

1 黎翔鳳에 의하면, 過는 과실의 의미가 아니라, 歷, 즉 經歷이다.

2 湯孝純에 의하면, 繩은 표준에 따라서 衡量함이다. 『新譯管子讀本』(下), 662頁, 注3 참조.

3 黎翔鳳에 의하면, '六過一是'를 얻어서 자기의 거울로 삼았다면, 아름답다고 여겨서 환호한 것이다. 疾은 速(빠름)이다. 『論語』, 「里仁」 편에서 공자가 말한 '成事不說'(이미 된 일에 대하여 논하지 않는다)는 말과 같으니, '이미 지나간 일들이, 어떻게 그렇게 빠른가?'라는 뜻이다.

4 黎翔鳳에 의하면, 申主는 禮法으로 자신을 속박할 수 있는 임금이다.

5 黎翔鳳에 의하면, 皆는 並과 같다. 比並(比肩, 비교)의 뜻이다. 趙守正에 의하면, 要는 帳簿이니, 옛날 月計를 要, 歲計를 會라고 했다. 『管子通解』(下), 162頁, 注4 참조.

主豐賞厚賜以竭藏; 赦姦縱過以傷法. 藏竭則主權衰, 法傷則姦門闓.[8] 故曰: "泰則反敗矣." 侵主好惡反法以自傷, 喜決難知以塞明, 從狙而好小察,[9] 事無常而法令申.[10] 不牾訐則國失勢.[11] 芒主目伸五色, 耳常五聲,[12] 四鄰不計,[13] 司聲不聽, 則臣下恣行, 而國權大傾. 不訐則所惡及身. 勞主不明分職, 上下相干, 臣主同則, 刑振以豐, 豐振以刻,[14] 去之而亂, 臨之而殆, 則後世何得? 振主喜怒無度,[15] 嚴誅無赦, 臣下振怒,[16] 不知所錯, 則人反其故.[17] 不訐, 則法數日衰, 而國失固. 芒主通人情以質疑, 故臣下無信,[18] 盡自治其事則事多, 多則昏, 昏則緩急俱植.[19] 不訐則見所不善, 餘力自失而罰.[20] 故主虞而安,[21] 吏肅而嚴, 民朴而親, 官無邪吏, 朝無姦臣, 下無侵爭, 世無刑民.

그러므로 한 사람이 다스려짐과 혼란해짐은 그의 마음에 있고, 한 나라가 존속하는 것과 망하는 것은 그 임금에 달려 있다. 천하의 이득과 손실은 한 사람[임금]에게서 나온다. 임금이 본업[농업과 누에치기]을 좋아하면, 백성들은 황무지를 개간하기 좋아할 것이다. 임금이 재화를 좋아하면, 사람들은 저자[市]에서 장사할 것이다. 임금이 궁실 짓기를 좋아하면, 공장工匠의 재주가 교묘해질 것이다. 임금이 무늬와 채색을

6 趙守正에 의하면, 必은 堅決, 堅定의 뜻이다. 上同, 注5 참조.

7 趙守正에 의하면, 備는 警戒이니, 備待는 戒備의 뜻이다. 得은 德과 통한다. 上同, 注6 참조.

8 李哲明에 의하면, 闓(열다)는 開와 통한다.

9 尹知章은, 狙를 伺(엿보다)로 주석했다.

10 黎翔鳳의 주석: '作事無常, 而申其法令, 使人無所適從也'(일하는 방식이 일정하지 않아, 법령들을 속박하니, 사람들이 적절히 따라갈 수가 없다) 참조.

11 黎翔鳳에 의하면, 計는 謀이고, 司聲은 마땅히 諫官에 속한다.

12 張佩綸에 의하면, 芒은 荒의 誤字이다. 常은 恒인데, 漢나라 諱를 避하여 常으고 고침. 伸도 恒의 誤字이다. 그래서 '目恒五色, 耳恒五聲, 荒於聲色也'(눈은 항상 오색을 보고, 귀는 항상 五聲만 들으며, 聲色을 거칠게 본다)라고 했다.

13 黎翔鳳에 의하면, 計는 謀이고, 司聲은 마땅히 諫官에 속한다.

14 章炳麟에 의하면, '臣主同則'은 '臣主同法'이고, '刑振以豐, 豐振以刻'에서 앞의 振은 震(벼락)이고 아래의 振은 重(거듭)의 뜻이다. 豐은 鋒(칼 끝)의 假借이니, 銳利함의 뜻이다. 이 구문의 뜻은, '用刑未已也, 重以鋒利; 鋒利未已, 重以刻深. 鋒利刻深亦指其用刑言, 而愈酷烈矣'(형벌이 아직 안 끝났는데, 예리함을 더하고, 예리함이 아직 안 끝났는데, 엄혹함을 가했다. 예리함의 더욱 심해진 것은 또한 형벌을 말한 것이니, 더욱 극렬할 것이로다!) 참조.

15 趙守正에 의하면, 振은 震(천둥)과 통한다. 震主는 暴君과 다르지 않다. 上同, 163頁, 注22 참조.

16 王引之에 의하면, 怒는 마땅히 恐(두려워하다)이다.

17 故는 古舊와 통한다.

18 黎翔鳳에 의하면, 芒은 亡과 통한다. 亡主가 人情으로 의문점을 물으면, 사람들은 감히 實로 대답을 못 하니, 믿음[信]이 없기 때문이다.

19 洪頤煊에 의하면, 植은 옛날의 置 자이다. 黎翔鳳에 의하면, 多는 侈(분수에 넘다)로 읽는다.

20 黎翔鳳에 의하면, 失은 佚(放逸하다)이다.

21 王念孫에 의하면, 虞와 娛는 같으니, 樂(즐기다)이다.

좋아하면, 여공들도 화려함을 추구할 것이다.

초楚나라 왕이 작은 허리를 좋아하니, 미인들이 먹기를 줄였다. 오吳나라 왕이 검객을 좋아하니, 나라의 무사들이 죽음을 가벼이 생각했다. 죽는 것과 먹지 않는 것은 천하에서 (모두) 다 싫어하는 것이다. 그러나 그렇게 하는 것은 무엇 때문인가?

(이것은) 임금이 바라는 것을 따른 것이니, 하물며 음악을 즐기는 감화는 얼마나 클 것인가!

남자들이 밭을 갈지 않고, 여자들이 베를 짜지 않으며, 기술자들이 무용無用한 일에 힘쓰는데, 땅에 곡식의 싹들이 있기를 바라는 것과 창고가 가득 차기를 바라는 것은 있을 수 없다. 토지에 싹이 심겨 있지 않다면, 사람들은 (먹기에도) 부족할 것이다.

사람들이 먹기가 부족하면, 반역할 기운이 생긴다. 반역할 기운이 생기면, (임금의) 명령은 시행될 수 없다. 그런데 강력한 적군이 발동하여 일어나면, 비록 계책을 잘 짠다고 하더라도 생존할 수 없다. 무엇으로 그렇다는 것을 증명할 수 있는가?

(누가) 말했다. 옛날의 (폭군) 걸桀과 주紂이다. 현명하고 충실하면 죽이고, 비방하고 중상하는 인사를 가깝게 대했으며, 부인들을 귀히 보고, (사람) 죽이기를 좋아하고 용기를 부정했으며, 부자들을 좋아했고 가난한 자들을 망각했으며, 달리고 사냥하기에 끝이 없었고, 북을 치고 즐기기에 싫증을 안 내고, 옥으로 장식한 누대樓臺와 안락도 살기에 부족했고, 천대의 수레도 타기에 부족했다. 여인네와 악인樂人이 3,000명이고, 종鐘과 석石과 현악기의 음악이 그치지 않았다. 백성들이 지치고 궁핍한데, 군자들은 (그를 위해) 죽을 사람이 없었고, 마침내 (보호할) 사람이 없어지자, 사람들은 반역할 마음을 갖게 되었다.

(폭군 주紂는) 주周나라 무왕武王을 만나서, 마침내 주나라의 포로가 되었다. 이것은 물건에 미혹되어 실정을 잃어버린 것이요, 음탕한 음악을 즐기느라 나중에 있을 환난患難을 잊어버린 것이다. 그러므로 (재정) 소비가 한도가 없으면, 나라는 파괴된다. 일을 벌일 때를 못 맞추면, 반드시 그 재앙을 받는다.

故一人之治亂在其心, 一國之存亡在其主. 天下得失, 道一人出.[22] 主好本,[23] 則民好墾草萊. 主好貨, 則人賈市. 主好宮室, 則工匠巧. 主好文采,

則女工靡. 夫楚王好小腰, 而美人省食. 吳王好劍, 而國士輕死. 死與不食者, 天下之所共惡也, 然而爲之者何也? 從主之所欲也, 而况愉樂音聲之化乎! 夫男不田, 女不緇,[24] 工技力於無用, 而欲土地之毛,[25] 倉庫滿實, 不可得也. 土地不毛, 則人不足. 人不足, 則逆氣生. 逆氣生, 則令不行. 然彊敵發而起, 雖善者不能存.[26] 何以効其然也?[27] 曰: 昔者桀、紂是也.[28] 誅賢忠, 近讒賊之士, 而貴婦人, 好殺而不勇,[29] 好富而忘貧, 馳獵無窮, 鼓樂無厭, 瑤臺玉餔不足處,[30] 馳車千駟不足乘材. 女樂三千人, 鍾石絲竹之音不絶. 百姓罷乏, 君子無死, 卒莫有人, 人有反心. 遇周武王, 遂爲周氏之禽. 此營於物而失其情者也,[31] 愉於淫樂而忘後患者也. 故設用無度, 國家踣.[32] 擧事不時, 必受其菑.

창고가 우연하게도 빈 것도 아니고, 상관商館이 우연하게도 파괴된 것도 아니고, 법령法令이 우연하게도 혼란스러워진 것도 아니고, 나라가 우연하게도 망한 것도 아니다. 그때는 봄과 가을이 있듯이, 해에도 풍년과 흉년이 있고, 정령政令에도 급함과 느슨함이 있다. 정령에 완급緩急이 있으니, 따라서 물가에 오름과 내림이 있다. 해에는 흉년과 풍년이 있으니, 따라서 백성들에게도 넘치는 것과 부족함이 있다. 계절에 봄과 가을이 있듯이, 따라서 곡물(의 값)이 비쌀 때와 쌀 때가 있는데, 임금이 침해侵害를 조정하지 않으면, 따라서 떠돌이 상인들이 (곡물) 값을 열 배나 백 배로 남길 수가 있다. 백성들이 농사를 안 짓는다면, 가난한 이와 부자가 같지 않게 될 것이니, 모두 여기에서 나온 것이다. 성곽을 지킬 수 없고, 병사들을 쓸 수 없는 것도, 모두 이것[不田]에서 비롯된 것이다. 나라가 멸망하고 집안이 패망敗亡하는 것은 토지가 없어서가 아니라, 이에 종사하는 사람들이 그[농업]의 수확을 못 거둔 것이다. 흉년이 들어 천둥이 치고 가뭄이 든 것은 비와 이슬이 없어

22 尹知章은, 道는 從이고, 一人은 임금[主]이라고 주석하고 있다.
23 尹知章의 주석에 의하면, 本은 農桑이다.
24 宋翔鳳에 의하면, 緇는 마땅히 織(베 짜기)으로 읽어야 한다.
25 尹知章의 주석에, 毛는 嘉苗는 禾苗(곡식의 싹)이다.
26 尹知章은 주석, '謂善爲計謀'(계획과 모책을 잘 짬)이라 했다.
27 許維遹에 의하면, 効와 效(본받다)는 통하니, 效는 明(밝히다)이다.
28 王念孫에 의하면, 桀은 後人들이 부가한 것이고, 전적으로 紂만 가리키니, 桀자는 없다고 보아야 한다.
29 黎翔鳳에 의하면, 不은 否(부정하다)와 같다.
30 黎翔鳳에 의하면, 餔食은 晏安(安樂, 安定)의 뜻이 있다.
31 許維遹에 의하면, 營은 惑(착각)이다.
32 張佩綸에 의하면, 踣(넘어지다)은 破(깨지다)이다.

서가 아니라, 건조하고 축축한 것이, 그 계절에 안 맞은 것이다. 어지러운 세상과 번잡한 정치는 법령이 없어서가 아니라, 벌주고 상 주는 일이 그 사람에게 합당하지 않았다. 폭군과 혼미한 임금들에게 심복이 없었던 것이 아니고, 그들이 (신하들을) 고르고 뽑은 것이 (합당한) 정술政術에 맞지 않았던 것이다.

夫倉庫非虛空也,[33] 商宦非虛壞也, 法令非虛亂也, 國家非虛亡也. 彼時有春秋, 歲有敗凶,[34] 政有急緩. 政有急緩, 故物有輕重.[35] 歲有敗凶, 故民有義不足.[36] 時有春秋, 故穀有貴賤, 而上不調淫,[37] 故游商得以什伯其本也. 百姓之不田, 貧富之不訾,[38] 皆用此作. 城郭不守, 兵士不用, 皆道此始. 夫亡國踣家者, 非無壤土也, 其所事者, 非其功也. 夫凶歲雷旱, 非無雨露也, 其燥溼, 非其時也. 亂世煩政, 非無法令也, 其所誅賞者, 非其人也. 暴主迷君, 非無心腹也, 其所取舍, 非其術也.

그러므로 영명한 임금은 여섯 가지 힘쓸 것과 네 가지 금해야 할 것이 있다. 여섯 가지 힘쓸 것은 무엇인가?

첫째는 아껴 쓰기이고, 둘째는 현명한 보좌이고, 셋째는 법도法度이고, 넷째는 반드시 벌주는 것이고, 다섯째는 천시天時이고, 여섯째는 적절한 지리地利이다. 네 가지 금할 것이 무엇인가?

① 봄에 죽이거나 정벌하지 말 것이며, ② 큰 언덕을 파서 옮기지 말 것이며, ③ 불태워 크게 번지게 하거나 큰 나무를 베거나 큰 산을 개발하거나 크게 불을 지르는 것이고, ④ 큰 신하를 죽이거나 곡식 세금을 걷는 것이다.

여름에는 물길을 막지 말고, 큰 강물에 합류시키고, 큰 골짜기들을 막고, 큰 토목 공사를 하고, 새와 짐승을 사냥한다. 가을에는 과실을 용서하거나 죄인을 석방하거나 형벌을 완화해 주지 말아야 한다.

33 湯孝純에 의하면, 虛는 徒然(우연히)의 뜻이다. 『新譯管子讀本』(下), 668頁, 注25 참조.

34 陶鴻慶에 의하면, 敗는 賑의 잘못이다. 『說文解字』에 賑은 富이다.

35 趙守正에 의하면, 輕重은 가격의 높음과 낮음이다. 세금 걷는 政令이 급하면 급할수록, 백성들이 내다 파는 가격은, 점점 더 떨어지고, 그 반대면, 값이 오른다. 『管子通解』(下), 167頁, 注16 참조.

36 王念孫에 의하면, 義는 마땅히 羨(남음)이어야만 한다.

37 黎翔鳳에 의하면, 淫은 '浸潤不止'(침해, 蠶食이 그치지 않음)이다.

38 許維遹에 의하면, 訾는 資와 통하고, 資는 齊(같게 하다)와 통한다. '貧富不訾'는 빈부의 不齊(같지 않음)이다.

겨울에는 작위를 수여하거나 녹봉을 상으로 주거나, 오장五藏산을 파내서는 안 된다. 그러므로 봄에 정책으로 금지하지 않으면, 모든 것들이 자라나지 못한다. 여름 정책에서 금지하지 않으면, 오곡五穀들이 성숙하지 않는다. 가을 정책에서 금지하지 않으면, 거짓과 불법을 이길 수 없다. 겨울 정책에 금지하지 않으면, 땅의 기운이 보존되지 못한다. 네 (계절의 금령) 가지를 모두 위반했다면, 음양이 불화하고, 바람과 비가 때에 맞지 않고, 큰물이 넘쳐흘러서 성읍城邑을 쓸어가고, 태풍과 질풍에 집이 부서지고 나무들이 부러지며, 불이 거세게 불타고, 땅에서 잡초들이 불이 붙으며, 겨울에 하늘에서 우레가 들리고, 땅에서 겨울에 벽력霹靂이 친다. 초목들이 여름에는 쇠퇴하다가 가을에 번성하며, 칩거해야 할 벌레들이 숨지를 않고, 마땅히 죽을 것이 살아나며, 마땅히 칩거해야 하는데 울어대며, 풀이 우거진 늪지에 뱀과 두꺼비가 많고, 산에는 모기들이 많게 된다. 가축들이 (잘) 번식하지 않고, 사람들이 대부분 일찍 죽는다. 나라가 가난하고, 법이 혼란해지니, 반역할 기운이 아래에서 생겨난다.

따라서 (사람들은) 말한다. "누대와 정자들이 서로 바라볼 (정도로 많으면) 나라를 망하게 하는 지름길이요. 달리는 수레들이 나라에 가득 찼다면, 추격하여 달려오는 말들이요. 주옥珠玉으로 치장한 검과 화살은, 생명을 죽이는 도끼요, 화려한 의상과 붉은 띠는, 공로를 불태우는 가마이다."

영명한 임금은 이렇게 될 것을 안다. 그러므로 멀리하고 가까이하지 않는다. 이것들을 버리고 저것을 취한다면, 임금의 도리는 갖추어진 것이로다!

故明主有六務四禁. 六務者何也? 一曰節用, 二曰賢佐, 三曰法度, 四曰必誅, 五曰天時, 六曰地宜. 四禁者何也? 春無殺伐, 無割大陵,[39] 倮大衍,[40] 伐大木, 斬大山, 行大火, 誅大臣, 收穀賦. 夏無遏水, 達名川, 塞大谷, 動土功, 射鳥獸. 秋毋赦過釋罪緩刑. 冬無賦爵賞祿, 傷伐五藏.[41] 故春政不

39 尹知章은, 割을 掘徙(땅을 파고 옮기다)라고 주석했다.

40 黎翔鳳에 의하면, 倮는 裸의 別體이며, 燒火(불태우다)이다. 尹知章은 '불태워 소실되어 모두 없어짐'이라 주석하였다.

41 黎翔鳳에 의하면, '冬禁傷伐五臟, 與地氣不藏有關'(겨울에 五臟에 損害를 끼치는 일은, 地氣의 不藏과 관련이 있음)이니, 『山海經』, 「五藏山經」에 의하면, 五藏은 五方의 山을 말하는데, 흙

禁, 則百長不生. 夏政不禁, 則五穀不成. 秋政不禁, 則姦邪不勝. 冬政不禁, 則地氣不藏. 四者俱犯, 則陰陽不和, 風雨不時, 大水漂州流邑,[42] 大風漂屋折樹,[43] 火暴焚, 地燋草, 天冬雷, 地冬霆. 草木夏落而秋榮, 蟄蟲不藏, 宜死者生, 宜蟄者鳴, 苴多螣蟇, 山多蟲冥虫蝱螟.[44] 六畜不蕃, 民多夭死. 國貧法亂, 逆氣下生. 故曰: "臺榭相望者, 亡國之廡也. 馳車充國者, 追寇之馬也. 羽劍珠飾者,[45] 斬生之斧也. 文采纂組者,[46] 燔功之要窰也."[47] 明王知其然. 故遠而不近也. 能去此取彼, 則人主道備矣.

무릇 법이란 공적功績을 세우고 폭력을 두렵게 하는 근거이다. 법률은 몫을 정하고 분쟁을 그치게 하는 것이다. (임금의) 명령은 사람들로 하여금 할 일을 알게 하는 근거이다. 법률과 정령政令은 관리나 백성들이 지켜야 할 규칙들이다. 곱자가 바르지 못하면, 네모를 찾을 수 없다. 먹줄을 믿지 못하면, 직선을 찾을 수 없다. 법령은 임금과 신하들이 함께 지키는 것이다. 권위와 위력은 임금이 혼자서 지키는 것이다. 그러므로 임금이 (그것을) 지키는 데, 실패하면 위험하고, 신하와 관리들이 (그것을) 지키기에 실패하면 혼란이 생긴다. 죄가 관리들에 의해 결정되면 다스려지고, 권력이 임금에 의해 판결되면 (나라가) 위엄이 있고, 백성들이 법률을 신뢰하면 친밀해진다. 이러므로 영명한 임금은 법을 잘 알고 권력에 신중하기에, 아랫사람들과 윗사람들 사이에 할 몫[分]이 있게 된다.

무릇 사사로운 일이 발생하는 것은 반드시 임금에게서 생긴다. 무릇 임금이 농업을 좋아하면, 단정한 선비들이 앞에 있게 된다. 임금이 상업을 좋아하면, 명예를 깨트리는 선비들이 (임금) 곁에 있게 된다. 임금이 대부분 상 주기를 기뻐하여 공로가 (상에) 따르지 못하면, 선비들이 쓸데가 없어진다. 중한 법을 자주 발동하지만, 그 죄가 (옳은지 그른지를) 따져보지 않으면, 불법은 그치지 않을 것이다. 영명한 임금은 그

을 너무 많이 파내면, 큰비에 泥沙들이 모두 아래로 쏟아져 내리니, 사람들에게 해롭다고 했다.

42 尹知章의 주석에 의하면, 漂는 流이다.

43 孫星衍에 의하면, 漂는 마땅히 飄(질풍)이다.

44 趙守正에 의하면, 苴는 菹(풀이 무성한 늪지)이고, 螣은 날아다니는 뱀이고, 蟇는 두꺼비이다. 蝱螟은 蚊(모기)이다. 上同, 167, 168頁, 注 27과 28 참조.

45 湯孝純에 의하면, 羽는 箭(화살)이다. 『新譯管子讀本』(下), 669頁, 注45 참조.

46 趙守正에 의하면, 文采는 화려한 의복이고, 纂은 오색의 붉은 끈이다. 『管子通解』(下), 168頁, 注31 참조.

47 黎翔鳳에 의하면, 匋(질그릇)와 窰(가마)는 古今字이다.

렇다는 것을 알기에, 그러므로 반드시 해야 할[必然] 정치를 보이고, 반드시 (악을) 이기는 형벌을 세우기에, 그 때문에 백성들은 반드시 성취해야 할 것을 알고, 반드시 제거해야 할 것을 안다. 밀어내면 떠나고, 부르면 오는 것은, 무거운 것을 높은 데서 떨어뜨리는 것과 같고, 땅에 도랑을 파서 물을 끌어오는 것과 같다.

그러므로 법률이 번잡하지 않으면 관리들이 수고롭지 않고, 백성들이 금령을 위배하는 일이 없다. 친밀한 백성들이 임금에 대하여 원망이 없고, 임금도 또한 법을 지키면 신하들도 법을 지키게 되니, 죄목에 따라서 판결하며, 비난도 칭찬도 없다. 그러므로 임금이 법을 지키면 임금의 지위가 안전하고, 신하들이 법을 지키면 뇌물이 그치게 되며, 백성들에게는 불법이 없게 된다. 아아, 이것이 아름답구나! 판결이 나면 송사訟事를 판별할 수 있구나!

夫法者, 所以興功懼暴也. 律者, 所以定分止爭也. 令者, 所以令人知事也. 法律政令者, 吏民規矩繩墨也.[48] 夫矩不正, 不可以求方. 繩不信, 不可以求直. 法令者, 君臣之所共立也. 權勢者, 人主之所獨守也. 故人主失守則危, 臣吏失守則亂. 罪決於吏則治, 權斷於主則威, 民信其法則親. 是故明王審法愼權, 下上有分. 夫凡私之所起, 必生於主. 夫上好本, 則端正之士在前. 上好利,[49] 則毁譽之士在側. 上多喜善賞不隨其功,[50] 則士不爲用. 數出重法, 而不克其罪,[51] 則姦不爲止. 明王知其然, 故見必然之政, 立必勝之罰, 故民知所必就, 而知所必去. 推則往, 召則來, 如墜重於高, 如瀆水於地. 故法不煩而吏不勞, 民無犯禁. 故有百姓無怨於上,[52] 上亦法臣法, 斷名決,[53] 無誹譽. 故君法則主位安, 臣法則貨賂止, 而民無姦. 嗚呼美哉! 名斷言澤.[54]

거짓으로 꾸미는 신하들이 (임금의) 친척과 귀족들을 억제한 것으로 유명해지고, 작록爵祿을 담담히 여기는 것으로 높은 직을 차지했다. (그들은) 명성을 좋아하지만 (실제의) 내용은 없고, (자리가) 높아서 (임금이)

48 戴望에 의하면, 吏는 治로 訓讀해야 한다.
49 黎翔鳳에 의하면, 本은 농업이고, 利는 商이니, 末이다.
50 黎翔鳳에 의하면, 善賞은 好賞이다.
51 王引之에 의하면, 克은 核(씨, 조사하다)의 뜻이다.
52 黎翔鳳에 의하면, 故有는 親友이다.
53 丁士涵에 의하면, 名은 刑名의 名이다.
54 許維遹에 의하면, 言은 獄(송사)와 같고, 澤은 釋으로 읽으니, 判別이다. 黎翔鳳에 의하면, 哉는 옛날에 玆로 읽었다.

통제할 수가 없다. 『고기故記』에서 말했다. "(임금은) 내용[實]이 없으면 세력도 없게 된다. 말고삐를 놓쳤다면 어떻게 말을 제압할 수 있겠는가?"

법을 왜곡歪曲하는 신하들은 일마다 작은 것을 살펴서 법령들을 파괴하고, 아주 교활하여 도리를 위배하고 개인적인 청탁을 실행시킨다. 그러므로 사적인 도리가 통용되면 법도가 침탈되고, 형법刑法이 번잡해도 불법을 그치게 못하는 것은, 임금의 책임 추궁이 엄격하면 (침범하는 신하들도) 백성들의 마음을 수렴收斂하게 된다. 아첨하는 신하들이 종鐘과 북[鼓]을 만들고, 미녀들을 많이 치장治粧시켜서, 임금의 뜻을 미혹시킨다. 임금이 미혹되면 틈새를 (다) 계산할 수 없고 음악을 관장하는 관리는 공으로 녹봉을 받으니, 이 때문에 아첨하는 신하들이 높아지고 법을 지키는 신하들은 낮아지니, 이것이 (임금이) 숨겨지고 고립됨을 말한다.

미련한 신하들에게 죄와 벌을 심화하고, 세금을 무겁게 하는 것이, 여러 면에서 (임금을) 기쁘게 하는 길이니, 임금을 위한다고 생각한 것이나, (그러나) 몸소 미움을 받게 되며 임금도 그 욕을 먹게 된다. 『고기故記』에서 말하고 있다. "어리석은 충성은 중상이나 모략과 같다." 이것을 말한 것이다.

간사한 신하들이 인정人情을 통절히 말함으로써 임금을 놀라게 하고, (다른) 당파를 죄주는 옥사獄事를 열어서 자기 패거리를 보호한다. 같은 당파에 길을 터주고 나면 죄 없는 사람들에게 죄를 씌우고, 죄 없는 사람들에게 죄를 씌우면 자기 패거리와 함께 산다. 따라서 (간신들이 자신의) 나쁜 점을 잘 말하여 자신(의 뜻)을 펼치게 된다면, 임금은 가까이 할 (신하들을) 잃게 된다. 난신亂臣들이 스스로 공록功祿을 거짓으로 꾸며내고, 명백히 아랫사람들을 위해 후한 상급을 신청하며, 집안에서는 조정朝廷의 죄수 두목을 비난하나, 출동하면 찬양받는 (가짜) 중신인물이 되고, 이렇게 해서 명성을 사들이고, 임금을 (실제로) 비방하고 해害쳐도, 뭇사람들은 (그것을) 모르므로, 이것은 (난신들이 공격을) 숨긴 것이다.

飾臣克親貴以爲名,[55] 恬爵祿以爲高. 好名則無實, 爲高則不御. 『故記』

55 尹知章의 주석에 의하면, 飾을 虛名求實의 飾(꾸밈)으로 해석했고, 克은 勝이다.

曰: "無實則無勢, 失轡則馬焉制?[56] 侵臣事小察以折法令,[57] 好佼反而行私請.[58] 故私道行則法度侵, 刑法繁則姦不禁, 主嚴誅則先民心.[59] 亂臣多則造鍾鼓,[60] 衆飾婦女, 以惛上故.[61] 上惛則隟不計而司聲直祿,[62] 是以諂臣貴而法臣賤, 此之謂微孤.[63] 愚臣深罪厚罰以爲行, 重賦斂, 多兌道,[64] 以爲上, 使身見憎而主受其謗. 『故記』稱之曰: "愚忠讒賊", 此之謂也. 姦臣痛言人情以驚主, 開罪黨以爲讎.[65] 除讎則罪不辜, 罪不辜則與讎居. 故善言可惡以自信,[66] 而主失親 亂臣自爲辭功祿,[67] 明爲下請厚賞, 居爲非母,[68] 動爲善棟,[69] 以非買名, 以是傷上,[70] 而衆人不知, (此)之謂微攻.[71]

56 趙守正에 의하면, 故記는 古書의 이름이다. 『呂氏春秋』, 「至忠」의 高誘注 '故記, 古書也'(故記는, 옛날 책이다)를 보라! 上同, 169頁, 注8 참조.

57 尹知章은 주석에서, '枉法行事謂之侵'(법을 歪曲하고 일을 치르는 것이 侵이다).

58 黎翔鳳에 의하면, 反은 背理이고, 佼는 狡(교활하다)다.

59 黎翔鳳에 의하면, 先은 洗를 假借한 것이고, 洗는 盡이다. '主嚴誅責, 則爲民盡心, 以收攬民心, 是爲侵臣'(임금의 문책이 엄중하면, 백성들을 위해 마음을 다하여, 民心을 수렴하니, 이래서 侵臣이 된다).

60 陳奐에 의하면, 亂臣은 마땅히 諂臣이 되어야 한다.

61 黎翔鳳에 의하면, 故는 意다. 湯孝純에 의하면, 惛은 惽과 같다. 즉 迷惑이다. 『新譯管子讀本』(下), 672頁, 注14 참조.

62 黎翔鳳에 의하면, 隟은 『說文解字』에는 안 보이나, 隙(틈)과 같다. 直은 但이니 空의 뜻이다.

63 黎翔鳳에 의하면, 微는 匿(숨기다)이다.

64 黎翔鳳에 의하면, 兌는 說, 즉 悅(기쁘다)이다.

65 趙守正에 의하면, 讎는 儔, 즉 同黨을 가리킨다. 『管子通解』(下), 170頁, 注18 참조.

66 張佩綸에 의하면, 信은 伸(펴다)이다.

67 許維遹에 의하면, 爲는 僞(거짓)와 통한다.

68 趙守正에 의하면, 居는 집에 있음의 뜻이고, 非는 비난함이며, '居爲非母'은 집에서는 朝廷의 禍首(죄수의 두목)를 비난함이다. 上同, 170頁, 注23 참조.

69 趙守正에 의하면, 動은 出動이며, 善은 歌頌이다. 棟은 棟梁, 즉 대들보다. 上同, 注24 참조

70 張文虎에 의하면, 非와 是, 이 두 글자는 위치가 서로 바뀌어야 한다.

71 陳奐에 의하면, 之 위에 此가 탈락하였다. 黎翔鳳에 의하면, 微는 隱匿(숨기다)이다.

금장 禁藏

본 편은 본문의 첫 두 글자를 취하여, 금장禁藏이라고 했다. 본 편에서는 임금의 바른 몸가짐[正身], 수양修養, 법에 의거하는 형벌과 상[刑賞執法], 계절에 따른 정치[因時爲政], 농업에 힘쓰고 백성을 부유케 함[務本富民] 등을 말하고 있다.

가슴 속에 금령禁令을 품고 있으면, 만 리萬里 밖에서도 화禍를 피할 수 있으니, 이것으로 저것을 제압할 수 있는 이[임금]는, 자기를 통해서 남을 알 수 있다. 겨울날에 (얼음덩이를) 큰 동이에 집어넣지 않는 것은, 얼음을 사랑하기 때문이 아니다. 여름날에 불을 쬐지 않는 것은, 불을 사랑하기 때문이 아니다. (이것들이) 자신에게 적합하지도, 몸에 편하지도 않기 때문이다. 무릇 영명한 임금들이 궁궐과 집을 아름답게 하지 않은 것은 작은 것을 기뻐한 것이 아니고, 종鐘 소리와 북소리를 듣지 않은 것은 음악을 싫어한 것이 아니다. 그것들이 농사일에 해롭고, 가르침에 방해가 되기 때문이다. 그러므로 먼저 자기에게, 나중에 남에게 엄격해야 하고, 관청도 또한 내부에, 그리고 나중에 외부에까지 엄격해야 하고, 백성들도 또한 농사[생산]에 힘쓰고 소비(상업)를 버려야 한다. 백성들을 그들이 즐기는 곳에 살게 하고, 그들이 이롭게 여기는 것에 일을 시키고, 그들이 잘하는 것에 상을 주고, 그들이 싫어하는 것에 벌을 주며, 그들의 여유 재산을 (임금이) 탈취하지 않으며, 그들을 문책할 것이 없을 때, 공로功勞로 쳐준다. 아랫사람들에게 벌을 줄 필요가 없다는 것은, (벌 받을 사람들을) 반드시 벌을 주었기 때문이다. 벌을 주어야 하는 것은, (벌 받을 사람들을) 반드시 벌을 주지 않았기 때문이다. 형벌을 줄 일이 있었는데 (지금은) 줄 필요가 없게 됐다면, 법이 간이簡易해지고 백성들은 온전해진 것이다. 형벌을 줄 일이 없었는데 (지금은) 형벌을 주기에 이르렀다면, 그 형벌이 번잡해진 것이고 불법不法이 많아진 것이다. 먼저 쉬운 일은 나중에는 어렵고, 먼저 어려웠으면 나중은 쉬운 것이니, 모든 일이 다 그렇다. 영명한 임금들은 일이 이렇게 된다는 것을 알기에, 그러므로 반드시 처벌하고 용서하지 않으며, 반드시 상 줄 것을 바꾸지 않는 것은, 주는 것을 기뻐하고 죽이는 것을 즐기는 것이 아니며, 사람들을 위해 이익을 불러오고 해로운 일을 제거하기 때문이다. 노인들을 양육하고 약한 자를 키워서, 만민을 완전히 살게 하는데, 이것보다 더 명백한 것은 없다. 무릇 법을 지키지 않으면 (사회가) 혼란해지고, 법을 지키면 다스려진다. 법은 천하의 준칙이니, 의심을 판결해 주고 시비是非를 밝혀 주는 근거이며, 백성들의 목숨이 걸린 것이니, 그러므로 영명한 왕은 그것을 신중히 처리한다. (임금의) 친척이나 옛날 권귀權貴 때문에 법을 바꾸지 않으며, 관리들도 상사上司의 위세나 엄격성 때문에 명령을 망치지 않으며, 백성들도 주옥珠玉이나 귀한 보물 때문에 금령을 어기지 않는다. 그러므로 임금은 법을 친척들보다 더 엄중하게 보며, 관리들이 명령을 집행할 때, (그것을) 스승보다 더 존경한다. 백성들이 가르침을 받드는 것은 선조先祖들보다 더 엄중嚴重하였다. 그러므로 법은 있다 해도 적용할 일이 없었고, 형벌은 제정되었으나 실행되지 않았다. 공로를 보상報償하는데 공평하지 않으면, 비록 지위가 높다 해도, 기용할 사람은 적은 것이다. 죄를 용서하는 데 한결같지 않으면, (베푸는) 덕이 비록 많다 해도, (그것을) 예찬하지 않는 사람들이 많을 것이다. 일을 벌였으되 때[時令]에 맞지 않았으면, 역량을 비록 다 쏟았어도, 결과는 이루어지지 않은 것이다. 형벌을 주고, 상을 주는 것이 합당하지 못하면, 단호한 판결이 비록 많다 해도, 폭란暴亂을 막지 못할 것이다. 공법公法에 따랐으면, 죄가 무겁더라도, 아랫사람들은 원망하는 기색이 없을 것이다. 사사로운 뜻에 따랐으면, 상賞이 비록 많다 해도, 용사勇士들은 기뻐하지 않을 것이다. 법을 집행하는 데 도리가 없으면, 민중들은 순종하지 않을 것이다. (관리들의) 일 처리가 합당하지 않으면, 민중들은 일을 이룰 수 없다. (타국을) 공격도 하지 않고 방비도 안 한다면, 지금과 같은 (혼란기)에는 바보다.

禁藏於胷脅之內, 而禍避於萬里之外, 能以此制彼者, 唯能以己知人者也. 夫冬日之不濫,[1] 非愛冰也. 夏日之不煬, 非愛火也. 爲不適於身, 便於體也. 夫明王不美宮室, 非喜小也. 不聽鍾鼓, 非惡樂也. 爲其傷於本事, 而妨於教也. 故先慎於己而後彼, 官亦慎內而後外, 民亦務本而去末. 居民於其所樂, 事之於其所利, 賞之於其所善, 罰之於其所惡, 信之於其所餘財,[2] 功之於其所無誅.[3] 於下無誅者, 必誅者也. 有誅者, 不必誅者也. 以有刑至無刑者, 其法易而民全. 以無刑至有刑者, 其刑煩而姦多. 夫先易者後難, 先難而後易, 萬物盡然. 明王知其然, 故必誅而不赦, 必賞而不遷者, 非喜予而樂其殺也, 所以爲人致利除害也. 於以養老長弱, 完活萬民, 莫明焉. 夫不法(則亂), 法則治.[4] 法者, 天下之儀也,[5] 所以決疑而明是非也, 百姓所縣命也, 故明王慎之. 不爲親戚故貴易其法,[6] 吏不敢以長官威嚴危其命,[7] 民不以珠玉重寶犯其禁. 故主上視法嚴於親戚, 吏之擧令, 敬於師長. 民之承教, 重於神寶.[8] 故法立而不用, 刑設而不行也. 夫施功而不鈞, 位雖高, 爲用者少. 赦罪而不一, 德雖厚, 不譽者多. 擧事而不時, 力雖盡, 其功不成. 刑賞不當, 斷斬雖多, 其暴不禁. 夫公之所加, 罪雖重, 下無怨氣. 私之所加, 賞雖多, 士不爲歡. 行法不道, 衆民不能順. 擧錯不當, 衆民不能成. 不攻不備, 當今爲愚人.

그러므로 성인[성인 같은 임금]이 일할 때, 궁실宮室의 (건축을) 절제하고, 수레를 적당하게 맞추어 (나라의) 저축을 충실히 하면, 나라는 반드시 부유富裕하게 되고, (임금) 자리는 반드시 높아진다. (임금의) 의복을 적절히 하고, 기호품들을 버리고 농업을 받들면, 재용財用은 반드시 넉넉해지고, 몸은 반드시 편해질 것이로다! 무익無益한 일이나 보상 못 받을 비용을 없애고, (제후들 간에) 예물을 증송贈送하여 예의를 행하면 동맹국들이 반드시 많아질 것이고, 교류하면 반드시 친해질 것이다. 일반인[보통의 임금]은, 대부분 물질에 미혹되어서, 힘들게 고생하며, 마음을 수고롭게 하여, 따라서 (나라가) 곤궁해지고 (비용도) 넉넉하지 못

1 黎翔鳳에 의하면, 濫은 鑑이니 大盆(큰 동이)이다.

2 丁士涵에 의하면, 信은 屈信의 信으로 읽어야 하니, 임금이 탈취하지 않음을 말한다

3 黎翔鳳에 의하면, 誅는 責(譴責하다)이다.

4 豬飼彦博에 의하면, '夫不法' 아래에 '則亂'이 탈락되었다.

5 趙守正에 의하면, 儀는 儀表, 즉 準則이다. 『管子通解』(下), 178頁, 注2 참조.

6 湯孝純에 의하면, 故貴는 옛날의 權貴이다. 『新譯管子讀本』(下), 678頁, 注4 참조.

7 張佩綸에 의하면, 危는 敗다.

8 趙守正에 의하면, 神寶는 神保이다. 옛날 先祖에게 제사 지낼 때 祖先을 대표하여 제사를 받는 산 사람이 神保인데, 여기서는 先祖의 의미이다. 『管子通解』(下), 178頁, 注5 참조.

하게 된다. 크면 나라를 잃게 되고, 작게는 (임금) 자신이 위태롭게 된다. 무릇 사람의 정서는 바라는 것을 얻으면 즐겁고, 싫어하는 것을 만나면 우울해지니, 이것은 귀한 사람들이나 천한 사람들이 함께 가지고 있다. (욕심나는 것이) 가까이 있으면 욕심을 내지 않을 수 없고, 그것이 멀리에 있으면 잊어버리지 않을 수 없으니, 사람의 정서는 다 그러한데, 좋아하는 것과 싫어하는 것은 같지 않다. 각자 원하는 것을 하지만, (누구는) 안전하게 되고 (누구는) 위태롭게 되는 것은 다르니, 그런 다음에 슬기로움과 어리석음의 모습이 드러난다. 물건은 많을 수도 있고 적을 수도 있으나, (사람의) 정욕情欲은 같을 수 없다. 일을 하자면 성공할 수도 실패할 수도 있으나, (사람의) 소망은 같을 수 없다. 다니는 데 앞서기도 하고 뒤서기도 하지만, (우리의) 역량은 이 둘을 다 할 수는 없다. 그러므로 중간(의 입장)에 서려면, 양생養生에 절제가 있어야 한다. 방은 건조乾燥와 습기를 피할 수 있으면 족하고, 음식과 음료는 혈기血氣를 조화시키면 족하고, 의복은 추위와 더위를 (막기) 적합하면 족하고, 예의는 귀한 사람과 천한 사람을 구별하면 족하고, 오락은 기쁨을 발산하면 족하고, 관곽棺槨은 썩은 뼈를 거둬주면 족하고, (시신屍身의) 옷은 부패할 몸뚱이를 감싸면 족하고, 분묘墳墓는 (매장) 지역을 기억할 만하면 족하다. 보상 없는 일을 시작하지 말고, 무익한 일을 하지 말고, 그러므로 의지를 안정시키고 일시적인 의기와 감정에 미혹되지 말아야 한다. 일시적인 의기와 감정에 미혹되지 않으면, 눈과 귀가 좋아지며, 의식衣食이 풍족해진다. 이목耳目이 좋아지고, 의식이 풍족하면, 침략과 쟁탈이 생기지 않으며, 원망과 분노가 없으니, 아랫사람과 윗사람들이 서로 친해지며, 병기와 칼이 쓸데가 없어질 것이다. 그러므로 적절히 처신하고 행동이 바르고, 검약儉約하고 공경하면, 오직 복이 없더라도, 화禍 또한 오지 않을 것이로다! 교만하고 사치하며, 법도를 벗어나 상리常理를 끊었다면, 오직 화가 없다고 해도, 복 또한 오지 않을 것이로다! 이 때문에 군자들은 위로 상리[理]를 끊은 이를 보면, 스스로 두려워할 것이다. 아래로 못 미치는 일을 보게 되면, 자신을 헤아려 보게 된다. 그러므로 말한다. "칭찬은 그냥 나오는 것이 아니며, 환난이 홀로 생기는 것이 아니고, 복이 (어느) 집을 선택하는 것도 아니고, 불행[禍]이 (특정한) 사람을 찾는 것이 아니다."

이것을 말하는 것이다. (직접) 들은 것으로 충분히 관찰해 보면, 사정은 반드시 명백해질 것이다.

故聖人之制事也, 能節宮室、適車輿以實藏, 則國必富, 位必尊. 能適衣服、去玩好以奉本, 而用必贍, 身必安矣. 能移無益之事, 無補之費, 通幣行禮而黨必多,[9] 交必親矣. 夫衆人者,[10] 多營於物, 而苦其力, 勞其心, 故困而不贍. 大者以失其國, 小者以危其身. 凡人之情, 得所欲則樂, 逢所惡則憂, 此貴賤之所同有也. 近之不能勿欲, 遠之不能勿忘, 人情皆然. 而好惡不同. 各行所欲, 而安危異焉, 然后賢不肖之形見也. 夫物有多寡, 而情不能等.[11] 事有成敗, 而意不能同.[12] 行有進退, 而力不能兩也. 故立身於中, 養有節. 宮室足以避燥溼, 食飮足以和血氣, 衣服足以適寒溫, 禮儀足以別貴賤, 游虞足以發歡欣,[13] 棺槨足以朽骨, 衣衾足以朽肉, 墳墓足以道記.[14] 不作無補之功, 不爲無益之事, 故意定而不營氣情.[15] 氣情不營, 則耳目穀,[16] 衣食足. 耳目穀, 衣食足, 則侵爭不生, 怨怒無有, 上下相親, 兵刃不用矣. 故適身行義, 儉約恭敬, 其唯無福,[17] 禍亦不來矣. 驕傲侈泰, 離度絶理, 其唯無禍, 福亦不至矣. 是故君子上觀絶理者, 以自恐也. 下觀不及者, 以自隱也.[18] 故曰: 譽不虛出, 而患不獨生, 福不擇家, 禍不索人, 此之謂也. 能以所聞瞻察, 則事必明矣.

그러므로 무릇 다스려짐과 혼란의 실정은 모두 임금에 따라서 비롯된다. 따라서 잘하는 임금은 해害로써 사람들을 제약하고, 이로움으로 그들을 견인하여, 그들을 이롭게도 해롭게도 할 수 있다면, 재부財富는 많아질 것이고 잘못은 적어질 것이다. 무릇 사람의 실정은 이익을 보면 달려나가지 않을 수 없으며, 해를 보게 되면 피하지 않을 수 없다. 그중 상인들은 왕래하며 장사하는데, 하루에 이틀 길을 다니고,

9 湯孝純에 의하면, 通幣는 제후들이 서로 贈送하는 예물이다. 『新譯管子讀本』(下), 680頁, 注6 참조.

10 趙守正에 의하면, 衆人은 일반인의 뜻이지만, 이 구절의 처음에 언급한 聖人[성인 같은 임금]과 비교하여 말하자면, 일반의 보통 임금을 말한다. 『管子通解』(下), 179頁, 注3 참조.

11 趙守正에 의하면, 等은 균등, 一致이고, 情은 情欲이나 욕구다. 上同, 注4 참조.

12 趙守正에 의하면, 謀事하면 성공도 할 수 있고, 실패도 할 수 있다. 사람의 뜻은 똑같을 수 없다. 意는 意志이고, 의미를 좀 더 확대하면, 소망이다. 上同, 180頁, 注5 참조.

13 趙守正에 의하면, 游虞는 游娛와 통하니 游樂이다. 上同, 注7 참조.

14 黎翔鳳에 의하면, 道는 國이고, 國은 域이다.

15 湯孝純에 의하면, 氣情은 일시적인 의기와 감정이다. 『新譯管子讀本』(下), 上同, 680頁, 注18 참조.

16 尹知章의 주석에 의하면, 穀은 善이다.

17 黎翔鳳에 의하면, 唯는 惟와 같다.

18 尹知章은 주석에서, 隱은 度(헤아리다)이다. '度己有不及之事, 當致之也'(자기를 헤아려보아 못 미치는 일이 있으면, 마땅히 그것을 실현시킨다) 참조.

밤에 낮을 이어가며, 천 리千里를 멀지 않다고 보는 것은, 이익이 앞에 있기 때문이다. 고기 잡는 어부들이 바다에 들어가, 수심이 만 길[仞]인데도, 파도에 나아가 (물)흐름을 맞이하고, 백 리百里나 위험을 타는 것은 이익이 물속에 있기 때문이다. 그러므로 이익이 있다면, 비록 천 길의 높은 산도, 올라가지 않을 수 없고, 깊은 지하의 샘[源]이라도, 들어가지 않을 수 없다. 따라서 이로운 형세가 있는 곳을 잘 알면, 백성들은 스스로 달가워하고 편안하게 여기니, 떠밀지 않아도 (스스로) 가며, 이끌지 않아도 오는 것이니, (그들을) 번거롭게도 귀찮게도 하지 않으나, 백성들은 저절로 부유해진다. 새들이 알을 품는 것과 같으니, 드러나지도 않고 소리도 없지만, 오직 완성됨을 보인다.

故凡治亂之情, 皆道上始.[19] 故善者圉之以害, 牽之以利, 能利害者, 財多而過寡矣. 夫凡人之情, 見利莫能勿就, 見害莫能勿避. 其商人通賈,[20] 倍道兼行,[21] 夜以續日, 千里而不遠者, 利在前也. 漁人之入海, 海深萬仞, 就彼逆流,[22] 乘危百里, 宿夜不出者,[23] 利在水也. 故利之所在, 雖千仞之山, 無所不上, 深源之下, 無所不入焉. 故善者, 勢利之在, 而民自美安,[24] 不推而往, 不引而來, 不煩不擾, 而民自富. 如鳥之覆卵, 無形無聲, 而唯見其成.

무릇 나라를 다스리는 근본은 천시天時를 얻는 것이 중요한 도리[經]이고, 사람의 마음을 얻는 것이 벼리[紀]이다. 법령은 총체적 강령이고, 관리는 그물이고, (주민들의) 다섯 사람과 열 사람은 (군대의) 편제에 비견되고, 상을 주고 벌을 주는 것은 (군대에서) 북을 치면 전진하고 꽹과리를 치면 퇴각하는 것과 같다. 농구農具를 수선하는 것을 무기로 간주했고, 농사짓는 것을 공격 전쟁으로 간주했고, 무명 조개껍질로 풀 깎기를 미는 것을 칼과 창으로 간주했고, 도롱이를 입는 것을 (겉과 속의) 갑

19 尹知章의 주석에 따르면, 道는 從이다.

20 黎翔鳳에 의하면, 其는 '凡人'을 이은 것이기 때문에, 생략될 수 없다. 湯孝純에 의하면, 通賈는 '왕래하며 장사함'을 가리킨다.

21 趙守正에 의하면, 하루에 이틀의 행로를 다님을 말하니, 速行을 의미한다. 『管子通解』(下), 181頁, 注2 참조.

22 安井衡에 의하면, 彼는 波(물결)다.

23 黎翔鳳에 의하면, 宿은 古文에서 夙(일찍)이다.

24 黎翔鳳에 의하면, 勢는 본래 埶로 썼다. 者는 古文에서 諸이니, '善者勢'는 '善諸形勢'의 의미다. 美는 甘(달다)이다.

옷 입는 것으로 간주했고, 백모白茅로 짠 삿갓은 방패로 간주했다. 그러므로 농사 짓는 도구가 갖춰지면 전투 무기가 갖추어진 것이고, 농사일에 익숙해지면 공격 전쟁 기술도 교묘해질 것이로다! 봄 3월이 되면, 방을 덥히고 부엌을 건조하게 하고, 부싯돌을 바꾸어서 불을 취하고, 우물을 파서 물을 바꾸는 것은 검고 더러운 물의 독을 제거하려는 것이다. 봄의 행사로, 신神께 제사 드려 장수長壽를 기원하고, 물고기를 제물로 바치고, 누룩으로 술을 만들어서, 서로 초대하는 것은, 가깝게 지내려 하기 때문이다. 기르는 가축을 죽이지 말고, (새) 알을 깨뜨리지 말고, 나무를 베지 말고, 새로 난 초목을 죽이지 말고, 막 나온 죽순을 부수지 않는 것은, 모든 것이 순조롭게 생장하길 바라기 때문이다. 홀아비와 과부를 도와주고, 부모 없는 아이와 자식 없는 늙은이를 구제해 주고, 종자 없는 이에게 (씨앗을) 빌려주고, 세금 못 내는 이에게 나누어 주는 것은 빈약한 백성들을 권장하기 때문이다. 다섯 가지 정책을 발동하고, 가벼운 죄는 사면하고, 구속된 사람들을 석방하고, 원수를 풀어 주는 것은 농사의 성과를 내고, 곡식 생산에 힘 쏟기 때문이다. 여름에 다섯 가지 덕德에 상을 내리고, 작록爵祿을 채워 주고, 관직을 옮겨 주고, 효도와 우애 있는 이들을 예우禮遇하고, 현명하고 능력 있으면 요역徭役을 면제하는 것은 (노력한) 공적을 권면하기 때문이다. 가을에 다섯 가지 형을 집행하는 것은 큰 죄를 벌하여, 거짓과 불법을 금지하고, 도적을 그치게 하기 위함 때문이다. 겨울에 오곡을 저장하고, 만물을 쌓아 두는 것은 생산자를 받아들이기 때문이다. 사계절의 일들이 준비되었다면, 백성의 노동은 백 배나 될 것이다. 그러므로 봄에는 인자하고, 여름에는 충후忠厚하고, 가을에는 다그치며, 겨울에는 문이 닫히니, 천시天時에 순응하고, 땅의 적절함을 관리하는 것이다. 그러므로 바람과 비가 계절에 맞고, 오곡이 실해지며, 초목들이 아름답고 많아지니, 가축들이 번식하고, 나라는 부유해지고 군대는 강해지며, 백성들은 재산이 있으니 (나라의) 명령이 시행되고, 나라 안으로는 번거로운 정책이 없고, 나라 밖으로는 강한 적의 변고가 없다. 일을 벌이는 것이 합당한 뒤에 (사람들은) 화합하고, (농사)철을 놓치지 않은 뒤에 부유하고, 법을 잃지 않은 뒤에 다스려진다. 따라서 공연히 부유해질 수 없고, 백성들은 공연히 다스려지지 않는다. 다스려지지 않았는데 창성했고, 혼란이 없었는데 망한 일은, 옛날부터 지금에 이르기까지 일찍이 한 번도 없었다.

夫爲國之本, 得天之時而爲經, 得人之心而爲紀. 法令爲維綱, 吏爲網罟, 什伍以爲行列, 賞誅爲文武.[25] 繕農具當器械, 耕農當攻戰, 推引銚耨以當劍戟,[26] 被簑以當鎧鑐,[27] 菹笠以當盾櫓.[28] 故耕器具則戰器備, 農事習則功戰巧矣.[29] 當春三月, 萩室熯造, 鑽燧易火, 杼井易水, 所以去茲毒也.[30] 擧春, 祭塞久禱,[31] 以魚以牲, 以蘖爲酒, 相召, 所以屬親戚也. 毋殺畜生, 毋拊卵, 毋伐木, 毋夭英, 毋拊竿,[32] 所以息百長也. 賜鰥寡, 振孤獨,[33] 貸無種, 與無賦, 所以勸弱民. 發五正,[34] 赦薄罪, 出拘民,[35] 解仇讎, 所以建時功,[36] 施生穀也. 夏賞五德, 滿爵祿, 遷官位, 禮孝弟, 復[37]賢力,[38] 所以勸功也. 秋行五刑, 誅大罪, 所以禁淫邪, 止盜賊. 冬收五藏,[39] 最萬物,[40] 所以內作民也.[41] 四時事備, 而民功百倍矣. 故春仁、夏忠、秋急[42]、冬閉, 順天之時, 約地之宜, 忠人之和.[43] 故風雨時, 五穀實, 草木美多, 六畜蕃息, 國富兵彊, 民材而令行,[44] 內無煩擾之政, 外無彊敵之患也. 夫動靜順然後和也,[45] 不失其時然後富, 不失其法然後治. 故國不虛富, 民不虛治. 不治而昌, 不亂而亡者, 自古至今未嘗有也.

25 趙守正에 의하면, 文武는 군대의 鐘과 鼓(북)와 같으니, 文은 鼓, 즉 북을 치면 전진하고, 武는 金이니, 꽹과리를 치면 퇴각한다. 上同, 182頁, 注4 참조.

26 黎翔鳳에 의하면, 銚는 銚耨, 즉 깎는 기계다.

27 王紹蘭에 의하면, 鑐는 마땅히 襦다. 鎧는 甲이고, 襦는 短衣이다. 鎧襦는 甲襦다. 겉에 입는 것이 鎧고, 속에 입는 것이 襦이다.

28 黎翔鳳에 의하면, 葅는 본래 蒩이니, 白茅로 짠 갈개다. 古本에 菹는 오류다.

29 洪頤煊에 의하면, 功은 옛날에는 攻(공격하다)과 통했다.

30 王念孫에 의하면, 樵와 萩는 옛날에 통했다. 萩室은 樵室이다. 樵室은 熯竈(건조한 부엌)와 같은 뜻이다. 造는 竈(부엌)이다. 黎翔鳳에 의하면, 『方言』 六에, '杼柚, 作也. 東齊土作謂之杼, 木作謂之柚'(杼柚는 作이다. 東齊에서 土作은 杼(북)라 하고, 模作은 柚라 말한다). 杼井은 土作이니, 이것은 齊나라의 方言이다. 玆는 黑이고, 濁이니, 흑색의 濁水다.

31 張佩綸에 의하면, 塞은 옛날에는 賽(제사하여 神께 보답함)다. 黎翔鳳에 의하면, 禱는 목숨을 求하는 것이지, 病과는 무관하다.

32 尹知章은 주석에서, 拊는 擊剝(때리다)이고, 英은 초목의 初生이고, 竿은 '笋之初生'(막 나온 죽순)이라고 말한다.

33 黎翔鳳에 의하면, 楊忱本에 振은 救(구원하다)의 뜻이다.

34 豬飼彦博에 의하면, 正은 마땅히 政이다.

35 黎翔鳳에 의하면, 拘(잡다)는 拘(잡다)이다.

36 趙守正에 의하면, 時功은 農時의 功이다.

37 趙守正에 의하면, 復은 徭役을 면제함이다. 上同, 183頁, 注22 참조.

38 張佩綸에 의하면, 能은 力이니, 賢力은 賢能이다.

39 尹知章의 주석은, 五藏은 五穀의 藏이다.

40 丁士涵에 의하면, 最는 마땅히 冣(쌓다)이다. 冣는 積(쌓다)이다.

41 湯孝純에 의하면, 內는 納과 통한다. 作民은 作夫, 즉 생산자다. 『新譯管子讀本』(下), 上同, 684頁, 注35와 36 참조.

42 張佩綸에 의하면, 가을(秋)에는 愁(근심)하며, 愁는 揫(모으다)로 읽는다. 揫는 遒(모이다)와 통한다. 遒는 迫(다그치다)이고 急이다.

43 兪樾에 의하면, 忠은 마땅히 中으로 읽어야 한다. '中人之和'는 '得人之和'이다.

44 趙守正에 의하면, 材는 財와 통한다.

45 趙守正에 의하면, 動은 행동이고, 靜은 평정이니, '動靜順'은 거사가 합당함을 말한다.

그러므로 나라에 사적으로 용감한 사람이 많으면, 나라의 군대는 약해지고, 관리들이 사적으로 지혜를 쓰는 일이 많으면 나라의 법도는 혼란해지고, 백성들이 사적으로 이익을 보는 이가 많아지면 그 나라는 가난해진다. 따라서 (임금의) 덕은 넓고 후해야, 백성들로 하여금 (나라를 위해) 죽게 할 수 있다. 상과 벌은 반드시 진실로 (꼭) 이뤄지는 일만 한 것이 없으니, 백성들로 하여금 상벌을 믿게 해야 한다. 백성을 잘 다스리는 임금은 성곽으로 하는 것이 아니다. (백성을) 10인 조직[什]으로 보충하고, 5인 조직[伍]으로 관리한다. 5인 조직에 그 (조직) 사람 아닌 이가 없고, 사람들은 그 동네[里]에 속하지 않은 이가 없으며, 동네에는 동네 집이 아닌 집이 없다. 그러므로 도망자는 숨을 곳이 없고, 이사 가도 받아줄 곳[동네]이 없다. (백성들은) 요구하지 않아도 결속되고, 오라고 부르지 않아도 오게 되니, 따라서 백성들은 도망갈 뜻이 없고, 관리들은 그들의 추적에 대비할 걱정이 없다. 그러므로 임금의 정책이 백성들에게 실행되고, 백성들의 마음은 임금에게 매일 수 있다.

故國多私勇者其兵弱, 吏多私智者其法亂, 民多私利者其國貧. 故德莫若博厚, 使民死之. 賞罰莫若必成,[46] 使民信之. 夫善牧民者, 非以城郭也. 輔之以什, 司之以伍. 伍無非其人, 人無非其里, 里無非其家. 故奔亡者無所匿, 遷徙者無所容. 不求而約,[47] 不召而來, 故民無流亡之意, 吏無備追之憂. 故主政可往於民,[48] 民心可繫於主.

법이 백성을 제어하는 것은 도공陶工이 진흙을, 대장장이가 쇳물을 제어하는 것과 같다. 따라서 (임금이) 이득과 손해가 있는 곳을 잘 알고 있으면, 백성들이 떠나고 오는 것이, 불이 습한 곳을 (피하고) 마른 곳으로 나아가는 것과 물이 높은 곳을 (피하고) 낮은 곳으로 가는 것과 같다. 무릇 백성들이 살 수 있는 것은 의복과 먹을 것이다. 먹을 것이 생기는 곳은 물과 흙이다. 백성들을 부유하게 하는 데 요령이 있고, 백성들을 먹이는 데 표준이 있다. 표준은 (토지가) 30묘畝이면 (1인이) 한 해를 날 수 있고, 일 년 수확은 풍년과 흉년을 겸해도, 1무에서

46 王念孫에 의하면, 必成은 成必이고, 成은 誠이다.
47 黎翔鳳에 의하면, 約은 結이다.
48 黎翔鳳에 의하면, 往은 行이다.

한 섬[石]을 얻으니, 한 사람이 30섬을 얻게 된다. (나무) 열매, (채소) 열매, 채소는 (양식) 10섬에 해당하고, 밀기울, 속 빈 곡식, 가축들은 (양식) 10섬에 해당하면, 한 사람이 50섬을 갖는다. 베, 비단, '베로 짠 실' 등을 나머지 수익에 곁들여 넣을 수 있으나, 50섬에는 들어가지 않는다. 그러므로 나라에는 여분의 저축이 있고, 백성들도 여분의 먹을 것이 있다. 평균을 내어 순서를 매김은 많음과 적음을 (구분하기) 때문이다. 저울대는 무거운 것과 가벼운 것을 재는 것이다. 호적과 토지 대장은 빈부貧富가 같지 않음을 알 수 있는 근거이다. 따라서 잘 정치하는 임금은 반드시 먼저 그 토지를 알아야 하고, 이에 그 사람들을 알 수 있다. 전답이 갖추어진 연후에 백성들은 (생활이) 풍족할 수 있다.

夫法之制民也, 猶陶之於埴, 冶之於金也. 故審利害之所在, 民之去就, 如火之於燥濕, 水之於高下. 夫民之所生, 衣與食也. 食之所生, 水與土也. 所以富民有要,[49] 食民有率.[50] 率三十畝而足於卒歲. 歲兼美惡,[51] 畝取一石, 則人有三十石. 果蓏素食當十石,[52] 糠粃六畜當十石, 則人有五十石. 布帛麻絲, 旁入奇利,[53] 未在其中也. 故國有餘藏, 民有餘食. 夫叙鈞者,[54] 所以多寡也. 權衡者, 所以視重輕也. 戶籍田結者,[55] 所以知貧富之不訾也.[56] 故善者必先知其田, 乃知其人. 田備然後民可足也.

무릇 천하를 취하는데, 인정人情으로 정벌했으면 제帝라 할 수 있고, 사업으로 정벌했으면 왕王이고, 정치로서 정벌했으면, 으뜸 제후[霸]이다. 모의하여 공로를 만드는 것은 다섯 가지이다. 첫째, (적국의) 임금이 누구를 좋아하는지 살펴보아서 그 임금의 위세를 분열시킨다. 한 사람이 두 마음을 가지고 있다면, 그 임금의 친근함은 반드시 쇠퇴할 것이다. 대신들이 (힘을) 안 쓰면, 그 나라는 위태로울 수 있다. 둘째, (적국의 임금이) 싫어하는 신하를 살펴보고, 그에게 뇌물을 후하게 베풀면, 실정을 깊은 데까지 얻을 수 있다. 몸은 국내에 있지만, 외국의 실

49 趙守正에 의하면, 要는 要領이다. 『管子通解』(下), 184頁, 注4 참조.
50 湯孝純에 의하면, 率은 표준이다. 『新譯管子讀本』(下), 686頁, 注8 참조.
51 趙守正에 의하면, 歲는 年景(일 년 농작물의 수확 실정)이다. 『管子通解』(下), 184頁, 注5 참조.
52 王引之에 의하면, 素는 疏로 읽고, 그것을 또 蔬(채소)이다.
53 尹知章의 주석에, 奇는 餘다.
54 黎翔鳳에 의하면, 鈞은 均의 假借다. 叙는 次第(순서대로)다.
55 丁士涵에 의하면, 結은 約이니, 田結은 토지소유를 文書로 約定한 것이다.
56 許維遹에 의하면, 訾는 齊(같게 하다)와 같다.

정을 알기에, 그 나라를 파악할 수 있다. 셋째, 과도하게 음악을 들으면, 마음을 황폐시킬 수 있다. (그에게) 피리, 비파와 미인들을 보내어서, 안을 막아 버린다. (그에게) 아첨 잘하는 신하와 무늬 있는 말들을 보내어서, 밖을 봉쇄한다. 밖과 안이 폐쇄되면, 그 (나라)를 패배시킬 수 있다. 넷째, (적국과) 반드시 친밀해야 하니, 마치 형색이 형제와 같아라! 몰래 변사辯士를 (적국에) 들여보내 그의 계획을 도모하게 하고, 용사들을 들여보내 그들의 기운을 높이고, 다른 나라에 사람들을 들여보내 맹약을 위배하게 하고, (외교) 사절을 끊어 놓고, 그의 의도를 거역하게 하라! 이것으로 반드시 용사들이 싸울 것이고, 두 나라는 서로 적대할 것이니, 반드시 (상대국의) 폐단을 이용하라! 다섯째, 그[적국]의 모책을 깊이 관찰하라! 그들의 충신들과 결합하여, 그들이 하려는 것을 헤아려 보고, (그들의) 내부 사람들을 (서로) 못 믿게 하고, 마음을 떠나게 하고, 떠났으면 일단 합치할 수 없을 것이니, 반드시 내부에서 자신을 해칠 것이다. (적국의) 충신들이 이미 죽었다면, 따라서 정권을 탈취할 수 있다. 이 다섯 가지가, (적국을) 모략하고 공략하는 방법이다.

凡有天下者, 以情伐者帝, 以事伐者王, 以政伐者霸. 而謀有功者五: 一曰視其所愛以分其威. 一人兩心, 其內必衰也.[57] 臣不用, 其國可危. 二曰視其陰所憎.[58] 厚其貨賂, 得情可深. 身內情外, 其國可知. 三曰聽其淫樂,[59] 以廣其心.[60] 遺以竽瑟美人, 以塞其內. 遺以諂臣文馬, 以蔽其外. 外內蔽塞, 可以成敗. 四曰必深親之, 如典之同生.[61] 陰內辯士使圖其計,[62] 內勇士使高其氣, 內人他國使倍其約, 絶其使, 拂其意. 是必士鬬, 兩國相敵, 必承其弊. 五曰深察其謀. 謹其忠臣, 揆其所使,[63] 令內不信, 使有離意, 離氣不能令,[64] 必內自賊. 忠臣已死, 故政可奪. 此五者, 謀功之道也.

57 趙守正에 의하면, 內는 親近이다. 上同, 186頁, 注3 참조.

58 王念孫에 의하면, 陰은 衍字다. '視其所憎'은 위의 문장의 '視其所愛'와 상대를 이룬다.

59 黎翔鳳에 의하면, '好樂聲色者, 淫也'(음악, 소리와 女色을 좋아하는 것이, 淫이다), 뜻을 확대하면, 太過이다. 聽은 듣는 것이다.

60 趙守正에 의하면, 廣은 曠(荒廢하게 하다)이다.

61 趙守正에 의하면, '典之同生'은 '與之同生'(동생처럼 어울리다)이다. 글사 모양이 비슷하여 오해가 생긴 것이다. 上同, 注6 참조.

62 豬飼彦博에 의하면, 內는 納, 즉 入이다.

63 兪樾에 의하면, 謹을 結로 바꾸어야 한다. 揆(헤아리다)는 度(헤아리다)이다.

64 黎翔鳳에 의하면, 氣는 옛날의 餼이니, 旣와 통한다.

입국 入國

본 편은 첫머리의 두 글자로 편명을 정했을 뿐, '노인 대접[老老]', '어린이 사랑[慈幼]', '고아 돌봄[恤孤]', '병 돌봄[養疾]', '외짝 중매[合獨]', '병문안[問病]', '궁핍 해소[通窮]', '곤궁 구제[振困]'와 '무연고자 제사[接絶]' 등 사회 구제책을 논하고 있다.

(임금이) 나라에 들어와서, 사방을 순시하고, 아홉 가지 혜택의 가르침을 함께 펴 나간다.

첫째는 노인 대접이고, 둘째는 어린이 사랑이고, 셋째는 고아 돌봄이고, 넷째는 병 돌봄이고, 다섯째는 외짝 중매이고, 여섯째는 병문안이고, 일곱째는 궁핍 해소이고, 여덟째는 곤궁 구제이고, 아홉째는 무연고자 제사다.

이른바 노인 대접은, 무릇 도성과 읍邑에서 모두 노인들을 돌본다. 나이가 70을 넘으면, 자식 하나에게 (나라에) 요역徭役을 면제해 주고, 석 달에 한 번 고기를 보낸다. 나이가 80을 넘으면, 자식 두 명에게 요역을 없애고, 달마다 고기를 보낸다. 나이가 90을 넘으면, 온 집안에 요역을 없애고, 날마다 술과 고기를 보낸다. 죽으면, 임금이 관곽棺槨을 제공하고, 자제들에게 권면하여, 일상의 밥과 반찬에 정성을 드리고, (자식들이) 바라는 바를 묻고, (그들이) 좋아할 것을 찾는다. 이것이 노인 대접이다.

이른바 어린이 사랑은, 무릇 도성과 읍에서 모두 어린이들을 돌본다. 선비와 백성에게 자식들이 있는데, 자식들은 또한 유약幼弱하고 (자식) 양육을 감당 못해 피로한 사람들은 어린이가 셋이면 부인의 공물을 면제해 주고, 어린이가 넷이면 온 집에 요역을 없애고, 어린이가 다

셋이면 또 보호한다. 두 사람의 먹을거리를 받고서, (그들이) 일을 할 수 있으면 그친다. 이것이 어린이 사랑이다.

이른바 고아 돌봄은, 무릇 도성과 읍에서 고아들을 돌본다. 선비가 죽었는데, 자식들은 고아이고 유약한데, 부모가 없어서, 양육에 스스로 살 수가 없게 되면, 그 이웃이나, 아는 사람, 친구들에게 위탁한다. 고아 하나를 길러 주면, 자식 하나에게 요역을 없앤다. 고아 둘을 기르면, 자식 둘에게 요역을 없앤다. 고아 셋을 기르면, 온 집안에 요역을 없앤다. 고아 담당관은 여러 번 물어보아, 반드시 그들이 먹고 마시는 것과, 굶는지 추워하는지를 알아야 한다. 몸이 말랐다면, 그들을 불쌍히 여겨야 한다. 이것이 고아 돌봄이다.

이른바 병을 돌봄은 무릇 도성과 읍에서 모두 병을 돌본다. 귀가 안 들리는 사람, 눈이 안 보이는 사람, 말을 못하는 사람, 두 발로 못 걷는 사람, 반신불수, 손으로 꽉 잡지 못하는 사람은 스스로 살 수 없으니, 임금이 거두어서 양육한다. 병이 걸리면, 관청에서 그들을 옷 입히고 먹여 주며, 죽은 뒤에 몸을 거둔다. 이것이 병 돌봄이다.

이른바 외짝 중매는 무릇 도성과 읍에서 모두 중매꾼을 관리한다. 남편이 아내가 없으면 홀아비[鰥]라 하고, 여인네가 남편이 없으면 과부[寡]라 하는데, 홀아비와 과부를 뽑아서 결합시키고, 밭과 집을 주며 가정을 꾸리게 하고, 삼 년 뒤에 (나라에서) 직분을 맡긴다. 이를 일러 '외짝 중매'[合獨]라고 한다.

이른바 병문안은, 무릇 도성과 읍에서 모두 병을 관리한다. 선비들 중에 병 있는 자를 임금의 명령으로 위문한다. 90세 이상이면, 매일 한 번 위문한다. 80세 이상이면, 이틀에 한 번 위문한다. 70세 이상이면, 삼 일에 한 번 위문한다. 여러 서민들은 닷새에 한 번 위문한다. 병이 심하면 보고하고, 임금이 몸소 위문한다. 병 관리를 나라 안에 실행하고, 문병問病을 일로 삼는다. 이것이 병문안이다.

이른바 궁핍 해소는, 무릇 도성과 읍에서 모두 곤궁을 돕는다. 곤궁한 부부가 거처가 없고, 가난한 빈객이 양식이 떨어졌다면, 그 이웃에 살면서, 소문을 들은 이에게 상을 내리고, 소문을 못 들었다면 벌을 준다. 이것이 궁핍 해소다.

이른바 곤궁 구제는, 흉년이 들어서, 고용인들이 병들고, 많이 죽거나 도망간다. 형벌을 완화하고, 죄진 자를 사면하고, 창고를 개방하여 그들을 먹인다. 이것이 곤궁 구제다.

이른바 무연고자 제사란, 선비나 백성들이 임금을 위한 일로 죽거나, 전투로 사망했다면, 그를 아는 사람이나 친구를 시켜서 임금으로부터 자금을 받아서 그들을 제사하는 것이다. 이것이 무연고자 제사다.

入國四旬, 五行九惠之教.[1] 一曰老老, 二曰慈幼, 三曰恤孤, 四曰養疾, 五曰合獨, 六曰問疾, 七曰通窮, 八曰振困, 九曰接絶. 1) 所謂老老者, 凡國、都皆有掌老. 年七十已上, 一子無征, 三月有饋肉. 八十已上, 二子無征, 月有饋肉. 九十已上, 盡家無征, 日有酒肉. 死, 上共棺槨. 勸子弟, 精膳食, 問所欲, 求所嗜. 此之謂老老. 2) 所謂慈幼者, 凡國、都皆有掌幼. 士民有子, 子有幼弱不勝養爲累者,[2] 有三幼者無婦征,[3] 四幼者盡家無征, 五幼又予之葆. 受二人之食, 能事而後止. 此之謂慈幼. 3) 所謂恤孤者, 凡國、都皆有掌孤. 士人死, 子孤幼, 無父母, 所養不能自生者, 屬之其鄉黨、知識、故人. 養一孤者, 一子無征. 養二孤者, 二子無征. 養三孤者, 盡家無征. 掌孤數行問之, 必知其食飮飢寒. 身之膌胜, 而哀憐之. 此之謂恤孤. 4) 所謂養疾者, 凡國、都皆有掌養疾. 聾、盲、喑啞、跛躄、偏枯、握遞,[4] 不耐自生者,[5] 上收而養之. 疾, 官而衣食之, 殊身而後止.[6] 此之謂養疾. 5) 所謂合獨者, 凡國、都皆有掌媒. 丈夫無妻曰鰥, 婦人無夫曰寡, 取鰥寡而合和之, 予田宅而家室之, 三年然後事之.[7] 此之謂合獨. 6) 所謂問疾者, 凡國、都皆有掌病. 士人有病者, 掌病以上令問之. 九十以上, 日一問. 八十以上, 二日一問. 七十以上, 三日一問. 衆庶五日一問. 疾甚者以告, 上身問之. 掌病行於國中, 以問病爲事. 此之謂問病. 7) 所謂通窮者, 凡國、都皆有通窮. 若有窮夫婦無居處, 窮賓客絶糧食, 居其鄉黨, 以聞者有賞, 不以聞者有罰. 此之謂通窮. 8) 所謂振困者, 歲凶, 庸人訾厲,[8] 多死喪. 弛刑罰, 赦有罪, 散倉粟以食之. 此之謂振困. 9) 所謂接絶者, 士民死上事, 死戰事, 使其知識故人受資於上而祠之. 此之謂接絶也.

1 黎翔鳳에 의하면, 旬은 徧(두루)이고, 巡(돌다)과 같은 뜻이다. 五는 伍와 같으니 五行은 參伍(서로 섞여서)로 나감의 뜻이다.

2 黎翔鳳에 의하면, 有는 又(또한)이다.

3 張佩綸에 의하면, 婦征은 嬪貢(아내의 공물)이니, 鄭玄注에 絲枲(生絲[삶아 익히지 않은 명주실]와 麻)다.

4 豬飼彦博에 의하면, 徧은 마땅히 偏(반쪽)이니 半身不仁이다. 黎翔鳳에 의하면, 遞는 弛(늦추다)이다. 握遞는 잡을 때 손이 풀어져 꽉 잡지 못함이다.

5 張文虎에 의하면, 耐(견디다)는 能이다.

6 王念孫에 의하면, 殊(죽이다)는 死(죽다)다.

7 尹知章의 주석에 의하면, 事는, 職役을 나라에 바침을 말한다.

8 黎翔鳳에 의하면, 庸人은 傭人(고용된 사람)이다. 洪頤煊에 의하면, 訾(헐뜯다)는 疵(병)와 통한다.

제55편

잡편雜篇 6

구수 九守

본 편은 임금이 나라를 다스릴 때 마땅히 준수하고 파악해야 할 아홉 가지 방면의 원칙을 논술하고 있다.

(임금은) 편안하게 서서히 고요해야 하며, 부드러운 절도로써 먼저 안정하고, 마음을 비우고 뜻을 평온히 해서 일을 늦추어야 한다.

安徐而靜, 柔節先定, 虛心平意以待須.[1]

위는 "임금의 위치"이다.

右"主位"

(임금의) 눈은 밝음을 귀히 여기고, 귀는 총명을 귀히 여기고, 마음은 지혜를 귀히 여긴다. 천하의 눈으로 보면, 못 볼 것이 없을 것이다. 천하의 귀로 들으면, 못 들을 것이 없을 것이다. 천하의 마음으로 생각하면, 알지 못할 것이 없을 것이다. 바큇살이 (가운데) 바퀴통에 모이듯 나아가면, (임금의) 밝음은 막히지 않을 것이다.

目貴明, 耳貴聰, 心貴智. 以天下之目視, 則無不見也. 以天下之耳聽, 則

1 黎翔鳳에 의하면, 須는 需(바라다)인데, 濡滯(늦어지다, 지체하다)의 뜻이다.

無不聞也. 以天下之心慮, 則無不知也. 輻湊幷進, 則明不塞矣.

위는 "임금의 밝음"이다.

右"主明"

(임금이 신하들의 말을) 듣는 방도는 말하자면 기대를 가지고 내치지도 않고, 기대를 가지고 허락하지도 않는 것이다. 허락하면 지키지 못할 것이고, 내치면 막혀 버린다. 높은 산은 위를 쳐다보면, 끝이 없다. 깊은 연못은 재어 보아도, 측정할 수 없다. (임금의) 신묘하고 밝은 덕은 그 끝이 지극하다.

聽之術, 曰勿望而距, 勿望而許.[2] 許之則失守, 距之則閉塞. 高山仰之, 不可極也. 深淵度之, 不可測也. 神明之德, 正靜其極也.[3]

위는 "임금의 들음"이다.

右"主聽"

(임금이) 상을 주는 데는 믿음[信]이 귀하고, 형벌을 쓰는 데는 바름[正]이 귀하다. 형벌과 상을 줄 때 귀와 눈이 아는 것대로 믿음이 있고 바르다면, 임금이 알지 못하는 것은 매몰되지 않을 수 없다. 신실信實함이 천지에 통달하고, 신명에 통하였으니, 허위와 거짓을 보리라!

用賞者貴誠, 用刑者貴必.[4] 刑賞信必於耳目之所見, 則其所不見, 莫不闇化矣.[5] 誠暢乎天地,[6] 通於神明, 見姦僞也!

2 何如璋에 의하면, 『說苑』, 「政理」 편의, '夫子曰: "毋迎而距也, 毋望而許也. 許之則失守, 距之則閉塞."'(선생이 말하였다: "영접하면서 내치지 말고, 기대를 가지고 허락하지 말라! 허락하면 지키지 못할 것이고, 내치면 막힌다")라는 말은, 이 문장을 인용하여 가르친 것이다.

3 豬飼彦博에 의하면, 正靜은 德이 至極한 것이다.

4 張佩綸에 의하면, 『鬼谷子』에는, 誠은 信이고, 必은 正이다.

5 黎翔鳳에 의하면, 見은 知와 같으니, 闇자는 마땅히 없어야한다.

6 趙守正에 의하면, 誠은 信, 즉 信實이다. 『管子通解』(下), 199頁, 注1 참조.

위는 "임금의 상賞"이다.

右"主賞"

첫째는 하늘이고, 둘째는 땅이고, 셋째는 사람이고, 넷째는 상하, 좌우와 전후前後이니, 미혹된 곳이 어디인가?

一曰天之, 二曰地之, 三曰人之. 四曰上下, 左右前後, 熒惑其處安在?[7]

위는 "임금의 물음"이다.

右"主問"

마음은 아홉 감각 기관[竅]들을 위해 일하지 않아도, 아홉 기관들이 다스려진다. 임금은 다섯 관청을 위해 일하지 않아도, 다섯 관청들은 다스려진다. 좋은 일을 한 사람에게 임금은 상을 주고, 비위를 저지른 사람에게 임금은 벌을 준다. 임금은 그들이 가져온 것으로, 그것에 따라서 주었으니, 고단하지 않다. 성인들은 있는 것을 그대로 따르고, 그래서 그것들을 다스릴 수 있다. 그것대로 도리를 닦으니, 따라서 오래 간다.

心不爲九竅, 九竅治. 君不爲五官, 五官治. 爲善者君予之賞, 爲非者君予之罰. 君因其所以來, 因而予之, 則不勞矣. 聖人因之, 故能掌之. 因之修理, 故能長久.

위는 "임금의 따름"이다.

右"主因"

임금은 주밀周密해야 하니, 임금이 주밀하지 못하면 뭇 신하들이 아래에서 난을 일으킨다. 고요하여 조짐이 안 보이니, 안과 밖이 통하

7 王念孫에 의하면, 熒惑은 眩惑과 같다.

지 않으니, 원망할 곳을 어디에서 알겠는가? 열고 닫는 (자물통)을 열지 않고는, 좋든 아니든 근원이 없다.

人主不可不周, 人主不周則羣臣下亂. 寂乎其無端也, 外內不通, 安知所怨? 關閈不開, 善否無原.[8]

위는 "임금의 주밀함"이다.

右"主周"

첫째는 멀리 보는 눈이요, 둘째는 멀리 듣는 귀요, 셋째는 마음에서 아는 일이다. 천 리 밖과, 은미한 속을 분명히 알고 있으니, 허위를 꿰뚫어 본 것이다. 허위를 꿰뚫어 보았으니 바꿀 수 있을 것이다.

一曰長目, 二曰飛耳, 三曰樹明.[9] 明知千里之外, 隱微之中, 曰動姦. 姦動則變更矣.[10]

위는 "임금의 참고"이다.

右"主參"

명칭을 좇아 실제를 고찰하고, 실제에 따라서 명칭을 확정해야 한다. 명칭과 실제가 서로 살아나니, 되돌아가서 서로 실정이 된다. 명칭과 실제가 합당하면 다스려지고, 합당치 못하면 난리가 난다. 명칭은 실제에서 생기고, 실제는 덕德에서 생기고 덕은 도리에서 생기며, 도리는 지혜에서 생기고, 지혜는 '마땅히 해야 할 바'[合當]에서 생긴다.

脩名而督實,[11] 按實而定名. 名實相生, 反相爲情.[12] 名實當則治, 不當則

8 王引之에 의하면, 關閈은 마땅히 關閉(열고 닫음)이어야 한다.

9 黎翔鳳에 의하면, 樹明은 귀와 눈 외에, 心知를 말한다. 長目과 飛耳는, 豬飼彦博가 말하는 視遠(멀리 보다)이고 聽遠(멀리 듣는다)이다.

10 黎翔鳳에 의하면, 動과 洞은 통하니, 動은 洞察의 뜻이다.

11 孫星衍에 의하면, 脩名은 循名이다.

12 丁士涵에 의하면, 反은 還反의 反(되돌아감)이다.

亂. 名生於實, 實生於德, 德生於理, 理生於智, 智生於當.

위는 "명칭의 고찰"이다.

右"督名"

환공문 桓公問

환공의 질문

본 편은 제 환공桓公이 관중管仲의 건의를 받아들여, 옛날의 현군을 따라서 임금이 간언諫言을 받아들이고 쟁론하는 제도의 설립을 논술하고 있다.

제 환공이 관중에게 묻는다. "과인은 (천하를) 가지고 잃지 않으며, (민심을) 얻고 잊지 않기를 생각하는데, 방법이 있습니까?"

(관중이) 대답한다. "창조하지도 말고 시작도 하지 마십시오! 개인적으로 좋아하는 것으로 공정함을 해치지 마시고, 백성들이 싫어하는 것을 살피어, 자신을 훈계하십시오. 황제黃帝가 명대明臺의 의론을 확립했으니, 임금이 현인들을 살핀 것입니다. 요堯임금은 구실衢室에서 물었으니, 아래로 사람들의 말을 들은 것입니다. 순舜임금은 착한 일을 보고하는 깃발을 가지고 있었으니, 그 임금은 가려지지 않았습니다. 우禹임금은 조정에 건고建鼓를 세우고 묻고 응답하는 것에 대비하였습니다. 탕湯임금은 사방이 통한 길에 정원을 세워, 사람들의 비난을 관찰하였습니다. 무왕武王에게는 영대靈臺에서의 아룀이 있어서, 현자들이 (관직에) 나아갔습니다. 이들 옛날 성제聖帝와 영명한 왕들이 (천하를) 소유하나 잃지 않았으며, (천하를) 얻은 사실을 잊지 않았습니다."

환공이 말한다. "과인도 따라서 하고 싶은데, 그 이름을 무엇이라 할까요?"

(관중이) 대답한다. "논쟁 방의 토론이라 이름 짓겠습니다. 법률이 간단하여 행하기 쉽고, 형벌을 잘 알아서 범하지 않고, 일이 간략하여 쉽게 따를 수 있으니, 적게 구하고 쉽게 만족한다고 말합니다. 사람 중

에는 임금의 잘못을 비난하는데, (그를) 간사諫士라고 합니다. 논쟁 방의 토론을 받아들이고, 일을 맡은 관리들이 모두 진력하여 봉직하며, 다스리기를 잊지 않으니, 이것이 논쟁 방의 일입니다. 동곽아東郭牙에게 이 일을 하도록 청하시면, 그 사람은 올바른 일로 임금 앞에서 쟁론할 수 있습니다."

환공이 말한다. "좋습니다."

齊桓公問管子曰:[1] "吾念有而勿失, 得而勿忘, 爲之有道乎?" 對曰: "勿創勿作, 時至而隨. 毋以私好惡害公正, 察民所惡, 以自爲戒. 黃帝立明臺之議者,[2] 上觀於賢也. 堯有衢室之問者,[3] 下聽於人也. 舜有告善之旌, 而主不蔽也. 禹立諫鼓於朝, 而備訊唉.[4] 湯有總街之庭, 以觀人誹也.[5] 武王有靈臺之復,[6] 而賢者進也. 此古聖帝明王所以有而勿失, 得而勿忘者也." 桓公曰: "吾欲效而爲之, 其名云何?" 對曰: "名曰嘖室之議.[7] 曰法簡而易行, 刑審而不犯, 事約而易從, 求寡而易足. 人有非上之所過, 謂之正士,[8] 內於嘖室之議,[9] 有司執事者, 咸以厥事奉職, 而不忘爲此嘖室之事也.[10] 請以東郭牙爲之, 此人能以正事爭於君前者也." 桓公曰: "善."

1 安井衡에 의하면, 古本에는 管子가 管仲으로 되어 있다.

2 趙守正에 의하면, 明臺는 전설에 따르면, 黃帝가 정치하고, 신하들이 의견을 묻던 장소이다. 『管子通解』(下), 上同, 204頁 注5 참조.

3 豬飼彦博에 의하면, 明堂을 堯 임금은 衢室이라고 말했다.

4 黎翔鳳에 의하면, 建鼓는 朝廷에 세워둔 북의 이름이고, 唉는 應이다. 豬飼彦博에 의하면, 訊(下問하다)는 告(알리다)이다.

5 戴望에 의하면, 誹(비방하다)는 非이다. 黎翔鳳에 의하면, 總街는 四通道이다.

6 黎翔鳳에 의하면, 復은 白(아뢰다)이다.

7 黎翔鳳에 의하면, 嘖(말다툼하다)에는 責讓의 뜻이 있으니, '爭於君前'(임금 앞에서 언쟁하다)의 뜻이다.

8 許維遹에 의하면, 正은 証의 생략이니, 証은 諫(간언하다)이다. 正士는 諫士이다.

9 尹知章은 內를 納(받아들이다)으로 보았다.

10 黎翔鳳에 의하면, 爲는 治이다. 陳奐에 의하면, 厥은 蹶이니 盡力의 뜻이다.

탁지 度地

지형을 재다

본 편의 내용은 치수治水를 말한 것으로, 고대古代 치수의 계획과 조치를 엿볼 수 있다.

옛날에 환공이 관중에게 물었다. "과인이 지형을 재어 보고 나라를 다스리는 일을 물어 보겠는데, 어떻게 하면 됩니까?"

관중이 대답하였다. "제가 듣기로는, 패覇나 왕王이 되실 분은 천자天子와 성인聖人들입니다. 따라서 성인들이 나라를 세우는 곳은 경사진 땅이 기필코 아닙니다. 땅의 이점利點이 (많은) 비옥한 곳을 택하였으니, 산을 향해 있고, 좌우에 강 혹은 호수를 지나는데, 안으로는 (물을) 도랑에 떨어지도록 쏟아 내고, (그 물이) 큰 내로 흘러듭니다. 이에 하늘이 준 재료와, 땅에서 생긴 이득으로 사람들을 양육하고 가축들을 기릅니다. 천하의 사람들은 모두 임금의 은덕에 귀의하고 그 의리에 순종하니, 이에 영토를 분할합니다. 주州는 술術이라 하고, 술이 안 되면 이里라고 합니다. 따라서 100집[家]은 이里가 되고, 열 개의 이가 술術이 되고, 10술이 주州가 되며, 10주가 도都이고, 10도가 패覇의 나라이고, 패국 같지 않은 것이 (제후)국이니, 천자天子를 모십니다. 천자는 만萬 개의 제후들이 있고, 그 중에 공公, 후侯, 백伯, 자子와 남男의 (작위)가 있고, 천자는 그 중앙에 있습니다. 이것이 천연天然의 강고함이고, 지리적 이점에 의지하여, 안으로 성城을 쌓고, 성 밖에 곽郭을 만들고, 곽 밖에 해자垓子를 만들며, 지대가 높으면 도랑을 내고, 낮으면 제방을 쌓으니, 쇠처럼 단단한 성[金城]이라 말합니다. 가시덤불을 심어서, 위에서 서로 합치니, 견고할 수밖에 없습니다. 해마다 증축하여 끝나지 않고, 때때로 수리하고 보태니 끝나지 않아, 복福이 자손들에까지 미칩니다. 이것이 인명이 만세에 무궁無窮한 이득이니, 임금이 보호하여 지켜낸 것입니다. 신하들이 복종하여 임금에게 충성을 다하니, 임금께서 친히 천하를 가지고, 천하에 군림합니다. 따라서 천하 백성들의 선봉이 되는 것, 이것은 재상의 책임이고, 신하의 의무입니다. 따라서 잘 나라를 다스리는 이는 반드시 먼저 다섯 가지 근심거리와 해害를 없애니, 사람들이 이에 종신토록 걱정과 손해 없이 효도하고 사랑할 것입니다."

> 昔者桓公問管仲曰: "寡人請問度地形而爲國者, 其何如而可?" 管仲對曰: "夷吾之所聞: 能爲霸王者, 蓋天子聖人也. 故聖人之處國者, 必於不傾之地. 而擇地形之肥饒者,[1] 鄕山, 左右經水若澤,[2] 內爲落渠之寫,[3] 因大川而注焉. 乃以其天材, 地之所生, 利養其人, 以育六畜. 天下之人, 皆歸其德而惠其義, 乃別制斷之.[4] 州者謂之術, 不滿術者謂之里. 故百家爲里, 里十爲術, 術十爲州, 州十爲都, 都十爲霸國, 不如霸國者國也, 以奉天子. 天子有萬諸侯也, 其中有公、侯、伯、子、男焉, 天子中而處. 此謂因天之固,[5] 歸地之利. 內爲之城, 城外爲之郭, 郭外爲之土閬, 地高則溝之, 下則隄之, 命之曰金城. 樹以荊棘, 上相穡著者,[6] 所以爲固也. 歲脩增而毋已, 時脩增而毋已, 福及孫子. 此謂人命萬世無窮之利, 人君之葆守也. 臣服之以盡忠於君, 君體[7]有之, 以臨天下.[8] 故能爲天下之民先也, 此宰之任, 則臣之義也. 故善爲國者, 必先除其五害, 人乃終身無患害而孝慈焉."

환공이 말했다. "다섯 가지 해害에 대해 듣고 싶습니다."

관중이 대답하였다. "물이 하나의 해이고, 가뭄이 하나의 해이고, 바람, 안개, 우박과 서리가 하나의 해이고, 전염병이 하나의 해이고, 벌레가 하나의 해입니다. 이것을 다섯 가지 해라고 말합니다. 다섯 가지

1 戴望에 의하면, 元나라 板本에는 形이 利로 되어 있다.
2 黎翔鳳에 의하면, 若은 或과 통한다. 한 가지로 정해져 있지 않다.
3 黎翔鳳에 의하면, 寫는 瀉(쏟다)와 같고, 落渠는 '물을 도랑에 떨어지게 함'이다.
4 尹知章은 주석에서, 惠는 順이고, 땅을 분별하여 制斷한다고 말한다.
5 黎翔鳳에 의하면, 나라는 크건 작건, 모두 天然의 地形에 의지하여 공고하다.
6 兪樾에 의하면, 嗇은 合이고, 繬도 合이고, 穡(거두다)은 嗇과 繬이 통한다. 따라서 穡著는 合著이다.
7 體에는 親自(친히)의 뜻이 있다.
8 丁士涵에 의하면, 臨자 아래에 마땅히 有가 있어야 한다.

해의 종류 중에, 물이 가장 (피해가) 크고, 이 다섯 가지 해가 제거되면, 사람들은 이에 다스릴 수 있습니다."

환공이 말했다. "수해에 대해 듣고 싶습니다."

관중이 대답하였다. "물에는 큰 것과 작은 것이 있고, 또 (흐르기를) 멀리 가는 것과 가까운 것이 있습니다. 물이 산에서 나와서, 바다로 유입되는 것이 물의 주류主流[經水]라고 합니다. 물이 다른 강물과 나누어져, 큰 강물 및 바다에 유입되는 것이 지류支流[枝水]입니다. 산의 도랑에 하나는 물이 있고, 하나는 물이 없으니, 골짜기 물[谷水]이라고 합니다. 물이 다른 강물이나 도랑에서 나와서, 큰 강 및 바다로 유입된 것을 천수川水라고 합니다. 땅에서 나왔으나 흐르지 않는 것을 연못 물[淵水]이라고 합니다. 이 다섯 가지 물은 그 이로움에 따라서 흘러가게 하는 것이 가능하며, 그에 따라 막는 것도 가능합니다. (그러나) 오랫동안 일정하지 않으니, 위태로움이 있을 것입니다."

환공이 말했다. "물을 막아서 (그 물을) 동서남북 및 높은 곳으로 흘러가게 할 수 있습니까?"

관중이 대답하였다. "가능합니다. 물의 성질은 높은 데서 아래로 흐르면 빠르고, 돌도 뜨기에 이릅니다. 그러나 아래에서 높은 데로 향하면, 곧 정지하고 나가지 않으니, 따라서 물을 올라가게 하려면 (도기陶器로 된 거대한) 용기容器를 (길이가) 10자[尺]면 3치[寸]만 (물이 차게 하여 완만히) 기울이고, 물이 49리里에 차게 되면, 물이 (높은 곳으로) 흐를 수 있습니다. 이에 물길을 에돌아서 멀리 가게 하고, 그 형세로 (물을) 흐르게 합니다. 물의 성질은 흐르다 구부러진 곳에 이르면 반드시 멈추거나 뒤로 물러나니, (물이) 가득 찬 다음에 앞으로 밉니다. 땅이 낮으면 평온하지만, 고지高地를 지나려면 곧 요동치니, (물길이) 막히고 구부러지면 충격을 주고 부숴 버리며, 충격을 주고 부수는 것이 격해지면 (물이) 튀고, 튀면 한 쪽으로 흐르고, 한 쪽으로 흐르면 고리가 되고, 고리가 생기면 틈이 나고, 틈이 나면 스며들며, 스며들면 막히고, 막히면 (다른 데로) 이동하고, 이동하면 둔탁해지고, 둔탁해지면 물이 멋대로 흐르며, 물이 멋대로 흐르면 사람들을 다치게 하고, 사람들을 다치게 하면 곤경에 빠뜨리고, 곤경에 빠지면 법을 무시하고, 법을 무시하면, 다스리기 어렵고, 다스리기 어려우면, 불효하게 되고, 불효하게 되면, 신하가 없을 것입니다. 따라서 다섯 가지 해로움의 부류 중에, 살상殺

傷의 부류는 화나 복이 같을 것입니다. 이 다섯 가지에 대비할 줄 안다면, 그 사람은 하늘과 땅[天地]에서 임금 노릇을 할 수 있을 것입니다."

桓公曰 : "願聞五害之說." 管仲對曰: "水一害也, 旱一害也, 風霧雹霜一害也, 厲一害也, 蟲一害也. 此謂五害. 五害之屬, 水最爲大, 五害已除, 人乃可治." 桓公曰: "願聞水害." 管仲對曰: "水有大小, 又有遠近. 水之出於山而流入於海者, 命曰經水. 水別於他水, 入於大水及海者, 命曰枝水. 山之溝, 一有水, 一毋水者, 命曰谷水. 水之出於他水溝, 流於大水及海者, 命曰川水.[9] 出地而不流者, 命曰淵水. 此五水者, 因其利而往之可也, 因而扼之可也.[10] 而不久常, 有危殆矣." 桓公曰: "水可扼而使東西南北及高乎?" 管仲對曰: "可. 夫水之性, 以高走下則疾, 至於瀏石.[11] 而下向高, 卽留而不行, 故高其上 領瓴之, 尺有十分之三, 里滿四十九者, 水可走也. 乃迂其道而遠之, 以勢行之. 水之性, 行至曲必留退, 滿則後推前. 地下則平, 行地高卽控, 杜曲則擣毁, 杜曲激則躍, 躍則倚, 倚則環, 環則中, 中則涵, 涵則塞, 塞則移, 移則控, 空則水妄行, 水妄行則傷人, 傷人則困, 困則輕法, 輕法則難治, 難治則不孝, 不孝則不臣矣. 故五害之屬, 傷殺之類, 禍福同矣. 知備此五者, 人君天地矣."

환공이 말했다. "다섯 가지 해로움을 대비하는 방도를 묻고 싶습니다."

관중이 대답하였다. "다섯 가지 해로움을 제거하는 것을 물으신다면, 물로부터 시작해야 합니다. 수관水官을 두고, 물에 익숙한 자를 관리로, 대부[大夫], 대부의 보좌[大夫佐]로 각각 한 사람씩 일을 시키고, (그리고) 부장, 보조 관리[官佐]에게 각각 재정을 충족시켜 주고, 이에 취수取水하는데 좌우에 각 한 사람을 두고, 수공水工의 장長으로 삼아서, 물길[水道], 성곽, 제방, 관청, 관서官署와 주중洲中에 가보도록 명령하십시오. 합당하게 수선하고 다스렸으면, 인부[卒]들에게 충분한 재정을 주십시오. 항상 가을 말末에, 백성들을 관찰하여, 다섯 집에 따라 토지를 정하여, 10명과 5명으로 사람 수數를 정하고, 남녀와 대소大小를 구분하여, 쓰이지 않는 이는 (요역을) 곧 면제해 줍니다. 오래 동안 치료해도 낫지 못하는 병이 있어서 일을 할 수 없으면 기록하고 (요역을) 면

9 黎翔鳳에 의하면, 川은 穿(뚫다)와 통하니, 貫穿하여 흐르는 물이 川이다.

10 黎翔鳳은, '扼之亦因其利, 非利不扼'([물길을] 막아도 또한 利점 때문이요, 이롭지 않으면 막지 않는다)로 이 문장을 이해하고 있다.

11 安井衡에 의하면, 瀏는 古本에 漂(뜨게 하다)로 되어 있다.

제해 주고, 적게 일할 사람은 반만 일을 시킵니다. 모두 살펴서, 갑사甲士와 군대에 소집할 숫자를 정하여, 도읍[都](의 수관水官)에게 보고합니다. 도수관은 (이에 따라서) 아래를 관찰하여, 남는 혹은 모자라는 곳을 찾아보고, 곧 아래의 수관에게 알립니다. 이 수관이 또한 갑사에 따른 군대에 소집될 (사람의) 숫자를 정합니다. (수관은) 삼노三老, 마을 관리[里有司]와 오장伍長들과 마을에 가서, (소집된 장정들의) 부모들과 함께 순시하고 물을 방비하는 도구들을 검열합니다. 겨울에 농사 안 지을 때, 대바구니, 가래, 판축版築[널판과 공이]은 열 사람 중에 여섯 명이 가지고, 흙 수레는 열 명 중에 한 사람, 비막이 수레 덮개는 열 사람 중에 둘이, 식기食器는 (한 사람당) 두 벌을, 사람들이 가집니다. (이 도구들을) 마을에 저장해 두었다가, 잃어버린 도구는 (다시) 지급합니다. 나중에 항상 수관水官들과 대장大匠[12]에게 명령하여, 삼로三老, 마을 관리[里有司]와 오장伍長 등을 데리고 순시하게 합니다. 항상 (매월) 초하루에 도구들을 검열하기 시작하여, 온전하고 튼튼한 것을 취하고, 낡고 오래된 것들은 보수하고, 튼튼치 못하고 조악한 것들은 버립니다. 항상 겨울에 (농사)일이 적을 때, 갑사甲士들을 시켜 윤번으로 땔나무를 싸놓게 하고, 물가에 쌓아 두니, (이 일은) 주州의 대부大夫가 진행하고, 때에 늦지 않게 해야 합니다. 그들이 토목 일을 할 때, 농사일은 아직 시작하지 않았습니다. 천지天地가 온화하고 순조로워, 날은 점점 길어집니다. 이것으로 본다면, (물 관리의) 일은 이득이 100배가 될 것이니, 따라서 일이 없을 때 (물 관리) 도구들을 갖추어 두고, 일이 터지기 전에 그것들을 써야 합니다. 물은 항상 제압할 수 있고, 실패가 없도록 해야 합니다. 이것이 평소에 대비하여 미리 예방하는 일입니다.

桓公曰: "請問備五害之道?" 管子對曰: "請除五害之說, 以水爲始.[13] 請爲置水官, 令習水者爲吏, 大夫、大夫佐各一人, 率部校長、官佐、各財足, 乃取水左右各一人, 使爲都匠水工, 令之行水道. 城郭、隄川、溝池, 官府、寺舍及洲中當繕治者, 給卒財足. 令曰: 常以秋歲末之時, 閱其民, 案家人比地, 定什伍口數,[14] 別男女大小. 其不爲用者輒免之. 有錮病不可作

12 大匠은 治水공의 우두머리를 말한다.

13 黎翔鳳에 의하면, '請事'가 주석에서는 問이다.

14 鄭司農에 의하면, '五家爲比, 故以比爲名. 今時八月案比是也'(다섯 집이 比이니, 따라서 比로 이름 했다. 지금 8月의 案戶比民이 그것이다)이라 말한다. 黎翔鳳에 의하면, 什伍는 (백성들을)

者疾之,[15] 可省作者半事之.[16] 並行,[17] 以定甲士當被兵之數, 上其都. 都以臨下, 視有餘不足之處, 輒下水官. 水官亦以甲士當被兵之數. 與三老、里有司、伍長行里, 因父母案行閱具備水之器.[18] 以冬無事之時, 籠、臿板、築, 各什六, 土車什一, 雨輂什二, 食器兩具, 人有之. 錮藏里中, 以給喪器.[19] 後常令水官吏與都匠, 因三老、里有司、伍長案行之. 常以朔日始出具閱之, 取完堅, 補弊久, 去苦惡.[20] 常以冬少事之時, 令甲士以更次益薪,[21] 積之水旁, 州大夫將之, 唯毋後時. 其積薪也, 以事之已; 其作土也, 以事未起. 天地和調, 日有長久. 以此觀之, 其利百倍, 故常以毋事具器, 毋事用之.[22] 水常可制, 而使毋敗. 此謂素有備而豫具者也."

환공이 말했다. "어느 때 이 일을 해야 합니까?"

관중이 말했다. "봄 석 달은 천지天地가 건조하여, 물이 맑은 때입니다. 산과 내가 비가 안 올 때이니, 하늘의 기운은 내려오고, 땅의 기운은 올라와서, 만물이 서로 통합니다. 작년 농사는 이미 끝났고, 새로운 농사는 아직 시작하지 않았으니, 초목들의 새싹을 먹을 수 있습니다. 추위와 더위가 조화롭고, 밤낮(의 길이)가 균등해집니다. (춘)분 뒤에는 밤 시간은 점점 짧아지고, 낮 시간은 점점 길어져서, 토목 공사하기에 이롭습니다. 흙은 이에 단단해지니, 갑사甲士들에게 큰 강가에 제방을 만들게 하고, 기초는 크게 하고, 그 위는 좁게 하여, (제방은) 물(길을) 따라서 흐르게 합니다. 땅에 잡풀이 없다면, 반드시 마대 자루에 (흙을) 담아서 쌓아야 합니다. 크면 제방[堤]을 쌓아야 하고, 작으면 둑[防]을 쌓아서, 사방으로 통하게 하여, 농작물이 다치지 않게 해야 합니다. 해마다 그것들[제방이나 둑]을 증축하고, (거기에) 가시나무를 심어서, 그 땅을 공고히 하고, 측백나무와 버드나무를 섞어 심어서, 물이 터지는

그렇게 조치한 것이지, 토지를 받은 것이 아니다.

15 黎翔鳳에 의하면, 疾之는 병명을 등기하여, 그들을 양육하는 것은 아니고, 요역을 면제해 줄 뿐이다. 錮는 痼(고질)과 통한다.

16 俞樾에 의하면, '省'은 少(적다)다.

17 黎翔鳳에 의하면, 幷은 俱(모두, 함께)와 같다. 許維遹에 의하면, 尹知章은 行을 視로 해석했다.

18 案行은 巡視다.

19 許維遹에 의하면, 喪은 喪失(잃어버리다)의 뜻이다.

20 陳奐에 의하면, 久는 舊로 읽어야 하고, 苦는 盬(단단하지 못함)이니, 弊久나 苦惡, 모두 완전하고 튼튼하지 못함이다.

21 更次는 輪番이다.

22 黎翔鳳에 의하면, '毋事用之'는, '아직 일이 발생하기 전에 먼저 씀'의 뜻이다. 일이 생겼으면, 이미 물 관리에 실패한 것이다.

것을 대비하여야 합니다. 백성들은 풍성한 땅을 얻었으니, 이를 기름진 토양이라 합니다. 아래의 가난한 이들로 제방을 지키게 하고, 때때로 (그들을 위한 토지) 경계를 만들어서, (제방들을) 무너지지 않게 해야 합니다. 여름 석 달이 오면, 천지의 기운은 왕성해지며, 대서大暑에 이르면, 만물들이 화려하게 꽃이 피고, 빨리 김을 매어 무성한 잡초들을 죽이니, (잡초들이) 성가시게 못하도록 하는 것이 이롭기 때문에, (이것을 잡초가) 자라나지 못함이라고 말합니다. (이때는) 토목공사하기에 이롭지 못하니 농사를 짓게 해야 합니다. (여름에는) 이익 중에 모두 10분의 5를 쓴다 해도, 토목 공사는 이루어지지 못합니다. 가을 석 달이 되면, 산의 계곡물이나 모든 샘물이 솟아오르며, 큰 비가 내리고, 산에서 물이 흘러나와서, 바다에서 (가던) 길을 멈추고, 비와 이슬이 연속되니, 천지天地에 (습기)가 모여들어 고요하기 때문에, 빨리 작업하여 수확하고 지체하지 않는 것이 유리합니다. 하루 동안 (농작물을) 손에 잡으면, 백일 동안 먹을 수 있으니, 백성들은 남자나 여자나 가릴 것 없이, 모두 들판에 나가야 하며, 토목 공사하기에는 이롭지 못합니다. 습한 기운이 날로 생기니, 흙은 약하여 뭉쳐지기 어려우니, 이득을 10분의 6을 쓴다 해도, 토목 공사는 결코 이룰 수 없습니다. 겨울 석 달이 되면, 천지는 (모두) 닫히고, (더운) 증기가 올라와 비가 되는 것이 끝나니 대한大寒이 시작되며, 만물의 열매들은 성숙되고, 틈새를 메우거나, 변두리의 성城을 수선하거나, 성곽의 도로들을 색칠하거나, 도량형을 표준화하거나, 저울대를 바로잡거나, 감옥[牢獄]을 비우거나, 사료飼料창고를 채웁니다. 임금은 음악을 정리하고, 산천과 신명神明들에게 제사를 올립니다. 무릇 (이렇게) 한 해의 일들이 끝날 것입니다. 공 있는 자를 천거하며, 현자에게 상을 주며, 죄 있는 자는 벌을 받게 하고, 관리들의 직급을 올려 줍니다. (그러나) 토목 공사 일하기에는 이롭지 못하니, 이익 중에 10분의 7을 써도, 흙이 (얼어서) 딱딱하여 일이 안 됩니다. 낮은 점점 짧아지고, 밤은 점점 길어지며, (실내에서) 방 만드는 것은 이로우나, (밖에서) 집짓기에는 이롭지 못합니다. 사계절의 일들을 해냈으니, 사계절의 해로움은 극복된 것입니다."

환공이 말했다. "과인은 미혹하여, 네 가지 해로움의 극복을 모르겠으니, 어찌 합니까?"

관중이 대답하였다. "겨울에 토목 공사를 하여, 땅에 매장된 것을 파내면, 여름에 폭우가 있고, 가을장마도 그치지 않습니다. 봄에 (사람이나 짐승의) 마른 뼈나 골육을 거두지 않거나, 마른 나무를 베어 버리면, 여름 가뭄이 온다고 합니다. 여름에 크게 이슬이 내리고, 마른 기운이 퍼져 우울한데, 여러 풀들 위에 그 기운이 내리면, 사람들이 그 풀들을 먹고, 그 사람들이 상하여, 사람들에게 질병이 많이 생기며 그치지 않습니다. 백성들은 이에 두렵고 위태함을 느낍니다. 임금은 다섯 관청의 관리들에게 명령하여, 삼로三老, 마을 관리[里有司]와 오장伍長들과 함께 (여러) 마을들에 가서, 그들을 가르치고, 집집마다 숯불을 피워 연기로 전염병을 쫓아내며, 전답이나 집에 우물은 모두 뚜껑을 씌워서, 독이 아래로 혹은 식기食器에 미쳐서, (물을) 마시면 몸이 상하지 못하게 해야 합니다. 또 하찮은 벌레들이 농작물을 해칠 것입니다. 무릇 하늘이 아래 사람들에게 재해를 내리는데, 임금은 그것에 대해 삼가 피난을 시킨다면, 따라서 열 중의 여덟, 아홉은 죽지 않을 것입니다. 큰 추위와 큰 더위, 큰 바람과 큰 비, 이것들이 불시에 오는 것, 이것이 네 가지 형벌입니다. 혹 (이것들 때문에) 죽기도 하고, 혹 살기도 하니, 군자들이 이것을 피하지만, 이 또한 사람들을 상하게 합니다. 따라서 항상 겨울날에 가르치는 이유는, 삼로들과 마을 관리와 오장들은, (백성들을) 통솔해야 하기 때문입니다. (다섯 가지 해를 방지하는) 다섯 가지가 이미 갖추어져서, 백성들이 (다른) 소원이 없다는 것은 소원들이 이미 끝났기 때문입니다. 그러므로 항상 겨울날에 삼로三老, 마을 관리[里有司]와 오장伍長들에 순종하여, 상과 벌을 끝내야 하고, 각 사람으로 하여금 자기의 상에 대응하고 자기 벌을 받게 하니, 다섯 가지가 해가 (백성을) 해칠 수 없다면, 임금의 법도는 승리한 것입니다. 이것은 백성들에게 보여줌이 쉽게 드러난 것이니, 따라서 백성들이 몰래 (사익을 취하기 위해) 모이는 일은 없습니다."

桓公曰: "當何時作之?" 管子曰: "春三月, 天地乾燥, 水糾列之時也.[23] 山川涸落, 天氣下, 地氣上, 萬物交通. 故事已, 新事未起, 草木荑生可食. 寒暑調, 日夜分. 分之後, 夜日益短, 晝日益長, 利以作土功之事. 土乃益剛. 令甲士作隄大水之旁, 大其下, 小其上, 隨水而行. 地有不生草者, 必爲之

23 章炳麟에 의하면, 糾(꼬다)는 마땅히 漻(맑다)의 假借이다. 列은 洌(맑다)과 통한다. 糾列은 清洌(물이 맑음)이다.

囊.[24] 大者爲之隄, 小者爲之防, 夾水四道,[25] 禾稼不傷. 歲埤增之, 樹以荊棘, 以固其地, 雜之以柏楊, 以備決水. 民得其饒, 是謂流膏. 令下貧守之, 往往而爲界, 可以毋敗. 當夏三月, 天地氣壯, 大暑至, 萬物榮華. 利以疾薅殺草薉, 使令不欲擾, 命曰不長.[26] 不利作土功之事, 放農焉.[27] 利皆耗十分之五, 土功不成. 當秋三月, 山川百泉踊, 降雨下,[28] 山水出, 海路距, 雨露屬,[29] 天地湊汐,[30] 利以疾作收斂毋留. 一日把, 百日餔, 民毋男女, 皆行於野, 不利作土功之事. 濡濕日生, 土弱難成, 利耗什分之六, 土工之事亦不立. 當冬三月, 天地閉藏, 暑雨止,[31] 大寒起, 萬物實熟. 利以填塞空郄, 繕邊城, 塗郭術,[32] 平度量, 正權衡, 虛牢獄, 實廥倉.[33] 君修樂, 與神明相望.[34] 凡一年之事畢矣. 擧有功, 賞賢, 罰有罪, 遷有司之吏而第之. 不利作土工之事, 利耗什分之七, 土剛不立. 晝日益短, 而夜日益長, 利以作室, 不利以作堂. 四時以得, 四害皆服." 桓公曰: "寡人悖,[35] 不知四害之服, 奈何?" 管仲對曰: "冬作土功, 發地藏, 則夏多暴雨, 秋霖不止. 春不收枯骨朽脊,[36] 伐枯木而去之, 則夏旱至矣. 夏有大露, 原煙噎,[37] 下百草, 人采食之, 傷人, 人多疾病而不止. 民乃恐殆. 君令五官之吏, 與三老、里有司、伍長行里順之,[38] 令之家起火爲溫,[39] 其田及宮中皆蓋井, 毋令毒下及食器, 將飮傷人. 有下蟲傷禾稼. 凡天菑害之下也, 君子謹避之, 故不八九死也. 大寒大暑, 大風大雨, 其至不時者, 此謂四刑. 或遇以死, 或遇以生, 君子避之, 是亦傷人. 故吏者, 所以敎順也, 三老、里有司、伍長者, 所以爲率也. 五者已具, 民無願者, 願其畢也.[40] 故常以冬日, 順三老、里有司、伍長, 以冬賞罰,[41] 使各應其賞而服其罰, 五者不可害, 則君之法犯矣.[42]

24 黎翔鳳에 의하면, 제방을 쌓을 때 풀이 있는 흙으로 건축해야, 물이 흙을 부딪쳐도 흩어 놓지 못한다. 풀이 없는 흙은 응결력이 부족하니, 자루에 흙을 담아서 쌓는다. 요즘은 가마니나 마대를 이용하여 흙을 담아서 쌓는다.

25 黎翔鳳에 의하면, 夾은 通이다.

26 黎翔鳳에 의하면, 不長은 '잡초들을 자라지 못하게 함'이다.

27 黎翔鳳에 의하면, 放은 縱(내버려두다)의 뜻이다.

28 姚永概나 黎翔鳳에 의하면, 降은 큼의 뜻이니, 降雨는 洪雨나 洪水의 뜻이다.

29 黎翔鳳에 의하면, 距는 止(그치다)이고, 屬은 連(이어지다)이다.

30 李哲明에 의하면, 汐은 마땅히 泊(정지하다)이고, 湊(모이다)는 聚(모이다)이다.

31 黎翔鳳에 의하면, 暑는 煮(삶다)이니, 증기가 끓어 올라와 비가 되는 것이 暑雨이다.

32 湯孝純에 의하면, 術은 城邑의 도로이다.『新譯管子譯本』(下), 715頁, 注24 참조.

33 豬飼彦博에 의하면, 芻蒿(꼴과 짚), 즉 가축 먹이를 저장하는 창고가 廥(여물), 즉 창고이다.

34 湯孝純에 의하면, 望은 山川에 대한 祭祀이다. 上同, 注26 참조.

35 豬飼彦博에 의하면, 悖(어그러지다)는 惑(미혹하다)이다.

36 王紹蘭에 의하면, 脊을, 鄭司農과 何休(129~182)는 사람 및 禽獸의 骨肉으로 이해했다.

37 黎翔鳳에 의하면, 原煙은 燥氣이고, 噎은 기분이 편치 않아, 우울한 모양을 말한다.

38 許維遹에 의하면, 順은 訓으로 읽어야 한다.

39 黎翔鳳에 의하면, 溫은 熅(숯불을 피우다)이니, 방에서 숯불을 피워서 연기로 疫(돌림병)을 쫓음을 말한다.

40 豬飼彦博에 의하면, 其는 마땅히 已이어야 한다.

41 陳奐에 의하면, 冬은 終으로 읽어야 한다.

42 黎翔鳳에 의하면, 犯은 勝이다.

此示民而易見, 故民不比也."[43]

환공이 말했다. "무릇 일 년 12달 토목 공사를 하면, 어떤 때는 해도 되고, 때가 맞지 않으면 실패를 하니, 장차 이것을 어떻게 대비해야 합니까?"

관중이 대답하였다. "항상 물 관리청의 관리들을 시켜서, 겨울에도 때때로 제방을 순시하여, 수리할 곳을 하나하나 설명하며 도수관都水官에게 보고하고, 도수관은 봄에 농사일이 적을 때 (토목) 일을 하게 합니다. 작업이 끝난 다음에, 항상 순시巡視하고, 제방이 무너졌으면, 큰 비 때문이니, 각각 그곳을 보호하게 합니다. 수리할 것은 빨리 수리하고, 노역하는 죄인들을 공급합니다. 큰 비가 오면, 제방을 덮어야 할 곳은 덮어 주어야 하고, 물이 들이닥치면 의지할 곳은 의지하게 해주어야 합니다. 일 년 내내 (제방이) 무너지지 않아야 하기 때문에, 이를 상시常時 대비라고 하니, 불행이 어디에서 올 수 있겠습니까? 그렇게 된 까닭은, 혼자 흐르는 물이 진흙을 뒤집어쓰고, 저절로 막히면서도 흘러가니, 양자강[江]과 황하[河]를 말하고, 매년 그 제방을 높여 주는 까닭에, (물에) 잠기지 않습니다. 봄과 겨울에는 (강물) 가운데서 흙을 취하고, 가을과 여름은 (강) 밖에서 흙을 취합니다. 흙탕물이 들어와서, 무너지게 할 수 없습니다."

환공이 말했다. "좋습니다. 중보께서 과인을 위한 말씀이 끝났으니, 그렇다면 과인은 무슨 일을 할까요? 빨리 과인의 측신側臣들에게 (이 말씀을) 가르쳐야 합니다."

桓公曰: "凡一年之中, 十二月作土功, 有時則爲之, 非其時而敗, 將何以待之?[44] 管仲對曰: "常令水官之吏, 冬時行隄防, 可治者, 章而上之都,[45] 都以春少事作之. 已作之後, 常案行. 隄有毁, 作大雨, 各葆其所. 可治者, 趣治.[46] 以徒隸給[47]大雨, 隄防可衣者衣之, 衝水可据者据之.[48] 終歲以毋敗

43 黎翔鳳에 의하면, 『論語』의 '君子周而不比'(군자는 두루 하지 몰래 결합하지 않는다)의 比의 뜻이다.

44 許維遹에 의하면, 待는 備(준비하다)와 같다.

45 黎翔鳳에 의하면, 章은 '條目을 나누어 설명함'이다.

46 湯孝純에 의하면, 趣는 急速의 뜻이다. 『新譯管子讀本』(下), 上同, 719頁 注4 참조.

47 徒隸는 勞役하는 죄수들을 말한다.

48 黎翔鳳에 의하면, 据는 依(의지함)이다.

爲故,[49] 此謂備之常時, 禍何從來? 所以然者, 獨水蒙壤,[50] 自塞而行者, 江、河之謂也, 歲高其隄, 所以不沒也. 春冬取土於中, 秋夏取土於外. 濁水入之, 不能爲敗." 桓公曰: "善. 仲父之語寡人畢矣, 然則寡人何事乎哉? 亟爲寡人敎側臣."

49 黎翔鳳에 이하면, 故와 固는 통한다. 『趙用賢本』에서 故를 固로 바꾼 것은 잘못이다.
50 趙守正에 의하면, 여기서 壤은 진흙[泥土]이다. 『管子通解』(下), 215頁, 注5 참조.

지원 地員

토지와 물산의 종류

본 편은 토지의 성질과 물산物產의 종류를 말하고 있다. 토지의 종류와 그 성질, 그에 적합한 물산 및 종류들을 자세히 설명하고 있으니, 농가農家의 대표 작품이다.

관중이 천하를 보좌할 때, (땅 깊이를 재는) 짧은 창[시施](의 길이)은 7자[尺]이었고, 도랑이 있는 밭으로 (백성들이) 모두 이사를 오니, 다섯 가지(작물)가 적합하지 않은 것이 없었다. (도읍지를) 후덕한 땅에 세우니 손으로 결실을 취했으며, 나무로는 느릅나무[杬楡], 팥배나무[甘棠]와 소나무[松]가 적합하였고, 식물로는 가시덤불이 적합하였다.

이런 흙이 보이면, 5시施라 이름하고, 5×7, 35자를 파 내려가야 샘물에 이르렀고, (거기서) 부르면 그 소리는 각角음에 맞았고, 그 물은 파랬으며, 그 백성들은 강했다. (땅은) 붉은 색이나, 단단한 흙을 파헤쳐 놓으니 비옥하여, 다섯 작물이 적합하지 않은 것이 없다. 그곳의 삼[麻]은 흰색이나, 베는 노란색이었으며, 식물[草]로는 백모白茅와 물 억새[萑]가 적합하였고, 나무는 붉은 팥배나무[赤棠]가 적합하였다.

이런 흙이 보이면, 4시라 이름하고, 4×7, 28자를 파야 샘물에 이르고, (거기서) 부르면 그 소리는 상商음에 맞았고, 물은 흰색이나 (맛이) 달았으며, 백성들은 장수하였다. 누런 진흙이 있는 오목하고 낮은 곳은 (작물들을 심기에) 적합한 곳이 없었다. 오직 기장[黍]과 차조[秫]만 적합하였다. 흘러나온 물이 모이기에 적합하고, 울타리를 진열陳列해도, 땅이 습하여 자주 망가지니, 도읍都邑을 세우거나 창고를 만들기는 어렵다. 식물로는 기장, 차조와 띠[茅]가 적합하며, 나무로는 참죽나무

[櫄], 감탕나무[杻], 뽕나무[桑]가 적합하다.

이런 흙이 보이면, 3시로 이름하고, 3×7, 21자를 파야 샘물에 이르는데, (거기서) 부르면 그 소리는 궁宮음에 맞았고, 그 샘물은 누런색이나 볶은 쌀과 보리의 향기가 난다. (물 때문에) 흙이 흘러서 움직이면, 소금기 있는 점토黏土이니, (곡식으로) 큰 콩과 보리, 식물로는 하눌타리[萯], 물 억새[雚]에 적합하고, 나무는 구기자나무[杞]가 적합하다.

이런 흙이 보이면, 2시로 이름하고, 2×7, 14자를 파야 샘물에 이르렀는데, (거기서) 부르면 그 소리는 우羽음에 맞았고, 그 샘물은 짜다. 짠물이 흐르면 (땅이) 이동하는데, 검은 비옥한 점토黏土여서, 벼와 보리에 적합하고, 식물로는 개구리밥과 참소리쟁이가 적합하며, 나무로는 흰색 밭배나무[白棠]가 적합하다.

이런 흙을 보면, 1시로 이름하고, (1×7), 7자를 파면, 샘물에 이르는데, (거기서) 부르면 그 소리가 징徵음에 맞았고, 그 물은 검은색이고 (맛이) 쓰다.

夫管仲之匡天下也, 其施七尺,[1] 瀆田悉徙,[2] 五種無不宜. 其立后而手實,[3] 其木宜蚖蕃與杜、松,[4] 其草宜楚棘. 見是土也, 命之曰五施, 五七三十五尺而至於泉, 呼音中角, 其水倉,[5] 其民彊. 赤壚, 歷强肥,[6] 五種無不宜. 其麻白, 其布黃, 其草宜白茅與雚, 其木宜赤棠. 見是土也, 命之曰四施, 四七二十八尺而至於泉, 呼音中商, 其水白而甘, 其民壽. 黃唐,[7] 無宜也, 唯宜黍秫也. 宜縣澤,[8] 行廧落,[9] 地潤數毀, 難以立邑置廧.[10] 其草宜黍秫

1 章炳麟에 의하면, 施는 반드시 땅에 구멍을 뚫어 깊이 들어가는 물건이다. 施는 鉈(짧은 창)을 假借한 것이다. 短矛(짧은 창)는 鏕(짧은 창)인데, 지금은 7자[尺]이다. 이것으로 땅을 뚫어서 물이 있고 없고를 시험하였다.

2 黎翔鳳에 의하면, 瀆(도랑)은 溝(봇도랑)이다.

3 黎翔鳳에 의하면, 后는 厚의 假借이고, 여기서 立은 '도읍을 세움'의 뜻이니, 도읍을 세운 곳의 토질이 후하여, 손으로 결실을 취함의 뜻이다.

4 張佩綸에 의하면, 蚖蕃은 杬楡(느릅나무)이다. 黎翔鳳에 의하면, 杜는 甘棠, 즉 팥배나무이다.

5 趙守正에 의하면, 倉은 蒼(푸르다)와 통한다. 『管子通解』(下), 222頁, 注8 참조.

6 王紹蘭에 의하면, 壚는 疏(트이다)이고, 歷彊에서 歷은 疏이고 彊은 堅(굳다)이다. 이 땅의 색깔은 붉고, 성질은 단단함을 약화했으니 비옥하기에, 따라서 五種이 적합하지 않은 것이 없다.

7 黎翔鳳에 의하면, 唐은 塘(못)이니, 오목하고 낮은 곳이다. 누런 진흙이 있고 오목하게 아래가 내려 앉았으면, 그런 곳에 (작물을) 심기에는 적합하지 않음을 말한 것이다.

8 張佩綸에 의하면, 물이 모여드는 곳이 澤이고, 縣出은 下出(아래로 흘러나옴)이다. 땅이 아래가 옴폭하니, 따라서 비 온 뒤에 쌓인 물이 곧바로 떨어져 합쳐짐을 말한다.

9 張佩綸에 의하면, 廧(담)은 옛날의 墻(담)이고, 落은 杝(울타리)이다. 黎翔鳳에 의하면, 行은 陳列이다.

10 張佩綸에 의하면, 置廧은 마땅히 置廩(창고를 설치함)이어야 한다. 그 땅이 습기 차서, 도읍

與茅, 其木宜櫄㰂桑.[11] 見是土也, 命之曰三施, 三七二十一尺而至於泉, 呼音中宮. 其泉黃而糗.[12] 流徙, 斥埴,[13] 宜大菽與麥, 其草宜萯、藋, 其木宜杞. 見是土也, 命之曰再施, 二七十四尺而至於泉, 呼音中羽, 其泉鹹. 水流徙,[14] 黑埴,[15] 宜稻麥, 其草宜苹蓨,[16] 其木宜白棠. 見是土也, 命之曰一施, 七尺而至於泉, 呼音中徵. 其水黑而苦.

무릇 (1시施의 땅에서) 징徵음을 들으면, 돼지들이 꼬리를 들어 올림으로써, 사람들을 경각시키고 놀라게 하는 것과 같다. 무릇 (2시의 땅에서) 우羽음을 들으면, 마치 말이 들판에서 울부짖는 것과 같다. 무릇 (3시의 땅에서) 궁宮음을 들으면, 마치 소가 지하[窌]에서 우는 것과 같다. 무릇 (4시의 땅에서) 상商음을 들으며, 마치 양의 무리가 떠나는 것과 같다. 무릇 (5시의 땅에서) 각角음을 들으면, 마치 꿩이 나무에 올라가 우는 것처럼, 음이 빠르고 맑다. 무릇 다섯 음音의 음률을 정할 때, 먼저 일[一]을 위주로 하여 이것을 셋(3)으로 나누고, 이 셋(3)을 네 번 곱하니(3×3×3×3), 이로써 황종율黃鐘律의 본수本數[81]가 생겨서 궁宮음이 이루어졌다. (황종黃鐘 81에서) 3으로 나누어 1을 보태니(4/3), 108이 되어, 징徵음이 되었다. (소리[音]에는 대응하는 음音이) 없을 수 없으니, 3으로 나누어 나머지[1/3]를 빼니, 마침 이것으로 충분히 상商[108]음이 생긴다. 3으로 나누고 그 자리로 돌아가니, 이것으로 우羽음이 이루어진다. 3분하여 그 나머지 1[1/3]을 빼니, 마침 이것으로 각角음을 얻기에 충분하다.

凡聽徵, 如負猪豕,[17] 覺而駭. 凡聽羽,[18] 如鳴馬在野. 凡聽宮,[19] 如牛鳴窌

을 세우거나 창고를 둘 수 없음을 말한다.

11 王引之에 의하면, 㰂는 柦(감탕나무)이다.

12 黎翔鳳에 의하면, 糗는 볶은 쌀과 보리이다. 볶아서 누런 향기가 있나. 흙이 끈끈하면서 미끄러우면 쉽게 흘러가 버린다.

13 趙守正에 의하면, 斥埴은 소금기 있는 진흙이다.『管子通解』(下), 223頁, 注1 참조.

14 黎翔鳳에 의하면, 짠물은 (땅을) 쉽게 갈라 놓으니, 물이 흐르면 (흙이) 이동한다.

15 王紹蘭에 의하면,『禹貢』의 '厥土黑墳'에서 墳은 그 땅이 비옥함을 말하고, 埴은 黏土(진흙)이다.

16 黎翔鳳에 의하면, 苹은 浮苹草가 아니고, 藾蒿니 蘋(개구리밥)이다. 蓧(참소리쟁이)는 蓨의 異文이다.

17 黎翔鳳에 의하면, 負는 꼬리를 들어 올림으로써, 사람들을 경각시키고 놀라게 함이다. 王紹蘭에 의하면, 1施의 땅에서 들으면, 부르는 소리가 徵음에 맞음을 말한 것이다.

18 王紹蘭에 의하면, 2시의 땅에서 들으면, 부르는 음이 羽음에 맞음을 말한 것이다.

19 王紹蘭에 의하면, 3시의 땅에서 들으면, 부르는 음이 宮음에 맞음을 말한 것이다.

中. 凡聽商,[20] 如離羣羊. 凡聽角,[21] 如雉登木以鳴, 音疾以淸. 凡將起五音凡首,[22] 先主一而三之, 四開以合九九,[23] 以是生黃鍾小素之首以成宮.[24] 三分而益之以一, 爲百有八, 爲徵.[25]不無有, 三分而去其乘,[26] 適足以是生商. 有三分而復於其所, 以是成羽.[27] 有三分去其乘, 適足以是成角.[28]

물가의 봉긋한 땅과 평퍼짐한 땅이 6시施이니, 6×7, 42자를 파야 샘물에 이른다. 협소한 땅 곁은 7시이니, 7×7, 49자를 파야 샘물에 이른다. (풀이 자라지 않는) 민둥산이 좁은데 (땅의 두께는) 8시이니, 7×8, 56자를 파야 샘물에 이른다. 토산土山은 9시이니, 7×9, 63자를 파야 샘물에 이른다. 연릉延陵땅은 10시이니, (7×10), 70자를 파야 샘물에 이른다. 영릉營陵의 땅은 11시이니, (7×11), 77자를 파야 샘물에 이른다. 길고 완만한 산은 12시이니, (7×12), 84자를 파야 샘물에 이른다. (산 위에) 의지한 산은 13시이니, (7×13), 91자를 파야 샘물에 이른다. (산 위에) 산의 하얀 흙은 14시이니, (7×14), 98자를 파야 샘물에 이른다. 능陵 중에 높은 곳은 15시이니, (7×15), 105자를 파야 샘물에 이른다. 청산青山은 16시이니, (7×16), 112자를 파야 샘물에 이른다. 청룡青龍이 사는 곳이라, 마르고 견고한 진흙이어서 샘물을 얻을 수 없다. 붉은 흙과 돌 많은 산은 17시이니, (7×17), 119자를 파야 샘물에 이른다.

20 王紹蘭에 의하면, 4시의 땅에서 들으면, 부르는 음이 商음에 맞음을 말한 것이다.

21 王紹蘭에 의하면, 5시의 땅에서 들으면, 부르는 음이 角음에 맞음을 말한 것이다.

22 章炳麟에 의하면, 凡자는 風자가 생략된 것이다. 風律(즉 音律)의 風이다. 首는 調이니, 歌曲의 樂律, 즉 音律이다.

23 錢塘(19세기)에 의하면, 3이 첫 번째이고, 9(3×3)가 두 번째이고, 27(3×3×3)이 세 번째이고, 81(3×3×3×3)이 네 번째이니, 따라서 '以合九九'(9×9=81)이기에, 黃鐘[12音律중 하나의 音]의 합산이다. 黎翔鳳에 의하면, '三分益一, 三分損一'(셋으로 나누어서 하나를 보태고, 셋으로 나누어서 하나를 보탠다)했으니, 數를 나누어서[分數로] 계산했으나, 그 整數는 반드시 1을 主로 하였다.

24 張佩綸에 의하면, 素는 本이다. 黃鐘음의 大數를 積分하면 17만 7,147이니, 그러므로 81이 素數, 즉 本數이다. 黎翔鳳은, 黃鐘에서 11律[音]이 생기니, 모두 12律[音]이라고 말한다.

25 黎翔鳳에 의하면, 3이 主가 되니, 여기에 하나를 보태면 4/3이 되고, 하나를 빼면 2/3이다. 黃鐘은 81인데, 3으로 나눈 뒤에 하나를 보탰으니, 즉 81×4/3=108이 되어, 徵율[音]을 얻었다.

26 黎翔鳳에 의하면, 소리에는 반드시 대응하는 音이 있어야 하니, '無不有'(있지 않음이 없다) 즉 있음이다. 108[徵]에서 2/3=72, 즉 商음을 얻었다.

27 黎翔鳳에 의하면, 72×4/3=96, 羽음을 얻는다.

28 黎翔鳳에 의하면, 96×2/3=64, 角음을 얻는다. 1×3×3×3×3=81이니, 네 번 곱하여 9×9=81이 되었다. 3분하여 1을 보태니, 81×4/3=108, 즉 徵음이다. 3분하여 1을 빼니, 108×2/3=72, 즉 商을 얻는다. 3분하여 장소로 돌아가니, 72×4/3=96, 즉 羽음을 얻는다. 3분하여 그 나머지를 빼니, 96×2/3=64, 즉 角음을 얻는다.

墳延者六施,[29] 六七四十二尺而至於泉. 陜之芳七施,[30] 七七四十九尺而至於泉. 祀陜八施,[31] 七八五十六尺而至於泉. 杜陵九施,[32] 七九六十三尺而至於泉. 延陵十施,[33] 七十尺而至於泉. 環陵十一施,[34] 七十七尺而至於泉. 蔓山十二施,[35] 八十四尺而至於泉. 付山十三施,[36] 九十一尺而至於泉. 付山白徒十四施,[37] 九十八尺而至於泉. 中陵十五施,[38] 百五尺而至於泉. 青山十六施, 百一十二尺而至於泉. 青龍之所居, 庚泥不可得泉.[39] 赤壤勢山十七施,[40] 百一十九尺而至於泉.

그 아래에 신괴神怪인 청상青商이 있는데, 샘물을 얻을 수 없다. 산이 절단됐는데 흰색 토양은 18시施이니, (7×18), 126자를 파야 샘물에 이른다. 그 아래에 돌들이 줄지어 연결되었으니, 샘물을 얻을 수 없다. 맨땅에 석회 흙은 19시이니, (7×19), 133자를 파야 샘물에 이른다. 그 아래는 석회 흙이라, 샘물을 얻을 수 없다. 높은 구릉丘陵의 흙산은 20시이니, (7×20), 140자를 파야 샘물에 이른다. 산 위에 있으면 현천縣泉이라 이름했고, 그 땅은 마르지 않으니, 식물은 띠[茅]와 오랍초[走] 같은 것이 있고, 나무로는 홍송紅松이 있으며, 2자만 파면 이에 샘물에 이른다. 산위에서 산등성마루로 다시 흐른다고 이름하니, 풀로는 어장

29 夏緯瑛(1896~1979)에 의하면, 『周官』, 「大司徒」에 '一曰山林, 二曰川澤, 三曰丘陵, 四曰墳衍, 五曰原隰'이 있다. 墳延은 墳衍이니, 丘陵과 原隰 사이에 끼는데, 平原보다 약간 높으나, 넝쿨이 뻗은 비스듬한 땅[蔓坡地]을 말한다. 이하의 14종의 토지는, 地勢가 하나씩 높아 가고, 샘물은 하나씩 깊어 가나, 통틀어 귀결하자면 丘陵의 땅이다.

30 王紹蘭에 의하면, 陜은 隘(좁다)이고, 芳은 方인데, 旁(곁)을 말한다. '陜之芳'은 陜隘한 땅의 곁을 말한다.

31 黎翔鳳에 의하면, 祀는 마땅히 巳자여야 한다. 巳는 峊(민둥산)와 통한다. 그리고 인구세[口算]에서는 七八이라 하지, 八七이라고 하지 않는다.

32 王紹蘭에 의하면, 杜는 土이다. 桑土를 桑杜로, 自土를 自杜로 말하는 것과 같다.

33 王紹蘭에 의하면, 『史記』, 「吳世家」에 '季札封于延陵'이라 하니, 延陵의 이름은 이것에서 시작되었다. 黎翔鳳에 의하면, 延陵은 公名이지, 私名이 아니다.

34 王紹蘭에 의하면, 環陵은 陵의 형태가 빙 도는 것이 고리와 같음을 말한다. 環은 還(돌아오다)와 통하고, 還은 營을 말하니, 環陵은 『漢書』, 「地理志」에서 말하는 營陵인 것 같다.

35 王紹蘭에 의하면, 산 모양이 길고 緩慢하게 늘어져 있기 때문에, 비유로 蔓山이라고 했다.

36 黎翔鳳에 의하면, 付山은 山上에 依附해 있기 때문에 작은 土山이 아니고, 蔓山보다 높은 산이다.

37 王紹蘭에 의하면, 徒는 土를 말한다.

38 黎翔鳳에 의하면, 中陵은 능 중에서 높은 곳이다.

39 顏昌嶢에 의하면, 庚은 단단하고 강한 모양이다. 庚泥는 말라서 견고해진 진흙이니, 샘이 없다.

40 孫詒讓에 의하면, 勢는 마땅히 磝(돌 많은 산)이다.

魚腸대나무와 누린내풀이 있고, 나무로는 버드나무[柳]인데, 3자만 파면 샘물에 이른다. 산 위에 있는 아름다운 샘이라 부르니, 식물로는 당귀當歸와 창포菖蒲가 있고, 나무로는 산양山楊이 있고, 5자를 파면 샘물에 이른다. 산의 가파른 곳에, 식물은 금芩[속서금풀]과 여뀌[澤蓼]이고, 나무는 자작나무[椵]이며, (2×7), 14자를 파면 샘물에 이르렀다. 산의 옆에는, 식물로 순채蓴菜와 물쑥[水蒿]이 있고, 나무로는 시무나무[刺楡]가 있으며, (땅을) 3×7, 21자를 파면 샘물에 이른다.

其下淸商,[41] 不可得泉. 陞山白壤十八施,[42] 百二十六尺而至於泉. 其下駢石, 不可得泉. 徙山十九施,[43] 百三十三尺而至於泉. 其下有灰壤, 不可得泉. 高陵土山二十施, 百四十尺而至於泉. 山之上命之曰縣泉,[44] 其地不乾, 其草如茅與走,[45] 其木乃樠, 鑿之二尺乃至於泉. 山之上命曰復呂,[46] 其草魚腸與莸,[47] 其木乃柳, 鑿之三尺而至於泉. 山之上命之曰泉英,[48] 其草蘄、白昌, 其木乃楊,[49] 鑿之五尺而至於泉. 山之材,[50] 其草兢與薔,[51] 其木乃格, 鑿之二七十四尺而至於泉. 山之側, 其草葍與蔞,[52] 其木乃品榆,[53] 鑿之三七二十一尺而至於泉.

41 尹知章의 주석에 의하면, 靑商은 神怪의 이름이다.

42 黎翔鳳에 의하면, 陞는 마땅히 坐(앉다)인데, 坐는 挫(꺾다)와 통한다. 挫는 골절이 절단된 것인데, 산이 절단된 모양이 陞이다.

43 王紹蘭에 의하면, 徙(옮기다)는 元나라 板本에는 陟(오르다)이다. 黎翔鳳에 의하면 陟은 袒(웃통을 벗다)이니, 그 위에는 草木이 자라지 못하기에, 袒露(아무 가린 것이 없음)이다. 아래에 석회토가 하얀 진흙이 있는데, 조개껍질이 변화한 것이다.

44 夏緯瑛에 의하면, 縣泉은 高山의 머리에 있는 샘이다. 산에 자라는 초목을 보면, 그 산의 高度를 알 수 있으니, 縣泉은 해발 고도가 2,000~3,000m이다.

45 夏緯瑛에 의하면, 走는 蘆와 같으니, 지금의 오랍초[烏臘草, 烏拉草]이다. 고산식물이다. 樠은 紅松이다. 해발 2,000~3,000m에서 숲을 이루고 있다.

46 黎翔鳳에 의하면, 呂는 脊骨(등골뼈)이니, 山脊(산등성마루)이다. 復은 산등성마루로 다시 흐름[復流]을 말한다.

47 王紹蘭에 의하면, 魚腸은 竹類다. 당시 竹도 草로 간주했다. 莸(누린내 풀)는 물가 식물이고, 柳는 키 작은 버드나무이다. 夏緯瑛은, 중국 동북 지방에 해발 1,500~2,000m에 叢生하는 灌木이 많은데, 대부분 버드나무 종류에 속한다고 말한다.

48 張佩綸에 의하면, 英은 美이다.

49 王紹蘭에 의하면, 山蘄는 當歸이다. 白昌은 菖蒲로 불리운다. 夏緯瑛에 의하면, 山楊은 해발 1,500~2,000m에서 생장한다.

50 黎翔鳳에 의하면, 材는 세속에 巉로 쓰니, 巉(가파르다, 높다)과 통한다.

51 張佩綸에 의하면, 兢과 矜은 통하니, 矜은 芩(속서금 풀)이다. 일종의 水草이다. 王紹蘭은 薔은 澤蓼(여모, 여뀌)이니, 水草의 일종이다. 兪樾에 의하면, 格을 椵(柚子나무의 일종)의 假借이다.

52 王紹蘭에 의하면, 葍(메꽃)은 蕧(蓴菜)이고, 蔞(물쑥)는 蔞蒿(흰 쑥), 또는 水蒿(흰 쑥)인데, 물고기를 삶을 때 쓴다.

53 王引之에 의하면, 品榆는 마땅히 區榆이고, 區榆는 오늘날 刺榆(시무나무)이다. 夏緯瑛에 의하면, 刺榆는 灌木으로, 山麓이나 평지 가까운 곳에서 자란다.

풀과 흙이 적절하게 (어울리면), 각기 잡다한 것들이 생긴다. 어느 것은 높고, 어느 것은 낮으니, 각각 풀과 흙이 적합하다. 노랑어리연꽃[水荇]은 마름[蘡]보다 (고도가) 낮은 곳에서 자라고, 마름은 왕골[莞]보다 낮은 곳에서 자라고, 왕골은 부들[蒲]보다 아래에서 자라고, 부들은 갈대[葦]보다 낮은 곳에서 자라고, 부들은 물 억새[雚]보다 낮은 곳에서 자라고, 물 억새는 물쑥[蔞]보다 낮은 곳에서 자라고, 물쑥은 마추馬帚보다 낮은 곳에서 자라며, 마추는 쑥[蕭]보다 낮은 곳에서 자라며, 쑥은 당귀當歸보다 낮은 곳에서 자라고, 당귀는 익모초[茺蔚]보다 낮은 곳에서 자라고, 익모초는 띠[茅]보다 낮은 곳에서 자란다. 무릇 식물들은, 12종의 차등이 있어, 각각 그것에 귀속한다.

凡草土之道, 各有穀造.[54] 或高或下, 各有草土. 葉下於蘡,[55] 蘡下於莧,[56] 莧下於蒲, 蒲下於葦, 葦下於雚, 雚下於蔞, 蔞下於荓,[57] 荓下於蕭,[58] 蕭下於薜, 薜下於萑,[59] 萑下於茅. 凡彼草物, 有十二衰,[60] 各有所歸.

구주九州의 토양에 90가지 종류가 있다. 매 토양마다 특징이 있고, 종류에는 차등이 있다.

九州之土, 爲九十物. 每州有常,[61] 而物有次.

여러 토양 중에 최고는 다섯 곡식의 토양이다. 다섯 (지역) 곡물의 토양에는 혹 붉은 것, 혹 푸른 것, 혹 흰 것, 혹 검은 것, 혹 누런 것이 있다. 다섯 지역 곡식의 땅은 다섯 가지 특징이 있다. 다섯 (지역) 곡식

54 王紹蘭에 의하면, 穀에는 生의 뜻이 있고, 造는 草貌이니, 蓿雜은 풀이 잡다함이나. 黎翔鳳에 의하면, 草土는 풀과 흙이 적절함을 말한다.

55 黎翔鳳에 의하면, 葉의 盛은 接과 같으니, 萎(개 연꽃)과 같다. 萎은 水荇(노랑어리 연꽃)이다. 夏緯瑛에 의하면, 蘡은 옛날의 芰(마름) 자이고, 지금의 菱(마름)이다.

56 王念孫에 의하면, 莧은 마땅히 莞(왕골)이어야 한다.

57 黎翔鳳에 의하면, 荓은 말을 쓸어 주는 솔[馬刷]을 만드는 데 쓰이기 때문에 馬帚라고 말한다.

58 湯孝純에 의하면, 蕭(맑은 대 쑥)은 艾蒿(쑥)를 가리킨다. 『新譯管子讀本』(下), 730頁, 注6 참조.

59 張文虎에 의하면, 萑는 芫蔚草인데, 芫은 茺이 살못된 것이니, 茺蔚은 益母草이다.

60 王紹蘭에 의하면, 衰는 差等이다. 夏緯瑛은, 12종 식물은 그 생장지에 따라 각기 等次가 있다고 말한다.

61 王念孫에 의하면, '每州有常'은 '每土有常'이다. 아래 문장에서 上土, 中土, 下土에 각 30종을 말했기 때문에, 每州는 있을 수 없다.

의 땅[粟土]은 축축하나 끈적거리지 않고, 건조하나 척박하지 않고, 수레바퀴를 진창에 빠지게 하지 않으며, 손발을 더럽히지 않는다. 그 땅에 큰 늦벼, 작은 늦벼를 심는데, 줄기가 흰색이고, 이삭도 흰색인데, 적합하지 않은 것이 없다. 다섯 (지역의) 속토粟土는 혹 언덕이나 산에 있고, 물가나 평원에도 있다. 음지이건 양지이건, 모두 오동나무[桐]와 떡갈나무[柞]가 적합하여, 수미秀美하고 장대長大하지 않은 것이 없다. 느릅나무[楡], 버드나무[柳], 산뽕나무[檿], 뽕나무, 산뽕나무[柘], 상수리나무[櫟], 회화나무[槐], 사시나무[楊], 여러 나무들이 번식하여, 빨리 크고 가지들이 곧으며 길다. 그 연못에는 물고기들이 많다. 가축을 방목하면 소와 양들에게 알맞다. 그 땅과 그 기슭에는, 대나무[竹], 이대[箭], (그리고) 무늬 있는 가래나무[藻楸], 졸참나무[楢]와 박달나무[檀], 모두에게 적합하고, 다섯 가지 향기가 난다. 백려白茘나 백지白芷[구릿대의 뿌리], 천궁이[蘼蕪], 후추[椒]와 난蘭에서, 다섯 가지 향내가 난다. (백성들은) 질병이 적고 늙지 않으며, 남자와 여자가 모두 건강하며, 그 백성들은 솜씨가 좋다. 샘물은 누렇고 흰색이며, 사람들은 평이平易하고 후덕하다. 다섯 (지역의) 속토粟土는 건조하나 마르지 않았고, 말랐다 해도, 축축하여 흩어지지 않으니, 높은 데나 낮은 데나 가릴 것 없이, (흙이) 흩어짐을 보호하며 살아가니, 이것이 (곡식을 키우는) 속토粟土이다.

羣土之長, 是唯五粟. 五粟之物, 或赤, 或青, 或白, 或黑, 或黃. 五粟五章.[62] 五粟之狀, 淖而不肕,[63] 剛而不觳,[64] 不濘車輪,[65] 不汚手足. 其種大重、細重[66], 白莖、白秀, 無不宜也. 五粟之土, 若在陵在山, 在隫在衍.[67] 其陰其陽, 盡宜桐柞, 莫不秀長. 其楡其柳, 其檿其桑, 其柘其櫟, 其槐其

62 湯孝純에 의하면, 章은 標記이니, 특징이다. 『新譯管子讀本』(下), 731頁, 注5 참조.

63 張佩綸에 의하면, '濡甚曰淖'(매우 젖은 것을 淖라고 한다). 肕(질기다)은 마땅히 韌(붙다)인데, 韌은 膠(끈끈하다)다.

64 王紹蘭에 의하면, 觳은 脊(등마루)과 같다. 任林圃에 의하면, 剛과 淖가 對文이니, 剛은 여기서 乾燥의 뜻이고, 觳은 瘠薄이다.

65 尹知章의 주석에 의하면, 濘은 진창[泥]이다.

66 王紹蘭에 의하면, 種은 마땅히 穜(늦벼)이어야 한다. 『說文』에 '穜, 先種後孰也'(穜은 먼저 심으나 늦게 성숙한다). 重은 穜이다.

67 王紹蘭에 의하면, 隫은 마땅히 墳인데, 墳은 濆(水邊)의 假借이다. 湯孝純에 의하면, 衍은 低平한 땅, 즉 평원이다. 上同, 731頁, 注12 참조.

楊, 羣木蕃滋, 數大條直以長.[68] 其澤則多魚. 牧則宜牛羊. 其地其樊,[69] 俱宜竹、箭, 藻龜楢檀,[70] 五臭生之. 薜荔白芷, 蘪蕪椒連,[71] 五臭所校. 寡疾難老, 士女皆好, 其民工巧. 其泉黃白, 其人夷姤.[72] 五粟之土, 乾而不挌,[73] 挌, 湛而不澤,[74] 無高下, 葆澤以處, 是謂粟土.

속토粟土의 다음은 다섯 지역의 옥토[五沃]이다. 다섯 옥토의 종류는 어느 지역은 붉고, 어느 지역은 파랗고, 어느 지역은 누렇고, 어느 지역은 흰색이고, 어느 지역은 검은 색이다. 다섯 옥토의 다섯 종류는 각각 다른 등급이다.

오옥五沃의 모양은 가볍고 밀집됐으나 구멍들이 많은 흙이니, 벌레들이 쉽게 온전할 수 있다. (흙이) 차지나 가볍고 흰색이 아니고, 아래에는 수분水分이 있다. 거기에 큰 모, 작은 모를 심으면, 줄기는 붉고, 이삭은 검은색이나, 화살처럼 길어진다.

오옥의 토양은 혹 ① 언덕[丘]과 ② 산에, ③ 큰 흙산[陵]과 ④ 산마루[岡]에, 혹 ⑤ 산모퉁이[陬]에 있다. 언덕[陵] 가운데서, 왼쪽과 오른쪽에, 저들 여러 나무들: 오동나무[桐], 떡갈나무[柞], 산앵두나무[扶移], 참죽나무[櫄]가 적합하며, 저들 흰색 가래[白梓], 매실[梅], 살구[杏], 복숭아[桃]와 자두[李]가 적합하며, 그 꽃들이 피고 줄기가 일어섰다. 멧대추나무[棘], 팥배나무[棠], 회화나무[槐], 사시나무[楊], 느릅나무[榆], 뽕나무[桑], 구기자나무[杞], 소방蘇方나무[枋, 다목] 등, 여러 나무들이 빨리 커서, 줄기가 곧 바르고 길다.

음지에는 사리楂梨가 자라고, 양지에는 다섯 종의 삼[麻]을 심는다. 혹 높게도 혹 낮게도 심으니, 심을 곳을 택할 필요가 없다. 삼 중에 큰 것은 이대[箭]나 갈대[葦]와 같아서, 크고 길어서 아름답고, 작은 것은 왕골과 작은 땔나무 같고, 큰 삼은 마디가 없고, 작은 것도 잘 정돈되

68 趙守正에 의하면, 數는 音義가 速(빠르다)와 같다. 『管子通解』(下), 229頁, 注6 참조.

69 張佩綸에 의하면, 樊은, 崖(언덕)이니, 岸邊(기슭)이다.

70 黎翔鳳에 의하면, 龜는 楸(가래나무)로 볼 수 있다. 藻는 무늬이다. 楢(졸참나무)는 剛木(굳은 나무)이니, 수레의 재료이다.

71 張佩綸에 의하면, 薜荔는 香草이고, 白芷는 그 잎이 虈이다. 蘪蕪는 川芎, 또는 천궁이(또는 궁궁이)로 불리는데, 궁궁이의 싹을 혈청제로 쓴다. 椒는 후추이며, 連은 蘭과 통한다.

72 王紹蘭에 의하면, 夷는 平이고, 姤는 垕로 읽을 수 있으니, 垕는 厚의 古字이다.

73 陳奐에 의하면, 挌은 垎(마르다, 단단하다)으로 읽어야 한다. 垎은 흙이 마른 것을 말한다.

74 孫詒讓에 의하면, 澤은 釋의 假借이니, 釋은 解(풀어지다)의 뜻이다.

었으니, (젖은 삼을) 때려서 (물기를 빼내고) 갈무리 잘 해두면 마침내 백색 실이 된다.

다섯 향기로운 식물을 구역을 따라서 심으니 (싹이) 생겼는데, (이들은) 연蓮, 걸여芞輿, 천궁이[蘼蕪], 고본藁本과 백지白芷이다.

연못에는 물고기가 많았으며, 방목하면 소와 양이 적합하다. 샘물은 흰색에 푸르스름하고, 사람들은 견강하여 굽힘이 없었고, 옴 같은 피부병이 적었고, 마침내 두통이나 술[酒] 어지럼증은 없었다. 이 다섯 (지역의) 옥토는 건조하나 굳지는 않았으며, 축축하여 흩어지지 않으니, 높은 곳이나 낮은 곳이나 가릴 것 없이, (토사가) 흩어짐을 보호하고 살아가니, 이것이 옥토이다.

粟土之次曰五沃. 五沃之物, 或赤, 或青, 或黃, 或白, 或黑. 五沃五物, 各有異則.[75] 五沃之狀, 剽怸橐土, 蟲易全處.[76] 怸剽不白, 下乃以澤. 其種大苗、細苗, 赨莖、黑秀、箭長.[77] 五沃之土, 若在丘在山, 在陵在岡, 若在陬.[78] 陵之陽, 其左其右, 宜彼羣木, 桐、柞、枎、櫄, 其彼白梓, 其梅其杏, 其桃其李, 其秀生莖起. 其棘其棠,[79] 其槐其楊, 其榆其桑, 其杞其枋, 羣木數大, 條直以長. 其陰則生之楂藜, 其陽則安樹之五麻.[80] 若高若下, 不擇疇所. 其麻大者如箭如葦, 大長以美, 其細者如雚如蒸,[81] 欲有與各,[82] 大者不類,[83] 小者則治, 揣而藏之, 若衆練絲.[84] 五臭疇生,[85] 蓮與蘼蕪,[86]

75 王紹蘭에 의하면, 『史記』, 「夏本紀集解」에 '三壤, 上中下各三等也'(세 토양은, 上中下, 각 세 등급이다)라 했는데, 이것 또한 等으로 則을 해석한 것이다. 여기서 말하는 '五沃五物各有夷則'은, 五物이 마땅히 5등급으로 차이가 남을 밝히고 있다.

76 王引之에 의하면, 易은 마땅히 豸이다. 발 있는 벌레는 蟲이고, 발 없는 벌레는 豸이다. 黎翔鳳에 의하면, 剽는 마땅히 輕으로 훈독해야 하고, 怸(모두)은 秫이니, 秫은 稬(찰벼), 즉 糯(찰벼)이다.

77 張佩綸에 의하면, 赨(붉다)은 赤色이고, 箭長은 볏짚을 말한다.

78 黎翔鳳에 의하면, ① 丘, ② 山, ③ 陵, ④ 岡과 ⑤ 陬, 이것이 五沃[다섯 지역의 옥토]이다. '陵之陽'은, 陵 가운데 있다는 말이다.

79 湯孝純에 의하면, 棘은 멧대추(酸棗)나무이다. 『新譯管子讀本』(下), 上同, 733頁, 注10 참조.

80 王紹蘭에 의하면, 五麻(다섯 가지 삼)는 ① 枲麻, ② 苴麻, ③ 胡麻, ④ 紵麻와 ⑤ 絺麻이다. 黎翔鳳에 의하면, 安은 乃이다.

81 湯孝純에 의하면, 蒸은 작은 땔감이다. 鄭玄注에, '木大曰薪, 小曰蒸'(나무가 크면 薪이고, 작으면 蒸이다)라고 말했다. 上同, 注13 참조.

82 黎翔鳳에 의하면, 有는 取의 뜻이다. 各은 絡(장시간 물에 담그다)이다. 生絲를 아직 물에 담가서 부드럽게 하지 않은 것이 絡이다.

83 劉積에 의하면, 類는 마땅히 纇(실마디)이다.

84 王紹蘭에 의하면, 揣는 捶(종아리를 치다)이다. 張佩綸에 의하면 衆은 終이다. 湯孝純에 의하면, 絲麻나 布帛을 삶으면 부드럽고 하얀색이 된다. 따라서 練絲는 白絲가 된다. 上同, 注20 참조.

藁本白芷. 其澤則多魚, 牧則宜牛羊. 其泉白靑, 其人堅勁, 寡有疥騷, 終無痟酲. 五沃之土, 乾而不斥,[87] 湛而不澤, 無高下, 葆澤以處. 是謂沃土.

다섯 (지역의) 옥토 다음이 다섯 (지역의) 진흙[黏土]이다. 다섯 (지역의) 점토(진흙)는 다섯 색깔이 뒤섞이고, 각각 다른 특징이 있다. 다섯 (지역) 점토의 상태는 딱딱해서 붙지 않거나 재[灰]처럼 흩어지지도 않으니, 푸른색이 도나 따뜻하여 이끼[苔]처럼 붙어 있다. 거기에 큰 갈대와 작은 갈대를 심으니 무성하고, 줄기는 붉으나 이삭은 흰색이다. 다섯 지역의 점토 흙은 혹 ① 산마루[岡]에, ② 큰 흙산[陵]에, ③ 물가 높은 지역[墳]에, ④ 평지[衍]에, ⑤ 언덕[丘]이나 산에 있는데, 모두 (수레 만드는 재료인) 대나무들[竹과 箭], (수레 부품들을 묶는) 대나무 껍질[求篾], 졸참나무[楢]와 박달나무[檀]에 적합하다. 산의 낮은 곳에는 개여뀌[蘢]와 질경이[舄]가 있고, 여러 나무들이 여기에서 강함을 다투니 가지들이 길고 빨리 큰다. 뽕나무, 소나무, 구기자나무, 용나무[楫]가 있고, 서椐[종려棕櫚나무의 일종], 벵골보리수[榕], 느릅나무[榆], 복숭아나무[桃], 버드나무[柳]와 멀구슬나무[楝]의 유묘幼苗들을 심었다. 모든 약초들이 여기서 자라나니, 생강, 도라지, 족두리 풀[小辛]과 새삼[大蒙]이다. 산의 높은데, 도라지, 귀목 풀[莳, 즉 白英], 느릅나무[榆]가 많다. 산의 제일 뾜록한 데에는, 산매山梅와 개미취[紫菀]가 있다. 산의 옆면에 노란 패모[蝱], 및 흰 창포菖蒲[白昌]가 있다. 산 명아주[山藜], 참억새[葦芒] 등, 여러 약초들이 여기에 모여 있어서, 백성들의 재앙을 막아 준다. 산림이나 산기슭에는, 회화내무[槐], 모감주나무[楝], 떡갈나무[柞], 닥나무[穀] 등, 여러 나무들이 여기에서 강함을 다툰다. 새와 짐승들이 여기에서 재주를 펼치니, 사불상이나 고라니들이 있고, 또한 사슴들이 많다. 샘물은 푸른색에 검은색을 띠며, 사람들은 청렴하고 깨끗하며, 일을 줄이고 음식을 절약한다. 높은 데 낮은 데를 가리지 않고, (토사가) 흩어짐을 보호하고 살아가니, 이것이 점토黏土이다.

85 湯孝純에 의하면, 隴은 지역을 구분하여 심음을 말한다. 上同, 注21 참조.

86 張佩綸에 의하면, 與는 마땅히 輿가 되어야 한다. 輿는 芎輿로 香草이다. 藭車가 芎輿다.

87 陳奐에 의하면, 斥와 坼(터지다, 갈라지다)과 같다. 不斥은 不垎(굳지 않음)과 같다.

沃土之次曰五位.[88] 五位之物, 五色雜英, 各有異章. 五位之狀, 不塥不灰, 青悲以落及.[89] 其種大葦無,[90] 細葦無, 赨莖白秀. 五位之土, 若在岡在陵, 在隫在衍, 在丘在山, 皆宜竹箭求黽楢檀.[91] 其山之淺, 有蘢與斥,[92] 羣木安逐,[93] 條長數大. 其桑其松, 其杞其茸,[94] 種木胥容,[95] 榆、桃、柳、楝.[96] 羣藥安生,[97] 薑與桔梗、小辛、大蒙.[98] 其山之梟,[99] 多桔、符、榆. 其山之末,[100] 有箭與苑.[101] 其山之旁, 有彼黃虻,[102] 及彼白昌. 山藜、葦芒, 羣藥安聚, 以圉民殃. 其林其漉,[103] 其槐其楝, 其柞其穀,[104] 羣木安逐. 鳥獸安施,[105] 既有麋麃, 又且多鹿. 其泉青黑, 其人輕直,[106] 省事少食. 無高下, 葆澤以處, 是謂位土.

88 黎翔鳳에 의하면, 春秋시대에는 位자가 없고, 立을 썼다. 立이 粒이 되었고, 粒은 糂으로 訓하여, 糝이 黏과 통한다. 그래서 五位가 黏土(진흙), 즉 上土가 되었다.

89 黎翔鳳에 의하면, 悲은 渜(따뜻하다)로 訓讀되고, 落는, 房玄齡에 의하면, 苔(이끼)이다. 及은 連이니, 落及은 苔連(이끼처럼 이어져 있음)이다.

90 黎翔鳳에 의하면, 『說文解字』에 '無, 豊也'(無는 풍성함이다)라고 했는데, 사람들이 이것을 모른다.

91 黎翔鳳에 의하면, 졸참나무[楢]와 박달나무[檀]는 수레를 만드는 나무재료이다. 黽은 篾(대 껍풀)이고, 이것은 篾(대 껍질)이니, 수레의 부품들을 묶는데 쓰인다. 求는 聚로 訓讀하니, 求黽은 총집하는 篾(대 꺼풀)이다. 竹箭, 求黽[묶는 대 꺼풀], 楢와 檀, 모두가 수레를 만드는 데 쓰인다. 『字統』에 '箭者竹之別形, 大身小葉曰竹, 小身大葉曰箭'(箭은 대나무의 별난 모양이니, 큰 몸에 작은 잎이면 竹이고, 작은 몸에 큰 잎이면 箭이다)로 설명되어 있다.

92 張佩綸에 의하면, 淺(얕다)은 깊지 않음이다. 蘢은 紅草인 蘢古(개여뀌)이고, 큰 것은 蘬(개여뀌)이다. 斥은 舄인데 陵屯(언덕)에서 자라며, 車前草(질경이)로 불린다.

93 王念孫에 의하면, 安은 於是이다. 黎翔鳳에 의하면, 逐은 競彊(강함을 다툼)의 뜻이다.

94 趙守正에 의하면, 茸은 槦(용나무)와 통한다. 박달나무[檀]과 비슷하다. 『管子通解』(下), 上同, 232頁, 注7 참조.

95 丁士涵에 의하면, 種은 橦(木棉나무)의 誤字이고, 胥容은 楈와 榕이니, 橦, 楈, 榕은 세 종의 나무이다. 黎翔鳳에 의하면, 『說文解字』에, '種, 先穜後孰也'(먼저 늦벼를 심지만 늦게 여문다)했으니, 이것을 本義로 한다면 秧苗,즉 幼苗를 심은 것이다.

96 王紹蘭에 의하면, 楝은 欄은 欒木(모감주나무)와 비슷하다. 欒木이 楝과 비슷하다.

97 王紹蘭에 의하면, 羣藥은 百藥이고, 薑은 薑(생강)이다. 桔梗은 도라지이다.

98 王紹蘭에 의하면, 細辛(족두리 풀)이 小辛이다. 蒙은 女蘿, 또는 菟絲(새삼)이다. 唐은 大의 뜻이니, 唐蒙은 大蒙이다.

99 張佩綸에 의하면, 梟(올빼미)는 澆(물을 대다)와 같다. 梟는 堯의 假借이다. 『白虎通』에, 堯는 嶢嶢(산이 높다)와 같으니, 至高의 모습이다.

100 張佩綸에 의하면, 末은 마땅히 山의 首脊, 즉 제일 튀어나온 부분이다.

101 王念孫에 의하면, 箭은 마땅히 莿(질경이)이다. 苑은 菀(즉 紫菀)과 통한다. 張佩綸에 의하면, 莿은 山梅이다.

102 王紹蘭에 의하면, 虻은 蝱인데, 蝱은 貝母(백합과에 속하는 여러해살이풀)이다.

103 王紹蘭에 의하면, 漉은 마땅히 麓(산기슭)이 되어야 한다.

104 何如璋에 의하면, 穀은 나무 이름인데, 껍질이 희면 穀이고, 얼룩진 무늬[斑]가 있으면 楮(닥나무)라고 한다.

105 黎翔鳳에 의하면, 施는 施展(展開하다)의 뜻이다.

106 廉潔은 '청렴하고 깨끗함'이다.

점토 다음은 부드럽지만 뭉친 것이 많은 땅이다. 다섯 (지역의) 부드러우나 뭉친 것이 많은 땅은 검은 흙에 검은 '돌 옷[落]'이 있으며, 푸르지만 부드러운 흙이라 기름지며, (흙의) 가루는 재와 같다. 거기에 벼[樞葛]를 심었는데, (그것은) 붉은 줄기[赨莖]와 노란 이삭[黃秀]이 있으며, 능소화[鬼目=恚目]는 그 잎이 개미취[紫菀]와 같다. 과일나무를 심어 키우는데, 세 가지 토양[粟土, 沃土와 黏土]의 10분의 2가 못하니, 이것이 부드럽지만 뭉친 것이 많은 땅이다.

位土之次曰五薼.[107] 五薼之狀, 黑土黑落,[108] 青怵以肥,[109] 芬然若灰.[110] 其種樞葛,[111] 赨莖黃秀; 恚目, 其葉若苑.[112] 以蓄殖果木, 不若三土以十分之二, 是謂薼土.

부드럽지만 뭉친 것이 많은 땅 다음은 다섯 토양이다. 다섯 토양의 모습은 언덕이 올라 솟은 것처럼 봉긋하며 기름지다. 거기에 큰 벼, 작은 벼를 심는데, (그것은) 붉은 줄기[赨莖]와 노란 이삭[黃秀]이니, 번식하였다. 가뭄을 견디는 데, 적합하지 않은 점이 없다. (그 흙에) 과일나무를 심고 키우는데, 삼토[粟土, 沃土와 黏土]에 비해 (수확이) 10분의 2가 못하니, 이것이 양토壤土이다.

薼土之次曰五壤. 五壤之狀, 芬然若澤若屯土.[113] 其種大水腸, 細水腸,[114] 赨莖黃秀, 以慈.[115] 忍水旱無不宜也. 蓄殖果木, 不若三土以十分之二, 是謂壤土.

107 黎翔鳳에 의하면, 薼은 隸書의 別體이니, '忞土多心, 薼土多艸'(부드러운 흙에 뭉친 것이 많고, 薼土에는 풀이 많다)은 같은 뜻이다.

108 尹知章은 주석에서, 落는 '돌 옷[地衣, 이끼]'이라고 말한다.

109 安井衡에 의하면, 怵과 忞(부드러운 흙)은 같다.

110 孫詒讓에 의하면, 芬은 粉(가루)의 假借(빌린 말)이다.

111 張佩綸에 의하면, 樞葛은 마땅히 穛葛이다. 벼[稻]의 이름이다. 벼가 길기 때문에 穛이다.

112 任林圃에 의하면, 恚目은 鬼目(凌霄花)이다. 王念孫에 의하면, 苑은 菀과 通하니, 紫菀(개미취)이다.

113 張佩綸에 의하면, 土는 衍文이고, 屯은 마땅히 澱(앙금, 찌꺼기)으로 읽어야 한다. 五壤의 흙은 찌꺼기 같아서 肥濡하고 和美하다. 李哲明에 의하면, 芬은 坌(언덕이 솟은 모양)이니, 隱坌은 언덕이 솟은 모양이다. '芬然若澤'은 '華然如芬以脤'과 같으니, 脤은 膂이니, 軒起(들이 올리다)의 뜻이다.

114 王紹蘭에 의하면, 水腸은 벼의 종류이다.

115 趙守正에 의하면, 慈는 滋(번식하다)로 읽어야 한다. 滋는 多(많음)이다. 上同, 233頁, 注3 참조.

양토壤土의 다음은 (씨가 싹이 트는) 부토孚土이다. 다섯 (지역의) 부토의 상태는 단단하여 쌀처럼 잘게 부서져도 (흙이) 흩어지지 않고 습기를 보존하니, 흐트러지지도 않고 갈라지지도 않는다. 거기에 메기장[忍蘟]을 심으면, 메기장의 잎은 왕골과 같고, 잎으로 야생 쌀의 이삭, 노란 줄기, 검은 줄기와 이삭이 검은데, 그 곡식은 커서, 적합하지 않은 데가 없다. (거기에) 과일나무를 심고 키우면, (수확이) 삼토의 10분의 2가 못하다.

壤土之次曰五浮.[116] 五浮之狀, 捍然如米以葆澤,[117] 不離不坼. 其種忍蘟,[118] 忍葉如藿, 葉以長狐茸,[119] 黃莖黑莖黑秀, 其粟大, 無不宜也. 蓄殖果木, 不如三土以十分之二.

무릇 최고의 흙[上土]에 30종류, (각) 종류에 12가지 작물이 있다.

凡上土三十物, 種十二物.

중간 토양[中土]은 다섯 (차조를 심는) 출토怸土이다. 다섯 (지역) 출토의 상태는 창고가 높은 지대에 있는 것 같고, 찰벼로 살아간다. 거기에 큰 기장, 작은 기장을 심는데, (그것들은) 붉은 줄기와 노랑 이삭이고, 더욱 인내함으로써, 물이 가물어도 작은 곡식들이 삼[麻]처럼 번식하여 아름답다. (거기에) 과일나무를 심어 키우면, (수확이) 삼토의 10분의 3이 못하다.

中土曰五怸.[120] 五怸之狀, 廩焉如壏,[121] 潤溼以處. 其種大稷、細稷, 赨莖黃秀, 慈忍,[122] 水旱細粟如麻.[123] 蓄殖果木, 不若三土以十分之三.

116 黎翔鳳에 의하면, 浮는 孚(미쁘다)이니, 孚甲, 즉 '씨가 분열하여 싹틈'을 말한다.

117 黎翔鳳에 의하면, 房玄齡注에, '捍, 堅貌, 其土屑碎如米'(捍은, 굳은 모양이니, 그 흙이 쌀처럼 잘게 부서진다)는 옳은 말이다.

118 趙守正에 의하면, 忍蘟은 蒡, 즉 榜程(메기장)이다. 上同, 234頁, 注2 참조.

119 孫詒讓에 의하면, 狐(여우)는 아마도 苽, 또는 菰자 같고, 孤茸은 菰穗이다. 菰는 야생 쌀이다.

120 黎翔鳳에 의하면, 怸(부드러운 흙)은 朮(차조)인데, 그 뜻은 稬(찰벼), 즉 糯이다. 그 땅에 朮을 심기에, 朮土, 또는 怸土이다.

121 黎翔鳳에 의하면, 壏(단단한 땅)은 檻(우리)이다. 闌(가로막다)檻은 高地이며, 潤濕은 稬(찰벼)이다.

122 張佩綸에 의하면, 慈 위에 以가 탈락되었다. 慈는 滋(더하다)와 통한다.

123 尹知章의 주석에 의하면, '其繁美如麻也'(그것이 삼처럼 번식하여 아름답다)이다.

(차조를 심는) 출토恋土의 다음은 다섯 (지역의) 검은 흙이다. 다섯 검은 토양의 모양은, 강하지만 부드럽고 튼튼하다. 거기에 큰 이移곡식, 작은 이移곡식을 심으니, 잎과 줄기가 산앵두나무[扶移], 참죽나무[櫄] 같으며, 알곡이 크다. (거기에) 과일나무를 심고 키우면, (수확이) 삼토보다 10분의 3이 못하다.

恋土之次曰五纑.[124] 五纑之狀, 彊力剛堅.[125] 其種大邯鄲、細邯鄲,[126] 莖葉如扶櫄, 其粟大. 蓄殖果木, 不若三土以十分之三.

검은 흙[纑土]의 다음은 다섯 (지역의) 단단한 흙[壏土]이다. 다섯 (지역) 단단한 흙[壏土]은 쌀겨처럼 많으나 무르다. 거기에 큰 여지荔枝, 작은 여지를 심고, (그것들은) 푸른 줄기와 노란 이삭이다. 과일나무를 심어서 키우면, (수확이) 삼토보다 10분의 3이 못하다.

纑土之次曰五壏. 五壏之狀, 芬焉若糠以肥.[127] 其種大荔、細荔, 青莖黃秀. 蓄殖果木, 不若三土以十分之三.

단단한 흙[壏土]의 다음은 다섯 (지역의) 가벼운 흙이다. 다섯 가벼운 흙의 상태는 아름다운 가루처럼 연약하다. (거기에) 큰 기장을 심는데, (그것은) 검은 줄기와 푸른 이삭이다. (거기에) 과일나무를 심어 키우면, (수확이) 삼토보다 10분의 4가 못하다.

壏土之次曰五剽.[128] 五剽之狀, 華然如芬以脤.[129] 其種大秬、黑莖青秀. 蓄殖果木, 不若三土以十分之四.

가벼운 흙[剽土]의 다음은 다섯 (지역이) 모래흙이다. 다섯 모래흙은 상태는 낟알 부스러기처럼 분말이 되어 뛰어오른다. 여기에 큰 찰기장

124 黎翔鳳에 의하면, 黑은 纑와 통하고, 纑는 盧(검은색)이다.
125 黎翔鳳에 의하면, 彊刃은 彊紉(강하지만 부드럽고 튼튼함)이다.
126 張佩綸에 의하면, 移는 禾名이다. 移가 곧 邯鄲이다.
127 丁士涵(19세기)에 의하면, 肥는 脆(무르다, 약하다)의 誤字이다.
128 汪繼培(19세기)에 의하면, 剽와 熛(가볍다)는 古字가 통했다.
129 孫詒讓에 의하면, '華然如芬以脤'은 마땅히 '華然如粉以脆'(아름다운 가루처럼 연약하다)가 되어야 한다.

[秬], 작은 찰기장을 심는데, (이것들의) 하얀 줄기와 푸른 이삭들은 널리 번지어 퍼진다. 과일나무를 (이 땅에) 심고 키우면, (수확은) 삼토보다 10분의 4가 못하다.

剽土之次曰五沙. 五沙之狀, 粟焉如屑塵厲.[130] 其種大萯、細萯,[131] 白莖青秀, 以蔓.[132] 蓄殖果木, 不如三土以十分之四.

모래흙의 다음은 다섯 (지역의) 굳고 단단한 흙이다. 다섯 굳고 단단한 흙의 상태는 달팽이들을 쌓아놓은 것 같으니, 가뭄을 견딜 수 없다. 거기에 큰 올벼와 그 싹, 그리고 작은 올벼와 그 싹을 심는데, (그것들은) 검은 줄기와 검은 이삭이다. (이 흙에) 과일나무를 심고 키우면, (수확은) 삼토보다 10분의 4가 못하다.

沙土之次曰五塥.[133] 五塥之狀, 累然如僕累,[134] 不忍水旱. 其種大樛杞、細樛杞,[135] 黑莖黑秀. 蓄殖果木, 不如三土以十分之四.

무릇 중간 토양에 30종류가 있고, 종마다 12작물이 있다.

凡中土三十物, 種十二物.

가장 나쁜 토양[下土]에 다섯 (지역의) 누린내 나는 땅이다. 다섯 누린내 나는 땅은 똥과 같다. 거기에 큰 기장[黍]과 작은 기장을 심는데, (그것은) 흰색의 줄기와 검은 이삭이다. (그 흙에) 과일나무를 심고 키우면, 삼토보다 10분의 5가 못하다.

130 趙守正에 의하면, 粟은 낱알처럼 잘게 부서진 모양이고, 屑은 粉末이고, 厲는 踊起(뛰어오름)이다. 上同, 235頁, 注1 참조.

131 王引之에 의하면, 곡식 종류나 심지[種], 풀은 種이라 하지 않는다. 萯는 하눌타리풀이다. 萯는 秬(찰기장)를 말한다.

132 蔓(뻗어 나감)은 蔓延(널리 번지어 퍼짐)이다.

133 黎翔鳳에 의하면, 堅垎은 견고하고 格(굳고 단단함)함이다.

134 郭璞(276~324)의 주석에, 僕纍는 달팽이이다.

135 王念孫에 의하면, 樛는 마땅히 穋(올벼)이고, 杞는 마땅히 秠이다. 秠는 芑이다. 穋과 芑(하얀 싹)는 한 종류인데, 빨리 성숙한다.

下土曰五猶.[136] 五猶之狀如糞. 其種大華、細華,[137] 白莖黑秀. 蓄殖果木, 不如三土以十分之五.

누린내 나는 땅[蕕土] 의 다음은 다섯 (지역의) 붉은 흙[紅土]이다. 붉은 흙의 상태는 쥐의 간肝처럼 (붉은 색)이다. 거기에 (호북湖北성의) 푸른 보리를 심는데, (그것은) 검은 줄기에 검은 이삭이 있다. (그 땅에) 과일나무를 심고 키우면, (수확이) 삼토보다 10분의 5가 못하다.

猶土之次曰五弜土.[138] 五弜土之狀, 如鼠肝. 其種青梁,[139] 黑莖黑秀. 蓄殖果木, 不如三土以十分之五.

붉은 흙[紅土]의 다음은 다섯 (지역의) 점토粘土이다.

다섯 점토의 상태는 (장마에) 매우 축축해지면 (흙이) 엉성해지고, (가물면 흙이) 갈라지고 터져서 척박하게 된다. 거기에 줄[雁膳]을 심는데, (그것에는) 검은 열매[黑實]이고, 붉은 꽃받침[朱跗]과 노란 열매[黃實]가 있다. (그 땅에) 과일나무를 심고 키우면, (수확은) 삼토보다 10분의 6이 못하다.

弜土之次曰五殖.[140] 五殖之狀, 甚澤以疏, 離坼以臞埆.[141] 其種鴈膳,[142] 黑實, 朱跗黃實. 蓄殖果木, 不如三土以十分之六.

다섯 점토의 다음은 메마른 흙[觳]이다. 다섯 (지역의) 메마른 땅의 상태는 듬성듬성해서, 가뭄을 이겨내지 못 한다. 거기에 큰 콩의 2종류를 심는데, 흰 열매가 많다. (그 땅에) 과일나무를 심고 키우면, (수확이) 삼토보다 10분의 6이 못하다.

136 張佩綸에 의하면, 猶는 蕕(누린내 풀)이다.

137 何如璋에 의하면, 華는 黍(기장)의 別名이다.

138 黎翔鳳에 의하면, 弜土은 紅 자인데, 五弘이라 썼는데, 흙이기 때문에 土를 집어넣어, 弜土가 되었다.

139 黎翔鳳에 의하면, 青梁은 湖北성의 보리이다.

140 汪繼培에 의하면, 殖은 埴(점토)이다.

141 張佩綸에 의하면, 甚은 湛과 통한다. '湛而以疏'는 빗물이 많아지면 흙이 엉성해짐을 말하고, '離坼以臞'는 가뭄이 오면 흙이 갈라지고 터져서 척박하게 됨을 말한다.

142 楊愼(1488~1559)에 의하면, 菰(줄)는, 기러기(雁)가 그것을 먹기 때문에 雁膳이라 부른다.

五殖之次曰五觳.[143] 五觳之狀, 婁婁然,[144] 不忍水旱. 其種大菽、細菽,[145] 多白實. 蓄殖果木, 不如三土以十分‘之六.

메마른 땅[觳土]의 다음은 다섯 (지역의) 오리 모양의 땅이다. 다섯 오리 모양의 땅 상태는 딱딱하며, 볼품없는 마른 뼈 같지 않음은 면했지만 (심을 곡식이) 별로 없는 땅이다. 거기에 밭벼[陸稻], 메밀[蕎麥]과 자운영[馬夫]을 심는다. (그 땅에) 과일나무를 심고 키우면, (수확은) 삼토보다 10분의 7이 못하다.

觳土之次曰五鳧.[146] 五鳧之狀, 堅而不骼. 其種陵稻, 黑鵝、馬夫.[147] 蓄殖果木, 不如三土以十分之七.

오리 모양의 흙[鳧土]의 다음은 다섯 (바닷물을 빼낸) 땅이다. 다섯 (바닷물 빼낸) 땅[桀土]의 상태는 매우 짜고 쓰며, 최하 등급의 땅이다. 거기에 흰 검부기[白稻]를 심으면 (낟알이) 가늘고 길다. (거기에) 과일나무를 심고 키우면, (수확이) 삼토보다 10분의 7이 못하다.

鳧土之次曰五桀.[148] 五桀之狀, 甚鹹以苦, 其物爲下. 其種白稻長狹. 蓄殖果木, 不如三土以十分之七.

무릇 가장 나쁜 토양이 30종류인데, 종마다 12작물이 있다.

凡下土三十物, 其種十二物.

143 汪繼培에 의하면, 觳은 确(자갈 땅)의 假借이다. 觳은 瘠土(메마른 흙)이다.

144 黎翔鳳에 의하면, 婁는 中空(속이 빔)이다. 둥근 돌이 쌓여서 물이 새기 때문에, ‘婁婁然’(듬성듬성함)이라 말한다.

145 菽은 ‘큰 콩[大豆]’의 두 가지 품종이다. 趙守正, 『管子通解』(下), 237頁, 注3 참조.

146 黎翔鳳에 의하면, 이것은 높은 지대의 땅인데, 생김이 오리[鳧] 같아서, 산 옆에 걸려 있는 땅이다.

147 王紹蘭에 의하면, 陸稻가 陵稻(땅 벼)이다. 尹桐陽에 의하면, 鵝는 蚍蜉(왕개미)인데, 모양이 왕개미와 비슷하나 검은 색이니, 지금의 메밀[蕎麥]이다. 馬夫는, 柱夫, 또는 翹揺(자운영)로 불린다.

148 黎翔鳳에 의하면, 桀은 磔(찢다)이니, 나무 위에 교차로 걸쳐 놓음이다. 닭들이 磔에 사는데, 雞柵(닭 목책)모양이다. 이것은 해변의 땅으로 鹽田이 안 되고, 나무를 걸어서 물을 빼낸 땅이니, 흙 중에 제일 못하여, 작물의 수확이 가장 적다.

무릇 땅에서 나는 식물이 90종이며, 종류는 36가지이다.

凡土物九十, 其種三十六.

제자직 弟子職

학생의 직분

본 편은 학생의 입학, 수업, 스승 존중, 수양 및 일상의 음식과 기거에 대한 규칙을 말하고 있다. 개인들의 강학講學은 공자 이전에도 이미 있었으나, 제齊나라 직하稷下의 강학은 선왕宣王(통치 기원전 320~기원전 302) 이전부터 시작하여 이때에 왕성해졌다. 꿔모뤄郭沫若는 (그의 『管子集校』 「弟子職」 편에서) 이 편을 당시 제나라 직하학궁稷下學宮의 학칙으로 보고 있다.

선생님이 가르침을 베풀면, 학생들은 그것을 본받는다. (학생들은) 온화하고 공경하며 스스로를 비우고, (가르침을) 최대한 받아들인다. 좋은 것을 보면 따르고, 올바른 일[義]을 들으면 실행한다. 온유하고 효도하고 우애하며, 교만하여 힘을 과시하지 않는다. 뜻에는 허위와 사심이 없고, 행위는 반드시 올바르고 곧다. (밖에서) 놀거나 집안에 있어도 상도[常]가 있고, 반드시 덕 있는 이를 가까이 한다. 얼굴색은 가지런하고, 속마음은 반드시 법식이 있고, 일찍 일어나고 밤늦게 자며, 의복과 허리띠는 반드시 정돈되어 있다. 아침에 (배움을) 늘리고 저녁에 복습하며, 공경하고 조심한다. 이런 규칙들에 집중하고 게으르지 않음, 이것이 학칙이다.

先生施教, 弟子是則.[1] 溫恭自虛, 所受是極.[2] 見善從之, 聞義則服. 溫柔孝悌, 毋驕恃力. 志毋虛邪,[3] 行必正直. 游居有常, 必就有德. 顔色整齊, 中心必式,[4] 夙興夜寐, 衣帶必飭. 朝益暮習, 小心翼翼. 一此不解,[5] 是謂學則.

1 戴望에 의하면, 『風俗通義』에는 '是則'이 '則之'로 인용되고 있다.
2 趙守正에 의하면, 極은 盡이니, '최대한'의 뜻이다. 『管子通解』(下), 245頁, 注2 참조.
3 尹知章의 주석에 의하면, 여기서 虛는 虛僞다.
4 尹知章의 주석에 式은 法이다.
5 趙守正에 의하면, 一은 專一이고, 此는 위에서 말한 學規들이고, 解는 懈(게으르다)와 통한다.

젊은이의 일이란 밤늦게 자고 아침 일찍 작업하는 것이다. 일단 자리 앞을 청소하고 손을 닦고 양치질하며, 일을 하되 공손하게 한다. (선생의) 의복을 들고서 세숫물을 바치면, 선생은 이에 일어난다. 세수 대야에 물을 붓고 (세수가 끝났으면) 대야를 치우고, 청소하고 자리를 바로 해놓으면, 선생은 이에 (자리에) 앉는다. (학생들은) 출입할 때 겸손하고 공경해야 하니, 마치 손님을 모시는 것과 같다. 무릎 꿇고 허리 펴고 앉아서 스승을 바라보며, 낯빛을 바꾸지 않는다. 수업의 순서는 반드시 나이 많은 학생부터 시작한다. 처음 한 번은 그렇게 하지만, 그다음부터는 그렇지 않다. 처음 책을 읽을 때 반드시 일어나야 하지만, 그다음부터는 그럴 필요 없다.

少者之事, 夜寐蚤作. 既拚盥漱,[6] 執事有恪. 攝衣共盥, 先生乃作. 沃盥徹盥, 汎拚正席, 先生乃坐. 出入恭敬, 如見賓客. 危坐鄉師, 顏色毋怍.[7] 受業之紀,[8] 必由長始. 一周則然, 其餘則否. 始誦必作, 其次則已.

무릇 말하거나 행동할 때, 중용中庸을 생각함으로써 준칙을 삼는다. 옛날에 일을 하려고 하는 이는 반드시 이 준칙을 출발점으로 하였다. (학생이) 늦게 와서 자리에 앉으려면, (자리가) 협소하여 앉은 학생이 일어난다. 그리고 (앉을 자리를 마련한다.) 만약 손님이 계시면, 학생들은 재빨리 일어선다. 손님에게 결례됨이 없어야 하고, 응대하며 또한 앞으로 나가 행동해야 한다. 빨리 나아가 (선생의) 명령을 받들고, 찾는 분이 비록 자리에 없으면, 반드시 돌아와서 아뢰어야 한다. (자기) 자리에 되돌아와서 다시 수업을 받고, 만약 의문이 있으면, 손을 들고 (선생에게) 묻는다. 스승이 출타하시면 모두 일어난다. 식사 때가 되어, 스승이 식사할 때에, 학생들은 밥과 반찬을 바친다. 옷을 가다듬고 손 씻고 양치실하고, 무릎 꿇고 앉아서 (선생에게) 음식을 올린다. 장醬을 놓고 술을 올리고 음식을 놓고, 반찬을 펼쳐 놓음에 (법도에) 어그러짐이 없다.

上同, 246頁, 注7 참조.

6 黎翔鳳에 의화면, '埽席前曰拚'(자리의 앞면을 청소하는 것이 拚[청수]이다)이다 湯孝純에 의하면, 盥漱는 '손 씻고 양치질함'이다. 『新譯管子讀本』(下), 746頁, 注2 참조.

7 湯孝純에 의하면, 危坐는 '무릎을 꿇고 허리를 피고 앉음'이다. 鄉은 向과 통한다. 尹知章은 怍은 '얼굴빛을 바꿈'이라 말한다.

8 湯孝純에 의하면, 紀는 순서이다. 上同, 747頁, 注1 참조.

무릇 저 음식들과, 새, 짐승, 물고기와 자라(음식)를 놓는다. 반드시 반찬과 국을 먼저 하고, 국과 고기는 따로 구분한다. (상차림의 순서는) 장醬이 앞에 있고 고기는 (뒤에) 있으니, 음식을 놓되, 네 모[方]가 지도록 한다. 밥은 마지막에 올리고, (입 씻을 용도로) 왼쪽에 술과 오른쪽에 음료[漿]가 있다. (음식들이) 갖추어지면 (학생들은) 물러나서, 손을 맞잡고 서 있다. 밥은 세 공기에 두 번 주걱으로 푸고, 왼손에 (육식을 제공하는) 빈 그릇을 잡고 있고, 오른손에 젓가락과 밥숟가락을 들고 있다. 순서대로 돌아가며 다시 (음식을) 보태고, 오직 다 먹었는지만 바라본다. 똑같이 다 먹었으면 나이에 따라서 순서를 정하고, 한 바퀴 돌았으면 다시 시작한다. 국자의 길이가 몇 자[尺]로 길면 (학생들은) 무릎을 꿇지 않는데, 이것이 (반찬을) 더 드리는 규칙이다.

스승들이 식사를 끝내면, 학생들은 이에 (그것들을) 치운다. 바쁘게 뛰어 (스승에게) 씻을 물을 바치고, 밥상의 앞을 청소하고 제사 물품들을 수습한다. 스승의 분부가 있어야, 이에 학생들은 식사를 한다. 연령순으로 앉되, 반드시 (빈) 자리들을 채운다. 밥은 반드시 손으로 꽉 잡고, 국은 손으로 잡지 않는다. 또한 무릎 꿇고 앉으며, 팔꿈치로 기대지 말아야 한다. 일단 먹고 이에 배가 부르면, 입가를 따라 손으로 닦는다. (자기) 옷깃을 집어 들고 자리를 청소하고, 식사를 끝내면 일어선다. 옷깃을 잡고 자리를 떠나는데, 되돌아 (제) 자리로 온다. 각자는 반찬 그릇을 치우는데, 손님을 위하여 하는 것과 같다. 일단 치우고 그릇들을 보관하면, 이에 (학생들은) 되돌아와서 서 있다.

凡言與行, 思中以爲紀.[9] 古之將興者,[10] 必由此始. 後至就席, 狹坐則起. 若有賓客, 弟子駿作.[11] 對客無讓,[12] 應且遂行. 趨進受命, 所求雖不在, 必以反命. 反坐復業, 若有所疑, 奉手問之. 師出皆起. 至於食時, 先生將食, 弟子饌饋. 攝衽盥漱, 跪坐而饋. 置醬錯食,[13] 陳膳毋悖. 凡置彼食, 鳥獸

9 趙守正에 의하면, 紀는 法이다. 上同, 246頁, 注1 참조.

10 黎翔鳳에 의하면, 말이나 행동은 모두 中庸을 생각으로 얻어야 함을 말한 것이다.

11 尹知章은 駿作을 迅起(재빨리 일어서다)라고 말한다.

12 趙守正에 의하면, 讓(사양하다)는 攘(물리치다, 배척하다)과 통한다. 이것이 失禮의 뜻으로 확장되었다. 『管子通解』(下), 上同, 247頁, 注4 참조.

13 張文虎에 의하면, 錯은 置이다. 黎翔鳳에 의하면, 『說文解字』에 '醋, 客酌主人'(醋는 客이 주인에게 술을 드림이다)라고 했으니, 醬醋에서 醋는 酢(술로 주인에게 존경을 표시함)이다. 狹은 挾과 통하니, 挾(끼다, 끼우다)은 箸(젓가락)이다.

魚鱉. 必先菜羹, 羹胾中別.[14] 胾在醬前, 其設要方. 飯是爲卒, 左酒右醬.[15] 告具而退, 捧手而立. 三飯二斗,[16] 左執虛豆,[17] 右執狹匕.[18] 周還而貳,[19] 唯嗛之視.[20] 同嗛以齒, 周則有始. 柄尺不跪, 是謂貳紀. 先生已食, 弟子乃徹. 趨走進漱, 拚前斂祭.[21] 先生有命, 弟子乃食. 以齒相要, 坐必盡席.[22] 飯必奉擥, 羹不以手.[23] 亦有據膝, 毋有隱肘.[24] 既食乃飽, 循咡覆手.[25] 振衽掃席, 已食者作. 摳衣而降, 旋而鄉席, 各徹其餽, 如於賓客.[26] 既徹幷器,[27] 乃還而立.

무릇 청소하는 방식은 대야에 물을 채우고, 옷소매를 팔뚝과 팔꿈치까지 걷어 올린다. 당堂상에서는 물을 뿌려 청소하고, 방 안에서는 손으로 물을 떠서 닦는다. 키[箕]의 앞부분을 잡고서, 키 속에 (잡물을) 담아서 청소한다. 집 안에 들어오면 잠시 쉬는데, 그의 태도는 조금도 의심을 두는 마음이 없어야 한다. 빗자루를 집고서 키를 내려놓으며, 문 옆에 기대어 세운다. 무릇 청소하는 원칙은 반드시 (방의) 서남쪽에서부터 시작한다. (청소할 때) 경쇠[磬]처럼 몸을 굽히고 일으키며, 청소할 때 다른 물건들을 건드리지 말아야 한다. 앞에서 뒤로 물러나면서 청소하고, (쓰레기를) 방 안에 모아 둔다. (먼지를) 앉아서 모아서 버리고, 키의 앞부분이 자기에게 적당하게 되어야 한다. 키로 쓸어 온 것이 채워지게 한다. 스승이 (일이 있어) 일어선다면, 이에 일어나서 인사의 말씀을 올린다.

14 尹知章의 주석에 의하면, 胾는 큰 고기를 잘게 썰음이다.
15 洪頤煊에 의하면, 醬은 여기서 마땅히 漿(음료)이어야 한다. 『曲禮』에 '酒漿處右'에 따른 것이다.
16 黎翔鳳에 의하면, 斗는 枓니, 오늘날 밥주걱이다.
17 黎翔鳳에 의하면, 『說文解字』에 豆는 고기[肉] 먹는 그릇이라고 했으니, '執虛豆'는 肉食을 더 마련해 주기 위한 것이다.
18 黎翔鳳에 의하면, 郭沫若은 匕에는 두 가지가 있는데, 鼎의 내용물을 푸는 匕는 작고 머리가 뾰족하고, 밥을 푸는 匕는 크고, 머리가 둥글다고 말한다.
19 尹知章의 주석에 의하면, 貳는 再益(다시 보탬)이다.
20 嗛은 食盡(밥을 다 먹음)이다.
21 戴望에 의하면, 宋本에 斂을 极으로 보았는데, 极은 扱(수렴하다)의 誤字이다. 扱과 斂은 收(거두다)의 뜻이다.
22 何如璋에 의하면, '盡席'은 '앉을 자리를 다 채움'이다.
23 王筠에 의하면, 擥(잡다)은 攬(잡다)이다. '羹不以手'(국은 손으로는 안 된다)했으니, 飯은 반드시 손으로 먹는 것이 분명하다.
24 黎翔鳳에 의하면, 亦은 잘못된 것이 없고, 據膝은 危坐와 같다.
25 尹知章의 주석에 '咡, 口也. 覆手而循之, 所以拭其不絜也'(咡는 입이다. [식후에] 입가를 손으로 씻는 것은, 그 깨끗지 못함을 닦는 것이다)라고 말한다.
26 兪樾에 의하면, 於는 爲와 같다.
27 莊述祖(1751~1816)에 의하면, 幷은 마땅히 屛이니, 屛은 藏(감추다, 간직하다)과 통한다.

앉아서 (빗자루를) 잡거나 일어서고, 마침내 (청소를 끝내고) 밖으로 나와서 (쓰레기를) 버린다. 청소가 끝나고 돌아와 (제 자리에) 서니, 이것을 합쳐서 생각한 것이고, (스승에게는) 저녁 식사도 다시 (조식과) 같은 것이 예의이다.

저녁이면 (학생들이) 횃불을 들어야 하는데, 횃불을 들고 방구석에 앉는다. (횃불) 묶음을 두는 법은 앉을 자리에 가로로 두는 것이다. 횃불이 길고 짧은 것에 따라서, 그것에 맞게 불을 붙인다. 지난 횃불이 바로 서 있는데 새 횃불이 가로로 있으니 마치 곱자[矩]같고, 가는 횃불 사이에 가는 횃불만큼의 (좁은) 틈이 허용되면 (잘 붙을 것이다.) (전의) 횃불이 아래에 있게 되면, (쉽게 불붙고) 주발을 받들어 재를 받는다. 오른손으로 횃불을 잡고, 왼손으로 (횃불의 재를 털어) 횃불을 정리한다. 꺼질 것 같으면 횃불을 대신할 학생이 나와서, 교대로 앉아야 하는데 존자尊者를 거슬리지 말아야 한다. 이에 그 (다 탄) 횃불의 재를 거두어, 마침내 밖으로 나가 그 재를 버린다.

凡拚之道, 實水于盤, 攘臂袂及肘. 堂上則播灑, 室中握手.[28] 執箕膺揲,[29] 厥中有帚. 入戶而立,[30] 其儀不貸.[31] 執帚下箕, 倚于戶側. 凡拚之紀, 必由奧始.[32] 俯仰磬折,[33] 拚毋有徹.[34] 拚前而退, 聚於戶內. 坐板排之,[35] 以葉適己. 實帚于箕. 先生若作, 乃興而辭. 坐執而立, 遂出棄之. 旣拚反立, 是協是稽,[36] 暮食復禮.[37] 昏將擧火, 執燭隅坐. 錯總之法,[38] 橫于坐所. 櫛之

28 湯孝純에 의하면, 握手는 '손으로 물을 떠서 닦음'이다.

29 王筠에 의하면, 揲과 擖은 서로 假借하는데, 擖은 葉으로도 쓴다. 葉은 키[箕]의 앞부분이다.

30 湯孝純에 의하면, 立은 '잠시 서 있으면서, 스승의 다른 분부를 기다림'의 뜻이다. 上同, 750頁, 注3 참조.

31 趙守正에 의하면, 貸는 잘못이니, 忒(틀림)과 통한다. '其儀不貸'는 疑貳의 마음이 없음을 말한다. 上同, 249頁, 注2 참조.

32 趙守正에 의하면, 奧는 방의 서남쪽을 가리킨다. 이곳이 옛날에 尊長이나 祭神하는 곳이다.

33 趙守正에 의하면, 磬折은 '背折如磬(경쇠처럼 등을 굽힘)'은 방 안에서 청소할 때 허리를 구부리고 등을 꺾는 모습이다. 上同, 注4 참조.

34 尹知章의 주석에 의하면, '徹, 動也. 不得觸動他物也'(徹은 움직임이다. 다른 물건을 건드리지 말아야 한다)의 뜻이다.

35 豬飼彥博에 의하면, 板은 마땅히 扱(미치다)이어야 한다. 扱은 收(거두다)의 뜻이다.

36 尹知章의 주석에 의하면, 協은 合이고, 稽는 考이다.

37 黎翔鳳에 의하면, 飧(저녁밥)은 夕食이다. 옛날에는 朝食의 남긴 것을 저녁에 먹었기에, 엉성하고 禮를 못 갖춘 것을 飧이라 했다. 선생을 존경하면, 저녁밥도 아침의 禮와 같다.

38 王筠에 의하면, 燭, 總과 蒸은 같은 것이다. 불이 붙어서 밝음을 취했으면 燭이고, 묶음만 있지 아직 불을 붙이지 않았으면 總이다. 錯은 置다.

遠近,[39] 乃承厥火. 居句如矩,[40] 蒸閒容蒸.[41] 然者處下, 奉椀以爲緒.[42] 右手執燭, 左手正櫛.[43] 有墮代燭,[44] 交坐毋倍尊者.

스승이 쉬시려고 하면, 학생들은 모두 일어선다. 공손히 베개와 자리를 올리면서, 발을 어느 쪽에 두실 건지를 묻는다. 처음 (베개와 자리를) 펼 때 어떻게 해야 할지를 물어보며, 상규常規가 있으면 물어보지 않는다. 스승이 이미 휴식에 들어갔으면, (학생들) 각자는 자기 학우들에게 간다. 서로 갈고 닦으며, 각자 자기 올바른 점을 더욱 키운다. (하루 일과가) 한 바퀴 돌면 다시 시작하는 것, 이것이 학생들의 규칙이다.

先生將息, 弟子皆起. 敬奉枕席, 問所何趾.[45] 俶衽則請,[46] 有常有否.[47] 先生旣息, 各就其友. 相切相磋, 各長其儀.[48] 周則復始, 是謂弟子之紀.

제60편「언소言昭」망실亡失.

제61편「수신修身」망실亡失.

제62편「문패問霸」망실亡失.

제63편「목민해牧民解」망실亡失.

39 왕균에 의하면, 櫛은 불이 붙었으나, 아직 재가 되지 않은 것이다. 遠近은 長短이다. 횃불이 길고, 짧은 것이다.

40 陶鴻慶에 의하면, 居는 倨다. 居句는 倨句다. '新燭橫者爲句, 舊觸直者爲倨'(새 횃불이 가로로 있으니 句고, 지난 횃불이 바로 서 있으니 倨다). 그러므로 말한다. '居句如矩'(새 가로 횃불과 앞의 바로 선 횃불이 곱자와 같다)

41 趙守正에 의하면, 蒸은 삼의 껍질을 벗긴 삼 줄기[麻秸], 즉 細薪(가는 땔감)이다. 매 묶음에 一蒸을 받아들일 작은 틈이 있으면, 쉽게 불붙는다. 上同, 250頁, 注5 참조.

42 왕균에 의하면, (진에) 불붙은 것이 아래에 있으면, 쉽게 새로 불붙을 것이다. 재가 다 타면 떨어지는데, 잔으로 받치면, 재를 수렴할 수 있다.

43 왕균에 의하면, 正은 整理고, 횃불의 나머지를 모두 털어 버리면, 새 불꽃이 위로 올라옴을 말한 것이다.

44 郭嵩燾(1818~1891)에 의하면, 墮는 毁滅이다. 횃불이 다 타면 꺼지기에, 대신할 사람이 새 횃불을 들고 나와야 한다.

45 王紹蘭에 의하면,『說文解字』에, 疋는 발이다.『說文解字』에 趾(발, 발가락)자가 없으니, 止가 옳다.

46 王筠에 의하면, 衽(자는 자리)은 동사이니, 베개와 자리를 펴 드리는 것이다. 아침에 이것을 개두고, 밤에 이것을 펴 드린다. 黎翔鳳에 의하면, 俶은 始다. 請은 請示(指示를 물어봄)다.

47 湯孝純은, 陶鴻慶에 의하면, '有常有否'는 마땅히 '有常則否'이어야 한다고 말한다.

48 洪亮吉(1746~1809)에 의하면, 長은 益이고, 儀는 義다.

형세해 形勢解

「형세」편 해석

본 편은 제2편 「형세形勢」에 대한 축자적 해석이자 이론이다. 그래서 편명이 '형세편 해석[形勢解]'이다. 이것은 『관자』가 한 사람의 특정 시대 작품이 아니라는 점을 명백히 알려 준다. 따라서 해설문의 저자가 처했던 시대가 원문原文이 쓰인 시대와는 다르고, 사회적 여건 또한 따르기 때문에 해설문에서 약간의 일탈, 말하자면 오해와 본문을 빙자한 해설 등이, 후대 「형세해」 편 저자의 의견으로 반영되는 셈이다.

산은 높은 물건이다. 베풂은 임금의 높은 행실이다. 사랑은 부모의 높은 행실이다. 충성은 신하들의 높은 행실이다. 효도는 자식과 며느리들의 높은 행실이다. 따라서 산이 높은데도 무너지지 않으면, (산제사에) 제물로 쓰일 양羊이 오게 마련이다. 임금이 베풀기를 게으르지 않으면, 백성들은 (임금을) 공양할 것이다. 부모들이 (자식들을) 사랑하기를 게으르지 않으면, 아들과 며느리들은 효순할 것이다. 신하들이 충성하기를 게으르지 않으면, 작위爵位와 녹봉祿俸이 따를 것이다. 아들과 며느리들이 효도함에 게으르지 않으면, 아름다운 명성이 붙을 것이다. 그러므로 절도가 고상하고 게으르지 않으면, 바라는 바를 얻게 되고, 게으르면 얻을 수 없다. 그러므로 (「형세」 편 원문原文에서) 말하였다. "산이 높되 무너지지 않으면, (자연히) 제사에 쓸 양이 오게 된다."

山者, 物之高者也. 惠者, 主之高行也. 慈者, 父母之高行也. 忠者, 臣之高行也. 孝者, 子婦之高行也. 故山高而不崩, 則祈羊至. 主惠而不解, 則民奉養. 父母慈而不解, 則子婦順. 臣下忠而不解, 則爵祿至. 子婦孝而不解, 則美名附. 故節高而不解, 則所欲得矣, 解則不得. 故曰: "山高而不崩, 則祈羊至矣."

연못은 만물이 소생하는 곳이니, 깊어서 마르지 않으면, (사람들이)

옥가락지를 (물에) 던지며 기도하는 일이 생긴다. 임금은 사람들이 앙모하며 살아가는데, (임금이) 관유하고 소박하며, 마음이 사납거나 좁지 않다면, 백성들이 의지할 것이다. 부모는 자식과 며느리들이 가르침을 받는 곳이니, 인자하고 가르침을 베풀고 도리를 잃지 않는다면 자식과 며느리들은 효도할 것이다. 신하들은 임금이 부리는 사람들이니, 힘을 다해 임금을 섬기면 임금에게 적합할 것이다. 아들과 며느리들은 부모가 편안할 수 있도록, 효도하고 우애하고 어버이에게 순종하면, 부모에게 적합할 것이다. 그러므로 연못에 말라서 물이 없다면, (사람들이) 옥가락지를 던지며 (기도하는) 일이 있을 수 없다. 임금이 혹독하고 후덕하지 않으면, 만민은 의지하지 않는다. 부모들이 사납고 은택이 없으면, 자식과 며느리들이 친할 수 없다. 신하들이 게으르고 충성스럽지 않다면, (지위가) 낮아지고 욕을 보며 곤궁해질 것이다. 자식과 며느리들이 어버이를 편안하게 못 해드리면, 불행과 근심이 오게 된다. 그러므로 연못이 마르지 않아야 바라는 바가 생기게 되고, 마른다면 생기지 않을 것이다. 그러므로 (「형세」 편 원문에서) 말하였다. "연못이 마르지 않으면 (사람들이) 옥가락지를 (물에) 던지며 기도하는 일이 생긴다."

淵者, 衆物之所生也, 能深而不涸, 則沈玉至. 主者, 人之所仰而生也, 能寬裕純厚而不苛忮,[1] 則民人附. 父母者, 子婦之所受教也, 能慈仁教訓而不失理, 則子婦孝. 臣下者, 主之所用也, 能盡力事上, 則當於主.[2] 子婦者, 親之所以安也, 能孝弟順親, 則當於親. 故淵涸而無水, 則沈玉不至. 主苛而無厚, 則萬民不附. 父母暴而無恩, 則子婦不親. 臣下墮而不忠,[3] 則卑辱困窮. 子婦不安親, 則禍憂至. 故淵不涸則所欲者至, 涸則不至. 故曰: "淵深而不涸, 則沈玉極."

하늘은 만물을 덮고 있고, 추위와 더위를 조절하고, 해와 달을 운행시키고, 별들을 차례지우니, (이것은) 하늘의 상규常規이다. 도리로써 다스리며, 끝나면 다시 시작한다. 임금이 만민을 다스리고, 천하를 통

1 黎翔鳳에 의하면, 忮는 褊急(속이 좁다)와 같은 뜻이다. 苟는 苛(사납다)와 같다. 苟忮는 연소해 쓸 수 있으니, (마음이) 사납고 좁은 모양이다.
2 湯孝純에 의하면, 當은 適合, 合宜이다. 『新譯管子讀本』(下), 760頁, 注5 참조.
3 王念孫에 의하면, 墮(떨어지다)와 惰(게으름)는 같다.

치하고, 모든 관리들을 제자리에 앉히는 것은 임금의 상규이다. 법으로 다스리고, 끝나면 다시 시작한다. 자손들과 화합하고, 친척들을 연결시키는 것은 부모의 상규이다. 의義로서 다스리고, 끝나면 다시 시작한다. (임금을) 돈독히 공경하고 충성하며 믿음성 있는 것은 신하들의 상규이다. 자기 임금을 받듦으로써, 끝나면 다시 시작한다. 어버이를 사랑하고 존중하며 가르침을 받드는 것은 자식과 며느리들의 상규이다. 자기 어버이를 받듦으로써, 끝나면 다시 시작한다. 그러므로 하늘이 자기의 상규를 잃지 않으면, 추위와 더위가 그 (적합한) 계절을 얻게 되고, 해, 달, 별들이 제 (움직임의) 순서를 얻게 된다. 임금이 자기 상규를 잃지 않음으로써, 여러 신하들은 자기의 올바름[義]을 얻게 되며, 모든 관리들은 자기의 일을 지키게 된다. 부모가 자기 상규를 잃지 않음으로써, 자손들이 화합하고 순종하게 되고, 친척들이 서로 기뻐하게 된다. 신하들이 자기 상규를 잃지 않음으로써, 일처리에 잘못이 없게 되고, 관리의 직분이 제대로 처리된다. 자식과 며느리들이 자기 상규를 잃지 않음으로써, 어른들과 어린이들이 다스려지고 가까운 친척과 먼 친척들이 화합하게 된다. 그러므로 상규를 지키면 다스려지고, 상규를 잃으면 난리가 생기는데, 하늘은 일찍이 다스려지는 근거를 바꾼 적이 없다. 그러므로 (「형세」 편 원문에서) 말하였다. "하늘[天]은 상규를 변화시키지 않는다."

天覆萬物, 制寒暑, 行日月, 次星辰, 天之常也. 治之以理, 終而復始. 主牧萬民, 治天下, 莅百官, 主之常也. 治之以法, 終而復始. 和子孫, 屬親戚,[4] 父母之常也. 治之以義, 終而復始. 敦敬忠信, 臣下之常也. 以事其主, 終而復始. 愛親善養, 思敬奉教, 子婦之常也. 以事其親, 終而復始. 故天不失其常, 則寒暑得其時, 日月星辰得其序. 主不失其常, 則羣臣得其義, 百官守其事. 父母不失其常, 則子孫和順, 親戚相驩. 臣下不失其常, 則事無過失, 而官職政治.[5] 子婦不失其常, 則長幼理而親疏和. 故用常者治, 失常者亂. 天未嘗變其所以治也. 故曰: "天不變其常."

땅은 만물을 낳고 키우는 것이 땅의 법칙이다. 백성들을 다스리고

4 湯孝純에 의하면, 屬은 連接, 聯結의 의미다. 上同, 注7 참조.
5 趙守正에 의하면, 政治는 여기서 政務가 다스려짐을 말한다. 『管子通解』(下), 260頁, 注6 참조.

편안하게 하는 것이 임금의 법칙이다. 집안의 일을 가르치고 보호하는 것이 부모의 법칙이다. (임금에게) 똑바로 아뢰고 죽음의 절개를 지키는 것이 신하의 법칙이다. 힘을 다해 공양供養하는 것이 자식과 며느리들의 법칙이다. 땅은 그 법칙을 바꾸지 않기에, 따라서 만물들이 살아간다. 임금은 그 법칙을 바꾸지 않기에, 따라서 백성들이 편안하다. 부모가 그 법칙을 바꾸지 않기에, 따라서 집안일이 다스려진다. 신하들이 그 법칙을 바꾸지 않기에, 따라서 임금은 과실이 없다. 자식과 며느리들이 그 법칙을 바꾸지 않기에, 따라서 어버이들의 봉양이 갖추어진다. 그러므로 법칙을 쓰면 편안하고, 쓰지 않으면 위태로우니, 땅은 그것이 편안해지는 근거를 바꾼 적이 없다. 그러므로 (「형세」 편 원문에서) 말하였다. "땅은 그 법칙을 바꾸지 않는다."

地生養萬物, 地之則也. 治安百姓, 主之則也. 教護家事, 父母之則也. 正諫死節, 臣下之則也. 盡力共養, 子婦之則也. 地不易其則, 故萬物生焉. 主不易其則, 故百姓安焉. 父母不易其則, 故家事辦焉. 臣下不易其則, 故主無過失. 子婦不易其則, 故親養備具. 故用則者安, 不用則者危, 地未嘗易其所以安也. 故曰: "地不易其則."

봄은 양기가 비로소 올라오니, 따라서 만물들이 생겨난다. 여름은 양기가 올라오기를 다하니, 따라서 만물들이 자라난다. 가을은 음기가 비로소 내려오니, 따라서 만물들이 거두어들인다. 겨울은 음기가 내려가기를 다하니, 따라서 만물들이 갈무리한다. 따라서 봄과 여름에 낳고 자라며[生長], 가을과 겨울에 거두고 갈무리하니[收藏], (이것이) 사계절의 절기이다. 상을 내리고 형벌을 주는 것은 임금의 (계절에 따른) 정령政令이다. 사계절에 살생殺生이 없던 적이 없기에, 임금도 상과 벌이 없던 적이 없다. 그러므로 (「형세」 편 원문에서) 말하였다. "봄, 가을, 겨울과 여름은 그 절기를 바꾸지 않는다."

하늘이 만물을 덮고 있으며 제재하고, 땅이 만물을 싣고 있고 길러 주며, 사계절이 만물을 낳고 길러 주며 그것들을 거두고 갈무리하면서, 옛날부터 지금에 이르기까지, 그 도道를 바꾸지 않았다. 그러므로 (「형세」 편 원문에서) 말하였다. "옛날이나 지금이 한 가지이다."

春者陽氣始上, 故萬物生. 夏者陽氣畢上, 故萬物長. 秋者陰氣始下, 故萬物收. 冬者陰氣畢下, 故萬物藏. 故春夏生長, 秋冬收藏, 四時之節也. 賞賜刑罰, 主之節也.[6] 四時未嘗不生殺生, 主未嘗不賞罰也, 故曰: "春秋冬夏, 不更其節也." 天覆萬物而制之, 地載萬物而養之, 四時生長萬物而收藏之, 古以至今, 不更其道. 故曰: "古今一也."

교룡蛟龍은 물고기 중에 신비로운 존재이다. (그러나 그것들이) 물을 타고 있으면 신비로움이 있게 되고, 물을 떠나면 신비로움이 사라진다. 임금은 천하에서 위세 있는 분인데, 백성을 얻으면 위세가 성립하나, 백성을 잃으면 위세가 사라진다. 교룡은 물을 얻기를 기다린 뒤에 그의 신비로움이 성립되고, 임금은 백성들을 얻기를 기다린 뒤에 위세가 성립된다. 그러므로 (「형세」 편 원문에서) 말하였다. "교룡이 물을 만나면 신령함이 나타난다."

호랑이와 표범은 짐승 중에 맹수이니, 깊은 숲이나 넓은 늪지 속에 있으면, 사람들이 그 위세를 두려워하여 그것들을 존숭尊崇한다. 임금은 천하에 위세 있는 분이니, (궁궐 속에) 깊이 있으면 사람들이 그 위세를 두려워하게 된다. 그러므로 호랑이와 표범이 으슥한 곳을 떠나서 사람들 가까이에 접근하면, 사람들은 그들을 붙잡아 그 위세를 깔보게 된다. 임금이 궁궐 문을 떠나 백성들에게 가까이 오면, 백성들은 그를 가볍게 보고 그 위세를 깔보게 된다. 그러므로 (「형세」 편 원문에서) 말하였다. "호랑이와 표범은 으슥한 숲에서 위엄이 실린다."

蛟龍, 水蟲之神者也. 乘於水則神立, 失於水則神廢. 人主, 天下之有威者也, 得民則威立, 失民則威廢. 蛟龍待得水而後立其神, 人主待得民而後成其威. 故曰: "蛟龍得水而神可立也." 虎豹, 獸之猛者也, 居深林廣澤之中, 則人畏其威而載之.[7] 人主, 天下之有勢者也, 深居則人畏其勢. 故虎豹去其幽而近於人, 則人得之而易其威.[8] 人主去其門而迫於民, 則民輕之而傲其勢. 故曰: "虎豹托幽而威可載也."

바람은 물건들을 날려 버린다. 바람이 날리는 데는, 귀한 것과 천한 것, 아름다운 것과 미운 것들을 피하지 않는다. 비는 물건들을 적신

6 趙守正에 의하면, 節은 節令, 즉 계절에 따른 政令이다. 上同, 260頁, 注9 참조.

7 趙守正에 의하면, 載는 戴와 통하니, 尊奉, 追崇이다. 上同, 注10 참조.

8 陳奐에 의하면, 易은 傷(업신여기다)로 읽어야 한다.

다. 비가 떨어지는 곳은, 큰 것과 작은 것, 강한 것과 약한 것을 피하지 않는다. 바람과 비는 지극히 공정하여 사사로움이 없으니, 가는 것도 일정한 방향이 없어서, 사람들이 비록 날리거나 비에 젖어도 원망할 것이 없다. 그러므로 (「형세」 편 원문에서) 말하였다. "바람과 비는 (한) 방향으로 내리지 않으니 원망과 분노가 미칠 수 없다."

임금이 명령을 내리면 시행되고 금지하면 그치는 이유는, 반드시 백성들이 좋아하는 것에 명령을 내리고, 백성들이 싫어하는 것을 금지하기 때문이다. 백성들의 실정은 삶을 바라고 죽음을 싫어하지 않는 이가 없으며, 이익을 바라고 손해를 싫어하지 않는 이가 없다. 때문에 임금이 사람들을 살리고 이롭게 하는 데 명령을 내리면 명령이 시행되고, 사람들을 죽이고 해롭게 하는 것을 엄금하면 금지되는 것이다. 명령이 시행되는 이유는 반드시 백성들이 그 정치를 즐거워하기에 명령이 이에 실행되는 것이다. 그러므로 (「형세」 편 원문에서) 말하였다. "귀족이 또한 명령을 내린다."

風, 漂物者也. 風之所漂, 不避貴賤美惡. 雨, 濡物者也. 雨之所墮, 不避小大强弱. 風雨至公而無私, 所行無常鄕, 人雖遇漂濡而莫之怨也. 故曰: "風雨無鄕而怨怒不及也." 人主之所以令則行、禁則止者, 必令於民之所好, 而禁於民之所惡也. 民之情, 莫不欲生而惡死, 莫不欲利而惡害. 故上令於生利人則令行, 禁於殺害人則禁止. 令之所以行者, 必民樂其政也, 而令乃行. 故曰: "貴有以行令也."

임금이 아랫사람들로 하여금 힘을 다하여 임금에게 친밀한 까닭은, 반드시 천하를 위하여 이익을 일으키고 손해를 없애기 때문이다. 그러므로 은덕과 혜택이 천하에 베풀어지고, 모든 존재에게 후덕함이 베풀어지며, 아버지와 아들들이 편안할 수 있으며, 모든 것들이 양육될 수 있다. 그러므로 만민이 즐거이 제 힘을 다하고 즐겁게 임금을 위하여 쓰이며, (나라) 안에서는 농사에 힘써 부지런히 일하여 창고를 채우고, (나라) 밖에 나가면 절개를 다하여 죽기로 대적對敵하여 나라를 안정시키며, 비록 노고勞苦에 비천하게 욕을 보더라도 (누구에게도) 감히 알리지 않는 것이다. 이것이 천한 사람들이 그들이 비천함을 잊는 것이다. 그러므로 (「형세」 편 원문에서) 말하였다. "천민들이 자기 비천함을 잊는다."

人主之所以使下盡力而親上者, 必爲天下致利除害也. 故德澤加於天下, 惠施厚於萬物, 父子得以安, 羣生得以育. 故萬民驩盡其力而樂爲上用, 入則務本疾作以實倉廩, 出則盡節死敵以安社稷, 雖勞苦卑辱而不敢告也. 此賤人之所以亡其卑也.[9] 故曰: "賤有以亡卑."

잠자는 것과 일어나기가 때에 맞고, 먹고 마시는 것에 절제가 있고, 추위와 더위가 적절하면, 몸에 이로우니 수명이 길어진다. 잠자고 일어나는 것이 때에 맞지 않고, 먹고 마시는 것이 무절제하고, 추위와 더위가 적합하지 않으면 몸이 고단하고 수명이 짧아진다. 사람이 게으르고 사치하면 가난하고, 힘을 쓰고 검소하면 부유해진다. 사물이란 그저 오는 일이 없고, 반드시 까닭이 있다. 그러므로 (「형세」 편 원문에서) 말하였다. "목숨이 길고 짧은 것과 가난함과 부유함은 그저 오는 것이 아니다."

법이 확립되면 백성들은 그것을 즐거워하고, 명령이 나가면 백성들은 그것을 받아들인다. 법령法令이 백성들의 마음에 맞는 것이, 마치 (대나무나 옥으로 만든) 부신符信처럼 서로 믿을 수 있게 되면, 임금은 높여지고 드러난다. 그러므로 (「형세」 편 원문에서) 말하였다. "(백성들이) 명령을 받드는 것은 임금의 존귀함 때문이다."

起居時, 飮食節, 寒暑適, 則身利而壽命益. 起居不時, 飮食不節, 寒暑不適, 則形體累而壽命損. 人惰而侈則貧, 力而儉則富. 夫物莫虛至, 必有以也. 故曰: "壽夭貧富, 無徒歸也." 法立而民樂之, 令出而民銜之. 法令之合於民心, 如符節之相得也, 則主尊顯. 故曰: "銜令者, 君之尊也."

임금이 말씀을 하시면, 도리를 따른 것이고, 백성의 실정에도 합치하면, 백성들은 그 말씀을 받아들인다. 백성들이 그 말씀을 받아들이면, (임금의) 명성이 드러난다. 그러므로 (「형세」 편 원문에서) 말하였다. "(백성들이) 말씀을 받드는 것은 (군신 간의) 명분 때문이다."

영명한 임금이 천하를 다스림에, 그 백성들을 고요하게 하여 혼란이 없고, 그 백성들을 안일하게 하여 수고로움이 없는 것이다. 혼란이

9 安井衡에 의하면, 亡은 忘으로 읽는다.

없으니 백성들이 스스로 순종한 것이요, 수고롭지 않으니 백성들이 스스로 시도한 것이다. 그러므로 (「형세」 편 원문에서) 말하였다. "임금이 무위無爲하니 백성들이 스스로 시도한다."

人主出言, 順於理, 合於民情, 則民受其辭. 民受其辭, 則名聲章, 故曰: "受辭者, 名之運也." 明主之治天下也, 靜其民而不擾, 佚其民而不勞. 不擾則民自循, 不勞則民自試. 故曰: "上無事而民自試."

임금이 도량度量을 확립하고, (관리들의) 업무 분담[分職]을 제시하고, (처리의) 방도를 분명히 하여, 백성들에게 임할 때, 말을 앞세우지 않는다면, 백성들은 따르며 바로잡힐 것이다. 이른바 포촉抱燭은 제사祭祀 도구이다. 그러므로 (「형세」 편 원문에서) 말하였다. "제기祭器를 잡고서 무슨 말을 안 해도 종묘 사당이 잘 정돈된다."

人主立其度量, 陳其分職, 明其法式, 以涖其民, 而不以言先之, 則民循正. 所謂抱蜀者,[10] 祠器也. 故曰: "抱蜀不言, 而廟堂旣脩."

아름다운 기러기와 고니는 모양이 아름다운 새다. 모양이 아름다우니, 따라서 백성들이 그들을 노래하였다. 은덕[德]과 옳음[義]은 아름다운 행동이다. 덕과 의가 아름다우니, 따라서 백성들이 그것을 노래한다. 백성들이 노래하고 즐거워하는 것은 아름다운 행동인 덕과 의이고, 영명한 임금과 기러기와 백조는 그것들을 가지고 있다. 그러므로 (「형세」 편 원문에서) 말하였다. "(하늘에서) 기러기와 고니들이 아름다운 소리를 내면, 백성들은 (아래에서) 찬미할 뿐이다."

將將鴻鵠, 貌之美者也. 貌美, 故民歌之. 德義者, 行之美者也. 德義美, 故民樂之. 民之所歌樂者, 美行德義也, 而明主鴻鵠有之. 故曰: "鴻鵠將將, 維民歌之."

(『시詩』에서) '튼튼하고 훌륭함[濟濟]'이라고 함은, 성실하고 장중하며 과단성이 있음이다. 많은 선비[多士]는 많은 재덕才德을 갖춘 인물들

10 黎翔鳳에 의하면, 抱蜀은 抱燭이다.

이다. 주周나라 문왕文王은 성실하고 장중하며 과단성이 있었기에, 따라서 나라가 다스려졌다. 그의 많은 신하들이 도리에 밝아서 임금을 도왔기에, 따라서 임금이 영명하였다. 임금이 영명하면 나라가 다스려지고, 나라 안이 그 이로움과 혜택을 입게 된다. 은殷나라 백성들이 머리를 들어서 문왕을 바라보며, 문왕의 신하가 되기를 원하였다. 그러므로 (「형세」 편 원문에서) 말하였다. "진지하고 엄정하게 일을 처리하는 (주나라 문왕의) 많은 관리들에게, 은殷나라 백성들이 감화되었다."

주紂가 임금이 되어, 백성들의 힘을 수고롭게 하고, 백성들의 재산을 약탈하고, 백성들을 위험에 빠져 죽게 하고, 백성들에게 원한과 폭력의 명령을 내리고, 잔인하고도 지독한 관리들을 천하에 보냈기에, 따라서 큰 신하들이 가깝게 하지 않았고, 작은 백성들도 매우 원망하였다. 천하가 (주왕에게) 반기를 들고, 문왕의 신하가 되고자 하였으니, 주왕이 스스로 이런 결과를 취한 것이다. 그러므로 (「형세」 편 원문에서) 말하였다. "주왕의 실정失政 때문이다."

濟濟者,[11] 誠莊事斷也. 多士者, 多長者也. 周文王誠莊事斷, 故國治. 其羣臣明理以佐主, 故主明. 主明而國治, 竟內被其利澤. 殷民擧首而望文王, 願爲文王臣. 故曰: "濟濟多士, 殷民化之." 紂之爲主也, 勞民力, 奪民財, 危民死, 冤暴之令加於百姓, 憯毒之使施於天下,[12] 故大臣不親, 小民疾怨. 天下畔之, 而願爲文王臣者, 紂自取之也. 故曰: "紂之失也."

법규가 없고, 동요하면서 정해진 것이 없으니, 바람에 흩날리는 쑥처럼 (근거가) 없다. 근거 없는 물음을, 영명한 임금은 듣지 않는다. 법도가 없는 주장을, 영명한 임금은 허락하지 않는다. 그러므로 (「형세」 편 원문에서) 말하였다. "(미자微子의) 간언諫言을 날리는 쑥으로 보고, 듣지 않는다."

無儀法程式, 蜚搖而無所定, 謂之蜚蓬之問.[13] 蜚蓬之問, 明主不聽也. 無度之言, 明主不許也. 故曰: "蜚蓬之問, 不在所賓."

11 '濟濟'는, 『詩經譯注』, 「齊風」, "載驅", 285頁, 그 외에도 '濟濟'는 「小雅」, "楚茨"; 「大雅」, "文王" 등에서도 보인다.

12 趙守正에 의하면, 憯은 慘(참혹하다)와 같다. 옛날의 使는 吏와 통한다. 上同, 260頁, 注17 참조.

13 孫星衍에 의하면, 蜚는 옛날의 飛자이다.

도道가 실행되면 임금과 신하들이 친해지고, 아버지와 자식들이 편안하고, 모든 생물들이 길러진다. 그러므로 영명한 임금의 책무는 도를 행하기에 힘쓰고, 작은 것들을 돌아보지 않는다. 제비와 참새는 작은 것들이다. 그러므로 (「형세」 편 원문에서) 말하였다. "제비나 참새가 모여 있어도, 길 가는 사람은 거들떠보지 않는다."

영명한 임금의 동정動靜에는 도리와 의리가 있고, 호령에 민심이 순종하고, 주살誅殺하면 지은 죄에 합당하고, 상급이 공로에 합당하게 되면, 따라서 비록 희생 제물이나 보배를 드려 귀신에게 기도하지 않아도, 귀신이 도와주며, 하늘과 땅이 함께 하며, 일을 일으키면 복이 있게 된다. 혼란을 일으키는 임금의 동작이 의리義理를 잃고, 호령은 민심에 어그러지며, 벌을 주고 죽여도 그 죄에 합당하지 않고, 상을 내려도 그 공로에 합당하지 않으니, 따라서 비록 온전한 희생 제물과 보물로 귀신에게 기도하여도, 귀신은 도와주지 않으며, 하늘과 땅이 함께하지 않으니, 일을 벌이면, 화禍가 있게 된다. 그러므로 (「형세」 편 원문에서) 말하였다. "온전한 희생 제물과 보물도, 귀신을 기쁘게 함에도 부족하다."

道行則君臣親, 父子安, 諸生育. 故明主之務, 務在行道, 不顧小物. 燕爵,[14] 物之小者也. 故曰: "燕爵之集, 道行不顧." 明主之動靜得理義, 號令順民心, 誅殺當其罪, 賞賜當其功, 故雖不用犧牲珪璧禱於鬼神, 鬼神助之, 天地與之, 舉事而有福. 亂主之動作失義理, 號令逆民心, 誅殺不當其罪, 賞賜不當其功, 故雖用犧牲珪璧禱於鬼神, 鬼神不助, 天地不與, 舉事而有禍. 故曰: "犧牲珪璧, 不足以享鬼."

임금이 공적으로 삼는 것은 (나라의) 부강이다. 따라서 나라가 부유하고 군대가 강하면, 제후들이 그 정치에 복종하고, 이웃의 적들이 그 위세를 두려워한다. 비록 보물이나 폐백으로 제후들을 받들지 않아도, 제후들은 감히 범접하지 못한다. 임금이 죄라고 보는 것은 (나라의) 빈약이다. 그러므로 나라가 가난하고 군대가 약하면, 전투해도 이길 수 없고, 방어를 해도 굳세지 않다. 비록 명기名器와 무거운 보물을 꺼내어 바쳐서 이웃하는 적을 섬긴다 해도, 죽거나 망하는 근심을 면

14 趙守正에 의하면, 爵은 雀과 통한다. 上同, 注20 참조.

할 수 없다. 그러므로 (「형세」 편 원문에서) 말하였다. "임금의 공적이 있다면, 보물과 비단이 무슨 소용인가?"

예羿는 옛날 활을 잘 쏘는 사람이니, 활과 화살을 조화시켜서 그것을 굳게 지키는데, 그가 활을 잡고서, 활의 고하高下를 잘 살펴서, 반드시 맞출 수 있는 방도를 가졌으니, 그러므로 많이 쏘면 많이 적중하였다. 영명한 임금은 예羿와 같아서, 법도를 고르게 화합시키고, 존치할 것과 없앨 것을 잘 살펴서 그것을 굳세게 지켜 나가니, 반드시 다스릴 수 있는 방도를 얻게 되며, 그러므로 많이 일을 벌여도 많이 합당하다. 도란, 예羿가 반드시 적중시키는 근거이고, 임금이 반드시 다스릴 수 있는 근거이다. 쏘는 것은 활과 활줄에서 화살을 발사하는 것이다. 그러므로 (「형세」 편 원문에서) 말하였다. "예羿의 도리는 활쏘기가 아니다."

主之所以爲功者, 富强也. 故國富兵强, 則諸侯服其政, 鄰敵畏其威. 雖不用寶幣事諸侯, 諸侯不敢犯也. 主之所以爲罪者, 貧弱也. 故國貧兵弱, 戰則不勝, 守則不固. 雖出名器重寶以事鄰敵, 不免於死亡之患. 故曰: "主功有素, 寶幣奚爲?" 羿, 古之善射者也, 調和其弓矢而堅守之, 其操弓也, 審其高下, 有必中之道, 故能多發而多中. 明主猶羿也, 平和其法, 審其廢置而堅守之, 有必治之道, 故能多擧而多當. 道者, 羿之所以必中也, 主之所以必治也. 射者, 弓弦發矢也. 故曰: "羿之道, 非射也."

조보造父는 말을 잘 모는 사람이니, 말을 잘 보고서, 말이 먹고 마시는 것을 조절해주고, 말의 힘을 재어보고, 그(말의) 발이 잘 뛰는 것을 관찰하기에, 따라서 먼 길을 택해도 말이 피로하지 않다. 영명한 임금은 조보와 같으니, 자기 백성을 잘 다스리고, 그 힘을 재어 보고, 저들의 기능을 잘 알므로, 따라서 공을 세우되 백성들이 피곤하여 다치지 않는다. 그러므로 기술技術은 조보가 먼 길을 택하는 근거이고, 임금이 공명功名을 세우는 근거이다. 모는 것은 고삐를 잡는 것이다. 그러므로 (「형세」 편 원문에서) 말하였다. "조보의 기술은 말 모는 것이 아니다."

造父, 善馭馬者也, 善視其馬, 節其飮食, 度量馬力, 審其足走, 故能取遠道而馬不罷. 明主猶造父也, 善治其民, 度量其力, 審其技能, 故立功而民不困傷. 故術者, 造父之所以取遠道也, 主之所以立功名也. 馭者, 操轡也. 故曰: "造父之術, 非馭也."

해중奚仲이 수레의 부품을 만드는데, 네모, 원, 곡선과 직선이 모두 컴퍼스[規], 곱자[矩], 갈고리[鉤]와 먹줄[繩]에 맞았다. 따라서 기축機軸이 서로 맞아서, 쓰기에 튼튼하고 이로웠고, 만든 부품이 견고하였다. 영명한 임금은 해중과 같으니, 말씀과 동작이 모두 방략과 합치하여, 따라서 많은 도리道理가 서로 합당하고, 상하上下가 서로 친밀하였다. 교묘한 기술은, 해중이 부품을 만드는 근거이고, 임금이 다스리는 근거이다. 자르고 깎는 것은 도끼와 칼이다. 그러므로 (「형세」 편 원문에서) 말하였다. "해중의 재주는 나무를 잘 깎는 것이 아니다."

奚仲之爲車器也,[15] 方圜曲直, 皆中規矩鉤繩. 故機旋相得, 用之牢利, 成器堅固. 明主猶奚仲也, 言辭動作皆中術數, 故衆理相當, 上下相親. 巧者, 奚仲之所以爲器也, 主之所以爲治也. 斲削者, 斤刀也. 故曰: "奚仲之巧, 非斲削也."

백성들은 이롭게 해주면 오고, 손해를 입히면 떠난다. 백성들이 이익을 좇는 것은 물이 아래로 가는 것처럼, 사방으로 가며 가리지 않는다. 그러므로 백성들을 오게 하려면, 먼저 그들에게 이익이 되게 하면, 비록 부르지 않더라도 백성들 스스로 올 것이다. 그들에게 싫어하는 것을 세우면, 비록 그들을 부른다 해도 백성들은 오지 않는다. 그러므로 (「형세」 편 원문에서) 말하였다. "먼 데 있는 사람을 불러오는 데는 사신만 가지고는 할 수 없다."

백성을 다스리되 부모처럼 하면, 백성들도 친해지고 사랑하게 된다. 순박하고 후덕하게 이끌고, 그들을 대우하여 결실이 있으면, 비록 내가 백성과 친하다고 말 안 해도, 백성들은 친해질 것이다. 백성들을 원수처럼 다스린다면, 백성들은 소원해질 것이다. 후덕하지 않게 이끌고, 대우하여 결실이 없이서, 사기와 거짓이 함께 일어나면, 내가 비록 백성들과 친하다고 말해도, 백성들은 친하지 않을 것이다. 그러므로 (「형세」 편 원문에서) 말하였다. "가까운 사람들을 친하게 만드는 데는, (빈) 말만으로는 안 된다."

15 黎翔鳳에 의하면, 『老子』의 「天下神器」에, 王弼(226~249) 注에 '器, 合成也'. 이것을 보면, 器는 지금의 零件, 즉 부품이다.

民, 利之則來, 害之則去. 民之從利也, 如水之走下, 於四方無擇也. 故欲來民者, 先起其利, 雖不召而民自至. 設其所惡, 雖召之而民不來也. 故曰: "召遠者, 使無爲焉." 莅民如父母, 則民親愛之. 道之純厚, 遇之有實, 雖不言曰吾親民, 而民親矣. 莅民如仇讎, 則民疏之. 道之不厚, 遇之無實, 詐僞竝起, 雖言曰吾親民, 民不親也. 故曰: "親近者, 言無事焉."

영명한 임금이 먼 데 사람을 오게 하고 가까운 사람들을 친하게 하는 것은, 마음에서 그렇게 하는 것이니, 이른바 (아무도 안 보이는) 밤에 하는 것은 마음에서 하는 것이다. 마음을 베풀 수 있고 덕을 행할 수 있으면, 천하에 그와 다툴 사람은 없을 것이다. 그러므로 (「형세」 편 원문에서) 말하였다. "오직 (남의 눈에 띄지 않게) 음행陰行하는 사람만이 할 수 있는가?"

明主之使遠者來而近者親也, 爲之在心, 所謂夜行者, 心行也. 能心行德, 則天下莫能與之爭矣. 故曰: "唯夜行者獨有之乎?"

임금이면서 (백성들을) 해치고, 부모이면서 사납고, 신하이면서 충성하지 않고, 자식과 며느리이면서 불효한 것, 이 네 가지는 사람의 큰 잘못이다. 큰 실수가 몸에 있으면, 비록 작은 착함이 있다 해도, 현자賢者가 될 수 없다. 이른바 평원이라면, 아래가 움푹한 곳이니, 비록 작은 흙더미가 있다 해도, 높다 할 수 없다. 그러므로 (「형세」 편 원문에서) 말하였다. "평원의 축축한 곳이, 무슨 높이가 되겠는가?"

임금이면서 은혜롭고, 부모이면서 사랑하고, 신하이면서 충성하고, 자식과 며느리이면서 효도하면, 이 네 가지는 사람의 고상한 행동이다. 고상한 행동이 몸에 있으면, 비록 조그만 잘못이 있어도, 불초자는 안 된다. 이른바 큰 산은 산 중에 높은 것이니, 비록 조금 움푹하다고, 깊은 곳이라 할 수 없다. 그러므로 (「형세」 편 원문에서) 말하였다. "큰 산의 움푹한 곳이 무슨 깊이가 되겠는가?"

爲主而賊, 爲父母而暴, 爲臣下而不忠, 爲子婦而不孝, 四者, 人之大失也. 大失在身, 雖有小善, 不得爲賢. 所謂平原者, 下澤也, 雖有小封, 不得爲高. 故曰: "平原之隰, 奚有於高?" 爲主而惠, 爲父母而慈, 爲臣下而忠, 爲子婦而孝, 四者, 人之高行也. 高行在身, 雖有小過, 不爲不肖. 所謂大山者, 山之高者也, 雖有小隈, 不以爲深. 故曰: "大山之隈, 奚有於深?"

현자를 훼멸하고 비방하는 것이 헐뜯음[訾]이고, 불초자를 예찬하는 것이 헛소리[讆]이다. 헐뜯고 헛소리하는 사람이 등용되면, 임금의 밝음이 가려지고, (남을) 헐뜯고 (불초자를) 예찬하는 말이 생긴다. 이들에게 큰일을 맡기면, 일은 이루어지지 않고 화禍와 근심이 찾아온다. 그러므로 (「형세」 편 원문에서) 말하였다. "좋은 사람을 비방하고 악행을 한 사람을 칭찬하는 사람에게 큰일을 맡길 수 없다."

영명한 임금이 일을 모색하면, 천하를 위한 계책이니, 발걸음이 크다고 하는데, 발걸음이 크다면 나라 안에서 그 은택을 입게 된다. 은택이 천하에 퍼지면, 후세라도 그 공로를 누리게 되니, 공로는 오래도록 남아 멀리까지 미치고 이로움은 더욱 많아진다. 그러므로 (「형세」 편 원문에서) 말하였다. "발걸음이 큰 사람은 멀리까지 갈 수 있다."

毁訾賢者之謂訾, 推譽不肖之謂讆. 訾讆之人得用, 則人主之明蔽, 而毁譽之言起. 任之大事, 則事不成而禍患至. 故曰: "訾讆之人, 勿與任大." 明主之慮事也, 爲天下計者, 謂之譕臣,[16] 譕臣則海內被其澤. 澤布於天下, 後世享其功, 久遠而利愈多. 故曰: "譕臣者, 可與遠擧."

성인들은 할 수 있는 말을 택한 다음에 말하고, 할 수 있는 행동을 택한 다음에 행동한다. 겨우 이득을 보았다 해도 나중에 손해가 있고, 겨우 즐거움을 얻었다 해도 나중에 근심이 있다면, 성인들은 하지 않는다. 따라서 성인들은 말을 택할 때 반드시 그 근심을 고려하고, 행동을 택할 때도 반드시 그 우환을 고려한다. 그러므로 (「형세」 편 원문에서) 말하였다. "걱정을 생각하는 사람은 도리[道]를 불러올 수 있다."

소인들은 도리를 이기면서 남에게 잘 보이려 하니, 임금의 뜻에 맞으면 그런대로 기뻐하고, 이득을 보면 그런대로 얻은 셈이다. 이렇게 하면, 얻는 것도 비록 빠르지만, 불행과 근심이 오는 것 또한 급하니, 따라서 성인들은 버리고 쓰지 않는다. 그러므로 (「형세」 편 원문에서) 말하였다. "계책을 빨리 제시하지만 가까이에서 문제를 일으키는 사람

16 戴望에 의하면, 臣은 巨의 誤字다. 黎翔鳳에 의하면, 譕는 곧 蹠(밟다, 나아가다)이다.

은, 가서 불러오지 말아야 한다."

聖人擇可言而後言, 擇可行而後行. 偸得利而後有害, 偸得樂而後有憂者, 聖人不爲也. 故聖人擇言必顧其累, 擇行必顧其憂. 故曰: "顧憂者, 可與致道." 小人者, 枉道而取容, 適主意而偸說, 備利而偸得.[17] 如此者, 其得之雖速, 禍患之至亦急, 故聖人去而不用也. 故曰: "其計也速, 而憂在近者, 往而勿召也."

일 하나를 하여 천하를 위하여 오랜 시간 동안 이롭게 했다면, '오래가는 일을 했음'[擧長]이라 말한다. 오래가는 일을 했으면 그 이로움을 입은 사람들이 많을 것이고, 은덕과 의리義理가 내다본 것이 먼 것이다. 그러므로 (「형세」 편 원문에서) 말하였다. "장구한 이익을 강구하는 자는 멀리까지 내다볼 수 있어야 한다."

擧一而爲天下長利者, 謂之擧長. 擧長則被其利者衆, 而德義之所見遠. 故曰: "擧長者, 可遠見也."

하늘은 큰 것을 실행하니, 따라서 만물을 더불어 덮을 수 있다. 땅은 큰 것을 실행하니, 따라서 만물을 더불어 실을 수 있다. 임금은 큰일을 실행하니, 따라서 포용하는 사람들이 많아서 많은 사람들이 보호받는다. 그러므로 (「형세」 편 원문에서) 말하였다. "큰일을 하는 사람은 뭇사람들을 다스릴 수 있다."

귀하게 해주고 부유하게 하고 높이 드러내 주면, 백성들이 귀의하며 즐거워할 것이니, 임금은 (그것을) 바라지 않을 수 없다. 따라서 (임금이) 백성들이 자기를 그리워하고 즐거워하기를 바라기에, 반드시 도道와 덕德을 쓰며 싫어하지 않는다면, 백성들은 (임금을) 그리워하며 즐거워할 것이다. 그러므로 (「형세」 편 원문에서) 말하였다. "(왕공) 대인들의 상념은 반드시 (백성을) 받아들이고 싫어하지 않는 것이다."

天之裁大,[18] 故能兼覆萬物. 地之裁大, 故能兼載萬物. 人主之裁大, 故容

17 黎翔鳳에 의하면, 備는 究이다.
18 裁는 戴와 통하니, 戴는 載(행하다, 遵從하다)의 뜻이다.

物多而衆人得比焉.[19] 故曰: "裁大者, 衆之所比也." 貴富尊顯, 民歸樂之, 人主莫不欲也. 故欲民之懷樂己者, 必服道德而勿厭也, 而民懷樂之. 故曰: "美人之懷, 定服而勿厭也."

성인들이 일을 찾을 때, 먼저 그 도리의 올바름[義]을 논하고, 그것이 가능한지 아닌지를 계산한다. 따라서 옳다면 그 일을 찾고, 옳지 않다면 그친다. 할 수 있다고 하면 그 일을 찾고, 할 수 없다면 그친다. 그러므로 자기가 할 수 있는 일이란, 항상 몸에 보배가 된다. 소인들이 일을 찾을 때는, 그 도리가 옳은지를 따지지 않으며, 그것이 가능한지 아닌지를 계산하지 않는다. 옳지 않아도 또한 추구하고, 할 수가 없어도 또한 추구한다. 따라서 그들이 하는 일이란, 일찍이 신뢰할 수가 없다. 그러므로 (「형세」 편 원문에서) 말하였다. "꼭 이룰 수 있다고 하는 일도, 믿을 수 없다."

성인들이 승낙하는 데, 먼저 그 도리의 올바름을 논하고, 그것이 가능한지 아닌지를 헤아려 본다. 옳다면 승낙하고, 옳지 않다면 그만둔다. 할 수 있다면 승낙하고, 할 수 없다면 그만둔다. 그러므로 그 승낙은 믿지 않을 수 없다. 소인들은 옳지 않아도 또한 승낙하고, 할 수 없는 일이라도 또한 승낙한다. 말하면 반드시 승낙하니, 따라서 그 승낙은 반드시 믿을 수 없다. 그러므로 (「형세」 편 원문에서) 말하였다. "꼭 승낙할 것이란 말도 믿을 수 없다."

聖人之求事也, 先論其理義, 計其可否. 故義則求之, 不義則止. 可則求之, 不可則止. 故其所得事者, 常爲身寶. 小人之求事也, 不論其理義, 不計其可否. 不義亦求之, 不可亦求之. 故其所得事者, 未嘗爲賴也. 故曰: "必得之事, 不足賴也." 聖人之諾已也, 先論其理義, 計其可否. 義則諾, 不義則已. 可則諾, 不可則已. 故其諾未嘗不信也. 小人不義亦諾, 不可亦諾. 言而必諾, 故其諾未必信也. 故曰: "必諾之言, 不足信也."

한 집안에 부지런하면 한 집안에 (우뚝) 설 수 있고, 한 마을에 부지런하면 한 마을에 (우뚝) 설 수 있고, 한 나라에 부지런하면 한 나라에 (우뚝) 설 수 있고, 천하에 부지런하면 천하에 (우뚝) 설 수 있다. 그러므

19 여기서 比는 庀(다스리다)와 통한다.

로 자기가 부지런한 곳이 작으면, 그가 설 수 있는 것 또한 작다. 그가 부지런한 곳이 크면, 그가 설 수 있는 곳 또한 크다. 그러므로 (「형세」 편 원문에서) 말하였다. "작은 일에 소심하면, 큰일을 이룰 수 없다."

바다는 물을 사양하지 않으니, 따라서 큼을 이룰 수 있다. 산은 흙과 돌을 사양하지 않으니, 따라서 높을 수 있다. 영명한 임금은 사람들을 싫어하지 않으니, 따라서 무리를 이룰 수 있다. 선비가 배움을 싫어하지 않으니, 따라서 자기의 성인聖人됨을 이룰 수 있다. 먹기를 싫어하면, 보기 싫은 것이 많아진다. 간언하는 것은, 임금을 편안하게 하는 근거이다. 먹는 것은 몸을 살찌게 하는 근거이다. 임금이 간언諫言을 싫어하면 편안하지 못하고, 사람들이 먹거리를 싫어하면 살 찔 수 없다. 그러므로 (「형세」 편 원문에서) 말하였다. "음식을 가려먹는 자들은 살 찔 수 없다."

謹於一家則立於一家, 謹於一鄕則立於一鄕, 謹於一國則立於一國, 謹於天下則立於天下. 是故其所謹者小, 則其所立亦小. 其所謹者大, 則其所立亦大. 故曰: "小謹者, 不大立." 海不辭水, 故能成其大. 山不辭土石, 故能成其高. 明主不厭人, 故能成其衆. 士不厭學, 故能成其聖. 饕者, 多所惡也. 諫者, 所以安主也. 食者, 所以肥體也. 主惡諫則不安, 人饕食則不肥. 故曰: "饕食者, 不肥體也."

말하면 도道, 덕德, 충성, 믿음, 효도와 우애를 언급한다면, 이런 말씀은 버릴 것이 없다. 하늘은 공평하고 사사로움이 없어서, 따라서 아름다운 것도 미운 것도 덮어 주지 않음이 없다. 땅은 공평하고 사사로움아 없어서, 따라서 작은 것이나 큰 것이나 싣지 않음이 없다. 버릴 것이 없는 말씀은 공평하고 사사로움이 없어서, 따라서 현자나 불초자나 쓰지 않는 사람이 없다. 그러므로 버릴 수 없는 말씀은, 하늘과 땅의 사사로움 없음에 끼어들 수 있다. 그러므로 (「형세」 편 원문에서) 말하였다. "이런 버릴 수 없는 말씀을 가진 이는 반드시 천지의 (공평무사함)에 참여할 수 있다."

영명한 임금이 일 처리할 때, 그것을 잘 하는 이에게 맡기지, 그 일을 못하는 이에게 맡기지 않으니, 따라서 일이 이루어지지 않는 것이 없고, 공功이 세워지지 않는 것이 없다. 혼란을 만드는 임금은 사물에는 각기 장점과 단점이 있다는 것을 모르고서, 반드시 대비할 것에 대한 책임을 추궁한다. 일을 생각하여 결정하고, 가려서 예의禮義를 밝히는 것은, 사람에게는 쉬운 일이나 원숭이들은 해내기 어려운 일이다. 높은데 기어 올라가서 험한 데를 빠져나오는 것은, 원숭이들에게는 쉬운 일이나, 사람에게는 어려운 일이다. 원숭이들이 잘하는 것을 사람에게 추구하니, 따라서 그런 명령은 폐기되고 책임도 물을 수 없다. 그러므로 (「형세」 편 원문에서) 말하였다. "물가 언덕에서 세 길을 낙하하는 것은, 사람에게는 크게 어려운 일이나, 원숭이들은 그곳에서 물을 마신다."

言而語道德忠信孝弟者, 此言無棄者. 天公平而無私, 故美惡莫不覆. 地公平而無私, 故小大莫不載. 無棄之言, 公平而無私, 故賢不肖莫不用. 故無棄之言者, 參伍於天地之無私也. 故曰: "有無棄之言者, 必參之於天地矣." 明主之官物也, 任其所長, 不任其所短, 故事無不成, 而功無不立. 亂主不知物之各有所長所短也, 而責必備. 夫慮事定物, 辯明禮義, 人之所長, 而蝚蝯之所短也. 緣高出險, 蝚蝯之所長 而人之所短也. 以蝚蝯之所長責人, 故其令廢而責不塞. 故曰: "墜岸三仞, 人之所大難也, 而蝚蝯飮焉."[20]

영명한 임금이 거사할 때, 총명한 사람들의 사려思慮에 맡기고, 민중의 힘을 쓰며, 스스로는 참여 안 하기에, 따라서 일이 성공하고 복福이 생긴다. 혼란을 일으키는 임금은 자기 지혜를 믿고, 성인들의 지혜를 쓰지 않으며, 스스로 뻐기며 스스로 공을 이루려하니, 민중들의 힘을 빌리지 않고, 오로지 자기를 쓰며 올바른 간언諫言을 듣지 않으니, 따라서 일이 실패하고 화禍가 생긴다. 그러므로 (「형세」 편 원문에서) 말하였다. "뻐기고 자만하며 멋대로 하는 일을 좋아하는 것이 화를 불러오는 일이다."

明主之擧事也, 任聖人之慮,[21] 用衆人之力, 而不自與焉, 故事成而福生. 亂主自智也,[22] 而不因聖人之慮, 矜奮自功, 而不因衆人之力, 專用己而不聽正諫, 故事敗而禍生. 故曰: "伐矜好專, 擧事之禍也."

20 黎翔鳳에 의하면, 『爾雅』 「釋獸」에 '猱蝯善援'(원숭이는 줄을 잘 탄다)했으니, 위의 글자는 從犬이고, 아래 글자는 從虫이다.

21 黎翔鳳에 의하면, 聖은 通이니, 지금의 聰明이다.

22 黎翔鳳에 의하면, 亂主는 스스로 聰明하다고 생각하니, '任聖人'과 반대다.

말이란 타고서 들판을 가는 것이니, 따라서 비록 들에 나가지 않아도, 말을 먹이고 키우는 데, 해이하고 나태할 수 없다. 백성은 (나라를) 지키고 싸우는 수단이니, 따라서 비록 지키고 전투하지 않아도, 백성들을 다스리고 키우는 데, 해이하고 나태할 수 없다. 그러므로 (「형세」 편 원문에서) 말하였다. "들판을 가지 않더라도, (타고 갈) 말을 포기하지 말고 양육해야 한다."

하늘이 사계절을 낳고, 땅에서 수많은 재물이 나와서, 만물을 키워 주나 (아무것도) 가져가지 않는다. 영명한 임금은 하늘과 땅과 짝하니, 백성들에게 계절로써 가르치고, 농사짓고 실 짜는 것을 권면함으로써, 백성들의 살 길을 두텁게 하지만, 자기 공을 자랑하지 않고, 이득을 사사롭게 취하지 않는다. 그러므로 (「형세」 편 원문에서) 말하였다. "(백성들에게) 베풀고 착취하지 말아야, (그런 임금은) 천지天地와 짝할 수 있다."

馬者, 所乘以行野也, 故雖不行於野, 其養食馬也, 未嘗解惰也. 民者, 所以守戰也, 故雖不守戰, 其治養民也, 未嘗解惰也. 故曰: "不行其野, 不違其馬." 天生四時, 地生萬財, 以養萬物而無取焉. 明主配天地者也, 教民以時, 勸之以耕織, 以厚民養, 而不伐其功, 不私其利. 故曰: "能予而無取者, 天地之配也."

해이하고 나태하고 태만하여, 이것으로 임금을 섬기면 충성하지 못하고, 이것으로 어버이를 섬기면 불효하고, 이것으로 일을 하면 이룰 수 없다. 그러므로 (「형세」 편 원문에서) 말하였다. "게으른 사람은 일을 못 맞춘다."

컴퍼스[規]나 곱자[矩]로 네모나 원을 그리면 성공하고, 자[尺]나 치[寸]로 길이를 재면 (그 값을) 얻을 수 있고, 법도로 백성들을 다스리면 편안하다. 그러므로 일이 도리와 어그러지지 않으면, 그 일은 귀신같이 이뤄진다. 그러므로 (「형세」 편 원문에서) 말하였다. "(도리를) 버리지 않은 사람은 귀신처럼 일한다."

임금을 섬기되 힘을 다 쓰지 않았으면 형벌을 받고, 어버이를 섬기되 힘을 다 쓰지 않았으면 친밀한 것이 아니요, 수업을 받고 배우되 힘쓰지 않았으면 성공할 수 없다. 그러므로 아침에 앞으로 나가기에 힘쓰지 않았다면, 저녁에 결과를 볼 수가 없다. 그러므로 (「형세」 편 원문에서) 말하였다. "아침에 할 일을 잊어버리면, 저녁에 일의 결과를 얻지 못 한다."

解惰簡慢, 以之事主則不忠, 以之事父母則不孝, 以之起事則不成. 故曰: "怠倦者, 不及也." 以規矩爲方圜則成, 以尺寸量長短則得, 以法數治民則安. 故事不廣於理者,[23] 其成若神. 故曰: "無廣者疑神." 事主而不盡力則有刑, 事父母而不盡力則不親, 受業問學而不加務則不成. 故朝不勉力務進, 夕無見功. 故曰: "朝忘其事, 夕失其功."

속정이 신실하고 성실하면 명예名譽가 아름다울 것이고, 수행에 근신하고 성경誠敬했다면 현달顯達한 존경이 따라붙을 것이다. 속에 진실함이 없다면 명예가 나빠질 것이고, 수행에 태만하고 안이했다면 더러운 욕이 생겨날 것이다. 그러므로 (「형세」 편 원문에서) 말하였다. "나쁜 기운이 몸속에 들어오면, 올바른 낯빛이 쇠퇴한다."

임금이 되어서 임금과 신하의 뜻을 파악하여 신하들을 바로잡지 않는다면, 신하들이 신하의 도리를 알고서 자기 임금을 섬길 줄 모르게 될 것이다. 그러므로 (「형세」 편 원문에서) 말하였다. "임금이 임금 같지 않으면, 신하가 신하 같지 않다."

아버지가 되어서 부자父子의 뜻을 알고서 자기 자식들을 가르쳐서 가지런하게 하지 못 하였다면, 자식들도 자식의 도리로 그 아버지를 섬길 줄 모를 것이다. 그러므로 (「형세」 편 원문에서) 말하였다. "아비가 아비 같지 않으면 자식이 자식 같지 않다."

中情信誠則名譽美矣, 脩行謹敬則尊顯附矣. 中無情實則名聲惡矣, 脩行慢易則汚辱生矣, 故曰: "邪氣襲內, 正色乃衰也." 爲人君而不明君臣之義以正其臣, 則臣不知於爲臣之理以事其主矣, 故曰: "君不君, 則臣不臣." 爲人父而不明父子之義以教其子而整齊之, 則子不知爲人子之道以事其父矣, 故曰: "父不父, 則子不子."

임금과 신하들이 친하면, 상하가 화합하고, 만민이 화목히니, 따라서 임금이 명령을 내리면 백성들이 그것을 실행하고, 임금이 금지하면 백성들은 그것을 범하시 않는다. 임금과 신하들이 친밀하지 않으면,

23 廣은 曠(황폐)과 통한다.

상하가 화합하지 않고, 만민이 화목하지 않으니, 따라서 (임금이) 명령을 내리면 시행되지 않고, 금지해도 그쳐지지 않는다. 그러므로 (「형세」 편 원문에서) 말하였다. "임금과 신하가 화합하지 않으면, 명령은 실행되지 않는다."

(임금의) 말씀이 신뢰가 가고, 동작이 장중하며, 의관이 바르면, 신하들이 공경하게 된다. (임금의) 말씀이 오만하고, 동작이 이지러졌으며, 의관이 정치하지 못하면, 신하들이 경시하게 된다. 그러므로 (「형세」 편 원문에서) 말하였다. "의관이 바르지 못하면 손님 접대하는 예관들이 엄숙하지 않다."

의儀는 만물의 법식法式이다. 법도는 만민의 행위 준칙[儀表]이다. 예의는 존비尊卑를 (나타내는) 준칙이다. 그러므로 (임금의) 행동에 준칙이 있으면 명령이 이행되고, 준칙이 없으면 명령이 이행되지 않는다. 그러므로 (「형세」 편 원문에서) 말하였다. "(임금의) 나아가고 물러남에 준칙이 없으면, 정책 법령이 이행되지 않는다."

君臣親, 上下和, 萬民輯, 故主有令則民行之, 上有禁則民不犯. 君臣不親, 上下不和, 萬民不輯, 故令則不行, 禁則不止. 故曰: "上下不和, 令乃不行." 言辭信, 動作莊, 衣冠正, 則臣下肅. 言辭慢, 動作虧, 衣冠惰,[24] 則臣下輕之. 故曰: "衣冠不正, 則賓者不肅." 儀者, 萬物之程式也. 法度者, 萬民之儀表也. 禮義者, 尊卑之儀表也. 故動有儀則令行, 無儀則令不行. 故曰: "進退無儀, 則政令不行."

임금이 온화하고 관후하면 백성들이 그를 사랑하고, 가지런하고 장엄하면 백성들이 그를 두려워한다. 그러므로 백성들이 임금을 사랑하면 친밀하고, 임금을 두려워하면 쓸모가 있게 된다. 무릇 백성들이 친밀하면 쓸모가 있으니, (이것이) 임금에게 긴급한 것이다. 그러므로 (「형세」 편 원문에서) 말하였다. "(임금이 백성을) 마음에 품고 또한 위엄이 있어야, 임금의 도리가 완전히 갖춰지는 것이다."

임금이 자기 백성을 편안하게 할 수 있으면, 자기 임금을 자기 부모 섬기듯 섬길 것이기에, 따라서 (백성들은) 임금이 근심이 있으면 그

24 湯孝純에 의하면, 惰는 게으름의 뜻이지만, 不整으로도 뜻이 확대된다. 『新譯管子讀本』(下), 上同, 774頁, 注9 참조.

것을 근심하고, 어려움이 있으면 그것을 위해 죽을 수 있다. 임금이 백성을 흙같이 보면, 백성들이 쓰일 수 없고, (백성들은) 임금이 근심이 있어도 걱정을 안 하고, 난리가 있어도 죽으려 하지 않는다. 그러므로 (「형세」편 원문에서) 말하였다. "(백성들을) 즐겁게 해주지 않으면 그들도 (임금을) 애련히 여기지 않고, (백성들을) 살려 주지 않으면, 그들도 (임금을 위해) 죽지 않는다."

人主者, 溫良寬厚則民愛之, 整齊嚴莊則民畏之. 故民愛之則親, 畏之則用. 夫民親而爲用, 主之所急也. 故曰: "且懷且威, 則君道備矣." 人主能安其民, 則事其主如事其父母, 故主有憂則憂之, 有難則死之. 主視民如土, 則民不爲用, 主有憂則不憂, 有難則不死. 故曰: "莫樂之則莫哀之, 莫生之則莫死之."

백성들이 전쟁을 방어하다 죽기에 이르러도 (나라가) 쇠퇴하지 않는 것은, 임금이 백성들에게 베풀어 준 것이 두텁기 때문이다. 그러므로 임금이 두텁게 베풀면 백성들의 임금에 대한 보답 또한 두텁고, 임금의 베풀음이 박하면 백성들의 임금에 대한 보답 또한 박하다. 그러므로 박하게 베풀고 두텁게 요구하면, 임금은 신하들에게서 그 보답을 얻을 수 없고, 아버지도 자식들에게 그 보답을 얻을 수 없다. 그러므로 (「형세」 편 원문에서) 말하였다. "(임금으로부터) 가는 것이 지극하지 않으면, (백성들로부터) 오는 것이 없을 것이다."

도는 만물들을 붙들어 주고, 생육生育시키며, 각기 그 생명을 끝마치게 해주는 것이다. 그러므로 어떤 이는 마을을 다스리고, 어떤 이는 나라를 다스리고, 어떤 이는 천하를 다스린다. 그러므로 (「형세」 편 원문에서) 말하였다. "도가 말하는 것은 하나이나, 그 쓰임새는 다르다."

民之所以守戰至死而不衰者, 上之所以加施於民者厚也. 故上施厚則民之報上亦厚, 上施薄則民之報上亦薄. 故薄施而厚責, 君不能得之於臣, 父不能得之於子. 故曰: "往者不至, 來者不極." 道者, 扶持衆物, 使得生育, 而各終其性命者也. 故或以治鄕, 或以治國, 或以治天下. 故曰: "道之所言者一也, 而用之者異."

도道를 듣고서 한 고을을 다스려서, 부자父子들을 친밀하게 하고, 형제들을 순종케 하고, 습속을 바로잡고, 백성들로 하여금 그 임금을 즐거워하게 하고, 그 사는 땅을 편안하게 하고, 한 마을을 위해 주로 일했다면, (그는) 고을의 사람이다. 그러므로 (「형세」 편 원문에서) 말하였다. "도를 듣고 고을을 잘 다스렸다면, 한 고을의 사람이다."

백성들이 도리 있는 (임금을) 따르는 것은, 배고프면 먹는 것을 우선시하고, 추우면 옷을 우선시하고, 더우면 그늘을 우선시하는 것과 같다. 그러므로 (임금이) 도리가 있으면 백성들이 귀의하고, 도리가 없으면 백성들은 그를 떠난다. 그러므로 (「형세」 편 원문에서) 말하였다. "도가 떠났으면 백성들은 오지 않고, 도가 왔으면 백성들은 떠나지 않는다."

도란 몸을 변화시키고 바른 도리로 가게 하는 근거이다. 그러므로 도가 몸에 있으면, 말이 자연히 순해지고, 행동이 스스로 바로잡히며, 임금을 섬기면 충성하고, 아버지를 모시면 스스로 효도하고, 사람을 만나면 스스로 도리를 갖는다. 그러므로 (「형세」편 원문에서) 말하였다. "도가 있는 곳에, 몸소 귀화한다."

聞道而以治一鄕, 親其父子, 順其兄弟, 正其習俗, 使民樂其上, 安其土, 爲一鄕主幹者, 鄕之人也. 故曰: "有聞道而好爲鄕者, 一鄕之人也." 民之從有道也, 如飢之先食也, 如寒之先衣也, 如暑之先陰也. 故有道則民歸之, 無道則民去之. 故曰: "道往者其人莫來, 道來者其人莫往." 道者, 所以變化身而之正理者也. 故道在身, 則言自順, 行自正, 事君自忠, 事父自孝, 遇人自理. 故曰: "道之所設, 身之化也."

하늘의 도道는 꽉 차도 넘치지 않고, 왕성하나 쇠하지 않는다. 영명한 임금의 법은 하늘의 도와 같으니, 따라서 귀하나 교만하지 않고, 부유하나 사치하지 않고, 도리를 실행하나 게으르지 않고, 따라서 부귀를 오래 지킬 수 있고, 오랫동안 천하를 가지고 잃지 않는다. 그러므로 (「형세」 편 원문에서) 말하였다. "가득한 것을 유지하는 것은 하늘과 함께한 것이다."

영명한 임금은, 천하의 화禍를 구제하고 천하의 위험을 안정시키는 사람이다. 무릇 참화를 구제하고 위험을 안정시키는 사람은 반드시 만민을 쓸 수 있을 때까지 기다리고, 그다음에 쓴다. 그러므로 (「형세」 편 원문에서) 말하였다. "위태로움을 편안하게 한 것은 인심과 함께 한 것이다."

天之道, 滿而不溢, 盛而不衰. 明主法象天道, 故貴而不驕, 富而不奢, 行理而不惰, 故能長守貴富, 久有天下而不失也. 故曰: "持滿者與天." 明主, 救天下之禍, 安天下之危者也. 夫救禍安危者, 必待萬民之爲用也, 而後能爲之. 故曰: "安危者與人."

영토가 크고 나라가 부유하고, 백성이 많고 군대가 강하면, 이것이 왕성하고 가득 찬 나라이다. 비록 이미 왕성하고 가득 차 있으나, (임금이) 후한 덕으로 백성들을 편안하게 못하고, 법도로써 다스리지 못하면, 나라는 자기 나라가 아니고, 백성은 자기 백성들이 아니다. 그러므로 (「형세」 편 원문에서) 말하였다. "하늘의 법도를 잃었다면, 가득해도 반드시 고갈될 것이다."

신하들이 자기 임금과 친하지 않고, 백성들이 자기 관리들을 믿지 못하면, 상하가 갈라져서 화합하지 못하면, 따라서 비록 스스로 평안하다 해도 반드시 장차 위태로울 것이다. 그러므로 (「형세」 편 원문에서) 말하였다. "하늘의 도리를 잃었다면, 비록 (임금 자리에) 세워졌다 해도 불안한 것이다."

地大國富, 民衆兵强, 此盛滿之國也. 雖已盛滿, 無德厚以安之, 無度數以治之, 則國非其國, 而民無其民也. 故曰: "失天之度, 雖滿必涸." 臣不親其主, 百姓不信其吏, 上下離而不和, 故雖自安必且危之. 故曰: "上下不和, 雖安必危."

임금이 천도天道로써 자기 백성들을 방어해 주고, 백성들이 한 마음으로 자기 임금을 받들면, 따라서 (그 임금은) 부귀하며 오랫동안 천하에 왕 노릇할 것이다. 천도를 잃어버리면, 백성들이 떠나고 모반하며 (임금의 말을) 듣고 따르지 않을 것이니, 따라서 임금은 위태롭고 천하에 왕 노릇은 오래 못할 것이다. 그러므로 (「형세」 편 원문에서) 말하였다. "천하에 임금 노릇하려고 하면서 천하의 도를 잃어버렸다면, 천하를 얻어서 왕 노릇할 수가 없다."

임금이 치국의 방법을 배우기에 힘쓰고, 바른 도리를 실천하기에 힘쓰면, 변화가 날로 발전하나, 어리석은 임금은 모르게 된다. 혼란을 일으키는 임금은 멋대로 방종하여 정도正道와 맞지 않으니, 날로 무도해져서, 멸망에 이르러도, 스스로 알지 못하게 된다. 그러므로 (「형세」

편 원문에서) 말하였다. “그것이 어떻게 해서 된 것인지도 모르고, (왕업의) 성과가 일단 이루어졌다 해도, 그것이 언제 떠날지 모르니, 숨겨져 있어 형체가 없다.”

옛날 삼왕三王과 오백五伯은 모두 천하를 이롭게 한 임금이니, 따라서 몸도 귀하게 드러났고 자손들도 그 혜택을 입었다. 걸桀, 주紂, 유幽와 여厲왕은 모두 천하를 해친 임금이니, 따라서 몸이 곤고하여 다쳤으며 자손들도 그 해를 입었다. 그러므로 (「형세」 편 원문에서) 말하였다. “지금에 의심스러운 것이 있으면 옛것을 살펴보고, 앞으로 올 것이 무엇인지 모르면 지나간 역사를 보라!”

主有天道以禦其民, 而民一心而奉其上, 故能貴富而久王天下. 失天之道, 則民離畔而不聽從, 故主危而不得久王天下. 故曰: “欲王天下而失天之道, 天下不可得而王也.” 人主務學術數, 務行正理, 則化變日進, 至於大功, 而愚人不知也. 亂主淫佚邪枉, 日爲無道, 至於滅亡而不自知也. 故曰: “莫知其爲之, 其功既成. 莫知其舍之也,[25] 藏之而無形.” 古者三王五伯, 皆人主之利天下者也, 故身貴顯而子孫被其澤. 桀、紂、幽、厲, 皆人主之害天下者也, 故身困傷而子孫蒙其禍. 故曰: “疑今者察之古, 不知來者視之往!”

신농神農은 농사를 가르쳐서 곡식을 생산하여, 백성들을 이롭게 하였다. 우禹임금은 몸소 도랑을 파서 물길을 소통시켜, 높은 곳을 파내고 낮은 곳은 높임으로서, 백성들에게 이익을 가져왔다. 탕湯왕과 무武왕은 무도한 나라를 정벌하여, 사납고 혼란한 임금을 주살誅殺함으로써, 백성들에게 이익을 가져왔다. 그러므로 영명한 왕들이 한 행동은 다르나, 그들이 백성을 이롭게 한 것은 같다. 그러므로 (「형세」 편 원문에서) 말하였다. “모든 일들이 생긴 것은 다르게 생겼으나 귀결점은 같고, 옛날과 지금이 하나이다.”

神農教耕生穀, 以致民利. 禹身決瀆, 斬高橋下,[26] 以致民利. 湯、武征伐無道, 誅殺暴亂, 以致民利. 故明王之動作雖異, 其利民同也. 故曰: “萬事之任也, 異起而同歸,[27] 古今一也.”

25 黎翔鳳에 의하면, 古語에 釋이 지금은 舍로 해석하는 것은 옳으나, 古本에 ‘釋之’라는 주장은 틀렸다.

26 兪樾에 의하면, 斬은 鏨(파다)으로 읽어야 되고, 橋는 喬(높다)의 假字(빌린 말)다.

27 王念孫에 의하면, 「形勢」 편에, ‘萬事之生也, 異趣而同歸也’이니, 生, 任, 趣와 起는 모두 글자

생나무 기둥이 휘어져서 감당을 못하면, 집이 무너져도 사람들이 원망을 못하는 것은, 그 도리가 그렇기 때문이다. 어린 자식은 사랑하는 어머니가 사랑하는 바이나, 도리대로 행동하지 않아 기와를 끌어서 내려뜨리면, 어머니는 반드시 그를 매질한다. 그러므로 그 도리대로 움직여서, 비록 집이 무너져도 원망할 수 없다. 그 도리대로 행동하지 않아, 기와를 내려뜨렸다면 반드시 매 맞는다. 그러므로 (「형세」 편 원문에서) 말하였다. "생나무 기둥이 집을 허물어뜨려도 원망과 분노가 미칠 수 없으나, 어린애가 기와를 내려뜨리면, 사랑스런 어머니라도 회초리를 든다."

棟生橈不勝任,[28] 則屋覆而人不怨者, 其理然也. 弱子, 慈母之所愛也, 不以其理動衍下瓦, 則必母笞之.[29] 故以其理動者, 雖覆屋不爲怨. 不以其理動者, 下瓦必笞. 故曰: "生棟覆屋, 怨怒不及. 弱子下瓦, 慈母操箠."

천도天道를 따른 것이고, 공리公理에서 나왔다면, 먼 데 사람도 저절로 친해진다. 천도를 폐하고, 사사로운 행위를 했다면, 자식과 어머니도 서로 미워하게 된다. 그러므로 (「형세」 편 원문에서) 말하였다. "천도의 원칙이라면 멀리 있는 사람도 스스로 (그것을) 가까이할 것이다. 인위적인 조작은 가까운 친척이라도 원망을 하게 된다."

옛날 무武왕은 영토가 백 리百里에 불과했고, 싸울 수 있는 병사의 무리가 1만 명에 불과하였으나, 전투하여 승리하고 공격하여 (영토를) 취하니, 천자天子로 서게 됐으며, 세상에서 성왕이라 하니, (그는) 통치하는 방도를 안 것이다. 걸桀과 주紂는 천자여서, 천하를 소유한 부자요, 영토는 매우 컸고, 병졸은 매우 많았으나, 제 자신이 죽임을 당하고 나라는 망했으니, 천하에서 죽임을 받은 것이니, (그들은) 통치하는 방도를 모른 것이다. 그러므로 (백성들을) 다스릴 수 있으면, 작아도 커질 수 있고, (신분이) 비천해도 고귀해질 수 있다. 다스릴 수 없으면, 비록 천자라도, 사람들은 오히려 (그 직함을) 뺏는 것이다. 그러므로 (「형세」 편 원문에서) 말하였다. "능숙한 이에게 여유로움이 있고, 어리석은

형태가 비슷하여 생긴 오류이다.

28 湯孝純에 의하면, 橈(꺾다)는 撓(휘다)와 통하니, 曲折이다. 上同, 780頁, 注1 참조.

29 黎翔鳳에 의하면, 衍은 演이니 引(끌어당기다)이다. '則必母笞之'는 '則母必笞之'와 같다.

이에게는 부족함이 있기 마련이다."

行天道, 出公理, 則遠者自親. 廢天道, 行私爲, 則子母相怨. 故曰: "天道之極, 遠者自親. 人事之起, 近親造怨." 古者武王地方不過百里, 戰卒之衆不過萬人, 然能戰勝攻取,[30] 立爲天子, 而世謂之聖王者, 知爲之之術也. 桀、紂貴爲天子, 富有海內, 地方甚大, 戰卒甚衆, 而身死國亡, 爲天下僇者, 不知爲之之術也. 故能爲之, 則小可爲大, 賤可爲貴. 不能爲之, 則雖爲天子, 人猶奪之也. 故曰: "巧者有餘, 而拙者不足也."

영명한 임금은 위로 하늘에 거역하지 않고, 아래로 땅을 황폐시키지 않으니, 따라서 하늘은 계절을 부여하고, 땅에서 재물이 생긴다. 난을 일으키는 임금은 위로 천도를 거역하고, 아래로 땅의 도리를 끊어버리니, 따라서 하늘은 계절을 주지 않고, 땅에서 재물이 나지 않는다. 그러므로 (「형세」 편 원문에서) 말하였다. "천도에 따라서 일을 하면 하늘이 도와주고, 천도에 어그러지게 일을 하면 하늘은 그와 멀어진다."

옛날에 무武왕은 하늘의 도움을 받아, 따라서 비록 영토가 작고 백성들이 적어도, 오히려 천자天子가 되었다. 걸桀과 주紂왕은 하늘과 어그러지니, 따라서 비록 영토가 크고 백성들이 많았어도, 오히려 곤욕을 당하고 죽었고 (나라가) 멸망하였다. 그러므로 (「형세」 편 원문에서) 말하였다. "하늘이 도와주면, (그 일은) 작아도 반드시 크게 될 것이다. 하늘이 부정하면, 비록 크다 해도 반드시 줄어들 것이다."

明主上不逆天, 下不壙地,[31] 故天予之時, 地生之財. 亂主上逆天道, 下絶地理, 故天不予時, 地不生財. 故曰: "其功順天者, 天助之. 其功逆天者, 天違之." 古者武王, 天之所助也, 故雖地小而民少, 猶之爲天子也. 桀、紂, 天之所違也, 故雖地大民衆, 猶之困辱而死亡也. 故曰: "天之所助, 雖小必大. 天之所違, 雖大必削."

사람들과 사귀되, 사기와 거짓이 많고, 진심이 없으며, 모든 것을 몰래 훔치는 것을 잇속으로 모인 사람이라 한다. 잇속으로 모인 사귐은 처음에 비록 서로 기뻐하나, 나중에 반드시 서로 꾸짖는다. 그러므

30 兪樾에 의하면, 能과 而는 古字가 통했다.

31 趙守正에 의하면, 壙은 曠이고, 荒廢의 뜻이다. 『管子通解』(下), 270頁, 注4 참조.

로 (「형세」 편 원문에서) 말하였다. "까마귀들의 사귐은 좋은 것 같아도 친하지 않다."

與人交, 多詐僞, 無情實, 偸取一切, 謂之烏集之交. 烏集之交, 初雖相驩, 後必相咄.[32] 故曰: "烏集之交, 雖善不親."

성인들이 사람들과 맹약을 할 때, 위로 그 사람이 임금 섬기는 것을 보고, 안으로 그가 어버이를 모시는 것을 보고, 반드시 서로 친할 수 있는 도리가 있다면, 그다음에 맹약을 맺는다. 서로 맹약했으나 도리에 맞지 않으면, 나중에 반드시 서로 배신하게 된다. 그러므로 (「형세」 편 원문에서) 말하였다. "거듭 묶지 않은 매듭은 비록 단단해 보여도 반드시 풀어진다. 도가 실제에 적용될 때에는, 신중함을 중시한다."

영명한 임금과 성인이 계획하면, 따라서 그 계획은 성공할 수 있으니, 이들과 함께 거사하면, 따라서 그 일은 이루어진다. 난을 일으키는 임금과 불초자가 계획하면, 따라서 그 계획은 실패하고, 이들과 함께 거사하면, 따라서 그 일은 실패한다. 계획이 실패하고 사업이 망하는 것은, 신뢰할 수 없는 사람과 함께 한 죄이다. 그러므로 (「형세」 편 원문에서) 말하였다. "신뢰할 수 없는 이와 사귀지 말아야 한다."

聖人之與人約結也, 上觀其事君也, 內觀其事親也, 必有可知之理,[33] 然後約結. 約結而不襲於理, 後必相倍. 故曰: "不重之結, 雖固必解. 道之用也, 貴其重也." 明主與聖人謀, 故其謀得; 與之擧事, 故其事成. 亂主與不肖者謀, 故其計失; 與之擧事, 故其事敗. 夫計失而事敗, 此與不可之罪. 故曰: "毋與不可."

영명한 임금은 사람의 힘으로 할 수 있는지 따져본 뒤에 일을 시키니, 따라서 사람이 할 수 있는 일에 명령을 하니 명령이 실행되고, 사람이 할 수 있는 일을 시키니, 일이 이루어진다. 난을 일으키는 임금은 사람의 힘을 재어 보지 않고, 사람이 할 수 없는 일을 명령하니, 따라서 그 명령은 폐기되며, 사람이 할 수 없는 일을 시키니, 따라서 그

32 黎翔鳳에 의하면, 咄(꾸짖다)은 叱(꾸짖다)이다. 叱怒(꾸짖고 화내다)의 뜻이다.

33 湯孝純에 의하면, 知는 相親이다. 『新譯管子讀本』(下), 784頁, 注3 참조.

일은 실패한다. 명령이 나가나 철폐되고, 일을 벌였으나 실패하는 것, 이것은 할 수 없는 일을 강제로 시킨 죄이다. 그러므로 (「형세」 편 원문에서) 말하였다. "할 수 없는 이에게 강권하지 말라!"

미치고 착각하고 있는 사람에게, 군신君臣의 의리義理, 부자父子의 도리와 귀천貴賤의 구분을 일러 주어도 단점만 말할 것이니, 성인의 말씀도 도리어 해치고 다치게 할 것이니, 따라서 성인들은 일러 주지 않는다. 그러므로 (「형세」 편 원문에서) 말하였다. "알지 못하는 것을 일러 주지 말라!"

불초자와 함께 일하면 일이 실패하고, 사람이 할 수 없는 일을 시키면 명령이 폐기되니, 미치고 착각하는 사람에게 일러 주면 몸에 피해를 본다. 그러므로 (「형세」 편 원문에서) 말하였다. "신뢰할 수 없는 이와 함께 하고, 일할 수 없는 이를 강권하며, 이해 못하는 이에게 일러 주면, 수고만 들지 일의 결과가 없다."

明主度量人力之所能爲而後使焉, 故令於人之所能爲則令行, 使於人之所能爲則事成. 亂主不量人力, 令於人之所不能爲, 故其令廢; 使於人之所不能爲, 故其事敗. 夫令出而廢, 擧事而敗, 此强不能之罪也. 故曰: "毋强不能." 狂惑之人, 告之以君臣之義、父子之理、貴賤之分不信,[34] 聖人之言也而反害傷之, 故聖人不告也. 故曰: "毋告不知." 與不肖者擧事則事敗, 使於人之所不能爲則令廢, 告狂惑之人則身害. 故曰: "與不可, 强不能, 告不知, 謂之勞而無功."

(어떤 이는) 항상 말로써 그는 누구와 친하고, 그가 누구를 사랑하고, 그는 누구에게 은덕을 베풀었는지를 드러낸다. 이것을 믿고 친구로 삼으면 친밀하지 않고, 이것을 믿고 교제하면 결의가 맺어지지 않고, 이것으로 남에게 은덕을 베풀어도 보답을 못 받는다. 그러므로 (「형세」 편 원문에서) 말하였다. "겉으로 친절한 이와 사귐은 친하지 않은 것과 거의 같고, 친애하는 듯 보여도 거의 맺어지지 못하고, 베푸는 듯 보여도 거의 보답을 못 얻는다. 사방의 사람들이 귀의하는 것은, 내심으로 행한 덕일 뿐이다."

영명한 임금은 자기 지혜를 쓰지 않고, 성인의 지혜에 맡기며; 자

34 安井衡에 의하면, 不信은 害傷의 뜻이니, 害傷은 毁短(남의 단점을 말하다)와 같다.

기의 힘을 쓰지 않고 만인의 힘을 쓴다. 그러므로 성인의 지혜로 생각하고 헤아려 보면, 알지 못하는 것이 없다. 만인의 힘으로 일을 하면, 이루지 못할 일이 없다. 스스로를 버리고 천하의 지혜와 힘으로 일을 하면, 몸은 편하고 복福은 많다. 난을 일으키는 임금은 홀로 자기 지혜를 쓰며, 성인의 지혜에 맡기지 않고; 홀로 자기 힘만 쓰며, 만인의 힘에 맡기지 않으니, 따라서 제 몸이 수고롭고 불행[禍]이 많다. 그러므로 (「형세」 편 원문에서) 말하였다. "(임금) 홀로 맡는 나라에는, 수고롭고 화禍만 많다."

常以言翹明其與人也,[35] 其愛人也, 其有德於人也. 以此爲友則不親, 以此爲交則不結, 以此有德於人則不報. 故曰: "見與之友, 幾於不親. 見愛之交, 幾於不結. 見施之德, 幾於不報. 四方之所歸, 必行者也." 明主不用其智, 而任聖人之智; 不用其力, 而任衆人之力. 故以聖人之智思慮者, 無不知也. 以衆人之力起事者, 無不成也. 能自去而因天下之智力起, 則身逸而福多. 亂主獨用其智, 而不任聖人之智; 獨用其力, 而不任衆人之力, 故其身勞而禍多. 故曰: "獨任之國, 勞而多禍."

영명한 임금은 안에서 법도를 시행하고, 밖으로 이치와 의로움을 실행한다. 따라서 이웃 나라들이 가까이 하며, 동맹국들이 믿어 준다. (나라에) 문제가 있으면 이웃 나라들이 그것을 걱정해 주고, 난리가 있으면 이웃 나라들이 구제해 준다. 난을 일으키는 임금은 안에서 자기 백성들을 잃고서, 밖으로 이웃 나라들을 믿지 못하며, 나라에 환란이 있으면 이것을 근심할 (이웃) 나라가 없고, 난리가 나면 구제해 줄 나라가 없다. 안팎으로 모두 잃었으니, 홀로 고독하여 패거리가 없기에, 따라서 나라는 약해지고 임금은 욕을 보게 된다. 그러므로 (「형세」 편 원문에서) 말하였다. "혼자 날뛰는 군주는 비천하고 위엄이 없다."

영명한 임금이 천하를 다스림에, 반드시 성인聖人을 쓴 다음에 천하가 다스려진다. 여인네가 남편의 집을 찾을 때, 반드시 중매인을 쓴 다음에 혼인이 이루어진다. 따라서 천하를 다스리는 데 성인을 쓰지 않으면, 천하가 어그러지고 혼란이 있으며 백성들이 친밀할 수 없다. 남편 집을 찾는 데 중매인을 쓰지 않으면, (여인네가) 추해지고 수치스

35 湯孝純에 의하면, 翹明은 明示, 彰明이다. 翹는 特出이다. 上同, 784頁, 注6 참조.

러워지며 사람들이 믿지 않는다. 그러므로 (「형세」 편 원문에서) 말하였다. "스스로 혼인하겠다고 나서는 여자 같아서, (스스로) 추해지고 신용이 없게 됨과 같다."

明主內行其法度, 外行其理義. 故鄰國親之, 與國信之. 有患則鄰國憂之, 有難則鄰國救之. 亂主內失其百姓, 外不信於鄰國, 國有患則莫之憂也, 有難則莫之救也. 外內皆失, 孤特而無黨, 故國弱而主辱. 故曰: "獨國之君, 卑而不威." 明主之治天下也, 必用聖人而後天下治. 婦人之求夫家也, 必用媒而後家事成. 故治天下而不用聖人, 則天下乖亂而民不親也. 求夫家而不用媒, 則醜恥而人不信也. 故曰: "自媒之女, 醜而不信."

영명한 임금은 사람들이 그를 보지 않아도 그에게 친밀한 마음이 있는 것으로, 백성들로 하여금 친밀하게 하는 방도가 있는 것이니, 따라서 그 자리는 안정되고 백성들은 그에게 모여든다. 그러므로 (「형세」 편 원문에서) 말하였다. "보지 않았어도 친밀감을 느끼는 임금에게 사람들은 모여든다."

요와 순은 옛날의 영명한 임금이니, 천하가 추대하였으나 (스스로) 피곤해 하지 않고, 칭찬해도 싫증을 내지 않았으며, (통치한 지) 오래되어도 잊지 못하는 것은 백성들로 하여금 잊지 못하게 하는 방도를 가지고 있었던 것이니, 따라서 그 자리는 안정되고 백성들은 (스스로 찾아) 온 것이다. 그러므로 (「형세」 편 원문에서) 말하였다. "오랫동안 잊을 수 없는 임금에게 사람들은 몰리게 될 것이다."

明主者, 人未之見而有親心焉者, 有使民親之之道也, 故其位安而民往之. 故曰: "未之見而親焉, 可以往矣." 堯、舜, 古之明主也, 天下推之而不倦, 譽之而不厭, 久遠而不忘者, 有使民不忘之道也, 故其位安而民來之. 故曰: "久而不忘焉, 可以來矣."

해와 달은 만물을 밝게 굽어 살핀다. (그러나) 하늘에 구름 기운이 많아지고, 가리고 덮는 것이 모여들면, 해와 달도 밝지 않다. 임금은 해와 달과 같으니, 여러 신하들이 거짓이 많아지고 사사로운 꾀를 세워 임금을 가리게 되면, 임금은 자기 신하들을 밝게 관찰할 수 없고, 신하의 실정이 위로 통할 수 없으니, 따라서 거짓과 사악함이 날로 많아지고 임금은 더욱 더 가려진다. 그러므로 (「형세」 편 원문에서) 말하였다. "해와 달이 밝게 빛나지 않아도, 하늘은 그것을 바꾸지 않는다."

산은 높은 물건이나, 땅이 험하고 거칠어 평평하지 않으면, 그 산을 볼 수 없다. 임금도 산과 같으니, 좌우에 많은 당파들이 몰려 있어서, 임금을 가리면, 임금을 볼 수 없다. 그러므로 (「형세」 편 원문에서) 말하였다. "높은 산이 눈에 보이지 않아도, 땅은 바꾸지 않는다."

임금이 말씀을 하시면, 민심民心에 거슬리지 않고, 이의理義에 어긋나지 않는다. 그 말씀이 천하를 충분히 편안케 하니, 사람들은 다시 실행하지 않을까 걱정할 뿐이다. 말씀을 하여 부자父子의 친밀함을 갈라놓고, 군신君臣의 도리를 멀어지게 하고, 천하의 민중을 해친다면, 이런 말씀은 다시 해서는 안 되니, 따라서 영명한 임금은 해서는 안 될 말을 하지 않는다. 그러므로 (「형세」 편 원문에서) 말하였다. "말을 해놓고 그 말을 다시 실행에 옮길 수 없는 것은 임금은 말하지 않는다."

日月, 昭察萬物者也. 天多雲氣, 蔽蓋者衆, 則日月不明. 人主猶日月也, 羣臣多姦立私, 以擁蔽主, 則主不得昭察其臣下, 臣下之情不得上通, 故姦邪日多而人主愈蔽. 故曰: "日月不明, 天不易也." 山, 物之高者也, 地險穢不平易, 則山不得見. 人主猶山也, 左右多黨比周, 以壅其主, 則主不得見. 故曰: "山高而不見, 地不易也." 人主出言, 不逆於民心, 不悖於理義. 其所言足以安天下者也, 人唯恐其不復言也. 出言而離父子之親, 疏君臣之道, 害天下之衆, 此言不可復者也, 故明主不言也. 故曰: "言而不可復者, 君不言也."

임금은 몸과 행동이 방정方正하여, 사람들을 시키되 도리가 있고, 사람들을 대하되 예禮가 있고, 행동이 몸에서 일어나 천하에 법식法式이 되니, 사람들은 그것이 다시 실행되지 않을까 걱정할 뿐이다. 몸과 행동이 바르지 못하고, 사람을 부리되 포학暴虐하고, 사람을 대하되 믿을 수 없고, 행동이 몸에서 일어나되 천하에 웃음거리가 되면, 이것은 다시 해서는 안 되는 행동이니, 따라서 영명한 임금은 해서는 안 될 행동을 하지 않는다. 그러므로 (「형세」 편 원문에서) 말하였다. "시행하되 다시 그것을 실행할 수 없는 일을, 임금은 실행하지 않는다."

다시 할 수 없는 말, 그런 말은 믿을 수 없다. 다시 행할 수 없는 행동, 그 행동이 (남을) 해치고 사납다. 따라서 (임금의) 말씀이나 믿음성이 없으면 백성들은 귀부歸附하지 않고, 행동이 (남을) 해치고 사나우면 천하가 원망한다. 백성들이 붙지 않고, 천하가 원망하면, 이것은 멸망이 오는 곳이니, 따라서 영명한 임금은 이것을 금한다. 그러므로 (「형세」편 원문에서) 말하였다. "무릇 다시 되풀이 하지 못하는 말과 다시 시행할 수 없는 일이란, 나라를 가진 임금이 크게 금하는 것이다."

人主身行方正, 使人有理, 遇人有禮, 行發於身而爲天下法式者, 人唯恐其不復行也. 身行不正, 使人暴虐, 遇人不信, 行發於身而爲天下笑者, 此不可復之行, 故明主不行也. 故曰: "行而不可再者, 君不行也." 言之不可復者, 其言不信也. 行之不可再者, 其行賊暴也. 故言而不信則民不附, 行而賊暴則天下怨. 民不附, 天下怨, 此滅亡之所從生也, 故明主禁之. 故曰: "凡言之不可復, 行之不可再者, 有國者之大禁也."

입정구패해 立政九敗解

「입정구패」 편 해석

본 편은 제4편 「입정立政」의 한 소절, 즉 '구패九敗'에 대한 해설문이다. 구패란 국가를 위해危害하는 아홉 가지 언론이다. 본 편의 작자는 이것들에 대해 축자적으로 반박하고 있다.

임금이 오직 군비를 폐지하자는 주장만을 들으려 하면, 여러 신하들과 빈객들은 전쟁 이야기를 할 수 없다. 그렇게 되면 안에서는 나라가 다스려지는지 혼란한지 알지 못하고, 밖으로는 제후들의 강약을 모르게 된다. 이렇게 되면 성곽이 헐고 무너져도, (새로) 짓거나 보수할 수 없고, 갑옷이 낡고 무기가 쇠락해도, 수선할 수 없다. 이렇게 되면 방어의 대비가 훼손된다. 아주 먼 지역은 대비 상황이 의심되고, 변경의 군사들은 (두려워) 위축되니, 백성들은 적을 방어할 마음이 없다. 그러므로 (「입정立政·구패九敗」 편에서) 말하였다. "무기 폐기의 학설이 득세하면, 험준한 방어물도 지킬 수 없다."

人君唯毋聽寢兵, 則羣臣賓客莫敢言兵. 然則內之不知國之治亂, 外之不知諸侯强弱. 如是則城郭毁壞, 莫之築補, 甲弊兵彫, 莫之脩繕. 如是則守圉之備毁矣. 遼遠之地謀, 邊竟之士脩,[1] 百姓無圉敵之心. 故曰: "寢兵之說勝, 則險阻不守."

임금이 오직 겸애의 학설을 들으려 하면, 천하의 백성들을 자기

1 黎翔鳳에 의하면, 謀는 疑고, 脩는 縮(오그라들다)이니, 遼遠한 땅은, 그곳이 멀어 대비하지 못했는가 하는 의심이 들고, 변경의 군사들은 두려워 수축됨의 뜻이다.

백성으로 보게 되고, (다른) 나라들을 내 나라와 같이 보게 되니, 이렇게 되면 겸병하고 약탈하려는 마음이 없게 되고, (적)군을 뒤엎고 (적)장을 패배시킬 일이 없어진다. 이렇게 되면 활 쏘고 말 모는 용력 있는 군사들에게 후한 녹봉이 없게 되고, (적)군을 뒤엎고 (적)장을 죽이는 신하들에게 귀한 작위가 없게 되니, 이렇게 되면 활 쏘고 말 모는 용력 있는 군사들이 외국으로 나갈 것이다. 내가 남을 공격하지 않는 것은 가능하나, 남으로 하여금 나를 공격하지 말라고 할 수는 없다. 저들이 영토를 찾는다면 그것을 주어 버리니, (영토는) 내가 바라는 바가 아니다. (그러나) 주지 않으면 더불어 전쟁해야 하는데, 반드시 (적을) 이길 수 없다. 저들 (적군)은 군사들을 교련시키는데, 나는 군중들만 몰아내고, 저들 (적군)은 좋은 장수로 하는데, 나는 무능하니, 패배는 반드시 (나의) 군대를 뒤엎을 것이고 장군을 죽일 것이다. 그러므로 (「입정·구패」 편에서) 말하였다. "겸애의 학설이 우세하면, 군졸들이 전투를 하지 않는다."

人君唯毋聽兼愛之說, 則視天下之民如其民, 視國如吾國, 如是則無幷兼攘奪之心, 無覆軍敗將之事. 然則射御勇力之士不厚祿, 覆軍殺將之臣不貴爵, 如是則射御勇力之士, 出在外矣. 我能毋攻人, 可也, 不能令人毋攻我. 彼求地而予之, 非吾所欲也. 不予而與戰, 必不勝也. 彼以敎士, 我以毆衆; 彼以良將, 我以無能, 其敗必覆軍殺將. 故曰: "兼愛之說勝, 則士卒不戰."

임금이 오직 생명을 온전히 하는 학설을 좋아하면, 여러 신하들은 모두 자기 생명을 온전히 하고, 살려고 하며 또한 양생을 할 것이다. 양생이란 무엇인가?

말한다. "아름다운 맛과 좋은 소리와 미녀, 그다음에 양생을 하는 것이다."

이렇게 되면 욕심에 따라 멋대로 행동하고, 남녀가 구별이 없어지고, 짐승(상태)으로 되돌아가는 것이다. 그렇다면 예의禮義와 염치廉恥가 성립되지 않으니, 임금은 스스로를 지킬 수 없다. 그러므로 (「입정·구패」 편에서) 말하였다. "생명을 온전히 하는 학설이 득세하면, 염치가 설 수 없다."

人君唯無好全生, 則羣臣皆全其生, 而生又養. 生養何也? 曰: "滋味也, 聲色也, 然後爲養生." 然則從欲妄行, 男女無別, 反於禽獸. 然則禮義廉恥不立, 人君無以自守也. 故曰: "全生之說勝, 則廉恥不立."

임금이 오직 사적 논의와 자신을 귀하게 보는 학설만 들으려 하면, 백성들은 물러나 고요히 숨어 살며, 땅굴을 파거나 산으로 갈 것이며, 세상에 머물러 있지 않으며, 작록爵祿을 우습게 보고 관리들을 천시할 것이다. 그렇게 되면 (임금의) 명령은 시행되지 않고, 금지해도 (사람들을) 그치게 할 수 없다. 그러므로 (「입정·구패」 편에서) 말하였다. "사적 논의와 자신을 귀하게 보는 학설이 우세하면, 임금의 명령이 실행될 수 없다."

人君唯無聽私議自貴, 則民退靜隱伏, 窟穴就山, 非世間上, 輕爵祿而賤有司. 然則令不行, 禁不止. 故曰: "私議自貴之說勝, 則上令不行."

임금이 오직 황금과 옥, 재물만 좋아하여, 반드시 자기가 좋아하는 것을 얻으려 하니, 이렇다면 반드시 있는 것으로 그것들을 바꾸려 할 것이다.

바꿀 수 있는 것이 무엇인가?

큰 관직과 높은 지위, 그렇지 않으면 높은 작위와 무거운 녹봉이다. 이렇게 되면 불초자가 윗자리에 있게 될 것이다. 그렇게 되면 현자는 (그) 아래에 있지 않으려 할 것이고, 지식인은 모책을 내지 않을 것이며, 믿을 수 있는 이는 약속을 하지 않을 것이고, 용자勇者도 (임금을 위해) 죽으려 하지 않을 것이다. 이렇게 되면 온 나라 사람들을 쫓아내 버리는 것이다. 그러므로 (「입정·구패」 편에서) 말하였다. "금붙이나, 옥과 재물을 (모으려는) 학설이 득세하면 (임금이 내리는) 작위爵位는 하찮게 된다."

人君唯無好金玉貨財, 必欲得其所好, 然則必有以易之. 所以易之者何也? 大官尊位, 不然則尊爵重祿也. 如是則不肖者在上位矣. 然則賢者不爲下, 智者不爲謀, 信者不爲約, 勇者不爲死. 如是則敺國而捐之也. 故曰: "金玉貨財之說勝, 則爵服下流."

임금이 오직 여러 무리들이 서로 친밀해지려는 말만 들으면, 여러 신하들이 붕당을 만들어, 아름다운 것을 가리고 나쁜 것만 드러내니, 그렇게 되면 나라의 실정과 거짓이 임금에게 보이지 않게 된다. 이렇게 되면 붕당을 가진 자들이 앞에 있게 되고, 당료들이 적으면 뒤에 서게 된다. 붕당을 가지면 앞에 서니, 현인과 불초자가 구분되지 않아서, 쟁탈의 난리가 일어나니, 임금은 위험과 위태로움 가운데 있게 될 것이다. 그러므로 (「입정·구패」 편에서) 말하였다. "패거리들이 사익을 도모하는 학설이 우세하면, 현자와 불초자가 구분되지 않는다."

人君唯毋聽羣徒比周, 則羣臣朋黨, 蔽美揚惡, 然則國之情僞不見於上. 如是則朋黨者處前, 寡黨者處後. 夫朋黨者處前, 賢不肖不分, 則爭奪之亂起, 而君在危殆之中矣. 故曰: "羣徒比周之說勝, 則賢不肖不分."

임금이 오직 음악을 관람하고 놀기를 좋아하는 것만을 들으려 한다면 실패할 것이다. 무릇 음악을 관상한다는 것은 궁실과 누대樓臺와 연못을 짓고, 진주, 옥으로 (치장하고) 소리와 음악을 (즐기는 것이다.) 이것은 모두 재물을 탕진하고 인력을 소모하여, 나라를 깨트리는 길이다. 이것으로 임금을 섬기는 이는 모두 나쁜 사람들이다.

임금이 이것들을 관상하면, 어떻게 패망하지 않을 수 있을까?

이렇게 되면 (나라의) 창고는 비고, 저축은 없어지며, 또한 간특한 사람들이 윗자리에 있으니, 현자들을 가리고 막아서 앞으로 나갈 수 없다. 이렇게 되면 나라에 마침내 환란이 있게 되고, 노래하고 춤추는 예인藝人들과 난장이들이 일어나서 나랏일을 논의할 것이니, 이는 나라를 내몰아 쫓아 버리는 일이다. 그러므로 (「입정·구패」 편에서) 말하였다. "음악을 관상하고 애완물을 좋아하는 학설이 우세하면, 간사한 백성들이 윗자리에 있게 된다."

人君唯毋聽觀樂玩好則敗. 凡觀樂者, 宮室臺池, 珠玉聲樂也. 此皆費財盡力, 傷國之道也. 而以此事君者, 皆姦人也. 而人君聽之, 焉則毋敗? 然則府倉虛, 蓄積竭, 且姦人在上, 則壅遏賢者而不進也. 然則國適有患, 則優倡侏儒起而議國事矣, 是敺國而捐之也. 故曰: "觀樂玩好之說勝, 則姦人在上位."

임금이 오직 청탁하고 찾아뵙고 보증하고 추천하여 관직에 임명하는 학설을 듣게 된다면, 여러 신하들은 모두 서로 간청할 것이니, 이렇게 되면 임금에게 간청하여, 당파들이 고을에도 이루어질 것이다. 이렇게 되면 뇌물이 나라에 유통되고, 법제는 관리들에 의해 훼손되고, 여러 신하들이 (임금에게) 강청하여 쓰임을 청하기에 힘쓰니, 그렇게 되면 작위가 없어도 귀한 신분이 되고, 봉록이 없어도 부유하게 된다. 그러므로 (「입정·구패」 편에서) 말하였다. "청탁하고 찾아뵙고 보증하고 추천하는 학설이 우세하면, (사람 채용) 규칙이 부정不正하게 된다."

人君唯毋聽請謁任譽,[2] 則羣臣皆相爲請, 然則請謁得於上, 黨與成於鄉. 如是則貨財行於國, 法制毀於官, 羣臣務佼而求用,[3] 然則無爵而貴, 無祿而富. 故曰: "請謁任譽之說勝, 則繩墨不正."

임금이 오직 아첨하고 잘못을 미화하는 말만 들으려 한다면 실패한다.

어떻게 그렇게 되는 것을 아는가?

아첨하는 신하는 늘 임금으로 하여금 자기 잘못을 후회하지 않게 하고, 자기 실수를 고치지 않게 하여, 그래서 임금이 착각하고 자신을 모르게 된다. 이렇게 되면 계획을 내는 신하들은 죽게 되고, 아첨하는 신하들만 높게 될 것이다. 그러므로 (「입정·구패」 편에서) 말하였다. "아첨하고 잘못을 변명하는 말이 득세하면, 아첨꾼들이 기용된다."

人君唯無聽諂諛飾過之言則敗. 奚以知其然也? 夫諂臣者, 常使其主不悔其過, 不更其失者也, 故主惑而不自知也. 如是則謀臣死, 而諂臣尊矣. 故曰: "諂讒飾過之說勝, 則巧佞者用."

2 黎翔鳳에 의하면, 譽는 偁인데, 譽美하여 보증하고 추천하는 일이다.

3 黎翔鳳에 의하면, 佼는 '求君用故無爵而貴, 無祿而富'(임금에게 임용을 청구하여 爵位가 없어도 귀한 신분이 되고, 祿俸이 없어도 부유함을 말한다)이다.

판법해 版法解

「판법」 편 해석

본 편은 제7편 「판법版法」에 대한 해설문이다. 편말 두 문단의 문체와 내용이 본 편과 같지 않으니, 다른 편의 착간錯簡이 본 편에 잘못 삽입된 것 같다. 그러나 리샹펑黎翔鳳은 착간錯簡이 아니라, 앞의 내용들에 대한 총결總結로 보고 있다.

목판에 새긴 법法은 하늘과 땅의 위치를 본받으니, 사계절의 운행과 같아서, 천하를 다스린다. 사계절의 운행은 추위가 있고 더위가 있는데, 성인들이 그것을 본받으니, 따라서 문文이 있고 무武가 있다. 하늘과 땅의 위치는 앞이 있고 뒤가 있고, 왼쪽이 있고 오른쪽이 있으니, 성인들이 이것을 법으로 삼아서, 질서를 세운 것이다. 봄은 왼쪽에서 생기고[生], 가을은 오른쪽에서 죽이고[殺], 여름은 앞에서 자라나며[長], 겨울은 뒤에서 (만물들을) 감춘다[藏]. 낳고 자라는 일은 문文이다. 거두고 갈무리하는 일은 무武이다. 이 때문에 문의 일은 왼쪽에 있고, 무의 일은 오른쪽에 있다. 성인은 이것들을 본받아서, 법령을 실행하고, 사리를 다스린다. 무릇 법의 일을 본받는다는 것은 조절하고 유지하는데 바르지 않게는 할 수 없다. 조절하고 유지하는 것이 바르지 않다면[不正], (임금이) 듣고 다스리는 것이 공정하지 않다. 듣고 다스리는 것이 공정하지 않으면, 다스림에 도리를 다한 것이 아니고, 일처리에 응대를 다한 것이 아니다. 다스림에 도리를 다하지 않았다면, (임금과) 멀리 떨어지고 미천한 사람들은 호소할 곳이 없다. 일처리에 다 응대를 못했다면, 백성의 행복과 나라의 이익[功利]이 다 드러난 것이 아니다. 공리가 다 드러나지 않다면, 나라는 가난해진다. 소원하고 미천한 이들은 호소할 데가 없으면, 아래에서 요행을 바란다. 그러므로 (「판법」

편에서) 말하였다. "무릇 (임금이) 정치를 하려면, 그 마음을 바로잡아야 한다."

하늘의 뜻[志]은 마음이다. 하늘의 뜻이 바르면, 사사로이 가깝거나 친밀할 수 없으니, 소원한 이도 차별하여 볼 수 없다. 사사로이 가깝거나 친밀하지 않고, 소원한 이들도 차별하지 않는다면, (조정에는) 버려지는 이익이 없고, (민간에는) 호소할 데가 없지 않을 것이다. 버려지는 이익이 없고, 호소할 데가 없지 않으면, 일은 거행되지 않는 것이 없고, 재물도 버려지는 일이 없다. 천심天心을 보려고 하면, (그것은) 바람과 비(의 방향)에서 분명해질 것이다. 그러므로 (「판법」 편에서) 말하였다. "비바람 부는 때에 어긋나지 않아, 멀고 가까운 데 있는 사람과 높은 사람과 낮은 사람이, (모두) 각각 후손[嗣]을 얻는다."

版法者,[1] 法天地之位, 象四時之行, 以治天下. 四時之行, 有寒有暑, 聖人法之,[2] 故有文有武. 天地之位, 有前有後, 有左有右, 聖人法之, 以建經紀.[3] 春生於左, 秋殺於右, 夏長於前, 冬藏於後. 生長之事, 文也. 收藏之事, 武也. 是故文事在左, 武事在右. 聖人法之, 以行法令, 以治事理. 凡法事者, 操持不可以不正. 操持不正, 則聽治不公. 聽治不公, 則治不盡理, 事不盡應. 治不盡理, 則疏遠微賤者無所告訊.[4] 事不盡應, 則功利不盡擧. 功利不盡擧, 則國貧. 疏遠微賤者無所告訊, 則下饒.[5] 故曰: "凡將立事, 正彼天植." 天植者, 心也. 天植正, 則不私近親, 不孼疏遠. 不私近親, 不孼疏遠, 則無遺利, 無隱治.[6] 無遺利, 無隱治, 則事無不擧, 物無遺者. 欲見天心, 明以風雨. 故曰: "風雨無違, 遠近高下, 各得其嗣."

만물은 하늘을 우러르며 바람과 비를 귀하게 여긴다. 하늘을 우러르는 이유는, (하늘의) 명命을 받지 않은 것이 없기 때문이다. 바람과 비를 귀히 여기는 것은 바람을 기다려 움직이지 않는 것이 없고, 비를 기다려 적셔지지 않는 것이 없기 때문이다. 만약 만물로 하여금 하늘을

1 黎翔鳳에 의하면, 「版法解」에서 말하고 있는 '象四時之行, 以治天下. 有寒有暑, 聖人法之'(네 계절의 운행처럼, 천하를 다스린다. 추위가 있고 더위가 있으니, 성인은 이것을 법으로 삼는다), 이것은 좁은 의미의 法이다. 본 편에서 해석한 '版法'은 일반적인 법이 아니다.

2 黎翔鳳에 의하면, 文武는 寒暑를 법 받은 것인데, 生殺은 天地의 位를 법 받은 것이다.

3 湯孝純에 의하면, 經紀는 秩序이다. 鄭玄注에 '謂天文進退度數'(天文에서 進退의 度數를 말한 것이다)를 참조할 것. 『新譯管子讀本』(下), 796頁, 注2 참조.

4 湯孝純에 의하면, 訊은 訴(하소하다)와 같다. 上同, 注4 참조.

5 黎翔鳳에 의하면, 饒는 別體이니, 本字는 憢이니, 幸(다행, 요행)의 뜻이다.

6 湯孝純에 의하면, 治는 辭(말씀)와 통한다. 上同, 注7 참조.

버리고 다시 명을 받고, 바람을 버리고 다시 움직이며, 비를 버리고 다시 젖는 일이 있다면, 하늘을 높이 보고 바람과 비를 귀히 여길 필요가 없다. 지금 임금이 높은 데서 편안한 것은, 그 위세가 확립되어 있고 명령이 실행되기 때문이다. 위세가 확립되고 명령이 실행될 수 있는 이유는, 위세와 이익을 장악하는 것이 임금에게 있지 않은 것이 없기 때문이다. 만약 위세와 이익을 장악하는 것이 임금에게 온전히 있지 않고, 분산되어 있다면, 임금은 날로 더욱 경시될 것이며, 위세와 이익은 날로 약해지니, (이것은) 침탈과 포란暴亂의 길이다. 그러므로 (「판법」 편에서) 말하였다. "이 세 가지가 정리되어야, 임금은 나라를 보유할 수 있다."

萬物尊天而貴風雨. 所以尊天者, 爲其莫不受命焉也. 所以貴風雨者, 爲其莫不待風而動, 待雨而濡也. 若使萬物釋天而更有所受命, 釋風而更有所仰動, 釋雨而更有所仰濡, 則無爲尊天而貴風雨矣. 今人君之所尊安者, 爲其威立而令行也. 其所以能立威行令者, 爲其威利之操, 莫不在君也. 若使威利之操不專在君, 而有所分散, 則君日益輕, 而威利日衰, 侵暴之道也. 故曰: "三經旣飭, 君乃有國."

여름은 바야흐로 (낮이) 길어지는 때이니, 형벌과 상급을 살펴 다스리면, 반드시 기강紀綱이 밝혀질 것이다. 의義를 펼치고 법도를 정하여, 도리로써 일을 결단하며, 기운을 텅 비게[虛] 마음을 평탄하게 가지면, 이에 분노와 기쁨(의 감정)은 떠날 것이다. 만약 (임금이) 법을 등지고 명령을 버리며 기쁨과 분노(의 감정)으로 일을 행하면, 이에 화란禍亂이 생겨나고, 임금의 위치는 이에 위태로울 것이다. 그러므로 (「판법」 편에서) 말하였다. "(임금이) 기쁘다고 상을 내릴 수 없고, 화났다고 사람을 죽일 수 없다. 기쁘다고 상을 내리고, 화난다고 살인하면, 이에 원망이 생기고, 원망이 생기면 (임금의) 명령은 폐기된다. 급히 내린 명령은 시행되지 못하고, 민심은 이에 이반된다. 민심이 떠난 무리가 생기면, 화禍가 이에 시작한다. 무리들이 원망하게 되면, 임금도 (해결을) 도모할 수 없다."

겨울이면 일단 (모든 것이) 닫히고 갈무리되니, 모든 일이 다 끝나며, 지난 (해의) 농사가 다 완료되고, 내년 농사는 아직 시작되지 않았다. 바야흐로 겨울에는 아무 일도 없이, 신중하게 끝과 처음을 살펴보고, 일의 도리를 자세히 관찰한다. 일에는 먼저 쉽고 나중에 어려운 일이 있는데, 또한 처음에 보지 못해서 나중에 못 미치는 일이 있게 되니, 이것은 항상 유리한 것을 해내지 못한 것으로, 일이 난처하게 된 것이다. 일 중에 먼저 쉬운 것은, 사람들이 가볍게 처리한다. 사람들이 가볍게 처리하면, 반드시 곤란한 일이 이루어진다. 처음에 충분히 보지 못한 것을, 사람들은 가볍게 포기한다. 사람들이 가볍게 포기하면, 반드시 실수하여 어떻게 할 수 없는 일이 있게 된다. 여러 번 곤란해지면 어려운 일은 때로 실수하여, 어떻게 만회할 수 없는 일이 되니, (이것은) 소모의 길이다. 이 때문에 영명한 임금은 사리를 자세히 관찰하여, 신중하게 처음과 끝을 보고서, 하면 반드시 이룰 것을 알고, 이루면 반드시 쓸데를 알고, 쓰면 반드시 이롭고 해로운 점을 안다. 하여도 이룰 것을 알지 못하고, 이루었어도 쓸 데를 모르고, 써도 이롭고 해로운 데를 알지 못하면, 이것이 망령된 처사이다. 망령되게 일을 하면, 그 일은 이루어지지 않고, 그 업적은 세워지지 않는다. 그러므로 (「판법」 편에서) 말하였다. "좋아하는 일을 시행할 때는 반드시 그 결과를 관찰해야 하고, 싫은 일을 폐기할 때는 반드시 그것의 귀결을 계산해 넣어야 한다."

乘夏方長, 審治刑賞, 必明經紀. 陳義設法, 斷事以理, 虛氣平心, 乃去怒喜. 若倍法棄令而行怒喜, 禍亂乃生, 上位乃殆. 故曰: "喜無以賞, 怒無以殺. 喜以賞, 怒以殺, 怨乃起, 令乃廢. 驟令而不行, 民心乃外. 外之有徒, 禍乃始牙. 衆之所忿, 寡不能圖." 冬旣閉藏, 百事盡止, 往事畢登, 來事未起. 方冬無事, 愼觀終始, 審察事理. 事有先易而後難者, 有始不足見而終不可及者, 此常利之所以不擧, 事之所以困者也. 事之先易者, 人輕行之. 人輕行之, 則必困難成之事. 始不足見者, 人輕棄之. 人輕棄之, 則必失不可及之功. 夫數困難成之事, 而時失不可及之功, 衰耗之道也. 是故明君審察事理, 愼觀終始, 爲必知其所成, 成必知其所用, 用必知其所利害. 爲而不知所成, 成而不知所用, 用而不知所利害, 謂之妄擧. 妄擧者, 其事不成, 其功不立. 故曰: "擧所美必觀其所終, 廢所惡必計其所窮."

무릇 임금은, 백성들이 예의禮義를 갖기를 바란다. 무릇 백성들이 예의가 없으면, 상하가 혼란하고, 귀한 이와 천한 이들이 다툰다. 그러므로 (「판법」 편에서) 말하였다. "돈후한 사람은 상급賞給으로 면려勉勵하여 그를 드러내 주고, 이름 있는 사람을 작위로 드러내 아름답게 해준다."

무릇 임금은, 민중들이 임금과 친밀하고 (임금의) 뜻으로 향하기를 바라며, 그들이 종사하는 일들을 감당할 수 있기를 바란다. 민중들은 사랑하지 않으면 친밀하지 않고, 친밀하지 않으면 분명하지 않고, 순종을 가르치지 않으면, (임금의) 뜻으로 향할 줄 모른다. 이렇기 때문에 영명한 임금은 다 사랑함으로써 그들과 친하고, 순종을 분명히 가르침으로써 그들을 이끌고, 그들의 세력을 편하게 해주고, 그들의 대비를 이롭게 해주고, 그들의 힘을 아끼며, 그들이 일할 시기를 빼앗지 않음으로써 그들을 이롭게 한다. 이렇게 하면, 민중들은 임금과 가깝고 (임금의) 뜻으로 향하니, 일을 시키면 맡길 수 있을 것이다. 그러므로 (「판법」 편에서) 말하였다. "두루 사랑하여 남김없이 베푸는 것, 이것이 임금의 마음이다. 반드시 먼저 가르쳐 주어야, 만민은 (좋은 쪽으로) 교화된다. 아침저녁으로 그들을 이롭게 해주면, 민중들은 이에 자기 임무를 해낼 것이다."

凡人君者, 欲民之有禮義也. 夫民無禮義, 則上下亂而貴賤爭. 故曰: "慶勉敦敬以顯之, 富祿有功以勸之, 爵貴有名以休之." 凡人君者, 欲衆之親上鄉意也, 欲其從事之勝任也. 而衆者不愛則不親, 不親則不明, 不教順則不鄉意. 是故明君兼愛以親之, 明教順以道之, 便其勢, 利其備, 愛其力, 而勿奪其時以利之. 如此, 則衆親上鄉意, 從事勝任矣. 故曰: "兼愛無遺, 是謂君心. 必先順教, 萬民鄉風. 旦暮利之, 衆乃勝任."

다스림의 바탕은 둘이니, 하나는 사람이고, 둘째는 일이다. 사람들은 반드시 쓰이기를 바라고, 일하는 사람은 반드시 정교精巧하기를 바란다. 사람에는 거슬리는 것과 순종하는 것이 있고, 일에는 분량分量과 척도尺度가 있다. 사람 마음에 거슬린다면 그 사람은 쓰일 수 없고, 일에 척도가 없다면 일이 정교해질 수가 없다. 일이 정교하지 못하면 그르친 것이요, 사람들이 쓰이지 못하면 원망을 한다. 그러므로 (「판법」 편에서) 말하였다. "자기의 기준으로 인물을 취하고, 실정으로써 일이 이루어지게끔 하라!"

실정으로써 일이 되게끔 하는 것은 분량과 척도를 쓰는 것이니, 자기 기준으로 인물을 취하고, 헤아려서 (일을) 진행한다. 헤아려 봄이란, 자기 기준으로 재어 보는 것이다. 자기가 불안하면, 남에게 (그것을) 하지 말라! 그러므로 (「판법」 편에서) 말하였다. "재정을 잘 알아서, (신하와 백성들에게) 보수를 주는 데 신중해야 하며, (나라의) 역량을 살펴야 한다. 이에 재정을 쓸 때 인색해서는 안 되며, 인력을 쓰되 고생시켜서는 안 된다. 재정을 인색하게 쓰면 (민심을) 거스르게 되고, 인력을 고단하게 쓰면 (사람들이) 괴롭다."

治之本二: 一曰人, 二曰事. 人欲必用, 事人欲必工. 人有逆順, 事有稱量. 人心逆則人不用, 事失稱量則事不工. 事不工則傷, 人不用則怨. 故曰: "取人以己, 成事以質." 成事以質者, 用稱量也; 取人以己者, 度恕而行也. 度恕者, 度之於己也. 己之所不安, 勿施於人. 故曰: "審用財, 愼施報, 察稱量. 故用財不可以嗇, 用力不可以苦. 用財牆則費, 用力苦則勞矣."

어떻게 그렇다는 것을 아는가?

힘쓰는 데 고달프면 일이 정교하지 못하고, 일이 정교하지 못하면 몇 번 반복하게 되니, 그러므로 '(일이) 고단할 것이다'라고 말하였다. 재정을 쓰되 인색하면 사람 마음에 맞지 않고, 사람 마음에 안 맞으면 원망이 생기니, 그러므로 '(민심에) 거스르게 된다'라고 말하였다. 원망이 일어났다고 다시 되돌릴 수 없으니, 민중들은 수고스럽지만 휴식할 수 없으며, (민중들은) 반드시 조금 부서지고 무너진 것을 막는 마음을 가져야 할 것이다. 그러므로 (「판법」 편에서) 말하였다. "백성들이 부족하고 가난해지면, (임금의) 명령은 욕되게 되며, 백성들이 재난으로 고생하게 되면, (임금의) 명령은 실시될 수 없다. 보수를 베풀었는데 (백성들이) 제값을 못 받았다면, 화란이 비로소 창궐하고, 화란이 창궐했는데도 (임금이) 깨닫지 못하면, 백성들이 스스로 도모하게 된다."

奚以知其然也? 用力苦則事不工, 事不工而數復之, 故曰: '勞矣.' 用財嗇則不當人心, 不當人心則怨起, 用財而生怨, 故曰: '費.' 怨起而不復反, 衆勞而不得息, 則必有崩阤堵壞之心.[7] 故曰: "民不足, 令乃辱, 民苦殃, 令不行. 施報不得, 禍乃始昌. 禍昌而不悟, 民乃自圖."

무릇 나라에 법이 없으면 민중들은 할 바를 모르고, 제도制度가 없으면 일함에 기준[準則]이 없는 것이다. 법이 있으나 바르지 않고, 제도

7 黎翔鳳에 의하면, 阤는 弛(늦추다)와 뜻이 같다. 무너진 것은 堵塞(바르다, 막다)한다. 만약 堵를 屠(찢어 죽이다)로 훈독하면, 이 파괴한 것을 또 죽이는 것이니, 人情에 맞지 않는다.

가 있으나 곧지 않으면, 행정 관리가 신통치 못하다. 행정 관리가 신통치 못하면, 나라가 혼란해진다. 그러므로 (「판법」 편에서) 말하였다. "바른 법과 바른 제도라면, 죽을죄는 용서받을 수 없다. 사형은 반드시 믿을 수 있고, 백성들이 두려워서 떨게 된다. 맹렬한 위세가 일단 밝혀졌다면, 법령은 다시 반포될 필요가 없다."

凡國無法則衆不知所爲, 無度則事無機.[8] 有法不正, 有度不直, 則治辟.[9] 治辟, 則國亂. 故曰: "正法直度, 罪殺不赦. 殺僇必信, 民畏而懼. 武威旣明, 令不再行."

무릇 백성이란, 벌을 싫어하고 죄를 두려워하지 않는 이가 없다. 이 때문에 임금은 엄한 가르침으로 보여 주며, 형벌을 명확히 하여 (그것을) 밀어서 밑바닥에까지 이르게 한다. 그러므로 (「판법」 편에서) 말하였다. "게으름뱅이들을 곤고케 함으로써 모욕을 주고, 죄를 벌주고 작은 잘못은 용서함으로써 징계하며, 금지 사항을 어겼으면 죽이거나 형벌을 내려서 두려워 떨게 한다."

凡民者, 莫不惡罰而畏罪. 是以人君嚴教以示之, 明刑罰以致之.[10] 故曰: "頓卒台倦以辱之, 罰罪有過以懲之, 殺僇犯禁以振之."

다스려지는 나라에는 세 가지 도구[器]가 있고, 혼란한 나라에는 여섯 가지 공격[攻]이 있다. 영명한 임금은 여섯 가지 공격을 이기고 세 가지 도구를 확립할 수 있으니 나라가 다스려지고, 못난 임금은 여섯 가지 공격을 이기고 세 가지 도구를 확립할 수 없기 때문에 나라가 다스려지지 않는다.

세 가지 도구란 무엇인가?

(「판법」 편에서) 말한다. "① 호령, ② 형벌 ③ 녹봉과 상급이다."

여섯 가지 공격이란, 무엇인가?

(「판법」 편에서 말한다.) "친밀[親], 귀함[貴], 재물[貨], 미인[色], 아첨 기

8 黎翔鳳에 의하면, 機는 衡(저울대)이다.

9 趙守正에 의하면, 辟은 躄(걷지 못하다)과 통하니, 瘸腿(걷지 못하는 다리)이다. 治辟은 행정 관리가 不靈(신통하지 못함)함을 말한다. 『管子通解』(下), 296頁, 注2 참조.

10 黎翔鳳에 의하면, 致는 '밀어서 밑바닥에 이름'이다.

교[巧佞]와 완상할 수 있는 보물[玩好]이다."

세 가지 도구의 용도는 무엇인가?

(「판법」 편에서) 말한다. "호령이 없으면 아랫사람들을 부릴 수 없고, 도끼가 아니면 민중을 두렵게 할 수 없고, 녹봉과 상급 없이는 백성들을 권면할 수 없음이다."

여섯 가지 공격의 패해敗害는 무엇인가?

(「판법」 편에서) 말한다. "비록 (명령을) 듣지 않았어도 생존할 수 있고, 비록 금지 사항을 범했어도 (벌을) 면할 수 있고, 비록 공이 없어도 부유할 수 있다. 나라에 (명령을) 듣지 않고도 생존할 수 있는 자가 있다면, (임금의) 호령도 아랫사람들을 부릴 수 없다. 금지 명령을 범했어도 (죄를) 면할 수 있는 자가 있다면, 도끼도 민중들을 두렵게 할 수 없다. 호령도 아랫사람들을 부릴 수 없고, 도끼도 민중들을 두렵게 할 수 없으며, 녹봉이나 상급도 백성들을 권면할 수 없으면, 임금은 자신을 지킬 수 없을 것이다."

治國有三器, 亂國有六攻. 明君能勝六攻而立三器則國治, 不肖之君不能勝六攻而立三器故國不治. 三器者, 何也? 曰: 號令也, 斧鉞也, 祿賞也. 六攻者, 何也?[11] (曰:) 親也, 貴也, 貨也, 色也, 巧佞也, 玩好也. 三器之用, 何也? 曰: 非號令無以使下, 非斧鉞無以畏衆, 非祿賞無以勸民. 六攻之敗, 何也? 曰: "雖不聽而可以得存, 雖犯禁而可以得免, 雖無功而可以得富. 夫國有不聽而可以得存者, 則號令不足以使下. 有犯禁而可以得免者, 則斧鉞不足以畏衆. 號令不足以使下, 斧鉞不足以畏衆, 祿賞不足以勸民, 則人君無以自守也."

그렇다면 영명한 임금은 어떻게 하는가?

영명한 임금은 이 여섯 가지가 호령을 변경하지 못하게 하고, 이 여섯 가지가 도끼를 의심하고 잘못 쓰게 하지 않으며, 이 여섯 가지가 녹봉과 상급을 더 많게도 더 적게도 못하게 한다. 그러므로 (「판법」 편에서) 말하였다. "(임금의) 마음이 확고부동하면 기괴하고 사특한 사람들은 두려워하게 된다. 기괴함이 없어지고 사특함이 변화되며, 법령이 반포되고 백성들은 행동하게 된다."

11 王念孫에 의하면, '何也?' 다음에 曰자가 탈락되었다.

然則明君奈何? 明君不爲六者變更號令, 不爲六者疑錯斧鉞, 不爲六者益損祿賞. 故曰: "植固而不動, 奇邪乃恐. 奇革邪化, 令往民移."

무릇 임금은 만민을 덮어주며 실어주고 이들을 다 가지니, 수많은 족속[萬族]들을 비추어서 그들을 부리는데, 이 때문에 천지天地, 일월日月과 네 계절을 주로 하고, 이것들로 바탕을 삼아서 천하를 다스리는 것이다. 하늘은 (만물을) 덮고 있으니 예외가 없고, 그 덕은 있지 않는 곳이 없고, 땅은 (만물들을) 싣고서 버리는 것이 없고, 편안하고 튼튼하며 흔들리지 않으니, 따라서 낳고 번식시키지 않는 것이 없다. 성인은 이것을 본받아서, 만민을 덮어 주고 실어 주니, 따라서 그 표지를 받지 않은 것이 없다. 그 표지를 얻었으니, 쓰임이 없는 것은 없다. 그러므로 (「판법」 편에서) 말하였다. "(임금은) 하늘을 본받아 (만물의) 덕과 합하고, 땅을 닮았으니 사사로이 친함이 없다."

해와 달은 사사로움이 없으니, 따라서 빛을 얻지 못하는 이는 없다. 성인은 이것을 본받아서, 만민을 밝혀 주고, 그러므로 자세히 살필 수 있으니, 좋은 점을 버림이 없고. 거짓을 숨김이 없다. 좋은 점을 버림이 없고, 거짓을 숨김이 없으니, 형벌도 상급도 반드시 믿을 수 있다. 형벌도 상급도 반드시 믿을 수 있으니, 좋은 점은 권장되고 거짓은 그친다. 그러므로 (「판법」 편에서) 말하였다. "(임금은) 해와 달과 함께 셋이 된다."

사계절의 운행은, 반드시 믿을 수 있고, 밝음이 드러난다. 성인은 이것을 본받아서, 만민을 섬기니, 따라서 계절의 공효功效를 잃지 않는다. 그러므로 (「판법」 편에서) 말하였다. "(임금은) 사계절과 함께 다섯이 된다."

凡人君者, 覆載萬民而兼有之, 燭臨萬族而事使之, 是故以天地、日月、四時爲主、爲質以治天下. 天覆而無外也, 其德無所不在; 地載而無棄也, 安固而不動, 故莫不生殖. 聖人法之, 以覆載萬民, 故莫不得其職姓.[12] 得其職姓, 則莫不爲用. 故曰: "法天合德, 象地無親." 日月之明無私, 故莫不得光. 聖人法之, 以燭萬民, 故能審察, 則無遺善, 無隱姦. 無遺善, 無隱

12 黎翔鳳에 의하면, 職은 表誌의 誌(표시)다. 태어나면 姓을 주는데, 姓을 얻으면 幟識(표지)가 된다.

姦, 則刑賞信必. 刑賞信必, 則善勸而姦止. 故曰: "參於日月." 四時之行, 信必而著明. 聖人法之, 以事萬民, 故不失時功. 故曰: "伍於四時."

무릇 민중은 그들을 사랑하면 친해지고, 그들을 이롭게 하면 온다. 이 때문에 영명한 임금은 이익을 설정하여 그들을 오게 하고, 사랑을 명백히 밝힘으로써 그들을 가까이 한다. 그저 이익만 주고 사랑하지 않으면, 민중들은 (임금에게) 오지만 친하지 않다. 그저 사랑만 하지 이익이 없으면, 민중들은 (임금과) 친하나 (가까이) 오지 않는다. 사랑과 베풂을 모두 실행하면 임금과 신하들을 기쁘게 할 것이고, 친구들을 기쁘게 할 것이고, 형제들을 기쁘게 할 것이고 부자父子들을 기쁘게 할 것이다. 애정과 베풂이 설정된 것이 넷[君臣, 朋友, 兄弟, 父子]인데, (임금이 이들에게) 굳게 지킬 수 없다. 그러므로 (「판법」 편에서) 말하였다. "네 가지 기쁨은 사랑과 베풂에 있다."

凡衆者, 愛之則親, 利之則至. 是故明君設利以致之, 明愛以親之. 徒利而不愛, 則衆至而不親. 徒愛而不利, 則衆親而不至. 愛施俱行, 則說君臣, 說朋友, 說兄弟, 說父子. 愛施所設四,[13] 固不能守. 故曰: "四說在愛施."

무릇 임금이 민중을 소유할 수 있는 근거는 사랑과 베풂의 덕이다. (임금의) 사랑에 이동이 있고, 이익을 취함에 병탄倂呑이 있다면, (민중들을) 다 가질 수 없다. 그러므로 (「판법」 편에서) 말하였다. "민중을 갖는 것은, (임금이) 사사로움을 버리는 데 있다."

凡君所以有衆者, 愛施之德也. 愛有所移,[14] 利有所幷, 則不能盡有. 故曰: "有衆在廢私."

사랑과 베풂의 덕은 실행하더라도 사사로움이 없다. (임금이) 안에서의 행실을 닦지 않고서는, 먼 데 임금을 입조立朝하게 할 수 없다. 이 때문에 군신君臣 상하의 뜻을 바로잡고, 부자父子, 형제, 부처夫妻의

13 黎翔鳳에 의하면, '愛施所設者四'는 君臣, 朋友, 兄弟와 父子를 가리킨다.

14 黎翔鳳에 의하면, 이동하여 바뀜이 있으면 항상 보장할 수 없으니, (임금은) 민중들을 가질 수 없다.

의리를 정돈하고, 남녀의 구별을 정돈하고, 친소親疏의 차이를 구별하고, 임금은 덕을 신하는 충성을 베풀고, 아버지는 자비하고 자식은 효도하고, 형은 사랑하고 동생은 공경하며, 예의가 밝게 밝혀지면, 이와 같이 되면 가까운 이가 친해지고, 멀리 있는 이가 돌아온다. 그러므로 (「판법」 편에서) 말하였다. "먼 데 사람을 불러오는 것은 나라 안을 잘 다스림에 있다."

愛施之德, 雖行而無私. 內行不脩, 則不能朝遠方之君. 是故正君臣上下之義, 飾父子兄弟夫妻之義,[15] 飾男女之別, 別疏數之差,[16] 使君德臣忠, 父慈子孝, 兄愛弟敬, 禮義章明, 如此則近者親之, 遠者歸之. 故曰: "召遠在脩近."

화禍를 막는 것은 원망을 없애는 것이다. 원망이 있어서 그것을 없애는 것이 아니라, 일하는 곳에 원망이 없어야 한다. 무릇 화란禍亂이 생기는 것은, 원망을 품는 데서 생긴다. 원망이 생기는 것은, 도리에 맞지 않는 데서 생긴다. 이렇기 때문에 영명한 임금은 민중을 일 시킬 때 반드시 준칙이 있으니, 그들을 일 시킬 때 반드시 도리에 맞게 하고, 보답을 할 때 반드시 합당하게 하고, 말씀을 하면 (그들은) 반드시 얻을 것이 있으며, 형벌을 줄 때 반드시 도리가 있어야 한다. 이렇게 하면, 민중들은 원한으로 뭉친 마음이 없어지고, 원한의 뜻이 없어진다. 이렇게 하면, 화란禍亂이 생기지 않고, 임금의 자리도 위태롭지 않다. 그러므로 (「판법」 편에서) 말하였다. "화근을 피하는 길은 원한을 제거함에 있다."

閉禍在除怨. 非有怨乃除之, 所事之地常無怨也. 凡禍亂之所生, 生於怨咎. 怨咎所生, 生於非理. 是以明君之事衆也必經,[17] 使之必道, 施報必當, 出言必得, 刑罰必理. 如此, 則衆無鬱怨之心, 無憾恨之意. 如此, 則禍亂不生, 上位不殆. 故曰: "閉禍在除怨也."

무릇 임금이 높은 데서 편안한 것은, 현자들의 도움이다. 현자를

15 飾은 飭(정비하다)과 통한다.

16 湯孝純에 의하면, 疏數는 疏密이니, 親疏의 뜻이다. 上同, 806頁, 注8 참조.

17 여기서 經은 常道나 準則의 의미이다.

도와주면 임금이 높아지고, 나라가 편안하며, 백성들이 다스려지는데, 도와주지 않으면 임금(의 지위)이 낮아지고, 나라가 위태롭고, 백성들이 난리를 일으킨다. 그러므로 (「판법」 편에서) 말하였다. "(나라가) 오래 가도록 대비對備하는 것은 현자를 임용하는 데 있다."

凡人君所以尊安者, 賢佐也. 佐賢則君尊、國安、民治, 無佐則君卑、國危、民亂. 故曰: "備長存乎任賢."

무릇 사람이란, 이익을 바라고 해를 싫어하지 않는 이가 없다. 이 때문에 천하(사람들)과 함께 이로움을 취하면, 천하가 지지할 것이고, 천하의 이익을 멋대로 처리하면, 천하가 그것에 (대책을) 꾀할 것이다. 천하 (사람들)이 도모하면, (임금의 지위가) 비록 확립되었어도 반드시 무너질 것이다. 천하 (사람들)이 지지하면, (임금의 지위가) 비록 높다 하더라도 위태롭지 않다. 그러므로 (「판법」 편에서) 말하였다. "높은 자리를 안정시키는 것은 이득을 (아래의 백성들과) 같이하는 데 있다."

凡人者, 莫不欲利而惡害. 是故與天下同利者, 天下持之; 擅天下之利者, 天下謀之. 天下所謀, 雖立必隳. 天下所持, 雖高不危. 故曰: "安高在乎同利."

무릇 이른바 이롭게 할 수 없는데 사람들을 이롭게 한 것은, 순舜임금이 그렇다. 순임금은 역산歷山에서 농사짓고, 황하黃河가에서 도자기를 굽고, 뇌택雷澤 지방에서 고기를 잡았으나, 그 이득은 취하지 않고, 백성들을 가르쳤기에, 백성들이 모두 이득을 보았다. 이것이 이른바 이롭게 할 수 없는데 사람들을 이롭게 한 것이다. 이른바 가진 것이 없는데 사람들에게 준 것은, 무왕武王이 그렇다. 무왕이 주紂를 정벌하여, 참여한 병사들에게, 일정량의 토지와 그 지역의 인구를 주었다. 은殷나라에 입성한 날, 거교鉅橋의 창고를 열었고, 녹대鹿臺의 돈을 나눠주니, 은나라 백성들이 크게 기뻐하였다. 이것이 (자기가) 소유하지 않은 것을 남에게 준 것이다.

凡所謂能以所不利利人者, 舜是也.[18] 舜耕歷山, 陶河濱, 漁雷澤, 不取其利, 以教百姓, 百姓擧利之. 此所謂能以所不利利人者也. 所謂能以所不有予人者, 武王是也. 武王伐紂, 士卒往者, 人有書社.[19] 入殷之日, 決鉅橋之粟, 散鹿台之錢, 殷民大說. 此所謂能以所不有予人者也.

환공이 관중에게 말하였다. "지금 당신께서 과인을 가르치어 하늘을 본받아서 (하늘의) 덕德과 같아지라 하시니, 덕을 함께한 지 오래되었으며, 덕을 같이하여 만물을 덮어 주어, 만물들이 (과인의) 명命을 받았습니다. 땅처럼 (사사로운) 친함은 없고, (사사로운) 친함이 없어도 (과인의 지위는) 안정되고 확고합니다. (사사로운) 친함이 없으나 모두를 (땅처럼) 다 싣고 있으니, 생명들이 모두 번식합니다. (과인이) 해와 달과 함께 셋이 되나, 사사로이 빛을 보유하지 않습니다. 사사로움 없이 만물들을 다 비추니, 아름다운 것이나 미운 것들이 숨길 것이 없습니다. 이렇다면 이 몸이 군자가 되어, 좋은 것도 없고 미운 것도 없으니, 이렇게 되면 끝입니까?"

관중이 대답하였다. "그렇지 않습니다. 배운다는 것은 스스로 변화시키는 것이니, 자신을 안위安慰하는 근거입니다. 따라서 군자는 남의 나쁜 점을 언급하기 싫어하고, 충성하지 않고 원망하고 질투하는 것을 싫어하고, 공론을 거치지 않은 명성을 싫어하고, 아래에 자리하지 않고 윗자리에 앉는 것을 싫어하고, 외인外人들에게 친밀하지 않고 안에서 방종放縱함을 싫어합니다. 이 다섯 가지는, 군자들도 행하기 두려운데, 소인들이 망하는 근거이니, 하물며 임금에게는 어떻겠습니까!"

桓公謂管子曰 : "今子教寡人法天合德. 合德長久. 合德而兼覆之, 則萬物受命. 象地無親, 無親安固. 無親而兼載之, 則諸生皆殖. 參於日月, 無私葆光. 無私而兼照之, 則美惡不隱. 然則君子之爲身, 無好無惡, 然已乎?" 管子對曰: "不然. 夫學者所以自化, 所以自撫.[20] 故君子惡稱人之惡, 惡不忠而怨妬, 惡不公議而名當稱, 惡不位下而位上, 惡不親外而內放. 此五者, 君子之所恐行, 而小人之所以亡, 况人君乎!"

18 丁士涵에 의하면, 이 節과 다음 節은 問答語이기 때문에, 이 편과는 同類가 아니니, 아마도 잃어버린 篇의 錯簡일 것이다. 그러나 黎翔鳳에 의하면, 前述한 明君과 不肖之君을 總結하여 紂와 武王을 例로 들었다. 『論語』에도 孔門의 問答 외에, 篇末에 '堯曰咨爾舜'의 한 문단은, 問答 외에, 평상시에 誦習하던 것이다. 이 뜻을 분명히 파악하지 않으면, 錯簡으로 볼 수 있는데, 誤謬라고 생각한다.

19 湯孝純에 의하면, 古代에 25家가 1社이고 社人의 姓名을 책에 기록한 것을 書社라고 했다. 일정량의 토지와 당지에 거주하는 인구를 가리킨다. 上同, 808頁, 注4 참조.

20 黎翔鳳에 의하면, 撫(어루만지다)는 拊循(위무하다)이다.

명법해 明法解

「명법」 편 해석

이 편은 제46편 「명법明法」에 대한 해설이다. 본문은 「명법」 편 원문原文의 순서와 문구와 맞으며, 해설이 정확하다. 법法, 세勢와 술術이 서로 결합한 면모를 보여주고 있어서, 현존 네 편의 해설문 가운데 가장 완전한 한 편이다.

영명한 임금은, (신하를 다루는) 책략은 있으나 속이지는 않고, 법률이 금지하는 것[法禁]을 잘 알아서 범하지 않으며, 나누어진 직분을 잘 살피니 혼란해질 수 없다. 따라서 여러 신하들이 자기의 사사로움을 행사할 수 없고, 높은 신하가 천한 자를 가릴[蔽] 수 없고, 가까운 이들이 먼데 사람을 막아설 수 없으며, (아버지 없는) 고아, 과부, 늙은이와 약자들이 자기 몫[職]을 잃을 수 없으니, 나라 안이 분명하게 갈라져서 서로 월권할 일이 없다. 이것이 나라를 다스리는 것이다. 그러므로 「명법明法」 편(의 원문原文)에서 말하였다. "이른바 나라를 다스린다는 것은 임금의 도리를 밝히는 것이다."

明主者, 有術數而不可欺也, 審於法禁而不可犯也, 察於分職而不可亂也. 故羣臣不敢行其私, 貴臣不得蔽賤, 近者不得塞遠, 孤寡老弱不失其所職, 竟內明辨而不相逾越. 此之謂治國. 故「明法」曰: "所謂治國者, 主道明也."

영명한 임금은, 위에서 백성들을 하나로 (통합하고) 아랫사람들을 부릴 수 있는 것이다. 사적인 술책은, 아랫사람이 윗사람을 침탈하고 임금을 혼란시킬 수 있는 것이다. 따라서 법法이 파괴되고 사사로움이 횡행한다면, 임금은 고립되어 홀로 서게 되니, 신하들이 여러 당파를 만들어 붕당朋黨을 이룬다. 이렇게 되면 임금은 약해지고 신하들이 강해지니, 이것이 어지러운 나라[亂國]이다. 그러므로 「명법」 편(의 원문)에서 말하였다. "이른바 나라를 어지럽힌다는 것은, 신하들의 (사사로운 이익을 늘리는) 술책이 승리하는 것이다."

明主者, 上之所以一民使下也. 私術者, 下之所以侵上亂主也. 故法廢而私行, 則人主孤特而獨立, 人臣羣黨而成朋, 如此則主弱而臣强, 此之謂亂國. 故「明法」曰: "所謂亂國者, 臣術勝也."

영명한 임금이 윗자리에 있어서 반드시 다스려지는 형세라면, 여러 신하들은 비리非理를 저지를 수가 없다. 이 때문에 여러 신하들이 임금을 속일 수 없는 것은, 임금을 사랑해서가 아니라, 임금의 위세를 두려워하기 때문이다. 백성들이 쓰이기를 다투는 것은 임금을 사랑하기 때문이 아니고, 임금의 법령을 두려워하기 때문이다. 그러므로 영명한 임금은 반드시 이길 수 있는 술책을 조작하며, 반드시 쓸 만한 백성들을 다스린다. (임금은) 반드시 높아질 수 있는 형세에 처함으로써 반드시 복종할 신하들을 제압한다. 그러므로 명령대로 행하고 금지시키면 그치고, 임금은 높아지고 신하들은 낮아진다. 그러므로 「명법」 편(의 원문)에서 말하였다. "임금을 존중하고 신하를 낮추는 것은, 가까움[親]만을 고려한 것이 아니고, 세력이 우세한 것이다."

明主在上位, 有必治之勢, 則羣臣不敢爲非. 是故羣臣之不敢欺主者, 非愛主也, 以畏主之威勢也. 百姓之爭用, 非以愛主也, 以畏主之法令也. 故明主操必勝之數, 以治必用之民. 處必尊之勢, 以制必服之臣. 故令行禁止, 主尊而臣卑. 故「明法」曰: "尊君卑臣, 非計親也, 以勢勝也."

영명한 임금의 다스림이란 작위와 녹봉을 분명히 밝힘으로써 백성들을 권면하며, 백성들은 임금에게 이로움이 있기에, 그러므로 임금이 그들을 부릴 수 있는 것이다. 형벌을 세워서 아랫사람들을 위협하면, 아랫사람들은 임금을 두려워하게 되니, 따라서 임금은 그들을 다스릴 수 있는 것이다. 그러므로 작록爵祿이 없으면 임금은 백성들을 권면할 수 없고, 형벌이 없다면 임금은 민중들에게 위세를 부릴 수 없다. 그러므로 신하들이 도리를 따르고 (임금의) 명령을 받드는 것은 임금을 사랑하기 때문이 아니고, 장차 이익으로 나아가고 손해를 피하려는 것이다. 모든 관료들이 법을 받들고 거짓이 없는 것은 임금을 사랑하기 때문이 아니라, 작록을 사랑하고 벌을 피하려고 함 때문이다. 그러므로 「명법」 편(의 원문)에서 말하였다. "모든 관료들의 직분은 은혜를 베푸는 것이 아니라, 형벌이 반드시 따르는 것이다."

明主之治也, 縣爵祿以勸其民, 民有利於上, 故主有以使之. 立刑罰以威其下, 下有畏於上, 故主有以牧之. 故無爵祿則主無以勸民, 無刑罰則主無以威衆. 故人臣之行理奉命者, 非以愛主也, 且以就利而避害也. 百官之奉法無姦者, 非以愛主也, 欲以愛爵祿而避罰也. 故「明法」曰: "百官論職, 非惠也, 刑罰必也."

임금은 생살生殺권을 가지고 위세를 부리며, 명령을 실행시키고 금지시키는 권력을 가짐으로써 여러 신하들을 제어하니, 이것이 임금의 (나라 다스리는) 도리이다. 신하는, 비천한 지위에 있어도, 임금의 명령을 받들고, 자기가 맡은 관직을 지키며, 자기 직분을 다스리는 것, 이것이 신하의 도리이다. 그러므로 임금이 신하의 도리를 행하면 혼란스러워지고, 신하가 임금의 도리를 실행하면 (임금이) 위태해진다. 그러므로 위와 아래가 구분이 없고, 임금과 신하들이 도리를 함께 하는 것이 혼란의 근본이다. 그러므로 「명법」 편(의 원문)에서 말하였다. "그러므로 임금과 신하가 도道를 함께 가지면 혼란해진다."

人主者, 擅生殺, 處威勢, 操令行禁止之柄, 以御其羣臣, 此主道也. 人臣者, 處卑賤, 奉主令, 守本任, 治分職, 此臣道也. 故主行臣道則亂, 臣行主道則危. 故上下無分, 君臣共道, 亂之本也. 故「明法」曰: "君臣共道則亂."

신하들이 임금을 두려워 떨면서 부지런히 받드는 이유는, 살기를 원하며 죽기를 싫어하기 때문이다. 설사 사람들이 살려고 하지 않고, 죽기를 싫어하지 않는다면, (그들을) 얻어서 제압할 수가 없다. 생살生殺의 권리가, 오로지 대신에게 있는데 임금이 위태롭지 않은 일은 일찍이 없었다. 그러므로 다스려짐과 어지러움이 법으로써 재단되지 않고, 중신重臣들에 의해 결정되는 것이다. 생살의 권리가 임금에 의해 제어되지 못하고, 여러 신하들에 있다면, 이것은 기생寄生하는 임금이다. 그러므로 임금이 오로지 그 위세를 남에게 준다면, (그 임금은) 반드시 죽임을 당할 염려가 있게 된다. 법률과 제도를 멋대로 남에게 맡긴다면, 반드시 반란이 일어나 (나라가) 망하는 불행이 있게 된다. 이와 같다면, 망하는 임금의 길이다. 그러므로 「명법」 편(의 원문)에서 말하였다. "(신하에게 권세를) 전적으로 내어 주면 (임금 자리를) 잃는 것이다."

人臣之所以畏恐而謹事主者, 以欲生而惡死也. 使人不欲生, 不惡死, 則不可得而制也. 夫生殺之柄, 專在大臣而主不危者, 未嘗有也. 故治亂不以法斷, 而決於重臣. 生殺之柄, 不制於主, 而在羣下, 此寄生之主也. 故人主專以其威勢予人, 則必有劫殺之患. 專以其法制予人, 則必有亂亡之禍. 如此者, 亡主之道也. 故「明法」曰: "專授則失."

무릇 임금이면서 자기 명령을 실행할 수 없고, 법률은 폐지되고 여러 신하들이 멋대로 한다면, (임금의) 위엄은 이미 버려지고, 권세는 이미 탈취당했으니, 명령이 나갈 수도 없고, 여러 신하들이 (그것을) 쓰지 않으니, 백성들도 부릴 수 없어서, 나라 안의 민중들을 제압할 수 없게 되면, 나라는 자기 나라가 아니고 백성도 자기 백성이 아닌 것이다. 이렇게 되면, 임금의 도리는 없어진 것이다. 그러므로 「명법」 편(의 원문)에서 말하였다. "(임금의) 명령이 안에서 나갈 수 없으니, 멸망[滅]이다."

凡爲主而不得行其令, 廢法而恣羣臣, 威嚴已廢, 權勢已奪, 令不得出, 羣臣弗爲用, 百姓弗爲使, 竟內之衆不制, 則國非其國, 而民非其民. 如此者, 滅主之道也. 故「明法」曰: "令本不出謂之滅."[1]

영명한 임금의 도리는, 낮고 천한 사람을 쓰는 데 존귀한 사람들의 추천을 기다리지 않고 (그들을) 만나 본다. 대신들은 (임금) 좌우 (신하들)에 의해 진출하는 것이 아니기에, 모든 관리들이 발전할 수 있으니, 여러 신하들이 (있는 그대로) 드러난다. 벌 받는 자는, 임금이 그 죄를 보는 것이다. 상급을 받는 자는, 임금이 그의 공로를 알고 있다. (임금이) 보고 아는 데 어긋남이 없고, 상과 벌을 주는 데 차질이 없으며, 가려지지 않는 술책이 있기 때문에, 따라서 (임금은) 저지당할 걱정이

1 黎翔鳳에 의하면, 本은 여기서 笨이니, 대나무 속의 하얀 껍질이기에, 裏(속)이다.

없다. 못난 임금은, 법령이 백성들에게 이르지 못하며, 멀리 떨어지고 단절되어 (백성들의 형편을) 들을 수 없다. 이렇게 되면, (임금이) 저지당하는 방도이다. 그러므로 「명법」 편(의 원문)에서 말하였다. "(임금의) 명령이 나가지만 보류되니, 옹폐壅蔽다."

明主之道, 卑賤不待尊貴而見. 大臣不因左右而進, 百官條通,[2] 羣臣顯見. 有罰者, 主見其罪. 有賞者, 主知其功. 見知不悖, 賞罰不差. 有不蔽之術, 故無壅遏之患. 亂主則不然, 法令不得至於民, 疏遠鬲閉而不得聞. 如此者, 壅遏之道也. 故「明法」曰: "令出而留謂之壅."

신하가 (임금을) 올라타고 나쁜 짓을 하는 것이, 임금을 멋대로 부리는 것이다. 신하 중에 임금을 멋대로 부리는 자가 있다면, 임금의 명령은 시행될 수 없고, 아래의 사정이 임금에게 통할 수 없다. 신하의 힘이, 임금과 신하들 사이를 격리시키고, 아름답거나 추한 사정이 일어나도 (임금에게) 들릴 수 없고, 화복禍福을 주는 일이 관철되지 못해도, 임금은 미혹되어 깨닫지 못하는 것이다. 이렇게 되면, 임금을 막아버리는 방도인 것이다. 그러므로 「명법」 편(의 원문)에서 말하였다. "아랫사람들의 사정이 임금에게 통하지 못하면, (임금이 꽉) 막힌 것이다."

人臣之所以乘而爲姦者, 擅主也. 臣有擅主者, 則主令不得行, 而下情不上通. 人臣之力, 能鬲君臣之閒, 而使美惡之情不揚聞, 禍福之事不通徹, 人主迷惑而無從悟. 如此者, 塞主之道也. 故「明法」曰: "下情不上通謂之塞."

영명한 임금은, 모두 듣고서 혼자 결정을 내리지만, (의견을 듣는) 문은 많다. 여러 신하를 (다루는) 방도는, 아랫사람들이 윗사람들에게 명백히 밝힐 수 있으며, 비천한 자라도 높은 이들에게 말을 할 수 있으니, 따라서 나쁜 사람들이 속일 수 없는 것이다. 못난 임금은 그렇지 않아서, (언론을) 청취하는 데 술책術策이 없고, 일을 판결하는 데 종합하여[錯綜] 비교하지 않으니, 따라서 무능한 선비가 임금과 통하고, 사악하고 비뚤어진 관료가 나라 일을 독점하여, 임금의 명철함이 가려지

2 黎翔鳳에 의하면, 條는 條暢이니, 條暢涵達(暢達하여 포용하여 통함)의 뜻이다.

고 총명함이 막히며, 충신 중에 간언諫言하려는 자는 임금 앞으로 나갈 수가 없다. 이렇게 되면, (그것은) 임금을 침탈하는 방도이다. 그러므로 「명법」 편(의 원문)에서 말하였다. "아랫사람들의 사정이 올라가도 길에서 막히니, 침탈이다."

明主者, 兼聽獨斷, 多其門戶. 羣臣之道, 下得明上, 賤得言貴, 故姦人不敢欺. 亂主則不然, 聽無術數, 斷事不以參伍, 故無能之士上通, 邪枉之臣專國, 主明蔽而聰塞, 忠臣之欲謀諫者不得進. 如此者, 侵主之道也. 故「明法」曰: "下情上而道止, 謂之侵."

임금이 나라를 다스리는데, 법령이 없는 곳이 없고, 상과 벌은 갖추어져 있다. 따라서 법령이 명백하고, 상과 벌의 실시가 합당하면, 임금은 높이 드러나고 거짓이 생기지 않는다. 법령이 거꾸로 되고, 상벌의 근거가 부당하면 여러 신하들이 사익을 앞세우고 (임금을) 봉쇄하니, 당파들이 (임금을) 겁살劫殺한다. 그러므로 「명법」 편(의 원문)에서 말하였다. "그러므로 (임금의 명령이) 없어지고, 침탈당하고, 막히고, 폐쇄되는 일이 생기는 것은, 법치가 성립될 수 없기 때문이다."

人主之治國也, 莫不有法令, 賞罰具. 故其法令明, 而賞罰之所立者當, 則主尊顯而姦不生. 其法令逆, 而賞罰之所立者不當, 則羣臣立私而壅塞之, 朋黨而劫殺之. 故「明法」曰: "滅、塞、侵、壅之所生, 從法之不立也."

법도란, 임금이 천하를 제압하고 속임수와 사악한 일을 금지시키는 근거이고, 천하를 통솔하고 종묘宗廟를 받드는 근거이다. 사사로운 뜻이란, 혼란을 일으키고 사악邪惡을 키우며 공정公正을 해치는 근거이고, (임금을) 옹폐시키고 공정을 잃게 하며 (나라를) 위태롭고 망하게 하는 근거이다. 그러므로 법도가 행해지면 나라는 다스려지고, 사사로운 뜻이 실행되면 나라는 혼란해진다. 영명한 임금은 비록 마음에서 사랑한다 하여도, 공이 없는 자에게는 상을 주지 않는다. 비록 마음에서 미워한다 하여도, 죄가 없는 이를 벌하지 않는다. 법식대로 하여 득과 실을 험증驗證하고, 법도에 맞지 않으면 눈길을 안 준다. 그러므로 「명법」 편(의 원문)에서 말하였다. "선왕들이 나라를 다스림에, 법 밖에 뜻을 두지 않았다."

法度者, 主之所以制天下而禁姦邪也, 所以牧領海內而奉宗廟也. 私意者, 所以生亂長姦而害公正也, 所以壅蔽失正而危亡也. 故法度行則國治, 私意行則國亂. 明主雖心之所愛, 而無功者不賞也. 雖心之所憎, 而無罪者弗罰也. 案法式而驗得失, 非法度不留意焉. 故「明法」曰: "先王之治國也, 不淫意於法之外."

영명한 임금이 나라를 다스리는 것은, 처단處斷의 적합에 따라서, 바른 도리를 실행한다. 그러므로 마땅히 상을 내려야 한다면, 신하들은 (그것을) 사양할 수 없다. 마땅히 벌을 내려야 한다면, 여러 신하들은 (그것을) 피할 수가 없다. 공적에 상 주고 죄를 벌하는 것은, 천하를 위하여 이로움을 불러내고 해로움을 제거하는 근거이다. 잡초를 제거하지 않으면 곡류穀類가 해를 입고, 도적을 죽이지 않으면 양민을 다치게 한다. 공공의 법을 버리고 사사로운 혜택을 베풀면, 간사한 이를 이롭게 하고 폭력과 혼란을 키우는 것이다. 사사로운 혜택을 행하고 공이 없는데 상을 준다면, 이는 백성들로 하여금 요행을 엿보게 하여 임금을 바라보게 하는 것이다. 사사로운 혜택을 행하고 죄 있는 자를 용서하면, 이는 백성들로 하여금 임금을 깔보고 쉽게 비위非違를 저지르게 하는 것이다. 공법公法을 버리고, 사사로운 혜택을 주는 것, (이것을) 영명한 임금은 하지 않는다. 그러므로 「명법」 편(의 원문)에서 말하였다. "법 안에서는 베풂[恩德]이란 없다."

明主之治國也, 案其當宜, 行其正理.[3] 故其當賞者, 羣臣不得辭也. 其當罰者, 羣臣不敢避也. 夫賞功誅罪, 所以爲天下致利除害也. 草茅弗去則害禾穀, 盜賊弗誅則傷良民. 夫舍公法而行私惠, 則是利姦邪而長暴亂也. 行私惠而賞無功, 則是使民偸幸而望於上也. 行私惠而赦有罪, 則是使民輕上而易爲非也. 夫舍公法, 用私惠, 明主不爲也. 故「明法」曰: "不爲惠於法之內."

무릇 임금은 자기 백성을 쓰고자 하지 않음이 없다. 백성들을 쓰려면, 반드시 법이 확립되고 명령이 실행되어야 한다. 따라서 나라를 다스리고 민중들을 부리는 데 법과 같은 것이 없고, 음탕淫蕩을 금지하

3 黎翔鳳에 의하면, 當은 處斷이다. 當을 正으로 訓讀하지 않았다.

고 폭력을 그치게 하는 데 형벌만 한 것이 없다. 그러므로 가난한 자가 부자의 재물을 빼앗고 싶지 않은 것이 아니라, 그렇게 할 수 없는 것은, 법이 못하게 하는 것이다. 강자가 약자를 폭행하고 싶지 않는 것이 아니라, 그렇게 할 수 없는 것은, 법의 징벌이 두려운 것이다. 그러므로 모든 관리들이 일을 처리할 때, 법대로 하면, 간사奸邪한 일이 생길 수 없다. 흉포하고 오만한 사람에게 형벌을 주면, 화禍가 생기지 않는다. 여러 신하들이 함께 출세하려 함에 책략[數]으로써 그들을 통제하면, 사사로움은 일어설 수 없다. 그러므로 「명법」 편(의 원문)에서 말하였다. "행동에 법 아닌 것이 없었으니, 과오를 금지하고 사사로움을 제외시켰기 때문이다.

凡人主莫不欲其民之用也. 使民用者, 必法立而令行也. 故治國使衆莫如法, 禁淫止暴莫如刑. 故貧者非不欲奪富者財也, 然而不敢者, 法不使也. 强者非不能暴弱也, 然而不敢者, 畏法誅也. 故百官之事, 案之以法, 則姦不生. 暴慢之人, 誅之以刑, 則禍不起. 羣臣竝進, 筴之以數,[4] 則私無所立. 故「明法」曰: "動無非法者, 所以禁過而外私也."

임금이 신하들을 제압하는 근거는 위세威勢다. 그러므로 위세가 신하에 있으면, 임금은 신하에 의해 제압당하고, 위세가 임금에게 있다면 신하들은 임금에 의해 제압당한다. 엄폐된 임금이란, 누가 대문을 막고 문 입구를 지키는 것이 아닌데도, (임금의) 명령은 실행되지 않고, 금령은 그치게 못한다면, 바라는 것을 얻을 수 없으니, 그 위세를 잃은 것이다. 그러므로 위세가 홀로 임금에게 있다면, 여러 신하들은 (임금을) 경외하고, 법으로 다스림은 홀로 임금에게서 나온다면, 천하는 (임금의) 덕에 복종할 것이다. 따라서 위세가 신하들에 의해 나누어졌다면, (임금의) 명령은 시행되지 않고, 법정이 신하에게서 나온다면, 백성들은 (임금의 말을) 듣지 않을 것이다. 그러므로 영명한 임금은 천하를 다스림에, 위세는 홀로 임금에게 있고, 신하들과 공유하지 않으며, 법정은 홀로 임금에 의해 통제되고, 신하들에게서 나올 수 없다. 그러므로 「명법」 편(의 원문)에서 말하였다. "권력은 두 가지로 행사될 수 없고, 정치는 두 가지 문門에서 나올 수 없다."

4 湯孝純에 의하면, 筴은 策, 즉 鞭策이니, 駕馭의 뜻이다. 『新譯管子譯本』(下), 815頁, 注22 참조.

人主之所以制臣下者, 威勢也. 故威勢在下則主制於臣, 威勢在上則臣制於主. 夫蔽主者, 非塞其門、守其戶也, 然而令不行、禁不止, 所欲不得者, 失其威勢也. 故威勢獨在於主, 則羣臣畏敬, 法政獨出於主, 則天下服德. 故威勢分於臣則令不行, 法政出於臣則民不聽. 故明主之治天下也, 威勢獨在於主, 而不與臣共; 法政獨制於主, 而不從臣出. 故「明法」曰: "威不兩錯, 政不二門."

영명한 임금은, 도량度量을 통일하고, 준칙을 세우며, 이 법칙들을 굳게 지켜 나가니, 따라서 명령이 내려가면 백성들이 따른다. 법은 천하의 법식法式이고, 만사의 준칙이다. 관리는 백성들의 목숨을 위탁받은 것이다. 따라서 영명한 임금이 다스릴 때, 법에 합당하면 상을 내리고, 법에 위반되면 벌을 준다. 그러므로 법으로 죄를 벌주면, 백성들은 죽더라도 원망이 없고, 법으로 공功을 잰다면, 백성들이 상을 받아도 은덕으로 여기지 않는다. 이것은 법으로 처리한 공효功效이다. 그러므로 「명법」 편(의 원문)에서 말하였다. "법제로써 나라를 다스리니, (그렇게) 처리할 뿐이다."

明主者, 一度量, 立表儀, 而堅守之, 故令下而民從. 法者, 天下之程式也, 萬事之儀表也. 吏者, 民之所懸命也. 故明主之治也, 當於法者賞之, 違於法者誅之. 故以法誅罪, 則民就死而不怨; 以法量功, 則民受賞而無德也. 此以法擧錯之功也. 故「明法」曰: "以法治國, 則擧錯而已."

영명한 임금은, 법도의 제도가 있기에, 따라서 여러 신하들이 모두 정직하고 사악함이 없는 다스림에서 출발하여, 간사한 행위를 못 한다. 백성들은 임금이 법에 따라 일을 처리함을 알기에, 따라서 관리가 시키는 것이 법에 근거하기에 백성들은 그것을 따르고, 법이 없으면 그만둔다. 백성들은 법으로써 관리들에게 서로 거리를 두고, 아랫사람들이 법으로써 윗사람들과 일을 하니, 따라서 사기를 치고 속이는 사람은 자기 임금을 속일 수 없고, 질투하는 사람들이 적개심을 가질 수 없으며, 아첨하는 사람들이 재주를 필 수 없으니, 천 리千里 밖이라도 멋대로 비위非違를 할 수 없다. 그러므로 「명법」 편(의 원문)에서 말하였다. "이 때문에 법도의 제도가 있으면, 꾸며내서 사기詐欺를 치거나 속일 수 없다."

明主者, 有法度之制, 故羣臣皆出於方正之治, 而不敢爲姦. 百姓知主之從事於法也, 故吏之所使者, 有法則民從之, 無法則止. 民以法與吏相距, 下以法與上從事. 故詐僞之人不得欺其主, 嫉妬之人不得用其賊心, 讒諛之人不得施其巧, 千里之外不敢擅爲非. 故「明法」曰: "有法度之制者, 不可巧以詐僞."

저울대는 경중輕重의 숫자를 가리키는 것이다. 그런데 사람들이 일을 벌이지 않는 것은, 마음에서 이득을 싫어하는 것이 아니고, 저울[權]이 숫자를 많게나 적게 할 수 없고, 저울대[衡]가 양量을 가볍게도 무겁게도 할 수 없기 때문이다. 사람들은 저울이나 저울대를 조작해도 이익이 없다는 것을 알기에, 그래서 그 일을 안 하는 것이다. 그러므로 영명한 임금이 윗자리에 있으면, 관리들이 법을 어길 수 없으니, 관료들이 사사로운 일을 할 수 없다. 백성들이 관리를 받들어도 무익함을 알기에, 따라서 재화가 관리들에게 (뇌물로) 행해지지 않는다. 저울이나 저울대가 평정平正하게 사물을 기다리니, 따라서 간특하고 사기하는 사람들이 자기의 사사로움을 펼칠 수 없다. 그러므로 「명법」 편(의 원문)에서 말하였다. "저울추와 저울대로 (물건을) 달면, 무게를 속일 수 없다."

權衡者, 所以起輕重之數也. 然而人不事者, 非心惡利也, 權不能爲之多少其數, 而衡不能爲之輕重其量也. 人知事權衡之無益, 故不事也. 故明主在上位, 則官不得枉法, 吏不得爲私. 民知事吏之無益, 故財貨不行於吏. 權衡平正而待物, 故姦詐之人不得行其私. 故「明法」曰: "有權衡之稱者, 不可以欺輕重."

자[尺], 치[寸], 8자[尋], 장丈[10자]은, 길고 짧은 실정을 얻을 수 있는 수단이다. 따라서 자와 치로서 길고 짧으냐를 잰다면, 만 번 재도 만萬에 하나도 틀리지 않을 것이다! 이 때문에 자와 치의 제도는, 비록 부귀하고 무리가 많고 힘센 자라도 더욱 크게 할 수 없고, 빈천하여 낮고 욕먹는 자라도 짧게 할 수 없으니, 공평하여 치우침이 없어서, 따라서 간특하고 사기 치는 사람이라도 오류를 만들 수 없다, 그러므로 「명법」 편(의 원문)에서 말하였다. "여덟 자[尺]와 10자[丈]의 수치가 있으니, 길고 짧은 것에 차이가 있을 수 없다."

尺寸尋丈者, 所以得長短之情也.[5] 故以尺寸量短長, 則萬擧而萬不失矣. 是故尺寸之度, 雖富貴衆强不爲益長, 雖貧賤卑辱不爲損短, 公平而無所偏, 故姦詐之人不能誤也. 故「明法」曰: "有尋丈之數者, 不可差以長短."

나라를 혼란시키는 것은, 사실을 보지 않고 비방과 과장된 예찬[誇譽]을 (믿고) 맡기는 데 있다. 그러므로 영명한 임금이 청취할 때는, 언론은 그 실적에 따라 책임을 추궁하고, 남을 예찬하면 (맡은) 관직을 가지고 시험해 본다. 말은 했으나 내용이 없으면 벌주고, 관리로 관직을 어지럽혔으면 죽인다. 이러므로 빈말을 가지고는 출세할 수 없고, 못난이는 관직을 받을 수 없다. 못난 임금은 그렇지 않으니, 말을 듣되 내용을 캐묻지 않으니, 따라서 여러 신하들이 헛된 칭찬으로 자기 당료들을 추천하며, 관직에 임명하되 그 공적을 묻지 않으니, 따라서 우매하고 더러운 관리들이 조정에 있게 된다. 이렇게 되면, 여러 신하들이 아름다운 명분으로 서로 밀어주고, 공로를 서로 빌려주며, 많은 교제를 맺기[結交]에 힘쓰며, 임금을 위해서는 힘쓰지 않는다, 그러므로 「명법」 편(의 원문)에서 말하였다. "지금 임금이 법을 버리고 칭송[禮讚]으로 능력자를 출세시키면, 신하들은 임금을 떠날 것이고 아랫사람들은 당파를 이루어 사리를 도모할 것이다. 당파로 관리를 추천한다면, 백성들은 사교에 힘쓸 것이며 실용實用은 찾지를 않을 것이다."

國之所以亂者, 廢事情而任非譽也.[6] 故明主之聽也, 言者責之以其實, 譽人者試之以其官. 言而無實者誅, 吏而亂官者誅. 是故虛言不敢進, 不肖者不敢受官. 亂主則不然, 聽言而不督其實, 故羣臣以虛譽進其黨; 任官而不責其功, 故愚汙之吏在庭. 如此, 則羣臣相推以美名, 相假以功伐, 務多其佼,[7] 而不爲主用. 故「明法」曰: "主釋法以譽進能, 則臣離上而下比周矣. 以黨擧官, 則民務佼而不求用矣."

못난 임금은 신하들의 공로功勞를 살피지 않고, 칭찬이 많으면 그를 상주고, 죄과罪過는 잘 살피지 않고, 헐뜯는 사람이 많으면 그를 벌

5 湯孝純에 의하면, 情은 實이다. 上同, 825頁, 注3 참조.
6 湯孝純에 의하면, 非는 誹(헐뜯다)와 통한다. 上同, 注4 참조.
7 安井衡에 의하면, 여러 板本에서 交를 佼로 쓰고 있다.

준다. 이렇게 되면, 나쁜 신하들이 공이 없어도 상을 받고, (선비가) 충성하고 올바르며 죄가 없더라도 벌을 받는다. 따라서 공이 많아도 상이 없으니, 신하들은 진력盡力하기에 힘쓰지 않고, 행동이 바르더라도 벌을 받으니, 현명한 성인이라도 능력을 다할 수가 없다. 뇌물을 주고 작록을 얻으니, 더럽고 욕먹는 사람들이 관직에 있게 된다. 의탁한 사람들은 못난이지만 자리가 높으니, 백성들은 공법公法을 위반하고 세력가에게 달려간다. 이렇게 되면, 근신하고 선량한 사람들은 직책을 잃고, 염치 있고 깨끗한 관리들은 다스림을 잃게 된다. 그러므로 「명법」 편(의 원문)에서 말하였다. "이 때문에 관청에서 통치에 실패했다면, 이것은 임금이 칭송으로 (신하들을) 상 준 것이고, (신하들이) 헐뜯는 것으로 벌을 내린 것이다."

亂主不察臣之功勞, 譽衆者則賞之; 不審其罪過, 毁衆者則罰之. 如此者, 則邪臣無功而得賞, 忠正無罪而有罰. 故功多而無賞, 則臣不務盡力; 行正而有罰, 則賢聖無從竭能. 行貨財而得爵祿, 則汙辱之人在官. 寄託之人不肖而位尊, 則民倍公法而趨有勢. 如此, 則愨愿之人失其職, 而廉潔之吏失其治. 故「明法」曰: "官之失其治也, 是主以譽爲賞, 而以毁爲罰也."

평범한 관리가 관직을 다스려, 법대로 시행하고 사사로움이 없다면, 간악한 신하라도 자기 이득을 취할 수 없으니, 이것은 나쁜 신하들이 힘쓴 것이 다친 셈이다. (그런데) 임금이 그 죄과를 비교하여 증명해 보지도 않고, 내용이 없는 말로써 벌을 내린다면, 간신들은 귀중貴重한 신하를 받들어 추천과 칭찬을 찾지 않을 수 없으니, 형벌도 피하고 녹봉과 상급을 받게 될 것이다. 그러므로 「명법」 편(의 원문)에서 말하였다. "상급을 기뻐하고 형벌을 싫어하는 사람들은, 공공公共의 도리를 떠나서 사적인 방도를 행사할 것이로다."

平吏之治官也, 行法而無私, 則姦臣不得其利焉, 此姦臣之所務傷也. 人主不參驗其罪過, 以無實之言誅之, 則姦臣不能無事貴重而求推譽, 以避刑罰而受祿賞焉. 故「明法」曰: "喜賞惡罰之人, 離公道而行私術矣."

간신들이 임금을 패망시키는 것은, (작은 것을) 점차 (큰 것으로) 쌓아 가고 미세한 것에서 점차 (드러난 것으로) 축적해 가면서, 임금으로 하여금 착각하게 하여 스스로 알지 못하게 하는 것이다. 위로는 (조정에서) 임금에게 서로 신망을 탐색하고, 아래로는 백성들에게 명예를 사드린다. 자기 당의 동료들을 칭찬하여 임금으로 하여금 그를 높이게 하고, 당파가 아니면 비방하여 임금으로 하여금 그를 폐출廢黜시키게 하고, 자기들에 이로운 자와 해로운 자를 임금에게 믿게 하여, 그대로 실행하게 한다. 이렇게 하면, 여러 신하들은 모두 임금은 잊어버리고 사사로운 교제에만 달려갈 것이다. 그러므로 「명법」 편(의 원문)에서 말하였다. "결당하여 사익을 추구하고 서로 거짓을 했으니, 이는 임금을 잊어버리는 것이요 외부와 교제하여, 자기의 당파들을 진출시킨 것이다."

姦臣之敗其主也, 積漸積微, 使主迷惑而不自知也. 上則相爲候望於主, 下則買譽於民. 譽其黨而使主尊之, 毁不譽者而使主廢之.[8] 其所利害者, 主聽而行之. 如此, 則羣臣皆忘主而趨私佼矣. 故「明法」曰: "比周以相爲慝, 是故忘主私佼以進其譽."

임금이 술책이 없다면, 여러 신하들이 쉽게 임금을 속이고, 나라에 명백한 법(제도)가 없으면 백성들이 쉽게 비위非違를 저지른다. 이 때문에 간사한 자가 나라 일을 하면, 여러 신하들은 (자기의) 이해利害를 그에게서 앙망仰望할 것이다. 이렇게 되면, 간사한 자들을 위해서 보고 듣는 이들이 많아 질 것이고, 비록 큰 불의不義가 있다 해도, 임금은 그것을 알 길이 없다. 그러므로 「명법」 편(의 원문)에서 말하였다. "많은 무리들과 사귀면, 당여黨與들이 많아지고, 안과 밖으로 붕당이 생기니, 큰 잘못을 저지르고서도, 그들이 임금을 가리는 일이 많게 될 것이다."

主無術數則羣臣易欺之, 國無明法則百姓輕爲非. 是故姦邪之人用國事, 則羣臣仰利害也. 如此, 則姦人爲之視聽者多矣, 雖有大義,[9] 主無從知之. 故「明法」曰: "佼衆譽多, 外內朋黨, 雖有大姦, 其蔽主多矣."

8 趙守正에 의하면, 譽는 與, 즉 親與나 黨與와 같으니, 同黨同派의 사람을 말한다. 『管子通解』(下), 313頁, 注18 참조.

9 王念孫에 의하면, 俄는 義와 같다. 따라서 安井衡는 大義를 大姦으로 해석했으니, 王念孫의 해석을 따른 것이다.

무릇 이른바 충신은 법술을 밝히기에 힘쓰며, 밤낮으로 임금을 도우며, 도수度數의 도리에 밝아서 천하를 다스리는 사람이다. 간사한 신하들은, 법술이 밝아지면 반드시 다스려짐을 알고, 다스려지면 간신들은 곤고해지고 법술의 선비들은 드러나니, 이 때문에 사악한 자들이 힘쓰는 것은, 법으로 하여금 밝게 드러나지 않고, 임금이 (이를) 깨닫지 못하게 하고, 자기들이 바라는 것을 얻는 것이다. 그러므로 반듯하고 올바른 신하들이 등용되면, 간사한 신하들은 곤란해지고 다칠 것이다. 이는 반듯하고 올바른 사람들과 간사한 사람들은 둘 다 함께 갈 수 없는 세력이다. 간사한 자들이 임금 곁에 있으면, (이들을) 미워하지 않을 수 없다. (이들은) 나쁜 짓만 하니, 반드시 임금의 틈새만 바라보고 밤낮으로 임금을 위태롭게 한다. 임금이 (이것을) 살피지 못하고 그들의 말을 쓴다면, 충신들은 죄 없이 곤고하게 죽을 것이고, 간신들은 공로가 없어도 부귀해질 것이다. 그러므로 「명법」편(의 원문)에서 말하였다. "이 때문에 충신들이 죄를 짓지 않아도 죽게 되고, 사악한 신하들이 (나라에) 공적이 없어도 천거된다."

凡所謂忠臣者, 務明法術, 日夜佐主, 明於度數之理以治天下者也. 姦邪之臣, 知法術明之必治也, 治則姦臣困而法術之士顯, 是故邪之所務事者, 使法無明, 主無悟, 而己得所欲也. 故方正之臣得用, 則姦邪之臣困傷矣. 是方正之與姦邪不兩進之勢也. 姦邪在主之側者, 不能勿惡也. 唯惡之, 則必候主閒而日夜危之. 人主不察而用其言, 則忠臣無罪而困死, 姦臣無功而富貴. 故「明法」曰: "忠臣死於非罪, 而邪臣起於非功."

부귀하고 높게 드러나며, 오랫동안 천하를 소유하는 것을 임금으로 원하지 않는 이가 없다. 명령이 실행되고 금령을 내리면 그치고, 천하에 적敵들이 없는 것을 임금으로 바라지 않는 이가 없다. 가려지고 사기당하고 (권력이) 침탈되는 것을, 임금으로 싫어하지 않는 이가 없다. 천하를 잃고, 종묘宗廟가 멸실되는 것을, 임금으로 싫어하지 않는 이가 없다. 충신들은 법술을 밝혀서, 임금이 바라는 것을 일으키고 임금이 싫어하는 것을 제거하려 하나, 간신들이 임금을 멋대로 조종하여, 개인적 이익 때문에 임금을 위태롭게 한다면, 충신들은 공정한 도술을 진척시킬 방도가 없다. 그러므로 「명법」 편(의 원문)에서 말하였다. "죽은 것이 죄 때문이 아니고, 천거된 것이 공적 때문이 아니니, 그렇게 되면 신하된 자들이 사사로움을 중시하고 공공의 것을 경시하게 될 것이다."

富貴尊顯, 久有天下, 人主莫不欲也. 令行禁止, 海內無敵, 人主莫不欲也. 蔽欺侵淩, 人主莫不惡也. 失天下, 滅宗廟, 人主莫不惡也. 忠臣之欲明法術, 以致主之所欲, 而除主之所惡者, 姦臣之擅主者有以私危之, 則忠臣無從進其公正之數矣. 故「明法」曰: "所死者非罪, 所起者非功, 然則爲人臣者重私而輕公矣."

못난 임금은 작록을 수여함에, 법령으로 공로를 살피지 않고, 형벌을 실행함에, 법령으로 죄과를 따지지 않고, 중신重臣들의 말만을 듣는다. 그러므로 신하들이 상을 주고 싶으면, 임금은 그 사람에게 상을 주고, 신하가 벌을 주고 싶으면, 임금이 그 사람을 벌을 주니, 임금의 공정한 법이 버려지고, 오로지 중신들의 말만 듣게 된다. 이렇게 되면, 여러 신하들은 모두 그 당파와 중신들에게만 힘쓰고 임금을 잊어버리게 되고, 중신들의 세력은 추종하지만 (임금의) 조정은 따르지 않는다. 그러므로 「명법」 편(의 원문)에서 말하였다. "10명(의 신하들)이 개인들의 문전에 가고, 하나도 (임금의) 조정에 가지 않는다."

亂主之行爵祿也, 不以法令案功勞; 其行刑罰也, 不以法令案罪過, 而聽重臣之所言. 故臣有所欲賞, 主爲賞之; 臣欲有所罰, 主爲罰之. 廢其公法, 專聽重臣. 如此, 故羣臣皆務其黨重臣而忘其主, 趨重臣之門而不庭. 故「明法」曰: "十至於私人之門, 不一至於庭."

영명한 임금의 다스림이란, 관직을 나누어 줌에 분명하고, 일이 된 것을 감독하고, 임무를 맡을 수 있는 이에게 관리하게 하며, 책임을 수행할 수 없으면 파면하니, 따라서 여러 신하들이 모두 힘을 다하여 자기 일을 다스린다. 못난 임금은 그렇지 못하니, 따라서 여러 신하들이 관직의 자리에 있어, 후한 녹봉을 받아도, 나라를 다스리기에 힘쓰는 자가 없으며, 나라를 관리하는 중책을 기대하여 그 이득을 멋대로 취하니, 백성들이 수탈되고 약탈당하며 자기(중신重臣의) 집만을 부유케 한다. 그러므로 「명법」 편(의 원문)에서 말하였다. "모든 사람들이 자기 집안을 걱정하고, 한 사람도 나라를 위해 도모하지 않는다."

明主之治也, 明於分職而督其成事, 勝其任者處官, 不勝其任者廢免, 故羣臣皆竭能盡力以治其事. 亂主則不然, 故羣臣處官位, 受厚祿, 莫務治國者, 期於管國之重而擅其利, 牧漁其民以富其家.[10] 故「明法」曰: “百慮其家, 不一圖其國.”

영명한 임금이 윗자리에 있으면, 나라 안의 민중들은 힘을 다하여 자기 임금을 받들고, 백관들은 직분을 나누어서 다스리며 나라를 안정시킨다. 못난 임금은 그렇지 않으니, 비록 용력 있는 무사들이 있어도, 대신들이 그들을 사적으로 부리며, (그들로 하여금) 임금을 받들도록 하지 않고, 비록 성인의 지혜를 가진 선비들이 있다 해도, 대신들이 그들을 사적으로 부리니, (그들로 하여금) 나라를 다스리게 하지 않는다. 그러므로 배속된 숫자는 많아도, (이들이) 나아갈 수 없고, 백관들이 비록 갖추어 있다 해도, 이들을 제압할 수가 없다. 이렇게 되면, 임금의 이름만 있고, 실질은 없는 것이다. 그러므로 「명법」 편(의 원문)에서 말하였다. “속한 숫자는 비록 많으나, 임금을 높이려는 것이 아니다. 백관들이 비록 갖추어져 있더라도 나라를 맡길 수 없다. 이것은 나라에 (충성하는) 사람이 없음을 말한다.”

明主在上位, 則竟內之衆盡力以奉其主, 百官分職致治以安國家. 亂主則不然, 雖有勇力之士, 大臣私之, 而非以奉其主也; 雖有聖智之士, 大臣私之, 非以治其國也. 故屬數雖衆, 不得進也; 百官雖具, 不得制也. 如此者, 有人主之名而無其實. 故「明法」曰: “屬數雖衆, 非以尊君也. 百官雖具, 非以任國也. 此之謂國無人.”

영명한 임금은 아랫사람들로 하여금 힘을 다하여 법의 몫[法分]을 지키게 하니, 따라서 여러 신하들이 임금을 받들고, 자기 집을 돌아보지 않는다. 신하들과 임금의 구분이 명백하여, 상하의 지위가 명백하니, 따라서 대신들이 각자의 자리에 처하여, 서로 높은 자리에 가려하지 않는다. 못난 임금은 그러하지 않으니, 법제는 버려져서 실행되지 않으며, 따라서 여러 신하들이 자기 집을 이롭게 하려고 힘쓸 수 있

10 王念孫에 의하면, 牧은 마땅히 收이다.

다. 임금과 신하들이 구분되지 않으니, 상하의 차별이 없고, 따라서 여러 신하들이 서로 높은 자리에 있으려 힘을 쓸 수 있다. 이렇게 되면, 조정이 신하들이 적은 것이 아니라, 민중들을 쓸 수가 없다. 그러므로 「명법」 편(의 원문)에서 말하였다. "나라에 사람들이 없다는 것은, 조정(의 신하들의 수가) 감소한 것이 아니다. 가문과 가문이 서로 이롭게 함에 힘을 쓰고, 임금을 높이기에는 힘을 쓰지 않은 것이다. 큰 신하들은 서로 귀해지고자 힘쓰며 나라 일은 맡지 않는다."

明主者, 使下盡力而守法分, 故羣臣務尊主, 而不敢顧其家. 臣主之分明, 上下之位審, 故大臣各處其位, 而不敢相貴. 亂主則不然, 法制廢而不行, 故羣臣得務益其家. 君臣無分, 上下無別, 故羣臣得務相貴. 如此者, 非朝臣少也, 衆不爲用也. 故「明法」曰: "國無人者, 非朝臣衰也. 家與家務相益,[11] 不務尊君也; 大臣務相貴, 而不任國也."

임금이 관직을 안배하고 관리를 두는 것은, 그저 자기 몸을 높이게 하는 것이 아니고, 두터이 봉사하게 할 뿐이니, 그들로 하여금 임금을 받드는 법을 지키게 하고, 임금의 명령을 실행함으로써, 백성들을 다스리고 도적들을 벌주기 위함이다. 이 때문에 맡은 관직이 크면 작위가 높고 녹봉이 두터우며, 맡은 관직이 작으면, 작위도 낮고 녹봉도 박하다. 작위와 녹봉은, 임금이 관리들을 부려서 관직을 다스리게 하는 근거이다. 못난 임금의 다스림에는, 높은 지위에 있고, 봉록俸祿을 받으며, 결당結黨한 이들이 양육되지만 관직에는 힘쓰지 않는다, 이렇게 되면, 관직은 그 기능을 상실한 것이다. 그러므로 「명법」 편(의 원문)에서 말하였다. "작은 신하들은 녹봉을 받고 교제하며, 관직을 일로 삼지 아니하니, 따라서 관청은 그 기능을 상실한 것이다."

人主之張官置吏也,[12] 非徒尊其身, 厚奉之而已也, 使之奉主之法, 行主之令, 以治百姓而誅盜賊也. 是故其所任官者大, 則爵尊而祿厚; 其所任官者小, 則爵卑而祿薄. 爵祿者, 人主之所以使吏治官也. 亂主之治也, 處尊位, 受厚祿,[13] 養所與佼, 而不以官爲務. 如此者, 則官失其能矣. 故「明法」

11 丁士涵에 의하면, 元나라 板本에는 '與家' 두 글자가 衍文이다.
12 湯孝純에 의하면, 張은 陳設이나 安排의 뜻이다. 『新譯管子讀本』(下), 825頁, 注21 참조.
13 黎翔鳳에 의하면, 厚가 아니라, 奉이며, 奉은 俸(봉급)이다.

曰: "小臣持祿養佼, 不以官爲事, 故官失職."[14]

영명한 임금은 재주 많은 사람을 선발하니, 용기를 말하면 군대의 일로써 시험하고, 지식을 말하면 관직으로 시험을 본다. 군대에서 시험하여 공이 있으면 그를 들어올리고, 관직에 시험하여 일을 잘 처리하면 그를 채용한다. 그러므로 전투하고 공격하는 일들로 용감한지 비겁한지를 결정하고, 관직의 다스림으로써 우매한 자인지 똑똑한 자인지 결정한다. 그러므로 용기와 비겁함, 어리석은 자와 똑똑한 자의 드러남이, 흰색과 검은색처럼 나뉜다. 못난 임금은 그렇지 않아, 말을 듣되 시험해 보지 않으니, 따라서 망령된 말을 한 자도 등용되고, 사람을 임용하되 말을 시켜 보지 않으니, 따라서 못난 자도 곤란을 당하지 않는다. 그러므로 영명한 임금은 법으로 언변을 따져보아 실상을 찾고, 관직을 그 몸에 맡겨서 공로를 검증하며, 오로지 법에 맡겨 처리하지, 스스로 천거하지 않는다. 그러므로 「명법」 편(의 원문)에서 말하였다. "이 때문에 선왕들이 나라를 다스릴 때, 법으로 사람들을 선택했으며, 스스로 천거할 수 없게 하였다."

明主之擇賢人也,[15] 言勇者試之以軍, 言智者試之以官. 試於軍而有功者則擧之, 試於官而事治者則用之. 故以戰功之事定勇怯,[16] 以官職之治定愚智. 故勇怯愚智之見也, 如白黑之分. 亂主則不然, 聽言而不試, 故妄言者得用; 任人而不言,[17] 故不肖者不困. 故明主以法案其言而求其實, 以官任其身而課其功, 專任法, 不自擧焉. 故「明法」曰: "先王之治國也, 使法擇人, 不自擧也."

무릇 공功이란, 임금을 편안하게 하고, 만민을 이롭게 하는 것이다. (적)군을 깨트리고 (적)장을 죽여서, 전투에 승리하고 공격으로 (영토를) 취하여, 임금으로 하여금 위태롭고 망하는 근심을 없애 주고, 백성들에게 죽거나 포로가 되는 환난을 없애 주는 것, 이것이 군사들이

14 劉績에 의하면, 『經』에는 職이 其能으로 되어 있다.

15 黎翔鳳에 의하면, 賢은 多材(다방면의 재능)의 뜻이다.

16 孫星衍에 의하면, 『羣書治要』에, 功을 攻으로 인용하고 있다.

17 黎翔鳳에 의하면, '任人'하면, 반드시 먼저 맡은 직무를 말하고 효과 등을 기대하니, 성과를 따져 묻는다. 못난 임금은 그러하지 못하다. 古本에 '不官'은 명백한 오류다.

공적으로 여기는 것이다. 임금의 법을 받들고, 나라 안을 다스리고, 강자가 약자를 능멸하지 못하게 하고, 다수가 소수에게 폭력을 휘두르지 못하게 하고, 만민이 기뻐서 제 힘을 다하여, 자기 임금을 받들어 모시는 것, 이것이 관리들이 공적으로 여기는 것이다. 임금의 잘못을 바로잡고, 임금의 실수를 구제하고, 이의理義를 밝히고 임금을 이끌어 가고, 임금에게 삿되고 괴벽한 행동이나 가려지고 속임을 당하는 환난을 없게 하는 것, 이것이 신하들이 공적으로 여기는 것이다. 그러므로 영명한 임금의 다스림에는, 직분을 명확히 하고 공로를 험증驗證하여, 공이 있으면 상을 내리고, 다스림을 어지럽히면 죽인다. 상벌의 부여가, 각각 적당함을 얻은 것은, 임금이 스스로 준 것이 아니다. 그러므로 「명법」 편(의 원문)에서 말하였다. "법으로 공적을 계산하였고, 스스로 헤아리게 하지 않았다."

凡所謂功者, 安主上, 利萬民者也. 夫破軍殺將, 戰勝攻取, 使主無危亡之憂, 而百姓無死虜之患, 此軍士之所以爲功者也. 奉主法, 治竟內, 使强不凌弱, 衆不暴寡, 萬民驩盡其力, 而奉養其主, 此吏之所以爲功也. 匡主之過, 救主之失, 明理義以道其主, 主無邪僻之行, 蔽欺之患, 此臣之所以功也. 故明主之治也, 明分職而課功勞, 有功者賞, 亂治者誅, 誅賞之所加, 各得其宜, 而主不自與焉. 故「明法」曰: "使法量功, 不自度也."

영명한 임금의 다스림에는, 옳고 그름을 잘 알고, 사정을 잘 살피서, 도량度量으로 따진다. 법에 맞으면 실행하고, 법에 맞지 않으면 그친다. 공功이 말한 것을 채웠으면 상을 주고, 그 말을 못 채웠으면 벌을 받는다. 따라서 지능과 능력을 말한 사람은, 반드시 공功이 드러난 뒤에 천거된다. 악행과 패덕敗德이 있다고 말한다면, 반드시 과오가 드러난 이후에 없애 버린다. 이렇게 되면, 선비가 임금과 통했다고 질투할 사람이 없고, 못난 사람은 곤궁해져 버려지니 천거할 사람이 없다. 그러므로 「명법」 편(의 원문)에서 말하였다. "(자기) 능력이 나쁘면 엄폐할 수 없었고, 실패했다면 가식假飾할 수가 없었다."

明主之治也, 審是非, 察事情, 以度量案之. 合於法則行, 不合於法則止. 功充其言則賞, 不充其言則誅. 故言智能者, 必有見功而後擧之. 言惡敗者, 必有見過而後廢之. 如此, 則士上通而莫之能妬, 不肖者困廢而莫之能擧. 故「明法」曰: "能不可蔽, 而敗不可飾也."

영명한 임금의 도리는, 백성들이 바라는 바를 세워 주어, 자기 공적을 찾기에, 따라서 작록을 만들어서 백성들을 권면하며, 백성들이 싫어하는 것을 세워서, 그들의 사악함을 금지시키고, 따라서 형벌을 만들어서 그들이 두렵게 한다. 그러므로 공적에 따라서 상을 내리고, 죄에 따라서 벌을 준다. 이렇게 되면, 여러 신하들의 행동은, 공적이 없으면 올라갈 수 없고, 비방을 해도, 죄가 없는 사람은 물러날 수가 없다. 그러므로 「명법」 편(의 원문)에서 말하였다. "(신하들이) 칭송해도 진출할 수 없었고, 비방을 해도 물러나게 할 수 없었다."

明主之道, 立民所欲, 以求其功, 故爲爵祿以勸之, 立民所惡, 以禁其邪, 故爲刑罰以畏之. 故案其功而行賞, 案其罪而行罰. 如此, 則羣臣之擧, 無功者不敢進也; 毁, 無罪者不能退也. 故「明法」曰: "譽者不能進, 而誹者不能退也."

군신들을 제압하고, 생살生殺권을 휘두르는 것은, 임금의 몫이다. (임금의) 명령을 게시하고 제도를 우러러보는 것은, 신하들의 몫이다. 위엄과 세력을 높이고 드러내는 것은, 임금의 몫이다. (자신은) 비천하지만 (임금을) 두려워하고 경모하는 것은, 신하의 몫이다. 명령을 실행시키고 금령으로 그치게 하는 것은, 임금의 몫이다. 법을 받들고 (임금의 말을) 듣고 좇아가는 것은, 신하들의 몫이다. 그러므로 임금과 신하들이 서로 참여하고, 고하高下가 처하는 것이, 하늘이 땅과 어울림 같다. 나누어 진 (몫의) 다름은, 흰색과 검은색(처럼 분명하다.) 그러므로 임금과 신하들 사이가 명확히 구별되면, 임금은 높고 신하들은 낮다. 이렇게 되면, 아랫사람들이 임금을 좇는 것이, 마치 메아리가 소리에 대응하는 것 같고, 신하들이 임금을 법으로 삼는 것이, 그림자가 물체를 따르는 것 같다. 그러므로 임금이 명령을 내리면 신하들은 응대하고, 임금이 시행하면 신하들은 좇는다. (임금이) 명령하면 시행되고, 금지시키면 그치고, 찾으면 얻게 되니, 이것이 쉬운 정치이다. 그러므로 「명법」 편(의 원문)에서 말하였다. "임금과 신하의 간격이 명확하게 구별되니 (임금이) 쉽게 다스릴 수가 있다."

制羣臣, 擅生殺, 主之分也. 縣令仰制, 臣之分也. 威勢尊顯, 主之分也. 卑賤畏敬, 臣之分也. 令行禁止, 主之分也. 奉法聽從, 臣之分也. 故君臣相與, 高下之處也, 如天之與地也. 其分畫之不同也, 如白之與黑也. 故君臣之閒明別, 則主尊臣卑. 如此, 則下之從上也, 如響之應聲; 臣之法主也, 如景之隨形. 故上令而下應, 主行而臣從. 以令則行, 以禁則止, 以求則得, 此之謂易治. 故「明法」曰: "君臣之閒, 明別則易治."

영명한 임금은 권력과 술책을 조정하여 신하들에게 일을 맡기니, 군신들로 하여금 지능을 보임으로써, 장점을 발전시키게 하였다. 그러므로 똑똑한 자가 자기 계획을 실현시키고, 능력 있는 자가 자기 공을 진척시키면, (임금은) 앞서 한 말을 가지고 나중에 한 결과를 추구하여, 합당하면 상을 주고, 합당하지 않으면 벌을 주었다. 관직을 설치하여 (책임) 맡은 관리가 백성을 다스리니, 법에 따라서 거둔 일을 점검하고, 법을 지켜서 법대로 하니, (임금의) 몸은 고될 것이 없고 직분은 구분되었다. 그러므로 「명법」 편(의 원문)에서 말하였다. "임금이 비록 몸소 아래의 일들을 하지 않아도, 법을 지키기만 하면 되었다."

明主操術任臣下, 使羣臣效其智能, 進其長技. 故智者效其計, 能者進其功. 以前言督後事所效, 當則賞之, 不當則誅之. 張官任吏治民, 案法試課成功. 守法而法之, 身無煩勞而分職. 故「明法」曰: "主雖不身下爲, 而守法爲之可也."

거승마 巨乘馬

법도에 맞는 계산

리샹펑에 의하면, 승마乘馬는 계산할 때의 마碼이다. 그리고 거巨는 규구規矩의 구矩이니, 「거승마巨乘馬」는 법도法度에 맞는 계산이라는 의미이다. 「경중輕重」을 다루고 있는 19편에는 「경중갑輕重甲」에서 「경중경輕重庚」의 7편과 「거승마」에서 「국준國准」까지의 12편도 또한 「경물輕重」이라 이름하니, 이 19편의 구분은 무엇인가? 설명이 없다. 갑甲에서 경庚까지를 「경중輕重」 구부九府라고도 말한다. 「거승마」는 「경중」 여러 편 중에 첫 번째 논술로, 이 편들은 대체로 재정, 경제 문제를 다루고 있다. 이른바 경중輕重은 물가의 고저高低를 말하니, 즉 값이 싸면 경輕이고, 비싸면 중重이다. 여기서 말하는 「경중지술輕重之術」은, 나라가 물가의 고저를 이용한 이재理財 방법의 실행을 말하고 있다. 「거승마」 편 또한 물가의 고저를 이용한 나라의 재정財政 정책을 말하고 있다.

환공이 관중에게 물었다. "(나라의) 재정 계획[算术]에 대해 묻고 싶습니다."

관중이 대답하였다. "나라에 쌓아둔 곡식이 없어서 (계절적) 금령을 살피는 것입니다."

환공이 물었다. "무엇이 나라에 곡식 저축이 없어서, 금령을 살핀다는 것입니까?"

관중이 대답하였다. "한 사람이 100무畝의 땅을 농사짓는데, 봄 농사는 25일 안쪽입니다."

환공이 말했다. "봄 농사는 25일 안쪽이란 무엇을 뜻합니까?"

관중이 대답하였다. "동지冬至를 지나 65일이면 지상地上이 녹고, 75일이면 땅속도 녹습니다. 땅속이 녹으면 기장[稷]을 심고, 100일이면 기장을 심지 않으니, 따라서 봄 농사는 25일 이내일 뿐입니다. 지금 임금이 부대扶臺를 짓게 하면, 다섯 큰 거리의 사람들이 모두 지어야 할 것입니다. 만약 임금께서 봄이 지나도 끝내지 못하면, 백성들은 (농사지을) 25일을 잃어버릴 것이며, 다섯 큰길에도 농사 안 짓는 땅이 있을 것입니다. 한 사람의 부역을 징발해도, 100무畝를 경종耕種할 수 없습니다. 10명의 부역을 징발해도, 1,000무를 경종할 수 없습니다. 100명을 징발해도, 1만 무를 경종할 수 없습니다. 1,000명을 징발해도, 10만 무를 경종할 수 없습니다. 봄에 이미 25일을 잃어버렸는데, 오히려 또한 여름의 요역을 징발하면, 이것은 봄에 땅을 잃어버린 셈이고, 여름에 새싹을 잃어버렸는데, 가을에 요역을 징발하여 그치지 않으니, 이는 곡식 (심을) 땅을 여러 번 없앤 셈입니다. 곡식이 그 (심을) 때를 놓쳤는데, 임금은 평형을 유지하려 하고 (곡식 징수를) 그치지 않습니다. 백성들은 열 사람이나 다섯 사람의 곡식(에 의지)하여 먹게 되는데, 임금은 이미 10분의 9를 세금 물린 셈이고, 무리하게 돈까지 취해 가니, 이렇게 되면 도적이나 폭도가 일어날 수 있고, 형벌이 많아질 수 있습니다. (이쯤 되면) 폭력이 뒤따르게 되니, 내전內戰이라 말할 수 있습니다."

환공이 말했다. "좋습니다."

桓公問管子曰:[1] "請問乘馬."[2] 管子對曰: "國無儲在令.[3] 桓公曰: "何謂國無儲在令?" 管子對曰: "一農之量百畝也,[4] 春事二十五日之內." 桓公曰: "何謂春事二十五日之內?" 管子對曰: "日至六十日而陽凍釋,[5] 七十日而陰凍釋. 陰凍釋而杌稷,[6] 百日不杌稷, 故春事二十五日之內耳也.[7] 今君立扶臺,[8] 五衢之衆皆作. 君過春而不止,[9] 民失其二十五日, 則五衢之內阻棄之

1 馬非百(1896~1984)에 의하면, '桓公問管子'나 '管子對曰云云'은, 작자가 두 사람의 문답 형식을 빌려서, 봉건 통치자가 설계한 각종 재정 경제에 관한 구체적 의견을 설명한 것이다. 이 책에 인용된 모든 人名, 地名, 國名과 官名도 이런 식의 모방이다. 『管子輕重篇新詮』(上), 121頁, 注1 참조.

2 馬非百에 의하면, '乘馬' 위에 筴자가 빠졌다. 乘은 去聲으로 읽으면 計算이고, 馬는 계산에 쓰이는 籌碼(산가지, 算木)이다. 筴乘馬는 여섯 치[六寸]의 산가지를 운용함을 말한다. 上同, 119~120頁, 注2와 122頁, 注2 참조.

3 張佩綸에 의하면, 在는 察이고, 令은 時禁이다. 黎翔鳳에 의하면, 輕重은 국가 專賣 정책이니, 경제의 평형을 유지하여, 반드시 경제 계획, 즉 乘馬(계산)를 가져야만 한다. 輕重의 數는 곡식을 기준으로 하니, 農時(농사철)를 뺏겼으면 덜 거두어야 하기에, 그래서 桓公이 乘馬(계산)을 물은 것이다.

4 聞一多에 의하면, '地量百畝, 一夫之力也'(땅의 분량이 100畝이면, 사내 하나의 노동력이다). 黎翔鳳에 의하면, 농사짓기와 씨 뿌리기를 합쳐 말하면, 25일이라는 것은 지금의 농사도 그러하다.

5 馬非百에 의하면, 여기서 日至는 冬至를 말한다. 劉績은 陽凍은 地上이고, 陰凍은 地下이다. 豬飼彦博에 의하면, 七十 아래에 五가 빠졌다. 安井衡와 兪樾의 설은 같다. 上同, 123頁, 注7 참조.

6 黎翔鳳에 의하면, 杌은 樹(種)의 別體다.

7 黎翔鳳에 의하면, 耳는 而已(…일 뿐이다)다.

8 黎翔鳳에 의하면, 扶臺는, 몸을 부축하는 軍士들을 훈련시키기 위해서 짓는 것인데, 농사를 하면서 군사훈련을 받는 것이다. 농사가 바쁜데 扶臺를 세운다면, 봄에는 그만큼 땅을 잃는 것이오, 여름에는 싹을 잃는 것이다.

9 安井衡에 의하면, 君은 若이다. 『管子輕重篇新詮』(上), 125頁, 注 13 참조.

地也.[10] 起一人之繇,[11] 百畝不擧.[12] 起十人之繇, 千畝不擧. 起百人之繇, 萬畝不擧. 起千人之繇, 十萬畝不擧. 春已失二十五日, 而尙有起夏作,[13] 是春失其地, 夏失其苗, 秋起繇而無止, 此之謂穀地數亡. 穀失於時,[14] 君之衡藉而無止.[15] 民食什伍之穀, 則君已藉九矣, 有衡求幣焉, 此盜暴之所以起, 刑罰之所以衆也. 隨之以暴, 謂之內戰." 桓公曰: "善哉!"

(관중이 말했다.) "(나라의) 재정계획[筭木]의 수數를 완벽하게 짜야 합니다. 임금이 백성들의 (농사) 시기를 빼앗지 않으니, 따라서 오곡이 풍성합니다. 오곡이 풍성하면, 선비들은 (나라의) 녹봉을 가볍게 볼 것이며, 백성들도 상賞을 경시할 것입니다. 저들 나라를 잘 다스리는 이는, 농부로 하여금 추울 때 경작하고 더울 때 김을 매며, 힘을 임금에게 돌리도록 하며, 여자들은 섬세하고 미묘한 일에 부지런하여, (나라) 창고에 직포를 돌리게 해도, 백성들의 원망하는 마음과 백성의 뜻을 상하게 하는 것이 아니고, (물가의) 고하高下[輕重]의 계획으로, 그렇게 될 수밖에 없는 도리입니다."

환공이 말했다. "(그렇게 하자면) 어떻게 실행합니까?"

관중이 말했다. "우虞나라에서는 산가지[筭木] 계산을 했습니다."

환공이 말했다. "무엇이 산가지 계산의 방법[數]입니까?"

관중이 말했다. "100무畝(를 농사짓는) 농부의 계산은, 대략 27일이 농부의 봄 농사(시간)이고, 농부에게 자금을 대출해 줍니다. 봄과 가을에 농부의 곡식(피[稷], 보리[麥], 벼[稻], 기장[粱] 등)이 크게 성숙하면, 나라 곡식의 높은 가격을 반半으로 줄입니다. (그리고) 농부에게 말합니다. '당신의 돈은, 곡식으로 (환산)했으니, 주州와 이里의 창고에 있소.' 나라 곡식의 반半은 임금에게 있고, 나라 곡식의 가격이 두 배와 10배가 되면, 원근의 현縣, 이里와 읍邑의 관리들에게, 모두 장비[기계器械]를 준비해 올리라고 말합니다. (그리고) 말합니다. '나라에 돈이 없으니, 곡식으로 돈을 준비합니다.' 나라 곡식의 전매專賣는 일률로 10대 9로

10 馬非百에 의하면, 何如璋은 阻棄를 不耕으로 보았다. 上同, 125頁, 注14 참조.

11 馬非百에 의하면, 起는 徵發의 뜻이고 繇는 役(노역)이다. 上同, 注15 참조.

12 馬非百에 의하면, 不擧는 耕種을 할 수 없음이다. 上同, 注16 참조.

13 安井衡에 의하면, 作은 繇役이다. 張佩綸에 의하면, 有는 又이다.『管子校注』(下), 1236頁, 注9 참조.

14 戴望에 의하면, 元나라 板本에 於는 其이다.

15 黎翔鳳에 의하면, 衡은 輕重의 平이니, 衡籍은 平衡을 유지하여 이것을 기록함이다.

[9는 임금, 1은 백성] 합니다. (백성들에게) 돈을 빌려주고 (나중에) 곡가穀價로 갚게 하고 (또) 곡식 값으로 장비[器械]를 구입하면, 나라의 장비[器物]들이 모두 공급되어도, 백성들에게 (세금을) 더 거둘 필요가 없습니다. 이것이 우虞나라 산가지 셈법입니다."

"筴乘馬之數求盡也.[16] 彼王者不奪民時, 故五穀興豐.[17] 五穀興豐, 則士輕祿, 民簡賞.[18] 彼善爲國者, 使農夫寒耕暑耘, 力歸於上, 女勤於織微, 而織歸於府者,[19] 非怨民心, 傷民意, 高下之筴, 不得不然之理也." 桓公曰: "爲之奈何?" 管子曰: "虞國得筴乘馬之數矣." 桓公曰: "何謂筴乘馬之數?" 管子曰: "百畝之夫子之筴,[20] 率二十七日爲子之春事, 資子之幣.[21] 春秋子穀大登,[22] 國穀之重去分.[23] 謂農夫曰: '幣之在子者, 以爲穀而廩之州里.' 國穀之分在上, 國穀之重再十倍. 謂遠近之縣, 里邑百官, 皆當奉器械備. 曰: '國無幣, 以穀准幣.' 國穀之櫎, 一切什九.[24] 還穀而應穀,[25] 國器皆資, 無藉於民.' 此有虞之筴乘馬也."

16 黎翔鳳에 의하면, 이 문장의 첫머리에 曰이 탈락되었다.

17 馬非百에 의하면, 興은 盛이니, 興豊은 複詞(重複詞)이니, 豐滿의 뜻이다. 『管子輕重篇新詮』(上), 132頁, 注5 참조.

18 安井衡에 의하면, 簡은 傲(업신여기다)니, 가볍게 보는 것이다. 『管子校注』(下), 1238頁, 注2 참조.

19 何如璋에 의하면, '織歸於府'는 布縷의 징수다. 緝績(길쌈)은 지극히 섬세하고 지극히 미묘한 일이니, 따라서 '勤於織微'(섬세하고 미묘한 일에 부지런함)이라고 말한 것이다.

20 黎翔鳳에 의하면, 子는 夫子가 생략된 것이고, 여기서 夫子는 農夫다.

21 馬非百에 의하면, 資는 貸(돈을 빌리다)다. 『管子輕重篇新詮』(上), 137頁, 注5 참조.

22 湯孝純에 의하면, 大登은 무르익음이다. 登은 成熟이다. 『新譯管子讀本』(下), 834頁, 注6 참조.

23 安井衡에 의하면, 分은 半이니, 去分은 減半이다. 『管子輕重篇新詮』(上), 137頁, 注10; 黎翔鳳에 의하면, 重은 輕重의 重의 숫자이지, 物價가 아니다. 『管子校注』(下), 1239頁, 注6 참조.

24 黎翔鳳에 의하면, 櫎는 지금의 政府의 專賣이다. 權時는 一律과 같은 의미이다.

25 郭沫若에 의하면, '還穀而應穀'이 맞다. 還穀은 백성들에게 돈을 빌려주고 그 돈을 나중에 穀價로 갚도록 시키는 것이고, 應穀은 곡식으로 돈을 대신하여 器械를 구입하여 公用에 대비하는 것을 가리킨다. 이렇게 하면, 곡물과 器用이 충족되어, 세금을 증가할 필요가 없다.

승마수 乘馬數

재정 정책

이 편의 내용은 앞 편 「거승마巨乘馬」와 대체로 같은데, 재정 수입의 보장, 노동력의 관리 사용, 물가 조절 및 세금 징수 정책 네 가지를 다루고 있다.

환공이 관중에게 말했다. "우虞나라 산가지 셈법이 이미 실행됐으니, 과인이 산가지 셈법을 시행하려면, 어떻게 해야 합니까?"

관중이 대답하였다. "전쟁하는 나라에는 성과 연못을 수리해야 하는 일이 있으니, 따라서 그 나라는 항상 농사(시기)를 잃습니다. 왕업王業을 이루려는 나라는 계절에 맞게 시행합니다."

환공이 말했다. "계절에 맞게 시행하는 것이 무엇을 말합니까?"

관중이 대답했다. "윤허되어 나간 명령은, 땅의 생산력과 사람(에게 소요되는) 물자를 지키는 것이니, 따라서 (시장市場을) 열고 닫는 것은 모두 임금에게 있으며, 백성들에게는 요구하지 않습니다. 성내城內로 불러서 지키게 하니, 반半은 임금에게, 반은 백성에게 있기에, 반半 사이에서 노닐어도, 비용이 충족합니다. 왕성한 나라는 (국고를) 지키는 처음에, 나라 경비가 하나 부족하면 하나를 보태 주고, 나라 경비가 둘이 부족하면 둘을 보태 주고, 국가 경비가 셋 부족하면 셋을 보태 주고, 국가 경비가 넷 부족하면 넷을 보태 주고, 국가 경비가 다섯 부족하면 다섯을 보태 주고, 국가 경비가 여섯 부족하면 여섯을 보태 주고, 국가 경비가 일곱 부족하면 일곱을 보태 주고, 국가 경비가 여덟 부족하면 여덟을 보태 주고, 국가 경비가 아홉 부족하면 아홉을 보태 주고, 국가 경비가 열 부족하면 열을 보태 줍니다. 임금이 (물가의) 고하高下

를 지키되, 1년에 3분分을 저축하니, 10년이면 반드시 3년 치의 여유가 있게 됩니다. 만약 흉년으로 가물거나 물이 넘치면, 백성들은 농지의 구획區劃을 잃게 되고, 궁실宮室, 누대樓臺와 정자亭子를 수축修築하게 되니, 앞에는 개의 먹이가 없고, 뒤에는 돼지 먹이가 (없을 정도로 가난하면 사람들이) 품을 팝니다. 따라서 궁실, 누대와 정자를 수축하는 것은, 음악을 즐기려는 것이 아니고, 국책國策을 다스리는 것입니다. 지금 산가지 셈법을 잃은 임금에 이르면, 봄 가을, 여름 겨울이 되어도 계절의 끝나고 시작함을 모르며, 공사하려고 민중을 동원하여, 궁실, 누대와 정자를 세우니, 백성들은 농사일을 잃어버렸는데도, 임금은 그가 봄의 셈법도 잃어버리고, 또한 여름과 가을의 셈법도 잃어버린 줄 모릅니다. 백성들은 흰죽도 없어서 자식들을 팔아 버리는 운명입니다. 용맹하고 강인한 사람은 방종하여 거칠어지고, 가난하고 병든 사람은 구걸합니다. (이에) 임금이 법률을 행사하면, 백성들은 형벌을 받고 죽더라도 임금을 따르지 않으니, 이것은 산가지 셈법이 망한 것입니다. 산가지 셈법의 기준은, 천하 (제후국들의) 셈법의 표준과 일치합니다. 그 물건이 싸면 그것을 흩어서 (다른 나라에서) 팔고, 비싸면 (국내에서도) 이득을 보고 팔리게 됩니다. 이는 (서로) 전투하는 나라들도 서로 물건을 팔고, 경제 전문가[輕重之家]들도 서로 (이익을) 쟁탈합니다. (그러나 통일된) 왕국이라면, 국내 시장의 유통만 장악하면 끝납니다."

환공이 말했다. "무엇이 (국내) 시장 유통의 장악입니까?"

관중이 말했다. "한 사람이 농사지어 다섯 사람이 먹고 살며, 한 사람이 농사지어 네 사람이 먹고살고, 한 사람이 농사지어 세 사람이 먹고살며, 한 사람이 농사지어 두 사람이 먹고삽니다. 이것은 노동력을 정리하여 농사를 짓는 것이니, 농업 생산과 (물가) 정책이 서로 (함께) 운용運用되어야 합니다. 이것은 나라의 셈법이 계절에 맞게끔 시행되어야 함을 말합니다. 임금이 (나라의) 셈법을 못 지키면, 백성들은 아래에서 (나라를) 지키지 않을 것이니, 이는 나라의 셈법이 유실될 뿐입니다."

桓公問管子曰: "有虞筴乘馬, 已行矣. 吾欲立筴乘馬, 爲之奈何?" 管子對曰: "戰國脩其城池之功, 故其國常失其地用.[1] 王國則以時行也." 桓公

1 趙守正에 의하면, 地用은 토지의 사용이니, 농업을 가리킨다. 『管子通解』(下), 330頁, 注2 참조.

曰: "何謂以時行?" 管子對曰: "出准之令,[2] 守地用、人筴,[3] 故開闔皆在上,[4] 無求於民. 朝國守,[5] 分上分下, 游於分之閒而用足.[6] 王國守始, 國用一不足則加一焉,[7] 國用二不足則加二焉, 國用三不足則加三焉, 國用四不足則加四焉, 國用五不足則加五焉, 國用六不足則加六焉, 國用七不足則加七焉, 國用八不足則加八焉, 國用九不足則加九焉, 國用十不足則加十焉. 人君之守高下, 歲藏三分. 十年則必有五年之餘.[8] 若歲凶旱水泆,[9] 民失本則,[10] 則脩宮室臺榭, 以前無狗、後無彘者爲庸.[11] 故脩宮室臺榭, 非麗其樂也,[12] 以平國筴也.[13] 今至於其亡筴乘馬之君, 春秋冬夏不知時終始, 作功起衆, 立宮室臺榭, 民失其本事, 君不知其失諸春筴, 又失諸夏秋之筴數也.[14] 民無糧賣子, 數矣.[15] 猛毅之人淫暴, 貧病之民乞請. 君行律度焉, 則民被刑僇而不從於主上,[16] 此筴乘馬之數亡也. 乘馬之准, 與天下齊准.[17] 彼物輕則見泄, 重則見射.[18] 此鬪國相泄, 輕重之家相奪也. 至於王國, 則持流而止矣."[19] 桓公曰: "何謂持流?" 管子對曰: "有一人耕而五人食者, 有一人耕而四人食者, 有一人耕而三人食者, 有一人耕而二人食者.

2 馬非百에 의하면, 石一參(20세기)은 '出准之令'은 '出入皆以令爲准'(出入은 모두 令으로 允許한다)의 뜻이라고 말했다. 『管子輕重篇新詮』(上), 151頁, 注5 참조.

3 何如璋에 의하면, 地用은 地力에서 생산되는 것을 말함이고, 人筴은 사람이 먹는 物資다. 黎翔鳳에 의하면, 인구를 통계하여 양식을 주고, 남으면 국가에 귀속시킨다.

4 趙守正에 의하면, 開闔은, 放과 收이니, 이것은 시장을 조절하는 두 가지 정책이다. 『管子通解』(下), 331頁, 注6 참조.

5 黎翔鳳에 의하면, 朝는 불러서 묻는 것이니, '朝國守'는 城內로 불러서 지킴을 말한다.

6 黎翔鳳에 의하면, 分은 半이되, 半上半下이니, 兩半 사이에서 '노는 것[遊]'이니, 그 뜻이 매우 분명하다.

7 何如璋에 의하면, '不足'은 歲歉(흉년)을 가리키고, 加는 '지키고 있는 곡식을 더 두어서 國用의 不足을 해결함'이다. 黎翔鳳에 의하면, 王은 旺(왕성하다)과 같다.

8 王引之에 의하면, 五는 마땅히 三이다. 매년 저축이 10분의 3이니, 10년이면 나머지가 30分이고, 10분마다 1년에 해당하니, 따라서 30分이 3년의 여유분이다.

9 李哲明에 의하면, 泆(끓다)은 溢(넘치다)이다.

10 黎翔鳳에 의하면, 則은 分畫다.

11 聞一多에 의하면, 여분의 먹을 것이 있으면 개[狗]나 돼지[彘]에게 나누어 주는데, 이것은 아직 그렇게 가난한 것이 아니다, 만약 개나 돼지에게 줄 것이 없다면, 가난이 매우 심한 것이다. 이렇게 되면, 품을 팔아서 그들에게 먹을 것을 준다.

12 尹桐陽에 의하면, 麗는 覼(찾아보다)와 같으니, 觀이다.

13 黎翔鳳에 의하면, 國筴은 國策이다.

14 黎翔鳳에 의하면, 여기서 數는 計(세다)다.

15 黎翔鳳에 의하면, 數는 氣數이니, 운명의 뜻이다. 糧은 饘(흰죽)과 같다.

16 湯孝純에 의하면, 僇은 戮과 통한다. 『新譯管子讀本』(下), 838頁, 注19 참조.

17 趙守正에 의하면, 准은 표준이고, 齊는 一致이다. 『管子通解』(下), 333頁, 注1과 注2 참조.

18 黎翔鳳에 의하면, 射는 射覆의 射이니, 物價를 예측하는 행위이고, 泄은 散이다. 趙守正은 泄은 가격이 일방적으로 낮아서, 외국에서 물건이 팔리고, 射는 射利이니 값이 일방적으로 비싸져서, 본국에서 이익을 보고 팔게 된다고 말한다. 上同, 注3과 注4 참조.

19 趙守正에 의하면, 流는 市場의 流通이다. 持流란 (국내) 시장 유통을 장악, 또는 조절함을 말한다.

此齊力而功地,[20] 田筴相員.[21] 此國筴之時守也.[22] 君不守以筴, 則民且守於上,[23] 此國筴流已."

환공이 말했다. "산가지 셈법은 여기에서 끝납니까?"

관중이 대답하였다. "견직물과 재물은 모두 가격이 있는데, 재물의 가격과 돈은 비싸기도 하고 싸기도 한데, 곡식은 홀로 비싸고 홀로 싸기도 합니다."

환공이 말했다. "홀로 비싸고 홀로 싸다는 것이 무슨 말입니까?"

관중이 대답하였다. "곡식은 비싼데 모든 물건이 싸고, 곡식은 싼데 모든 물건이 비싸다는 것입니다."

환공이 말했다. "산가지 셈법의 실행은 어떻게 합니까?"

관중이 대답하였다. "군현郡縣의 상등 토지는 약간(의 곡식)을 징수하였고, 중간 토지에도 약간을 징수하였고, 하급 토지에도 약간을 징수하였습니다. 따라서 토지를 보고 토지대장을 정했으니 백성들은 이사하지 않았으며, 가난한 자를 구제해 주고 부족한 자에게 보태 주었으니, 아랫사람들은 임금을 즐거워하였습니다. 따라서 상급 토지(의 수확)이 충분하니, 많은 하급의 토지(의 수확)을 보태 주었습니다. 사계절을 명확히 (드러내) 보여 주고, (시장의) 개방과 폐쇄를 지켜 주니, 백성들은 이사를 가지 않음이, 마치 땅에 판목版木을 박아둔 것 같았습니다. 이것이 산가지 셈법입니다."

桓公曰: "乘馬之數盡於此乎?" 管子對曰: "布織財物, 皆立其貲.[24] 財物之貲與幣高下, 穀獨貴獨賤." 桓公曰: "何謂獨貴獨賤?" 管子對曰: "穀重而萬物輕, 穀輕而萬物重." 公曰: "賤筴乘馬之數奈何?"[25] 管子對曰: "郡縣上臾之壤守之若干, 閒壤守之若干,[26] 下壤守之若干. 故相壤定籍而民

20 趙守正에 의하면, 功地는 攻地와 통하니, 種地를 말한다. 上同, 注6 참조.

21 趙守正에 의하면, 田筴은 田策이다. '田策相員'에서, 田은 토지, 즉 농업 생산을 가리키고, 策은 정책, 특히 물가 정책을 말한다. 員은 運과 같다. 농업 생산과 물가를 서로 運用하여, 이익을 나라에 귀속시킴을 말한다. 上同, 333~334頁, 注7 참조.

22 黎翔鳳에 의하면, 時守는 時行이다.

23 張佩綸에 의하면, 上 자는 마땅히 下 자가 되어야 한다.

24 趙守正에 의하면, 貲는 價格이다. 上同, 334頁, 注1 참조.

25 尹桐陽에 의하면, 賤은 踐(실천하다)과 같으니, 行이다.

26 陳奐에 의하면, 臾는 옛날의 腴(비옥하다)자이다. 閒은 中과 같다.

不移,[27] 振貧補不足, 下樂上. 故以上壤之滿, 補下壤之衆. 章四時,[28] 守諸開闔, 民之不移也, 如廢方於地.[29] 此之謂筴乘馬之數也.”

제70편 「문승마問乘馬」 망실亡失.

27 黎翔鳳에 의하면, 籍은 簿니, 田冊(토지대장)이다.
28 黎翔鳳에 의하면, 章은 彰의 假借니, 明示의 의미다.
29 丁士涵에 의하면, 廢는 옛날에 置와 통했다. 黎翔鳳에 의하면, 方은 板이다.

사어 事語

본 편의 머리글자, 즉 사事를 취하여 편명篇名을 사어事語라고 했다. 첫머리의 '사지지수事之至數'는 나라의 일을 처리하는 좋은 방법이라는 말이다. 본문은 두 가지 내용을 말하는데, 하나는 사치를 반대하고 집중적인 저축을 제창한다. 또 하나는 외국에 의지하는 것을 반대하고 본국 역량의 확대를 말한다.

환공이 관중에게 말했다. "나라의 일을 처리하는 좋은 방법을 들을 수 있겠습니까?"

관중이 대답하였다. "무슨 좋은 방법 말씀이신가요?"

환공이 말했다. "진사秦奢가 과인을 가르치며 말했습니다. '수레 장막과 뚜껑 장식을 만들지 않고, 옷도 많지 않다면, 여공女工들의 일이 번창한 것이 아니다. 제사의 예법禮法에 반드시 제물이 있어야 하니, 제후들은 대뇌大牢[소, 양, 돼지]제사고, 대부[귀족]들은 소뇌少牢[양, 돼지]다. 이와 같지 않으면, 가축들이 길러지지 않는다. 누대樓臺와 정자를 높이 올려서, 궁실을 아름답게 하지 않으면, 목재들이 분산되지 않는다.' 이 말은 어떻습니까?"

관중이 말했다. "술책은 못 됩니다."

환공이 말했다. "어떻게 술책이 안 된다고 말하십니까?"

관중이 대답했다. "이것은 영토를 정한 숫자이니, 천자天子의 제도는 영토가 사방 1,000리里이고, 중소衆小제후들은 사방 100리이니, 연해沿海 자작子爵의 나라는 70리이고, 남작男爵의 나라는 50리이며, (한 몸의) 가슴과 팔뚝처럼 서로 쓰이기에, 따라서 (공급과 수요의) 완급緩急이나 여유와 부족을 조절하여, (경제력이) 비록 아래 백성들에게 있어도, 임금께서 걱정할 일이 없습니다. 영토가 협소한데 큰 나라와 전쟁을 하려고 하면, 농부들은 추울 때 경작하고 더울 때 김을 매야 하나, 노동력은 임금에게 귀속하고, 여자들이 아름다운 직물을 짜도, 결과는 (나라의) 창고로 귀속되니, 민심을 분노하게도, 민의民意를 다치게도 마십시오. (재화를) 저축하지 않았다면, 사람들을 쓰지 마시고, 재물을 비축하지 않았다면, 아랫사람들을 부추기지 마십시오. 크게 사치하는 방책은, 위태롭고 작은 나라에서는 쓸 수 없습니다."

환공이 말했다. "좋습니다."

桓公問管子曰: "事之至數可聞乎?" 管子對曰: "何謂至數?" 桓公曰: "秦奢敎我曰: '帷蓋不脩,[1] 衣服不衆, 則女事不泰.[2] 俎豆之禮不致牲,[3] 諸侯太牢, 大夫少牢. 不若此, 則六畜不育. 非高其臺榭, 美其宮室, 則羣材不散.'[4] 此言何如?" 管子曰: "非數也." 桓公曰: "何謂非數?" 管子對曰: "此定壤之數也, 彼天子之制, 壤方千里, 齊諸侯方百里,[5] 負海子七十里,[6] 男五十里, 若胸臂之相使也, 故准徐疾、贏不足,[7] 雖在下也, 不爲君憂. 彼壤狹而欲擧與大國爭者, 農夫寒耕暑耘, 力歸於上, 女勤於緝績徽織, 功歸於府者, 非怨民心, 傷民意也. 非有積蓄, 不可以用人; 非有積財, 無以勸下. 泰奢之數,[8] 不可用於危隘之國." 桓公曰: "善."

환공이 또 관중에게 물었다. "일전佚田이 과인에게 말했습니다. '(정치를) 잘하는 이는 쓰되 자기 소유가 아니고, 부리되 자기 사람이 아니니, (임금께서는) 제후들의 권력으로 왜 천하를 제압하지 않습니까?'"

관중이 대답하였다. "일전의 말은 틀렸습니다. 저들의 나라를 잘 다스리는 이들은, 영토를 개간하여 백성들이 머물러 살게 하고 있으며, 창고가 충실하여 (백성들이) 예절禮節을 압니다. 저축이 없으면 (그 나라를) 포위하려 하고, 성벽이 취약하면 충거衝車로 뚫으려 합니다. (나라) 안이 안정되지 않으면, 천하를 유지할 수 없으니, 일전의 말은 틀린

1 趙守正에 의하면, 帷蓋는 수레의 사방에 둘러친 장막이나 뚜껑 장식이니, 女工들의 생산품이다. 『管子通解』(下), 339頁, 注3 참조.
2 黎翔鳳에 의하면, 泰는 擴大다.
3 豬飼彦博에 의하면 不은 마땅히 必이다.
4 黎翔鳳에 의하면, 材는 木材다.
5 黎翔鳳에 의하면, 齊는 中이니, 中國의 약칭이 아니고, 仳諸侯를 말하니 衆小 제후들이다.
6 趙守正에 의하면, 負海는 靠海이니, 沿海一帶를 말한다. 負海子는 해변가의 子爵지위를 가진 소국을 말한다. 上同, 注 10 참조.
7 湯孝純에 의하면, 准은 控制, 調節이다. 『新譯管子讀本』(下), 844頁, 注11 참조.
8 黎翔鳳에 의하면, 泰는 太다.

것입니다."

관자가 (또) 말하였다. "해마다 하나를 저축하면, 10년이면 10이고, 해마다 둘을 저축하면, 5년이면 10입니다. 곡식이 10이면 (조정의) 5를 지킬 수 있고, (조정에 화려한) 직물들로 가득 찰 것이니, 5는 임금에게 있습니다. 그러므로 매해 (수확)을 보고서 저축 (분량)을 결정하고, 오래토록 해마다 (저축이) 쌓이니, 나라에 10년의 저축이 있게 됩니다. 부자가 빈자를 이기고, 용자가 겁쟁이를 이기고, 지자智者가 우자愚者를 이기고, 살핀 자는 못 살핀 자를 이기고, 의로운 자는 무의無義한 자를 이기고, 훈련받은 군사는 잡다한 군중을 이기니, 무릇 10가지 승자가 다 있습니다. 따라서 비바람처럼 발동하여, 천둥과 벼락처럼 움직여서, 홀로 나가고 홀로 들어오니, 막을 자가 없고, 여러 동맹국을 기다릴 필요가 없습니다. 따라서 일전의 말은 틀린 것입니다."

환공이 말하였다. "좋습니다."

桓公又問管子曰: "佚田謂寡人曰: '善者用非其有, 使非其人, 何不因諸侯權以制天下?'" 管子對曰: "佚田之言非也. 彼善爲國者, 壤闢擧則民留處, 倉廩實則知禮節. 且無委致圍, 城脆致衝.[9] 夫不定內, 不可以持天下, 佚田之言非也." 管子曰: "歲藏一, 十年而十也, 歲藏二, 五年而十也. 穀十而守五, 綈素滿之,[10] 五在上. 故視歲而藏,[11] 縣時積歲,[12] 國有十年之蓄. 富勝貧, 勇勝怯, 智勝愚, 微勝不微,[13] 有義勝無義, 練士勝毆衆, 凡十勝者盡有之. 故發如風雨, 動如雷霆, 獨出獨入, 莫之能禁止, 不待權輿.[14] 故佚田之言非也." 桓公曰: "善."

9 劉績에 의하면, 委는 委積(糧草를 싸두다)이니, 먹을 것이 없으면 사람들을 (적을) 포위하고 뺏으려 한다. 脆는 不堅이다. 衝은 衝車이니, 성벽이 튼튼하지 않으면 사람들은 그것을 허물려고 한다.

10 湯孝純에 의하면, 綈素는 絲織物이다. 上同, 846頁, 注7 참조.

11 馬非百에 의하면, '視歲而藏'은 '그해 수확의 상중하를 보고, 마땅히 저축할 수를 결정함'을 말한다.『管子校注』(下), 1244頁, 注4 참조.

12 張佩綸에 의하면, 縣은 遠이니, 久와 통한다.

13 黎翔鳳에 의하면, 微는 伺(엿보다)의 假借이다.

14 黎翔鳳에 의하면, 權輿는 權與인데, 權은 羣과 같으니, 權與는 여러 동맹국이다.

해왕 海王

염철鹽鐵의 관영官營

본문의 내용은 염철鹽鐵의 관영官營을 말하고 있다. 소금[鹽]은 바다에서 나고, 쇠[鐵]는 광산에서 나오니, 소금과 철로 왕업王業을 이룬다는 의미로 원제목은 마땅히 산해왕山海王일 것 같다. 그러나 편명에 산山자가 빠졌다.

환공이 관중에게 물었다. "과인이 담장에 세금을 매기려 하는데, 어떻습니까?"

관자가 대답하였다. "이것은 이루어 놓은 물건들을 허물게 할 것입니다."

(환공이 말했다.) "과인이 나무에 세금을 매기고자 합니다."

관중이 대답하였다. "그것은 어린 나무를 베어 버리는 것입니다."

(환공이 말했다.) "과인은 가축에게도 세금을 매기고자 합니다."

관중이 대답했다. "그것은 산짐승들을 죽이는 일입니다."

(환공이 말했다.) "과인이 사람에게 세금을 매기려고 하니, 어떻겠습니까?"

관중이 대답했다. "그것은 정욕情欲을 차단하는 것입니다."

환공이 말했다. "그렇다면 과인은 어떻게 나라를 다스릴 수 있겠습니까?"

관중이 대답하였다. "오직 산과 바다를 관리하면 가능합니다."

환공이 말했다. "산과 바다를 관리한다는 것이 무엇입니까?"

관중이 대답하였다. "바다로 왕업王業을 이루려는 나라에서, 신중하게 염세鹽稅를 거두는 대책입니다."

환공이 말했다. "염세를 걷는다는 것이 무엇입니까?"

관중이 대답하였다. "10명의 집에 10명이 소금을 먹고, 100명의 집에 100명이 소금을 먹습니다. 한 달이면, 성인 남자는 소금 먹기를 5되[升] 반半보다 적게, 성인 여성은 소금 먹기를 3되 반보다 적게, 미성년의 남녀는 소금 먹기를 2되 반보다 적습니다. 이것이 대략의 수치입니다. 소금 100승升이 1부釜입니다. 지금 소금 가격을 승升마다 반전半錢을 올리니, 1부釜에 50전 (이익)입니다. 승마다 1전을 더하면, 1부에 100전(의 이익)입니다. 승에 2전을 부가하면, 부釜에 200전 (이득)입니다. 1종鍾이면 2,000전 (이득)이고, 10종이면 2만 전, 100종이면 20만 전, 1,000종이면 200만 전 (이득)입니다. 만 승萬乘의 나라에, 인구가 천만千萬입니다. (천만에) 2전을 붙이면, 세금은 하루에 2백만 전입니다. 10일이면, 2천만 전, 한 달이면 6천만 전입니다. 만 승의 나라에 세금 내는 사람이 백만입니다. 달마다 (인두세로) 한 사람에 30전 하면, 돈으로 3천만 전입니다. 지금 우리는 어른이나 아이들에게 세금을 걷지 않아도, 두 개의 (만 승의) 나라에 상당하는 6천만 전이 있습니다. 설사 임금께서 포고령을 내서 '과인이 어른들과 아이들에게 세금을 물릴 것이다'라고 한다면, (그들은) 반드시 고함을 칠 것입니다. 지금 염세鹽稅 정책을 쓴다면, 저절로 곱절의 (이익)이 임금에게 돌아가도, 사람들이 이것을 회피할 수 없을 것이니, (이것이) 재정財政의 도리입니다."

桓公問於管子曰: "吾欲藉於臺雉,[1] 何如?" 管子對曰: "此毁成也." "吾欲藉於樹木." 管子對曰: "此伐生也."[2] "吾欲藉於六畜." 管子對曰: "此殺生也." "吾欲藉於人, 何如?" 管子對曰: "此隱情也."[3] 桓公曰: "然則吾何以爲國?" 管子對曰: "唯官山海爲可耳." 桓公曰: "何謂官山海?" 管子對曰: "海王之國, 謹正鹽策."[4] 桓公曰: "何謂正鹽筴?" 管子對曰: "十口之家十人食鹽, 百口之家百人食鹽. 終月, 大男食鹽五升少半, 大女食鹽三升少半,[5] 吾子食鹽二升少半.[6] 此其大曆也.[7] 鹽百升而釜.[8] 今鹽之重升加分彊,[9] 釜五十

1 黎翔鳳에 의하면, 藉는 籍과 같이 稅이다. 1雉는 5堵(도)이니, 담장의 길이단위다. 이것에 세금을 물리면, 이것을 헐어버린다.

2 趙守正에 의하면, 生은 아직 성숙하지 않은 幼樹를 말한다. 『管子通解』(下), 343頁, 注3 참조.

3 趙守正에 의하면, 隱은 隱藏이니 藏閉로 볼 수 있다. 隱情은 情欲을 막아서 生育을 끊음을 말한다. 上同, 注4 참조.

4 聞一多에 의하면, 正은 征으로 읽어야 한다. '征鹽筴'은 鹽稅를 거두는 대책을 말한다.

5 趙守正에 의하면, 少半은 半보다 적게, 또는 半에 못 미침이다. 上同, 344頁, 注2 참조.

6 尹知章의 주석에, 吾子는 小男小女다.

也. 升加一彊, 釜百也. 升加二彊, 釜二百也. 鍾二千, 十鍾二萬, 百鍾二十萬, 千鍾二百萬. 萬乘之國, 人數開口千萬也. 禺筴之, 商日二百萬,[10] 十日二千萬, 一月六千萬. 萬乘之國正九百萬也.[11] 月人三十錢之籍, 爲錢三千萬. 今吾非籍之諸君吾子,[12] 而有二國之籍者六千萬. 使君施令曰: '吾將籍於諸君吾子,' 則必囂號. 今夫給之鹽筴,[13] 則百倍歸於上,[14] 人無以避此者, 數也."

(관중이 말했다.) 지금 철관鐵官의 이재理財방법은 이렇습니다. "한 여자는 반드시 침 하나와 가위 하나를 가지고, 그다음에 (바느질) 일을 이룹니다. 농부는 반드시 가래 하나와 보습 하나를 가져야 (농사)일을 합니다. 손수레나 빠른 마차를 만드는 이는, 반드시 하나의 도끼, 하나의 톱, 하나의 송곳, 하나의 끌을 가진, 다음에 그 일을 완성합니다. 이러하지 않고서 일을 이룬 적은, 세상에는 없습니다. 지금 침의 가격에 1전의 (세금을) 추가하면, 30침은 한 사람의 세금입니다. 가위의 가격에 6전의 (세금)을 부가하면, 5×6, 30전이니, 다섯 개의 가위(의 세금)은 한 사람의 세금과 같습니다. 보습의 쇠 가격은 10전(의 세금)을 보태니, 보습의 쇠가 셋이면, 한 사람의 세금입니다. 그 밖에 가볍거나 무거운 것도, 모두 이것을 준칙으로 시행합니다. 그러나 팔을 써서 일하자면, (쇠에 대한) 세금을 안 낼 수 없습니다."

환공이 말했다. "그렇다면 나라에 산과 바다가 없으면 왕 노릇 못 합니까?"

관중이 말했다. "남의 나라 광산이나 바다에 의해서, 바다 있는 나라 이름을 빌려서, 우리 나라에 소금을 모으고, (소금) 1부釜에 50전이

7 黎翔鳳에 의하면, 房玄齡注에 曆은 數라고 했는데, 옛날 歷을 만든 사람이 時日을 數로 적었으니, 歷 또한 數이다.

8 黎翔鳳에 의하면, 齊나라에서는 釜가 단위고, 升, 豆, 釜와 區는 모두 四(넷)로 나아간다. 소금 100升은 저울로 무게를 재었다.

9 聞一多에 의하면, 덧붙여진 가격이 彊이다. 나머지 이익을 强이라고 말한다. 趙守正에 의하면, 强을 假借하면 鏹이니, 錢(돈)이다. 分强(鏹)은 半錢이다. 重은 가격이다. '今鹽之重升加分强'은, '소금 가격을 升마다 半錢을 증가시킴'의 뜻이다.

10 豬飼彦博에 의하면, 禺와 偶는 같으니 2錢을 보탬[加二]의 뜻이다. 商은 세금이다. 인구가 千萬이면, 하루에 食鹽이 千鐘이니, 따라서 升마다 2錢의 稅를 取하면, 2百萬錢을 얻게 된다.

11 王引之에 의하면, 正은 征(세금 징수)과 같고, 九는 마땅히 人으로 보아야 한다.

12 黎翔鳳에 의하면, 諸君吾子는 大人과 小孩(어린아이)이다.

13 黎翔鳳에 의하면, 王念孫은 今을 令으로 고칠 것을 말했으나, 『楊忱本』에는 今이다.

14 黎翔鳳에 의하면, 古文에는 百과 自자가 같다.

면, 우리가 (이것을) 받아서 관청에서 내보낼 때 100전으로 합니다. 우리들은 (소금 제조의) 본 일에는 참여하지 않았으나, 남의 물건을 받아서, 높은 가격이나 서로 이해합니다. 이것이 타인을 이용한 재정의 방법입니다."

今鐵官之數曰: "一女必有一鍼一刀,[15] 若其事立.[16] 耕者必有一耒一耜一銚, 若其事立. 行服連軺輂者,[17] 必有一斤一鋸一錐一鑿, 若其事立. 不爾而成事者,[18] 天下無有. 今鍼之重加一也, 三十鍼一人之籍.[19] 刀之重加六, 五六三十, 五刀一人之籍也. 耜鐵之重加七,[20] 三耜鐵一人之籍也. 其餘輕重, 皆准此而行. 然則擧臂勝事,[21] 無不服籍者." 桓公曰: "然則國無山海不王乎?" 管子曰: "因人之山海, 假之名有海之國, 讎鹽於吾國,[22] 釜十五,[23] 吾受而官出之以百. 我未與其本事也, 受人之事, 以重相推.[24] 此人用之數也."

15 趙守正에 의하면, 여기서 刀는 剪刀(가위)다. 上同, 345頁, 注1 참조.

16 尹知章의 주석에 의하면, 若은 然後와 같다.

17 黎翔鳳에 의하면, 連은 輦(수레)이다. 趙守正에 의하면 輦은 손수레이고, 軺는 가볍고 작아서 빠른 馬車이다. 上同, 346頁, 注3 참조.

18 湯孝純에 의하면, 爾는 如此이다. 『新譯管子讀本』(下), 850頁, 注8 참조.

19 豬飼彦博에 의하면, 침을 하나 놓을 때마다 세를 물리면, 30번 침을 놓았으면 세금이 30전이니, 한 사람의 한 달 세금에 해당한다.

20 王引之에 의하면, 七은 마땅히 十이어야 한다. 黎翔鳳에 의하면, 金文의 七은 十으로 쓴다. 이 두 글자가 서로 혼란을 일으킨다.

21 趙守正에 의하면, '擧臂勝事'는 손을 움직여 일하는 것이고, 勝事는 일 처리함이다. 『管子通解』(下), 346頁, 注6 참조.

22 黎翔鳳에 의하면, 讎(원수)는 雔(相當함)의 假借이니, 集(모이다)의 뜻이다.

23 王引之에 의하면, 十五는 마땅히 五十이 되어야 한다.

24 黎翔鳳에 의하면, 推는 知와 같다. 知와 度(헤아리다)는, 뜻이 비슷하다.

국축 國蓄

이 편은 첫 구절 '국유십년지축國有十年之蓄'에서 편 명을 「국축國蓄」으로 취하였다. 작자는 '이익은 한 군데서 나와야 함'(利出一孔)을 주장한다. 이 편에서는 행정 권력을 이용하여 민생民生에 필요한 양식과 화폐를 조절하고, 부상대고富商大賈들이 시장을 조정하여 이득을 보는 것을 막아 국가 재정 수입의 증가를 꾀하려고 한다.

나라에 10년의 저축이 있는데, 백성들이 먹고 살기에 부족하다면, (백성들은) 모두 자기 기술을 가지고 임금의 이록利祿을 바랄 것이다. 임금에게 산과 바다의 금지 명령이 있는데, 백성들이 용처가 부족하다면, 이것은 모두 자기 사업으로써 임금의 돈을 얻어 내려는 것이다. 그러므로 임금은 곡식을 가지고, (나라의) 살림살이를 지키고, 여유분을 가지고 부족한 데를 조절하기에, 따라서 백성들은 임금에게 짐이 되지 않는다. 오곡에서 쌀을 먹는 것이, 백성들의 생명을 관장한다. 황금과 화폐는 백성들의 유통과 교역에 쓰인다. 그러므로 훌륭한 임금은 유통과 교역을 장악하고, 그들의 생명줄을 조절하니, 따라서 백성들의 힘을 얻어서 (생산을 늘릴 수 있는) 수로水路를 만들 수 있다.

무릇 백성들이란 자기를 사랑하는 사람을 믿고 재물과 이익을 죽도록 추구하니, 온 세상이 모두 그러하다. 백성들에게 주면 기뻐하고, 빼앗으면 분노하니, 백성들의 마음은 다 그렇다. 선왕先王은 그런 줄을 알기에, 따라서 주는 형태를 보이고, 뺏는 도리는 보여 주질 않는다. 그러므로 백성들은 임금에게 사랑할 만한 것만을 사랑한다.

조적租籍이란, (본래 액수 외에 덧붙인 세금을) 강제로 걷는 것이다. 조세는 (백성들의 형편을) 고려하여 징수하는 것이다. 왕王 노릇과 패자霸者 노릇 하는 임금들은, 강제로 걷는 세금을 폐지하고, (백성들의 형편을) 고려하여 징수하는 것만을 발행하니, 따라서 천하 사람들이 즐거이 따른다.

國有十年之蓄,[1] 而民不足於食, 皆以其技能望君之祿也.[2] 君有山海之金,[3] 而民不足於用, 是皆以其事業交接於君上也.[4] 故人君挾其食, 守其用,[5] 據有餘而制不足, 故民無不累於上也. 五穀食米, 民之司命也. 黃金刀幣, 民之通施也.[6] 故善者執其通施, 以御其司命, 故民力可得而盡也.[7] 夫民者信親而死利,[8] 海內皆然. 民予則喜, 奪則怒, 民情皆然. 先王知其然, 故見予之形, 不見奪之理. 故民愛可洽於上也.[9] 租籍者,[10] 所以彊求也. 租稅者, 所慮而請也. 王霸之君, 去其所以彊求, 廢其所慮而請,[11] 故天下樂從也.

재리財利가 임금 하나에 의해 장악되니, 그 나라는 적敵이 없다. 두 구멍에서 나오면, 그 (나라) 군대는 힘을 다 할 수 없다. 세 구멍에서 나오면, 전쟁을 할 수 없다. 네 구멍에서 나오면, 그 나라는 반드시 망한다. 선왕先王은 그렇게 된다는 것을 알기에, 따라서 백성들이 (스스로) 먹고 살 물품들을 막아 버리고, 이득을 얻는 길을 협소하게 만든다. 따라서 (그들에게) 줄 수 있는 것이 임금에게 있고, 뺏는 것도 임금에게 있고, 가난하게 하는 것도 임금에게 있고, 그들을 부유하게 하는 것도 임금에게 있다. 그러므로 백성들이 임금을 태양과 달처럼 받들고, 임금을 부모처럼 친밀히 여긴다.

1 何如璋에 의하면, '國有十年之蓄' 위에 '夫富能奪, 貧能予, 乃可以爲天下'(부자에게 뺏을 수 있고, 가난한 이에게 보태 줄 수 있으면, 이에 천하를 다스릴 수 있다)라는 세 구절의 原文이 있었는데, 宋의 板本에서 탈락되었다.

2 戴望에 이하면, 『朱東光本』에는 皆 위에 是가 있다.

3 黎翔鳳에 의하면, 金은 禁의 뜻이다.

4 趙守正에 의하면, 交接은 交往과 같으니, 사람들이 자기 사업으로 임금의 錢을 換取하려는 것이다. 『管子通解』(下), 349頁, 注4 참조.

5 黎翔鳳에 의하면, 齊나라에서는 '곡식을 가지고 輕重 정책을 폈지, 山海와는 관계가 없다'라고 말한다.

6 何如璋에 의하면, 通施는 通移와 같다. 金幣는 백성들의 交易, 流通에 쓰인다.

7 張佩綸에 의하면, '民力可得而盡'은 '盡力溝洫'(水路에 힘을 다 씀)의 뜻이지 백성의 財力을 고갈함이 아니다.

8 趙守正에 의하면, 信親은, 친근 혹은 자기를 사랑하는 사람을 믿음이다. 親은 愛와 같다. 死利는 財利 때문에 죽음을 말한다. 혹은 죽어라 財利를 추구함이다. 上同, 350頁, 注1 참조.

9 黎翔鳳에 의하면, 浹은 愛이나.

10 黎翔鳳에 의하면, 籍은 한 층을 덧붙인 것이니, 租籍은 原租(본래의 세금) 외에 한 층을 증가시킨 것이니, 額外로 다시 걷는 것이기에, 强求이다.

11 黎翔鳳에 의하면, 廢는 發이다.

利出於一孔者,[12] 其國無敵. 出二孔者, 其兵不詘.[13] 出三孔者, 不可以擧兵. 出四孔者, 其國必亡. 先王知其然, 故塞民之養,[14] 隘其利途. 故予之在君, 奪之在君, 貧之在君, 富之在君. 故民之戴上如日月, 親君若父母.

무릇 나라를 다스리려는데, 경중輕重의 방책[術]에 숙달되지 않으면, 백성들을 지킬 새집[籠]에다 가둘 수가 없다. (임금이) 백성의 이로움을 조절하고 유통시킬 수 없으면, 경제적 통제로 위대한 통치[大治]를 이룰 수 없다. 이 때문에 만 승萬乘[전차戰車 만 대]을 소유한 (큰) 나라에는, 만 금萬金을 소유한 상인이 있다. 천 승千乘[전차 천 대)을 소유한 (작은) 나라에는, 천 금千金을 소유한 상인이 있다.

그런 이유는 무엇인가?

나라가 이익을 잃는 일이 많으면, 신하들이 충성을 다하지 않고, 선비들이 죽으려 하지 않는다. 해마다 흉년과 풍년이 있듯이, 따라서 곡식이 비쌀 때도 쌀 때도 있다. (임금의) 명령에 완급緩急이 있듯이, 따라서 물건도 싸고 비쌈[輕重]이 있다. 그러나 임금이 (경중輕重의 술을) 다스리지 못하면, 따라서 축적을 많이 한 상인[蓄賈]들은 시장을 돌아다니며, 백성들이 풍족하지 않음을 타고서, 자기 밑천을 백 배로 불린다.

나누어진 땅이 같다 해도, 강자强者는 잘 지킬 수 있다. 나누어진 재산이 같다 해도, 지자智者는 (이익을) 잘 거둘 수 있다. 지자는 남의 몫보다 10배를 벌고, 못난이는 본전을 갚지 못한다. 그러나 임금이 조절을 못하면, 백성들은 서로 100배의 차이가 나게 된다. 무릇 백성이 부유하면 (그를) 녹봉으로 부릴 수 없고, 가난하면 벌로도 위협을 줄 수 없다. 법령이 실행되지 않고, 만민이 다스려지지 않는 것은, 빈부貧富가 고르지 않아서다.

12 趙守正에 의하면, '利出於一孔'은 財利가 하나의 通道에서 流出됨을 말하니, 국가(임금) 한 몸이 장악하고 있음을 말한다. 上同, 351頁, 注1 참조.

13 何如璋에 의하면, 於는 衍字이고, 孔은 空이다. 『商君』, 「靳令」에 '利出一空者其國無敵, 利出二空者, 其兵半用; 利出十空者, 其國不守'(財利가 한 구멍에서 나오면 그 나라는 敵이 없고, 재리가 두 구멍에서 나오면 그 군대는 반만 쓸 수 있고, 재리가 10구멍에서 나오면 그 나라는 지킬 수 없다)라 했으니, 이 구절에 바탕을 둔 것이다. 尹知章의 주석에 의하면, 詘은 屈과 같고, 屈은 窮이다.

14 黎翔鳳에 의하면, 養은 供養(먹고사는 물품)이다.

凡將爲國, 不通於輕重, 不可爲籠以守民.[15] 不能調通民利, 不可以語制爲大治.[16] 是故萬乘之國, 有萬金之賈. 千乘之國, 有千金之賈. 然者何也? 國多失利, 則臣不盡其忠, 士不盡其死矣. 歲有凶穰, 故穀有貴賤. 令有緩急, 故物有輕重.[17] 然而人君不能治, 故使蓄賈游市, 乘民之不給,[18] 百倍其本. 分地若一, 彊者能守. 分財若一, 智者能收. 智者有什倍人之功, 愚者有不賡本之事.[19] 然而人君不能調, 故民有相百倍之生也. 夫民富則不可以祿使也, 貧則不可以罰威也. 法令之不行, 萬民之不治, 貧富之不齊也.

또 임금이 산가지로 용도를 계산하고, 농사지을 땅을 얼마나 개간할지, 임금은 그 숫자를 얻을 수 있을 것이다. 백성들이 먹는 곡식(의 분량)이 있으니, 사람들이 가져야 할 만큼의 토지의 수치가 있을 것이다. 농업의 수입을 계산하고 재물의 분량을 아는 것으로 충분한데, 그러나 백성들 중에 굶어서 먹지 못하는 사람이 있다는 것은, 무슨 뜻인가?

(부자들이) 곡식을 비축했기 때문이다.

임금이 돈을 주조鑄造하여 화폐로 삼은 것은, 백성들이 (물건을) 교환하고 유통하려는 것이니, 사람들이 몇백이나 몇천이면 될 것이다. 그러나 사람들이 일하기에도 못 미치고, 용도에도 부족한 것은, 무슨 이유인가?

(부자들이) 이득을 쌓아 두었기 때문이다.

그렇다면 임금이 쌓아 둔 재물을 분배하고, 넘치고 모자란 것을 고르게 하고, 재리財利의 겸병을 분산하여, 백성들의 문제를 조절하지 않는다면, 임금이 비록 농업을 강조하여 농경을 촉진시키고, 스스로 주화를 만들어 끊임이 없다 해도, 지금 백성들과 아랫사람들이 서로 부리게 될 뿐이니, 어찌 (나라가) 다스려질 수 있겠는가!

15 何如璋에 의하면, 籠은 包擧, 包括의 뜻이고, 또한 籠은 새집이다. 이것은 새를 백성[民]으로 비유한 것이다.

16 趙守正에 의하면, 制는 控制, 統制이니, 경제적 통제를 말한 것이고, 語制는 사회 경제의 통제를 말한다. 上同, 352頁, 注2 참조.

17 劉績에 의하면, '上令急求於米則民重米, 緩於求米則民輕米, 所緩則賤, 所急則重也'(임금의 명령이 쌀을 급히 구하면 백성들이 쌀을 비싸게 내놓고[重], 쌀을 찾는 데 느슨하면 백성들을 쌀을 값싸게[輕] 내놓으니, 느슨하면 값이 싸고, 급하게 구하면 값이 비싸다)

18 劉績에 의하면, 給은 足(충족)이다.

19 顔昌嶢에 의하면, 賡은 庚이고, 庚은 償(갚다)이다.

且君引錣量用,[20] 耕田發草, 上得其數矣. 民人所食, 人有若干步畝之數矣. 計本量委則足矣,[21] 然而民有飢餓不食者, 何也? 穀有所藏也. 人君鑄錢立幣, 民庶之通施也, 人有若干百千之數矣. 然而人事不及、用不足者, 何也? 利有所幷藏也. 然則人君非能散積聚, 鈞羨不足,[22] 分幷財利, 而調民事也, 則君雖彊本趣耕, 而自爲鑄幣而無已, 乃今使民下相役耳, 惡能以爲治乎!

그해가 마침 풍년이면, 시장에서 곡식을 팔지 않아도, 개나 돼지들도 사람 먹는 것을 먹는다. 그해가 마침 흉년이면 시장에서 곡식을 사들이는 데 10관전貫錢이니, 길거리에 굶는 백성들이 있게 된다. 이렇게 되면, 어찌 지력地力이 본디 모자라서, 먹을 것이 본래 넉넉하지 못한 것인가?

작년에는 곡식을 파는 값이 싸서, 개나 돼지들도 사람들 먹는 것을 먹었는데, 따라서 다음 해의 백성들은 부족하게 된 것이다. 물건이 마침 싸면 반값으로도 팔지 못하니, 농사農事는 본전도 상환할 수 없다. 물건이 마침 비싸면, 10배를 주고도 살 수 없으니, 백성들은 (일용日用에) 쓸 물건들을 잃을 수밖에 없다. 그렇다면 어찌 재물이 본래 적어서, 저축한 곡물이 모자랄 수 있는 것인가?

(이것은) 백성들의 이익을 조절할 기회를 놓침으로써 재물財物의 가격이 불평등해진 것이다. 그러므로 잘 대처하는 임금은 저축을 풀어서 백성들의 부족분을 채워 주고, 백성들이 여유분이 있을 때에 (상응하는) 조치를 취한다. 백성들은 여유가 있으면 싸게 파니, 그러므로 임금은 싼 값으로 그것들을 거두어들인다. 백성들은 부족하면 비싼 값에 사니, 그러므로 임금은 비싼 값으로 곡식을 흩어 놓는다. 싼 값[輕]으로 쌓아두고, 비싼 값[重]으로 그것을 흩어 놓으니, 따라서 임금은 반드시 10배의 이익을 얻게 되고 재물財物의 가격은 고르게 될 수 있다.

무릇 경중輕重의 큰 이점은, 비싼 돈[重]으로 헐값에 사서 모으고, 헐값에 팔아서 (가격을) 고르게 한다. 모든 물자가 차기도[滿] 하고 비기도[虛] 하니, 재물에 따라서 물가를 고르게 하면 (가격이) 변할 수 없

20 黎翔鳳에 의하면, 錣(산가지)는 籌(산가지)다.

21 黎翔鳳에 의하면, 本은 農桑이니, 농사 수입을 계산하면 재물을 헤아릴 수 있다.

22 羨은 餘裕다.

다. 균형이 깨지면 물가 상승[重]이 나타난다. 임금은 그렇게 된다는 것을 알기에, 따라서 (물가) 균형을 지킴으로써 (시장의 유통을) 고르게 한다. 만 호萬戶의 도읍에는 반드시 (곡식) 만 종萬鍾이, (그리고) 돈꿰 천만千萬이 비축되게끔 해야 한다. 천 호千戶의 도읍에는 반드시 (곡식) 천 종千鍾이, (그리고) 돈꿰 백만百萬이 비축되게끔 해야 한다. (농부들은) 봄에는 밭갈이에 매달리고, 여름에는 김매기에 매달리는데, 가래, 보습 및 농구農具와, 군집한 사람들에게 양식의 배급은 모두 임금에게서 넉넉히 받는다. 그러므로 부상富商대고大賈들이 백성들에게서 크게 빼앗을 수가 없다. 그렇다면 (임금은) 왜 그런 짐을 질까? 임금이 부지런히 농업을 키우기 위해서이다.

(임금은) 봄에 (백성들에게 돈을) 주어서 비단을 수집하게 하고, 여름에도 대여貸與하여 가을 열매를 추수하게 하니, 이렇기 때문에 백성들은 농사를 망치지 않아서, 나라에 이익을 놓치는 일이 없다.

歲適美, 則市糶無予,[23] 而狗彘食人食. 歲適凶, 則市糴釜十繈,[24] 而道有餓民. 然則豈壤力固不足, 而食固不贍也哉? 夫往歲之糶賤, 狗彘食人食, 故來歲之民不足也. 物適賤, 則半力而無予,[25] 民事不償其本.[26] 物適貴, 則什倍而不可得, 民失其用. 然則豈財物固寡, 而本委不足也哉? 夫民利之時失而物利之不平也. 故善者委施於民之所不足, 操事於民之所有餘. 夫民有餘則輕之, 故人君斂之以輕. 民不足則重之, 故人君散之以重. 斂積之以輕, 散行之以重, 故君必有什倍之利, 而財之櫎可得而平也.[27] 凡輕重之大利, 以重射輕,[28] 以賤洩平.[29] 萬物之滿虛,[30] 隨財准平而不變.[31] 衡絶則重見. 人君知其然, 故守之以准平. 使萬室之都必有萬鍾之藏, 藏繈千萬.[32] 使千室之都必有千鍾之藏, 藏繈百萬. 春以奉耕, 夏以奉芸,[33] 耒

23 兪樾에 의하면, 予는 讎이니 讎는 售(팔다)다.

24 1釜는 20.46리터다.

25 黎翔鳳에 의하면, 半力은 人力의 半價니, 따라서 본전을 償還할 수 없다.

26 湯孝純에 의하면, 民事는 農事를 가리킨다. 『新譯管子讀本』(下), 857頁, 注4 참조.

27 豬飼彦博에 의하면, 櫎은 衡과 같으니, 財物의 가격이다.

28 趙守正에 의하면, 射는 射取니, 收購(사서 모으다)다. 값이 쌀 때 국가에서 싸게 저축을 함을 말한다. 『管子通解』(下), 354頁, 注1 참조.

29 黎翔鳳에 의하면, 아주 싸게 팔아 치워 고르게 하는 것이 推銷다.

30 黎翔鳳에 의하면, 滿은 본래 盈인데, 漢나라의 諱를 피하여 고친 것이다.

31 趙守正에 의하면, 准平은 平准과 같으니, 나라가 수요와 공급을 조절하여 물가를 장악함의 뜻이다. 而는 則과 같은 의미다. 上同, 注4 참조.

32 任林圃에 의하면, 『通典』 注에, 六斛四斗가 鐘이고, 繈은 錢貫이다.

33 黃鞏에 의하면, 芸은 『食貨志』에 耘(김매다)로 되어 있다. 任林圃에 의하면, 奉은 供奉(봉양하다)을 말한다.

耜械器鍾鑲糧食畢取贍於君.[34] 故大賈蓄家不得豪奪吾民矣. 然則何?[35] 君養其本謹也. 春賦以斂繒帛,[36] 夏貸以收秋實, 是故民無廢事, 而國無失利也.

무릇 오곡은 모든 물자를 주재主宰한다. 곡식이 비싸면 모든 물자는 반드시 싸지고, 곡식이 싸면 모든 물자들은 반드시 비싸진다. 이 둘은 서로 반비례하기에, 모두 고르게 갖출 수 없다. 따라서 임금이 곡식과 물자를 통제하는 순서가 서로 앞서거나 뒤처질 수 있으나, 그것들이 평준화될 수 없는 틈새에서 조절하는 것이다. 그러므로 만민에게 세금을 징수하지 않아도, 나라의 이득은 임금에게 되돌아간다.

(임금이) 집에 세금을 매기면, (사람들은) 완성된 집까지 허물 수 있다고 말한다. 가축들에게 세금을 매기면, (그들의) 생육生育을 끝내게 한다고 말한다. 밭에 세금을 매기면, 경작耕作을 금지시키는 것이라고 말한다. 인두세人頭稅를 물리면, 정욕情欲을 끊어 버리는 것이라고 말한다. 집집마다 세금을 매기면, 지나치게 큰 집을 키워 주는 셈이라고 말한다. 이 다섯 가지 (세금)은 다는 쓸 수 없기에, 따라서 (천하를 다스리는) 왕王은 (이 다섯 가지를) 부분적으로 쓰고 다 쓰지는 않는다.

그러므로 천자天子는 (유통되는) 화폐에 세금을 매겼고, 제후諸侯들은 먹는 것[穀食]에 세금을 매겼다. 중간 정도의 해라면 곡식은, 매출가격이 섬[石]당 10전錢이다. 어른 남자가 네 섬을 먹으니, 매달 40전의 세금이, 성인 여자가 세 섬이니, 매달 30전의 세금이, 아이들이 두 섬을 먹으니, 매달 20전의 세금이 있다. 흉년이 들어 곡식이 비싸지니, (양식을) 사야 하는데 섬당 20전이라면, 성인 남자는 80전이, 성인 여자는 60전이, 아이는 40전이 든다. 이렇기에 임금은 수확물을 거두어서 집집마다 세금을 매기라고 명령할 필요가 없다. 저 임금은 (다만) 농업을 지키고 저축을 신중히 하면, 남녀 어른들과 아이들은 세금을 안 낼 수가 없을 것이다.

34 黎翔鳳에 의하면, 鑲은 餉(軍糧)이고, 鐘은 聚(모이다)이다. 鍾鑲은 送食(모인 사람들에게 밥을 줌)이다.

35 黎翔鳳에 의하면, 何는 儋(메다)이고, 何는 荷(어깨에 지다, 들다)와 통한다.

36 賦에는 授(주다), 給與의 뜻이 있다.

> 凡五穀者, 萬物之主也. 穀貴則萬物必賤, 穀賤則萬物必貴. 兩者爲敵, 則不俱平. 故人君御穀物之秩相勝,[37] 而操事於其不平之閒. 故萬民無籍, 而國利歸於君也. 夫以室廡籍, 謂以毀成. 以六畜籍, 謂之止生. 以田畝籍, 謂之禁耕. 以正人籍,[38] 謂之離情.[39] 以正戶籍, 謂之養贏.[40] 五者不可畢用, 故王者徧行而不盡也.[41] 故天子籍於幣, 諸侯籍於食. 中歲之穀, 糶石十錢. 大男食四石, 月有四十之籍. 大女食三石, 月有三十之籍. 吾子食二石, 月有二十之籍. 歲凶穀貴, 糴石二十錢, 則大男有八十之籍, 大女有六十之籍, 吾子有四十之籍. 是人君非發號令收穡而戶籍也.[42] 彼人君守其本委謹, 而男女諸君吾子無不服籍者也.

한 사람에게 양식을 내려 주면, 열 사람이 여분을 얻게 된다. 열 사람에게 양식을 내려 주면, 백 사람이 여분을 얻게 된다. 백 사람에게 양식을 내려 주면, 천千 사람이 여분을 얻게 된다. 무릇 물자가 많으면 값이 싸지고, 적으면 비싸진다. (곡식을) 방출하면 값이 싸지고, 걷어 모으면 값이 오른다. 임금은 그렇게 되는 것을 알기에, 따라서 나라에 (물자가) 넉넉한지 모자라는지를 보아 가며, 재물을 조절한다. 곡식이 싸면 화폐로 식량을 사고, 베와 비단이 싸면 화폐로 옷감을 산다. (임금은) 물자가 싼지 비싼지를 보고서, 평준平准의 법法으로 물자를 조절하니, 따라서 (임금은) 비싼 것과 싼 것을 조절하여, 임금은 자기의 이득을 얻을 수 있다. 앞에 만 승萬乘의 (큰) 나라가 있고, 뒤에 (작은) 천 승千乘의 나라가 있으면, 밀어내야 하는 나라[抵國]라고 말한다. 앞에 천 승의 (작은) 나라가 있고, 뒤에 만 승의 (큰) 나라가 있으면, (떨어진) 거리가 있는 나라[距國]라고 말한다. 영토가 네모반듯하고, 사면四面에서 적敵

37 黎翔鳳에 의하면, 秩은 차례다. '穀與物互爲貴賤, 有時連年穀貴物賤, 有時連年物貴穀賤. 年數多少不一定, 非必互爲更迭也. 然而有秩序, 穀賤之後必貴, 穀貴之後必賤, 物亦如此'(곡식과 물자는 서로 비싸지고 싸지니, 어떤 때는 해[年]를 이어 곡식이 비싸고 물자가 값싸며, 어느 때는 해를 이어 물자는 비싸고 곡식은 값싸다. 해의 수가 얼마인지는 일정하지 않으나, 반드시 서로 바뀌는 것은 아니다. 그러나 질서가 있다면, 곡식 값싼 연후에 반드시 비싸지고, 곡식이 비싸면 그다음에는 반드시 싸지니, 물자 또한 이와 같다). 秩과 迭은 音은 같지만, 뜻은 다르다.

38 正人은 壯丁을 가리킨다. '正人籍'은 人口稅다.

39 郭沫若에 의하면, 離情은 情欲을 絶離(끊어 버림)함을 뜻한다.

40 姚永槪에 의하면, '以正戶籍'은 '戶를 따져서 세금을 매김'이다. 戶를 따지면 大戶에 가족 수가 많으면 이득이다. 그래서 '養贏'(지나치게 큰 집을 키운 것이다). 黎翔鳳에 의하면, 贏은 過(지나침)다.

41 黎翔鳳에 의하면, 偏(치우치다)의 별체가 徧이다.

42 黎翔鳳에 의하면, 거둘 수 있는 곡식이 穡이다.

을 맞는다면, 네거리 국가[衢國]라고 말한다. 백 승의 작은 나라로써 사면에서 적을 맞아야 할 처지라면, (남에게) 기대어 살아가는[寄生] 임금이라 말할 수 있다.

천 승의 나라로써 사면의 적을 맞이해야할 처지라면, 영토는 (이미) 반半 이하로 깎였다. 만 승의 (대)국으로 사면의 적을 맞이해야할 처지라면, 영토는 (이미) 태반太半이 깎였다. 백 승(의 작은) 나라로서 사면에서 적들을 대할 처지의 기생하는 임금이란 무엇인가?

무릇 백 승의 (작은) 나라로서 사면의 적들을 대하는 처지라면, 천 승이나 만 승의 나라에 포위되어 꼼짝 못하고 두려워서 맥이 빠진 상태다.

무릇 나라의 임금은 서로 얻을 것이 없으면, 군대를 동원하여 서로 공격하니, 반드시 대항하거나 방어해야 할 용도로만 여긴다. (작은 나라는) 공격하여 이득이 있다 해도 경사慶事일 수가 없다. 대신大臣이 밖에서 죽었으면, 영토를 쪼개어 공로[功]를 보상해 주어야 한다. 작전하는 무사들이 포로들을 묶거나 잡으면, 상을 나누어 주고 녹봉을 높여 주어야 한다. 이 때문에 토지는 공로에 상을 주는 데 다 없어지고, 세금과 저축은 (무사들의) 고아들을 구휼하는 데 다 소모된다. 이러면 다만 이름만 임금일 뿐, 소유한 영토가 없게 된다. 백 승을 지킨다고 하지만, 실제 한 자[尺]의 땅도 쓸 수 없으니, 따라서 기생하는 임금이라 말한다. 그렇다면 큰 나라도 속이 비어 있고, 작은 나라는 (국고를) 다 썼다면, 이것을 무엇으로 보충하여 구제할 길이 있는가?

(이렇게) 말한다. "백 승의 나라에는, 관청에서 채권債券을 발행한다. 사계절의 (물가의) 오름과 내림을 타고서, 경중輕重의 평준平准으로 통제하면, 그다음에 백 승(의 나라)도 구제될 수 있다. 천 승의 나라에서, 천연 재료들이 자라나는 땅과, 도구들이 생산되며, 재물이 나는 곳의 경계를 정하고, 매년 풍년과 흉년을 살피면, 그런 다음에 천 승의 나라도 충족된다. 만 승의 나라에는, 매년 풍년과 흉년을 살펴, 백성들의 완화緩和와 긴급緊急을 타고서, 호령을 바르게 하여, 전국적 경제조치를 취하면, 그다음에 만 승의 나라도 충족할 수 있다."

一人廩食, 十人得餘.[43] 十人廩食, 百人得餘. 百人廩食, 千人得餘. 夫物多則賤, 寡則貴. 散則輕, 聚則重. 人君知其然, 故視國之羨不足而御其財物. 穀賤則以幣予食, 布帛賤則以幣予衣.[44] 視物之輕重, 而御之以准, 故貴賤可調, 而君得其利. 前有萬乘之國, 而後有千乘之國, 謂之抵國. 前有千乘之國, 而後有萬乘之國, 謂之距國. 壤正方, 四面受敵, 謂之衢國.[45] 以百乘衢處, 謂之託食之君. 千乘衢處, 壤削少半. 萬乘衢處, 壤削太半. 何謂百乘衢處託食之君也? 夫以百乘衢處, 危慴圍阻千乘萬乘之閒.[46] 夫國之君不相中,[47] 擧兵而相攻, 必以爲扞挌蔽圉之用.[48] 有攻利不得鄕.[49] 大臣死於外, 分壤而功. 列陳係纍獲虜,[50] 分賞而祿. 是壤地盡於功賞, 而稅臧殫於繼孤也.[51] 是特名羅於爲君耳,[52] 無壤之有. 號有百乘之守, 而實無尺壤之用, 故謂託食之君. 然則大國內款, 小國用盡, 何以及此?[53] 曰: "百乘之國, 官賦軌符.[54] 乘四時之朝夕,[55] 御之以輕重之准, 然後百乘可及也. 千乘之國, 封天財之所殖,[56] 械器之所出, 財物之所生, 視歲之滿虛而輕重其祿, 然後千乘可足也. 萬乘之國, 守歲之滿虛, 乘民之緩急, 正其號令, 而御其大准,[57] 然後萬乘可資也."[58]

옥玉은 월씨月氏국에서 나고, 금은 여수汝水와 한수漢水에서 나며, 진주는 적야赤野에서 나는데, 동서남북의 반지름이 칠천七千팔백八百리里이니, 물길도 끊기고 육로도 끊어져 있어서, 배나 수레가 (서로) 통할 수가 없다. 선왕先王들은 길이 멀어서, 가기가 어렵기 때문에, 따라서 귀중함에 의탁하여 주옥珠玉을 상등上等 화폐로, 황금黃金을 중등 화

43 黎翔鳳에 의하면, 稟은 賜穀(곡식을 주다)이다. 廩은 假借해서 稟이다.
44 趙守正에 의하면, '以幣予食、予衣'는 화폐로 양식, 의복을 구매한다는 뜻이다. 『管子通解』(下), 356頁, 注7 참조.
45 黎翔鳳에 의하면, 距는 距離이니, 두려운 敵이 뒤에 있음이고, 抵는 推, 즉 손으로 미는 것이니, 두려운 敵이 앞에 있고, 衢(네거리)는 놀랍게도 사면을 돌아보니 四面에 敵이 있음이다.
46 黎翔鳳에 의하면, 危는 높은 데서 벌벌 떠는 것이고, 慴은 失氣, 즉 용기를 잃어버린 것이다.
47 王念孫에 의하면, '不相中'은 '不相得'이다.
48 趙守正에 의하면, '扞格蔽國'은 攻守와 防禦다. 上同, 357, 358頁, 注6 참조.
49 黎翔鳳에 의하면, 鄕은 慶(경사)이다.
50 張佩綸에 의하면, 列陳은 '列陣之士'(作戰하는 武士)다.
51 許維遹에 의하면, 臧은 옛날의 藏 자이고, 殫은 盡이다.
52 張佩綸에 의하면, 羅는 列이다.
53 尹桐陽에 의하면, 內款은 內空이다. 黎翔鳳에 의하면, 及에는 補救의 뜻이 있다.
54 馬非百에 의하면, 軌符는 객관적 수요에 의한 적당량의 차용증서다. 내용에 따라 빌린 돈과 빌린 물건의 두 종류가 있다. 『管子校注』(下), 1278頁, 注13 참조.
55 尹桐陽에 의하면, 朝夕은 漲落(오르고 내림)과 같으니 今字는 潮汐이다.
56 何如璋에 의하면, 天財의 材는 材(재료)다. 黎翔鳳에 의하면, 封은 封疆의 界다.
57 趙守正에 의하면, 大准은 전국적인 경제 조절을 가리킨다. 『管子通解』(下), 358頁, 注16 참조.
58 黎翔鳳에 의하면, 資는 給이니, 給은 相足이다.

폐로, 칼 모양의 돈[刀布]을 하등 화폐로 하였다. 이 세 종류의 화폐는 그것들을 가졌다고 따뜻하게 함에 보탬이 되는 것이 아니고, 먹으려고 하면 배부름에 도움이 되는 것은 아니나, 선왕들은 그것으로 재물을 지켜서, 백성들의 일을 통제하여, 천하를 화평하게 하였다. 지금 임금이 백성들에게서 화폐 세를 징수하는데, 열흘 (안)에 완납하라고 명령을 내리면, 재물의 가격이 10분의 1은 떨어질 것이다. 팔일八日 (안)에 완납하라고 명령하면 재물의 가격은 10분의 2가 떨어질 것이다. 닷새 안에 완납하라고 하면, 재물의 가격은 절반이 내려갈 것이다. 아침에 명령하고 저녁에 갚으라 하면, 재물의 가격은 10분의 9가 내려갈 것이다. (그러나) 선왕들은 이렇게 된다는 것을 알기에, 따라서 만민에게 (직접 세금을) 청구하지 않고, (경중술輕重術을 통한 간접세의) 호령으로 세금을 걷는 것이다.

玉起於禺氏,[59] 金起於汝漢, 珠起於赤野, 東西南北距周七千八百里,[60] 水絶壤斷, 舟車不能通. 先王爲其途之遠, 其至之難, 故託用於其重, 以珠玉爲上幣, 以黃金爲中幣, 以刀布爲下幣. 三幣握之則非有補於煖也, 食之則非有補於飽也, 先王以守財物, 以御民事, 而平天下也. 今人君籍求於民,[61] 令曰十日而具, 則財物之賈什去一. 令曰八日而具, 則財物之賈什去二. 令曰五日而具, 則財物之賈什去半. 朝令而夕具, 則財物之賈什去九. 先王知其然, 故不求於萬民, 而籍於號令也.[62]

59 黎翔鳳에 의하면, 月氏나라는 동쪽의 敦煌과 祁連 사이를 떠난 뒤에, 서쪽으로 大夏나라 앞쪽에 있었으니, 반드시 月末(國)과 于闐(國) 사이에 있었음을, 알 수 있다. 趙守正에 의하면, 禺氏가 月氏다. 上同, 359頁, 注1 참조.

60 安井衡에 의하면, 禺氏(즉 月氏)는 북쪽에 있고, 赤野는 崑崙虛의 서쪽에 있다. 汝水와 漢水는 荊州와 徐州 사이에 있으며, 周와는 서로 거리가 七千八百里 정도 멀지 않기에, 舟車가 相通하니 水絶(물길로 끊김)이거나 壤斷(지역이 끊김)이 아니다. 聞一多에 의하면, 周는 원둘레이고, 距周는 원의 중심에서 둘레까지의 거리이니, 반지름이다. 黎翔鳳에 의하면, 周는 匝(둘레)인데, 不周는 山이 있어 합칠 수 없으니, 不周이다.

61 趙守正에 의하면, 籍求는 貨幣稅를 징수함이다. 上同, 注5 참조.

62 趙守正에 의하면, '籍於號令'은 上文의 '朝令夕求'의 호령이 아니고, '輕重之術'의 호령이다. 上同, 注7 참조.

산국궤 山國軌

재정 방법

궤軌는 회會와 통하니, 통계의 뜻이다. 그러나 이 통계는 단순히 통계나 계산만을 가리키는 것이 아니라, 경중輕重의 술術의 내용도 있다. 국궤國軌는 나라의 재정財政 방법까지도 포괄하고 있다. 산山 자에 대한 학자들의 주장은 일치하지 않는다. 어떤 이들은 연문衍文으로 본다. 어떤 이들은 산에서 재물이 나기 때문에, 재용財用에 관한 편은 산山 자를 붙인다고 본다. 예로 「산권수山權數」 편, 「산지수山至數」 편의 경우가 그렇다. 후자의 주장이 보다 설득력이 있다.

환공이 관중에게 말했다. "나라의 통계와 재정財政의 관리에 대해서 묻고 싶습니다."

관중이 대답했다. "토지에 통계가 있고, 인구에 통계가 있고, 수요에 대한 통계가 있고, 상비常費에 대한 통계가 있고, 화폐에 대한 통계가 있고, 향鄕에 통계가 있고, 현縣에 통계가 있고, 나라에 통계가 있어서, (임금께서) 통계와 재정財政에 대해서 통달하지 못하면, 나라를 다스리고 싶어도, 안 됩니다."

환공이 말했다. "통계와 재정의 방법을 시행하자면 어떻게 해야 합니까?"

(관중이) 대답하였다. "향에 토지는 얼마입니까? 일상 생활비는 얼마입니까? 곡식의 가격은 얼마입니까?"

(또 관중이 말했다.) "그 현의 인구는 얼마입니까? 토지는 얼마입니까? 화폐는 얼마이면 쓰기에 합당합니까? 곡식의 가격이 얼마이면 화폐와 맞먹습니까? 일 년에 사람이 먹는 것을 계산하고, 남은 돈이 얼마입니까?"

(또 관중이 말했다.) "어느 향에 일 잘하는 여공女工이 1년 동안 길쌈하여 다 지은 옷감은 얼마나 됩니까? 완성하여 길쌈한 것의 총 가격에서, 1년 동안, 사람들이 이미 옷을 해서 입고 난, 뒤에 남은 옷(의 가격)

이 얼마입니까? 통계 항목을 구별하시고, 토지에 적합한 산물을 관찰해 보십시오!"

환공이 말했다. "통계 항목을 구분하고, 토지에 적합한 작물을 관찰한다는 것은 무엇을 말합니까?"

관중이 대답하였다. "흰 부들이 무성한 소택지沼澤地, 대나무, 박달나무, 산뽕나무가 무성한 산지山地, 더럽고 낮은 늪지의 토양, 물이 고여 있어 물고기와 자라가 자라는 연못의 땅, 지금 이 네 종류의 땅을, 임금께서 잘 관리하고 지키신다면, (이곳에서 나오는) 생산물에 세금을 걷을 수 있으며, 백성들에게서 세금을 걷지 않을 수도 있습니다. 1무畝에서 10고鼓가 (소출되는, 비옥한) 땅을 임금께서 통계를 내어 (수확물을) 지켜내지 않는다면, (부유한) 사람들이 장차 소유할 것입니다. 그 사람들은 많은 재부財富를 움직여서 재력을 키우며, 농사로서 소득을 얻지 않으니, 이것은 임금의 실책입니다."

桓公問管子曰: "請問官國軌.[1] 管子對曰: "田有軌, 人有軌, 用有軌, 鄕有軌, 人事有軌, 幣有軌, 縣有軌, 國有軌,[2] 不通於軌數, 而欲爲國, 不可." 桓公曰: "行軌數奈何?"[3] 對曰: "某鄕田若干? 人事之准若干?[4] 穀重若干?" 曰: "某縣之人若干? 田若干? 幣若干而中用? 穀重若干而中幣?[5] 終歲度人食, 其餘若干?" 曰: "某鄕女勝事者終歲績, 其功業若干? 以功業直時而橫之,[6] 終歲, 人已衣被之後, 餘衣若干? 別羣軌,[7] 相壤宜."[8] 桓公曰: "何謂別群軌, 相壤宜?" 管子對曰: "有莞蒲之壤,[9] 有竹前檀柘之壤,[10] 有

1 趙守正에 의하면, 官은 管(관리하다)으로 읽어야 한다. 『管子通解』(下), 365頁, 注1 참조.

2 趙守正에 의하면, 人事는 民事와 같은데, 常費를 말한 것이고, 原文에 '用有軌'는 오류고, 文意에 의하면, 鄕, 縣, 國은 똑같이 地區에 속하니, 마땅히 순차적으로 배열되어야 한다. 上同, 注2와 注3 참조.

3 趙守正에 의하면, 軌數는 軌術, 즉 統計와 理財의 방법을 가리킨다. 上同, 注4 참조.

4 趙守正에 의하면, 准은 標准이나 水平이다. '人事之准'은, 비용을 쓰는 표준, 또는 수준이다. 上同, 366頁 注1 참조.

5 黎翔鳳에 의하면, 中은 當이나 應이다.

6 黎翔鳳에 의하면, 直은 殖인데, 殖은 績(길쌈)을 말한다.

7 趙守正에 의하면, 郡은 單項과 대비되는 집단이니, 郡軌는 한 그룹 혹은 한 組의 통계 항목이다. 上同, 366頁 注4 참조.

8 趙守正에 의하면, 壤宜는 地宜니, 토지에 생장하기 적합한 것을 말한다. 相은 관찰, 조사이다. 上同 注5 참조.

9 趙守正에 의하면, 莞蒲는 白蒲(흰 부들)고, 沼澤에서 자란다. '莞蒲之壤'은 흰 부들이 왕성히 자라는 沼澤地이다. 上同, 366頁, 注1 참조.

10 金廷桂에 의하면, 前은 翦(자르다)로 읽어야 한다. 翦은 箭과 통한다. 趙守正에 의하면, 竹, 箭, 檀(박달나무)와 柘(산뽕나무)는 대부분 산에서 자라니, 竹箭檀柘가 왕성히 자라는 山地를 말한다.

汜下漸澤之壤,[11] 有水潦魚鱉之壤.[12] 今四壤之數, 君皆善官而守之, 則籍於財物, 不籍於人. 畝十鼓之壤,[13] 君不以軌守, 則民且守之. 民有過移長力,[14] 不以本爲得, 此君失也."

환공이 말했다. "통계하여 예측하는 것을 어떻게 공개할 수 있습니까?"

관중이 대답하였다. "(임금께서) 통계하여 이재理財하려는 계획을 은밀하게 지키지 못하면, 모두 아래(의 부민대고富民大賈들)가 조정을 제압할 것입니다."

환공이 말했다. "이 말씀은 무엇을 말한 것입니까?"

관중이 대답하였다. "어떤 향鄕에 밭이 얼마입니까? 곡식 먹는 사람 수는 얼마입니까? 어떤 향에서 여공女工의 일은 얼마입니까? (쓰고) 남은 옷감은 얼마입니까? 삼가 각 주州와 각 리里를 순시하여, '밭이 얼마인지? 사람은 몇 명인지? 사람이 많으면, 밭으로 양식을 감당할 수 없는 것이 얼마인지?'를 조사하고, (또한) '밭이 얼마인지? 남은 식량이 얼마인지?'를 조사하면, 반드시 통계의 표준치를 얻을 수 있습니다. 이것이 조사의 총체적 통계입니다. 그다음에 전국에 유통되는 총량 화폐를 계산합니다. 밭에서 생산된 양식이 식구들의 식량을 초과하는 사람들에게, 국가의 화폐를 대여貸與해줍니다. 큰 집안에서는 (빌린 돈[貸款]을) 많이 받고, 작은 집안은 적게 받습니다. 산전山田이나 중전中田을 가진 사람들을 향해 말합니다. '일 년 내내 식량이 부족한 사람 수가 얼마인가? 국가의 화폐를 대여해 주어서, (최소) 수요를 만족시킵니다. 해마다 풍년이면, 오곡들을 풍성하게 수확합니다. (관청은) 비옥한 밭을 가진 백성들에게 말합니다. '관아에서 당신들에게 빌려준 돈이 얼마고, 향鄕의 곡물 시가時價가 얼마니, 당신의 돈에서 10분의 3을 절감하니, (빌린 돈[貸款] 중에 10분의 7만) 내십시오!' (10분의 7만을 곡식으

11 聞一多에 의하면, 汜은 汚(더럽다)다.

12 趙守正에 의하면, 水潦는 積水(모인 물)는, 물이 고여서 魚鱉이 자라는 塘池의 땅이 '水潦魚鱉之壤'이다. 上同, 367頁, 注4 참조.

13 張佩綸에 의하면, 量鼓는 量器의 이름이니, 12石이 1鼓나. 1畝에서 10鼓를 수확했다면, 매우 비옥한 땅이다.

14 黎翔鳳에 의하면, 過은 多와 같고, 移와 力은 경제를 말하는데, 移는 財富의 轉移이고, 力은 財力이다.

로 대납하니) 곡가穀價는 오른 셈이고, 화폐(의 가치)는 떨어진 셈입니다. 상등 토지의 농호農戶들이 보통 토지의 농호들을 보조하고, 산전 농호 중에 곡식을 심을 수 없는 경우에는, 산전의 열 배 값을, 임금께서 빌려주어서, 그들의 부족분을 구제救濟해 주어, 멋대로 놀게 하지 않습니다. 상등 토지(의 잉여 생산)은 적기適期에 임금에게 장악되고, (곡식 가격은) 그대로 있어도 가격이 열 배가 오릅니다. 여공들은 짠 비단을 임금에게 바치고, 나라에서 쓰기에 적합하면, 모두 값을 (현금 지불) 증서로 구매합니다. 곡식 가격과 (여공들의) 직물 가격으로써 말합니다. '정부에는 돈이 없고, 곡식만 있으니, 곡식으로 돈을 환산하여 구입한다.' 곡식으로 상환시킴에 지불 보증서대로 지불하게 하여, 나라에 (비단의) 공급이 해결됩니다. 곡가는 원래 수준으로 돌아오고, 통계에 따라 필요한 화폐는 대출貸出됩니다. 쌓아 둔 양식糧食은, 비쌀 때는 10배가 됩니다. (부유한) 큰 손[大家]들과 고리대금업자들에게 말합니다. '임금께서 수렵狩獵하며 군사 훈련을 할 것이니, 자네들은 약간의 돈을 내놓으시오!' 인근鄰近 각 현縣에 통고하여 말합니다. '재물 있는 사람들을, 모두 보호하며 편들지 말라! (재화가) 넉넉하지 않으면, 사람이나 말들을 위하여 먹거리를 빌리면 된다.' 인근 각 현의 백성들은 사방에서 모두 물가에 영향을 받으니, 양곡糧穀은 가만히 있어도 값이 올라 열 배가 됩니다. 임금이 명령을 내려 말합니다. '(백성들은) 재산가들에게서 빌린 돈은, 모두 양곡으로 값을 환산하여, 상환토록 하라!' (이러면), 곡식 값은 떨어지고, 화폐는 오릅니다. 모든 도시와 모든 현에서 통계를 통하여 이재理財를 실시하면, 양곡은 앉아서 10배로 오를 것입니다. (값비싼) 곡식으로 바꾸어서 빌린 돈을 상환케 합니다. (이렇게 되면) 나라 돈의 10분의 9가 관부官府에 있게 되고, 하나만 아래의 민간에게 있게 됩니다. 화폐가 비싸면 모든 것이 싸지니, 물자物資를 사들이고, 화폐로 갚으세요. (그다음) 화폐가 아랫사람들에 있고, 물자는 모두 관부에 있다면, 물자의 가격은 10배로 오를 것입니다. 관부에서는 시장 가격대로 물자를 내보내고, 충분한 수량數量에 이르면 그칩니다. 이런 국가 통계에 의한 이재理財의 작업은, (물품이) 아직 완성되기 전에 계획하여, (물품이) 완성된 뒤를 장악합니다. (임금의) 명령을 이용하여 (물자와 화폐를) 내주고 물리면서, 백성들에게는 (직접) 청구하지 않는 것이 나라의 통계를 통한 재정財政[國軌]입니다."

桓公曰: "軌意安出?"[15] 管子對曰: "不陰據其軌,[16] 皆下制其上." 桓公曰: "此若言何謂也?"[17] 管子對曰: "某鄕田若干? 食者若干?[18] 某鄕之女事若干, 餘衣若干? 謹行州里曰:[19] '田若干? 人若干? 人衆, 田不度食若干?'[20] 曰: '田若干? 餘食若干?' 必得軌程.[21] 此調之泰軌也.[22] 然後調立環乘之幣.[23] 田軌之有餘於其人食者, 謹置公幣焉.[24] 大家衆, 小家寡. 山田閒田曰:[25] '終歲其食不足於其人若干?' 則置公幣焉, 以滿其准. 重歲豐年,[26] 五穀登. 謂高田之萌, 曰: '吾所寄幣於子者若干, 鄕穀之櫎若干, 請爲子什減三.'[27] 穀爲上, 幣爲下. 高田撫閒田.[28] 山不被穀, 十倍山田, 以君寄幣, 振其不贍, 未淫失也.[29] 高田以時撫於主上,[30] 坐長加十也. 女貢織帛,[31] 苟合于國奉者, 皆置而券之.[32] 以鄕櫎市准,[33] 曰: '上無幣, 有穀, 以

15 趙守正에 의하면, 意는 豫測이니, 軌意는 통계 예측의 내용이다. 上同, 368頁, 注1 참조.

16 趙守正에 의하면, '陰據其軌'는 理財 계획을 祕守, 즉 비밀로 함이다. 陰은 隱祕이다. 上同, 注2 참조.

17 聞一多에 의하면, '此若'은 複語니, 若 또한 此고, 두 字를 竝用한 것이다.

18 趙守正에 의하면, 食者는 곡식을 먹는 사람의 총수다. 田若干은 양식 생산 방면의 통계고, 食者若干은 식량 소비 방면의 통계다. 上同, 注3 참조.

19 趙守正에 의하면, 行은 行視, 巡視이고, '謹行州里'는 각 州, 각 里를 삼가 순시함이다. 上同, 注5 참조.

20 黎翔鳳에 의하면, 사람은 많고 밭이 적으면, 밭과 사람의 수를 조사하여, 사람이 많으면 식량이 얼마나 부족한지 측정할 수 있다. 밭이 많고 사람 수가 적은 곳은 측정할 필요가 없다. 사전에 계획했으면, 사후에 실질을 대조하지 않으니, 따라서 度(추측)이라고 말한다.

21 趙守正에 의하면, 軌程은 통계에서 얻은 표준 수치의 조사를 가리킨다. 程은 지금의 표준과 같다. 上同, 注6 참조.

22 黎翔鳳에 의하면, 泰軌는 大軌, 총체적 통계다.

23 馬非百에 의하면, 環乘은 統籌(전반적 계획)다. 環乘之幣는 전국적 계산으로 얻은 총 화폐의 숫자다. 黎翔鳳에 의하면, 全國을 합하여 유통되는 총량을 계산함이다. 『管子校注』(下), 1285頁, 注4 참조.

24 趙守正에 의하면, 置는 貸放이니, 貸款을 빌려줌이다. 『管子通解』(下), 369頁, 注10 참조

25 黎翔鳳에 의하면, 山田이나 閒田을 가진 사람들을 향하여 말한 것이다. 安井衡에 의하면, 閒田은 中田이다.

26 安井衡에 의하면, 重歲는 比年, 즉 連年이다.

27 安井衡에 의하면, 櫎은 時價다. 풍년이면 곡식의 값이 떨어지니, 기탁한 돈의 10분의 3이 감소가 되기에, 곡식을 많이 바치고자 한다.

28 黎翔鳳에 의하면, 撫는 補다.

29 丁士涵에 의하면, 失은 옛날의 佚(放逸하다)이다. 黎翔鳳에 의하면, '高田中, 補助其閒田. 若其山不能種穀者, 則十倍山田以抵之'(상등 토지의 農戶는, 중간 농호를 보조하였다. 만약 山田 농호 중 곡식을 심을 수 없는 사람은, 山田의 열 곱으로 상쇄하였다)라고 했다.

30 趙守正에 의하면, 撫는 占有, 掌握이고, 以時는 適期다. 加十은 十倍의 가격이다. 上同, 369~370頁, 注16 참조.

31 黎翔鳳에 의하면, 貢은 '임금에게 헌납함'이다.

32 尹桐陽에 의하면, 置는 値(값)이고, 券은 지금의 현금을 지불하는 증서다.

33 馬非百에 의하면, 鄕櫎은 穀價이고, 市准은 여공들이 바친 직물의 가격을 말한다. 『管子校注』(下), 1287頁, 注13 참조.

穀准幣.' 環谷而應筴,[34] 國奉決. 穀反准,[35] 賦軌幣.[36] 穀廩, 重有加十.[37] 謂大家委貲家曰:[38] '上且脩游,[39] 人出若干幣.' 謂鄰縣曰: '有實者, 皆勿左右.[40] 不贍, 則且爲人馬假其食.' 民鄰縣四面皆橫,[41] 穀坐長而十倍. 上下令曰: '貲家假幣, 皆以穀准幣, 直幣而庚之.' 穀爲下, 幣爲上. 百都百縣軌據, 穀坐長十倍. 環穀而應假幣. 國幣之九在上, 一在下. 幣重而萬物輕, 斂萬物, 應之以幣. 幣在下, 萬物皆在上, 萬物重十倍. 府官以市橫出萬物, 隆而止.[42] 國軌: 布於未形, 據其已成. 乘令而進退, 無求於民, 謂之國軌."

환공이 관중에게 물었다. "세금을 징수하지 않고 나라를 넉넉하게 하는 데, 방도가 있습니까?"

관중이 대답하였다. "통계하여 이재理財하는 시기를 (잘) 지키며, 또한 자연 자원을 관리한다면, 백성들에게 (세금을) 추구해야 할 무슨 필요가 있겠습니까?"

환공이 말했다. "자연 자원을 관리한다는 것이 무엇입니까?"

관중이 대답하였다. "봄에 이르니, 백성들은 농사짓고 요역繇役을 합니다. 여름에 이르니, 백성들에게 금지를 명령하고, (또) 개발을 명령합니다. 가을에 이르면, 백성들에게 금지를 명령하고, (또) 개발을 명령합니다. 겨울에 이르면, 금지를 명령하고, (또) 개발을 명령합니다. 이것은 모두 부민富民들이 기회를 타고서 지켜 내는 것이고, 이것은 재물(의

34 趙守正에 의하면, 環穀은 還穀이고, 筴은 재물 가격을 지불하는 증서이고, 應은 支拂이다. 『管子通解』(下), 370頁, 注19 참조,

35 趙守正에 의하면, 反准은 원래의 수준으로 되돌림이다. '穀反准'은 穀價가 열 배 오른 뒤에, 곧바로 布帛을 換取하여, 나라에 布帛이 입고되면, 양식은 따라서 민간에게 흘러가고, 시장에 양곡이 많아지면, 곡물 가격은 원래 수준으로 돌아온다. 上同, 注20 참조.

36 趙守正에 의하면, 軌幣는 통계에 따른 理財에 소요되는 화폐다. 賦는 授(주다)인데, 여기서는 投放이나 貸放의 뜻이다. 上同, 注21 참조.

37 郭沫若에 의하면, '環穀而應筴'에서 筴은 券이니, 예약한 券[보증서]에 따라서 곡물을 지급해준다. '國奉決穀'은 國用의 帛(비단)은 한 결 같이 곡물로 결산한다. 그 결과 싼값의 곡물로 대량의 비단을 쉽게 얻을 수 있다. 많이 얻은 비단은, 현재 시가대로 계산하면, 마땅히 곡물의 10배를 많이 지불해야 한다. 곡물의 10배를 적게 지불했다면, 이것은 곡물 糧食이 또 10배 증가한 것이다. 有는 又(또한)와 통한다. 趙守正에 의하면, 穀廩은 쌓아 둔 糧食이다. 上同, 注22 참조.

38 趙守正에 의하면, 委는 委積이고, 貲는 錢財니, 委貲家는 積錢家(돈 쌓아 둔 사람)이니, 요즘의 고리대금업자다. 上同, 注24 참조.

39 黎翔鳳에 의하면, 游는 旌旗의 部類이다. 脩游는 田獵(사냥)에 쓰는 깃발이니, 治軍하는 것이고, 따라서 大家와 委貲家에게 통고한 것이다.

40 黎翔鳳에 의하면, 左右는 佐佑(보조)다. 聞一多는 實은 財라고 말한다.

41 趙守正에 의하면, 皆橫은, 모두 物價에 영향을 받음이다. 上同, 注28 참조.

42 黎翔鳳에 의하면, 出은 進이고, 隆은 豊大다. 국가는 시장 가격으로 물자를 흡수하고, 충분한 數에 이르면 그침의 뜻이다.

값)이 오르기도 하고 내리기도 하는 시기이며, 이것은 부민들이 서로 겸병하는 시기입니다. 임금은 사계절의 할 일들을 지켜야 합니다."

환공이 말했다. "사계절의 할 일들이란 무엇입니까?"

관중이 대답하였다. "봄에 이르면, 백성들이 장차 필요로 할 것을, 임금은 이미 저축해야 할 것입니다. 여름에 이르면, 백성들이 장차 필요로 할 것을, 임금은 이미 저축해야 할 것입니다. 가을에 이르면, 백성들이 장차 필요로 할 것을, 임금은 이미 저축해야 할 것입니다. 겨울에 이르면, 백성들이 장차 필요로 할 것을, 임금은 이미 저축해야 할 것입니다. 봄에 이르러 농사의 시작을 안배하는 날이니, 봄에는 겹옷을, 여름에 홑옷을, 장대, 삼태기, 가래, 키[箕], 바구니, 둥구미와 볏모 묶음 등을 (갖추고), 며칠 치 일거리이며, 몇 명을 쓸 것인가 (계산해야 합니다.) 돈 없는 농가農家에는, 모두 농기계, 바구니, 둥구미, 볏모 묶음, (관청에서 빌린) 의복[公衣] 등을 빌려줍니다. 공정이 끝나면 관청에 돌려보내는데, (헤진) 의복은 없는 것으로 처리합니다. 그러므로 노동력은 백성들에게서 나오고, 농업 생산 도구나 비용은 나라에서 나옵니다. 봄(농사)에 (긴급한) 10일간은 농사를 해쳐서는 안 되며, 여름의 10일간은 김매 주는 일을 방해해서는 안 되며, 가을에 10일간은 결실의 수확을 방해해서는 안 되고, 겨울에 (농한기에는) 밭을 정리하는 일을 방해해서는 안 됩니다. 이것이 때에 (맞춘) 작업입니다."

환공이 말했다. "좋습니다."

桓公問於管子曰: "不籍而贍國, 爲之有道乎?" 管子對曰: "軌守其時, 有官天財,[43] 何求於民!" 桓公曰: "何謂官天財?" 管子對曰: "泰春,[44] 民之功繇.[45] 泰夏, 民之令之所止, 令之所發. 泰秋, 民令之所止, 令之所發. 泰冬, 民令之所止, 令之所發. 此皆民所以時守也,[46] 此物之高下之時也, 此民之所以相幷兼之時也. 君守諸四務.[47] 桓公曰: "何謂四務?" 管子對曰: "泰春, 民之且所用者, 君已廩之矣.[48] 泰夏, 民之且所用者, 君已廩之矣. 泰秋,

43 尹桐陽에 의하면, 有는 又(또한)이다. 聞一多에 의하면, 官은 管으로 읽어야 한다.

44 李勉에 의하면, 泰와 至는 통한다. 『管子今註今譯』(下), 1043頁, 注36 참조.

45 繇는 繇(요역)와 같다. 좌우소우정에 의하면, 功繇는 農功과 繇役이다. 『管子通解』(下), 372頁, 注3 참조.

46 趙守正에 의하면, 時守는 '기회를 타고서 지키거나 조절함'이다. 여기서 民은 富民이다. 上同, 注5 참조.

47 趙守正에 의하면, 四務는 '사계절의 할 일'이다. 上同, 注6 참조.

48 廩은 貯蓄이다.

民之且所用者, 君已廩之矣. 泰冬, 民之且所用者, 君已廩之矣. 泰春功布日,[49] 春縑衣,[50] 夏單衣, 捍寵纍箕勝籯屑糉,[51] 若干日之功, 用人若干. 無貲之家, 皆假之械器、勝、籯、屑、糉、公衣. 功已而歸公, 衣折券.[52] 故力出於民, 而用出於上.[53] 春十日不害耕事, 夏十日不害芸事, 秋十日不寂斂實, 冬二十日不害除田.[54] 此之謂時作." 桓公曰: "善."

(환공이 말했다.) "과인이 통계하여 이재理財하는 관청을 세우려 하니, 어떻게 해야 합니까?"

관중이 대답하였다. "소금과 쇠를 운용하여 얻은 수입이면, 그런 관청을 충분히 세울 수 있습니다."

환공이 말했다. "어떻게 말입니까?"

관중이 대답하였다. "용하龍夏는 (소금 산출) 지역이니, (나라에서) 황금 9,000을 (미리) 대여貸與해 줘서 (양식을) 사게 합니다. 화폐로 금金을 보상케 하니, (부유한) 큰 집안에게는 황금을, 작은 집안에게는 화폐를 대여해 줍니다. 기산岐山 주위에서 쟁구崢丘의 서쪽 새구塞丘까지는 산지山地의 밭이니, 돈을 대여해 줌으로써 빈부貧富를 조절할 수 있습니다. 수릉壽陵 주위에서 동쪽으로 소사少沙까지는 중등中等 토지여서 대관貸款으로 조절할 수 있으니, 부잣집[大戶]에는 금金으로 대여하고, 가난한 집[小戶]에는 화폐로 대여해 줍니다. 이 세 종류의 토지에서 산출된 (양곡)은 이미 (관청에 의해) 장악되니, 나라의 곡식은 20배가 오를 것입니다. 양산梁山, 위수渭水와 쇄양瑣陽에서 길러낸 소와 말들이 제齊나라의 낮고 평탄한 땅에 많으니, (말들을) 달리게 해보고, (입을 벌려서) 이빨을 보는 것이 (말 관상 보는 이가 항상) 하는 일이니, 말의 크기와 힘세기를 재어 보고서, 말하기를, '나라에서 군대를 만들려면, 전차戰車를 끄는

49 趙守正에 의하면, 功은 農功이고, 布는 安排이니, 농사의 시작을 안배하는 날이 公布日이다. 上同, 372頁, 注7 참조.

50 安井衡에 의하면, 縑은 兼이다.

51 洪頤煊에 의하면, 糉은 稯(볏모 40개를 묶은 단)이다. 王念孫에 의하면, 勝은 마땅히 幐이니, 囊(주머니)이다. 張佩綸에 의하면, 箕는 簸(키)고, 屑은 마땅히 畚(둥구미)다. 尹桐陽에 의하면, 捍은 竿(장대)이고, 寵은 籠(삼태기)이고, 纍는 梩(가래)다. 籯(바구니)은 幐이니, 幐籯은 連文이다.

52 黎翔鳳에 의하면, '衣折券'은 관청에서 나누어 준 옷이 이미 입어서 해어졌으면, 관청에 돌려보낼 수 없으니, 債務가 없는 것으로 간주함이다.

53 趙守正에 의하면, 用은 用物, 用具이다. 用은 각종 농업 생산 자료를 말한다. '用出於上'은 用物이나 用具는 국가가 공급한다는 말이다. 上同, 373頁 注13 참조.

54 許維遹에 의하면, 除는 治다.

말들은 당신들의 말들에서 추렴하는데, 관청에 화폐가 없기에, 곡식을 시가로 쳐서 소와 말들을 구입하여야 하니, 소와 말의 값은 오르고, 곡식은 쌉니다.' (이에) 대호大戶나 소호小戶에서 곡식을 풀어 놓으니, (본래) 수준으로 되돌아오기에, 소와 말들이 임금에게 귀속됩니다."

"吾欲立軌官, 爲之奈何?" 管子對曰: "鹽鐵之筴, 足以立軌官." 桓公曰: "奈何?" 管子對曰: "龍夏之地,[55] 布黃金九千.[56] 以幣貲金,[57] 巨家以金, 小家以幣. 周歧山至於崢丘之西塞丘者, 山邑之田也, 布幣稱貧富而調之. 周壽陵而東至少沙者, 中田也, 據之以幣, 巨家以金, 小家以幣. 三壤以撫, 而國穀再什倍. 梁、渭、陽瑣之牛馬滿齊衍,[58] 請毆之顚齒, 量其高壯,[59] 曰: '國爲師旅, 戰車毆就斂子之牛馬, 上無幣, 請以穀視市檟而庚子牛馬, (牛馬)爲上, 粟二家.'[60] 二家散其粟,[61] 反准, 牛馬歸於上."

관중이 말하였다. "백성들에게 벌罰 대신 재물을 바치게 하고, (자기 소유의) 밭 안에서 재배하며, 그 밖으로는 구역을 정하니, 밖은 모두 (사용하면) 벌금을 물어야 하는 땅입니다. 쓸 수 있는 전마戰馬가 1,000 승乘이면, 제齊나라 전차戰車의 구색은 이것으로 갖추어지니, 백성들부터 (마필을) 구할 필요가 없어서, 이것으로 구읍丘邑에서 마필馬匹의 (징수를) 면제시킵니다. 국내에서 양식 값의 오름과 내림은 나라에 있으며, 산림山林의 목재木材를 받아서 만든 장비[器械]값의 싸고 비쌈은 나라에서 결정되니, 봄과 가을, 겨울과 여름의 물가의 싸고 비쌈은 국가에서 결정합니다. 밭을 순행巡行하여, 밭 가운데 나무가 심어졌으면, 곡식(농사)를 망치는 것으로 판단합니다. 집 주위 사방에 (뽕나무를 심지 않고) 잡목雜木을 심으면, (뽕잎이 부족하여) 여공女工(의 작업)을 해칠 수 있습니다. 궁宮이나 집을 짓는 데 쓰는 도구를 만들려면, (나라의) 산이

55 黎翔鳳에 의하면, 龍夏는 東海를 표시하니 소금이 나고, 崢丘는 鐵이 나는 지역이다.

56 趙守正에 의하면, 布는 布施인데, 여기서는 貸放의 뜻이다. 上同, 注3 참조.

57 黎翔鳳에 의하면, 貲는 抵(보상하다)이다.

58 聞一多에 의하면, 말은 양[梁山]과 위[渭水]에서 産出된 것이 좋고, 陽瑣는 마땅히 瑣陽이다. 衍은 低下이고 平坦한 땅이다.

59 黎翔鳳에 의하면, 毆는 敺(말을 채찍질하여 달리게 하다)인데, 말의 관상을 보는 자는 채찍질하여 달리게 하면서 살펴보는 것은, 항상 하는 일이나. 顚齒는 신싸 이빨을 삽고서, 입술을 벌려서 이빨을 보아서, 말의 크기와 힘 세기를 재보는 것 또한 항상 하는 일이다.

60 聞一多에 의하면, 牛馬는 그 아래에 牛馬를 다시 삽입하고, 二家는 爲下로 바꾸어야 한다.

61 張佩綸에 의하면, 二家는 巨家와 小家이다.

아니면 기대할 곳이 없으니, 그런 연후에 임금은 산 때문에 세 등급의 세금을 세우는데, '한 뼘이 안 되는 왜소한 잡목, 한 뼘 이상 되는 집 기둥, 둘레가 24자[尺] 이상의 상등上等의 관곽棺槨용 나무가 있습니다. 왜소한 잡목에 약간의 세금을, 집짓는 나무에 약간의 세금을, 관곽용에 약간의 세금을 부칩니다."

관중이 (또) 말하였다. "염鹽과 철鐵로 통계를 내어 이재理財를 도모할 수 있습니다. 곡식을 하나로 치면 (소금과 철은) 열을 저축한 셈이니, 임금은 언제나 아홉을 가지고 조절하여, 백성들을 옷 입히고 밥을 먹게 하니 요역을 해도, 아래에서 편안해 하며 원망이 없습니다. 농지세는 없애 버리고, 산림 자원만 세금을 받습니다. 대가大家로서 어버이를 크게 장례를 치르는 자에게는 무거운 세금을 물립니다. 소호小戶로서 어버이를 간단[薄]하게 장례 치르는 자에게는 적은 세금을 취하십시오. 대가로서 집안을 아름답게 꾸미는 자에게 무거운 세금을 물리십시오. 소호小戶로서 작은 집을 짓는 사람에게는 적은 세금을 물리십시오. 임금께서 나라에 통계하여 이재를 하시니, 새끼줄처럼 백성들의 빈부貧富를 조절하게 되는 것, 이것을 나라의 통계에 의한 재정이라고 합니다."

管子曰: "請立貲於民, 有田倍之內,[62] 毋有其外, 外皆爲貲壤. 被鞍之馬千乘,[63] 齊之戰車之具具於此, 無求於民, 此去丘邑之籍也.[64] 國穀之朝夕在上,[65] 山林廩械器之高下在上,[66] 春秋冬夏之輕重在上. 行田疇, 田中有木者, 謂之穀賊. 宮中四榮, 樹其餘,[67] 曰害女功. 宮室械器, 非山無所仰, 然

62 郭沫若에 의하면, 마땅히 '有田倍(培)之內, 毋有(囿)其外'로 읽어야 한다. 田을 소유한 사람은 경계 내에서 재배하고 (남의) 땅을 침범해서는 안 되고 밭 밖으로 구역을 설정해야 목축할 장소가 있게 된다.

63 趙守正에 의하면, 被鞍은 披鞍과 통하니, '披鞍之馬'는 사용할 수 있는 戰馬다. 上同, 374頁, 注11 참조.

64 趙守正에 의하면, 9夫가 1井이고, 4井이 1邑이며, 4邑이 1丘이니, 여기의 '丘邑之籍'은 丘, 邑 등 주민에게서 징수한 馬匹이다. 上同, 注12 참조.

65 安井衡에 의하면, 朝夕은 貴賤과 같다. 張佩綸에 의하면, 朝夕은 해그림자의 朝夕이나 물의 潮汐과 같으니, 高下를 말한다.

66 黎翔鳳에 의하면, 廩은 亩(곳집)이니, 지금의 領 자가 틀림없다. 山林의 木材를 수령하여 器械를 만드는 것이다.

67 馬非百에 의하면, 榮은 屋翼(새처럼 올라간 처마)이다. 宮中의 4개의 처마 옆에 뽕나무를 심는 것이 옳다. 뽕나무를 심지 않고 雜木을 심으면, 뽕잎이 부족하여, '女工을 害칠 수 있다', 『管子校注』(下), 1298頁, 注4 참조.

後君立三等之租於山, 曰: '握以下者爲柴楂,[68] 把以上者爲室奉, 三圍以上爲棺槨之奉.[69] 柴楂之租若干, 室奉之租若干, 棺槨之租若干.'" 管子曰: "鹽鐵撫軌. 穀一廩十,[70] 君常操九, 民衣食而繇, 下安無怨咎. 去其田賦, 以租其山. 巨家重葬其親者, 服重租. 小家菲葬其親者, 服小租. 巨家美脩其宮室者, 服重租. 小家爲室廬者, 服小租. 上立軌於國, 民之貧富如加之以繩, 謂之國軌."

68 孫詒讓에 의하면, 楂는 柤(산사나무)다. 張佩綸에 의하면, 柴는 왜소한 잡목이다.

69 湯孝純에 의하면, 1圍는 둘레가 8자[尺]이다. 『新譯管子讀本』(下), 876頁, 注12 참조.

70 黎翔鳳에 의하면, '穀一廩十'은 鹽鐵의 가격이 비싸기 때문에, 곡식에 비견할 때, 鹽鐵 하나가 있으면 곡식 10을 얻음을 말한다.

산권수 山權數

재정정책의 권술

수數는 술術과 통하니, 권수權數는 권술權術이다. 본 편에서는 권변權變의 술術을 이용하는 재정 정책을 논술하고 있다. 권변의 술과 경중輕重의 술이 결합하여, 천시天時, 지리地利, 인력人力과 군권君權의 작용을 최고로 발휘하여 "하나가 열이 되고, 열이 백이 되는"(一可爲十, 十可爲百) 이재理財의 효과를 노리는 것이다. 산山의 함의含意는 전편(「山國軌」 편)과 같다.

환공이 물었다. "권변權變의 재정 방법에 대해서 묻고 싶습니다."

관중이 대답하였다. "하늘은 자연적 홍수와 가뭄으로 권병權柄을 삼고 있고, 땅은 재물로 권병을 삼고 있고, 사람들은 (자기) 힘을 권병으로 삼고 있고, 임금은 명령으로 권병을 삼고 있습니다. 하늘의 권병을 잃어버린다면, 사람과 땅의 권병도 (함께) 잃어버리는 것입니다."

환공이 말했다. "하늘의 권병權柄을 잃어버리면 사람과 땅의 권병도 잃게 되는 것이, 무슨 말씀입니까?"

관중이 대답하였다. "탕湯임금은 7년 동안 가물었고, 우禹임금은 5년간 홍수가 나서, 멀건 죽도 없는 백성들은 (먹기 위해서) 자식들을 팔아 버릴 수 있었고, 탕湯임금은 장산莊山의 황금으로 화폐를 주조하여, 멀건 죽도 없어서 자식들을 팔아 버리는 사람들을 구제하였습니다. 우禹임금은 역산歷山의 황금으로 화폐를 주조하여, 멀건 죽도 없어서 자식을 팔아 버리는 이들을 구제하였습니다. 그러므로 하늘의 권병을 잃어버리면, 사람이나 땅의 권병도 모두 잃게 되는 것입니다. 그러므로 임금께서 매년 10분의 3을 저축하니, 3년이 조금 지나면 1년 치 수확량이 (확보)됩니다. 37년이면 11년 여의 저축 분량이 됩니다. (매년 저축이) 3분의 1이 되니, 백성들을 다치게 하는 데까지는 이르지 않아서, 농부들은 농사일을 긴급하게 여겨서 열심히 일하기에, 따라서 화산火山, 지진地震, 홍수가 일어나도, 백성들은 도랑에 빠져서 죽거나 구걸하는 일은 없습니다. 이것이 천시天時에 (따라서 저축을 하여), 자연 재해를 예방한 도리입니다."

환공이 말했다. "좋습니다."

桓公問管子曰: "請問權數?" 管子對曰: "天以時爲權,[1] 地以財爲權, 人以力爲權, 君以令爲權. 失天之權, 則人地之權亡." 桓公曰: "何爲失天之權則人地之權亡?[2] 管子對曰: "湯七年旱, 禹五年水, 民之無饘賣子者.[3] 湯以莊山之金鑄幣, 而贖民之無饘賣子者. 禹以歷山之金鑄幣, 而贖民之無饘賣子者. 故天權失, 人地之權皆失也. 故王者歲守十分之參, 三年與少半成歲.[4] 三十一年[5]而藏十一年與少半. 藏參之一, 不足以傷民, 而農夫敬事力作,[6] 故天毀埊凶旱水泆,[7] 民無入於溝壑乞請者也. 此守時以待天權之道也." 桓公曰: "善."

(환공이 말하였다.) "과인은 (天, 地, 人의) 삼권三權의 이재理財 방법을 쓰고자 하니, 어떻게 하면 되겠습니까?"

관중이 대답하였다. "양산梁山 남쪽의 붉고 두터운 비단과, (산동山東의) 야夜지방에서 돌로 만든 화폐는 천하에 희귀한 물건입니다."

(이어서) 관중이 말한다. "[이 귀한 물건들로] 나라에 양식을 비축하며, 해마다 10분의 1을 저축하여, 5년이 되면, (비축한) 나라 곡식은 비싸져서, 옛날보다 10배가 오를 것입니다."

(이어서) 관중은 말하였다. "화폐를 찍어내어, 동銅이 나는 지역에서, 2년 저축한 양식으로 사람들을 고용하여 (구리를 채굴하며), 촌락을

1 趙守正에 의하면, 時는 '天時水旱', 즉 계절에 따른 자연적 홍수와 가뭄을 말한다. 『管子通解』(下), 381頁, 注1 참조.

2 黎翔鳳에 의하면, 何爲는 何謂로도 통한다.

3 安井衡에 의하면, 民之는 民有가 되어야 한다. 黎翔鳳에 의하면, 멀건 죽[粥]도 없으면 자식을 팔지 않을 수 없는데, 다행히 팔지 않아도 되는 사람들이 있다고 했으니, 有자를 넣으면 (자식을) 팔지 않아도 되는 사람도 있다는 말이다.

4 趙守正에 의하면, 參은 三과 같으니, '歲守十分之三'은, 매년 곡식을 저축하여 재연 재해를 대비하는데, 3년 3개월이 지나야, 저축한 식량이 1년의 수요량을 채운다. 그래서 '三年與少半成歲'(3년이 지나야 1년 수확을 이룬다)라고 한 것이다. 上同, 381~382頁, 注6 참조.

5 兪樾에 의하면, 原文에 '三十一年'이라고 되어 있으니, 마땅히 '三十七年'이 되어야 한다 『新譯管子讀本』(下), 880頁, 注8 참조.

6 李哲明에 의하면, 敬은 마땅히 亟(빠름)이니, 亟은 急이다. 亟事는 田事가 緊急함을 말한다.

7 黎翔鳳에 의하면, 埊는 坴(언덕)의 誤字다. 坴은 陸(육지)과 통한다. 毁는 火(불)이다. 天火와 地凶은 火山과 地震이다.

형성하고, (사람들의) 쌓인 힘으로 천하天下 사람들과 조화를 이룹니다. (구리 값이) 오르면 (상인들은) 이익을 취하려고 몰릴 것이고, 값이 내리면 밖[외국]으로 흘러나갈 것이니, 따라서 천하(의 다른 나라들)과 조화하십시오. (물품들이) 새 나가면, (나라의) 권리가 실추될 것입니다. (남들이) 이익을 취해 가면, 정책은 실패한 것입니다. 천권天權[자연 재해에 대한 대책]을 준비해 놓지 않으면 아랫사람들이 서로 대책을 찾을 것이고, 대비책이 없다면, 아랫사람들은 몰래 서로 부릴 것인데, 여기에서 형벌이 생겨나고, (돈을) 어지럽게 만드는 근본(원인)이 됩니다. 따라서 평등한 것이 불평등해지고, 백성들은 부유했다가 가난해지며, 저축이 쌓인 것이 텅 비게 됩니다. 이것이 삼권三權의 실패입니다."

환공이 말했다. "삼권의 이재理財방법은 어떻게 해야 잡을 수 있습니까?"

관중이 대답하였다. "풍년이 크게 들면 (수확의) 반을 비축하고, 흉년이라도 또한 절반을 저축해야 합니다."

환공이 말했다. "흉년이면, (백성들에게) 보태 주어야 할 터인데, 어떻게 절반을 저축합니까?"

관중이 대답하였다. "흉년이면 (양식 가격이) 쉽게 올라가니, 하나가 열이 될 수 있고, 열이 백이 될 수 있습니다. 흉년(의 곡식 가격)으로 풍년(의 곡식)을 사들일 수 있고, 흉년의 곡식 가격은 10배가 되고, 풍년의 곡식 가격은 10분의 1이 되며, 국가는 아홉의 여유분을 갖게 되니, 경중輕重의 술術로 풍년을 이용하면, (천, 지, 인의) 삼권三權이 모두 임금에게 있게 됩니다. 이것이 나라를 위한 권변權變입니다."

"吾欲行三權之數,[8] 爲之奈何?" 管子對曰: "梁山之陽綪絤,[9] 夜石之幣,[10] 天下無有." 管子曰: "以守國穀. 歲守一分, 以行五年, 國穀之重, 什倍異日." 管子曰: "請立幣. 國銅, 以二年之粟顧之,[11] 立黔落. 力重與天下調.[12]

8 趙守正에 의하면, 三權은 天, 地, 人의 三權을 가리킨다. 여기서는 임금의 입장에서 말하기 때문에, 임금[君]의 權柄에 대해서는 말하지 않고 있다. 上同, 382頁, 注9 참조.

9 黎翔鳳에 의하면, 蒨茜(꼭두서니)으로 염색한 비단[帛]이 綪絤(붉은 비단)이다. 丁士涵사함은, 絤이 帛(두꺼운 비단)라고 말한다.

10 任林圃에 의하면, 夜읍은 지금 山東의 掖縣이다. 黎翔鳳에 의하면, 夜땅의 돌로 화폐를 만든 것이, '夜石之幣'이다.

11 趙守正에 의하면, 顧는 雇(고용하다)와 통한다. 上同, 382頁, 注13 참조.

12 黎翔鳳에 의하면, 落은 村落의 落인데, 居(거주하다)를 뜻한다. 國은 域이다. 重은 厚이니, 힘

彼重則見射, 輕則見泄, 故與天下調. 泄者, 失權也. 見射者, 失筴也. 不備天權下相求備, 准下陰相隸,[13] 此刑罰之所起, 而亂之之本也. 故平則不平, 民富則不如貧,[14] 委積則虛矣. 此三權之失也已." 桓公曰: "守三權之數奈何?" 管子對曰: "大豐則藏分,[15] 阸亦藏分." 桓公曰: "阸者, 所以益也, 何以藏分?" 管子對曰: "隘則易益也. 一可以爲十, 十可以爲百. 以阸守豐, 阸之准數一上十,[16] 豐之筴數十去九,[17] 則吾九爲餘, 於數筴豐,[18] 則三權皆在君. 此之謂國權."

환공이 관중에게 물었다. "나라의 불변하는 정책에 대해 묻고 싶습니다."

관중이 대답하였다. "나라에 불변하는 정책이 없으면, 토지의 (생산) 양에 차이가 있습니다."

환공이 말했다. "나라에 불변하는 정책이 없으면, 토지의 (생산)양에 차이가 있음은 무슨 말씀인가요?"

관중이 대답하였다. "상등 토지에서 10섬[石]이 나고, 중등 토지에서 5섬이 나고, 하등 토지에서 3섬이 나는데, 나머지는 모두 황무지에 속합니다. 토지 분량이 100무畝이면, 남자 한 사람의 노동력입니다. (토지등급에 따라서) 곡식 가격이 (상등 토지에서) 1이고, (중등 토지에서) 곡식 가격이 10, (하등 토지에서) 곡식 가격이 30이고, (황무지에선) 곡식 가격이 100입니다. (작황에 따라) 가격에 변동이 있으면, 100무(의 토지)에서 1,000무(땅의) 수익이 납니다. 그런즉 100승乘(의 지역)에서 천 승千乘(의 수익)이 나오고, 천 승(의 땅)에서 만 승萬乘(의 수익)이 나옵니다. 그러므로 토지 생산량의 차이가 있어도, 나라에는 (항구적인) 정책이 없다고 말합니다."

환공이 말했다. "좋습니다."

(관중이 말했다.) "지금 (작은 나라가) 큰 나라가 되려 하고, 큰 나라는 천하를 통치하려 하는데, 권변權變을 통한 이재理財방책에 통달하지 않

이 雄厚하면 여유가 있게 되어, 天下와 調和할 수 있다.

13 聞一多에 의하면, 備准 위에 不 자가 빠졌다.

14 趙守正에 의하면, '民富則不如貧'에서 不如는 마땅히 衍文이다. 上同, 383頁, 注17 참조.

15 趙守正에 의하면, 分은 一半이다. 上同, 注18 참조.

16 湯孝純에 의하면, 准은 곡식 가격이다. 『新譯管子讀本』(下), 880頁, 注25 참조.

17 黎翔鳳에 의하면, 郭沫若이 去를 藏으로 훈독한 것은 옳다.

18 趙守正에 의하면, 於는 以이니, 數는 輕重의 術이다. 『管子通解』(下), 383頁, 注21 참조.

고서는, 아마도 할 수 없을 것입니다!"

환공이 말했다. "지금 권변을 통한 이재 방책을 실행하려면, 어떻게 해야 합니까?"

관중이 대답하였다. "임금께서 (토지의) 넓고 좁음에 따른 재정 방법에 통달했다면, (토지가) 좁다고 넓은 것을 두려워하지 않을 것이고 경중輕重의 술수에 통달했다면, (재물이) 적다고 (재물이) 많은 것을 두려워하지 않을 것이니, 이것이 나라의 재정財政정책의 대강입니다."

환공이 말했다. "좋습니다. (명성이) 천하를 뒤덮고, 사해四海 사람들에게 보이며, 오래도록 칭송받고 그침이 없는 것, 이것을 해낼 방도가 있습니까?"

관중이 대답하였다. "있습니다." (관중이 이어서) 말했다. "통계를 통한 이재理財방식으로 (곡식 유통)의 숫자를 지키시고, 준평准平 정책으로 물품의 유통을 고르게 해서, (상품들이) 완성되기 이전에 조치를 취하여, 상품 완성 이후를 조절합니다. (그 결과) 재물 하나가 열이 되었다면, 이것은 9배의 이익이 (나라를 위해) 운용된 것이니, (임금 명령의) 완급緩急의 정책과 경중輕重의 술術 덕분입니다. (물자) 하나가 열이 되고, 열이 백이 되었으니, 열이 된 이익의 반半[즉 다섯]에서 5분의 4를 저축하시고, (나머지) 5로 이재理財하는 것은, 임금의 열어 주고 닫음에 달려 있습니다."

환공이 말했다. "열어 주고 닫는 것은 무엇입니까?"

관중이 말했다. "임금께서 인애仁愛를 높이 받들지 않으면, 나라 사람들은 서로 혜택을 못 입습니다. 임금께서 사랑과 효도를 높게 보지 않으시면, 백성들은 자기 어버이들을 소홀히 대할 것이고 잘못을 가볍게 저지를 것입니다. 이렇게 되면 혼란이 닥칩니다. 임금께서 이재理財 성과 중에 10분의 1을, 높은 데에 기둥을 박아서 표양하고, 마을의 효자들을 예물로 빙문聘問하시고, 효자의 형제들은 많건 적건 군대복무를 면제해 주십시오. 높은 데에 기둥을 박아서 표시하여, 인仁, 사랑[慈] 효도孝道를 고양시키면 재물은 (민중들에게) 흩어져서 (재물을) 가볍게 볼 것입니다. 가볍게 보는 기회를 타고서 이재의 방책을 지켜나가면, 10분의 5(의 재화)가 임금에게 있게 될 것입니다. 이 5를 운영하여 이재를 해나가면, 해와 달처럼 끝나면 다시 시작하게 될 것입니다. 이것이 오랫동안 천하를 소유하게 되는 도리이니, 평준平准의 도리라고 합니다."

桓公問於管子曰: "請問國制."[19] 管子對曰: "國無制, 地有量." 桓公曰: "何謂國無制、地有量?" 管子對曰: "高田十石, 閒田五石, 庸田三石, 其餘皆屬諸荒田. 地量百畝, 一夫之力也. 粟賈一, 粟賈十, 粟賈三十, 粟賈百. 其在流筴者,[20] 百畝從中千畝之筴也. 然則百乘從千乘也, 千乘從萬乘也. 故地有量, 國無筴." 桓公曰: "善." "今欲爲大國, 大國欲爲天下, 不通權筴, 其無能者矣!" 桓公曰: "今行權奈何?" 管子對曰: "君通於廣狹之數, 不以狹畏廣; 通於輕重之數, 不以少畏多. 此國筴之大者也." 桓公曰: "善. 蓋天下, 視海內,[21] 長譽而無止, 爲之有道乎?" 管子對曰: "有." 曰: "軌守其數, 准平其流, 動於未形, 而守事已成. 物一也而十, 是九爲用. 徐疾之數, 輕重之筴也. 一可以爲十, 十可以爲百, 引十之半而藏四, 以五操事, 在君之決塞."[22] 桓公曰: "何謂決塞?" 管子曰: "君不高仁, 則國不相被. 君不高慈孝, 則民簡其親而輕過. 此亂之至也. 則君請以國筴十分之一者, 樹表置高,[23] 鄉之孝子聘之幣, 孝子兄弟衆寡不與師旅之事. 樹表置高, 而高仁慈孝, 財散而輕. 乘輕而守之以筴, 則十之五有在上.[24] 運五如行事,[25] 如日月之終復. 此長有天下之道, 謂之准道."

환공이 관중에게 물었다. "교육을 통한 재정 방법에 대하여 묻고 싶습니다."

관중이 대답하였다. "백성들 중에 농사에 밝은 사람에게, 황금黃金 1근斤을 주니, 양식 8섬[石]에 해당합니다. 백성 중에 가축들을 잘 키우는 이에게, 황금 1근을 주니, 양식 8섬에 해당합니다. 백성들 중에 원예와 수목을 잘 하는 이에게, 황금 1근을 주니, 양식 8섬에 해당합니다. 백성들 중에서 과류瓜類와 채소, 과일나무를 잘 번식시키는 이에게, 황금 1근을 주니, 양식 8섬에 해당합니다. 백성들 중에 백성들의 질병을 끝내는 이에게, 황금 1근을 주니, 곡식 8섬에 해당합니다. 백성들 중에 천시天時를 잘 알아서, 어느 해는 장차 흉년이 들 것임을 예언하고 어떤 곡식은 안 될 것임을 예언하고, 어떤 곡식은 풍성할 것임을 예언하는 이에게, 황금 1근을 주니, 양식 8섬에 해당합니다. 백성이

19 趙守正에 의하면, 制는 定法이다. 통일되고 변함없는 定法이나 政策을 말한다. 上同, 384頁, 注1 참조.

20 黎翔鳳에 의하면, 流筴이란 흉년에는 물가가 30배나 100배로 높아지는 변동을 말한 것이다.

21 黎翔鳳에 의하면, 蓋는 覆으로 訓讀되고, 視는 示(보이다)이다.

22 趙守正에 의하면, 決塞은 개방과 폐쇄다. 上同, 385頁, 注4 참조.

23 聞一多에 의하면, 表는 柱다.

24 聞一多에 의하면, 有는 又이다.

25 安井衡에 의하면, 五如에서 如는 而다.

누에와 뽕나무에 정통하여, 누에를 병들지 않게 하는 이에게, 모두 황금 1근을 주니, 양식 8섬에 해당합니다. 이 말들을 진지하게 듣고 (이것을) 관부官府에 보존시키고, 군대의 일에 참여시키지 않는 것, 이것이 나라를 위한 이재理財에 중대한 것입니다. 국가 비용의 소모가 충족되고, 서로 저축하고 상의합니다. 그다음에 사방 전국에 (물가의) 고하高下를 확립하여, (유통을) 늦추거나 빠르게 하면서, 물자를 내보내기도 하고 물리기도 하는데, 이런 재정 정책을 유지하자면, 또한 다섯 가지 특수기능의 전문가가 있어야 합니다."

환공이 말했다. "다섯 가지 전문 기능의 전문가란 무엇입니까?"

관중이 말하였다. "① 시詩를 아는 사람은, (사회적) 사물들을 기술할 수 있습니다. ② 천시天時를 아는 사람은, 한 해(의 농사)를 기술할 수 있습니다. ③ 춘추春秋책은, (나라의) 성패를 기술한 것입니다. ④ 도로道路의 신神에게 제사 올리는 사람은 백성들을 이끄는 데 이로움을 취하고 해로움을 피할 줄 압니다. ⑤ 역易을 아는 사람은 길흉吉凶과 성패成敗에 대처할 수 있습니다. ⑥ 점치는 사람은 길흉과 이해利害를 점칩니다. 백성들 중에 이런 것들을 할 수 있는 자는 모두 조그만 땅과 작은 옷감을 받았습니다. 이것은 임금을 미망迷妄에서 벗어나게 하는 방도입니다. 이 여섯 전문가들은 문제가 나타나면, 미리 예방하는 날을 (임금에게) 알려 줍니다. 그러므로 임금은 그 시기를 잃지 않고, 대책을 잃지 않으니, 이재의 물자가 풍성하게 일어나 이익을 잃는 일이 없습니다. 다른 날의 득실을 미리 점치는 것은 훗날에 손해를 피하고 이익으로 나아가는 가르침이고, 시詩를 알면 사람(의 행동)을 기술하는데 말을 잘못할 수 없으며, 도로의 신에게 제사 드리는 관리[行]는 도리를 극진하게 하여 예의에 착오가 없으며, 역을 알면, 화복禍福과 길흉을 (잘) 지켜서 서로 혼란함이 없으니, 이것이 임금의 권병權柄입니다."

桓公問於管子曰: "請問敎數."[26] 管子對曰: "民之能明於農事者, 置之黃金一斤, 直食八石.[27] 民之能蕃育六畜者, 置之黃金一斤, 直食八石. 民之能

26 趙守正에 의하면, 敎數는 교율을 통한 理財 방법을 가리킨다. 上同, 386頁, 注1 参조.

27 湯孝純에 의하면, 直은 値와 통한다. 直食은 糧食으로 배상함을 말한다. 『新譯管子讀本』(下), 885頁, 注2 参조.

樹藝者,[28] 置之黃金一斤, 直食八石. 民之能樹瓜瓠葷菜百果使蕃袞者,[29] 置之黃金一斤, 直食八石. 民之能已民疾病者, 置之黃金一斤, 直食八石. 民之知時,[30] 曰歲且阨,[31] 曰: '某穀不登', 曰: '某穀豐'者, 置之黃金一斤, 直食八石. 民之通於蠶桑, 使蠶不疾病者, 皆置之黃金一斤, 直食八石. 謹聽其言而藏之官, 使師旅之事無所與, 此國筴之者也.[32] 國用相靡而足, 相因揲而䜺.[33] 然後置四限高下,[34] 令之徐疾, 毆屏萬物, 守之以筴, 有五官技."[35] 桓公曰: "何謂五官技?" 管子曰: "詩者,[36] 所以記物也. 時者, 所以記歲也. 春秋者, 所以記成敗也. 行者, 道民之利害也.[37] 易者, 所以守吉凶成敗也. 卜者, 卜凶吉利害也. 民之能此者, 皆一馬之田, 一金之衣.[38] 此使君不迷妄之數也. 六家者, 卽見其時, 使豫先蚤閑之日受之.[39] 故君無失時, 無失筴, 萬物興豐無失利. 遠占得失以爲末教,[40] 詩記人無失辭, 行殫道無失義,[41] 易守禍福凶吉不相亂, 此謂君棅."[42]

환공이 관중에게 물었다. "권병權柄을 통한 이재理財방법은, 과인이 이미 들었으니, 나라를 굳건히 지키자면 (또) 어떻게 해야 합니까?"

(관중이) 말했다. "능력 있는 이가 모두 관리를 하고, 천시天時를 아는 이가 모두 관리를 하고, 득실得失의 이치[數]와 만물의 처음과 끝[終始]을 아는 이들에게 임금께서 모두 관리하게 하셨습니다. 그 나머지는 모두 도리[數]대로 하면 되겠습니다."

28 趙守正에 의하면, 여기서 藝는 林木을 가리킨다. 『管子通解』(下), 386頁, 注2 참조.
29 王念孫에 의하면, 袞은 衮의 誤字다. 衮은 裕와 같다. 蕃裕는 蕃衍(번성하여 많음)이다.
30 趙守正에 의하면, 知時는 農時나 天時를 아는 것이다. 上同, 注5 참조.
31 黎翔鳳에 의하면, 且는 將(막~하려 한다)이다.
32 王念孫에 의하면, '國筴之' 아래에 마땅히 大자가 있어야 한다.
33 黎翔鳳에 의하면, 䜺은 확실히 咨다. 揲은 積이고, 咨에는 商議의 뜻이 있다.
34 安井衡에 의하면, 四限은 四境이다. 黎翔鳳에 의하면, 置는 立이다.
35 趙守正에 의하면, 有는 又이고, 官技는 특수 기능의 관리이다. 上同, 387頁 , 注12 참조.
36 趙守正에 의하면, 詩를 알면 사회적 사건과 인물을 記述할 수 있음을 말한 것이다. 上同, 注13 참조.
37 馬非百에 의하면, 行은, 道路의 神에게 드리는 祭祀를 관장하는 사람이다. 『管子校注』(下), 1311頁, 注8 참조.
38 李哲明에 의하면, 馬는 碼와 통하니, '一碼之田'은 작은 땅이다. 金은 衿이니, 衿은 衿(옷깃)이니, '一衿之衣'는 매우 적음을 말한다.
39 尹桐陽에 의하면, 六家는 ① 詩, ② 時, ③ 春秋, ④ 行, ⑤ 易, ⑥ 卜이다. 黎翔鳳에 의하면, 六家이면서 五官은, 아마도 易과 卜을 하나로 친 것이다. 閑은 預防이다. 聞一多에 의하면, 卽은 若이다. 安井衡에 의하면, 受는 마땅히 授(주다)다. 여기서 見은 現이다.
40 安井衡에 의하면, '遠占得失'은 다른 날의 得失을 미리 점치는 것이니, 末은 後이다. '爲末敎'는 後日에 害를 피하고 이익으로 나가는 '가르침[敎]'이다.
41 黎翔鳳에 의하면, 殫은 極盡이고, 義는 儀와 통한다.
42 何如璋에 의하면, 棅은 柄과 같다.

환공이 말했다. "도리대로 실행함이 무엇입니까?"

관중이 대답하였다. "곡식은 백성들의 생명을 주관하고, 경중輕重의 술術은 임금을 보좌합니다. 백성들이 지혜로우면 임금이 기뻐하지만, 아랫사람들이 부유하면 임금은 가난하고, 아랫사람들이 가난하면 임금은 부유하니, 이것을 (빈부貧富의) 명名과 실實의 차이라고 합니다. 나라의 핵심은 (정책을) 느리게 하느냐 긴급하게 하느냐 일뿐입니다. 임금의 도리는 (적절한) 법도法度뿐입니다. 사람들의 마음은 잘못됐으면 금지하면 될 뿐입니다."

환공이 말하였다. "무엇이 법도입니까? 무엇이 잘못을 금지시키는 것입니까?"

관중이 대답하였다. "법도는 노동력을 따져보고 일을 시작하는 것입니다. 오류의 금지는, 죄를 벌하는 것이 먼저이고 훈계는 나중입니다. 그러므로 불행한 일[禍]이 일어날 수 없고, 백성들이 잘못할 걱정이 없습니다."

환공이 말하였다. "마음의 금지에 대하여 듣고 싶습니다."

관중이 대답하였다. "진晉나라에서 임금에게 충성하지 않는 신하가 자기 임금을 암살할 생각을 했으니, 공공연한 대죄大罪입니다. 이런 공개적인 대죄를 진 가문은 임금을 섬길 수 없게 했습니다. 이것은 진晉나라의 잘못입니다. 제齊나라의 공개적인 죄인은 죄를 판정할 때 수범首犯과 종범從犯을 가립니다. 악惡을 미워하니 형벌을 내리고, 좋은 사람을 좋게 대하니 영광을 주는 것이 타이르는 훈계[勸戒]입니다. 이것이 나라의 훈계입니다."

桓公問於管子曰: "權棅之數, 吾已得聞之矣. 守國之固奈何?" 曰: "能皆已官, 時皆已官,[43] 得失之數, 萬物之終始, 君皆已官之矣. 其餘皆以數行." 桓公曰: "何謂以數行?" 管子對曰: "穀者, 民之司命也. 智者, 民之輔也.[44] 民智而君愚,[45] 下富而君貧, 下貧而君富, 此之謂事名二.[46] 國機,[47] 徐疾

43 馬非百에 의하면, 官은 마땅히 管으로 보아야 한다. 『管子校注』(下), 1314, 注1 참조.
44 張佩綸에 의하면, '智者, 民之輔也'에서 마땅히 '君之輔也'로 보아야 한다. 이것은 임금은 마땅히 智, 즉 輕重의 術의 도움을 받아야 한다는 말이다.
45 黎翔鳳에 의하면, 愚는 偶(기뻐하다, 懽)다.
46 黎翔鳳에 의하면, 貧富에는 名과 實의 차이가 있다.
47 湯孝純에 의하면, 機는, 樞要, 關鍵이다. 上同, 888頁, 注8 참조.

而已矣. 君道, 度法而已矣. 人心, 禁繆而已矣."[48] 桓公曰: "何謂度法? 何謂禁繆?" 管子對曰: "度法者, 量人力而擧功. 禁繆者, 非往而戒來.[49] 故禍不萌通,[50] 而民無患咎." 桓公曰: "請聞心禁." 管子對曰: "晉有臣不忠於其君, 慮殺其主, 謂之公過.[51] 諸公過之家, 毋使得事君. 此晉之過失也. 齊之公過, 坐立長差.[52] 惡惡乎來刑, 善善乎來榮, 戒也. 此之謂國戒."

환공이 관중에게 물었다. "경중輕重의 책략과 평준平准의 법도를 실시했다면, 책략은 이것으로 끝나는 것입니까?"

관중이 말하였다. "아닙니다. 장차 신神께 제사하는 데 보물을 써야 합니다."

환공이 말했다. "신께 제사하는 데 보물을 쓴다는 것이 무슨 뜻입니까?"

관중이 대답하였다. "북곽北郭에 궁궐 대문을 받치는 거북을 얻은 자가 있는데, 그 거북은 이 문서상에 쓰인 숫자로는 백 리百里 땅의 값어치가 있습니다."

환공이 말했다. "거북[龜]이 백 리 땅의 값어치가 있다니, 무슨 말씀이십니까?"

관중이 말했다. "북곽에서 거북을 가진 사람이 지금 그것을 큰 쟁반에 올려 놓았습니다. 어떤 임금이 10승乘마차에 사신使臣을 출발시켜서 100금金에 계약을 맺고자 하면서, 북곽北郭의 거북을 얻은 집에 말하였습니다. '자네를 중대부中大夫 자리에 앉히겠네!' (또 사신이) 말하였습니다. '동해東海의 아들[龍王]이 거북과 비슷한데, 너의 집에 기거寄居한다니, 너에게 네가 죽을 때까지 대부大夫의 관복官服을 내리며, 100금金을 준다.' 이 거북은 값이 없으니, 너[거북]를 높은 누대에 앉히고, 하루에 소 네 마리의 혈제血祭를 지내니, 보물로는 값을 칠 수 없는 보물이었습니다. 4년 뒤에 (환공이) 고죽孤竹국을 쳤습니다. 정 씨丁氏집에 양식은 삼군三軍의 군사가 먹고 다섯 달을 버틸 수 있으니, 정 씨를 불

48 馬非百에 의하면, 禁은 禁止고, 繆는 謬와 같다. 『管子校注』(下), 1315, 注5 참조.

49 張佩綸에 의하면, 非는 罪와 같다.

50 黎翔鳳에 의하면, 通은 達이다.

51 黎翔鳳에 의하면, 公은 '顯然爲之'(공개적으로 드러내고 함)다.

52 湯孝純에 의하면, 坐는 定罪이고, 長差는 首犯과 從犯이다. 『新譯管子讀本』(下), 888頁, 注15, 16 참조.

러서 명령하였습니다. '과인은 여기에 값을 칠 수 없는 보물을 갖고 있는데, 과인이 지금 큰 전쟁이 있어서, 이 보물을 너에게 저당 잡히고, 너의 곡식을 빌리겠다.' 정 씨는 북향하여 재배하고, 곡식을 들여보내며, 감히 보물을 저당으로 잡을 수는 없었습니다. 환공이 정 씨에게 명령하였습니다. '나는 늙었소. 내 아들은 이런 정황을 모르네. 나의 저당물을 받으시오!' 정 씨는 (집에) 돌아와서, 다시 집을 짓고, 자리를 깔아서 거북을 모셨습니다. 4년 뒤에 고죽국을 칠 때, 정 씨의 곡식이 삼군三軍의 다섯 달 식량을 충당했다고 말했습니다. 환공은 거북을 공납하는 이재理財방식을 세웠습니다. '무늬 있는 거북은 7천 금이고 큰 거북은 4천 금이고, 흑백黑白의 새끼 거북은 천 금이다.' 무릇 거북 공납 제도(의 수익)이, 제齊나라 토지 수익의 두 배입니다. 거북 공납 제도의 사용은, (전쟁으로) 나라가 위급하면 보물을 맡기고 돈을 빌려오고, 평화(시기)에는 상품 유통에 참여하는 것입니다."

환공이 말했다. "유통이 무엇입니까?"

관중이 대답하였다. "물건 값에 기만欺瞞이 있으면, 임금은 이재할 방책을 잃고 백성들은 직업을 잃게 됩니다. 그러므로 천하를 잘 다스리는 임금은 둘[곡식을 많이 저축한 부민富民들과 값비싼 패물과 보물을 가진 호상豪商들]을 막고서 (경제를) 조절하는 것입니다."

환공이 말하였다. "무엇이 둘을 막아서는 것입니까?"

관중이 대답하였다. "만 승의 나라에 만 금을 가진 거상대고巨商大賈들이 없을 수 없으며, 천 승의 나라에 천 금을 가진 부상대고들이 없을 수 없습니다. 백 승의 나라에 백 금을 가진 부상대고들이 없을 수 없으니, 이들과 (임금의) 호령을 맞추어 물리기도 하며 받기도 하는 것, 이것이 시기를 타고 (경제를 조절하는 것)입니다."

桓公問管子曰: "輕重准施之矣, 筴盡於此乎?" 管子曰: "未也. 將御神用寶."[53] 桓公曰: "何謂御神用寶?" 管子對曰: "北郭有掘闕而得龜者,[54] 此檢數百里之地也."[55] 桓公曰: "何謂得龜百里之地?" 管子對曰: "北郭之得龜

53 丁士涵에 의하면, 禦는 祀(제사)이다. 御와 禦는 옛날에 통하였다.

54 黎翔鳳에 의하면, 闕은 門闕(궁전의 대문)인데, 闕은 돌[石]로 만든다. 巨龜는 힘이 센 贔屭(바다거북)이다.

55 黎翔鳳에 의하면, 檢數는 문서(檢)에 쓰인 숫자인데 百里의 땅의 값어치에 해당한다.

者, 令過之平盤之中.[56] 君請起十乘之使,[57] 百金之提,[58] 命北郭得龜之家曰: '賜若服中大夫.' 曰: '東海之子類於龜,[59] 託舍於若.[60] 賜若大夫之服以終而身, 勞若以百金.'[61] 之龜爲無貲, 而藏諸泰臺,[62] 一日而釁之以四牛,[63] 立寶曰無貲. 還四年, 伐孤竹. 丁氏之家粟可食三軍之師行五月, 召丁氏而命之曰: '吾有無貲之寶於此. 吾今將有大事, 請以寶爲質於子, 以假子之邑粟.' 丁氏北鄕再拜, 入粟, 不敢受寶質. 桓公命丁氏曰: '寡人老矣, 爲子者不知此數. 終受吾質!' 丁氏歸, 革築室, 賦籍藏龜.[64] 還四年, 伐孤竹, 謂丁氏之粟中食三軍五月之食.[65] 桓公立貢數:[66] '文行中七年龜中四千金, 黑白之子當千金.'[67] 凡貢制, 中二齊之壤筴也. 用貢, 國危出寶, 國安行流."[68] 桓公曰: "何謂流?" 管子對曰: "物有豫, 則君失策而民失生矣.[69] 故善爲天下者, 操于二豫之外."[70] 桓公曰: "何謂二豫之外?" 管子對曰: "萬乘之國, 不可以無萬金之蓄飾.[71] 千乘之國, 不可以無千金之蓄飾. 百乘之國, 不可以無百金之蓄飾. 以此與令進退, 此之謂乘時."

56 張佩綸에 의하면, 令은 마땅히 今 자이다. 李哲明에 의하면, 平은 丕(크다)인데, 平盤은 大盤이다. 黎翔鳳에 의하면, 過는 度量의 度,이니 房玄齡은 置로 훈독하였다.

57 尹知章의 注에, 起는 發이다.

58 張佩綸에 의하면, 提는 挈이니, 百金에 계약함을 말한다.

59 黎翔鳳에 의하면, 東海의 아들은 신화 속에 용왕인데, 거북과 모양이 비슷하고 형태가 거북과 같으니, 따라서 힘이 센 贔屭(蠵龜, 바다거북)이다.

60 尹知章의 注에, 託舍는 寄居이다.

61 尹知章의 注에, 而는 若(너)이고, 勞는 賜(주다)다.

62 黎翔鳳에 의하면, 之는 此와 같고, 而는 汝(너)다.

63 尹桐陽에 의하면, 釁은 血祭이니 소 네 마리를 쓰면, 매우 중시하는 것이다.

64 黎翔鳳에 의하면, 籍은 藉(자리)다.

65 黎翔鳳에 의하면, 上文은 虛擬이고, 이번은 實言이다. 中은 充이다.

66 湯孝純에 의하면, '立貢數'는 거북을 공납하는 理財 방법을 세움의 뜻이다. 上同, 891頁, 注29 참조.

67 張佩綸에 의하면, 文行은 마땅히 文龜여야 한다. 年은 마땅히 冉이니, 冉龜는 元龜(大龜)이다. 當은 中으로 해도 좋다.

68 趙守正에 의하면, 行流는 流通을 진행시킴, 즉 상품 유통에 참여함이다. '國危出寶, 國安行流'는 전쟁할 때 軍糧을 저당하여 빌려오고, 평화로울 때 상품 유통에 참여함이다. 『管子通解』(下), 391頁, 注14 참조.

69 趙守正에 의하면, 豫는 속임수이니, 시장 물가에서 투기하고 사기 치는 현상을 말한다. 上同, 注15 참조. 許維遹에 의하면, 生은 業이니, 失生은 失業이다.

70 湯孝純에 의하면, 二豫는 工商의 干豫(干與)를 말한다. 『新譯管子讀本』(下), 891頁, 注34 참조.

71 郭沫若에 의하면, 蓄과 飾은 上文의 二豫이다. 蓄은 穀粟(곡식)의 剩餘고, 飾은 龜貝珠玉 등 비싼 물건이다.

산지수 山至數

최고 수준의 재정 정책

지至는 지극함[極, 또는 최고]의 뜻이니, 지수至數는 최고 수준의 재정 정책을 의미한다. 경중輕重의 술術 운용에 대하여, 다음 네 가지를 말하고 있다. ① 나라가 경중의 술을 운용하여 백성들의 재부財富를 취하는 방법. ② 나라가 경중의 술을 운용하여 대부大夫[귀족]들의 경제를 조절하는 방법. ③ 나라가 경중의 술을 운용하여 제후국들의 재부를 취하는 방법. ④ 대부들이 경중의 술을 운용하여 천자天子를 모해하고, 천자를 실권하게 만드는 방법. 산山의 함의는, 제74편 「산국궤山國軌」의 해제解題와 같다.

환공이 관중에게 물었다. "양취梁聚가 과인에게 말하기를, '옛날에 (농사의) 세금을 가볍게 하고 (상업에) 세금을 많이 매기면, 아랫사람들에게 (세금) 걷는 것이 이것보다 순조로운 것이 없을 것이다'라고 했습니다. 양취의 이 말씀은 어떤가요?"

관중이 대답하였다. "양취의 말은 틀렸습니다. 저 (농업의) 세금을 가볍게 하면 창고가 텅 빌 것이고, (상업에서) 세금을 많이 취하면 장비[器械]가 공급되지 못할 것이니, (다른 나라) 제후들의 돈[皮幣]을 의지할 수 없습니다. 창고가 비면 일하는 사람이 해고되어 봉급을 받을 수 없습니다. 밖으로는 돈이 천하에서 의지할 수 없고, 국내에서는 종사하는 사람들이 해고되니, 양취의 말은 틀린 것입니다. 임금께서는 광산을 소유하고, 산에는 구리가 나니, 동전[幣]을 만들 수 있습니다. 동전으로 곡식을 사서 봉록을 주니, 따라서 나라의 곡식이 임금에게 다 있게 되고, 곡식 가격은 10배가 됩니다. 농부들이 밤늦게 자고 일찍 일어나니, (일을) 시킬 필요가 없으며, 오곡五穀(의 가격)이 10배로 됩니다. 선비들도 녹봉을 반半만 주어도 임금에게 죽도록 감사하며, 농부들은 늦게 자고 일찍 일어나니, 힘써 일하며 쉬지 않습니다. 나라를 잘 다스리는 임금은, 풍부하게 얻지 못한 이들을 부리지 않으니, 그들을 가난하게 하지 않고, 쓰일 수밖에 없는 이들을 부립니다. 그러므로 백성들을 부리는데 시키지 못할 수가 없습니다. 양취의 말은 틀렸습니다."

환공이 말했다. "좋습니다."

桓公問管子曰 : "梁聚謂寡人曰: '古者輕賦稅而肥籍斂,[1] 取下無順於此者矣.' 梁聚之言如何?" 管子對曰: "梁聚之言非也. 彼輕賦稅則倉廩虛. 肥籍斂則械器不奉,[2] 械器不奉, 而諸侯之皮幣不衣.[3] 倉廩虛, 則傳賤無祿.[4] 外皮幣不衣於天下, 內國傳賤, 梁聚之言非也. 君有山, 山有金,[5] 以立幣. 以幣准穀而授祿, 故國穀斯在上,[6] 穀賈什倍. 農夫夜寢蚤起, 不待見使, 五穀什倍. 士半祿而死君, 農夫夜寢蚤起, 力作而無止. 彼善爲國者, 不曰使之, 使不衍得不使;[7] 不曰貧之, 使不得不用. 故使民無有不得不使者. 夫梁聚之言非也." 桓公曰: "善."

환공이 또한 관중에게 물었다. "어떤 이가 과인을 가르치면서, 선비를 찾으라고 말하며, '왜 모든 전문가들을 관리管理하지 않으십니까?'라고 말했습니다."

관중이 대답하였다. "모든 전문가들이란 무엇을 말합니까?"

환공이 말했다. "지자智者로 하여금 지혜를 다하게 하고, 책사策士는 책략을 다하게 하고, 모든 장인匠人은 재주를 다하게 하니, 이렇게 되면 나라를 다스릴 수 있습니까?"

관중이 대답하였다. "(능력 있는) 선비를 찾으라는 말은 틀렸습니다. 녹봉이 많으면 무사武士는 (가벼이) 죽지 못하고, 돈의 (가치가) 가벼우면 무사들은 상賞을 우습게 여기고, 물가가 싸지면 무사들은 요행을 바라며 대충 살고자 합니다. (이런) 세 가지 게으름이 나라에 있으면, 무슨 대책이 있겠습니까? 곡식의 10이 임금에게 있고, 3이 아랫사람들에게 있으니, (임금에게) 책사策士들이 꾀를 다하고, 지사智士들이 지식을 다하고, 용사勇士들이 죽음을 가벼이 여기게 되니, (능력 있는) 선비를 찾

1 黎翔鳳에 의하면, 肥는 厚로 읽는 것이 옳다.

2 趙守正에 의하면, 奉은 供給이다. 『管子通解』(下), 398頁, 注4 참조.

3 黎翔鳳에 의하면, 衣는 依(의지하다)다.

4 黎翔鳳에 의하면, 事는 傳로 훈독되니, 傳는 從事하는 사람이다. 賤에는 廢棄의 뜻이 있다.

5 趙守正에 의하면, 金은 銅(구리)이다. 上同, 注8 참조,

6 黎翔鳳에 의하면, 斯는 澌와 통하니, 盡이다.

7 黎翔鳳에 의하면, 衍은 饒(넉넉함)나, 羨(남다)이다.

으라는 말은 쓸데없는 소리입니다. 경중輕重(의 술術)에 통하지 못하면, 망언妄言입니다."

桓公又問於管子曰:"有人教我, 謂之請士.[8] 曰: '何不官百能?'"[9] 管子對曰: "何謂百能?" 桓公曰:"使智者盡其智, 謀士盡其謀, 百工盡其巧, 若此則可以爲國乎?" 管子對曰: "請士之言非也. 祿肥則士不死,[10] 幣輕則士簡賞, 萬物輕則士偸幸.[11] 三怠在國, 何數之有? 彼穀十藏於上, 三游於下, 謀士盡其慮, 智士盡其知, 勇士輕其死, 請士所謂妄言也. 不通於輕重, 謂之妄言."

환공이 관중에게 물었다. "옛날에 주周나라가 천하를 차지하여, 제후들이 굴복하고, 가르침이 천하에 통했으나, 아랫사람들에게 빼앗기게 된 것은, 무슨 방법 때문입니까?"

관중이 대답하였다. "임금이 나누어진 영지領地들에서 들어온 공물貢物들을 시장의 흐름에 맡겼습니다. 황금(으로 매매하는 것)도, 한 방법이고, 강양江陽의 진주[珠](로 매매하는 것)도, 한 방법이고, 진秦나라 명산明山의 증청曾青[푸른색 원료의 광석鑛石]으로 매매하는 것도, 한 방법입니다. 이것은 적은 것을 늘리고, 좁은 것을 넓히는 것이니, (같은 재정) 정책에서 나온 것입니다."

환공이 말했다. "천하天下의 술책[數]들이 다 같은 재정 방법에서 나온 것입니까?"

(관중이 말했다.) "지금 (금金, 진주, 증청 외에) 나라 곡식을 합치면 값이 10배로 뛰며 (다른) 물건들은 싸지니, 대부大夫[귀족]들이 장사꾼에게 말하기를, '그대는 우리를 위해 곡식을 다 팔고 (다른) 재물들을 사주시오!' 곡식 가격이 1이었다면, 지금은 9배가 잉여[이익]입니다. 곡식은 비싸고 (다른) 물건들은 싸니, 이렇게 되면 나라의 재물의 9가 대부들에게 있을 것입니다. (시장에 많이 풀린) 곡식은 값이 원래대로 되돌아

8 黎翔鳳에 의하면, '請士'는 人名이 아니다. 어떤 사람이 나를 가르쳤는데, 그가 나를 가르친 말이, '請士'다. 請은 求다.

9 趙守正에 의하면, 官은 管(관리하다)이다. 上同, 399頁, 注1 참조.

10 黎翔鳳의 주석: '養之太厚, 則不肯輕死, 所謂養士如養鷹也'(너무 후하게 기르면, 가벼이 죽으려 하지 않으니, 이른바 무사를 기르는 일은 송골매를 기르는 일과 같다) 참조.

11 趙守正에 의하면, 萬物輕은 물가가 싸지는 것이고, 偸幸은 僥倖을 바라고 偸安하려는 것이다. 上同, 注5 참조.

갔으니, 재물의 아홉을 가진 (대부들)은, 모두 몇 배로 값을 올려 (다시 시장에) 팔 것입니다. 재물들이 아랫사람들에게 있으면, 화폐의 아홉은 대부들에게 있을 것입니다. 이렇게 되면 화폐나 곡식의 잉여분은 대부들에게 있을 것입니다. 왕이 실권失權하여 객客이 대신하고, (대부들의) 명령들이 수시로 나가니, 곡식을 파는 사람[장사꾼]들은 망하고, 제후들이 (민원들을) 받아서 관리하니, 붕당과 패거리들이 만들어지고, 물가를 (멋대로) 올리고 내리면서, 백성들의 씀씀이를 통제하게 됩니다. 안으로는 대부大夫들이 사익을 추구하며 충성을 다하지 못하고, 밖으로는 제후들이 붕당을 만들어 연합하며, 곡식을 파는 장사꾼들은 떠나가고 없으니, 그러므로 천자는 자기 권력을 잃게 됩니다."

환공이 말했다. "좋습니다."

桓公問於管子曰: "昔者周人有天下, 諸侯賓服, 名教通於天下, 而奪於其下,[12] 何數也?" 管子對曰: "君分壤而貢入, 市朝同流.[13] 黃金, 一筴也. 江陽之珠, 一筴也.[14] 秦之明山之曾青, 一筴也. 此謂以寡爲多, 以狹爲廣, 軌出之屬也."[15] 桓公曰: "天下之數盡於軌出之屬也?" "今國穀重什倍而萬物輕,[16] 大夫謂賈, '之子爲吾運穀而斂財.'[17] 穀之重一也, 今九爲餘.[18] 穀重而萬物輕, 若此則國財九在大夫矣. 國歲反一,[19] 財物之九者, 皆倍重而出矣. 財物在下, 幣之九在大夫. 然則幣穀羨在大夫也. 天子以客行, 令以時出, 熟穀之人亡,[20] 諸侯受而官之, 連朋而聚與,[21] 高下萬物, 以合民用.[22]

12 黎翔鳳의 주석: '王擁虛名, 不能納於軌物, 奪於其下'(王은 虛名을 가지고, 통계하여 理財방식을 받아들이지 않으면, 아랫사람들에게 빼앗긴다) 참조.

13 馬非百에 의하면, 市朝는 市場이다. 『管子校注』(下), 1327頁, 注2 참조.

14 尹桐陽에 의하면, 曾青은 色이 매우 푸르러서 繪畫에나 黃金을 변화시키는 데 쓰인다.

15 黎翔鳳에 의하면, 軌出은 一軌에서 同出이니, 例外가 없음이다.

16 黎翔鳳에 의하면, 楊忱本에서 合은, 金, 珠, 曾青에 國穀을 합치면, 값이 10배로 됨을 말한다.

17 趙守正에 의하면, 運은 販運이니, 곡식을 팔아치움이고, 斂은 收斂이니 購進(사들여 감)이다. 곡식 이외에 모든 물품을 사들임을 말한다. 『管子通解』(下), 401頁, 注7 참조.

18 安井衡에 의하면, 一은 同이고, 穀價는 倍이니, 前과 같다. 黎翔鳳에 의하면, 곡식이 10배로 비싸지니 곡식을 저장한 大夫들은 9배의 잉여를 얻었다.

19 郭沫若에 의하면, '國歲反一'은, 國穀의 값이 原狀을 회복함을 말한다. 大夫들이 藏穀(저장양곡)을 投賣하여 財物을 사들였으니, 시장에는 곡식이 많아져 가격이 떨어진다. 그러나 지금은 재물의 九分이 大夫의 손안에 싸였으니, 저들은 이제 高價로 재물을 다시 投賣한다

20 尹桐陽에 의하면, '天子以客行'은 主權이 이미 신하들에 의해 탈취됐음을 말하고, '令以時出'에서 令은 大夫를 말한다. 黎翔鳳에 의하면, 孰은 鬻(팔다)과 통하고, 孰은 熟이니, 熟은 鬻이다. '熟穀之人'은 '鬻穀之人', 즉 곡식 파는 사람이다.

21 趙守正에 의하면, '連朋而聚與'는 '結聚朋黨'의 뜻이다. 上同, 401頁, 注14 참조.

內則大夫自還而不盡忠,[23] 外則諸侯連朋合與, 熟穀之人則去亡, 故天子失其權也." 桓公曰: "善."

환공이 또 관중에게 물었다. "종신토록 천하를 소유하고 잃지 않으려면, 그렇게 할 수 있는 방도가 있습니까?"

관중이 대답하였다. "(그런 방법을) 천하에 베풀지 마시고, 홀로 우리 나라에 실시해 보십시오!"

환공이 말했다. "그 말씀은 무슨 뜻입니까?"

관중이 대답하였다. "나라의 넓고 좁음, 땅의 비옥함과 척박함에는 수치가 (정해져) 있고, 일 년 내내 (양식을) 먹고 남는 데는 수치가 있으니, 나라를 지키는 임금은 곡식만을 지킬 뿐입니다. '어느 현縣의 토지 넓이가 얼마이고, 어느 현의 토지가 좁기가 얼마라면, 반드시 (양식을 살) 돈을 (미리) 저축해 놓아야 하니, 이에 현이나 주州의 이里에서는 (농민들에게) 공전公錢을 대여해 줄 수 있습니다. 가을이 되면, 곡식 가격이 3분의 1만큼 내려가니, 임금은 명령을 내려서, 군현郡縣이나 속屬이 관할하는 이里나 읍邑에서 양식 얼마를 구입해야 합니다. 곡식과 시장 가격[重]이 같다면, 임금에게 저축된 것입니다. 나라에서 (생산된) 양곡을 세 몫으로 나누면, 두 몫이 임금에게 있게 될 것입니다. 봄이 되면, 나라의 양식 값이 두 배로 오르는 것은 정해진 도리[數]입니다. 여름이 되면, 시장의 (곡식) 가격으로 곡식을 대여해 주면, 백성들은 모두 임금에게 곡식을 받아 농사를 짓습니다. 가을이 되면, 밭에서 (생산된) 모든 종류의 곡식들 중 얼마를 팔 것이니, 지금 임금은 곡식을 화폐로 거두어들이고자 할 것이나, 백성들이 말하기를, '돈은 없으니 곡식으로 합시다'라고 하니, 백성들의 (남은) 10분의 3(의 양식)마저도 또한 임금에게 있게 될 것입니다. 값의 오름이 서로 이어지니, 계절 변화를 장악하는 것이, 나라의 재정 정책[이재理財방식] 아닌 것이 없습니다. 임금께서 대부大夫[귀족]들의 저축한 양식[委]을 취하여 쓰면, 유통 과정을 통해 임금에게 되돌아올 것입니다. 임금께서 백성들(의 양식)을 쓰면, 계절(의 변환) 때문에 임금에게 되돌아올 것입니다. (양식이) 쌀[輕] 때 저축을 하

22 趙守正에 의하면, 合은 關閉인데, 制止의 의미이다.

23 兪樾에 의하면, 還은 마땅히 環(고리)으로 읽어야 한다. 自環은 私이다.

고, 싸게 사들인 곡식을 비싼 값[重]으로 파는 것[二重穀價制]이 (이재의) 법칙입니다. 편안히 스스로 사익을 도모하는 대부[귀족]들이 홀로 양식을 쌓아 두고만 있겠습니까? 저들 제후들의 양식(값)이 10인데, 우리 나라 곡식 (값)을 20으로 하면, 제후들의 곡식은 우리에게 귀속될 것입니다. 제후들의 곡식 (가격)이 20인데, 우리 나라 곡식 (값)이 10이면, 우리 나라 곡식은 제후들에게 귀속될 것입니다. 따라서 천하를 잘 다스리는 임금은 반드시 고가高價의 유통 정책을 엄수嚴守하니, 천하의 (누구도) 우리(의 양식)를 흩어져 나가게 할 수 없을 것입니다. 저 (양식)들은 값이 비싼 곳[重]으로 서로 몰릴 것이니, 마치 물이 아래로 나아가는 것과 같습니다. 우리 나라는 이 해에 흉년이 아니지만, 화폐로 (싼값으로 곡물을) 저축하면, 따라서 (내년 봄에) 나라의 양식은 2배로 비싸질 것이니, 따라서 (다른) 제후들의 곡식도 (몰리어) 올 것입니다. 이것은 (우리가) 1분을 저축하면 (다른) 제후국들의 (양식의) 1분을 끄집어 불러오는 셈이니, 재리財利가 천하(의 다른 나라)에 빼앗기지 않는 것이고, 대부들도 부를 사치奢侈할 정도로 많이 가질 수는 없습니다. 비싼 가격[重]으로 싼 물건들을 저축하여, 나라는 항상 10을 갖게 하는 것, (이것이) 나라의 이재 정책입니다. 신하들은 시장의 가격을 따르고 충성합니다. 이것이 경중(의 술)로 천하를 조절하는 방식이니, 재정 정책을 실시한 효과입니다."

桓公又問管子曰: "終身有天下而勿失, 爲之有道乎?" 管子對曰: "請勿施於天下, 獨施之於吾國." 桓公曰: "此若言何謂也?" 管子對曰: "國之廣狹, 壤之肥墝有數, 終歲食餘有數, 彼守國者, 守穀而已矣. 曰: '某縣之壤廣若干, 某縣之壤狹若干, 則必積委幣,[24] 於是縣州里受公錢.'[25] 泰秋, 國穀去參之一,[26] 君下令, 謂郡縣、屬大夫里邑皆籍粟入若干.[27] 穀重一也, 以藏於上者, 國穀參分, 則二分在上矣. 泰春, 國穀倍重, 數也. 泰夏, 賦穀以市檳, 民皆受上穀以治田土. 泰秋, 田穀之存予者若干,[28] 今上斂穀以幣, 民

24 趙守正에 의하면, 委는 저축이니, 委幣는 저축한 화폐[돈]이다. '必積委幣'는 각 縣에 저축한 돈이 얼마가 되어야 하니, 반드시 양식을 구매할 수 있는 돈을 예비하자는 것이다. 上同, 402頁, 注2 참조.

25 受는 여기서 授(주다)로 해석해야 된다

26 尹知章의 注에는 去는 減이다.

27 趙守正에 의하면, 籍粟은 糧食을 徵集하는 것이나, 여기서는 糧食의 買入이다. 上同, 注5 참조.

28 黎翔鳳에 의하면, 穀은 百穀의 總名이다. 陶鴻慶이 田을 曰로 고친 것은 오류다. 予는 出售(팔다)다.

曰: '無幣以穀,' 則民之三有歸於上矣.[29] 重之相因, 時之化擧,[30] 無不爲國筴. 君用大夫之委, 以流歸於上. 君用民, 以時歸於君. 藏輕, 出輕以重, 數也. 則彼安有自還之大夫獨委之?[31] 彼諸侯之穀十, 使吾國穀二十, 則諸侯穀歸吾國矣. 諸侯穀二十, 吾國穀十, 則吾國穀歸於諸侯矣. 故善爲天下者, 謹守重流,[32] 而天不吾洩矣.[33] 彼重之相歸, 如水之就下. 吾國歲非凶也, 以幣藏之, 故國穀倍重, 故諸侯之穀至也. 是藏一分以致諸侯之一分, 利不奪於天下, 大夫不得以富侈. 以重藏輕, 國常有十, 國之筴也. 故諸侯服而無止, 臣橫從而以忠.[34] 此以輕重御天下之道也, 謂之數應."[35]

환공이 관중에게 물었다. "나라의 통계를 통한 재정 방식에 대해서 묻고 싶습니다."

관중이 대답하였다. "임금께서 대부大夫들을 잃었다면 하부조직이 없는 것이며, 백성들을 잃었다면 기초를 잃어버린 것입니다. 따라서 대부의 경제 상황을 알려면 한 현縣의 셈법[計算]에 근거해야 하며, 한 현의 경제 상황을 알려면 한 향鄕의 셈법에 근거해야 하고, 한 향의 경제 상황을 알려면 한 가정의 셈법에 근거해야 하고, 가정의 경제 상황을 알려면 한 사람의 셈법에 근거해야 합니다."

환공이 말했다. "통계에 따른 이재理財 방법[재정 정책]은 어떻게 하는 것입니까?"

관중이 대답하였다. "(유통) 화폐의 표준 수량은, 한 현에는 반드시 중등中等의 밭을 표준으로 계산해야 하고, 한 향에도 반드시 중등 밭을 표준으로 계산해야 하고, 한 가정에는 반드시 가족에 속한 사람마다 해당되는 비용이 있습니다. 그러므로 적기適期에 (표준량을) 지키지 못하면, 군郡도 줄 수 없고, 적기에 (표준량을) 지키지 못하면, 향에도 (함께 할) 동무[伍]들도 없게 됩니다."

29 有는 又(또한)이다.

30 趙守正에 의하면, '時之化擧'는, '가격의 계절 변화를 장악함'의 뜻이다. 上同, 403頁, 注10 참조.

31 黎翔鳳에 의하면, 還은 營(경영하다)과 같다. '大夫自營爲私, 不能獨爲委積'(大夫들은 스스로 경영하여 사익을 도모하고, 홀로 저축하여 쌓아 두는 일을 할 수 없다) 참조.

32 趙守正에 의하면, 重流는 高價의 流通 정책이다. 上同, 注11 참조.

33 尹知章의 注에 의하면, 洩은 散이다.

34 馬非百에 의하면, 正은 마땅히 止이니, 無止는 不絶이다. 『管子輕重篇新詮』(上), 369頁; 黎翔鳳에 의하면, 橫은 市價다. 『管子校注』(下), 1333頁, 注5 참조.

35 趙守正에 의하면, 數는 理財의 방법이고, 應은 效果이다. 數應은 理財방법을 실행한 효과라는 뜻이다. 上同, 403頁, 注16 참조.

환공이 말했다. "어떻게 해야 실행할 수 있습니까?"

관중이 대답하였다. "왕王께서는 백성들에게 (부유함을) 저축하고, 패자霸者들은 대부[귀족]들에게 부富를 기탁하고, 나라가 부서지고 망하는 집안은 (부富를) 상자 속에 감추어둔 것입니다."

환공이 말했다. "(부유함을) 백성들에게 저축함이 무엇입니까?"

(관중이 말했다.) "전부錢府에서 돈을 찾아, 성양城陽 일대에 대출貸出해 주시고, 전부의 돈을 제음濟陰 일대에 대출해 주십시오. 임금께서 백성들에게 명령하여, '백성들이 부유하면, 임금은 결코 가난해지지 않고, 백성들이 가난하면, 임금은 결코 부유하게 되지 않네. 따라서 세금에 돈으로 하지 않고, 관부官府에 재물을 저장하지 않고, 재물을 백성들에게 저장한다'라고 말하십시오. (다음) 해에 풍년이 들면, 오곡들이 많아질 것이니, 오곡(의 값)이 크게 떨어질 것이고, 곡식 가격이 작년의 반半이 되며, 돈을 지키고 있으면, 곡식은 임금 것이 되고, 화폐가 아랫사람들에게 있게 됩니다. 나라의 돈이 전부 아래에 있으면, 화폐 가격이 내려가고, 곡식 가격은 절반이 올라서, 작년 치 (곡식)은 4분의 2가 아래 백성들에게 있고, 금년의 (4분의) 2는 임금에게 있으니, (두 해를 합치면) 2년에 4분分이 임금에게 있으면, 나라 곡식 중 (3분의) 1만 아래에 있는 셈이 되니, (실제로) 곡물은 3배가 값이 오른 셈입니다. 인두세人頭稅는 1년에 10전錢입니다. 집집마다 식량을 대여를 받으니, (한 사람이 생산되는) 10무畝 땅에 10전을 부가하니, 이것은 한 집에서 열 집(의 인두세)을 받는 것입니다. (이것은) 나라 곡식 전매專賣와 화폐로 (양곡 구매함) 거둔 수입입니다. 나라 돈의 반半을 다시 백성들에게 풀어 놓으면, 나라 곡식이 넷으로 나누어지니, 3은 임금에게 있고, 1은 아랫사람들에게 있습니다. 다시 한 번 이 이재 정책을 쓰십시오. 대부들에게 영토를 쪼개 봉토封土를 주면, (재물을) 쌓아 두고 임금에게 저항할 것이니, 재정 정책으로 빼앗으십시오."

환공이 말했다. "이재 방식으로 빼앗는 것이 무엇입니까?"

관중이 대답하였다. "양식의 4분의 3이 임금에게 있으니, 백성들에게 말해 임금의 곡식을 사가게 하고, 임금이 저축한 양식을 다 내줍니다. 오곡五穀(의 값)이 떨어져서 비싼 것이 10분의 3이 없어지니, 나머지 (양식을) 나랏돈으로 반대로 곡식을 수매하니, 대부들이 가격을 높일 수가 없습니다. 임금도 화폐로 봉록을 주니, (곡식은) 열[什]이 임금에게 있습니다. 임금이 (지금) 곡식을 내놓는데, 10분의 7입니다. 임금이 3을 거두어 보관하고, 임금이 (백성들에게) 7을 나누어 공급[分給]합니다. (양식을) 흩어서 재물 없는 사람을 구제하니, 인의仁義입니다. 오곡五穀(의 가격)이 떨어져서 값이 싸지는 것은 (경중輕重의) 법칙[數]입니다. 향鄕에서는 비싼 것[重]을 관리해서 도회都會[國]에서 세금 징수하는 것은 (경중의) 법칙입니다. 실재의 재물을 내놓고, 인의仁義를 베풀고, 물건 값이 싸지는 것은 (경중의) 법칙입니다. 기회를 타고서 나가고 물러나는 것입니다. 그래서 말합니다. '왕업王業을 이룰 사람은 시기를 잘 타고, 성인은 변역變易을 잘 탑니다.'"

환공이 말했다, "좋습니다."

桓公問管子曰: "請問國會."[36] 管子對曰: "君失大夫爲無伍,[37] 失民爲失下. 故守大夫以縣之筴,[38] 守一縣以一鄕之筴, 守一鄕以一家之筴, 守家以一人之筴." 桓公曰: "其會數奈何?" 管子對曰: "幣准之數, 一縣必有一縣中田之筴, 一鄕必有一鄕中田之筴, 一家必有一家直人之用.[39] 故不以時守, 郡爲無與; 不以時守, 鄕爲無伍." 桓公曰: "行此奈何?" 管子對曰: "王者藏於民, 霸者藏於大夫, 殘國亡家藏於篋."[40] 桓公曰: "何謂藏於民?" "請散棧臺之錢散諸城陽, 鹿臺之布[41]散諸濟陰.[42] 君下令於百姓曰: '民富, 君無與貧; 民貧, 君無與富. 故賦無錢布, 府無藏財, 貲藏於民.' 歲豐, 五穀登, 五穀大輕, 穀賈去上歲之分. 以幣據之,[43] 穀爲君, 幣爲下. 國幣盡在下, 幣輕穀重, 上分上歲之二分在下,[44] 下歲之二分在上, 則二歲者四分在上.

36 趙守正에 의하면, 會는 會計의 會이니, 總計, 統計이다. 國會는 나라의 統計와 理財 작업을 말한다. 上同, 404頁, 注1 참조.

37 趙守正에 의하면, 失은 統制를 잃어버림이고, 無伍는 部屬의 缺乏이다. 上同, 注2 참조.

38 趙守正에 의하면, 筴은 셈하다, 기획함이다. 大夫의 경제를 파악하려면, 한 縣의 企劃을 조사해 보아야 한다. 上同, 405頁, 注1 참조.

39 黎翔鳳에 의하면, 田에 上中下가 있고, 중간 것을 취해 표준으로 삼았으니, 中을 當으로 訓讀할 수 없다. 湯孝純에 의하면, 直은 値와 통하니, 뜻은 中(속하다)이다. 『新譯管子讀本』(下), 上同, 901頁, 注8 참조.

40 黎翔鳳에 의하면, 霸에는 二義가 있으니, 하나는 王霸의 霸요, 또 하나는 霸는 迫(다그치다)과 같으니, 제후들이 협박[霸]함으로, 大夫들이 따라서 그것을 본받으니, 齊나라의 田氏가 그렇다.

41 布는 옛날 交易에 쓰인 貨幣의 한 종류이다.

42 章炳麟에 의하면, 棧臺는 鐘臺이니, 大鐘은 鏞이고, 작은 종은 棧이다. 鹿臺는 錢府이고, 鹿은 錄의 假借이다. 錄臺는 銅錢의 색깔을 名으로 한 것이다. 黎翔鳳에 의하면, 이 문장 앞에 曰이 빠졌다.

43 安井衡에 의하면, 上歲는 작년이고, 分은 半이고, 據는 守다.

44 趙守正에 의하면, '上歲之二分在下'에서 '穀三倍重'까지의 단락이 이해하기 어렵다. 馬非百는, 上歲는 작년, 下歲는 本年을 가리키고, 國穀을 四分하였다. '上歲(작년)之二分在下, 則二分在上. 下歲(금년)之二分在上, 則二分在下.' (작년 치) 二分에 (금년 치) 二分을 더하니, 4分이기

則國穀之一分在下, 穀三倍重. 邦布之籍,[45] 終歲十錢. 人家受食, 十畝加十, 是一家十戶也.[46] 出於國穀筴而藏於幣者也. 以國幣之分, 復布百姓. 四減國穀, 三在上, 一在下.[47] 復筴也. 大夫旅殰而封,[48] 積實而驕上. 請奪之以會." 桓公曰: "何謂奪之以會?" 管子對曰: "粟之三分在上, 謂民萌皆受上粟, 度君藏焉.[49] 五穀相靡而重, 去什三[50]爲餘, 以國幣穀准反行, 大夫無什於重.[51] 君以幣賦祿, 什在上.[52] 君出穀, 什而去七. 君斂三,[53] 上賦七.[54] 散振不資者,[55] 仁義也. 五穀相靡而輕, 數也. 以鄕完重而籍國, 數也.[56] 出實財, 散仁義, 萬物輕, 數也. 乘時進退. 故曰: '王者乘時, 聖人乘易.'"[57] 桓公曰: "善."

환공이 관중에게 말했다. "특特이 과인에게 말했는데, '천자天子가 죽으면 옷 300벌로 염殮을 하는데, (천자가 평소에) 너무 인색하여 (이 기회에 재산을) 푸는 것이니, 대부大夫들도 이에 따라 그렇게 후한 장례를 치르게 하십시오.' 이 말은 어떻습니까?"

에, '則二歲者四分在上'이다. '則國穀之一分在下'는, 작년에 在上四分은 금년까지 그대로 있으나, 在下에는 작년의 2分을 식량으로 소비했기 때문에 남은 것이 없다. 따라서 2년간에 在上은 四分인데, 在下는 2分이니, 계산하면, 6分의 2, 즉 3분의 1이다. 國穀의 3분의 1이 在下이니, '穀三倍重'(곡가는 3배가 오른 셈)이다. 上同, 405頁, 注9 참조.

45 趙守正에 의하면, '邦布之籍'은, 나라가 인구에 따라 부과하는 세금, 이른바 口錢이다. 이것이 '終歲十錢'이니, 1년에 10錢에 불과하다.

46 安井衡에 의하면, 무릇 먹는 (곡식의) 양은 한 사람이 집마다 10畝(의 토지)에서 생산되는 곡식을 먹으니, 지금 임금이 곡식을 대여하는데 한 사람이 먹는 양마다 穀價에 10錢을 부과하니 10사람이면 100錢이고 一戶마다 十家(열 집)의 세금이 있다.

47 張佩綸에 의하면, 減은 省(절약하다)이다. 한 해의 곡식을 절약해서 4로 나누면, 3은 임금에게 있고 하나는 아랫사람들에게 있다.

48 黎翔鳳에 의하면, 殰 자는 없으니, 壤 자일 것이다. 張佩綸에 의하면, 旅는 列이니, '列壤而封'은 토지를 쪼개어 分封함이다.

49 度는 授與, 給與(주다)의 뜻이 있다.

50 趙守正에 의하면, 靡는 가격이 떨어짐이다.

51 郭沫若에 의하면, 임금이 일단 양식 평균 가격으로 백성들에게 판매했으니, 穀價가 10분의 3이 감소되었기에, 大夫들이나 富民들로 하여금 穀價를 멋대로 조종하게 할 수 없을 것이고, 나머지 양식은 아랫사람들에게 있으니, 곡가가 일단 균평해진 뒤에, 반대로 나랏돈으로 평균 가격으로 곡식을 다시 사들이니, 이것이 '餘以國幣穀准反行'이다. 이렇게 되면, 大夫들이 穀價를 높게 올릴 방법이 없으니, '大夫無計於重'이다. 計가 什으로 잘못 쓰인 것이다.

52 郭沫若에 의하면, 大夫의 俸祿을 임금은 화폐로 지불하고, 곡식을 주지 않는다. 大夫들이 소유한 곡식을 사들이면, 곡식은 十分 임금에게 있게 된다.

53 趙守正에 의하면, 斂은 收藏이다. 上同, 406頁, 注18 참조.

54 黎翔鳳에 의하면, 賦는 分給이다.

55 張佩綸에 의하면, 資는 財이다. 不資는 無財와 같다. 趙守正에 의하면, 振은 賑(구휼하다)과 통한다. 上同, 注19 참조.

56 張佩綸에 의하면, 完은 마땅히 筦, 즉 管이다.

57 安井衡에 의하면, 易는 變易이다.

관중이 말했다. "(이것은) 법가法家(의 방식)은 아닙니다. (부유한) 대부大夫들이 분묘墳墓를 높이하고, 묘혈墓穴을 아름답게 꾸미는 것, 이것은 농사일과 시장의 노력勞力을 빼앗는 것이니, 이것들은 나라를 이롭게 하는 일이 아닙니다. 백성들은 직물로 관棺을 덮을 수도 없으니, (그냥) 땅에 묻습니다. 저 나라를 잘 다스리는 임금은 기회를 타고 급하게도 하고 느슨하게도 할 뿐이니, (이것이) 통계를 통한 나라의 재정 정책입니다."

桓公問管子曰: "特命我曰:[58] '天子三百領, 泰嗇而散. 大夫准此而行.' 此如何?" 管子曰: "非法家也. 大夫高其壟, 美其室,[59] 此奪農事及市庸,[60] 此非便國之道也. 民不得以織爲縿綃, 而貍之於地.[61] 彼善爲國者, 乘時徐疾而已矣, 謂之國會."

환공이 관중에게 물었다. "쟁탈하는 일은 어떻게 생깁니까?"

관자가 말하였다. "왕실 친척[宗戚]에서 시작합니다."

환공이 말했다. "왕실 친척에서 시작함이 무슨 뜻입니까?"

관중이 대답하였다. "나라의 임금이 형제가 10이면, 나라를 쪼개어 10개로 분봉分封하고, 형제가 5이면 나라를 쪼개어 5개로 분봉합니다. 3대代에 이르면 (신주神主 배열이) (좌左)소昭 (우右)목穆이고 시조始祖가 같으나, 10대가 지나면 혈연과 감정이 희박합니다. (전쟁이 나면) 따라서 늘어진 시체가 들판에 가득하고, 군사들의 결투가 끝이지 않습니다. 경중輕重(의 술術로 부유함을 노리는) 사람들이 그 사이에서 다시 노닙니다. 따라서 '사람에게 영토도 주지 말고, 사람에게 재산도 주지 말라!'고 말합니다. 재산이란 끝나면 다시 생기는 것이니, 사계절처럼 없어졌어도 다시 일어나는 것입니다. 성인들은 느리게도 빠르게도 하면서 (유통 질서를) 다스리고, 풀기도 하고 막기도 하면서 그것을 지켜 나가고, 경중輕重의 술로 (대부大夫들이나 부민富民들의 재산을) 뺏으나, 인의人義로써 실천하니, 따라서 하늘과 땅과 도리[數]를 함께 합니다. 이것은 천하를 통일하는 임금의 큰 권능權能입니다."

58 兪樾에 의하면, 特은 人名이고, 命은 告와 같다.
59 張佩綸에 의하면, 室은 冢壙(무덤)과 같다.
60 黎翔鳳에 의하면, 庸은 傭이니, 勞力이다.
61 趙守正에 의하면, 縿은 棺을 덮는 織物이고, 貍는 埋(묻다)이다. 上同, 407頁, 注5 참조.

桓公問管子曰: "請問爭奪之事何如?" 管子曰: "以戚始." 桓公曰: "何謂用戚始?" 管子對曰: "君人之主, 弟兄十人, 分國爲十; 弟兄五人, 分國爲五. 三世則昭穆同祖, 十世則爲祏.[62] 故伏屍滿衍, 兵決而無止. 輕重之家, 復游於其閒. 故曰: '毋予人以壤, 毋授人以財.'[63] 財終則有始, 與四時廢起. 聖人理之以徐疾, 守之以決塞, 奪之以輕重, 行之以仁義, 故與天壤同數. 此王者之大轡也."[64]

환공이 관중에게 물었다. "화폐 계산법에 대하여 묻고 싶습니다."

관중이 대답하였다. "당초 세 장정[三夫]이 가家(의 기본)이고, 사방 6리里(의 토지)에서 (전차戰車) 한 대가 나오니, 27인이 (전차) 한 대를 따릅니다. 화폐 계산법은, 사방 6리里의 토지에서 밭이 좋은 곳과 나쁜 곳이 (각각) 얼마인가, 곡식 (생산량의) 많고 적음이 (각각) 얼마인가, 곡식의 가격이 높고 낮음이 (각각) 얼마인가, 무릇 사방 6리에 필요한 돈은 얼마인가, 곡식의 오른 가격[重]에서 필요한 화폐가 얼마인가를 따집니다. 따라서 화폐 계산법은 전국에 필요한 화폐량, 화폐와 전국의 토지의 수를 (대조하는 것이니), 이를 (일러) 화폐 계산법이라 합니다."

환공이 말했다. "화폐 계산에서 나온 재정정책을 어떻게 실행합니까?"

관중이 대답하였다. "하급 관리[士]의 봉급을 화폐로 지불하고, 대부大夫들의 봉읍封邑의 조세도 돈으로 지불케 하고, (관부官府의) 인원人員이나 말의 식비도 돈으로 지불하면, 온 나라의 곡물은 임금에게 있게 되고, 화폐가 아랫사람들에게 유통될 것이며, 나라 곡식(의 값)이 10배 오르는 것은 이재理財의 법칙입니다. (기타의) 재물들은 (자연히) 10분의 2가 떨어지는 것은, 이런 (이재의) 정책 때문입니다. 피혁皮革, (짐승의) 힘줄과 뿔, 우모羽毛[새의 깃과 짐승의 털], 죽전竹箭, 공구工具[器械]나 재물財物 등이, 나라의 도구나 임금의 수용에 맞는다면, 모두 임금이 발행한 계약서[矩券]가 있게 됩니다. 임금의 폐백幣帛과 재화財貨는

62 趙守正에 의하면, 祏은 宗廟에서 神主를 두는 石匣이다. 형제들이 分封을 받아, 10世가 지나면, 혈연과 情誼가 점점 소원해져서, 內戰이 일어나면, '伏尸滿衍, 兵決而無止'이 된다. 上同, 408頁, 注3 참조.

63 이 단락의 내용은 分封 體制를 반대하는 주장이다.

64 趙守正에 의하면, 王者는 천하를 통일하는 임금이고, 轡(고삐)는 말을 가게 하거나 멈추게 하는 고삐이니, 權能이다. 上同, 注7 참조.

각 향鄕이나 주州에 저축해두니, '모월(月) 모일(日)에 (나라와 맺은) 채무 계약은, 향이나 주에서 해결한다'라고 말합니다. 그래서 '용인傭人을 보내주면 하루 안에 해결해 준다'라고 말합니다. 나라의 화폐 발행 정책은 양식의 통계에 의해 정해지니, 나라의 이재 정책은 양곡의 통계에서 나오며, 나라에서 물품[피혁, 근각筋角 등]을 모취謀取하는데, 화폐 계산법을 (씁니다.) 지금 돈이 관부官府에 비축해 있으나, (간상奸商들은) 여러 화폐를 따지고 합쳐서 물건 값을 올리기도 하고 내리기도 하면서, 모두 기회를 살펴 가며 교역합니다. 저 화폐들(의 값)이 올라가면 물건(값)이 떨어지고, 화폐 (값)이 떨어지면 물건 (값)은 올라갑니다. 곡물 가격이 올라가도 곡물 가격이 내린 것과 같으니, (기회를 보아 운용합니다.) 임금께서 곡물로써 돈을 갚고 돈으로 표준을 삼으신다면, 천하가 안정될 것입니다. 이것이 천하를 지키는 재정 정책입니다."

桓公問管子曰: "請問幣乘馬." 管子對曰: "始取夫三大夫之家,[65] 方六里而一乘, 二十七人而奉一乘. 幣乘馬者, 方六里, 田之美惡若干, 穀之多寡若干, 穀之貴賤若干, 凡方六里用幣若干, 穀之重用幣若干. 故幣乘馬者, 布幣於國, 幣爲一國陸地之數, 謂之幣乘馬." 桓公曰: "行幣乘馬之數奈何?" 管子對曰: "士受資以幣, 大夫受邑以幣, 人馬受食以幣, 則一國之穀貲在上,[66] 幣貲在下, 國穀什倍, 數也. 萬物財物去什二, 筴也. 皮革、筋角、羽毛、竹箭、器械、財物, 苟合于國器君用者, 皆有矩券於上.[67] 君實鄕州藏焉,[68] 曰: '某月某日, 苟從責者,[69] 鄕決州決.' 故曰: '就庸一日而決.'[70] 國筴出於穀軌,[71] 國之筴貨,[72] 幣乘馬者也. 今刀布藏於官府, 巧幣萬物輕重皆在賈之.[73] 彼幣重而萬物輕, 幣輕而萬物重. 彼穀重而穀輕.[74] 人君操

65 王引之에 의하면, 大자는 衍字이다. '승마'(乘馬)(第5篇)의 原文: '두 개의 田이 하나의 夫가 되며, 세 夫가 하나의 家를 이룬다'(二田爲一夫, 三夫爲一家)가 옳다.

66 湯孝純에 의하면, 穀貲는 穀物이다. 『新譯管子讀本』(下), 906頁, 注5 참조.

67 趙守正에 의하면, 矩는 새겨서 표시하는 것이니, 矩券은 글자를 새겨 넣은 契券(계약 문서)이다. 『管子通解』(下), 409頁, 注4 참조.

68 張佩綸에 의하면, 實은, 幣帛貨財之實이다.

69 趙守正에 의하면, 責은 債(빚)로 읽는다. 上同, 注5 참조.

70 黎翔鳳에 의하면, 債의 뜻은 원래 求償(보상하다)이다. 庸은 傭(품 팔다)이다. 就는 僦(보내다)와 古今字이다.

71 趙守正에 의하면, 穀軌는 糧食의 통계이다. '國筴出於穀軌'는 나라의 화폐발행 정책은 우선 糧食 통계에 따라서 정함의 뜻이다. 上同, 注7 참조.

72 趙守正에 의하면, 筴貨는 財貨를 謀取하는 것이다. 上同, 注8 참조.

73 黎翔鳳에 의하면, 巧는 攷(考)이니, '攷合不同之幣, 而萬物輕重, 察而市之'(不同한 화폐를 따지고 합쳐서, 물건 값을 비싸게 만들기도 싸게 만들기도 하며, 살펴가며 장사한다). 在는 察이다.

穀幣金衡而天下可定也.[75] 此守天下之數也."

환공이 관중에게 물었다. "평준平准의 방법, 경중輕重술과 나라 통계에 의한 재정 정책은, 과인이 들었습니다. 제사祭祀를 통한 재정 정책에 대해 묻고 싶습니다."

관중이 대답하였다. "낭장狼壯에서 풍회馮會의 역참驛站에 이르는 지역, 뇌택雷澤에서 북쪽으로 해촌海村에 이르는 지역은 금수禽獸, 소와 양을 (기르기 좋은) 땅이니, 왜 이 지역에서 나라의 재정 정책을 실행하지 않습니까?"

환공이 말했다. "나라의 재정 정책 실행은 무엇을 말합니까?"

관중이 대답하였다. "풍회馮會시장에서 관리를 두어 가축을 번식시키고 관리하며, 말 파는 데서 목축하는 사람은, (가축들이) 없어지거나 죽는 것을 방비하는 일을 살피는데, 원래의 도都의 관직을 없애고, 현縣의 (올라간) 관직을 부여합니다. 봄과 가을에 대부大夫들이 (가축들을) 교배시키고 뛰놀게 하지 않는다면, (이것은) 예의禮義가 없는 것이니, 대부들을 가두고, 백성들이 그들의 대문을 유폐시켜야 합니다. 풍회와 뇌택 일대에서 소나 양의 값이 지난날보다 10배가 올랐습니다. 이런 정책은 제사 예의에서 출발하여, 산림의 무용無用의 땅에서 거둔 것이니, 가치를 지닌 재정 방책으로 통할 것입니다."

桓公問於管子曰: "准衡、輕重、國會, 君得聞之矣. 請問縣數?"[76] 管子對曰: "狼牡以至於馮會之日,[77] 龍夏以北至于海莊,[78] 禽獸羊牛之地也, 何不以此通國筴哉!" 桓公曰: "何謂通國筴?" 管子對曰: "馮市門一吏書贅直事,[79] 若其事其唐圉牧食之人,[80] 養視不失扞殂者, 去其都秩, 與其縣秩.

74 黎翔鳳에 의하면, 而는 如(같다)와 같다. '穀重如穀輕, 乘時運用'(곡물 값이 오른 것은 곡물 값이 떨어진 것과 같으니, 기회를 보고 운용한다)이다.

75 黎翔鳳에 의하면, 金은 錢刀(돈)이니, '以穀准幣, 而以金爲之衡'(곡식으로 돈을 갚고, 돈을 표준으로 한다)의 뜻이다.

76 趙守正에 의하면, 縣은 祭名이다. 縣數는 祭祀를 이용한 理財방법이다. 上同, 409頁, 注1 참조.

77 黎翔鳳에 의하면, 牡는 壯이고, 日은 馹(驛馬)이다.

78 任林圃에 의하면, 龍夏는 雷澤이다. 黎翔鳳에 의하면, 海莊은 地名인데, 海村과 같다.

79 何如璋에 의하면, 直은 値이며, 若은 順, 循(좇다)이다. 馮會의 시장에 門吏를 두어 가축을 번식시킨다는 뜻이다. 趙守正에 의하면, 贅는 '牛馬가 교배하여 번식함'이다. 上同, 410頁, 注4 참조.

大夫不鄕贅合游者, 謂之無禮義, 大夫幽其春秋, 列民幽其門山之祠,[81] 馮會、龍夏牛羊犧牲月賈十倍異日. 此出諸禮義, 籍於無用之地, 因捫牢筴也, 謂之通."[82]

환공이 관중에게 물었다. "국내의 지세地勢에 대해서 묻고 싶습니다."

관중이 대답하였다. "산이 있는 지역이 있고, 더러운 물이 아래로 흘러 오수汚水가 많은 지역이 있고, 산지山地와 평지平地가 반반인 지역이 있고, 물이 넘쳐나는 지역이 있고, 샘물이 솟거나 새어서 그 위에서 (사람들이) 살 수 없는 지역이 있습니다. 이 다섯 지역은, 임금이 우려하는 곳입니다. 산이 있는 지역에서는 늘 양식의 3분의 1을 저축합니다. 더러운 물이 아래로 흘러 물이 많은 지역에서도 양식의 3분의 1은 늘 비축합니다. 산지와 평지가 반반인 지역에서는 양식의 10분의 3을 비축합니다. 샘물에 의해 손상되거나, 물이 넘치는 지역에서는 (나라 양식의) 10분의 2를 늘 비축합니다. 샘솟는 지역에서는 (양식이 생산되지 못함으로) 다른 나라[諸侯國]들의 오곡五穀이나, 기술자[匠工]들의 공예품들(과 교환함)으로, 천하의 오곡들을 마련합니다. 이것이 (위급한) 때에 맞추어 다섯 (양곡 생산에 불리한) 형세를 (극복하는) 방법입니다."

桓公問管子曰: "請問國勢?"[83] 管子對曰: "有山處之國, 有氾下多水之國,[84] 有山地分之國,[85] 有水泆之國, 有漏壤之國.[86] 此國之五勢, 人君之所憂也. 山處之國, 常藏穀三分之一. 氾下多水之國, 常操國穀三分之一. 山地分之國, 常操國穀十分之三. 水泉之所傷, 水泆之國, 常操十分之

80 馬非百에 의하면, '去其都秩與其縣秩'은, 원래의 都秩을 없애고 새로 높아진 縣秩을 부여함이니, 奬勵한 것이다. 黎翔鳳에 의하면, 『莊子』, 「田子方」에, '是求馬於唐肆也'(唐肆에서 말을 구한다)라 했으니, 唐은 말을 파는 곳이다. 扞은 衛(방비하다)이다. 『管子校注』(下), 1347頁, 注4 참조.

81 許維遹에 의하면, 이 문단은 錯亂되어, 뜻이 통하지 않는다. 문장을, '其春秋大夫不鄕贅合游者. 謂之無禮義. 大夫幽, 列民幽其門'으로 고쳐야 한다. 幽는 囚(가두다)이고, 列民은 黎民이다. (봄과 가을에 대부들이 수소와 암말들이 교배하지 하지 못하게 하는 것은, 禮義가 없는 것이다. 大夫들을 가두어야 하고, 백성들은 그들의 대문을 폐쇄해야 한다) 참조.

82 張佩綸에 의하면, 捫은 持다. 牢는 價値다.

83 趙守正에 의하면, 옛날에는 國이나 域을 或으로 썼으니, 여기서 國은 域이다. 『管子通解』(下), 411頁, 注1 참조.

84 黎翔鳳에 의하면, 氾은 汚(더럽다)다.

85 安井衡에 의하면, '山地分'은, 산과 평지가 相半임을 말한다.

86 安井衡에 의하면, '漏壤'은 水泉이 스며들고 새어, 그 위에 사람이 살 수 없는 땅이다.

二.[87] 漏壤之國,[88] 謹下諸侯之五穀, 與工雕文梓器,[89] 以下天下之五穀. 此准時五勢之數也."

환공이 관중에게 물었다. "지금 해내海內를 장악하고, 제후諸侯들을 군현제郡縣制로 바꾸었으니, (양곡 생산에 불리한) 지역의 형세 문제를 (극복하는) 재정財政 방안은 이미 더 이상 쓸 필요가 없지 않습니까?"

관중이 대답하였다. "지금 제후諸侯들이 공주公州의 잉여 저축을 관리하고, 사계절의 변화를 타고서, (나라의) 이재理財[재정] 정책을 확실하게 장악해 가서, 동서와 남북이 서로 영향을 받으면, 고르게 조절될 것입니다. '(지금) 제후국들이 존재하고, 물건 값을 올리고 내리고 하여, (다른) 제후국들에 대응합니다. (그러나) 천하가 통일되면, 화폐가 모든 물건 값의 오름과 내림을 장악하여, 이익을 조절할 뿐입니다. 또한 충분한 이익이 있으면 (매매가) 진행되고, 만족하지 않으면 그칩니다. 임금께서 향鄕과 주州를 때때로 살펴보시니, 그 결과 (백성들은) 이익을 보았다고 서로 쟁탈하지 않으며, 자기들이 사는 곳에서 죽을 때까지 매이어 있으니, 임금께서 대체로 (이익이 나오는) 하나(의 출처)를 지키신다면, 이것이 나라의 경제에 대한 통계 계산입니다'라고 말합니다."

桓公問管子曰: "今有海內, 縣諸侯, 則國勢不用已乎?" 管子對曰: "今以諸侯爲竽, 公州之飾焉.[90] 以乘四時, 行捫牢之筴,[91] 以東西南北相彼,[92] 用平而准. 故曰: '爲諸侯, 則高下萬物, 以應諸侯. 徧有天下, 則賦幣以守萬物之朝夕, 調而已利. 有足則行, 不滿則有止.[93] 王者鄉州以時察之, 故利不相傾, 縣死其所,[94] 君守大奉一, 謂之國簿.'"

87 黎翔鳳에 의하면, 操자 위에 國穀 두 자가 빠졌다.

88 黎翔鳳에 의하면, 水漏하는 땅에서는 곡식이 생산되지 않기 때문에, 諸侯들 나라의 양식이나, 혹 工藝나 구제품에 의존한다.

89 黎翔鳳에 의하면, '治木器曰梓'(木器를 다루는 것이 梓이다), '彫文梓器'는 工이다.

90 李哲明에 의하면, 竽(북)는 筦이고, 飾은 餘이다. 임금이 國筴을 조절하고, 諸侯들이 公州의 餘積을 筦理한다면, 遺數는 없을 것이다.

91 黎翔鳳에 의하면, 捫(어루만지다)는 撫持니, 掌握의 뜻이다.

92 趙守正에 의하면, 彼는 被가 되어야 한다. 上同, 412頁 注2 참조.

93 黎翔鳳에 의하면, 有는 又(또한)다.

94 安井衡에 의하면, 縣은 繫(매다)다. '王以時省察鄉州, 故百姓見利不相傾奪, 各繫死其所, 不敢去鄉'(王께서 때때로 鄉州를 省察하니, 따라서 백성들은 이익을 보고서 서로 쟁탈하지 않으며, 각자가 자기가 사는 곳에 죽을 때까지 매어 있으니, 감히 고향을 떠나지 못한다).

지수 地數

지리 조건에 맞는 재정 정책

지수地數는 지리地理 조건을 통한 재정 정책이라는 뜻이다. 본 편은, 산, 바다, 육지의 자연 자원의 소재와 이 재원을 어떻게 이용하고 조절할 것인가의 문제를 다룬다.

환공이 말했다. "지리 조건을 이용한 재정 정책을 들을 수 있겠습니까?"

관중이 대답하였다. "토지의 동서東西 폭이 2만萬 8천千 리里이고, 남북南北(의 길이)가 2만 8천 리입니다. 그중 산맥이 8천 리이고, 하류河流가 8천 리입니다. 구리[銅]가 나오는 산이 467곳이고, 철鐵이 나오는 산이 3,609곳입니다. 이것은 광산礦山과 곡식 심는 데를 구분한 것입니다. (이로 인해) 병기[과戈와 모矛]가 발명되고, 화폐가 생겼습니다. (자연조건을) 잘 이용하는 사람들은 여유가 있게 됐고, 못 이용한 자들은 부족하게 되었습니다. 태산泰山에서 (천신天神에게) 제사를 올리고, (태산 아래의 작은 산) 양보梁父에서 (지신地神께) 선禪제사, 즉 봉선封禪을 드린 왕들 72가家, (이들의) 득실의 수가 모두 여기에 있습니다. 이것이 나라의 재정財政입니다."

환공이 말했다. "(그들의) 득실의 수가 모두 여기에 있다는 것이 무엇입니까?"

관중이 대답하였다. "옛날에 (하夏나라의) 걸桀임금[伯]은 천하를 가졌으나 재용財用이 부족했는데, (상商나라의) 탕湯임금은 70리里의 박亳 땅을 가졌으나 재용에 여유가 있었습니다. 하늘은 단지 탕湯임금을 위해 콩과 곡식에 비를 내리지 않으며, 땅은 홀로 탕 임금을 위해 재물을 내놓지 않습니다. 이윤伊尹은 (물자) 유통, (값을) 올리고 내림[輕重], (경제의) 개발과 억제를 잘 하여, (물가의) 올림과 내림, 완급緩急의 경제 정책에 달통하였으며, 물가物價의 하락과 오름의 현저하게 드러남은 시기에 (달렸을) 뿐입니다."

桓公曰: "地數可得聞乎?" 管子對曰: "地之東西二萬八千里, 南北二萬六千里.[1] 其出水者八千里, 受水者八千里.[2] 出銅之山四百六十七山, 出鐵之山三千六百九山. 此之所以分壤樹穀也.[3] 戈矛之所發, 刀幣之所起也.[4] 能者有餘, 拙者不足. 封於泰山, 禪於梁父,[5] 封禪之王七十二家, 得失之數皆在此內. 是謂國用." 桓公曰: "何謂得失之數皆在此?" 管子對曰: "昔者, 桀霸有天下而用不足,[6] 湯有七十里之薄而用有餘.[7] 天非獨爲湯雨菽粟, 而地非獨爲湯出財物也. 伊尹善通移輕重、開闔、決塞,[8] 通於高下徐疾之筴, 坐起之費, 時也."[9]

황제黃帝 임금이 백고伯高에게 물었다. "과인이 천하 사람들을 결합시켜 한 가족을 만들려고 하는데, 그렇게 할 방도가 있는가?"

백고가 대답하였습니다. "(우거진) 왕골들을 베어 버려서 보호막을 쳐주고, 우리들이 맹수들의 조아爪牙[발톱과 이빨]를 피할 수 있게 한다면, 천하 사람들을 한 집안으로 단결시킬 수 있습니다."

황제 임금이 말하였다. "그런 말을 (좀 더) 들을 수 있는가?"

백고가 대답하였습니다. "산지山地 위에 단사丹沙가 있으면, 아래에는 황금黃金이 있습니다. 위에 자석磁石이 있으면, 아래에 황철광黃鐵鑛

1 黎翔鳳에 의하면, 『廣雅』에, '夏禹所治, 東西二萬八千里'(夏나라 禹 임금이 다스리는데, 東西가 2만 8천 리이다)라고 하였다.

2 趙守正에 의하면, 出水는 강의 발원지이고, 受水는 江河이니, 지금의 山脈과 河流이다. 『管子通解』(下), 421頁, 注2 참조.

3 黎翔鳳에 의하면, 此는 地數이고, 『穀梁隱公三年傳』 注에, '齊、魯之間, 謂鑿地出土、鼠作穴出土皆曰壤'이라 했으니, 壤은 礦山이다.

4 黎翔鳳에 의하면, 貨幣에는 鏟幣, 空首幣와 刀幣가 있는데, 齊나라에서는 刀幣를 쓴다. 近代에 땅속을 발굴하니, 刀幣가 東方에서 보이고, 나머지 두 종은 보이지 않는다. 『管子』는 경제를 중시하였기 때문에, 刀幣를 언급했고 다른 것들은 언급하지 않았다.

5 梁父는 泰山 아래의 작은 산의 이름이다.

6 黎翔鳳에 의하면, 霸는 伯이다.

7 安井衡에 의하면, 薄은 亳이다.

8 趙守正에 의하면, 通移는 유통이나 교환이고, 開闔 決塞은, 開와 決은 개발이고, 闔과 塞은 제어나 규제다. 나라에서 경제 관리에 집중하는 수단이다. 上同, 注7과 8 참조.

9 黎翔鳳에 의하면, 坐는 挫(꺾다)이니, 물가의 挫跌(내려감)이고, 起는 시장에서 物價가 올라감이다. 費에는 顯著의 뜻이 있다.

이 있습니다. 위에 공작석孔雀石이 있으면, 아래에 납, 주석과 적동광赤銅鑛에서 나오는 구리가 있습니다. 위에 붉은 흙이 있으면, 아래에 철鐵이 있습니다. 이것들은 산에서 광맥이 표면에 드러난 것입니다. 산에서 광맥의 노두露頭가 보이면, 임금은 삼가 산에 출입을 금하고 제사를 올리며, 10리里에 출입을 금하고 제단을 만듭니다. 말 타고 온 사람들은 말에서 내려서 걸어야 하고, 걸어서 이곳에 왔으면 빨리 걸어야 합니다. 이 명령을 어기면, 죄를 받아서 죽거나 용서를 받지 못합니다. 이렇게 되면, 사람들은 채굴하는 데서 멀리 떨어집니다." (백고가 이어서 말했다.) "(황제 임금이) 이런 명령을 내린 지 10년 만에 갈로산葛盧山에서 홍수가 발생하니, 금속金屬광산이 유출流出되어, (황제의 신하) 치우蚩尤가 이를 받아서 관리하며, 검劍, 갑옷[鎧], 창[矛]과 미늘창[戟]을 만들었습니다. 이 해에 아홉 제후들이 서로 겸병 전쟁을 하였습니다. 옹호산雍狐山에서 홍수가 나서, 금속 광산이 유출되니, 치우가 이를 받아서 관리하며, 옹호雍狐의 미늘창[戟]과 예芮의 창[戈]을 만들었으며, 이 해에 12제후들이 겸병 전쟁을 하였습니다. 따라서 천하의 임금들이 무기들로 전쟁을 촉발시켜서, 죽은 시체들이 들판에 가득 차 있게 되니, 이것은 병기[戈]의 근본을 보인 것입니다."

黃帝問於伯高曰: "吾欲陶天下而以爲一家,[10] 爲之有道乎?" 伯高對曰: "請刈其莞而樹之, 吾謹逃其蚤牙,[11] 則天下可陶而爲一家." 黃帝曰: "此若言可得聞乎?" 伯高對曰: "上有丹沙者, 下有黃金. 上有慈石者,[12] 下有銅金.[13] 上有陵石者,[14] 下有鈆、錫、赤銅. 上有赭者,[15] 下有鐵. 此山之見榮者也.[16] 苟山之見其榮者, 君謹封而祭之, 距封十里而爲一壇. 是則使乘者

10 趙守正에 의하면, 陶는 陶制의 瓦器이다. 여기서는 粘土로 瓦器를 제조하는 것을 비유로 썼으니, '긴밀히 결합시킴'의 뜻이다. '陶天下而以爲一家'는, '天下 사람들을 모아 一家를 이룸'의 뜻이다. 上同, 422頁, 注11 참조.

11 黎翔鳳에 의하면, 猛獸의 爪牙를 피해 달아남이고, 樹는 蕃蔽이니, 屛障(가려주다, 보호하다)이다.

12 戴望에 의하면, 慈는 磁의 '빌린 글자[假字]'다.

13 黎翔鳳에 의하면, 銅金은 黃鐵鑛이니, 색깔이 銅(구리)과 같으나, 黑鐵은 아니므로, 銅金이라고 말한다.

14 黎翔鳳에 의하면, 陵石은 孔雀石이다.

15 黎翔鳳에 의하면, 赭는 赤土다.

16 趙守正에 의하면, 見은 現과 통하고, 榮은 풀들의 꽃이니, 礦苗(露頭)의 발현을 뜻한다. 上同, 注18 참조.

下行, 行者趨. 若犯令者, 罪死不赦. 然則與折取之遠矣."[17] "脩敎十年,[18] 而葛盧之山發而出水, 金從之, 蚩尤受而制之, 以爲劍、鎧、矛、戟. 是歲相兼者諸侯九. 雍狐之山發而出水, 金從之, 蚩尤受而制之, 以爲雍孤之戟、芮戈, 是歲相兼者諸侯十二. 故天下之君頓戟壹怒, 伏尸滿野, 此見戈之本也."

환공이 관중에게 물었다. "자연의 재원이 나오는 곳과 땅의 이점利點이 있는 곳을 묻고 싶습니다."

관중이 대답하였다. "산 위에 붉은 흙이 있으면 그 아래에 철鐵이 있고, 위에 납[鉛]이 있으면 그 아래에 은銀이 있습니다. (또) 이렇게 말합니다. '위에 납이 있으면 그 아래에 액체의 은이 있으며, 위에 단사丹沙가 있으면 그 아래에 액체의 금金이 있고, 위에 자석磁石이 있으면 그 아래에 황철광黃鐵鑛이 있다.' 이것은 산에서 나타난 광산의 노두露頭입니다. 산에 노두가 보이면, 삼가 (그곳을) 봉쇄하고 (출입을) 금지시킵니다. 봉쇄된 산에서 움직인 자는 죽어야 할 죄를 진 것이니, 용서함이 없습니다. 명령을 어긴 자가 왼발로 (금지된 산에) 들어왔다면, 왼발이 절단되고, 오른발이 들어왔다면, 오른발이 잘립니다. 이렇게 되면, 사람들은 범접犯接하는 일에서 멀어질 것입니다. 이곳이 천연 재원과 땅의 이로움이 있는 곳입니다."

(환공이 물었다.) "천연 재원[天財]과 지리地利를 이용하여 천하에 공을 이루고 이름을 날린 사람이 누구입니까?"

관중이 대답하였다. "(주周나라) 문왕文王과 무왕武王입니다."

환공이 말하였다. "이 말씀은 무슨 뜻입니까?"

관중이 대답하였다. "옥玉은 우씨牛氏와 변산邊山에서 나오고, 금金은 여수汝水와 한수漢水의 오른편 낮은 곳에서 나오고, 진주[珠]는 적야赤野의 말광末光 일대에서 납니다. 이곳들은 모두 주나라 (수도에서) 7천 8백 리里에 있으니, 그 길이 멀고 지극히 험난하기 때문에 선왕先王들은 그들 중 값비싼 것[重]에 의탁依託해서 썼으니, 진주와 옥이 상등 화폐[上幣]가 되고, 황금黃金이 중등 화폐[中幣]가 되고, 도포刀布가 하등

17 趙守正에 의하면, 折取는 開採이다. 사람들은 채굴하는 일과 遠離해야 한다, 말하자면 채굴할 수 없음을 말한 것이다. 上同, 423頁, 注20 참조.

18 趙守正에 의하면, 敎는 敎令이나 命令이다. 上同, 注21 참조.

화폐[下幣]가 되었습니다. (나라의) 명령이 긴급하면 황금(의 값)이 오르고, 명령이 느슨하면 황금의 값이 싸집니다. 선왕들은 호령의 완급緩急을 고려하여, 중등 화폐[黃金] 가격을 올리기도 하고 내리기도 하여, 하폐[刀布]와 상폐[珠玉]의 작용을 조절한 것이 문왕과 무왕입니다."

桓公問於管子曰: "請問天財所出, 地利所在." 管子對曰: "山上有赭者其下有鐵, 上有鉛者其下有銀. 一曰: '上有鉛者其下有鉒銀,[19] 上有丹沙者其下有鉒金, 上有慈石者其下有銅金.' 此山之見榮者也. 苟山之見榮者, 謹封而爲禁. 有動封山者, 罪死而不赦. 有犯令者, 左足入, 左足斷, 右足入, 右足斷. 然則其與犯之遠矣. 此天財地利之所在也." 桓公問於管子曰: "以天財地利立功成名於天下者誰子也?" 管子對曰: "文武是也." 桓公曰: "此若言何謂也?" 管子對曰: "夫玉起於牛氏、邊山, 金起於汝、漢之右洿,[20] 珠起於赤野之末光. 此皆距周七千八百里, 其涂遠而至難, 故先王各用於其重,[21] 珠玉爲上幣, 黃金爲中幣, 刀布爲下幣. 令疾則黃金重, 令徐則黃金輕. 先王權度其號令之徐疾, 高下其中幣, 而制下上之用, 則文、武是也."

환공이 관중에게 물었다. "과인이 나라의 재물을 지키고 천하에서 강탈하지 않으려 했는데, 밖으로 천하에서 취해 와도, 괜찮습니까?"

관중이 대답하였다. "가능합니다. 강물이 격동하면 흐름이 커지니, (징세徵稅의) 명령이 긴박해지면 물건 값이 오릅니다. 선왕들은 호령의 완급緩急을 다스리며, 국내에서 나라의 재산을 지키고 밖으로도 천하에서 수취收取하였습니다."

환공이 관중에게 물었다. "그 일을 시행하자면, 어떻게 합니까?"

관중이 대답하였다. "옛날에 (주周나라) 무왕은 거교巨橋 창고의 곡식이 있는데, (곡식을) 비싼 값으로 매입하게 하는 방책을 썼습니다."

환공이 말했다. "어떻게 하였습니까?"

관중이 대답하였다. "무왕은 (변경邊境인) 중천重泉에서의 수자리[戍]를 만들어놓고, '백성들 스스로 100고鼓[12곡斛, 1곡=10말斗]의 양식을 가지고 있으면 (수자리에) 가지 않는다'라고 명령하니, 백성들이 곡식을

19 黎翔鳳에 의하면, 鉒는 注(물이 흐르다)의 뜻이니, 금속이 제련할 때 液體가 되어 흐름을 말하니, 注銀, 또는 注金이라고 부른다.

20 黎翔鳳에 의하면, 이것은 沙金을 가리키니, 낮은 물에서 오늘날 金을 채취한다.

21 黎翔鳳에 의하면, 各, 託, 度의 세 글자는 모두 通하니, 한 글자로 통일할 필요가 없다.

모아서 저축하여, 중천의 수자리를 모면하려 했으니, 나라 곡식의 가격이 20배가 오르고, 거교巨橋 창고의 양식도 20배 올랐습니다. 무왕은 거교의 곡식(값)의 20배로 비단을 사드렸고, 군대(비용)도 5년간 백성들에게서 세금을 걷지 않았습니다. 거교의 양식 값의 20배는 황금黃金 100만과 대등對等했으니, 평생 백성들의 세금이 없었습니다. (이것이) 균등의 재정 정책이었습니다."

桓公問於管子曰: "吾欲守國財而毋稅於天下,[22] 而外因天下,[23] 可乎?" 管子對曰: "可. 夫水激而流渠, 令疾而物重. 先王理其號令之徐疾, 內守國財而外因天下矣." 桓公問於管子曰: "其行事奈何?" 管子對曰: "夫昔者武王有巨橋之粟, 貴糴之數." 桓公曰: "爲之奈何?" 管子對曰: "武王立重泉之戍, 令曰: '民自有百鼓之粟者不行.' 民擧所最粟,[24] 以避重泉之戍, 而國穀二什倍, 巨橋之粟亦二什倍. 武王以巨橋之粟二什倍而市繒帛, 軍五歲毋籍衣於民. 以巨橋之粟二什倍而衡黃金百萬, 終身無籍於民, 准衡之數也."

환공이 관중에게 물었다. "이제 (과인도) 또한 이 정책을 시행할 수 있습니까?"

관중이 대답하였다. "있습니다. 초楚나라의 여수汝水와 한수漢水에서 나는 금金과 제齊나라의 거전渠展에서 나는 소금과, 연燕나라의 요동遼東에서 나는 자염煮鹽입니다. 이 세 가지는 또한 무왕의 재정과 맞먹습니다. 10명이 가족이면, 10명이 소금을 먹습니다. 100명의 집안이면, 100사람이 소금을 먹습니다. 무릇 먹는 소금의 숫자는, 한 달에 성인 남자[丈夫]는 5되[升]와 3분의 1되, 부인은 3되와 3분의 1되, 아이들은 2되와 3분의 1되입니다. 소금 가격이 오르는데[重], 되[승升]마다 0.5전錢이 오르면, 부釜[四升爲豆, 各自其四, 以登於釜]에는 50전이 오르고, 되마다 1전이 오르면 부釜에는 10전이 오르고, 되마다 10전이 오르면 부에는 1,000전이 오릅니다. 임금께서 마른 나무를 베어서, 흰 거품의 해수海水를 끓이면 소금이 되는데, (임금이 소금을) 징취徵取하여 쌓아 둔 것이 3만萬 종鍾[1鍾=10釜]입니다. 양춘陽春이 오면, 이것을 시가時價로 (판매하여) 수익을 얻으십시오!"

22 王壽同에 의하면, 稅는 마땅히 挩이다. 挩은 奪(빼앗다)의 假借다.
23 趙守正에 의하면, 因은 利用이니, 여기서는 收取의 뜻이다. 上同, 425頁, 注2 참조.
24 黎翔鳳에 의하면, 最는 聚(모으다)고, 擧는 居다. 居는 積儲(저축)다.

환공이 말했다. "시가로 수익을 얻는 것이 무엇입니까?"

관중이 말했다. "따듯한 봄이 되어 농사일이 막 시작되면, 백성들로 하여금 마당의 담을 쌓지 말고, 무덤을 개축하지 못하게 합니다. 대부大夫[귀족]라도 궁실宮室을 지을 수 없고, 누대樓臺와 정자亭子를 세울 수 없습니다. 북해北海의 주민들은 용인傭人들을 구하여 소금을 구울 수가 없습니다. 그러면 소금 값은 반드시 40배로 뛸 것입니다. 임금은 40배로 뛴 가격으로 (소금을) 황하黃河와 제수濟水를 따라서, 남쪽으로 양梁, 조趙, 위衛와 복양濮陽지역으로 운수(하여 판매)합니다. (사람들은) 식사가 조악하고 소금이 없으면 몸이 붓습니다. (영토를) 방어[守備]하는 나라에는 식염食鹽을 구입하여 쓰기가 특별히 곤란합니다. 임금께서 마른 나무를 베어서 해수를 구워서 (소금을) 세상에 판매하신다면, 그렇게 된다면 천하가 우리를 가볍게 볼 수 없을 것입니다."

환공이 관중에게 물었다. "과인이 나라를 부유하게 하고 오곡五穀을 풍성하게 하려는데, 가능하겠습니까?"

관중이 대답하였다. "안 됩니다. 나라가 부유하고 재물이 많다고 하여도, 경영을 장악하지 못하면 천하(의 다른 나라들)에 빼앗기고 맙니다. 오곡五穀이 풍성하더라도, (우리 나라) 동전銅錢이 커서 (값이) 싼데 천하에서는 (물건 값이) 비싸다면, 천하에 (물건들을) 빼앗기게 되니, 그렇게 되면 우리 백성들은 항상 다른 나라들에게 약탈될 것입니다. 무릇 나라를 잘 다스리는 임금은 몸소 대양大洋을 건너는 것처럼, 바람의 일어나는 방향을 (잘) 살펴서, 천하 (다른 나라들이 값을) 올리면 (자기 또한) 올리고, 천하에서 내리면 (자기 또한) 내립니다. 천하에는 (값이) 올랐는데 자기만 값을 내린다면, 재리財利는 천하(의 다른 나라)에 빼앗길 것입니다."

桓公問於管子曰: "今亦可以行此乎?" 管子對曰: "可. 夫楚有汝、漢之金, 齊有渠展之鹽, 燕有遼東之煮. 此三者, 亦可以當武王之數. 十口之家, 十人呫鹽.[25] 百口之家, 百人呫鹽. 凡食鹽之數, 一月丈夫五升少半, 婦人三升少半, 嬰兒二升少半. 鹽之重, 升加分耗而釜五十,[26] 升加一耗而釜百, 升加十耗而釜千. 君伐菹薪, 煮泲水爲鹽,[27] 正而積之三萬鍾.[28] 至陽春

25 錢文霈에 의하면, 呫는 餂과 통하니, 舐(혀로 물건을 핥다, 먹다)다.

26 趙守正에 의하면, 分耗는, 제72편「海王」의 分强과 같으니, 半錢이다. 上同, 注10 참조.

27 聞一多에 의하면, 泲는 마땅히 沛이다. 沛는 浡과 통하니, 浡은 水浮漚(물의 泡沫)이다. 浡은

請, 籍於時." 桓公曰: "何謂籍於時?" 管子曰: "陽春農事方作, 令民毋得築垣牆, 毋得繕冢墓. 丈夫毋得治宮室,[29] 毋得立臺榭. 北海之衆毋得聚庸而煮鹽. 然, 鹽之賈必四什倍. 君以四什之賈, 脩河、濟之流,[30] 南輸梁、趙、宋、衛、濮陽. 惡食無鹽則腫. 守圉之本,[31] 其用鹽獨重. 君伐菹薪, 煮沸水以籍於天下, 然則天下不減矣." 桓公問於管子曰: "吾欲富本而豐五穀, 可乎?" 管子對曰: "不可. 夫本富而財物衆, 不能守則稅於天下;[32] 五穀興豐, 巨錢而天下貴, 則稅於天下, 然則吾民常爲天下虜矣. 夫善用本者, 若以身濟於大海, 觀風之所起, 天下高則高, 天下下則下. 天高我下,[33] 則財利稅於天下矣."

환공이 관중에게 물었다. "재정의 일은 이것으로 끝나는 것입니까?"

관중이 대답하였다. "아닙니다. 제齊나라는 교통이 발달한 나라[邦]이니, 사통팔달하여, 유객遊客과 부상富商들이 다니는 길목입니다. 사람들이 우리 나라에 와서 우리 나라의 곡식을 먹고, 우리 나라의 돈을 쓰니, 그다음에 (이들이) 명마名馬와 황금을 내놓는 것입니다. 호령에는 완급緩急이 있어야 하고, 물가에는 값이 비싼 것과 싼 것이 있게 해야만, 그다음에 천하의 보배가 모두 우리에게 쓸모가 있게 됩니다. 잘하는 임금은 자기 것이 아니어도 자기가 쓰고, 자기 사람이 아니어도 부립니다."

桓公問於管子曰: "事盡於此乎?" 管子對曰: "未也. 夫齊衢處之本,[34] 通達所出也, 游子勝商之所道.[35] 人求本者,[36] 食吾本粟, 因吾本幣, 騏驥黃金然後出.[37] 令有徐疾, 物有輕重, 然後天下之寶壹爲我用.[38] 善者用非有, 使非人."

아직 소금이 안 된 海水이다. 해변에서 거품을 일으키는 물을 또한 沸水라고도 말한다.

28 湯孝純에 의하면, 正은 征과 통하니, 徵取의 뜻이다. 『新譯管子讀本』(下), 920頁, 注16 참조.

29 洪頤煊에 의하면, 丈夫는 마땅히 大夫가 되어야 한다.

30 王念孫에 의하면, 脩는 마땅히 循(따라오다)이어야 한다.

31 許維遹에 의하면, 本은 國과 같다.

32 趙守正에 의하면, 守는 '경영을 장악함'이다. 上同, 426頁, 注1 참조. 聞一多에 의하면, 稅는 挩이나 脫이다.

33 王念孫에 의하면, 天高는 마땅히 '天下高'이다.

34 黎翔鳳에 의하면, 邦인데, 漢나라 諱를 피하기 위해 本이라고 했다.

35 趙守正에 의하면, '游子勝商'은 '游客蓄商'이다. 上同, 427頁, 注2 참조.

36 兪樾에 의하면, 求는 來의 誤字이고, 本은 國이다.

37 趙守正에 의하면, 騏驥는 良馬이다. 上同, 注4 참조.

38 聞一多에 의하면, 壹은 皆와 같다.

규탁 揆度

추측

규탁揆度은 추측推測, 생각, 모획謀劃의 뜻이다. 본 편은 경중輕重 이론을 국가의 대사大事에 대한 사고나 기획에 쓰기도 하고, 고용雇傭, 시장, 물가, 화폐, 무역, 농업, 구재救災 등 여러 방면에서 언급하고 있다.

제나라 환공이 관중에게 물었다. "수인씨燧人氏 이래, 중요한 재정 방법에 대해서 들을 수 있습니까?"

관중이 대답하였다. "수인씨 이래 경중輕重의 술術로써 천하를 다스리지 않은 적이 없습니다. 공공씨共工氏가 왕이었을 때, 물이 10분의 7을 덮었고, 육지가 10분의 3이었으니, (이런) 자연 형세를 타고서 (그는) 천하를 다스렸습니다. 황제黃帝 임금에 이르러서는 사인私人 세력의 조아爪牙들을 몰아내고, 자원을 개발하여 이익을 못 취하게 하고, 산림을 불태우거나, 초목이 우거진 지역을 파괴하거나, 초극草棘이 무성한 늪지를 불태워서, 짐승들을 쫓아내는 일들을 실행하였으며, 부상富商과 축가蓄賈들을 제한하고, 그다음에 천하를 얻어서 통치하였습니다. 요堯 임금과 순舜 임금에 이르러서는 전국을 변화시킬 방도를 택하니, 북쪽으로 우씨禺氏 지역의 옥玉과, 남쪽으로 장강長江과 한수漢水의 진주를 귀하게 여기고, 금수禽獸라는 구적仇敵들을 눌러 이김으로써, 대부大夫들도 이 일에 참여시켰습니다."

환공이 말했다. "무슨 말씀이십니까?"

관중이 대답하였다. "(천자天子께서) '제후諸侯들의 자식들이 (조정朝廷에 와서 임금에게) 신하가 되고자 할 때, 모두 두 장의 호피虎皮로 만든 갑옷을 입어야 하고, 상대부上大夫의 자식들은 옷소매가 표범 가죽, 중대부中大夫의 자식들은 옷깃이 표범 가죽이어야 한다'라고 명령했습니다. (이에) 대부들은 자기 읍의 곡식과 재물들을 팔아서, 호랑이와 표범의 가죽을 샀습니다. 따라서 산림山林의 사람들이 맹수를 잡아 죽이려는 것이, 마치 부모들의 원수를 추격하는 것 같았습니다. 이것은 임금이 예모禮帽를 쓰고 예복禮服을 입고 조정에 있으나, 밖에서 맹수가 잡히며, 대부들이 이미 재물을 분산하듯이, 만인들이 흩어져 나가는 곡식과 재물 속에서 (이익을) 얻습니다. 이것이 요와 순 임금의 재정 방책입니다."

> 齊桓公問於管子曰: "自燧人以來, 其大會可得而聞乎?"[1] 管子對曰: "燧人以來, 未有不以輕重爲天下也. 共工之王, 水處什之七, 陸處什之三, 乘天勢以隘制天下.[2] 至於黃帝之王, 謹逃其爪牙,[3] 不利其器, 燒山林, 破增藪, 焚沛澤,[4] 逐禽獸, 實以益人,[5] 然後天下可得而牧也. 至於堯、舜之王, 所以化海內者, 北用禺氏之玉, 南貴江、漢之珠. 其勝禽獸之仇,[6] 以大夫隨之." 桓公曰: "何謂也?" 管子對曰: "令: '諸侯之子將委質者, 皆以雙武之皮,[7] 卿大夫豹飾, 列大夫豹幨.'[8] 大夫散其邑粟與其財物, 以市虎豹之皮. 故山林之人刺其猛獸, 若從親戚之仇.[9] 此君冕服於朝, 而猛獸勝於外, 大夫已散其財物, 萬人得受其流.[10] 此堯、舜之數也."

환공이 말했다. "(옛날 성어成語 중에) '사명事名은 둘이고, 정명正名은 다섯이어야 천하가 다스려진다'라고 했는데, 사명事名이 둘이란 무엇을 말합니까?"

(관중이) 대답하였다. "천도天道는 양陽이고, 지도地道는 음陰입니다.

1 湯孝純에 의하면, 大會는 大計와 같으니, 중대한 理財 방법이다. 『新譯管子讀本』(下), 925頁, 注2 참조.

2 黎翔鳳에 의하면, 隘(좁다)는 阨(곤궁하게 하다)이다.

3 湯孝純에 의하면, 국가가 礦山의 이익을 점유하고자, 私人 세력의 爪牙를 없애버림을 말한다. 上同, 注5 참조.

4 何如璋에 의하면, 增은 層과 통하니, 增藪는 초목이 荒穢(우거진) 지역이고; 沛澤은 못 가운데 草棘이 叢生한 곳이다.

5 湯孝純에 의하면, 馬非百는, 益은 隘(제한하다)이고, 人은 富商 蓄賈이니, 隘人은 富商蓄賈를 禁限하는 것이라고 말한다. 上同, 注8 참조.

6 湯孝純에 의하면, '勝禽獸之仇'는 禽獸라는 仇敵을 이김[勝]이다. 上同, 注10 참조.

7 洪頤煊에 의하면, 武는 마땅히 虎로 보아야 한다. 이것은 唐나라 高祖 李淵의 名인 虎자를 諱하기 위한 것이다.

8 尹知章의 주석에 의하면, 袖(소매)는 飾이고, 襟(옷깃)은 幨이다.

9 許維遹에 의하면, 從은 逐(쫓다)이고, 親戚은 父母이니, 부모의 仇讎를 追逐함을 말한 것이다.

10 湯孝純에 의하면, 流는 시장에서 대부들이 虎豹의 가죽을 사려고 하기 때문에, 흩어져 나가는 邑의 粟과 財物을 가리킨다. 上同, 注21 참조.

이것이 사명事名의 둘입니다.”

(환공이 물었다.) “무엇이 정명正名의 다섯입니까?”

(관중이) 대답하였다. “저울[權], 준칙[衡], 원자[規], 곱자[矩]와 수평기[准]. 이것이 정명의 다섯입니다. 이것이 색깔[色]에서 나타난 것이, 파랑[青], 노랑[黃], 흰색[白], 검정[黑], 붉음[赤]입니다. 이것이 소리에서 나타난 것이, 궁宮음, 상商음, 우羽음, 치徵음, 각角음입니다. 그것이 맛에서 나타난 것이, 신맛[酸], 매운맛[辛], 짠맛[鹹], 쓴맛[苦], 단맛[甘]입니다. ‘2·5’[사명과 정명]의 조치는 산에 초목을 없애고 늪에 물을 없애는 것처럼, 임금이 사람들을 통제하는 것입니다. 사람의 맛은 백성들의 먹는 것을 조절하는 것이고, 쇠는 백성들의 귀를 조절하는 것이고, 색깔은 백성들의 눈을 조절하는 것입니다. 임금이 ‘2·5’의 장악에 실패하면 자기 나라를 망하게 할 수 있습니다. 대부들이 ‘2·5’의 장악에 실패하면 자기의 세력을 잃을 수 있고, 백성들이 ‘2·5’의 장악에 실패하면 자기 집을 망하게 할 수 있습니다. 이것은 나라의 지극히 중요한 기틀[機]이니, 국기國機라고 말합니다.”

桓公曰: “事名二、正名五而天下治.[11] 何謂事名二?” 對曰: “天筴, 陽也;[12] 壤筴, 陰也. 此謂事名二.” “何謂正名五?” 對曰: “權也, 衡也, 規也, 矩也, 准也. 此謂正名五. 其在色者, 青、黃、白、黑、赤也. 其在聲者, 宮、商、羽、徵、角也. 其在味者, 酸、辛、鹹、苦、甘也. 二五者, 童山竭澤,[13] 人君以數制之.[14] 人味者, 所以守民口也; 聲者, 所以守民耳也; 色者, 所以守民目也. 人君失二五者亡其國. 大夫失二五者亡其勢, 民失二五者亡其家. 此國之至機也, 謂之國機.”

경중輕重의 법法에서 말하였다. “스스로 군사 임무를 맡을 수 있다고 말했으나 군사 임무를 감당하지 못한 사람은, 자기가 죽어서 그 피로 북[鼓]에 바른다. 스스로 밭을 다스릴 수 있다고 말했으나 밭의 흙

11 馬非百에 의하면, ‘事名二、正名五而天下治’는 옛날 成語이다. 『管子校注』(下), 1373頁, 注1 參조.

12 湯孝純에 의하면, 天筴은 天數나 天道이다. 『新譯管子讀本』(下), 927頁, 注1 參조.

13 湯孝純에 의하면, ‘童山竭澤’은 위의 문장 ‘燒山林, 破增藪, 焚沛澤’과 같은 조치고, 童山은 草木이 없는 산, 즉 光山이다. 上同, 注2 參조.

14 湯孝純에 의하면, 數는 二五의 數다. 天筴, 地筴 및 權, 衡, 規, 矩, 准 등을 장악하는 조치다. 上同, 注3 參조.

을 다스리지 못한 사람은, 자기가 죽어서 (그 피를) 토지 귀신의 사당에 바른다. 스스로 관리할 수 있다고 말했으나 관리할 수 없는 사람들은, 발꿈치가 잘리고 문을 지키는 자[小官]는 될 수 있었다."

그러므로 능력을 거짓으로 위장하고 녹봉을 속이고서 임금에게 오는 자가 없었다. 그러므로 서로 보증하고 이끌어주는 관도官都[總官]나, 문지기나 딱따기 치는 소관小官도 할 수 없으니, 또한 법에 따라서 처리하였다.

輕重之法曰:[15] "自言能爲司馬不能爲司馬者, 殺其身以釁其鼓.[16] 自言能治田土不能治田土者, 殺其身以釁其社. 自言能爲官不能爲官者, 劓以爲門父."[17] 故無敢姦能誣祿至於君者矣.[18] 故相任寅爲官都,[19] 重門擊柝不能去,[20] 亦隨之以法.

환공이 관중에게 물었다. "여러 나라의 조치[大准]에 대하여 묻고 싶습니다."

관중이 대답하였다. "여러 나라의 조치는, 천하(의 여러 나라)가 모두 나를 압제壓制한다면 내가 대항할 수 없는 것, 이것이 여러 나라의 조치입니다."

환공이 말했다. "무슨 말씀이십니까?"

관중이 대답하였다. "지금 천하(의 여러 나라)가 군사를 일으켜서 우리(나라)를 공격하는데, 나라를 권면勸勉하여 나라의 표준을 확정할 수 있는 (그런) 신하가 있다면, (그에게) 영토를 쪼개어 봉토를 주어야 하고, 전차戰車와 병력으로 진격하고 물러나기도 하며 성공하고 이름을 세운 (그런) 신하가 있다면, (그에게) 영토를 떼어서 봉토를 주어야 합니다. 그렇게 되면 천하는 다 봉토를 받은 임금의 신하들이지, 결코 임금

15 黎翔鳳에 의하면, '輕重의 法'은, 甲에서 庚에 이르는 7편이다.

16 黎翔鳳에 의하면, 사람을 죽여서 그 피를 북[鼓]에 바르는 것이 釁鼓다.

17 張佩綸에 의하면, 官은 管(관리하다)과 통하고, 劓는 刖(발꿈치를 베는 형벌)의 誤字이다. 『周禮』, 「秋官」, "司刑"에, '刖者, 使守門'(발꿈치 잘리는 刑을 받은 사람을, 문을 지키게 하였다)이 나온다.

18 湯孝純에 의하면, 姦은 詐僞(거짓)이고 誣는 欺騙(속임)이다. 上同, 928頁, 注8, 注9 참조.

19 兪樾에 의하면, 官都는 五官의 總司다. 任은 保이고, 寅은 引이다.

20 趙守正에 의하면, 拆(갈라지다)은 柝(딱따기)이다. 不能去는 不能者로 보아야 한다. 『管子通解』(下), 434頁, 注7 참조.

이 봉토를 준 것이 아닙니다. 천하에 이미 분봉分封을 받은 신하들이 (땅) 10리里가 있는데, 천하에 매번 (전쟁이) 발동하면, 분봉 받은 임금(의 신하)보다 (부유한) 백성[즉 부상대고富商大賈]들이 (땅을) 20리를 갖습니다. 임금의 백성들은 임금이 부유하게 한 것이 아니고, 이웃 나라(의 전쟁 때문)에 부유하게 된 것입니다. 이웃 나라에서 (전쟁을) 발동할 때마다. 임금의 부민富民들은 (물품을 둔적屯積하여) 더욱더 부유해집니다. 가난뱅이는 더욱더 가난해지고, 부자는 더욱더 부유해지니, (이것이) 여러 나라의 조치입니다."

환공이 말했다. "무슨 뜻입니까?"

관중이 대답하였다. "지금 천하에서 전쟁을 일으켜 우리를 공격하면, 백성들은 가래와 쟁기를 버리고 창을 들고 밖으로 출병하니, 그렇게 되면 나라는 경작耕作할 수 없습니다. 이것은 자연재해가 아니라, 이것은 인재人災입니다. 임금은 아침에 (세금 내라는) 명령을 내놓고 저녁에 현물을 걷어 가니, 백성들은 재물과 곡식을 처분하여 팔며, (값을) 절손하고 떠나 버리니, 장사꾼들이 (이들을) 받아서 창고에 쌓아 두게 되니, 이렇게 되면 나라 재물의 1몫[分]이 장사꾼들에게 있게 됩니다. 전쟁이 끝나면, 백성들은 그들이 하던 일터로 복귀하고, 모든 물건들이 높은 값으로 되돌아가니, 장사꾼들은 자기 재물들을 매출하는데, 나랏돈의 절반이 장사꾼들에게 쌓입니다. 이렇게 되면 화폐는 3몫으로 오르는데, 물건값은 쌀 때와 비쌀 때에 3몫의 차이가 있습니다. 장사꾼들은 3몫[分]의 차이를 두고 거래하니, 나라의 재물이 다 장사꾼들에게 있게 되고, 임금은 이재理財할 방도가 없습니다. 백성[富商大賈]들이 서로 제압하려 하니, 각 나라에서는 해볼 일이 없습니다. 이것이 경중輕重술에 의한 여러 나라의 조치입니다."

桓公問於管子曰: "請問大准."[21] 管子對曰: "大准者, 天下皆制我而無我焉, 此謂大准." 桓公曰: "何謂也?" 管子對曰: "今天下起兵加我, 臣之能謀厲國定名者,[22] 割壤而封; 臣之能以車兵進退成功立名者, 割壤而封. 然則是天下盡封君之臣也, 非君封之也. 天下已封君之臣十里矣, 天下每動,

21 黎翔鳳에 의하면, 大는 衆이니, 國內의 平衡이 准이고, 國際의 平衡은 大准이니, 衆國(여러 나라)들이 함께 한다.
22 黎翔鳳에 의하면, 厲는 勸勉이고, 名은 國衡(나라의 표준)이다.

重封君之民二十里.[23] 君之民非富也,[24] 鄰國富之. 鄰國每動, 重富君之民. 貧者重貧, 富者重富. 大准之數也." 桓公曰: "何謂也?" 管子對曰: "今天下起兵加我, 民棄其耒耜, 出持戈於外, 然則國不得耕. 此非天凶也, 此人凶也. 君朝令而夕求具, 民肆其財物與其五穀爲讎, 厭而去,[25] 賈人受而廩之, 然則國財之一分在賈人. 師罷, 民反其事, 萬物反其重, 賈人出其財物, 國弊之少分廩於賈人. 若此則幣重三分, 財物之輕重三分.[26] 賈人市於三分之間, 國之財物盡在賈人, 而君無筴焉. 民更相制,[27] 君無有事焉. 此輕重之大准也."

관중이 말했다. "임금이 근본을 잡고 조절하면, 백성[부상대고富商大賈]들은 말단을 조절할 수가 없습니다. 임금이 시작을 조절하면, 부상대고富商大賈들은 끝을 조절할 수 없습니다. (임금은) 판매할 상품을 운반하는 과정에서, (즉 교통 요로에 있는) 큰 시장[關市]에서 세금을 걷습니다. 곡물에 관해서는, 봄과 가을(의 파종)을 장악해야 합니다. 모든 물건의 거래에는 가격을 결정하는 계약서가 있어야 합니다. 그러므로 상품이 움직였다면 그에 따른 조치가 있습니다. 따라서 미리 (매매의) 방도를 끊어 놓으면 부상대고[民]들이 대처할 방도가 없고, 임금이 높은 데서 아래로의 흐름을 지킨다면, 부상대고들이 높은 이득을 얻을 수 없습니다. 따라서 (전국) 사방의 높은 값과 하락을 조장하면서, 나라에 돌아다니는 장사꾼들이 없으면, 높은 값이나 낮은 값이 서로 감당할 만하니, 이것이 나라의 균형입니다. 이익을 서로 지켜 나가면, 이재理財의 방책은 임금에게 돌아갈 것입니다."

管子曰: "人君操本, 民不得操末.[28] 人君操始, 民不得操卒. 其在涂者,[29]

23 郭沫若에 의하면, 民은 下文의 부유한 賈人(장사꾼)이다. 職分이 있는 신하는 전쟁으로 땅을 分封을 받았으니, 직분이 없는 富商 蓄賈는 전쟁 때문에 屯積하고 居奇하어, 얻은 이익이 곱절이 더 많다. 백성들이 가난하고 부유하니, '隣國(이웃나라)이 전쟁하면, 貧者는 더욱 가난하고, 부자는 더욱 부유하다'.

24 趙守正에 의하면, '君之民, 非富也'는 '君之民, 非君富也'로 君이 삽입되어야 한다. 上同, 435頁, 注5 참조.

25 黎翔鳳에 의하면, 讐는 售(팔다)이고, 厭은 壓(折損하다)이다.

26 黎翔鳳에 의하면, 賈人은 싸게 1分에 사고, 1分을 보태서 비싸게 팔고, 물건의 原價가 1分이니, 전체 3分이다. 여기서 重은 崇이니, 下文의 輕重과 다르다.

27 黎翔鳳에 의하면, 각 나라의 民은 여기서 富商과 蓄賈이니, 더욱 서로 제압한다. 君은 또한 各國이다.

28 趙守正에 의하면, 本은 根本, 本原이고, 民은 富民과 商賈이다. 不得은 不能과 뜻이 같다. 上同, 436頁, 注1 참조.

籍之於衢塞.[30] 其在穀者, 守之春秋.[31] 其在萬物者, 立貲而行.[32] 故物動則應之. 故豫奪其涂則民無遵,[33] 君守其流則民失其高.[34] 故守四方之高下, 國無游賈, 貴賤相當, 此謂國衡.[35] 以利相守, 則數歸於君矣."

관중이 말하였다. "상무商務 경영을 잘하여 관부官府에 점포店鋪가 있게 되고, 관부에 점포가 있으니 시장은 한산해지고, 시장에는 (사람들이) 한산하니 들판에는 (농사짓는 이들이) 충만하며, 들판이 충만하니 백성들의 재용이 충족하고, 백성들의 재용이 충족하니 임금이 세금을 취해도 바닥나지 않습니다. (그러나) 지금은 그렇지 않으니, 부상대고富商大賈[부민富民]들이 값을 올리면 임금도 값을 올려서, 값이 오르면 내리지는 않으며, 부상대고들이 값을 싸게 하면 임금도 그렇게 하니, 값을 내리면 올라가게 할 수는 없습니다. (그러므로) 천하에서 (상업 경영을 잘하는) 임금은 그렇지 않으니, 부상대고들이 값을 올리면, 임금은 값을 내리고, 부상대고들이 값을 내리면 임금은 값을 올립니다. 이것이 여유 있는 자[富民]들에게서 덜어내어 부족한 사람들을 채워주는 이재理財 방식입니다. 그러므로 무릇 부민들의 이익을 조절하지 못한다면, (재정 정책을) 크게 다스릴 수 없습니다. (상업의) 처음과 끝을 살피지 않고서, (재정을 늘리는 데) 지극할 수는 없습니다. 저울추를 좌우로 움직이듯 물가를 값 내리고[輕] 값 올리고[重] 하여, 20년 치의 수익을 얻는 것이, 나라의 이재 정책입니다. 소금과 철로 20년 치의 수익을 얻는 것이, 나라의 재정 정책입니다. 주석[錫]과 금金으로 20년 치의 수익을 얻는 것이, 나라의 재정 정책입니다. 이렇게 다섯 관청[五官](에 의한 경중輕重)의 술을 운영하고, 백성들에게서 징수하지 않습니다."

管子曰: "善正商任者省有肆, 省有肆則市朝閒, 市朝閒則田野充,[36] 田野

29 趙守正에 의하면, '在涂(途)者'는 판매할 물건을 운반하는 것이다. 上同, 注2 참조.

30 安井衡에 의하면, 衢塞는 關市(점포)이다.

31 趙守正에 의하면, 봄은 種穀하는 계절이고, 가을은 種麥[밀: 大麥]을 심는 계절이니, 임금은 곡식을 심할 때 그것을 장악해야 한다. 上同, 437頁, 注4 참조.

32 趙守正에 의하면, 立貲는 상품 가격을 확정하는 계약서이다. 上同, 注5 참조.

33 趙守正에 의하면, 無遵은 '無途加遵'(쫓아갈 길이 없음)이니, 遵은 行이다. 上同, 注6 참조.

34 黎翔鳳에 의하면, 流는 높은 데서 아래로 내려오는 것이니, 임금이 그 흐름을 지키면, 백성[즉 富商大賈]들이 조정할 수 없으니, 높은 이득을 얻을 수 없음을 말한다.

35 趙守正에 의하면, 衡은 平衡이니, 시장의 공급과 수요를 균형 맞춤이다. 上同, 注8 참조.

充則民財足, 民財足則君賦斂焉不窮. 今則不然, 民重而君重, 重而不能輕; 民輕而君, 輕而不能重. 天下善者不然, 民重則君輕, 民輕則君重. 此乃財餘以滿不足之數也.[37] 故凡不能調民利者, 不可以爲大治. 不察於終始, 不可以爲至矣. 動左右以重相因,[38] 二十, 國之筴也. 鹽鐵二十, 國之筴也. 錫金二十, 國之筴也. 五官之數,[39] 不籍於民."

환공이 관중에게 물었다. "경중輕重의 술은 어느 때 끝납니까?"

관중이 대답하였다. "사계절이 번갈아 나타나는 것처럼, 끝이 없습니다. 나라에 (전란戰亂의) 우환이 있게 되면, (막대한 군비가 드니) 오곡五穀을 경중술輕重術로 다뤄 (나라의 경비를) 조달하고, 여분을 저축하고 잉여의 이익을 저장하여 (전사戰士들의) 상급賞給에 대비해 두어야 합니다. 천하의 (제후들이) 다 복종하고 해내海內가 평정되면, 성실하고 믿음직스러우며 어질고 의로운 선비들을 부유하게 해주어야 합니다. 그럼으로써 백성들은 겸양[辭讓]을 높이 보게 되고, 이상한 짓거리를 하는 이들이 없어질 것입니다. 저 경중의 술(로 얻은 재부財富)은, 제후들이 복종하지 않으면 (병사들을) 출전을 시키는 (비용)이고, 제후들이 다 복종하면 인의仁義를 실천(하는 비용)입니다."

桓公問於管子曰: "輕重之數惡終?" 管子對曰: "若四時之更擧,[40] 無所終. 國有患憂,[41] 輕重五穀以調用, 積餘臧羨以備賞. 天下賓服, 有海內, 以富誠信仁義之士. 故民高辭讓, 無爲奇怪者. 彼輕重者, 諸侯不服以出戰, 諸侯賓服以行仁義."

관중이 말하였다. "1년 농사지어, 5년을 먹을 수 있으면, 곡물 가격을 5배로 올릴 수 있습니다. 1년 농사지어, 6년을 먹을 수 있다면,

36 湯孝純에 의하면, 善正에서 正은 政과 통하니 管理이고, 商任은 商務經營이고, 省은 宮禁이나 官府이고, 肆는 店鋪이고, 市朝는 市場이고, 閒은 空虛이니, 交易이 稀少함이다. 『新譯管子讀本』(下), 932頁, 注1~6 참조.

37 張文虎에 의하면, 財는 裁(마르다)의 假借이다..

38 趙守正에 의하면, '動左右以重相因'은 衡(저울을 輕重術에 비유하여, 저울추를 좌우로 이동시키듯이, 물가의 오름과 내림을 장악하여, 收入을 만들어 냄을 말한다. 『管子通解』(下), 438頁, 注5 참조.

39 趙守正에 의하면, 鹽, 鐵, 錫과 金의 專賣와 물가의 오름과 내림을 조작하는 官商, 이 다섯 가지가 五官이다. 數는 術과 통하니, 輕重의 術이다.

40 趙守正에 의하면, 更擧는 交替 出現이다. 上同, 439頁, 注2 참조.

41 趙守正에 의하면, 憂患은 戰亂의 우환을 가리킨다. 上同, 注3 참조.

곡물 가격을 6배로 올릴 수 있습니다. (이렇게) 2년을 농사지으면, 11년을 먹을 수 있습니다. 부자에게서 그 (재부를) 탈취하여, 가난한 자들에게 보태줄 수 있으면, (임금은) 이에 천하를 다스릴 수 있습니다. 천하를 대함에, 이런 형편에 이런 정책을 실행하여, 이렇게 한다면 천하를 통일할 수 있습니다. 천하 백성들은 그들을 부리되 부리는 줄 모르게 해야 하고, 쓰되 쓰는 줄 모르게 해야 합니다. 그러므로 천하를 잘 다스리는 임금은 (백성들을) 부린다는 말은 하지 않아도, (백성들로) 하여금 부림을 당하지 않을 수 없게 하고, (백성들을) 쓴다는 말은 하지 않아도, (백성들을) 씀에 쓰이지 않을 수 없게 합니다."

> 管子曰: "一歲耕, 五歲食, 粟賈五倍. 一歲耕, 六歲食, 粟賈六倍. 二年耕, 而十一年食. 夫富能奪, 貧能予, 乃可以爲天下. 且天下者, 處茲行茲, 若此而天下可壹也. 夫天下者, 使之不使, 用之不用. 故善爲天下者, 毋曰使之, 使不得不使; 毋曰用之, 用不得不用也."

관중이 말했다. "나라를 잘 다스리는 임금은 황금과 저울추를 저울에 올려놓은 것과 같아서, 추를 무겁게 하면 황금이 기울어지니, 따라서 권력을 다스리면 세력이 커지나, 도리[道]를 다스리면 세력[勢]은 약해집니다. 지금 곡식 값이 우리 나라에서는 비싸나, 천하에서는 싸다면, 제후들 (나라)에서 스스로 빠져서 (우리에게 옴)이, 마치 샘물이 아래로 흘러가는 것과 같습니다. 따라서 물자는 비싸면 오고, 싸면 나가 버립니다. 비싼 값으로 와서 값이 싸졌는데 (아직 떠나지 못하고) 있는 물건들을 우리가 붙잡아 두면, 천하는 이미 우리에게 이용된 것입니다. 물자는 쌓아 두면 값이 올라가고, 팔면 값이 내리니, (민간에게) 풀리면 충족하게 됩니다. 화폐는 비싸지면 백성들이 목숨을 걸고 추구하지만, 화폐 값이 떨어지면 방치하고 쓰지 않으니, 따라서 (물자나 화폐나) 값이 싸건 비싸건 (경중의) 재정 정책에 따라 조정되면 통제가 됩니다."

> 管子曰: "善爲國者, 如金石之相舉, 重鈞則金傾,[42] 故治權則勢重, 治道則

42 黎翔鳳에 의하면, '金以斤計, 鈞三十斤, 石百二十斤, 故其輕重可比'(金은 斤으로 계산하니, 鈞은 30斤으로, 石은 120斤으로 계산하니, 따라서 그것들의 輕重을 견줄 수 있다)라고 했다. 石

勢贏.[43] 今穀重於吾國, 輕於天下, 則諸侯之自泄, 如原水之就下. 故物重則至, 輕則去. 有以重至而輕處者. 我動而錯之, 天下卽已於我矣.[44] 物臧則重, 發則輕, 散則多. 幣重則民死利, 幣輕則決而不用, 故輕重調於數而止."

(환공이 물었다.) "오곡五穀은 백성의 명을 주재하는 것입니다. 화폐는 (물자 유통의) 물길입니다. (임금의) 호령은 (경제 과정의) 완급緩急입니다. (임금의) 호령은 보배보다 중하며, 사직은 친척들보다 중하다라고 하니, 무엇을 말한 것입니까?"

(관중이) 대답하였다. "성곽이 함락되고, 사직社稷에 제사를 못 드리고, 모든 신하들이 목숨을 바쳤습니다. 부모들이 죽었는데, 목숨 바치는 자식들은 없습니다. 이것은 사직이 부모보다 중하다는 것입니다. 그래서 성城은 있으나 사람들이 없다는 것은, 빈터와 폐허廢墟를 지키는 것입니다. 사람들은 있으나 무기와 병사도 양식도 없다면, 재화災禍와 함께 사는 것입니다."

"五穀者, 民之司命也. 刀幣者, 溝瀆也. 號令者, 徐疾也. 令重於寶, 社稷重於親戚. 胡謂也?" 對曰: "夫城郭拔, 社稷不血食, 無生臣.[45] 親沒之後, 無死子. 此社稷之所重於親戚者也. 故有城無人, 謂之守平虛.[46] 有人而無甲兵而無食, 謂之與禍居."

환공이 관중에게 물었다. "과인은 국내의 진귀한 전폐箭幣를 이용하는 7가지 방법이 있다고 들었는데, 들어볼 수 있겠습니까?"

관중이 대답하였다. "음산陰山의 옥玉에 버금가는 미석美石인 연민礝碈을 쓰는 것이 한 가지 방법입니다. 연燕나라 자산紫山의 은銀을 쓰는 것이 한 가지 방법입니다. (동이東夷의) 발發과 조선朝鮮의 호표虎豹의 가죽을 쓰는 것이 한 가지 방법입니다. 여수汝水와 한수漢水 우구右衢의

은 稱(저울)이다.

43 郭沫若에 의하면, '治權則勢重, 治道則勢贏'(權을 다스리면 勢가 커지고, 道를 다스리면 勢가 약해진다)처럼, 道와 權이 대립하고, 贏와 重이 대립한다.

44 黎翔鳳에 의하면, 已는 用이다.

45 湯孝純에 의하면, 살아 있는 신하가 없다는 말은, 나라가 망하자, 대신들이 모두 殉難한 것을 말함이다. 上同, 936頁, 注5 參조.

46 湯孝純에 의하면, 平虛는 空地에 廢墟를 말한다. 虛는 墟다. 『新譯管子讀本』(下), 注7 참조.

황금黃金을 쓰는 것이 한 가지 방법입니다. 강양江陽의 진주[珠]를 쓰는 것이 한 가지 방법입니다. 진秦나라 명산明山의 증청曾青을 쓰는 것이 한 가지 방법입니다. 우씨禺氏 변산邊山의 옥玉을 쓰는 것이 한 가지 방법입니다. 이것들은 모두 적은 것으로 많은 것을 만들고, 협소한 것으로 광대한 것을 만들어 내니, 천하의 이재理財 방법은 경중輕重의 술術로써 다하게 됩니다."

桓公問管子曰: "吾聞海內玉幣有七筴,[47] 可得而聞乎?" 管子對曰: "陰山之礝碈, 一筴也.[48] 燕之紫山白金,[49] 一筴也. 發、朝鮮之文皮,[50] 一筴也. 汝、漢水之右衢黃金, 一筴也. 江陽之珠, 一筴也. 秦明山之曾青, 一筴也. 禺氏邊山之玉, 一筴也. 此謂以寡爲多, 以狹爲廣, 天下之數盡於輕重矣."

환공이 관중에게 물었다. "음산陰山의 말들을 병거兵車에 쓰면 4천 필匹이고, 한 필 말의 가격은 1만 전이고, 황금 1근斤의 가격도 1만 전인데, 과인은 저축한 황금 1천 근뿐이니, 어떻게 하면 좋습니까?"

관중이 대답하였다. "임금은 납세할 사람들에게 모두 동전銅錢을 금金으로 바꾸게 시키니, 차이가 4만萬 전에 이르게 됩니다. 이것이 1(만)이 4(만)로 바뀐 것입니다. 우리들은 흙을 개서 (도가니를 만들고) 화로에 풀무질하여 황금을 만들 수는 없으나, 지금 황금의 가격이 1만萬에서 4만이 된 것은 이재理財의 방법입니다. 진주는 적야赤野의 말광末光 지역에서 나고, 황금은 여수汝水와 한수漢水의 우구右衢에서 나며, 옥玉은 우씨禺氏의 변산邊山지역에서 납니다. 이곳들은 주周나라에서 7천 8백 리里나 떨어져 있으니, 그 (가는) 길이 멀고, 그곳에 도달하기 어려워서, 그러므로 선왕들은 그 귀중함에 따라서 용도를 정하니, 주옥珠玉이 상등 화폐이고, 황금이 중등 화폐이고, 도포刀布가 하등 화폐가 되었습니다. 선왕들은 중등 화폐(의 값)을 올리기도 하고 내리기도 하면서, 하등 화폐와 상등 화폐의 용도를 제한하였습니다. 100승乘의 나라는 가운데에 (도읍이) 위치하고, (변경은) 동서와 남북으로 각각 50리里입니다. 첫째 날 계획을 정하고, 둘째 날 화물을 싣고, 셋째 날 국경을

47 趙守正에 의하면, 玉幣는 진귀한 錢幣다. 上同, 441頁, 注1 참조.
48 尹桐陽에 의하면, 礝은 碝이니 玉에 다음 가는 돌이다. 碈은 珉이니 美石이다
49 趙守正에 의하면, 白金은 銀이다. 上同, 注3 참조.
50 孫星衍에 의하면, 發은 北狄의 國名(나라 이름)이다. 安井衡에 의하면, 發은 東夷의 이름이다.

넘고, 다섯째 날에 돌아옵니다. 100승乘(의 나라) 제도는, (이웃나라) 물가의 경중輕重을 이해하는 데, 5일日을 넘지 못합니다. 100승(의 나라)는 경작하는 밭이 1만 경頃[1頃=100무畝]이고, 호수는 1만 호戶이고, 인구는 10만이고, 직업[職]을 가진 자가 1만 인人이고, 전차戰車가 100대이고, 말이 400필匹입니다. 1천 호의 나라에는 가운데 시장을 세우고, (변경은) 동서, 남북으로 각 150여 리里입니다. 이틀 간에 계획을 세우고, 삼일째 (마차에) 화물貨物들을 싣고, 다섯째 날에 국경을 넘어가서, 열흘이면 돌아옵니다. 천 승의 나라의 제도라면, (화물 값의) 경중輕重을 이해하는 데, 열흘이 넘지 않습니다. 천 승(의 나라)을 경작하는 밭이 10만 경頃이고, 호수는 10만 호이고, 인구는 100만이며, 직업을 가진 자가 10만 명이고, 전차가 1천 승이고, 말이 4천 필입니다. 만 승의 나라에는 가운데에 시장을 세우고, (변경이) 동서, 남북으로 각각 500리里입니다. 삼 일간 계획을 확정하고, 닷새가 되는 날에 화물을 싣고서, 10일째 되는 날에 국경을 넘어가며, 20일 뒤에 돌아옵니다. 만 승(나라)의 제도는 (이웃 나라의) 경중輕重을 이해하는 데 20일을 넘지 않습니다. 만 승(의 나라)에 경전耕田이 100만 경頃이고, 호수가 100만 호戶이고, 인구는 천만 명이며, 직업을 가진 자가 100만이고, 전차가 1만 승이고, 말이 4만 필입니다."

桓公問於管子曰: "陰山之馬具駕者千乘. 馬之平賈萬也, 金之平賈萬也. 吾有伏金千斤,[51] 爲此奈何?" 管子對曰: "君請使與正籍者,[52] 皆以幣還於金,[53] 吾至四萬.[54] 此一爲四矣. 吾非埏埴搖鑪橐而立黃金也,[55] 今黃金之重一爲四者, 數也. 珠起於赤野之末光, 黃金起於汝、漢水之右衢, 玉起於禺氏之邊山. 此度去周七千八百里, 其涂遠, 其至阨, 故先王度用其重而因之, 珠玉爲上幣, 黃金爲中幣, 刀布爲下幣. 先王高下中幣, 利下上之用.[56]

51 黎翔鳳에 의하면, 伏은 藏(저축)이다.

52 趙守正에 의하면, '與正籍者'에서, 與는 給與고, 正은 征과 通하니, '與正籍者'는 납세할 사람들, 즉 세금 낼 사람들이다. 上同, 442頁, 注2 참조.

53 黎翔鳳에 의하면, 玉, 馬, 皮, 圭, 璧, 帛이 모두 幣고, 黃銅을 換算한 것이 幣價이니, '幣還於金'하면, 銅錢을 金으로 바꾸는 것이다.

54 黎翔鳳에 의하면, 吾는 鋙(어긋나다)와 通하니, 鉏鋙의 뜻이고, 鉏鋙가 槎牙(錯落不齊, 배열이 일정하지 않음)와 통한다.

55 安井衡에 의하면, 橐(활집)는 橐(풀무)이고, 立은 成이다.

56 趙守正에 의하면, 原文의 利는 제77편 「地數」의 '高下中幣, 制下上之用'에 따라서 制로 바꾸었다. 上同, 注6 참조.

百乘之國, 中而立, 東西南北度五十里.[57] 一日定慮, 二日定載,[58] 三日出竟, 五日而反. 百乘之制,[59] 輕重毋過五日. 百乘爲耕田萬頃, 爲戶萬戶, 爲開口十萬人, 爲分者萬人,[60] 爲輕車百乘,[61] 爲馬四百匹. 千乘之國, 中而立市, 東西南北度百五十餘里.[62] 二日定慮, 三日定載, 五日出竟, 十日而反. 千乘之制, 輕重毋過一旬. 千乘爲耕田十萬頃, 爲戶十萬戶, 爲開口百萬人, 爲當分者十萬人, 爲輕車千乘, 爲馬四千匹. 萬乘之國, 中而立市, 東西南北度五百里. 三日定慮, 五日定載, 十日出竟, 二十日而反. 萬乘之制, 輕重毋過二旬. 萬乘爲耕田百萬頃, 爲戶百萬戶, 爲開口千萬人, 爲當分者百萬人, 爲輕車萬乘, 爲馬四萬匹."

관중이 말하였다. "혼자 사는 사내가 홀아비[鰥]고, 혼자 사는 부인네가 과부[寡]고, 늙어서 자식 없는 자가 홀몸[獨]입니다. 임금이 자제子弟들이 병역 의무를 이행하다 죽은 자를 찾아서, 그 부모를 홀몸으로 보아, 관청에서 이들을 반드시 장사지내 주니, 옷은 세 벌, 관목棺木은 세 치[寸] 두께로 하고, 향鄕의 관리가 장사를 주관하고, 나라 묘지에 매장합니다. (전사자가) 태어난 형제들이 없는 (독)자라면, 임금은 반드시 말 한 필이 경작할 수 있는 토지를 (부모에게) 내립니다. 그러므로 부모가 자식이 (전장에서) 임금을 위해 죽더라도, (그 부모가) 생활하기 어렵지 않습니다. 임금은 일 년 내내 읍리邑里를 돌아다니며, 노력은 남들과 같이했으나 집이 아름다운 자들은 좋은 일꾼이라 여겨서, 건육乾肉 두 단과, 술 한 섬[石]을 하사합니다. 힘이 충만한데 방탕하게 놀면서 농사짓지 않았으면, 늙은이들은 견책하고, 장정들은 변방 수자리로 보냅니다. 바탕이 없는 백성들에게는 채마밭이나 토지를 빌려줍니다. 그러므로 모든 사업이 다 일어나니, 힘을 쓰지 않거나 시기를 놓치는 백성들이 없습니다. 이것이 모두 나라의 이재理財를 이루는 방법들입니다."

57 黎翔鳳에 의하면, '中而立'에서 立은 位이다. 度는 各이고, '三日出竟'은 第三日 出境이다.

58 趙守正에 의하면, 慮는 계획이니, 定慮는 계획이 이미 정해졌음이다. 載는 裝載다. 上同, 443頁, 注2 참조.

59 湯孝純에 의하면, 制는 制度, 規定이다.『新譯管子讀本』(下), 939頁, 注3 참조.

60 丁士涵에 의하면, 下文에 '當分者十萬人', '當分者百萬人'이라 했으니, 모두 當자가 있어 보충해야 한다. 黎翔鳳에 의하면, 萬人은 '壯男(건장한 사내)'을 가리키며, 分은 職(벼슬)이다.

61 趙守正에 의하면, 輕車는 戰車이다.『管子通解』(下), 注7 참조.

62 豬飼彦博의 주석: '千乘之國, 地方三百十六里六十八步有奇, 四竟去中各百五十八里三十四步'(千乘의 나라는 땅이 사방 316里 68步가 넘고, 네 변경은 중앙에서 떨어진 것이 각각 158里 34步이다) 참조.

管子曰: "匹夫爲鰥,[63] 匹婦爲寡, 老而無子者爲獨. 君問其若有子弟師役而死者,[64] 父母爲獨, 上必葬之, 衣衾三領, 木必三寸. 鄕吏視事, 葬於公壤. 若產而無弟兄, 上必賜之匹馬之壤.[65] 故親之殺其子以爲上用, 不苦也. 君終歲行邑里. 其人力同而宮室美者, 良萌也,[66] 力作者也, 脯二束, 酒一石以賜之. 力足蕩遊不作, 老者譙之, 當壯者遣之邊戍.[67] 民之無本者, 貸之圃彊.[68] 故百事皆擧, 無留力失時之民.[69] 此皆國筴之數也."

상등 농민은 다섯 사람을 돌보며, 중등 농민은 네 사람을 돌보며, 하등 농민은 세 사람을 돌볼 수 있습니다. 상등 여인은 다섯 사람을 옷 입히며, 중등 여인은 네 사람을 옷 입히고, 하등 여인은 세 사람을 옷 입힙니다. 농부는 늘 하는 직업이 있고, 여자들에게는 늘 하는 일이 있습니다. 농부 하나가 농사짓지 않으면, 백성들 중에 굶는 이가 있게 됩니다. 여인 하나가 옷감을 짜지 않으면, 추위에 떠는 이가 있게 됩니다. 배고프고 춥고 얼고 굶는 것이, 반드시 썩은 흙을 (다루지 않는 데서) 생기니, 그러므로 선왕들은 (농상農桑의) 시작에 부지런히 하였습니다. 사업(의 소득)이 본전의 두 배가 되면, 죽粥도 없는 백성들은 자식들을 팔 수 밖에 없습니다. 본전에 세 배가 되면, 겨우 먹을 수 있습니다. 본전에 네 배가 되면, 향리鄕里에서 수급收給이 됩니다. 본전의 다섯 배가 되면, (여유의 양식이) 원근遠近에 소통되고, 그다음에 죽은 자에게 장례를 치르게 됩니다. 사업이 본전의 곱을 낼 수 없는데, 임금의 책구責求가 그치지 않으니, 나쁜 짓거리들이 길가에서 홀로 진행되지 않으며, 재화財貨가 밖으로 흘러가도, (이것을) 금지할 수가 없습니다. 법으로 이들을 처리하면, 안에서 백성들을 해치는 격입니다. 경중輕重술이 조화롭지 못하여, 죽粥도 없는 백성들을 관리를 못하면, 자식을 팔아치워도 (자신이) 쓰일 수가 없게 되니, 임금은 자기 백성들을 잃은 것이요,

63 匹은 單獨이다.
64 趙守正에 의하면, 師役은 戰役과 같다. 上同, 444頁, 注2 참조.
65 黎翔鳳에 의하면, 北人들은 馬耕을 하니, 一馬가 하루에 경작할 수 있는 면적을 말한다.
66 黎翔鳳에 의하면, 萌은 氓과 같으니, 流氓이나 노예지, 自由民과는 다르다.
67 聞一多에 의하면, 當壯은 丁壯(장년의 남자)이다.
68 何如璋에 의하면, 彊은 마땅히 疆(疆土)이다.
69 湯孝純에 의하면, 留力은 체력을 保有하고 쓰지 않음이다. 『新譯管子讀本』(下), 940頁, 注17 참조.

나라가 망하게 되는 방책입니다.

관중이 말하였습니다. "신농神農의 가르침은 이러하니, '곡식 하나가 풍성히 수확을 못하게 되면, 곡식 하나가 부족하나, 곡식 판매의 값은 열 배가 오를 것이다. 곡식 둘을 풍성히 수확하지 못하면 곡식 둘이 부족할 것이니, 곡식(의 판매) 값은 스무 배가 될 것이다.' (이런 상황이면 관곡官穀을) 충분히 평균 가격으로 매출하니, 먹을 것이 없는 이에게 (양식을) 줄 수 있으며, 종자가 없는 이들에게 새로운 씨앗을 대여해 줌으로써, 따라서 열 배의 이익을 좇는 장사꾼이 없어지고, 두 배의 이익을 취하는 부민富民들도 없어집니다."

上農挾五, 中農挾四, 下農挾三.[70] 上女衣五, 中女衣四, 下女衣三. 農有常業, 女有常事. 一農不耕, 民有爲之飢者. 一女不織, 民有爲之寒者. 飢寒凍餓, 必起於糞土,[71] 故先王謹於其始. 事再其本, 民無糧者賣其子.[72] 三其本, 若爲食.[73] 四其本, 則鄕里給. 五其本, 則遠近通, 然後死得葬矣. 事不能再其本, 而上之求焉無止, 然則姦涂不可獨遵,[74] 貨財不安於拘.[75] 隨之以法, 則中內摲民也.[76] 輕重不調, 無糧之民不可責理, 鬻子不可得使, 君失其民, 父失其子, 亡國之數也. 管子曰: "神農之數曰: '一穀不登,[77] 減一穀, 穀之法什倍.[78] 二穀不登, 減二穀, 穀之法再什倍.' 夷疏滿之,[79] 無食者予之陳, 無種者貸之新, 故無什倍之賈, 無倍稱之民."

70 黎翔鳳에 의하면, 挾은 輔(돕다), 즉 扶持(돌보다, 도와주다)다.

71 于省吾에 의하면, 農桑은 糞土를 本으로 하는데, 지금 農桑에 힘쓰지 않으니, '飢寒凍餓必起於糞土'(飢寒凍餓는 반드시 糞土에서 생긴다)라고 말한 것이다.

72 王念孫에 의하면, 糧은 饘鬻의 饘(죽)이다. 黎翔鳳에 의하면, 수입이 집안을 먹여 살릴 수 없으니, 따라서 죽도 없으면 자식을 팔 수밖에 없다.

73 黎翔鳳에 의하면, 若은 乃다.

74 黎翔鳳에 의하면, 遵은 行이고, 可는 肯이니, 혼자 행하려고 하지 않으니, 나쁜 짓[姦]을 하는 자들이 많음을 말한다.

75 黎翔鳳에 의하면, 拘는 止니, 貨財가 外流하여도, 禁止할 수가 없다.

76 黎翔鳳에 의하면, 中內는 그 內를 傷하게 함이다.

77 湯孝純에 의하면, 登은 成熟, 즉 豊收다. 上同, 942頁, 注2 참조.

78 趙守正에 의하면, 原文의 法은 沽(팔다)다. 『管子通解』(下), 446頁, 注2 참조.

79 郭沫若에 의하면, 夷疏는 平糶(官穀을 평균 가격으로 파는 것)의 뜻이다. 夷는 값을 고르게 함이고, 疏는 有無에 통함이다.

국준 國准

나라 경제의 조절

국준國准은 나라 경제 조절의 정책과 방법이다. 본문에서 '視時而立儀'(시대를 보고서 정책을 세워라)고 주장함으로써, 시대가 다르면 새로운 자원 통제와 경제 정책을 수립하라고 말한다. 고대의 경제 정책을 응용해, 좋은 것을 따라 하는 새로운 방법을 논한다.

환공이 관중에게 물었다. "나라의 경제 정책을 들을 수 있겠습니까?"

관중이 대답하였다. "나라의 경제 정책은 시대를 보고서 정책을 세우는 것입니다."

환공이 말했다. "시대를 보아가며 경제 정책을 세운다는 것이 무슨 말입니까?"

(관중이) 대답하였다. "황제黃帝가 왕 노릇을 할 때, (짐승들의) 발톱과 이빨을 겨우 피하였습니다. 순舜임금이 왕 노릇을 할 때, 연못물을 마르게 하고 산에 초목을 없앴습니다. 하나라 임금[夏后]이 왕 노릇을 할 때, 초목이 우거진 지역을 불 지르고, 가시덤불이 무성한 늪지를 불태웠으나, 백성들의 이익을 증가시키지 못했습니다. 은殷나라 사람들이 왕 노릇을 할 때, 제후諸侯들(의 나라)에는 소나 말의 우리[牢]가 없었고, 장비[械器]들을 예리하게 만들지도 못했습니다. 주周나라 사람들이 왕 노릇을 할 때, (나라에) 물자를 관리할 능력이 있게 됐습니다. 이들 다섯 나라[家]의 재정 정책은 달랐으나, 쓰임새는 한 가지입니다."

환공이 말했다. "그러면 다섯 나라의 재정 정책 중에, 어느 것을 빌려서 쓰는 것이 좋겠습니까?"

관중이 대답하였다. "산림을 불태우고, 초목이 우거진 지역을 불 지르고, 가시덤불이 무성한 늪지를 불태웠으나, 맹수들이 많았습니다.

산에 초목들을 없애고 연못물을 마르게 한 것은, 임금의 지혜가 부족한 때문입니다. 초목이 우거진 지역을 불 지르고, 가시덤불이 무성한 늪지를 불태웠으나, 백성들을 이롭게 하지도 않고, (그들의 생산) 장비[械器]들도 숨겨 두고, (생산할 수 있는) 지능을 닫아 버린 것은 (임금) 자신만을 돕게 하려 한 것입니다. (은왕殷王들이) 제후諸侯들에게는 소나 말의 우리를 없애고, 도구들을 이롭게 하지도 않고, (제후諸侯들에게) 이런 도구들을 어긋난 것[淫]이라고 말한 것은, 백성들의 마음을 하나로 (통일)하려고 한 것입니다. (주周나라에서) 사람들을 사람으로 다스리고, 무기[戈刃]들을 숨기고, 인의仁義를 높인 것은, 나라의 도읍[都]에서 (임금) 자신을 안전하게 한 것입니다. 다섯 나라의 이재理財 방법은 다르나, 쓰임새는 한가지입니다."

> 桓公問於管子曰: "國准可得聞乎?" 管子對曰: "國准者, 視時而立儀." 桓公曰: "何謂視時而立儀?" 對曰: "黃帝之王, 謹逃其爪牙.[1] 有虞之王, 枯澤童山. 夏后之王, 燒增藪, 焚沛澤, 不益民之利. 殷人之王, 諸侯無牛馬之牢, 不利其器. 周人之王, 官能以備物.[2] 五家之數殊, 而用一也." 桓公曰: "然則五家之數, 籍何者爲善也?"[3] 管子對曰: "燒山林, 破增藪, 焚沛澤, 猛獸衆也. 童山竭澤者, 君智不足也. 燒增藪, 焚沛澤, 不益民利, 逃械器,[4] 閉智能者, 輔己者也. 諸侯無牛馬之牢, 不利其器者, 曰淫器而壹民心者也.[5] 以人御人, 逃戈刃, 高仁義, 乘天國以安己者也.[6] 五家之數殊, 而用一也."

1 黎翔鳳에 의하면, '五家之數': ① '黃帝驅禽獸, 逃其爪牙'(黃帝가 禽獸를 몰아내어, 그 爪牙를 피하였다), ② 有虞의 '童山竭澤', 이에 대해 『孟子』에서, '舜使益掌火, 益烈山澤而焚之, 禽獸逃匿'(舜 임금이 益을 시켜서 불을 장악하게 하니, 益이 山澤을 불태워 버리니, 禽獸들이 도망가고 숨어버렸다)라는 말이 있고, ③ '夏后焚燒同前而逃械器'(夏后가 前과 마찬가지로 불 지르고 械器들을 도피시켰다) 黃帝가 械器들을 날카롭게 하지 않으니, 夏后는 (械器들을 숨기고 知能을 폐쇄하였다), ④ 殷나라 사람들은 諸侯들이 械器들을 날카롭게 하지 않음을 禁止하였다. ⑤ 周나라 사람들은 戈刃을 감추고 仁義를 높이었다. 시대가 내려올수록 기술은 더욱 정교해졌다. 기록한 것에 자세한 것과 생략한 곳이 있으나, 반드시 增補할 필요는 없다.

2 趙守正에 의하면, 官能은 管理할 수 있는 능력이고, 備物은 나라에서 각종 물자를 비축함을 말한다. 『管子通解』(下), 454頁, 注5 참조.

3 趙守正에 의하면, 籍은 藉와 통하니, 여기서는 借用(빌려서 씀)의 뜻이다. 上同, 注1 참조.

4 黎翔鳳에 의하면, 逃는 隱匿이다.

5 黎翔鳳에 의하면, 殷王들은 '自育牛馬, 鑄兵器, 不准諸侯有之'(스스로는 牛馬들을 기르고, 兵器들을 주조하였고, 諸侯들에게는 이런 것을 갖는 것을 허락하지 않았다)라고 했다. 淫器는 淫巧한 器物이다.

6 黎翔鳳에 의하면, 天國은 國都를 가리킨 것이다.

환공이 말했다. "지금 이 때의 임금이라면, 어느 나라를 본받아야 합니까?"

관중이 대답하였다. "다섯 나라(의 방법)을 겸하여 쓰시되 (하나에) 전념하지 마십시오."

환공이 말하였다. "무슨 말씀이십니까?"

관중이 대답하였다. "양羊을 써서 제사하며 산과 연못을 봉금封禁하고, 장비[械器]들을 설치하여 모든 물자들을 사용하되, 천하 사람들 모두에게 이롭도록 (나라는) 엄격히 물가정책을 조절해야 하니, 산에 초목을 다 베고 연못물은 말리되, 이익은 늘어나도록 (물류가) 전적으로 흘러가야 합니다. 산山에서 금金이 나와서 화폐를 만드니, 띠[茅]가 우거진 산언덕에 나아가서, (가축들을 기르는) 우리[牢]들을 나란히 세움으로써, 백성들이 부유하게 됩니다. 저 풀이 나는 땅은, 오곡五穀들이 자라나는 곳이 아니고, 노루, 사슴, 소와 말을 키우는 목장이니, 봄과 가을로 갓 태어난 새끼[生]들을 (백성들에게) 나누어 주어 (키우게 하고) 늙은 놈들은 죽여서 (팔아서), 돈으로 오곡들을 지킵니다. 이것이 (농사에) 쓸모없는 땅으로 백성들의 약한 점[이羸]을 고쳐 주는 것입니다. 다섯 나라의 재정 정책들은 다 쓸 수 있으나 그것대로만은 할 수 없습니다."

桓公曰: "今當時之王者, 立何而可?" 管子對曰: "請兼用五家而勿盡." 桓公曰: "何謂?" 管子對曰: "立祈祥以固山澤,[7] 立械器以使萬物, 天下皆利而謹操重筴,[8] 童山竭澤, 益利搏流.[9] 出金山立幣,[10] 成菹丘,[11] 立駢牢,[12] 以爲民饒. 彼菹菜之壤,[13] 非五穀之所生也, 麋鹿牛馬之地, 春秋賦生殺老, 立施以守五穀.[14] 此以無用之壤臧民之羸.[15] 五家之數皆用而勿盡."

7 黎翔鳳에 의하면, 祈祥은 祈羊이다. 趙守正에 의하면, 固는 錮(封閉, 금지)이다. 上同, 455頁, 注2 참조.

8 趙守正에 의하면, 重筴은 물가 정책이다. '天下皆利而謹操重筴'은 천하가 함께 이익을 圖謀하도록 경영하되, 나라는 물가 정책을 반드시 엄격하게 장악해야 함을 말한다. 上同, 456頁, 注4 참조.

9 李哲明에 의하면, 搏은 專으로 읽어야 한다.

10 黎翔鳳에 의하면, '出金於山以立幣'(山에서 金이 나와서 화폐를 만든다)이어야 하니, 於가 古本에 빠진 것이다.

11 黎翔鳳에 의하면, 成은 就(나아가다)다.

12 黎翔鳳에 의하면, 牛馬의 牢(우리)를 駢列(나란히)로 세움이다.

13 王念孫에 의하면, 菹菜는 마땅히 菹萊다. 菹萊는 풀이 나는 땅이다.

14 張佩綸에 의하면, 施는 用이니, '立施以守五穀'은 金幣로써 五穀을 지킴이다.

15 郭沫若에 의하면, 臧은 善이니, 繕(손보아 고치다)이다. 黎翔鳳에 의하면, 羸는 病이다.

환공이 말했다. "(위에서 말한) 오대五代의 왕들이 이미 천하의 재정 정책을 다 썼으니, 앞으로 올 왕들은 어떻게 해야 할지를 들어볼 수 있을까요?"

관중이 대답하였다. "잘 살펴서 혼란이 없게 하고, 수많은 변화가 닥쳐도 (정책의) 핵심 원리[宗]는 잃지 말아야 합니다. 시기가 왔을 때 하시고, (기회가) 떠났으면 (좋은 방책도) 가버립니다. 왕업王業을 이루는 방책은 미리 불러올 수 없습니다. 이것이 (과거) 다섯 나라들의 나라 경제 정책입니다."

桓公曰: "五代之王以盡天下數矣,[16] 來世之王者可得而聞乎?" 管子對曰: "好讖而不亂,[17] 亟變而不變.[18] 時至則爲, 過則去. 王數不可豫致. 此五家之國准也."

[16] 聞一多에 의하면, 以는 已 자로 읽어야 한다.

[17] 黎翔鳳에 의하면, 讖는 察이다.

[18] 黎翔鳳에 의하면, '亟變而不變'은 萬變에 참여하더라도 宗(핵심)을 떠나지 말아야 함과 비슷한 뜻이다.

경중갑 輕重甲

「경중갑輕重甲」 편은 경중輕重의 술術을 논한 첫 번째 편이다. 갑甲, 을乙, 병丙, 정丁은 천간天干으로 편장篇章을 표시하는 방법이다. 이 편은 두 가지 내용을 담고 있다. ① 관중과 제 환공이 경중의 술을 토론한 내용 ② 경중의 술을 운용한 실례實例다.

환공이 말했다. "경중輕重(의 책략)을 운용하는 데 정해진 수數가 있습니까?"

관중이 대답하였다. "경중(의 책략을) 수행하는 데 정해진 수는 없으니, 물자가 이동하면 대응해야 하며, 소식을 들었으면 (곧) 착수해야 합니다. 따라서 나라를 세우려 하면서 천하의 재물을 모을 수 없고, 천하의 백성들을 소집할 수 없으면, 나라는 이루어지지 않습니다."

환공이 말했다. "천하의 재물을 모은다는 것이 무엇입니까?"

관중이 대답하였다. "옛날 걸桀왕 시절에는, '여자 악대[女樂]'가 3만 명이고, (걸은 천자天子로서) 앉아서 떠들며 음악이 새벽까지 그치지 않았으니, 큰길에서도 들렸는데, 이들은 무늬 있고 자수紫繡한 옷을 안 입은 사람들이 없었습니다. 이윤伊尹은 박亳땅의 노는 여공女工들에게 무늬 있고 수놓은 직물織物을 짜게 하니, 걸桀의 나라에서 한 필匹의 직물이 곡식 100종鍾[1鍾=10釜; 4區=1釜; 1區=4豆]을 얻었습니다. 걸의 나라는 천자天子의 나라입니다. 걸은 천하를 위한 근심을 하지 않았으며, 여자들을 예쁘게 꾸미고 종고鍾鼓의 음악을 (즐겼으니), 따라서 이윤伊尹은 곡식을 얻었으며 (물자와) 유통을 빼앗았으니, 이것이 천하의 재물을 모으는 것입니다."

환공이 말했다. "천하의 백성들을 불러 모으는 것이 무엇입니까?"

관중이 대답하였다. "주州에는 하나의 (주관하는) 관리를 두고, 이里에는 5개의 움집[교窌, 지하 저장소]를 두십시오. 백성들 중에 본업本業이 없는 사람들에게 (나라의 원유苑囿, 공전公田, 지택池澤을) 장기로 빌려주고, 죽어서 장례를 못 치른 사람들에게 장기로 장지葬地를 줍니다. 굶는 자가 먹을 수 있고, 추운 자가 옷 입을 수 있고, 죽은 자가 장사 지낼 수 있고, 도모할 길이 없는 자를 구제해 준다면, 천하에서 우리(나라)에 귀순할 사람들이 물이 흘러오듯 많게 될 것입니다. 이것이 천하의 백성들을 불러 모으는 것입니다. 따라서 성인들은 자기 것이 아닌 것을 쓰고, 자기 사람이 아닌 사람들에게 일을 시킵니다. (임금이) 명령을 발동하여, 만민을 가깝게 대할 수 있습니다."

환공이 말했다. "좋습니다."

桓公曰: "輕重有數乎?"[1] 管子對曰: "輕重無數, 物發而應之, 聞聲而乘之.[2] 故爲國不能來天下之財, 致天下之民, 則國不可成." 桓公曰: "何謂來天下之財?" 管子對曰: "昔者桀之時, 女樂三萬人, 端譟晨樂, 聞於三衢,[3] 是無不服文繡衣裳者. 伊尹以薄之游女工文繡簒組,[4] 一純得粟百鍾於桀之國. 夫桀之國者, 天子之國也. 桀無天下憂, 飾婦女鍾鼓之樂, 故伊尹得其粟而奪之流. 此之謂來天下之財." 桓公曰: "何謂致天下之民?" 管子對曰: "請使州有一掌, 里有積五窌.[5] 民無以與正籍者予之長假,[6] 死而不葬者予之長度.[7] 飢者得食, 寒者得衣, 死者得葬, 不資者得振,[8] 則天下之歸我者若流水. 此之謂致天下之民. 故聖人善用非其有, 使非其人. 動言搖辭,[9] 萬民可得而親." 桓公曰: "善."

환공이 관중에게 물었다. "탕湯임금은 70리里의 박亳땅으로 걸桀의

1 趙守正에 의하면, 數는 定數다. 『管子通解』(下), 460頁, 注1 참조.

2 湯孝純에 의하면, 聲은 소식이다. 『新譯管子讀本』(下), 950頁, 注3 참조.

3 黎翔鳳에 의하면, 端은 옛날의 位자이니, 端譟는 桀이 天子로 앉아서 떠드는 것이다. 晨樂은 '음악이 아침까지 그치지 않음'이다.

4 安井衡에 의하면, 薄은 亳이다. 黎翔鳳에 의하면, 簒(빼앗다)은 纂(무늬, 붉은 끈)이다.

5 張佩綸에 의하면, 掌은 主다.

6 安井衡에 의하면, 與는 預이고, 正籍은 正戶正人의 籍이니, '無預正籍'者는, 本業이 없는 사람들이고, 假는 貸(빌려주다)다.

7 于省吾에 의하면, 度와 宅은 古字가 통했으니, 宅은 葬居, 즉 葬地다.

8 黎翔鳳에 의하면, 資는 앞에서 나왔는데, 咨와 통하고, 咨는 謀다. '문서로 신청[咨請]'을 할 수 없으면 구제를 받을 수 있음을 말한다.

9 馬非百에 의하면, '動言搖辭'는 「輕重丁」 편에는 '動言操辭'인데, 모두 '理財正辭'의 뜻이니, 임금이 命令을 발동하는 것이다. 『管子校注』(下), 1401頁, 注8 참조.

천하를 아울렀으니, 그 이유는 무엇입니까?"

관중이 대답하였다. "걸桀은 겨울에 외나무다리[方橋]도 만들지 않았고, 여름에 엮어서 묶은 뗏목도 없었으며, (사람들이) 얼어 버리거나 물에 빠지는 것을 바라만 보았습니다. 시장 통에 암호랑이를 풀어놓고서, (사람들이) 놀라는 광경을 보았습니다. 탕湯임금에 이르러서는 그러하지 않았으니, 동료同僚들이 다투어서 양곡糧穀을 저축하고, 굶는 자들에게 밥 먹여 주고, 추운 자들에게 옷을 입혀 주고, 대책 없는 자들을 구휼救恤해 주고, 천하 사람들이 물이 흘러오듯이 탕(임금)에게 귀순하였습니다. 이것이 걸桀이 자기 천하를 잃은 이유입니다."

환공이 말했다. "걸이 탕(임금)으로 하여금 이렇게 하도록 한 것은, 그 이유가 무엇입니까?"

관중이 말했다. "여화女華는 걸이 좋아하는 총비寵妃인데, 탕(임금)이 천금千金으로 받들었습니다. 곡역曲逆은 걸이 좋아하는 신하였는데, 탕(임금)은 그를 천금으로 섬겼습니다. 안에서 여화의 음덕陰德과 밖에서 곡역의 양덕陽德이 있으니, 음양으로 의론이 합해져서, (탕이) 천자가 된 것입니다. 이것이 탕의 기밀 책략입니다."

桓公問管子曰: "夫湯以七十里之薄, 兼桀之天下, 其故何也?" 管子對曰: "桀者, 冬不爲杠,[10] 夏不束柎,[11] 以觀凍溺. 弛牝虎充市, 以觀其驚駭. 至湯而不然, 夷競而積粟,[12] 飢者食之, 寒者衣之, 不資者振之, 天下歸湯若流水. 此桀之所以失其天下也." 桓公曰: "桀使湯得爲是, 其故何也?" 管子曰: "女華者, 桀之所愛也, 湯事之以千金. 曲逆者, 桀之所善也, 湯事之以千金. 內則有女華之陰, 外則有曲逆之陽, 陰陽之議合, 而得成其天子. 此湯之陰謀也."

환공이 말하였다. "경중의 이재理財 방법과 나라 경제 정책의 (오대五代의) 구분은, 과인이 이미 들었습니다. 군대를 쓰는 문제는, 어떻게 하면 되겠습니까?"

관중이 대답하였다. "(경제 문제에서) 다섯 가지 문제와 씨름해야 군대 문제에 도달하게 됩니다."

10 黎翔鳳에 이하면, 杠은 외나무다리(方橋)다.

11 何如璋에 의하면, 束柎는 묶은 뗏목이다.

12 黎翔鳳에 의하면, 夷는 儕輩, 즉 同輩이고, 夷競은 '무리의 다툼[衆競]'이다.

환공이 말했다. "이것은 무슨 말씀이십니까?"

관중이 대답하였다. "수요와 공급의 평형에서 전투하시고, 물가 조절에서 전투하시고, 물자 유통 측면에서 전투하시고, 권술權術의 이용 측면에서 전투하시고, 형세를 이용하는 측면에서 전투하십시오. 이것이 이른바 (경제에서) 다섯 가지 전쟁을 한 뒤에 군대 문제에 도달하는 것입니다."

환공이 말했다. "좋습니다."

桓公曰: "輕重之數, 國准之分, 吾已得而聞之矣. 請問用兵奈何?" 管子對曰: "五戰而至於兵." 桓公曰: "此若言何謂也?" 管子對曰: "請戰衡, 戰准, 戰流, 戰權, 戰勢,[13] 此所謂五戰而至於兵者也." 桓公曰: "善."

환공이 (나라) 일로 죽은 자들의 후손들을 보상하려고 말하였다. "우리 나라는 사면에서 적敵의 공격을 받는 나라이고, (타국이 제공하는) 양곡으로 살며, 호랑이와 늑대가 삽니다. 지금 매번 전쟁으로 전차戰車에 (받쳐) 죽었거나 부상자를 돌보는 이들과 고아들이나, 백발노인의 손자들, 창을 잡은 포로들에게, 과인이 돌보아 줄 것이 없으니, 어떻게 하면 좋습니까?"

관중이 대답하였다. "우리 나라의 위세 있는 큰 집안[豪門大族]으로서 관직에 오르고 봉토를 갖고 재물을 쌓아 둔 자들에게, 임금께서 그런 (쌓아둔) 물자들을 통제하면 그 물자는 값이 오를 것이고, 그 물자들을 통제하지 못하면 그 물자들은 값이 내려가니, (임금께서) 이 물자들을 장악하면 물가가 오르고, 이 물자들을 장악하지 못하면 물건 값이 싸집니다. 따라서 관직이 올랐거나 봉토[食邑]를 (받거나), 여유분을 저축했거나 많이 쌓아 둔 가문, 이들은 우리 나라의 부호들입니다. 그러므로 임금은 백색의 상복喪服을 입고서 관청으로 나가서, 공신功臣들, 세가世家들, 등급이 오른 대관大官들, 식읍食邑 받은 자들, 부유한 상인들, 축재한 장사꾼들, 남는 재물을 저축한 자들과 재물을 쌓아 둔 자

13 趙守正에 의하면, 衡은 平衡이고, 戰衡은 수요와 공급의 평형 위에서 전투를 함이고, 准은 物價의 조절이니, 戰准은 물가 조절에서 전투함이고, 流는 流通이니, 戰流는 시장의 상품 유통 중에 전투함이고, 權은 權謀이니, 戰權은 權術을 운용하는 면에서 전투함이고, 勢는 제76편 「山至數」의 地勢를 말하니, 戰勢는 地勢를 포함한 여러 形勢들의 운용에서 전투함을 말한다. 『管子通解』(下), 461~462頁, 注3~7 참조.

들을 조회에 불러서, 이렇게 말합니다. '성城이 무너지기 쉬우면 공격을 받고, 저축해 놓은 것이 없으면 포위당한다. 천하(의 제후諸侯들)도 계산을 하는데, 제齊나라에서만은 홀로 (대부들이) 책략에 간여하지 않는가? 너희 대부大夫들은 가지고 있는 오곡五穀들과 양식糧食을 혼자 마음대로 처리하지 말고, 평균 가격으로 너희들에게 (과인이) 사들이겠다.' (그리고) 이 (대부)들과 계약서를 확정합니다. (곡식의 용량 단위인) 부釜와 우鏂의 숫자는 과장하거나 축소할 수 없습니다. 곤궁한 백성들은 풍문을 듣고 와서 (곡식을) 구입하니, (곡식이) 부나 우에 그치지 않으며, 먼 길을 찾아서 온 (곤궁한 이들에게) 양식 구입을 거절하지 않았으니, 나라 곡식의 값이 (가만히) 앉아서 자라나 40배가 됩니다. 임금은 40배(가격)의 곡식을 매출하여, (불쌍한) 고아와 과부들을 구휼하고, 가난하고 병든 자들을 거두어 주며, 아내 없이 늙고 곤궁한데 자식 없는 자들을 보고, 자신을 (노예로) 팔아서 먹고살게 하거나, 도랑에 빠져 죽으려고 달려가지 못하게 합니다. 이렇게 되면, 군사들이 다투어서 앞서서 싸우며 앞으로 나아가니, 게으르지 않고 (나라를 위해) 쓰이게 되며, 전차戰車에 부딪혀 죽거나, 부상을 당하거나, 죽은 자들이 과반이 됩니다. 이는 무엇 때문입니까? 전사들이 전쟁을 좋아하여 죽음을 가벼이 한 것이 아니고, 경중의 술이 그렇게 만든 것입니다."

桓公欲賞死事之後, 曰: "吾國者, 衢處之國,[14] 饋食之都,[15] 虎狼之所棲也. 今每戰, 輿死扶傷如孤, 荼首之孫, 仰傳戟之寶,[16] 吾無由予之, 爲之奈何?" 管子對曰: "吾國之豪家, 遷封食邑而居者,[17] 君章之以物則物重,[18] 不章以物則物輕, 守之以物則物重, 不守以物則物輕. 故遷封食邑, 富商蓄賈, 積餘藏羨跱蓄之家,[19] 此吾國之豪也. 故君請縞素而就士室,[20] 朝功

14 趙守正에 의하면, 衢處之國은 四面에서 적의 공격을 받는 나라를 가리킨다. 上同, 463頁, 注1 참조.

15 趙守正에 의하면, 饋食은 다른 나라에 의지하여 공급받는 糧食이다. 上同, 注2 참조.

16 劉績에 의하면, 荼首는 白首이다. 黎翔鳳에 의하면, 如는 而이고, 寶는 俘(포로)이고, 仰은 恃(依支하다)다.

17 趙守正에 의하면, 豪家는 豪門大族이고, 遷封은 遷官, 즉 升官한 家門이고, 居는 積存, 즉 屯積이다. 上同, 注7, 8, 9 참조.

18 趙守正에 의하면, 章은 障이 되어야 하니, 障은 통제다. 以는 此이니, 以物은 此物이다. 上同, 注 10 참조.

19 聞一多에 의하면, 跱와 峙(備蓄하다)는 같으니, 積이다.

20 趙守正에 의하면, 縞素는 흰색의 喪服이고, 士는 관리이니, 士室은 官府다. 上同, 注12 참조.

臣世家. 遷封食邑、積餘藏羨跱蓄之家, 曰: '城肥致衝,[21] 無委攻圍. 天下有慮,[22] 齊獨不與其謀? 子大夫有五穀菽粟者, 勿敢左右, 請以平賈取之子.' 與之定其券契之齒.[23] 釜鏂之數,[24] 不得爲侈弇焉.[25] 困窮之民, 聞而糴之, 釜鏂無止, 遠通不推,[26] 國粟之粟坐長而四十倍. 君出四十倍之粟, 以振孤寡, 牧貧病,[27] 視獨老窮而無子者, 靡得相鬻而養之, 勿使赴於溝澮之中.[28] 若此, 則士爭前戰爲顔行,[29] 不偸而爲用, 輿死扶傷, 死者過半. 此何故也? 士非好戰而輕死, 輕重之分使然也."

환공이 말했다. "마른 가죽, 힘줄과 뿔의 징수徵收가 매우 심합니다. 백성들에게서 세금을 무겁게 걷고 이런 마른 가죽, 힘줄과 뿔을 비싸게 판다면, (이것은) 나라를 위한 재정 정책이 아닙니다."

관중이 대답하였다. "다리를 높게 하고 연못에 나무 울타리를 치게 하여, 동쪽은 서쪽을 서로 못 보게 하고, 남쪽은 북쪽을 서로 쳐다볼 수 없도록 하십시오."

환공이 말했습니다. "그렇게 하겠습니다."

이렇게 한 지 일 년이 되니, 마른 가죽, 힘줄과 뿔의 징수가 반쯤 없어졌고, 백성들의 세금도 반쯤 없어졌다.

환공이 관중을 불러서 물었다. "이것은 어떤 이유에서입니까?"

관중이 대답하였다. "다리와 연못이 평탄平坦할 때, 부부夫婦가 수레 한 대에 타고서, 100리里를 가볍게 이릅니다. 지금은 다리가 높고 연못에는 나무 울타리가 있으니, 동서와 남북에서 서로 볼 수 없습니다. 하늘에서 작은 가랑비가 내려도, (수레를) 열 명이 끌어올릴 수 없습니다. 넓은 연못에 비가 내리면, 열 명의 힘으로도 (수레를 다리 위로) 끌어올릴 수 없습니다. 소와 말의 힘이 아니라면 (앞으로) 나아갈 방도가 없으니, 소와 말도 (힘이) 끊어지고 지쳐서 그 자리에서 서로 이어서 죽

21 黎翔鳳에 의하면, 肥는 脆(부서지기 쉽다)와 같다.

22 黎翔鳳에 의하면, 房玄齡의 주석에 따라서, 慮를 計로 본다.

23 尹桐陽에 의하면, 判契는 判栔니, 栔는 刻(새기다)인데, 옆에 새긴 것이 齒다. 『易林』에 '符左契右, 相與合齒'(왼쪽에 符信, 오른쪽에 契, 서로 齒를 맞춘다)라고 했다.

24 釜와 鏂는 옛날의 量器의 이름이다. 1鏂는 1斗2升8合이고, 1區는 4豆고, 4區는 1釜다.

25 趙守正에 의하면, 侈弇은 誇大와 縮小다. 上同, 464頁, 注16 참조.

26 李哲明에 의하면, 通은 아마도 道일 것이다. '遠道不推'는 곤궁한 백성들이 먼 길을 와서 糧穀을 購入하려면 물리치지 않았음을 말한다.

27 黎翔鳳에 의하면, 牧은 收다.

28 黎翔鳳에 의하면, 赴는 趨다.

29 張佩綸에 의하면, 顔行은 雁行(앞장서서 감)이니, 앞서 감을 말한다.

어 가는 것을 서로 보게 되니, 마른 가죽, 힘줄과 뿔을 사람들에게 주어도 취해 가는 사람이 없는데, 소와 말의 가격은 앉아서 백 배로 뛰어오릅니다. 천하 (각국)에서 이 소식을 듣고, 자기의 소와 말을 팔려고 유수流水처럼 제齊나라로 몰려옵니다. 그러므로 다리를 높이고 연못에 나무 울타리를 치는 것은 천하의 소와 말들을 불러 모으고, 백성들의 세금을 줄여 주는 근거가 됩니다. (옛날) 『도약비道若祕』에, '재물의 생산(을 중시하기보다), 재물이 모이는 것(을 중시하라!)'이라고 했습니다."

桓公曰: "皮幹筋角之徵甚重.[30] 重籍於民而貴市之皮幹筋角, 非爲國之數也."[31] 管子對曰: "請以令高杠柴池,[32] 使東西不相睹, 南北不相見." 桓公曰: "諾." 行事期年, 而皮幹筋角之徵去分, 民之藉去分. 桓公召管子而問曰: "此何故也?" 管子對曰: "杠池平之時, 夫妻服簞, 輕至百里.[33] 今高杠柴池, 東西南北不相睹. 天酸然雨,[34] 十人之力不能上. 廣澤遇雨, 十人之力不可得而恃. 夫舍牛馬之力所無因,[35] 牛馬絶罷而相繼死其所者相望,[36] 皮幹筋角徒予人而莫之取, 牛馬之賈必坐長而百倍. 天下聞之, 必離其牛馬而歸齊若流. 故高杠柴池, 所以致天下之牛馬, 而損民之藉也. 『道若祕』云:[37] '物之所生, 不若其所聚.'"

환공이 말했다. "활[弓]과 쇠뇌[弩]가 대부분 비뚤어졌으니, 백성들에게서 무겁게 세금을 걷어서, 수선공들에게 맡겨도 활과 쇠뇌가 (다시) 비뚤어지니, 그 이유가 무엇입니까?"

관중이 대답하였다. "거위와 집오리는 집에서 가깝게 살고, 곤계鵾鷄와 고니[鵠], 큰 너새[大鴇]는 먼 데까지 도달합니다. 곤계와 고니를 (활로) 쏘아 잡는 사람을 임금께서는 둥근 옥[璧]으로 장식해 주고 초빙하십시오."

환공이 말하였다. "좋습니다."

이 일을 실시한 지 일 년이 되니, 임금은 충족한 비용을 공급했고,

30 黎翔鳳에 의하면, 筋角은 九府의 저장물이고, 皮幹은 乾皮(마른 가죽)다.

31 黎翔鳳에 의하면, '貴市之皮幹筋角'에서 之는 此와 같다.

32 許維遹에 의하면, 柴와 柵(울짱)은 같다. 柴池는 '나무 울타리로 연못을 보호함'이다. 리샹펑에 의하면, 杠은 橋(다리)다.

33 黎翔鳳에 의하면, 簞은 單이고, 服은 駕(올라탐)다. 分은 半이다.

34 洪頤煊에 의하면, 酸은 霰과 통하니, 霰은 '조금 내리는 비[小雨]'다.

35 黎翔鳳에 의하면, 因은 就(나아가다)이다.

36 趙守正에 의하면, 罷는 疲(지치다)다. 上同, 465頁, 注5 참조.

37 黎翔鳳에 의하면, 『道若祕』는 옛날 道術書다.

선공繕工들은 황급惶急한 사람이 없었다. 석 달이 되어 [활과 쇠뇌를 바로잡아 주던] 질그릇[陶]을 떼어내니, 활과 쇠뇌에 찌그러든 것이 없었다.

(환공이) 관중을 불러서 물어보았다. "이것은 무슨 까닭입니까?"

관중이 대답하였다. "곤계와 고니를 활로 쏘아 잡은 사람을 임금께서 둥근 옥으로 장식해 주고 초빙을 하였습니다. 수초水草가 무성한 곳에 사는 백성들이 이 소문을 듣고서, (평지를) 넘어가서 활을 쏘았고, 300근斤[30斤=1균鈞]짜리 쇠뇌를 쏘면 곤계鶤鷄, 고니와 큰 너새를 맞히지 못하는 일이 없었습니다. 저 300근의 쇠뇌는 (활과 쇠뇌를) 교정하는 틀[檠]이 없으면 스스로는 바로잡을[正] 수 없습니다. 그러므로 석 달 뒤에 도자기[陶]를 떼어내고, 활과 쇠뇌를 굽지 않았습니다. 이것은 무슨 까닭입니까? (교정) 전문가들이 자기 처소에서 (기술을) 배웠기 때문입니다."

桓公曰: "弓弩多匡軫者,[38] 而重藉於民, 奉繕工而使弓弩多匡軫者, 其故何也?" 管子對曰: "鵝鶩之舍近, 鶤鷄鵠鵵之通遠.[39] 鵠鶤之所在, 君請式璧而聘之."[40] 桓公曰: "諾." 行事期年, 而上無闕者, 前無趨人.[41] 三月解匋,[42] 而弓弩無匡軫者. 召管子而問曰: "此何故也?" 管子對曰: "鵠鶤之所在, 君式璧而聘之. 菹澤之民聞之, 越平而射遠, 非十鈞之弩不能中鶤雞鵠鵵. 彼十鈞之弩, 不得棐檠不能自正.[43] 故三月解匋 而弓弩無匡軫者. 此何故也? 以其家習其所也."[44]

환공이 말했다. "과인은 가옥家屋에 세금을 붙이고자 합니다."

관중이 대답하였다. "안 됩니다. 이것은 (멀쩡한 집을) 허물게 하는 것입니다."

38 黎翔鳳에 의하면, 匡은 戾(어그러지다)로 訓讀해야 하고, 匡은 枉(굽다)이니, 軫도 枉戾(찌그러들다)의 뜻이다.

39 張佩綸에 의하면, 通은 達이다. '鵝鶩舍近易致, 鶤鵠通遠難致'(거위와 집오리는 집에서 가깝게 사니 불러오기 쉬우나, 鶤鷄와 고니는 먼 곳까지 날기 때문에 불러오기 어렵다) 鵵는 鴇(너새)이다.

40 段玉裁에 의하면, 式은 마땅히 飾(꾸미다)으로 읽어야 한다. 湯孝純에 의하면, '鶤鵠之所在'는 鵠鶤을 활을 쏴서 잡는 사람을 가리킨다. 上同, 958頁, 注6 참조.

41 黎翔鳳에 의하면, '上無闕'은 임금이 충분한 비용을 공급함이다. '趨而避之'는 繕工이 工作을 정상으로 하고, 惶急한 사람이 없음이다.

42 黎翔鳳에 의하면, 匋 자는 없다. 흙을 구워서 缶를 만드니, 그것을 匋(질그릇)라고 한다. 匋는 陶의 假借다.

43 洪頤煊에 의하면, 棐은 排와 古今字다.

44 黎翔鳳에 의하면, 所는 處와 같다.

(환공이 말했다.) "만민에게 (인두세를) 걷겠습니다."

관중이 말했다. "안 됩니다. 이러면 민심이 떠납니다."

(환공이 말했다.) "가축들에 세금을 매기고 싶습니다."

관중이 대답하였다. "안 됩니다. 이것은 산 짐승들을 죽이는 것입니다."

(환공이 말했다.) "수목樹木에 세금을 매기고 싶습니다."

관중이 대답하였다. "안 됩니다. 이것은 산 나무들을 베어 버리는 것입니다."

(환공이 말했다.) "그렇다면, 과인은 어디에 세금을 매길 수 있습니까?"

관중이 대답하였다. "임금께서는 귀신들에게 세금을 물리십시오."

환공이 갑자기 화난 표정을 지으며 말했다. "만민, 가옥, 가축, 수목조차도 세금을 매길 수 없는데, 귀신들에게 어떻게 세금을 매길 수 있단 말입니까!"

관중이 대답하였다. "적절히 형세를 타면, 일의 수익을 얻을 수 있습니다. 의론을 따져서, 변통을 하면 도움이 큽니다. 왕王은 시세時勢를 타고, 성인들은 아득함[幽]을 타니, 모든 것들이 모두 적절합니다."

환공이 말했다. "어떻게 하는 것입니까?"

관중이 대답하였다. "옛날 요堯임금의 오경五更들과 오관五官들은 (제사 지낼 후손들이 없으니) 먹지를 못하는데, 임금께서 다섯 여귀厲鬼의 제사를 만들어서, 요堯의 다섯 관리들에게 제사를 드리게 하십시오. 보통 물고기는 (마른) 포脯의 제품祭品으로 하고, 왜왜어娃娃魚로 훈채葷菜의 제품을 만드십시오. 이렇게 되면, 연못 물고기에서 얻은 세금(의 수익)이 100배가 될 것이니, (농사 안 지은 백성들의) 벌금인 세속稅粟과 인두세는 없앨 수 있습니다. 이렇게 양羊을 (바치는) 제사를 둔 것은, 예의禮義(의 교화敎化)를 추진한 것뿐입니다. 이렇게 (재정 수요가) 자족自足한데, 백성들에게서 무엇을 (더) 요구하겠습니까?"

桓公曰: "寡人欲藉於室屋." 管子對曰: "不可, 是毁成也." "欲藉於萬民." 管子曰: "不可, 是隱情也."[45] "欲藉於六畜." 管子對曰: "不可, 是殺生也."

45 黎翔鳳에 의하면 '海王' 편(제72편)에서는 '隱情'을 썼고, '國蓄' 편(제73편)에서는 '離情'이라

"欲藉於樹木." 管子對曰: "不可, 是伐生也." "然則寡人安藉而可?" 管子對曰: "君請藉於鬼神." 桓公忽然作色曰: "萬民、室屋、六畜、樹木且不可得藉, 鬼神乃可得而藉夫!" 管子對曰: "厭宜乘勢, 事之利得也. 計議因權, 事之囿大也.[46] 王者乘勢, 聖人乘幼,[47] 與物皆宜." 桓公曰: "行事奈何?" 管子對曰: "昔堯之五更五官無所食,[48] 君請立五厲之祭,[49] 祭堯之五吏. 春獻蘭, 秋斂落,[50] 原魚以爲脯, 鯢以爲殽.[51] 若此, 則澤魚之正伯倍異日,[52] 則無屋粟邦布之藉.[53] 此之謂設之以祈祥,[54] 推之以禮義也. 然則自足, 何求於民也?"

환공이 말했다. "천하의 나라들 중에, 월越나라보다 강한 나라가 없습니다. 지금 과인이 북쪽으로 고죽孤竹과 영지令支국을 치려는데, 월나라 사람들이 올라올까 두려우니, 이에 대한 방책이 있습니까?"

관중이 대답하였다. "임금께서 원산原山의 물줄기를 막으면, 대부大夫들이 소지沼池를 만들 수 있으니, 물을 뛰어넘으면서 즐거워하라고 명령하신다면, 월나라 사람들이 어떻게 올 수 있겠습니까?"

환공이 말했다. "(그럼), 어떻게 실행합니까?"

관중이 대답하였다. "세 강에 짧은 담[墻]을 세워서 가리고, 둥근 저수지를 만들되, 큰 배가 다니는 호수湖水를 세우십시오. 큰 배가 (다니는) 호수는 깊은 연못이라, (깊이가) 누적 70자[尺]이니, '수영할 수 있는 사람들에게 천금千金을 내리겠다'라고 명령하십시오.

천금을 다 쓰지 않았는데, 제齊나라 백성들이 (모두) 유영遊泳하며 오吳와 월나라를 피하지 않았다. 환공이 마침내 북쪽으로 고죽孤竹과 영지令支국을 치니, 월나라 사람들이 과연 와서, 제齊나라를 물로 공격

했는데, 房玄齡의 주석에 의하면, 離情은 離心이다.

46 于省吾에 의하면, 厭宜는 合宜이고, 囿는 마땅히 侑(권하다)이고, 侑는 助(돕다)의 뜻이다.

47 丁士涵에 의하면, 幼는 幽로 읽어야 한다. 幽는 黝(검푸르다)와 통한다.

48 黎翔鳳에 의하면, 漢 때에 三老五更이 있었다. 五更은 五官을 대체한 것이다.

49 何如璋에 의하면, 前代에 功이 있으나 후손이 없으면, 사당을 지어 제사 드린 것을 厲라고 한다. 泰厲는 天下에 功이 있고, 公厲는 一國에 공이 있고, 族厲는 一家에 공이 있다.

50 黎翔鳳에 의하면, 棺이 墓穴에 들어가는 것이 斂이고, '秋斂落'은 神社에 제사 드리고 울타리를 封하는 것이다.

51 黎翔鳳에 의하면, 原魚는 보통의 魚인데, 高原에 살면, 잡기가 어려워서, 값이 비싸니 세금도 비싸다. 鯢는 娃娃魚다.

52 李哲明에 의하면, 正은 征(세금)이고, 伯은 百이다.

53 聞一多에 의하면, 屋粟은, 밭이 있으나 농사를 짓지 않은 백성들인 三夫에게 罰로 내린 稅粟이다.

54 黎翔鳳에 의하면, 祥은 羊과 같다.

하였다. 관중은 물에서 뜰 수 있는 군사 5만으로 치수淄水의 굽어진 곳에서 기다렸다가 전투하니, 월나라 군사들을 크게 패배시켰다. 이것이 (미리) 예비한 수전水戰이다.

> 桓公曰: "天下之國, 莫彊於越.[55] 今寡人欲北擧事孤竹、離枝,[56] 恐越人之至, 爲此有道乎?" 管子對曰: "君請遏原流,[57] 大夫立沼池, 令以矩游爲樂,[58] 則越人安敢至?" 桓公曰: "行事奈何?" 管子對曰: "請以令隱三川, 立員都,[59] 立大舟之都. 大身之都有深淵, 壘十仞,[60] 令曰: '能游者賜千金.'" 未能用金千, 齊民之游水不避吳、越. 桓公終北擧事於孤竹、離枝, 越人果至, 隱曲蕾以水齊.[61] 管子有扶身之士五萬人,[62] 以待戰於曲蕾, 大敗越人. 此之謂水豫.

제齊나라 북쪽 늪지대에 (큰) 불이 나서, 불빛이 묘당廟堂에까지 미쳤다. 관중이 들어와 환공을 축하하며 말했다. "우리 나라 들판이 개간될 것이고, 농부들은 반드시 100배의 이득을 볼 것입니다."

이 해에 조세租稅는 9월이 되자 완납되었고, 곡식(의 수확) 또한 좋았다.

환공이 관중을 불러서 물어보았다. "이것은 어찌된 것입니까?"

관중이 대답하였다. "만 승萬乘의 나라나, 천 승千乘의 나라에서, 땔나무가 없으면 취사炊事를 할 수 없습니다. (그런데) 지금 북쪽의 늪지대에서 (큰) 불이 나니, (땔감이) 연속 공급될 수 없기에, 농부들이 (수레에 땔감을) 잔뜩 싣고서 판매하니, 한 단[束] 가격이 10배로 (오릅니다.)

55 安井衡에 의하면, 越나라의 강함은 吳나라를 멸망시킨 후의 일이니, 제 桓公의 死亡에서 170여 년 뒤의 일이다. 黎翔鳳에 의하면, 越과 吳의 爭强은 『國語』에 보인다. 吳의 국력이 楚나라를 뒤엎을 만하였으니, 그 강함은 하루아침에 된 것이 아니다.

56 何如璋에 의하면, 離枝는 '令支[山戎의 속국]'다.

57 何如璋에 의하면, 原流는 原山에서 흘러나오니, 甾水의 근원이다. 이것을 막아서 제방을 쌓으면, 沼池로 만들 수 있다.

58 于省吾에 의하면, 옛날에는 矩와 距가 통했으니, 距游는 물에서 뛰어넘으면서 游泳한다는 뜻이다.

59 黎翔鳳에 의하면, 員은 圓이고, 隱은 蔽(가림)이니, 둥글게 短墻을 세워서 가림이다. 都는 豬(웅덩이)와 통한다.

60 王念孫에 의하면, '大身之都'는 마땅히 '大舟之都'이고, 都는 豬이니, 물이 정지하여 깊은 곳을 말한다. 安井衡에 의하면, 壘는 累, 즉 累積이다. 仞은 7자[尺]이니, 10仞은 70자다.

61 孫詒讓에 의하면, 隱은 匽(방죽)으로 읽어야 한다. 淄水를 막아서 齊에 물 공격을 함을 말한다. 蕾은 甾(淄)이니, 曲甾는 淄水의 曲處(굽은 곳)이다.

62 黎翔鳳에 의하면, 扶는 浮(뜨다)와 통하니, '扶身之士'는 浮身은 (몸이) 물에 뜨는 군사이다.

(여유로운 농부들이) 봄에 보습으로 밭 갈고, 여름에 김을 매줍니다. 이것이 세금을 9월에 완납한 이유입니다."

齊之北澤燒, 火光照堂下. 管子入賀桓公曰: "吾田野闢, 農夫必有百倍之利矣." 是歲租稅九月而具, 粟又美. 桓公召管子而問曰: "此何故也?" 管子對曰: "萬乘之國, 千乘之國, 不能無薪而炊. 今北澤燒, 莫之續, 則是農夫得居裝而賣其薪蕘.[63] 一束十倍. 則春有以傳耜, 夏有以決芸. 此租稅所以九月而具也."

환공이 북곽北郭의 백성들의 가난이 걱정되어, 관중을 불러 물어 보았다. "북곽에 사는 백성들은 다 신발을 삼고 베를 짜는 백성들이며, 큰 (채마) 밭을 바탕으로 이익을 취하니, 이들을 도울 방법이 있습니까?"

관중이 대답하였다. "(곡식) 100종鐘[1鍾=10釜; 4區=1釜; 1區=4豆] 있는 부자들은 신발을 만들지 말고, 천 종千鍾을 가진 (더) 큰 부자에게는 넓은 정원을 만들지 말며, 성城에서 300보步 이내에 사는 사람들은 푸성귀[葵菜]를 심지 못하도록, 금지 명령을 내리십시오. 이렇게 되면, 큰 밭(에서 자란 채소들)로 서로 자급自給할 수 있으니, 북곽의 백성들도, 그들이 직조織造한 것을 팔 수 있고, 큰 밭의 이득을 얻을 수 있습니다. 그러므로 (그들도) 10배의 이득을 얻게 됩니다."

桓公憂北郭民之貧, 召管子而問曰: "北郭者, 盡屨縷之甿也,[64] 以唐園爲本利,[65] 爲此有道乎?" 管子對曰: "請以令禁百鍾之家, 不得事鞒;[66] 千鍾之家, 不得爲唐園; 去市三百步者, 不得樹葵菜. 若此, 則空閒有以相給資,[67] 則北郭之甿,[68] 有所讎其手搔之功, 唐園之利. 故有十倍之利."

관중이 말했다. "자연자원이 많은 나라[陰王之國]가 셋인데, 제齊가 속합니다."

63 尹知章의 주석에 의하면, 큰 땔감은 薪(땔나무)이고, 작은 땔감은 蕘(가는 땔나무)이다.

64 尹桐陽에 의하면, 北郭의 백성들은 신발을 짜고 베를 길쌈하는 데 습관이 들었으며, 甿은 民이다.

65 黎翔鳳에 의하면, 唐肆에서 唐은 廣이니, 唐園은 廣園(넓은 밭)과 같다.

66 丁士涵에 의하면, 鞒는 屩(짚신)이나 履(신)이다.

67 黎翔鳳에 의하면, 空閒은 唐園을 가리킨다.

68 聞一多에 의하면, 옛날에 織造의 기능을 手爪라고 했다. 搔는 爪와 같다. '手爪之功'은 織作의 功이다.

환공이 말했다. "그 말씀에 대해 (자세히) 들을 수 있습니까?"

관중이 대답하였다. "초楚나라에 여수汝水와 한수漢水의 황금黃金이 있고, 제나라에 거전渠展의 소금이 있고, 연燕나라에는 요동遼東의 자염煮鹽[구운 소금]이 있으니, 이것이 천연자원이 풍부한 나라입니다. 초나라에 황금黃金이 있다면, 제나라에는 마땅히 치석菑石이 있습니다. 그것들을 다루는 데 정밀하지 못하고, 그것들을 쓰는데 잘 못 쓰면, 천하 사람들이 눈을 흘겨볼 것입니다. 제가 초나라 황금을 얻어서 저축해 두었다면, 저는 농부들로 하여금 농사지을 필요 없이 먹고살며, 여공들은 길쌈을 짜지 않아도 옷을 입게 될 것입니다. 지금 제나라에는 거전에서 소금을 만들 수 있으니, 임금께서 마른 풀과 땔감을 베어 내서, 훨훨 소리 나게 불을 질러 소금을 만들면, (정부에서) 징수해서 쌓아 두십시오."

환공이 말했다. "예."

10월부터 (소금을) 징수하니, (다음 해,) 1월에 이르러 소금이 3만 6천 종鍾이 되었다. (환공이) 관중을 불러서 물어보았다. "이 소금을 어디에 쓰면 좋겠습니까?"

관중이 대답하였다. "(다음 해) 봄 초에 이르면, 농사는 이미 시작될 것입니다. 대부大夫들은 (이 시기에) 묘지를 수리할 수 없으며, 집을 정리하거나, 정자와 누각을 세울 수 없고, 담장도 쌓을 수 없습니다. 북해北海 연안의 사람들은 일꾼을 사서 소금을 구울 수 없습니다. 이렇게 되면, 소금 (값)은 반드시 앉아서도 자라나니 10배가 될 것입니다."

환공이 말하였다. "좋습니다. 어떻게 실행할까요?"

관중이 대답하였다. "(소금을) 양梁, 조趙, 송宋, 위衛나라와, 복양濮陽 등지에서 판매하게 하십시오. 저들은 모두 (소금을) 운송해 와서 먹고 삽니다. 나라에 소금이 없으면 (사람 몸이) 부어오릅니다. 방비하는 나라에는 소금을 쓰는 것이 각별히 중요합니다."

환공이 말했습니다. "네, 그렇군요."

이에 (소금을) 판매하라고 명령을 내리니, 황금이 1만 1천여 근斤이 되었다. 환공이 관중을 불러서 물었다. "황금을 어디에다 쓰면 좋겠습니까?"

관중이 대답하였다. "조정에 예의禮義를 바치거나 세금을 내는 사람들은 반드시 금으로 하라고 명령을 내리신다면, 금(값)은 앉아서 100배로 자라날 것입니다. 황금의 높은 가격을 운용하여, 모든 물건들을 구입을 하신다면, 임금에게 모든 물건들이 돌아올 것입니다. 따라서 이것이 이른바 재용財用이 바다의 물을 퍼 올리듯 (많으니), 마치 주산籌算의 알을 움직이는 것과 같습니다. 이것이 천연자원이 많은 나라의 사업입니다."

管子曰: "陰王之國有三,[69] 而齊與在焉." 桓公曰: "此若言可得聞乎?" 管子對曰: "楚有汝、漢之黃金, 而齊有渠展之鹽, 燕有遼東之煮, 此陰王之國也. 且楚之有黃金, 中齊有菑石也.[70] 苟有操之不工, 用之不善, 天下倪而是耳.[71] 使夷吾得居楚之黃金,[72] 吾能令農毋耕而食, 女毋織而衣. 今齊有渠展之鹽, 請君伐菹薪, 煮沸火爲鹽,[73] 正而積之."[74] 桓公曰: "諾." 十月始正, 至於正月, 成鹽三萬六千鍾. 召管子而問曰: "安用此鹽而可?" 管子對曰: "孟春旣至, 農事且起. 大夫無得繕冢墓, 理宮室, 立臺榭, 築牆垣. 北海之衆無得聚庸而煮鹽.[75] 若此, 則鹽必坐長而十倍." 桓公曰: "善. 行事奈何?" 管子對曰: "請以令糶之梁、趙、宋、衛、濮陽. 彼盡饋食之也, 國無鹽則腫. 守圉之國, 用鹽獨甚." 桓公曰: "諾." 乃以令使糶之, 得成金萬一千餘斤. 桓公召管子而問曰: "安用金而可?" 管子對曰: "請以令使賀獻、出正籍者必以金, 金坐長而百倍. 運金之重, 以衡萬物, 盡歸於君. 故此所謂用若挹於河海, 若輸之給馬.[76] 此陰王之業."

관중이 말했다. "만 승萬乘의 나라에는 반드시 만 금萬金을 가진 상인이 있습니다. 천 승千乘의 나라에는 반드시 천 금千金을 가진 상인이 있습니다. 백 승百乘의 나라에는 반드시 백 금百金을 가진 상인이 있습니다. (그들은) 임금이 의지할 대상이 아니고, 임금이 조절해야 할 사람들입니다. 그러므로 임금이면서 자기 호령의 운용을 잘 모르면, 한 나라에 두 임금 혹 두 왕王이 있는 것과 같습니다." 환공이 말했다. "무엇

69 馬非百에 의하면, 齊, 楚, 燕 三國은 각각, 다른 나라에 없는, 자연의 特産물로, 獨占의 국면을 만들어서, 天下를 조정하였으니, 獨厚한 토지를 가진 임금을 '陰王'이라 한다. 『管子校注』(下), 黎翔鳳撰, 1423頁, 注1 참조.

70 王念孫에 의하면, 蓄은 마땅히 菑(묵정밭)이어야 한다. 中은 當이다. 楚나라에 黃金이 있으면, 齊나라에는 마땅히 菑石이 있다.

71 張佩綸에 의하면, 是는 視이니, '倪而是'는 '睨而視之'(흘겨 보다)이다.

72 黎翔鳳에 의하면, 居는 積(저축하다)이다.

73 黎翔鳳에 의하면, 沸는 본래 鬻으로 쓴다. 鬻은 물소리(水聲)나는 沸이니, 沸火는 소리가 나는 불이다.

74 安井衡에 의하면, 正은 征(세금)이다.

75 兪樾에 의하면, 庸은 傭이다.

76 黎翔鳳에 의하면, 輸는 委輸이니, 轉運(순환 운행)이다. 趙守正에 의하면, 馬는, 計數를 의미하는 籌碼의 馬다. 『管子通解』(下), 471頁, 注9 참조.

이 한 나라에 두 임금 혹 두 왕입니까?"

관중이 대답하였다. "지금 임금께서 백성들에게서 세금[인두세 등]을 (직접) 징취徵取하시면, (돈 없는 백성들이 물건을 내다 팔기에) 모든 물건 값이 싸지니 그 반쪽이 없어져서, 모두 장사꾼들에게 들어가게 되니, 이것이 한 나라에 두 임금 혹 두 왕이 있는 것과 같습니다. 그러므로 장사꾼들이 백성들의 위급함을 틈타, 백성들의 (납세) 시기를 조정하게 됩니다. 가난한 자들은 자기 재산을 잃게 되는데 이것으로 거듭 가난해집니다. 농부들도 자기 오곡五穀을 잃게 되는데, 이것으로 거듭 (다) 없어집니다. 따라서 임금으로서 자기의 산림, 늪지, 초지草地를 엄격히 통제하지 못하면, 천하의 왕이 될 수 없습니다."

환공이 말했다. "이 말씀은 무엇을 뜻합니까?"

관중이 대답하였다. "산림, 늪지와 초지는 땔감이 나는 곳이며, (소, 양 등과 같은) 제사 제물들이 나오는 곳입니다. 따라서 백성들로 하여금 그곳에서 이런 것들을 찾게 하고, 백성들로 하여금 세금을 내게 하는 것은, (정부가) 이것들을 공급해 주었기 때문입니다. (임금이) 백성들을 사애私愛하는 것은, 마치 동생이 형에 대하여, 자식들이 아버지에 대하여 하는 것과 같으니, 그런 다음에 (임금과 백성들이) 재물을 소통하고 서로 의지할 수 있습니다. 그러므로 임금의 남는 재산들을 취하여, 읍邑과 이里에 (나누어) 저축해 두십시오. (다음 해) 따듯한 봄에 양장養蠶 시기가 오면, (저축한 돈을 백성들에게 대여貸與하여) 그 식구들의 양식糧食과 (양잠에 필요한) 바구니[筐]와 누에치는 발[箔] 등을 살 돈[鏹]을 꾸어 주십시오. 이렇게 되면, 누에에서 뽑은 실[絲]에 대한 세금은 반半이 탕감되어 모이게 됩니다. 사방(의 백성들)이 아직 (제齊나라에 귀의하러) 오지 않았다면, (다음의) 여섯 시기를 잡으십시오. (첫째는) 봄에 (밭에 보습을) 꽂을 시기이고, 다음은 보리를 수확할 시기이고, 다음은 저마苴麻[자苧, 암삼]를 심을 시기이고, 다음은 삼[麻]을 심을 시기이고, 다음은 풀을 깎아 버릴 시기이고, 다음은 큰비가 내릴 시기여서, 김매 주고 흙을 돋우어 줄 시기입니다. (임금께서) 이 여섯 시기를 장악하면, 큰 공급이 국도國都에 이를[至] 것입니다. (나라를) 잘 다스리는 임금은 한결같이[一向] 경중의 술을 이용하여, (나라 재물을) 저축한 창고를 지킬 것이고, 따라서 일이 터져 혼란에 이르지 않는다면, 그런 다음에 천하의 왕업王業을 이룰 것입니다."

管子曰: "萬乘之國, 必有萬金之賈. 千乘之國, 必有千金之賈. 百乘之國, 必有百金之賈. 非君之所賴也, 君之所與.[77] 故爲人君而不審其號令, 則中一國而二君二王也."[78] 桓公曰: "何謂一國而二君二王?" 管子對曰: "今君之籍取以正,[79] 萬物之賈輕去其分, 皆入於商賈, 此中一國而二君二王也. 故賈人乘其弊, 以守民之時. 貧者失其財, 是重貧也. 農夫失其五穀, 是重竭也. 故爲人君而不能謹守其山林、菹澤、草萊, 不可以立爲天下王." 桓公曰: "此若言何謂也?" 管子對曰: "山林、菹澤、草萊者, 薪蒸之所出, 犧牲之所起也. 故使民求之, 使民籍之,[80] 因以給之. 私愛之於民, 若弟之與兄, 子之與父也, 然後可以通財交殷也.[81] 故請取君之游財, 而邑里布積之. 陽春, 蠶桑且至, 請以給其口食筃曲之彊.[82] 若此, 則絓絲之籍去分而斂矣. 且四方之不至, 六時制之. 春日倳耜,[83] 次日獲麥,[84] 次日薄芋,[85] 次日樹麻, 次日絶菹,[86] 次日大雨且至, 趣芸壅培. 六時制之,[87] 臣給至於國都.[88] 善者鄉因其輕重, 守其委廬,[89] 故事至而不妄, 然後可以立爲天下王."

관중이 말하였다. "농부 하나가 농사를 안 지으면, 백성들은 아마도 그 일 때문에 배고프게 될 것입니다. 여공 하나가 길쌈을 안 했다면, 백성들은 아마도 그 일로 춥게 지낼 것입니다. 그러므로 사업이 본전의 2배가 됐다면, 자기 자식들을 팔아야 하는 일은 없을 것입니다.

77 黎翔鳳에 의하면, 與는 操(조종하다)다.

78 中은 相當, 즉 '…과 같음'의 뜻이다.

79 湯孝純에 의하면, '籍取以正'은, 權變을 알지 못하고, 직접 백성들에게 徵取하는 세금(人口稅 등)과 같다. 『新譯管子讀本』(下), 966頁, 注3 참조.,

80 黎翔鳳에 의하면, 籍은 藉와 통하니, 稅다.

81 黎翔鳳에 의하면, 齊나라 사람들은 殷을 衣처럼 소리를 내니, 衣는 依(의지하다)와 통하니, 交殷은 交依다.

82 黎翔鳳에 의하면, 筃 자는 字書에는 없지만, 筃는 筒이다. 竹筒은 絲(실)을 담는 그릇이다. 湯孝純에 의하면, 筐曲은 筐笛이니, 뽕을 뜯어 담는 광주리[筐]와 蠶箔(대나무 껍질 또는 갈대로 짠 누에치는 발=笛)이다. 彊은 鏹(돈), 즉 돈[錢幣]이다. 上同, 967頁, 注10, 11 참조.

83 張佩綸에 의하면, 여섯 日은 모두 曰이 되어야 하고, 六은 六時를 가리킨다. 聞一多에 의하면, 倳는 揷(꽂다)이다.

84 安井衡에 의하면, 獲(얻다)은 穫(거두다)이다.

85 黎翔鳳에 의하면, 薄芋는 播芋이다. 芋는 苴麻(암삼)를 가리킨다.

86 許維遹에 의하면, 菹는 苴와 통하니, 苴는 草蒯, 즉 草芥(하찮은 물건)이다. 絶菹는 草芥를 제거함이다.

87 張登雲에 의하면, 六時는 '春日倳耜'(봄날 쟁기질) 6日의 時(시기)를 말한다.

88 黎翔鳳에 의하면, 原文의 臣은 巨의 誤記이고, 巨給은 大給의 뜻이다. 給은 여기서 '貸款의 供與'를 말한다.

89 趙守正에 의하면, 鄕은 向과 통하고, 委廬는 재물과 양곡을 저장하는 곳이니, 지금의 倉庫다. 『管子通解』(下), 473頁, 注13, 14 참조.

사업이 본전의 3배가 되었다면, 옷 입고 먹는 것이 충족할 것입니다. 사업이 본전의 4배가 되었다면, 세금들은 완납될 것입니다. 사업이 본전의 5배가 되면, (여유의 양식이) 원근遠近에 통하고, 죽으면 장례를 치를 것입니다. 지금 사업은 본전의 배가 되기 어려운데, 임금의 징세는 그치지 않으니, 이것은 죄악의 길을 홀로 일어나게 하지 않으려 하나, 남겨진 재산을 찾을 길 없게 만든 것입니다. (이 범죄를) 법으로 다스리면, 이것은 몰래 백성들을 죽이는 것입니다. (오곡五穀 중) 세 곡식을 먹어 없애면, 향리[鄕]에 양식이 결핍되어 도둑이 있게 됩니다. 두 곡식을 먹어 없애면, 이里에 양식이 결핍되어 도둑이 있게 됩니다. 한 곡식을 먹어 없애면, 가정에 양식이 결핍되어 도둑이 있게 됩니다. 지금 (임금께서) 값싸게 산 것을 운반하여 비싸게 판매하는 사업을 장악하신다면, (백성들은) 40배 (비싼) 곡식을 먹어야 하니, 백성들이 (재산을) 잃는 것을 구제하려 해도, 구할 수가 없습니다. 또 임금께서 아침에 명령을 내리고 저녁에 갚으라고 하신다면, (재산이) 있는 자는 자기 재산을 내놓아야 할 것이고, 없는 자는 자신의 의복이나 신발을 팔 것이고, 농부들은 자신의 오곡五穀을 팔 것이니, 10분의 3(의 가격)으로 팔려 나갈 것입니다. 임금의 명령이 아침에 과분過分하게 나갔다면, 재물들이 천하에 유실流失될 것입니다. 임금의 징세가 그치지 않는다면, 백성들은 그에 대비할 수 없으니, 도망쳐서 산언덕에서 살게 될 것입니다. 창을 든 무사들이라도 자기 친인親人들을 볼 수 없으며, 가족이 파산되면 (다시) 정리될 수 없습니다. 백성들은 국내에서 도망가고, 선비들은 국외로 숨으니, 이렇게 되면 전쟁을 기다리지 않아도 내부에서 망하는 것입니다."

管子曰: "一農不耕, 民或爲之飢. 一女不織, 民或爲之寒. 故事再其本, 則無賣其子者. 事三其本, 則衣食足. 事四其本, 則正籍給. 事五其本, 則遠近通, 死得藏.[90] 今事不能再基本, 而上之求焉無止, 是使姦涂不可獨行, 遺財不可包止.[91] 隨之以法, 則是下艾民.[92] 食三升, 則鄕有正食而盜. 食二升, 則里有正食而盜. 食一升, 則家有正食而盜.[93] 今操不反之事,[94] 而

90 趙守正에 의하면, 藏은 葬의 뜻과 같다. 上同, 473頁, 注1 참조.

91 黎翔鳳에 의하면, 包는 俘와 같고, 捕(사로잡다)와 통한다.

92 趙守正에 의하면, 下는, 私下이니, 暗中의 뜻이고, 艾는 刈(베다)이다. 刈는 '죽이는 것[割殺]'이다. 上同, 474頁, 注4 참조.

93 王引之에 의하면, 正은 마땅히 乏이 되어야 한다. 升은 成熟이다.

94 黎翔鳳에 의하면, '不反之事'는 販運(운송하여 판매함)이다.

食四十倍之粟, 而求民之毋失, 不可得矣. 且君朝令而求夕具, 有者出其財, 無有者賣其衣屨, 農夫糶其五穀, 三分賈而去. 是君朝令一怒,[95] 布帛流越而之天下. 君求焉而無止, 民無以待之,[96] 走亡而棲山阜. 持戈之士, 顧不見親, 家族失而不分.[97] 民走於中而士遁於外, 此不待戰而內敗."

관중이 말하였다. "지금 나라가 있고 영토를 가지고 백성을 다스리는 임금은 사계절에 힘을 쏟아야 하며, 창고를 지켜야 합니다. 나라에 재물이 많으면 멀리 있는 자도 오게 되며, 토지가 개간되면 백성들이 머무르게 됩니다. 창고가 실實하면 (백성들이) 예절을 알게 되고, 옷과 먹는 것이 풍족하면 영광과 모욕을 알게 됩니다. 지금 임금께서 몸소 쟁기로 밭 갈고, 초지를 개발해서, 곡식을 얻었습니다. 백성들이 밥 먹는 데는, 약간 보步의 무畝[土地]의 숫자가 있어야 하는데, 그런데 큰 거리에 굶주린 자들이 있다는 것은 무엇 때문인가요? (이것은) 곡식이 (누군가에 의해) 매점매석[屯積]된 것입니다. 지금 임금께서 동전銅錢을 찍어 화폐를 만들어, 백성들에게 유통을 시켜서, 사람들마다 몇 백 혹 몇 십 (동전의) 수數를 가지고 있는데, 백성들 중에 자식을 파는 자가 있는 것은 무엇 때문입니까? 재물이 (누군가에 의해) 독점되었기 때문입니다. 따라서 임금이면서 (누군가에 의해) 쌓이고 모인 재산을 분산시킬 수 없고, 비싸고 싼 것을 조절할 수 없고, 독점한 재산을 분산시킬 수 없다면, 임금이 비록 농업을 튼튼히 하고 경작을 독려하고, 초지를 개간하고 화폐를 주조하기를 쉬지 않아도, 백성들은 오히려 (재산이) 부족할 것입니다."

管子曰: "今爲國有地牧民者, 務在四時, 守在倉廩. 國多財則遠者來, 地闢舉則民留處, 倉廩實則知禮節, 衣食足則知榮辱. 今君躬犂墾田, 耕發草土, 得其穀矣, 民人之食, 有人若干步畝之數, 然而有餓餒於衢閭者何也? 穀有所藏也. 今君鑄錢立幣, 民通移, 人有百十之數, 然而民有賣子者何也? 財有所幷也. 故爲人君不能散積聚, 調高下, 分幷財, 君雖彊本趣耕, 發草立幣而無止, 民猶若不足也."

95 兪樾에 의하면, 怒는 弩(쇠뇌)로 읽어야 하는데, 말이 과격하면, 東齊 지방에서는 弩라고 말한다.
96 許維遹에 의하면, 待는 備(갖추다, 준비하다)이다.
97 黎翔鳳에 의하면, 分은 理와 같다.

환공이 관중에게 물었다. "지금 (과인은) 높은 가격과 낮은 가격을 조화시키고, 독점한 재산을 분리시키고, 축적하여 모인 재산을 분산시키려 합니다. 이렇게는 되지 않고, 세상에서는 병겸竝兼이 그치지 않고, 잉여 재산의 저축이 쉬지 않으니, 가난하고 천한 홀아비, 과부, 늙었으나 자식 없는 이들이 얻을 것이 없는데, (재산을) 흩어 놓는 방법이나, 나누어 주는 술책이 있습니까?"

관중이 대답하였다. "경중輕重의 술에 (정통한) 전문가들은 분산시킬 수 있습니다. 경중술輕重術 전문가에게 명령하십시오."

환공이 대답하였다, "네."

(환공은) 수레 다섯을 움직여서, 주周나라 하원下原에서 계을癸乙을 맞이하였다. 환공은 (수레의) 네 말[駟]에 대해서 물어보고, 이어서 계을, 관중, 영척甯戚과 더불어 넷이 앉았다.

환공이 말했다. "경중의 술에 대해서 묻고 싶습니다."

계을이 말했다. "백성들에게서 무겁게 세금을 걷으면 아랫사람들을 잃게 되고, 제후들을 자주 기만하면 함께할 맹국盟國이 없을 것입니다."

관중이 (수레를 타고서) 어깨를 맞대고 물었다. "내가 내 백성들에게서 세금을 걷지 않으면, 무엇으로 군대를 키웁니까? 내 백성들에게서 세금을 걷지 않는다면, 이웃 나라(의 침입)에 어떻게 대처합니까?"

계을이 말했다. "오직 마음을 정교精巧하게 쓰면 될 뿐입니다. 정교하게 마음을 쓰면 물자의 유무有無가 상통되고, 물자의 유무가 상통되면 모든 물자가 (시장으로) 운송되며, (시장으로) 운송되면 모든 물품들이 싸지고, 모든 물품들이 싸지면 모든 물자들을 쓸 수 있습니다. 모든 물자들을 쓸 수 있음을 알고도 안 쓰면, (재화를) 천하(의 다른 나라들)에게 뺏깁니다. 천하(의 다른 나라들)에 뺏기면, 본국에는 큰 손해가 됩니다."

환공이 말했다. "마음을 정교하게 쓰면 모든 물자들을 쓸 수 있다는 것에 대해서 묻고 싶습니다."

계을이 말했다. "(나라에) 남아도는 부가 있지만 남아도는 전차戰車가 없다면, 경卿들과 (부용국의) 제후들에게 부담을 추구하십시오. (재산이) 자기 집에 풍족하게 있으나, 관직이 없는 자에게 도움을 주지 않는다면, (조정의) 영令들과 대부大夫들에게 부담을 물게 하십시오. 이렇게 한다면, 모든 물자의 유무有無가 소통되고, 물자가 유통되면 물품들이 (시장들에) 운송되고, 운송되면 모든 물품들이 싸지고, 물품들이 싸지면 모든 물자들을 쓸 수 있게 될 것입니다. 그러므로 세 경제 정책과 이재理財 방법을 안다면 천하를 다스릴 수 있고, 이 세 경제 정책과 이재理財 방법을 모른다면 천하를 다스릴 수 없습니다. 따라서 (임금께서 이런 조치들을) 호령으로 반포하시고, 긴급하게도 느리게도 추진하신다면, 백성들이 우리 나라에 귀순함이 물밀 듯할 것입니다. 이것이 경중의 술입니다."

桓公問於管子曰: "今欲調高下, 分并財, 散積聚. 不然, 則世且并兼而無止, 蓄餘藏羨而不息, 貧賤鰥寡獨老不與得焉. 散之有道, 分之有數乎?" 管子對曰: "唯輕重之家爲能散之耳. 請以令輕重之家." 桓公曰: "諾." 東車五乘,[98] 迎癸乙於周下原. 桓公問四,[99] 因與癸乙、管子、寧戚相與四坐. 桓公曰: "請問輕重之數." 癸乙曰: "重籍其民者失其下, 數欺諸侯者無權與." 管子差肩而問曰:[100] "吾不籍吾民, 何以奉車革? 不籍吾民, 何以待鄰國?" 癸乙曰: "唯好心爲可耳.[101] 夫好心則萬物通, 萬物通則萬物運, 萬物運則萬物賤, 萬物賤則萬物可因. 知萬物之可因而不因者, 奪於天下. 奪於天下者, 國之大賊也." 桓公曰: "請問好心萬物之可因." 癸乙曰: "有餘富無餘乘者, 責之卿諸侯.[102] 足其所, 不賂其游者,[103] 責之令大夫.[104] 若此則萬物通, 萬物通則萬物運, 萬物運則萬物賤, 萬物賤則萬物可因矣. 故知三准同筴者能爲天下,[105] 不知三准之同筴者不能爲天下. 故申之以號令, 抗之以徐疾也,[106] 民乎其歸我若流水. 此輕重之數也."

환공이 관중에게 물었다. "지금 창을 쓰는 (병사) 10만萬에게는, 맬

98 黎翔鳳에 의하면, 東은 動이다.

99 豬飼彦博에 의하면, 問四는 衍字다. 그러나 黎翔鳳에 의하면, 問四는 問駟이니, 駟는 馬一乘이다. 고찰해보지도 않고 衍文으로 취급한 것은 서툰 짓이다.

100 許維遹에 의하면, 差肩은 比肩이다. 黎翔鳳에 의하면, 差肩은 수레 위에서 어깨를 맞대는 것이다.

101 黎翔鳳에 의하면, 好心은 마음 쓰는 것이 교묘함[巧]이다.

102 趙守正에 의하면, 諸侯는 齊나라에 부속된 나라들의 君長들이다. 이들이 軍費와 外事의 費用을 부분적으로 감당한다면, 그들의 積財를 분산시킬 수 있음을 말한다. 上同, 476頁, 注8 참조.

103 黎翔鳳에 의하면, 游는 官司(官衙)가 없는 사람이다.

104 郭沫若에 의하면, 卿은 內臣이고, 諸侯는 外臣이니, 責令은 內가 먼저이고 外가 나중이다. '足其所, 不賂其游'는 재산이 있으나 남에게 나누어 주지 않는 것이니, 이들에게 경비를 충당시키는 것이 '散積聚, 調高下, 分并財'의 術이다.

105 尹桐陽에 의하면, 三准은, ① 調高下(비싼 것과 싼 것을 조절함)이고, ② 分并財(겸병한 재산을 나눔)이고, ③ 散積粟(쌓아둔 곡식을 분산함)이다.

106 許維遹에 의하면, 抗은 擧와 같다.

나무와 반찬의 소비가 하루 10리里 들판의 수입을 소비합니다. 전투 한 번에 허비된 돈이 하루 천 금千金의 저축을 없애버립니다. (전투가) 오래 지속을 하게 되면, 무엇으로 대비해야 할까요?"

관중이 대답하였다. "곡물 가격이 (1부釜에 100천百泉이면) 평균 40(천泉), 즉 금가金價로 4천千입니다. 곡물 가격이 부釜당 40(천泉)이면, 1종鍾[10釜=1鍾]은 400(천泉)이고, 10종鍾은 4천千이고, 20종鐘이면 8천(천泉)입니다. 금가金價가 4천千 천泉인데, 금가가 둘이면 8천 천泉입니다. 이렇다면, 한 농부의 사업은 일 년에 100무畝[토지]를 경작하는데, 100무의 수입은 20종鍾을 넘지 못하니, 한 농부의 사업은 이에 2금金 재산일 뿐입니다. 그러므로 곡식 값이 비싸면 황금 값이 떨어지고, 황금 값이 오르면 곡식 값이 싸지니, 이 둘은 평행으로 있질 못합니다. 그러므로 잘하는 임금은 곡식의 가격을 올리니, 1부釜에 400천泉으로 하면, 이는 1종鍾에 4,000, 10종에 4만萬, 20종이면 8만 천泉입니다. 금가金價를 4천千으로 하면, 이는 10금金이면 4만이고, 20금이면 8만 천泉이 됩니다. 따라서 (임금께서) 호령을 반포하여, '농부 한 사람의 사업은, 20금金의 이재理財 정책이다'라고 하십시오. 이렇게 되면, 토지의 넓고 좁음이나, 나라의 빈부貧富가 중요한 것이 아니라, (임금께서) 명령을 발동하는데 정통하고, 경중의 술을 잘 알아서 그렇게 하는 것입니다."

桓公問於管子曰: "今傳戟十萬, 薪菜之靡,[107] 日虛十里之衍.[108] 頓戟一譟,[109] 而靡幣之用, 日去千金之積.[110] 久之, 且何以待之?" 管子對曰: "粟賈平四十, 則金賈四千.[111] 粟賈釜四十, 則鍾四百也, 十鍾四千也, 二十鍾者爲八千也. 金賈四千, 則二金中八千也. 然則一農之事, 終歲耕百畝, 百畝之收, 不過二十鍾, 一農之事乃中二金之財耳. 故粟重黃金輕, 黃金重而粟輕, 兩者不衡立. 故善者重粟之賈, 釜四百, 則是鍾四千也, 十鍾四萬,

107 黎翔鳳에 의하면, 薪菜는 本書에서 자주 말하는 것이니, 菜(반찬)는 식사에 필수적으로 따른다.

108 趙守正에 의하면, 衍은 平坦한 土地이고, 虛는 空이니, '日虛十里之衍'은 매일 10里 땅의 수입을 허비함을 말한다. 上同, 477頁, 注2 참조.

109 趙守正에 의하면, 譟는 시끄러움[喧鬧]이고, '頓戟一譟'는 用兵作戰 한 차례를 말한 것과 같다.

110 黎翔鳳에 의하면, 靡幣는 費錢과 같고, 幣는 金을 가리킨다.

111 黎翔鳳에 의하면, 齊나라에는 釜가 基量이다. 작은 양은 區이고, 4區가 1釜이고, 큰 양은 10釜가 鍾이다. 基量은 매일 쓰기에 모두 알고 명칭을 생략한다. 釜당 100천(百泉)이 常價인데, 1釜의 가격이 300천(三百泉)이면, 3배가 오른 것이다. 그래서 아래 문단에 '三倍其賈'라 했고, '平四十'이라면, 평균 金價로는 四千임을 말한다.

二十鍾者八萬. 金賈四千, 則是十金四萬也, 二十金者爲八萬. 故發號出令曰: 一農之事, 有二十金之筴. 然則地非有廣狹, 國非有貧富也, 通於發號出令, 審於輕重之數然."

관중이 말했다. "둥둥 북을 치니, 군사들이 분노하여 진격하였습니다. 쟁쟁 징을 치니, 군사들이 급속히 멈추었습니다. 영고盈鼓의 북을 쳐대니 (군사들이) 따랐으며, (누구는) 죽고 (누구는) 부상을 당하였으나 다투어 진격하는 것을 그치지 않았습니다. (군사들은) 입에는 먹을 것이 가득했고, 손에는 돈이 가득했는데, 부모의 원수를 크게 치지 않은 것은, (받은) 중록重祿과 중상重賞이 그렇게 만든 것입니다. 따라서 높은 관리를 조정에 세울 때, 작록爵祿이 따르지 않으면, 신하들은 충성하지 않을 것입니다. 연합한 군대가 전투를 하는데, 제공할 상급이 따르지 않는다면, 사졸들은 죽으려고 싸우지 않을 것입니다. 이렇다면 이것은 대신들을 조정에서 조회할 때 제압하고, 전열에 서 있는 군사들은 상賞으로 제압해야 합니다. 따라서 아비로 하여금 자기 자식을 자식으로 보지 않고, 형으로 하여금 자기 동생에게 자애롭게 대하지 않고, 아내로 하여금 자기 남편을 가질 수 없게 만드는 것은, 오직 중록重祿과 중상重賞 때문입니다. 따라서 (군사들이) 먼 길을 마다 않고서 먼 변방의 백성들을 위협하고, 산천의 험준함을 무릅쓰고 굳건한 도성都城도 굴복시키는데, 천둥과 벼락처럼 출동하고, 비바람처럼 활동하여, 마치 홀로 나가고 홀로 들어오는 것처럼 하니, 방어할 길이 없습니다."

管子曰: "湩然擊鼓, 士忿怒. 鎗然擊金,[112] 士帥然.[113] 筴桐鼓從之,[114] 輿死扶傷, 爭進而無止. 口滿用, 手滿錢,[115] 非大父母之仇也, 重祿重賞之所使也. 故軒冕立於朝, 爵祿不隨, 臣不爲忠. 中軍行戰,[116] 委予之賞不隨, 士不死其列陳. 然則是大臣執於朝, 而列陳之士執於賞也.[117] 故使父不得

112 趙守正에 의하면, 湩은 음이 동에 가까우니, 鼓聲이다. 上同, 477頁, 注1 참조.
113 安井衡에 의하면, 帥然은 急速貌다.
114 黎翔鳳에 의하면, 帥는 率과 통하고, 筴은 策과 같으니, 擊이다. 桐을, 顔師古는 通으로 읽었으니, 盈과 통한다. 齊나라에서는 盈鼓를 썼다.
115 張登雲에 의하면, 用은 食用이다. 攻戰에 용감하여, 죽음도 돌아보지 않은 군사들은 重祿을 받아서 '口滿食用'(입에 먹을 것이 가득 찼다)하였고, 重賞을 받아서 '手滿錢'(손에 돈이 가득함)이었으니, 이익에 따라서 행동한 것이다.
116 黎翔鳳에 의하면, 中軍은 合軍이다.
117 黎翔鳳에 의하면, 執은 制이다.

子其子, 兄不得弟其弟, 妻不得有其夫, 唯重祿重賞爲然耳. 故不遠道里而能威絶域之民, 不險山川而能服有恃之固, 發若雷霆, 動若風雨, 獨出獨入, 莫之能圉."

환공이 말했다. "사방의 이夷족들이 복종하지 않으니, 그들의 역정逆政이 다른 제후국들에 유행하여 과인을 해칠까 두렵습니다. 이들의 역정을 작게 보면, 이에 대한 대책이 있습니까?"

관중이 대답하였다. "오吳와 월越이 조배朝拜에 오지 않은 것은, 진주와 상아象牙를 (자기들) 화폐로 만들었기 때문입니까? 발發과 조선朝鮮이 조배에 안 온 것은 무늬 있는 털가죽과 가죽옷을 화폐로 삼았기 때문입니까? (북방의) 우씨禺氏가 조배에 안 온 것은 (그들의) 옥벽玉璧을 화폐로 삼은 것 때문입니까? (서쪽) 곤륜산崑崙山의 허虛나라가 조배에 안 온 것은 (미옥美玉인) 구림璆琳과 (미석美石인) 낭간琅玕을 화폐로 삼았기 때문입니까? 따라서 잡아도 손에서 보이지 않고, 물고 있으나 입안에서 보이지 않는, (값이) 천금千金인 것이 진주[珠]인데, (그것을 화폐로 하면) 그다음에 8천 리 밖의 오吳와 월越도 조배하러 올 것입니다. 표범 가죽 하나는 꾸미고 옷깃을 접으면 천금千金이니, (그것을 화폐로 하면) 그다음에 8천 리나 (먼) 발發이나 조선朝鮮도 조배에 올 것입니다. 품속에 품어도 보이지 않고, 겨드랑이에 끼어도 보이지 않는데, 천금이 나가는 것이 백벽白璧인데, (그것을 화폐로 하면) 그다음에 8천 리나 (먼) 우씨禺氏도 조배에 올 것입니다. 비녀와 귀걸이 (같은 장신구)들이 천금이 나가니, (좋은 옥인) 구림璆琳이나 낭간琅玕을 (화폐로 하면) 그다음에 8천 리나 (먼) 곤륜산의 허虛(나라)도 조배를 올 것입니다. 그러므로 물자에 대하여 주관하는 임금이 없고, (경제적인) 사업들에 접속이 없고, 원근遠近의 각 나라가 서로 이득이 없다면, (사방의) 사이四夷들도 조배를 오지 않을 것입니다."

桓公曰: "四夷不服, 恐其逆政游於天下而傷寡人.[118] 寡人之行,[119] 爲此有道乎?" 管子對曰: "吳、越不朝, 珠象而以爲幣乎? 發、朝鮮不朝, 請文

118 豬飼彦博에 의하면, 游는 流와 같다.
119 黎翔鳳에 의하면, 行은 行政이니, 逆政을 가리킨다.

皮毻服而以爲幣乎?[120] 禺氏不朝, 請以白璧爲幣乎? 崑崙之虛不朝, 請以璆琳琅玕爲幣乎?[121] 故夫握而不見於手, 含而不見於口, 而辟千金者珠也,[122] 然後八千里之吳、越可得而朝也. 一豹之皮, 容金而金也,[123] 然後八千里之發、朝鮮可得而朝也. 懷而不見於抱, 挾而不見於掖, 而闢千金也, 白璧也, 然後八千里之禺氏可得而朝也. 簪珥而辟千金者, 璆琳琅玕也, 然後八千里之崑崙之虛可得而朝也. 故物無主, 事無接, 遠近無以相因, 則四夷不得而朝矣.”

120 趙守正에 의하면, 文皮는 虎豹 등의 무늬 있는 짐승 가죽이고, 毻服은 털이 빠진 가죽으로 만든 衣服이다. 上同, 479頁, 注5 참조.

121 趙守正에 의하면, 璆琳은 美玉이고, 琅玕은 美石이다. 上同, 注6 참조.

122 趙守正에 의하면, 辟은 譬와 같다. '譬千金'은 千金과 같음이다. 上同, 注7 참조.

123 郭沫若에 의하면, 金은 衿(옷깃)자의 생략이니, 容은 飾이고, 衿은 襜(옷깃)이다. 衿은 襟(옷깃)과 같다. 송영배에 의하면, 나중의 金자 앞에 千이 빠진 것 같다.

경중을 輕重乙

본 편은 경중輕重의 술을 논한 두 번째 편이다. 전편은 14절節로 되어 있고, 서로 독립적이며, 잡기雜記나 잡론체雜論體이다. 그러나 경중의 술이 논의의 중심이다.

환공이 말했다. "천하를 하루아침 하룻밤에 안정시킬 수 있습니까?"

관중이 대답하였다. "평생을 가도 안정을 시킬 수 없습니다."

환공이 말했다. "안정시킬 수 없다는 말씀에 대하여, 들어볼 수 있습니까?"

관중이 대답하였다. "영토가 동서로 2만 8천 리里이고, 남북으로는 2만 6천 리입니다. 천자가 가운데서 옹립되었는데, 나라의 사면四面은, 면面마다 1만 리가 넘으니, 백성들이 세금을 내려면 (먼 곳에 살면) 또한 만 리보다 더 와야 합니다. 따라서 100배의 힘을 들이고도 (서울에) 못 오는 사람들이 있고, 10배의 힘을 들이고도 못 오는 사람들은 있고, 눈 깜짝할 사이에 (오는) 사람들도 있습니다. 이러면 먼 곳의 제후(나라)들은 소원해지고, 임금을 원망하게 됩니다. 변경의 제후들은 임금을 원망하는 백성들을 받아들이고, 그들과 잘 지내며, 시간이 나도 (임금에게) 조배를 안 갑니다. 이렇게 되면 임금이 (소통의) 길을 막아 버린 것이니, 곡물(에 정통한) 관리들도 떠나 버리면, 천하를 얻어서 패자覇者가 될 수 있겠습니까?"

환공이 말했다. "어떻게 해야 합니까?"

관중이 대답하였다. "경작지耕作地를 정해주고 천하 사방에 배열하면, 천자天子는 중앙에 있고, (다스리는) 지역은 천 리千里이며, 패覇를 겸직하는 제후의 영토는 300리보다 크고, 중간 제후들은 100리이며, 해변의 자子와 남男작은 70리입니다. 이렇게 되면, 가슴이 어깨를 부리는 것처럼, 어깨가 손가락을 부리는 것처럼, (자연스럽습니다.) 그렇다면, 소재小財나 소리小利도 (부유한) 백성들에게 분산될 수 없고, (시장의 수요 공급을) 빠르거나 느리게 해도, 남거나 부족하게나마 조절해 주면, 비록 아랫사람들도 임금의 근심거리가 안 됩니다. 바다에서 소금 생산이 그침이 없고, 산에서 금金 생산이 쉼이 없습니다. 초목은 계절에 따라 생기나, 기물器物들은 계절에 따라 망가지는 것처럼, 바다의 소금물은 하루 소모하면, 끝나면 다시 시작하니, 천지와 겨루는 셈인데, 이것이 (농부들에게) 경작지를 정해 주고 배열하는 것과 같습니다."

桓公曰: "天下之朝夕可定乎?"[1] 管子對曰: "終身不定." 桓公曰: "其不定之說, 可得聞乎?" 管子對曰: "地之東西二萬八千里, 南北二萬六千里. 天子中而立, 國之四面, 面萬有餘里, 民之入正籍者亦萬有餘里. 故有百倍之力而不至者, 有十倍之力而不至者, 有倪而是者.[2] 則遠者疏, 疾怨上. 邊竟諸侯受君之怨民, 與之爲善, 缺然不朝. 是天子塞其涂. 熟穀者去, 天下之可得而霸?" 桓公曰: "行事奈何?" 管子對曰: "請與之立壤列天下之旁,[3] 天子中立, 地方千里, 兼霸之壤三百有餘里, 佌諸侯度百里,[4] 負海子男者度七十里. 若此, 則如胸之使臂, 臂之使指也. 然則小不能分於民, 推徐疾羡不足,[5] 雖在下不爲君憂. 夫海出沸無止,[6] 山生金木無息. 草木以時生, 器以時靡幣,[7] 泲水之鹽以日消, 終則有始, 與天壤爭, 是謂立壤列也."

무왕武王이 계탁癸度에게 물어보았다. "(천자天子에 대한) 헌례獻禮가 중重하지 못하니, (제후들) 자신이 임금을 가까이할 수 없습니다. (천자의) 좌우左右들을 만족시킬 수 없으니, (천자의) 대신들에게 좋은 지지를

1 張佩綸에 의하면, 之자는 衍字다. 환공이 一朝一夕에 천하를 안정시키려고 했으니, 빠름을 말한 것이다. 관중은 '終身不定'(평생을 가도 안정이 안 됩니다)으로 대답하였다.

2 黎翔鳳에 의하면, 是는 眡, 즉 視다.

3 張佩綸에 의하면, 旁은 四方이다. 黎翔鳳에 의하면, 壤은 土이니, 만물이 자생하는 곳은 土이고, 사람들이 농사짓고 김매 주는 데는 壤이다. 立은 定이니, 定壤은 鍾殖을 위한 토지이지, 列土나 分封과 다르다.

4 張佩綸에 의하면, 佌는 마땅히 齊이다. 黎翔鳳에 의하면, 齊는 中의 뜻이다. 예: 『孔子家語』, 「儒行解」, '儒有居處齊難' 참조.

5 王念孫에 의하면, 推는 마땅히 準, 또는 准이 되어야 한다.

6 馬非百는, 原文의 沸를 泲로 바꾸었다. 泲水는 鹽水다. 趙守正, 『管子通解』(下), 491頁, 注12 참조.

7 李哲明에 의하면, 幣는 마땅히 敝여야 한다. 靡敝는 靡散(시들고 황폐해지다)이다.

받지 못합니다. 직접 세금을 받아서 좌우 (대신들의 요구)를 만족시키고 싶지 않다면, 무슨 방법이 있습니까?"

계탁이 대답하였다. "우리 나라는 사통이 발달한 나라이며, 원방에서 납세하러 오는 길이며, 유객游客과 축상蓄商들이 지나가는 길목이고, 재물財物들이 유통되는 곳입니다. 따라서 우리 나라에 수입된 곡물에는 우리 화폐를 쓰게 되고, 그런 다음에 황금으로 지불하게 됩니다. 따라서 임금께서는 황금 값을 올리시고 일반 (싼) 물품들은 값을 내리시어, 물품들을 운송해 오고 서로 연결시키면 나라의 이재理財 정책은 성공입니다. 따라서 (임금께서는) 원칙[경중輕重의 술術]을 잃지 마시고, 백성들에게 스스로 처리[自理]하게 하지 마십시오."

무왕이 말했다. "일을 (구체적으로) 어떻게 시행할까요?"

계탁이 말했다. "황금은 여수汝水와 한수漢水의 오른쪽 일대에서 나고, 진주는 적야赤野의 말광末光에서 나며, 옥玉은 우씨禺氏의 변산邊山에서 나오니, 이곳들은 모두 주周나라에서 7천 8백여餘 리里입니다. 그 (가는) 길이 멀고, 그곳에 도달하기 어려우니, 따라서 선왕들은 그 귀중의 정도에 따라서 사용하여, 주옥珠玉이 상등 화폐[上幣]가 되었고, 황금이 중등 화폐[中幣]가 되었고, 도포刀布가 하등 화폐[下幣]가 되었습니다. 따라서 선왕들은 중폐(즉 황금)의 값을 올리고 내리기를 잘하면서, 하폐와 상폐의 쓰임을 통제하시니, 천하가 풍족하였을 것입니다."

武王問於癸度曰:[8] "賀獻不重, 身不親於君. 左右不足, 支不善於群臣.[9] 故不欲收穡戶籍而給左右之用,[10] 爲之有道乎?" 癸度對曰: "吾國者, 衢處之國也, 遠秸之所通,[11] 游客蓄商之所道, 財物之所遵. 故苟入吾國之粟, 因吾國之幣,[12] 然後載黃金而出. 故君請重重而衡輕輕,[13] 運物而相因, 則國

8 黎翔鳳에 의하면, 제83편 「輕重丁」에서, '管子曰: 昔者癸度'이라 했으니, 癸度은 管仲보다 앞선 시기의 인물이다.

9 黎翔鳳에 의하면, 支는 支持와 같다.

10 趙守正에 의하면, '收穡戶籍'은 직접 세금을 거둠이니, '故不欲收穡戶籍'은 직접 조세 방법으로 收入을 취하고 싶지 않음이다.

11 張佩綸에 의하면, 『書』, 「禹貢」에 '百里賦納總, 二百里納銍, 三百里納秸, 四百里粟, 五百里米'이라 했으니, 遠秸은 粟米를 말한 것으로, 遠方에서 賦納하는 일반적 방식이다.

12 黎翔鳳에 의하면, 入은 輸入을 의미한다.

13 黎翔鳳에 의하면, 황금이 나라 밖으로 유출되면, 나라에 해로우니, 곡식과 서로 비교하여 마땅히 곡식 값의 輕重을 저울질[衡]해야만 한다. 趙守正에 의하면, 重重에서, 앞의 重은 값을 올

筴可成. 故謹毋失其度,[14] 未與民可治."[15] 武王曰: "行事奈何?" 癸度曰: "金出於汝、漢之右衢, 珠出於赤野之末光, 玉出於禺氏之旁山,[16] 此皆距周七千八百餘里. 其涂遠, 其至阨, 故先王度用於其重, 因以珠玉爲上幣, 黃金爲中幣, 刀布爲下幣. 故先王善高下中幣, 制下上之用, 而天下足矣."

환공이 말했다. "형衡이, '한 농부가 농사짓는 데, 반드시 하나의 보습[사耜], 하나의 가래[조銚], 하나의 낫[겸鐮], 하나의 호미[누鎒], 하나의 쇠몽치[추椎], 하나의 짧은 낫[질銍]이 있어야, 그다음에 농부가 됩니다. 수레[車] 하나(를 만드는 데) 반드시 하나의 도끼[근斤], 하나의 톱[거鋸], 하나의 굴통 쇠[공釭], 하나의 송곳[찬鑽], 하나의 끌[착鑿], 하나의 끌[구銶: 나무에 구멍 내는 연장], 하나의 도낏자루[가枷]가 있어야, 그다음에 수레를 만들 수 있습니다. 한 여자에게는 반드시 하나의 칼[刀], 하나의 송곳[추錐], 하나의 바늘[잠箴], 하나의 돗바늘[술鉥]을 가져야, 그다음에 여자가 됩니다. (임금께서) 명령을 내리시어, 산의 나무를 베어 내고, 광산의 철鐵에 풀무질하게 하면, 이것으로 세금을 받지 않아도 재용이 충분할 것입니다'라고, 과인에게 말했습니다."

관중이 대답하였다. "안 됩니다. 노역하는 죄인들을 징발徵發하여 일을 시키면, 도망을 가서 지킬 수 없습니다. 백성들을 징발하면 아랫사람들이 임금을 미워하고 원망할 것입니다. 변경에서 전쟁이 나면 '묵은 원한[宿怨]'을 품고서 싸우지 않을 것입니다. 철광산의 이익을 보기 전에 안에서 무너질 것입니다. 그러므로 잘하는 임금은 백성들과 그 귀중품의 분량을 헤아려, 그 (남는) 이익을 따지고, 백성들이 그중 7을 가지고, 임금은 그중 3을 얻는 것보다 못합니다. 또한 경중輕重의 술로 따져서, 값을 높이거나 낮추어서 (그 이익을) 지키십시오. 이렇게 하면, 백성들은 열심히 할 것이니, 임금께서는 전쟁 중에 적敵으로부터 포획하는 것처럼 하십시오."

림이고, 뒤의 重은, 고가 상품, 즉 황금이다. 輕輕은, 앞의 輕이 값을 내림이고, 뒤의 輕은 低價의 일반 상품, 즉 만물의 뜻이다. 上同, 492頁, 注6 참조.

14 湯孝純에 의하면, 度는 법도, 원칙이니, 여기서는 輕重의 술을 말한다. 『新譯管子讀本』(下), 980頁, 注7 참조.

15 黎翔鳳에 의하면, 治는 理이니, 백성들이 自理하도록 허락해서는 안 됨을 말한 것이다.

16 黎翔鳳에 의하면, 邊과 旁은 같은 뜻이니, 旁山은 邊山이다.

桓公曰: "衡謂寡人曰:[17] '一農之事, 必有一耜、一銚、一鐮、一鎒、一椎、一銍, 然後成爲農. 一車必有一斤、一鋸、一釭、一鑽、一鑿、一銶、一軻,[18] 然後成爲車. 一女必有一刀、一錐、一箴、一鉥, 然後成爲女. 請以令斷山木, 鼓山鐵,[19] 是可以毋籍而用足.'" 管子對曰: "不可. 今發徒隸而作之, 則逃亡而不守. 發民, 則下疾怨上. 邊竟有兵, 則懷宿怨而不戰. 未見山鐵之利而內敗矣. 故善者不如與民量其重, 計其贏, 民得其十,[20] 君得其三. 有雜之以輕重,[21] 守之以高下. 若此, 則民疾作而爲上虜矣."[22]

환공이 말했다. "토지 조건에 맞는 재정 정책에 대하여, 묻고 싶습니다."

관중이 대답하였다. "강이 가까운 옥토는, 무畝당 (곡식) 1종鍾(10釜=1鐘; 4區=1釜, 1區=4豆)이 나는 제후들의 나라입니다. 산에 있는 나라들은 (채소를 소금에) 절이는 나라입니다. 비옥한 나라들이 산에 있는 나라들을 늘 이기지 못하는 것은 미리 대비하기 때문입니다."

환공이 말했다. "이 말씀은 무슨 뜻입니까?"

관중이 대답하였다. "옥토의 나라들은 무畝당 (곡식) 1종이 생산되는 나라들이고, 따라서 곡식들이 많아서 관리를 안 하니, 확실히 부유할 수 없습니다. 산중의 나라들에 이르러서는 조악한 곡식도 저장하고 채소를 저장하니, 이것이 대비하는 것입니다."

환공이 말했다. "토지 관리의 재정 정책은 이것이 다입니까?"

관중이 대답하였다. "아닙니다. 옛날 적씨狄氏나라는 1무畝당 1종을 소출하는 나라였고, 따라서 곡식은 10종이면 1치錙[1/4兩]의 금金이었습니다. 정程나라는 산에 있는 제후국인데, (곡식이 귀해) 따라서 곡식은 5부釜에 1치금錙金이었습니다. 그러므로 적씨狄氏나라는 10종으로도 군대를 만들 수 없는데, 정程나라는 5부로 군대를 세웠습니다. 누구는 10배를 드려도 부족한데, 누구는 반종半鐘으로도 남으니, 경중의

17 趙守正에 의하면, 衡은 가탁된 인물이다. 『管子通解』(下), 493頁 , 注1 참조.

18 丁士涵에 의하면, 軻는 마땅히 柯(자루)다. 柯는 斧柄(도낏자루)이다.

19 顔昌嶢에 의하면, 풀무[橐]를 움직이게 하는 것을 鼓라 하니, '鼓山鐵'의 鼓가 이런 의미다.

20 戴望(1837~1873)에 따르면, 十은 七의 誤字다.

21 許維遹에 의하면, 有는 又로 읽어야 하고, 雜은 會, 또는 合이다.

22 安井衡에 의하면, '貧富死生, 唯上所爲, 如虜獲於敵者然'(빈자건 부자건 목숨을 걸 것이니 임금이 하실 것은 전쟁 중에 敵들에게서 포획하는 것처럼 함)이다.

술과 물가를 높이거나 낮추는 재정 정책에 능통했기 때문입니다. 나라에 10년의 저축이 있는데, 백성들 중에 먹고살기에 부족한 사람들은, 모두 자기의 사업으로 임금의 봉록을 바라봅니다. 임금은 광산과 바다[鹽鐵]의 재물이 있는데 백성들의 재용財用이 부족하면, 모두 자기 사업에서 임금과 접촉하고자 합니다. 따라서 조세租稅[租籍]는 임금이 마땅히 취할 것입니다. '정적正籍'은 임금이 강제로 징수하는 것입니다. 망하는 임금은 마땅히 취해야 할 것은 폐기하고, 강제로 징수하니, 따라서 아랫사람들이 임금을 원망하게 되어 (임금의) 명령이 시행되지 않습니다. 백성들은 뺏기면 분노하고, 주면 기뻐합니다. 백성들의 심정은 진실로 그러합니다. 선왕들은 그렇다는 것을 알기에, 따라서 주는 곳을 보이지만, 뺏는 이치[도리]는 안 보입니다. 그러므로 오곡五穀이나 양식糧食은 백성들의 목숨이고, 황금이나 도포刀布[화폐]는 백성들의 유통 수단입니다. 선왕들은 그들의 유통 수단을 잘 조절하여, 백성들의 목숨을 통제했기에, 따라서 백성들은 힘을 다했습니다."

桓公曰: "請問壤數."[23] 管子對曰: "河埁, 諸侯畝鍾之國也. 磧山諸侯之國也.[24] 河埁諸侯常不勝山諸侯之國者, 豫戒者也," 桓公曰: "此若言何謂也?" 管子對曰: "夫河埁諸侯, 畝鍾之國也, 故穀衆多而不理, 固不得有.[25] 至於山諸侯之國, 則斂蔬藏菜,[26] 此之謂豫戒." 桓公曰: "壤數盡於此乎?" 管子對曰: "未也. 昔狄諸侯, 畝鍾之國也, 故粟十鍾而錙金.[27] 程諸侯, 山諸侯之國也, 故粟五釜而錙金. 故狄諸侯十鍾而不得傳戟,[28] 程諸侯五釜而得傳戟. 十倍而不足, 或五分而有餘者,[29] 通於輕重高下之數. 國有十歲之蓄, 而民食不足者, 皆以其事業望君之祿也. 君有山海之財, 而民用不足者, 皆以其事業交接於上者也. 故租籍, 君之所宜得也. 正籍者, 君之所强求也. 亡君廢其所宜得, 而斂其所强求, 故下怨上而令不行. 民, 奪之則怒, 予之則喜. 民情固然. 先王知其然, 故見予之所,[30] 不見奪之理. 故五

23 趙守正에 의하면, 壤數는 토지조건에 적응하는 理財 방법이다. 上同, 495頁, 注1 참조.

24 何如璋에 의하면, 埁는 淤와 통하니, 淤는 땅이 濁水와 가까워서, 물이 빠지면 흙탕물을 받으니, 畝당 數倍를 거둔다. 郭沫若에 의하면, 磧(맑다)은 漬(물에 절이다)이니, 마땅히 '山諸侯' 다음에 와야 한다.

25 固에는 '확실히'의 뜻이 있다.

26 張佩綸에 의하면, 蔬(푸성귀)는 마땅히 疏 자가 되어야 한다. 疏食은 糲食(조악한 밥)이다.

27 錙는 무게의 단위로 6銖, 즉 1兩의 1/4이다.

28 湯孝純에 의하면, 傳戟(찌르는 戟)은 戟을 잡은 무사의 뜻인데, 여기서는 군대의 建立을 말한다. 『新譯管子讀本』(下), 983頁, 注9 참조.

29 趙守正에 의하면, 5分은 10분의 5鐘이니, 半鐘이다.

30 郭沫若에 의하면, 見은 現이다.

穀粟米者, 民之司命也, 黃金刀布者, 民之通貨也. 先王善制其通貨, 以御其司命, 故民力可盡也."

관중이 말했다. "수원지[源泉]에 비가 다섯 자[尺]나 내리면, 그 임금은 반드시 욕을 보게 됩니다. 많이 먹어 대는 나라는 반드시 망할 것입니다. (이는 아랫사람들이) 오곡을 저축한 것이 많기 때문입니다. 그러므로 서리와 이슬을 이겨낸 수목들은 하늘의 명령을 받지 않습니다. 집안이 풍족한 데서는, (사람들이) 성인을 따르지 않습니다. 그러므로 (임금께서 먼저) 빼앗고 나중에 주시고, (물가를) 높인 다음에 내리시고, (군사들을 먼저) 기쁘게 한 다음에 (임금께서) 화를 내신다면, 천하를 차지할 것입니다."

管子曰: "泉雨五尺, 其君必辱. 食稱之國必亡.[31] 待五穀者衆也.[32] 故樹木之勝霜露者, 不受令於天. 家足其所者, 不從聖人. 故奪然後予, 高然後下, 喜然後怒, 天下可擧."[33]

환공이 말했다. "농업을 튼튼히 하고 비용을 절약하면, (나라를) 존속시킬 수 있습니까?"

관중이 대답하였다. "(나라를) 더욱 이기게[勝] 할 수 있지만, 존속시키기에는 부족합니다. 옛날 기씨紀氏의 나라는 농업을 튼튼히 하고 비용을 절약하여, 오곡五穀이 풍만하였으나 관리할 수 없어서, 사방으로 흘러가서 천하 (각국)에 귀속되었습니다. 이렇게 된 것은, 기씨紀氏, 그 나라가 농업을 튼튼히 하고 비용을 절약했으나, 마침 백성들로 하여금 곡식을 (밖으로 흘러가게 하여) 다 없어지게 해도 (그것을) 관리하지 못하여, (자신이) 천하 각국에 포로가 되었으니, 이 때문에 자기 나라가 망하고 자신은 처할 곳이 없게 된 것입니다. 따라서 더욱 승리하게는 할 수 있어도, 존속시키기에는 부족한 것입니다. 그러므로 나라를 잘 다스리는 임금은 천하(의 나라들)가 (물건 값을) 내려도 자신은 높이고,

31 黎翔鳳에 의하면, 稱은 偁(일컫다)을 假借한 것이니, 偁은 揚(하늘을 날다)이니, 揚은 匪攄(바람 타고 높이 올라가다)다. 따라서 食稱은 大量으로 먹음이다.

32 豬飼彦博에 의하면, 待는 峙와 같으니, 儲(쌓다)다. 아랫사람들이 五穀을 저축한 것이 衆多하면, 임금의 명령을 따르지 않기 때문이다.

33 湯孝純에 의하면, 擧는 占領이다. 上同, 985頁, 注7 참조.

천하의 나라들이 내려도 자신은 (값을) 올리며, 천하의 나라들이 (물건들을) 많이 가지면 자신은 적게 가진, 그다음에 천하를 (신하로) 복종시킬 수 있습니다."

桓公曰: "强本節用, 可以爲存乎?" 管子對曰: "可以爲益愈,[34] 而未足以爲存也. 昔者紀氏之國, 强本節用者, 其五穀豐滿而不能理也, 四流而歸於天下.[35] 若是, 則紀氏, 其强本節用, 適足以使其民穀盡而不能理, 爲天下虜, 是以其國亡而身無所處. 故可以益愈, 而不足以爲存. 故善爲國者, 天下下我高, 天下輕我重, 天下多我寡, 然後可以朝天下."

환공이 말했다. "과인은 무사 하나도 죽게 하고, 창 하나도 무디게[鈍]하고 싶지 않으며, 네모난 저수지 2개를 파고 싶은데, 그렇게 할 방도가 있습니까?"

관중이 대답하였다. "경수經水에는 12개의 수로水路가 있고, 문연汶淵과 수연洙淵의 물이 3배로 차면 진흙과 모래 쌓인 지대[淤]로 흘러가니, (임금께서) 명령을 내리시어, 9월에 보리를 심게 하면, (다음 해) 하지夏至에 수확하니, 때에 맞는 비가 아직 안 와도 농사에 이로울 것입니다."

환공이 말했다. "예."

(임금께서) 명령을 내려 9월에 보리를 심으니, (다음 해) 하지夏至에 수확하였다. (보리) 베인 것을 헤아려 보니, 한 해의 수확이 네모난 저수지 2개와 맞먹었다. 따라서 이것이 이른바 천시天時를 잘 이용하고, 지리地利를 변별하는 것이, 네모난 (큰) 저수지를 파는 방법이다.

桓公曰: "寡人欲毋殺一士、毋頓一戟, 而辟方都二,[36] 爲之有道乎?" 管子對曰: "涇水十二空,[37] 汶淵洙浩滿三之於,[38] 乃請以令, 使九月種麥. 日至

34 黎翔鳳에 의하면, 愈는 勝이다.

35 趙守正에 의하면, 四流는 각 방향으로 流失이다. 『管子通解』(下), 497頁, 注3 참조.

36 趙守正에 의하면, 都는 豬(웅덩이)와 통하니, '辟方都'는 '辟方豬'(네모난 저수지를 파다)이다.

37 湯孝純에 의하면, 空은 孔과 같으니, '渠道'(파낸 물길)이다. 『新譯管子讀本』(下), 987頁, 注6 참조.

38 黎翔鳳에 의하면, 經水는, '度地편(제5편)에, '水之出於山而流水入於海者曰經水'(물이 山에서 나와 바다로 흘러 들어가는 것을 經水라 말한다)이니, 涇은 經과 같다. 겨울에 물이 마를 때, 막혀서 都(물 흐름이 모인 곳)다. 浩의 뜻은 淵(못)과 같다. 洙浩는 洙淵이다. 於는 淤(泥沙가 쌓인 地帶)다.

日穫, 則時雨未下而利農事矣." 桓公曰: "諾." 令以九月種麥, 日至而獲. 量其艾, 一收之積中方都二.[39] 故此所謂善因天時, 辯於地利, 而辟方都之道也.

관중이 입조入朝하여 환공에게 아뢰었다. "한 해의 세금이 4만 2천 금金이니, 하루아침에 군사들에게 상급을 미리 주십시오."

환공이 말했다. "예."

(임금의) 명령이 이르러 북을 쳐서 만날 시간을 알리니, 태주泰舟 들판에서 군사들을 모이게 하였다.

환공이 이에 단상壇上에 서니, 영척甯戚, 포숙鮑叔, 습붕隰朋, 역아易牙와 빈서무賓胥無가 어깨를 나란히 하여 섰다.

관중이 북채를 들고서 군사들에게 인사하며 말했다. "누가 (적의) 진지를 무너뜨리고 적군을 공파攻破할 수 있다면, 10금金을 주겠다."

세 번 물어도 대답이 없었는데, 검劍을 찬 한 사람이 앞으로 나오며, 물었다. "몇 명의 적군인지요?"

관중이 말했다. "천 명의 적군이다."

(그 사람이 말했다.) "천 명의 적군이면, 제가 허물 수 있습니다."

그에게 100금을 주었다.

관중이 또 말했다. "쇠뇌[弩]를 당기는 전장戰場에서, 누가 적의 졸장卒長을 잡는다면, 그에게 100금을 주겠다."

(누가) 물었다. "몇 명의 졸장입니까?"

관중이 말했다. "천 명의 장이다."

(누가 말했다.) "천 명의 장이라면, 제가 붙잡을 수 있습니다."

그에게 100금을 주었다.

관중이 또 말했다. "누가 정기旌旗가 가리키는 방향을 따라서, 적장의 머리를 얻은 자에게는, 천 금을 주겠다."

(적의) 보루堡壘에는 천 명이 지키는데 적장의 머리를 얻은 사람에게, 천 금을 준다는 말이다.

그 밖에 밖에서 (적군의) 머리를 자르겠다고 말한 자들에게도, 10

39 丁士涵에 의하면, 艾는 乂(베다)다. 黎翔鳳에 의하면, 一年二收 혹은 三收하는데, 一年의 수확에 이미 方都(네모난 저수지) 2개를 갖게 되었다.

금金을 주었다. 하루아침에 미리 상 준 것이 4만 5천 금金이라 (창고가) 텅 비었다.

환공이 두려워서 탄식하며 말했다. "과인이 어찌 이럴 줄 알았으랴?"

관중이 대답하였다. "임금께서는 걱정을 마십시오. 장차 (군사가) 밖에서 (공을 세워) 그의 안(內: 鄕, 親, 家와 妻子)에서 유명하게 되면, 향리에서는 그의 부모에게 공명을 보내고, 집안에서는 그의 처자들에게 덕색德色을 보입니다. 이렇게 되면, 군사는 반드시 공명功名을 다투게 되고 덕으로 보답하려고 하니, 패배의 뜻이 없을 것입니다. 우리가 군대를 일으켜, 적군을 무찌르고, 그 영토를 병합했다면, 다만 4만 2천 금金의 이득이겠습니까?"

다섯 사람들[영척寧戚, 포숙鮑叔, 습붕隰朋, 역아易牙와 빈서무賓胥無]이 말했다. "좋습니다."

환공이 말했다. "그렇게 합시다."

이에 대장大將들에게 경고하며 말했다. "(자네들은) 100명의 군장君長들이 (찾아오면), 반드시 그들에게 예禮에 맞게 답하시오. 1,000명의 군장들이 왔으면, 반드시 배송하되, 두 계단을 내려오시오. 그들의 부모에게는 반드시 술 네 섬[石], 고기 네 정鼎을 보내십시오. 부모가 안 계시다면, 반드시 그 처자妻子들에게 술 세 섬과 고기 세 정鼎을 보내십시오."

(나라에서) 이런 가르침을 시행한 지 반년이 되니, 아버지가 자식들을 가르치고, 형이 동생들을 가르치고, 아내가 남편에 권고하면서, 말하였다. "(나라에서) 우리를 이와 같이 도탑게 대해 주는데, (자식들이) 전선戰線에서 죽으려고 싸우지 않는다면, 고향에 돌아갈 수 있을까?"

환공은 연습시키더니 마침내 거병擧兵하여 내萊국을 공격하였고, 거莒나라 비시리閼市里에서 전투하였다. (군대의) 북과 깃발을 아직 볼 수 없고, (군졸이) 많은지 적은지도 서로 알 수 없는데, 내萊의 군인들이 크게 도망쳐 버렸다. 그러므로 (제齊나라에서) 마침내 그 군대를 격파하고, 그 토지를 겸병하고, 그 장군을 포로로 잡았다. 따라서 아직 땅을 쪼개어 봉토封土를 주지 않았는데도, 황금을 꺼내어 상 주지 않았는데도, 내萊의 군대를 격파하고, 그 영토를 겸병하고, 그 임금을 사로잡은 것이다. 이것이 미리 상을 주는 계책이다.

管子入復桓公曰: "終歲之租金四萬二千金, 請以一朝素賞軍士."[40] 桓公曰: "諾." 以令至鼓期, 於泰舟之野期軍士.[41] 桓公乃卽壇而立, 寧戚、鮑叔、隰朋、易牙、賓胥無皆差肩而立. 管子執枹而揖軍士曰: "誰能陷陳破衆者, 賜之百金."[42] 三問不對, 有一人秉劍而前, 問曰: "几何人之衆也?" 管子曰: "千人之衆." "千人之衆, 臣能陷之."[43] 賜之百金. 管子又曰: "兵接弩張, 誰能得卒長者, 賜之百金." 問曰: "几何人卒之長也?" 管子曰: "千人之長." "千人之長, 臣能得之." 賜之百金. 管子又曰: "誰能聽旌旗之所指, 而得執將首者,[44] 賜之千金." 言能得者壘千人,[45] 賜之人千金. 其餘言能外斬首者, 賜之人十金. 一朝素賞, 四萬二千金廓然虛. 桓公惕然太息曰: "吾曷以識此?" 管子對曰: "君勿患. 且使外爲名於其內, 鄕爲功於其親,[46] 家爲德於其妻子. 若此, 則士必爭名報德, 無北之意矣. 吾擧兵而攻, 破其軍, 幷其地, 則非特四萬二千金之利也." 五子曰: "善." 桓公曰: "諾." 乃誡大將曰: "百人之長, 必爲之朝禮. 千人之長, 必拜而送之, 降兩級. 其有親戚者, 必遺之酒四石, 肉四鼎. 其無親戚者, 必遺其妻子酒三石, 肉三鼎." 行教半歲, 父教其子, 兄教其弟, 妻諫其夫, 曰: "見其若此其厚,[47] 而不死列陳, 可以反於鄕乎?" 桓公衍終擧兵攻萊,[48] 戰於莒必市里.[49] 鼓旗未相望, 衆少未相知, 而萊人大遁. 故遂破其軍, 兼其地, 而虜其將. 故未列地而封, 未出金而賞, 破萊軍, 幷其地, 禽其君. 此素賞之計也.

환공이 말하였다. "곡방曲防의 전투에서 백성들이 대여貸與하여 군비를 공급하였습니다. 과인이 그들 때문에 (재물을) 내놓을까 하니, 어떻게 해야겠습니까?"

40 張佩綸에 의하면, 素는 豫(미리)와 같다.
41 黎翔鳳에 의하면, 期는 會다.
42 孫星衍은, 『史記』, '李牧列傳集解'에서 '能破敵禽將者賞百金者'(적을 부수어 장군을 사로잡는 자에게 百金을 상줄 수 있음)을 인용하고 있다.
43 聞一多에 의하면, 검을 찬 그 사람의 曰이 빠졌는데, 이런 例는 古書에 많다.
44 黎翔鳳에 의하면, 將에는 等級이 있는데, 2,500명이면 師인데 師帥는 모두 中大夫이고, 500명이면 旅인데 旅帥는 下大夫이다. 여기서 '千人之長'을 말하니, 下大夫보다 높을 것이다.
45 何如璋에 의하면, 壘는 마땅히 累가 되어야 하고, 千人은 마땅히 十人이 되어야 한다. 千人이라면 4萬 5千 金이니 상을 줄 수 없다. 黎翔鳳에 의하면, 壘는 軍壁(성채)이니, 적군의 壘(성채)는 군졸 천명이 지키는데. 敵將의 머리를 얻은 한 사람에게, 千金을 준다는 말이다.
46 郭沫若에 의하면, 여기서 外와 內가 대립하고, 鄕과 親이 대립하고, 家와 妻子가 대립한다. 內는 鄕, 親, 家와 妻子를 포괄하니, 內 속에 또 內가 있다. '外爲名於其內, 鄕爲功於其親, 家爲德於其妻子'(밖의 戰功으로 鄕, 親, 家와 妻子에게 유명해지면, 鄕에서는 그의 어버이[親]에게 功을 표시하고, 家는 그의 妻子에게 德을 표시한다)는 것은, 한 사람이 밖에서 功名을 세우면, 鄕黨에 功名을 세우는 일이요, 父母는 영광스럽게 되고, 妻子들에게는 德色이 있게 됨을 말한다.
47 于省吾에 의하면, 其와 期(期待하다)는 옛날에 서로 통했다.
48 黎翔鳳에 의하면, 衍은 演(연습)이다.
49 黎翔鳳에 의하면, 古音에 密은 必과 같다. 密은 隱曲한 곳이니, 閟(닫히다)의 假借다.

관중이 대답하였다. "(임금의) 명령으로 부상富商이나 축고蓄賈들로 하여금 채권 100장이 있다면 말 한 마리를 헌납獻納하게 하고, 말[馬]이 없으면 나라[公家]에서 (말을) 사게 하십시오. 이렇게 하면, 말 값은 반드시 앉아서 자랄 것이니, 100배가 될 것입니다. 이것은 나라의 말이 말 우리를 떠나지 않았는데, 곡방의 전비戰費가 (다) 상환된 것입니다."

桓公曰: "曲防之戰, 民多假貸而給上事者. 寡人欲爲之出賂,[50] 爲之奈何?" 管子對曰: "請以令令富商蓄賈百符而一馬, 無有者取於公家.[51] 若此, 則馬必坐長, 而百倍其本矣. 是公家之馬不離其牧皁, 而曲防之戰賂足矣."

환공이 관중에게 물었다. "숭 씨 동생[崇弟], 장 씨 동생[蔣弟], 정丁 씨, 혜惠 씨는 공신功臣의 후예後裔인데, 과인은 한 해 동안 (그들에게서 곡식) 한 말[斗], 한 되[升]의 조세를 얻지 못했습니다. 황량한 초지草地, 소금 땅[鹹鹵], 염분 있는 못[斥澤], 산간의 울퉁불퉁하여 쓸모없는 땅을 제외시키면, 과인은 한 말, 한 되의 조세를 얻지 못했습니다. 농작물을 심는 변경 15리里의 평원이나, 억지로 농사짓는 촌락 농민들을 제외하면, 과인의 한 말, 한 되의 조세를 얻지 못했습니다. 이렇다면 과인의 나라에서, 5분分[眾]의 수입에서 셋도 조절 못하니, 이는 만 승萬乘의 호칭만 있지, 천 승千乘 나라의 내용도 없는 것입니다. 이런데 천자天子와 고르게 유지하며, 제후들과는 재물 다툼을 하려면, 무슨 방책이 있습니까?"

관중이 대답하였다. "오직 호령을 빌려서 방법을 생각하면 될 것입니다."

환공이 말했다. "어떻게 하시겠다는 것입니까?"

관중이 대답하였다. "명령을 발동하시어 군대를 (변경의) 둔전屯田에 파견하여 농사짓게 하고, 집에 10종鍾 양식을 가진 자는 가지 못하고, 집에 100종을 가진 자는 가지 못하고, 천 종千鍾을 가진 자도 가지 못하게 하십시오. (수확한 뒤에 곡식을) 운송하는데 100분의 1도, 1,000분의 1도 할 수 없게 하면, 양식 창고의 숫자는 모두 임금께 보일 것

50 黎翔鳳에 의하면, 賂는 遺(주다)의 뜻이다. 賄賂는 본래는 나쁜 의미가 없었다.

51 馬非百에 의하면, 借券(有價證券) 100장이 있는 상인은, 스스로 一馬를 마련하여 수레를 끌 수 있고, 말이 없으면 公家에서 가격을 마련하여 말을 사면 되지, 결코 백성들로 하여금 馬로 부채를 상환하게 할 수 없다. 『管子校注』(下), 1461頁, 注2 참조.

입니다. 임금께서는 양식 창고의 숫자에 따라서, '나라가 빈곤하고 재용財用이 부족하기에, 평균 가격으로 자네들에게서 양식을 구입하겠으니, 모두 양식창고의 숫자에 따라서 전부 판매하고 더 보태거나 뺄 수 없네'라고 명령을 내리십시오. 임금은 비싸든 싸든 화폐 값으로 (곡식의) 숫자를 청산하시면, 채권의 채무는 없게 되니, 곡식 창고에 쌓아둔 곡식들은 모두 임금에게 귀속될 것입니다. 따라서 구주九州에 적敵들이 있을 수 없고, 국경에 근심이 없어질 것입니다."

(환)공이 명령하여 말했다. "군대를 파하고, 귀농시키면, 소용없는 일이 됩니까?"

관중이 말했다. "천하에 전쟁이 생기면, 저축한 곡식들은 충분히 군량이 될 수 있습니다. 천하에 전쟁이 없다면, (그 양식이) 가난한 백성들을 구제할 수 있습니다. 이렇게 되면, 황량한 초지草地, 소금땅[鹹鹵], 염분 있는 못[斥澤], 산간의 울퉁불퉁하여 쓸모없는 땅도 개발되지 않을 수 없습니다. 이것이 (임금의) 호령을 빌린 조치가 아닐 수 없습니다.

桓公問於管子曰: "崇弟、蔣弟, 丁、惠之功世, 吾歲罔, 寡人不得籍斗升焉. 去菹菜[52]、鹹鹵、斥澤[53]、山閒堁壘不爲用之壤,[54] 寡人不得籍斗升焉. 去一列稼緣封十五里之原,[55] 强耕而自以爲落其民, 寡人不得籍斗升焉. 則是寡人之國, 五分而不能操其二,[56] 是有萬乘之號, 而無千乘之用也. 以是與天子提衡爭秩於諸侯.[57] 爲之有道乎?" 管子對曰: "唯籍於號令爲可耳." 桓公曰: "行事奈何?" 管子對曰: "請以令發師置屯籍農, 十鍾之家不行, 百種之家不行, 千鍾之家不行. 行者不能百之一, 千之十, 而困窌之數皆見於上矣.[58] 君案困窌之數, 令之曰: '國貧而用不足, 請以平價取之子, 皆案困窌而不能挹損焉.'[59] 君直幣之輕重以決其數, 使無券契之責, 則積

52 趙守正에 의하면, 原文의 菹菜는 菹萊의 誤記다. 菹萊는 荒草地다. 『管子通解』(下), 501頁, 注3 参조.

53 趙守正에 의하면, 斥은 鹽碱地(소금땅)고, 斥澤은 움푹한 못이다. 上同, 注4 参조.

54 趙守正에 의하면, 堁壘는 高低가 不平한 山地다. 上同, 注5 参조.

55 趙守正에 의하면, 緣封은 封地의 邊境이다. 上同, 注7 参조.

56 兪樾에 의하면, '不能操其二'는 마땅히 '不能操其三'이 되어야 한다.

57 黎翔鳳에 의하면, 衡은 平이니, 提衡은 維持하면서 고르게 함[平]이다. 秷은 積이니, 爭秩은 積財를 다투는[爭] 것이다.

58 黎翔鳳에 의하면, '行者不能'은 마땅히 가야 하는데 갈 수 없는 것이고, 곡식을 '百의 一, 千의 十'을 운송하는 것이니, 곡식 十鍾, 百種, 千鍾과는 다르다.

59 馬非百에 의하면, 挹에는 取의 뜻이 있으니, 여기서는 益의 뜻이다. 挹損은 益損과 같다. 『管子校注』(下), 1464頁, 注4 参조.

藏囷窌之粟皆歸於君矣. 故九州無敵, 竟上無患." 令曰:[60] "罷師歸農, 無所用之?" 管子曰: "天下有兵, 則積藏之粟足以備其糧. 天下無兵, 則以賜貧甿. 若此, 則菹菜鹹鹵斥澤山閒垠壏之壤無不發草. 此之謂籍於號令."

관중이 말하였다. "등滕과 노魯나라 곡식이 1부釜에 100전錢이라면 우리 나라의 곡식(의 값)은 1,000전으로 해야 합니다. (그러면) 등과 노나라 곡식이 사방에 흘러들어 와 우리에게 귀속될 것이니, (물이) 깊은 골짜기로 흘러내려 가는 것과 같습니다. 그해 흉년이 들어서 백성들이 굶기 때문이 아니라, (임금의) 호령으로 곡식을 불러온 것이기에, (곡식을) 끌어오는 데 빠르게도 느리게도 하여, 이에 물이 흘러들어 오는 것처럼 곡식이 우리들에게 귀속되어야 합니다."

管子曰: "滕、魯之粟釜百, 則使吾國之粟釜千. 滕、魯之粟四流而歸我, 若下深谷者. 非歲凶而民飢也, 辟之以號令,[61] 引之以徐疾, 施乎其歸我若流水."[62]

환공이 말했다. "과인은 장사꾼[商賈]들이 이익을 취하는 것을 감소시키고, 농부의 사업을 이롭게 하고 싶은데, 그렇게 할 방도가 있습니까?"

관중이 대답하였다. "곡식 값이 비싸면 모든 물자들은 싸지고, 곡식이 싸지면 물자들은 값이 오르니, 이 둘은 평형을 이룰 수 없습니다. 따라서 장사꾼들이 이익 취하는 것을 감소시키고 농부의 일에 도움을 주려면, 곡식 값을 300금金으로 올리십시오. 이렇게 되면 들판이 크게 개간되고, 농부들이 자기 일에 분발할 것입니다."

환공이 말했다. "값을 올리는 데 방법이 있습니까?"

관중이 대답하였다. "(임금의) 명령으로 대부大夫들에게 성대히 저축하라고 하고, 경卿과 제후諸侯들에게는 (곡식) 천 종千鍾을 저축하게 하고, 명대부命大夫들에게는 500종鍾을 저축하게 하고, 열대부列大夫들에게는 100종을 저축하게 하고, 부상富商대고大賈들은 50종을 저축하

60 馬非百에 의하면, '令曰'은 마땅히 '公曰'이 되어야 한다. 그렇지 않으면, 아래의 '管子曰'이 겹쳐서 나오게 된다. 上同, 注5 참조.

61 安井衡에 의하면, 辟은 召(불러오다)다.

62 兪樾에 의하면, 施는 乃(이에)의 誤記고, 乎자 위에 마땅히 粟이 있어야 한다.

게 하십시오. 안으로는 나라를 위한 저축이고, 밖으로는 농부의 농사를 이롭게 합니다."

환공이 말했다. "좋습니다."

경卿들과 제후들에게, 명대부命大夫들에게 성대히 저축하라고 명령을 내렸다. 농부들은 오곡을 크게 심으니, 가격이 3배가 되었다. 정상 상인들은 경영에서 실패하였고, 농부들은 100배의 이득을 얻었다.

桓公曰: "吾欲殺正商賈之利, 而益農夫之事,[63] 爲此有道乎?" 管子對曰: "粟重而萬物輕, 粟輕而萬物重, 兩者不衡立. 故殺正商賈之利而益農夫之事, 則請重粟之賈金三百. 若是則田野大辟, 而農夫勸其事矣." "桓公曰: "重之有道乎?" 管子對曰: "請以令與大夫城藏,[64] 使卿諸侯藏千鍾, 令大夫藏五百鍾,[65] 列大夫藏百鍾, 富商蓄賈藏五十鍾. 內可以爲國委, 外可以益農夫之事." 桓公曰: "善." 下令卿諸侯, 令大夫城藏. 農夫辟其五穀, 三倍其賈. 則正商失其事, 而農夫有百倍之利矣.

환공이 관중에게 물었다. "물가物價에 고정된 숫자數字가 있습니까?"

관중이 대답하였다. "물가에 고정된 숫자가 없습니다. 물가는 물자(의 값)을 한 번 올리고 한 번 내리니, 항상 고정시킬 수가 없습니다."

환공이 말했다. "그러면 물가의 숫자는 획일화될 수가 없습니까?"

관중이 대답하였다. "획일화될 수 없습니다. 획일화되면 (거래가) 정지하고, 정지하면 항상 같고, 항상 같으면 비싼 것과 싼 것이 둘이 아니고, 비싼 것과 싼 것이 둘이 아니면 모든 물자들을 얻어서 사용할 수가 없습니다."

환공이 말했다. "그러면 어떻게 (물가가 오르고 내리는) 시기를 잡을 수 있습니까?"

관중이 대답하였다. "한 해에 네 번 수확을 취득하는 계절이 있는데, 사시四時[봄, 여름, 가을과 겨울]로 나뉩니다. 봄철[大春]에 농사가 막 시작되면, 농부들을 10명, 5명으로 편제하여 농구農具들을 예매豫賣시키는데, 이것을 봄의 수익收益 시기라 합니다. 여름이 막 오면, 비단을

63 黎翔鳳에 의하면, 殺은 減의 뜻이고, 正은 征(징수)이다.

64 黎翔鳳에 의하면, 城은 盛이니, 城藏은 '盛而藏之'(성대하게 저축하다)이다.

65 陶鴻慶에 의하면, 令은 命의 假字다. 命大夫는 나라의 上卿이다.

짤 실을 만드는 때이니, 이것이 여름의 수익 시기입니다. 그리고 가을에 (곡식이) 성숙하면, 오곡을 거둘 때이니, 이것은 가을의 수익 시기입니다. 겨울에는 실내에서 일을 하니, 부녀자들이 방직하는 때이니, 이것이 겨울의 수익 시기입니다. 따라서 한 해에 네 번 수익 시기가 있고, 또 사계절로 나뉩니다. 사계절의 순서를 이미 이해했으니, (임금께서) 명령을 발동하시면, 물가의 오르고 내림이 서로 열 배나 백 배(의 차이)가 납니다. 그러므로 물건(의 값)은 항상 고정시킬 수 없으니, 따라서 물가에는 정해진 숫자가 없습니다."

환공이 말했다. "(우리 나라는) 가죽, 짐승 뼈[骨], 힘줄[筋], 대나무 화살[竹箭], 짐승 털[羽毛], 상아[象牙, 齒], 피혁皮革 등이 부족한데, 이것을 해결할 방법이 있습니까?"

관중이 말했다. "다방면으로 구매하는 방법이면 되겠습니다."

환공이 말했다. "(구체적으로) 어떻게 할까요?"

관중이 대답하였다. "명령을 내리시어, 다른 나라 상인들을 위해 여관을 만들고, 마차 1대면 밥을 제공하고, 마차 3대면 건초와 콩[飼料] 등을 제공하고, 마차 5대면 5명의 심부름꾼을 제공하시면, 천하의 장사꾼들이 흐르는 물처럼 제齊나라로 밀려올 것입니다."

桓公問於管子曰; "衡有數乎?"[66] 子對曰: "衡無數也. 衡者, 使物壹高壹下, 不得常固." 桓公曰: "然則衡數不可調耶?" 管子對曰: "不可調. 調則澄, 澄則常, 常則高下不貳, 高下不貳則萬物不可得而使固."[67] 公曰: "然則何以守時?"[68] 管子對曰: "夫歲有四秋,[69] 而分有四時.[70] 故曰: 農事且作,[71] 請以什伍農夫賦耜鐵,[72] 此之謂春之秋. 大夏且至,[73] 絲纊之所作,[74] 此之謂

66 郭沫若에 의하면, 衡은 物價의 뜻이다. '衡無數'는 물가에 定準이 없다는 말이다. 調는 물가를 劃一하는 뜻이다.

67 郭沫若에 의하면, 澄은 靜止고, 用이 固자로 잘못 고쳐졌으니, 使固는 使用이다.

68 趙守正에 의하면, 守時는 시기를 잡음이다. 물자의 공급 수요와 시장 물가를 이용하는 시기를 말한다. 上同, 504頁, 注7 참조.

69 趙守正에 의하면, 秋(가을)는 수확의 계절이다. 이것의 뜻은 수익을 취득하는 시기를 말한다. 上同, 注7 참조.

70 王念孫에 의하면, 分 아래 有 자는 있을 수가 없다. 『太平御覽』, 「時序部」에 '歲有四秋而分四時'로 인용되었다.

71 聞一多에 의하면, 曰은 衍字고, 農事 위에 大春이 보충되어야 한다.

72 郭沫若에 의하면, 什伍는 동사로, 編制를 말한다. 趙守正에 의하면, 耜가 보습이니, 耜鐵은 農具의 뜻이다. 봄에 나라에서 농구를 제공하거나 미리 판매[豫售]하여, 수익을 취한다. 上同, 注9 참조.

73 黎翔鳳에 의하면, 蠶桑은 春末이나 夏初에 하니, '大夏且至'라 한 것이니, 오류나 빠진 데가

夏之秋. 而大秋成, 五穀之所會, 此之謂秋之秋. 大冬營室中, 女事紡績緝縷之所作也, 此之謂冬之秋. 故歲有四秋, 而分有四時. 已有四者之序, 發號出令, 物之輕重相什而相伯.[75] 故物不得有常固, 故曰: 衡無數." 桓公曰: "皮幹筋角竹箭羽毛齒革不足,[76] 爲此有道乎?" 管子曰: "惟曲衡之數爲可耳."[77] 桓公曰: "行事奈何?" 管子對曰: "請以令, 爲諸侯之商賈立客舍, 一乘者有食, 三乘者有蒭菽, 五乘者有伍養,[78] 天下之商賈歸齊若流水."

제82편「경중병輕重丙」망실亡失.

없다.

74 黎翔鳳에 의하면, 纊(고치)은 絮(거친 絲綿)다.

75 黎翔鳳에 의하면, 人事일 때 伯을 쓰는 것은, 什伍와 같아 什伯으로 쓴다. 古本에서 百으로 쓴다는 것은 오류이다.

76 趙守正에 의하면, 皮幹筋角은 兵器를 만드는 재료다. 上同, 注1 참조.

77 黎翔鳳에 의하면, 曲成, 曲衡과 曲當이 같은 뜻이고, 오는 것이 一方이 아니라는 것이니, 여러 방면으로 收購하라는 뜻이다.

78 趙守正에 의하면, 客舍는 지금의 旅館이고, 蒭菽은 짐승의 사료이고, 養은 役卒이다. 초대의 예우를 높여서 상인들을 끌어드리는 引誘의 방편들이다. 上同, 注3, 4, 5 참조.

경중정 輕重丁

본 편은 경중의 술을 전적으로 다룬 네 번째 편이다. 경중의 술의 구체적 내용과 실제 운용을 다루고 있다. 이 편의 앞부분 2절 끝에 붙은 작은 제목은 본 편의 다른 부분들과 다르다. 후인들이 붙인 것은 아닌지 의심하는 학자들도 있다.

환공이 말했다. "과인은 서쪽에 가서 천자를 알현하고 싶은데, 헌례獻禮에 쓸 예물이 부족하니, 이에 대책이 있습니까?"

관중이 대답하였다. "음양리陰陽里에 성城을 쌓을 때, 담[牆]은 3겹으로 하고 성문은 9겹으로 하십시오. 옥玉을 다듬는 이로 하여금 치석菑石을 만들게 하면, 1자[尺]가 되면 만萬 천泉이고, 8치[寸]면 8천千, 7치면 7천千, 규珪는 4천千, 원瑗은 5백百 천泉입니다."

벽璧의 숫자가 이미 갖추어지니, 관중이 서쪽으로 (가서) 천자를 뵈면서 말하였다. "저희 임금께서 제후들을 인솔하여 선왕들의 종묘에 조배하고, 주周나라 왕실을 보고자 했습니다. 천하 제후들이 선왕의 종묘에 조배하고, 주나라 왕실을 보려고 하면, (반드시) 붉은 활과 치석으로 다듬은 벽을 갖도록 명령하십시오. 붉은 활과 치석으로 만든 벽이 없는 사람들은 입조入朝할 수 없게 해주십시오."

천자가 허락하며 말했다. "그렇게 하라."

(천자가) 천하에 호령을 내리니, 천하의 제후들은 황금, 주옥珠玉, 오곡五穀, 고운 비단[彩絹]과 포백布帛을 제齊나라에 운송해 와서 치석으로 만든 벽을 구매하였다. 석벽石璧은 천하(의 나라)들로 흘러갔으며, 천하의 재물은 흘러서 제나라에 왔으니, 따라서 나라에서 8년 동안 세금을 걷지 않았다. (이것이) 음양리陰陽里의 모책이다.

桓公曰: "寡人欲西朝天子, 而賀獻不足, 爲此有數乎?" 管子對曰: "請以令城陰里,[1] 使其牆三重而門九襲.[2] 因使玉人刻石而爲璧, 尺者萬泉, 八寸者八千, 七寸者七千, 珪中四千, 瑗中五百." 璧之數已具, 管子西見天子曰: "弊邑之君, 欲率諸侯而朝先王之朝, 觀於周室. 請以令使天下諸侯朝先王之廟, 觀於周室者, 不得不以彤弓石璧. 不以彤弓石璧者, 不得入朝." 天子許之曰: "諾." 號令於天下, 天下諸侯載黃金珠玉五穀文采布泉輸齊以收石璧. 石璧流而之天下, 天下財物流而之齊, 故國八歲而無籍, 陰里之謀也.

위는 "석벽의 모책"(石璧謀)이다.

右"石璧謀"

환공이 말했다. "천자가 재용이 부족하여 천하에 세금 내라고 호령하였더니 제후들이 믿지를 않는데, 이에 대한 대책이 있습니까?"

관중이 대답하였다. "양자揚子강과 회수淮水 사이의 지역에 3돌기[脊]가 있는 띠가 있는데, 이름이 푸른 띠[青茅]입니다. (그 지역을) 천자의 관리들로 하여금 봉금封禁하여 지키게 하십시오. 무릇 천자는 태산泰山에서 (하늘에) 제사 지내고, 양보梁父에서 (땅에) 제사 지내니, 천하 제후들에게 호령하여, '천자를 따라서 태산에서 (하늘) 제사를 지내고, 양보에서 (땅) 제사를 지낸 제후들은 반드시 푸른 띠 한 단[束]으로 땅을 쓸어 내고 자리를 깔아라! 명령대로 하지 않았으면 따라올 수 없다'라고 명령하십시오."

천자가 제후들에게 (명령을) 내리니, (제후들은) 황금을 싣고서, (푸른 띠를) 다투어 쌓아 두려고 달려오니, 양자강과 회수 (일대)의 푸른 띠가 앉아서 (값이) 오르니, 그 가격이 한 단에 100금金이었다. 따라서 천자께서 3일간 자리에 계신데, 천하의 금이 사방에서 흘러와서 물 흐르듯이 주周나라에 귀속되었다. 그러므로 주나라 천자는 7년간 헌례獻禮의 예물을 찾지 않았으니, (이것이) 푸른 띠의 모책이다.

1 張佩綸에 의하면, 陰里는 陰陽里다.
2 尹知章의 주석에 의하면, 襲은 重[重疊]이다.

桓公曰: "天子之養不足, 號令賦於天下, 則不信諸侯, 爲此有道乎?" 管子對曰: "江、淮之閒, 有一茅而三脊, 毋至其本, 名之曰菁茅.[3] 請使天子之吏環封而守之. 夫天子則封於太山, 禪於梁父, 號令天下諸侯曰:'諸從天子封於太山, 禪於梁父者, 必抱菁茅一束以爲禪籍.[4] 不如令者不得從.'" 天子下諸侯, 載其黃金, 爭秩而走,[5] 江、淮之菁茅, 坐長而十倍, 其賈一束而百金. 故天子三日卽位, 天下之金四流而歸周若流水. 故周天子七年不求賀獻者, 菁茅之謀也.

위는 "청모의 책략"(青茅謀)이다.

右"菁茅謀"

환공이 말했다. "과인이 임무가 많아서, 재정 담당하는 관리로 하여금 우리 나라 부상富商, 축고蓄賈, 고리대금업자들에게 세금을 걷어서, 우리의 가난한 백성들을 이롭게 하고, 농부들이 그들의 농업을 실패하지 않게 하렵니다. 이것을 반복해서 시행할 방책이 있습니까?"

관중이 대답하였다. "호령을 반복해서 내리면 될 것입니다."

환공이 말했다. "어떻게 실행합니까?"

관중이 대답하였다. "빈서무賓胥無는 남쪽으로 달려가게 하고, 습붕隰朋은 북쪽으로 달려가게 하고, 영척甯戚은 동쪽으로 달려가게 하고, 포숙鮑叔은 서쪽으로 달려가게 했습니다. 네 사람의 갈 길이 정해지자, 저는 호령하여 네 사람들에게, '여러분들은 모두 우리 임금을 위하여 사방의 고리대금업을 돌아보고서, 그들에게 이자를 내는 백성들이 몇 천 가구인지를 나에게 보고하십시오'라고 말했습니다."

포숙은 서쪽으로 달려가서 (보고), 돌아와 보고하였다. '서쪽의 백성들은 제수濟水 일대와 황하黃河 부근의 초지의 백성들이니, 고기 잡고 사냥하고 땔감을 베어 먹고 삽니다. 고리대금업자는 많으면 (곡식)

3 黎翔鳳에 의하면, 가는 털[毛刺]이 있는 띠가 青茅이다. 毋는 貫이다. 띠에는 머리에서 뿌리까지 세 돌기[脊]가 있다.

4 黎翔鳳에 의하면, 흙을 긁어모으는 것이 封이고, 땅을 쓸어내는 것이 禪이다. 땅을 쓸고 난 다음에 띠[茅]로 자리[藉]를 까니, 이것이 禪籍이다. 籍은 藉(자리, 깔개)다.

5 黎翔鳳에 의하면, '天子下諸侯'는 '天子下其令於諸侯'의 뜻으로 其令이 빠진 것이고, 秩은 積으로 훈독해야 한다.

천 종千鍾이고, 적으면 600~700종입니다. 대출해 주면, 1종에 (이자) 또한 1종입니다. 이자를 내는 집은 900가구 이상입니다.'

빈서무는 남쪽으로 달려가서 (보고), 돌아와서 보고하였다. '남쪽의 백성들은 산에 살거나 골짜기에 거처하는데, (산을) 오르고 (골짜기로) 내려가는 백성들이니, (산) 위에서는 바퀴와 차축을 깎고, 아래에서는 도토리와 밤을 주우며, 사냥해서 먹고 삽니다. 고리대금업자는, 많게는 천만千萬 종, 적게라도 5백만, 6백만 종입니다. 대출해 주고, 100분의 50을 받으니, 이자를 내는 백성들이 800가구 이상입니다.'

영척은 동쪽으로 달려가서 (보고), 돌아와서 보고하였다. '동쪽의 백성들은 산지나 바닷가에 (사니), 고생스럽고, 부유할 수가 없고, 고기 잡고 사냥하는 백성들입니다. 칡 넝쿨에서 뽑은 실을 만들어 먹고 삽니다. 고리대금업자는 혜택을 받은 고씨高氏와 국씨國氏인데, 많기로는 (곡식) 5천 종千鍾이고, 적게도 3천 종입니다. 대출해 주면, 1종種[1鍾=10釜]에 5부釜를 받습니다. 이자를 내는 가구는 800~900집입니다.'

습붕이 북쪽으로 달려가서 (보고), 돌아와 보고하였다. '북쪽의 백성들은 낮은 늪지대나 바다 근처에 (사니), 바닷물을 끓여서 소금을 만들거나, 제수濟水에서 방죽에 구멍을 내어 고기를 잡는 백성들입니다. 땔나무로 밥을 먹습니다. 고리대금업자는, 많게는 천 종千鍾이고, 적게도 600만~700만입니다. 대출해 주면, 이자를 내는 백성들이 900집 이상입니다.'

무릇 고리대금업자들은 돈을 대출하면 3천만 전이요, 곡식을 대여하면 3천만 종鍾 좌우이고, 이자를 내는 백성들은 3만 가구이다.

네 사람이 보고를 마치니, 관중이 말했다. "우리 임금을 잊지 못하는 백성들 중에 한 나라에 5임금[환공桓公과 고리대금업자 4명]이 있으니, 그런데도 나라가 가난하지 않고, 군대가 허약하지 않기를 바라는 것을 어떻게 바랄 수가 있겠는가!"

환공이 말했다. "이에 방법이 있습니까?"

관중이 말했다. "오직 호령을 반복하시면 됩니다. 헌례獻禮를 올리는데 모두 종지鍾枝와 난고蘭鼓 무늬의 비단으로 하라고 명령하시면, (그 비단은) 반드시 앉아서도 값이 올라 (값이) 10배가 오를 것이니, 임금의 잔대棧臺 무늬 비단도, 또한 (값이) 앉아서 10배로 오를 것입니다."

명령으로 고리대금업자들을 초청하시어, 임금이 그들에게 술을 따라서 권하시고, 요리사의 장長도 술잔을 돌렸다.

환공께서 옷깃을 잡고서 말하였다. "과인이 업무가 많아서, 재정 담당하는 관리로 하여금 우리 나라에서 세금을 걷게 하였는데, 여러분들이 과인의 가난한 백성들에게 빚을 주어서, 나라에 납부할 수 있게 하였다고 들었으며, 과인의 종지鍾枝와 난고蘭鼓 무늬 옷감으로 하여금, 그 값이 1순純[1純=4端]에 만萬 천泉이나 하게 하였으니, (그것으로) 과인의 가난한 백성들이 여러분들의 본전과 이자를 상환하여, 채무 부담을 면제해 줄 것을 바랍니다."

고리대금업자들이 머리 숙여 하배下拜하면서 말하였다. "임금께서 백성들을 걱정하심이 여기에 이르셨군요! 엎드려 채권을 바치겠습니다."

환공이 말했다. "안 됩니다. 여러분들이 과인의 백성들에게 봄에 농사짓게 하고, 여름에 또한 김매게 하였는데, 과인이 여러분들에게 감사해야 하나, 베푼 은총이 없으니, 이런 것을 받지 않는다면, 과인의 마음이 편하지 않습니다."

따라서 고리대금업자들이 말했다. "우리들은 엎드려서 다시 받겠습니다."

(환공이) 내놓은 잔대棧臺 무늬 비단이 3천 순純이 안 되었으나, 사방 (고리대업자들의) 본전과 이자를 해결하고 채권을 없애 버렸다.

사방의 백성들이 이 소식을 듣고서, 아버지는 자기 자식들에게, 형은 자기 동생들에게 이야기하였다. "땅을 갈고 (농사를) 발동시키는 것이 임금의 긴급한 일이니, (농지를) 개척하지 않았는가! 임금이 우리들을 염려하는 것이 여기에 이르렀구나!" 이것이 평준平準 조치이다.

桓公曰: "寡人多務, 令衡籍吾國之富商蓄賈稱貸家,[6] 以利吾貧萌, 農夫不失其本事. 反此有道乎?"[7] 管子對曰: "惟反之以號令爲可耳." 桓公曰: "行事奈何?" 管子對曰: "請使賓胥無馳而南, 隰朋馳而北, 甯戚馳而東, 鮑叔馳而西. 四子之行定, 夷吾請號令, 謂四子曰: '子皆爲我君視四方稱貸之閒, 其受息之氓幾何千家, 以報吾.'" 鮑叔馳而西, 反報曰: "西方之氓者, 帶濟負河, 菹澤之萌也. 漁獵取薪蒸而爲食. 其稱貸之家, 多者千鍾, 少者

6 衡은 官名으로 맡은 일은 재정을 주관함이다.『新譯管子讀本』(下), 湯孝純譯注, 상동, 1003頁, 注2 참조.

7 黎翔鳳에 의하면, 反은 覆이니, '反此'는 반복하여 행함의 뜻이다.

六七百鍾. 其出之, 鍾也一鍾.[8] 其受息之萌九百餘家." 賓胥無馳而南, 反報曰 : "南方之萌者, 山居谷處, 登降之萌也, 上斲輪軸, 下采杼栗,[9] 田獵而爲食. 其稱貸之家, 多者千萬, 少者六七百萬. 其出之, 中伯伍也.[10] 其受息之萌八百餘家." 寧戚馳而東, 反報曰: "東方之萌, 帶山負海, 苦處, 上斷福,[11] 漁獵之萌也. 治葛縷而爲食.[12] 其稱貸之家, 下惠高、國, 多者五千鍾, 少者三千鍾. 其出之, 中鍾五釜也, 其受息之萌八九百家." 隰朋馳而北, 反報曰: "北方之萌者, 衍處負海,[13] 煮泲爲鹽, 梁濟取魚之萌也.[14] 薪食. 其稱貸之家, 多者千萬, 少者六七百萬. 其出之, 中伯二十也, 受息之氓九百餘家." 凡稱貸之家, 出泉參千萬, 出粟參數千萬鍾, 受子息民參萬家. 四子已報, 管子曰: "不棄我君之有萌, 中一國而五君之正也.[15] 然欲國之無貧, 兵之無弱, 安可得哉!" 桓公曰: "爲此有道乎?" 管子曰: "惟反之以號令爲可. 請以令賀獻者, 皆以鐻枝蘭鼓,[16] 則必坐長什倍其本矣. 君之棧台之職,[17] 亦坐長什倍." 請以令召稱貸之家, 君因酌之酒, 太宰行觴.[18] 桓公擧衣而問曰: "寡人多務, 令衡籍吾國, 聞子之假貸吾貧萌, 使有以終其上,[19] 令寡人有鐻枝蘭鼓,[20] 其賈中純萬泉也, 願以爲吾貧萌決其子息之數, 使無券契之責." 稱貸之家皆齊首而稽顙曰: "君之憂萌至於此! 請再拜以獻堂下." 桓公曰: "不可. 子使吾萌春有以傳耜, 夏有以決芸. 寡人之德子無所寵, 若此而不受, 寡人不得於心." 故稱貸之家曰: "皆再拜受." 所出棧台之職未能參千純也, 而決四方子息之數, 使無券契之責. 四方之萌聞之, 父教其子, 兄教其弟, 曰: "夫墾田發務, 上之所急, 可以無庶乎![21] 君之憂我至於此!" 此之謂反準.

관중이 말했다. "옛날에 계탁癸度이 남의 나라에 살게 되면, 반드

8 張佩綸에 의하면, '鍾也一鍾'에서, 1鍾을 빌려주었으면, 이자도 1鍾이라는 말이다.

9 聞一多에 의하면, 斲은 斵(깎다)이고, 粟은 栗이다. 黎翔鳳에 의하면, 杼는 도토리다.

10 黎翔鳳에 의하면, 5人이면 伍, 二伍는 什이고, 伍는 十의 半인데, 伯伍는 百의 半, 즉 50이니, 百五와 다르다. 中은 得의 뜻이다.

11 戴望에 의하면, 宋本에는, 若이 苦다. 黎翔鳳에 의하면, 福은 富다.

12 趙守正에 의하면, 葛(칡)은 葛藤(칡넝쿨)이다. 칡넝쿨에서 섬유를 뽑아 만든 실이 葛縷이다. 『管子通解』(下), 上同, 516頁, 注8 참조.

13 趙守正에 의하면, 衍은 沼澤이다. 衍處는 낮은 늪지대다. 上同, 注10 참조.

14 馬非百에 의하면, 보[堰]에 구멍을 뚫어서, 고기를 잡는 것이 梁이다. 『管子校注』(下), 1477頁, 注9 참조.

15 黎翔鳳에 의하면, 棄는 忘과 같고, 正은 征이다.

16 馬非百에 의하면, 純이 織物의 계산 단위이니, '鐻枝蘭鼓'는 특수한 美錦의 무늬를 가리킨다. 上同, 1479頁, 注13 참조.

17 黎翔鳳에 의하면, 職은 織이 되어야 한다. 棧臺는 '鐻枝蘭鼓'와 마찬가지로, 무늬[花紋]이다.

18 黎翔鳳에 의하면, 太宰는 膳夫(宮中의 음식 담당)의 長(우두머리)이다.

19 陶鴻慶에 의하면, 終은 마땅히 給의 誤字이다.

20 黎翔鳳에 의하면, 令은 使와 통한다.

21 黎翔鳳에 의하면, 發은 廢이고, 그 뜻은 發動시키는 모습이다. 庶는 摭과 통하니, 摭은 拓(넓히다)이다.

시 천하의 사정을 사방으로 관찰하고, 천하(의 다른 나라들)가 값을 높였으면, (우리 나라) 또한 값을 높이고, 천하가 값을 내리면 값을 내렸습니다. 천하(의 다른 나라들)은 값이 비싼데, 우리 나라만 홀로 싸다면, 천하(의 각 나라)에 의해 우리 나라는 반드시 집어삼켜질 것입니다."

환공이 말했다. "이 말씀은 무슨 뜻입니까?"

관중이 대답하였다. "옛날 내萊나라 사람들이 염색을 잘 했는데, 내에서 자줏빛으로 염색한 비단은 1순純에 1치금錙金이고, 내에서 붉고 푸른색 띠도 또한 1순에 1치금에 불과했는데, 그것이 주周나라에서는 10금金이었습니다. 내의 사람들이 이것을 알았으니, 이것을 엿보고 (사 버리니) 자주색 비단이 동이 났습니다. 주나라에서는 준마准碼를 동원하여 내萊상인들을 조절하니, 내인萊人에게는 또 준마로 계산했습니다. 그러므로 이용할 수 있으면 이용하고, (기회를) 탈 수 있으면 타야 하니, 이것이 (주인周人들이) 다른 나라[天下]를 이용하여 다른 나라[天下]를 통제한 것입니다. 이것이 나라의 평준平準 정책입니다."

管子曰: "昔者, 癸度居人之國, 必四面望於天下, 下高亦高.[22] 天下高我獨下, 必失其國於天下." 桓公曰: "此若言曷謂也?" 管子對曰: "昔萊人善染, 練茈之於萊純錙,[23] 緺綬之於萊亦純錙也,[24] 其周中十金.[25] 萊人知之, 閒纂茈空.[26] 周且斂馬作見於萊人操之,[27] 萊有推馬.[28] 是自萊失纂茈而反準於馬也.[29] 故可因者因之, 乘者乘之, 此因天下以制天下. 此之謂國準."

환공이 말했다. "제齊나라 서쪽에서 홍수가 나서 백성들이 굶고 있는데, 제나라 동쪽에는 일꾼들이 풍족해서 곡식(의 판매) 가격이 쌉니다. 동쪽의 싼 값으로 서쪽의 비싼 것을 보조하려는데, 방도가 있습니까?"

22 聞一多에 의하면, '下高亦高'는 마땅히 '天下高亦高, 天下下亦下'여야 한다.

23 趙守正에 의하면, 練茈는 紫色으로 염색한 비단이다. 『管子通解』(下), 517頁, 注4 참조.

24 趙守正에 의하면, 緺綬는 붉고 푸른[紫靑] 띠[絲帶]다. 上同, 注5 참조.

25 黎翔鳳에 의하면, 中은 得의 뜻이다.

26 黎翔鳳에 의하면, 閒은 覗(엿보다)이다. 趙守正에 의하면, 纂은 마땅히 纂(모으다)이다. 纂은 攢과 통하니, 聚集의 뜻이다. 上同, 注7 참조.

27 黎翔鳳에 의하면, 馬는 碼이고, 見은 現의 뜻이다.

28 黎翔鳳에 의하면, 推는 予(주다)고 馬는 碼다.

29 趙守正에 의하면, 原文에 自萊는 거꾸로 쓰인 것이니, 萊自가 맞다. 이것은 周人들이 重價와 准碼로 구매한 뒤에, 萊人들은 그들이 수집한 染織物을 잃어버리고, 얻은 것은 准碼뿐이니, 그것을 周人에게 돌려주고 돈을 회수할 뿐이었다.

관중이 대답하였다. "지금 제나라 서쪽에서는 곡식 1부釜에 100전이고, 우鏂[1鏂=1斗2升8合]에는 20전입니다. 제나라 동쪽에서는 곡식이 1부당 10전이고, 우에는 2전입니다. 명령으로 인두세를 1인당 30전으로 하고, (반드시) 오곡이나 양식糧食으로 세금을 지불하라고 하십시오. 이렇게 되면, 제나라 서쪽에서는 (곡식) 3말[斗]로 세금을 결제하게 되는데, 제나라 동부에서는 3부釜로 세금을 결제하게 되니, 이렇게 되면, 1부당 10전인 (동부의) 곡식도 모두 창고를 채우게 됩니다. (이렇게 저축된 곡식이 많게 되면), 서쪽의 굶는 백성들도 먹게 되고, 추운 자들은 옷을 입게 되고, 양식이 없는 자들에게 사랑하여 곡식을 주게 되고, 종자가 없는 자들에게 새 종자를 주게 되기에, 이렇게 되면, 동서의 백성들이 돕게 되니, 원근(의 각 지방)도 조절이 됩니다."

환공이 말하였다. "평형을 통한 이재 방법은 과인이 이미 들었으니, 나라의 평준平準 정책에 대하여 묻겠습니다."

관중이 대답하였다. "봄이 막 오면, 물 나가는 도랑들이 둥근 담을 돌면서 나가지 못하고, 계곡谿谷에선 위로 달려 나간 물을 갈무리하기에 편안하지 못하니, 안으로는 가옥들이 훼손되고, 담들이 무너지며, 밖으로는 들판이 망가지고, 곡식들이 피해를 입습니다. 그러므로 임금은 돈으로 재물들을 추구하는 것을 방지하시고 이런 (방지하는) 일을 장려하십시오. 여름에 (전차戰車의) 덮개나 장막의 공급이 부족하면 (임금은) 돈으로 물자를 취하는 것을 막으시고, 또 그 (막는) 일을 장려하십시오. 가을에 갑병甲兵을 수선하고, 활과 쇠뇌의 활시위 줄을 찾을 때에, (임금은) 누에의 실[絲]이나 삼[麻]으로써 물자를 취하는 것을 막으시고, 또 그 (막는) 일을 장려하십시오. 겨울에 사람들을 사서 갑병을 만들 때, 양식이 부족하고, 황금을 상으로 주기에 부족하면, (임금이) 오곡과 황금으로 물자를 취하는 것을 막으시고, 또 그 (막는) 일을 장려하십시오. 이미 물자들을 방비하였다면, 부상富商들이나 축고蓄賈들이 옛날처럼 잔재주를 부릴 수 없습니다. 이것이 나라의 평준平準 조치입니다."

桓公曰: "齊西水潦而民飢, 齊東豐庸而糶賤.[30] 欲以東之賤被西之貴, 爲之有道乎?" 管子對曰: "今齊西之粟釜百泉, 則鏂二十也.[31] 齊東之粟釜十

30 黎翔鳳에 의하면, 庸은 傭이니, 豐庸은 노동력이 풍부함을 말한다.

泉, 則鏂二錢也.[32] 請以令籍人三十泉, 得以五穀菽粟決其籍. 若此, 則齊西出三斗而決其籍, 齊東出三釜而決其籍, 然則釜十之粟皆實於倉廩. 西之民飢者得食, 寒者得衣, 無本者予之陳, 無種者予之新,[33] 若此, 則東西之相被, 遠近之準平矣." 桓公曰: "衡數吾已得聞之矣, 請問國準." 管子對曰: "孟春且至, 溝瀆阬而不遂, 谿谷報上之水不安於藏,[34] 內毀室屋, 壞牆垣, 外傷田野, 殘禾稼. 故君謹守泉金之謝物, 且爲之舉.[35] 大夏, 帷蓋衣幕之奉不給,[36] 謹守泉布之謝物, 且爲之舉. 大秋, 甲兵求繕, 弓弩求弦, 謹絲麻之謝物,[37] 且爲之舉. 大冬, 任甲兵,[38] 糧食不給, 黃金之賞不足, 謹守五穀黃金之謝物, 且爲之舉. 已守其謝, 富商蓄賈不得如故. 此之謂國準."

용들이 마위馬謂강 북쪽에서, 우산牛山의 북쪽에서 싸우고 있었다.

관중이 (궁궐에) 들어와서 환공에게 보고하였다. "하늘은 천사天使를 시켜서 임금의 교외에 이르게 했으니, 대부大夫들로 하여금 검은 옷으로 꾸미게 하고, 좌우(의 측신)들은 현복玄服을 입도록 하시어, 하늘의 천사를 영접하시오!"

천하(의 사람들)은 이 말을 듣고 말하였다. "신묘한 제나라 환공이여, 하늘은 사자를 시켜서 그의 교외에 이르렀도다!"

(제齊나라의) 병력을 출동시키지 않았는데, (제나라에) 조배한 제후들이 여덟이었다. 이것은 하늘의 위세를 타고서 천하(의 제후들을) 진동시킨 방책이다. 그러므로 지자智者는 귀신들을 부리지만, 우자愚者들은 그것을 믿는다. 환공은 일종의 주술呪術로 이긴 셈이다.

관중은 (궁궐에) 들어와서 환공에게 아뢰었다. "지진이 나면 재앙이 던져진 것이니, 나라에 비통함이 있을 징조입니다. 바람이 세게 움직이니 재앙이 닥칠 것이고, 나라에 재앙의 별[槍星]이 보일 징조이니, 임금은 반드시 욕을 볼 것입니다. 나라에 혜성이 보이면, 반드시 유혈이 있게 됩니다. 부구浮丘의 전투 때에도, 혜성이 나타나서, 천하의 구적仇敵

31 鏂는 계량 단위다. 혹 區로도 쓰는데, 5鏂가 1釜가 된다. 湯孝純, 『新譯管子讀本』(下), 1007頁, 注2 참조.

32 尹知章의 注에 의하면, 1鏂는 1斗2升8合이다.

33 黎翔鳳에 의하면, 子는 慈의 假借이니, 愛의 뜻이다. 本은 농업이니, 糧食을 가리킨다.

34 黎翔鳳에 의하면, 阬은 周垣(둥근 담)이고, 報는 赴(나아가다)이다.

35 郭沫若에 의하면, 謝는 射이니, 射는 逐取(좇아가 얻음)다. 守는 防(막다)이다.

36 黎翔鳳에 의하면, 不給은 不足이다.

37 丁士涵에 의하면, 謹 자 밑에 守 자가 있어야 한다.

38 趙守正에 의하면, 任은 賃이니 사람을 고용함이다. 『管子通解』(下), 519頁, 注5 참조.

을 반드시 물리쳤었습니다. 지금 제나라 지역에서 혜성이 보이니, 공신功臣이나 세가世家들에게 조회에 오라고 명령하시고, 나라 안 사람들에게 호령하여, '(지금) 혜성이 나타났으니, 반드시 천하의 구적들을 복종시켜야만 한다. 오곡, 양식, 문채 나는 포백布帛을 가진 자들은, 모두 자기 멋대로 결정하지 말라. 나라에 장차 큰 일이 있을 것이니, (나라에서) 보통 가격으로 취할 것이다'라고 말하십시오. 공신의 집안들이나, 백성들은 모두 자기의 곡식, 양식, 돈, 황금을 헌납하니, 재물들을 (나라에) 귀속시키고, 임금의 큰일을 돕게 하였습니다. 이것이 자연재해를 타고서 사람을 구제하고 재물을 아끼는 방법입니다."

龍鬬於馬謂之陽, 牛山之陰.[39] 管子入復於桓公曰: "天使使者臨君之郊, 請使大夫初飭, 左右玄服, 天之使者乎!"[40] 天下聞之曰: "神哉齊桓公, 天使使者臨其郊!" 不待舉兵, 而朝者八諸侯. 此乘天威而動天下之道也, 故智者役使鬼神, 而愚者信之. 桓公終神.[41] 管子入復桓公曰: "地重投之哉,[42] 兆國有慟. 風重投之哉,[43] 兆國有槍星,[44] 其君必辱. 國有彗星, 必有流血. 浮丘之戰, 彗之所出, 必服天下之仇. 今彗星見於齊之分, 請以令朝功臣世家, 號令於國中曰: '彗星出, 寡人恐服天下之仇. 請有五穀收粟布帛文采者,[45] 皆勿敢左右. 國且有大事, 請以平賈取之.' 功臣之家、人民百姓皆獻其穀菽粟泉金, 歸其財物, 以佐君之大事. 此謂乘天嗇而求民鄰財之道也."[46]

환공이 말하였다. "대부大夫들은 대부분 재산을 저축하고 내놓지 않으며, 오곡이 썩더라도 나누지 않습니다."

관중이 대답하였다. "성양城陽 대부大夫를 명령으로 소집하고 그를 귀양 보내십시오."

39 黎翔鳳에 의하면, 山南이 陽이고 山北은 陰이고; 물은 이와 반대이다. 謂, 혹 請은 陘 자의 오기다. 馬謂는 水名이고, 馬陘은 山名이다.

40 陶鴻慶에 의하면, 飭은 飾으로 읽어야 하고, 初는 袗(검은 옷)의 誤字이다. 龍은 水族의 長이니, 따라서 반드시 검은 옷으로 일을 치러야 한다. 리상펑에 의하면, 王筠의『釋例』에 따라서, '評, 召也'이니, '天之使者乎'는 '天之使者評召'의 뜻과 같다. 趙守正은 豬飼彦博를 따라서, '天之使者乎' 앞에 迎 자를 보충하였다. 上同, 520頁, 注2 참조.

41 黎翔鳳에 의하면, 終神은 厭勝, 즉 呪術로 이김[勝]이다.

42 黎翔鳳에 의하면, 投는 投擲이고, 重은 動이고, 哉는 烖(재앙)와 같다.

43 黎翔鳳에 의하면, 風은 옛날에 蓬으로 읽었으니, 蓬勃(왕성하다)이 뜻이다.

44 趙守正에 의하면, 槍星은 天槍이라고도 불리는데, 災星으로 여긴다. 上同, 注3 참조.

45 趙守正에 의하면, 原文의 收는 菽의 誤字다. 上同, 521頁, 注5 참조.

46 黎翔鳳에 의하면, 嗇은 甾이니, 災害다. 鄰은 憐이니, 재물을 아깝게 생각하는 것이다.

환공이 말했다. "어떻게 하라는 말씀이십니까?"

관중이 대답하였다. "'성양城陽대부여, (자네의) 애첩은 고운 직물을 입고, (너의) 거위와 오리들은 남은 죽[粥]을 먹으며, 종鍾과 북소리가 장중하며, 생황笙簧을 불어 대지만, 같은 형제들은 (너희 집에) 들어갈 수도 없고, 큰아버지, 작은아버지, 부모와, 원근의 형제들은 모두 추워도 옷을 못 입고, 굶어도 먹을 것이 없네. (그런데) 자네가 과인에게 충성을 다하는 것이 가능하겠는가? 자네는 다시는 과인을 만나러 오지 말라!'라고 하십시오. 그의 직위를 없애 버리고, 문호를 봉금하고, 나가지 못하게 하십시오."

공신功臣들의 집안에서는 모두 다투어서 저축해 둔 재산들을 공개했고, 그 재산들을 내어서, 자기들 원근遠近의 형제들에게 주었다. (그것으로) 부족하다고 여겨서, 또한 도성 안의 가난하고 병들었거나, 고아와 홀로 사는 늙은이들과 스스로 먹고 살 수 없는 백성들을 거두어서, 모두들 생계를 유지했다. 그러므로 환공은 인仁을 시행하여 의義를 세웠고, 공신 집안은 형제들이 화목하고, 친척들이 서로 친밀하여, 나라에는 굶는 백성들이 없었다. 이것이 이곳에서 시행하고 저곳에서 효과를 얻는 방책이다.

(환)공이 말했다. "쟁구崢丘의 전투에서, 백성들이 대부분 대여금貸與金을 쓰고 이자를 내면서, 나라의 긴급한 세금을 내었으니, 과인은 (그들의) 산업을 복원시켜 주려는데, 어떻게 그들에게 이익을 받게 할 수 있습니까?"

관중이 대답하였다. "여기에서 실시하여 저기에서 효과를 거두는 정책을 쓰시면 될 것입니다."

환공이 말했다. "그러지요."

좌우의 각 주州에 명령하였다. "대여업자貸與業者의 집을 표시하되, 모두 대문을 하얗게 칠하고 (마을) 문지방을 높여 주라!"

주장州長이 향사鄕師에게 (대여업자의) 명부[簿錄]를 잡고서 말하였다. "임금이 장차 사자使者를 시켜서 (자네들을 방문할 것이로다!)"

환공이 8명의 사자使者들을 시켜서 옥벽玉璧을 가지고 그들을 빙문聘問하고, 염채鹽菜를 살 만한 비용을 주었다.

대여업자들은 모두 머리 숙여 절하며 물었다. "어떻게 이것들을 받을 수 있습니까?"

사자使者들이 말하였다. "임금께서 명령하시길, '과인이 듣기로는, 『시경』(詩)에서 「화락和樂하고 평범한 군자들은 백성들의 부모이다」라고[47] 하였다.' 쟁구崢邱의 전투가 있었다. 내가 듣기로는, 자네들이 나의 가난한 백성들에게 돈을 빌려주어, (백성들로 하여금) 과인의 긴급한 재정에 공급할 수 있었고, 과인의 세금을 낼 수 있었다. 내 백성들로 하여금 봄에 농사짓게 하고, 여름에 김매게 하고, 나라 일에 공급하게 했으니, 자네들의 힘이다. 이렇기에 옥벽玉璧을 갖추고 자네들을 빙문聘問하는 것이며, (작은) 염채鹽菜의 비용을 공급하는 것이다. 그러므로 자네들은 백성들의 부모에 해당한다."

대여업자들은 모두 채권(이 적힌 죽간竹簡)을 꺾어버리고 그 문서를 없앴으며, 쌓아둔 저축 물품을 열어서, 재물들을 꺼내어, 가난하고 병든 자들을 구제하였으며, 자기 재산을 나누어주니, 따라서 나라 안이 크게 흡족하게 되었다. 이것이 여기에서 시행하고 저기에서 효과를 거두는 방책[繆數]이다.

桓公曰: "大夫多弁其財而不出,[48] 腐朽五穀而不散." 管子對曰: "請以令召城陽大夫而請之."[49] 桓公曰: "何哉?" 管子對曰: "'城陽大夫嬖寵被絺絃,[50] 鵝鶩含餘粖,[51] 齊鍾鼓之聲, 吹笙 篪, 同姓不入, 伯叔父母遠近兄弟皆寒而不得衣, 飢而不得食. 子欲盡忠於寡人, 能乎? 子毋復見寡人.' 滅其位, 杜其門而不出." 功臣之家皆爭發其積藏, 出其資財, 以予其遠近兄弟. 以爲未足, 又收國中之貧病孤獨老不能自食之萌, 皆與得焉. 故桓公推仁立義, 功臣之家兄弟相戚, 骨肉相親, 國無飢民. 此之謂繆數.[52] 桓公曰: "崢丘之戰,[53] 民多稱貸負子息, 給上之急, 度上之求.[54] 寡人欲復業産, 此何以洽?"[55] 管子對曰: "惟繆數爲可耳." 桓公曰: "諾." 令左右州曰: "表稱貸

47 '愷悌君子, 民之父母', 『詩經譯注』, 「大雅」, "生民之什·泂酌", 808頁.

48 戴望에 의하면, 弁은 屛과 같으니, 藏이다.

49 王念孫에 의하면, 請之는 마땅히 謫之(유배하다)가 되어야 한다.

50 趙守正에 의하면, 被는 披(입다)와 같고, 絺絃는 고급 직물이다. 『管子通解』(下), 521頁, 注4 참조.

51 黎翔鳳에 의하면, 粖은 鬻과 같고, 粥이다.

52 黎翔鳳에 의하면, 繆數는, 이것에 베풀고 저것에서 효과를 거둠이라는 당시의 成語다.

53 張佩綸에 의하면, 崢邱의 전투란, 桓公이 高子에게 명령하여 魯땅에 성을 쌓게 한, 僖 지방의 戰役을 말한다.

54 趙守正에 의하면, 度는 渡이고, 求는 稅인데, '度上之求'는 나라의 세금을 납부함이다. 上同, 522頁, 注1 참조.

55 張佩綸에 의하면, 洽(윤택하게 하다)은 霑(受益이다)이다.

之家,[56] 皆堊白其門而高其閭." 州通之師執折菉曰:[57] "君且使使者." 桓公使八使者式璧而聘之, 以給鹽菜之用. 貸之家皆齊首稽顙而問曰: "何以得此也?" 使者曰: "君令曰: '寡人聞之, 詩曰: 「愷悌君子, 民之父母也.」 人有崢丘之戰. 吾聞子假貸吾貧萌, 使有以給寡人之急, 度寡人之求. 使吾萌春有以傳耜, 夏有以決芸, 而給上事, 子之力也. 是以式璧而聘子, 以給鹽菜之用. 故子中民之父母也." 貸稱之家皆折其券而削其書, 發其積藏, 出其財物, 以賑貧病, 分其故貲, 故國中大給. 崢丘之謀也. 此之謂繆數.

환공이 말했다. "사방의 농민들은 가난하고, 상인들은 부자입니다. 과인은 상인들의 (재리財利를) 삭감하여 농민들을 도우려 하니, 어떻게 하면 됩니까?"

관중이 대답하였다. "확瓁, 낙洛의 물을 터놓아서, 항杭과 장莊으로 통하게 하십시오."

환공이 말했다. "그러겠습니다."

명령이 시행된 지 한 해가 안 돼서, 사방의 농민들은 과연 더욱 부유해지고, 장사꾼들은 빈털털이로 더욱 가난해졌다.

환공이 관중을 불러서 물었다. "이것은 무슨 이유 때문입니까?"

관중이 대답하였다. "확瓁강과 낙洛강의 물을 터주어 항杭과 장莊 지역과 통하게 하였기에 백정[屠戶]들이나 술집[酤]들의 유수油水가 물속에 흘러드니, 큰 물새, 할미새와, 물총새[翡], 제비 같은 작은 새들이 모두 돌아와서, 저녁에 술 마시기에 적합하였습니다. 이것이 물 위의 즐거움입니다. 상인들이 물건들을 쌓아 놓고, 팔 것은 빨리 팔고, 살 것은 빨리 사버리고, 시장(의 거래)가 아직 다 끝나기 전에 판매 점포를 떠나 버리고, 큰 물새와 할미새를 (잡으려고) 투망을 던집니다. 모자를 쓴 이들과 5자[尺]의 아이들이 탄환彈丸들을 가지고서 물가에서 노는데, 할미새, 제비 같은 작은 새들을 쏘면서, 밤이 되어야 쉽니다. 따라서 (상인들은) 싸게 팔고 비싸게 사들입니다. 사방의 농부들은 싸게 판 것을 사들였으니, 어찌 부유하지 않겠습니까? 상인들은 어찌 가난하지 않겠습니까?"

환공이 말했다. "좋습니다."

56 黎翔鳳에 의하면, 表는 標(표시하다)다.
57 張佩綸에 의하면, 菉은 簿錄(장부에 적음)이다.

桓公曰:“四效之民貧, 商賈之民富. 寡人欲殺商賈之民, 以益四郊之民, 爲之奈何?” 管子對曰:“請以令決瓁、洛之水, 通之杭、莊之間.”[58] 桓公曰:“諾.” 行令未能一歲, 而郊之民殷然益富, 商賈之民廓然益貧.[59] 桓公召管子而問曰:“此其故何也?” 管子對曰:“決瓁、洛之水通之杭、莊之間, 則屠酤之汁肥流水, 則蟲虻巨雄、翡燕小鳥皆歸之,[60] 宜昬飮. 此水上之樂也. 賈人蓄物, 而賣爲讎, 買爲取,[61] 市未央畢, 而委舍其守列,[62] 投蟲虻巨雄.[63] 新冠五尺,[64] 請挾彈懷丸游水上, 彈翡燕小鳥, 被於暮. 故賤賣而貴買. 四郊之民賣賤, 何爲不富哉![65] 商賈之人, 何爲不貧乎!” 桓公曰:“善.”

환공이 말했다. “다섯 거리의 백성들이 대부분 험하게 옷이 헤어졌고 신발에는 구멍이 나 있으니, 과인이 비단[帛], 베[布], 실[絲]과 솜[絮]의 값을 싸게 하고 싶은데, 그렇게 할 방도가 있습니까?”

관중이 말했다. “길옆의 나뭇가지들을 잘라 내어, 1자[尺] 1치[寸]의 그림자도 없게 만드십시오.”

환공이 말했다. “그러지요.”

명령을 내린 지 1년이 안 되어서, 다섯 거리의 백성들은 모두 대부분 비단을 입었고 신발은 온전하였다.

환공이 관중을 불러서 물었다. “이것은 무슨 이유 때문입니까?”

관중이 대답하였다. “길옆의 나무들에 가지들을 잘라 주지 않을 때에는, 다섯 거리의 남녀들이 서로 좋아서 시장에 왕래하였고, 시장이 끝나면, 나무(그늘) 아래에서 서로 만나고, 종일 담소하며 집에 돌아가질 않습니다. 장년의 남녀들은 수레를 타고 밀면서, 나무(그늘) 아래서 서로 만나서는, 유희하고 웃고 춤을 추면서, 종일 집에 돌아가지 않습니다. 아버지나 형들도 나무(그늘) 아래에서 서로 만나서, 알 수 없는

58 黎翔鳳에 의하면, 瓁, 洛, 杭과 莊은 모두 地名이다. 지금은 어디인지 考證할 수 없다.

59 趙守正에 의하면, 廓은 空寂인, 廓然는 空空然이니, 텅 빈 모습이다. 上同, 524頁, 注4 참조.

60 黎翔鳳에 의하면, 蟲虻은 蟲母이니, 蟲母는 鳥鸔(물새)이고, 巨雄은 마땅히 雝渠(할미새)다.

61 趙守正에 의하면, '賣爲讎, 買爲取'는 상인들이 파는 물건들은 速賣하고 살 물건들은 速取하여 일 처리함을 말한다. 上同, 注6 참조.

62 趙守正에 의하면, 未央은 未盡이고, 委舍는 委棄이고, 列은 파는 장소다. 上同, 注7, 8 참조.

63 張佩綸에 의하면, 投는 擿, 즉 投擲(던지다)이다. 蟲虻은 마땅히 蟲母(큰 새, 大鳥)이다. 湯孝純에 의하면, 巨雄은 큰 새를 가리킨다.『新譯管子讀本』(下), 1015頁, 注7 참조.

64 張佩綸에 의하면, 新冠은 冠者(모자 쓴 사람)이고 五尺은 五尺의 아이(童)다.

65 黎翔鳳에 의하면, 貴買(비싸게 사는 것)는 遊人들이고, 賣賤은 싼 값에 파는 것을 얻은 사람이니, 두 개의 賣가 신분이 다르다.

말들을 쏟아 내고, 종일 집에 돌아가지 않습니다. 이 때문에 토지가 개발되지 않고, 오곡들이 파종되지 않고, 삼과 뽕나무들이 심어지지 않고, 누에고치의 실을 짜지 않습니다. 안에서 한 집을 보면, 세 가지 (집으로) 돌아가지 않는 이유가 있으니, 비단, 베, 실과 솜이 어떻게 비싸지 않을 수 있겠습니까?"

환공이 말했다. "좋습니다."

桓公曰: "五衢之民衰然多衣弊而屨穿,[66] 寡人欲使帛布絲纊之賈賤, 爲之有道乎?" 管子曰: "請以令沐途旁之樹枝, 使無尺寸之陰."[67] 桓公曰: "諾." 行令未能一歲, 五衢之民皆多衣帛完屨. 桓公召管子而問曰: "此其何故也?" 管子對曰: "途旁之樹未沐之時, 五衢之民, 男女相好往來之市者, 罷市, 相睹樹下, 談語終日不歸. 男女當壯, 扶輦推輿, 相睹樹下, 戲笑超距,[68] 終日不歸. 父兄相睹樹下, 論議玄語, 終日不歸. 是以田不發, 五穀不播, 麻桑不種, 璽縷不治.[69] 內嚴一家而三不歸,[70] 則帛布絲纊之賈安得不貴?" 桓公曰: "善".

환공이 말했다. "(곡식) 파는 값이 싸니, 과인은 오곡들이 다른 나라들에 귀속될까 두렵습니다. 과인은 백성과 만민을 시켜서 (곡식들을) 저축하기를 바라는데, 이에 방법이 있습니까?"

관중이 말했다. "오늘 제가 시장을 지나오는데, 새로 지은 둥근 창고[囷]와 네모진 창고[方], 둘이 있었습니다. 임금께서 옥벽玉璧을 써서 그들을 방문하십시오."

환공이 말했다. "그렇게 하겠습니다."

명령을 내린 지 반년이 되니, 만민이 이 소식을 듣고서, 자기가 하던 일을 버리고서, 둥근 창고와 네모난 창고를 지어 양식糧食과 오곡들을 저장한 사람들이 과반이었다.

환공이 관중에게 물었다. "이것은 무슨 이유 때문입니까?"

관중이 말했다. "둥근 창고와 네모난 창고를 지은 두 사람에게 임

66 聞一多에 의하면, 衰는 蓑와 같다. 蓑蓑然은 衣屨(옷과 신발)가 弊裂(헤지고 찢어진 모습)된 것이다.

67 趙守正에 의하면, 沐은 剪(자르다)과 같다. 上同, 524頁, 注2 참조.

68 豬飼彥博에 의하면, 超距는 跳躍이다. 馬非百에 의하면, 남녀가 춤을 추니 서로 遊戲함을 말한 것이니, 西南의 民族들 중에 이런 풍속이 있다. 『管子校注』(下), 1498頁, 注3 참조.

69 璽는 繭(고치)의 誤字다.

70 丁士涵에 의하면, 嚴은 瞰(보다)의 假借다. 瞰은 視다.

금께서 옥벽玉璧을 주어서 빙문하였고, 이름이 나라 안에 드날려, 나라 안에 듣지 않은 이가 없습니다. 이것은 백성을 높인 것이고 (나라에) 공로가 없어도, 백성들에게 이름을 드날린 것이니, 공功이 인정되고 이름이 이루어진 것입니다. 아래로는 자기의 창고를 채운 것이나, 남긴 재물을 임금에게 공급한 셈이니, 한 번에 이름[名]과 실제[實]이 함께 있게 된 것입니다. (이러하니) 백성들은 왜 그렇게 하지 않겠습니까?"

桓公曰: 糶賤, 寡人恐五穀之歸於諸侯. 寡人欲爲百姓萬民藏之,[71] 爲此有道乎?" 管子曰: "今者夷吾過市, 有新成囷京者二家.[72] 君請式璧而聘之." 桓公曰: "諾." 行令半歲, 萬民聞之, 舍其作業, 而爲囷京以藏菽粟五穀者過半. 桓公問管子曰: "此其何故也?" 管子曰: "成囷京者二家, 君式璧而聘之, 名顯於國中, 國中莫不聞. 是民上則無功, 顯名於百姓也, 功立而名成, 下則實其囷京, 上以給上爲君,[73] 壹舉而名實俱在也. 民何爲也?"[74]

환공이 관중에게 물었다. "(농사의) 시종始終을 지켜 나갈 굉장한 이재理財 방법을 묻고 싶은데, 말씀을 들을 수 있습니까?"

관중이 말했다. "정월正月 상순上旬은 곡식을 심을 시기입니다. 동지冬至 뒤 100일이면, 기장[黍]과 차조[秫]를 심을 시기입니다. 9월에는 결실을 거둘 때이니, (봄) 보리가 성숙되는 시기입니다."

桓公問管子曰: "請問王數之守終始,[75] 可得聞乎?" 管子曰: "正月之朝, 穀始也. 日至百日, 黍秫之始也. 九月斂實, 平麥之始也."[76]

관중이 환공에게 물었다. "제齊나라 사방의 크기는 몇 리里입니까?"

환공이 말했다. "사방 500리里입니다."

관중이 (환공에게) 말했다. "음옹陰雍은 긴 성곽의 땅인데, 제나라의

71 趙守正에 의하면, 爲는 마땅히 使여야 한다. 上同, 525頁, 注1 참조.

72 任林圃에 의하면, 囷은 圓倉(둥근 창고)이고, 方은 方倉(네모난 창고)이다.

73 聞一多에 의하면, '無功' 아래에 마땅히 而자가 있어야 하고, '上以給上爲君'은 마땅히 '以給上'이어야 하니, '爲君'은 없어져야 한다.

74 戴望에 의하면, 마땅히 '民何不爲也'가 되어야 한다. 不 자가 빠졌다.

75 黎翔鳳에 의하면, 王은 旺(왕성하다)이다

76 黎翔鳳에 의하면, 平은 成이다. 冬麥이 있고, 春麥이 있다. 春麥은 봄에 심고 가을에 추수하니, '斂實'이라 한다.

3분의 1이며, 곡식이 나지 않는 곳입니다. 해장海莊과 용하龍夏 일대 (산지山地)가 제나라의 4분의 1입니다. 조수潮水로 침식된 땅이 제나라의 5분의 1이니, 곡식이 생산되지 않습니다. 그러하니 우리 (임금)은 (다른 나라에) 기생하는 임금입니까?"

환공이 놀라서 일어서면서 말하였다. "그러하니, 어떻게 해야겠습니까?"

관중이 대답하였다. "(경제를) 명령[言]으로 조정하고, 언사[辭]로 성취하면, 나라의 기초는 만들 수 있습니다. 또한 임금께서 화폐와 세금 모으기에 힘쓰시면, 상인들도 홀로 나라 사람들이 추구하는 것을 조절할 수 있습니다. 임금께서 곡식과 세금 걷는 것을 일로 삼으면, 농부들은 홀로 나라 (곡식을) 굳게 지킬 것입니다. 임금께서 명령을 발동하시고, 좌우사방의 (재물)이 유통되면, 임금 혼자만이 (그에 상응하는) 조치를 취할 수 있을 것입니다."

(환공이 말했다.) "물자의 시작을 과인이 이미 이해했습니다. 물자의 끝도 과인이 이미 이해했습니다. 물자의 가격도, 과인이 이미 이해했습니다."

관중이 말했다. "장성長城의 남쪽은 노魯나라입니다. 장성의 북쪽은 제齊나라입니다. (과거 군사적 충돌로) 세 번 패배하여 임금과 두 중신重臣들이 죽고 나서 나라가 안정되었는데, 이곳을 방어하기 위해 우리 나라는 홀로 튀어나온 지역 모두를 (노魯나라에) 봉지封地로 주었습니다. 그러므로 (제나라의) 산지山地는 (그대로) 산이고, 물이 찬 땅[水地]은 (여전히) 늪지대이고, 땔감이나 꼴이 자라는 곳은 소금기 있는 땅입니다."

(환)공이 말했다. "곡식이 자라지 않는 땅과 이 지역을 방어하자면, 또한 방책이 있습니까?"

관중이 대답하였다. "(양식과 다른) 세 가지 상품의 내원來源을 지키십시오."

(환)공이 말했다. "무엇이 세 가지 내원입니까?"

관중이 대답하였다. "임금께서 베[布]를 지키시고 (베의 원료原料인) 삼[麻]에 세금을 부친다면, 삼의 값은 10배 오르고, 베 값은 50배가 될 것이니, 이것이 이재理財 방법입니다. 임금께서 직물織物에 세금을 매기려면 (먼저 원료인) 실[糸]에 세금을 매기고, 실이 아직 안 만들어졌으면, 짜야 될 실에 세금을 매기시면, 실 값은 다시 20배가 오를 것입니다.

이와 같이 하면, 오곡에 대한 세금은 (다른 데로) 운용하십시오. 이 때문에 베에 세금을 매기려면 (원료인) 가는 실부터 다루시고, 곡식에 세금 매기려면 (뽕나무가 자라는) 산山을 다루시고, 가축에 세금 매기려면 (가축을) 기르는 법을 다루십시오. 물자의 처음과 끝에 세금을 매기려면, 호령으로 잘 조정하십시오."

(환)공이 말했다. "좋습니다."

管子問於桓公: "敢問齊方于幾何里?"[77] 桓公曰: "方五百里." 管子曰: "陰雍長城之地,[78] 其於齊國三分之一, 非穀之所生也. 洊龍夏,[79] 其於齊國四分之一也. 朝夕外之,[80] 所墆齊地者五分之一,[81] 非穀之所生也. 然則吾非託食之主耶?" 桓公遽然起曰: "然則爲之奈何?" 管子對曰: "動之以言, 潰之以辭,[82] 可以爲國基. 且君幣籍而務,[83] 則賈人獨操國趣.[84] 君穀籍而務, 則農人獨操國固.[85] 君動言操辭,[86] 左右之流, 君獨因之." "物之始, 吾已見之矣. 物之終, 吾已見之矣. 物之賈, 吾之見矣." 管子曰: "長城之陽, 魯也. 長城之陰, 齊也. 三敗殺君二重臣定社稷者,[87] 吾此皆以孤突之地封者也.[88] 故山地者山也, 水地者澤也, 薪芻之所生者斥也."[89] 公曰: "托食之主及吾地亦有道乎?"[90] 管子對曰: "守其三原."[91] 公曰: "何謂三原?" 管子對曰: "君守布則籍於麻, 十倍其賈, 布五十倍其賈, 此數也. 君以織籍籍於系, 未爲系, 籍系撫織, 再十倍其賈. 如此, 則云五穀之籍.[92] 是故籍於布

77 黎翔鳳에 의하면, 于는 廣大다.

78 趙守正에 의하면, 陰雍에서, 陰은 平陰(평평하고 어둡다)이고, 雍은 堤防이다. 上同, 527頁, 注2 참조.

79 洪頤煊에 의하면, 洊 자는, 海莊 두 글자가 한 글자로 잘못 쓰인 것이다.

80 趙守正에 의하면, 朝夕은 마땅히 潮汐으로 읽어야 되고, '朝夕外之'는 밖에서 들어온 海水에 浸蝕당함을 말한다. 上同, 注4 참조.

81 趙守正에 의하면, 墆는 滯와 같다. 滯는 淹滯(遲滯)다. 上同, 注5 참조.

82 張佩綸에 의하면, 潰는 遂(성취하다)의 뜻이다.

83 馬非百에 의하면, 而務는 爲務이다. 『管子校注』(下), 1502頁, 注6 참조.

84 趙守正에 의하면, 趣는 趨(달려가다, 추구하다)다. 『管子通解』(下), 527頁, 注7 참조.

85 趙守正에 의하면, 國固는 國人의 固守니, 糧食을 말한다. 上同, 注8 참조.

86 張佩綸에 의하면, 操는 彙(匯聚, 모으다)의 뜻이나.

87 趙守正에 의하면, 구체적 사건은 잘 알 수 없으나 齊魯가 충돌하여 土地의 損失이 있었음을 말한다. 『管子通解』(下), 528頁, 注9 참조.

88 黎翔鳳에 의하면, 吾는 禦니, 吾此는 '於於此'다.

89 湯孝純에 의하면, 斥은 鹽鹼地(소금기 있는 땅)다. 『新譯管子讀本』(下), 1021頁, 注13 참조.

90 黎翔鳳에 의하면, '託食之主'는 위의 문장의 '不生穀之地'를 가리키고, 吾地는 守禦해야 할 땅이다.

91 趙守正에 의하면, 三原은, 양식이 생산되지 않으니, 양식 외에, 다른 세 가지 상품의 원천을 말한다. 『管子通解』(下), 528頁, 注11 참조.

92 黎翔鳳에 의하면, 云은 運이다.

則撫之系,[93] 籍於穀則撫之山, 籍於六畜則撫之術.[94] 籍於物之終始, 而善御以言." 公曰: "善."

관중이 말하였다. "나라에서 한 번 세금으로 신하들이 만 량萬兩의 베[布]를 도와 가며 지키고, 삼[麻]의 세금을 도우니 그 값은 40배가 되었고, 풍부한 베[요포饒布]는 값이 50배나 올랐습니다. 임금께서 오른 베(의 값)으로 제후들의 빚을 청산하니, 이 결과 (베 값이) 제나라의 옛날보다 20배가 올랐습니다. 이 때문에 곡가穀價를 올리고 내림으로[輕重], 물자가 순환하여 사계절에 도움을 줍니다. 나라를 잘 다스리는 임금은, 나라의 재물을 지키고, 물가를 올리고 내림으로써 진작시키고, 느리게도 빠르게도 주입시킴으로써, 하나를 백으로 만듭니다. 백성들에게 세금을 거둔 적이 없으나, (재정의) 씀씀이가 강과 바다와 같아서, 끝나면 다시 시작하는 것입니다. 이것이 물자를 지키면서도 천하를 다스리는 것입니다."

(환)공이 말했다. "그렇다면 없는 것도 있게 할 수 있고, 가난한 사람도 부자로 만들 수 있습니까?"

관중이 대답하였다. "물자의 생산이 아직 법도가 없어도, 왕이나 패자霸者는 공적을 세웁니다. 이 때문에 사람으로 인재를 찾으면, 사람이 귀중해집니다. 이재理財 방법으로 재물을 구하면, 물자가 값이 오릅니다."

(환)공이 말했다. "이 말씀은 무슨 뜻입니까?"

관중이 대답하였다. "전국에 (값이) 한결 같다면 재물이 없어지나, 전국에 10배의 차이가 있게 되면 100배의 이득이 있게 됩니다. 그렇다면 우리들은 (호령으로 유통을) 빠르게도 느리게도 조절할 수 있으니, 왼손이 오른손에 주고, 오른손이 왼손에 건네주듯 하면, 이 때문에 안이나 밖으로 피곤함이 없으니, 평생 탈이 없게 됩니다. 왕업王業이나 패업霸業은 사람들에게서 찾을 것이 아니라 (물자 생산의) 처음과 끝에서 찾아야 하고, 사계절에 따라 (물가를) 올리고 내리게 하고, 호령으로 (유통을) 빠르게도 느리게도 할 뿐입니다. 샘물도 마를 수 있고, 귀신 (짓

93 張佩綸에 의한, 系는 마땅히 糸(가는 실)여야 한다.
94 張佩綸에 의하면, 術은 遂와 통하고, 遂는 育, 長(기르다)의 뜻이다.

거리)도 쉴 수 있으나, 물자의 처음과 끝을 지킴은 평생을 가도 그침이 없기에, 이것을 본원本源의 추구라고 말합니다."

管子曰: "以國一籍臣右守布萬兩, 而右麻籍四十倍其買, 衍布五十倍其買.[95] 公以重布決諸侯買, 如此而有二十齊之故.[96] 是故輕軼於賈穀制畜者, 則物軼於四時之輔.[97] 善爲國者, 守其國之財. 湯之以高下,[98] 注之以徐疾, 一可以爲百. 未嘗籍求於民, 而使用若河海, 終則有始. 此謂守物而御天下也." 公曰: "然則無可以爲有乎? 貧可以爲富乎?" 管子對曰: "物之生未有刑,[99] 而王霸立其功焉. 是故以人求人, 則人重矣. 以數求物, 則物重矣." 公曰: "此若言何謂也?" 管子對曰: "舉國而一則無貲, 舉國而十則有百. 然則吾將以徐疾御之, 若左之授右, 若右之授左, 是以外內爲不踡,[100] 終身無咎. 王霸之不求於人而求之終始, 四時之高下, 令之徐疾而已矣. 源泉有竭, 鬼神有歇. 守物之終始, 身不竭,[101] 此謂源究."

95 黎翔鳳에 의하면, 위의 문장이 君守로 시작됐다면, 이 문장은 臣守다. 右는 옛날의 佑(돕다) 자이다. 衍은 饒(넉넉함)다. 『小爾雅』「廣度」에 의하면, 2丈=1段, 2端=1兩, 2兩=1匹이다.

96 吳汝綸(1840~1903)에 의하면, 齊의 옛날 가격[故]보다 20배 올랐음을 말한다.

97 張佩綸에 의하면, 輕軼은 마땅히 輕重이어야 한다. 黎翔鳳에 의하면, 穀의 輕重으로 畜價를 制御한다. 輔는 助다.

98 王念孫에 의하면, 湯은 蕩(搖動시키다)으로 읽어야 한다.

99 郭沫若은 刑을 型(모형, 법도)으로 보았다

100 何如璋에 의하면, 踡은 마땅히 倦(게으르다, 피로하다)이 되어야 한다.

101 王念孫에 의하면, 身 위에 終이 있어야 한다.

경중무 輕重戊

본 편은 경중輕重을 전적으로 논구한 다섯 번째 편이다. 본 편에서는 경중의 술의 운용 범위를 넓혀서, 경제에서 정치, 법률, 군사까지 여러 방면으로 발전한다.

환공이 관중에게 물었다. "경중輕重의 술術을 어떻게 실시합니까?"

관중이 대답하였다. "나라를 다스리는 데 복희伏羲 이래로, 경중의 술을 가지고 왕업王業을 이루지 못한 적이 아직 없었습니다."

(환)공이 말했다. "무엇을 말씀하십니까?"

관중이 대답하였다. "복희가 다스리니, 여섯 개의 표지標識를 만들어서 음양陰陽을 예측豫測하였고, 99의 셈법을 만들어 천도天道와 합치하고, 천하를 교화하였습니다. 신농神農이 다스리니, 기산淇山의 남쪽에 오곡五穀을 심었으며, 구주九州의 백성들이 곡식을 먹을 줄 알게 되니, 천하를 교화하였습니다. 황제黃帝가 다스리니, 나무에 구멍을 내고 마찰하여 불을 피워서, 비린내를 익히고 조미료를 쳐서, 백성들이 먹게 되니, 식중독으로 죽는 일이 없어져, (이것으로) 천하를 교화하였습니다. 황제黃帝가 왕王이었을 때, 산에 (나무를 베어) 민둥산으로 만들고 연못에 물을 말렸습니다. 우순虞舜임금 때에 큰 늪을 불태우고, 많은 해로운 것들을 죽이고, 백성들을 이롭게 했으며, 흙을 쌓아서 토지 신[社]을 모시고, 나무로 마을 문[閭]를 만드니, 비로소 백성들이 예禮를 알게 되었습니다. 이때에 백성들이 원한, 악행, 불복종이 없었으니, 천하를 교화시켰습니다. 하夏왕 때에 밖으로 12개의 물줄기를 파내고, 17개의 물 막힌 곳을 터주고, 3개의 강을 소통시키고, 5개의 호수를 팠으며, 4개의 큰 강을 통하게 하고, 구주九州를 측정하고, 9개의 늪을 다스리니, 백성들이 이에 성곽, 마을 문과 가옥들을 지을 줄 알게 되었으니, (이로) 천하를 교화하였습니다. 은殷왕 때에는 제사祭祀의 예禮가 갖추어지고, 소와 말을 길들여서 백성들을 이롭게 하여, 천하를 교화하였습니다. 주周왕 때에 6개의 표지를 따라서, 음양과 합치시키고, 천하를 교화하였습니다."

(환)공이 말하였다. "그렇다면, 지금의 왕王은 어떻게 하면 되겠습니까?"

관중이 대답하였다. "(위에서 말한 일곱 가지를) 병용하시되 다 사용하지는 마십시오."

(환)공이 말하였다. "무슨 말씀이십니까?"

관중이 대답하였다. "제왕帝王의 도리는 (제가) 다 말씀드렸으니, 더 보탤 수가 없습니다. 임금께서 옳은 것만을 행하십시오."

(환)공이 말했다. "옳은 것을 어떻게 실행합니까?"

관중이 대답하였다. "천자께서 나이가 어리고 약하신데, 제후들은 매우 강하여, 사신을 보내 빙문聘問하고 (예물들을) 올리지 못합니다. 임금께서 강한 나라들을 약화시키고 망한 소국들을 이어 주며, 제후들을 이끌고서 주周 왕실을 부흥시키십시오."

환공이 말했다. "좋습니다."

桓公問於管子曰: "輕重安施?" 管子對曰: "自理國虙戲以來, 未有不以輕重而能成其王者也." 公曰: "何謂?" 管子對曰: "虙戲作, 造六峜以迎陰陽,[1] 作九九之數以合天道, 而天下化之. 神農作, 樹五穀淇山之陽, 九州之民乃知穀食, 而天下化之. 黃帝作, 鑽鐩生火, 以熟葷臊,[2] 民食之, 無茲胃之病,[3] 而天下化之. 黃帝之王, 童山竭澤. 有虞之王, 燒曾藪,[4] 斬羣害, 以爲民利, 封土爲社, 置木爲閭, 始民知禮也. 當是其時, 民無慍惡不服, 而天下化之. 夏人之王, 外鑿二十虻, 韘十七湛,[5] 疏三江, 鑿五湖, 道四涇之水, 以商九州之高,[6] 以治九藪, 民乃知城郭、門閭、室屋之築, 而天下化之.

1 黎翔鳳에 의하면, 峜는 志이니, 옛날의 識나 幟(표지)와 같다.

2 黎翔鳳에 의하면, 葷은 지금의 조미료이니, 보통의 菜(푸성귀)가 아니다.

3 黎翔鳳에 의하면, 『素問』, 「六節藏象論」에 '如草茲者死'(草茲를 먹으면 죽는다)라 했으니, 食物中毒이고 검은색을 띤다고 했다. 『廣雅』에는 胃를 胘이라 했다. 胘胃에서 月을 제거하면 玄胃다.

4 安井衡에 의하면, 曾과 層이 같으니, 層은 重이다. 重藪는 大藪(큰 늪)다.

5 黎翔鳳에 의하면, 虻은 虵(뱀) 자가 끊어진 것이니, 沱다. 沱는 江의 別流다. 湛은 沒이고, 韘은 뜻이 決과 같다.

6 聞一多에 의하면, 涇은 經과 통하니, '四涇之水'는 '四經之水', 즉 '四瀆'이다. 黎翔鳳에 의하면,

殷人之王, 立帛牢,[7] 服牛馬以爲民利, 而天下化之. 周人之王, 循六峚合陰陽,[8] 而天下化之." 公曰: "然則當世之王者, 何行而可?" 管子對曰: "幷用而毋俱盡也." 公曰: "何謂?" 管子對曰: "帝王之道備矣, 不可加也. 公其行義而已矣." 公曰: "其行義奈何?" 管子對曰: "天子幼弱, 諸侯亢强, 聘享不上. 公其弱强繼絶, 率諸侯以起周室之祀." 桓公曰: "善."

환공이 말했다. "노魯나라 남쪽[梁]은 제齊나라와 가깝기에, (거기서 나는) 곡식 천종千鍾은 벌의 침처럼, 치아와 입술처럼 (가깝기에 우리들에게) 불리不利합니다. 지금 과인이 노량魯梁을 치려고 하니, 어떻게 하면 되겠습니까?"

관중이 대답하였다. "노량의 백성들은 두꺼운 비단[綈]을 짭니다. 임금께서 두꺼운 비단을 입으시고, 좌우 신하들에게 그것을 입으라고 명령하시면, 백성들도 따라서 그것을 입을 것입니다. 임금께서 이에 명령을 내려 제齊나라에서는 두꺼운 비단을 짜지 말게 하시면, 반드시 노량을 쳐다보게 될 것이니, 이렇게 되면 노량에서는 농사를 버리고 두꺼운 비단만 짤 것입니다."

환공이 말했습니다. "그렇게 하겠습니다."

곧 태산泰山의 남쪽에서 두꺼운 비단을 옷으로 만드니, 10일이면 그것을 입었다.

관중은 노량의 장사꾼들에게 말했다. "여러분들은 나를 위해 두꺼운 비단 천 필千匹을 가져오면, 여러분들에게 금金 300근斤을 주겠소, 10배를 가지고 오면 금 3천 근을 줄 것이오."

이렇게 돼서 노량에서는 백성들에게 세금을 받지 않아도, 재용이 풍족하였다. 노량의 임금이 이 소문을 듣고서, 자기 백성들에게 두꺼운 비단을 짜게 하였다. 13달째에 관중은 사람을 시켜서 노량에 보내었다. (그가 보니) 노량 성곽 안의 백성들은 길거리에서 (분주히 걷기 때문에) 먼지를 날리어서, 열 보 떨어져도 서로 볼 수 없을 정도였으며, 신발을 끌어 대니 발뒤꿈치가 서로 이어질 정도이고, 수레의 바퀴통이

商은 章이니, 量과 같다. '商九州之高'는 九州의 高를 度量(측정)하는 것이다.

7 張佩綸에 의하면, 帛牢는 牲幣와 같다. '立帛牢'는 祭祀의 禮를 확립한 것이니, 殷人들은 귀신을 숭상했다.

8 黎翔鳳에 의하면, 峚는 崟이니, 志의 뜻이고, 옛날의 識이니, 幟(표기, 표식)와 같다. 法은 아니다.

부딪히며, 서너 대씩 몰려 나갔다.

관중이 말했다. "노량을 함락시킬 수 있을 것입니다."

(환)공이 말했다. "어떻게 말입니까?"

관중이 대답하였다. "임금께서 비단을 적절히 입으시고, 백성을 거느리고 두꺼운 비단을 못 입게 하고, 관문을 봉쇄하고, 노魯나 양梁과 왕래하지 못하게 하십시오."

(환)공이 말했다. "그러지요."

10달 뒤에 관중이 사람을 시켜서 노량에 가게 하였다. 노량의 백성들은 서로들 굶주렸으며, 내겠다고 대답한 액수의 세금을 나라에 바칠 수 없었다. 노량의 임금은 즉시 그 백성들에게 두꺼운 비단을 버리고 농사를 짓게 하였다. 곡식은 석 달이 아니면 얻을 수 없는 것이다. 노량의 사람들은 (곡식 1섬을 비싸게) 1,000전을 주고 사갔으나, 제나라에서는 (한 섬에) 10전에 (싸게) 팔았다. 2년 뒤에 노량의 백성들이 제나라에 귀환한 이들이 10분의 6이었다. 3년 뒤에는 노량의 임금도 (제나라에) 귀순을 청하였다.

> 桓公曰: "魯梁之於齊也,[9] 千穀也, 蠭螫也, 齒之有脣也.[10] 今吾欲下魯梁, 何行而可?" 管子對曰: "魯梁之民, 俗爲綈. 公服綈, 令左右服之, 民從而服之. 公因令齊勿敢爲, 必仰於魯梁, 則是魯梁釋其農事而作綈矣." 桓公曰: "諾." 卽爲服於泰山之陽, 十日而服之. 管子告魯梁之賈人曰: "子爲我致綈千匹, 賜子金三百斤, 什至而金三千斤." 則是魯梁不賦於民, 財用足也. 魯梁之君聞之, 則敎其民爲綈. 十三月, 而管子令人之魯、梁. 魯、梁郭中之民, 道路揚塵, 十步不相見, 絏繑而踵相隨,[11] 車轂齺騎連伍而行.[12] 管子曰: "魯梁可下矣." 公曰: "奈何?" 管子對曰: "公宜服帛, 率民去綈. 閉關, 毋與魯梁通使." 公曰: "諾." 後十月, 管子令人之魯梁. 魯梁之民餓餒相及, 應聲之正無以給上.[13] 魯梁之君卽令其民去綈脩農. 穀不可以三月而得. 魯梁之人糴十百, 齊糶十錢. 二十四月, 魯梁之民歸齊者十分之六. 三年, 魯梁之君請服.

9 安井衡에 의하면, 春秋 때 梁은 秦나라와 가까운 거리에 있었으니, 秦伯에 의해 멸망했다. 아래에 魯梁之君을 말하고 있으니, 魯梁은 二國이 아니다.

10 黎翔鳳에 의하면, 千은 곡식 단위이니, 千鍾이다. 梁(기장)은 細糧이니, 齊나라의 秫(차조)에 대하면 不利하다.

11 王念孫에 의하면, 繑는 屩(신)와 같다. 絏은 마땅히 曳여야 하고, 曳는 引(끌다)이다.

12 趙守正에 의하면, 齺는 '이빨을 교차로 물음'이다. '車轂齺'는 '마차가 왕래하며 바퀴통이 서로 부딪힘'이다.

13 宋翔鳳에 의하면, 正은 征(세금)이다. 黎翔鳳에 의하면, 應聲은 應定한(승락한) 額數다.

환공이 관중에게 물었다. "백성들이 배고프나 먹을 것이 없고, 추우나 입을 것이 없으며, 말로 승낙한 세금을 나라에 바칠 수 없는데, 집에 비가 새어서 살 수 없고, 담이 파괴되어도 개축할 수 없으니, 어떻게 해야겠습니까?"

관중이 대답하였다. "나무의 가지들을 없애십시오."

환공이 말했다. "그러겠습니다."

왕졸王卒들에게 나무를 전지剪枝하라고 명령하였다. 이들이 전지하니, 나뭇가지들이 훤히 트였다. 그해에, 백성들이 (햇빛을 가리려고 머리에) 흰 수건을 썼으며, 맑은 물이 분전糞田으로 탁해지니, 승낙한 세금을 나라에 바칠 수 있었고, (비가) 새는 집도 살 수 있게 되었고, 무너진 담장도 개축되었다.

(환)공이 관중을 불러서 말을 했다. "이것은 어떻게 된 것입니까?"

관중이 대답하였다. "제齊나라는 동이東夷인 내萊족의 나라입니다. 한 나무에 그 아래에서 100명이 쉴 수 있는 것은 그 아래를 전지해 주지 않았기 때문입니다. 많은 새들이 그 나무 위에 있으니, 젊은이들이 탄환을 품고 그 나무 아래에서 탄환을 조준하며, 종일 집에 돌아가지 않습니다. 노인들은 나뭇가지를 만지고 이야기하며, 종일토록 (집에) 돌아가지 않습니다. 시장에서 돌아갈 때, (이 나무 밑에서) 또한 힘이 빠지고 잠이 오니, 종일 돌아가지 못합니다. 지금 우리가 나뭇가지들을 전부 전지하면, 한낮에 조그만 그늘도 없게 되니, 출입하는 사람들은 시간이 길고, (해가) 빨리 간다고 생각하며, 노인들은 (집에) 빨리 돌아가서 생업을 닦고, 젊은이들은 돌아가서 생업에 힘씁니다. 저 백성들은, 세 가지 이유로 (집에) 돌아가지 않아서, 향리가 재산이 늘지 않았다고 생각합니다."

桓公問管子曰: "民飢而無食, 寒而無衣, 應聲之正無以給上, 室屋漏而不居, 牆垣壞而不築, 爲之奈何?" 管子對曰: "沐涂樹之枝也."[14] 桓公曰: "諾." 令謂左右伯沐涂樹之枝.[15] 左右伯受沐, 涂樹之枝闊.[16] 其年, 民被白

14 黎翔鳳에 의하면, 沐은 拔禿(뽑아 없앰)이다.

15 馬非百에 의하면, 左右伯은 모두 王의 '卒'(졸병)이고, 나무를 剪枝하는 데 쓴다. 『管子校注』(下), 1518頁, 注3 참조.

16 安井衡에 의하면, 闊은 疏다.

布,[17] 淸中而濁,[18] 應聲之正有以給上, 室屋漏者得居, 牆垣壞者得築. 公召管子問曰: "此何故也?" 管子對曰: "齊者, 夷萊之國也. 一樹而百乘息其下者, 以其不捎也.[19] 衆鳥居其上, 丁壯者胡丸操彈居其下,[20] 終日不歸. 父老柎枝而論,[21] 終日不歸. 歸市亦惰倪,[22] 終日不歸. 今吾沐塗樹之枝, 日中無尺寸之陰, 出入者長時,[23] 行者疾走, 父老歸而治生, 丁壯者歸而薄業.[24] 彼, 臣歸其三不歸, 此以鄕不資也."[25]

환공이 관중에게 물었다. "내萊와 거莒는 지치[紫草](를 통한 염색)와 농업을 함께 운영하니, 이에 대한 대책은 어떠해야 합니까?"

관중이 대답하였다. "내와 거 에서 지치[자초紫草: 붉은색 염료染料]를 생산합니다. 임금께서 새로 뽑은 군졸들을 인솔하여, 장산莊山의 동전銅錢을 주조하면, 내萊의 지치 염료 값보다 비쌀 것입니다."

내의 임금이 이것을 듣고서, 좌우의 신하들에게 말하였다. "전폐錢幣는 사람들이 중시하는 것이다. 지치는 우리 나라의 특산特産이다. 우리 나라의 특산품으로, 제나라의 비싼 보물을 다 얻을 수 있다면, 제나라를 병합할 수 있도다."

내는 곧 농경을 버리고 지치를 심었다.

관중은 곧 습붕隰朋으로 하여금 (군대를 광산에서) 농사일로 되돌렸다. 2년 뒤에 지치(의 구매)를 정지시키니, 내와 거에서 (곡물의) 구매가격이 (1부釜에) 370전이면, 제齊나라에서 (곡식의) 판매 가격은 (1釜에) 10전이니, 내와 거의 백성들이 제나라에 항복하는 자들이 10분의 7이었다. 28개월 뒤에 내와 거의 임금이 항복을 청하였다.

17 黎翔鳳에 의하면, 머리에 布를 쓰고 햇빛을 방지하는데, 白布는 값이 싸다.

18 黎翔鳳에 의하면, 中은 得의 뜻이고, 『水經』「淄水」注에, '濁水, 一曰溷水'(濁水는 혼수이다)이니, 맑은 물이 얻어서 濁해지니, 糞田에 힘씀을 말한다. 糞田이면 粟이 많이 소출되니, 上征을 납부할 수 있다.

19 兪樾에 의하면, 捎는 除(없애다)다.

20 許維遹에 의하면, 胡와 樹은 통하니, 懷의 뜻이다.

21 李哲明에 의하면, 柎(뗏목)은 拊(어루만지다)의 假借이니, 拊는 撫(어루만지다)와 같다.

22 馬非百에 의하면, 惰는 墮의 誤字고, 倪는 睨(곁눈질함)의 誤字다. 사람들이 시장에서 집으로 돌아갈 때, 이 큰 나무 밑을 지나면서, 또한 힘이 빠지면서, 자고 싶으니, 따라서 여기서 쉬면서 떠나고 싶지 않은 마음이 든다. 『管子校注』(下), 1519頁, 注10 참조.

23 黎翔鳳에 의하면, 시간이 길어지면서 해가 빨리 가는 것을 두려워하게 됨을 말한다.

24 馬非百에 의하면, 薄은 勉努니, 薄業은 作業에 勉力(힘쓰다)함이다. 上同, 1520頁, 注12 참조.

25 黎翔鳳에 의하면, 彼는 衆民이고, 臣은 管子의 自稱이다. 此以는 以此와 같다. 不資는 不貲와 같다.

桓公問於管子曰: "萊、莒與柴田相幷,[26] 爲之奈何?" 管子對曰: "萊、莒之山生柴. 君其率白徒之卒, 鑄莊山之金以爲幣, 重萊之柴賈." 萊君聞之, 告左右曰: "金幣者, 人之所重也. 柴者, 吾國之奇出也.[27] 以吾國之奇出, 盡齊之重寶, 則齊可幷也." 萊卽釋其耕農而治柴. 管子卽令隰朋反農. 二年, 桓公止柴, 萊、莒之糴三百七十, 齊糶十錢,[28] 萊、莒之民降齊者十分之七. 二十八月, 萊、莒之君請服.

환공이 관중에게 물었다. "초楚나라는 산동山東의 강국입니다. 그 백성들은 전투의 방도를 익혔습니다. (우리가) 군사를 동원하면, 아마도 힘이 (초를) 능가할 수 없습니다. 초나라 때문에 군대가 피폐해졌다면, 주周왕실에 공을 세울 수 없으니, 어떻게 하면 되겠습니까?"

관중이 대답하였다. "바로 전투의 방법으로 (초나라와) 맞서야 합니다."

(환)공이 말했다. "무슨 말씀이십니까?"

관중이 대답하였다. "임금께서 (초)나라 사슴을 비싸게 사십시오."

환공은 곧 백 리百里의 사슴 농원[城]을 짓고서, 사람을 시켜서 초나라에 가서 산 사슴들을 샀으니, 초나라의 산 사슴은 (1마리당) 8만萬 전이었다.

관중은 환공으로 하여금 백성들과 매매하여, 곡식의 10분의 6을 저축하게 하였다. 좌사마左司馬인 백공伯公으로 하여금 새로 징집한 군졸[白徒]들을 인솔하여 장산莊山에서 돈을 주조하게 하였다. 중대부中大夫인 왕읍王邑으로 하여금 동전 2천만을 수레에 싣고서, 초나라에서 산 사슴들을 사게 하였다.

초나라 왕이 이 소식을 듣고서, 승상丞相에게 말하였다. "저 금전은 사람들이 중시하는 것이요, 나라를 존속시키는 것이니, 영명한 임금들은 공 있는 자들은 (그것으로) 상을 준다. 짐승들이란 해로운 무리들이여서, 영명한 임금들은 버리고 내쫓았다. 지금 제齊나라가 귀중한 보배로 우리들의 해로운 잡물들을 비싸게 사겠다니, 이는 초나라의 복이다. 하늘은 장차 제나라를 가지고 초나라를 편애하는 것이다. (승상

26 王紹蘭에 의하면, 與는 以와 통하고, 柴(섶)은 茈(지치, 紫草)의 假借다.
27 馬非百에 의하면, 奇는 特이고, 出은 出産이니, 奇出은 特産이다. 上同, 注2 참조.
28 黎翔鳳에 의하면, 釜가 빠졌다.

인) 자네는 우리 백성들에게 공고하여, 급히 산 사슴들을 구하라고 하라, 제나라의 보물들을 다 소진시키라."

초나라 백성들이 곧 농사를 방치하고 사슴을 사냥하였다.

관중은 초나라 상인들에게 공고하였다. '여러분들이 나를 위해 산 사슴을 바치면, 20마리에 황금 100근斤을 여러분들에게 주겠소. 열 배, (즉 200마리)이면 금金 천 근을 주겠소.'

초나라의 남자들이 밖에서 기거하고, 여자들은 길거리에서 잠을 잤다.

습붕隰朋은 (제나라) 백성들에게 곡식을 5배로 저축시켰다. 초나라는 산 사슴을 가지고 돈을 5배나 많이 저축하게 하였다.

관중이 말했다. "초나라를 함락시킬 수가 있게 되었습니다."

(환)공이 말했다. "어떻게 말입니까?"

관중이 대답하였다. "초나라에 돈이 5배가 되어서, 그 임금이 자만하게 되어 곡식을 마련하려 할 것입니다. 돈이 5배라면, 이 점은 초나라의 강점입니다."

환공이 말했다. "그렇습니다."

(제나라에서) 사람들에게 명령하여 관문을 닫고서, 초나라와 통상을 끊었다. (그러나) 초왕은 과연 자만을 하고서 곡식을 마련하려 하였으나, 곡식은 석 달이 아니고는 얻을 수가 없었기에, 초나라에서 곡식을 사는 값이 400(전)이었다. 제나라에서 사람들에게 명령을 내려서 곡식을 싣고 천芊의 남쪽에 머물게 하니, 초나라 사람들이 제나라에 항복하는 자가 10분의 4였다. 3년이 지나자 초나라가 굴복하였다.

桓公問於管子曰: "楚者, 山東之强國也. 其人民習戰鬭之道. 擧兵伐之, 恐力不能過. 兵弊於楚, 功不成於周. 爲之奈何?" 管子對曰: "卽以戰鬭之道與之矣."[29] 公曰: "何謂也?" 管子對曰: "公貴買其鹿." 桓公卽爲百里之城, 使人之楚買生鹿. 楚生鹿當一而八萬. 管子卽令桓公與民通輕重, 藏穀什之六. 令左司馬伯公將白徒而鑄錢鬬莊山. 令中大夫王邑載錢二千萬, 求生鹿於楚. 楚王聞之, 告其相曰: "彼金錢, 人之所重也, 國之所以存, 明王之所以賞有功. 禽獸者, 群害也, 明王之所棄逐也. 今齊以其重寶貴買吾群害, 則是楚之福也. 天且以齊私楚也. 子告吾民, 急求生鹿, 以盡齊之寶." 楚民卽釋其耕農而田鹿. 管子告楚之賈人曰: '子爲我致生鹿, 二十賜

29 陶鴻慶에 의하면, 與는 當이나, 또한 敵(맞서다)이다.

子金百斤. 什至而金千斤也. 則是楚不賦於民而財用足也.' 楚之男子居外, 女子居涂.[30] 隰朋教民藏粟五倍. 楚以生鹿藏錢五倍, 管子曰: "楚可下矣." 公曰: "奈何?" 管子對曰: "楚錢五倍, 其君且自得而脩穀. 錢五倍, 是楚强也." 桓公曰: "諾." 因令人閉關, 不與楚通使. 楚王果自得而修穀, 穀不可三月而得也, 楚糴四百. 齊因令人載粟處芊之南,[31] 楚人降齊者十分之四. 三年而楚服.

환공이 관중에게 물었다. "대代나라에서 생산하는 물건에, 무엇이 있습니까?"

관중이 대답하였다. "대나라 생산품은 흰여우의 가죽입니다. 임금께서 그것을 비싸게 사두십시오."

관중이 말했다. "흰여우는 춥고 따뜻한 기후 변화에 적응하여, 6개월(의 추운 겨울에) 한 번 보이니, 임금께서 그것을 비싼 값에 매입하면, 대나라 사람들은 (그것을) 구하기 어렵다는 것을 잊어버리고, 그것을 높은 값에 팔 수 있다는 것을 기뻐하여, 반드시 서로를 이끌고서 흰여우를 찾을 것입니다. 이러면 제나라 돈을 반드시 지출할 필요도 없이, 대나라 백성들은 반드시 나라를 버리고 산림 속에 살 것입니다. 이지離枝에서 이 소문을 듣고서, 반드시 (대나라의) 북쪽을 칠 것입니다. 이지가 북쪽을 친다면, 대나라는 반드시 제나라에 귀속할 것입니다. 임금께서는 제나라에 명령을 내려서 금전을 싣고서 (대나라로) 가게 하십시오."

환공이 말했다. "그렇게 하겠습니다."

곧 중대부中大夫 왕사王師로 하여금 북쪽으로 금전을 가지고 대곡代谷으로 가, 흰여우 가죽을 사게 하였다.

대의 왕이 이 소식을 듣고서, 자기 재상에게 곧 말했다. "대가 이지보다 약한 이유는 금전이 없어서입니다. 지금 제나라가 이에 금전으로 흰여우 가죽을 찾는 것, 이것은 대나라의 복입니다. 당신이 급히 백성들에게 명을 내려서 흰여우의 가죽을 찾게 하시면, 제나라 화폐를 갖게 될 것이니, 과인은 장차 (이것으로) 이지의 백성들을 불러오겠습니다."

30 馬非百에 의하면, 초나라에서는 남녀를 가리지 않고, 모두 生鹿(산 사슴)을 잡기에 분주했으니, 마땅히 居涂(길가에 있음)가 합당하다. 上同, 1523頁, 注6 참조.
31 黎翔鳳에 의하면, 芊은 마땅히 楚地이며 齊나라에 가까운 곳이다.

대나라 사람들이 나라를 떠나, 산중에 살면서, 흰여우 가죽을 찾았다. 2년이 지나도 (가죽) 한 장을 얻지 못했다. 이지離枝가 이 소식을 듣고서, 대의 북쪽을 치니, 대왕이 이 소식을 듣고, 크게 두려워하며, 자기의 사졸들을 이끌고서 대곡代谷을 보호하였다. 이지가 마침내 대의 북쪽을 치니, (대의) 왕은 곧 사졸들과 함께 제나라에 복속하기를 원하였다. 제나라는 한 푼도 잃지 않고, 사신을 3년간 파견하니 대나라가 굴복하였다.

桓公問於管子曰: "代國之出, 何有?" 管子對曰: "代之出, 狐白之皮. 公其貴買之." 管子曰: "狐白應陰陽之變,[32] 六月而壹見. 公貴買之, 代人忘其難得, 喜其貴買, 必相率而求之. 則是齊金錢不必出, 代民必去其本而居山林之中.[33] 離枝聞之, 必侵其北. 離枝侵其北, 代必歸於齊. 公因令齊載金錢而往." 桓公曰: "諾." 卽令中大夫王師北將人徒載金錢之代谷之上, 求狐白之皮. 代王聞之, 卽告其相曰: "代之所以弱於離枝者, 以無金錢也. 今齊乃以金錢求狐白之皮, 是代之福也. 子急令民求狐白之皮, 以致齊之幣, 寡人將以來離枝之民." 代人果去其本, 處山林之中, 求狐白之皮. 二十四月而不得一. 離枝聞之, 則侵其北, 代王聞之, 大恐, 則將其士卒葆於代谷之上. 離枝遂侵其北, 王卽將其士卒, 願以下齊. 齊未亡一錢幣, 脩使三年而代服.

환공이 관중에게 물었다. "과인은 형산衡山(나라)의 방법으로 조절하려고 하니, 어떻게 하면 되겠습니까?"

관중이 대답하였다. "임금께서 명령을 내리시어 형산나라의 병기兵器들을 비싸게 사 판매하시면, 연燕이나 대代나라도 그것들을 살 것입니다. 진秦나라나 조趙나라가 이 소문을 들으면, 반드시 임금과 다툴 것이니, 형산나라 무기들은 반드시 값이 배가 될 것입니다. 천하(의 제후들)가 다투게 되면, 형산의 무기들은 반드시 열 배 이상으로 오를 것입니다."

(환)공이 말했다. "그렇게 하겠습니다."

사람을 시켜 형산에 가게 하여 형산의 무기들을 구입하며, 값이 비쌈을 따지지 않았다. 제나라가 형산에서 무기들을 구입한 지 10개

32 趙守正은 陰陽을 寒暑로 이해하였다. 『管子通解』(下), 549頁의 譯文을 참조.
33 兪樾에 의하면, 本은 정해진 이름이 없으니, 本은 國과 같다. 本을 農으로 보는 것은 잘못이다.

월 뒤에, 연나라와 대나라에서 그 소식을 듣고, 과연 사람을 형산에 파견하여 무기들을 구입하였다. 연과 대나라가 수입한 지 석 달 뒤에, 진秦나라에서 이 소식을 듣고, 과연 사람을 시켜서 형산에 가서 무기들을 구매하였다.

형산의 임금이 자기 재상에게 말했다. "천하(의 나라들)이 우리(나라) 무기들을 (얻겠다고) 다투니, 값을 20배 이상으로 합시다."

형산의 백성들이 농업을 버리고, 무기 만드는 기교를 닦았다. 제나라는 즉시 습붕隰朋에게 명령하여 조나라에서 곡식을 수로로 운송하게 하였다. 조나라에서 파는 값이 (1섬[石]에) 15전인데, 습붕은 (1섬을) 50전에 샀다. 천하(의 나라들)이 이 소문을 듣고, 곡식을 싣고 제나라로 왔다. 제나라에서 무기를 산 지 17개월 뒤에, 5개월 동안 양식을 사들이고, (그다음) 즉시 관문을 폐쇄하고 형산과 통상을 끊었다. 연, 대, 진, 조나라도 곧 사신을 불러들였다. 형산의 무기는 소모되었으니, 노魯에서 형산의 남쪽을 먹어 버렸고, 제나라에서 형산의 북쪽을 점령하였다. (형산은) 안으로 두 적국[魯와 齊]에 대응할 무기가 없음을 스스로 계산해보고, 곧 나라를 바쳐 제나라에 귀속되었다.

桓公問於管子曰: "吾谷制衡山之術,[34] 爲之奈何?" 管子對曰: "公其令人貴買衡山之械器而賣之, 燕、代必從公而買之. 秦、趙聞之, 必與公爭之, 衡山之械器必倍其賈. 天下爭之, 衡山械器必什倍以上." 公曰: "諾." 因令人之衡山求買械器, 不敢辯其貴賈. 齊修械器於衡山十月, 燕、代聞之, 果令人之衡山求買械器. 燕、代修三月, 秦國聞之, 果令人之衡山求買械器. 衡山之君告其相曰: "天下爭吾械器, 令其買再什以上." 衡山之民釋其本, 脩械器之巧. 齊卽令隰朋漕粟於趙. 趙糴十五, 隰朋取之石五十. 天下聞之, 載粟而之齊. 齊脩械器十七月, 脩糴五月, 卽閉關不與衡山通使. 燕、代、秦、趙卽引其使而歸. 衡山械器盡, 魯削衡山之南, 齊削衡山之北. 內自量無械器以應二敵, 卽奉國而歸齊矣.

34 黎翔鳳에 의하면, 『趙用賢本』이나, 『朱東光本』에는, 谷이 欲으로 되어 있다.

경중기 輕重己

본 편은 경중을 논한 제6편이다. 그러나 이 편은 경중輕重을 논한 것이 아니고, 시령時令과 시정時政을 논술한 점에서 다른 편들과 구별된다.

맑은 정신에서 마음[心]이 생기고, 마음에서 원[規, 컴퍼스]이 나오고, 원에서 네모[矩]가 나오고, 네모에서 바름[方]이 나오고, 바름에서 역曆이 나오고, 역에서 사계절이 나오고, 사계절에서 만물이 생긴다. 성인들은 이에 근거하여 다스리니, 도리는 있지 않은 곳이 없다. 동지冬至에서 시작하여 46일이 되면, 겨울이 다 되고 봄이 시작한다. 천자天子가 도성을 나와서 46리里에 제단祭壇을 쌓고, 푸른 옷과 푸른 모자를 썼으며, 옥홀玉笏을 갖추고, 면류관에는 장식을 달았고, 제후들, 경卿들, 대부大夫들 및 열사列士들과 조회를 하고, 백성들에게 정령政令을 두루 알리니, 제사의 날이라 호칭하고, 희생 제물로 물고기[魚]를 썼다.

(이에 천자가) 명령을 반포하여, "'산 것을 죽이지 말고, 상을 주되 벌을 주지 말고, 벌을 주는 죄를 판결하지 말고, 겨울을 기다려 결정한다"라고 말하였다. 백성들에게 섶[柴]으로 방을 덥히고 부싯돌로 불붙이고, 부뚜막을 건조시키고 우물에서 물을 빼는 것을 가르친 것은 백성들을 오래 살게 만든 것이다. 가래[耜], 쟁기[耒], 호미[耨], 도끼[欘], 낫[鉊], 보습[鉛]과 보조 물품으로 감탕나무[橿], 저울[權], 마차 바퀴 통[輞], 줄[繩]과 고삐[紲]를 쓰게 되니, 봄과 여름의 농사를 대비하는 데 반드시 갖추고 있어야 한다. 백성들에게 술과 음식을 만든 것을 가르치는 것은, 효孝와 경애敬愛를 가르치기 위함이다. 백성들이 태어나 부

모가 없으면, 고아孤兒라 한다. 아내도 없고 자식도 없으면, 늙은 홀아비[노환老鰥]라 하고, 남편도 없고 자식도 없으면, 늙은 과부[老寡]라고 한다. 이 세 종류 사람들은 모두 묵을 곳[館]으로 보내져 (그곳에서) 먹게 된다. 일하는 자들이나 일 못 하는 자들이나, (그들의) 말대로 (분류되며) 다 먹어야 하며 빠져서는 안 된다. (수용된 자들이) 많으면 (관리인의) 공이지만, 많지 않다면 죄가 된다. 이 때문에 길에는 구걸하러 다니는 자들이 없다. 길에 구걸하러 다니는 자가 있으면, 재상宰相의 죄다. (이것이) 천자의 봄 명령이다.

清神生心, 心生規, 規生矩, 矩生方, 方生正, 正生曆, 曆生四時, 四時生萬物. 聖人因而理之, 道徧矣.[1] 以冬日至始, 數四十六日, 冬盡而春始.[2] 天子東出其國四十六里而壇,[3] 服青而絻青,[4] 搢玉揔,[5] 帶玉監,[6] 朝諸侯卿大夫列士, 循於百姓,[7] 號曰祭日, 犧牲以魚.[8] 發出令曰: "生而勿殺, 賞而勿罰. 罪獄勿斷, 以待期年."[9] 教民樵室鑽燧,[10] 墐竈泄井,[11] 所以壽民也. 耜耒耨, 懷鉊鉛,[12] 又檀權渠緉緤,[13] 所以御春夏之也必具. 教民爲酒食, 所以爲教敬也. 民生而無父母, 謂之孤子. 無妻無子, 謂之老鰥. 無夫無子, 謂之老寡. 此三人者皆就官而衆,[14] 可事者不可事者食如言而勿遺. 多者爲功, 寡者爲罪, 是以路無行乞者也. 路有行乞者, 則相之罪也. 天子之春令也.

1 黎翔鳳에 의하면, 徧은 '無所不在'(없는 곳이 없음)이니, 治道와는 다르다.

2 黎翔鳳에 의하면, 冬至에서 봄에 이르자면 92일인데, 45일이면 그 半을 얻은 것이다.

3 張佩綸에 의하면, '出十五里迎歲'(도성 밖으로 15里를 나가서 해[歲]를 맞았다)는 것은 殷禮이다. 周나라는 近郊 50里이니, 여기서 말하는 '四十六里'는 周의 近郊 50里다.

4 趙守正에 의하면, 絻은 冕[禮帽]이다. 『管子通解』(下), 552頁, 注3 참조.

5 黎翔鳳에 의하면, 忽은 손으로 잡는 것이고, 揔은 隸書의 別體다.

6 何如璋에 의하면, 監은 冕旒(면류관)의 粧飾이다.

7 趙守正은, 石一參의 『管子今詮』(第299頁, 1988年, 中國書店出版)을 참조하여, 循은 徇(돌다, 쫓다)과 통하니, 周示이다. '循於百姓'은 백성들에게 政令을 두루 알림의 뜻이다.

8 黎翔鳳에 의하면, 魚는 木精이기에, 천자가 푸른 옷을 입고 魚를 똑바로 사용하였다.

9 朱長春(16세기)에 의하면, 期年은 冬(겨울)이다.

10 趙守正에 의하면, 樵는 柴(섶)과 통하고, 燧는 燧(부싯돌)다.

11 黎翔鳳에 의하면, 樵는 煙熏(연기를 쏘임)이다. 王念孫에 의하면, 墐은 熯(말리다)이다.

12 張佩綸에 의하면, 懷는 마땅히 欘(도끼)이고, 鉊는 낫이고, 鉛는 보습이다.

13 黎翔鳳에 의하면, 檀은 橿(감탕나무)이고, 錘(저울)는 權(저울)이다. 渠(도랑)는 牙(어금니)인데, 鄭司農에 의하면, 牙는 罔이니, 輞(바퀴테)이다. 緉은 繩(줄)이고, 緤(고삐)은 紲(고삐)이다. 又는 助이다. 북방에서 농사지을 때, 橿(감탕나무), 權(저울), 輞(바퀴 테), 繩(줄)과 紲(고삐), 이 다섯 가지를 보조 물품으로 쓴다. 趙守正에 의하면, 緉[綀]은 마땅히 繩(새끼, 줄)이고, 綀은 緤(고삐)과 같다. 上同, 552頁, 注11 참조.

14 張文虎에 의하면, '此三人者'는 이들 세 종류의 사람이다. 黎翔鳳에 의하면, 官은 館이다. 趙守正에 의하면, '就官而衆'에서 衆은 마땅히 食으로 고쳐져야 한다. 上同, 553頁, 注14 참조.

동지冬至에서 시작하여, 92일이면, 춘분春分이다. 천자天子가 동쪽으로 도성을 떠나서 92리里에 제단을 짓고, 제후들, 경卿들, 대부大夫들 및 열사列士들과 조회하고, 백성들에게 정령政令들을 두루 알리니, (이것을) 제성祭星이라 부른다. (춘분 뒤) 10일 이내에는 (농번기라) 집안에 여자가 있어서도 안 되고, 길거리에 돌아다니는 사람들이 있어서도 안 된다. 경작耕作을 하지 않는 이는 해로운 사람[賊人]이라 한다. 아래로 그 사람을 지신地神께 저주하게 하고, 위로 천신天神께 저주하게 하며, 순종하지 않는 백성이라 말한다. 농사일에는 뒷줄에 서며, 군대에 있으면서 아랫사람들과 능통하면, 천한 놈이다. 세 부류 사람들이 농사에 힘쓰지 않으니 (관리가) 이들을 몰아서 귀농歸農시킨다. (이것이) 천자의 봄 명령이다.

以冬日至始, 數九十二日, 謂之春至. 天子東出其國九十二里而壇, 朝諸侯卿大夫列士, 循於百姓, 號曰祭星. 十日之內, 室無處女, 路無行人. 苟不樹藝者, 謂之賊人. 下作之地, 上作之天, 謂之不服之民.[15] 處里爲下陳,[16] 處師爲下通, 謂之役夫.[17] 三不樹而主使之.[18] 天子之春令也.

춘분春分에서 시작하여, 46일이면, 봄이 다 되고 여름이 시작된다. 천자는 노란색 옷을 입고 고요하게 있으면서, 제후들, 경들, 대부들 및 열사들과 조회하며, 백성들에게 정령을 두루 알리며, 호령을 발동하여, "많은 사람들을 모으지 말라, 큰 불을 내지 말라, 큰 나무를 베지 말라, 큰 산을 개발하지 말라, 큰 연못을 없애지 말라! 세 가지 큰 것을 없애면 나라에 해롭다"라고 말하였다. (이것이) 천자의 여름 금령이다.

以春日至始, 數四十六日, 春盡而夏始. 天子服黃而靜處,[19] 朝諸侯卿大夫列士, 循於百姓, 發號出令曰: "毋聚大衆, 毋行大火, 毋斷大木, (誅大臣,) 毋斬大山, 毋戮大衍.[20] 滅三大而國有害也." 天子之夏禁也.

15 兪樾에 의하면, 두 개의 作은 詛(저주하다)로 읽어야 한다.

16 趙守正에 의하면, 陳은 田과 통하니, 耕種이다. 上同, 554頁, 注20 참조.

17 張佩綸에 의하면, 下陳은 後列이다. 黎翔鳳에 의하면, 通은 達이다.

18 何如璋에 의하면, 三不樹는, 上文의 不樹藝, 不服과 役夫를 가리키니, 세 종류의 사람들은 惰人(게으른 사람)들이라, 樹藝에 힘쓰지 않으니, 농업을 관장하는 관리가 반드시 법으로 그들을 몰아서, 歸農시킨다.

19 黎翔鳳에 의하면, 黃은 中央에서, 四時를 통제하니, 따라서 마땅히 靜處다.

20 兪樾에 의하면, '誅大臣', 三字는 衍文이다. 斬(베다)은 마땅히 鏨(파다)으로 읽어야 한다. 聞

춘분에서 시작하여, 92일이면 하지夏至이니, 보리가 성숙한다. 천자가 시조始祖에게 제사하며, 보리를 제물로 올렸다. 보리는 곡식의 시작이다. 종宗은 족속族屬의 시작점이다. 동족이면 서로 존중하고, 이족異族이면 땅바닥에 앉을 뿐이다. (동족이나 이족이나) 모두 재계해야 한다. 큰 제물[예 소牛]을 제사에 바치고, 왕모王母[죽은 어머니]에게도 제사를 지낸다. 천자는 혈연의 시작을 중시하고 조상들을 추모해야 한다.

以春日至始, 數九十二日, 謂之夏至, 而麥熟. 天子祀於太宗,[21] 其盛以麥. 麥者, 穀之始也. 宗者, 族之始也. 同族者人, 殊族者處.[22] 皆齊.[23] 大材,[24] 出祭王母.[25] 天子之所以主始而忌諱也.[26]

하지夏至에서 시작하여 46일이면, 여름이 다 가고 가을이 시작되며, 기장[黍]이 익는다. 천자는 시조始祖에게 제사하고, 기장을 제물로 올린다. 기장은 아름다운 곡식이다. 시조는 나라의 소중한 분이다. 큰 공포功布는 시조[太祖]를 위한 것이고, 작은 공포는 고조高祖 이하의 묘廟에 쓰이고, 공포가 없다면 묘도 없다. 공로가 있다면, 모두 (제사의) 자리[位]가 있어서 연식燕食을 받아먹고, 공로가 없다면 묘廟 밖에서 예식禮式을 바라볼 뿐이다. 시조는 공로 때문에 드리는 제사이고, 인척姻戚이기에 드리는 제사가 아니다. (이것은) 천자가 귀천을 구별하기 위한 것이고 공이 있는 이에게 상을 주기 위한 것이다.

以夏日至始, 數四十六日, 夏盡而秋始, 而黍熟. 天子祀於太祖,[27] 其盛以黍. 黍者, 穀之美者也. 祖者, 國之重者也. 大功者太祖, 小功者小祖, 無功

一多에 의하면, 衍은 澤이고, 戮(죽이다)은 僇(죽이다)이다.

21 湯孝純에 의하면, 太宗은 天子族系의 始祖이다. 『新譯管子讀本』(下), 1040頁, 注1 참조.

22 黎翔鳳에 의하면, 異族이라면 郊外에 머물지, 제사에 참여할 필요가 없다. 尻가 處이니, 땅바닥[地上]에 앉음이다. 『中庸』에 '仁者, 人也'이니, 여기서 人은 仁의 뜻으로, 同族者는 서로 존중하고, 異族者는 散坐할 뿐이다.

23 趙守正에 의하면, 皆齊는 皆齋와 통하니, 同族이나 異族이나 모두 齋戒해야 함을 말한다. 上同, 555頁, 注7 참조.

24 趙守正에 의하면, 大材는 아마도 大牲의 오기다. 『管子通解』(下), 555頁, 注8 참조.

25 張佩綸에 의하면, 大材는 마땅히 大牲(제물로 쓸 소)여야 한다. 『爾雅』, 「釋親」에 '父之妣曰王母'(아버지의 죽은 부인이 王母이다)라고 했다.

26 趙守正에 의하면, 主는 注重이니, 主始는 血緣의 시작을 중시함이고, 忌諱는 조상을 추모함이다. 上同, 注10 참조.

27 張佩綸에 의하면, 太祖는 天子의 始祖다.

者無祖.[28] 無功者皆稱其位而立沃, 有功者觀於外.[29] 祖者所以功祭也, 非所以戚祭也.[30] 天子之所以異貴賤而賞有功也.

하지夏至에서 시작하여, 92일이면, 추분秋分이니, 가을이 오면 (새) 곡식이 성숙한다. 천자는 큰 별[太惢: 心宿]에게 제사하고, 서쪽으로 도성을 떠나 380리里에 제단을 만들고, 흰옷을 입고 흰색 모자를 쓰고, 옥홀玉笏을 차고서, 모자에 주석朱錫 장식을 하고서, 훈壎과 피리[篪]의 바람구멍에 대고 불며, 종鐘과 경쇠[磬]의 소리를 울리며, 제후들, 경들, 대부들 및 열사들과 조회하고, 백성들에게 정령을 두로 선포하니, 달에 제사[祭月]라 말하며, 돼지를 제물로 바쳤다. 호령을 발동하여, "벌을 주되 상은 주지 말고, 빼앗되 주지는 말라! 죄의 판결이 사형이면 살리지 말라! 종년終年의 죄는 용서하지 말라!"라고 하였다. 우마牛馬를 방목하면, 들판에서 번성할 것이다. (이것은) 천자의 가을 계책이다.

以夏日至始, 數九十二日, 謂之秋至, 秋至而禾熟. 天子祀於太惢, 西出其國百三十八里壇, 服白而絻白, 搢玉惚, 帶錫監, 吹壎篪之風鑿,[31] 動金石之音, 朝諸侯卿大夫列士, 循於百姓, 號曰祭月, 犧牲以彘. 發號出令, "罰而勿賞, 奪而勿予. 罪獄誅而勿生. 終歲之罪, 毋有所赦." 作衍牛馬之實, 在野者王.[32] 天子之秋計也.

추분秋分에서 시작하여, 46일이면, 가을이 다 되고 겨울의 시작이다. 천자는 검은 옷을 입고 검은 모자를 쓰고 고요히 있으면서, 제후들, 경들, 대부들 및 열사들과 조회하고, 백성들에게 정령을 공포하니, 호령을 발동하여, "큰 불을 내지 말고, 큰 산을 개발하지 말고, 큰물을 막지 말고, 하늘의 뇌신雷神을 범하지 말라!"라고 하였다. (이것은) 천자의 겨울 금령이다.

28 黎翔鳳에 의하면, 功은 喪服의 功布[喪禮에서 神을 맞이하는 布]를 말한다.
29 豬飼彦博에 의하면, 無功은 마땅히 有功으로, 有功은 無功으로 바뀌어야 한다.
30 趙守正에 의하면, 功祭는 공로 때문에 드리는 제사이고, 戚祭는 姻戚이기 때문에 드리는 제사다. 上同, 556頁, 注5 참조.
31 黎翔鳳에 의하면, 監은 冠珥(모자 장식)이고, 風鑿은 風孔(바람구멍)이나. 壎은 질로 구워 만든 악기이고, 篪는 피리다.
32 郭沫若에 의하면, 王은 旺(왕성하다)이다.

以秋日至始, 數四十六日, 秋盡而冬始. 天子服黑而絻黑而靜處, 朝諸侯卿大夫列士, 循於百姓, 發號出令曰: "毋行大火, 毋斬大山, 毋塞大水, 毋犯天之隆."[33] 天子之冬禁也.

추분에서 시작하여, 92일이면, 천자는 북쪽으로 92리里를 나와서 제단을 쌓고, 검은 옷을 입고 검은 모자를 쓰고, 제후들, 경들, 대부들 및 열사들과 조회하고, 요역을 발동하여 말한다. 산 사람들을 독촉하여 (목재를) 베어 오게 하고, 생산 재료와 무기를 완비토록 한다. 늪지대 사람들을 독촉하여 땔나무[薪], 물억새[萑], 갈대[葦]를 모으고 충분히 축적한다. 석 달 뒤에, 모든 있는 것을 없는 것과 바꾸어, 석 달간 저축한 물자를 크게 순통하게 한다.

以秋日至始, 數九十二日, 天子北出九十二里而壇, 服黑絻黑, 朝諸侯卿大夫列士, 號曰發繇.[34] 趣山人斷伐, 具械器.[35] 趣菹人薪雚葦, 足蓄積. 三月之後, 皆以其所有, 易其所無, 謂之大通三月之蓄.[36]

무릇 경작을 독촉했는데 경작하지 않은 것은, 백성들이 명령을 따르지 않은 것이다. (이것은) 농사를 안 지은 피해다. 적절히 김매 주어야 하는데 안 매어 주었으니, 잡풀들이 모두 그대로 있기에, 백성들이 겨우 생존한 것이다. (이것은) 김매 주지 않은 피해이다. 적절하게 수확해야 하나 수확을 안 하고, 비바람이 장차 불어와서, 오곡들이 삭아 드니, 백성들이 쇠퇴하고 낙오가 된다. (이것은) 수확하지 않은 피해이다. 적절하게 저장해야 하는데 저장하지 않고, 안개 가운이 도도하니, 마땅히 죽어야 할 것도 살아나며, 칩거[동면冬眠]할 것들이 웅웅 소리를 낸다. (이것은) 갈무리하지 않은 피해이다. 보습을 펴서 쇠뇌[弩]를 대신하고, 호미로 검劍이나 창[戟]을 대신하고, 큰 호미로 화살을 막아 내고, 도롱이[蓑]로 (갑옷을 막는) 협韐[흉갑胸甲]을 대신하고, 삿갓[笠]으로 방패를 대신

33 黎翔鳳에 의하면, 隆은 雷聲이니, 豊隆은 雷神이다.

34 黎翔鳳에 의하면, 發繇는 徭役을 발동함이다. 天氣가 閉藏하면, 兵器를 농부들에게 기탁하고, 요역을 발동하여 전비를 갖춤을 말한다.

35 趙守正에 의하면, 趣는 督促이다. 械器는 生産資料와 武器를 가리킨다. 具는 完備이다.

36 張佩綸에 의하면, 大通은 通功하여 일을 쉽게 함이다.

한다. 그러므로 농구가 갖추어지면 전투의 무기도 완비될 것이다!

凡在趣耕而不耕, 民以不令. 不耕之害也. 宜芸而不芸, 百草皆存, 民以僅存. 不芸之害也. 宜穫而不穫, 風雨將作, 五穀以削, 士民零落. 不穫之害也. 宜藏而不藏, 霧氣陽陽, 宜死者生, 宜蟄者鳴. 不藏之害也. 張耜當弩, 銚耨當劍戟, 穫渠當脅軻,[37] 簑笠當扶櫓.[38] 故耕械具則戰械備矣.

제86편 「경중경輕重庚」 망실亡失.

37 李哲明에 의하면, 軻은 鞈(胸甲)이고, 字書에는 안 보인다. 穫은 檴, 鑊의 聲假字이다. 鑊은 大鉏(큰 호미)다. 渠는 鉏다. 鞈은 화살을 막는 방패다.

38 黎翔鳳에 의하면, 扶은, 永을 擁(끌어안다)으로 읽으니, 隸書 盾(방패)의 變體인 것 같다.

참고문헌

『管子校注』(全三冊), 黎翔鳳撰, 梁運華 整理, 北京: 中華書局, 2013.

『管子通解』(上/下), 趙守正撰, 北京經濟出版社, 1983/1989.

『新譯管子讀本』(上/下), 湯孝純注譯, 臺北: 三民書局, 1995.

『管子譯注』, 劉柯, 李克和譯注, 哈爾濱: 黑龍江出版社, 2003.

『管子今註今譯』(全二冊), 李勉註譯, 臺北: 臺灣商務印書館, 1988.

『管子全譯』(修訂版, 上/下), 謝浩范, 朱迎平譯注, 貴陽: 貴州人民出版社, 2009.

『管子新注』, 姜濤著, 濟南: 齊魯書社, 2009.

『管子四篇詮釋』, 陳鼓應著, 臺北: 三民書局, 2003.

『管子輕重篇新詮』(全二冊), 馬非百著, 北京: 中華書局, 1988.

『周秦道論發微』, 張舜徽著, 北京: 中華書局, 1982.

『詩經譯注』, 袁梅著, 濟南: 齊魯書社, 1985.

『史記』(全十冊), 漢 司馬遷撰, 北京: 中華書局, 1972.

『漢書』(全十二冊), 漢 班固撰, 北京: 中華書局, 1975.

『論語譯注』, 楊伯峻譯注, 香港: 中華書局, 1992.

『孟子譯注』(全二冊), 楊伯峻譯注, 北京: 中華書局, 1996.

『韓非子全譯』, 韓非 原著, 張覺 譯注, 貴陽: 貴州人民出版社, 1995.

『說文解字』(全三冊), 東漢 許愼著, 李翰文譯注, 北京: 九州出版社, 2006.

『詩經譯注』, 袁梅著, 濟南: 齊魯書社, 1985.

찾아보기

Abstract

Guanzi: A Complete Translation

Youngbae Song

Most of the commentarial works on Guanzi available in mainland China and Taiwan these days are based upon Guanzi jijiao(管子集校, A Comprehensive Collation of Guanzi) by Guo Muoruo(郭沫若), Wen Yiduo(聞一多), and Xu Weiyu(許維遹), first published in 1956. Li Xiangfeng(黎翔鳳)'s Guanzi jiaozhu(管子校注, A Collated Commentaries to Guanzi), however, starts with a criticism toward this work. As a student of Huang Kan(黃侃, 1886-1935), Li was an excellent philologist as well as a paleographer, and in his view, the Song dynasty edition by Yang Chen(楊忱) was closest to the original Guanzi; it is based on this edition that he added his own commentaries. Adding to Li's immense expertise, this book further considers various other literary sources to which Li did not have access when dealing with issues that Li himself left unresolved. Footnotes in which no specific sources are mentioned and only explanations are given are all Li Xiangfeng's commentaries.

역해자 소개

송영배

서울대학교 철학과 명예교수. 서울대학교에서 학사와 석사 학위를, 국립대만대학교에서 석사 학위를, 프랑크푸르트대학교에서 철학박사 학위를 받았다. 한신대학교 철학과 교수(1982~1988)와 서울대학교 철학과 교수(1988~2009)를 역임했고 한국동양철학회 회장과 서울대학교 동아문화연구소 소장을 지냈다.

주요 논문

「『노자』의 철학적 패러다임에 대한 연구」(2008), 「문화대혁명에 대한 사회사상사적 이해」(2007), 「동양의 상관적 사유와 유기체적 생명이해」(2004), 「세계화시대의 유교적 윤리관의 의미」(2003), 「다산철학과 천주실의의 패러다임 비교연구」(2000), 「제자백가의 다양한 전쟁론과 그 철학적 문제의식」(I, 1992; II, 1999), 「고대 중국 상앙학파의 법치주의: 그 진보성과 반동성」(1989), 「동중서의 역사철학」(1985) 등.

저서 및 역서

『중국사회사상사』(서울: 한길사, 1986; 서울: 사회평론, 1998, 2012), 『제자백가의 사상』(서울: 현음사, 1994), 『한국유학과 이기철학』(서울: 예문서원, 송영배, 금장태 등 공저, 2000), 『공자의 철학』(H. Fingarette, Confucius: Secular as Sacred, 번역, 서울: 서광사, 1992), 『불안한 현대사회』(Charles Taylor, The Malaise of Modernity, 번역, 서울: 이학사, 2000), 『천주실의』(利瑪竇, 天主實義, 공역, 서울: 서울대학교출판부, 1999); 『교우론, 스물다섯 마디 잠언, 기인십편』(利瑪竇, 交友論/二十五言/畸人十編, 역주, 서울: 서울대학교출판부, 2000), 『中國社會思想史』(北京: 中國社會科學出版社, 2003; 鄭州: 大象出版社, 2016), 『동서철학의 교섭과 동서양 사유방식의 차이』(서울: 사회평론, 2004),『東西哲學的交匯與思惟方式的差異』(石家莊: 河北人民出版社, 2006), 『고대중국 철학사상』(서울: 성균관대학교출판부, 2014), 『주역의 학습과 해설 (상)·(하)』(馬振彪, 周易學說, 역주, 서울: 학고방, 근간) 등.